Public-Private Partnership

PPP法律政策与操作规范实用手册

(下册)

张玉鹏　宋文斐　主编

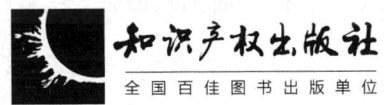

知识产权出版社
全国百佳图书出版单位

图书在版编目（CIP）数据

PPP法律政策与操作规范实用手册：全2册/张玉鹏，宋文斐主编．—北京：知识产权出版社，2016.9

ISBN 978-7-5130-4481-3

Ⅰ.①P… Ⅱ.①张… ②宋… Ⅲ.①政府投资—合作—社会资本—法规—汇编—中国 Ⅳ.①D922.280.9

中国版本图书馆CIP数据核字（2016）第223653号

责任编辑：齐梓伊　　　　　　　　　责任出版：刘译文
封面设计：张　悦

PPP法律政策与操作规范实用手册（下册）

张玉鹏　宋文斐　主编

出版发行	知识产权出版社有限责任公司	网　　址	http://www.ipph.cn
社　　址	北京市海淀区西外太平庄55号	邮　　编	100081
责编电话	010-82000860转8176	责编邮箱	qiziyi2004@qq.com
发行电话	010-82000860转8101/8102	发行传真	010-82000893/82005070/82000270
印　　刷	北京嘉恒彩色印刷有限责任公司	经　　销	各大网上书店、新华书店及相关专业书店
开　　本	787mm×1092mm 1/16	印　　张	54
版　　次	2016年9月第1版	印　　次	2016年9月第1次印刷
字　　数	1240千字	定　　价	127.00元（全2册）
ISBN 978-7-5130-4481-3			

出版权专有　侵权必究
如有印装质量问题，本社负责调换。

《PPP法律政策与操作规范实用手册》编委会

主　编　张玉鹏　宋文斐

编　委　李嘉奎　于娜娜　涂　俊

　　　　仇勇军　李璐霞　郭　伟

　　　　周　坤　杨　震　孟令锦

　　　　张　芳　王　丹

序　言

规范操作，推进PPP项目落地实施

早在20世纪80年代，我国地方政府就开始采用PPP（Public-Private Partnership）模式在供水、发电、污水处理等领域提供公共产品和服务方面进行了有益的探索。2014年以来，在经济新常态、新预算法出台、"两大引擎"等政策的推动下，PPP模式成为公共产品供给方式的市场化改革和公共服务领域的创新模式。

新改革能更有效地引入市场竞争和激励约束机制，发挥政府方和社会资本方优势，提高公共产品或服务的质量和供给效率。新的供给方式得到了社会各方的认可，越来越多的相关方参与进来，越来越多的领域也逐渐开放。

PPP模式改革新内涵的实现需要规范化的运作支撑，实现规范化运作能有效增强社会资本对PPP的信任度和安全感，界定政府和市场的关系，调和各方利益和合理分配风险，实现多方共赢。规范化运作则需要法律、政策、指南和合同等规制工具，建构一个立体的、层层递进又相互勾连互补的PPP规范化体系。实操规范及法律法规则是最基本也是最有效的支持文件。

国家及地方政府都已经意识到规范化运作的重要性，各个地区及领域相继制定发布法规政策及规范文件。我们认为相关方有必要进行认真了解及研究，尤其是作为推动PPP项目落地重要作用的咨询机构和法律服务机构。为此，我们结合PPP项目的实践，选取了对PPP项目落地实施有针对性的国家政策、部委规范文件、律师操作指引，并对道路交通基础设施、供水热电气公用事业、养老医疗公用事业、教育文化公用事业、环境治理与保护公用事业等五大PPP重点行业领域的法律法规及政策文件进行分类整理、节选、汇编。学习这些内容，可以快速掌握不同行业领域PPP项目的运作特点和规范要求,指导不同类型的项目依法合规的设计和操作。本汇编还选取了北京、上海、山东、浙江、重庆五个省级地方政府的地方法规、规章及规范文件。读者从中可以清晰了解不同省市PPP项目的发展情况和政策支持程度,对PPP项目的具体落地实施同样具有非常强的指导意义。

  本次汇编的法律法规、操作指南以及政策文件均为PPP实践中必须遵守的规范,内容均来源于政府公开信息渠道,汇编文件的截止日期为2016年5月,同时我们也将紧跟国家、行业的发展趋势及时更新。由于编写时间仓促,本书中如有错误或者不妥之处,恳请读者提出宝贵意见和建议,以便我们及时更正。

宋文斐

2016年5月

目 录

下册

第三章 PPP国家政策文件

67.《中共中央关于全面深化改革若干重大问题的决定》…………………………… 429
68.《国务院关于加强城市基础设施建设的意见》 ………………………………… 434
69.《国务院办公厅关于政府向社会力量购买服务的意见》 ……………………… 439
70.《国务院关于加强地方政府性债务管理的意见》 ……………………………… 442
71.《国务院关于深化预算管理制度改革的决定》 ………………………………… 445
72.《国务院关于创新重点领域投融资机制鼓励社会投资的指导意见》 ………… 451
73.《中共中央国务院关于深化国有企业改革的指导意见》 ……………………… 456

第四章 PPP国家部委规范文件

74.《财政部关于推广运用政府和社会资本合作模式有关问题的通知》 ………… 463
75.《关于印发政府和社会资本合作模式操作指南（试行）的通知》 …………… 466
76.《关于规范政府和社会资本合作合同管理工作的通知》 ……………………… 474
77.《PPP项目合同指南（试行）》 ………………………………………………… 475
78.《关于印发〈政府和社会资本合作项目财政承受能力论证指引〉的通知》 … 533
79.《财政部关于印发〈PPP物有所值评价指引（试行）〉的通知》 …………… 538
80.《国家发展改革委关于开展政府和社会资本合作的指导意见》 ……………… 541
81.《政府和社会资本项目通用合同指南》（2014版） …………………………… 545
82.《国务院办公厅转发财政部 发展改革委 人民银行关于在公共服务领域推广
政府和社会资本合作模式指导意见的通知》 …………………………………… 557

第五章 PPP律师业务操作指引

83.《律师办理基础设施特许经营法律业务操作指引》 …………………………… 565

I

84.《律师办理市政公用事业特许经营操作指引》 ·· 595

第六章　PPP常用行业法律法规与政策文件

第一节　道路交通基础设施 ·· 631

85.《中华人民共和国公路法》 ·· 631
86.《中华人民共和国收费公路管理条例》 ··· 638
87.《收费公路权益转让办法》 ·· 643
88.《中华人民共和国铁路法》 ·· 649
89.《中华人民共和国港口法》 ·· 651
90.《中华人民共和国城市道路管理条例》 ··· 655
91.《农村公路建设管理办法》 ·· 657
92.《财政部、交通运输部关于在收费公路领域推广运用政府和社会资本合作模式的
　　实施意见》 ·· 661
93.《国务院办公厅关于推进城市地下综合管廊建设的指导意见》 ··· 663

第二节　供水热电气公用事业 ·· 665

94.《中华人民共和国电力法》 ·· 666
95.《中华人民共和国城市供水条例》 ·· 669
96.《中华人民共和国城镇燃气管理条例》 ··· 671
97.《城镇排水与污水处理条例》 ·· 676
98.《国务院办公厅关于加强城市地下管线建设管理的指导意见》 ··· 681

第三节　养老医疗公用事业 ·· 685

99.《中华人民共和国老年人权益保障法》 ··· 685
100.《中华人民共和国医疗机构管理条例》 ··· 688
101.《国务院关于加快发展养老服务业的若干意见》 ··· 692
102.《关于鼓励民间资本参与养老服务业发展的实施意见》 ··· 697
103.《国务院办公厅转发卫生计生委等部门关于推进医疗卫生与养老服务相结合指导
　　意见的通知》 ·· 701

第四节　教育文化公用事业 ·· 705

104.《中华人民共和国教育法》 ·· 706
105.《中华人民共和国民办教育促进法》 ··· 709
106.《国务院办公厅转发文化部等部门关于做好政府向社会力量购买公共文化服务工作
　　意见的通知》 ·· 714

第五节　环境治理与保护公用事业 ··· 719

107. 《中华人民共和国环境保护法》 ··· 719
108. 《中华人民共和国固体废弃物污染环境防治法》 ··· 719
109. 《中华人民共和国水污染防治法》 ··· 729
110. 《城镇排水与污水处理条例》 ··· 741
111. 《污水处理费征收使用管理办法》 ··· 741
112. 《湿地保护管理规定》 ··· 745
113. 《财政部、环境保护部关于推进水污染防治领域政府和社会资本合作的实施意见》 ··· 748
114. 《国务院办公厅关于推进海绵城市建设的指导意见》 ··· 751

第七章　PPP地方法规规章与政策文件

第一节　北京 ··· 757

115. 《北京市城市基础设施特许经营条例》 ··· 757
116. 《北京市人民政府关于印发引进社会资本推动市政基础设施领域建设试点项目实施方案的通知》 ··· 762
117. 《北京市人民政府办公厅关于在公共服务领域推广政府和社会资本合作模式的实施意见》 ··· 767

第二节　上海 ··· 770

118. 《上海市城市基础设施特许经营管理办法》 ··· 770
119. 上海市人民政府办公厅印发《关于进一步深化本市政府采购改革创新实施意见》的通知 ··· 777

第三节　浙江 ··· 779

120. 《杭州市公用事业特许经营条例》 ··· 779
121. 《浙江省人民政府办公厅关于推广运用政府和社会资本合作模式的指导意见》 ··· 786
122. 《浙江省财政厅关于推广运用政府和社会资本合作模式的实施意见》 ··· 789
123. 《关于在公共服务领域推广政府和社会资本合作模式的实施意见》 ··· 793

第四节　山东 ··· 797

124. 《关于印发〈山东省城市市政公用事业经营许可管理办法〉的通知》 ··· 797
125. 《青岛市市政公用基础设施特许经营管理暂行规定》 ··· 800

126.《山东省财政厅关于印发〈山东省政府和社会资本合作（PPP）发展基金实施办法〉的通知》 …… 803

127.《山东省人民政府办公厅转发省财政厅　省发展改革委　人民银行济南分行关于在公共服务领域推广政府和社会资本合作模式的指导意见的通知》 …… 805

第五节　重庆 …… 811

128.《重庆市人民政府关于印发重庆市PPP投融资模式改革实施方案的通知》 …… 811

129.《重庆市人民政府关于创新重点领域投融资机制鼓励社会投资的实施意见》 …… 814

130.《重庆市人民政府关于印发重庆市推进城乡基本公共服务资源配置机制改革实施方案的通知》 …… 818

131.《重庆市发展和改革委员会关于印发PPP合作通行协议指导文本的通知》 …… 823

第三章

PPP 国家政策文件

汇编导语

党的十八届三中全会通过的《中共中央关于全面深化改革若干重大问题的决定》，明确指出要完善产权保护制度，积极发展各种混合所有制经济，鼓励非公有制企业参与国有企业改革，破除各种形式的行政垄断，消除各种隐性壁垒，坚持权利平等、机会平等、规则平等的原则，推进公共资源配置的市场化，为政府和社会资本开展合作提供了最高层的政策定位。国务院、国务院办公厅2013年以来连续多次发文布置具体改革路径和要求。具体明确政府和市场的边界，在全国范围内、几乎所有的基础设施和公共服务领域内，全面推广政府和社会资本合作模式，为PPP推广实施提供了明确的国家政策依据。国务院深化地方政府预算改革、规范和加强地方政府性债务管理，"修明渠、堵暗道"，加快推进深化国有企业改革，为推广PPP提供了制度保障。同时赋予地方政府、社会力量更多的自主权，鼓励创新、鼓励合作，为PPP的推广营造了浓厚的社会氛围。国家部委、地方政府密集出台的规范性文件均以国家层面的政策文件为政策根据。

国家层面的政策文件，明确要求加快政府和社会资本合作的立法进程。然而因为原有法律体系的限制、各政府部门责任边界的确定、复杂的技术问题等诸多因素，PPP的立法进程并不顺利。

67.《中共中央关于全面深化改革若干重大问题的决定》

（2013年11月12日中国共产党第十八届中央委员会第三次会议通过）

一、全面深化改革的重大意义和指导思想

（1）改革开放是党在新的时代条件下带领全国各族人民进行的新的伟大革命，是当代中国最鲜明的特色。

……

（2）全面深化改革，必须高举中国特色社会主义伟大旗帜，以马克思列宁主义、毛泽东思想、邓小平理论、"三个代表"重要思想、科学发展观为指导，坚定信心，凝聚共识，统筹谋划，协同推进，坚持社会主义市场经济改革方向，以促进社会公平正义、增进人民福祉为出发点和落脚点，进一步解放思想、解放和发展社会生产力、解放和增强社会活力，坚决破除各方面体制机制弊端，努力开拓中国特色社会主义事业更加广阔的前景。

……

（3）全面深化改革，必须立足于我国长期处于社会主义初级阶段这个最大实际，坚持发展仍是解决我国所有问题的关键这个重大战略判断，以经济建设为中心，发挥经济体制改革牵引作用，推动生产关系同生产力、上层建筑同经济基础相适应，推动经济社会持续健康发展。

经济体制改革是全面深化改革的重点，核心问题是处理好政府和市场的关系，使市场在资源配置中起决定性作用和更好发挥政府作用。市场决定资源配置是市场经济的一般规律，

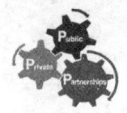

健全社会主义市场经济体制必须遵循这条规律,着力解决市场体系不完善、政府干预过多和监管不到位问题。

必须积极稳妥从广度和深度上推进市场化改革,大幅度减少政府对资源的直接配置,推动资源配置依据市场规则、市场价格、市场竞争实现效益最大化和效率最优化。政府的职责和作用主要是保持宏观经济稳定,加强和优化公共服务,保障公平竞争,加强市场监管,维护市场秩序,推动可持续发展,促进共同富裕,弥补市场失灵。

(4)改革开放的成功实践为全面深化改革提供了重要经验,必须长期坚持。

……

二、坚持和完善基本经济制度

……

(5)完善产权保护制度。产权是所有制的核心。健全归属清晰、权责明确、保护严格、流转顺畅的现代产权制度。公有制经济财产权不可侵犯,非公有制经济财产权同样不可侵犯。

国家保护各种所有制经济产权和合法利益,保证各种所有制经济依法平等使用生产要素、公开公平公正参与市场竞争、同等受到法律保护,依法监管各种所有制经济。

(6)积极发展混合所有制经济。国有资本、集体资本、非公有资本等交叉持股、相互融合的混合所有制经济,是基本经济制度的重要实现形式,有利于国有资本放大功能、保值增值、提高竞争力,有利于各种所有制资本取长补短、相互促进、共同发展。允许更多国有经济和其他所有制经济发展成为混合所有制经济。国有资本投资项目允许非国有资本参股。允许混合所有制经济实行企业员工持股,形成资本所有者和劳动者利益共同体。

完善国有资产管理体制,以管资本为主加强国有资产监管,改革国有资本授权经营体制,组建若干国有资本运营公司,支持有条件的国有企业改组为国有资本投资公司。国有资本投资运营要服务于国家战略目标,更多投向关系国家安全、国民经济命脉的重要行业和关键领域,重点提供公共服务、发展重要前瞻性战略性产业、保护生态环境、支持科技进步、保障国家安全。

划转部分国有资本充实社会保障基金。完善国有资本经营预算制度,提高国有资本收益上缴公共财政比例,二〇二〇年提到百分之三十,更多用于保障和改善民生。

(7)推动国有企业完善现代企业制度。国有企业属于全民所有,是推进国家现代化、保障人民共同利益的重要力量。国有企业总体上已经同市场经济相融合,必须适应市场化、国际化新形势,以规范经营决策、资产保值增值、公平参与竞争、提高企业效率、增强企业活力、承担社会责任为重点,进一步深化国有企业改革。

准确界定不同国有企业功能。国有资本加大对公益性企业的投入,在提供公共服务方面作出更大贡献。国有资本继续控股经营的自然垄断行业,实行以政企分开、政资分开、特许经营、政府监管为主要内容的改革,根据不同行业特点实行网运分开、放开竞争性业务,推进公共资源配置市场化。进一步破除各种形式的行政垄断。

健全协调运转、有效制衡的公司法人治理结构。建立职业经理人制度,更好发挥企业家作用。深化企业内部管理人员能上能下、员工能进能出、收入能增能减的制度改革。建立长效激励约束机制,强化国有企业经营投资责任追究。探索推进国有企业财务预算等重大信息公开。

国有企业要合理增加市场化选聘比例,合理确定并严格规范国有企业管理人员薪酬水平、职务待遇、职务消费、业务消费。

(8) 支持非公有制经济健康发展。非公有制经济在支撑增长、促进创新、扩大就业、增加税收等方面具有重要作用。坚持权利平等、机会平等、规则平等，废除对非公有制经济各种形式的不合理规定，消除各种隐性壁垒，制定非公有制企业进入特许经营领域具体办法。

三、加快完善现代市场体系

……

鼓励非公有制企业参与国有企业改革，鼓励发展非公有资本控股的混合所有制企业，鼓励有条件的私营企业建立现代企业制度。

(9) 建立公平开放透明的市场规则。

……

(10) 完善主要由市场决定价格的机制。

……

(11) 建立城乡统一的建设用地市场。在符合规划和用途管制前提下，允许农村集体经营性建设用地出让、租赁、入股，实行与国有土地同等入市、同权同价。缩小征地范围，规范征地程序，完善对被征地农民合理、规范、多元保障机制。扩大国有土地有偿使用范围，减少非公益性用地划拨。建立兼顾国家、集体、个人的土地增值收益分配机制，合理提高个人收益。完善土地租赁、转让、抵押二级市场。

(12) 完善金融市场体系。

……

(13) 深化科技体制改革。

……

四、加快转变政府职能

科学的宏观调控，有效的政府治理，是发挥社会主义市场经济体制优势的内在要求。必须切实转变政府职能，深化行政体制改革，创新行政管理方式，增强政府公信力和执行力，建设法治政府和服务型政府。

(14) 健全宏观调控体系。

……

深化投资体制改革，确立企业投资主体地位。企业投资项目，除关系国家安全和生态安全、涉及全国重大生产力布局、战略性资源开发和重大公共利益等项目外，一律由企业依法依规自主决策，政府不再审批。强化节能节地节水、环境、技术、安全等市场准入标准，建立健全防范和化解产能过剩长效机制。

完善发展成果考核评价体系，纠正单纯以经济增长速度评定政绩的偏向，加大资源消耗、环境损害、生态效益、产能过剩、科技创新、安全生产、新增债务等指标的权重，更加重视劳动就业、居民收入、社会保障、人民健康状况。加快建立国家统一的经济核算制度，编制全国和地方资产负债表，建立全社会房产、信用等基础数据统一平台，推进部门信息共享。

(15) 全面正确履行政府职能。

……

(16) 优化政府组织结构。

……

五、深化财税体制改革

……

（17）改进预算管理制度。实施全面规范、公开透明的预算制度。审核预算的重点由平衡状态、赤字规模向支出预算和政策拓展。清理规范重点支出同财政收支增幅或生产总值挂钩事项，一般不采取挂钩方式。建立跨年度预算平衡机制，建立权责发生制的政府综合财务报告制度，建立规范合理的中央和地方政府债务管理及风险预警机制。

完善一般性转移支付增长机制，重点增加对革命老区、民族地区、边疆地区、贫困地区的转移支付。中央出台增支政策形成的地方财力缺口，原则上通过一般性转移支付调节。清理、整合、规范专项转移支付项目，逐步取消竞争性领域专项和地方资金配套，严格控制引导类、救济类、应急类专项，对保留专项进行甄别，属地方事务的划入一般性转移支付。

（18）完善税收制度。深化税收制度改革，完善地方税体系，逐步提高直接税比重。推进增值税改革，适当简化税率。调整消费税征收范围、环节、税率，把高耗能、高污染产品及部分高档消费品纳入征收范围。逐步建立综合与分类相结合的个人所得税制。加快房地产税立法并适时推进改革，加快资源税改革，推动环境保护费改税。

按照统一税制、公平税负、促进公平竞争的原则，加强对税收优惠特别是区域税收优惠政策的规范管理。税收优惠政策统一由专门税收法律法规规定，清理规范税收优惠政策。完善国税、地税征管体制。

（19）建立事权和支出责任相适应的制度。适度加强中央事权和支出责任，国防、外交、国家安全、关系全国统一市场规则和管理等作为中央事权；部分社会保障、跨区域重大项目建设维护等作为中央和地方共同事权，逐步理顺事权关系；区域性公共服务作为地方事权。中央和地方按照事权划分相应承担和分担支出责任。中央可通过安排转移支付将部分事权支出责任委托地方承担。对于跨区域且对其他地区影响较大的公共服务，中央通过转移支付承担一部分地方事权支出责任。

保持现有中央和地方财力格局总体稳定，结合税制改革，考虑税种属性，进一步理顺中央和地方收入划分。

六、健全城乡发展一体化体制机制

……

（20）加快构建新型农业经营体系。坚持家庭经营在农业中的基础性地位，推进家庭经营、集体经营、合作经营、企业经营等共同发展的农业经营方式创新。坚持农村土地集体所有权，依法维护农民土地承包经营权，发展壮大集体经济。稳定农村土地承包关系并保持长久不变，在坚持和完善最严格的耕地保护制度前提下，赋予农民对承包地占有、使用、收益、流转及承包经营权抵押、担保权能，允许农民以承包经营权入股发展农业产业化经营。鼓励承包经营权在公开市场上向专业大户、家庭农场、农民合作社、农业企业流转，发展多种形式规模经营。

鼓励农村发展合作经济，扶持发展规模化、专业化、现代化经营，允许财政项目资金直接投向符合条件的合作社，允许财政补助形成的资产转交合作社持有和管护，允许合作社开展信用合作。鼓励和引导工商资本到农村发展适合企业化经营的现代种养业，向农业输入现代生产要素和经营模式。

（21）赋予农民更多财产权利。

……

（22）推进城乡要素平等交换和公共资源均衡配置。

……

（23）完善城镇化健康发展体制机制。

……

七、构建开放型经济新体制

适应经济全球化新形势，必须推动对内对外开放相互促进、引进来和走出去更好结合，促进国际国内要素有序自由流动、资源高效配置、市场深度融合，加快培育参与和引领国际经济合作竞争新优势，以开放促改革。

（24）放宽投资准入。统一内外资法律法规，保持外资政策稳定、透明、可预期。推进金融、教育、文化、医疗等服务业领域有序开放，放开育幼养老、建筑设计、会计审计、商贸物流、电子商务等服务业领域外资准入限制，进一步放开一般制造业。加快海关特殊监管区域整合优化。

……

八、加强社会主义民主政治制度建设

……

十二、推进社会事业改革创新

……

（46）深化医药卫生体制改革。统筹推进医疗保障、医疗服务、公共卫生、药品供应、监管体制综合改革。深化基层医疗卫生机构综合改革，健全网络化城乡基层医疗卫生服务运行机制。加快公立医院改革，落实政府责任，建立科学的医疗绩效评价机制和适应行业特点的人才培养、人事薪酬制度。完善合理分级诊疗模式，建立社区医生和居民契约服务关系。充分利用信息化手段，促进优质医疗资源纵向流动。加强区域公共卫生服务资源整合。取消以药补医，理顺医药价格，建立科学补偿机制。改革医保支付方式，健全全民医保体系。加快健全重特大疾病医疗保险和救助制度。完善中医药事业发展政策和机制。

鼓励社会办医，优先支持举办非营利性医疗机构。社会资金可直接投向资源稀缺及满足多元需求服务领域，多种形式参与公立医院改制重组。允许医师多点执业，允许民办医疗机构纳入医保定点范围。

……

十三、创新社会治理体制

……

十四、加快生态文明制度建设

建设生态文明，必须建立系统完整的生态文明制度体系，实行最严格的源头保护制度、损害赔偿制度、责任追究制度，完善环境治理和生态修复制度，用制度保护生态环境。

（51）健全自然资源资产产权制度和用途管制制度。对水流、森林、山岭、草原、荒地、滩涂等自然生态空间进行统一确权登记，形成归属清晰、权责明确、监管有效的自然资源资产产权制度。建立空间规划体系，划定生产、生活、生态空间开发管制界限，落实用途管制。健全能源、水、土地节约集约使用制度。

健全国家自然资源资产管理体制，统一行使全民所有自然资源资产所有者职责。完善自

然资源监管体制，统一行使所有国土空间用途管制职责。

（52）划定生态保护红线。坚定不移实施主体功能区制度，建立国土空间开发保护制度，严格按照主体功能区定位推动发展，建立国家公园体制。建立资源环境承载能力监测预警机制，对水土资源、环境容量和海洋资源超载区域实行限制性措施。对限制开发区域和生态脆弱的国家扶贫开发工作重点县取消地区生产总值考核。

探索编制自然资源资产负债表，对领导干部实行自然资源资产离任审计。建立生态环境损害责任终身追究制。

（53）实行资源有偿使用制度和生态补偿制度。加快自然资源及其产品价格改革，全面反映市场供求、资源稀缺程度、生态环境损害成本和修复效益。坚持使用资源付费和谁污染环境、谁破坏生态谁付费原则，逐步将资源税扩展到占用各种自然生态空间。稳定和扩大退耕还林、退牧还草范围，调整严重污染和地下水严重超采区耕地用途，有序实现耕地、河湖休养生息。建立有效调节工业用地和居住用地合理比价机制，提高工业用地价格。坚持谁受益、谁补偿原则，完善对重点生态功能区的生态补偿机制，推动地区间建立横向生态补偿制度。发展环保市场，推行节能量、碳排放权、排污权、水权交易制度，建立吸引社会资本投入生态环境保护的市场化机制，推行环境污染第三方治理。

（54）改革生态环境保护管理体制。建立和完善严格监管所有污染物排放的环境保护管理制度，独立进行环境监管和行政执法。建立陆海统筹的生态系统保护修复和污染防治区域联动机制。健全国有林区经营管理体制，完善集体林权制度改革。及时公布环境信息，健全举报制度，加强社会监督。完善污染物排放许可制，实行企事业单位污染物排放总量控制制度。对造成生态环境损害的责任者严格实行赔偿制度，依法追究刑事责任。

……

68.《国务院关于加强城市基础设施建设的意见》

（2013年9月9日起施行，国发〔2013〕36号）

各省、自治区、直辖市人民政府，国务院各部委、各直属机构：

城市基础设施是城市正常运行和健康发展的物质基础，对于改善人居环境、增强城市综合承载能力、提高城市运行效率、稳步推进新型城镇化、确保2020年全面建成小康社会具有重要作用。当前，我国城市基础设施仍存在总量不足、标准不高、运行管理粗放等问题。加强城市基础设施建设，有利于推动经济结构调整和发展方式转变，拉动投资和消费增长，扩大就业，促进节能减排。为加强和改进城市基础设施建设，现提出以下意见：

一、总体要求

（一）指导思想。以邓小平理论、"三个代表"重要思想、科学发展观为指导，围绕推进新型城镇化的重大战略部署，立足于稳增长、调结构、促改革、惠民生，科学研究、统筹规划，提升城市基础设施建设和管理水平，提高城镇化质量；深化投融资体制改革，充分发挥市场配置资源的基础性作用；着力抓好既利当前、又利长远的重点基础设施项目建设，提高城市综合承载能力；保障城市运行安全，改善城市人居生态环境，推动城市节能减排，促进经济社会持续健康发展。

(二)基本原则。

规划引领。坚持先规划、后建设,切实加强规划的科学性、权威性和严肃性。发挥规划的控制和引领作用,严格依据城市总体规划和土地利用总体规划,充分考虑资源环境影响和文物保护的要求,有序推进城市基础设施建设工作。

民生优先。坚持先地下、后地上,优先加强供水、供气、供热、电力、通信、公共交通、物流配送、防灾避险等与民生密切相关的基础设施建设,加强老旧基础设施改造。保障城市基础设施和公共服务设施供给,提高设施水平和服务质量,满足居民基本生活需求。

安全为重。提高城市管网、排水防涝、消防、交通、污水和垃圾处理等基础设施的建设质量、运营标准和管理水平,消除安全隐患,增强城市防灾减灾能力,保障城市运行安全。

机制创新。在保障政府投入的基础上,充分发挥市场机制作用,进一步完善城市公用事业服务价格形成、调整和补偿机制。加大金融机构支持力度,鼓励社会资金参与城市基础设施建设。

绿色优质。全面落实集约、智能、绿色、低碳等生态文明理念,提高城市基础设施建设工业化水平,优化节能建筑、绿色建筑发展环境,建立相关标准体系和规范,促进节能减排和污染防治,提升城市生态环境质量。

二、围绕重点领域,促进城市基础设施水平全面提升

当前,要围绕改善民生、保障城市安全、投资拉动效应明显的重点领域,加快城市基础设施转型升级,全面提升城市基础设施水平。

(一)加强城市道路交通基础设施建设。

公共交通基础设施建设。鼓励有条件的城市按照"量力而行、有序发展"的原则,推进地铁、轻轨等城市轨道交通系统建设,发挥地铁等作为公共交通的骨干作用,带动城市公共交通和相关产业发展。到2015年,全国轨道交通新增运营里程1000公里。积极发展大容量地面公共交通,加快调度中心、停车场、保养场、首末站以及停靠站的建设;推进换乘枢纽及充电桩、充电站、公共停车场等配套服务设施建设,将其纳入城市旧城改造和新城建设规划同步实施。

城市道路、桥梁建设改造。加快完善城市道路网络系统,提升道路网络密度,提高城市道路网络连通性和可达性。加强城市桥梁安全检测和加固改造,限期整改安全隐患。加快推进城市桥梁信息系统建设,严格落实桥梁安全管理制度,保障城市路桥的运行安全。各城市应尽快完成城市桥梁的安全检测并及时公布检测结果,到2015年,力争完成对全国城市危桥加固改造,地级以上城市建成桥梁信息管理系统。

城市步行和自行车交通系统建设。城市交通要树立行人优先的理念,改善居民出行环境,保障出行安全,倡导绿色出行。设市城市应建设城市步行、自行车"绿道",加强行人过街设施、自行车停车设施、道路林荫绿化、照明等设施建设,切实转变过度依赖小汽车出行的交通发展模式。

(二)加大城市管网建设和改造力度。

市政地下管网建设改造。加强城市供水、污水、雨水、燃气、供热、通信等各类地下管网的建设、改造和检查,优先改造材质落后、漏损严重、影响安全的老旧管网,确保管网漏损率控制在国家标准以内。到2015年,完成全国城镇燃气8万公里、北方采暖地区城镇集中供热9.28万公里老旧管网改造任务,管网事故率显著降低;实现城市燃气普及率94%、县城及小城镇燃气普及率65%的目标。开展城市地下综合管廊试点,用3年左右时间,在全国36个大中城

市全面启动地下综合管廊试点工程；中小城市因地制宜建设一批综合管廊项目。新建道路、城市新区和各类园区地下管网应按照综合管廊模式进行开发建设。

城市供水、排水防涝和防洪设施建设。加快城镇供水设施改造与建设，积极推进城乡统筹区域供水，力争到2015年实现全国城市公共供水普及率95%和水质达标双目标；加强饮用水水源建设与保护，合理利用水资源，限期关闭城市公共供水管网覆盖范围内的自备水井，切实保障城市供水安全。在全面普查、摸清现状基础上，编制城市排水防涝设施规划。加快雨污分流管网改造与排水防涝设施建设，解决城市积水内涝问题。积极推行低影响开发建设模式，将建筑、小区雨水收集利用、可渗透面积、蓝线划定与保护等要求作为城市规划许可和项目建设的前置条件，因地制宜配套建设雨水滞渗、收集利用等削峰调蓄设施。加强城市河湖水系保护和管理，强化城市蓝线保护，坚决制止因城市建设非法侵占河湖水系的行为，维护其生态、排水防涝和防洪功能。完善城市防洪设施，健全预报预警、指挥调度、应急抢险等措施，到2015年，重要防洪城市达到国家规定的防洪标准。全面提高城市排水防涝、防洪减灾能力，用10年左右时间建成较完善的城市排水防涝、防洪工程体系。

城市电网建设。将配电网发展纳入城乡整体规划，进一步加强城市配电网建设，实现各电压等级协调发展。到2015年，全国中心城市基本形成500（或330）千伏环网网架，大部分城市建成220（或110）千伏环网网架。推进城市电网智能化，以满足新能源电力、分布式发电系统并网需求，优化需求侧管理，逐步实现电力系统与用户双向互动。以提高电力系统利用率、安全可靠水平和电能质量为目标，进一步加强城市智能配电网关键技术研究与试点示范。

（三）加快污水和垃圾处理设施建设。

城市污水处理设施建设。以设施建设和运行保障为主线，加快形成"厂网并举、泥水并重、再生利用"的建设格局。优先升级改造落后设施，确保城市污水处理厂出水达到国家新的环保排放要求或地表水Ⅳ类标准。到2015年，36个重点城市城区实现污水"全收集、全处理"，全国所有设市城市实现污水集中处理，城市污水处理率达到85%，建设完成污水管网7.3万公里。按照"无害化、资源化"要求，加强污泥处理处置设施建设，城市污泥无害化处置率达到70%左右；加快推进节水城市建设，在水资源紧缺和水环境质量差的地区，加快推动建筑中水和污水再生利用设施建设。到2015年，城镇污水处理设施再生水利用率达到20%以上；保障城市水安全、修复城市水生态，消除劣Ⅴ类水体，改善城市水环境。

城市生活垃圾处理设施建设。以大中城市为重点，建设生活垃圾分类示范城市（区）和生活垃圾存量治理示范项目。加大处理设施建设力度，提升生活垃圾处理能力。提高城市生活垃圾处理减量化、资源化和无害化水平。到2015年，36个重点城市生活垃圾全部实现无害化处理，设市城市生活垃圾无害化处理率达到90%左右；到2017年，设市城市生活垃圾得到有效处理，确保垃圾处理设施规范运行，防止二次污染，摆脱"垃圾围城"困境。

（四）加强生态园林建设。

城市公园建设。结合城乡环境整治、城中村改造、弃置地生态修复等，加大社区公园、街头游园、郊野公园、绿道绿廊等规划建设力度，完善生态园林指标体系，推动生态园林城市建设。到2015年，确保老城区人均公园绿地面积不低于5平方米、公园绿地服务半径覆盖率不低于60%。加强运营管理，强化公园公共服务属性，严格绿线管制。

提升城市绿地功能。到2015年，设市城市至少建成一个具有一定规模，水、气、电等设施齐备，功能完善的防灾避险公园。结合城市污水管网、排水防涝设施改造建设，通过透水性铺装，选用耐水湿、吸附净化能力强的植物等，建设下沉式绿地及城市湿地公园，提升城市绿地汇聚雨水、蓄洪排涝、补充地下水、净化生态等功能。

三、科学编制规划，发挥调控引领作用

（一）科学编制城市总体规划。牢固树立规划先行理念，遵循城镇化和城乡发展客观规律，以资源环境承载力为基础，科学编制城市总体规划，做好与土地利用总体规划的衔接，统筹安排城市基础设施建设。突出民生为本，节约集约利用土地，严格禁止不切实际的"政绩工程"、"形象工程"和滋生腐败的"豆腐渣工程"。强化城市总体规划对空间布局的统筹协调。严格按照规划进行建设，防止各类开发活动无序蔓延。开展地下空间资源调查与评估，制定城市地下空间开发利用规划，统筹地下各类设施、管线布局，实现合理开发利用。

（二）完善和落实城市基础设施建设专项规划。城市基础设施建设要着力提高科学性和前瞻性，避免盲目和无序建设。尽快编制完成城市综合交通、电力、排水防涝和北方采暖地区集中供热老旧管网改造规划。抓紧落实已明确的污水处理及再生利用、生活垃圾处理设施建设、城镇供水、城镇燃气等"十二五"规划。所有建设行为应严格执行建筑节能标准，落实《绿色建筑行动方案》。

（三）加强公共服务配套基础设施规划统筹。城市基础设施规划建设过程中，要统筹考虑城乡医疗、教育、治安、文化、体育、社区服务等公共服务设施建设。合理布局和建设专业性农产品批发市场、物流配送场站等，完善城市公共厕所建设和管理，加强公共消防设施、人防设施以及防灾避险场所等设施建设。

四、抓好项目落实，加快基础设施建设进度

（一）加快在建项目建设。各地要统筹组织协调在建基础设施项目，加快施工建设进度。通过建立城市基础设施建设项目信息系统，全面掌握在建项目进展情况。对城市道路和公共交通设施建设、市政地下管网建设、城市供水设施建设和改造、城市污水处理设施建设和改造、城市生活垃圾处理设施建设、消防设施建设等在建项目，要确保工程建设在规定工期内完成。各地要列出在建项目的竣工时间表，倒排工期，分项、分段落实；要采取有效措施，确保建设资金、材料、人工、装备设施等及时或提前到位；要优化工程组织设计，充分利用新理念、新技术、新工艺，推进在建项目实施。

（二）积极推进新项目开工。根据城市基础设施建设专项规划落实具体项目，科学论证，加快项目立项、规划、环保、用地等前期工作。进一步优化简化城市基础设施建设项目审批流程，减少和取消不必要的行政干预，逐步转向备案、核准与审批相结合的专业化管理模式。要强化部门间的分工合作，做好环境、技术、安全等领域审查论证，对重大基础设施建设项目探索建立审批"绿色通道"，提高效率。在完善规划的基础上，对经审核具备开工条件的项目，要抓紧落实招投标、施工图设计审查、确定施工及监理单位等配套工作，尽快开工建设。

（三）做好后续项目储备。按照城市总体规划和基础设施专项规划要求，超前谋划城市基础设施建设项目。各级发展改革、住房城乡建设、规划和国土资源等部门要解放思想，转变职能和工作作风，通过统筹研究、做好用地规划安排、提前下拨项目前期可研经费、加快项目可行性研究等措施，实现储备项目与年度建设计划有效对接。对2016年、2017年拟安排建设的项目，要抓紧做好前期准备工作，建立健全统一、完善的城市基础设施项目储备库。

五、确保政府投入，推进基础设施建设投融资体制和运营机制改革

（一）确保政府投入。各级政府要把加强和改善城市基础设施建设作为重点工作，大力推进。中央财政通过中央预算内投资以及城镇污水管网专项等现有渠道支持城市基础设施建设，地方政府要确保对城市基础设施建设的资金投入力度。各级政府要充分考虑和优先保障城市基础设施建设用地需求。对于符合《划拨用地目录》的项目，应当以划拨方式供应建设用地。基础设施建设用地要纳入土地利用年度计划和建设用地供应计划，确保建设用地供应。

（二）推进投融资体制和运营机制改革。建立政府与市场合理分工的城市基础设施投融资体制。政府应集中财力建设非经营性基础设施项目，要通过特许经营、投资补助、政府购买服务等多种形式，吸引包括民间资本在内的社会资金，参与投资、建设和运营有合理回报或一定投资回收能力的可经营性城市基础设施项目，在市场准入和扶持政策方面对各类投资主体同等对待。创新基础设施投资项目的运营管理方式，实行投资、建设、运营和监管分开，形成权责明确、制约有效、管理专业的市场化管理体制和运行机制。改革现行城市基础设施建设事业单位管理模式，向独立核算、自主经营的企业化管理模式转变。进一步完善城市公用事业服务价格形成、调整和补偿机制。积极创新金融产品和业务，建立完善多层次、多元化的城市基础设施投融资体系。研究出台配套财政扶持政策，落实税收优惠政策，支持城市基础设施投融资体制改革。

六、科学管理，明确责任，加强协调配合

（一）提升基础设施规划建设管理水平。城市规划建设管理要保持城市基础设施的整体性、系统性，避免条块分割、多头管理。要建立完善城市基础设施建设法律法规、标准规范和质量评价体系。建立健全以城市道路为核心、地上和地下统筹协调的基础设施管理体制机制。重点加强城市管网综合管理，尽快出台相关法规，统一规划、建设、管理，规范城市道路开挖和地下管线建设行为，杜绝"拉链马路"、窨井伤人现象。在普查的基础上，整合城市管网信息资源，消除市政地下管网安全隐患。建立城市基础设施电子档案，实现设市城市数字城管平台全覆盖。提升城市管理标准化、信息化、精细化水平，提升数字城管系统，推进城市管理向服务群众生活转变，促进城市防灾减灾综合能力和节能减排功能提升。

（二）落实地方政府责任。省级人民政府要把城市基础设施建设纳入重要议事日程，加大监督、指导和协调力度，结合已有规划和各地实际，出台具体政策措施并抓好落实。城市人民政府是基础设施建设的责任主体，要切实履行职责，抓好项目落实，科学确定项目规模和投资需求，公布城市基础设施建设具体项目和进展情况，接受社会监督，做好城市基础设施建设各项具体工作。对涉及民生和城市安全的城市管网、供水、节水、排水防涝、防洪、污水垃圾处理、消防及道路交通等重点项目纳入城市人民政府考核体系，对工作成绩突出的城市予以表彰奖励；对质量评价不合格、发生重大事故的政府负责人进行约谈，限期整改，依法追究相关责任。

（三）加强部门协调配合。住房城乡建设部会同有关部门加强对城市基础设施建设的监督指导；发展改革委、财政部、住房城乡建设部会同有关部门研究制定城市基础设施建设投融资、财政等支持政策；人民银行、银监会会同有关部门研究金融支持城市基础设施建设的政策措施；住房城乡建设部、发展改革委、财政部等有关部门定期对城市基础设施建设情况进行检查。

国务院

2013年9月6日

69.《国务院办公厅关于政府向社会力量购买服务的意见》

（2013年9月26日起施行，国办发〔2013〕96号）

各省、自治区、直辖市人民政府，国务院各部委、各直属机构：

党的十八大强调，要加强和创新社会管理，改进政府提供公共服务方式。新一届国务院对进一步转变政府职能、改善公共服务作出重大部署，明确要求在公共服务领域更多利用社会力量，加大政府购买服务力度。经国务院同意，现就政府向社会力量购买服务提出以下指导意见。

一、充分认识政府向社会力量购买服务的重要性

改革开放以来，我国公共服务体系和制度建设不断推进，公共服务提供主体和提供方式逐步多样化，初步形成了政府主导、社会参与、公办民办并举的公共服务供给模式。同时，与人民群众日益增长的公共服务需求相比，不少领域的公共服务存在质量效率不高、规模不足和发展不平衡等突出问题，迫切需要政府进一步强化公共服务职能，创新公共服务供给模式，有效动员社会力量，构建多层次、多方式的公共服务供给体系，提供更加方便、快捷、优质、高效的公共服务。政府向社会力量购买服务，就是通过发挥市场机制作用，把政府直接向社会公众提供的一部分公共服务事项，按照一定的方式和程序，交由具备条件的社会力量承担，并由政府根据服务数量和质量向其支付费用。近年来，一些地方立足实际，积极开展向社会力量购买服务的探索，取得了良好效果，在政策指导、经费保障、工作机制等方面积累了不少好的做法和经验。

实践证明，推行政府向社会力量购买服务是创新公共服务提供方式、加快服务业发展、引导有效需求的重要途径，对于深化社会领域改革，推动政府职能转变，整合利用社会资源，增强公众参与意识，激发经济社会活力，增加公共服务供给，提高公共服务水平和效率，都具有重要意义。地方各级人民政府要结合当地经济社会发展状况和人民群众的实际需求，因地制宜、积极稳妥地推进政府向社会力量购买服务工作，不断创新和完善公共服务供给模式，加快建设服务型政府。

二、正确把握政府向社会力量购买服务的总体方向

（一）指导思想。

以邓小平理论、"三个代表"重要思想、科学发展观为指导，深入贯彻落实党的十八大精神，牢牢把握加快转变政府职能、推进政事分开和政社分开、在改善民生和创新管理中加强社会建设的要求，进一步放开公共服务市场准入，改革创新公共服务提供机制和方式，推动中国特色公共服务体系建设和发展，努力为广大人民群众提供优质高效的公共服务。

（二）基本原则。

——积极稳妥，有序实施。立足社会主义初级阶段基本国情，从各地实际出发，准确把握社会公共服务需求，充分发挥政府主导作用，有序引导社会力量参与服务供给，形成改善公共服务的合力。

——科学安排，注重实效。坚持精打细算，明确权利义务，切实提高财政资金使用效率，把有限的资金用在刀刃上，用到人民群众最需要的地方，确保取得实实在在的成效。

——公开择优，以事定费。按照公开、公平、公正原则，坚持费随事转，通过竞争择优的方式选择承接政府购买服务的社会力量，确保具备条件的社会力量平等参与竞争。加强监督

检查和科学评估，建立优胜劣汰的动态调整机制。

——改革创新，完善机制。坚持与事业单位改革相衔接，推进政事分开、政社分开，放开市场准入，释放改革红利，凡社会能办好的，尽可能交给社会力量承担，有效解决一些领域公共服务产品短缺、质量和效率不高等问题。及时总结改革实践经验，借鉴国外有益成果，积极推动政府向社会力量购买服务的健康发展，加快形成公共服务提供新机制。

（三）目标任务。

"十二五"时期，政府向社会力量购买服务工作在各地逐步推开，统一有效的购买服务平台和机制初步形成，相关制度法规建设取得明显进展。到2020年，在全国基本建立比较完善的政府向社会力量购买服务制度，形成与经济社会发展相适应、高效合理的公共服务资源配置体系和供给体系，公共服务水平和质量显著提高。

三、规范有序开展政府向社会力量购买服务工作

（一）购买主体。

政府向社会力量购买服务的主体是各级行政机关和参照公务员法管理、具有行政管理职能的事业单位。纳入行政编制管理且经费由财政负担的群团组织，也可根据实际需要，通过购买服务方式提供公共服务。

（二）承接主体。

承接政府购买服务的主体包括依法在民政部门登记成立或经国务院批准免予登记的社会组织，以及依法在工商管理或行业主管部门登记成立的企业、机构等社会力量。承接政府购买服务的主体应具有独立承担民事责任的能力，具备提供服务所必需的设施、人员和专业技术的能力，具有健全的内部治理结构、财务会计和资产管理制度，具有良好的社会和商业信誉，具有依法缴纳税收和社会保险的良好记录，并符合登记管理部门依法认定的其他条件。承接主体的具体条件由购买主体会同财政部门根据购买服务项目的性质和质量要求确定。

（三）购买内容。

政府向社会力量购买服务的内容为适合采取市场化方式提供、社会力量能够承担的公共服务，突出公共性和公益性。教育、就业、社保、医疗卫生、住房保障、文化体育及残疾人服务等基本公共服务领域，要逐步加大政府向社会力量购买服务的力度。非基本公共服务领域，要更多更好地发挥社会力量的作用，凡适合社会力量承担的，都可以通过委托、承包、采购等方式交给社会力量承担。对应当由政府直接提供、不适合社会力量承担的公共服务，以及不属于政府职责范围的服务项目，政府不得向社会力量购买。各地区、各有关部门要按照有利于转变政府职能，有利于降低服务成本，有利于提升服务质量水平和资金效益的原则，在充分听取社会各界意见基础上，研究制定政府向社会力量购买服务的指导性目录，明确政府购买的服务种类、性质和内容，并在总结试点经验基础上，及时进行动态调整。

（四）购买机制。

各地要按照公开、公平、公正原则，建立健全政府向社会力量购买服务机制，及时、充分向社会公布购买的服务项目、内容以及对承接主体的要求和绩效评价标准等信息，建立健全项目申报、预算编报、组织采购、项目监管、绩效评价的规范化流程。购买工作应按照政府采购法的有关规定，采用公开招标、邀请招标、竞争性谈判、单一来源、询价等方式确定承接主体，严禁转包行为。购买主体要按照合同管理要求，与承接主体签订合同，明确所购买服务的范围、标的、数量、质量要求，以及服务期限、资金支付方式、权利义务和违约责任等，按照合同要求支付资金，并加强对服务提供全过程的跟踪监管和对服务成果的检查验收。承接主体要严格履行合同义务，按时完成服务项目任务，保证服务数量、质量和效果。

（五）资金管理。

政府向社会力量购买服务所需资金在既有财政预算安排中统筹考虑。随着政府提供公共服务的发展所需增加的资金，应按照预算管理要求列入财政预算。要严格资金管理，确保公开、透明、规范、有效。

（六）绩效管理。

加强政府向社会力量购买服务的绩效管理，严格绩效评价机制。建立健全由购买主体、服务对象及第三方组成的综合性评审机制，对购买服务项目数量、质量和资金使用绩效等进行考核评价。评价结果向社会公布，并作为以后年度编制政府向社会力量购买服务预算和选择政府购买服务承接主体的重要参考依据。

四、扎实推进政府向社会力量购买服务工作

（一）加强组织领导。

推进政府向社会力量购买服务，事关人民群众切身利益，是保障和改善民生的一项重要工作。地方各级人民政府要把这项工作列入重要议事日程，加强统筹协调，立足当地实际认真制定并逐步完善政府向社会力量购买服务的政策措施和实施办法，并抄送上一级政府财政部门。财政部要会同有关部门加强对各地开展政府向社会力量购买服务工作的指导和监督，总结推广成功经验，积极推动相关制度法规建设。

（二）健全工作机制。

政府向社会力量购买服务，要按照政府主导、部门负责、社会参与、共同监督的要求，确保工作规范有序开展。地方各级人民政府可根据本地区实际情况，建立"政府统一领导，财政部门牵头，民政、工商管理以及行业主管部门协同，职能部门履职，监督部门保障"的工作机制，拟定购买服务目录，确定购买服务计划，指导监督购买服务工作。相关职能部门要加强协调沟通，做到各负其责、齐抓共管。

（三）严格监督管理。

各地区、各部门要严格遵守相关财政财务管理规定，确保政府向社会力量购买服务资金规范管理和使用，不得截留、挪用和滞留资金。购买主体应建立健全内部监督管理制度，按规定公开购买服务相关信息，自觉接受社会监督。承接主体应当健全财务报告制度，并由具有合法资质的注册会计师对财务报告进行审计。财政部门要加强对政府向社会力量购买服务实施工作的组织指导，严格资金监管，监察、审计等部门要加强监督，民政、工商管理以及行业主管部门要按照职能分工将承接政府购买服务行为纳入年检、评估、执法等监管体系。

（四）做好宣传引导。

地方各级人民政府和国务院有关部门要广泛宣传政府向社会力量购买服务工作的目的、意义、目标任务和相关要求，做好政策解读，加强舆论引导，主动回应群众关切，充分调动社会参与的积极性。

国务院办公厅
2013年9月26日

70.《国务院关于加强地方政府性债务管理的意见》

（2014年9月21日起施行，国发〔2014〕43号）

各省、自治区、直辖市人民政府，国务院各部委、各直属机构：

为加强地方政府性债务管理，促进国民经济持续健康发展，根据党的十八大、十八届三中全会精神，现提出以下意见：

一、总体要求

（一）指导思想。以邓小平理论、"三个代表"重要思想、科学发展观为指导，全面贯彻落实党的十八大、十八届三中全会精神，按照党中央、国务院决策部署，建立"借、用、还"相统一的地方政府性债务管理机制，有效发挥地方政府规范举债的积极作用，切实防范化解财政金融风险，促进国民经济持续健康发展。

（二）基本原则。

疏堵结合。修明渠、堵暗道，赋予地方政府依法适度举债融资权限，加快建立规范的地方政府举债融资机制。同时，坚决制止地方政府违法违规举债。

分清责任。明确政府和企业的责任，政府债务不得通过企业举借，企业债务不得推给政府偿还，切实做到谁借谁还、风险自担。政府与社会资本合作的，按约定规则依法承担相关责任。

规范管理。对地方政府债务实行规模控制，严格限定政府举债程序和资金用途，把地方政府债务分门别类纳入全口径预算管理，实现"借、用、还"相统一。

防范风险。牢牢守住不发生区域性和系统性风险的底线，切实防范和化解财政金融风险。

稳步推进。加强债务管理，既要积极推进，又要谨慎稳健。在规范管理的同时，要妥善处理存量债务，确保在建项目有序推进。

二、加快建立规范的地方政府举债融资机制

（一）赋予地方政府依法适度举债权限。经国务院批准，省、自治区、直辖市政府可以适度举借债务，市县级政府确需举借债务的由省、自治区、直辖市政府代为举借。明确划清政府与企业界限，政府债务只能通过政府及其部门举借，不得通过企事业单位等举借。

（二）建立规范的地方政府举债融资机制。地方政府举债采取政府债券方式。没有收益的公益性事业发展确需政府举借一般债务的，由地方政府发行一般债券融资，主要以一般公共预算收入偿还。有一定收益的公益性事业发展确需政府举借专项债务的，由地方政府通过发行专项债券融资，以对应的政府性基金或专项收入偿还。

（三）推广使用政府与社会资本合作模式。鼓励社会资本通过特许经营等方式，参与城市基础设施等有一定收益的公益性事业投资和运营。政府通过特许经营权、合理定价、财政补贴等事先公开的收益约定规则，使投资者有长期稳定收益。投资者按照市场化原则出资，按约定规则独自或与政府共同成立特别目的公司建设和运营合作项目。投资者或特别目的公司可以通过银行贷款、企业债、项目收益债券、资产证券化等市场化方式举债并承担偿债责任。政府对投资者或特别目的公司按约定规则依法承担特许经营权、合理定价、财政补贴等相关责任，不承担投资者或特别目的公司的偿债责任。

（四）加强政府或有债务监管。剥离融资平台公司政府融资职能，融资平台公司不得新增政府债务。地方政府新发生或有债务，要严格限定在依法担保的范围内，并根据担保合同依法承担相关责任。地方政府要加强对或有债务的统计分析和风险防控,做好相关监管工作。

三、对地方政府债务实行规模控制和预算管理

(一)对地方政府债务实行规模控制。地方政府债务规模实行限额管理,地方政府举债不得突破批准的限额。地方政府一般债务和专项债务规模纳入限额管理,由国务院确定并报全国人大或其常委会批准,分地区限额由财政部在全国人大或其常委会批准的地方政府债务规模内根据各地区债务风险、财力状况等因素测算并报国务院批准。

(二)严格限定地方政府举债程序和资金用途。地方政府在国务院批准的分地区限额内举借债务,必须报本级人大或其常委会批准。地方政府不得通过企事业单位等举借债务。地方政府举借债务要遵循市场化原则。建立地方政府信用评级制度,逐步完善地方政府债券市场。地方政府举借的债务,只能用于公益性资本支出和适度归还存量债务,不得用于经常性支出。

(三)把地方政府债务分门别类纳入全口径预算管理。地方政府要将一般债务收支纳入一般公共预算管理,将专项债务收支纳入政府性基金预算管理,将政府与社会资本合作项目中的财政补贴等支出按性质纳入相应政府预算管理。地方政府各部门、各单位要将债务收支纳入部门和单位预算管理。或有债务确需地方政府或其部门、单位依法承担偿债责任的,偿债资金要纳入相应预算管理。

四、控制和化解地方政府性债务风险

(一)建立地方政府性债务风险预警机制。财政部根据各地区一般债务、专项债务、或有债务等情况,测算债务率、新增债务率、偿债率、逾期债务率等指标,评估各地区债务风险状况,对债务高风险地区进行风险预警。列入风险预警范围的债务高风险地区,要积极采取措施,逐步降低风险。债务风险相对较低的地区,要合理控制债务余额的规模和增长速度。

(二)建立债务风险应急处置机制。要硬化预算约束,防范道德风险,地方政府对其举借的债务负有偿还责任,中央政府实行不救助原则。各级政府要制定应急处置预案,建立责任追究机制。地方政府出现偿债困难时,要通过控制项目规模、压缩公用经费、处置存量资产等方式,多渠道筹集资金偿还债务。地方政府难以自行偿还债务时,要及时上报,本级和上级政府要启动债务风险应急处置预案和责任追究机制,切实化解债务风险,并追究相关人员责任。

(三)严肃财经纪律。建立对违法违规融资和违规使用政府性债务资金的惩罚机制,加大对地方政府性债务管理的监督检查力度。地方政府及其所属部门不得在预算之外违法违规举借债务,不得以支持公益性事业发展名义举借债务用于经常性支出或楼堂馆所建设,不得挪用债务资金或改变既定资金用途;对企业的注资、财政补贴等行为必须依法合规,不得违法为任何单位和个人的债务以任何方式提供担保;不得违规干预金融机构等正常经营活动,不得强制金融机构等提供政府性融资。地方政府要进一步规范土地出让管理,坚决制止违法违规出让土地及融资行为。

五、完善配套制度

(一)完善债务报告和公开制度。完善地方政府性债务统计报告制度,加快建立权责发生制的政府综合财务报告制度,全面反映政府的资产负债情况。对于中央出台的重大政策措施如棚户区改造等形成的政府性债务,应当单独统计、单独核算、单独检查、单独考核。建立地方政府性债务公开制度，加强政府信用体系建设。各地区要定期向社会公开政府性债务及其项目建设情况，自觉接受社会监督。

（二）建立考核问责机制。把政府性债务作为一个硬指标纳入政绩考核。明确责任落实，各省、自治区、直辖市政府要对本地区地方政府性债务负责任。强化教育和考核，纠正不正确的政绩导向。对脱离实际过度举债、违法违规举债或担保、违规使用债务资金、恶意逃废债务等行为，要追究相关责任人责任。

（三）强化债权人约束。金融机构等不得违法违规向地方政府提供融资，不得要求地方政府违法违规提供担保。金融机构等购买地方政府债券要符合监管规定，向属于政府或有债务举借主体的企业法人等提供融资要严格规范信贷管理，切实加强风险识别和风险管理。金融机构等违法违规提供政府性融资的，应自行承担相应损失，并按照商业银行法、银行业监督管理法等法律法规追究相关机构和人员的责任。

六、妥善处理存量债务和在建项目后续融资

（一）抓紧将存量债务纳入预算管理。以2013年政府性债务审计结果为基础，结合审计后债务增减变化情况，经债权人与债务人共同协商确认，对地方政府性债务存量进行甄别。对地方政府及其部门举借的债务，相应纳入一般债务和专项债务。对企事业单位举借的债务，凡属于政府应当偿还的债务，相应纳入一般债务和专项债务。地方政府将甄别后的政府存量债务逐级汇总上报国务院批准后，分类纳入预算管理。纳入预算管理的债务原有债权债务关系不变，偿债资金要按照预算管理要求规范管理。

（二）积极降低存量债务利息负担。对甄别后纳入预算管理的地方政府存量债务，各地区可申请发行地方政府债券置换，以降低利息负担，优化期限结构，腾出更多资金用于重点项目建设。

（三）妥善偿还存量债务。处置到期存量债务要遵循市场规则，减少行政干预。对项目自身运营收入能够按时还本付息的债务，应继续通过项目收入偿还。对项目自身运营收入不足以还本付息的债务，可以通过依法注入优质资产、加强经营管理、加大改革力度等措施，提高项目盈利能力，增强偿债能力。地方政府应指导和督促有关债务举借单位加强财务管理、拓宽偿债资金渠道、统筹安排偿债资金。对确需地方政府偿还的债务，地方政府要切实履行偿债责任，必要时可以处置政府资产偿还债务。对确需地方政府履行担保或救助责任的债务，地方政府要切实依法履行协议约定，作出妥善安排。有关债务举借单位和连带责任人要按照协议认真落实偿债责任，明确偿债时限，按时还本付息，不得单方面改变原有债权债务关系，不得转嫁偿债责任和逃废债务。对确已形成损失的存量债务，债权人应按照商业化原则承担相应责任和损失。

（四）确保在建项目后续融资。地方政府要统筹各类资金，优先保障在建项目续建和收尾。对使用债务资金的在建项目，原贷款银行等要重新进行审核，凡符合国家有关规定的项目，要继续按协议提供贷款，推进项目建设；对在建项目确实没有其他建设资金来源的，应主要通过政府与社会资本合作模式和地方政府债券解决后续融资。

七、加强组织领导

各地区、各部门要高度重视，把思想和行动统一到党中央、国务院决策部署上来。地方政府要切实担负起加强地方政府性债务管理、防范化解财政金融风险的责任，结合实际制定具体方案，政府主要负责人要作为第一责任人，认真抓好政策落实。要建立地方政府性债务

协调机制，统筹加强地方政府性债务管理。财政部门作为地方政府性债务归口管理部门，要完善债务管理制度，充实债务管理力量，做好债务规模控制、债券发行、预算管理、统计分析和风险监控等工作；发展改革部门要加强政府投资计划管理和项目审批，从严审批债务风险较高地区的新开工项目；金融监管部门要加强监管、正确引导，制止金融机构等违法违规提供融资；审计部门要依法加强对地方政府性债务的审计监督，促进完善债务管理制度，防范风险，规范管理，提高资金使用效益。各地区、各部门要切实履行职责，加强协调配合，全面做好加强地方政府性债务管理各项工作，确保政策贯彻落实到位。

国务院

2014年9月21日

71.《国务院关于深化预算管理制度改革的决定》

（2014年9月26日起施行，国发〔2014〕45号）

各省、自治区、直辖市人民政府，国务院各部委、各直属机构：

为贯彻落实党的十八大和十八届三中全会精神，按照新修订的预算法，改进预算管理，实施全面规范、公开透明的预算制度，现就深化预算管理制度改革作出如下决定。

一、充分认识深化预算管理制度改革的重要性和紧迫性

建立与实现现代化相适应的现代财政制度，对于优化资源配置、维护市场统一、促进社会公平、实现国家长治久安具有重要意义。改革开放以来，特别是1995年预算法及预算法实施条例施行以来，在党中央、国务院的正确领导下，我国财政制度改革取得显著成效，初步建立了与社会主义市场经济体制相适应的公共财政制度体系，作为公共财政制度基础的预算管理制度也不断完善，为促进经济社会持续健康发展发挥了重要作用。

当前，我国已进入全面建成小康社会的关键阶段。随着经济社会发展，现行预算管理制度也暴露出一些不符合公共财政制度和现代国家治理要求的问题，主要表现在：预算管理和控制方式不够科学，跨年度预算平衡机制尚未建立；预算体系不够完善，地方政府债务未纳入预算管理；预算约束力不够，财政收支结构有待优化；财政结转结余资金规模较大，预算资金使用绩效不高；预算透明度不够，财经纪律有待加强等，财政可持续发展面临严峻挑战。

党的十八届三中全会确立了全面深化改革的总目标，并对改进预算管理制度提出了明确要求，今年《政府工作报告》也作出了部署。贯彻落实党的十八届三中全会精神和国务院决策部署，深化预算管理制度改革，实施全面规范、公开透明的预算制度，是深化财税体制改革，建立现代公共财政制度的迫切需要；是完善社会主义市场经济体制，加快转变政府职能的必然要求；是推进国家治理体系现代化，实现国家长治久安的重要保障。

二、准确把握深化预算管理制度改革的总体方向

（一）指导思想。

深化预算管理制度改革，要以邓小平理论、"三个代表"重要思想、科学发展观为指导，全面贯彻党的十八大和十八届三中全会精神，落实党中央、国务院决策部署，按照全面深化财税体制改革的总体要求,遵循社会主义市场经济原则,加快转变政府职能,完善管理制度,创新管理方式,提高管理绩效,用好增量资金,构建全面规范、公开透明的预算制度,进一步规范政府行为,防范财政风险,实现有效监督,提高资金效益,逐步建立与实现现代化相适应的现代财政制度。

(二)基本原则。

遵循现代国家治理理念。按照推进国家治理体系和治理能力现代化的要求,着力构建规范的现代预算制度,并与相关法律和制度的修订完善相衔接。健全财政法律制度体系,注重运用法律和制度规范预算管理,提高政府公共服务水平。

划清市场和政府的边界。凡属市场能发挥作用的,财税等优惠政策要逐步退出;凡属市场不能有效发挥作用的,政府包括公共财政等要主动补位。

着力推进预算公开透明。实施全面规范、公开透明的预算制度,将公开透明贯穿预算改革和管理全过程,充分发挥预算公开透明对政府部门的监督和约束作用,建设阳光政府、责任政府、服务政府。

坚持总体设计、协同推进。既要注重顶层设计,增强改革的系统性、整体性、协同性,又要考虑外部环境和制约因素,实现与行政管理体制改革的有序衔接,合理把握改革的力度和节奏,确保改革顺利实施。

三、全面推进深化预算管理制度改革的各项工作

(一)完善政府预算体系,积极推进预算公开。

1. 完善政府预算体系。明确一般公共预算、政府性基金预算、国有资本经营预算、社会保险基金预算的收支范围,建立定位清晰、分工明确的政府预算体系,政府的收入和支出全部纳入预算管理。加大政府性基金预算、国有资本经营预算与一般公共预算的统筹力度,建立将政府性基金预算中应统筹使用的资金列入一般公共预算的机制,加大国有资本经营预算资金调入一般公共预算的力度。加强社会保险基金预算管理,做好基金结余的保值增值,在精算平衡的基础上实现社会保险基金预算的可持续运行。

2. 健全预算标准体系。进一步完善基本支出定额标准体系,加快推进项目支出定额标准体系建设,充分发挥支出标准在预算编制和管理中的基础支撑作用。严格机关运行经费管理,加快制定机关运行经费实物定额和服务标准。加强人员编制管理和资产管理,完善人员编制、资产管理与预算管理相结合的机制。进一步完善政府收支分类体系,按经济分类编制部门预决算和政府预决算。

3. 积极推进预决算公开。细化政府预决算公开内容,除涉密信息外,政府预决算支出全部细化公开到功能分类的项级科目,专项转移支付预决算按项目按地区公开。积极推进财政政策公开。扩大部门预决算公开范围,除涉密信息外,中央和地方所有使用财政资金的部门均应公开本部门预决算。细化部门预决算公开内容,逐步将部门预决算公开到基本支出和项目支出。按经济分类公开政府预决算和部门预决算。加大"三公"经费公开力度,细化公开内容,除涉密信息外,所有财政资金安排的"三公"经费都要公开。对预决算公开过程中社会关切的问题,要规范整改、完善制度。

(二)改进预算管理和控制,建立跨年度预算平衡机制。

1. 实行中期财政规划管理。财政部门会同各部门研究编制三年滚动财政规划,对未来三年重大财政收支情况进行分析预测,对规划期内一些重大改革、重要政策和重大项目,研究

政策目标、运行机制和评价办法。中期财政规划要与国民经济和社会发展规划纲要及国家宏观调控政策相衔接。强化三年滚动财政规划对年度预算的约束。推进部门编制三年滚动规划,加强项目库管理,健全项目预算审核机制。提高财政预算的统筹能力,各部门规划中涉及财政政策和资金支持的,要与三年滚动财政规划相衔接。

2. 改进年度预算控制方式。一般公共预算审核的重点由平衡状态、赤字规模向支出预算和政策拓展。强化支出预算约束,各级政府向本级人大报告支出预算的同时,要重点报告支出政策内容。预算执行中如需增加或减少预算总支出,必须报经本级人大常委会审查批准。收入预算从约束性转向预期性,根据经济形势和政策调整等因素科学预测。中央一般公共预算因宏观调控政策需要可编列赤字,通过发行国债予以弥补。中央政府债务实行余额管理,中央国债余额限额根据累计赤字和应对当年短收需发行的债务等因素合理确定,报全国人大或其常委会审批。经国务院批准,地方一般公共预算为没有收益的公益性事业发展可编列赤字,通过举借一般债务予以弥补,地方政府一般债务规模纳入限额管理,由国务院确定并报全国人大或其常委会批准。加强政府性基金预算编制管理。政府性基金预算按照以收定支的原则,根据政府性基金项目的收入情况和实际支出需要编制;经国务院批准,地方政府性基金预算为有一定收益的公益性事业发展可举借专项债务,地方政府专项债务规模纳入限额管理,由国务院确定并报全国人大或其常委会批准。财政部在全国人大或其常委会批准的地方政府债务规模内,根据各地区债务风险、财力状况等因素测算分地区债务限额,并报国务院批准。各省、自治区、直辖市在分地区债务限额内举借债务,报省级人大或其常委会批准。国有资本经营预算按照收支平衡的原则编制,不列赤字。

3. 建立跨年度预算平衡机制。根据经济形势发展变化和财政政策逆周期调节的需要,建立跨年度预算平衡机制。中央一般公共预算执行中如出现超收,超收收入用于冲减赤字、补充预算稳定调节基金;如出现短收,通过调入预算稳定调节基金、削减支出或增列赤字并在经全国人大或其常委会批准的国债余额限额内发债平衡。地方一般公共预算执行中如出现超收,用于化解政府债务或补充预算稳定调节基金;如出现短收,通过调入预算稳定调节基金或其他预算资金、削减支出实现平衡。如采取上述措施后仍不能实现平衡,省级政府报本级人大或其常委会批准后增列赤字,并报财政部备案,在下一年度预算中予以弥补;市、县级政府通过申请上级政府临时救助实现平衡,并在下一年度预算中归还。政府性基金预算和国有资本经营预算如出现超收,结转下年安排;如出现短收,通过削减支出实现平衡。

(三)加强财政收入管理,清理规范税收优惠政策。

1. 加强税收征管。各级税收征管部门要依照法律法规及时足额组织税收收入,并建立与相关经济指标变化情况相衔接的考核体系。切实加强税收征管,做到依法征收、应收尽收,不收过头税。严格减免税管理,不得违反法律法规的规定和超越权限多征、提前征收或者减征、免征、缓征应征税款。加强执法监督,强化税收入库管理。

2. 加强非税收入管理。各地区、各部门要依照法律法规切实加强非税收入管理。继续清理规范行政事业性收费和政府性基金,坚决取消不合法、不合理的收费基金项目。加快建立健全国有资源、国有资产有偿使用制度和收益共享机制。加强国有资本收益管理,完善国家以所有者身份参与国有企业利润分配制度,落实国有资本收益权。加强非税收入分类预算管理,完善非税收入征缴制度和监督体系,禁止通过违规调库、乱收费、乱罚款等手段虚增财政收入。

3. 全面规范税收优惠政策。除专门的税收法律、法规和国务院规定外,各部门起草其他

法律、法规、发展规划和区域政策都不得突破国家统一财税制度、规定税收优惠政策。未经国务院批准,各地区、各部门不能对企业规定财政优惠政策。各地区、各部门要对已经出台的税收优惠政策进行规范,违反法律法规和国务院规定的一律停止执行;没有法律法规障碍且具有推广价值的,尽快在全国范围内实施;有明确时限的到期停止执行,未明确时限的应设定优惠政策实施时限。建立税收优惠政策备案审查、定期评估和退出机制,加强考核问责,严惩各类违法违规行为。

(四)优化财政支出结构,加强结转结余资金管理。

1. 优化财政支出结构。严格控制政府性楼堂馆所、财政供养人员以及"三公"经费等一般性支出。清理规范重点支出同财政收支增幅或生产总值挂钩事项,一般不采取挂钩方式。对重点支出根据推进改革的需要和确需保障的内容统筹安排,优先保障,不再采取先确定支出总额再安排具体项目的办法。结合税费制度改革,完善相关法律法规,逐步取消城市维护建设税、排污费、探矿权和采矿权价款、矿产资源补偿费等专款专用的规定,统筹安排这些领域的经费。统一预算分配,逐步将所有预算资金纳入财政部门统一分配。在此之前,负责资金分配的部门要按规定将资金具体安排情况及时报财政部门。

2. 优化转移支付结构。完善一般性转移支付增长机制,增加一般性转移支付规模和比例,逐步将一般性转移支付占比提高到60%以上;明显增加对革命老区、民族地区、边疆地区和贫困地区的转移支付;中央出台增支政策形成的地方财力缺口,原则上通过一般性转移支付调节。要大力清理、整合、规范专项转移支付,在合理界定中央与地方事权的基础上,严格控制引导类、救济类、应急类专项转移支付,属地方事务的划入一般性转移支付。对竞争性领域的专项转移支付逐一进行甄别排查,凡属"小、散、乱"以及效用不明显的要坚决取消,其余需要保留的也要予以压缩或实行零增长,并改进分配方式,减少行政性分配,引入市场化运作模式,逐步与金融资本相结合,引导带动社会资本增加投入。对目标接近、资金投入方向类同、资金管理方式相近的专项转移支付予以整合。规范专项转移支付项目设立,严格控制新增项目和资金规模,建立健全专项转移支付定期评估和退出机制。加快修订完善中央对地方转移支付管理办法,对转移支付项目的设立、资金分配、使用管理、绩效评价、信息公开等作出规定。研究建立财政转移支付同农业转移人口市民化挂钩机制。在明确中央和地方支出责任的基础上,认真清理现行配套政策,对属于中央承担支出责任的事项,一律不得要求地方安排配套资金;对属于中央和地方分担支出责任的事项,由中央和地方按各自应分担数额安排资金。各地区要对本级安排的专项资金进行清理、整合、规范,完善资金管理办法,提高资金使用效益。

3. 加强结转结余资金管理。建立结转结余资金定期清理机制,各级政府上一年预算的结转资金,应当在下一年用于结转项目的支出;连续两年未用完的结转资金,应当作为结余资金管理,其中一般公共预算的结余资金,应当补充预算稳定调节基金。各部门、各单位上一年预算的结转、结余资金按照财政部的规定办理。要加大结转资金统筹使用力度,对不需按原用途使用的资金,可按规定统筹用于经济社会发展亟需资金支持的领域。建立预算编制与结转结余资金管理相结合的机制,细化预算编制,提高年初预算到位率。建立科学合理的预算执行进度考核机制,实施预算执行进度的通报制度和监督检查制度,有效控制新增结转结余资金。

4. 加强政府购买服务资金管理。政府购买服务所需资金列入财政预算,从部门预算经费或者经批准的专项资金等既有预算中统筹安排,支持各部门按有关规定开展政府购买服务工作,切实降低公共服务成本,提高公共服务质量。

（五）加强预算执行管理，提高财政支出绩效。

1. 做好预算执行工作。硬化预算约束，年度预算执行中除救灾等应急支出通过动支预备费解决外，一般不出台增加当年支出的政策，一些必须出台的政策，通过以后年度预算安排资金。及时批复部门预算，严格按照预算、用款计划、项目进度、有关合同和规定程序及时办理资金支付，涉及政府采购的应严格执行政府采购有关规定。进一步提高提前下达转移支付预计数的比例，按因素法分配且金额相对固定的转移支付提前下达的比例要达到90%。加快转移支付预算正式下达进度，除据实结算等特殊项目外，中央对地方一般性转移支付在全国人大批准预算后30日内正式下达，专项转移支付在90日内正式下达。省级政府接到中央一般性转移支付或专项转移支付后，应在30日内正式下达到县级以上地方各级政府。规范预算变更，各部门、各单位的预算支出应当按照预算科目执行。不同预算科目、预算级次或者项目间的预算资金需要调剂使用的，按照财政部的规定办理。

2. 规范国库资金管理。规范国库资金管理，提高国库资金收支运行效率。全面清理整顿财政专户，各地一律不得新设专项支出财政专户，除财政部审核并报国务院批准予以保留的专户外，其余专户在2年内逐步取消。规范权责发生制核算，严格权责发生制核算范围，控制核算规模。地方各级财政除国库集中支付年终结余外，一律不得按权责发生制列支。按国务院规定实行权责发生制核算的特定事项，应当向本级人大常委会报告。全面清理已经发生的财政借垫款，应当由预算安排支出的按规定列支，符合制度规定的临时性借垫款及时收回，不符合制度规定的借垫款限期收回。加强财政对外借款管理，各级财政严禁违规对非预算单位及未纳入年度预算的项目借款和垫付财政资金。各级政府应当加强对本级国库的管理和监督，按照国务院的规定完善国库现金管理，合理调节国库资金余额。

3. 健全预算绩效管理机制。全面推进预算绩效管理工作，强化支出责任和效率意识，逐步将绩效管理范围覆盖各级预算单位和所有财政资金，将绩效评价重点由项目支出拓展到部门整体支出和政策、制度、管理等方面，加强绩效评价结果应用，将评价结果作为调整支出结构、完善财政政策和科学安排预算的重要依据。

4. 建立权责发生制的政府综合财务报告制度。研究制定政府综合财务报告制度改革方案、制度规范和操作指南，建立政府综合财务报告和政府会计标准体系，研究修订总预算会计制度。待条件成熟时，政府综合财务报告向本级人大或其常委会报告。研究将政府综合财务报告主要指标作为考核地方政府绩效的依据，逐步建立政府综合财务报告公开机制。

（六）规范地方政府债务管理，防范化解财政风险。

1. 赋予地方政府依法适度举债权限，建立规范的地方政府举债融资机制。经国务院批准，省、自治区、直辖市政府可以适度举借债务；市县级政府确需举借债务的由省、自治区、直辖市政府代为举借。政府债务只能通过政府及其部门举借，不得通过企事业单位等举借。地方政府举债采取政府债券方式。剥离融资平台公司政府融资职能。推广使用政府与社会资本合作模式，鼓励社会资本通过特许经营等方式参与城市基础设施等有一定收益的公益性事业投资和运营。

2. 对地方政府债务实行规模控制和分类管理。地方政府债务规模实行限额管理，地方政府举债不得突破批准的限额。地方政府债务分为一般债务、专项债务两类，分类纳入预算管理。一般债务通过发行一般债券融资，纳入一般公共预算管理。专项债务通过发行专项债券融资，纳入政府性基金预算管理。

3. 严格限定政府举债程序和资金用途。地方政府在国务院批准的分地区限额内举借债务，必须报本级人大或其常委会批准。地方政府举借债务要遵循市场化原则。建立地方政府信用评级制度，逐步完善地方政府债券市场。地方政府举借的债务，只能用于公益性资本支出和适度归还存量债务，不得用于经常性支出。

4. 建立债务风险预警及化解机制。财政部根据债务率、新增债务率、偿债率、逾期债务率等指标，评估各地区债务风险状况，对债务高风险地区进行风险预警。债务高风险地区要积极采取措施，逐步降低风险。对甄别后纳入预算管理的地方政府存量债务，各地区可申请发行地方政府债券置换，以降低利息负担，优化期限结构。要硬化预算约束，防范道德风险，地方政府对其举借的债务负有偿还责任，中央政府实行不救助原则。

5. 建立考核问责机制。把政府性债务作为一个硬指标纳入政绩考核。明确责任落实，省、自治区、直辖市政府要对本地区地方政府性债务负责任。地方各级政府要切实担负起加强地方政府性债务管理、防范化解财政金融风险的责任，政府主要负责人要作为第一责任人，认真抓好政策落实。

（七）规范理财行为，严肃财经纪律。

1. 坚持依法理财，主动接受监督。各地区、各部门要严格遵守预算法、税收征收管理法、会计法、政府采购法等财税法律法规，依法行使行政决策权和财政管理权，自觉接受人大监督和社会各界的监督。建立和完善政府决算审计制度，进一步加强审计监督。推进预算公开，增强政府理财工作的透明度，减少政府自由裁量权，让财政资金在阳光下运行。

2. 健全制度体系，规范理财行为。要健全预算编制、收入征管、资金分配、国库管理、政府采购、财政监督、绩效评价、责任追究等方面的制度建设，扎紧制度的篱笆。要规范理财行为，严格按照规范的程序和要求编报预决算，按规定的用途拨付和使用财政资金，预决算编报都要做到程序合法、数据准确、情况真实、内容完整。

3. 严肃财经纪律，强化责任追究。财经纪律是财经工作中必须遵守的行为准则，也是预算管理制度改革取得成效的重要保障。地方各级政府要对本地区各部门、各单位财经纪律的执行情况进行全面检查，通过单位自查、财政部门和审计机关专项检查，及时发现存在的问题。强化责任追究，对检查中发现的虚报、冒领、截留、挪用、滞留财政资金以及违规出台税收优惠政策等涉及违规违纪的行为，要按照预算法等法律法规的规定严肃处理。

四、切实做好深化预算管理制度改革的实施保障工作

深化预算管理制度改革涉及制度创新和利益关系调整，任务艰巨，面临许多矛盾和困难。各地区、各部门要从大局出发，进一步提高认识，把思想和行动统一到党中央、国务院的决策部署上来。要以高度的责任感、使命感和改革创新精神，切实履行职责，加强协调配合，认真落实各项改革措施，合力推进预算管理制度改革。要坚持于法有据，积极推进相关法律法规的修改工作，确保在法治轨道上推进预算管理制度改革。本决定有关要求需要与法律规定相衔接的，按法律规定的程序做好衔接。要加强宣传引导，做好政策解读，为深化预算管理制度改革营造良好的社会环境。财政部要抓紧制定深化预算管理制度改革的具体办法，印发各地区、各部门执行。各地区要结合本地实际情况制定具体政策措施和工作方案，切实加强组织领导，确保改革顺利实施。

国务院
2014年9月26日

72.《国务院关于创新重点领域投融资机制鼓励社会投资的指导意见》

（2014年11月26日起施行，国发〔2014〕60号）

各省、自治区、直辖市人民政府，国务院各部委、各直属机构：

为推进经济结构战略性调整，加强薄弱环节建设，促进经济持续健康发展，迫切需要在公共服务、资源环境、生态建设、基础设施等重点领域进一步创新投融资机制，充分发挥社会资本特别是民间资本的积极作用。为此，特提出以下意见。

一、总体要求

（一）指导思想。全面贯彻落实党的十八大和十八届三中、四中全会精神，按照党中央、国务院决策部署，使市场在资源配置中起决定性作用和更好发挥政府作用，打破行业垄断和市场壁垒，切实降低准入门槛，建立公平开放透明的市场规则，营造权利平等、机会平等、规则平等的投资环境，进一步鼓励社会投资特别是民间投资，盘活存量、用好增量，调结构、补短板，服务国家生产力布局，促进重点领域建设，增加公共产品有效供给。

（二）基本原则。实行统一市场准入，创造平等投资机会；创新投资运营机制，扩大社会资本投资途径；优化政府投资使用方向和方式，发挥引导带动作用；创新融资方式，拓宽融资渠道；完善价格形成机制，发挥价格杠杆作用。

二、创新生态环保投资运营机制

（三）深化林业管理体制改革。推进国有林区和国有林场管理体制改革，完善森林经营和采伐管理制度，开展森林科学经营。深化集体林权制度改革，稳定林权承包关系，放活林地经营权，鼓励林权依法规范流转。鼓励荒山荒地造林和退耕还林林地林权依法流转。减免林权流转税费，有效降低流转成本。

（四）推进生态建设主体多元化。在严格保护森林资源的前提下，鼓励社会资本积极参与生态建设和保护，支持符合条件的农民合作社、家庭农场（林场）、专业大户、林业企业等新型经营主体投资生态建设项目。对社会资本利用荒山荒地进行植树造林的，在保障生态效益、符合土地用途管制要求的前提下，允许发展林下经济、森林旅游等生态产业。

（五）推动环境污染治理市场化。在电力、钢铁等重点行业以及开发区（工业园区）污染治理等领域，大力推行环境污染第三方治理，通过委托治理服务、托管运营服务等方式，由排污企业付费购买专业环境服务公司的治污减排服务，提高污染治理的产业化、专业化程度。稳妥推进政府向社会购买环境监测服务。建立重点行业第三方治污企业推荐制度。

（六）积极开展排污权、碳排放权交易试点。推进排污权有偿使用和交易试点，建立排污权有偿使用制度，规范排污权交易市场，鼓励社会资本参与污染减排和排污权交易。加快调整主要污染物排污费征收标准，实行差别化排污收费政策。加快在国内试行碳排放权交易制度，探索森林碳汇交易，发展碳排放权交易市场，鼓励和支持社会投资者参与碳配额交易，通过金融市场发现价格的功能，调整不同经济主体利益，有效促进环保和节能减排。

三、鼓励社会资本投资运营农业和水利工程

（七）培育农业、水利工程多元化投资主体。支持农民合作社、家庭农场、专业大户、农业企业等新型经营主体投资建设农田水利和水土保持设施。允许财政补助形成的小型农田水利和水土保持工程资产由农业用水合作组织持有和管护。鼓励社会资本以特许经营、参股控股等多种形式参与具有一定收益的节水供水重大水利工程建设运营。社会资本愿意投入

的重大水利工程,要积极鼓励社会资本投资建设。

(八)保障农业、水利工程投资合理收益。社会资本投资建设或运营管理农田水利、水土保持设施和节水供水重大水利工程的,与国有、集体投资项目享有同等政策待遇,可以依法获取供水水费等经营收益;承担公益性任务的,政府可对工程建设投资、维修养护和管护经费等给予适当补助,并落实优惠政策。社会资本投资建设或运营管理农田水利设施、重大水利工程等,可依法继承、转让、转租、抵押其相关权益;征收、征用或占用的,要按照国家有关规定给予补偿或者赔偿。

(九)通过水权制度改革吸引社会资本参与水资源开发利用和保护。加快建立水权制度,培育和规范水权交易市场,积极探索多种形式的水权交易流转方式,允许各地通过水权交易满足新增合理用水需求。鼓励社会资本通过参与节水供水重大水利工程投资建设等方式优先获得新增水资源使用权。

(十)完善水利工程水价形成机制。深入开展农业水价综合改革试点,进一步促进农业节水。水利工程供非农业用水价格按照补偿成本、合理收益、优质优价、公平负担的原则合理制定,并根据供水成本变化及社会承受能力等适时调整,推行两部制水利工程水价和丰枯季节水价。价格调整不到位时,地方政府可根据实际情况安排财政性资金,对运营单位进行合理补偿。

四、推进市政基础设施投资运营市场化

(十一)改革市政基础设施建设运营模式。推动市政基础设施建设运营事业单位向独立核算、自主经营的企业化管理转变。鼓励打破以项目为单位的分散运营模式,实行规模化经营,降低建设和运营成本,提高投资效益。推进市县、乡镇和村级污水收集和处理、垃圾处理项目按行业"打包"投资和运营,鼓励实行城乡供水一体化、厂网一体投资和运营。

(十二)积极推动社会资本参与市政基础设施建设运营。通过特许经营、投资补助、政府购买服务等多种方式,鼓励社会资本投资城镇供水、供热、燃气、污水垃圾处理、建筑垃圾资源化利用和处理、城市综合管廊、公园配套服务、公共交通、停车设施等市政基础设施项目,政府依法选择符合要求的经营者。政府可采用委托经营或转让—经营—转让(TOT)等方式,将已经建成的市政基础设施项目转交给社会资本运营管理。

(十三)加强县城基础设施建设。按照新型城镇化发展的要求,把有条件的县城和重点镇发展为中小城市,支持基础设施建设,增强吸纳农业转移人口的能力。选择若干具有产业基础、特色资源和区位优势的县城和重点镇推行试点,加大对市政基础设施建设运营引入市场机制的政策支持力度。

(十四)完善市政基础设施价格机制。加快改进市政基础设施价格形成、调整和补偿机制,使经营者能够获得合理收益。实行上下游价格调整联动机制,价格调整不到位时,地方政府可根据实际情况安排财政性资金对企业运营进行合理补偿。

五、改革完善交通投融资机制

(十五)加快推进铁路投融资体制改革。用好铁路发展基金平台,吸引社会资本参与,扩大基金规模。充分利用铁路土地综合开发政策,以开发收益支持铁路发展。按照市场化方向,不断完善铁路运价形成机制。向地方政府和社会资本放开城际铁路、市域(郊)铁路、资源开发性铁路和支线铁路的所有权、经营权。按照构建现代企业制度的要求,保障投资者权益,推进蒙西至华中、长春至西巴彦花铁路等引进民间资本的示范项目实施。鼓励按照"多式

衔接、立体开发、功能融合、节约集约"的原则,对城市轨道交通站点周边、车辆段上盖进行土地综合开发,吸引社会资本参与城市轨道交通建设。

(十六)完善公路投融资模式。建立完善政府主导、分级负责、多元筹资的公路投融资模式,完善收费公路政策,吸引社会资本投入,多渠道筹措建设和维护资金。逐步建立高速公路与普通公路统筹发展机制,促进普通公路持续健康发展。

(十七)鼓励社会资本参与水运、民航基础设施建设。探索发展"航电结合"等投融资模式,按相关政策给予投资补助,鼓励社会资本投资建设航电枢纽。鼓励社会资本投资建设港口、内河航运设施等。积极吸引社会资本参与盈利状况较好的枢纽机场、干线机场以及机场配套服务设施等投资建设,拓宽机场建设资金来源。

六、鼓励社会资本加强能源设施投资

(十八)鼓励社会资本参与电力建设。在做好生态环境保护、移民安置和确保工程安全的前提下,通过业主招标等方式,鼓励社会资本投资常规水电站和抽水蓄能电站。在确保具备核电控股投资质主体承担核安全责任的前提下,引入社会资本参与核电项目投资,鼓励民间资本进入核电设备研制和核电服务领域。鼓励社会资本投资建设风光电、生物质能等清洁能源项目和背压式热电联产机组,进入清洁高效煤电项目建设、燃煤电厂节能减排升级改造领域。

(十九)鼓励社会资本参与电网建设。积极吸引社会资本投资建设跨区输电通道、区域主干电网完善工程和大中城市配电网工程。将海南联网Ⅱ回线路和滇西北送广东特高压直流输电工程等项目作为试点,引入社会资本。鼓励社会资本投资建设分布式电源并网工程、储能装置和电动汽车充换电设施。

(二十)鼓励社会资本参与油气管网、储存设施和煤炭储运建设运营。支持民营企业、地方国有企业等参股建设油气管网主干线、沿海液化天然气(LNG)接收站、地下储气库、城市配气管网和城市储气设施,控股建设油气管网支线、原油和成品油商业储备库。鼓励社会资本参与铁路运煤干线和煤炭储配体系建设。国家规划确定的石化基地炼化一体化项目向社会资本开放。

(二十一)理顺能源价格机制。进一步推进天然气价格改革,2015年实现存量气和增量气价并轨,逐步放开非居民用天然气气源价格,落实页岩气、煤层气等非常规天然气价格市场化政策。尽快出台天然气管道运输价格政策。按照合理成本加合理利润的原则,适时调整煤层气发电、余热余压发电上网标杆电价。推进天然气分布式能源冷、热、电价格市场化。完善可再生能源发电价格政策,研究建立流域梯级效益补偿机制,适时调整完善燃煤发电机组环保电价政策。

七、推进信息和民用空间基础设施投资主体多元化

(二十二)鼓励电信业进一步向民间资本开放。进一步完善法律法规,尽快修订电信业务分类目录。研究出台具体试点办法,鼓励和引导民间资本投资宽带接入网络建设和业务运营,大力发展宽带用户。推进民营企业开展移动通信转售业务试点工作,促进业务创新发展。

(二十三)吸引民间资本加大信息基础设施投资力度。支持基础电信企业引入民间战略投资者。推动中国铁塔股份有限公司引入民间资本,实现混合所有制发展。

(二十四)鼓励民间资本参与国家民用空间基础设施建设。完善民用遥感卫星数据政

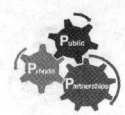

策,加强政府采购服务,鼓励民间资本研制、发射和运营商业遥感卫星,提供市场化、专业化服务。引导民间资本参与卫星导航地面应用系统建设。

八、鼓励社会资本加大社会事业投资力度

(二十五)加快社会事业公立机构分类改革。积极推进养老、文化、旅游、体育等领域符合条件的事业单位,以及公立医院资源丰富地区符合条件的医疗事业单位改制,为社会资本进入创造条件,鼓励社会资本参与公立机构改革。将符合条件的国有单位培训疗养机构转变为养老机构。

(二十六)鼓励社会资本加大社会事业投资力度。通过独资、合资、合作、联营、租赁等途径,采取特许经营、公建民营、民办公助等方式,鼓励社会资本参与教育、医疗、养老、体育健身、文化设施建设。尽快出台鼓励社会力量兴办教育、促进民办教育健康发展的意见。各地在编制城市总体规划、控制性详细规划以及有关专项规划时,要统筹规划、科学布局各类公共服务设施。各级政府逐步扩大教育、医疗、养老、体育健身、文化等政府购买服务范围,各类经营主体平等参与。将符合条件的各类医疗机构纳入医疗保险定点范围。

(二十七)完善落实社会事业建设运营税费优惠政策。进一步完善落实非营利性教育、医疗、养老、体育健身、文化机构税收优惠政策。对非营利性医疗、养老机构建设一律免征有关行政事业性收费,对营利性医疗、养老机构建设一律减半征收有关行政事业性收费。

(二十八)改进社会事业价格管理政策。民办教育、医疗机构用电、用水、用气、用热,执行与公办教育、医疗机构相同的价格政策。养老机构用电、用水、用气、用热,按居民生活类价格执行。除公立医疗、养老机构提供的基本服务按照政府规定的价格政策执行外,其他医疗、养老服务实行经营者自主定价。营利性民办学校收费实行自主定价,非营利性民办学校收费政策由地方政府按照市场化方向根据当地实际情况确定。

九、建立健全政府和社会资本合作(PPP)机制

(二十九)推广政府和社会资本合作(PPP)模式。认真总结经验,加强政策引导,在公共服务、资源环境、生态保护、基础设施等领域,积极推广PPP模式,规范选择项目合作伙伴,引入社会资本,增强公共产品供给能力。政府有关部门要严格按照预算管理有关法律法规,完善财政补贴制度,切实控制和防范财政风险。健全PPP模式的法规体系,保障项目顺利运行。鼓励通过PPP方式盘活存量资源,变现资金要用于重点领域建设。

(三十)规范合作关系保障各方利益。政府有关部门要制定管理办法,尽快发布标准合同范本,对PPP项目的业主选择、价格管理、回报方式、服务标准、信息披露、违约处罚、政府接管以及评估论证等进行详细规定,规范合作关系。平衡好社会公众与投资者利益关系,既要保障社会公众利益不受损害,又要保障经营者合法权益。

(三十一)健全风险防范和监督机制。政府和投资者应对PPP项目可能产生的政策风险、商业风险、环境风险、法律风险等进行充分论证,完善合同设计,健全纠纷解决和风险防范机制。建立独立、透明、可问责、专业化的PPP项目监管体系,形成由政府监管部门、投资者、社会公众、专家、媒体等共同参与的监督机制。

(三十二)健全退出机制。政府要与投资者明确PPP项目的退出路径,保障项目持续稳定运行。项目合作结束后,政府应组织做好接管工作,妥善处理投资回收、资产处理等事宜。

十、充分发挥政府投资的引导带动作用

(三十三)优化政府投资使用方向。政府投资主要投向公益性和基础性建设。对鼓励社会资本参与的生态环保、农林水利、市政基础设施、社会事业等重点领域，政府投资可根据实际情况给予支持，充分发挥政府投资"四两拨千斤"的引导带动作用。

（三十四）改进政府投资使用方式。在同等条件下，政府投资优先支持引入社会资本的项目，根据不同项目情况，通过投资补助、基金注资、担保补贴、贷款贴息等方式，支持社会资本参与重点领域建设。抓紧制定政府投资支持社会投资项目的管理办法，规范政府投资安排行为。

十一、创新融资方式拓宽融资渠道

（三十五）探索创新信贷服务。支持开展排污权、收费权、集体林权、特许经营权、购买服务协议预期收益、集体土地承包经营权质押贷款等担保创新类贷款业务。探索利用工程供水、供热、发电、污水垃圾处理等预期收益质押贷款，允许利用相关收益作为还款来源。鼓励金融机构对民间资本举办的社会事业提供融资支持。

（三十六）推进农业金融改革。探索采取信用担保和贴息、业务奖励、风险补偿、费用补贴、投资基金，以及互助信用、农业保险等方式，增强农民合作社、家庭农场（林场）、专业大户、农林业企业的贷款融资能力和风险抵御能力。

（三十七）充分发挥政策性金融机构的积极作用。在国家批准的业务范围内，加大对公共服务、生态环保、基础设施建设项目的支持力度。努力为生态环保、农林水利、中西部铁路和公路、城市基础设施等重大工程提供长期稳定、低成本的资金支持。

（三十八）鼓励发展支持重点领域建设的投资基金。大力发展股权投资基金和创业投资基金，鼓励民间资本采取私募等方式发起设立主要投资于公共服务、生态环保、基础设施、区域开发、战略性新兴产业、先进制造业等领域的产业投资基金。政府可以使用包括中央预算内投资在内的财政性资金，通过认购基金份额等方式予以支持。

（三十九）支持重点领域建设项目开展股权和债权融资。大力发展债权投资计划、股权投资计划、资产支持计划等融资工具，延长投资期限，引导社保资金、保险资金等用于收益稳定、回收期长的基础设施和基础产业项目。支持重点领域建设项目采用企业债券、项目收益债券、公司债券、中期票据等方式通过债券市场筹措投资资金。推动铁路、公路、机场等交通项目建设企业应收账款证券化。建立规范的地方政府举债融资机制，支持地方政府依法依规发行债券，用于重点领域建设。

创新重点领域投融资机制对稳增长、促改革、调结构、惠民生具有重要作用。各地区、各有关部门要从大局出发，进一步提高认识，加强组织领导，健全工作机制，协调推动重点领域投融资机制创新。各地政府要结合本地实际，抓紧制定具体实施细则，确保各项措施落到实处。国务院各有关部门要严格按照分工，抓紧制定相关配套措施，加快重点领域建设，同时要加强宣传解读，让社会资本了解参与方式、运营方式、盈利模式、投资回报等相关政策，进一步稳定市场预期，充分调动社会投资积极性，切实发挥好投资对经济增长的关键作用。发展改革委要会同有关部门加强对本指导意见落实情况的督促检查，重大问题及时向国务院报告。

国务院

2014年11月16日

73.《中共中央国务院关于深化国有企业改革的指导意见》

(2015年8月24日通过,中发〔2015〕22号)

国有企业属于全民所有,是推进国家现代化、保障人民共同利益的重要力量,是我们党和国家事业发展的重要物质基础和政治基础。改革开放以来,国有企业改革发展不断取得重大进展,总体上已经同市场经济相融合,运行质量和效益明显提升,在国际国内市场竞争中涌现出一批具有核心竞争力的骨干企业,为推动经济社会发展、保障和改善民生、开拓国际市场、增强我国综合实力作出了重大贡献,国有企业经营管理者队伍总体上是好的,广大职工付出了不懈努力,成就是突出的。但也要看到,国有企业仍然存在一些亟待解决的突出矛盾和问题,一些企业市场主体地位尚未真正确立,现代企业制度还不健全,国有资产监管体制有待完善,国有资本运行效率需进一步提高;一些企业管理混乱,内部人控制、利益输送、国有资产流失等问题突出,企业办社会职能和历史遗留问题还未完全解决;一些企业党组织管党治党责任不落实、作用被弱化。面向未来,国有企业面临日益激烈的国际竞争和转型升级的巨大挑战。在推动我国经济保持中高速增长和迈向中高端水平、完善和发展中国特色社会主义制度、实现中华民族伟大复兴中国梦的进程中,国有企业肩负着重大历史使命和责任。要认真贯彻落实党中央、国务院战略决策,按照"四个全面"战略布局的要求,以经济建设为中心,坚持问题导向,继续推进国有企业改革,切实破除体制机制障碍,坚定不移做强做优做大国有企业。为此,提出以下意见。

一、总体要求

(一)指导思想

高举中国特色社会主义伟大旗帜,认真贯彻落实党的十八大和十八届三中、四中全会精神,深入学习贯彻习近平总书记系列重要讲话精神,坚持和完善基本经济制度,坚持社会主义市场经济改革方向,适应市场化、现代化、国际化新形势,以解放和发展社会生产力为标准,以提高国有资本效率、增强国有企业活力为中心,完善产权清晰、权责明确、政企分开、管理科学的现代企业制度,完善国有资产监管体制,防止国有资产流失,全面推进依法治企,加强和改进党对国有企业的领导,做强做优做大国有企业,不断增强国有经济活力、控制力、影响力、抗风险能力,主动适应和引领经济发展新常态,为促进经济社会持续健康发展、实现中华民族伟大复兴中国梦作出积极贡献。

(二)基本原则

——坚持和完善基本经济制度。这是深化国有企业改革必须把握的根本要求。必须毫不动摇巩固和发展公有制经济,毫不动摇鼓励、支持、引导非公有制经济发展。坚持公有制主体地位,发挥国有经济主导作用,积极促进国有资本、集体资本、非公有资本等交叉持股、相互融合,推动各种所有制资本取长补短、相互促进、共同发展。

——坚持社会主义市场经济改革方向。这是深化国有企业改革必须遵循的基本规律。国有企业改革要遵循市场经济规律和企业发展规律,坚持政企分开、政资分开、所有权与经营权分离,坚持权利、义务、责任相统一,坚持激励机制和约束机制相结合,促使国有企业真正成为依法自主经营、自负盈亏、自担风险、自我约束、自我发展的独立市场主体。社会主义市场经济条件下的国有企业,要成为自觉履行社会责任的表率。

——坚持增强活力和强化监管相结合。这是深化国有企业改革必须把握的重要关系。增强活力是搞好国有企业的本质要求,加强监管是搞好国有企业的重要保障,要切实做到两者的有机统一。继续推进简政放权,依法落实企业法人财产权和经营自主权,进一步激发企业活力、创造力和市场竞争力。进一步完善国有企业监管制度,切实防止国有资产流失,确保国有资产保值增值。

——坚持党对国有企业的领导。这是深化国有企业改革必须坚守的政治方向、政治原则。要贯彻全面从严治党方针,充分发挥企业党组织政治核心作用,加强企业领导班子建设,创新基层党建工作,深入开展党风廉政建设,坚持全心全意依靠工人阶级,维护职工合法权益,为国有企业改革发展提供坚强有力的政治保证、组织保证和人才支撑。

——坚持积极稳妥统筹推进。这是深化国有企业改革必须采用的科学方法。要正确处理推进改革和坚持法治的关系,正确处理改革发展稳定关系,正确处理搞好顶层设计和尊重基层首创精神的关系,突出问题导向,坚持分类推进,把握好改革的次序、节奏、力度,确保改革扎实推进、务求实效。

(三)主要目标

到2020年,在国有企业改革重要领域和关键环节取得决定性成果,形成更加符合我国基本经济制度和社会主义市场经济发展要求的国有资产管理体制、现代企业制度、市场化经营机制,国有资本布局结构更趋合理,造就一大批德才兼备、善于经营、充满活力的优秀企业家,培育一大批具有创新能力和国际竞争力的国有骨干企业,国有经济活力、控制力、影响力、抗风险能力明显增强。

——国有企业公司制改革基本完成,发展混合所有制经济取得积极进展,法人治理结构更加健全,优胜劣汰、经营自主灵活、内部管理人员能上能下、员工能进能出、收入能增能减的市场化机制更加完善。

——国有资产监管制度更加成熟,相关法律法规更加健全,监管手段和方式不断优化,监管的科学性、针对性、有效性进一步提高,经营性国有资产实现集中统一监管,国有资产保值增值责任全面落实。

——国有资本配置效率显著提高,国有经济布局结构不断优化、主导作用有效发挥,国有企业在提升自主创新能力、保护资源环境、加快转型升级、履行社会责任中的引领和表率作用充分发挥。

——企业党的建设全面加强,反腐倡廉制度体系、工作体系更加完善,国有企业党组织在公司治理中的法定地位更加巩固,政治核心作用充分发挥。

二、分类推进国有企业改革

……

三、完善现代企业制度

……

四、完善国有资产管理体制

……

五、发展混合所有制经济

(十六)推进国有企业混合所有制改革。以促进国有企业转换经营机制,放大国有资本功能,提高国有资本配置和运行效率,实现各种所有制资本取长补短、相互促进、共同发展为目标,稳妥推动国有企业发展混合所有制经济。对通过实行股份制、上市等途径已经实行混合所有制的国有企业,要着力在完善现代企业制度、提高资本运行效率上下功夫;对于适宜继续推进混合所有制改革的国有企业,要充分发挥市场机制作用,坚持因地施策、因业施策、因企施策,宜独则独、宜控则控、宜参则参,不搞拉郎配,不搞全覆盖,不设时间表,成熟一个推进一个。改革要依法依规、严格程序、公开公正,切实保护混合所有制企业各类出资人的产权权益,杜绝国有资产流失。

(十七)引入非国有资本参与国有企业改革。鼓励非国有资本投资主体通过出资入股、收购股权、认购可转债、股权置换等多种方式,参与国有企业改制重组或国有控股上市公司增资扩股以及企业经营管理。实行同股同权,切实维护各类股东合法权益。在石油、天然气、电力、铁路、电信、资源开发、公用事业等领域,向非国有资本推出符合产业政策、有利于转型升级的项目。依照外商投资产业指导目录和相关安全审查规定,完善外资安全审查工作机制。开展多类型政府和社会资本合作试点,逐步推广政府和社会资本合作模式。

(十八)鼓励国有资本以多种方式入股非国有企业。充分发挥国有资本投资、运营公司的资本运作平台作用,通过市场化方式,以公共服务、高新技术、生态环保、战略性产业为重点领域,对发展潜力大、成长性强的非国有企业进行股权投资。鼓励国有企业通过投资入股、联合投资、重组等多种方式,与非国有企业进行股权融合、战略合作、资源整合。

(十九)探索实行混合所有制企业员工持股。坚持试点先行,在取得经验基础上稳妥有序推进,通过实行员工持股建立激励约束长效机制。优先支持人才资本和技术要素贡献占比较高的转制科研院所、高新技术企业、科技服务型企业开展员工持股试点,支持对企业经营业绩和持续发展有直接或较大影响的科研人员、经营管理人员和业务骨干等持股。员工持股主要采取增资扩股、出资新设等方式。完善相关政策,健全审核程序,规范操作流程,严格资产评估,建立健全股权流转和退出机制,确保员工持股公开透明,严禁暗箱操作,防止利益输送。

六、强化监督防止国有资产流失

(二十)强化企业内部监督。完善企业内部监督体系,明确监事会、审计、纪检监察、巡视以及法律、财务等部门的监督职责,完善监督制度,增强制度执行力。强化对权力集中、资金密集、资源富集、资产聚集的部门和岗位的监督,实行分事行权、分岗设权、分级授权,定期轮岗,强化内部流程控制,防止权力滥用。建立审计部门向董事会负责的工作机制。落实企业内部监事会对董事、经理和其他高级管理人员的监督。进一步发挥企业总法律顾问在经营管理中的法律审核把关作用,推进企业依法经营、合规管理。集团公司要依法依规、尽职尽责加强对子企业的管理和监督。大力推进厂务公开,健全以职工代表大会为基本形式的企业民主管理制度,加强企业职工民主监督。

(二十一)建立健全高效协同的外部监督机制。强化出资人监督,加快国有企业行为规范法律法规制度建设,加强对企业关键业务、改革重点领域、国有资本运营重要环节以及境外国有资产的监督,规范操作流程,强化专业检查,开展总会计师由履行出资人职责机构委派的试点。加强和改进外派监事会制度,明确职责定位,强化与有关专业监督机构的协作,加强当期和事中监督,强化监督成果运用,建立健全核查、移交和整改机制。健全国有资本审计监督体系和制度,实行企业国有资产审计监督全覆盖,建立对企业国有资本的经常性审计制度。加强纪检监察监督和巡视工作,强化对企业领导人员廉洁从业、行使权力等的监督,加大大案要案查处力度,狠抓对存在问题的整改落实。整合出资人监管、外派监事会监督和审计、纪检监察、巡视等监督力量，建立监督工作会商机制，加强统筹，创新方式，共享资源，减少重复检查，提高监督效能。建立健全监督意见反馈整改机制，形成监督工作的闭环。

（二十二）实施信息公开加强社会监督。完善国有资产和国有企业信息公开制度，设立统一的信息公开网络平台，依法依规、及时准确披露国有资本整体运营和监管、国有企业公司治理以及管理架构、经营情况、财务状况、关联交易、企业负责人薪酬等信息，建设阳光国企。认真处理人民群众关于国有资产流失等问题的来信、来访和检举，及时回应社会关切。充分发挥媒体舆论监督作用，有效保障社会公众对企业国有资产运营的知情权和监督权。

（二十三）严格责任追究。建立健全国有企业重大决策失误和失职、渎职责任追究倒查机制，建立和完善重大决策评估、决策事项履职记录、决策过错认定标准等配套制度，严厉查处侵吞、贪污、输送、挥霍国有资产和逃废金融债务的行为。建立健全企业国有资产的监督问责机制，对企业重大违法违纪问题敷衍不追、隐匿不报、查处不力的，严格追究有关人员失职渎职责任，视不同情形给予纪律处分或行政处分，构成犯罪的，由司法机关依法追究刑事责任。

七、加强和改进党对国有企业的领导

……

八、为国有企业改革创造良好环境条件

（二十七）完善相关法律法规和配套政策。加强国有企业相关法律法规立改废释工作，确保重大改革于法有据。切实转变政府职能，减少审批、优化制度、简化手续、提高效率。完善公共服务体系，推进政府购买服务，加快建立稳定可靠、补偿合理、公开透明的企业公共服务支出补偿机制。完善和落实国有企业重组整合涉及的资产评估增值、土地变更登记和国有资产无偿划转等方面税收优惠政策。完善国有企业退出的相关政策，依法妥善处理劳动关系调整、社会保险关系接续等问题。

（二十八）加快剥离企业办社会职能和解决历史遗留问题。完善相关政策，建立政府和国有企业合理分担成本的机制，多渠道筹措资金，采取分离移交、重组改制、关闭撤销等方式，剥离国有企业职工家属区"三供一业"和所办医院、学校、社区等公共服务机构，继续推进厂办大集体改革，对国有企业退休人员实施社会化管理，妥善解决国有企业历史遗留问题，为国有企业公平参与市场竞争创造条件。

（二十九）形成鼓励改革创新的氛围。坚持解放思想、实事求是，鼓励探索、实践、创新。全面准确评价国有企业，大力宣传中央关于全面深化国有企业改革的方针政策，宣传改革的典型案例和经验，营造有利于国有企业改革的良好舆论环境。

（三十）加强对国有企业改革的组织领导。各级党委和政府要统一思想，以高度的政治责任感和历史使命感，切实履行对深化国有企业改革的领导责任。要根据本指导意见，结合实际制定实施意见，加强统筹协调、明确责任分工、细化目标任务、强化督促落实，确保深化国有企业改革顺利推进，取得实效。

金融、文化等国有企业的改革，中央另有规定的依其规定执行。

第四章

PPP 国家部委规范文件

4

汇编导语

2013年下半年开始，国家财政部承担了较多的PPP规范和指导工作，成立了专门的工作机构（政府和社会资本合作中心，即PPP中心），管理和指导地方政府PPP项目的推进。财政部发布的PPP项目操作指南和PPP项目合同指南，以及后续作为配套文件发布的PPP项目识别、准备、采购、执行、移交的规范性操作文件，为地方政府部门、社会资本方、中介咨询机构具体PPP项目的具体实施提供具有实操性的依据文件，也为PPP项目的法律界定、合同设计、合同管理等重要内容提供了重要的指导和参考。

2014年12月，国家发改委下发《关于开展政府和社会资本合作的指导意见》，同时发布了《政府和社会资本合作项目通用合同指南》，该意见和指南强调政府和社会资本方平等主体地位，强调社会资本的合理投资回报，强调政府职能转变和依法监管，是发改系统指导和开展PPP项目的指导性文件，对律师和咨询机构服务PPP项目同样具有非常强的指导作用。该合同指南设置了15个通用模块、86条通用条款，在合同结构、具体要求等问题上与财政部的合同指南有所不同，应特别注意。

74.《财政部关于推广运用政府和社会资本合作模式有关问题的通知》

（2014年9月23日起施行，财金〔2014〕76号）

各省、自治区、直辖市、计划单列市财政厅（局），新疆生产建设兵团财务局：

为贯彻落实党的十八届三中全会关于"允许社会资本通过特许经营等方式参与城市基础设施投资和运营"精神，拓宽城镇化建设融资渠道，促进政府职能加快转变，完善财政投入及管理方式，尽快形成有利于促进政府和社会资本合作模式（Public-Private Partnership, PPP）发展的制度体系，现就有关问题通知如下：

一、充分认识推广运用政府和社会资本合作模式的重要意义

政府和社会资本合作模式是在基础设施及公共服务领域建立的一种长期合作关系。通常模式是由社会资本承担设计、建设、运营、维护基础设施的大部分工作，并通过"使用者付费"及必要的"政府付费"获得合理投资回报；政府部门负责基础设施及公共服务价格和质量监管，以保证公共利益最大化。当前，我国正在实施新型城镇化发展战略。城镇化是现代化的要求，也是稳增长、促改革、调结构、惠民生的重要抓手。立足国内实践，借鉴国际成功经验，推广运用政府和社会资本合作模式，是国家确定的重大经济改革任务，对于加快新型城镇化建设、提升国家治理能力、构建现代财政制度具有重要意义。

（一）推广运用政府和社会资本合作模式，是促进经济转型升级、支持新型城镇化建设的必然要求。政府通过政府和社会资本合作模式向社会资本开放基础设施和公共服务项目，可以拓宽城镇化建设融资渠道，形成多元化、可持续的资金投入机制，有利于整合社会资源，盘活社会存量资本，激发民间投资活力，拓展企业发展空间，提升经济增长动力，促进经济结构调整和转型升级。

(二)推广运用政府和社会资本合作模式,是加快转变政府职能、提升国家治理能力的一次体制机制变革。规范的政府和社会资本合作模式能够将政府的发展规划、市场监管、公共服务职能,与社会资本的管理效率、技术创新动力有机结合,减少政府对微观事务的过度参与,提高公共服务的效率与质量。政府和社会资本合作模式要求平等参与、公开透明,政府和社会资本按照合同办事,有利于简政放权,更好地实现政府职能转变,弘扬契约文化,体现现代国家治理理念。

(三)推广运用政府和社会资本合作模式,是深化财税体制改革、构建现代财政制度的重要内容。根据财税体制改革要求,现代财政制度的重要内容之一是建立跨年度预算平衡机制、实行中期财政规划管理、编制完整体现政府资产负债状况的综合财务报告等。政府和社会资本合作模式的实质是政府购买服务,要求从以往单一年度的预算收支管理,逐步转向强化中长期财政规划,这与深化财税体制改革的方向和目标高度一致。

二、积极稳妥做好项目示范工作

当前推广运用政府和社会资本合作模式,首先要做好制度设计和政策安排,明确适用于政府和社会资本合作模式的项目类型、采购程序、融资管理、项目监管、绩效评价等事宜。

(一)开展项目示范。地方各级财政部门要向本级政府和相关行业主管部门大力宣传政府和社会资本合作模式的理念和方法,按照政府主导、社会参与、市场运作、平等协商、风险分担、互利共赢的原则,科学评估公共服务需求,探索运用规范的政府和社会资本合作模式新建或改造一批基础设施项目。财政部将统筹考虑项目成熟度、可示范程度等因素,在全国范围内选择一批以"使用者付费"为基础的项目进行示范,在实践的基础上不断总结、提炼、完善制度体系。

(二)确定示范项目范围。适宜采用政府和社会资本合作模式的项目,具有价格调整机制相对灵活、市场化程度相对较高、投资规模相对较大、需求长期稳定等特点。各级财政部门要重点关注城市基础设施及公共服务领域,如城市供水、供暖、供气、污水和垃圾处理、保障性安居工程、地下综合管廊、轨道交通、医疗和养老服务设施等,优先选择收费定价机制透明、有稳定现金流的项目。

(三)加强示范项目指导。财政部将通过建立政府和社会资本合作项目库为地方提供参考案例。对政府和社会资本合作示范项目,财政部将在项目论证、交易结构设计、采购和选择合作伙伴、融资安排、合同管理、运营监管、绩效评价等工作环节,为地方财政部门提供全方位的业务指导和技术支撑。

(四)完善项目支持政策。财政部将积极研究利用现有专项转移支付资金渠道,对示范项目提供资本投入支持。同时,积极引入信誉好、有实力的运营商参与示范项目建设和运营。鼓励和支持金融机构为示范项目提供融资、保险等金融服务。地方各级财政部门可以结合自身财力状况,因地制宜地给予示范项目前期费用补贴、资本补助等多种形式的资金支持。在与社会资本协商确定项目财政支出责任时,地方各级财政部门要对各种形式的资金支持给予统筹,综合考虑项目风险等因素合理确定资金支持方式和力度,切实考虑社会资本合理收益。

三、切实有效履行财政管理职能

政府和社会资本合作项目从明确投入方式、选择合作伙伴、确定运营补贴到提供公共服务,涉及预算管理、政府采购、政府性债务管理,以及财政支出绩效评价等财政职能。推广运用政府和社会资本合作模式对财政管理提出了更高要求。地方各级财政部门要提高认识，勇于担当，认真做好相关财政管理工作。

（一）着力提高财政管理能力。政府和社会资本合作项目建设周期长、涉及领域广、复杂程度高，不同行业的技术标准和管理要求差异大，专业性强。地方各级财政部门要根据财税体制改革总体方案要求，按照公开、公平、公正的原则，探索项目采购、预算管理、收费定价调整机制、绩效评价等有效管理方式，规范项目运作，实现中长期可持续发展，提升资金使用效益和公共服务水平。同时，注重体制机制创新，充分发挥市场在资源配置中的决定性作用，按照"风险由最适宜的一方来承担"的原则，合理分配项目风险，项目设计、建设、财务、运营维护等商业风险原则上由社会资本承担，政策、法律和最低需求风险等由政府承担。

（二）认真做好项目评估论证。地方各级财政部门要会同行业主管部门，根据有关政策法规要求，扎实做好项目前期论证工作。除传统的项目评估论证外，还要积极借鉴物有所值（Value for Money，VFM）评价理念和方法，对拟采用政府和社会资本合作模式的项目进行筛选，必要时可委托专业机构进行项目评估论证。评估论证时，要与传统政府采购模式进行比较分析，确保从项目全生命周期看，采用政府和社会资本合作模式后能够提高服务质量和运营效率，或者降低项目成本。项目评估时，要综合考虑公共服务需要、责任风险分担、产出标准、关键绩效指标、支付方式、融资方案和所需要的财政补贴等要素，平衡好项目财务效益和社会效益，确保实现激励相容。

（三）规范选择项目合作伙伴。地方各级财政部门要依托政府采购信息平台，加强政府和社会资本合作项目政府采购环节的规范与监督管理。财政部将围绕实现"物有所值"价值目标，探索创新适合政府和社会资本合作项目采购的政府采购方式。地方各级财政部门要会同行业主管部门，按照《政府采购法》及有关规定，依法选择项目合作伙伴。要综合评估项目合作伙伴的专业资质、技术能力、管理经验和财务实力等因素，择优选择诚实守信、安全可靠的合作伙伴，并按照平等协商原则明确政府和项目公司间的权利与义务。可邀请有意愿的金融机构及早进入项目磋商进程。

（四）细化完善项目合同文本。地方各级财政部门要会同行业主管部门协商订立合同，重点关注项目的功能和绩效要求、付款和调整机制、争议解决程序、退出安排等关键环节，积极探索明确合同条款内容。财政部将在结合国际经验、国内实践的基础上，制定政府和社会资本合作模式操作指南和标准化的政府和社会资本合作模式项目合同文本。在订立具体合同时，地方各级财政部门要会同行业主管部门、专业技术机构，因地制宜地研究完善合同条款，确保合同内容全面、规范、有效。

（五）完善项目财政补贴管理。对项目收入不能覆盖成本和收益，但社会效益较好的政府和社会资本合作项目，地方各级财政部门可给予适当补贴。财政补贴要以项目运营绩效评价结果为依据，综合考虑产品或服务价格、建造成本、运营费用、实际收益率、财政中长期承受能力等因素合理确定。地方各级财政部门要从"补建设"向"补运营"逐步转变，探索建立动态补贴机制，将财政补贴等支出分类纳入同级政府预算，并在中长期财政规划中予以统筹考虑。

（六）健全债务风险管理机制。地方各级财政部门要根据中长期财政规划和项目全生命周期内的财政支出，对政府付费或提供财政补贴等支持的项目进行财政承受能力论证。在明

确项目收益与风险分担机制时,要综合考虑政府风险转移意向、支付方式和市场风险管理能力等要素,量力而行,减少政府不必要的财政负担。省级财政部门要建立统一的项目名录管理制度和财政补贴支出统计监测制度,按照政府性债务管理要求,指导下级财政部门合理确定补贴金额,依法严格控制政府或有债务,重点做好融资平台公司项目向政府和社会资本合作项目转型的风险控制工作,切实防范和控制财政风险。

(七)稳步开展项目绩效评价。省级财政部门要督促行业主管部门,加强对项目公共产品或服务质量和价格的监管,建立政府、服务使用者共同参与的综合性评价体系,对项目的绩效目标实现程度、运营管理、资金使用、公共服务质量、公众满意度等进行绩效评价。绩效评价结果应依法对外公开,接受社会监督。同时,要根据评价结果,依据合同约定对价格或补贴等进行调整,激励社会资本通过管理创新、技术创新提高公共服务质量。

四、加强组织和能力建设

(一)推动设立专门机构。省级财政部门要结合部门内部职能调整,积极研究设立专门机构,履行政府和社会资本合作政策制订、项目储备、业务指导、项目评估、信息管理、宣传培训等职责,强化组织保障。

(二)持续开展能力建设。地方各级财政部门要着力加强政府和社会资本合作模式实施能力建设,注重培育专业人才。同时,大力宣传培训政府和社会资本合作的工作理念和方法,增进政府、社会和市场主体共识,形成良好的社会氛围。

(三)强化工作组织领导。地方各级财政部门要进一步明确职责分工和工作目标要求。同时,要与有关部门建立高效、顺畅的工作协调机制,形成工作合力,确保顺利实施。对工作中出现的新情况、新问题,应及时报告财政部。

财政部
2014年9月23日

75.《关于印发政府和社会资本合作模式操作指南(试行)的通知》

(2014年11月29日起施行,财金〔2014〕113号)

各省、自治区、直辖市、计划单列市财政厅(局),新疆生产建设兵团财务局:

根据《财政部关于推广运用政府和社会资本合作模式有关问题的通知》(财金〔2014〕76号),为保证政府和社会资本合作项目实施质量,规范项目识别、准备、采购、执行、移交各环节操作流程,现印发《政府和社会资本合作模式操作指南(试行)》,请遵照执行。

附件:政府和社会资本合作模式操作指南(试行)

财政部
2014年11月29日

政府和社会资本合作模式操作指南(试行)

第一章 总 则

第一条 为科学规范地推广运用政府和社会资本合作模式(Public-Private Partnership,PPP),根据《中华人民共和国预算法》、《中华人民共和国政府采购法》、《中华人民共和国合同法》、《国务院关于加强地方政府性债务管理的意见》(国发〔2014〕43号)、《国务院关于深化预算管理制度改革的决定》(国发〔2014〕45号)和《财政部关于推广运用政府和社会资本合作模式有关问题的通知》(财金〔2014〕76号)等法律、法规、规章和规范性文件,制定本指南。

第二条 本指南所称社会资本是指已建立现代企业制度的境内外企业法人,但不包括本级政府所属融资平台公司及其他控股国有企业。

第三条 本指南适用于规范政府、社会资本和其他参与方开展政府和社会资本合作项目的识别、准备、采购、执行和移交等活动。

第四条 财政部门应本着社会主义市场经济基本原则,以制度创新、合作契约精神,加强与政府相关部门的协调,积极发挥第三方专业机构作用,全面统筹政府和社会资本合作管理工作。

各省、自治区、直辖市、计划单列市和新疆生产建设兵团财政部门应积极设立政府和社会资本合作中心或指定专门机构,履行规划指导、融资支持、识别评估、咨询服务、宣传培训、绩效评价、信息统计、专家库和项目库建设等职责。

第五条 各参与方应按照公平、公正、公开和诚实信用的原则,依法、规范、高效实施政府和社会资本合作项目。

第二章 项目识别

第六条 投资规模较大、需求长期稳定、价格调整机制灵活、市场化程度较高的基础设施及公共服务类项目,适宜采用政府和社会资本合作模式。

政府和社会资本合作项目由政府或社会资本发起,以政府发起为主。

(一)政府发起。

财政部门(政府和社会资本合作中心)应负责向交通、住建、环保、能源、教育、医疗、体育健身和文化设施等行业主管部门征集潜在政府和社会资本合作项目。行业主管部门可从国民经济和社会发展规划及行业专项规划中的新建、改建项目或存量公共资产中遴选潜在项目。

(二)社会资本发起。

社会资本应以项目建议书的方式向财政部门(政府和社会资本合作中心)推荐潜在政府和社会资本合作项目。

第七条 财政部门(政府和社会资本合作中心)会同行业主管部门,对潜在政府和社会资本合作项目进行评估筛选,确定备选项目。财政部门(政府和社会资本合作中心)应根据筛选结果制定项目年度和中期开发计划。

对于列入年度开发计划的项目,项目发起方应按财政部门(政府和社会资本合作中心)

的要求提交相关资料。新建、改建项目应提交可行性研究报告、项目产出说明和初步实施方案；存量项目应提交存量公共资产的历史资料、项目产出说明和初步实施方案。

第八条 财政部门（政府和社会资本合作中心）会同行业主管部门，从定性和定量两方面开展物有所值评价工作。定量评价工作由各地根据实际情况开展。

定性评价重点关注项目采用政府和社会资本合作模式与采用政府传统采购模式相比能否增加供给、优化风险分配、提高运营效率、促进创新和公平竞争等。

定量评价主要通过对政府和社会资本合作项目全生命周期内政府支出成本现值与公共部门比较值进行比较，计算项目的物有所值量值，判断政府和社会资本合作模式是否降低项目全生命周期成本。

第九条 为确保财政中长期可持续性，财政部门应根据项目全生命周期内的财政支出、政府债务等因素，对部分政府付费或政府补贴的项目，开展财政承受能力论证，每年政府付费或政府补贴等财政支出不得超出当年财政收入的一定比例。

通过物有所值评价和财政承受能力论证的项目，可进行项目准备。

第三章 项目准备

第十条 县级（含）以上地方人民政府可建立专门协调机制，主要负责项目评审、组织协调和检查督导等工作，实现简化审批流程、提高工作效率的目的。政府或其指定的有关职能部门或事业单位可作为项目实施机构，负责项目准备、采购、监管和移交等工作。

第十一条 项目实施机构应组织编制项目实施方案，依次对以下内容进行介绍：

（一）项目概况。

项目概况主要包括基本情况、经济技术指标和项目公司股权情况等。

基本情况主要明确项目提供的公共产品和服务内容、项目采用政府和社会资本合作模式运作的必要性和可行性，以及项目运作的目标和意义。

经济技术指标主要明确项目区位、占地面积、建设内容或资产范围、投资规模或资产价值、主要产出说明和资金来源等。

项目公司股权情况主要明确是否要设立项目公司以及公司股权结构。

（二）风险分配基本框架。

按照风险分配优化、风险收益对等和风险可控等原则，综合考虑政府风险管理能力、项目回报机制和市场风险管理能力等要素，在政府和社会资本间合理分配项目风险。

原则上，项目设计、建造、财务和运营维护等商业风险由社会资本承担，法律、政策和最低需求等风险由政府承担，不可抗力等风险由政府和社会资本合理共担。

（三）项目运作方式。

项目运作方式主要包括委托运营、管理合同、建设-运营-移交、建设-拥有-运营、转让-运营-移交和改建-运营-移交等。

具体运作方式的选择主要由收费定价机制、项目投资收益水平、风险分配基本框架、融资需求、改扩建需求和期满处置等因素决定。

（四）交易结构。

交易结构主要包括项目投融资结构、回报机制和相关配套安排。

项目投融资结构主要说明项目资本性支出的资金来源、性质和用途，项目资产的形成和转移等。

项目回报机制主要说明社会资本取得投资回报的资金来源，包括使用者付费、可行性缺口补助和政府付费等支付方式。

相关配套安排主要说明由项目以外相关机构提供的土地、水、电、气和道路等配套设施和项目所需的上下游服务。

（五）合同体系。

合同体系主要包括项目合同、股东合同、融资合同、工程承包合同、运营服务合同、原料供应合同、产品采购合同和保险合同等。项目合同是其中最核心的法律文件。

项目边界条件是项目合同的核心内容，主要包括权利义务、交易条件、履约保障和调整衔接等边界。

权利义务边界主要明确项目资产权属、社会资本承担的公共责任、政府支付方式和风险分配结果等。

交易条件边界主要明确项目合同期限、项目回报机制、收费定价调整机制和产出说明等。

履约保障边界主要明确强制保险方案以及由投资竞争保函、建设履约保函、运营维护保函和移交维修保函组成的履约保函体系。

调整衔接边界主要明确应急处置、临时接管和提前终止、合同变更、合同展期、项目新增改扩建需求等应对措施。

（六）监管架构。

监管架构主要包括授权关系和监管方式。授权关系主要是政府对项目实施机构的授权，以及政府直接或通过项目实施机构对社会资本的授权；监管方式主要包括履约管理、行政监管和公众监督等。

（七）采购方式选择。

项目采购应根据《中华人民共和国政府采购法》及相关规章制度执行，采购方式包括公开招标、竞争性谈判、邀请招标、竞争性磋商和单一来源采购。项目实施机构应根据项目采购需求特点，依法选择适当采购方式。

公开招标主要适用于核心边界条件和技术经济参数明确、完整、符合国家法律法规和政府采购政策，且采购中不作更改的项目。

第十二条 财政部门（政府和社会资本合作中心）应对项目实施方案进行物有所值和财政承受能力验证，通过验证的，由项目实施机构报政府审核；未通过验证的，可在实施方案调整后重新验证；经重新验证仍不能通过的，不再采用政府和社会资本合作模式。

第四章 项目采购

第十三条 项目实施机构应根据项目需要准备资格预审文件，发布资格预审公告，邀请社会资本和与其合作的金融机构参与资格预审，验证项目能否获得社会资本响应和实现充分竞争，并将资格预审的评审报告提交财政部门（政府和社会资本合作中心）备案。

项目有3家以上社会资本通过资格预审的，项目实施机构可以继续开展采购文件准备工作；项目通过资格预审的社会资本不足3家的，项目实施机构应在实施方案调整后重新组织资格预审；项目经重新资格预审合格社会资本仍不够3家的，可依法调整实施方案选择的采购方式。

第十四条 资格预审公告应在省级以上人民政府财政部门指定的媒体上发布。资格预审合格的社会资本在签订项目合同前资格发生变化的,应及时通知项目实施机构。

资格预审公告应包括项目授权主体、项目实施机构和项目名称、采购需求、对社会资本的资格要求、是否允许联合体参与采购活动、拟确定参与竞争的合格社会资本的家数和确定方法,以及社会资本提交资格预审申请文件的时间和地点。提交资格预审申请文件的时间自公告发布之日起不得少于15个工作日。

第十五条 项目采购文件应包括采购邀请、竞争者须知(包括密封、签署、盖章要求等)、竞争者应提供的资格、资信及业绩证明文件、采购方式、政府对项目实施机构的授权、实施方案的批复和项目相关审批文件、采购程序、响应文件编制要求、提交响应文件截止时间、开启时间及地点、强制担保的保证金交纳数额和形式、评审方法、评审标准、政府采购政策要求、项目合同草案及其他法律文本等。

采用竞争性谈判或竞争性磋商采购方式的,项目采购文件除上款规定的内容外,还应明确评审小组根据与社会资本谈判情况可能实质性变动的内容,包括采购需求中的技术、服务要求以及合同草案条款。

第十六条 评审小组由项目实施机构代表和评审专家共5人以上单数组成,其中评审专家人数不得少于评审小组成员总数的2/3。评审专家可以由项目实施机构自行选定,但评审专家中应至少包含1名财务专家和1名法律专家。项目实施机构代表不得以评审专家身份参加项目的评审。

第十七条 项目采用公开招标、邀请招标、竞争性谈判、单一来源采购方式开展采购的,按照政府采购法律法规及有关规定执行。

项目采用竞争性磋商采购方式开展采购的,按照下列基本程序进行:

(一)采购公告发布及报名。

竞争性磋商公告应在省级以上人民政府财政部门指定的媒体上发布。竞争性磋商公告应包括项目实施机构和项目名称、项目结构和核心边界条件、是否允许未进行资格预审的社会资本参与采购活动,以及审查原则、项目产出说明、对社会资本提供的响应文件要求、获取采购文件的时间、地点、方式及采购文件的售价、提交响应文件截止时间、开启时间及地点。提交响应文件的时间自公告发布之日起不得少于10日。

(二)资格审查及采购文件发售。

已进行资格预审的,评审小组在评审阶段不再对社会资本资格进行审查。允许进行资格后审的,由评审小组在响应文件评审环节对社会资本进行资格审查。项目实施机构可以视项目的具体情况,组织对符合条件的社会资本的资格条件,进行考察核实。

采购文件售价,应按照弥补采购文件印制成本费用的原则确定,不得以营利为目的,不得以项目采购金额作为确定采购文件售价依据。采购文件的发售期限自开始之日起不得少于5个工作日。

(三)采购文件的澄清或修改。

提交首次响应文件截止之日前,项目实施机构可以对已发出的采购文件进行必要的澄清或修改,澄清或修改的内容应作为采购文件的组成部分。澄清或修改的内容可能影响响应文件编制的,项目实施机构应在提交首次响应文件截止时间至少5日前,以书面形式通知所有获取采购文件的社会资本;不足5日的,项目实施机构应顺延提交响应文件的截止时间。

（四）响应文件评审。

项目实施机构应按照采购文件规定组织响应文件的接收和开启。

评审小组对响应文件进行两阶段评审：

第一阶段：确定最终采购需求方案。评审小组可以与社会资本进行多轮谈判，谈判过程中可实质性修订采购文件的技术、服务要求以及合同草案条款，但不得修订采购文件中规定的不可谈判核心条件。实质性变动的内容，须经项目实施机构确认，并通知所有参与谈判的社会资本。具体程序按照《政府采购非招标方式管理办法》及有关规定执行。

第二阶段：综合评分。最终采购需求方案确定后，由评审小组对社会资本提交的最终响应文件进行综合评分，编写评审报告并向项目实施机构提交候选社会资本的排序名单。具体程序按照《政府采购货物和服务招标投标管理办法》及有关规定执行。

第十八条 项目实施机构应在资格预审公告、采购公告、采购文件、采购合同中，列明对本国社会资本的优惠措施及幅度、外方社会资本采购我国生产的货物和服务要求等相关政府采购政策，以及对社会资本参与采购活动和履约保证的强制担保要求。社会资本应以支票、汇票、本票或金融机构、担保机构出具的保函等非现金形式缴纳保证金。参加采购活动的保证金的数额不得超过项目预算金额的2%。履约保证金的数额不得超过政府和社会资本合作项目初始投资总额或资产评估值的10%。无固定资产投资或投资额不大的服务型合作项目，履约保证金的数额不得超过平均6个月的服务收入额。

第十九条 项目实施机构应组织社会资本进行现场考察或召开采购前答疑会，但不得单独或分别组织只有一个社会资本参加的现场考察和答疑会。

第二十条 项目实施机构应成立专门的采购结果确认谈判工作组。按照候选社会资本的排名，依次与候选社会资本及与其合作的金融机构就合同中可变的细节问题进行合同签署前的确认谈判，率先达成一致的即为中选者。确认谈判不得涉及合同中不可谈判的核心条款，不得与排序在前但已终止谈判的社会资本进行再次谈判。

第二十一条 确认谈判完成后，项目实施机构应与中选社会资本签署确认谈判备忘录，并将采购结果和根据采购文件、响应文件、补遗文件和确认谈判备忘录拟定的合同文本进行公示，公示期不得少于5个工作日。合同文本应将中选社会资本响应文件中的重要承诺和技术文件等作为附件。合同文本中涉及国家秘密、商业秘密的内容可以不公示。

公示期满无异议的项目合同，应在政府审核同意后，由项目实施机构与中选社会资本签署。

需要为项目设立专门项目公司的，待项目公司成立后，由项目公司与项目实施机构重新签署项目合同，或签署关于承继项目合同的补充合同。

项目实施机构应在项目合同签订之日起2个工作日内，将项目合同在省级以上人民政府财政部门指定的媒体上公告，但合同中涉及国家秘密、商业秘密的内容除外。

第二十二条 各级人民政府财政部门应当加强对PPP项目采购活动的监督检查，及时处理采购活动中的违法违规行为。

第五章 项目执行

第二十三条 社会资本可依法设立项目公司。政府可指定相关机构依法参股项目公司。项目实施机构和财政部门（政府和社会资本合作中心）应监督社会资本按照采购文件和项目合同约定,按时足额出资设立项目公司。

第二十四条 项目融资由社会资本或项目公司负责。社会资本或项目公司应及时开展融资方案设计、机构接洽、合同签订和融资交割等工作。财政部门(政府和社会资本合作中心)和项目实施机构应做好监督管理工作,防止企业债务向政府转移。

社会资本或项目公司未按照项目合同约定完成融资的,政府可提取履约保函直至终止项目合同;遇系统性金融风险或不可抗力的,政府、社会资本或项目公司可根据项目合同约定协商修订合同中相关融资条款。

当项目出现重大经营或财务风险,威胁或侵害债权人利益时,债权人可依据与政府、社会资本或项目公司签订的直接介入协议或条款,要求社会资本或项目公司改善管理等。在直接介入协议或条款约定期限内,重大风险已解除的,债权人应停止介入。

第二十五条 项目合同中涉及的政府支付义务,财政部门应结合中长期财政规划统筹考虑,纳入同级政府预算,按照预算管理相关规定执行。财政部门(政府和社会资本合作中心)和项目实施机构应建立政府和社会资本合作项目政府支付台账,严格控制政府财政风险。在政府综合财务报告制度建立后,政府和社会资本合作项目中的政府支付义务应纳入政府综合财务报告。

第二十六条 项目实施机构应根据项目合同约定,监督社会资本或项目公司履行合同义务,定期监测项目产出绩效指标,编制季报和年报,并报财政部门(政府和社会资本合作中心)备案。

政府有支付义务的,项目实施机构应根据项目合同约定的产出说明,按照实际绩效直接或通知财政部门向社会资本或项目公司及时足额支付。设置超额收益分享机制的,社会资本或项目公司应根据项目合同约定向政府及时足额支付应享有的超额收益。

项目实际绩效优于约定标准的,项目实施机构应执行项目合同约定的奖励条款,并可将其作为项目期满合同能否展期的依据;未达到约定标准的,项目实施机构应执行项目合同约定的惩处条款或救济措施。

第二十七条 社会资本或项目公司违反项目合同约定,威胁公共产品和服务持续稳定安全供给,或危及国家安全和重大公共利益的,政府有权临时接管项目,直至启动项目提前终止程序。

政府可指定合格机构实施临时接管。临时接管项目所产生的一切费用,将根据项目合同约定,由违约方单独承担或由各责任方分担。社会资本或项目公司应承担的临时接管费用,可以从其应获终止补偿中扣减。

第二十八条 在项目合同执行和管理过程中,项目实施机构应重点关注合同修订、违约责任和争议解决等工作。

(一)合同修订。

按照项目合同约定的条件和程序,项目实施机构和社会资本或项目公司可根据社会经济环境、公共产品和服务的需求量及结构等条件的变化,提出修订项目合同申请,待政府审核同意后执行。

(二)违约责任。

项目实施机构、社会资本或项目公司未履行项目合同约定义务的,应承担相应违约责任,包括停止侵害、消除影响、支付违约金、赔偿损失以及解除项目合同等。

（三）争议解决。

在项目实施过程中，按照项目合同约定，项目实施机构、社会资本或项目公司可就发生争议且无法协商达成一致的事项，依法申请仲裁或提起民事诉讼。

第二十九条 项目实施机构应每3–5年对项目进行中期评估，重点分析项目运行状况和项目合同的合规性、适应性和合理性；及时评估已发现问题的风险，制订应对措施，并报财政部门（政府和社会资本合作中心）备案。

第三十条 政府相关职能部门应根据国家相关法律法规对项目履行行政监管职责，重点关注公共产品和服务质量、价格和收费机制、安全生产、环境保护和劳动者权益等。

社会资本或项目公司对政府职能部门的行政监管处理决定不服的，可依法申请行政复议或提起行政诉讼。

第三十一条 政府、社会资本或项目公司应依法公开披露项目相关信息，保障公众知情权，接受社会监督。

社会资本或项目公司应披露项目产出的数量和质量、项目经营状况等信息。政府应公开不涉及国家秘密、商业秘密的政府和社会资本合作项目合同条款、绩效监测报告、中期评估报告和项目重大变更或终止情况等。

社会公众及项目利益相关方发现项目存在违法、违约情形或公共产品和服务不达标准的，可向政府职能部门提请监督检查。

第六章 项目移交

第三十二条 项目移交时，项目实施机构或政府指定的其他机构代表政府收回项目合同约定的项目资产。

项目合同中应明确约定移交形式、补偿方式、移交内容和移交标准。移交形式包括期满终止移交和提前终止移交；补偿方式包括无偿移交和有偿移交；移交内容包括项目资产、人员、文档和知识产权等；移交标准包括设备完好率和最短可使用年限等指标。

采用有偿移交的，项目合同中应明确约定补偿方案；没有约定或约定不明的，项目实施机构应按照"恢复相同经济地位"原则拟定补偿方案，报政府审核同意后实施。

第三十三条 项目实施机构或政府指定的其他机构应组建项目移交工作组，根据项目合同约定与社会资本或项目公司确认移交情形和补偿方式，制定资产评估和性能测试方案。

项目移交工作组应委托具有相关资质的资产评估机构，按照项目合同约定的评估方式，对移交资产进行资产评估，作为确定补偿金额的依据。

项目移交工作组应严格按照性能测试方案和移交标准对移交资产进行性能测试。性能测试结果不达标的，移交工作组应要求社会资本或项目公司进行恢复性修理、更新重置或提取移交维修保函。

第三十四条 社会资本或项目公司应将满足性能测试要求的项目资产、知识产权和技术法律文件，连同资产清单移交项目实施机构或政府指定的其他机构，办妥法律过户和管理权移交手续。社会资本或项目公司应配合做好项目运营平稳过渡相关工作。

第三十五条 项目移交完成后，财政部门（政府和社会资本合作中心）应组织有关部门对项目产出、成本效益、监管成效、可持续性、政府和社会资本合作模式应用等进行绩效评价，并按相关规定公开评价结果。评价结果作为政府开展政府和社会资本合作管理工作决策参考依据。

第七章 附 则

第三十六条 本操作指南自印发之日起施行，有效期3年。

第三十七条 本操作指南由财政部负责解释。

附：1. 政府和社会资本合作项目操作流程图（略）
　　2. 名词解释（略）

76.《关于规范政府和社会资本合作合同管理工作的通知》

（2014年12月30日起施行，财金〔2014〕156号）

各省、自治区、直辖市、计划单列市财政厅（局），新疆生产建设兵团财务局：

根据《关于推广运用政府和社会资本合作模式有关问题的通知》（财金〔2014〕76号）和《关于印发政府和社会资本合作模式操作指南（试行）的通知》（财金〔2014〕113号），为科学规范推广运用政府和社会资本合作（Public-Private Partnership，以下简称PPP）模式，现就规范PPP合同管理工作通知如下：

一、高度重视PPP合同管理工作

PPP模式是在基础设施和公共服务领域政府和社会资本基于合同建立的一种合作关系。"按合同办事"不仅是PPP模式的精神实质，也是依法治国、依法行政的内在要求。加强对PPP合同的起草、谈判、履行、变更、解除、转让、终止直至失效的全过程管理，通过合同正确表达意愿、合理分配风险、妥善履行义务、有效主张权利，是政府和社会资本长期友好合作的重要基础，也是PPP项目顺利实施的重要保障。地方财政部门在推进PPP中要高度重视、充分认识合同管理的重要意义，会同行业主管部门加强PPP合同管理工作。

二、切实遵循PPP合同管理的核心原则

为规范PPP合同管理工作，财政部制定了《PPP项目合同指南（试行）》（见附件），后续还将研究制定标准化合同文本等。各级财政部门在推进PPP工作中，要切实遵循以下原则：

（一）依法治理。在依法治国、依法行政的框架下，充分发挥市场在资源配置中的决定性作用，允许政府和社会资本依法自由选择合作伙伴，充分尊重双方在合同订立和履行过程中的契约自由，依法保护PPP项目各参与方的合法权益，共同维护法律权威和公平正义。

（二）平等合作。在PPP模式下，政府与社会资本是基于PPP项目合同的平等法律主体，双方法律地位平等、权利义务对等，应在充分协商、互利互惠的基础上订立合同，并依法平等地主张合同权利、履行合同义务。

（三）维护公益。建立履约管理、行政监管和社会监督"三位一体"的监管架构，优先保障公共安全和公共利益。PPP项目合同中除应规定社会资本方的绩效监测和质量控制等义务外，还应保证政府方合理的监督权和介入权，以加强对社会资本的履约管理。与此同时，政府还应依法严格履行行政管理职能，建立健全及时有效的项目信息公开和公众监督机制。

（四）诚实守信。政府和社会资本应在PPP项目合同中明确界定双方在项目融资、建设、运营、移交等全生命周期内的权利义务，并在合同管理的全过程中真实表达意思表示，认真恪守合同约定，妥善履行合同义务，依法承担违约责任。

（五）公平效率。在PPP项目合同中要始终贯彻物有所值原则，在风险分担和利益分配方面兼顾公平与效率：既要通过在政府和社会资本之间合理分配项目风险，实现公共服务供给效率和资金使用效益的提升，又要在设置合作期限、方式和投资回报机制时，统筹考虑社会资本方的合理收益预期、政府方的财政承受能力以及使用者的支付能力，防止任何一方因此过分受损或超额获益。

（六）兼顾灵活。鉴于PPP项目的生命周期通常较长，在合同订立时既要充分考虑项目全生命周期内的实际需求，保证合同内容的完整性和相对稳定性，也要合理设置一些关于期限变更（展期和提前终止）、内容变更（产出标准调整、价格调整等）、主体变更（合同转让）的灵活调整机制，为未来可能长达20-30年的合同执行期预留调整和变更空间。

三、有效推进PPP合同管理工作

（一）加强组织协调，保障合同效力。在推进PPP的过程中，各级财政部门要会同行业主管部门做好合同审核和履约管理工作，确保合同内容真实反映各方意愿、合理分配项目风险、明确划分各方义务、有效保障合法权益，为PPP项目的顺利实施和全生命周期管理提供合法有效的合同依据。

（二）加强能力建设，防控项目风险。各级财政部门要组织加强对当地政府及相关部门、社会资本以及PPP项目其他参与方的法律和合同管理培训，使各方牢固树立法律意识和契约观念，逐步提升各参与方对PPP项目合同的精神主旨、核心内容和谈判要点的理解把握能力。在合同管理全过程中，要充分借助、积极运用法律、投资、财务、保险等专业咨询顾问机构的力量，提升PPP项目合同的科学性、规范性和操作性，充分识别、合理防控项目风险。

（三）总结项目经验，规范合同条款。各级财政部门要会同行业主管部门结合PPP项目试点工作，抓好合同管理的贯彻落实，不断细化、完善合同条款，及时总结经验，逐步形成一批科学合理、全面规范、切实可行的合同文本，以供参考示范。财政部将在总结各地实践的基础上，逐步出台主要行业领域和主要运作方式的PPP项目合同标准示范文本，以进一步规范合同内容、统一合同共识、缩短合同准备和谈判周期，加快PPP模式推广应用。

附件：PPP项目合同指南（试行）

财政部
2014年12月30日

77.《PPP项目合同指南（试行）》

（财政部　财金〔2014〕156号文附件）

编制说明

本指南所称的政府和社会资本合作（Public-Private-Partnership，以下简称PPP）项目合同是指政府方（政府或政府授权机构）与社会资本方（社会资本或项目公司）依法就PPP项目合作所订立的合同。在PPP项目中，除项目合同外，项目公司的股东之间，项目公司与项目的融资方、承包商、专业运营商、原料供应商、产品或服务购买方、保险公司等其他参与方之间，还会围绕PPP项目合作订立一系列合同来确立和调整彼此之间的权利义务关系，共同构成PPP项目的合同体系。PPP项目合同是整个合同体系的基础和核心，政府方与社会资本方的权利义务关系以及PPP项目的交易结构、风险分配机制等均通过PPP项目合同确定，并以此作为各方主张权利、履行义务的依据和项目全生命周期顺利实施的保障。

PPP从行为性质上属于政府向社会资本采购公共服务的民事法律行为，构成民事主体之间的民事法律关系。同时，政府作为公共事务的管理者，在履行PPP项目的规划、管理、监督等行政职能时，与社会资本之间构成行政法律关系。因此，我国PPP项目合同相关法律关系的确立和调整依据，主要是现行的民商法、行政法、经济法和社会法，包括《民法通则》、《合同法》、《预算法》、《政府采购法》、《公司法》、《担保法》、《保险法》、《行政许可法》、《行政处罚法》、《行政复议法》、《民事诉讼法》、《仲裁法》、《行政诉讼法》、《会计法》、《土地管理法》、《建筑法》、《环境保护法》等。

根据上述法律规定以及《国务院关于加强地方政府性债务管理的意见》（国发[2014]43号）、《国务院关于深化预算管理制度改革的决定》（国发[2014]45号）、《国务院关于创新重点领域投融资机制鼓励社会投资的指导意见》（国发[2014]60号）、《财政部关于推广运用政府和社会资本合作模式有关问题的通知》（财金[2014]76号）、《财政部关于印发政府和社会资本合作模式操作指南的通知》（财金[2014]113号）有关要求，结合国内外PPP实践，编制本指南，以帮助PPP项目各参与方全面系统地认识PPP项目合同，指导合同的订立和履行。

本指南共4章、29节，全面系统介绍PPP项目合同体系，说明各主要参与方在PPP项目中的角色及订立相关合同的目的，阐述PPP项目合同的主要内容和核心条款，具体分析合同条款中的风险分配原则、基本内容和权利义务安排。同时，从付费机制和行业领域两个方面，详细剖析不同类型PPP项目合同中的核心要素和特定条款。

PPP项目兼具长期性、复杂性与多样性，项目所处地域、行业、市场环境等情况的不同，各参与方合作意愿、风险偏好、谈判能力等方面的差异，最终表现为合同内容上的千差万别。本指南仅对PPP项目合同通常所包含的具有共性的条款和机制作原则性介绍，并不能适用所有PPP项目的特点和个性需求。实践中，PPP项目各参与方应当结合项目客观需要和谈判结果，充分借助专业力量，因地制宜地订立PPP项目合同。

鉴于我国PPP工作尚处于起步阶段，法律制度、机构能力和实践经验等方面均有待进一步加强和丰富，今后财政部将及时对本指南进行修订和完善。

第一章 总　则

第一节　PPP项目主要参与方

PPP项目的参与方通常包括政府、社会资本方、融资方、承包商和分包商、原料供应商、专业运营商、保险公司以及专业机构等。

一、政府

根据PPP项目运作方式和社会资本参与程度的不同，政府在PPP项目中所承担的具体职责也不同。总体来讲，在PPP项目中，政府需要同时扮演以下两种角色：

作为公共事务的管理者，政府负有向公众提供优质且价格合理的公共产品和服务的义务，承担PPP项目的规划、采购、管理、监督等行政管理职能，并在行使上述行政管理职能时形成与项目公司（或社会资本）之间的行政法律关系；

作为公共产品或服务的购买者（或者购买者的代理人），政府基于PPP项目合同形成与项目公司（或社会资本）之间的平等民事主体关系，按照PPP项目合同的约定行使权利、履行义务。

为便于区分政府的不同角色，本指南中，政府或政府授权机构作为PPP项目合同的一方签约主体时，称为政府方。

二、社会资本方

本指南所称社会资本方是指与政府方签署PPP项目合同的社会资本或项目公司。本指南所称的社会资本是指依法设立且有效存续的具有法人资格的企业，包括民营企业、国有企业、外国企业和外商投资企业。但本级人民政府下属的政府融资平台公司及其控股的其他国有企业（上市公司除外）不得作为社会资本方参与本级政府辖区内的PPP项目。社会资本是PPP项目的实际投资人。但在PPP实践中，社会资本通常不会直接作为PPP项目的实施主体，而会专门针对该项目成立项目公司，作为PPP项目合同及项目其他相关合同的签约主体，负责项目具体实施。

项目公司是依法设立的自主运营、自负盈亏的具有独立法人资格的经营实体。项目公司可以由社会资本（可以是一家企业，也可以是多家企业组成的联合体）出资设立，也可以由政府和社会资本共同出资设立。但政府在项目公司中的持股比例应当低于50%、且不具有实际控制力及管理权。

三、融资方

PPP项目的融资方通常有商业银行、出口信贷机构、多边金融机构（如世界银行、亚洲开发银行等）以及非银行金融机构（如信托公司）等。根据项目规模和融资需求的不同，融资方可以是一两家金融机构，也可以是由多家银行或机构组成的银团，具体的债权融资方式除贷款外，也包括债券、资产证券化等。

四、承包商和分包商

在PPP项目中，承包商和分包商的选择是影响工程技术成败的关键因素，其技术水平、资历、信誉以及财务能力在很大程度上会影响贷款人对项目的商业评估和风险判断，是项目能否获得贷款的一个重要因素。

承包商主要负责项目的建设，通常与项目公司签订固定价格、固定工期的工程总承包合同。一般而言，承包商要承担工期延误、工程质量不合格和成本超支等风险。

对于规模较大的项目，承包商可能会与分包商签订分包合同，把部分工作分包给专业分包商。根据具体项目的不同情况，分包商从事的具体工作可能包括设计、部分非主体工程的施工，提供技术服务以及供应工程所需的货物、材料、设备等。承包商负责管理和协调分包商的工作。

五、专业运营商（部分项目适用）

根据不同PPP项目运作方式的特点，项目公司有时会将项目部分的运营和维护事务交给专业运营商负责。但根据项目性质、风险分配以及运营商资质能力等不同，专业运营商在不同项目中所承担的工作范围和风险也会不同。例如，在一些采用政府付费机制的项目中，项目公司不承担需求风险或仅承担有限需求风险的，可能会将大部分的运营事务交由专业运营商负责；而在一些采用使用者付费机制的项目中，由于存在较大需求风险，项目公司可能仅仅会将部分非核心的日常运营管理事务交由专业运营商负责。

六、原料供应商（部分项目适用）

在一些PPP项目中，原料的及时、充足、稳定供应对于项目的平稳运营至关重要，因此原料供应商也是这类项目的重要参与方之一。例如在燃煤电厂项目中，为了保证煤炭的稳定供应，项目公司通常会与煤炭供应商签订长期供应协议。

七、产品或服务购买方（部分项目适用）

在包含运营内容的PPP项目中，项目公司通常通过项目建成后的运营收入来回收成本并获取利润。为了降低市场风险，在项目谈判阶段，项目公司以及融资方通常都会要求确定项目产品或服务的购买方，并由购买方与项目公司签订长期购销合同以保证项目未来的稳定收益。

八、保险公司

由于PPP项目通常资金规模大、生命周期长，在项目建设和运营期间面临着诸多难以预料的各类风险，因此项目公司以及项目的承包商、分包商、供应商、运营商等通常均会就其面临的各类风险向保险公司进行投保，以进一步分散和转移风险。同时，由于项目风险一旦发生就有可能造成严重的经济损失，因此PPP项目对保险公司的资信有较高要求。

九、其他参与方

除上述参与方之外，开展PPP项目还必须充分借助投资、法律、技术、财务、保险代理等方面的专业技术力量，因此PPP项目的参与方通常还可能会包括上述领域的专业机构。

第二节 PPP项目合同体系

在PPP项目中，项目参与方通过签订一系列合同来确立和调整彼此之间的权利义务关系，构成PPP项目的合同体系。PPP项目的合同通常包括PPP项目合同、股东协议、履约合同（包括工程承包合同、运营服务合同、原料供应合同、产品或服务购买合同等）、融资合同和保险合同等。其中，PPP项目合同是整个PPP项目合同体系的基础和核心。

在PPP项目合同体系中，各个合同之间并非完全独立、互不影响，而是紧密衔接、相互贯通的，合同之间存在着一定的"传导关系"，了解PPP项目的合同体系和各个合同之间的传导关系，有助于对PPP项目合同进行更加全面准确的把握。

首先，在合同签订阶段，作为合同体系的基础和核心，PPP项目合同的具体条款不仅会直接影响到项目公司股东之间的协议内容，而且会影响项目公司与融资方的融资合同以及与保险公司的保险合同等其他合同的内容。此外，PPP项目合同的具体约定，还可能通过工程承包或产品服务购买等方式，传导到工程承包（分包）合同、原料供应合同、运营服务合同和产品或服务购买合同上。

其次，在合同履行阶段，合同关系的传导方向可能发生逆转。例如分包合同的履行出现问题，会影响到总承包合同的履行，进而影响到PPP项目合同的履行。

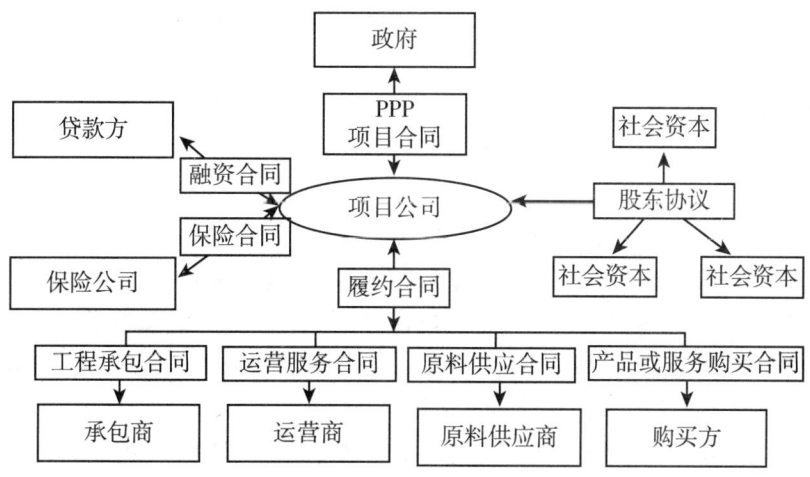

PPP项目基本合同体系

一、PPP项目合同

PPP项目合同是政府方与社会资本方依法就PPP项目合作所订立的合同。其目的是在政府方与社会资本方之间合理分配项目风险,明确双方权利义务关系,保障双方能够依据合同约定合理主张权利,妥善履行义务,确保项目全生命周期内的顺利实施。PPP项目合同是其他合同产生的基础,也是整个PPP项目合同体系的核心。

在项目初期阶段,项目公司尚未成立时,政府方会先与社会资本(即项目投资人)签订意向书、备忘录或者框架协议,以明确双方的合作意向,详细约定双方有关项目开发的关键权利义务。待项目公司成立后,由项目公司与政府方重新签署正式PPP项目合同,或者签署关于承继上述协议的补充合同。在PPP项目合同中通常也会对PPP项目合同生效后政府方与项目公司及其母公司之前就本项目所达成的协议是否会继续存续进行约定。

二、股东协议

股东协议由项目公司的股东签订,用以在股东之间建立长期的、有约束力的合约关系。股东协议通常包括以下主要条款:前提条件、项目公司的设立和融资、项目公司的经营范围、股东权利、履行PPP项目合同的股东承诺、股东的商业计划、股权转让、股东会、董事会、监事会组成及其职权范围、股息分配、违约、终止及终止后处理机制、不可抗力、适用法律和争议解决等。

项目投资人订立股东协议的主要目的在于设立项目公司,由项目公司负责项目的建设、运营和管理,因此项目公司的股东可能会包括希望参与项目建设、运营的承包商、原料供应商、运营商、融资方等主体。在某些情况下,为了更直接地参与项目的重大决策、掌握项目实施情况,政府也可能通过直接参股的方式成为项目公司的股东(但政府通常并不控股和直接参与经营管理)。在这种情形下,政府与其他股东相同,享有作为股东的基本权益,同时也需履行股东的相关义务,并承担项目风险。

股东协议除了包括规定股东之间权利义务的一般条款外,还可能包括与项目实施相关的特殊规定。以承包商作为项目公司股东为例,承包商的双重身份可能会导致股东之间一定程度的利益冲突,并在股东协议中予以反映。例如,为防止承包商在工程承包事项上享有过多的控制权,其他股东可能会在股东协议中限制承包商在工程建设及索赔事项上的表决权;如

果承包商参与项目的主要目的是承担项目的设计、施工等工作,并不愿长期持股,承包商会希望在股东协议中预先做出股权转让的相关安排;但另一方面,如果融资方也是股东,融资方通常会要求限制承包商转让其所持有的项目公司股权的权利,例如要求承包商至少要到工程缺陷责任期满后才可转让其所持有的项目公司股权。

三、履约合同

（一）工程承包合同。

项目公司一般只作为融资主体和项目运营管理者而存在,本身不一定具备自行设计、采购、建设项目的条件,因此可能会将部分或全部设计、采购、建设工作委托给工程承包商,签订工程承包合同。项目公司可以与单一承包商签订总承包合同,也可以分别与不同承包商签订合同。承包商的选择要遵循相关法律法规的规定。

由于工程承包合同的履行情况往往直接影响PPP项目合同的履行,进而影响项目的贷款偿还和收益情况。因此,为了有效转移项目建设期间的风险,项目公司通常会与承包商签订一个固定价格、固定工期的"交钥匙"合同,将工程费用超支、工期延误、工程质量不合格等风险全部转移给承包商。此外,工程承包合同中通常还会包括履约担保和违约金条款,进一步约束承包商妥善履行合同义务。

（二）运营服务合同。

根据PPP项目运营内容和项目公司管理能力的不同,项目公司有时会考虑将项目全部或部分的运营和维护事务外包给有经验的专业运营商,并与其签订运营服务合同。个案中,运营维护事务的外包可能需要事先取得政府的同意。但是,PPP项目合同中约定的项目公司的运营和维护义务并不因项目公司将全部或部分运营维护事务分包给其他运营商实施而豁免或解除。

由于PPP项目的期限通常较长,在项目的运营维护过程中存在较大的管理风险,可能因项目公司或运营商管理不善而导致项目亏损。因此,项目公司应优先选择资信状况良好、管理经验丰富的运营商,并通过在运营服务合同中预先约定风险分配机制或者投保相关保险来转移风险,确保项目平稳运营并获得稳定收益。

（三）原料供应合同。

有些PPP项目在运营阶段对原料的需求量很大、原料成本在整个项目运营成本中占比较大,同时受价格波动、市场供给不足等影响,又无法保证能够随时在公开市场上以平稳价格获取,继而可能会影响整个项目的持续稳定运营,例如燃煤电厂项目中的煤炭。因此,为了防控原料供应风险,项目公司通常会与原料的主要供应商签订长期原料供应合同,并且约定一个相对稳定的原料价格。

在原料供应合同中,一般会包括以下条款:交货地点和供货期限、供货要求和价格、质量标准和验收、结算和支付、合同双方的权利义务、违约责任、不可抗力、争议解决等。除上述一般性条款外,原料供应合同通常还会包括"照供不误"条款,即要求供应商以稳定的价格、稳定的质量品质为项目提供长期、稳定的原料。

（四）产品或服务购买合同。

在PPP项目中,项目公司的主要投资收益来源于项目提供的产品或服务的销售收入,因此保证项目产品或服务有稳定的销售对象,对于项目公司而言十分重要。根据PPP项目付费机制的不同，项目产品或服务的购买者可能是政府，也可能是最终使用者。以政府付费的供电项目为例，政府的电力主管部门或国有电力公司通常会事先与项目公司签订电力购买协议，约定双方的购电和供电义务。

此外，在一些产品购买合同中，还会包括"照付不议"条款，即项目公司与产品的购买者约定一个最低采购量，只要项目公司按照最低采购量供应产品，不论购买者是否需要采购该产品，均应按照最低采购量支付相应价款。

四、融资合同

从广义上讲，融资合同可能包括项目公司与融资方签订的项目贷款合同、担保人就项目贷款与融资方签订的担保合同、政府与融资方和项目公司签订的直接介入协议等多个合同。其中，项目贷款合同是最主要的融资合同。

在项目贷款合同中一般会包括以下条款：陈述与保证、前提条件、偿还贷款、担保与保障、抵销、违约、适用法律与争议解决等。同时，出于贷款安全性的考虑，融资方往往要求项目公司以其财产或其他权益作为抵押或质押，或由其母公司提供某种形式的担保或由政府作出某种承诺，这些融资保障措施通常会在担保合同、直接介入协议以及PPP项目合同中予以具体体现。

需要特别强调的是，PPP项目的融资安排是PPP项目实施的关键环节，鼓励融资方式多元化、引导融资方式创新、落实融资保障措施，对于增强投资者信心、维护投资者权益以及保障PPP项目的成功实施至关重要。本指南仅就PPP项目合同中所涉及的与融资有关的条款和内容进行了阐述，有关PPP项目融资的规范指导和系统介绍，请参见另行编制的PPP融资专项指南。

五、保险合同

由于PPP项目通常资金规模大、生命周期长，负责项目实施的项目公司及其他相关参与方通常需要对项目融资、建设、运营等不同阶段的不同类型的风险分别进行投保。通常可能涉及的保险种类包括货物运输险、工程一切险、针对设计或其它专业服务的职业保障险、针对间接损失的保险、第三者责任险。

鉴于PPP项目所涉风险的长期性和复杂性，为确保投保更有针对性和有效性，建议在制定保险方案或签署保险合同前先咨询专业保险顾问的意见。

六、其他合同

在PPP项目中还可能会涉及其他的合同，例如与专业中介机构签署的投资、法律、技术、财务、税务等方面的咨询服务合同。

第二章 PPP项目合同的主要内容

第一节 PPP项目合同概述

PPP项目合同是PPP项目的核心合同，用于约定政府与社会资本双方的项目合作内容和基本权利义务。虽然不同行业、不同付费机制、不同运作方式的具体PPP项目合同可能千差万别，但也包括一些具有共性的条款和机制。本章将详细介绍PPP项目合同中最为核心和具有共性的条款和机制。

一、合同主体

PPP项目合同通常由以下两方签署:

(一)政府方。

政府方是指签署PPP项目合同的政府一方的签约主体(即合同当事人)。在我国,PPP项目合同通常根据政府职权分工,由项目所在地相应级别的政府或者政府授权机构以该级政府或该授权机构自己的名义签署。例如,某省高速公路项目的PPP项目合同,由该省交通厅签署。

(二)项目公司。

项目公司是社会资本为实施PPP项目而专门成立的公司,通常独立于社会资本而运营。根据项目公司股东国籍的不同,项目公司可能是内资企业,也可能是外商投资企业。

二、合同主要内容和条款

根据项目行业、付费机制、运作方式等具体情况的不同,PPP项目合同可能会千差万别,但一般来讲会包括以下核心条款:引言、定义和解释;项目的范围和期限;前提条件;项目的融资;项目用地;项目的建设;项目的运营;项目的维护;股权变更限制;付费机制;履约担保;政府承诺;保险;守法义务及法律变更;不可抗力;政府方的监督和介入;违约、提前终止及终止后处理机制;项目的移交;适用法律及争议解决;合同附件;等等。

除上述核心条款外,PPP项目合同通常还会包括其他一般合同中的常见条款,例如著作权和知识产权、环境保护、声明与保证、通知、合同可分割、合同修订等。

三、风险分配

(一)风险分配原则。

PPP项目合同的目的就是要在政府方和项目公司之间合理分配风险,明确合同当事人之间的权利义务关系,以确保PPP项目顺利实施和实现物有所值。在设置PPP项目合同条款时,要始终遵循上述合同目的,并坚持风险分配的下列基本原则:

1. 承担风险的一方应该对该风险具有控制力;
2. 承担风险的一方能够将该风险合理转移(例如通过购买相应保险);
3. 承担风险的一方对于控制该风险有更大的经济利益或动机;
4. 由该方承担该风险最有效率;
5. 如果风险最终发生,承担风险的一方不应将由此产生的费用和损失转移给合同相对方。

(二)常见风险分配安排。

具体PPP项目的风险分配需要根据项目实际情况,以及各方的风险承受能力,在谈判过程中确定,在实践中不同PPP项目合同中的风险分配安排可能完全不同。下文列举了一些实践中较为常见的风险分配安排,但需要强调的是,这些风险分配安排并非适用于所有项目,在具体项目中,仍需要具体问题具体分析并进行充分评估论证。

1. 通常由政府方承担的风险,包括:

(1)土地获取风险(在特定情形下也可能由项目公司承担,详见本章第六节);

(2)项目审批风险(根据项目具体情形不同,可能由政府方承担,也可能由项目公司承担,详见本章第四节);

(3)政治不可抗力(包括非因政府方原因且不在政府方控制下的征收征用和法律变更等,详见本章第十五节)。

2. 通常由项目公司承担的风险,包括:

(1) 如期完成项目融资的风险;

(2) 项目设计、建设和运营维护相关风险,例如完工风险、供应风险、技术风险、运营风险以及移交资产不达标的风险等;

(3) 项目审批风险(根据项目具体情形不同,可能由政府方承担,也可能由项目公司承担,详见本章第四节);

(4) 获得项目相关保险。

3. 通常由双方共担的风险:自然不可抗力。

四、法律适用

本指南主要针对在我国实施的PPP项目,除了说明和借鉴国际经验的表述外,有关PPP项目合同条款的分析和解释均以我国法律作为适用依据。

第二节 引言、定义和解释

引言、定义和解释是所有PPP项目合同中均包含的内容,一般会放在PPP项目合同的初始部分,用以说明该合同的签署时间、签署主体、签署背景,以及该合同中涉及的关键词语的定义和条款的解释方法等。

一、引言

引言部分,即在PPP项目合同具体条款前的内容,主要包括以下内容:

(一)签署时间及签署主体信息。

在PPP项目合同最开始一般会明确该合同的签署日期,该日期通常会影响PPP项目合同部分条款的生效时间。例如前提条件条款、争议解决条款等,会在合同签署日即生效,而其他一些特定条款则在全部前提条件满足或被豁免的情形下才生效(请见本章第四节)。

此外,这部分还会载明PPP项目合同签署主体的名称、住所、法定代表人及其他注册信息,以明确签署主体的身份。

(二)签约背景及签约目的。

PPP项目合同引言部分还可能会简要介绍项目双方的合作背景以及双方签订该PPP项目合同的目的等。

二、定义

在PPP项目合同中通常还会包括定义条款,对一些合同中反复使用的关键名词和术语进行明确的定义,以便于快速索引相关定义和术语,并确保合同用语及含义的统一性,避免将来产生争议。

定义部分通常会包括"政府方"、"项目公司"、"工作日"、"生效日"、"运营日"、"移交日"、"不可抗力"、"法律变更"、"融资交割"、"技术标准"、"服务标准"、"性能测试"等PPP项目涉及的专业术语及合同用语。

三、解释

为了避免合同条款因不同的解释而引起争议,在PPP项目合同中通常会专门约定该合同的解释方法。常见的解释包括:标题仅为参考所设,不应影响条文的解释;一方、双方指本协议的一方或双方,并且包括经允许的替代该方的人或该方的受让人;一段时间(包括一年、一个季度、一个月和一天)指按公历计算的该时间段;"包括"是指"包括但不限于";任何合同或文件包括经修订、更新、补充或替代后的该合同或文件；等等。

第三节 项目的范围和期限

一、项目的范围

项目的范围条款，用以明确约定在项目合作期限内政府与项目公司的合作范围和主要合作内容，是PPP项目合同的核心条款。

根据项目运作方式和具体情况的不同，政府与项目公司的合作范围可能包括设计、融资、建设、运营、维护某个基础设施或提供某项公共服务等。以BOT运作方式为例，项目的范围一般包括项目公司在项目合作期限内建设（和设计）、运营（和维护）项目并在项目合作期限结束时将项目移交给政府。

通常上述合作范围是排他的，即政府在项目合作期限内不会就该PPP项目合同项下的全部或部分内容与其他任何一方合作。

二、项目合作期限

（一）期限的确定。

1. 项目的合作期限通常应在项目前期论证阶段进行评估。评估时，需要综合考虑以下因素：

（1）政府所需要的公共产品或服务的供给期间；

（2）项目资产的经济生命周期以及重要的整修时点；

（3）项目资产的技术生命周期；

（4）项目的投资回收期；

（5）项目设计和建设期间的长短；

（6）财政承受能力；

（7）现行法律法规关于项目合作期限的规定；等等。

2. 根据项目运作方式和付费机制的不同，项目合作期限的规定方式也不同，常见的项目合作期限规定方式包括以下两种：

（1）自合同生效之日起一个固定的期限（例如，25年）；

（2）分别设置独立的设计建设期间和运营期间，并规定运营期间为自项目开始运营之日起的一个固定期限。

上述两种合作期限规定方式的最主要区别在于：在分别设计建设期间和运营期间的情况下，如建设期出现任何延误，不论是否属于可延长建设期的情形，均不会影响项目运营期限，项目公司仍然可以按照合同约定的运营期运营项目并获得收益；而在规定单一固定期限的情况下，如项目公司未按照约定的时间开始运营且不属于可以延长期限的情形，则会直接导致项目运营期缩短，从而影响项目公司的收益情况。

鉴此，实践中应当根据项目的风险分配方案、运作方式、付费机制和具体情况选择合理的项目合作期限规定方式。基本的原则是，项目合作期限可以实现物有所值的目标并且形成对项目公司的有效激励。需要特别注意的是，项目的实际期限还会受制于提前终止的规定。

（二）期限的延长。

由于PPP项目的实施周期通常较长，为了确保项目实施的灵活性，PPP项目合同中还可能包括关于延长项目合作期限的条款。

政府和项目公司通常会在合同谈判时商定可以延期的事由,基本的原则是:在法律允许的范围内,对于项目合作期限内发生非项目公司应当承担的风险而导致项目公司损失的情形下,项目公司可以请求延长项目合作期限。常见的延期事由包括:

1. 因政府方违约导致项目公司延误履行其义务;
2. 因发生政府方应承担的风险(关于通常由政府方承担的风险,请见本章第一节)导致项目公司延误履行其义务;
3. 经双方合意且在合同中约定的其他事由。

(三)期限的结束。

导致项目合作期限结束有两种情形:项目合作期限届满或者项目提前终止(关于期限结束后的处理,请见本章第十八节和第十九节)。

第四节 前提条件

一般情况下,PPP项目合同条款并不会在合同签署时全部生效,其中部分特定条款的生效会有一定的前提条件。只有这些前提条件被满足或者被豁免的情况下,PPP项目合同的全部条款才会生效。

如果某一前提条件未能满足且未被豁免,PPP项目合同的有关条款将无法生效,并有可能进一步导致合同终止,未能满足该前提条件的一方将承担合同终止的后果。

一、前提条件

(一)前提条件的含义和作用。

前提条件,也叫先决条件,是指PPP项目合同的某些条款生效所必须满足的特定条件。

对项目公司而言,在项目开始实施前赋予其一定的时间以完成项目的融资及其他前期准备工作,并不会影响项目期限的计算及项目收益的获取。

而对政府方而言,项目公司只有满足融资交割、审批手续等前提条件才可以正式实施项目,有利于降低项目的实施风险。

(二)常见的前提条件。

根据项目具体情况的不同,在项目正式实施之前需要满足的前提条件也不尽相同,实践中常见的前提条件包括:

1. 完成融资交割——通常由项目公司负责满足。

完成融资交割是PPP项目合同中最重要的前提条件,只有确定项目公司及融资方能够为项目的建设运营提供足够资金的情况下,项目的顺利实施才有一定保障。

根据项目双方的约定不同,完成融资交割的定义也可能会不同,通常是指:项目公司已为项目建设融资的目的签署并向融资方提交所有融资文件,并且融资文件要求的就本项目获得资金的所有前提条件得到满足或被豁免。

2. 获得项目相关审批——由项目公司或政府方负责满足。

根据我国法律规定,项目公司实施PPP项目可能需要履行相关行政审批程序,只有获得相应的批准或备案,才能保证PPP项目的合法合规实施。

在遵守我国法律法规的前提下,按照一般的风险分配原则,该项条件通常应由对履行相关审批程序最有控制力且最有效率的一方负责满足,例如:

(1)如果项目公司可以自行且快捷地获得相关审批,则该义务可由项目公司承担;

（2）如果无政府协助项目公司无法获得相关审批，则政府方有义务协助项目公司获得审批；

（3）如果相关审批属于政府方的审批权限，则应由政府方负责获得。

3. 保险已经生效——由项目公司负责满足。

在PPP项目中，保险是非常重要的风险转移和保障机制。政府方为了确保项目公司在项目实施前已按合同约定获得了足额的保险，通常会将保险（主要是建设期保险）生效作为全部合同条款生效的前提条件。

常见的安排是：项目公司已根据项目合同中有关保险的规定（请见本章第十四节）购买保险，且保单已经生效，并向政府方提交了保单的复印件。

4. 项目实施相关的其他主要合同已经签订——由项目公司负责满足。

在一些PPP项目合同中，政府方为进一步控制项目实施风险，会要求项目公司先完成项目实施涉及的其他主要合同的签署工作，以此作为PPP项目合同的生效条件。

常见的安排是：项目公司已根据项目合同中有关规定签订工程总承包合同及其他主要分包合同，并且向政府方提交了有关合同的复印件。

5. 其他前提条件。

在PPP项目合同中双方还可能会约定其他的前提条件，例如，项目公司提交建设期履约保函等担保。

二、前提条件豁免

上述前提条件可以被豁免，但只有负责满足该前提条件的一方的相对方拥有该豁免权利。

三、未满足前提条件的后果

（一）合同终止。

如果双方约定的上述任一前提条件在规定的时间内未满足，并且另一合同方也未同意豁免或延长期限，则该合同方有权终止项目合同。

（二）合同终止的效力和后果。

1. 合同项下的权利和义务将终止。

如果由于未满足前提条件而导致合同终止，除合同中明确规定的在合同终止后仍属有效的条款外，其他权利义务将终止。

2. 经济赔偿。

如因合同一方未能在规定的时间内满足其应当满足的前提条件而导致合同终止的，合同另一方有权向其主张一定的经济赔偿，但经济赔偿的额度应当与合同另一方因此所遭受的损失相匹配，并符合我国合同法关于损害赔偿的规定。

3. 提取保函。

为了更好地督促项目公司积极履行有关义务、达成相关的前提条件，政府方也可以考虑在签署PPP项目合同时（甚至之前）要求项目公司就履行前提条件提供一份履约保函。具体项目中是否需要项目公司提供此类保函、保函金额多少，主要取决于以下因素：

（1）在投标阶段是否已经要求项目公司提供其他的保函；

（2）是否有其他激励项目公司满足前提条件的机制，例如项目期限或付费机制的设置；

（3）项目公司不能达成前提条件的风险和后果；

（4）政府方因项目无法按时实施所面临的风险和后果；

（5）按时达成前提条件对该项目的影响；等等。

如果项目公司未能按照约定的时间和要求达成前提条件，且政府方未同意豁免该前提条件时，政府方有权提取保函项下的金额。

第五节　项目的融资

PPP项目合同中有关项目融资的规定，不一定会规定在同一条款中，有可能散见在不同条款项下，通常包括项目公司的融资权利和义务、融资方权利以及再融资等内容。

一、项目公司的融资权利和义务

在PPP项目中，通常项目公司有权并且有义务获得项目的融资。为此，PPP项目合同中通常会明确约定项目全生命周期内相关资产和权益的归属，以确定项目公司是否有权通过在相关资产和权益上设定抵质押担保等方式获得项目融资，以及是否有权通过转让项目公司股份（关于股权变更的限制，请见本章第十节）以及项目相关资产或权益的方式实现投资的退出。

与此同时，由于能否成功获得融资直接关系到项目能否实施，因此大多数PPP项目合同中会将完成融资交割作为项目公司的一项重要义务以及PPP项目合同全部生效的前提条件（关于融资交割以及具体前提条件的安排，请见本章第四节）。

二、融资方的权利

为了保证项目公司能够顺利获得融资，在PPP项目合同中通常会规定一些保障融资方权利的安排。融资方在提供融资时最为关注的核心权利包括：

（一）融资方的主债权和担保债权。

如果项目公司以项目资产或其他权益（例如运营期的收费权）、或社会资本以其所持有的与项目相关的权利（例如其所持有的项目公司股权）为担保向融资方申请融资，融资方在主张其担保债权时可能会导致项目公司股权以及项目相关资产和权益的权属变更。因此，融资方首先要确认PPP项目合同中已明确规定社会资本和项目公司有权设置上述担保，并且政府方可以接受融资方行使主债权或担保债权所可能导致的法律后果，以确保融资方权益能够得到充分有效的保障。

（二）融资方的介入权。

由于项目的提前终止可能会对融资方债权的实现造成严重影响，因此融资方通常希望在发生项目公司违约事件且项目公司无法在约定期限内补救时，可以自行或委托第三方在项目提前终止前对于项目进行补救（关于项目提前终止的机制，请见本章第十八节）。为了保障融资方的该项权利，融资方通常会要求在PPP项目合同中或者通过政府、项目公司与融资方签订的直接介入协议对融资方的介入权予以明确约定。

三、再融资

为了调动项目公司的积极性并保障融资的灵活性，在一些PPP项目合同中，还会包括允许项目公司在一定条件下对项目进行再融资的规定。再融资的条件通常包括：再融资应增加项目收益且不影响项目的实施、签署再融资协议前须经过政府的批准等。此外，PPP项目合同中也可能会规定，政府方对于因再融资所节省的财务费用享有按约定比例（例如50%）分成的权利。

第六节　项目用地

PPP项目合同中的项目用地条款，是在项目实施中涉及的土地方面的权利义务规定，通常包括土地权利的取得、相关费用的承担以及土地使用的权利及限制等内容。

一、土地权利的取得

（一）一般原则。

大部分的PPP项目，尤其是基础设施建设项目或其他涉及建设的项目，均会涉及到项目用地问题，由哪一方负责取得土地对于这类项目而言非常关键。

在PPP实践中，通常根据政府方和项目公司哪一方更有能力、更有优势承担取得土地的责任的原则，来判定由哪一方负责取得土地。

（二）两种实践选择。

实践中，根据PPP项目的签约主体和具体情况不同，土地使用权的取得通常有以下两种选择：

1. 由政府方负责提供土地使用权。

（1）主要考虑因素。

如果签署PPP项目合同的政府方是对土地使用权拥有一定控制权和管辖权的政府或政府部门（例如，县级以上人民政府），在PPP项目实施中，该政府方负责取得土地使用权对于项目的实施一般更为经济和效率，主要原因在于：一方面，在我国的法律框架下，土地所有权一般归国家或集体所有，由对土地使用权有一定控制力的政府方负责取得土地使用权更为便利（根据我国法律，除乡（镇）村公共设施和公益事业建设经依法批准可使用农民集体所有的土地外，其他的建设用地均须先由国家征收原属于农民集体所有的土地，将其变为国有土地后才可进行出让或划拨）；另一方面，根据《土地管理法》及其他相关法律的规定和实践，对于城市基础设施用地和公益事业用地以及国家重点扶持的能源、交通、水利等基础设施用地，大多采用划拨的方式，项目公司一般无法自行取得该土地使用权。

（2）具体安排。

政府方以土地划拨或出让等方式向项目公司提供项目建设用地的土地使用权及相关进入场地的道路使用权，并根据项目建设需要为项目公司提供临时用地。项目的用地预审手续和土地使用权证均由政府方办理，项目公司主要予以配合。

上述土地如涉及征地、拆迁和安置，通常由政府方负责完成该土地的征用补偿、拆迁、场地平整、人员安置等工作，并向项目公司提供没有设定他项权利、满足开工条件的净地作为项目用地。

2. 由政府方协助项目公司获得土地使用权。

如果项目公司完全有权、有能力根据我国法律规定自行取得土地使用权的，则可以考虑由项目公司自行取得土地使用权，但政府方应提供必要的协助。

二、取得土地使用权或其它相关权利的费用

（一）取得土地使用权或其它相关权利所涉及的费用。

在取得土地使用权或其他相关权利的过程中可能会涉及的费用包括：土地出让金、征地补偿费用（具体可能包括土地补偿费、安置补助费、地上附着物和青苗补偿费等）、土地恢复平整费用以及临时使用土地补偿费等。

（二）费用的承担。

实践中，负责取得土地使用权与支付相关费用的有可能不是同一主体。通常来讲，即使由政府方负责取得土地权利以及完成相关土地征用和平整工作，也可以要求项目公司支付一定的相关费用。

具体项目公司应当承担哪些费用和承担多少，需要根据费用的性质、项目公司的承担能力、项目的投资回报等进行综合评估。例如，实践中项目公司和政府方可能会约定一个暂定价，项目公司在暂定价的范围内承担土地使用权取得的费用，如实际费用超过该暂定价，对于超出的部分双方可以协商约定由政府方承担或由双方分担。

三、土地使用的权利及限制

（一）项目公司的土地权利——土地使用权。

PPP项目合同中通常会约定，项目公司有权在项目期限内独占性地使用特定土地进行以实施项目为目的的活动。根据我国《土地管理法》规定，出让国有土地使用权可以依法转让、出租、抵押和继承；划拨国有土地使用权在依法报批并补缴土地使用权出让金后，可以转让、出租、抵押。

（二）项目公司土地使用权的限制。

由于土地是为专门实施特定的PPP项目而划拨或出让给项目公司的，因此在PPP项目合同中通常还会明确规定，未经政府批准，项目公司不得将该项目涉及的土地使用权转让给第三方或用于该项目以外的其他用途。

除PPP项目合同中的限制外，项目公司的土地使用权还要受土地使用权出让合同或者土地使用权划拨批准文件的约束，并且要遵守《土地管理法》等相关法律法规的规定。

（三）政府方的场地出入权。

1. 政府方有权出入项目设施场地。

为了保证政府对项目的开展拥有足够的监督权（关于政府方的监督和介入权利，请见本章第十七节），在PPP项目合同中，通常会规定政府方出入项目设施场地的权利。

2. 条件和限制。

但政府方行使上述出入权需要有一定的条件和限制，包括：

（1）仅在特定目的（双方可在PPP项目合同中就"特定目的"的具体范围予以明确约定）下才有权进入场地，例如检查建设进度、监督项目公司履行PPP项目合同项下义务等；

（2）履行双方约定的合理通知义务后才可入场；

（3）需要遵守一般的安全保卫规定，并不得影响项目的正常建设和运营。

需要特别说明的是，上述条件和限制仅是对政府方合同权利的约束，政府方及其他政府部门为依法行使其行政监管职权而采取的行政措施不受上述合同条款的限制。

第七节 项目的建设

包含新建或改扩建内容的PPP项目，通常采用BOT、BOO或ROT等运作方式，项目建设是这类PPP项目合同的必备条款。有关项目建设的条款通常会包括设计和建设两部分内容。

一、项目的设计

（一）设计的范围。

根据项目的规模和复杂程度，一般来讲设计可以分为三个或四个阶段。对于土建项目，设计通常分为可行性研究、初步设计（或初始设计）和施工图设计（或施工设计）三个阶段；对于工业项目（包括工艺装置设施）以及复杂的基础设施项目，通常还要在上述初步设计和施工图设计阶段之间增加一个扩初设计（或技术设计）阶段。

根据政府已完成设计工作的多少，PPP项目合同中约定的设计范围也会有所不同：如果政府仅编制了项目产出说明和可行性研究报告，项目公司将承担主要的设计工作；如果政府已完成了一部分设计工作（如已完成初步设计），则项目公司的设计范围也会相应缩小。

（二）设计工作的分工。

根据项目具体情况的不同，PPP项目合同中对于设计工作的分工往往会有不同。常见的设计工作分工包括：

1. 可行性研究报告、项目产出说明——由政府或社会资本方完成。

如果PPP项目由政府发起，则应由政府自行完成可行性研究报告和项目产出说明的编制工作；如果PPP项目由社会资本发起，则可行性研究报告和项目产出说明由社会资本方完成。

无论可行性研究报告和项目产出说明由谁完成，其均应作为采购文件以及最终签署的合同文件的重要组成部分。

2. 初步设计和施工图设计——由项目公司完成。

在PPP项目合同签署后，项目公司负责编制或最终确定初步设计和施工图设计，并完成全部的设计工作。

（三）项目设计要求。

在PPP项目合同签订之前，双方应协商确定具体的项目设计要求和标准，并在PPP项目合同中予以明确约定。确定项目设计要求和标准的依据通常包括：

1. 政府编制或项目公司编制并经政府方审查同意的可行性研究报告和项目产出说明；
2. 双方约定的其他技术标准和规范；
3. 项目所在地区和行业的强制性技术标准；
4. 建设工程相关法律法规的规定，例如建筑法、环境保护法、产品质量法等。

（四）设计的审查。

在PPP项目中，虽然设计工作通常主要由项目公司承担，但政府方享有在一定的期限内审查设计文件并提出意见的权利，这也是政府方控制设计质量的重要途径。设计审查条款通常包括以下内容：

1. 政府方有权审查由项目公司制作的任何设计文件（特别是初步设计以及施工图设计），项目公司有义务将上述文件提交政府方审查。

2. 政府方应当在约定期限内（通常在合同明确约定）审查设计文件。如果设计文件中存在任何不符合合同约定的内容，政府方可以要求项目公司对不符合合同的部分进行修正，有关修正的风险、费用由项目公司承担；如果政府方在上述约定期限内未提出审查意见，约定审查期限届满后项目公司即可实施项目设计方案并开始项目建设。

3. 如项目公司对政府方提出的意见存在异议，可以提交争议解决程序处理。

政府方的上述审查不能减轻或免除项目公司依法履行相关设计审批程序的义务。

（五）项目设计责任。

在PPP项目中，通常由项目公司对其所作出的设计承担全部责任。该责任不因该设计已由项目公司分包给其他设计单位或已经政府方审查而被豁免或解除。

二、项目的建设

在PPP项目合同中,要合理划分政府方与项目公司在建设期间的权利义务,更好地平衡双方的不同诉求,确保项目的顺利实施。

(一)项目建设要求。

1. 建设标准要求。

与项目设计类似,在PPP项目合同签订之前,双方应协商确定具体的项目建设标准,并规定在PPP项目合同中。常见的建设标准和要求包括:

(1)设计标准,包括设计生产能力或服务能力、使用年限、工艺路线、设备选型等;

(2)施工标准,包括施工用料、设备、工序等;

(3)验收标准,包括验收程序、验收方法、验收标准;

(4)安全生产要求;

(5)环境保护要求;等等。

项目的建设应当依照项目设计文件的要求进行,并且严格遵守建筑法、环境保护法、产品质量法等相关法律法规的规定以及国家、地方及行业强制性标准的要求。项目建设所依据的相关设计文件和技术标准通常会作为PPP项目合同的附件。

2. 建设时间要求。

在PPP项目合同中,通常会明确约定项目的建设工期及进度安排。在完工时间对于项目具有重大影响的项目中,还会在合同中进一步明确具体的完工日期或开始运营日。

(二)项目建设责任。

在PPP项目中,通常由项目公司负责按照合同约定的要求和时间完成项目的建设并开始运营,该责任不因项目建设已部分或全部由项目公司分包给施工单位或承包商实施而豁免或解除。

当然,在PPP项目中,项目建设责任对项目公司而言是约束与激励并存的。在确保项目按时按质量完工方面,项目公司除了客观上要受合同义务约束之外,还会有额外的商业动机,因为通常只有项目开始运营,项目公司才有可能获得付费。

(三)政府方对项目建设的监督和介入。

1. 概述。

为了能够及时了解项目建设情况,确保项目能够按时开始运营并满足合同约定的全部要求,政府方往往希望对项目建设进行必要的监督或介入,并且通常会在PPP项目合同中约定一些保障政府方在建设期的监督和介入权利的条款。

这种政府方的监督和介入权应该有多大,也是项目建设条款的核心问题。需要强调的是,PPP项目与传统的建设采购项目完全不同,政府方的参与必须有一定的限度,过度的干预不仅会影响项目公司正常的经营管理以及项目的建设和投运,而且还可能将本已交由项目公司承担的风险和管理角色又揽回到政府身上,从而违背PPP项目的初衷。

2. 政府对项目建设的监督和介入权利主要包括(关于政府方的监督和介入机制,请见本章第十七节):

(1)定期获取有关项目计划和进度报告及其他相关资料;

(2)在不影响项目正常施工的前提下进场检查和测试;

(3)对建设承包商的选择进行有限的监控(例如设定资质要求等);

（4）在特定情形下，介入项目的建设工作；等等。

第八节 项目的运营

在PPP项目中，项目的运营不仅关系到公共产品或服务的供给效率和质量，而且关系到项目公司的收入，因此对于政府方和项目公司而言都非常关键。有关项目运营的条款通常包括开始运营的时间和条件、运营期间的权利与义务以及政府方和公众对项目运营的监督等内容。

一、开始运营

（一）概述。

开始运营，是政府方和项目公司均非常关注的关键时间点。

对政府方而言，项目开始运营意味着可以开始提供公共产品或服务，这对于一些对时间要求较高的特殊项目尤为重要。例如奥运会场馆如果没有在预定的时间完工，可能会造成极大的影响和损失。

对项目公司而言，在多数PPP项目中，项目公司通常只有项目开始运营后才能开始获得付费。因此，项目尽早开始运营，意味着项目公司可以尽早、尽可能长时间的获得收入。

基于上述原因，开始运营的时间和条件也是双方的谈判要点。

（二）开始运营的条件。

1. 一般条件。

在订立PPP项目合同时，双方会根据项目的技术特点和商业特性约定开始运营的条件，以确定开始运营及付费的时间点。常见的条件包括：

（1）项目的建设已经基本完工（除一些不影响运营的部分）并且已经达到满足项目目的的水平；

（2）已按照合同中约定的标准和计划完成项目试运营；

（3）项目运营所需的审批手续已经完成（包括项目相关的备案审批和竣工验收手续）；

（4）其他需要满足项目开始运营条件的测试和要求已经完成或具备。

2. 具体安排。

在一些PPP项目中，开始运营与建设完工为同一时间，完工日即被认定为开始运营日。但在另一些项目中，开始运营之前包括建设完工和试运营两个阶段，只有在试运营期满时才被认定为开始运营。

这种包括试运营期的安排通常适用以下两种情形：

（1）在项目完工后，技术上需要很长的测试期以确保性能的稳定性；

（2）在项目开始运营之前，需要进行大量的人员培训或工作交接。

（三）因项目公司原因导致无法按期开始运营的后果。

如果项目公司因自身原因没有按照合同约定的时间和要求开始运营，将可能承担如下后果：

1. 一般的后果：无法按时获得付费、运营期缩短。

通常来讲，根据PPP项目合同的付费机制和项目期限机制，如果项目公司未能按照合同约定开始运营，其开始获得付费的时间也将会延迟，并且在项目合作期限固定、不分别设置建设期和运营期且没有正当理由可以展期的情况下，延迟开始运营意味着项目公司的运营期（即获得付费的期限）也会随之缩短。

2. 支付逾期违约金。

一些PPP项目合同中会规定逾期违约金条款，即如果项目公司未能在合同约定的日期开始运营，则需要向政府方支付违约金。

需要注意的是，并非所有的PPP项目合同中都必然包括逾期违约金条款，特别是在逾期并不会对政府方造成很大损失的情况下，PPP项目合同中的付费机制和项目期限机制已经足以保证项目公司有动机按时完工，因而无需再另行规定逾期违约金。

如果在PPP项目合同中加入逾期违约金条款，则应在项目采购阶段对逾期可能造成的损失进行评估，并据此确定逾期违约金的金额和上限（该上限是项目融资方非常关注的要点）。

3. 项目终止。

如果项目公司延误开始运营日超过一定的期限（例如，200日），政府方有权依据PPP项目合同的约定主张提前终止该项目（关于终止的后果和处理机制，请见本章第十八节）。

4. 履约担保。

为了确保项目公司按时按约履行合同，有时政府方也会要求项目公司以履约保函等形式提供履约担保。如果项目公司没有按照合同约定运营项目，政府方可以依据双方约定的履约担保机制获得一定的赔偿（关于履约担保机制，请见本章第十二节）。

（四）因政府方原因导致无法按期开始运营的后果。

此处的政府方原因包括政府方违约以及在PPP项目合同中约定的由政府方承担的风险，例如政治不可抗力等（关于通常由政府方承担的风险，请见本章第一节）。

1. 延长工期和赔偿费用。

因政府方原因导致项目公司无法按期开始运营的，通常项目公司有权主张延迟开始运营日并向政府方索赔额外费用。

2. 视为已开始运营。

在一些采用政府付费机制的项目（如电站项目）中，对于因发生政府方违约、政治不可抗力及其他政府方风险而导致项目在约定的开始运营日前无法完工或无法进行验收的，除了可以延迟开始运营日之外，还可以规定"视为已开始运营"，即政府应从原先约定的开始运营日起向项目公司付费。

（五）因中性原因导致无法按期开始运营的后果。

此处的中性原因是指不可抗力及其他双方约定由双方共同承担风险的原因。不可抗力是指PPP项目合同签订后发生的，合同双方不能预见、不能避免并不能克服的客观情况，主要是指自然不可抗力，不包括按照合同约定属于政府方和项目公司违约或应由其承担风险的事项。

因中性原因导致政府方或项目公司不能按期开始运营的，受到该中性原因影响的一方或双方均可以免除违约责任（例如违约金、赔偿等），也可以根据该中性原因的影响期间申请延迟开始运营日。

二、运营期间的权利与义务

（一）项目运营的内容。

根据项目所涉行业和具体情况的不同，PPP项目运营的内容也各不相同（关于各个行业的特性和运营特点，请见第四章），例如：

1. 公共交通项目运营的主要内容是运营有关的高速公路、桥梁、城市轨道交通等公共交

通设施;

2. 公用设施项目运营的主要内容是供水、供热、供气、污水处理、垃圾处理等;

3. 社会公共服务项目运营的主要内容是提供医疗、卫生、教育等公共服务。

(二)项目运营的标准和要求。

在PPP项目的运营期内,项目公司应根据法律法规以及合同约定的要求和标准进行运营。常见的运营标准和要求包括:

1. 服务范围和服务内容;
2. 生产规模或服务能力;
3. 运营技术标准或规范;
4. 产品或服务质量要求;
5. 安全生产要求;
6. 环境保护要求;等等。

为保障项目的运营质量,PPP项目中通常还会要求项目公司编制运营与维护手册,载明生产运营、日常维护以及设备检修的内容、程序和频率等,并在开始运营之前报送政府方审查。运营维护手册以及具体运营标准通常会作为PPP项目合同的附件。

(三)运营责任划分。

一般情况下,项目的运营由项目公司负责。但在一些PPP项目、特别是公共服务和公用设施行业下的PPP项目中,项目的运营通常需要政府方的配合与协助。在这类项目中,政府方可能需要提供部分设施或服务,与项目公司负责建设运营的项目进行配套或对接,例如垃圾处理项目中的垃圾供应、供热项目中的管道对接等。

具体项目中如何划分项目的运营责任,需要根据双方在运营方面的能力及控制力来具体分析,原则上仍是由最有能力且最有效率的一方承担相关的责任。

(四)暂停服务。

在项目运营过程中不可避免地会因一些可预见的或突发的事件而暂停服务。暂停服务一般包括两类:

1. 计划内的暂停服务。

一般来讲,对项目设施进行定期的重大维护或者修复,会导致项目定期暂停运营。对于这种合理的、可预期的计划内暂停服务,项目公司应在报送运营维护计划时提前向政府方报告,政府方应在暂停服务开始之前给予书面答复或批准,项目公司应尽最大努力将暂停服务的影响降到最低。

发生计划内的暂停服务,项目公司不承担不履约的违约责。

2. 计划外的暂停服务。

若发生突发的计划外暂停服务,项目公司应立即通知政府方,解释其原因,尽最大可能降低暂停服务的影响并尽快恢复正常服务。对于计划外的暂停服务,责任的划分按照一般的风险分担原则处理,即:

(1)如因项目公司原因造成,由项目公司承担责任并赔偿相关损失;

(2)如因政府方原因造成,由政府方承担责任,项目公司有权向政府方索赔因此造成的费用损失并申请延展项目期限;

(3)如因不可抗力原因造成,双方共同分担该风险,均不承担对对方的任何违约责任。

三、政府方对项目运营的监督和介入

政府方对于项目运营同样享有一定的监督和介入权（请见本章第十七节），通常包括：

1. 在不影响项目正常运营的情况下入场检查；

2. 定期获得有关项目运营情况的报告及其他相关资料（例如运营维护计划、经审计的财务报告、事故报告等）；

3. 审阅项目公司拟定的运营方案并提出意见；

4. 委托第三方机构开展项目中期评估和后评价；

5. 在特定情形下，介入项目的运营工作；等等。

四、公众监督

为保障公众知情权，接受社会监督，PPP项目合同中通常还会明确约定项目公司依法公开披露相关信息的义务。

关于信息披露和公开的范围，一般的原则是，除法律明文规定可以不予公开的信息外（如涉及国家安全和利益的国家秘密），其他的信息均可依据项目公司和政府方的合同约定予以公开披露。实践中，项目公司在运营期间需要公开披露的信息主要包括项目产出标准、运营绩效等，如医疗收费价格、水质报告。

第九节 项目的维护

在PPP项目合同中，有关项目维护的权利义务规定在很多情况下是与项目运营的有关规定重叠和相关的，通常会与项目运营放在一起统一规定，但也可以单列条款。有关项目维护的条款通常会规定项目维护义务和责任以及政府方对项目维护的监督等内容。

一、项目维护义务和责任

（一）项目维护责任。

在PPP项目中，通常由项目公司负责根据合同约定及维护方案和手册的要求对项目设施进行维护和修理，该责任不因项目公司将部分或全部维护事务分包给其他运营维护商实施而豁免或解除。

（二）维护方案和手册。

1. 维护方案。

为了更好地保障项目的运营和维护质量，在PPP项目合同中，通常会规定项目公司在合同生效后、开始运营日之前编制项目维护方案并提交政府方审核，政府方有权对该方案提出意见。在双方共同确定维护方案后，项目公司作出重大变更，均须提交政府方。但维护方案的实施是否以取得政府方同意为前提，则需要视维护的技术难度要求、政府方参与维护的程度、政府方希望对维护控制的程度等具体情况而定。

维护方案中通常包括项目运营期间计划内的维护、修理和更换的时间以及费用以及上述维护、修理和更换可能对项目运营产生的影响等内容。

2. 维护手册。

对于某些PPP项目、特别是技术难度较大的项目，除维护方案外，有时还需要编制详细的维护手册，进一步明确日常维护和设备检修的内容、程序及频率等。

（三）计划外的维护。

如果发生意外事故或其他紧急情况，需要进行维护方案之外的维护或修复工作，项目公

司应立即通知政府方，解释其原因，并尽最大努力在最短的时间内完成修复工作。对于计划外的维护事项，责任的划分与计划外暂停服务基本一致，即：

1. 如因项目公司原因造成，由项目公司承担责任并赔偿相关损失；

2. 如因政府方原因造成，由政府方承担责任，项目公司有权向政府方索赔因此造成的费用和损失并申请延展项目期限；

3. 如因不可抗力及其他双方约定由双方共同承担风险的原因造成，双方共同分担该风险，均不承担对对方的任何违约责任。

二、政府方对项目维护的监督和介入

政府方对项目维护的监督和介入权，与对项目运营的监督和介入权类似，主要包括：在不影响项目正常运营和维护的情形下入场检查；定期获得有关项目维护情况的报告及其他相关资料；审阅项目公司拟定的维护方案并提供意见；在特定情形下，介入项目的维护工作；等等。

第十节　股权变更限制

在PPP项目中，虽然项目的直接实施主体和PPP项目合同的签署主体通常是社会资本设立的项目公司，但项目的实施仍主要依赖于社会资本自身的资金和技术实力。项目公司自身或其母公司的股权结构发生变化，可能会导致不合适的主体成为PPP项目的投资人或实际控制人，进而有可能会影响项目的实施。鉴此，为了有效控制项目公司股权结构的变化，在PPP项目合同中一般会约定限制股权变更的条款。该条款通常包括股权变更的含义与范围以及股权变更的限制等内容。

一、限制股权变更的考虑因素

对于股权变更问题，社会资本和政府方的主要关注点完全不同，合理地平衡双方的关注点是确定适当的股权变更范围和限制的关键。

（一）政府方关注。

对于政府方而言，限制项目公司自身或其母公司的股权结构变更的目的主要是为了避免不合适的主体被引入到项目的实施过程中。由于在项目合作方选择阶段，通常政府方是在对社会资本的融资能力、技术能力、管理能力等资格条件进行系统评审后，才最终选定社会资本合作方。因此如果在项目实施阶段、特别是建设阶段，社会资本将自身或项目公司的部分或全部股权转让给不符合上述资格条件的主体，将有可能直接导致项目无法按照既定目的或标准实施。

（二）社会资本关注。

对社会资本而言，其希望通过转让其所直接或间接持有的部分或全部的项目公司股权的方式，来吸引新的投资者或实现退出。保障其自由转让股权的权利，有利于增加资本灵活性和融资吸引力，进而有利于社会资本更便利地实现资金价值。因此，社会资本当然不希望其自由转让股份的权利受到限制。

因此，为更好地平衡上述两方的不同关注，PPP项目合同中需要设定一个适当的股权变更限制机制，在合理的期限和限度内有效的限制社会资本不当变更股权。

二、股权变更的含义与范围

在不同PPP项目中，政府方希望控制的股权变更范围和程度也会有所不同，通常股权变更的范围包括：

(一)直接或间接转让股权。

在国际PPP实践、特别是涉及外商投资的PPP项目中,投资人经常会搭建多层级的投资架构,以确保初始投资人的股权变更不会对项目公司的股权结构产生直接影响。但在一些PPP项目合同中,会将项目公司及其各层级母公司的股权变更均纳入股权变更的限制范围,但对于母公司股权变更的限制,一般仅限于可能导致母公司控股股东变更的情形。例如,在PPP项目合同中规定,在一定的期间内,项目公司的股权变更及其各级控股母公司的控股股权变更均须经过政府的事前书面批准。

(二)并购、增发等其他方式导致的股权变更。

PPP合同中的股权变更,通常并不局限于项目公司或母公司的股东直接或间接将股权转让给第三人,还包括以收购其他公司股权或者增发新股等其他方式导致或可能导致项目公司股权结构或母公司控股股东发生变化的情形。

(三)股份相关权益的变更。

广义上的股权变更,除包括普通股、优先股等股份的持有权变更以外,还包括股份上附着的其他相关权益的变更,例如表决权等。此外,一些特殊债权,如股东借款、可转换公司债等,如果也带有一定的表决权或者将来可转换成股权,则也可能被纳入"股权变更"的限制范围。

(四)兜底规定。

为了确保"股权变更"范围能够全面地涵盖有可能影响项目实施的股权变更,PPP项目合同中往往还会增加一个关于股权变更范围的"兜底性条款",即"其他任何可能导致股权变更的事项"。

三、股权变更的限制

(一)锁定期。

1. 锁定期的含义。

锁定期,是指限制社会资本转让其所直接或间接持有的项目公司股权的期间。通常在PPP项目合同中会直接规定:在一定期间内,未经政府批准,项目公司及其母公司不得发生上文定义的任何股权变更的情形。这也是股权变更限制的最主要机制。

2. 锁定期期限。

锁定期的期限需要根据项目的具体情况进行设定,常见的锁定期是自合同生效日起,至项目开始运营日后的一定期限(例如2年,通常至少直至项目缺陷责任期届满)。这一规定的目的是为了确保在社会资本履行完其全部出资义务之前不得轻易退出项目。

3. 例外情形。

在锁定期内,如果发生以下特殊的情形,可以允许发生股权变更:

(1)项目贷款人为履行本项目融资项下的担保而涉及的股权结构变更;

(2)将项目公司及其母公司的股权转让给社会资本的关联公司;

(3)如果政府参股了项目公司,则政府转让其在项目公司股权的不受上述股权变更限制。

(二)其他限制。

除锁定期外,在一些PPP项目合同中还可能会约定对受让方的要求和限制,例如约定受让方须具备相应的履约能力及资格,并继承转让方相应的权利义务等。在一些特定的项目中,政府方有可能不希望特定的主体参与到PPP项目中,因此可能直接在合同中约定禁止将项目公司的股权转让给特定的主体。

这类对于股权受让方的特殊限制通常不以锁定期为限，即使在锁定期后，仍然需要政府方的事前批准才能实施。但此类限制通常不应存在任何地域或所有制歧视。

（三）违反股权变更限制的后果。

一旦发生违反股权变更限制的情形，将直接认定为项目公司的违约行为，情节严重的，政府方将有权因该违约而提前终止项目合同。

第十一节 付费机制

付费机制关系PPP项目的风险分配和收益回报，是PPP项目合同中的核心条款。实践中，需要根据各方的合作预期和承受能力，结合项目所涉的行业、运作方式等实际情况，因地制宜地设置合理的付费机制。

一、付费机制的分类

在PPP项目中，常见的付费机制主要包括以下三类：

（一）政府付费。

政府付费（Government Payment）是指政府直接付费购买公共产品和服务。在政府付费机制下，政府可以依据项目设施的可用性、产品或服务的使用量以及质量向项目公司付费。政府付费是公用设施类和公共服务类项目中较为常用的付费机制，在一些公共交通项目中也会采用这种机制。

（二）使用者付费。

使用者付费（User Charges）是指由最终消费用户直接付费购买公共产品和服务。项目公司直接从最终用户处收取费用，以回收项目的建设和运营成本并获得合理收益。高速公路、桥梁、地铁等公共交通项目以及供水、供热等公用设施项目通常可以采用使用者付费机制。

（三）可行性缺口补助。

可行性缺口补助（Viability Gap Funding，简称VGF）是指使用者付费不足以满足项目公司成本回收和合理回报时，由政府给予项目公司一定的经济补助，以弥补使用者付费之外的缺口部分。可行性缺口补助是在政府付费机制与使用者付费机制之外的一种折衷选择。在我国实践中，可行性缺口补助的形式多种多样，具体可能包括土地划拨、投资入股、投资补助、优惠贷款、贷款贴息、放弃分红权、授予项目相关开发收益权等其中的一种或多种。

二、设置付费机制的基本原则和主要因素

（一）基本原则。

不同PPP项目适合采用的付费机制可能完全不同，一般而言，在设置项目付费机制时需要遵循以下基本原则：既能够激励项目公司妥善履行其合同义务，又能够确保在项目公司未履行合同义务时，政府能够通过该付费机制获得有效的救济。

（二）主要考虑因素。

在设计付费机制时，通常需要考虑以下因素：

1. 项目产出是否可计量。PPP项目所提供的公共产品或服务的数量和质量是否可以准确计量，决定了其是否可以采用使用量付费和绩效付费方式。因此，在一些公用设施类和公共服务类PPP项目中，如供热、污水处理等，需要事先明确这类项目产出的数量和质量是否可以计量以及计量的方法和标准，并将上述方法和标准在PPP项目合同中加以明确。

2. 适当的激励。付费机制应当能够保证项目公司获得合理的回报，以对项目公司形成适当、有效的激励，确保项目实施的效率和质量。

3. 灵活性。鉴于PPP项目的期限通常很长，为了更好地应对项目实施过程中可能发生的各种情势变更，付费机制项下一般也需要设置一定的变更或调整机制。

4. 可融资性。对于需要由项目公司进行融资的PPP项目，在设置付费机制时还需考虑该付费机制在融资上的可行性以及对融资方吸引力。

5. 财政承受能力。在多数PPP项目、尤其是采用政府付费和可行性缺口补助机制的项目中，财政承受能力关系到项目公司能否按时足额地获得付费，因此需要事先对政府的财政承受能力进行评估。

（三）定价和调价机制。

在付费机制项下，通常还要根据相关法律法规规定、结合项目自身特点，设置合理的定价和调价机制，以明确项目定价的依据、标准，调价的条件、方法和程序，以及是否需要设置唯一性条款和超额利润限制机制等内容。

鉴于不同付费机制下PPP项目的基本架构和运作方式可能完全不同，相关合同条款约定往往存在较大差异，本指南第三章将对不同付费机制下的核心要素进行详细阐述。此外，不同付费机制、不同行业领域下PPP项目定价和调价的依据、考虑因素和方法也各不相同，将在本指南第三章、第四章中分别进行论述。

第十二节　履约担保

一、概述

（一）履约担保的含义和方式。

在大部分PPP项目中，政府通常会与专门为此项目新设的、没有任何履约记录的项目公司签约。鉴于项目公司的资信能力尚未得到验证，为了确保项目公司能够按照合同约定履约，政府通常会希望项目公司或其承包商、分包商就其履约义务提供一定的担保。本节所述的履约担保广义上是指为保证项目公司按照合同约定履行合同并实施项目所设置的各种机制。

履约担保的方式通常包括履约保证金、履约保函以及其他形式的保证等。

（二）要求项目公司提供履约担保的主要考虑因素。

在传统的采购模式中，政府通常可能会要求项目承包商或分包商通过提供保函或第三人保证（例如母公司担保）等方式为其履约进行担保。

但PPP模式与传统的采购模式有所不同，在要求项目公司提供履约担保时还需要考虑以下因素：

1. 社会资本成立项目公司的目的之一就是通过项目责任的有限追索来实现风险剥离（即项目公司的投资人仅以其在项目公司中的出资为限对项目承担责任），因此多数情况下项目公司的母公司本身可能并不愿意为项目提供额外的担保；

2. PPP项目本身通常已经设置了一些保证项目公司按合同履约的机制（例如付费机制和项目期限机制等），足以激励和约束项目公司妥善履约；

3. 在PPP项目中并非采用的担保方式越多、担保额度越大对政府越有利，因为实际上每增加一项担保均会相应增加项目实施的成本。

(三) 选择履约担保方式的基本原则。

为了更好地实现物有所值原则,在具体项目中是否需要项目公司提供履约担保、需要提供何种形式的担保以及担保额度,均需要具体分析和评估。一般的原则是,所选用的担保方式可以足够担保项目公司按合同约定履约,且在出现违约的情形下政府有足够的救济手段即可。

如果该项目公司的资信水平和项目本身的机制足以确保项目公司不提供履约担保同样能够按照合同约定履约,且在项目公司违约的情形下,政府有足够的救济手段,则可以不需要项目公司提供履约担保。

反言之,如果项目公司资信和项目机制均不足以确保项目公司按合同约定履约,同时项目公司违约时,政府缺乏充足有效的救济手段,则需要项目公司提供适当的履约担保。

二、常见的履约担保方式——保函

在PPP实践中,最为常见、有效的履约担保方式是保函。保函是指金融机构(通常是银行)应申请人的请求,向第三方(即受益人)开立的一种书面信用担保凭证,用以保证在申请人未能按双方协议履行其责任或义务时,由该金融机构代其履行一定金额、一定期限范围内的某种支付责任或经济赔偿责任。在出具保函时,金融机构有可能要求申请人向金融机构提供抵押或者质押。

为了担保项目公司根据PPP项目合同约定的时间、质量实施项目、履行义务,政府可以要求项目公司提供一个或多个保函,具体可能包括建设期履约保函、维护保函、移交维修保函等。在PPP项目中,保函既包括项目公司向政府提供的保函,也包括项目承包商、分包商或供应商为担保其合同义务履行而向项目公司或直接向政府提供的保函。

政府可能根据项目的实际情况,要求项目公司在不同期间提供不同的保函,常见的保函包括:

(一) 建设期的履约保函。

建设期履约保函是比较常见的一种保函,主要用于担保项目公司在建设期能够按照合同约定的标准进行建设,并且能够按时完工。该保函的有效期一般是从项目合同全部生效之日起到建设期结束。

(二) 运营维护期的履约保函/维护保函。

运营维护期的履约保函,也称维护保函,主要用以担保项目公司在运营维护期内按照项目合同的约定履行运营维护义务。该保函的有效期通常视具体项目而定,可以一直到项目期限终止。在项目期限内,项目公司有义务保证该保函项下的金额一直保持在一个规定的金额,一旦低于该金额,项目公司应当及时将该保函恢复至该规定金额。

(三) 移交维修保函。

在一些PPP项目中,还可能会约定移交维修保函。移交维修保函提交时点一般在期满终止日12个月之前,担保至期满移交后12个月届满。

与此同时,在PPP项目合同签订前,政府还可能要求项目公司提供下列保函:

(一) 投标保函。

在许多PPP项目中,政府会要求参与项目采购的社会资本提供一个银行保函,作为防止恶意参与采购的一项保障(如社会资本参与采购程序仅仅是为了获取商业信息,而没有真正的签约意图)。这类保函通常在采购程序结束并且选定社会资本同意或正式签署PPP项目合同时才会予以返还。因此，投标保函并不直接规定在PPP项目合同中，因为一旦签署了PPP项目合同，投标保函即被返还并且失效。

（二）担保合同前提条件成就的履约保函。

在一些PPP项目中，为了确保项目公司能够按照规定的时间达成融资交割等PPP项目合同中约定的前提条件，政府可能会要求项目公司在签署PPP项目合同之前向政府提交一份履约保函，以担保合同前提条件成就。该保函通常在PPP项目合同条款全部生效之日即被返还并失效（关于前提条件，请见本章第四节）。

第十三节　政府承诺

为了确保PPP项目的顺利实施，在PPP项目合同中通常会包括政府承诺的内容，用以明确约定政府在PPP项目实施过程中的主要义务。一般来讲，政府承诺需要同时具备以下两个前提：一是如果没有该政府承诺，会导致项目的效率降低、成本增加甚至无法实施；二是政府有能力控制和承担该义务。

由于PPP项目的特点和合作内容各有不同，需要政府承担的义务有可能完全不同。在不同PPP项目合同中，政府承诺有可能集中规定在同一条款项下，也有可能散见于不同条款中。实践中较为常见的政府承诺如下：

一、付费或补助

在采用政府付费机制的项目中，政府按项目的可用性、使用量或绩效来付费是项目的主要回报机制；在采用可行性缺口补助机制的项目中，也需要政府提供一定程度的补助。对于上述两类项目，按照合同约定的时间和金额付费或提供补助是政府的主要义务。

在一些供电、供气等能源类项目中，可能会设计"照付不议"的付费安排，即政府在项目合同中承诺一个最低采购量，如果项目公司按照该最低采购量供应有关能源并且不存在项目公司违约等情形，不论政府是否需要采购有关能源，其均应按照上述最低采购量付费。

二、负责或协助获取项目相关土地权利

在一些PPP项目合同中，根据作为一方签约主体的政府方的职权范围以及项目的具体情形不同，政府方有可能会承诺提供项目有关土地的使用权或者为项目公司取得相关土地权利提供必要的协助（关于土地取得的机制，请见本章第六节）。

三、提供相关连接设施

一些PPP项目的实施，可能无法由项目公司一家独自完成，还需要政府给予一定的配套支持，包括建设部分项目配套设施，完成项目与现有相关基础设施和公用事业的对接等。例如，在一些电力项目中，除了电厂建设本身，还需要建设输电线路以及其他辅助连接设施用以实现上网或并网发电，这部分连接设施有可能由政府方建设或者由双方共同建设。因此，在这类PPP项目中，政府方可能会承诺按照一定的时间和要求提供其负责建设的部分连接设施。

四、办理有关政府审批手续

通常PPP项目的设计、建设、运营等工作需要获得政府的相关审批后才能实施。为了提高项目实施的效率，一些PPP项目合同中，政府方可能会承诺协助项目公司获得有关的政府审批。尤其是对于那些项目公司无法自行获得或者由政府方办理会更为便利的审批，甚至可能会直接规定由政府方负责办理并提供合法有效的审批文件。但政府承诺的具体审批范围以及承诺的方式，需要根据法律法规的有关规定、项目具体情况以及获得相关审批的难易程度

作具体评估。

五、防止不必要的竞争性项目

在采用使用者付费机制的项目中,项目公司需要通过从项目最终用户处收费以回收投资并获取收益,因此必须确保有足够的最终用户会使用该项目设施并支付费用。鉴此,在这类项目的PPP项目合同中,通常会规定政府方有义务防止不必要的竞争性项目,即通常所说的唯一性条款。例如,在公路项目中,通常会规定政府承诺在一定年限内、在PPP项目附近一定区域不会修建另一条具有竞争性的公路(关于唯一性条款,请见第四章第一节)。

六、其他承诺

在某些PPP项目合同中也有可能规定其他形式的政府承诺。例如,在污水处理和垃圾处理项目中,政府可能会承诺按时提供一定量的污水或垃圾以保证项目的运营。

第十四节 保 险

在项目合同谈判中,通常只有在最后阶段才会谈及项目相关的保险问题,因此这一问题也极易被有关各方所忽略。然而,能否获得相关保险、保险覆盖的范围等问题恰恰是项目风险的核心所在,需要政府与项目公司在谈判中予以重点关注。本节将就项目保险所涉的相关问题进行概述。

需要特别说明的是,保险并不能覆盖项目的所有风险,对于具体项目涉及的具体风险而言,保险也并不一定是最适合的风险应对方式。此外,由于保险是一个复杂且专业的领域,具体项目需要购买哪些保险还需要根据项目的具体情况来制定保险方案,并参考专业保险顾问的意见。

一、一般保险义务

(一)购买和维持保险义务。

大多数PPP项目合同会约定由项目公司承担购买和维持保险的相关义务,具体可能包括:

1. 在整个PPP项目合作期限内,购买并维持项目合同约定的保险,确保其有效且达到合同约定的最低保险金额;

2. 督促保险人或保险人的代理人在投保或续保后尽快向政府提供保险凭证,以证明项目公司已按合同规定取得保单并支付保费;

3. 如果项目公司没有购买或维持合同约定的某项保险,则政府可以投保该项保险,并从履约保函项下扣抵其所支付的保费或要求项目公司偿还该项保费;

4. 向保险人或保险代理人提供完整、真实的信息;

5. 在任何时候不得作出或允许任何其他人作出任何可能导致保险全部或部分失效、可撤销、中止或受损害的行为;

6. 当发生任何可能影响保险或其项下的任何权利主张的情况或事件时,项目公司应立即书面通知政府方;

7. 尽一切合理努力协助政府或其他被保险人及时就保险提出索赔或理赔;等等。

(二)保单要求。

在PPP项目合同中,政府方可能会要求保单满足以下要求:

1. 项目公司应当以政府方及政府方指定的机构作为被保险人进行投保;

2. 保险人同意放弃对政府方行使一些关键性权利,比如代位权(即保险人代替被保险人向政府及其工作人员主张权利)、抵扣权(根据《保险法》第六十条第二款规定:前款规定的保险事故发生后,被保险人已经从第三者取得损害赔偿的,保险人赔偿保险金时,可以相应扣减被保险人从第三者已取得的赔偿金额)以及多家保险公司共同分摊保险赔偿的权利,等等。

3.在取消保单、不续展保单或对保单做重大修改等事项发生时提前向政府方发出书面通知。

当然,实践中政府方需要根据项目实际情况以及保险人的意愿确定具体的保单要求。

(三)保险条款变更。

由于保险条款的变更可能对项目风险产生影响,一般情况下,合同中会规定未经政府方同意,不得对保险合同的重要条款(包括但不限于保险范围、责任限制以及免赔范围等等)做出实质性变更。

政府方在审议保险条款变更事项时,需要结合当时的市场情况,分析保险条款变更是否会对项目整体保险方案产生影响以及影响的程度等。

二、常见的保险种类

在选择需要投保的险种时,各方需要考虑项目的具体风险以及相关保险能否在当地获得。实践中,可供选择的险种包括但不限于:

(一)货物运输保险。

投保货物运输相关保险主要是为了转移项目相关的材料和设备在运输途中遭遇损坏或灭失的风险。主要分为海洋货物运输保险、国内水路货物运输保险、国内陆路货物运输保险、航空货物运输保险、和其他货物运输保险。

(二)建筑工程一切险。

建筑工程一切险是针对在项目现场的所有作业和财产的保险。这一保险主要承保因保险合同所列除外责任以外的自然灾害或意外事故造成的在建工程物质损失。同时,可以加保第三者责任险,以使保险公司承保与建筑工程直接相关的、由意外事故或由建筑作业所造成的工地内或邻近地区内的第三者人身伤亡或财产损失。

(三)安装工程一切险。

安装工程一切险是采用除外列明方式,为机器设备的安装和调试提供一切险保障。安装工程一切险承保被保险工程项目在安装过程中由于自然灾害、意外事故(不包括保险条款中规定的除外责任)等造成的物质损坏或灭失,以及与所承保工程直接相关的意外事故引起工地内及邻近区域的第三者人身伤亡、疾病或财产损失。

(四)第三者责任险。

从项目开始建设到特许权期结束的整个期间内,项目公司都要确保已对在项目所在地发生的、因实施工程或运营导致的第三者人身伤害或财产损失进行投保。这项保险非常重要,保险覆盖的风险事件应当尽可能的宽泛。

(五)施工机具综合保险。

这一保险通常是指在工程建设、安装、运营测试及调试期间,就项目公司选定的承包商自有或其租赁的施工机具的损坏或灭失的可保风险进行投保。具体承保的范围与除外责任,依具体保险合同的约定可能略有不同,投保的范围也需要根据项目作业的类型,以及关键设备的数量来定。

（六）雇主责任险。

这一保险通常是对所有雇员在从事与工程建设和运营有关的业务工作时，因遭受意外或患与业务有关的国家规定的职业性疾病而致伤、残或死亡的，对被保险人依照劳动合同和我国法律须承担的医疗费及赔偿责任等进行投保。

第十五节　守法义务及法律变更

PPP项目合同中的守法义务及法律变更机制，可能会规定在同一条款中，也可能散见于不同条款项下，通常包括以下几部分内容：

一、法律的含义（通常会规定在合同的定义中）

法律通常是一个比较宽泛的概念。根据我国《立法法》的规定，广义的法律主要包括：

（一）全国人民代表大会及常务委员会制定的法律（狭义的"法律"）；

（二）全国人民代表大会常务委员会制定的法律解释（"法律解释"）；

（三）国务院制定的行政法规，各省、自治区、直辖市人民代表大会及其常务委员会制定的地方性法规、自治条例、单行条例（"行政法规"）；

（四）国务院各部、委员会、中国人民银行、审计署和具有行政管理职能的直属机构制定的部门规章（"部门规章"）；

（五）省、自治区、直辖市和较大的市的人民政府制定的地方政府规章（"地方政府规章"）。

在司法实践中，由各级政府和政府部门出台的一些政策性文件，虽然并不属于《立法法》规定的严格意义上的法律范畴，但也具有一定的强制性效力。因此此类规范性文件通常也会包含在PPP项目合同中"法律"的范围内。

二、守法义务

在PPP项目合同中，通常会规定项目公司在实施PPP项目的过程中有义务遵守上述广义"法律"的规定。需要特别强调的是，PPP项目合同中应体现政府采购（包括投资人选择和合同谈判）过程中依据政府采购相关法律已确定的各项要求，例如采购本国货物和服务、保护环境、扶持不发达地区和少数民族地区、促进中小企业发展、技术引进和本地化转移等要求。

三、"法律变更"的定义（通常会规定在合同的定义中）

在我国法律中，对于"法律变更"并没有明文的规定。在PPP项目合同中，法律变更通常会被定义为在PPP项目合同生效日之后颁布的各级人民代表大会或其常务委员会或有关政府部门对任何法律的施行、修订、废止或对其解释或执行的任何变动。

四、法律变更的后果

（一）政府方可控的法律变更的后果。

在PPP项目中，某些法律变更事件可能是由作为PPP项目合同签约主体的政府方直接实施或者在政府方职权范围内发生的，例如由该政府方、或其内设政府部门、或其下级政府所颁行的法律。对于此类法律变更，可认定为政府方可控的法律变更，具体后果可能包括：

1. 在建设期间，如果因发生政府方可控的法律变更导致项目发生额外费用或工期延误，项目公司有权向政府方索赔额外费用或要求延长工期（如果是采用政府付费机制的项目，还可以要求认定"视为已开始运营"）；

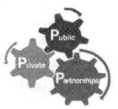

2. 在运营期间,如果因发生政府方可控的法律变更导致项目公司运营成本费用增加,项目公司有权向政府方索赔额外费用或申请延长项目合作期限;

3. 如果因发生政府方可控的法律变更导致合同无法继续履行,则构成"政府违约事件",项目公司可以通过违约条款及提前终止机制等进行救济(关于违约及提前终止,请见本章第十八节)。

(二)政府方不可控的法律变更的后果。

对于超出政府方可控范围的法律变更,如由国家或上级政府统一颁行的法律等,应视为不可抗力,按照不可抗力的机制进行处理。在某些PPP项目合同中,也有可能将此类法律变更直接定义为政治不可抗力,并约定由政府方承担该项风险(关于不可抗力的机制,请见本章第十六节)。

第十六节 不可抗力

不可抗力条款是PPP项目合同中一个重要的免责条款,用于明确一些双方均不能控制又无过错的事件的范围和后果,通常包括不可抗力的定义和种类以及不可抗力的法律后果两部分内容。

一、不可抗力的定义和种类

在PPP实践中,关于不可抗力并没有统一的定义,通常情况下,合同方在确定不可抗力的定义和范围时会参照项目所在国关于不可抗力的法律规定以及项目的风险分配方案。

我国《合同法》第117条规定,"不可抗力是指不能预见、不能避免并不能克服的客观情况"。实践中,合同中有时会约定只有不可抗力事件发生且其效果持续一定期间以上足以影响合同的正常履行,才构成合同约定的不可抗力。

(一)定义方式。

常见的不可抗力界定方式包括概括式、列举式和概括加列举式三种。

单纯的概括式定义过于笼统,容易引起合同执行过程中的争议;而单纯列举式的无法穷尽,容易有所遗漏。鉴此,多数PPP项目合同采用的是概述加列举式,即先对不可抗力进行概括的定义,再列举具体的不可抗力情形,最后再加一个兜底的表述。

例如:"本合同所称的不可抗力,是指合同一方无法预见、控制、且经合理努力仍无法避免或克服的、导致其无法履行合同项下义务的情形,包括但不限于:台风、地震、洪水等自然灾害;战争、罢工、骚乱等社会异常现象;征收征用等政府行为;以及双方不能合理预见和控制的任何其他情形。"

(二)不可抗力的特殊分类。

鉴于PPP项目合同的签约主体一方为政府,其所控制风险的范围和能力与一般的签约主体不同,因此实践中一些PPP项目合同会将不可抗力事件分为政治不可抗力和自然不可抗力,并对不同类型不可抗力事件的法律后果进行区别处理。

1. 政治不可抗力。

政治不可抗力事件通常包括非因签约政府方原因导致的、且不在其控制下的征收征用、法律变更(即"政府不可控的法律变更")、未获审批等政府行为引起的不可抗力事件。

在PPP实践中,考虑到政府方作为PPP项目合同的签约主体,对于上述不可抗力事件具有一定的影响能力,因此一些PPP项目合同中,将此类政治不可抗力事件归为政府方应承担的风

险,并约定如下的法律后果:

(1)发生政治不可抗力事件,项目公司有权要求延长工期、获得额外补偿或延长项目合作期限;

(2)如因政治不可抗力事件导致项目提前终止,项目公司还可获得比其他不可抗力事件更多的回购补偿,甚至可能包括利润损失(关于回购补偿机制,请见本章第十八节)。

2. 自然不可抗力。

主要是指台风、冰雹、地震、海啸、洪水、火山爆发、山体滑坡等自然灾害;有时也可包括战争、武装冲突、罢工、骚乱、暴动、疫情等社会异常事件。这类不可抗力则通常按照一般不可抗力的法律后果处理(见下文)。

二、不可抗力的法律后果

在PPP项目合同中,除政治不可抗力外,一般不可抗力的法律后果通常包括:

(一)免于履行。

如在PPP项目合同履行过程中,发生不可抗力并导致一方完全或部分无法履行其合同义务时,根据不可抗力的影响可全部或部分免除该方在合同项下的相应义务。

但在一些PPP项目、特别是采用政府付费机制的项目中,也可能在PPP项目合同中约定由政府方承担全部或部分不可抗力风险,在不可抗力影响持续期间,政府仍然有义务履行全部或部分付款义务。

(二)延长期限。

如果不可抗力发生在建设期或运营期,则项目公司有权根据该不可抗力的影响期间申请延长建设期或运营期。

(三)免除违约责任。

不可抗力条款启动后,在不可抗力事件持续期间(或双方另外约定的期间),受影响方无需为其中止履约或履约延误承担违约责任。

(四)费用补偿。

对于不可抗力发生所产生的额外费用,原则上由各方自行承担,政府不会给予项目公司额外的费用补偿。

(五)解除合同。

如果不可抗力发生持续超过一定期间,例如12个月,任何一方均有权提出解除合同(关于因不可抗力导致终止后的处理,请见本章第十八节)。

第十七节 政府方的监督和介入

由于PPP项目通常是涉及公共利益的特殊项目,从履行公共管理职能的角度出发,政府需要对项目执行的情况和质量进行必要的监控,甚至在特定情形下,政府有可能临时接管项目。PPP项目合同中关于政府方的监督和介入机制,通常包括政府方在项目实施过程中的监督权以及政府方在特定情形下对项目的介入权两部分内容。

一、政府方的监督权

在项目从建设到运营的各个实施阶段,为了能够更好地了解项目进展、确保项目能够按照合同约定履行,政府方通常会在PPP项目合同中规定各种方式的监督权利,这些监督权通常散见于合同的不同条款中。需要特别说明的是,政府方的监督权必须在不影响项目正常实施的前提下行使，并且必须要有明确的限制，否则将会违背PPP项目的初衷，将本已交由项目公司承担的风险和管理角色又揽回到政府身上。不同项目、不同阶段下的政府监督权的内容均有可能不同，常见的政府方监督权包括：

（一）项目实施期间的知情权。

在PPP项目合同中通常会规定项目公司有义务定期向政府提供有关项目实施的报告和信息，以便政府方及时了解项目的进展情况。政府方的上述知情权贯穿项目实施的各个阶段，每一阶段知情权的内容和实现方式也会有所不同，具体包括：

1. 建设期——审阅项目计划和进度报告。

在项目正式开工以前（有时在合同签订前），项目公司有义务向政府提交项目计划书，对建设期间重要节点作出原则规定，以保障按照该工程进度在约定的时间内完成项目建设并开始运营。

在建设期间，项目公司还有义务定期向政府提交项目进度报告，说明工程进度及项目计划的完成情况。

有关上述项目计划和进度报告的格式和报送程序，应在PPP项目合同的合同条款或者附件中予以明确约定。

2. 运营维护期——审阅运营维护手册和有关项目运营情况的报告。

在开始运营之前，项目公司通常应编制项目运营维护手册，载明生产运营、日常维护以及设备检修的内容、程序和频率等，并在开始运营日之前报送政府备查。

在运营维护期间，项目公司通常还应定期向政府报送有关运营情况的报告或其它相关资料，例如运营维护报告（说明设备和机器的现状以及日常检修、维护状况等）、严重事故报告等。此外，有时政府也会要求项目公司定期提交经审计的财务报告、使用者相关信息资料等。

（二）进场检查和测试。

在PPP项目合同中，有时也会规定在特定情形和一定限制条件下，政府方有权进入项目现场进行检查和测试。

政府方行使进场检查和测试权不得影响项目的正常实施，并且受制于一些特定的条件，例如：需要遵守一般的安全保卫规定，并且不得影响项目的正常建设和运营；履行双方约定的合理通知义务后才可入场；仅在检查建设进度、监督项目公司履约情况等特定目的下才有权进入场地；等等。

（三）对承包商和分包商选择的监控。

有时政府方也希望在建设承包商或者运营维护分包商的选择上进行一定程度的把控。通常可能采取两种途径：

1. 在合同中约定建设承包商或运营维护分包商的资质要求。但须特别注意，上述要求必须是保证本项目建设质量或者运营质量所必需的且合理的要求，不得不合理地限制项目公司自行选择承包商或分包商的权利。

2. 事先知情权。要求项目公司在签订工程承包合同或运营维护合同前事先报告政府方，由政府方在规定的期限（例如，5个工作日）内确认该承包商或分包商是否符合上述合同约定的资质要求；如果在规定期限内，政府方没有予以正式答复，则视为同意项目公司所选择的承包商或分包商。

需要特别说明的是，在PPP项目中，原则上项目公司应当拥有选择承包商和分包商的充分控制权。政府方对于项目质量的控制一般并不依赖于对承包商及分包商选择的直接控制，而是通过付费机制和终止权利来间接把控项目的履约。例如，如果项目质量无法达到合同约定的标准，项目的付费就会被扣减，甚至在严重情形下，政府方可以终止项目。

（四）参股项目公司。

在PPP实践中，为了更直接地了解项目的运作以及收益情况，政府也有可能通过直接参股项目公司的方式成为项目公司股东、甚至董事（即使政府所持有的股份可能并不多），以便更好地实现知情权。在这种情形下，原则上政府与其他股东相同，享有作为股东的基本权益，同时也需履行股东的相关义务，并承担项目风险，但是经股东协商一致，政府可以选择放弃部分权益或者可能被免除部分义务。有关政府与其他股东的权利义务安排，通常会规定在项目公司的股东协议中。

二、政府方的介入权

除了上述的一般监督权，在一些PPP项目合同中，会赋予政府方在特定情形下（如紧急情况发生或者项目公司违约）直接介入项目实施的权利。但与融资方享有的介入权不同，政府方的介入权通常适用于发生短期严重的问题且该问题需要被快速解决、而政府方在解决该问题上更有优势和便利的情形，通常包括项目公司未违约情形下的介入和项目公司违约情形下的介入两类。需要注意的是，上述介入权是政府一项可以选择的权利，而非必须履行的义务。

（一）项目公司未违约情形下的介入。

1. 政府方可以介入的情形。

为了保证项目公司履行合同不会受到不必要的干预，只有在特定的情形下，政府方才拥有介入的权利。常见的情形包括：

（1）存在危及人身健康或安全、财产安全或环境安全的风险；

（2）介入项目以解除或行使政府的法定责任；

（3）发生紧急情况，且政府合理认为该紧急情况将会导致人员伤亡、严重财产损失或造成环境污染，并且会影响项目的正常实施。

如果发生上述情形，政府方可以选择介入项目的实施，但政府方在介入项目之前必须按PPP项目合同中约定的通知程序提前通知项目公司，并且应当遵守合同中关于行使介入权的要求。

2. 政府方介入的法律后果。

在项目公司未违约的情形下，发生了上述政府方可以介入的情形，政府方如果选择介入项目，需要按照合同约定提前通知项目公司其介入的计划以及介入的程度。该介入的法律后果一般如下：

（1）在政府方介入的范围内，如果项目公司的任何义务或工作无法履行，这些义务或工作将被豁免；

（2）在政府方介入的期间内，如果是采用政府付费机制的项目，政府仍应当按照合同的约定支付服务费或其他费用，不论项目公司是否提供有关的服务或是否正常运营；

（3）因政府方介入引发的所有额外费用均由政府承担。

（二）项目公司违约情形下的介入。

如果政府方在行使监督权时发现项目公司违约，政府方认为有可能需要介入的，通常应在介入前按照PPP项目合同的约定书面通知项目公司并给予其一定期限自行补救；如果项目公司在约定的期限内仍无法补救，政府方才有权行使其介入权。

政府方在项目公司违约情形下介入的法律后果一般如下：

1. 政府方或政府方指定第三人将代项目公司履行其违约所涉及的部分义务；

2. 在项目公司为上述代为履行事项提供必要协助的前提下，在政府方介入的期间内，如果是采用政府付费或可行性缺口补助机制的项目，政府方仍应当按照合同约定就不受违约影响部分的服务或产品支付费用或提供补助；

3. 任何因政府方介入产生的额外费用均由项目公司承担，该部分费用可从政府付费中扣减或者由项目公司另行支付；

4. 如果政府方的介入仍然无法补救项目公司的违约，政府方仍有权根据提前终止机制终止项目合同（关于提前终止机制，请见本章第十八节）。

第十八节　违约、提前终止及终止后处理机制

违约和提前终止条款是PPP项目合同中的重要条款之一，通常会规定违约事件、终止事由以及终止后的处理机制等内容。

一、违约事件

（一）概述。

在PPP项目合同中，通常会明确约定可能导致合同终止的违约事件，这些违约事件通常是由于合同一方违反PPP项目合同中的重大义务而引起的。

违约事件的发生并不直接导致项目合同终止。在PPP项目合同中通常会规定通知和补救程序，即如果在PPP项目合同履行过程中发生违约事件，未违约的合同相对方应及时通知违约方，并要求违约方在限期内进行补救，如违约方在该限期内仍无法补救的，则合同相对方有权终止PPP项目合同。

此处有一种特殊情形，即在PPP项目合同规定中了融资方介入权或者政府、融资方和项目公司三方签署了直接接入协议的情形下，项目公司违约事件发生且在限期内无法补救时，还会允许融资方或其指定的第三方进行补救（关于融资方介入权，请见本章第五节）。

（二）违约事件的界定方式。

实践中，不同的PPP项目合同对于违约事件的界定方式可能不同，通常包括概括式、列举式以及概括加列举式三种，其中概括加列举式在PPP项目合同中更为常见。通过列举的方式可以更加明确构成违约事件的情形，从而避免双方在违约事件认定时产生争议。为此，在PPP项目合同起草和谈判过程中，双方应对哪些事项构成违约事件进行认真判别，并尽可能地在PPP项目合同中予以明确约定。

（三）政府方违约事件。

在约定政府方违约事件时，应谨慎考虑这些事件是否处于政府方能够控制的范围内并且属于项目项下政府应当承担的风险。常见的政府方违约事件包括：

1. 未按合同约定向项目公司付费或提供补助达到一定期限或金额的；

2. 违反合同约定转让PPP项目合同项下义务；

3. 发生政府方可控的对项目设施或项目公司股份的征收或征用的（是指因政府方导致的或在政府方控制下的征收或征用，如非因政府方原因且不在政府方控制下的征收征用，则可以视为政治不可抗力）；

4. 发生政府方可控的法律变更导致PPP项目合同无法继续履行的;

5. 其他违反PPP项目合同项下义务,并导致项目公司无法履行合同的情形。

(四)项目公司违约事件。

在约定项目公司违约事件时,政府方通常希望列举的违约事件越多越好,最好能是敞口的列举,而项目公司则更倾向于明确的定义和有限的列举。需要强调的是,如果项目公司违约事件约定过多,不仅会影响项目公司参与PPP项目的积极性,而且会增加项目的融资难度和成本,进而导致项目整体成本的增加。因此在实践中,需要合理平衡双方的利益,原则上项目公司违约事件应当属于该项目项下项目公司应当承担的风险。常见的项目公司违约事件包括但不限于:

1. 项目公司破产或资不抵债的;

2. 项目公司未在约定时间内实现约定的建设进度或项目完工、或开始运营,且逾期超过一定期限的;

3. 项目公司未按照规定的要求和标准提供产品或服务,情节严重或造成严重后果的;

4. 项目公司违反合同约定的股权变更限制的;

5. 未按合同约定为PPP项目或相关资产购买保险的。

二、提前终止的事由

(一)概述。

在PPP项目合同中,可能导致项目提前终止的事由通常包括:

1. 政府方违约事件——发生政府方违约事件,政府方在一定期限内未能补救的,项目公司可根据合同约定主张终止PPP项目合同;

2. 项目公司违约事件——发生项目公司违约事件,项目公司和融资方或融资方指定的第三方均未能在规定的期限内对该违约进行补救的,政府方可根据合同约定主张终止PPP项目合同;

3. 政府方选择终止——政府方在项目期限内任意时间可主张终止PPP项目合同(关于政府方选择终止的适用范围,请见下文);

4. 不可抗力事件——发生不可抗力事件持续或累计达到一定期限,任何一方可主张终止PPP项目合同。

(二)政府方选择终止。

由于PPP项目涉及公共产品或服务供给,关系社会公共利益,因此PPP项目合同中,政府方应当享有在特定情形下(例如,PPP项目所提供的公共产品或服务已经不合适或者不再需要,或者会影响公共安全和公共利益)单方面决定终止项目的权利。但在PPP项目实践中,政府方的此项权利应当予以明确限定,以免被政府方滥用,打击社会资本参与PPP项目的积极性;同时,政府方在选择终止时需要给予项目公司足额的补偿(关于补偿的原则,请见下文)。

三、终止后的处理机制

在PPP项目合同中,基于不同事由导致的终止,在终止后的处理上也会有所不同。一般来讲,通常会涉及回购义务和回购补偿两方面的事项。

(一)回购义务。

在PPP项目终止后,政府可能并不一定希望全盘回购已经建成或者正在建设的项目设施。但如果政府方有权选择不回购该项目,对于项目公司而言可能是非常重大的风险。因为项目公司不仅将无法继续实施该项目并获得运营回报,甚至无法通过政府回购补偿收回前期投资。鉴此,在PPP项目合同中,对于回购的规定一般会比较谨慎。

实践中,通常只有在项目公司违约导致项目终止的情形下,政府才不负有回购的义务而是享有回购的选择权,即政府可以选择是否回购该项目。但对于一些涉及公共安全和公众利益的、需要保障持续供给的PPP项目,也可能在合同中约定即使在项目公司违约导致项目终止的情形下,政府仍有回购的义务。

(二)回购补偿。

根据项目终止事由的不同,项目终止后的回购补偿范围也不相同,在具体项目中,双方应对补偿的金额进行合理的评估。常见的安排如下:

1. 政府方违约事件、政治不可抗力以及政府方选择终止。

对于因政府方违约事件、政治不可抗力以及政府方选择终止所导致的项目合同终止,一般的补偿原则是确保项目公司不会因项目提前终止而受损或获得额外利益(即项目公司获得的补偿等于假设该PPP项目按原计划继续实施的情形下项目公司能够获得的经济收益)。补偿的范围一般可能包括:

(1)项目公司尚未偿还的所有贷款(其中可能包括剩余贷款本金和利息、逾期偿还的利息及罚息、提前还贷的违约金等);

(2)项目公司股东在项目终止之前投资项目的资金总和(必要时需要进行审计);

(3)因项目提前终止所产生的第三方费用或其他费用(例如支付承包商的违约金、雇员的补偿金等);

(4)项目公司的利润损失(双方通常会在PPP项目合同中约定利润损失的界定标准及补偿比例)。

2. 项目公司违约事件。

实践中,对于因项目公司违约事件导致的项目合同终止,如果政府有义务回购或者选择进行回购时,政府需要就回购提供相应补偿。常见的回购补偿计算方法包括:

(1)市场价值方法,即按照项目终止时合同的市场价值(即再进行项目采购的市场价值)计算补偿金额。此种方法相对比较公平,并且在项目回购后政府必须要在市场中重新进行项目采购,因此通常适用于PPP市场相对较为成熟的国家。

(2)账面价值方法,即按照项目资产的账面价值计算补偿金额。与市场价值方法不同,该计算方法主要关注资产本身的价值而非合同的价值。这种计算方法比较简单明确,可避免纠纷,但有时可能导致项目公司获得的补偿与其实际投资和支付的费用不完全一致。

在具体项目中适用哪一种计算方法,需要进行专项评估,但一般的原则是,尽可能避免政府不当得利并且能够吸引融资方的项目融资。此外,根据上述计算方法计算出的补偿金额,通常还要扣减政府因该终止而产生的相关费用和损失。

3. 自然不可抗力。

由于自然不可抗力属于双方均无过错的事件,因此对于自然不可抗力导致的终止,一般的原则是由双方共同分摊风险。通常来讲:

(1)补偿范围一般会包括未偿还融资方的贷款、项目公司股东在项目终止前投入项目的资金以及欠付承包商的款项;

（2）补偿一般会扣除保险理赔金额，且不包括预期利润损失。

（三）补偿的支付。

在PPP项目合同中还会约定政府回购补偿的支付方式、时间和程序。具体支付方式包括以下两种：

1. 一次性全额支付。

对项目公司而言，当然希望可以一次性获得全额补偿。但对政府而言，一次性全额支付可能会增加政府的资金压力，需要政府进行合理的财政预算安排。

2. 分期付款。

分期付款可以在一定程度上缓解政府的资金压力，但是否能够采用这种方式还取决于项目公司和融资方能否同意。此外，如果采用分期付款方式，项目公司一般会向政府主张延期支付的利息，并且在未缴清补偿款前，项目公司一般不愿意移交项目资产，因此采用分期付款方式有可能会影响项目的移交时间。

第十九节　项目的移交

项目移交通常是指在项目合作期限结束或者项目合同提前终止后，项目公司将全部项目设施及相关权益以合同约定的条件和程序移交给政府或者政府指定的其他机构。

项目移交的基本原则是，项目公司必须确保项目符合政府回收项目的基本要求。项目合作期限届满或项目合同提前终止后，政府需要对项目进行重新采购或自行运营的，项目公司必须尽可能减少移交对公共产品或服务供给的影响，确保项目持续运营。

一、移交范围

起草合同移交条款时，首先应当根据项目的具体情况明确项目移交的范围，以免因项目移交范围不明确造成争议。移交的范围通常包括：

（一）项目设施；

（二）项目土地使用权及项目用地相关的其他权利；

（三）与项目设施相关的设备、机器、装置、零部件、备品备件以及其他动产；

（四）项目实施相关人员；

（五）运营维护项目设施所要求的技术和技术信息；

（六）与项目设施有关的手册、图纸、文件和资料（书面文件和电子文档）；

（七）移交项目所需的其他文件。

二、移交的条件和标准

为了确保回收的项目符合政府的预期，PPP项目合同中通常会明确约定项目移交的条件和标准。特别是在项目移交后政府还将自行或者另行选择第三方继续运营该项目的情形下，移交的条件和标准更为重要。通常包括以下两类条件和标准：

（一）权利方面的条件和标准：项目设施、土地及所涉及的任何资产不存在权利瑕疵，其上未设置任何担保及其他第三人的权利。但在提前终止导致移交的情形下，如移交时尚有未清偿的项目贷款，就该未清偿贷款所设置的担保除外。

（二）技术方面的条件和标准：项目设施应符合双方约定的技术、安全和环保标准，并处于良好的运营状况。在一些PPP项目合同中，会对"良好运营状况"的标准做进一步明确，例如在不再维修情况下，项目可以正常运营3年等。

三、移交程序

（一）评估和测试。

在PPP项目移交前，通常需要对项目的资产状况进行评估并对项目状况能否达到合同约定的移交条件和标准进行测试。实践中，上述评估和测试工作通常由政府方委托的独立专家或者由政府方和项目公司共同组成的移交工作组负责。

经评估和测试，项目状况不符合约定的移交条件和标准的，政府方有权提取移交维修保函，并要求项目公司对项目设施进行相应的恢复性修理、更新重置，以确保项目在移交时满足约定要求。

（二）移交手续办理。

移交相关的资产过户和合同转让等手续由哪一方负责办理主要取决于合同的约定，多数情况下由项目公司负责。

（三）移交费用（含税费）承担。

关于移交相关费用的承担，通常取决于双方的谈判结果，常见的做法包括：

1. 由项目公司承担移交手续的相关费用（这是比较常见的一种安排，而且办理移交手续的相关费用也会在项目的财务安排中予以预先考虑）；

2. 由政府方和项目公司共同承担移交手续的相关费用。

3. 如果因为一方违约事件导致项目终止而需要提前移交，可以约定由违约方来承担移交费用。

四、转让

（一）项目相关合同的转让。

项目移交时，项目公司在项目建设和运营阶段签订的一系列重要合同可能仍然需要继续履行，因此可能需要将这些尚未履行完毕的合同由项目公司转让给政府或政府指定的其他机构。为能够履行上述义务，项目公司应在签署这些合同时即与相关合同方（如承包商或运营商）明确约定，在项目移交时同意项目公司将所涉合同转让给政府或政府指定的其他机构。实践中，可转让的合同可能包括项目的工程承包合同、运营服务合同、原料供应合同、产品或服务购买合同、融资租赁合同、保险合同以及租赁合同等。

通常政府会根据上述合同对于项目继续运营的重要性，决定是否进行合同转让。此外，如果这些合同中包含尚未期满的相关担保，也应该根据政府的要求全部转让给政府或者政府指定的其他机构。

（二）技术转让。

在一些对于项目实施专业性要求较高的PPP项目中，可能需要使用第三方的技术（包括通过技术转让或技术许可的方式从第三方取得的技术）。在此情况下，政府需要确保在项目移交之后不会因为继续使用这些技术而被任何第三方进行侵权索赔。

鉴此，PPP项目合同中通常会约定，项目公司应在移交时将项目运营和维护所需要的所有技术，全部移交给政府或政府指定的其他机构，并确保政府或政府指定的其他机构不会因使用这些技术而遭受任何侵权索赔。如果有关技术为第三方所有，项目公司应在与第三方签署技术授权合同时即与第三方明确约定，同意项目公司在项目移交时将技术授权合同转让给政府或政府指定的其他机构。

此外，PPP项目合同中通常还会约定，如果这些技术的使用权在移交日前已期满，项目公司有义务协助政府取得这些技术的使用权。

五、风险转移

移交条款中通常还会明确在移交过程中的风险转移安排：在移交日前，由项目公司承担项目设施的全部或部分损失或损坏的风险，除非该损失或损坏是由政府方的过错或违约所致；在移交日及其后，由政府承担项目设施的全部或部分损失或损坏的风险。

第二十节 适用法律及争议解决

一、适用法律

在一般的商业合同中，合同各方可以选择合同的管辖法律（即准据法）。但在PPP项目合同中，由于政府方是合同当事人之一，同时PPP项目属于基础设施和公共服务领域，涉及社会公共利益，因此在管辖法律的选择上应坚持属地原则，即在我国境内实施的PPP项目的合同通常应适用我国法律并按照我国法律进行解释。

二、争议解决

由于PPP项目涉及的参与方众多、利益关系复杂且项目期限较长，因此在PPP项目所涉合同中，通常都会规定争议解决条款，就如何解决各方在合同签订后可能产生的合同纠纷进行明确的约定。尽管没有规定明确的争议解决条款并不意味着各方对产生的纠纷不享有任何救济，但规定此类条款有助于明确纠纷解决的方式及程序。

争议解决条款中一般以仲裁或者诉讼作为最终的争议解决方式，并且通常会在最终争议解决方式前设计其他的争议解决机制，以期在无需仲裁或者诉讼的情况下快速解决争议，或达成一个暂时具有约束力、但可在之后的仲裁或诉讼中重新审议的临时解决办法。

争议解决方式通常需要双方根据项目的具体情况进行灵活选择。如果项目需要各方的长期合作，应考虑对抗性更低、更利于维护各方关系的争议解决方式。常见的争议解决方式包括：

（一）友好协商。

为争取尽快解决争议，在多数PPP项目合同中，都会约定在发生争议后先由双方通过友好协商的方式解决纠纷。这样做的目的是为了防止双方在尝试通过协商解决争议之前直接启动正式的法律程序。诉讼和仲裁是非常耗时且昂贵的，而且一旦开始往往很难停止。实践中，协商的具体约定方式包括：

1. 协商前置。即发生争议后，双方必须在一段特定期限内进行协商，在该期限届满前双方均不能提起进一步的法律程序。

2. 选择协商。即将协商作为一个可以选择的争议解决程序，无论是否已进入协商程序，各方均可在任何时候启动诉讼或仲裁等其他程序。

3. 协商委员会。即在合同中明确约定由政府方和项目公司的代表组成协商委员会，双方一旦发生争议应当首先提交协商委员会协商解决。如果在约定时间内协商委员会无法就有关争议达成一致，则会进入下一阶段的争议解决程序。

需要特别说明的是，通常协商应当是保密并且"无损实体权利"的，当事人在协商过程中所说的话或所提供的书面文件不得用于之后的法律程序。因为如果双方能够确定这些内容在将来的诉讼或仲裁中不会被作为不利于自己的证据，他们可能更愿意主动做出让步或提出解决方案。

（二）专家裁决。

对于PPP项目中涉及的专业性或技术性纠纷，也可以通过专家裁决的方式解决。

负责专家裁决的独立专家,可以由双方在PPP项目合同中予以委任,也可以在产生争议之前共同指定。

专家裁决通常适用于对事实无异议、仅需要进行某些专业评估的情形,不适用于解决那些需要审查大量事实依据的纠纷,也不适用于解决纯粹的法律纠纷。

(三)仲裁。

1. 仲裁还是诉讼。

仲裁是一种以双方书面合意进入仲裁程序为前提(即合同双方必须书面约定将争议提交仲裁)的替代诉讼的纠纷解决方式。一般而言,仲裁相较于诉讼,具有下列优点:

(1)仲裁程序更具灵活性,更尊重当事人的程序自主;

(2)仲裁程序更具专业性,当事人可以选择相关领域的专家作为仲裁员;

(3)仲裁程序更具保密性,除非双方协议可以公开仲裁,一般仲裁程序和仲裁结果均不会对外公开;

(4)仲裁程序一裁终局,有可能比诉讼程序更快捷、成本更低。

依照我国法律,仲裁裁决与民事判决一样,具有终局性和法律约束力。除基于法律明确规定的事由,法院不能对仲裁的裁决程序和裁决结果进行干预。

在PPP项目合同争议解决条款中,也可以选择诉讼作为最终的争议解决方式。需要特别注意的是,就PPP项目合同产生的合同争议,应属于平等的民事主体之间的争议,应适用民事诉讼程序,而非行政复议、行政诉讼程序。这一点不应因政府方是PPP项目合同的一方签约主体而有任何改变。

实践中,诉讼程序相较于仲裁程序时间更长,程序更复杂,比较正式且对立性更强,因此PPP项目双方在选择最终的争议解决程序是需要仔细的考量。

2.国际仲裁还是国内仲裁。

在一些外国投资人参与的PPP项目中,可能会在争议解决条款中选择由相对中立的国际仲裁组织进行仲裁。我国《合同法》已明确规定,具有涉外因素的合同可以选择国外仲裁机构仲裁,实践中也可以依据一些国际公约(例如《承认及执行外国仲裁裁决公约》)来处理国际仲裁裁决的承认和执行程序。

需要特别注意的是,按照我国法律规定,如果合同中约定某一争议既可以依仲裁程序解决,也可以依诉讼程序解决,则原则上属于无效的仲裁条款(除非一方当事人申请仲裁后,对方当事人未在首次开庭前提出管辖权异议,使仲裁庭取得审理该案件的管辖权)。因此,PPP项目合同的争议解决条款最好在诉讼和仲裁中任选其一,避免出现"既可以仲裁,也可以诉讼"的约定。

(四)争议期间的合同履行。

鉴于PPP项目通常会涉及公共安全和公共利益,为保障项目的持续稳定运营,通常会在争议解决条款中明确规定在发生争议期间,各方对于合同无争议部分应当继续履行,除法律规定或另有约定外,任何一方不得以发生争议为由,停止项目运营。

第二十一节 合同附件

PPP项目所涉及的合作内容和具体要求通常较为庞杂,一般会在PPP项目合同正文之后附加一系列的附件,用以进一步明确合同中涉及的具体技术标准、条件要求、计算公式、文书

格式等。

一、常见的合同附件

鉴于不同PPP项目的付费机制、运作方式、融资方式以及涉及的行业标准、技术规范等各不相同,具体的合同附件也会不同。常见的PPP项目合同附件包括:

(一)项目场地范围。

该附件用于划定项目涉及的场地的地点、范围、面积等,有时会以平面图的形式列示。

(二)项目所需审批。

该附件用于列明项目实施所需获得的全部或主要审批,以及政府方和项目公司在获得上述审批上的责任分工。

(三)技术附件。

该附件用于详细阐述PPP项目设计、建设、运营、维护等所依据的具体技术标准和规范等。

(四)商务附件。

该附件用于阐述PPP项目的商业方案,例如财务模型、融资计划、项目公司设立方案等。

(五)履约担保格式。

为了确保项目公司在签订PPP项目合同后所提供的履约担保能够符合双方的约定,有时还会将履约担保的相关协议也作为合同附件,并约定项目公司将来按照该协议约定的内容和方式向政府方提供担保。

(六)移交条件。

为了确保项目移交后符合政府的预期,双方可能会将项目移交的具体条件和标准在PPP项目合同的附件中予以明确规定。

二、各行业合同附件例举

下文列举了一些行业的PPP项目合同的常见附件,仅供参考:

(一)城市(集中)供水。

在城市(集中)供水项目中,比较常见的附件包括:各方内部决议件,股东承诺函,集中式公共供水定义,授权文件,建设期履约保函,项目特许经营范围,普遍服务承诺,供水技术标准、规范和要求,项目资产维护方案,融资方案,初步性能测试,最终性能测试,维护保函,应急预案,保险方案(含投保险种与保险金额),前期工作和永久性市政设施,技术方案,定期报告及临时报告(事项、周期及信息格式要求),成本申报及监审,资本投资计划及调整,排他性承诺,移交方案等。

(二)集中供暖。

在集中供暖项目中,比较常见的附件包括:授权文件,各方内部决议件,股东承诺函,供热质量和服务标准,项目特许经营区域范围(附图),供用热合同样本,技术规范和标准,投资计划及安排,普遍服务承诺,应急预案,移交资产的程序和标准,融资方案,履约保函,保险方案,项目设施维护方案,工程进度计划表,排他性承诺,移交方案等。

(三)管道燃气供应。

在管道燃气供应项目中,比较常见的附件包括:各方内部决议件,股东承诺函,授权书,项目特许经营区域范围(附图),项目批准文件,技术规范和要求,投资计划及安排,普遍服务承诺,管道设施维护方案,保险,融资方案,工程技术方案,燃气质量标准,燃气服务标准,安全管理标准,气源承诺及保障计划,应急预案,履约保函,工程进度计划表,排他性承诺,移交方案,供用气合同等。

(四)污水处理。

在污水项目中,比较常见的附件包括:授权文件,各方内部决议件,股东承诺函,用地四至图,建设标准和技术要求,进水水质超标的处理,出水水质不合格的违约金,污水处理服务协议,调价公式,融资方案,保险方案,运营记录报表,付费申请表/形式发票,出水水质监测项目、方法和周期,履约保函,维护保函,技术方案,移交保函,工程进度计划表,移交方案等。

(五)垃圾焚烧处理。

在垃圾焚烧处理项目中,比较常见的附件包括:授权文件,各方内部决议件,股东承诺函,垃圾处理服务协议,适用技术规范和要求,技术方案,商务方案,履约保函,维护保函,融资方案,质量保证和控制方案,项目建设进度计划,保险方案,稳定性试运行方案,购售电合同,运营维护方案,进口设备和清单,红线图,移交保函,移交方案等。

(六)保障性安居工程。

在保障性安居工程项目中,比较常见的附件包括:授权文件,各方内部决议件,股东承诺函,项目红线图,融资方案等。

(七)地下综合管廊。

在地下综合管廊项目中,比较常见的附件包括:授权文件,各方内部决议件,股东承诺函,走线规划图,既有管网GIS信息等。

(八)轨道交通。

在轨道交通项目中,比较常见的附件包括:授权文件,各方内部决议件,股东承诺函,设计标准,运营操作和维护标准,融资协议,融资计划,融资替代解决方案,客运服务标准,客流量预测,工程价目表,融资方案,文字,公司章程,保险方案,施工合同,工程进度计划表,施工时间安排,地铁区域图,网站,操作和维修合同,前期工程进度,排他性承诺,履约担保,移交方案等。如涉及综合开发的,还需增加相应附件。

(九)医疗和养老服务设施。

在医疗和养老服务设施项目中,比较常见的附件包括:授权文件,各方内部决议件,股东承诺函,医院管理及服务协议,商标许可协议,目标土地规划设计要求,目标土地四至图,设计要求及建造标准,融资方案,筹备期工作方案,运营标准及绩效指标,员工招聘、培训及多点执业相关工作方案,营销方案,竞争对手列表及排他性承诺,保险安排,履约担保,移交方案等。

第三章 不同付费机制下的核心要素

付费机制是政府和社会资本合作的重要基础,关系到PPP项目的风险分配和收益回报,因而是政府和社会资本(或项目公司)共同的核心关注,也是PPP项目合同中最为关键的条款。根据PPP项目的行业、运作方式及具体情况的不同,需要设计不同的付费机制。常见的付费机制主要包括政府付费、使用者付费和可行性缺口补助三种。本章将就在设置不同的付费机制时需要在PPP项目合同中予以考虑和反映的核心要素进行详细阐述。

第一节 政府付费

政府付费是指由政府直接付费购买公共产品或服务。其与使用者付费的最大区别在于付费主体是政府、而非项目的最终使用者。

根据项目类型和风险分配方案的不同,政府付费机制下,政府通常会依据项目的可用性、使用量和绩效中的一个或多个要素的组合向项目公司付费。

一、可用性付费

（一）概述。

可用性付费（Availability Payment）是指政府依据项目公司所提供的项目设施或服务是否符合合同约定的标准和要求来付费。

可用性付费通常与项目的设施容量或服务能力相关,而不考虑项目设施或服务的实际需求,因此项目公司一般不需要承担需求风险,只要所提供设施或服务符合合同约定的性能标准即可获得付费。

大部分的社会公共服务类项目（例如学校、医院等）以及部分公用设施和公共交通设施项目可以采用可用性付费。一些项目中也可能会与按绩效付费搭配使用,即如果项目公司提供设施或服务的质量没有达到合同约定的标准,则政府付费将按一定比例进行扣减。

（二）适用条件。

符合以下条件的PPP项目,政府可以考虑采用按可用性付费：

1. 相对于项目设施或服务的实际使用量,政府更关注该项目设施或服务的可用性。例如,奥运会场馆。

2. 相对于项目公司,政府对于项目设施或服务的需求更有控制力,并且政府决定承担需求风险。例如,在学校PPP项目中,政府教育部门负责向各学校分配生源,其能够更好的管控学校设施的使用量,因此政府可基于学校设施的可用性向项目公司付款,而不考虑实际的学生人数。

（三）可用性付费的设置

1. 基本原则。

可用性付费的一个基本原则就是在符合我国法律强制性规定的前提下,直至项目设施已建成且全面服务可用时（通常是项目开始运营时）才开始付款。但也存在一些例外,比如改造项目,有可能改造的同时也需要项目公司继续提供服务,在这种情形下,政府可能需要就项目公司继续提供的服务支付一定费用。

在按可用性付费的项目中,通常在项目开始时就已经确定项目公司的投资成本,在项目开始运营后,政府即按照原先约定的金额向项目公司付款,但如果存在不可用的情形,再根据不可用的程度扣减实际的付款。

2. 核心要素：可用与不可用的界定。

可用性付费的核心要素就是要明确界定项目在什么情况下为"可用",什么情况下为"不可用",其中"不可用"的界定更为重要。

在PPP项目合同签订之前,双方应当尽早确定"不可用"的认定标准,因其会直接影响项目财务模型的确定。在设定"不可用"标准时,通常需要考虑以下因素：

（1）该标准是否客观,即是否符合项目的实际情况和特点,是否可以测量和监控等。

（2）该标准是否合理,即是否超出项目公司的能力范围,是否为实施本项目所必需等。

3. 其他要素。

除了"可用"与"不可用"的界定外,在设置可用性付费时,还需要考虑其他要素,例如：

（1）不同比例扣减机制的设计。

设施或服务不可用所导致的经济后果通常由该设施或服务的重要程度决定。例如，在医疗服务设施项目中，手术室中的灯比走廊上的灯更为重要，因此因手术室灯不亮而扣减的金额也应当更高。设置不同比例扣减机制可以促使项目公司优先保证更为重要的设施或服务的可用性。

（2）宽限期的设计。

在出现"不可用"的情形时，PPP项目合同中通常会给予项目公司一个宽限期，只有在该宽限期内项目公司仍然没有纠正该"不可用"情形的，可用性付费才会被扣减，如果在该期限内项目公司做出了有效补救，则可用性付费不会受到影响。

此外，在一些PPP项目合同中，也可能设置多次扣减的机制。如果在宽限期结束时项目公司未能纠正不可用情形，政府将根据合同约定的比例扣减相应付费；如果该不可用情形在宽限期结束后又持续了一定时期，则可能导致政府对付费的进一步扣减。这种机制主要是为了确保项目公司能够尽快恢复正常的设施或服务供给。但在设置这种多次扣减机制时，需要注意掌握尺度，因为其会使付费机制变得非常复杂。

（3）不可用设施或服务仍需使用的情形下的处理。

在一些特定情形下，即使某些服务或设施没有达到可用性要求，政府仍然需要使用。在这种情形下，政府可考虑以下两种处理方式：一是如果政府的使用将导致项目公司无法纠正部分设施或服务的问题，则可以将受政府使用影响的部分服务或设施视为具有可用性；二是仅扣减部分、而非全部比例的政府付费。

（4）计划内暂停服务的认定。

为避免争议，政府和项目公司应当在合同中明确约定计划内的暂停服务是否认定为不可用，通常情况下计划内的暂停服务应作为不可用的例外情形。

4. 豁免事由。

并非所有不可用情形出现，均会影响政府付费，在PPP项目合同中通常会约定一些豁免事由，对于因发生豁免事由而导致出现不可用情形的，不构成项目公司违约，仍可按照合同约定的金额获得政府付费。常见的豁免事由包括：

（1）政府可以提供合适的替代性服务（需由政府决定）；

（2）项目设施或服务在不可用期间内本就未计划使用；

（3）政府违约；

（4）政府提出的变更；等等。

需要特别强调的是，尽管按可用性付费的项目对项目公司而言风险更低、可融资性更高，但政府转移给项目公司的风险也相对有限。同时，相对于使用者付费项目和按使用量付费的项目，单纯按可用性付费的项目缺乏有效的收益激励机制，通常只能通过项目公司报告或政府抽查的方式对于项目进行监控，监控力度较弱，难以保证项目随时处于可用状态。因此，必要时可用性付费需要与绩效付费或使用量付费搭配使用。

二、使用量付费

（一）概述。

使用量付费（Usage Payment），是指政府主要依据项目公司所提供的项目设施或服务的实际使用量来付费。在按使用量付费的项目中，项目的需求风险通常主要由项目公司承担。因此，在按使用量付费的项目中，项目公司通常需要对项目需求有较为乐观的预期或者有一定影响能力。实践中，污水处理、垃圾处理等部分公用设施项目较多地采用使用量付费。

一些项目中，使用量付费也可能与绩效付费搭配使用，即如果项目公司提供的设施或服务未达到合同约定的绩效标准，政府的付费将进行相应扣减。

(二)使用量付费的设置。

1. 基本原则。

使用量付费的基本原则就是由政府（而非使用者）依据项目设施或服务的实际使用量向项目公司付费，付费多少与实际使用量大小直接挂钩。

2. 分层级付费机制。

在按使用量付费的PPP项目中，双方通常会在项目合同签订前根据项目的性质、预期使用量、项目融资结构及还款计划等设计分层级的使用量付费机制。

下图为比较典型的分层级的使用量付费机制：

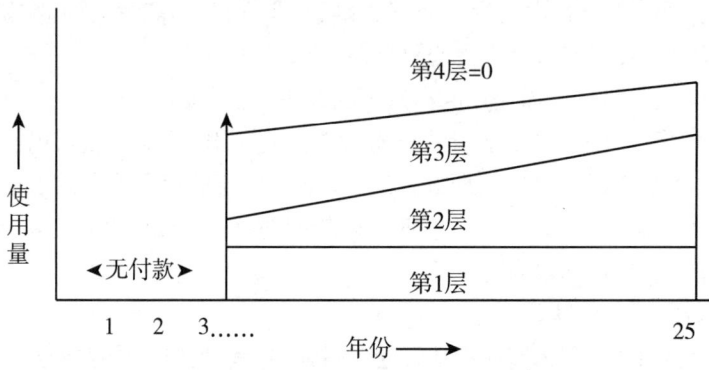

上图中将使用量付费分为四个层级，其中第1层为"最低使用量"，第4层为"最高使用量"。

(1)最低使用量：即政府与项目公司约定一个项目的最低使用量，在项目实际使用量低于最低使用量时，不论实际使用量多少，政府均按约定的最低使用量付费。最低使用量的付费安排可以在一定程度上降低项目公司承担实际需求风险的程度，提高项目的可融资性。

(2)最高使用量：即政府与项目公司约定一个项目的最高使用量，在实际使用量高于最高使用量时，政府对于超过最高使用量的部分不承担付款义务。最高使用量的付费安排为政府的支付义务设置了一个上限，可以有效防止政府因项目使用量持续增加而承担过度的财政风险。

需要特别强调的是，即使在设置最低使用量的情形下，政府仍然需要承担实际使用量低于最低使用量的风险；即使在设计最高使用量的情形下，实际使用量低于最高使用量时，政府付费的金额仍然会因实际使用量的变化而变化，存在一定不确定性，需要进行合理的预算安排。

三、绩效付费

(一)概述。

绩效付费（Performance Payment）是指政府依据项目公司所提供的公共产品或服务的质量付费，通常会与可用性付费或者使用量付费搭配使用。

在按绩效付费的项目中，政府与项目公司通常会明确约定项目的绩效标准，并将政府付费与项目公司的绩效表现挂钩，如果项目公司未能达到约定的绩效标准，则会扣减相应的付费。

(二)绩效付费的设置。

1. 设定绩效标准。

政府和项目公司应当根据项目的特点和实际情况在PPP项目合同中明确约定适当的绩效

标准。设定绩效标准时，通常需要考虑以下因素：

（1）绩效标准是否客观，即该标准是否符合项目的实际情况和特点，是否可以测量和监控等。这是绩效付费能否有效实施的关键要素。

（2）绩效标准是否合理，即该标准是否超出项目公司的能力范围，是否为实施本项目所必需等。这是项目融资方的核心关之一。

2. 绩效监控机制。

在按绩效付费的项目中，通常会专门编制绩效监控方案并将其作为PPP项目合同的附件，以明确项目公司的监控义务、政府的监控措施以及具体的绩效标准。在社会公共服务项目中，绩效监控机制的设置尤为重要（关于社会公共服务项目的绩效监控机制，请见第四章三节）。

3. 未达到绩效标准的后果。

为了对项目公司形成有效约束，PPP项目合同中通常会明确约定未达到绩效标准的后果，具体包括：

（1）扣减政府付费。PPP项目合同中通常会根据设施或服务在整个项目中的重要程度以及未达到绩效标准的情形和影响程度分别设置相应的政府付费扣减比例。此外，实践中还有一种"递进式"的扣款机制：即对于首次未达到绩效标准的情形，仅进行警告或少量扣款，但如果该情形在某段时期内多次发生，则会逐渐增加对于该情形的扣款比例，以促使项目公司及时采取补救措施。

（2）如果长期或者多次无法达到绩效标准，或者未达到绩效标准的情形非常严重，还有可能构成严重违约从而导致合同终止。

四、政府付费的调价机制

在长达20—30年的PPP项目生命周期中，市场环境的波动会对直接引起项目运营成本的变化，进而影响项目公司的收益情况。设置合理的价格调整机制，可以将政府付费金额维持在合理范围，防止过高或过低付费导致项目公司亏损或获得超额利润，有利于项目物有所值目标的实现。常见的调价机制包括：

（一）公式调整机制。

是指通过设定价格调整公式来建立政府付费价格与某些特定系数之间的联动关系，以反映成本变动等因素对项目价格的影响，当特定系数变动导致根据价格调整公式测算的结果达到约定的调价条件时，将触发调价程序，按约定的幅度自动调整定价。常见的调价系数包括：消费者物价指数、生产者物价指数、劳动力市场指数、利率变动、汇率变动等。调价系数的选择需要根据项目的性质和风险分配方案确定，并应综合考虑该系数能否反映成本变化的真实情况并且具有可操作性等。

（二）基准比价机制。

是指定期将项目公司提供服务的定价与同类服务的市场价格进行对比，如发现差异，则项目公司与政府可以协商对政府付费进行调价。

（三）市场测试机制。

是指在PPP项目合同约定的某一特定时间，对项目中某项特定服务在市场范围内重新进行采购，以更好地实现项目的物有所值。通过竞争性采购程序，政府和项目公司将可能会协商更换此部分服务的运营商或调整政府付费等。

但上述的基准比价机制和市场测试机制通常适用于社会公共服务类项目，而很少出现在公共交通或者公用设施项目中（关于基准比价机制和市场测试机制的具体程序，请见第四章第三节），主要原因有二：

1. 在公共交通或者公用设施项目中，项目公司的各项服务互相关联、难以明确分割，很难对某一项服务单独进行比价或市场测试；

2. 难以找到与该项目公司所处的运营情况、市场条件完全相同的比较对象。

此外，政府在考虑采用基准比价机制和市场测试机制时还需要注意，这两种调价机制既有可能减少政府付费金额，也有可能增加政府付费金额。

第二节　使用者付费

使用者付费机制是指由最终消费用户直接付费购买公共产品和服务。项目公司直接从最终用户处收取费用，以回收项目的建设和运营成本并获得合理收益。在此类付费项目中，项目公司一般会承担全部或者大部分的项目需求风险。

并非所有PPP项目都能适用使用者付费机制，使用者付费机制常见于高速公路、桥梁、地铁等公共交通项目以及供水、供热等部分公用设施项目中。

设置使用者付费机制时，需要根据项目的特性和具体情况进行详细的评估，重点考虑以下几个问题：

（一）项目是否适合采用使用者付费机制？

（二）使用费如何设定？

（三）政府是否需要保障项目公司的最低收入？是否需要设计机制避免项目公司获得过高的利润？

一、使用者付费机制的适用条件

具体PPP项目是否适合采用使用者付费机制，通常需要结合项目特点和实际情况进行综合评估。适合采用使用者付费机制的项目通常需要具备以下条件：

（一）项目使用需求可预测。

项目需求量是社会资本进行项目财务测算的重要依据，项目需求量是否可预测以及预测需求量的多少是决定社会资本是否愿意承担需求风险的关键因素。通常社会资本只有能够在一定程度上确定其可以通过使用者付费收回投资成本并且获得合理收益的情形下，才有参与PPP项目的动机。

（二）向使用者收费具有实际可操作性。

在一些项目中，项目公司向使用者收费可能并不实际或者并不经济。例如，在采取使用者付费机制的公路项目中，如果公路有过多的出入口，使得车流量难以有效控制时，将会使采取使用者付费机制变得不具有成本效益，而丧失实际可操作性。

（三）符合法律和政策的规定。

根据相关法律和政策规定，政府可能对于某些项目实行政府定价或者政府指导价，如果按照该政府定价或政府指导价无法保障项目公司回收成本并获得合理收益，则无法适用使用者付费机制，但可以考虑采用可行性缺口补助机制。

使用者付费机制的优势在于，政府可以最大程度地将需求风险转移给项目公司，而且不用提供财政补贴，同时还可以通过与需求挂钩的回报机制激励项目公司提高项目产品或服务的质量。

但需要强调的是,除非需求量可预测且较为明确或者政府提供其他的补助或承诺,否则使用者付费项目的可融资性相对较低,如果融资难度和融资成本过高,则可能会导致项目无法实施;同时,由于项目公司承担较大的需求风险,在需求不足时,项目公司为了确保能够收回成本,有可能会要求提高使用费的定价或者变相降低产品或服务质量。

二、使用者付费的定价机制

(一)定价方式。

实践中,使用者付费的定价方式主要包括以下三种:

1. 根据《价格法》等相关法律法规及政策规定确定;
2. 由双方在PPP项目合同中约定;
3. 由项目公司根据项目实施时的市场价格定价。

其中,除了最后一种方式是以市场价为基础外,对于前两种方式,均需要政府参与或直接决定有关PPP项目的收费定价。

(二)政府参与定价的考虑因素。

1. 需求的价格弹性。是指需求量对价格变动的敏感程度,即使用者对于价格的容忍程度。收费价格上涨到一定程度后,可能会导致使用量的下降。
2. 项目公司的目标,即在综合考虑项目的实施成本、项目合作期限、预期使用量等因素的情况下,收费定价能否使项目公司获得合理的收益。
3. 项目本身的目标,即能否实现项目预期的社会和经济效益。
4. 有关定价是否超出使用者可承受的合理范围(具体可以参考当地的物价水平);
5. 是否符合法律法规的强制性规定;等等。

(三)政府参与定价的方式。

根据PPP实践,政府参与收费定价通常可以采取以下几种具体方式:

1. 由政府设定该级政府所辖区域内某一行业的统一价(例如,某市政府对该市所有高速公路收费实行统一定价)。由于该使用费定价无法因具体项目而调整,如果社会资本在提交响应文件时测算出有关使用费定价无法覆盖其成本,则通常允许其要求政府提供一定的补贴。
2. 由政府设定该级政府所辖区域内某一行业的最高价。在具体项目中,项目公司仅能够按照该最高价或者低于该最高价的价格进行财务评估,如果社会资本在提交响应文件时测算出即使采用最高价也无法使其收回成本时,则通常允许其要求政府提供可行性缺口补助。
3. 由双方在合同中约定具体项目收费的价格。
4. 由双方在合同中约定具体项目收费的最高价。

此外,在一些PPP项目中,双方还有可能约定具体项目收费的最低价,实际上将PPP项目的部分建设和运营成本直接转移给使用者承担。

三、唯一性条款和超额利润限制机制

(一)唯一性条款。

在采用使用者付费机制的项目中,由于项目公司的成本回收和收益取得与项目的实际需求量直接挂钩,为降低项目的需求风险,确保项目能够顺利获得融资支持和稳定回报,项目公司通常会要求在PPP项目合同中增加唯一性条款，要求政府承诺在一定期限内不在项目附近新建竞争性项目。

（二）超额利润限制。

在一些情形下，使用者需求激增或收费价格上涨，将可能导致项目公司因此获得超出合理预期的超额利润。针对这种情形，政府在设计付费机制时可以考虑设定一些限制超额利润的机制，包括约定投资回报率上限，超出上限的部分归政府所有，或者就超额利润部分与项目公司进行分成等。但基本的原则是无论如何限制，付费机制必须能保证项目公司获得合理的收益，并且能够鼓励其提高整个项目的效率。

第三节 可行性缺口补助

可行性缺口补助是在政府付费机制与使用者付费机制之外的一种折衷选择。对于使用者付费无法使社会资本获取合理收益、甚至无法完全覆盖项目的建设和运营成本的项目，可以由政府提供一定的补助，以弥补使用者付费之外的缺口部分，使项目具备商业上的可行性。但此种付费机制的基本原则是"补缺口"，而不能使项目公司因此获得超额利润。

国际上关于可行性缺口补助的定义、适用范围和补贴方式尚无统一的界定。在我国实践中，可行性缺口补助的形式多种多样，具体包括：

一、投资补助

在项目建设投资较大，无法通过使用者付费完全覆盖时，政府可无偿提供部分项目建设资金，以缓解项目公司的前期资金压力，降低整体融资成本。通常政府的投资额应在制定项目融资计划时或签订PPP项目合同前确定，并作为政府的一项义务在合同中予以明确。投资补助的拨付通常不会与项目公司的绩效挂钩。

二、价格补贴

在涉及民生的公共产品或服务领域，为平抑公共产品或服务的价格水平，保障民众的基本社会福利，政府通常会对特定产品或服务实行政府定价或政府指导价。如果因该定价或指导价较低导致使用者付费无法覆盖项目的成本和合理收益，政府通常会给予项目公司一定的价格补贴。例如地铁票价补贴。

此外，政府还可通过无偿划拨土地，提供优惠贷款、贷款贴息，投资入股，放弃项目公司中政府股东的分红权，以及授予项目周边的土地、商业等开发收益权等方式，有效降低项目的建设、运营成本，提高项目公司的整体收益水平，确保项目的商业可行性。

第四章 不同行业下的特定条款

受不同行业政策及行业特点的影响，不同行业的PPP项目合同中会有一些特殊的条款安排。本章将会就公共交通、公用设施及社会公共服务等PPP模式应用较为广泛的行业领域内，PPP项目合同的特殊条款和机制进行详细介绍。

第一节 公共交通项目

公共交通项目通常包括机场、港口、公路、铁路、桥梁和城市轨道交通等，其共同特点是公共服务性强、投资规模较大。

高速公路项目在公共交通项目中比较典型，在世界范围内采用PPP模式的高速公路项目案例也非常多。实践中，高速公路项目主要采用BOT和委托运营两种运作方式。本指南谨以采用BOT运作方式的高速公路项目为例，结合我国的实际情况，阐述公共交通项目的一些特定条款机制。

一、项目的范围和期限

（一）项目的范围。

根据具体PPP项目合同的约定，高速公路项目的合作范围，除了高速公路的建设运营外，还可能包括沿途服务设施和广告等的开发和运营。

（二）项目期限。

在采用BOT运作方式的高速公路项目中，项目期限通常包括高速公路的建设期和运营期，待项目期限届满后，通常项目公司将无偿把高速公路移交给政府。

项目期限的长短与项目公司的收益直接相关，在投资成本一定、其他条件不变的情况下，项目公司所获得利润与项目期限成正比。在设置项目期限时，需要综合考虑项目的建设运营成本、回报率、融资计划、风险分配以及政策法律规定等多种因素，合理平衡政府、项目公司和使用者的利益。需要强调的是，高速公路项目的收费期限还要同时受到我国《收费公路管理条例》以及相关地方性法律法规的限定。

二、付费和调价机制

（一）付费机制。

PPP模式下的高速公路项目存在多个利益相关方，各方均有各自的定价目标，项目公司希望利润最大化，高速公路使用者希望获得质优价廉的服务，而政府则希望尽可能实现既定区域内的社会效益最大化。合理的收费标准除了可以覆盖高速公路在各时期的建设、维护、管理等成本，还能让项目公司获得合理的利润。

1. 高速公路付费机制。

在高速公路项目中，如何收取车辆通行费是一个非常关键的问题。实践中，高速公路项目通常有三种付费机制：

（1）使用者付费（又称为"Real Toll"）：项目公司直接向高速公路使用者收费；

（2）政府按使用量付费（又称为"Shadow Toll"）：政府根据高速公路的实际使用量、即车流量向项目公司付费，车流量越大，付费越多；

（3）政府按可用性和绩效付费：政府根据项目公司提供的高速公路是否达到合同约定的可用性标准来付费，并在此基础上根据项目公司的绩效设定相应的扣减机制。如果项目公司未能保证高速公路达到供公众使用的标准，政府将根据不达标高速公路的长度和数量以及不达标所持续的时间等，从应当支付给项目公司的费用中作相应扣减。

2. 高速公路收费定价的影响因素。

（1）高速公路成本：通常包括高速公路的建设成本和运营维护成本，例如工程建设费、设备购置费、道路维修费、养护费以及日常管理费用等；

（2）车流量：收费公路项目、尤其是使用者付费或政府按使用量付费的项目中，车流量对项目公司的收入有直接影响。车流量的大小通常由该高速公路辐射区域内的经济发展状况和汽车拥有量等因素决定；

（3）项目期限：项目期限直接影响高速公路的收益，期限过短无法保证项目公司获得合理收益；而期限过长则有可能导致项目公司暴利、甚至构成垄断；

(4)使用者的支付意愿：高速公路使用者的支付意愿通常具有很强的主观性，主要取决于使用者个人的支付能力。使用者的支付能力通常会受当地物价水平、个人年龄层次、职业稳定与否等因素影响；

(5)高速公路的性能和技术条件：高速公路的技术等级和服务水平越高，高速公路使用者可以接受的通行费标准也会越高；

(6)高速公路辐射区内的其他交通运输方式及其定价：高速公路辐射区内是否有其他交通运输方式，例如普通公路、铁路和民航等，这些交通运输方式的定价通常也会影响高速公路收费的定价。

(二)调价机制

1. 必要性。

PPP模式下的高速公路项目期限通常较长，在符合法律法规规定的前提下，一般为15至30年不等，在长期的高速公路运营过程中，诸如物价水平、车流量以及路况条件等因素均可能发生较大变化，进而对高速公路项目的运营维护成本和收益水平产生直接影响。如果不适时进行价格调整，可能会导致当前收费标准无法实现项目公司的合理收益，从而进一步影响高速公路的运营品质和社会效益。

2. 调价原则。

(1)保证合理回报原则：项目公司在收回高速公路的建设成本和运营维护成本后，应获得与同行业平均收益率相适应的合理收益回报；

(2)使用者可承受原则：高速公路收费价格不应过分高于使用者可承受的合理范围，如果使用者通过使用高速公路所获得的时间节约、距离缩短和安全提高等效益，不能补偿其付出的通行费、燃油费等成本，使用者就可能不会选择使用该高速公路出行；

(3)综合考虑原则：高速公路项目在进行价格调整时，除了应考虑项目公司的收益水平和高速公路使用者的承受能力外，还应当综合考虑通货膨胀、物价上涨和收费管理人员工资变化等各种影响因素。

(三)唯一性条款。

唯一性条款是PPP模式下高速公路项目中的重要条款，因为高速公路的收益直接取决于过往车辆的通行量，而且高速公路项目先期投资成本大、回收周期长，如果项目附近有性能和技术条件与本项目类似、但免费或收费较低的可替代路线，将会严重影响项目公司的成本回收及合理收益的获得，从长远来看，不利于调动社会资本的投资积极性。因此，为保证项目建成通车后项目公司有稳定的收入，项目公司在前期需要认真研究路网规划，对是否有可代替的路线以及如果存在这些路线将会对项目收益产生怎样的影响进行详细评估。在合同谈判阶段则要求政府作出相关承诺，即承诺项目期限内不在项目附近兴建任何竞争性的道路，并控制公路支线叉道口的连接，使项目公司保持较高的回报率，以避免过度竞争引起项目公司经营收益的下降。

(四)政府对项目的优惠政策。

政府对项目提供优惠政策有利于项目公司在高速公路项目中规避一定的投资风险，因此，项目公司在与政府谈判时会希望努力争取切实可行、规避风险的优惠条件。

政府提供给项目的优惠政策可能包括向项目公司无偿划拨土地，授予周边土地或商业开发收益权以及优先审批、简化审批等。

第二节　公用设施项目

公用设施通常是指政府有义务提供的市政公用基础设施，包括供电、供气、供水、供热、污水处理、垃圾处理等，有时也包括通信服务设施。公用设施项目普遍具有公益性、自然垄断性、政府监管严、价格弹性较小等特点，但不同的公用设施项目也具有不同的特性。下文将重点阐述公用设施项目中一些特别的条款和机制。

一、付费和调价机制

由于多数公用设施项目的产品或服务均可以量化，因此此类项目通常采用以实际使用量为基础的付费机制，例如按使用量付费的政府付费机制或者使用者付费机制。同时，由于公用设施项目的产品，如水、电、燃气等，涉及公共安全和公众利益，通常受到政府的严格监管并由政府统一定价，因此如果在使用者付费机制下，政府的定价无法使项目公司收回成本并获得合理收益，也有可以考虑采用可行性缺口补助机制（关于上述各种付费机制的详细介绍，请见第三章）。

不同类型公用设施项目的付费和调价机制各有特点，下文中将以供电项目为例对公用设施类PPP项目的付费和调价机制进行详细介绍。

供电项目的一个主要特点是购买主体的唯一性。在我国，电力供应属于政府实行严格管制的自然垄断行业，项目公司通常不能直接将项目所发的电销售给最终用户，而须先将电统一销售给政府电力主管部门或国家电力公司，再由政府电力主管部门或国家电力公司销售给最终用户。实践中，项目公司通常会与购电方（可能是PPP项目合同的政府方，也可能是政府的电力主管部门或国家电力公司，以下统称为"购电方"）另行签署电力购买协议，或者在PPP项目合同中设置具体条款，以明确具体购电安排和定价调价机制。

（一）购电安排。

对于供电项目而言，购电安排是最为核心的条款，直接关系到项目公司的投资回报。为了确保供电项目建成后能够通过售电收回成本并获取收益，在电力购买协议或PPP项目合同中有可能会为购电方设定一些强制性的购电安排。常见的购电安排包括以下两种：

1. 照付不议。

是指规定一个最小净输出发电量，只要项目公司达到该最小净输出量的发电能力并且不存在项目公司违约等情形，购电方就有义务按照该最小净输出发电量向项目公司支付电费，而不论项目公司是否实际生产了该部分的电量。如果能够超出最小净输出发电量的发电能力，购电方则可根据其需求和实际购得的电量支付电费。

这种购电安排，可以为项目公司的收入提供一定保障，有助于提高项目的可融资性，一般在煤电项目中较为常见。

2. 强制购买。

是指购电方有义务购买该供电项目所发的全部电量并根据所发的电量支付电费，而无论购电方是否真正需要。但如果非因政府方原因，项目公司没有实际发出电量，则项目公司将无法获得付费。

这种安排在风力发电、太阳能发电等新能源发电项目中较为常见。

（二）电价组成要素。

在不同供电项目中的电价组成要素可能不同，通常包括容量电价和电量电价中的一种或两种。

1. 容量电价。

容量电价是基于项目是否达到合同约定的容量标准而支付的电价，与项目是否被实际使用无关，可以看作是可用性付费的一种形式。根据项目的具体情况，容量电价通常由项目的建设成本、固定的运营维护成本等组成。

在采用容量电价时，合同中通常会就发电机组的额定功率、可用小时数等设定严格的标准，如果项目公司无法达到该标准，则会扣减相应的付费；如果项目的实际性能优于合同约定的标准，在一些项目中还有可能获得相应的奖励。

2. 电量电价。

电量电价是基于项目公司每月实际供应的电量来进行支付的电价形式。电量电价通常会根据季节及用电的峰谷时段设置不同的价格，以激励项目公司在电力供应紧张时期多供电。电量电价的组成通常包括燃料成本以及非固定的运营维护成本等。

（三）电价调整机制。

电价的调整机制主要包括基于公式调整机制和协商调整机制两种。

1. 公式调整机制。

在电价调整公式中，通常可能会以燃料价格变动、利率变动、消费者物价指数等作为主要的调价系数，当上述系数变动达到约定的幅度时即可触发调价程序，按调价公式自动调整电价。

2. 协商调整机制。

在一些供电项目中，双方会在项目采购阶段根据项目预算成本初步确定电价和电价组成要素，待项目建成后如果实际结算成本与预算成本差别较大，双方再根据实际结算成本对电价和电价组成要素进行重新谈判。这种调价方式，也称为成本加成电价模式。

与之相对应的是馈网电价模式，即双方在项目采购阶段确定一个固定的馈网电价，并且在项目在实施过程中不会因实际成本与预算成本有差别而对该电价进行调整。但在国际PPP实践中，一些以馈网电价为基础的供电项目，也可能设定一些调价机制，但通常调价幅度有限，并且一般不需要双方再次协商。

二、连接设施建设

与其他领域项目不同，一些公用设施项目需要建设一些与公共管网连接的设施才能实现运营。例如，供电项目中与国家电网链接的输变电设施，供热项目中与城市现有供热管网连接的换热站、管道等。因此，在这类公用设施项目的PPP项目合同中，通常会详细规定有关连接设施的建设条款。

实践中，根据项目具体情况的不同，关于连接设施的建设责任由哪一方承担通常有以下三种情形：

（一）全部由政府负责建设。

由于连接设施需要与公共管网直接连接，因此为了确保其与管网的配套统一性且不影响公共管网的正常运作，一些项目中，政府会主张自己建设此部分设施。但在这种情形下，为了确保该连接设施建设与项目建设和运营配合，通常会在PPP项目合同中规定：

1. 建设标准，以确保政府所建设的连接设施能够与项目设施相连接，并且符合项目正常运营的要求；

2. 完工时间要求。如果必要的连接设施没有完工,即使项目已达到开始运营的条件,也仍然无法开始运营。因此在PPP项目合同中通常会规定,政府有义务在项目设施完工时或之前完成连接设施的建设。如果政府无法按照合同约定的要求完工,项目公司将可能获得一定的救济,如项目期限延长、损害赔偿等。

3. 政府建设连接设施的费用承担,通常由双方在合同中约定。

(二)由项目公司和政府方共同负责建设。

即项目公司和政府方每方负责一部分连接设施的建设。对于这种情况,合同条款中应当特别注意设施边界和双方责任的划分,同时要重点关注连接设施的建设标准和工程进度的统一性问题。为此,PPP项目合同中通常会规定:

1. 各方的义务和责任范围,包括应建设的工程范围、建设的标准以及完工时间和进度要求等;

2. 双方互相通知和报告的义务,以确保一方能够及时了解对方设施的建设情况;等等。

(三)全部由项目公司负责建设。

如果全部由项目公司负责建设,该连接设施通常会包含在整个项目设施的范围内,并在项目的建设条款中对连接设施设计、建设标准和要求进行规定。与此同时,在PPP项目合同中可能不会专门针对连接设施规定完工时间,而是与整个项目开始运营的时间相结合(关于项目的建设条款,请见第二章第七节)。

三、原料供应

一些公用设施项目的运营通常会与原料供应紧密相关。例如,在污水处理、垃圾处理以及火电项目中,污水、垃圾、煤炭等原料的供应量直接决定项目产出的产品或服务的数量。因此,保障原料的持续稳定供应是这些公用设施项目需要解决的关键问题。具体项目的原料供应由哪一方负责,需要根据原料的特性、项目公司取得原料的能力等进行综合评估。

(一)由项目公司负责。

对于可在公开市场上购买的原料,例如原煤、水泥等,原料供应的风险和责任通常由项目公司自行承担。为了确保原料供应能够满足项目运营的要求,项目公司通常会根据项目的需求,制定详细的供应计划,并力争与原料供应商签订长期的原料供应合同,以尽可能地降低原料供应风险。

为了确保项目所用原料的保质保量和持续稳定供应,PPP项目合同中有时也会规定政府在原料供应商选择、供应合同签订等方面的协助义务和监管权。

(二)由政府方负责。

在原料无法从公开市场上取得、仅能由政府供应(例如污水、垃圾),或者项目公司无法承担有关原料供应风险的情形下,通常会约定由政府负责供应原料,同时会在合同中对原料的质量和数量予以明确约定。

1. 原料质量。通常原料的质量标准应根据项目的成本和运营标准等进行评估,原则上原料的质量应确保项目在不增加预计成本的情形下实现正常的运营。如果因政府供应的原料质量未达到约定标准而导致项目公司的运营成本增加,政府应给予相应的补偿。

2. 原料数量。在多数的公用设施项目中,原料供应的数量将直接决定项目提供产品或服务的数量,并且可能直接与项目公司的收益挂钩。因此,有必要对供应原料的数量进行明确约定。例如,一些污水处理项目的PPP项目合同中规定,政府应确保在整个项目期限内,收集

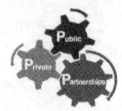

和输送污水至污水处理项目指定的交付地点,并满足合同约定的基本水量(如日均污水量)和进水水质等。

四、环境保护责任

一些公用设施项目的运营会产生"三废"和噪声,对环境造成不利影响,因此在PPP项目合同中会明确规定这类项目的建设运营所应遵守的环保标准和应履行的环境保护责任。项目公司的环境保护责任通常包括:

(一)按照有关环保要求,建设相应的环保设施并采取环境污染防治措施,确保项目建设、运营期间产生的废水、废气、固体废弃物以及噪声满足相应的环保标准;

(二)遵守有关公共卫生和安全生产等法律法规的规定;

(三)在项目的建设、运营期间应采取一切合理的措施尽量减少对项目设施周围建筑物和居民区的干扰;等等。

第三节 社会公共服务项目

社会公共服务领域的项目通常包括医疗服务设施、学校、监狱、养老院、保障性住房等。在社会公共服务PPP项目中,项目公司有可能负责社会服务设施的建设和运营维护,或者为社会服务设施提供部分或全部的运营和管理服务,或者直接负责提供社会公共服务。此外,在一些PPP项目中,合作范围还可能包括项目周边土地开发和设施经营,例如餐厅、商店等。社会公共服务项目中的付费调价机制和绩效监控机制通常较为关键且特点鲜明,下文将对此进行详细阐述。

一、付费和调价机制

(一)付费机制。

实践中,社会公共服务项目通常采用政府付费或者可行性缺口补助机制,很少采用单纯的使用者付费机制。这主要是因为社会公共服务项目通常具有较强的公益性(如学校、医疗机构等),其所提供的公共服务通常是免费的或者收费较低,项目公司很难通过单纯的使用者付费机制回收成本并获得合理收益。

1. 政府付费。

社会公共服务项目通常采用依可用性和绩效付费的政府付费机制。例如,在公立学校项目中,由项目公司负责学校设施的建设并提供部分运营管理服务,在学校设施建成后,政府根据学校设施的可用性和项目公司的运营表现,按月向项目公司支付一笔固定费用。但是,如果项目公司没有达到学校设施的可用性标准(如教室数量不符合合同要求),或者一些项目公司提供的运营管理服务没有达到合同约定的绩效标准(如安保工作、卫生状况等未达标),则政府会在固定支付的费用中作相应的扣减。

2. 可行性缺口补助。

在一些服务定价较低,使用者付费无法完全覆盖项目公司的投资成本和合理收益的项目中,可以考虑采用可行性缺口补助机制。例如,在养老服务和保障性住房项目中,使用者可以优惠价格购买服务或住房,而政府就该优惠价与市场价之间的差额部分向项目公司提供适当的补助,以保证项目公司收回成本并获得合理的收益。

(二)调价机制。

由于社会公共服务项目通常实施期限较长,在项目实施过程中劳动力成本、物价指数等价格影响因素可能会发生较大变化,并对项目的运营维护成本和收益水平产生影响,因此设置合理的调价机制能够更好地平衡政府和项目公司的利益,促进社会公共服务项目实现物有所值。

常见的调价机制包括基准比价机制和市场测试机制两种。

1. 基准比价机制。

基准比价机制是指由项目公司对其自身或其分包商提供某项服务的价格与该服务的市场价格进行比较,如果与市场价格存在差异,则项目公司将与政府协商调价。但是采用基准比价机制通常不会直接导致服务提供者的更换。

通常基准比价机制的具体操作程序如下:

(1)在PPP项目合同中约定一个固定周期或者一个特定日期,在该周期届满或该日期到来时,由项目公司启动比价程序,就其提供某项特定服务的价格与市场上提供同类服务的一般价格进行比较。

(2)项目公司应在PPP项目合同中约定的比价期限内(例如40周)完成比价工作。具体比价期限的长短需要根据相关服务的规模和性质确定。

(3)若比价结果显示同类服务市场价高于项目公司当前定价的,通常会有两种以下情形:若现有服务分包商依其分包合同仍有义务按原价提供服务的,则无需进行调价;若现有服务分包商依其合同有权重新调价的,则可由项目公司向政府申请调价。

(4)若比价结果显示同类服务市场价低于项目公司当前定价的,PPP项目合同通常会规定项目公司必须与政府协商对该项服务的价格进行调整。

同时,鉴于在基准比价机制下的比价工作主要由项目公司负责实施,为加强政府对项目公司比价过程的监控,通常会在合同中规定政府有权对项目公司或其分包商提供服务的相关成本分析进行评估和审核。

需要特别说明的是,基准比价机制不仅仅是一种调价机制,也是一种有效的激励机制,项目公司可以通过基准比价,对自己或其分包商提供特定服务的方式和成本进行回顾,及时改善服务的效率和质量。

2. 市场测试机制。

市场测试机制是指在PPP项目合同约定的某一特定时间,对项目中某项特定服务在市场范围内重新进行采购。相比基准比较机制,市场测试机制的程序更具透明性和竞争性,可以更好地实现项目的物有所值。采用市场测试机制有可能导致服务提供者的更换,市场测试后确定的采购价格既可能高于、也可能低于原来的价格。

通常市场测试机制的具体操作程序如下:

(1)在合同约定的特定日期到来时,项目公司将会就特定的软性服务进行重新采购,通常原分包商可以参与采购程序,但应避免利益冲突的情况,例如项目公司的关联公司即不能参与。

(2)如果采购程序结果显示,项目公司通过替换该服务的分包商,更能够实现项目的物有所值,则政府和项目公司可协议更换该服务的分包商,政府则可因此减少付费或者获得更优质的服务。

(3)如果采购程序结果显示,该服务的原分包商更能实现项目的物有所值,则不会更换分包商,也不会对当前的服务定价进行调整。

市场测试机制的采购工作通常由项目公司负责实施,项目公司有义务确保采购工作的依法实施以及分包商之间的顺利交接。

3. 调价机制的选择。

总体来讲,定期调价符合政府和项目公司双方的利益,但这需要以适当的调价机制为保障。

市场测试机制主要适用于社会公共服务项目中的一些软性服务,如学校项目中的清洁、餐饮、安保服务等,通常对这类服务进行重新招标不会影响到整个项目的运行。而对于一些关系到项目运行的核心服务(如医院项目中的医疗服务或学校项目中的教学服务等),如果重新进行招标,可能影响整个项目的正常运行或者需要对整个项目进行较大调整,则无法采用市场测试机制。

此外,相比基准比价机制,市场测试机制在程序上具有更强的灵活性,并且能够利用充分竞争更好地达成提高服务效率和质量的目的。但是,如果某项服务特殊性较强或者资质要求较高,能够提供该项服务的分包商过少,缺乏充分的市场竞争,则无法采用市场测试机制,而可以采用基准比价机制。

需要特别说明的是,市场测试机制和基准比价机制并不是必须二选其一的,合同中可以约定先采取某一机制,而将另一机制作为替代方案。例如,某项服务先采用市场测试机制进行重新采购,如果采购过程中出现竞争者不足的情况,则可以改用基准比价机制;反之,在采用基准比价机制时,如果政府无法与项目公司或原有分包商就价格调整达成一致的,也可以改用市场测试机制;另外,如果某一项目涉及多项服务的调价时,也可以根据需分别选择不同的调价机制。

二、绩效监控机制

在社会公共服务项目中,公共服务的质量至关重要,因此在实践中,通常会设置一些机制以保障对项目相关设施和服务的绩效进行有效监控,确保实现项目物有所值。

(一)绩效监控方案。

在社会公共服务项目、尤其是将绩效作为付费依据之一的项目中,政府方和项目公司通常会在项目合同中约定一个详细的绩效监控方案,以确保项目公司能够达到合同要求的绩效标准。

绩效监控方案通常会明确约定项目公司的监控义务,包括:

(1)运营情况监测,例如医院就诊人数、接诊率监测;

(2)信息发布,例如向公众公布医疗收费价格;

(3)定期报告,项目公司通常按月或按季向政府方提交绩效情况报告;

(4)保证相关信息的真实性、准确性和完整性;等等。

除此之外,绩效监控方案还会列明各项设施和服务的具体绩效标准。

(二)政府监控措施。

除项目公司负责实施的绩效监控方案外,通常PPP项目合同中还会规定政府方的一些监控措施,例如:

(1)使用者满意度调查;

(2)独立审计;

(3)定期或不定期检查;

(4)使用者反馈;等等。

(三)运营委员会。

在一些社会公共服务项目中,还会设立运营委员会来对项目的绩效进行监控。运营委员会一般由政府方和项目公司指派的至少两位代表组成,其职责根据项目的具体情况而定。运营委员会通常会定期(至少一月一次)审议项目的绩效情况报告,并处理项目有关运营、管理、媒体关系等事项。

(四)未达到绩效标准的后果。

项目公司未达到绩效标准的,通常会根据该未达标情形对项目的影响程度扣减相应的付款(关于扣款机制,请见第三章第一节第三部分)。如果长期或多次未达标,或者未达标的情形非常严重,则可能构成严重违约从而导致合同终止。

78.《关于印发〈政府和社会资本合作项目财政承受能力论证指引〉的通知》

(2015年4月3日起施行,财金〔2015〕21号)

各省、自治区、直辖市、计划单列市财政厅(局),新疆生产建设兵团财务局:

根据《国务院关于创新重点领域投融资机制 鼓励社会投资的指导意见》(国发〔2014〕60号)、《财政部关于推广运用政府和社会资本合作模式有关问题的通知》(财金〔2014〕76号)和《财政部关于印发政府和社会资本合作模式操作指南(试行)的通知》(财金〔2014〕113号),为有序推进政府和社会资本合作(Public-Private Partnership,以下简称PPP)项目实施,保障政府切实履行合同义务,有效防范和控制财政风险,现印发《政府和社会资本合作项目财政承受能力论证指引》。请遵照执行。

附件:政府和社会资本合作项目财政承受能力论证指引

财政部
2015年4月7日

附件:

政府和社会资本合作项目财政承受能力论证指引

第一章 总 则

第一条 根据《中华人民共和国预算法》、《国务院关于加强地方政府性债务管理的意见》(国发〔2014〕43号)、《国务院关于深化预算管理制度改革的决定》(国发〔2014〕45号)、《国务院关于创新重点领域投融资机制 鼓励社会投资的指导意见》(国发〔2014〕60号)、

《财政部关于推广运用政府和社会资本合作模式有关问题的通知》(财金〔2014〕76号)和《财政部关于印发政府和社会资本合作模式操作指南(试行)的通知》(财金〔2014〕113号)等有关规定,制定本指引。

第二条 本指引所称财政承受能力论证是指识别、测算政府和社会资本合作(Public-Private Partnership,以下简称PPP)项目的各项财政支出责任,科学评估项目实施对当前及今后年度财政支出的影响,为PPP项目财政管理提供依据。

第三条 开展PPP项目财政承受能力论证,是政府履行合同义务的重要保障,有利于规范PPP项目财政支出管理,有序推进项目实施,有效防范和控制财政风险,实现PPP可持续发展。

第四条 财政承受能力论证采用定量和定性分析方法,坚持合理预测、公开透明、从严把关,统筹处理好当期与长远关系,严格控制PPP项目财政支出规模。

第五条 财政承受能力论证的结论分为"通过论证"和"未通过论证"。"通过论证"的项目,各级财政部门应当在编制年度预算和中期财政规划时,将项目财政支出责任纳入预算统筹安排。"未通过论证"的项目,则不宜采用PPP模式。

第六条 各级财政部门(或PPP中心)负责组织开展行政区域内PPP项目财政承受能力论证工作。省级财政部门负责汇总统计行政区域内的全部PPP项目财政支出责任,对财政预算编制、执行情况实施监督管理。

第七条 财政部门(或PPP中心)应当会同行业主管部门,共同开展PPP项目财政承受能力论证工作。必要时可通过政府采购方式聘请专业中介机构协助。

第八条 各级财政部门(或PPP中心)要以财政承受能力论证结论为依据,会同有关部门统筹做好项目规划、设计、采购、建设、运营、维护等全生命周期管理工作。

第二章 责任识别

第九条 PPP项目全生命周期过程的财政支出责任,主要包括股权投资、运营补贴、风险承担、配套投入等。

第十条 股权投资支出责任是指在政府与社会资本共同组建项目公司的情况下,政府承担的股权投资支出责任。如果社会资本单独组建项目公司,政府不承担股权投资支出责任。

第十一条 运营补贴支出责任是指在项目运营期间,政府承担的直接付费责任。不同付费模式下,政府承担的运营补贴支出责任不同。政府付费模式下,政府承担全部运营补贴支出责任;可行性缺口补助模式下,政府承担部分运营补贴支出责任;使用者付费模式下,政府不承担运营补贴支出责任。

第十二条 风险承担支出责任是指项目实施方案中政府承担风险带来的财政或有支出责任。通常由政府承担的法律风险、政策风险、最低需求风险以及因政府方原因导致项目合同终止等突发情况,会产生财政或有支出责任。

第十三条 配套投入支出责任是指政府提供的项目配套工程等其他投入责任,通常包括土地征收和整理、建设部分项目配套措施、完成项目与现有相关基础设施和公用事业的对接、投资补助、贷款贴息等。配套投入支出应依据项目实施方案合理确定。

第三章 支出测算

第十四条 财政部门(或PPP中心)应当综合考虑各类支出责任的特点、情景和发生概率等因素,对项目全生命周期内财政支出责任分别进行测算。

第十五条 股权投资支出应当依据项目资本金要求以及项目公司股权结构合理确定。股权投资支出责任中的土地等实物投入或无形资产投入,应依法进行评估,合理确定价值。计算公式为:

股权投资支出=项目资本金×政府占项目公司股权比例

第十六条 运营补贴支出应当根据项目建设成本、运营成本及利润水平合理确定,并按照不同付费模式分别测算。

对政府付费模式的项目,在项目运营补贴期间,政府承担全部直接付费责任。政府每年直接付费数额包括:社会资本方承担的年均建设成本(折算成各年度现值)、年度运营成本和合理利润。计算公式为:

$$当年运营补贴支出数额 = \frac{项目全部建设成本 \times (1+合理利润率) \times (1+年度析现率)^n}{财政运营补贴周期(年)}年度运营成本 \times (1+合理利润率)$$

对可行性缺口补助模式的项目,在项目运营补贴期间,政府承担部分直接付费责任。政府每年直接付费数额包括:社会资本方承担的年均建设成本(折算成各年度现值)、年度运营成本和合理利润,再减去每年使用者付费的数额。计算公式为:

$$当年运营补贴支出数额 = \frac{项目全部建设成本 \times (1+合理利润率) \times (1+年度折现率)^n}{财政运营补贴周期(年)} + 年度运营成本 \times (1+合理利润率) - 当年使用者付费数额$$

n代表折现年数。财政运营补贴周期指财政提供运营补贴的年数。

第十七条 年度折现率应考虑财政补贴支出发生年份,并参照同期地方政府债券收益率合理确定。

第十八条 合理利润率应以商业银行中长期贷款利率水平为基准,充分考虑可用性付费、使用量付费、绩效付费的不同情景,结合风险等因素确定。

第十九条 在计算运营补贴支出时,应当充分考虑合理利润率变化对运营补贴支出的影响。

第二十条 PPP项目实施方案中的定价和调价机制通常与消费物价指数、劳动力市场指数等因素挂钩,会影响运营补贴支出责任。在可行性缺口补助模式下,运营补贴支出责任受到使用者付费数额的影响,而使用者付费的多少因定价和调价机制而变化。在计算运营补贴支出数额时,应当充分考虑定价和调价机制的影响。

第二十一条 风险承担支出应充分考虑各类风险出现的概率和带来的支出责任,可采用比例法、情景分析法及概率法进行测算。如果PPP合同约定保险赔款的第一受益人为政府,则风险承担支出应为扣除该等风险赔款金额的净额。

比例法。在各类风险支出数额和概率难以进行准确测算的情况下,可以按照项目的全部建设成本和一定时期内的运营成本的一定比例确定风险承担支出。

情景分析法。在各类风险支出数额可以进行测算、但出现概率难以确定的情况下,可针对影响风险的各类事件和变量进行"基本"、"不利"及"最坏"等情景假设,测算各类风险发生带来的风险承担支出。计算公式为:

风险承担支出数额=基本情景下财政支出数额×基本情景出现的概率+不利情景下财政

支出数额×不利情景出现的概率+最坏情景下财政支出数额×最坏情景出现的概率

概率法。在各类风险支出数额和发生概率均可进行测算的情况下，可将所有可变风险参数作为变量，根据概率分布函数，计算各种风险发生带来的风险承担支出。

第二十二条 配套投入支出责任应综合考虑政府将提供的其他配套投入总成本和社会资本方为此支付的费用。配套投入支出责任中的土地等实物投入或无形资产投入，应依法进行评估，合理确定价值。计算公式为：

配套投入支出数额=政府拟提供的其他投入总成本-社会资本方支付的费用

第四章 能力评估

第二十三条 财政部门（或PPP中心）识别和测算单个项目的财政支出责任后，汇总年度全部已实施和拟实施的PPP项目，进行财政承受能力评估。

第二十四条 财政承受能力评估包括财政支出能力评估以及行业和领域平衡性评估。财政支出能力评估，是根据PPP项目预算支出责任，评估PPP项目实施对当前及今后年度财政支出的影响；行业和领域均衡性评估，是根据PPP模式适用的行业和领域范围，以及经济社会发展需要和公众对公共服务的需求，平衡不同行业和领域PPP项目，防止某一行业和领域PPP项目过于集中。

第二十五条 每一年度全部PPP项目需要从预算中安排的支出责任，占一般公共预算支出比例应当不超过10%。省级财政部门可根据本地实际情况，因地制宜确定具体比例，并报财政部备案，同时对外公布。

第二十六条 鼓励列入地方政府性债务风险预警名单的高风险地区，采取PPP模式化解地方融资平台公司存量债务。同时，审慎控制新建PPP项目规模，防止因项目实施加剧财政收支矛盾。

第二十七条 在进行财政支出能力评估时，未来年度一般公共预算支出数额可参照前五年相关数额的平均值及平均增长率计算，并根据实际情况进行适当调整。

第二十八条 "通过论证"且经同级人民政府审核同意实施的PPP项目，各级财政部门应当将其列入PPP项目目录，并在编制中期财政规划时，将项目财政支出责任纳入预算统筹安排。

第二十九条 在PPP项目正式签订合同时，财政部门（或PPP中心）应当对合同进行审核，确保合同内容与财政承受能力论证保持一致，防止因合同内容调整导致财政支出责任出现重大变化。财政部门要严格按照合同执行，及时办理支付手续，切实维护地方政府信用，保障公共服务有效供给。

第五章 信息披露

第三十条 省级财政部门应当汇总区域内的项目目录，及时向财政部报告，财政部通过统一信息平台（PPP中心网站）发布。

第三十一条 各级财政部门（或PPP中心）应当通过官方网站及报刊媒体，每年定期披露当地PPP项目目录、项目信息及财政支出责任情况。应披露的财政支出责任信息包括：PPP项目的财政支出责任数额及年度预算安排情况、财政承受能力论证考虑的主要因素和指标等。

第三十二条 项目实施后,各级财政部门(或PPP中心)应跟踪了解项目运营情况,包括项目使用量、成本费用、考核指标等信息,定期对外发布。

第六章 附 则

第三十三条 财政部门按照权责发生制会计原则,对政府在PPP项目中的资产投入,以及与政府相关项目资产进行会计核算,并在政府财务统计、政府财务报告中反映;按照收付实现制会计原则,对PPP项目相关的预算收入与支出进行会计核算,并在政府决算报告中反映。

第三十四条 本指引自印发之日起施行。

附:

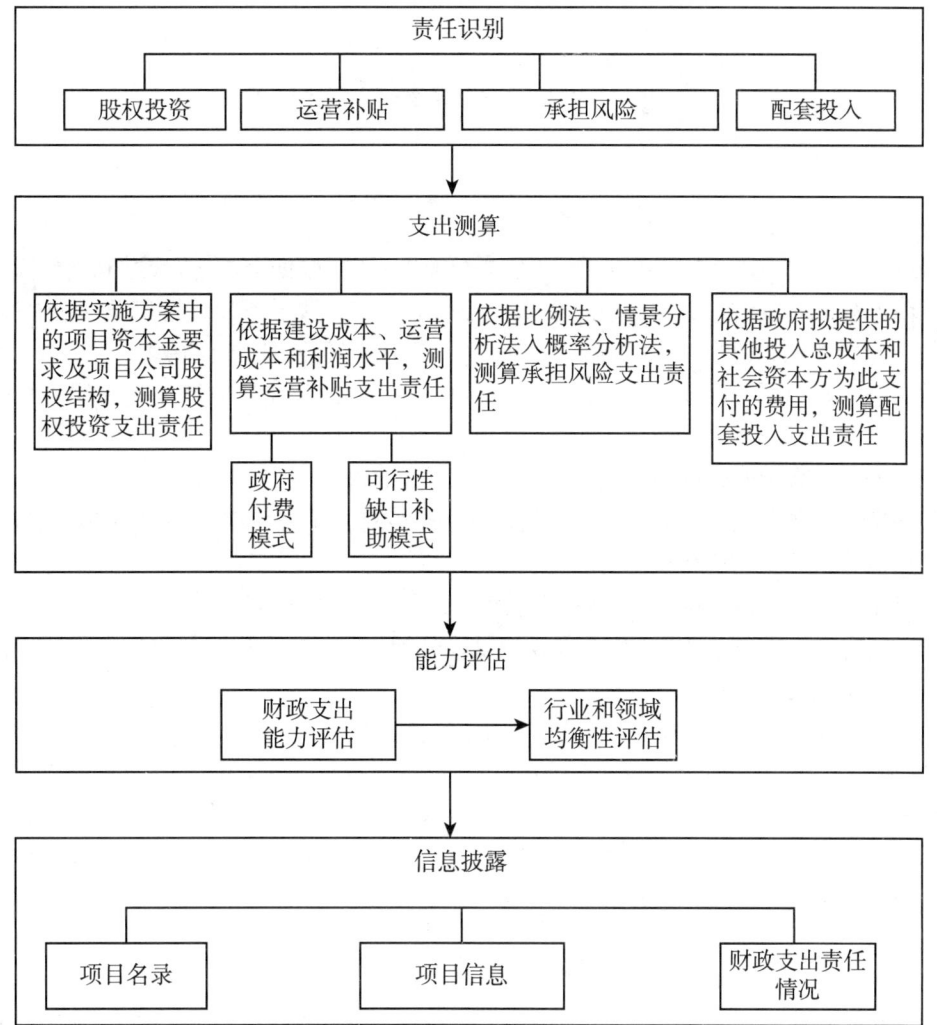

PPP项目财政承受能力论证工作流程图

79.《财政部关于印发〈PPP物有所值评价指引(试行)〉的通知》

(2015年12月18日起施行,财金〔2015〕167号)

各省、自治区、直辖市、计划单列市财政厅(局),新疆生产建设兵团财务局:

为推动政府和社会资本合作(Public-Private Partnership,以下简称PPP)项目物有所值评价工作规范有序开展,我们立足国内实际,借鉴国际经验,制订了《PPP物有所值评价指引(试行)》。由于实践中缺乏充足的数据积累,难以形成成熟的计量模型,物有所值定量评价处于探索阶段,各地应当依据客观需要,因地制宜地开展物有所值评价工作。施行过程中的问题和建议,请及时反馈我部。

财政部
2015年12月18日

附件:

PPP物有所值评价指引(试行)

第一章 总则

第一条 为促进PPP物有所值评价工作规范有序开展,根据《中华人民共和国预算法》、《国务院办公厅转发财政部发展改革委人民银行关于在公共服务领域推广政府和社会资本合作模式指导意见的通知》(国办发〔2015〕42号)等有关规定,制定本指引。

第二条 本指引所称物有所值(Value for Money, VfM)评价是判断是否采用PPP模式代替政府传统投资运营方式提供公共服务项目的一种评价方法。

第三条 物有所值评价应遵循真实、客观、公开的原则。

第四条 中华人民共和国境内拟采用PPP模式实施的项目,应在项目识别或准备阶段开展物有所值评价。

第五条 物有所值评价包括定性评价和定量评价。现阶段以定性评价为主,鼓励开展定量评价。定量评价可作为项目全生命周期内风险分配、成本测算和数据收集的重要手段,以及项目决策和绩效评价的参考依据。

第六条 应统筹定性评价和定量评价结论,做出物有所值评价结论。物有所值评价结论分为"通过"和"未通过"。"通过"的项目,可进行财政承受能力论证;"未通过"的项目,可在调整实施方案后重新评价,仍未通过的不宜采用PPP模式。

第七条 财政部门(或PPP中心)应会同行业主管部门共同做好物有所值评价工作,并积极利用第三方专业机构和专家力量。

第二章 评价准备

第八条 物有所值评价资料主要包括:(初步)实施方案、项目产出说明、风险识别和分配情况、存量公共资产的历史资料、新建或改扩建项目的（预）可行性研究报告、设计文件等。

第九条 开展物有所值评价时，项目本级财政部门（或PPP中心）应会同行业主管部门，明确是否开展定量评价，并明确定性评价程序、指标及其权重、评分标准等基本要求。

第十条 开展物有所值定量评价时，项目本级财政部门（或PPP中心）应会同行业主管部门，明确定量评价内容、测算指标和方法，以及定量评价结论是否作为采用PPP模式的决策依据。

第三章 定性评价

第十一条 定性评价指标包括全生命周期整合程度、风险识别与分配、绩效导向与鼓励创新、潜在竞争程度、政府机构能力、可融资性等六项基本评价指标。

第十二条 全生命周期整合程度指标主要考核在项目全生命周期内，项目设计、投融资、建造、运营和维护等环节能否实现长期、充分整合。

第十三条 风险识别与分配指标主要考核在项目全生命周期内，各风险因素是否得到充分识别并在政府和社会资本之间进行合理分配。

第十四条 绩效导向与鼓励创新指标主要考核是否建立以基础设施及公共服务供给数量、质量和效率为导向的绩效标准和监管机制，是否落实节能环保、支持本国产业等政府采购政策，能否鼓励社会资本创新。

第十五条 潜在竞争程度指标主要考核项目内容对社会资本参与竞争的吸引力。

第十六条 政府机构能力指标主要考核政府转变职能、优化服务、依法履约、行政监管和项目执行管理等能力。

第十七条 可融资性指标主要考核项目的市场融资能力。

第十八条 项目本级财政部门（或PPP中心）会同行业主管部门，可根据具体情况设置补充评价指标。

第十九条 补充评价指标主要是六项基本评价指标未涵盖的其他影响因素，包括项目规模大小、预期使用寿命长短、主要固定资产种类、全生命周期成本测算准确性、运营收入增长潜力、行业示范性等。

第二十条 在各项评价指标中，六项基本评价指标权重为80%，其中任一指标权重一般不超过20%；补充评价指标权重为20%，其中任一指标权重一般不超过10%。

第二十一条 每项指标评分分为五个等级，即有利、较有利、一般、较不利、不利，对应分值分别为100~81、80~61、60~41、40~21、20~0分。项目本级财政部门（或PPP中心）会同行业主管部门，按照评分等级对每项指标制定清晰准确的评分标准。

第二十二条 定性评价专家组包括财政、资产评估、会计、金融等经济方面专家，以及行业、工程技术、项目管理和法律方面专家等。

第二十三条 项目本级财政部门（或PPP中心）会同行业主管部门组织召开专家组会议。定性评价所需资料应于专家组会议召开前送达专家，确保专家掌握必要信息。

第二十四条 专家组会议基本程序如下：

（一）专家在充分讨论后按评价指标逐项打分，专家打分表见附件；

（二）按照指标权重计算加权平均分，得到评分结果，形成专家组意见。

第二十五条　项目本级财政部门（或PPP中心）会同行业主管部门根据专家组意见，做出定性评价结论。原则上，评分结果在60分（含）以上的，通过定性评价；否则，未通过定性评价。

第四章　定量评价

第二十六条　定量评价是在假定采用PPP模式与政府传统投资方式产出绩效相同的前提下，通过对PPP项目全生命周期内政府方净成本的现值（PPP值）与公共部门比较值（PSC值）进行比较，判断PPP模式能否降低项目全生命周期成本。

第二十七条　PPP值可等同于PPP项目全生命周期内股权投资、运营补贴、风险承担和配套投入等各项财政支出责任的现值，参照《政府和社会资本合作项目财政承受能力论证指引》（财金〔2015〕21号）及有关规定测算。

第二十八条　PSC值是以下三项成本的全生命周期现值之和：

（一）参照项目的建设和运营维护净成本；

（二）竞争性中立调整值；

（三）项目全部风险成本。

第二十九条　参照项目可根据具体情况确定为：

（一）假设政府采用现实可行的、最有效的传统投资方式实施的、与PPP项目产出相同的虚拟项目；

（二）最近五年内，相同或相似地区采用政府传统投资方式实施的、与PPP项目产出相同或非常相似的项目。

建设净成本主要包括参照项目设计、建造、升级、改造、大修等方面投入的现金以及固定资产、土地使用权等实物和无形资产的价值，并扣除参照项目全生命周期内产生的转让、租赁或处置资产所获的收益。

运营维护净成本主要包括参照项目全生命周期内运营维护所需的原材料、设备、人工等成本，以及管理费用、销售费用和运营期财务费用等，并扣除假设参照项目与PPP项目付费机制相同情况下能够获得的使用者付费收入等。

第三十条　竞争性中立调整值主要是采用政府传统投资方式比采用PPP模式实施项目少支出的费用，通常包括少支出的土地费用、行政审批费用、有关税费等。

第三十一条　项目全部风险成本包括可转移给社会资本的风险承担成本和政府自留风险的承担成本，参照《政府和社会资本合作项目财政承受能力论证指引》（财金〔2015〕21号）第二十一条及有关规定测算。

政府自留风险承担成本等同于PPP值中的全生命周期风险承担支出责任，两者在PSC值与PPP值比较时可对等扣除。

第三十二条　用于测算PSC值的折现率应与用于测算PPP值的折现率相同，参照《政府和社会资本合作项目财政承受能力论证指引》（财金〔2015〕21号）第十七条及有关规定测算。

第三十三条　PPP值小于或等于PSC值的，认定为通过定量评价；PPP值大于PSC值的，认定为未通过定量评价。

第五章 评价报告和信息披露

第三十四条 项目本级财政部门（或PPP中心）会同行业主管部门，在物有所值评价结论形成后，完成物有所值评价报告编制工作，报省级财政部门备案，并将报告电子版上传PPP综合信息平台。

第三十五条 物有所值评价报告内容包括：

（一）项目基础信息。主要包括项目概况、项目产出说明和绩效标准、PPP运作方式、风险分配框架和付费机制等。

（二）评价方法。主要包括定性评价程序、指标及权重、评分标准、评分结果、专家组意见以及定量评价的PSC值、PPP值的测算依据、测算过程和结果等。

（三）评价结论，分为"通过"和"未通过"。

（四）附件。通常包括（初步）实施方案、项目产出说明、可行性研究报告、设计文件、存量公共资产的历史资料、PPP项目合同、绩效监测报告和中期评估报告等。

第三十六条 项目本级财政部门（或PPP中心）应在物有所值评价报告编制完成之日起5个工作日内，将报告的主要信息通过PPP综合信息平台等渠道向社会公开披露，但涉及国家秘密和商业秘密的信息除外。

第三十七条 在PPP项目合作期内和期满后，项目本级财政部门（或PPP中心）应会同行业主管部门，将物有所值评价报告作为项目绩效评价的重要组成部分，对照进行统计和分析。

第三十八条 各级财政部门（或PPP中心）应加强物有所值评价数据库的建设，做好定性和定量评价数据的收集、统计、分析和报送等工作。

第三十九条 各级财政部门（或PPP中心）应会同行业主管部门，加强对物有所值评价第三方专业机构和专家的监督管理，通过PPP综合信息平台进行信用记录、跟踪、报告和信息公布。省级财政部门应加强对全省（市、区）物有所值评价工作的监督管理。

第六章 附 则

第四十条 本指引自印发之日起施行，有效期2年。

附1. 物有所值评价工作流程图(略)

2. 物有所值定性专家打分表(略)

80.《国家发展改革委关于开展政府和社会资本合作的指导意见》

（2014年12月2日起施行，发改投资〔2014〕2724号）

各省、自治区、直辖市及计划单列市、新疆生产建设兵团发展改革委：

为贯彻落实《国务院关于创新重点领域投融资机制鼓励社会投资的指导意见》（国发〔2014〕60号）有关要求，鼓励和引导社会投资，增强公共产品供给能力，促进调结构、补短板、惠民生，现就开展政府和社会资本合作提出如下指导意见。

一、充分认识政府和社会资本合作的重要意义

政府和社会资本合作（PPP）模式是指政府为增强公共产品和服务供给能力、提高供给

效率,通过特许经营、购买服务、股权合作等方式,与社会资本建立的利益共享、风险分担及长期合作关系。开展政府和社会资本合作,有利于创新投融资机制,拓宽社会资本投资渠道,增强经济增长内生动力;有利于推动各类资本相互融合、优势互补,促进投资主体多元化,发展混合所有制经济;有利于理顺政府与市场关系,加快政府职能转变,充分发挥市场配置资源的决定性作用。

二、准确把握政府和社会资本合作的主要原则

(一)转变职能,合理界定政府的职责定位。开展政府和社会资本合作,对转变政府职能、提高管理水平提出了更高要求。政府要牢固树立平等意识及合作观念,集中力量做好政策制定、发展规划、市场监管和指导服务,从公共产品的直接"提供者"转变为社会资本的"合作者"以及PPP项目的"监管者"。

(二)因地制宜,建立合理的投资回报机制。根据各地实际,通过授予特许经营权、核定价费标准、给予财政补贴、明确排他性约定等,稳定社会资本收益预期。加强项目成本监测,既要充分调动社会资本积极性,又要防止不合理让利或利益输送。

(三)合理设计,构建有效的风险分担机制。按照风险收益对等原则,在政府和社会资本间合理分配项目风险。原则上,项目的建设、运营风险由社会资本承担,法律、政策调整风险由政府承担,自然灾害等不可抗力风险由双方共同承担。

(四)诚信守约,保证合作双方的合法权益。在平等协商、依法合规的基础上,按照权责明确、规范高效的原则订立项目合同。合同双方要牢固树立法律意识、契约意识和信用意识,项目合同一经签署必须严格执行,无故违约必须承担相应责任。

(五)完善机制,营造公开透明的政策环境。从项目选择、方案审查、伙伴确定、价格管理、退出机制、绩效评价等方面,完善制度设计,营造良好政策环境,确保项目实施决策科学、程序规范、过程公开、责任明确、稳妥推进。

三、合理确定政府和社会资本合作的项目范围及模式

(一)项目适用范围。PPP模式主要适用于政府负有提供责任又适宜市场化运作的公共服务、基础设施类项目。燃气、供电、供水、供热、污水及垃圾处理等市政设施,公路、铁路、机场、城市轨道交通等交通设施,医疗、旅游、教育培训、健康养老等公共服务项目,以及水利、资源环境和生态保护等项目均可推行PPP模式。各地的新建市政工程以及新型城镇化试点项目,应优先考虑采用PPP模式建设。

(二)操作模式选择。

1. 经营性项目。对于具有明确的收费基础,并且经营收费能够完全覆盖投资成本的项目,可通过政府授予特许经营权,采用建设—运营—移交(BOT)、建设—拥有—运营—移交(BOOT)等模式推进。要依法放开相关项目的建设、运营市场,积极推动自然垄断行业逐步实行特许经营。

2. 准经营性项目。对于经营收费不足以覆盖投资成本、需政府补贴部分资金或资源的项目,可通过政府授予特许经营权附加部分补贴或直接投资参股等措施,采用建设—运营—移交(BOT)、建设—拥有—运营(BOO)等模式推进。要建立投资、补贴与价格的协同机制,为投资者获得合理回报积极创造条件。

3. 非经营性项目。对于缺乏"使用者付费"基础、主要依靠"政府付费"回收投资成本的项目,可通过政府购买服务,采用建设—拥有—运营(BOO)、委托运营等市场化模式推进。

要合理确定购买内容,把有限的资金用在刀刃上,切实提高资金使用效益。

(三)积极开展创新。各地可以根据当地实际及项目特点,积极探索、大胆创新,通过建立合理的"使用者付费"机制等方式,增强吸引社会资本能力,并灵活运用多种PPP模式,切实提高项目运作效率。

四、建立健全政府和社会资本合作的工作机制

(一)健全协调机制。按照部门联动、分工明确、协同推进等要求,与有关部门建立协调推进机制,推动规划、投资、价格、土地、金融等部门密切配合、形成合力,保障政府和社会资本合作积极稳妥推进。

(二)明确实施主体。按照地方政府的相关要求,明确相应的行业管理部门、事业单位、行业运营公司或其他相关机构,作为政府授权的项目实施机构,在授权范围内负责PPP项目的前期评估论证、实施方案编制、合作伙伴选择、项目合同签订、项目组织实施以及合作期满移交等工作。

(三)建立联审机制。为提高工作效率,可会同相关部门建立PPP项目的联审机制,从项目建设的必要性及合规性、PPP模式的适用性、财政承受能力以及价格的合理性等方面,对项目实施方案进行可行性评估,确保"物有所值"。审查结果作为项目决策的重要依据。

(四)规范价格管理。按照补偿成本、合理收益、节约资源以及社会可承受的原则,加强投资成本和服务成本监测,加快理顺价格水平。加强价格行为监管,既要防止项目法人随意提价损害公共利益、不合理获利,又要规范政府价格行为,提高政府定价、调价的科学性和透明度。

(五)提升专业能力。加强引导,积极发挥各类专业中介机构在PPP项目的资产评估、成本核算、经济补偿、决策论证、合同管理、项目融资等方面的积极作用,提高项目决策的科学性、项目管理的专业性以及项目实施效率。加强PPP相关业务培训,培养专业队伍和人才。

五、加强政府和社会资本合作项目的规范管理

(一)项目储备。根据经济社会发展需要,按照项目合理布局、政府投资有效配置等原则,切实做好PPP项目的总体规划、综合平衡和储备管理。从准备建设的公共服务、基础设施项目中,及时筛选PPP模式的适用项目,按照PPP模式进行培育开发。各省区市发展改革委要建立PPP项目库,并从2015年1月起,于每月5日前将项目进展情况按月报送国家发展改革委(具体要求见附件1)。

(二)项目遴选。会同行业管理部门、项目实施机构,及时从项目储备库或社会资本提出申请的潜在项目中筛选条件成熟的建设项目,编制实施方案并提交联审机制审查,明确经济技术指标、经营服务标准、投资概算构成、投资回报方式、价格确定及调价方式、财政补贴及财政承诺等核心事项。

(三)伙伴选择。实施方案审查通过后,配合行业管理部门、项目实施机构,按照《招标投标法》、《政府采购法》等法律法规,通过公开招标、邀请招标、竞争性谈判等多种方式,公平择优选择具有相应管理经验、专业能力、融资实力以及信用状况良好的社会资本作为合作伙伴。

(四)合同管理。项目实施机构和社会资本依法签订项目合同,明确服务标准、价格管理、回报方式、风险分担、信息披露、违约处罚、政府接管以及评估论证等内容。各地可参考《政府和社会资本合作项目通用合同指南》(见附件2),细化完善合同文本,确保合同内容全面、规范、有效。

（五）绩效评价。项目实施过程中，加强工程质量、运营标准的全程监督，确保公共产品和服务的质量、效率和延续性。鼓励推进第三方评价，对公共产品和服务的数量、质量以及资金使用效率等方面进行综合评价，评价结果向社会公示，作为价费标准、财政补贴以及合作期限等调整的参考依据。项目实施结束后，可对项目的成本效益、公众满意度、可持续性等进行后评价，评价结果作为完善PPP模式制度体系的参考依据。

（六）退出机制。政府和社会资本合作过程中，如遇不可抗力或违约事件导致项目提前终止时，项目实施机构要及时做好接管，保障项目设施持续运行，保证公共利益不受侵害。政府和社会资本合作期满后，要按照合同约定的移交形式、移交内容和移交标准，及时组织开展项目验收、资产交割等工作，妥善做好项目移交。依托各类产权、股权交易市场，为社会资本提供多元化、规范化、市场化的退出渠道。

六、强化政府和社会资本合作的政策保障

（一）完善投资回报机制。深化价格管理体制改革，对于涉及中央定价的PPP项目，可适当向地方下放价格管理权限。依法依规为准经营性、非经营性项目配置土地、物业、广告等经营资源，为稳定投资回报、吸引社会投资创造条件。

（二）加强政府投资引导。优化政府投资方向，通过投资补助、基金注资、担保补贴、贷款贴息等多种方式，优先支持引入社会资本的项目。合理分配政府投资资金，优先保障配套投入，确保PPP项目如期、高效投产运营。

（三）加快项目前期工作。联合有关部门建立并联审批机制，在科学论证、遵守程序的基础上，加快推进规划选址、用地预审、环评审批、审批核准等前期工作。协助项目单位解决前期工作中的问题和困难，协调落实建设条件，加快项目建设进度。

（四）做好综合金融服务。鼓励金融机构提供财务顾问、融资顾问、银团贷款等综合金融服务，全程参与PPP项目的策划、融资、建设和运营。鼓励项目公司或合作伙伴通过成立私募基金、引入战略投资者、发行债券等多种方式拓宽融资渠道。

七、扎实有序开展政府和社会资本合作

（一）做好示范推进。各地可选取市场发育程度高、政府负债水平低、社会资本相对充裕的市县，以及具有稳定收益和社会效益的项目，积极推进政府和社会资本合作，并及时总结经验、大力宣传，发挥好示范带动作用。国家发展改革委将选取部分推广效果显著的省区市和重点项目，总结典型案例，组织交流推广。

（二）推进信用建设。按照诚信践诺的要求，加强全社会信用体系建设，保障政府和社会资本合作顺利推进。政府要科学决策，保持政策的连续性和稳定性；依法行政，防止不当干预和地方保护；认真履约，及时兑现各类承诺和合同约定。社会资本要守信自律，提高诚信经营意识。

（三）搭建信息平台。充分利用并切实发挥好信息平台的桥梁纽带作用。可以利用现代信息技术，搭建信息服务平台，公开PPP项目的工作流程、评审标准、项目信息、实施情况、咨询服务等相关信息，保障信息发布准确及时、审批过程公正透明、建设运营全程监管。

（四）加强宣传引导。大力宣传政府和社会资本合作的重大意义，做好政策解读，总结典型案例，回应社会关切，通过舆论引导，培育积极的合作理念，建立规范的合作机制，营造良好的合作氛围，充分发挥政府、市场和社会资本的合力作用。

开展政府和社会资本合作是创新投融资机制的重要举措，各地要高度重视，切实加强组

织领导,抓紧制定具体的政策措施和实施办法。各级发展改革部门要按照当地政府的统一部署,认真做好PPP项目的统筹规划、综合协调等工作,会同有关部门积极推动政府和社会资本合作顺利实施。

81.《政府和社会资本项目通用合同指南》(2014版)

第一章 总 则

政府和社会资本合作项目合同(简称"项目合同"),是指政府主体和社会资本主体依据《中华人民共和国合同法》及其他法律法规就政府和社会资本合作项目的实施所订立的合同文件。

本章应就项目合同全局性事项进行说明和约定,具体包括合同相关术语的定义和解释、合同签订的背景和目的、声明和保证、合同生效条件、合同体系构成等。本章为项目合同的必备篇章。

第1条 术语定义和解释

为避免歧义,项目合同中涉及的重要术语需要根据项目具体情况加以定义。凡经定义的术语,在项目合同文本中的内涵和外延应与其定义保持一致。

需要定义和解释的术语通常包括但不限于:

(1)项目名称与涉及合同主体或项目相关方的术语,如"市政府"、"项目公司"等。

(2)涉及项目技术经济特征的相关术语,如"服务范围"、"技术标准"、"服务标准"等。

(3)涉及时间安排或时间节点的相关术语,如"开工日"、"试运营日"、"特许经营期"等。

(4)涉及合同履行的相关术语,如"批准"、"不可抗力"、"法律变更"等。

(5)其他需定义的术语。

第2条 合同背景和目的

为便于更准确地理解和执行项目合同,对合同签署的相关背景、目的等加以简要说明。

第3条 声明和保证

项目合同各方需就订立合同的主体资格及履行合同的相关事项加以声明和保证,并明确项目合同各方因违反声明和保证应承担相应责任。主要内容包括:

(1)关于已充分理解合同背景和目的,并承诺按合同相关约定执行合同的声明。

(2)关于合同签署主体具有相应法律资格及履约能力的声明。

(3)关于合同签署人已获得合同签署资格授权的声明。

(4)关于对所声明内容真实性、准确性、完整性的保证或承诺。

(5)关于诚信履约、提供持续服务和维护公共利益的保证。

(6)其他声明或保证。

第4条 合同生效条件

根据有关法律法规及相关约定,涉及项目合同生效条件的,应予明确。

第5条　合同构成及优先次序

本条应明确项目合同的文件构成，包括合同正文、合同附件、补充协议和变更协议等，并对其优先次序予以明确。

第二章　合同主体

本章重点明确项目合同各主体资格，并概括性地约定各主体的主要权利和义务。

本章为项目合同的必备篇章。

第6条　政府主体

1. 主体资格

签订项目合同的政府主体，应是具有相应行政权力的政府，或其授权的实施机构。本条应明确以下内容：

(1) 政府主体的名称、住所、法定代表人等基本情况。

(2) 政府主体出现机构调整时的延续或承继方式。

2. 权利界定

项目合同应明确政府主体拥有以下权利：

(1) 按照有关法律法规和政府管理的相关职能规定，行使政府监管的权力。

(2) 行使项目合同约定的权利。

3. 义务界定

项目合同应概括约定政府主体需要承担的主要义务，如遵守项目合同、及时提供项目配套条件、项目审批协调支持、维护市场秩序等。

第7条　社会资本主体

1. 主体资格

签订项目合同的社会资本主体，应是符合条件的国有企业、民营企业、外商投资企业、混合所有制企业，或其他投资、经营主体。

本条应明确以下内容：

(1) 社会资本主体的名称、住所、法定代表人等基本情况。

(2) 项目合作期间社会资本主体应维持的资格和条件。

2. 权利界定

项目合同应明确社会资本主体的主要权利：

(1) 按约定获得政府支持的权利。

(2) 按项目合同约定实施项目、获得相应回报的权利等。

3. 义务界定

项目合同应明确社会资本主体在合作期间应履行的主要义务，如按约定提供项目资金，履行环境、地质、文物保护及安全生产等义务，承担社会责任等。

4. 对项目公司的约定

如以设立项目公司的方式实施合作项目，应根据项目实际情况，明确项目公司的设立及其存续期间法人治理结构及经营管理机制等事项，如：

(1) 项目公司注册资金、住所、组织形式等的限制性要求。

(2) 项目公司股东结构、董事会、监事会及决策机制安排。

(3) 项目公司股权、实际控制权、重要人事发生变化的处理方式。

如政府参股项目公司的,还应明确政府出资人代表、投资金额、股权比例、出资方式等;政府股份享有的分配权益,如是否享有与其他股东同等的权益,在利润分配顺序上是否予以优先安排等;政府股东代表在项目公司法人治理结构中的特殊安排,如在特定事项上是否拥有否决权等。

第三章　合作关系

本章主要约定政府和社会资本合作关系的重要事项,包括合作内容、合作期限、排他性约定及合作的履约保证等。

本章为项目合同的必备篇章。

第8条　合作内容

项目合同应明确界定政府和社会资本合作的主要事项,包括:

1. 项目范围

明确合作项目的边界范围。如涉及投资的,应明确投资标的物的范围;涉及工程建设的,应明确项目建设内容;涉及提供服务的,应明确服务对象及内容等。

2. 政府提供的条件

明确政府为合作项目提供的主要条件或支持措施,如授予社会资本主体相关权利、提供项目配套条件及投融资支持等。

涉及政府向社会资本主体授予特许经营权等特定权利的,应明确社会资本主体获得该项权利的方式和条件,是否需要缴纳费用,以及费用计算方法、支付时间、支付方式及程序等事项,并明确社会资本主体对政府授予权利的使用方式及限制性条款,如不得擅自转让、出租特许经营权等。

3. 社会资本主体承担的任务

明确社会资本主体应承担的主要工作,如项目投资、建设、运营、维护等。

4. 回报方式

明确社会资本主体在合作期间获得回报的具体途径。根据项目性质和特点,项目收入来源主要包括使用者付费、使用者付费与政府补贴相结合、政府付费购买服务等方式。

5. 项目资产权属

明确合作各阶段项目有形及无形资产的所有权、使用权、收益权、处置权的归属。

6. 土地获取和使用权利

明确合作项目土地获得方式,并约定社会资本主体对项目土地的使用权限。

第9条　合作期限

明确项目合作期限及合作的起讫时间和重要节点。

第10条　排他性约定

如有必要,可做出合作期间内的排他性约定,如对政府同类授权的限制等。

第11条　合作履约担保

如有必要,可以约定项目合同各方的履约担保事项,明确履约担保的类型、提供方式、提供时间、担保额度、兑取条件和退还等。对于合作周期较长的项目,可分阶段安排履约担保。

第四章　投资计划及融资方案

本章重点约定项目投资规模、投资计划、投资控制、资金筹措、融资条件、投融资监管及违约责任等事项。

本章适用于包含新建、改扩建工程，或政府向社会资本主体转让资产（或股权）的合作项目。

第12条　项目总投资

1. 投资规模及其构成

（1）对于包含新建、改扩建工程的合作项目，应在合同中明确工程建设总投资及构成，包括建筑工程费、设备及工器具购置费、安装工程费、工程建设其他费用、基本预备费、价差预备费、建设期利息、流动资金等。合同应明确总投资的认定依据，如投资估算、投资概算或竣工决算等。

（2）对于包含政府向社会资本主体转让资产（或股权）的合作项目，应在合同中明确受让价款及其构成。

2. 项目投资计划

明确合作项目的分年度投资计划。

第13条　投资控制责任

明确社会资本主体对约定的项目总投资所承担的投资控制责任。根据合作项目特点，可约定社会资本主体承担全部超支责任、部分超支责任，或不承担超支责任。

第14条　融资方案

项目合同需要明确项目总投资的资金来源和到位计划，包括以下事项：

（1）项目资本金比例及出资方式。

（2）债务资金的规模、来源及融资条件。如有必要，可约定政府为债务融资提供的支持条件。

（3）各类资金的到位计划。

第15条　政府提供的其他投融资支持

如政府为合作项目提供投资补助、基金注资、担保补贴、贷款贴息等支持，应明确具体方式及必要条件。

第16条　投融资监管

若需要设定对投融资的特别监管措施，应在合同中明确监管主体、内容、方法和程序，以及监管费用的安排等事项。

第17条　投融资违约及其处理

项目合同应明确各方投融资违约行为的认定和违约责任。可视影响将违约行为划分为重大违约和一般违约，并分别约定违约责任。

第五章　项目前期工作

本章重点约定合作项目前期工作内容、任务分工、经费承担及违约责任等事项。

本章为项目合同的必备篇章。

第18条　前期工作内容及要求

明确项目需要完成的前期工作内容、深度、控制性进度要求，以及需要采用的技术标准和规范要求,对于超出现行技术标准和规范的特殊规定,应予以特别说明。如包含工程建设的合作项目,应明确可行性研究、勘察设计等前期工作要求;包含转让资产(或股权)的合作项目,应明确项目尽职调查、清产核资、资产评估等前期工作要求。

第19条　前期工作任务分担

项目合同应分别约定政府和社会资本主体所负责的前期工作内容。

第20条　前期工作经费

明确政府和社会资本主体分别承担的前期工作费用。对于政府开展前期工作的经费需要社会资本主体承担的,应明确费用范围、确认和支付方式,以及前期工作成果和知识产权归属。

第21条　政府提供的前期工作支持

政府应对社会资本主体承担的项目前期工作提供支持,包括但不限于:

(1)协调相关部门和利益主体提供必要资料和文件。

(2)对社会资本主体的合理诉求提供支持。

(3)组织召开项目协调会。

第22条　前期工作监管

若需要设定对项目前期工作的特别监管措施,应在合同中明确监管内容、方法和程序,以及监管费用的安排等事项。

第23条　前期工作违约及处理

项目合同应明确各方在前期工作中违约行为的认定和违约责任。可视影响将违约行为划分为重大违约和一般违约,并分别约定违约责任。

第六章　工程建设

本章重点约定合作项目工程建设条件,进度、质量、安全要求,变更管理,实际投资认定,工程验收,工程保险及违约责任等事项。

本章适用于包含新建、改扩建工程的合作项目。

第24条　政府提供的建设条件

项目合同可约定政府为项目建设提供的条件,如建设用地、交通条件、市政配套等。

第25条　进度、质量、安全及管理要求

项目合同应约定项目建设的进度、质量、安全及管理要求。详细内容可在合同附件中描述。

(1)项目控制性进度计划,包括项目建设期各阶段的建设任务、工期等要求。

(2)项目达标投产标准,包括生产能力、技术性能、产品标准等。

(3)项目建设标准,包括技术标准、工艺路线、质量要求等。

(4)项目安全要求,包括安全管理目标、安全管理体系、安全事故责任等。

(5)工程建设管理要求,包括对招投标、施工监理、分包等。

第26条　建设期的审查和审批事项

项目合同应明确需要履行的建设审查和审批事项,并明确社会资本主体的责任,以及政府应提供的协助与协调。

第27条　工程变更管理

项目合同应约定建设方案变更(如工程范围、工艺技术方案、设计标准或建设标准等的变更)和控制性进度计划变更等工程变更的触发条件、变更程序、方法和处置方案。

第28条 实际投资认定

项目合同应根据投资控制要求,约定项目实际投资的认定方法,以及项目投资发生节约或出现超支时的处理方法,并视需要设定相应的激励机制。

第29条 征地、拆迁和安置

项目合同应约定征地、拆迁、安置的范围、进度、实施责任主体及费用负担,并对维护社会稳定、妥善处理后续遗留问题提出明确要求。

第30条 项目验收

项目验收应遵照国家及地方主管部门关于基本建设项目验收管理的规定执行。项目验收通常包括专项验收和竣工验收。项目合同应约定项目验收的计划、标准、费用和工作机制等要求。如有必要,应针对特定环节做出专项安排。

第31条 工程建设保险

项目合同应约定建设期需要投保的相关险种,如建筑工程一切险、安装工程一切险、建筑施工人员团体意外伤害保险等,并落实各方的责任和义务,注意保险期限与项目运营期相关保险在时间上的衔接。

第32条 工程保修

项目合同应约定工程完工之后的保修安排,内容包括但不限于:
(1)保修期限和范围。
(2)保修期内的保修责任和义务。
(3)工程质保金的设置、使用和退还。
(4)保修期保函的设置和使用。

第33条 建设期监管

若需要,可对项目建设招标采购、工程投资、工程质量、工程进度以及工程建设档案资料等事项安排特别监管措施,应在合同中明确监管的主体、内容、方法和程序,以及费用安排。

第34条 建设期违约和处理

项目合同应明确各方在建设期违约行为的认定和违约责任。可视影响将违约行为划分为重大违约和一般违约,并分别约定违约责任。

第七章 政府移交资产

本章重点约定政府向社会资本主体移交资产的准备工作、移交范围和标准、移交程序及违约责任等。

本章适用于包含政府向社会资本主体转让或出租资产的合作项目。

第35条 移交前准备

项目合同应对移交前准备工作做出安排,以保证项目顺利移交,内容一般包括:
(1)准备工作的内容和进度安排。
(2)各方责任和义务。
(3)负责移交的工作机构和工作机制等。

第36条 资产移交

合同应对资产移交以下事项进行约定:

(1) 移交范围，如资产、资料、产权等。
(2) 进度安排。
(3) 移交验收程序。
(4) 移交标准，如设施设备技术状态、资产法律状态等。
(5) 移交的责任和费用。
(6) 移交的批准和完成确认。
(7) 其他事项，如项目人员安置方案、项目保险的转让、承包合同和供货合同的转让、技术转培训要求等。

第37条 移让及交违约及处理

项目合同应明确资产移交过程中各方违约行为的认定和违约责任。可视影响将违约行为划分为重大违约和一般违约，并分别约定违约责任。

第八章 运营和服务

本章重点约定合作项目运营的外部条件、运营服务标准和要求、更新改造及追加投资、服务计量、运营期保险、政府监管、运营支出及违约责任等事项。

本章适用于包含项目运营环节的合作项目。

第38条 政府提供的外部条件

项目合同应约定政府为项目运营提供的外部条件，如：

(1) 项目运营所需的外部设施、设备和服务及其具体内容、22规格、提供方式（无偿提供、租赁等）和费用标准等。
(2) 项目生产运营所需特定资源及其来源、数量、质量、提供方式和费用标准等，如污水处理厂的进水来源、来水量、进水水质等。
(3) 对项目特定产出物的处置方式及配套条件，如污水处理厂的出水、污泥的处置，垃圾焚烧厂的飞灰、灰渣的处置等。
(4) 道路、供水、供电、排水等其他保障条件。

第39条 试运营和正式运营

项目合同应约定试运营的安排，如：

(1) 试运营的前提条件和技术标准。
(2) 试运营的期限。
(3) 试运营期间的责任安排。
(4) 试运营的费用和收入处理。
(5) 正式运营的前提条件。
(6) 正式运营开始时间和确认方式等。

第40条 运营服务标准

项目合同应从维护公共利益、提高运营效率、节约运营成本等角度，约定项目运营服务标准。详细内容可在合同附件中描述。

(1) 服务范围、服务内容。
(2) 生产规模或服务能力。
(3) 技术标准，如污水厂的出水标准，自来水厂的水质标准等。

(4) 服务质量，如普遍服务、持续服务等。

(5) 其他要求，如运营机构资质、运营组织模式、运营分包等。

第41条　运营服务要求变更

项目合同应约定运营期间服务标准和要求的变更安排，如：

(1) 变更触发条件，如因政策或外部环境发生重大变化，需要变更运营服务标准等。

(2) 变更程序，包括变更提出、评估、批准、认定等。

(3) 新增投资和运营费用的承担责任。

(4) 各方利益调整方法或处理措施。

第42条　运营维护与修理

项目合同应约定项目运营维护与设施修理事项。详细内容可在合同附件中描述。

(1) 项目日常运营维护的范围和技术标准。

(2) 项目日常运营维护记录和报告制度。

(3) 大中修资金的筹措和使用管理等。

第43条　更新改造和追加投资

对于运营期间需要进行更新改造和追加投资的合作项目，项目合同应对更新改造和追加投资的范围、触发条件、实施方式、投资控制、补偿方案等进行约定。

第44条　主副产品的权属

项目合同应约定在运营过程中产生的主副产品（如污水处理厂的出水等）的权属和处置权限。

第45条　项目运营服务计量

项目合同应约定项目所提供服务（或产品）的计量方法、标准、计量程序、计量争议解决、责任和费用划分等事项。

第46条　运营期的特别补偿

项目合同应约定运营期间由于政府特殊要求造成社会资本主体支出增加、收入减少的补偿方式、补偿金额、支付程序及协商机制等。

第47条　运营期保险

项目合同应约定运营期需要投保的险种、保险范围、保险责任期间、保额、投保人、受益人、保险赔偿金的使用等。

第48条　运营期政府监管

政府有关部门依据自身行政职能对项目运营进行监管，社会资本主体应当予以配合。政府可在不影响项目正常运营的原则下安排特别监管措施，并与社会资本主体议定费用分担方式，如：

(1) 委托专业机构开展中期评估和后评价。

(2) 政府临时接管的触发条件、实施程序、接管范围和时间、接管期间各方的权利义务等。

第49条　运营支出

项目合同应约定社会资本主体承担的成本和费用范围，如人工费、燃料动力费、修理费、财务费用、保险费、管理费、相关税费等。

第50条　运营期违约事项和处理

项目合同应明确各方在运营期违约行为的认定和违约责任。可视影响将违约行为划分为重大违约和一般违约,并分别约定违约责任。

第九章　社会资本主体移交项目

本章重点约定社会资本主体向政府移交项目的过渡期、移交范围和标准、移交程序、质量保证及违约责任等。

本章适用于包含社会资本主体向政府移交项目的合作项目。

第51条　项目移交前过渡期

项目合同应约定项目合作期届满前的一定时期(如12个月)作为过渡期,并约定过渡期安排,以保证项目顺利移交。内容一般包括:

(1)过渡期的起讫日期、工作内容和进度安排。

(2)各方责任和义务,包括移交期间对公共利益的保护。

(3)负责项目移交的工作机构和工作机制,如移交委员会的设立、移交程序、移交责任划分等。

第52条　项目移交

对于合作期满时的项目移交,项目合同应约定以下事项:

(1)移交方式,明确资产移交、经营权移交、股权移交或其他移交方式。

(2)移交范围,如资产、资料、产权等。

(3)移交验收程序。

(4)移交标准,如项目设施设备需要达到的技术状态、资产法律状态等。

(5)移交的责任和费用。

(6)移交的批准和完成确认。

(7)其他事项,如项目人员安置方案、项目保险的转让、承包合同和供货合同的转让、技术转让及培训要求等。

第53条　移交质量保证

项目合同应明确如下事项:

(1)移交保证期的约定,包括移交保证期限、保证责任、保证期内各方权利义务等。

(2)移交质保金或保函的安排,可与履约保证结合考虑,包括质保金数额和形式、保证期限、移交质保金兑取条件、移交质保金的退还条件等。

第54条　项目移交违约及处理

项目合同应明确项目移交过程中各方违约行为的认定和违约责任。可视影响将违约行为划分为重大违约和一般违约,并分别约定违约责任。

第十章　收入和回报

本章重点约定合作项目收入、价格确定和调整、财务监管及违约责任等事项。

本章为项目合同的必备篇章。

第55条　项目运营收入

项目合同应按照合理收益、节约资源的原则,约定社会资本主体的收入范围、计算方法等事项。详细内容可在合同附件中描述。

(1)社会资本主体提供公共服务而获得的收入范围及计算方法。

（2）社会资本主体在项目运营期间可获得的其他收入。

（3）如涉及政府与社会资本主体收入分成的，应约定分成机制，如分成计算方法、支付方式、税收责任等。

第56条　服务价格及调整

项目合同应按照收益与风险匹配、社会可承受的原则，合理约定项目服务价格及调整机制。

1. 执行政府定价的价格及调整

（1）执行政府批准颁布的项目服务或产品价格。

（2）遵守政府价格调整相关规定，配合政府价格调整工作，如价格听证等。

2. 项目合同约定的价格及调整

（1）初始定价及价格水平年。

（2）运营期间的价格调整机制，包括价格调整周期或调价触发机制、调价方法、调价程序及各方权利义务等。

第57条　特殊项目收入

若社会资本主体不参与项目运营或不通过项目运营获得收入的，项目合同应在法律允许框架内，按照合理收益原则约定社会资本主体获取收入的具体方式。

第58条　财务监管

政府和社会资本合作项目事关公共利益，项目合同应约定对社会资本主体的财务监管制度安排，明确社会资本主体的配合义务，如：

（1）成本监管和审计机制。

（2）年度报告及专项报告制度。

（3）特殊专用账户的设置和监管等。

第59条　违约事项及其处理

项目合同应明确各方在收入获取、补贴支付、价格调整、财务监管等方面的违约行为的认定和违约责任。可视影响将违约行为划分为重大违约和一般违约，并分别约定违约责任。

第十一章　不可抗力和法律变更

本章重点约定不可抗力事件和法律变更的处理事项。

本章为项目合同的必备篇章。

第60条　不可抗力事件

项目合同应约定不可抗力的类型和范围，如自然灾害、社会异常事件、化学或放射性污染、核辐射、考古文物等。

第61条　不可抗力事件的认定和评估

项目合同应约定不可抗力事件的认定及其影响后果评估程序、方法和原则。对于特殊项目，应根据项目实际情况约定不可抗力事件的认定标准。

第62条　不可抗力事件发生期间各方权利和义务

项目合同应约定不可抗力事件发生后的各方权利和义务，如及时通知、积极补救等，以维护公共利益，减少损失。

第63条　不可抗力事件的处理

项目合同应根据不可抗力事件对合同履行造成的影响程度，分别约定不可抗力事件的处理。造成合同部分不能履行，可协商变更或解除项目合同；造成合同履行中断，可继续履行合同并就中断期间的损失承担做出约定；造成合同履行不能，应约定解除合同。

第64条　法律变更

项目合同应约定，如在项目合同生效后发布新的法律、法规或对法律、法规进行修订，影响项目运行或各方项目收益时，变更项目合同或解除项目合同的触发条件、影响评估、处理程序等事项。

第十二章　合同解除

本章重点约定合同解除事由、解除程序，以及合同解除后的财务安排、项目移交等事项。本章为项目合同的必备篇章。

第65条　合同解除的事由

项目合同应约定各种可能导致合同解除的事由，包括：

(1) 发生不可抗力事件，导致合同履行不能或各方不能就合同变更达成一致。

(2) 发生法律变更，各方不能就合同变更达成一致。

(3) 合同一方严重违约，导致合同目的无法实现。

(4) 社会资本主体破产清算或类似情形。

(5) 合同各方协商一致。

(6) 法律规定或合同各方约定的其他事由。

第66条　合同解除程序

项目合同应约定合同解除程序。

第67条　合同解除的财务安排

按照公平合理的原则，在项目合同中具体约定各种合同解除情形时的财务安排，以及相应的处理程序。如：

(1) 明确各种合同解除情形下，补偿或赔偿的计算方法，赔偿应体现违约责任及向无过错方的利益让渡。补偿或赔偿额度的评估要坚持公平合理、维护公益性原则，可设计具有可操作性的补偿或赔偿计算公式。

(2) 明确各方对补偿或赔偿计算成果的审核、认定和支付程序。

第68条　合同解除后的项目移交

项目合同应约定合同解除后的项目移交事宜，可参照本指南"项目移交"条款进行约定。

第69条　合同解除的其他约定

结合项目特点和合同解除事由，可分别约定在合同解除时项目接管、项目持续运行、公共利益保护以及其他处置措施等。

第十三章　违约处理

其他章节关于违约的未约定事项，在本章中予以约定；也可将关于违约的各种约定在本章集中明确。

本章为项目合同的必备篇章。

第70条 违约行为认定
项目合同应明确违约行为的认定以及免除责任或限制责任的事项。

第71条 违约责任承担方式
项目合同应明确违约行为的承担方式，如继续履行、赔偿损31失、支付违约金及其他补救措施等。

第72条 违约行为处理
项目合同可约定违约行为的处理程序，如违约发生后的确认、告知、赔偿等救济机制，以及上述处理程序的时限。

第十四章 争议解决

本章重点约定争议解决方式。

本章为项目合同的必备篇章。

第73条 争议解决方式

1. 协商

通常情况下，项目合同各方应在一方发出争议通知指明争议事项后，首先争取通过友好协商的方式解决争议。协商条款的编写应包括基本协商原则、协商程序、参与协商人员及约定的协商期限。若在约定期限内无法通过协商方式解决问题，则采用调解、仲裁或诉讼方式处理争议。

2. 调解

项目合同可约定采用调解方式解决争议，并明确调解委员会的组成、职权、议事原则，调解程序，费用的承担主体等内容。

3. 仲裁或诉讼

协商或调解不能解决的争议，合同各方可约定采用仲裁或诉讼方式解决。采用仲裁方式的，应明确仲裁事项、仲裁机构。

第74条 争议期间的合同履行
诉讼或仲裁期间项目各方对合同无争议的部分应继续履行；除法律规定或另有约定外，任何一方不得以发生争议为由，停止项目运营服务、停止项目运营支持服务或采取其他影响公共利益的措施。

第十五章 其他约定

本章约定项目合同的其他未尽事项。

为项目合同的必备篇章。

第75条 合同变更与修订
可对项目合同变更的触发条件、变更程序、处理方法等进行约定。项目合同的变更与修订应以书面形式作出。

第76条 合同的转让
项目合同应约定合同权利义务是否允许转让；如允许转让，应约定需满足的条件和程序。

第77条 保密
项目合同应约定保密信息范围、保密措施、保密责任。保密信息通常包括项目涉及国家安全、商业秘密或合同各方约定的其他信息。

第78条 信息披露

为维护公共利益、促进依法行政、提高项目透明度,合同各方有义务按照法律法规和项目合同约定,向对方或社会披露相关信息。详细披露事项可在合同附件中明确。

第79条 廉政和反腐

项目合同应约定各方恪守廉洁从政、廉洁从业和防范腐败的责任。

第80条 不弃权

合同应声明任何一方均不被视为放弃本合同中的任何条款,除非该方以书面形式作出放弃。任何一方未坚持要求对方严格履行本合同中的任何条款,或未行使其在本合同中规定的任何权利,均不应被视为对任何上述条款的放弃或对今后行使任何上述权利的放弃。

第81条 通知

项目合同应约定通知的形式、送达、联络人、通讯地址等事项。

第82条 合同适用法律

项目合同适用中华人民共和国法律。

第83条 适用语言

项目合同应约定合同订立及执行过程中所采用的语言。对于采用多种语言订立的,应明确以中文为准。

第84条 适用货币

明确项目合同所涉及经济行为采用的支付货币类型。

第85条 合同份数

项目合同应约定合同的正副本数量和各方持有份数,并明确合同正本和副本具有同等法律效力。

第86条 合同附件

项目合同可列示合同附件名称。

82.《国务院办公厅转发财政部 发展改革委 人民银行关于在公共服务领域推广政府和社会资本合作模式指导意见的通知》

(国办发〔2015〕42号)

各省、自治区、直辖市人民政府,国务院各部委、各直属机构:

财政部、发展改革委、人民银行《关于在公共服务领域推广政府和社会资本合作模式的指导意见》已经国务院同意,现转发给你们,请认真贯彻执行。

在公共服务领域推广政府和社会资本合作模式,是转变政府职能、激发市场活力、打造经济新增长点的重要改革举措。围绕增加公共产品和公共服务供给,在能源、交通运输、水利、环境保护、农业、林业、科技、保障性安居工程、医疗、卫生、养老、教育、文化等公共服务领域,广泛采用政府和社会资本合作模式,对统筹做好稳增长、促改革、调结构、惠民生、防风险工作具有战略意义。

各地区、各部门要按照简政放权、放管结合、优化服务的要求,简化行政审批程序,推进立法工作，进一步完善制度，规范流程，加强监管，多措并举，在财税、价格、土地、金融等方面加大支持力度，保证社会资本和公众共同受益，通过资本市场和开发性、政策性金融等多元融资渠道，吸引社会资本参与公共产品和公共服务项目的投资、运营管理，提高公共产品和公共服务供给能力与效率。

各地区、各部门要高度重视，精心组织实施，加强协调配合，形成工作合力，切实履行职责，共同抓好落实。

国务院办公厅
2015年5月19日

关于在公共服务领域推广政府和社会资本合作模式的指导意见

财政部　发展改革委　人民银行

为打造大众创业、万众创新和增加公共产品、公共服务"双引擎"，让广大人民群众享受到优质高效的公共服务，在改善民生中培育经济增长新动力，现就改革创新公共服务供给机制，大力推广政府和社会资本合作（Public-Private Partnership，PPP）模式，提出以下意见：

一、充分认识推广政府和社会资本合作模式的重大意义

政府和社会资本合作模式是公共服务供给机制的重大创新，即政府采取竞争性方式择优选择具有投资、运营管理能力的社会资本，双方按照平等协商原则订立合同，明确责权利关系，由社会资本提供公共服务，政府依据公共服务绩效评价结果向社会资本支付相应对价，保证社会资本获得合理收益。政府和社会资本合作模式有利于充分发挥市场机制作用，提升公共服务的供给质量和效率，实现公共利益最大化。

（一）有利于加快转变政府职能，实现政企分开、政事分开。作为社会资本的境内外企业、社会组织和中介机构承担公共服务涉及的设计、建设、投资、融资、运营和维护等责任，政府作为监督者和合作者，减少对微观事务的直接参与，加强发展战略制定、社会管理、市场监管、绩效考核等职责，有助于解决政府职能错位、越位和缺位的问题，深化投融资体制改革，推进国家治理体系和治理能力现代化。

（二）有利于打破行业准入限制，激发经济活力和创造力。政府和社会资本合作模式可以有效打破社会资本进入公共服务领域的各种不合理限制，鼓励国有控股企业、民营企业、混合所有制企业等各类型企业积极参与提供公共服务，给予中小企业更多参与机会，大幅拓展社会资本特别是民营资本的发展空间，激发市场主体活力和发展潜力，有利于盘活社会存量资本，形成多元化、可持续的公共服务资金投入渠道，打造新的经济增长点，增强经济增长动力。

（三）有利于完善财政投入和管理方式，提高财政资金使用效益。在政府和社会资本合作模式下，政府以运营补贴等作为社会资本提供公共服务的对价，以绩效评价结果作为对价支付依据，并纳入预算管理、财政中期规划和政府财务报告，能够在当代人和后代人之间公平地分担公共资金投入，符合代际公平原则，有效弥补当期财政投入不足，有利于减轻当期财政支出压力，平滑年度间财政支出波动，防范和化解政府性债务风险。

二、总体要求

（四）指导思想。贯彻落实党的十八大和十八届二中、三中、四中全会精神，按照党中央、国务院决策部署，借鉴国际成熟经验，立足国内实际情况，改革创新公共服务供给机制和投入方式，发挥市场在资源配置中的决定性作用，更好发挥政府作用，引导和鼓励社会资本积极参与公共服务供给，为广大人民群众提供优质高效的公共服务。

（五）基本原则。

依法合规。将政府和社会资本合作纳入法制化轨道，建立健全制度体系，保护参与各方的合法权益，明确全生命周期管理要求，确保项目规范实施。

重诺履约。政府和社会资本法律地位平等、权利义务对等，必须树立契约理念，坚持平等协商、互利互惠、诚实守信、严格履约。

公开透明。实行阳光化运作，依法充分披露政府和社会资本合作项目重要信息，保障公众知情权，对参与各方形成有效监督和约束。

公众受益。加强政府监管，将政府的政策目标、社会目标和社会资本的运营效率、技术进步有机结合，促进社会资本竞争和创新，确保公共利益最大化。

积极稳妥。鼓励地方各级人民政府和行业主管部门因地制宜，探索符合当地实际和行业特点的做法，总结提炼经验，形成适合我国国情的发展模式。坚持必要、合理、可持续的财政投入原则，有序推进项目实施，控制项目的政府支付责任，防止政府支付责任过重加剧财政收支矛盾，带来支出压力。

（六）发展目标。立足于加强和改善公共服务，形成有效促进政府和社会资本合作模式规范健康发展的制度体系，培育统一规范、公开透明、竞争有序、监管有力的政府和社会资本合作市场。着力化解地方政府性债务风险，积极引进社会资本参与地方融资平台公司存量项目改造，争取通过政府和社会资本合作模式减少地方政府性债务。在新建公共服务项目中，逐步增加使用政府和社会资本合作模式的比例。

三、构建保障政府和社会资本合作模式持续健康发展的制度体系

（七）明确项目实施的管理框架。建立健全制度规范体系，实施全生命周期管理，保证项目实施质量。进一步完善操作指南，规范项目识别、准备、采购、执行、移交各环节操作流程，明确操作要求，指导社会资本参与实施。制定合同指南，推动共性问题处理方式标准化。制定分行业、分领域的标准化合同文本，提高合同编制效率和谈判效率。按照预算法、合同法、政府采购法及其实施条例、《国务院办公厅关于政府向社会力量购买服务的指导意见》（国办发〔2013〕96号）等要求，建立完善管理细则，规范选择合作伙伴的程序和方法，维护国家利益、社会公共利益和社会资本的合法权益。

（八）健全财政管理制度。开展财政承受能力论证，统筹评估和控制项目的财政支出责任，促进中长期财政可持续发展。建立完善公共服务成本财政管理和会计制度，创新资源组合开发模式，针对政府付费、使用者付费、可行性缺口补助等不同支付机制，将项目涉及的运营补贴、经营收费权和其他支付对价等，按照国家统一的会计制度进行核算，纳入年度预算、中期财政规划，在政府财务报告中进行反映和管理，并向本级人大或其常委会报告。存量公共服务项目转型为政府和社会资本合作项目过程中，应依法进行资产评估，合理确定价值，防止公共资产流失和贱卖。项目实施过程中政府依法获得的国有资本收益、约定的超额收益分成等公共收入应上缴国库。

（九）建立多层次监督管理体系。行业主管部门根据经济社会发展规划及专项规划发起政府和社会资本合作项目，社会资本也可根据当地经济社会发展需求建议发起。行业主管部门应制定不同领域的行业技术标准、公共产品或服务技术规范，加强对公共服务质量和价格的监管。建立政府、公众共同参与的综合性评价体系，建立事前设定绩效目标、事中进行绩效跟踪、事后进行绩效评价的全生命周期绩效管理机制，将政府付费、使用者付费与绩效评价挂钩，并将绩效评价结果作为调价的重要依据，确保实现公共利益最大化。依法充分披露项目实施相关信息，切实保障公众知情权，接受社会监督。

（十）完善公共服务价格调整机制。积极推进公共服务领域价格改革，按照补偿成本、合理收益、节约资源、优质优价、公平负担的原则，加快理顺公共服务价格。依据项目运行情况和绩效评价结果，健全公共服务价格调整机制，完善政府价格决策听证制度，广泛听取社会资本、公众和有关部门意见，确保定价调价的科学性。及时披露项目运行过程中的成本变化、公共服务质量等信息，提高定价调价的透明度。

（十一）完善法律法规体系。推进相关立法，填补政府和社会资本合作领域立法空白，着力解决政府和社会资本合作项目运作与现行法律之间的衔接协调问题，明确政府出资的法律依据和出资性质，规范政府和社会资本的责权利关系，明确政府相关部门的监督管理责任，为政府和社会资本合作模式健康发展提供良好的法律环境和稳定的政策预期。鼓励有条件的地方立足当地实际，依据立法法相关规定，出台地方性法规或规章，进一步有针对性地规范政府和社会资本合作模式的运用。

四、规范推进政府和社会资本合作项目实施

（十二）广泛采用政府和社会资本合作模式提供公共服务。在能源、交通运输、水利、环境保护、农业、林业、科技、保障性安居工程、医疗、卫生、养老、教育、文化等公共服务领域，鼓励采用政府和社会资本合作模式，吸引社会资本参与。其中，在能源、交通运输、水利、环境保护、市政工程等特定领域需要实施特许经营的，按《基础设施和公用事业特许经营管理办法》执行。

（十三）化解地方政府性债务风险。积极运用转让—运营—移交（TOT）、改建—运营—移交（ROT）等方式，将融资平台公司存量公共服务项目转型为政府和社会资本合作项目，引入社会资本参与改造和运营，在征得债权人同意的前提下，将政府性债务转换为非政府性债务，减轻地方政府的债务压力，腾出资金用于重点民生项目建设。大力推动融资平台公司与政府脱钩，进行市场化改制，健全完善公司治理结构，对已经建立现代企业制度、实现市场化运营的，在其承担的地方政府债务已纳入政府财政预算、得到妥善处置并明确公告今后不再承担地方政府举债融资职能的前提下，可作为社会资本参与当地政府和社会资本合作项目，通过与政府签订合同方式，明确责权利关系。严禁融资平台公司通过保底承诺等方式参与政府和社会资本合作项目，进行变相融资。

（十四）提高新建项目决策的科学性。地方政府根据当地经济社会发展需要，结合财政收支平衡状况，统筹论证新建项目的经济效益和社会效益，并进行财政承受能力论证，保证决策质量。根据项目实施周期、收费定价机制、投资收益水平、风险分配基本框架和所需要的政府投入等因素，合理选择建设—运营—移交（BOT）、建设—拥有—运营（BOO）等运作方式。

（十五）择优选择项目合作伙伴。对使用财政性资金作为社会资本提供公共服务对价的项目，地方政府应当根据预算法、合同法、政府采购法及其实施条例等法律法规规定，选择项目合作伙伴。依托政府采购信息平台，及时、充分向社会公布项目采购信息。综合评估项目合作伙伴的专业资质、技术能力、管理经验、财务实力和信用状况等因素，依法择优选择诚实守信的合作伙伴。加强项目政府采购环节的监督管理，保证采购过程公平、公正、公开。

（十六）合理确定合作双方的权利与义务。树立平等协商的理念，按照权责对等原则合理分配项目风险，按照激励相容原则科学设计合同条款，明确项目的产出说明和绩效要求、收益回报机制、退出安排、应急和临时接管预案等关键环节，实现责权利对等。引入价格和补贴动态调整机制，充分考虑社会资本获得合理收益。如单方面构成违约的，违约方应当给予对方相应赔偿。建立投资、补贴与价格的协同机制，为社会资本获得合理回报创造条件。

（十七）增强责任意识和履约能力。社会资本要将自身经济利益诉求与政府政策目标、社会目标相结合，不断加强管理和创新，提升运营效率，在实现经济价值的同时，履行好企业社会责任，严格按照约定保质保量提供服务，维护公众利益；要积极进行业务转型和升级，从工程承包商、建设施工方向运营商转变，实现跨不同领域、多元化发展；要不断提升运营实力和管理经验，增强提供公共服务的能力。咨询、法律、会计等中介机构要提供质优价廉的服务，促进项目增效升级。

（十八）保障公共服务持续有效。按照合同约定，对项目建设情况和公共服务质量进行验收，逾期未完成或不符合标准的，社会资本要限期完工或整改，并采取补救措施或赔偿损失。健全合同争议解决机制，依法积极协调解决争议。确需变更合同内容、延长合同期限以及变更社会资本方的，由政府和社会资本方协商解决，但应当保持公共服务的持续性和稳定性。项目资产移交时，要对移交资产进行性能测试、资产评估和登记入账，并按照国家统一的会计制度进行核算，在政府财务报告中进行反映和管理。

五、政策保障

（十九）简化项目审核流程。进一步减少审批环节，建立项目实施方案联评联审机制，提高审查工作效率。项目合同签署后，可并行办理必要的审批手续，有关部门要简化办理手续，优化办理程序，主动加强服务，对实施方案中已经明确的内容不再作实质性审查。

（二十）多种方式保障项目用地。实行多样化土地供应，保障项目建设用地。对符合划拨用地目录的项目，可按划拨方式供地，划拨土地不得改变土地用途。建成的项目经依法批准可以抵押，土地使用权性质不变，待合同经营期满后，连同公共设施一并移交政府；实现抵押权后改变项目性质应该以有偿方式取得土地使用权的，应依法办理土地有偿使用手续。不符合划拨用地目录的项目，以租赁方式取得土地使用权的，租金收入参照土地出让收入纳入政府性基金预算管理。以作价出资或者入股方式取得土地使用权的，应当以市、县人民政府作为出资人，制定作价出资或者入股方案，经市、县人民政府批准后实施。

（二十一）完善财税支持政策。积极探索财政资金撬动社会资金和金融资本参与政府和社会资本合作项目的有效方式。中央财政出资引导设立中国政府和社会资本合作融资支持基金，作为社会资本方参与项目，提高项目融资的可获得性。探索通过以奖代补等措施，引导和鼓励地方融资平台存量项目转型为政府和社会资本合作项目。落实和完善国家支持公共服务事业的税收优惠政策，公共服务项目采取政府和社会资本合作模式的，可按规定享受相关税收优惠政策。鼓励地方政府在承担有限损失的前提下，与具有投资管理经验的金融机构共同发起设立基金，并通过引入结构化设计，吸引更多社会资本参与。

(二十二)做好金融服务。金融机构应创新符合政府和社会资本合作模式特点的金融服务,优化信贷评审方式,积极为政府和社会资本合作项目提供融资支持。鼓励开发性金融机构发挥中长期贷款优势,参与改造政府和社会资本合作项目,引导商业性金融机构拓宽项目融资渠道。鼓励符合条件的项目运营主体在资本市场通过发行公司债券、企业债券、中期票据、定向票据等市场化方式进行融资。鼓励项目公司发行项目收益债券、项目收益票据、资产支持票据等。鼓励社保资金和保险资金按照市场化原则,创新运用债权投资计划、股权投资计划、项目资产支持计划等多种方式参与项目。对符合条件的"走出去"项目,鼓励政策性金融机构给予中长期信贷支持。依托各类产权、股权交易市场,为社会资本提供多元化、规范化、市场化的退出渠道。金融监管部门应加强监督管理,引导金融机构正确识别、计量和控制风险,按照风险可控、商业可持续原则支持政府和社会资本合作项目融资。

六、组织实施

(二十三)加强组织领导。国务院各有关部门要按照职能分工,负责相关领域具体工作,加强对地方推广政府和社会资本合作模式的指导和监督。财政部要会同有关部门,加强政策沟通协调和信息交流,完善体制机制。教育、科技、民政、人力资源社会保障、国土资源、环境保护、住房城乡建设、交通运输、水利、农业、商务、文化、卫生计生等行业主管部门,要结合本行业特点,积极运用政府和社会资本合作模式提供公共服务,探索完善相关监管制度体系。地方各级人民政府要结合已有规划和各地实际,出台具体政策措施并抓好落实;可根据本地区实际情况,建立工作协调机制,推动政府和社会资本合作项目落地实施。

(二十四)加强人才培养。大力培养专业人才,加快形成政府部门、高校、企业、专业咨询机构联合培养人才的机制。鼓励各类市场主体加大人才培训力度,开展业务人员培训,建设一支高素质的专业人才队伍。鼓励有条件的地方政府统筹内部机构改革需要,进一步整合专门力量,承担政府和社会资本合作模式推广职责,提高专业水平和能力。

(二十五)搭建信息平台。地方各级人民政府要切实履行规划指导、识别评估、咨询服务、宣传培训、绩效评价、信息统计、专家库和项目库建设等职责,建立统一信息发布平台,及时向社会公开项目实施情况等相关信息,确保项目实施公开透明、有序推进。

在公共服务领域推广政府和社会资本合作模式,事关人民群众切身利益,是保障和改善民生的一项重要工作。各地区、各部门要充分认识推广政府和社会资本合作模式的重要意义,把思想和行动统一到党中央、国务院的决策部署上来,精心组织实施,加强协调配合,形成工作合力,切实履行职责,共同抓好落实。财政部要强化统筹协调,会同有关部门对本意见落实情况进行督促检查和跟踪分析,重大事项及时向国务院报告。

第五章

PPP 律师业务操作指引

汇编导语

中华全国律师协会在2013年8月发布了《律师办理基础设施特许经营法律业务操作指引》,为律师参与基础设施特许经营法律业务提供了非常详细的实操性指导和参考。该指引内容共6章,101条,包括律师在项目立项、投招标、特许经营协议、融资担保、用地与建设、项目移交、项目公司等环节如何提供法律服务,如何防控风险,是律师为特许经营项目服务的必备手册。PPP项目采用特许经营方式的,仍然适用该指引;采用委托经营、合同管理、私有化等非特许经营方式的,也有非常重要的参考价值。财政部、发改委制定的PPP项目操作指南和合同指南与该律师操作指引界定的项目环节和具体要求有所不同,但该法律业务操作指引中绝大部分内容仍然是律师服务PPP项目必须熟练掌握和运用的。

2007年12月上海市律师协会发布了《律师办理市政公用事业特许经营业务操作指引》,该指引中特许经营的概念、适用范围、协议主要内容等的法律根据是原建设部于2004年制定的《市政公用事业特许经营管理办法》。该指引主要适用于律师以BOT方式或者TOT方式特许经营的提供城市供水、供气、供热、公共交通、污水处理、垃圾处理等市政公用事业的非诉讼法律服务。对律师代理政府或投资者参与市政公用事业特许经营项目立项及主体资格审查、招标程序审查、订立特许经营协议、特许经营项目建设、运营、移交,以及全过程法律服务也有很强的参考作用。

律师操作指引文件都是集合该业务领域的最优秀的专业律师,结合具体法律业务的经验教训,集体智慧的结晶,对律师具体工作具有非常重要的作用。PPP项目与原来的特许经营项目在制度设计和运作程序等方面均有不同,律师实际工作中还要根据服务客户的不同、项目阶段的不同、项目的特殊性等具体要求,严格依据法律规定,灵活运用法律经验,为客户提供明确的、具体的、可实操的法律文件和咨询意见。期待律师界尽快集合专业经验,制定适应新形势的PPP业务律师操作指引文件。

83.《律师办理基础设施特许经营法律业务操作指引》

(中华全国律师协会 2013年8月发布)

总 则

第1条 制定目的
本指引作为律师提供基础设施特许经营业务法律服务的操作参考,并非强制性规定。

第2条 词语定义
2.1 基础设施特许经营(下称特许经营):是指政府按照有关法律、法规的规定,通过市场竞争机制选择投资者和/或经营者,明确其在一定期限和范围内投资和/或经营某项基础设施项目的制度。

2.2 特许经营权:是指依据特许经营协议,在特许经营期限内授予项目投资人和/或经营者，在特许经营范围内投资、运营、维护基础设施项目并依约定取得收益的权利。

2.3 项目：是指具有提供某项公共产品或公共服务功能的特定基础设施。

2.4 政府：是指依法设立项目特许经营权及行使与项目相关行政管理职能的行政机构或行政部门。

2.5 项目发起人：是指政府授权的直接组织实施特许经营权转让，并与项目投资人和/或运营维护人订立特许经营协议的行政主管部门。

2.6 特许经营权协议：是指项目发起人与项目投资人和/或经营者之间订立的，在约定的特许经营期限和特许经营范围内，后者取得某一基础设施项目的特许经营权，双方按约定承担有关义务和责任的协议。

2.7 项目接受人：是指特许经营权协议终止时接受项目的公司、企业或行政机构、行政部门，也可以是项目发起人。

2.8 项目投资人：是指被政府直接授予特许经营权的现实或者潜在的项目投资主体。项目投资人取得特许经营权之后，通常是项目公司的主要股东。

2.9 项目公司：是指根据特许经营协议，以项目投资人为主要股东的专门负责建设、经营项目的公司，也可能是项目投资人自身。

2.10 运营维护商：是指对项目进行运营和维护的主体，它可以是项目投资人、项目公司或被其聘请的专业运营公司。

2.11 专业运营公司：是指受项目投资人、项目公司聘任对项目进行运营和维护的公司、企业等，通常是独立于项目发起人、项目投资人、项目公司的其他公司、企业等。

第3条 本指引的业务适用范围

本指引主要适用于律师为下列基础设施特许经营活动提供的非诉讼法律服务：

3.1 煤炭、石油、天然气、电力、新能源等能源项目；

3.2 铁路、公路、管道、水运、航空以及其他交通运输业等交通运输项目；

3.3 邮政、电信枢纽、通信、信息网络等邮电通讯项目；

3.4 道路、桥梁、地铁和轻轨交通、污水排放及处理、垃圾处理、地下管道、公共停车场等城市设施项目；

3.5 供水、供电、供气、供热等市政公用项目；

3.6 其他基础设施项目。

各地可以实施特许经营的基础设施项目的具体范围应执行当地地方性法规或政府规章的规定。

律师代理政府或投资者参与基础设施特许经营项目立项及主体资格审查、招标程序、订立特许经营协议、特许经营项目建设、运营、移交或全过程法律服务可参考本操作指引。

第4条 特许经营方式

常见的特许经营方式如下：

4.1 在一定期限内，将项目授予项目投资人进行投资、建设并运营，期限届满无偿或以一定价格移交给项目接受人（即Build-Operate-Transfer）；

4.2 在一定期限内，将项目移交（有偿转让）给项目投资人，运营期限届满无偿移交给项目接受人（即Transfer-Operate-Transfer）；

4.3 在一定期限内，将项目授予项目投资人进行投资建设并运营，并要求项目投资人于期限届满时将项目的全部设施拆除（即Build-Operate-Dismantle）；

4.4在一定期限内，委托项目投资人提供公共服务；

4.5不违反法律、法规规定并获得项目所在地有权审批的政府批准的其他方式。

本操作指引以实践中常见的特许经营方式——BOT方式编写，律师从事其他类型的特许经营项目法律服务时，可参考本操作指引。

第5条　本指引制定依据

5.1本指引主要依据《中华人民共和国行政许可法》（以下简称《行政许可法》）、《中华人民共和国招标投标法》（以下简称《招标投标法》）、《中华人民共和国环境保护法》（以下简称《环境保护法》）、《中华人民共和国合同法》（以下简称《合同法》）、《中华人民共和国公司法》（以下简称《公司法》）、《中华人民共和国建筑法》（以下简称《建筑法》）、《中华人民共和国担保法》（以下简称《担保法》）、《国务院关于投资体制改革的决定》、《市政公用事业特许经营管理办法》等相关法律、行政法规和部门规章的规定制定。其中，作为制定本指引依据而采用的相关法律、行政法规和部门规章为截至2009年6月15日公开颁布的相关法律、行政法规和部门规章。鉴于上述法律、法规和部门规章的部分或者全部在将来可能发生废止、修订，以及有关新法律、法规和部门规章可能被适用，律师在参考本指引办理有关律师业务时，应特别关注法律、法规和部门规章的变化。

5.2鉴于尚无专门规范基础设施特许经营的法律和行政法规，特许经营在各地实践中的具体操作方式和程序也不尽相同，各地已相继出台了规范特许经营的地方性法规和规章等。随着基础设施特许经营实践的开展，各地还会出台相关规定，律师在承办具体业务时还应特别注意各地有关地方性法规和规章的规定。

5.3针对不同行业以及不同主体之间开展的特许经营，国家和地方也陆续出台了相关的规范文件。律师在承办业务时应结合具体项目所属行业和不同主体调研相关法律适用情况。

第一章　项目立项阶段法律服务

第一节　项目立项

对于政府办理立项的项目，律师应提示或协助委托人对项目立项程序参照本节进行合法性审查。

第6条　项目前期可行性研究

6.1依据社会经济发展要求，由发展改革部门会同有关行业行政主管部门对拟实施特许经营的项目组织前期可行性研究。

6.2项目前期可行性研究主要对拟实施项目有关的社会、经济、环境、规划等各方面进行详细论证，为项目投资决策及采用何种方式融资提供依据。

6.3对项目前期可行性研究报告进行审查时，律师应提示委托人注意可行性研究报告除考虑市场、技术、建设生产、环境和收益等因素以外，是否考虑了法律和融资方面的可行性。

第7条　编撰项目实施方案

7.1特许经营项目确定后，有关行业主管部门应会同发展改革部门拟订实施方案，并组织规划、土地、建设、环保、财政、物价等有关部门按照各自职责对特许经营项目实施方案进行审查和论证，并将实施方案报有关政府批准。

7.2 项目实施方案一般包括下列内容：
7.2.1 项目名称；
7.2.2 项目基本经济技术指标；
7.2.3 选址和其他规划条件；
7.2.4 特许期限；
7.2.5 投资回报、提供公共产品或者服务的价格范围及调价的条件要求和测算方式；
7.2.6 经营者应具备的条件及选择方式；
7.2.7 其他政府承诺；
7.2.8 保障措施；
7.2.9 特许权使用费及其减免；
7.2.10 负责实施的单位。
7.3 在编撰项目实施方案阶段，律师应特别提示委托人：
7.3.1 法律制度
（1）目前涉及特许经营的规定只有行政规章和地方性规定，有些方面的规定还存在空白，部分内容还有相互矛盾之处；
（2）根据《国务院关于投资体制改革的决定》，项目的市场前景、经济效益、资金来源和产品技术方案等均由企业自主决策、自担风险。政府承诺可以涉及与特许项目有关的土地使用、项目相关配套基础设施提供、防止不必要的重复性竞争项目建设、必要的补贴，但不承诺商业风险分担、固定投资回报率及法律、法规禁止的其他事项。政府承诺事项必须在特许经营协议中予以明确。
7.3.2 政府相关职权
（1）税收：通过对于部分税费项目的减免，使该项目的投资收益率达到投资者可接受的程度；
（2）市场准入：确定投资者的资格，设置或消除投资壁垒；
（3）价格确定与调整：对垄断行业价格的控制，以及发生重大市场变化时对价格的调整或财政补贴方法，以及监督措施；
（4）产品的质量以及安全建设的监管：特别规定基础设施项目产品的质量要求及安全标准（上述要求与投资及运营成本密切相关）；
（5）环境质量及监管：基础设施项目对环境影响与该项目能否成功密切相关，同时也涉及项目投资及营运成本；
（6）政府在特许经营协议履行期间保留的权利，如政府单方变更、终止合同的权利等。
7.3.3 项目投资人合理盈利预期
律师应提示委托人，项目投资人在项目实施中是否可以获得合理盈利；如果项目投资人不能获得合理盈利，项目实施可能失败。

第8条 项目的立项审批
律师应提示委托人：
8.1 特许经营项目决定实施前应经过立项审查，并应注意项目依法定程序产生项目投资人后，由项目投资人设立的项目公司在申请项目核准时不得因项目发起人的原因而存在实质障碍。

8.2项目的立项审查应由相关的政府部门参与：如规划、环保、建设、国土资源、物价、商务部门等相关政府部门。

8.3涉及跨行政区域的项目，应会同其他区域的项目主管部门一并上报上级政府审批。

8.4建设项目的规模以及投资方式的审批超过地方政府审批权限的，应上报有审批权限的政府部门批准立项。

第9条 项目组织筹备

律师应提示项目发起人：

9.1应及时成立一个资格预审、技术和决策委员会，具体负责涉及本项目的资格预审、招投标、特许经营协议谈判和签署，以及对该项目今后的管理、监督、指导、配合等工作。

9.2鉴于项目涉及多个政策及行政管理单位，项目发起人宜尽可能联合发改部门（项目审批）、物价部门（垄断行业的定价）、国土资源部门（项目用地及建设）、规划部门（项目选址和规划设计）、建设部门（项目建设管理）、财政部门（价格补贴）、税务部门（税收优惠）、商务部门（如涉及外商投资）、人民银行（融资管理）等相关部门的人员共同组成一个资格预审、技术和决策委员会，确保项目能顺利进行。某些项目也可能不成立资格预审、技术和决策委员会，而直接由政府相关部门以召开联席会议方式讨论决策项目有关问题。

9.3鉴于特许经营基础设施项目实施过程的复杂性和专业性，项目发起人宜聘请相关专业服务机构为其提供相关专业服务，专业服务内容主要包括技术服务、财务服务、法律服务等。

第二节 项目发起人的主体资格

第10条 项目发起人、签约人的主体资格

10.1律师应提示委托人，合格的项目发起人应：

10.1.1为该项目所涉及的基础设施的行业主管部门；

10.1.2已获得政府的授权，有权代表政府实施基础设施特许经营的招标、签约以及监督管理工作。

10.2律师应特别提示委托人，通常只有政府授权的该项目行业主管部门可作为项目发起人，但实践中也出现由政府主导，大型国有企业作为项目发起人的基础设施特许经营模式，比如政府为提高火电厂脱硫工程质量和设施投运率，鼓励火电厂在政府有关部门的组织协调下，将国家出台的脱硫电价、与脱硫相关的优惠政策等形成的收益权以合同形式特许给专业脱硫公司，由专业脱硫公司承担脱硫设施的投资、建设、运行、维护及日常管理，并完成合同规定的脱硫任务。

10.3律师应提示委托人，部分地方政府通过颁布地方行政规章的方式，明确了涉及某类行业特许经营项目的主管部门，若行业主管部门以事业单位名义出现，应审核其是否具备项目发起人资格。同时应提示委托人，明确行业的监管部门与该类行业特许经营建设的主管部门的关系及职权。

第11条 项目的合法性

核对项目立项通过的审批文件是否合法，是确认该项目招标是否合法的标志，并非地方政府的审批文件均属于其授权范围内有权实施的行政行为，律师应特别核对相关批准文件的效力。

律师应提示委托人：

11.1 纯内资的项目应根据投资规模以及用地规模查明各级政府审批权限，项目在核准前一般应获得土地、规划、环保、水土保持、文物、矿藏和军事等相应级别主管部门的批准文件。

11.2 利用外资的项目，还应就资本项目和行业准入获得外汇管理部门和外经贸主管部门的批复。

第二章　项目投资人招投标阶段法律服务

第一节　为项目发起人提供的法律服务

第12条　招标准备

12.1 在招标准备阶段，律师应审查是否具备进行项目投资人（在本章中称"投标人"）招标的条件，主要审查项目本身的合法性，即项目是否已经按有关程序立项，是否已履行其他必须的审批程序（如项目的实施方案等）。如项目未经核准，应审查项目是否存在获得核准的实质性障碍。

12.2 律师应提示委托人，负责招标项目的主管部门在招标前应取得符合法定审批权限的政府的授权。

12.3 资格预审、技术和决策委员会（或政府部门联席会议）应根据经批准的项目实施方案决定以下招标主要事项：

12.3.1 招标工作计划；

12.3.2 招标方式、招标范围；

12.3.3 投标人的资格条件；

12.3.4 评标原则；

12.3.5 确定资格审查专家和评标专家；

12.3.6 其他重要事项。

第13条　招标信息发布

13.1 招标方式可分为公开招标和邀请招标。采取邀请招标方式的，律师应注意审查是否符合法定邀请招标的条件；

13.1.1 项目发起人（在本章中称"招标人"）采用公开招标方式的，应发布招标公告，并应通过政府指定的报刊、信息网络或者其他媒介发布；

13.1.2 招标人采用邀请招标方式的，应向3个以上具备实施招标项目（实施方式可以是投资、建设和/或运营）能力、资信良好的特定法人或者其他组织（包括联合体）发出投标邀请书；

13.2 招标公告或投标邀请书应载明招标人名称和地址、招标项目性质、数量、实施地点和时间以及获取招标文件的办法等事项。公告期限应满足《招标投标法》规定的公告期限规定。

第14条　资格预审（如需）

14.1 一般规定

14.1.1 在潜在投标人众多的情况下通常采用资格预审的方式确定潜在合格投标人，律师应提示招标人设立资格预审委员会，专门负责和实施对投标人的资格预审；

14.1.2 律师应提示招标人制订预审程序和评审规则，并准备应提供给潜在投标人所需有关项目基本情况的文件资料。

14.2 资格预审文件

14.2.1 资格预审文件内容应包括项目名称、项目概况、投标人的资格条件、资格预审申请文件的内容和装订要求、资格评审办法、确定潜在投标人的数量等。

14.2.2 资格预审文件内容应与资格预审公告中的要求相一致。

14.3 资格预审公告

14.3.1 资格预审公告应通过政府指定的报刊、信息网络或者其他媒介发布；

14.3.2 资格预审公告中应包括项目名称、项目概况、资格预审条件和方法、确定潜在投标人的数量、获取资格预审文件的时间、地点和费用以及递交资格预审申请书的时间和地点等。

14.4 资格预审申请文件的内容要求

律师应提示委托人，资格预审文件要求潜在投标人提供的资格预审申请文件主要包括：

14.4.1 公司管理或组织机构；

14.4.2 近几年经独立会计师审计的年度会计报告及其他财务状况资料；

14.4.3 近几年的纳税资料；

14.4.4 最近几年作为特许经营项目投资人的经历、目前承担的或将要履约的特许经营项目，并对项目的性质、特点、投资规模、特许期等作简要说明；

14.4.5 融资能力及银行对投标人出具的资信证明；

14.4.6 为本项目提供的管理人员能力和未来项目公司的组织结构说明；

14.4.7 区别于其他潜在投标人的具有竞争力的资料；

14.4.8 如果以联合体为投标人，除联合体各成员独立提供各自的资料外，还需提交一份联合体协议。

14.5 资格预审申请书的评审

14.5.1 收到投标人递交的资格预审申请书后，资格预审委员会应按照资格预审文件的要求对申请书进行评审，律师可为该委员会提供法律咨询，也可应邀作为评委对申请书进行评审；

14.5.2 在资格预审过程中，招标人有权要求潜在投标人对资格预审申请书中不明确的内容进行澄清，并可对重要的内容进行核实；

14.5.3 律师应提示委托人，资格预审评审的条件主要包括：

（1）潜在投标人的企业法人身份。是否包括外资、私营企业；是否允许多个潜在投标人组成何种类型的联合体投标；在未来项目公司中的股权比例安排等；

（2）资质和注册资本。是否具备符合项目投资、建设和运营所需资质；是否满足相应注册资本要求；

（3）类似项目的成功经历。潜在投标人与合作伙伴是否在近几年中成功承担或组织、运营过类似项目，且在类似项目全过程中履约情况良好，如具有较好工程质量和项目管理能力等；

（4）财务状况与经济实力。潜在投标人是否具有良好的财务状况，是否具备承担项目所需的财务与资源的能力；

（5）专业人才和技术力量。投标人能否派出信誉良好、经验丰富的合格管理和技术人员；项目公司能否建立符合全面履约所要求的公司管理机构和完善的质量保证体系等。

14.6 评审报告

14.6.1 资格预审结束后，资格预审委员会应撰写资格预审评审报告，资格预审评审报告应由全体评委签名；

14.6.2律师应提示委托人，资格预审评审报告应包括：项目概况、资格预审工作情况、提交资格预审申请书的潜在投标人名单、评审的各项原始记录、潜在投标人未被资格预审合格的原因或理由以及其他相关内容、评审结果。

14.7评审结束，律师应提示委托人：

14.7.1如果资格预审合格的潜在投标人名单须报政府有关部门批准，应在规定时限内报批；

14.7.2对未通过资格预审评审的潜在投标人，应将结果以书面形式告知；

14.7.3对通过资格预审的潜在投标人，除应以书面形式通知其预审结果外，还应告知其应在规定的时限内回复招标人是否参加投标、招标文件的领取要求及投标人须知等涉及投标的要求。

第15条 编制招标文件

15.1律师应提示委托人，一般特许经营项目的招标文件内容应包括：

15.1.1投标人须知：包括项目概况、特许条件、投标文件的内容与制作要求、评标标准与办法、招标时间安排、投标保证金、开标时间与地点、履约保证金等；该部分内容应能反映招标活动的公正性，内容规范、详细、具体，以最大限度地减少招标活动中发生的争议。

15.1.2特许经营协议及其附件，该部分是招标文件的核心内容。

15.1.3项目技术规范要求。

15.2律师应参与审查招标文件，审查时应关注以下方面：

15.2.1招标范围和条件是否明确；

15.2.2招标、投标、评标程序是否符合国家有关规定；

15.2.3评标办法、评分标准是否合理，是否含有对部分投标人的歧视性条件；

15.2.4废标条件是否合理、明确，是否含有排斥部分投标人的条款；

15.2.5合同主要条款是否完整、合理；

15.2.6发出中标通知后的缔约过失责任安排。

15.3招标文件中应明确投标文件的内容要求，包括应附的能力证明材料。

15.3.1投标文件包括：

（1）投标人的资信，包括技术水平、生产能力和财务状况等；

（2）投标人相应的经历与业绩情况；

（3）项目总投资；

（4）项目公司股权结构；

（5）资金来源；

（6）投资回收计划；

（7）项目盈利水平；

（8）收费和特许期；

（9）建设进度和运营计划；

（10）维修和养护计划等。

15.3.2证明投标人投资能力的文件一般包括：

（1）投标人（项目公司股东间）的投资意向书；

(2) 与金融机构间的融资意向书;
(3) 与设计、建筑承包商间的项目设计、建设意向书;
(4) 与设备供应商间的设备供应意向书;
(5) 与运营商间的项目运营、维修意向书;
(6) 与保险公司间的保险意向书等。

第16条 开标

16.1 开标会议应按招标文件规定的时间、地点进行。投标人的法定代表人或其授权代表应按时参加开标会议并签名报到。投标人未派代表参加开标会议的,视为自动放弃出席开标会议的权利,不影响开标会议的进行。

16.2 在开标前,应检查投标文件的密封性。检验完成后,对于密封完好并按规定签署的投标文件,工作人员应予以拆封,取出正本进行宣读。按招标文件规定提交有效撤回通知和未按招标文件规定密封签署的投标文件应不予拆封。

16.3 招标人或招标代理机构在开标时应宣读有效投标的投标人名称、投标报价、投标保证金以及招标人认为必要的其他内容(即"唱标")。对于开标主要内容应作完整记载,形成开标记录,开标记录由各投标人出席开标会议的代表签字确认。

第17条 投标文件的评审

17.1 评标委员会由招标人的代表和有关技术、经济等方面的专家组成,成员为不少于5人的单数,其中技术专家(不包括招标人参与评标的专家)人数应占评标委员会总人数的2/3以上。

评标专家有下列情形之一的,应主动提出回避:

17.1.1 为投标人主要负责人的近亲属;

17.1.2 与投标人有利益关系,可能影响评标活动公平、公正进行;

17.1.3 曾因在招标、评标以及其他与招投标有关的活动中从事违法行为而受过行政处罚或刑事处罚;

17.1.4 法律、法规和规章规定不得担任评标委员的其他情形。

17.2 评标工作一般分为初评和详评两个阶段,经初评,实质上响应招标文件要求的投标文件将进入详评阶段。

初步评审主要检查投标文件与招标文件有无重大偏差,是否在实质上响应了招标文件的要求,以确定其是否为有效的投标文件。详细评审可采用最低投标价法或综合评估法进行,无论采用哪种评标方法,均应事先在招标文件中明确。

17.3 律师在审查投标人递交的投标文件时,应重点审查:

17.3.1 投标人是否具有对外投资的能力;

17.3.2 投标人是否处于被责令停业,财产被接管、冻结,破产状态;

17.3.3 投标人拟委派的项目公司主要负责人的资历是否满足招标公告、资格预审公告或者投标邀请书的要求;

17.3.4 投标人是否针对项目的融资与金融机构签订融资意向书;

17.3.5 投标文件的签署是否合法、完整;

17.3.6 投标人的投标代表是否已取得合法授权;

17.3.7 投标有效期和投标保证金是否满足招标文件要求;

17.3.8投标人对招标文件的特许经营协议是否响应及满足；

17.3.9其他事项。

17.4评标委员会可以书面方式要求投标人对投标文件中含义不明确、对同类问题表述不一致或者有明显文字和计算错误的内容作必要的澄清、说明或补正。律师应提示委托人，澄清不能改变投标文件的实质性内容，招标人不能要求投标人重新测算价格，或者提出与招标条件不一致的要求；投标人也不得要求改变投标文件的承诺，如改变注册资本金数额、改变出资股东或调整出资比例等。

17.5评标委员会完成评标后，应向招标人提出书面评标报告，评标报告一般包括以下内容：

17.5.1基本情况和数据表；

17.5.2评标委员会成员名单；

17.5.3开标记录；

17.5.4符合要求的投标一览表；

17.5.5废标情况说明（如有）；

17.5.6评标标准、评标方法或者评标因素一览表；

17.5.7经评审的价格或者评分比较一览表；

17.5.8经评审的投标人排序；

17.5.9推荐的中标候选人名单与签订合同前要处理的事宜；

17.5.10澄清、说明、补正事项纪要。

17.6评标报告由评标委员会全体成员签字。对评标结论持有异议的评标委员会成员可以书面方式阐述其不同意见和理由。评标委员会成员拒绝在评标报告上签字且不陈述其不同意见和理由的，视为同意评标结论。评标委员会应对此作出书面说明并记录在案。

第18条　定标和公示

18.1一般情况下，招标人应确定排名第一的中标候选人为中标人。律师应注意，部分基础设施项目操作中招标人应向社会公示中标结果，公示时间一般不少于20天。公示期满，对中标人没有异议的，经相关政府主管部门批准后，招标人应向中标人发出中标通知书，同时通知未中标人，并与中标人在中标通知书发出之日起30日之内签订合同。

18.2排名第一的中标候选人放弃中标、因不可抗力提出不能履行合同，或者招标文件规定应提交履约保证金而在规定的期限内未能提交的，招标人可以确定排名第二的中标候选人为中标人，并应履行相应的公示和批准手续。

第19条　合同签订

19.1招标人应与中标人按照招标文件和中标人的投标文件订立书面合同。招标人可与中标人进行谈判，双方对拟签订的特许经营协议条款取得一致后签订特许经营协议。招标人与中标人签订合同后5个工作日内，应向中标人和未中标的投标人退还投标保证金。

19.2律师应对双方拟签订的特许经营协议和有关文件进行审查。律师应注意，在相关协议文件中约定投资人在取得中标通知书后的一定期限内应完成项目公司的设立、提交履约保函以及前期工作的权利交接转移（若招标人或其他第三方已实施部分前期工作），对上述工作未完成导致的法律后果作出规定，以杜绝中标人出现在取得投资人资格后无能力设立项目公司，或者向招标人提出条件，拖延设立项目公司等情形。

第20条　批准生效

律师应注意,部分基础设施项目操作中特许经营协议须经相关政府主管部门批准后才生效。一般情况下,项目发起人应在特许经营协议签订后的一定期限(具体期限应遵照项目行政主管机关的要求)内,将协议报有审批权的上级行政主管机关批准、备案。

第21条　签约主体

律师应注意,在项目公司成立后,应建议项目发起人和项目公司按照项目发起人与项目投资人之间事先约定的条款重新签署特许经营协议。

第二节　为投标人提供的法律服务

第22条　准备资格预审申请文件

22.1资格预审申请文件应证明潜在投标人有投资、管理项目的能力,一般情况下其内容包括公司介绍、财务状况、投融资能力、专业人才和技术力量、类似项目的投资经历以及其他证明潜在投标人竞争力的资料。

22.2律师应提示潜在投标人,必须按照资格预审文件的要求编写资格预审申请文件,按要求进行包装并在规定的时间内送达至指定地点。

22.3对通过资格预审的潜在投标人,律师应向其提示:如果决定参加投标,则应按照招标人的要求进行书面回复。

第23条　制作投标文件

23.1投标人领取招标文件后应仔细研读,发现招标文件有错误、模糊、矛盾或资料不全时,应在投标截止时间(或招标文件约定的时间)前以书面形式要求招标人进行解答或澄清。

23.2投标人应按照招标文件的要求编制投标文件,投标文件应该实质上响应招标文件的要求,并提供真实、充分、完整的资料证明投标人的资信与能力。

投标文件一般包括投标人的资信情况证明、财务状况、生产技术水平、投资管理能力,项目的投资融资方案、建设进度和运营计划,项目投资回收和盈利水平测算等。

23.3律师应提示投标人,对于招标文件的实质性要求必须响应,否则投标文件会因不符合要求而被拒绝。此类实质性要求一般包括:

23.3.1注册资本金的数额及出资时间;

23.3.2投资的建设规模及标准要求;

23.3.3建设期及运营期的期限及要求;

23.3.4项目相关的建设保函、运营与维护保函、移交保函的期限及要求;

23.3.5项目保险的期限及要求。

第24条　投标文件的签署与递交

24.1投标文件分为正本和副本,具体份数以招标文件规定为准。投标文件正本应有法定代表人或其授权代表(应附授权委托书)签字并加盖单位公章,且需每页小签。

24.2投标文件应采用纸面形式。如果招标人要求投标人同时提供电子版投标文件,投标人应同时提供。

24.3投标文件必须密封并在投标截止时间前送达招标人指定的投标地点。

第25条　投标文件的修改与撤回

在提交投标文件后投标截止时间之前,投标人可对其投标文件进行修改或撤销,投标人须在投标截止时间之前将修改或撤销投标文件的书面通知密封送达招标人。该通知须有投标人法定代表人或其授权代表签字。

投标人不得在投标截止之日起至规定的投标文件有效期满前修改或撤销投标文件，否则招标人可按规定没收其投标保证金。

第26条 评标期间的澄清及补正

在评标期间，投标人应注意随时答复评标委员会的澄清，投标人应按照评标委员会通知的时间、方式、要求等回复澄清。回复澄清时投标人可对要求澄清的有关问题进一步说明或补正，但不得对投标文件作实质性变更。

第27条 中标后的合同谈判

合同谈判的目的在于根据招标文件所附特许经营协议主要合同条款，双方进一步完善修改合同条款。合同谈判的内容不能更改招标文件和投标文件的实质性内容，但可以对某些事项进行补充或者细化约定。律师应特别注意以下问题：

27.1 法律变更的定义中应包括导致项目投资人投融资、运营、移交成本增加的法律、法规、部门规章及相关行业强制性规定的补偿，如贷款利率提高、运营标准提高等；

27.2 将政策变更导致的项目终止排除适用于项目发起人的不可抗力情形；

27.3 明确项目发起人向项目投资人移交的项目土地状态的移交界面；

27.4 项目发起人已建或在建配套工程设施的现状及其查验，或者拟建配套工程设施的投资及建设进度安排；

27.5 建设期或运营期内项目提前终止涉及的移交补偿；

27.6 项目发起人延迟支付合同约定的费用涉及的滞纳金约定；

27.7 其他表述不准确、不全面的合同条款的修改。

第三章 特许经营协议内容审查法律服务

第一节 特许经营权

第28条 签订特许经营权协议的目的

律师应提示委托人，在协议中明确签约所要实现的具体目的。

第29条 政府授予特许经营权依据

律师应提示委托人，在协议中明确政府授予特许经营权的依据，即对应的法律、行政法规、规章的授权或者地方性法规的单独立法。

第30条 主体审查

30.1 政府有关主管部门派出机构、内设机构作为特许经营协议政府方签约主体的情况。在此情况下，律师应注意审查该内设机构、派出机构授予特许经营权的行为是否有法律、行政法规、规章的授权，只有在有明确法律授权或其持有政府主管部门的授权委托书面文件的情况下才可被接受。

30.2 政府下属企业、公用企事业单位授予特许经营权的情况与上同，律师在协议审查中应注意其是否有法律、行政法规、规章的授权依据，或其是否持有政府主管部门的授权委托书面文件。

第二节 履约担保

第31条 保证期限

特许经营协议的履行阶段包括建设、运营、移交等,其中不确定因素最多、风险最大的阶段是建设期,律师应注意,项目发起人往往要求项目投资人针对特许经营协议的建设期提供履约保函,保证期限涵盖项目的建设期或延至试运营期。

第32条 保证人

32.1 项目投资人向项目发起人提供的履约保函的保证人一般是项目投资人委托的银行机构或项目发起人认可的公司或者组织。

32.2 如有数个保证人针对特许经营协议建设期内项目公司的义务同时提供担保的,应审查保证人是否约定了保证份额。如未约定保证份额的,则视为保证人承担连带责任。

第33条 保证担保方式

保证担保方式可分为:见索即付保函担保(独立担保)和传统的保证担保。按照保证人承担保证责任的方式,传统的保证担保又分为"一般保证"和"连带保证"。

律师应注意,我国司法实践对于在"对外担保"中承认独立担保的效力,但在"对内担保"中对独立担保尚无明确规定。但见索即付保函因具有方便、高效、降低保函索赔成本等特点,而更易于被项目发起人接受。

第34条 保函内容

律师在审查履约保函时,应注意根据保证担保方式的不同,保函可以分为两类。

34.1 传统的保函和见索即付保函。传统的保函应包括以下条款:

34.1.1 保证的范围及保证金额;

34.1.2 保证的方式及保证期间;

34.1.3 承担保证责任的形式;

34.1.4 代偿的安排;

34.1.5 保证责任的解除;

34.1.6 免责条款;

34.1.7 争议的解决;

34.1.8 保函的生效。

律师应注意,若采用连带保证责任方式的保函,应在代偿的安排中明确约定,保证人要求项目发起人提供的有关文件,该文件应能足以证明被保证人违约,以免保证人因缺乏足够依据而无法判断被保证人是否违约,从而无法确定其是否应承担保证责任。律师应注意,保证人承担连带保证责任的,在法律上其拥有被保证人所有的抗辩权,但保证人在保函中明确放弃某种抗辩权的除外。

34.2 见索即付保函应包括以下条款:

34.2.1 保证金额;

34.2.2 担保基础合同项下主债务义务和责任;

34.2.3 见索即付条款;

34.2.4 保证期限。

第三节 融 资

第35条 融资

律师应重点审查项目融资完成的条件是否得到满足,具体包括:融资文件的正式生效、公司获得融资资金的所有先决条件是否得到满足、贷款人是否据此发放贷款等。律师应参照本节以下列出的项目融资文件,核查融资完成的条件是否满足。

第36条 融资文件

在特许经营权协议签订时或签订后,律师应检查项目融资文件,并检查贷款人发放贷款的条件是否已满足。融资文件应包括以下部分:

36.1 基本贷款协议;

36.2 担保文件;

36.3 采用银团贷款的贷款人间协议(如有);

36.4 贷款人与借款人签署的其他融资文件。

第37条 基本贷款协议

律师应审核基本贷款协议的完备性,一般包括以下条款:

37.1 融资金额和目的;

37.2 利率和还本付息计划;

37.3 付给安排行、代理行和贷款人的佣金和费用(如有);

37.4 贷款前提条件——政府对项目的批准(核准)文件(包括地方政府支持函)、董事会决议、项目合同、可行性研究报告、项目投资人财务报表和法律意见书;

37.5 对借款人的账户监管措施;

37.6 陈述和保证——关于借款人的合法存续情况和还款能力,有关文件的授权签署,所有项目文件的真实性、准确性;

37.7 借款人实施项目的责任——遵守法律、法规和国家标准的规定,按照项目核准(批准)文件要求进行建设和运营;

37.8 限制性条款——借款用途限制,对项目投资人变更的限制,对分红和资产处理的限制;

37.9 违约事件:监督、检查违约行为的权力;对项目的接管;加速还款;实现担保权;

37.10 贷款人的项目核查权力:项目里程碑进度,试运行,竣工验收或拒收;

37.11 借款人的信息披露义务:按阶段提交项目投资及实施情况报告;

37.12 贷款人对保险合同履行情况的监管。

第38条 担保文件

项目融资中的贷款人有时需要项目公司针对其贷款提供担保,并将其作为发放贷款的先决条件,律师应针对以下担保文件进行审核:

38.1 对土地、建筑物和其他固定资产设定抵押;

38.2 对动产、应收账款(包括项目收费权)及账户权益设定质押;

38.3 项目文件规定的权益的转让,如建设合同、承包商和供货商的履约保函、项目保险、被许可的权益;

38.4 销售合同、照付不议合同、使用和收费合同;

38.5 采购合同的转让,包括能源、设备和原材料的采购合同;

38.6 项目投资人拥有的项目公司股权的质押;

38.7 有关担保的通知、同意、承认、背书、存档和登记。

第四节 土地使用权

第39条 项目土地使用权取得

39.1 项目发起人应以合法方式向项目投资人提供项目用地的土地使用权,确保项目公司在特许经营期内为项目用地的权利人并独占性地使用土地。

39.2 项目土地使用权的来源分为出让和划拨两种方式。律师应提示委托人,城市基础设施用地、公益事业用地、国家重点扶持的能源、交通、水利等基础设施用地,目前多以划拨方式取得,但根据《国务院关于深化改革严格土地管理的决定》(国发〔2004〕28号)的规定,经营性基础设施用地正逐步实行有偿使用。

39.3 如果项目发起人以出让方式向项目投资人提供土地使用权的,律师应提示委托人应采用招标、拍卖或挂牌的方式取得项目土地使用权。

第40条 项目土地用途

律师应提示委托人,对于以划拨方式取得的土地使用权只能用于项目建设和运营,而不能从事其他与项目无关的任何经营性活动,否则将面临被收回该部分土地的划拨使用权的法律风险;对于以出让方式取得的土地使用权,应明确如无政府事先书面同意,亦不得变更该土地用途,该土地使用权的转让、出租和抵押亦应依法进行。

第41条 项目土地使用权抵押

41.1 如项目用地系以划拨方式取得,以项目用地进行抵押融资牵涉划拨用地抵押问题,律师应提示项目投资人,划拨用地使用权一般不得用于抵押。

41.2 如政府允许以划拨土地使用权进行抵押时,律师应提示项目投资人,在进行划拨土地使用权抵押登记前,应评估土地价值,抵押权人行使抵押权时应补缴土地出让金。

第五节 项目建设

第42条 招标方式

协议中应规定项目公司按照法律、法规规定以招标方式采购设计、施工、监理、设备和服务等。

第43条 技术标准

协议中应明确项目工程建设所需满足的技术标准和规范,并约定技术变更程序和未满足标准时的补救和惩罚措施。

第44条 工期

协议中应明确重大里程碑计划和项目完工日期,并约定何种情形下可以延长工期以及工期延误时的补救和惩罚措施。

第45条 质量

协议中应明确项目所应满足的质量标准,并要求项目公司建立完善的质量管控体系,落实项目质量责任人。

第46条　安全和文明施工

协议中应明确工程建设过程的安全和文明施工管理制度，并落实项目安全责任人。

第47条　项目建设具体法律服务的操作指引参见中华全国律师协会制定的《律师办理建设工程法律业务操作指引》。

第六节　项目设施运营与维护

第48条　运营维护主体

对项目的具体运营与维护主体可以是：

48.1 项目公司本身；

48.2 项目公司的股东（即项目投资人）；

48.3 在项目公司及其股东没有运营与维护经验或没有能力的情况下，运营与维护工作也可通过签订运营维护合同分包给独立的运营维护商。此时，律师应注意明确运营维护商的资质要求。

第49条　运营维护商提供服务的范围和责任

49.1 运营维护商提供项目服务的范围

律师应注意审查如下内容：

49.1.1 项目发起人为运营维护商指定的提供运营服务的区域范围；

49.1.2 在特许经营期内，项目设施的运营维护商是否应只对项目发起人或其指定范围的用户提供服务；

49.1.3 在紧急情况下，为满足公众利益之需求，是否要求运营维护商提供应急服务或履行其他社会公益性义务等。

49.2 运营维护义务

律师应注意审查如下内容：

49.2.1 运营期内费用（包括税费）和风险的分担；

49.2.2 运营项目设施应达到的技术标准、环境标准、安全标准和产品（如有）标准等是否明确；

49.2.3 运营期内，项目发起人的监督检查措施是否落实。

49.3 项目公司与用户间关系的处理

律师应注意在项目特许经营协议中，明确用户就项目设施服务提出投诉的受理方和处理程序。

第50条　项目发起人监督

50.1 律师应注意在项目特许经营协议中，明确项目发起人对于项目设施运营和维护工作进行管理、检查和监督的权限、程序、措施和惩处手段。

50.2 项目特许经营协议中应明确是否允许项目发起人及其代表在不影响正常作业情况下进入项目设施以监察设施的运营和维护的权利和条件。

50.3 律师可以提示，特许经营协议可设定主动提交定期报告（包括但不限于运营报告、财务报告、环境监测报告等）的制度，以对应于接受项目发起人监督的被动方式。

第51条　项目公司的权利

51.1 项目公司有权按照法律、法规的规定要求项目发起人协助向政府申请税收优惠。

51.2 项目公司有权要求项目发起人按照规定对其提供公共服务进行补贴。

51.3 项目公司承担政府公益性指令任务造成经济损失的，政府应承担相应的补偿责任。

51.4 在重要的法律变更的情况下，项目公司可向项目发起人要求获得合理补偿。

51.5 项目公司有权要求项目发起人根据协议约定的界面建设和维护运营特许经营项目所需的配套基础设施。

51.6 在特许经营期内，项目公司有权要求项目发起人在项目所在的同一地区内不再批准新建同类项目与其竞争。

51.7 项目发起人对项目公司的经营计划实施情况、产品和服务的质量以及安全生产情况进行监督时，其监督检查工作不得妨碍项目公司的正常生产经营活动。

第七节　项目发起人购买服务

本节适用于由项目发起人购买服务的情形。

第52条　项目发起人购买服务的费用

52.1 特许经营协议中应对项目发起人购买服务的费用详细约定，包括不同情形下购买的费用标准。

52.2 项目投资人可以根据能源、原材料、人员工资的变动以及政策、法规的变更影响等因素，要求调整项目发起人购买服务的费用标准。

52.3 费用标准的调整方式应明确约定在特许经营协议中，可以在费用标准调整前要求项目投资人提供调整的计算依据，如劳动力的工资、原料费、电价、物价指数等的变化及相应的增加，作为项目发起人应履行必要的审核、审批程序并及时给予答复。

52.4 在特许经营协议中应明确费用标准调整的实施程序，如在某个影响价格的指标变动后多少日内提出调价申请。

52.5 在特许经营协议中应明确费用的支付方式、支付条件（含满足支付条件的证明文件）。

52.6 如项目投资人为外商，律师应提示项目投资人，注意因汇率变化可能引起的兑换损失和收益，并在特许经营协议中明确由哪一方承担汇率风险。

第53条　项目发起人购买服务的保证

53.1 如果项目投资人将其服务出售给项目发起人或政府所属的公用事业单位，项目发起人应促使该公用事业单位与项目投资人签订长期的购买服务协议。该协议及特许经营协议中应约定公用事业单位购买服务的数量、质量和价格等，如果公用事业单位未能按原定数量、质量或价格购买服务，项目发起人应给予项目投资人相应的补偿。

53.2 如果项目投资人直接将其服务出售给社会公众或企业时，应以项目设计的消费量或需求量为标准，如果公众或企业对所提供服务的需要低于项目设计的最低限度时，项目发起人应给予相应的补偿，如高速公路项目和污水处理项目。

第54条　违约责任

54.1 律师应提示项目投资人，如果项目发起人或承诺购买服务的公共事业单位未能按约定购买服务，或者项目发起人在公众或企业对所提供服务的需要量低于项目设计的最低限度时并且未能按约提供补偿，项目发起人应承担违约责任。

54.2 律师应提示项目发起人，如果项目投资人提供的服务不符合特许经营协议约定的标准，可以要求项目投资人向项目发起人支付违约金。

第八节　项目设施移交

第55条　项目设施移交的情形

项目设施的移交通常在以下几种情形下发生：

55.1 不可抗力导致提前终止合同；

55.2 项目发起人依据特许经营协议提前终止合同；

55.3 项目投资人依据特许经营协议提前终止合同；

55.4 特许经营协议期满。

本节仅述及特许经营协议期满时的移交，特许经营协议提前终止时的移交可参照本节内容。

第56条　移交委员会

律师应注意在协议中约定，项目设施移交时"移交委员会"的设置安排。"移交委员会"应该有项目投资人代表和项目接受人（发起人）代表共同组成（建议附有详细的移交代表名单）。

第57条　移交范围

57.1 律师应提示委托人在协议中约定，项目设施的移交范围既应该包括土地使用权、厂房、设备设施、备品备件和原材料等"硬件"，还应该包括知识产权、技术诀窍、合同、资料、图纸、档案等"软件"；并应明确移交范围内各硬件和软件的具体数目和移交时间、进度安排等。

57.2 律师应特别提示项目发起人在协议中约定，在项目设施移交时，项目投资人有义务解除和清偿任何种类和性质的债务、留置权、动产抵押或质押、不动产抵押等担保物权。

57.3 律师应提示委托人在协议中约定，在移交上述资料、档案时，应特别注意移交设计图纸、运营手册、运营记录以及与项目运营紧密相关的其他技术资料，以使项目接受人尽快接手项目设施的运营。

第58条　项目公司员工的转聘和项目接受人的员工培训

律师应注意在协议中明确，在项目移交时如何留任项目接受人所需的项目公司原有员工，以及如何安排项目公司或者其指定的运营维护商为其培养合格的运营维护人员。

第59条　移交验收（标准、程序、证书）

59.1 律师应提示委托人（尤其是项目接受人），应约定：在移交日之前的一定期限内，项目投资人有义务根据运行规程和设备维护规程，对项目设施进行一次恢复性大修和性能测试。

59.2 律师应提示委托人在协议中约定，对于项目设施的移交，应办理移交验收。

59.3 律师应提示委托人在协议中约定，对于移交过程中发现的瑕疵等问题，项目投资人应进行限时整改或补救。

59.4 律师应提示委托人（尤其是项目投资人）在协议中约定，移交验收办理完毕，项目接受人有义务为项目投资人出具《移交验收证书》，以证明项目接受人对接收的项目设施已经验收并交接完毕。

第60条　备品备件

律师应提示委托人（尤其是项目接受人）在协议中约定，项目投资人应向项目接受人提供自移交日后一定期间项目正常运营所需要的备品备件，并提供该等备品备件的供应商清单。

第61条 保证期(移交后的质量保证义务)

61.1 律师应提示委托人(尤其是项目接受人)在协议中约定,在项目移交后的合理期间内,项目投资人对项目设施应承担质量保修责任,一旦出现缺陷或损坏(不可抗力、项目发起人责任和第三人责任除外),项目投资人应免费进行维修。

61.2 对于上述质量保修责任,律师应提示委托人(尤其是项目接受人)在协议中约定,项目投资人应开具维护保函。

第62条 承包商保证的转让

律师应提示委托人在协议中约定,在项目设施移交时,项目投资人(项目公司)应将所有承包商和供应商尚未期满的担保(包括保证)和所有保险单转让给项目接受人。

第63条 移交效力

律师应提示委托人在协议中约定,自移交日起,除质量保修义务外,项目投资人在特许经营协议项下的权利和义务即告终止,项目接受人应接管项目设施的运营,以及因特许经营协议而产生的于特许经营协议终止后仍有效的任何其他权利和义务。

第64条 维护保函的解除

律师应提示委托人在协议中约定,在质量保修期到期后的合理期限内,项目接受人应解除所有届时尚未兑取的维护保函余额。

第65条 风险转移

律师应提示委托人注意在协议中约定,项目投资人应承担移交日前项目的全部或部分损失或损坏的风险,而从移交日起,项目的风险应由项目接受人承担。

第66条 部分合同权利义务转让

律师应提示委托人在协议中约定,项目设施移交后,部分尚未履行完毕的合同(如设备、备品备件的采购合同、维护合同等)之权利义务,应由项目接受人继续履行;除非项目接受人要求项目投资人取消其签订的、于移交日后仍有效地运营维护合同、设备采购合同、供货合同和所有其他合同,并要求项目投资人承担为此所发生的费用。

律师应提示作为委托人的项目投资人,项目投资人(项目公司)应保障其为项目建设和运营所获得的各项技术、授权、许可或其他知识产权等在项目移交时不存在转让障碍。

第九节 特许经营协议终止、变更和转让

第67条 终止

特许经营协议的终止主要包括以下情形:特许经营协议因期限届满而终止,因不可抗力事实的发生而提前终止,项目投资人依据特许经营协议约定而提前终止,以及项目发起人依据特许经营协议约定、政策法律变化以及公共利益的需要等原因而提前终止。本条仅讨论特许经营协议提前终止情形,特许经营协议因期限届满而正常终止的情形可参照本条适用。

67.1 项目发起人的终止

基于项目发起人原因的终止包括下列情形:

67.1.1 基于公共秩序维护和公共利益保障的需要;

67.1.2 发生不可抗力事实;

67.1.3 特许经营协议约定的项目投资人违约情形;

67.1.4 政策变化提前终止特许经营协议。

项目发起人有权根据上述情况对项目实施临时接管,以保证项目进行或运营的稳定性、连续性。

律师应提示项目发起人:上述事实的发生,应构成对特许经营协议的继续正常履行不能、重大或实质性违反协议,或者公共利益保护的必要,终止特许经营协议应遵循法律规定或协议约定,避免因违法终止特许经营协议而给项目投资人造成不必要的损失。

律师应提示项目投资人,其应在后续的重大建筑施工合同(特别是EPC总承包合同,如有)中设置"业主方便终止"条款,以应对项目发起人基于上述原因可能提出的特许经营协议提前终止的情形。

67.2 项目投资人的终止

一般情况下,项目投资人只有当发生以下情形时,才能提前终止特许经营协议:

67.2.1 不可抗力事实致使特许经营协议无法正常继续履行;

67.2.2 项目发起人不履行特许经营协议约定的主要义务且该不履行不可纠正或虽可纠正但在合理期间内未予纠正时,方可提前通知项目发起人终止特许经营协议。

67.3 终止意向通知和终止通知

67.3.1 律师应提示委托人,当出现协议约定的提前终止情形、不可抗力事实以及其他可能导致特许经营协议提前终止的情形时,应:

(1)及时向对方当事人发出终止意向书,并在终止意向书中详细阐明拟终止特许经营权协议的具体事由以及合理的协商期;

(2)同时书面通知相关当事人(如贷款人、保险商和运营维护商等)。

67.3.2 律师应提示委托人:

(1)当终止意向书约定的协商期满,双方未另行协商达成一致或终止意向书所述事实未得到补救时,方可向对方发出终止通知;

(2)终止通知一经发出,特许经营协议即行终止。

此外,律师还应提示委托人明确项目移交日期,并将终止通知送达特许经营关系中的相关当事人,以避免造成相关当事人的不必要损失。

67.4 终止的一般后果

特许经营协议提前终止后,特许经营协议项下的权利义务即告终止,项目投资人在项目下的相关权益应转归项目发起人所有。律师应提示作为委托人的项目投资人,在依据项目发起人规定或协议及其他协议的约定移交项目前,应继续履行其职责,维持项目的正常运营;同时,律师应提示委托人,特许经营协议的终止,不影响特许经营协议中争议解决条款以及其他在协议终止后仍然有效的条款的效力。

67.5 终止后的补偿

特许经营协议终止后,项目发起人收回项目设施并给予项目投资人一定的补偿,具体补偿数额依特许经营协议约定,并视不同的终止原因加以确定。

67.5.1 当特许经营协议因不可抗力事实发生而终止时,律师应提示项目发起人,应从给予项目投资人的相应补偿金额中,扣除项目投资人因不可抗力事实而获得的保险赔款,以及因项目投资人投保不足而导致的获赔差额部分(如有)。

67.5.2 当特许经营协议因政策、法律变化或公共利益维护需要而提前终止时,律师应提示项目投资人,项目发起人给予项目投资人的补偿中应包括项目投资人资金投入的未回收部分(即合理预期收益),以及项目投资人随同项目设施向项目发起人移交的项目设施运营维护所需动产的合理评估值。

67.5.3当特许经营协议因项目发起人原因而提前终止时,律师应提示项目发起人,给予项目投资人以充分的补偿,同时应考虑因项目发起人违约给项目投资人带来的再投资风险。

67.5.4当特许经营协议因项目投资人原因而提前终止时,律师应提示项目发起人,可依据特许经营协议要求项目投资人承担相应的违约责任。

67.6终止后的移交

特许经营协议提前终止情形下,双方应区分项目发起人或项目投资人违约、项目发起人行为,以及不可抗力等不同情况协商解决项目的移交问题。

项目的移交包括项目设施所有权及相关权益的移交,还包括无形权益和技术(包括资料)、相关债权债务(如终止日前有效签署并于移交日前正常履行的设备采购、维护协议等)等的移交。

律师应提示项目发起人,特许经营协议终止后、移交之前应对项目投资人进行检查监督,确保项目上不存在任何应由项目投资人承担的债务、抵押、质押、留置和其他担保物权,以及项目建设、运营和维护的所产生的、由项目投资人引起的任何性质的请求权。

第68条 项目发起人变更

68.1律师应明确提示项目投资人,除特许经营协议已明确规定外,项目发起人在转让其在本协议项下的全部或任何部分权利或义务时,应经项目投资人的事先书面同意。

68.2在一定情况下,如项目发起人因政府组织机构调整等原因需要变更时,律师应明确提示委托人(尤其是项目投资人),应对调整后的项目发起人或其他单位在财务能力、承担责任的能力等方面作资格要求,或者要求项目发起人提供其他担保,以更好地保护项目投资人利益。

第69条 项目投资人权利义务转让

69.1律师应明确提示委托人(尤其是项目发起人),项目投资人要转让其在本协议项下的权利或义务的,须经项目发起人的事先书面同意。

69.2律师应提示委托人(尤其是项目发起人),未经项目发起人书面同意,项目投资人不得转让其用于项目的土地使用权、项目设施或任何其他重要财产。

69.3出于项目建设融资的需要,律师应提示委托人,项目投资人在经项目发起人事先书面同意后,方可在土地使用权、项目设施上为贷款人的利益设定抵押。

为保证项目的顺利运营,律师应特别提示,抵押时不能分割抵押或部分抵押,并且抵押权人在行使抵押权时,不能移动、拆除、关闭项目设施或其任何部分,也不能影响项目的正常运营。

69.4律师还应特别提示项目发起人,在项目公司偿还建设期贷款后,项目投资人不得将土地使用权、项目设施或其他重要资产用于抵押或担保,以保证项目的运营安全。

69.5律师应明确提示委托人(尤其是项目发起人),在一定期限内,未经项目发起人的事先书面同意,项目投资人不能转让项目公司的股权,以保证项目的正常运营。

69.6项目公司的股权发生转让时,为保护委托人(尤其是项目发起人)的利益,律师应提示委托人,受让股东财务状况应相当或优于项目公司股东在生效日期时的状况,并要求受让股东出具书面声明,表明其已完全理解特许经营协议全部条款规定的内容,且转让后的控股股东应具备运营类似项目的经验。

第四章 特许经营项目投资建设阶段法律服务

第一节 为项目公司提供的法律服务

第70条 项目公司的设立

采用新设项目公司模式进行项目建设运营时,项目投资人在签署特许经营协议后,首先应成立项目公司,以作为特许经营协议的实际履行主体。国家对不同类型项目的注册资本占总投资的比例有所规定,项目公司的注册资本应满足此类要求。

第71条 建设工程招标

71.1 此处的建设工程招标主要是指项目公司为完成特许经营项目的设计、土建、安装等建设工程而进行的招投标活动。

71.2 律师应提示项目公司,必须按照国家及地方有关招标投标的管理规定,采用公开或邀请招标的方式选择设计、土建、安装等单位。

71.3 律师应提示项目公司,如在特许权项目投标阶段,在相关的投标文件中已经明确有关设计、施工单位的,在建设阶段可不再进行招标,但需事先取得项目发起人的同意。

第72条 设备及服务采购招标

72.1 采购方式包括直接采购、询价采购和招标采购等;

72.2 直接采购、询价采购比较简单,一般适用于采购数量较少、采购金额较低以及比较次要的采购项目;

72.3 招标采购一般适用于采购量大、采购金额较高或法律、法规规定必须招标采购的采购项目,具体可参见《招标投标法》及《工程建设项目招标范围和规模标准规定》(国家计委第3号令);

72.4 如果在特许经营项目中使用了世行、亚行等国际金融组织的贷款,项目公司在采购时还应遵循相关国际金融组织的采购规则。

第73条 项目公司的建设责任

73.1 项目公司必须严格按照特许经营协议中确定的工程建设规模、技术标准组织施工,确保工程建设质量符合国家和地方的技术标准和规范;

73.2 项目公司应采取必要的措施,保证按照特许经营协议规定的施工进度计划和完工日期完成特许经营项目的建设;

73.3 项目公司应按照经项目发起人批准的项目初步设计完成施工设计并进行施工。项目投资人更改初步设计的,应经项目发起人同意;

73.4 项目公司应全面负责工程建设过程的安全和文明施工管理,避免发生安全生产事故。

第74条 工程竣工验收

74.1 项目公司在收到建设工程竣工报告后,应组织施工单位、设计单位、工程监理单位、政府质量监督部门、项目发起人等进行竣工验收;

74.2 建设工程经验收合格后,方可交付使用。

第二节　为项目发起人提供的法律服务

第75条　项目发起人对项目公司的监督

项目发起人可根据特许经营协议的规定对项目公司进行监督,这些监督措施一般包括:

75.1 要求项目公司必须设立在特许经营项目所在地;

75.2 项目投资人应在项目公司占全部股份或至少处于控股地位;

75.3 未经项目发起人同意,项目公司不得进行股东变更;

75.4 未经项目发起人同意,项目公司不得擅自处分自身资产,包括但不限于抵押、质押、转让、出租、出借等;

75.5 未经项目发起人同意,项目公司不得提前终止经营期限等。

第76条　招标监督

项目发起人的招标监督主要表现为参与招标工作,审核相关招标文件,检查项目投资人所招标的投标人及其提供的设备、服务等是否满足特许经营协议的要求,包括资质等级、资信能力和品牌等。

第77条　工程建设监督

项目发起人对工程建设的监督一般包括:

77.1 参与工程各阶段设计文件的审查;

77.2 参与工程重大施工技术方案的会审;

77.3 参与单位工程及项目的交、竣工验收;

77.4 参与工程安全、质量事故的调查、处理和监督整改;

77.5 审定重大设计变更;

77.6 监督工程建设的安全与质量,检查施工现场及相关技术资料的规范性;

77.7 监督工程建设进度,审定重大进度计划的调整;

77.8 要求项目投资人和项目公司提供项目安全和环境保护管理体系,并明确所有项目参与方的安全和环境保护责任人;

77.9 监督对本工程建设有重大影响的其他事项。

第78条　完工验收

78.1 完工验收是指项目发起人按照特许经营协议的要求,对已完成竣工验收的特许经营项目进行的验收。验收合格的,项目发起人向项目公司颁发完工证书。律师应提示项目发起人在颁发完工证书前,就存在的瑕疵、必要的补救以及性能指标考核、罚款等形成书面文件。

78.2 一般情况下,完工证书的颁发,标志着项目建设期结束,项目正式进入商业运营期。

第五章　特许经营项目运营阶段法律服务

第一节　为项目公司提供的法律服务

第79条　项目公司的一般职责

79.1 按照特许经营协议的约定提供相应服务;

79.2 对特许经营项目设施、设备负有维护、维修义务;

79.3 遵守法律、法规、行业标准。

第80条　运营管理方式

80.1项目公司自行负责运营管理；

80.2项目公司的股东负责运营管理；

80.3项目公司委托专业运营公司代为运营管理。如果运营公司没有履行运营义务，导致项目公司在特许经营协议项下违约的，由项目公司承担违约责任。运营公司仅依据委托运营合同向项目公司承担违约责任。

应委托人要求，律师可根据特许经营协议和项目公司的实际情况，就运营管理方式提出合法、合理的建议。

第二节　为项目发起人提供的法律服务

第81条　日常运营监督

81.1项目发起人的监督体现在两方面：一是项目发起人作为行业主管部门依据职权对项目公司的监督；二是项目发起人作为特许经营协议的一方依据协议对项目公司的监督。

81.2作为特许经营协议的一方依据协议对项目公司的监督主要表现在以下几方面：

81.2.1项目发起人对于产品计量的监督；

81.2.2项目发起人对于维护、大修计划的监督，包括但不限于要求项目公司提供一定金额的维护保函；

81.2.3项目发起人对于项目公司暂停、紧急停止提供服务的监督；

81.2.4项目发起人对于项目公司的经营计划实施情况、产品和服务的质量以及安全生产情况进行监督；

81.2.5项目发起人对于项目公司违反运营职责行为的违约规定。

81.3项目发起人还应履行以下职责：

81.3.1协助相关部门核算和监控企业成本，提出价格调整意见；

81.3.2受理公众对获得特许经营权的企业的投诉；

81.3.3向政府提交年度特许经营监督检查报告；

81.3.4在危及或者可能危及公共利益、公共安全等紧急情况下，临时接管特许经营项目；

81.3.5协议约定的其他责任。

第82条　运营管理方式

82.1律师应提示项目发起人，运营管理方式应事先在特许经营协议中明确约定。

82.2如果项目公司委托专业营运公司营运管理，则应经项目发起人事先书面同意，并将委托运营管理合同报项目发起人批准或备案；同时，项目发起人应对专业运营公司的资质、规模、技术能力等各方面进行审查。

第83条　中期评估

在部分特许经营项目操作中，律师应提示项目发起人，在项目运营的过程中，应组织专家对项目运营情况进行中期评估。评估周期一般不得低于2年，特殊情况下可以实施年度评估。

第84条　临时接管应急预案

律师应提示项目发起人，依法建立特许经营项目在紧急情况下的临时接管应急预案。

第85条　公众参与

项目发起人应建立公众参与接待机制，接受公众对特许经营项目运营的建议和意见。

第六章 项目移交阶段法律服务

第一节 项目移交委员会

第86条 项目移交委员会的组建

律师应依照特许经营协议的约定,或者根据执业经验向委托人建议在项目移交开始前的适当时间,由各方组建项目移交委员会或者类似联合工作机构。

第87条 项目移交委员会的职责

87.1项目移交委员会的职责一般包括:

87.1.1确定最后恢复性大修的程序、方法和具体要求;

87.1.2确定性能测试的程序、方法和具体要求;

87.1.3确定设施移交的程序、方法和具体要求;

87.1.4确定设施、设备、物品、文件、技术、知识产权、人员移交的详细清单;

87.1.5参加项目移交的全部过程;

87.1.6有关当事人约定的赋予项目移交委员会的其他职责。

87.2律师可以对项目移交委员会履行职责的程序、方法提供意见和建议。

第二节 项目移交条件审查

第88条 项目移交的一般前提条件

律师应整理并核对特许经营协议规定的项目移交各项前提条件,提示委托人根据特许经营协议核对项目移交的前提条件是否具备。项目移交的前提条件一般包括:

88.1项目设施的最后恢复性大修已经完成;

88.2项目设施的性能测试已经完成并符合规定的测试标准;

88.3项目主要设施的已使用年限不高于事先约定的年限;

88.4备品备件和其他易损易耗物品的储备数量、质量满足届时的相关技术规范要求和事先约定;

88.5所有建筑物、构筑物无结构损坏和可能影响项目后续正常运行的其他缺陷;

88.6所有项目设施、设备满足安全生产要求,所有设备工况良好,满足性能和工艺要求;

88.7项目投资人或者项目公司(移交人)已经向项目接受人提交了缺陷责任期维护保函;

88.8项目接受人的相关人员已经移交人培训合格,能够胜任项目移交后的项目设施运营和维护工作;

88.9当事人各方约定的其他前置性条件已经满足。

第89条 项目移交条件未全部满足时的变通方案审查

89.1律师应查明项目移交条件不能全部满足的原因,是否属于违约或者由于不可抗力等因素造成,并根据原因确定能否追究责任方的责任。

89.2在项目移交条件不能全部满足的情形下,对于当事人提出的变通方案,律师应至少从以下方面协助委托人审查其可行性:

89.2.1变通方案的实施应能确保项目设施在移交日后至保证期届满的期间不间断地、安全地满足性能和工艺要求正常运营;

89.2.2在满足前述第89.2.1款的前提下,变通方案的实施是否将导致移交日后项目设施运营成本或者其他财务风险的增加;

89.2.3在满足前述第89.2.1款的前提下,变通方案的实施是否将导致移交日后项目设施运营技术风险的增加;

89.2.4在满足前述第89.2.1款的前提下,变通方案的实施是否将导致项目运营的民事法律风险(如对于某些合同的违约或者不能适当履行的风险、对他人可能的侵权风险、被他人侵权的风险、法律变更的风险)增大;

89.2.5在满足前述第89.2.1款的前提下,变通方案的实施是否将导致项目运营的行政法律责任风险(如对于某些行政法律、规章不能完全遵守的风险)增大;

89.2.6在满足前述第89.2.1款的前提下,变通方案的实施是否将导致项目运营的其他法律责任风险增大。

89.3变通方案属于对特许经营协议的补充或者变更约定,律师应审查审批变通方案是否属于项目接受人的权限范畴,是否已经取得政府的合法授权。

第三节 项目移交内容

第90条 移交范围

90.1律师应协助委托人审查下列项目移交范围的确定依据:

90.1.1项目特许经营权协议;

90.1.2服务协议(如有);

90.1.3移交委员会确定的移交清单;

90.1.4涉及项目移交范围的其他协议。

90.2律师应协助委托人审查上述项目移交范围的确定依据之间是否存在矛盾。如果存在矛盾,应协助委托人判断合理、合法的文件解释顺序。

90.3律师如参与协助委托人确定移交清单或者具体移交内容,则至少应对如下方面予以考虑:

90.3.1拟确定的移交清单或者具体移交内容是否超出了既有的约定;

90.3.2拟确定的移交清单或者具体移交内容中超出既有约定的新增移交项目是否为移交后的项目正常运营所必需;

90.3.3拟确定的移交清单或者具体移交内容中超出既有约定的新增移交项目是否可能明显增加委托人的费用开支和风险责任;准备这些移交事项的时间;技术责任;法律责任;其他风险。

第91条 最后恢复性大修

91.1律师应提示委托人查验最后恢复性大修是否已经按照合同约定完成。

91.2律师应提示委托人在完成最后恢复性大修后,项目接受人与移交人应共同在场进行项目设施性能测试,查验所得性能数据是否符合技术规范的要求。

91.3在最后恢复性大修未能按照合同约定完成或在性能测试不能完全符合约定的情形下,在移交程序正式开始之前,双方应按照合同约定确定对于最后恢复性大修未完成的变通处理办法。在合同未约定或者约定不明的情况下,双方应按照确保项目移交后能够在合理的项目设施的剩余工作寿命时间内正常运营的原则协商变通处理办法并达成一致,否则项目移交将无法顺利进行。

第92条 备品备件

92.1律师应提示委托人查验备品备件是否按合同约定备齐且符合技术标准。

92.2在备品备件储备不符合要求时，律师应提示委托人按照合同约定处理。在合同未约定或者约定不明的情况下，双方应按照确保项目移交后能够在约定的后续工作时间内正常运营的原则协商变通处理办法并达成一致。对于备品备件储备不能完全符合约定的变通处理办法参照最后恢复性大修未完成的变通处理办法。

92.3律师应提示委托人查验并核对项目设施所需全部备品备件的厂商名单。

第93条 保证期（质量缺陷责任期）

93.1移交人移交项目时，应根据合同约定向项目接受人提供一定期限的项目质量保证。项目质量保证内容除合同另有约定外，一般包括：

93.1.1项目建筑物、构筑物的质量保证；

93.1.2项目设施、设备的质量保证；

93.1.3合同约定的项目运营一定期限内所需备品备件质量保证；

93.1.4项目接受人正常运营项目时，因项目运营所提供的产品或者服务的质量保证；

93.1.5为了确保移交后在保证期内项目运营能够安全、连续、符合约定技术标准的其他质量保证内容。

93.2项目在移交后的保证期和保证范围内发生不属于项目接受人或其指定的后续运营商过错情形的，项目不能安全、连续或符合约定技术标准运营的情形的，移交前的移交人应在接到项目接受人相应通知后的规定时限内履行修复、更换等质量保证义务，并对造成的损失承担赔偿责任。

93.3移交人未及时履行质量保证义务的，项目接受人有权依照合同约定或者为尽可能减少项目运营损失，而另行委托他人完成质量保修工作，相关费用从移交人提供的维护保函中扣除，或者向移交人另行追索。

93.4律师可建议委托人就项目质量保证事项投保责任险，责任保险合同中应明确投保人为移交人，项目接受人为第一被保险人，移交人为第二被保险人；保险责任应包括合同约定的全部保证内容。

第94条 技术许可、转让、移交及培训

94.1律师应提示委托人注意，移交人移交项目时，应根据合同约定或者根据合同目的向项目接受人转让或者许可那些为确保移交后项目能够安全、连续、符合约定技术标准运营所必须的运营技术。

94.2如果移交人对其中的某些技术没有所有权而只有被合法许可的使用权，则移交人有义务确保项目接受人能够从该等技术的合法许可人处获得同样的许可，以确保在移交后的项目运营中能够合法使用该等技术，并且这样的许可应不需要项目接受人另行支付许可费，除非项目接受人已经同意另行支付许可费。

94.3如果移交人对其中的某些技术具有合法所有权，则移交人应将该等技术转让给项目接受人，或者至少有义务确保项目接受人能够免费获得对该等技术在本项目运营中的合法使用权。

94.4除合同另有约定外，律师应提示和协助委托人核查技术移交的内容一般包括：

94.4.1 所有有关该技术的说明文件、操作文件、技术原理参数资料、计算机程序（源程序或者至少是执行程序）;

94.4.2 所有有效实现该技术所必须的辅助材料、工具、指令、密码;

94.4.3 所有保持该技术持续有效所必须的调试、检测、修复、替换方法及其辅助材料、工具、指令、密码;

94.4.4 载明所有被移交资料知识产权归属的权利证明文件、技术许可合同、技术转让合同;

94.4.5 确保项目接受人或者其指定的项目接收方的足够数量的技术操作人员能够熟练使用该技术的培训资料;

94.4.6 对项目接受人或其指定的项目接收方的足够数量的技术操作人员的技术培训已经完成，并经移交人确认已经培训合格。本项培训可以结合移交日前一定期限内项目接受人指派人员与移交人人员共同参加项目运营工作一并完成。

第95条 资料移交

95.1 移交人应对基础设施建设、运营、维修、保养过程中的有关资料进行收集、归类、整理和归纳，律师应提示委托人查验上述资料是否齐全。

95.2 律师应提示委托人确定移交资料是否属于保密范畴。

第96条 合同转让或解除

96.1 项目移交时针对项目设定他项权利的合同，律师应根据合同性质及状况提示委托人办理合同转让或者解除。针对其他合同，由移交人自行处理。

96.2 合同转让

96.2.1 根据"项目移交范围的确定依据"中的合同约定，或者如果项目接受人提出要求，移交人可将其与承包商、制造商、供应商等签订的、尚未期满的、与项目及其设施运营、维护、管理有关的合同，在可转让的范围内转让给项目接受人或其指定的项目接收方。

96.2.2 在进行上述合同转让时，律师应提示和协助委托人审查合同转让各方主体的适格性、合同的可转让范围、合同价款的支付主体是否变化、合同转让是否增加一方或者多方的费用支出、合同风险，以及合同转让对项目所获得各类行政审批、许可的影响等，并根据具体情况，提出法律建议。

96.3 合同解除

96.3.1 律师应提示和协助委托人审查在移交日前解除可能在移交日后影响项目后续正常运营、维护、管理的，由移交人签订的，且在移交日前仍有效的，有关项目或其设备设施权利限制的合同，或者有关项目运营的采购供货合同和其他合同。合同解除涉及违约、赔偿等责任的承担，由项目特许经营协议规定具体的处理办法。

96.3.2 某些合同因故不能解除时，律师应提示和协助委托人采取适当的保障措施，以免因此类合同的有效而导致对项目后续正常运营、维护、管理造成不利影响。

第97条 风险责任转移

97.1 律师应提示和协助委托人审查在移交日移交的任何财产（包括动产、不动产及其他权利）的权利是否完整。除非此前的有关合同或协议另有约定，律师应提示和协助委托人在移交文件上说明。

97.2 若被移交财产的权利是完整的，自移交之日起，被移交财产损毁灭失的风险责任由移交人转移至项目接受人;若被移交财产的权利是不完整的,自移交之日起,被移交财产损毁灭失的风险责任归于对该等财产的物质载体具有实际控制力的一方(可能是移交人或者项目接受人)。

97.3在岗位交接完成前(包括接岗人与交岗人在共同工作班次的岗位上)产生的岗位工作风险责任应由移交人承担。

第98条 人员岗位移交

98.1律师应提示项目接受人在特许经营协议期满前的合理期限内,要求项目投资人应向项目接受人提交一份项目公司的全部雇员名单,并说明在移交日后可供项目接受人雇用的人员详细清单。

98.2律师应提示作为委托人的项目接受人在协议中约定,项目接受人拥有独立的自主权来选择在移交日后其愿意雇用的人员,但无义务雇用全部或任何项目公司所雇用的人员。对于项目接受人未选择的雇员,律师应提示委托人,尽快安排签订雇用终止协议,并进行妥善安置。

98.3律师应提示作为委托人的项目接受人,其应在项目移交之前的合理时间内派遣足够数量的运营维护人员,由项目公司或其指定的运营维护商对其进行培训,以保障移交后项目能够正常运营。

98.4除非此前的有关合同或协议另有约定,律师应提示委托人在人员岗位移交时应具备下列条件或者完成下列事项:

98.4.1接岗人已经具备了移交人确认的上岗人员所应具备的全部适岗工作技能;

98.4.2交岗人已将该岗位上一个合理的时段内已经完成的岗位工作及其工作记录向接岗人全面、完整、无误地交接完毕;

98.4.3交岗人已将该岗位下一个合理的时段内将要完成的岗位工作向接岗人全面、完整、无误地交接完毕;

98.4.4依据合同约定,或者在尽可能的情况下,接岗人与交岗人应共同工作至少一个岗位班次,由交岗人指引接岗人完成全部岗位工作;

98.4.5在接岗人不能顺利完成岗位工作的情况下,应视为岗位交接未完成,交岗人不应离开岗位。

98.5律师应提示作为委托人的项目投资方(项目公司),因项目接受人原因导致的岗位移交延迟时,其可以要求项目接受人赔偿损失。

第99条 不动产移交

99.1不动产移交的一般内容

99.1.1土地使用权的移交(包括移交占有权、办理土地使用权变更登记);

99.1.2房屋、建筑物、构筑物和地上地下其他定着物的移交(包括移交占有权、办理所有权变更登记);

99.1.3不动产权利登记簿上其他权利限制的解除;

99.1.4基于对房屋、建筑物、构筑物和地上地下其他定着物工程施工、修缮、添附或其他加工承揽活动而可能存在的加工承揽人工程款优先受偿权的解除或消灭;

99.1.5对不动产移交前有关不动产的占有、使用、收益和处分的税费的结清,并移交相关缴纳凭证;

99.1.6 已设立所有权、使用权的不动产的质量、保修和其他保障服务权利的保证凭证(如合同、保修单)的移交。

99.2 不动产移交阶段的律师工作通常包括：

99.2.1 为委托人作好不动产权属状况调查；

99.2.2 协助委托人办理不动产权属变更登记；

99.2.3 协助委托人办理不动产移交手续，签署移交文件；

99.2.4 就不动产权利登记簿上其他权利限制的解除为委托人提供法律方案；

99.2.5 就可能存在的加工承揽人工程款优先受偿权状况进行调查，并提出法律解决方案；

99.2.6 对不动产移交前有关不动产的占有、使用、收益和处分的税费缴纳情况和缴纳凭证进行审查，并提出法律解决方案；

99.2.7 对已设立所有权、使用权的不动产的质量、保修和其他保障服务权利的保证凭证(如合同、保修单)进行审查。

第100条　动产移交

100.1 动产移交的一般内容

100.1.1 依法应登记的特殊动产的移交(包括移交占有权、办理动产权属变更登记)；

100.1.2 动产权利限制(如设定抵押、质押、留置)的解除；

100.1.3 已取得动产的对价的结清，并移交相关支付凭证；

100.1.4 对特殊动产移交前有关动产的占有、使用、收益和处分的税费的结清，并移交相关缴纳凭证；

100.1.5 已取得动产的质量、保修和其他售后服务权利的保证凭证(如合同、保修单)的移交。

100.2 动产移交阶段的律师工作通常包括：

100.2.1 为委托人作好依法应登记的特殊动产权属状况调查；

100.2.2 协助委托人办理特殊动产权属变更登记；

100.2.3 协助委托人办理动产移交手续，签署移交文件；

100.2.4 就动产权利限制的解除为委托人提供法律方案；

100.2.5 对特殊动产移交前有关动产的占有、使用、收益和处分的税费缴纳情况和缴纳凭证进行审查，并提出法律解决方案；

100.2.6 对已取得动产的对价是否结清以及相关支付凭证的审查；

100.2.7 对已取得动产的质量、保修和其他售后服务权利的保证凭证(如合同、保修单)的审查。

第101条　维护保函处理

律师为项目接受人提供服务时，应提示并协助其最迟在移交日获得移交人在"保证期"项下和保证期内履行全部保证义务的可靠的足额保险、保函或者其他担保。此后，项目接受人可将移交人在项目运营过程中提交的维护保函在扣除移交人按约应付而未付的款项后予以退还。

84.《律师办理市政公用事业特许经营操作指引》

（2007年12月18日业务研究职业培训委员会会议通过）

第一章 总 则

1. 制订目的

本指引由上海市律师协会项目建设与项目融资法律研究委员会以及建筑与房地产法律研究委员会共同起草，系本市律师提供市政公用事业特许经营业务法律服务的操作参考，并非强制性规定。

2. 指引定义

2.1 市政公用事业特许经营（下称特许经营），是指政府按照有关法律、法规的规定，通过市场竞争机制选择市政公用事业投资者或者经营者，明确其在一定期限和范围内经营某项市政公用事业产品或者提供某项服务的制度。（建设部令第126号《市政公用事业特许经营管理办法》第二条，2004年2月24日第29次常务会议讨论通过，自2004年5月1日起施行。）

2.2 特许经营权：是指依据特许经营协议，在特许经营期限内授予投资者或经营者，在特许经营区域范围内运营、维护等并依法收取费用的权利。

2.3 项目：为生产某项市政公用事业产品或者提供某项市政公共服务的特定项目。

2.4 政府：是指设立特许经营权、审批BOT项目及行使与项目相关行政管理职能的政府部门或政府机构。

2.5 项目发起人：通常为项目所在地行政区域内的直辖市、市、县人民政府授权的直接组织实施特许经营权转让的行业主管部门。

2.6 项目接受人：特许经营权协议终止时接受项目的公司、企业或政府部门，它也可以是项目发起人。

2.7 项目投资人：是指被政府直接授予特许经营权的现实或者潜在的主体。

2.8 项目主办人：取得特许经营权之后的项目投资人，通常是项目公司的直接股东。

2.9 项目公司：是指根据特许经营协议，由项目投资人/项目主办人设立的专门直接经营项目的公司。

2.10 运营维护商：对项目进行运营和维护的主体，该主体可以是项目投资人、项目公司或被聘请的专业运营公司。

2.11 专业运营公司：受聘对项目进行运营和维护的公司、企业等，通常是独立于项目发起人、项目主办人、项目公司的其他公司、企业等。

2.12 BOT（Build-Operate-Transfer）：即建设—经营—转让方式，又称"特许权融资方式"，是指政府通过特许经营协议，在特许经营期限内，将项目授予为特许权项目成立的项目公司，由项目公司负责该项目的投融资、建设、运营和维护，特许经营期届满，由项目公司将特许权项目的设施无偿或者有偿移交给政府部门。

2.13 TOT（Transfer-Operate-Transfer）：即转让—经营—移交。投资者购买国家所有的基础设施的所有权，并由政府授予投资者特许经营权，投资者在约定的时间内拥有该基础设施的所有权和经营权，通过经营活动收回全部投资及相应的利润，约定的期限届满后，投资者将该基础设施的所有权和经营权无偿移交给政府。与BOT方式相比，后二个阶段一致，但

BOT以建设为起点,而TOT以转让为起点,TOT是购买已经建成的基础设施项目,不涉及建设阶段的任何风险,且一旦获得转让,立即可以开展经营活动。

3. 本指引的业务适用范围

本指引主要适用于律师以BOT方式或者TOT方式特许经营的提供城市供水、供气、供热、公共交通、污水处理、垃圾处理等市政公用事业的诉讼法律服务。

律师代理政府或投资者参与市政公用事业特许经营项目立项及主体资格审查、招标程序审查、订立特许经营协议、特许经营项目建设、运营、移交或全过程法律服务可参考本操作指引。

4. 本指引的依据

本指引依据《中华人民共和国行政许可法》、《中华人民共和国招标投标法》、《中华人民共和国环境保护法》、《中华人民共和国合同法》、《中华人民共和国公司法》、《中华人民共和国担保法》、《市政公用事业特许经营管理办法》、《境内机构借用国际商业贷款管理办法》、《关于以BOT方式吸收外商投资有关问题的通知》、《关于试办外商投资特许权项目审批管理有关问题的通知》、《关于境内机构进行项目融资有关事宜的通知》等相关法律法规的规定制订。鉴于上述法律法规的部分或者全部在将来可能发生废止、修订,以及有关新法律法规可能被适用,律师在参考该指引办理有关律师业务时,应特别关注法律法规适用性的变化。

第二章 市政公用事业特许经营项目立项及项目发起人资格审查

第一节 项目立项

1.1 前期可行性研究

1.1.1 前期可行性研究主要是项目发起人对拟实施项目采用某种方式融资建设的必要性研究。

1.1.2 进行前期可行性研究时,律师应当提示项目发起人除市场可行性、技术可行性、建设生产可行性、经济可行性、环境可行性研究以外,还要考虑风险可行性、法律可行性、融资可行性三方面的研究。

1.1.3 法律可行性研究的主要内容包括:项目实施条件和供应保证、外汇兑换及汇出保证、投资回报保证、不予国有化保证、经营期保证、提供优惠保证等。

1.2 编撰项目建议书

在编撰项目建议书时,律师应特别提示项目发起人:

1.2.1 法律制度方面的提示:

(1)目前涉及到特许经营的只有国务院有关部委的五个行政规章,且部分内容还有相互矛盾之处;

(2)我国原则上不允许政府保证,但实际上可以通过特许经营协议、地方政府的行政规章、地方性法规等方式,为项目投资人变相提供保证;

(3)明确争议的解决机制。可采用的解决机制主要有:

1)国内诉讼或仲裁;

2)国际投资争议仲裁,如MIGA或ICSID等国际仲裁机制予以解决;

3）国际商事仲裁等。

1.2.2 在项目建议书中，对政府相关职权及行为的提示：

（1）在订立特许权转让协议中应当确立情势变更原则；

（2）政府在特许经营协议履行期间保留的权利，如政府单方变更、终止合同权利等；

1.2.3 政府在该项目实施中可以采取的一般行政管理措施：

（1）征税：通过对于部分税费项目的减免，使该项目的投资收益率达到投资者可接受的程度；

（2）市场准入：确定投资者的资格，并根据投资者资格的不同设置或消除投资壁垒；

（3）价格确定与调整：垄断行业价格的控制以及发生重大变化时，价格的调整或财政补贴方法，以及监督措施；

（4）产品的质量以及安全建设的监管：市政公用事业基础设施提供的产品质量涉及到消费者的消费权，因此，应特别规定产品的质量要求及安全，而上述要求与投资及运营成本密切相关；

（5）环境质量及监管：鉴于市政公用事业基础设施的环保要求与该项目能否成功密切相关，因此该项目对环境的影响，也是涉及项目投资及营运成本的关键所在；

（6）外汇管制：主要涉及外汇的汇兑风险，以及因汇兑风险引发的政府保证问题。

1.2.4 项目投资人合理盈利提示

律师应提示项目发起人，项目投资人在项目实施中是否可以获得合理盈利；如果项目投资人不能获得合理盈利，项目实施可能失败。

1.3 项目的立项审批

律师应当提示项目发起人：

1.3.1 BOT项目必须报有审批权限的政府部门审批。

1.3.2 BOT项目可行性研究报告一般要上报所属的直辖市、市、县人民政府审批。

1.3.3 报批中不要遗漏项目将会涉及到的各政府部门及环节：如环保评估（环保）、建设用地（房地产及建委）、产品或服务定价（物价）、外汇兑换（外管局）、外商投资（外资委）等各个相关政府部门。

1.3.4 涉及到跨行政区域的项目，应会同其他区域的项目主管部门一并上报其所属的直辖市、市、县人民政府审批。

1.3.5 建设项目的规模以及投资方式的审批超过该直属行政区域地方政府审批权限的，应上报有审批权限的政府部门批准立项。

1.4 项目立项通过及项目组织筹备

律师在该阶段，应向项目发起人提示：

1.4.1 应及时成立一个资格预审、技术和决策委员会（PBAC），具体负责涉及到本项目的资格预审、招投标、特许经营协议谈判和签署以及对该项目今后的管理、监督、指定、配合等工作。

1.4.2 鉴于项目所涉政策及行政管理单位较多，项目发起人宜尽可能吸收发改委（项目审批）、物价局（垄断行业的定价）、房屋土地局（项目用地及建设）、规划局（项目设计）、建委（项目建设管理）、财政局（价格补贴）、税务局（税收优惠）、外管局（外汇管理）、人民银行（融资管理）等相关部门的人员共同组成一个资格预审、技术和决策委员会（PBAC），确保项目能顺利进行。

1.4.3 鉴于市政公用事业特许经营所涉及到的问题比较复杂，项目发起人宜聘请相关专业服务机构为其提供相关专业服务，专业服务内容主要包括技术服务、财务服务、法律服务等。

第二节 项目发起人的主体资格审查

2.1 项目发起人、签约人的主体资格

2.1.1 律师应提示委托人，合格的项目发起人必须是：

（1）该项目所涉及的市政公用事业的行业主管部门；

（2）已获得该项目所在地行政区域内的直辖市、市、县人民政府的授权，有权代表政府实施市政公用事业特许经营的招标、签约、以及监督管理工作；

（3）跨区域的市政公用事业项目应同时获得上述区域内的直辖市、市、县人民政府批准，并授权各自区域内的市政公用事业主管部门共同作为项目发起人。

2.1.2 律师应特别提示委托人，只有该项目所在地行政区域内的直辖市、市、县人民政府授权的该项目行业主管部门可作为项目发起人。任何企业法人即使凭该行政区域内的人民政府或该行业主管行政部门的授权，也不具备项目发起人的主体资格构成要件。

2.1.3 律师应提示委托人，部分地方政府通过颁布地方行政规章的方式，明确了涉及建设市政公用事业特许经营项目的主管部门，部分行业主管部门若以事业单位名义出现的，应审核其是否具备了《市政公用事业特许经营管理办法》所规定的项目发起人的资质。同时应提示委托人，明确行业"监管部门"与市政公用事业特许经营建设主管部门的关系及职权。

2.2 项目的合法性

核对项目立项通过的审批文件是否合法，是确认该项目招标行为是否合法的标志，并非地方政府的审批文件均属于其授权范围内有权实施的行政行为，应特别核对招标的相关内容和要求，判断该批准文件的有效性。

律师应提示委托人：

2.2.1 利用外资的项目，应得到国家发改委、商务部等相关部门的批复；

2.2.2 纯内资的项目根据投资规模以及用地规模向有审批权的政府或政府部门报批。因此核对项目立项通过的审批文件是否合法，是确认该项目招标行为是否合法的标志。

第三章 招标程序审查

第一节 招标方式选择、项目投资人的程序审查

1.1 依据

（1）2004年7月19日国务院颁布的《国务院关于投资体制改革的决定》；

（2）2004年9月13日国务院颁布的《收费公路管理条例》。

1.2 招标准备

作为政府招标的律师应提示委托人，负责招标项目的主管部门在招标前应取得人民政府的招标授权。被授权招标事宜的政府部门一般为招标项目所属行业的行业主管部门，招标工作小组成员包括建设、计划、财政、税务、土地、物价、质量监督等相关职能部门。

1.3 招标公告

1.3.1 招标方式可分为公开招标和邀请招标；

1.3.2 项目发起人采用公开招标方式的,应当发布招标公告,应当通过国家指定的报刊、信息网络或者其他媒介发布;

1.3.3 项目发起人采用邀请招标方式的,应当向三个以上具备投资、建设及运营招标项目能力、资信良好的特定法人或者其他组织发出招标邀请书;

1.3.4 招标公告或招标邀请书应当载明项目发起人的名称和地址、招标项目的性质、数量、实施地点和时间以及获取招标文件的办法等事项。公告期限应满足招标投标法规定的公告期限规定。

1.4 资格预审

1.4.1 一般规定

1.4.1.1 律师应提示项目发起人设立投标资格预审委员会,专门负责和实施对项目投资人的资格预审;

1.4.1.2 律师应提示项目发起人制定预审程序和评审规则,并准备应当提供给项目投资人所需有关项目基本情况的相关文件资料。

1.4.2 预审程序的主要内容包括:

(1)项目发起人发布招标公告的时间、方式;

(2)项目投资人应提交的文件资料的内容、形式、时间期限;

(3)答疑方式和时间安排;

(4)资格预审的时间期限;

(5)预审结果的公示和通知的时间和方式;

(6)资格预审过程中主要时间节点有:

1)资格预审工作的时间安排;

2)发出资格预审邀请日期;

3)资格预审申请书递交日期;

4)通知资格预审评审结果;

5)出售招标文件;

6)投资建议书的递交;

7)通知评标结果;

8)特许权协议谈判;

9)开工等。

1.4.3 评审规则的主要内容包括:

(1)拟确定通过资格预审的投标总人数;

(2)资格评审的方法和标准;

(3)资格预审中争议的解决;

(4)预审失败的处理。

1.4.4 应向潜在投资者提供的资料内容主要包括:

(1)项目公告或邀请招标的函;

(2)项目的基本情况,如项目的历史背景、项目的基本描述、项目的范围、项目建设的条件、项目所在地的社会和经济发展状况、项目所在地的发展规划以及有关图纸等;

(3)政府对项目的各种审批、支持等文件;

(4)项目投资人应当提交的文件资料的内容、方式、时间期限；

(5)资格预审的程序和预审规则；

(6)相关附表。

1.4.5 律师应当提醒项目发起人在招标文件中应有下列条款：

(1)资格预审邀请书的澄清、申请书的准备费用由申请人承担；

(2)申请书的递交地点以及可在何处进一步查阅和取得有关文件或资料。

1.4.6 项目发起人要求项目投资人提供资格预审文件主要有：

(1)公司管理或组织机构；

(2)近几年经独立会计师审计的年度会计报告及其他财务状况资料；

(3)近几年的纳税资料；

(4)最近几年作为BOT项目发起人的经历、目前承担的或已签约将要进行的BOT项目，并对项目的性质、特点、投资规模、特许期等作简要说明；

(5)融资能力及银行对申请人出具的资信证明；

(6)为本项目提供的人员能力、设备能力和未来特许公司的组织结构；

(7)区别于其他申请人(项目投资人)具有竞争力的资料；

(8)如果是联营体为申请人,除联营体内每个成员作为单个公司应独立提供其公司的资料外,还需提交一份联营体协议。

1.4.7 资格预审文件的备案

1.4.7.1 资格预审文件内容应当与资格预审公告或者招标邀请书中的要求相一致；

1.4.7.2 资格预审文件一经备案便不得随意修改,确需修改的必须提出书面修改意见及修改理由,并重新进行备案。

1.4.8 资格预审公告

1.4.8.1 资格预审文件经政府审查和批准之后,即可在国内外发行量大且有较大影响的报刊上刊登项目资格预审公告,并通过传真或快递等方式发往有关国家驻华使馆或国际组织驻华机构以及中国驻外使馆等；

1.4.8.2 资格预审公告中应包括项目的名称、项目概况、资格预审条件和方法、确定潜在项目投资人的数量、获取资格预审文件的时间、地点和费用以及递交资格预审申请书的时间和地点等。

1.4.9 项目投资人在准备资格预审材料时,律师应当提示项目投资人：

(1)根据招标文件的规定和第1.4.6条提示的内容向投资人进行提示；

(2)必须按照投标资格预审文件的要求准备投标资格预审相关文件,并在规定的时间内送达。

1.4.10 资格预审申请书的评审

1.4.10.1 收到申请人递交的资格预审申请书后,律师应与政府官员、咨询公司、财务顾问、技术顾问等专家共同组成评审委员会对申请书进行评审；

1.4.10.2 在资格预审过程中,项目发起人有权要求项目投资人对资格预审申请书中不明确的内容进行澄清,并可对重要的内容进行核实；

1.4.10.3 资格预审评审的条件主要包括：

(1)项目投资人的企业法人身份。项目投资人是否包括外资、私营企业；是否允许多个项

目投资人组成何种类型的联合体投标;

（2）类似项目的成功经历。项目投资人与合作伙伴是否在近几年中具有承担或组织类似项目和运营的成功经验，且在类似项目全过程履约情况良好，如具有较好的工程质量和项目管理才能等;

（3）财务状况与经济实力。类似项目投资人是否具有良好的财务状况，是否能承担项目所需的财务与资源能力，并且合作伙伴应有强大的财团作支持;

（4）专业人才和技术力量。特许权公司是否能派出信誉良好、经验丰富的合格管理人员;且特许权公司是否有充足和先进的设备、现代企业管理机构和完善的质量保证体系等。

1.4.11 评审结束

1.4.11.1 资格预审结束后，资格预审评审小组应当写出由全体评委签名的资格预审评审报告;

1.4.11.2 资格预审评审报告应当包括：项目概况、资格预审工作情况、报名的项目投资人名单、提交资格预审申请书的项目投资人名单、评审的各项原始记录、项目投资人未被资格预审合格的原因或理由以及其他相关内容、评审结果。

1.4.12 评审结束，律师应提示项目发起人：

（1）如果资格预审合格的项目投资人名单须报政府有关部门批准的，则应当在规定时间内报政府有关部门批准；

（2）对未通过资格预审评审的项目投资人，应将其结果书面通知该项目投资人；

（3）对通过资格预审的项目投资人，除应以书面形式通知其预审结果外，还应当告知其应在规定的时间内回复项目发起人是否参加投标、投标文件的领取要求及项目投资人须知等涉及投标的要求。

1.4.13 对通过资格预审的项目投资人，律师应提示其：如果决定参加投标的，则应当按照项目发起人的要求答复项目发起人。

1.5 编制招标文件

1.5.1 一般BOT项目的招标文件内容包括：

（1）招标邀请书：邀请通过资格预审的项目投资人参加项目投资人的招标竞争；

（2）项目投资人须知：介绍项目概况、特许条件、投资建议书的要求、评标准则与办法、招标时间安排、投标保证金、开标时间与地点、履约保证金等等；该部分内容体现了招标活动的公正性，内容规范、详细、具体能减少招标活动中发生的争议。律师应提请项目发起人：

1）应明确项目招标的条件，包括特许经营期、建设期、项目规模及技术标准、项目政府支持的程度、设备供应的产地要求、融资的担保方式、政府提供的项目前期准备条件；

2）明确招标的程序安排，包括购买招标文件、招标文件的澄清、现场考察与投资预备会议、递交投资建议书、投资建议书的澄清、投资建议书的有效期限、评估及投资人的选定；

3）对投标及投资建议书的有效性予以约定，包括在何种情形下建议书将被拒绝以及对投资建议书的修改与撤回作出约定；

4）应根据投资建议书文件组成的要求提供投资建议书表格，以便于在同一条件下对项目投资人进行评估。

（3）特许经营协议及附件，包括合同格式和合同条款：是招标文件的核心内容。律师应提请委托人：

1)合同格式根据不同的项目安排,其空白之处中标签约时填写。其条款内容主要包括:(a)特许权的内容;(b)特许权的转让和抵押;(c)政府和项目主办人的权利和义务;(d)政府和项目公司的权利和义务;(e)项目建设与运营、收费;(f)特许权的违约与终止等;

2)投标保证金和投标履约保证金条款:投标保证金是项目投资人必须提供的投标担保,以保证该投资人在投标有效期内,完全履行其在投资建议书中承诺的义务。履约保证金是在项目投资人违约时保护项目发起人利益而设立,此项金额在特许期内逐年减少;

3)附件:包括政府制定的相关法律、法规以及已经批准和审查的文件,包括政府对BOT合同批准的文件等。

招标文件是项目投资人编制标书的依据,开标后即不得进行任何实质性更改。

1.5.2 律师还应从以下方面对招标文件进行审查:

(1)招标范围是否明确,技术标准及规范是否确定;

(2)报名时间、投资建议书的编制时间是否合理,符合国家有关规定;

(3)评标办法、评分标准是否合理、科学,有可实施性,并符合国家和地方有关规定;

(4)废标条件是否合理、明确,是否有排斥潜在项目投资人条款,是否符合国家、地方有关规定;

(5)合同主要条款是否完整、合理,是否符合招标文件有关要求及国家有关规定。

1.5.3 有关律师对招标文件的内容、修改等方面应注意的问题,还可参见《上海市律师协会律师办理建设工程法律业务操作指引(2004)》第二章第二节第9、10条。

1.6 递交投资建议书

律师应注意,项目投资人应严格根据招标文件的要求提交投资建议书,并应着重注意几方面。

1.6.1 投资建议书应明确说明下列事项:

(1)项目投资人的资信,包括技术水平、生产能力和财务状况等;

(2)项目总投资;

(3)项目公司;

(4)股本结构;

(5)资金结构;

(6)投资回收计划;

(7)项目盈利水平;

(8)收费和特许期;

(9)建设进度和运营计划;

(10)维修和养护计划等。

1.6.2 提交证明其投资能力的意向书:包括

(1)项目公司与项目投资人(项目公司股东)间的投资意向书;

(2)项目公司与银行(团)间的融资意向书;

(3)项目公司与建筑承包商间的设计、建设意向书;

(4)项目公司与设备供应商间的设备供应(包括出口融资)意向书;

(5)项目公司与运营商间的运营、维修意向书;

(6)项目公司与保险公司间的保险意向书等。

1.7 审查投资建议书

律师在审查项目投资人递交的投资建议书时,应重点从以下几点进行审查:

1. 项目投资人是否具有对外投资的能力;
2. 项目投资人是否处于被责令停业,财产被接管、冻结、破产状态;
3. 项目投资人拟委派的项目公司主要负责人的资历是否满足招标公告或资格预审公告或者投标邀请书要求;
4. 项目投资人是否就项目的融资与贷款银行签订了融资意向书;
5. 项目投资人对项目的设计方案及施工进度安排是否考虑充分、科学合理;
6. 项目投资人对项目的投资测算是否无遗漏,对于不可预见超支部分的投资是否有相应对策;
7. 项目投资人投资本项目预测的回报是否合理;
8. 项目投资人对招标文件的特许经营协议是否响应及满足;
9. 其他事项。

1.8 评估

1.8.1 根据招标文件拟订的评标办法进行选择项目投资人的评估。并将按评估结果进行排序,选出三家最具竞争力的项目投资人。同时,项目发起人将立即以书面形式通知所有项目投资人评选结果;

1.8.2 项目发起人可与排名第一的最具竞争力的项目投资人作进一步澄清与沟通,确认投资建议书的条件,如果满足招标条件的要求,则该最具竞争力的项目投资人将被选为投资人。如第一中标候选人退出或违反招标文件的规定,项目发起人方可依次在排名第二、第三的最具竞争力的项目投资人中选择中标人;

1.8.3 律师应注意,评估谈判不能与招标文件的条件有实质性改变,政府不能要求项目投资人重新测算价格、或提出与招标条件不一致的要求;投资人也不得要求改变投资建议书的承诺,如改变注册资本金数额、改变出资股东或调整出资比例等;

1.9 公布中标结果

1.9.1 通过项目发起人与最具竞争力的项目投资人的谈判,双方对拟签订的特许经营协议条款取得一致、取得投资人资格后的权利义务约定取得一致,项目发起人将中标结果在网上公告。经过招标投标法约定的公告期限没有异议的,项目发起人向中标的项目投资人发出中标通知书,并向其余投标者发出未中标通知书并退回投标保函;

1.9.2 律师应对下一阶段工作制作相应的法律文件。比如草签项目框架协议,约定投资人在取得中标通知书后的一定期限内应完成项目公司的设立、提交履约保函以及前期工作的权利交接转移(若项目发起人已实施了部分前期工作)。同时也要对上述工作未完成导致的法律后果作出规定,以杜绝投资人在取得投资人资格后无能力设立项目公司、或向项目发起人提出条件,拖延设立项目公司。

第二节 项目文件组成的审查

2.1 特许协议

2.1.1 特许协议又称双边协议、产品分享协议或参与协议,是由政府或项目发起人与项目公司签订的具有法律约束力的文件,是BOT项目融资的核心文件。

其主要条款包括：
(1) 特许协议签字各方的法定名称与地址；
(2) 特许内容、方式及期限；
(3) 政府和特许各方的权利和义务；
(4) 项目工程设计、建筑施工、经营和维护的标准规范；
(5) 项目的组织实施计划与安排；
(6) 项目转让、抵押、征管、终止条款；
(7) 项目风险承担及保险；
(8) 特许期届满时项目移交标准及程序；
(9) 罚则；
(10) 特许协议的仲裁及所适用的准据法等。

2.1.2 特许协议中，政府和特许各方的权利义务应当具体明确。

2.1.2.1 政府的主要权利和义务有：
(1) 设计阶段对项目公司提交方案的审查、修改和取消权；
(2) 施工阶段的监理权、变更审批权；
(3) 竣工验收阶段的检测验收权和最终确认权；
(4) 运营阶段的监察权、劳务政策制定权以及最终接管权等；
(5) 为项目公司提供施工用地、水电原（燃）料供应等各种条件的义务；
(6) 承诺实现项目收益，以及提供临时资金的义务。

2.1.2.2 项目公司的主要权利和义务有：
(1) 收费权；
(2) 税收优惠权；
(3) 优先受让权；
(4) 外汇平衡权；
(5) 申请政府援助和保护权等；
(6) 承担按政府审查批准确认的规范设计项目、按批准的设计方案建设项目的义务；
(7) 按规定的收费标准经营并保证项目移交时的完好性义务等；
(8) 为了减少BOT项目融资的前期费用和缩短谈判时间，特许协议往往由政府部门的律师核定并作为竞标的条件加以确认。

2.2 完工担保合同（或条款）

2.2.1 完工担保合同是项目投资人与贷款人之间的一种法律文件，它可是独立合同，也可以附在项目公司与债权人签订的贷款合同中。

2.2.2 完工担保合同的主要内容有：
(1) 项目主办人向债权人保证使项目能够如期完工并投入运营；
(2) 如为使项目如期完工并投入营运还需要追加额外资金，则项目主办人将承担进一步追加资金的义务；如果不履行该义务致使项目达不到要求，则应偿还债权人的贷款；
(3) "完工"的标准和含义、提供额外资金的方式、风险承担及担保有效期限等。

2.3 产品购买合同

2.3.1 产品购买合同，又称无论取得货物与否均须付款的合同、提货或付款合同等，是项目公司与项目使用者订立的长期购销合同。

2.3.2 根据该合同,不论项目公司能否交货,项目使用者都有义务支付约定数额的使用费,其最低数额应相当于偿还贷款所需金额。

2.3.3 产品购买合同是买方向项目公司提供的一种财务担保,实际上起着由项目产品的买方向项目的债权人提供担保的作用。

2.4 贷款合同

贷款合同是BOT项目融资的重要法律文件。按照惯例,签订该合同的前提条件是前述三项合同的内容必须使贷款人满意和放心。

2.5 运营维护合同

运营维护合同是项目公司与第三人订立的经营管理项目的合同。其目的是加强对项目的经营管理,使项目有更大的成功把握,从而对债权人收回其贷款有更大保障,其核心条款为运营成本的控制条款及相应的奖惩制度。

2.6 其他BOT项目融资法律文件

（1）项目主办人为成立项目公司签订的投资协议；

（2）项目公司与建筑设计、施工承包商签订的设计建设承包合同；

（3）项目公司与保险公司签订的保险合同；

（4）项目公司与其他债权人签订的出口信贷合同、协作合同、联合贷款合同；

（5）保证金和其他支持文件；

（6）资金筹措文件和附属融资文件等。

2.7 其他项目融资模式下的额外合同文件

2.7.1 TOT模式中,前后两次转让还涉及相关的资产转让合同或股权转让合同等；

2.7.2 BT模式中,还包括政府（业主）安排提供给项目公司的相关回购担保合同等。

2.8 灵活运用处理

上述各种法律文件在BOT项目融资中得到了广泛应用,但并非每个BOT项目融资都需要使用上述文件,律师可根据当事人的需求结合项目结构特点向委托人推荐使用。

第三节 指导制作投资建议书应注意的事项

3.1 投资建议书制作的一般要求

律师应当提示委托人（项目投资人）：

（1）项目投资人自行或者委托专业中介机构编制投资建议书,应当以招标文件描述的项目概况、项目投资人须知为依据；

（2）建议书的信息资料必须完整。如果项目投资人提交的信息资料不充分,招标代理单位可以但无义务要求项目投资人补交文件。

3.2 投资建议书中融资方案的制作

3.2.1 融资方案包括：项目投资人的财务状况、项目投资人净值、资产负债、盈利性或相类似的信息的最新年度报告、项目的融资计划、贷款人的兴趣、承诺函,信贷支持程度（如果有）包括保险的险种或保证。

3.2.2 律师应注意：

（1）根据招标文件要求,项目公司的注册资本应达到总投资的一定比例,并根据项目进

度分期投入注册资本金额;

(2)确定项目融资的担保方式,采用项目质押融资或股东担保融资或其它的担保方式。应注意的是,项目建设期间,项目资产尚未形成,项目质押融资对贷款银行的风险很大,贷款银行或政府通常会要求项目公司的股东提供保证担保。

3.3 投资建议书中法律方案的制作

3.3.1 投资建议书的法律方案是要求项目投资人对于招标文件的BOT合同提出修改意见。一般约定若中选后,BOT合同文本不再做修改。

3.3.2 律师应注意,在制作投资建议书建议变更条款时,首先要对投资竞争须知的内容有充分的了解,对于实质上影响招标文件的条款和要求部分不能变更,否则会以不符合要求而被拒收。该部分的内容一般为:

(1)注册资本金的数额及注入时间;

(2)投资的建设规模及标准要求;

(3)建设期及运营期的期限及要求;

(4)项目相关的建设保函、运营与维护保函、移交保函的期限及要求;

(5)项目保险的期限及要求。

3.3.3 律师在制作投资建议书建议变更条款时,可基于投资人的利益对不涉及实质变更招标文件条件的条款建议修改,该等相关修改条款将涉及在实际项目运作中可能涉及到的问题。该部分的内容一般为:

(1)法律变更的定义中包括导致投资人投融资、运营、移交成本增加的法律、法规、部门规章及相关行业强制性规定的补偿;

(2)将政策变更导致的项目终止排除出适用于政府方的不可抗力情形;

(3)明确政府方向投资人移交的项目土地及三通一平的移交界面;

(4)建设期或运营期内项目提前终止涉及的移交补偿;

(5)政府方延迟支付特许费涉及的滞纳金约定(若是产品购买合同);

(6)其他表述不准确、不全面的合同条款的修改。

3.4 投资建议书中技术方案的制作

项目投资人须在招标文件的有关要求及专题报告和图纸的基础上准备技术方案。应注意:

(1)技术方案须满足技术规范与要求;

(2)技术方案的说明,包括主要机电设备及附件的基本技术性能、标准、类型、主要技术参数、制造商和制造商的国家;

(3)同时应注意,设备采购应按照设备招投标法的规定选择供应商。投资建议书中可承诺主要机电设备及附件的类型及主要技术参数,但不可承诺制造商;

(4)工程进度表应充分考虑影响工程进度的条件。凡是建设承包商、设备供应商等原因的延误由项目公司承担,涉及政府部门的批准、政府提供的土地批复以及政府提供满足条件的三通一平等,应将进度予以明确;

(5)项目的方案深度应基本达到项目可行性研究报告的基础。该部分内容是项目发起人考核项目投资人对项目投资在技术上的能力、经验以及技术先进性的考量。投资建议书的技术方案也是影响项目进度及项目能否竣工投入运营的关键,也是投资建议书的重要组成部分。

第四章　特许经营协议内容的审查

第一节　特许经营权

1. 政府授权

1.1 政府方授予特许经营权性质

由于基础设施的特许经营目前尚无法律、行政法规立法，特许经营协议中政府授予企业特许经营权的性质，是属于行政行为还是民事行为，在理论和实务界都有争议，大多数倾向于认为这是政府行使其行政管理职权以实现公共利益的行为，因此应被视为行政行为，而特许经营协议同时又是一份约定双方权利义务的"合同"，因此特许经营协议具有"行政行为"和"民事行为"双重性。

1.2 政府授予特许经营权依据

律师应注意：

1.2.1 政府通过特许经营协议授予特许经营权是行使行政管理职能，必须依法行政，即须有法律、行政法规、规章的授权。

1.2.2 政府也可以通过地方性政府规章对某一项目进行单独专门立法，例如上海通过《上海市延安东路隧道专营管理办法》授予上海中信隧道发展有限公司经营、管理上海市延安东路老隧道，投资兴建并经营、管理新隧道的专营权。

1.3 政府内设机构、派出机构授予特许经营权

1.3.1 直辖市、市、县人民政府市政公用事业主管部门依据人民政府的授权，负责本行政区域内的市政公用事业特许经营的具体实施。

1.3.2 但在实践中也存在政府内设机构、派出机构作为特许经营协议政府方签约主体的情况。在此情况下，律师应注意审查该内设机构、派出机构授予特许经营权的行为是否有法律、行政法规、规章的授权，只有在有明确法律授权的情况下才可以被接受。如无，则政府内设机构、派出机构应被视为受到政府主管部门的委托，代理政府主管部门授予特许经营权，则其必须具有政府主管部门的授权委托书。

1.4 政府下属企业、公用企事业单位授予特许经营权

政府下属企业、公用企事业单位授予特许经营权的情况与上同，律师在协议审查中应注意其是否有法律、行政法规、规章的授权依据，如无，则其必须具有政府主管部门的授权委托书。

2. 履约保函

2.1 保证期限

特许经营协议的履行阶段包括建设、运营、移交等，其中不确定因素最多、风险最大的阶段是建设期，律师应注意，由于以上原因，项目发起人往往要求项目主办人针对特许经营协议的建设期提供履约保函，保证期限仅涵盖到项目的建设期或最多延至试运营期。

2.2 保证人

2.2.1 项目主办人向项目发起人提供的履约保函的保证人一般是项目主办人、项目主办人的信用较好的关联公司或项目主办人委托的银行机构；

2.2.2 如有数个保证人针对特许经营协议建设期内项目公司的义务同时提供担保的，应

审查保证人是否约定了保证份额,如未约定保证份额的,则视为保证人承担连带责任。

2.3 保证担保方式

2.3.1 根据保证担保方式的不同,保函可以分为见索即付保函(独立担保)和传统的保证担保,按照保证人承担保证责任的方式不同,传统的保证担保又分为"一般保证"和"连带保证"。

2.3.2 律师应注意,我国司法实践承认在"对外担保"中独立担保的效力,但在"对内担保"中,最高人民法院的多个案例均表明其对国内的独立担保持否定态度。

2.3.3 但是,由于历史传统及对自身信用的考虑,银行在出具独立保函后往往会信守承诺,履行见索即付保函中保证人的付款义务,而不行使抗辩权。

2.3.4 律师应注意到,独立保函因具有方便、高效、降低保函索赔成本等特点,而更易于被项目发起人接受,而见索即付保函也是国际工程承包中最常用的担保方式之一,不宜对其简单否定,但同时也应考虑到其法律风险。因此律师最好建议委托人在独立保函中约定,一旦独立保函被法院或者仲裁机构认定为无效,保证人对建设期内项目公司的债务承担连带保证责任。

2.4 保函的内容

律师在审查履约保函时,应注意根据保证担保方式的不同,保函可以分为两类:传统的保函和见索即付保函。传统的保函应包括以下条款:

(1) 保证的范围及保证金额;
(2) 保证的方式及保证期间;
(3) 承担保证责任的形式;
(4) 代偿的安排;
(5) 保证责任的解除;
(6) 免责条款;
(7) 争议的解决;
(8) 保函的生效。

律师应注意,若采用连带保证责任方式的保函,应在代偿安排中明确约定,保证人要求项目发起人提供的有关文件,该文件应能足以证明项目公司违约,以免保证人因缺乏足够依据而无法判断项目公司是否违约,从而无法确定其是否应承担保证责任。律师应注意,保证人承担连带保证责任的,在法律上其拥有项目公司所有的抗辩权,但保证人在保函中明确放弃某种抗辩权的除外。

见索即付保函应包括以下条款:

(1) 保证金额;
(2) 担保基础合同项下主债务义务和责任;
(3) 见索即付条款;
(4) 保证期限;
(5) 保证人在保函被法院或者仲裁机构判定无效的情况下,愿对主债务人基础合同下的义务承担连带保证责任的意思表示。

2.5 承包商履约保函权益的转让

若项目主办人要求:向项目发起人转让总承包商向其提供的见索即付保函项下的权益,

以此代替项目公司出具的履约保函,在此情况下,律师应注意审查承包商提供的见索即付保函,除具备上述条款外,还应有见索即付保函可转让的条款。

3. 融资

律师应重点审查项目融资完成的条件是否得到满足,具体包括:融资文件的正式生效、公司获得融资资金的所有先决条件是否得到满足、贷款人是否据此发放贷款等。律师应参照以下列出的项目融资文件,核查融资完成的条件是否满足。

3.1 融资文件

在特许经营权协议签订时或之后,律师应检查项目融资文件,并检查贷款人发放贷款的条件是否已满足。融资文件应包括以下部分:

(1)基本融资协议;

(2)担保文件;

(3)项目贷款人和担保权益托管人之间的信托或共同贷款人协议;

(4)当借款不是筹资的唯一或第一来源时,融资文件还应包括发行债券,商业票据,股票承销报价等文件;

(5)掉期、期权、封顶和利率空间等可能涉及一个或几个贷款人、或涉及第三方的附加融资文件。

3.2 基本融资协议

律师应审核基本融资协议的完备性,其应包括以下条款:

(1)融资金额和目的;

(2)利率和还本付息计划;

(3)付给安排行、代理行和贷款人的佣金和费用;

(4)贷款前提条件——法律意见书、董事会决议、所有项目合同的副本、担保合同的交接、政府批准文件、弃权信、专家报告和财务报表;

(5)对向借款人或其他有关方追索的限制;对现金流量的专门使用;

(6)保护性条款——税收补足条款,增加成本补偿,利率选择,市场干扰,非法监督,罚息,标准货币,总的免责;

(7)陈述和保证——关于公司的形式和能力,有关文件的正确执行,所有项目和融资文件的准确性,责任的有效期和项目资产的所有权;

(8)项目的约定——项目标准,遵守项目批准书、以及法律和规定;按照发展计划和可行性确定进行建造和经营、投保、交税;

(9)限制性条款——借款限制,消极保证,平等条款,对分红和资产处理的限制;

(10)违约事件;弥补违约行为的权利;对项目的接管;加速程序;执行对担保品的权利;

(11)项目竣工,转换和放弃试验;

(12)融资信息和项目信息,规划、有关汇报和报告的要求,以及项目的监督机制;

(13)从收益账户划出资金的机制,保险账户和其他保管账户;

(14)代理条款,支付机制,银行间的相互协调和收入的分配;

(15)委托和转让条款。

3.3 担保文件

项目融资中的贷款方有时需要项目公司针对其贷款提供担保,并将其作为发放贷款的先决条件，律师应针对以下担保文件进行审核：

（1）对土地、建筑物和其他固定资产设定抵押；

（2）对动产、账面债务和产品设定质押；

（3）项目文件规定的权益的转让，如建设合同、承包商和供货商的履约保函、项目保险、许可证和合资合同；

（4）销售合同、或取或付合同、使用和收费合同、项目生产收益和经营收入的转让；

（5）长期供货合同的转让，包括"或供或付"合同和能源、原材料的供应合同；

（6）用保管账户来控制现金流量（必要时提取项目的现金流量）；

（7）项目公司股权或股票的质押，包括对股息设押；

（8）有关担保的通知、同意、承认、背书、存档、登记。

第二节 土地使用权

1. 项目土地使用权的取得

1.1 律师应提示作为委托人的项目主办人，要求项目发起人以合法方式向委托人提供项目用地的土地使用权，确保项目公司在特许经营期内为项目用地的权利人并独占性地使用土地。

1.2 项目土地使用权的来源分为出让和划拨两种方式。律师应提示委托人，城市基础设施用地、公益事业用地、国家重点扶持的能源、交通、水利等基础设施用地，可以划拨方式取得，但应当经县级以上人民政府依法批准。

1.3 如果项目发起人以出让方式向项目主办人提供土地使用权的，律师应提示委托人，即使项目用地的用途为工业，也应当采用招标、拍卖或挂牌的方式取得土地使用权。

2. 项目土地使用权的用途

律师应提示作为委托人的项目发起人，对于以划拨方式取得的土地使用权，应明确只能用于项目建设和运营，而不能从事其它任何的经营性活动，否则将面临被收回该部分土地的划拨使用权的法律风险；对于以出让方式取得的土地使用权，应明确无政府事先书面同意，亦不得变更该土地用途，该土地使用权的转让、出租和抵押亦应依法进行。

3. 项目土地使用权的抵押

3.1 如项目用地系以划拨方式取得，以项目用地进行抵押融资牵涉划拨用地抵押问题，律师应提示项目主办人，签订合同前应要求项目发起人确保不以市政公用项目为由拒绝给予划拨用地抵押登记。

3.2 律师应提示项目主办人，在进行划拨土地使用权抵押登记前，应评估土地价值，抵押权人行使抵押权时应补缴土地出让金。

第三节 项目设施的运营与维护

项目设施的运营与维护阶段主要有以下事项需要在特许经营协议中约定：

1. 运营维护主体；
2. 项目公司的收费价格问题；
3. 运营维护商提供项目服务的范围和质量；
4. 项目发起人的监督；

5. 未履行运营维护义务的事前保障和事后救济。

1. 运营维护主体

对项目的具体运营与维护主体可以是：

（1）项目公司本身；

（2）项目公司的股东（即项目主办人）；

（3）在项目公司及其股东没有运营与维护经验或没有能力的情况下，运营与维护工作也可通过签订《运营维护合同》分包给独立的运营维护商。此时，律师应注意在特许经营协议中，设定运营维护商的资质要求。

2. 项目公司的收费价格问题

这是运营与维护阶段特许经营协议的主要内容之一。价格的确定要充分考虑项目公司能够收回投资并获取合理的收益率，同时也要考虑到公用事业用户的公众利益。对于收费价格问题的分析请见下文第四节。

3. 运营维护商提供项目服务的范围和质量

3.1 运营维护商提供项目服务的范围

律师应注意审查如下内容：

（1）项目发起人为运营维护商指定的提供特许经营服务的区域范围；

（2）在特许经营期内，项目设施的运营维护商是否应只对项目发起人或其指定范围的用户提供服务？

（3）在紧急情况下，为满足公众利益之需求，是否要求运营维护商提供应急服务或履行其他社会公益性义务？

3.2 运营维护义务

（1）运营和维护的基本原则

律师应在项目特许经营协议中明确在整个运营期内，运营维护商应根据协议的规定，自行承担费用（包括税费）和风险，管理、运营和维护项目设施，并应按适用法律法规和合理的商业标准以及谨慎运行惯例认真而有效地处理其业务与事务。

（2）运营的质量标准

在项目特许经营协议中，律师应注意明确运营项目设施应达到的技术标准、环境标准、安全标准和产品（如有）标准以及其他适用的质量标准。

（3）维护

律师应提示作为委托人的项目发起人，在特许经营协议中应订立和保持定期检查、维修和大修的制度及程序；有些特许经营项目还应要求运营维护商提供项目设施的检验与维护手册，并在开始商业运营日之前报送项目发起人备查。

3.3 项目公司与用户间关系的处理

律师应注意在项目特许经营协议中，明确用户就项目设施服务提出之投诉的受理方和处理程序。

4. 项目发起人监督

4.1 律师应注意在项目特许经营协议中，明确项目发起人对于项目设施运营和维护工作进行管理、检查和监督的权限、程序、措施和惩处手段。

4.2 项目特许经营协议中应明确是否允许项目发起人及其代表在不影响正常作业情况下

进入项目设施，以监察设施的运营和维护的权利和条件。

4.3 律师可以提示运营维护商，特许经营协议可设定主动提交定期报告（包括但不限于运营报告、财务报告、环境监测报告等）的制度，以与接受项目发起人的被动监督相对应。

5. 未履行运营维护义务的事前保障和事后救济

5.1 运营与维护保函

运营与维护保函是与项目建设阶段之履约保函相对应的制度。律师应提示委托人，尤其是项目发起人，在履约保函到期或解除之前，项目公司应提交运营与维护保函，作为其履行特许经营协议项下之运营维护义务和其他相关义务的保证。

运营与维护保函通常应由项目发起人可接受的银行出具，并可用附件的形式提前约定保函的格式。项目发起人和项目主办人应在协议中明确保函数额、有效期、项目发起人根据保函进行索赔的程序、要求和保函原始数额的补足等事项。

5.2 未履行运营维护义务的事后救济

律师应提示项目发起人，在项目特许经营协议中明确运营维护商违反其运营维护义务时的处理措施。该等措施包括但不限于：运营维护商在接到项目发起人通知后的一定期间内对项目设施进行纠正性运行或者维护；如运营维护商未能在指定期间内进行纠正的，项目发起人可自行或指定第三方进行运行维护，与维护和运营有关的风险和费用由运营维护商承担。

第四节 项目发起人购买服务协议

1. 项目发起人购买服务的费用

1.1 律师应提示项目主办人，特许经营协议中应对项目发起人购买服务的费用详细约定，一般包括：

（1）项目设施在符合运营负荷标准时的费用标准；

（2）项目设施在超出运营负荷标准时的费用标准。

1.2 律师应提示项目主办人，可以根据能源、原材料、人员工资的变动以及政策、法规的变更影响等因素，要求调整项目发起人购买服务的费用标准。

1.3 律师应提示项目发起人，费用标准的调整方式应明确约定在特许经营协议中，可以在费用标准调整前要求项目主办人提供调整的计算依据，如劳动力的工资、原料费、电价、物价指数等的变化及相应的增加，作为项目发起人应履行必要的审核、审批程序并及时给予答复。

1.4 律师应特别提示项目发起人，在特许经营协议中应明确费用的支付方式，项目主办人申请付款时应同时提供当月运营报告，包括设施运行状态等情况。如对对账单有争议，可协商或提请有资质的第三方进行确定。

1.5 如项目主办人为外商，律师应提示项目主办人，注意因汇率变化可能引起的兑换损失和收益，并在特许经营协议中明确由哪一方承担汇率风险。

2. 项目发起人购买服务的保证

2.1 律师应提示项目主办人，如果项目主办人将其服务出售给项目发起人或项目发起人所属的公用事业单位，项目发起人应促使该公用事业单位与项目主办人签订长期的购买服务协议，如发电厂项目。该协议及特许经营协议中应要求公用事业单位购买服务的数量、质量、价格等，如果公用事业单位未能按原定数量、质量或价格购买服务，项目发起人应给予项目主办人相应的补偿。

2.2 律师应提示项目主办人，如果项目主办人直接将其服务出售给社会公众或企业时，应按项目设计的消费量或需求量为标准，如果公众或企业对所提供服务的需要低于项目设计的最低限度时，项目发起人应给予相应的补偿，如高速公路项目和污水处理项目。

2.3 律师应提示项目主办人，在特许经营协议中要求项目发起人在特许期内，在项目所在的同一地区内不再批准新建同类项目与其竞争。

3. 违约责任

3.1 律师应提示项目主办人，如果项目发起人或其下属公共事业单位未能按约定购买服务，或者项目发起人在公众或企业对所提供服务的需要量低于项目设计的最低限度时未能按约提供补偿的，项目发起人应承担违约责任。

3.2 律师应提示项目发起人，如果项目主办人提供的服务不符合特许经营协议约定的标准时，可以要求项目主办人向项目发起人支付违约金。

第五节 项目设施的移交

项目设施的移交通常在以下几种情形下发生：

（1）不可抗力导致提前终止合同；

（2）项目发起人依据特许经营协议提前终止合同；

（3）项目主办人依据特许经营协议提前终止合同；

（4）特许经营协议期满。

在此仅述及特许经营协议期满时的移交，特许经营协议提前终止时的移交可参照下列内容。

1. 移交委员会

律师应注意在协议中约定，项目设施移交时"移交委员会"的设置安排。"移交委员会"应该有项目主办人代表和项目发起人代表共同组成（建议附有详细的移交代表名单）。

2. 移交范围

2.1 律师应提示委托人在协议中约定，项目设施的移交范围既应该包括土地使用权、厂房、设备设施、备品备件和原材料等"硬件"，还应该包括知识产权、技术诀窍、合同、资料、图纸、档案等"软件"。

2.2 律师应特别提示作为委托人的项目发起人在协议中约定，在项目设施移交时，项目主办人有义务解除和清偿任何种类和性质的债务、留置权、动产抵押或质押、不动产抵押等担保物权。

2.3 律师应提示委托人在协议中约定，在移交上述资料、档案时，应特别注意移交设计图纸、运营手册、运营记录以及与项目运营紧密相关的其他技术资料，以使项目发起人直接或通过其指定人尽快接手项目设施的运营。

3. 移交验收（标准、程序、证书）

3.1 律师应提示委托人在协议中约定，对于项目设施的移交，应办理移交验收。

3.2 律师应提示委托人在协议中约定，对于移交过程中发现的瑕疵等问题，项目主办人应进行限时整改或补救。

3.3 律师应提示委托人（尤其是项目主办人）在协议中约定，移交验收办理完毕，项目发起人方有义务给项目主办人出具《移交验收证书》，以证明项目发起人对接收的项目设施已经验收并交接完毕。

4. 最后恢复性大修和性能测试

律师应提示委托人、尤其是项目发起人，在协议中约定在移交日之前的一定期限内，项目主办人有义务根据运行规程和设备维护规程，对项目设施进行一次恢复性大修和性能测试。

5. 备品备件

律师应提示委托人（尤其是项目发起人）在协议中约定，项目主办人应向项目发起人提供自移交日后一定期间项目正常运营所需要的备品备件，并提供该等备品备件的供应商清单。

6. 保证期（移交后的质量保证义务）

6.1 律师应提示委托人（尤其是项目发起人）在协议中约定，在项目移交后的合理期间内，项目主办人对项目设施应承担质量保修责任，一旦出现缺陷或损坏（不可抗力、项目发起人责任、第三人责任除外），项目主办人应免费进行维修。

6.2 对于上述质保责任，律师应提示委托人（尤其是项目发起人）在协议中约定，项目主办人应开具维护保函。

7. 承包商保证的转让

律师应提示委托人在协议中约定，在项目设施移交时，项目主办人应将所有承包商和供应商尚未期满的担保（包括保证）和所有保险单转让给项目发起人。

8. 移交效力

律师应提示委托人在协议中约定，自移交日起，除质保义务外，项目主办人在特许经营协议项下的权利和义务即告终止，项目发起人应接管项目设施的运营，以及因特许经营协议而产生的于特许经营协议终止后仍有效的任何其他权利和义务。

9. 维护保函的解除

律师应提示委托人在协议中约定，在质保期到期后的合理期限内，项目发起人应解除所有或届时尚未兑取完的维护保函的余额。

10. 风险转移

律师应提示委托人在协议中约定，项目主办人应承担移交日前项目的全部或部分损失或损坏的风险，而从移交日起，项目的风险应由项目发起人承担。

11. 部分合同权利义务的转让

律师应提示委托人在协议中约定，项目设施移交后，除非项目发起人要求项目主办人取消其签订的、于移交日后仍有效的运营维护合同、设备采购合同、供货合同和所有其他合同，并要求项目主办人承担为此所发生的费用外，部分尚未履行完毕的合同（如设备、备品备件的采购合同、维护合同等）之权利义务，应由项目发起人继续履行。

12. 员工聘用合同的终止或重签

12.1 律师应提示委托人，尤其是项目发起人，在协议中约定，在特许经营协议期满前的合理期限内，项目主办人应向项目发起人提交一份项目公司的全部雇员名单，并说明在移交日后可供项目发起人雇用的人员详细清单；

12.2 律师应提示作为委托人的项目发起人在协议中约定，项目发起人拥有独立的自主权来选择在移交日后其愿意雇用的人员，但无义务雇用全部或任何项目公司所雇用的人员。对于项目发起人未选择的雇员，律师应提示委托人，尽快安排签订雇用终止协议，并进行妥善安置。

第六节 特许经营协议的提前终止、变更和转让

1. 终止

特许经营协议的终止主要包括以下情形：特许经营协议因期限届满而终止，因不可抗力事实的发生而提前终止，项目主办人依据特许经营协议约定而提前终止，以及项目发起人依据特许经营协议约定、政策法律变化以及公共利益的需要等原因而提前终止。在此仅讨论特许经营协议提前终止情形。

1.1 项目发起人的终止

1.1.1 项目发起人监管、介入、终止的情形：

（1）基于公共秩序维护和公共利益保障的需要；
（2）发生不可抗力事实；
（3）特许经营协议约定的项目主办人违约情形；
（4）政策变化和公共利益要求提前终止特许经营协议；

项目发起人有权根据上述情况对项目实施临时接管，以保证项目进行或运营的稳定性、连续性。

1.1.2 在此过程中，律师应提示作为委托人的项目发起人：

上述事实的发生，应构成对特许经营协议的继续正常履行不能、重大或实质性违反协议、或者公共利益保护的必要，终止特许经营协议应遵循法律规定或协议约定，避免因违法终止特许经营协议而给项目主办人造成不必要的损失。

1.2 项目主办人的终止

律师应提示作为委托人的项目主办人：只有发生以下情形时，才能提前终止特许经营协议：

（1）不可抗力事实致使特许经营协议无法正常继续履行；
（2）项目发起人不履行特许经营协议约定的主要义务且该不履行、不可纠正或虽可纠正但在合理期间内未予纠正时，方可提前通知项目发起人终止特许经营协议。

并且，未经书面通知或项目发起人批准，项目主办人不得擅自提前终止特许经营协议。

1.3 终止意向通知和终止通知

1.3.1 律师应提示委托人，当出现协议约定的提前终止情形、不可抗力事实以及其他可能导致特许经营协议提前终止的情形时，应当：

（1）及时向对方当事人发出终止意向书，并在终止意向书中详细阐明拟终止特许经营协议的具体事由以及合理的协商期；
（2）应书面通知相关当事人（如贷款人、保险商等）。

1.3.2 律师应提示委托人：

（1）当终止意向书约定的协商期满，双方未另行协商达成一致或终止意向书所述事实未得到补救时，方可向对方发出终止通知；
（2）终止通知一经发出，特许经营协议即行终止。

此外，律师还应提示委托人明确项目移交日期，并将终止通知送达特许经营关系中的相关当事人，以避免相关当事人不必要的损失。

1.4 终止的一般后果

特许经营协议提前终止后，特许经营协议项下的权利义务即告终止，项目主办人在项目

项下的相关权益应转归项目发起人所有。律师应提示作为委托人的项目主办人，在依据项目发起人规定或协议及其他协议约定移交项目前，应继续履行其职责，维持项目的正常运营；同时，律师应提示委托人，特许经营协议的终止，不影响特许经营协议中争议解决条款以及其他在协议终止后仍然有效的条款的效力。

1.5 终止后的补偿

特许经营协议终止后，项目发起人收回项目设施并给予项目主办人一定的补偿，具体补偿数额依特许经营协议约定，并视不同的终止原因而加以确定。

1.5.1 当特许经营协议因不可抗力事实发生而终止时，律师应提示作为委托人的项目发起人，应从给予项目主办人的相应补偿金额中，扣除项目主办人因不可抗力事实而获得的保险赔款，以及因项目主办人投保不足而导致的获赔差额部分（如有）。

1.5.2 当特许经营协议因政策法律变化或公共利益维护需要而提前终止时，律师应提示作为委托人的项目主办人，项目发起人给予项目主办人的补偿中应包括项目主办人资金投入的未回收部分（即合理预期收益），以及项目主办人随同项目设施向项目发起人移交的项目设施运营维护所需动产的合理评估值。

1.5.3 当特许经营协议因项目发起人原因而提前终止时，律师应提示作为委托人的项目发起人，给予项目主办人以充分的补偿，同时应考虑因项目发起人违约给项目主办人带来的再投资风险。

1.5.4 当特许经营协议因项目主办人原因而提前终止时，律师应提示作为委托人的项目发起人，可依据特许经营协议要求项目主办人承担相应的违约责任。

1.6 终止后的移交

特许经营协议提前终止情形下，双方应区分项目发起人或项目主办人违约、项目发起人行为以及不可抗力等不同情况协商解决项目的移交问题。

项目的移交包括项目设施所有权及相关权益的移交，还包括无形权益和技术（包括资料）、相关债权债务（如终止日前有效签署并于移交日前正常履行的设备采购、维护协议等）等的移交。

在此过程中，律师应提示作为委托人的项目发起人，特许经营协议终止后、移交之前应对项目主办人进行检查监督，确保项目设施各方面的运行状态良好，项目上不存在任何应由项目主办人承担的债务、抵押、质押、留置、担保物权，以及项目建设、运营和维护所产生的、由项目主办人引起的任何性质的请求权，以保证项目于移交后能良好运行。

2. 项目发起人的变更

2.1 律师应明确提示项目主办人，项目发起人机关在转让其在本协议项下的全部或任何部分权利或义务时，应经项目主办人的事先书面同意。

2.2 在一定情况下，如项目发起人机关发生调整时，律师应明确提示委托方（尤其是项目主办人），应对调整后的项目发起人机关或其他单位在财务能力、承担责任的能力等方面作资格要求，以更好地保护项目主办人利益。

3、项目主办人的转让

3.1 律师应明确提示委托人（尤其是项目发起人），项目主办人要转让其在本协议项下的权利或义务的，须经项目发起人机关的事先书面同意。

3.2 律师应提示委托人（尤其是项目发起人），未经项目发起人书面同意，项目主办人不得转让其用于项目的土地使用权、项目设施或任何其他重要财产。

3.3 出于项目建设融资的需要,律师应提示委托人,项目主办人在经项目发起人事先书面同意后,可以在土地使用权、项目设施上为贷款人的利益设定抵押。

为保证项目的顺利运营,律师应特别提示,抵押时不能分割抵押或部分抵押,并且抵押权人在行使抵押权时,不能移动、拆除、关闭项目设施或其任何部分,也不能影响项目的正常运营。

3.4 律师还应特别提示作为委托人的项目发起人,在项目公司偿还建设期贷款后,项目主办人不得将土地使用权、项目设施或其他重要资产用于抵押或担保,以保证项目的运营安全。

3.5 律师应明确提示委托人(尤其是项目发起人),在一定期限内,未经项目发起人的事先书面同意,项目主办人不能转让项目公司的股权,以保证项目的正常运营。

3.6 项目公司的股权发生转让时,为保护委托人(尤其是项目发起人)的利益,律师应提示委托人,受让股东财务状况应相当或优于项目公司股东在生效日期时的状况。律师应提示委托人,要求受让股东出具书面声明,表明其已完全理解特许经营协议全部条款规定的内容,并要求转让后的控股股东应当具备运营类似项目的经验。

第五章　特许经营投资建设与运营过程中的法律服务

第一节　项目公司的设立及项目发起人的监督

1. 项目公司的设立

项目主办人在签署特许经营协议后,首先应成立项目公司,以作为特许经营协议的实际履行主体。项目公司一般为有限责任公司,其设立程序与普通有限责任公司设立程序相同。

2. 项目发起人对项目公司的监督

项目发起人对项目公司可采取的监督措施有:

(1)要求项目公司必须设立在特许经营项目所在地;

(2)项目主办人应在项目公司占全部股份或至少处于控股地位;

(3)未经项目发起人同意,项目公司不得进行股东变更;

(4)未经项目发起人同意,项目公司不得擅自处分自身资产,包括但不限于抵押、质押、转让、出租、出借等;

(5)未经项目发起人同意,项目公司不得提前终止经营期限等。

第二节　建设工程招标及项目发起人的监督

1. 建设工程招标

此处的建设工程招标主要是指项目公司为完成特许经营项目土建、安装等建设工程而进行的招标投标活动。律师在承办该节业务时,可参考上海市律师协会发布的《律师办理建设工程法律业务操作指引(2004)》。

2. 项目发起人的监督

项目发起人在建设期对特许经营项目的监督主要体现在以下几方面:

(1)在特许经营协议内规定特许经营项目的施工进度计划和完工日期以及项目公司逾期完工的违约条款;

（2）要求项目公司在建设期内向项目发起人提供一定金额的履约保函；

（3）项目发起人及其代理人或代表有权在建设期内进入施工现场，监督检查建设情况；

（4）项目发起人有权拒收不符合要求的工程、材料或设备，并要求项目公司修理或更换；

（5）项目发起人及其代理人或代表有权参加特许经营项目竣工验收；

（6）项目发起人及其代理人或代表有权参加特许经营项目初步性能测试；

（7）项目发起人及其代理人或代表有权参加特许经营项目完工验收，并决定向项目公司颁发完工证书。

第三节 设备及服务采购招标及项目发起人的监督

1. 设备及服务采购招标

1.1 采购方式包括直接采购、询价采购和招标采购等。

1.2 直接采购、询价采购比较简单，一般适用于采购数量较少、采购金额较低以及比较次要的采购项目。

1.3 招标采购一般适用于采购量大、采购金额较高或法律、法规规定必须招标采购的采购项目。依据《招标投标法》的规定，以下项目必须采用招标采购：

（1）大型基础设施、公用事业等关系社会公共利益、公用安全的项目；

（2）全部或部分使用国有资金投资或者国家融资的项目；

（3）使用国际组织或者外国政府贷款、援助资金的项目。包括项目的勘察、设计、施工、监理以及与工程建设有关的设备、材料等的采购，达到下列标准之一的，必须进行招标。

1.4 依据国家计委《工程建设项目招标范围和规模标准规定》，以下项目必须招标：

（1）施工单项合同估算价在200万元人民币以上的；

（2）重要设备、材料等货物的采购，单项合同估算价在100万元人民币以上的；

（3）勘察、设计、监理等服务的采购，单项合同估算价在50万元人民币以上的；

（4）单项合同估算价低于上述（1）-（3）项规定的标准，但项目总投资额在3000万元人民币以上的。

1.5 市政公用设施项目中所需的重要设备、材料以及勘察、设计、监理等服务，均需通过公开的招标投标程序来采购获得。

1.6 如果在特许经营项目中通过世界银行贷款，项目公司在采购时还应遵循世界银行的采购规则。

2. 项目发起人的监督

项目发起人对设备及服务采购的监督主要表现在以下几方面：

（1）在特许经营协议中规定项目所需的主要设备及材料清单，包括品牌以及质量等级等；

（2）项目发起人及其代理人或代表有权进入施工现场，检查监督设备、材料使用情况；

（3）项目发起人有权拒收不符合要求的设备、材料，并要求项目公司更换；

（4）项目公司应将项目初步设计报项目发起人，经项目发起人同意后，按初步设计完成施工设计并进行施工，项目公司更改初步设计的，应经项目发起人同意；

（5）在有的情况下，项目发起人还可能要求项目公司选择的监理单位应经项目发起人同意；等等。

第四节　工程竣工验收和完工验收

1. 工程竣工验收

2.1 建设单位（项目公司）在收到建设工程竣工报告后，应当组织施工单位、设计单位、工程监理单位、政府质量监督部门、项目发起人等进行竣工验收。

2.2 建设工程经验收合格后，方可交付使用。

2. 完工验收

2.1 完工验收是指项目发起人按照特许经营协议的要求，对已完成竣工验收的特许经营项目进行的验收。验收合格的，项目发起人向项目公司颁发完工证书。

2.2 完工证书的颁发，标志着项目建设期结束，项目正式进入商业运营期。

第五节　运营期间项目公司职责及项目发起人的监督

1. 运营期间项目公司职责

（1）按照特许经营协议的约定提供相应服务；

（2）对特许经营项目设施、设备负有维护、维修义务；

（3）遵守行业法律、法规。

2. 项目发起人的监督

2.1 项目发起人的监督体现在两方面：一是项目发起人作为行业主管部门依据职权对项目公司的监督；二是项目发起人作为特许经营协议的一方依据协议对项目公司的监督。

2.2 作为特许经营协议的一方依据协议对项目公司的监督主要表现在以下几方面：

（1）项目发起人对于计量的监督；

（2）项目发起人对于维护、大修计划的监督，包括但不限于要求项目公司提供一定金额的维护保函；

（3）项目发起人对于项目公司暂停、紧急停止提供服务的监督；

（4）项目发起人对于项目公司提供服务质量的监督；

（5）项目发起人对于项目公司违反运营职责行为的违约规定。

第六节　运营管理的方式及项目发起人的监督

1. 运营管理的方式

（1）项目公司自行负责运营管理；

（2）项目公司的股东负责运营管理（参见本指引第四章）；

（3）项目公司委托专业运营公司代为运营管理。如果运营公司没有履行运营义务，导致项目公司在特许经营协议项下违约的，由项目公司承担违约责任。运营公司仅依据委托运营合同向项目公司承担违约责任。

2. 项目发起人的监督

2.1 运营管理方式应当在特许经营协议中明确约定；

2.2 如果项目公司委托专业运营公司运营管理，则应经项目发起人事先书面同意，并将委托运营管理合同报项目发起人批准或备案；同时，项目发起人应对专业运营公司的资质、规模、技术能力等各方面进行审查。

第六章 项目移交阶段法律服务

第一节 项目移交委员会

1.1 项目移交委员会的组建

1.1.1 律师应当依照当事人之间的协议或者合同的约定,或者根据执业经验向委托人建议在项目移交开始前的适当时间,由当事人各方组建项目移交委员会或者类似联合工作机构。

1.1.2 依照当事人之间约定的程序和方式,律师可以为当事人各方组建项目移交委员会的程序合法性和合约性提供律师见证,或者受托为委托人代理出席项目移交委员会组建会议。

1.1.3 在当事人之间无约定或者约定不明的情况下,律师可以参照公司法有关董事会或者监事会的成立方式提出项目移交委员会组建的建议方案。

1.2 项目移交委员会的议事程序和规则

1.2.1 依照当事人之间约定的程序和方式,律师可以为项目移交委员会的议事程序和规则的合法性和合约性提供律师见证,或者受托为委托人代理出席项目移交委员会会议。

1.2.2 在当事人之间无约定或者约定不明的情况下,律师可以参照公司法有关董事会或者监事会的议事程序和规则提出项目移交委员会的议事程序和规则的建议方案。

1.3 项目移交委员会的职责

1.3.1 项目移交委员会的职责一般包括:

(1)确定最后恢复性大修的程序、方法和具体要求;
(2)确定性能测试的程序、方法和具体要求;
(3)确定设施移交的程序、方法和具体要求;
(4)确定设施、设备、物品、文件、技术、知识产权、人员移交的详细清单;
(5)参加并监督项目移交的全部过程;
(6)对项目移交过程中可能出现的争议事项作出初步裁决;
(7)当事人约定的赋予项目移交委员会的其他职责。

1.3.2 应委托人的要求,律师可以对项目移交委员会履行职责的程序、方法的合法性、合约性提供法律意见和建议。

第二节 项目移交条件审查

2.1 项目移交的一般前提条件

应委托人的要求,律师应当对项目移交的前提条件是否满足进行法律审查。项目移交的前提条件一般包括:

(1)项目设施的最后恢复性大修已经完成;
(2)项目设施的性能测试已经完成并符合规定的测试标准;
(3)项目主要设施的已使用年限不高于事先约定的年限;
(4)备品备件和其他易损易耗物品的储备数量、质量满足届时的相关技术规范要求和事先约定;
(5)所有建筑物、构筑物无结构损坏和可能影响项目后续正常运行的其他缺陷;
(6)所有项目设施、设备满足安全生产要求,所有设备工况良好,满足性能和工艺要求;

（7）项目运营商（移交人）已经向项目接收人提交了缺陷责任期维护保函；

（8）项目接收人的相关人员经移交人培训合格，能够胜任项目移交后的项目设施运营和维护工作；

（9）当事人各方约定的其他前置性条件已经满足。

2.2 项目移交条件未全部满足时的变通方案审查

在项目移交条件不能全部满足的情形下，对于当事人提出的变通方案，律师应当至少从以下方面协助当事人审查其可行性：

（1）变通方案的实施应能确保项目设施在移交日后至保证期届满的期间内不间断地、安全地、满足性能和工艺要求的正常运营；

（2）在满足前述第（1）项的前提下，变通方案的实施是否将导致移交日后项目设施运营成本或者其他财务风险的增加；

（3）在满足前述第（1）项的前提下，变通方案的实施是否将导致移交日后项目设施运营技术风险的增加；

（4）在满足前述第（1）项的前提下，变通方案的实施是否将导致项目运营的民事法律风险（如对于某些合同的违约或者不能适当履行的风险、对他人可能的侵权风险、被他人侵权的风险、法律变更的风险）增大；

（5）在满足前述第（1）项的前提下，变通方案的实施是否将导致项目运营的行政法律责任风险（如对于某些行政法律规章的不能完全遵守的风险）增大；

（6）在满足前述第（1）项的前提下，变通方案的实施是否将导致项目运营的其他法律责任风险增大。

第三节 项目移交内容

3.1 移交范围

3.1.1 律师应当协助当事人审查下列项目移交范围的确定依据：

（1）项目发起人与项目主办人或项目公司签订的项目特许经营协议；

（2）项目发起人与项目主办人或项目公司签订的服务协议（如有）；

（3）移交委员会确定的移交清单；

（4）项目发起人与项目主办人或项目公司达成的涉及项目移交范围的其他协议。

3.1.2 律师应当协助当事人审查上述项目移交范围的确定依据之间是否存在矛盾。如果存在矛盾，应当协助当事人判断合理合法的文件解释顺序。

3.1.3 律师如参与协助委托人确定移交清单或者具体移交内容，则至少应考虑如下方面：

（1）拟确定的移交清单或者具体移交内容是否超出了既有的约定；

（2）拟确定的移交清单或者具体移交内容中超出既有约定的新增移交项目是否为移交后的项目正常运营所必须；

（3）拟确定的移交清单或者具体移交内容中超出既有约定的新增移交项目是否可能明显增加委托人的：

a) 费用开支；

b) 准备这些移交事项的时间；

c) 技术责任；

d) 法律责任；

e) 其他风险。

3.2 最后恢复性大修

3.2.1 律师应当提醒委托人查验最后恢复性大修是否已经按照合同约定完成。

3.2.2 在最后恢复性大修未能按照合同约定完成或在性能测试不能完全符合约定的情形下，律师应当提醒委托人在移交程序正式开始之前按照合同约定确定对于最后恢复性大修未完成的变通处理办法。在合同未约定或者约定不明的情况下，双方应当按照确保项目移交后能够在合理的项目设施的剩余工作寿命时间内正常运营的原则协商变通处理办法并达成一致，否则项目移交将无法顺利进行。对于最后恢复性大修未完成的变通处理办法通常有：

（1）由于项目发起人原因导致大修未完成的，项目发起人豁免大修义务人的继续完成大修的义务；

（2）由于项目发起人原因导致大修未完成的，项目发起人同意延长大修义务人的继续完成大修义务的时间；

（3）由于大修义务人原因导致大修未完成的，项目发起人在同意大修义务人给予经济补偿的前提下减免大修义务人继续完成大修的义务；

（4）由于大修义务人原因导致大修未完成的，项目发起人在同意大修义务人给予经济补偿的前提下同意延长大修义务人的继续完成大修义务的时间；

（5）由于不可抗力或者不能归责于双方中的任一方的其他原因导致大修未完成的，项目发起人与大修义务人达成的其他变通处理办法。

3.3 零配件

3.3.1 律师应当提醒委托人查验项目主办人或项目公司是否已经按照合同约定备齐符合技术标准的数量充足的零配件。

3.3.2 在零配件储备不能完全符合约定的情形下，律师应当提醒委托人按照合同约定消除不符合约定的情形。在合同未约定或者约定不明的情况下，双方应当按照确保项目移交后能够在约定的后续工作时间内正常运营的原则协商变通处理办法并达成一致。对于零配件储备不能完全符合约定的变通处理办法参照最后恢复性大修未完成的变通处理办法。

3.4 保证期（质量缺陷责任期）

3.4.1 项目主办人或项目公司移交项目时，应当根据合同约定向项目发起人提供一定期限的项目质量保证。项目质量保证内容除合同另有约定外，一般包括：

（1）项目建筑物、构筑物的质量保证；

（2）项目设施、设备的质量保证；

（3）合同约定的项目运营一定期限内所需备品备件的质量保证；

（4）因项目运营所提供的产品或者服务的质量保证；

（5）为了确保移交后在保证期内项目运营能够安全、连续、符合约定技术标准的其他质量保证内容。

3.4.2 项目在移交后的保证期和保证范围内发生不属于项目发起人或其指定的后续运营商过错情形的、项目不能安全、连续或符合约定技术标准运营的情形的，移交前的项目主办人或项目公司应当在接到项目发起人相应通知后的规定时限内履行修复、更换等质量保证义务，并对造成的损失承担赔偿责任。

3.4.3项目主办人或项目公司未及时履行质量保证义务的,项目发起人有权依照合同约定或者为了尽可能减少项目运营损失,而另行委托他人完成质量保修工作,相关费用从项目主办人或项目公司提供的维护保函中扣除,或者向项目主办人或项目公司另行追索。

3.4.4律师可建议当事人就项目质量保证事项投保责任险,责任保险合同中应当明确投保人为项目主办人或项目公司,项目发起人为第一被保险人,项目主办人或项目公司为第二被保险人;保险责任应当包括合同约定的全部保证内容。

3.5 技术许可、转让、移交及培训

3.5.1律师应当提醒当事人注意,项目主办人或项目公司移交项目时,应当根据合同约定或者根据合同目的向项目发起人转让或者许可那些为确保移交后项目能够安全、连续、符合约定技术标准运营所必须的运营使用技术。

3.5.2如果项目主办人或项目公司对其中的某些技术没有所有权而只有被合法许可的使用权,则项目主办人或项目公司有义务确保项目发起人能够从该等技术的合法许可人处获得同样的许可,以确保在移交后的项目运营中能够合法使用该等技术,并且这样的许可应当不需要项目发起人另行支付许可费,除非在本章第3.1.1款项目移交范围的确定依据中项目发起人已经同意另行支付许可费。

3.5.3如果项目主办人或项目公司对其中的某些技术具有合法所有权,则项目主办人或项目公司应当将该等技术转让给项目发起人,或者至少有义务确保项目发起人能够免费获得对该等技术在本项目运营中的合法使用权。

3.5.4除合同另有约定外,律师应当提醒和协助当事人核查技术移交的内容一般包括:

(1)所有有关该技术的说明文件、操作文件、技术原理参数资料、计算机程序(源程序或者至少是执行程序);

(2)所有有效实现该技术所必须的辅助材料、工具、指令、密码;

(3)所有保持该技术持续有效所必须的调试、检测、修复、替换方法及其辅助材料、工具、指令、密码;

(4)载明所有被移交资料知识产权归属的权利证明文件、技术许可合同、技术转让合同;

(5)确保项目发起人或者其指定的项目接收方的足够数量的技术操作人员能够熟练使用该技术的培训资料;

(6)对项目发起人或其指定的项目接收方有足够数量的技术操作人员的技术培训已经完成,并经项目主办人或项目公司确认已经培训合格。本项培训可以结合移交日前一定期限内项目发起人指派人员与项目主办人或项目公司人员共同参加项目运营工作一并完成。

3.6 合同转让

3.6.1根据本章第3.1.1款"项目移交范围的确定依据"中的合同约定,或者如果项目发起人提出要求,项目主办人或项目公司可将其与承包商、制造商、供应商等签订的、尚未期满的、与项目及其设施运营、维护、管理有关的合同,在可转让的范围内转让给项目发起人或其指定的项目接收方。

3.6.2在进行上述合同转让时,律师应当提醒和协助当事人审查合同转让各方主体的适格性、合同的可转让范围、合同价款的支付主体是否变化、合同转让是否增加一方或者多方的费用支出、合同风险等,并根据具体情况,提出法律建议。

3.7 合同取消

律师应提醒和协助当事人审查在移交日前取消可能在移交日后影响项目后续正常运营、维护、管理的，由项目主办人或项目公司签订的，且在移交日前仍有效的有关项目或其设备设施权利限制的合同，或者有关项目运营的采购供货合同和其他合同。

某些合同因故不能取消时，律师应提醒和协助当事人采取适当的保障措施，避免因此类合同的有效而导致的对项目后续正常运营、维护、管理的不利影响。上述保障措施一般包括：

（1）如果此类合同涉及到对项目土地、房屋、设备设施、收费权的权利限制，则项目发起人应当督促项目主办人或项目公司与合同相对方达成协议通过另行向合同相对方提供不妨碍项目后续正常运营、维护、管理的其他保障措施（如另行提供担保）的方式履行合同；或者

（2）项目发起人应当取得项目主办人或项目公司对项目发起人另行提供不妨碍项目后续正常运营、维护、管理的其他保障措施（如另行提供担保），以便在合同相对方行使权利时，项目发起人可以采取代为清偿债务的措施确保项目正常运营，并可对项目主办人或项目公司行使追索权。

3.8 风险责任转移

律师应提醒和协助当事人审查在移交日移交的任何财产（包括动产、不动产及其他权利）的权利是否完整。除非此前的有关合同或协议另有约定，律师应提醒和协助当事人在移交文件上说明，被移交财产的权利完整的，自移交之日起，被移交财产损毁灭失的风险责任由项目主办人或项目公司转移至项目发起人；被移交财产的权利不完整的，自移交之日起，被移交财产损毁灭失的风险责任归于对该等财产的物质载体具有实际控制力的一方（可能是项目主办人或项目公司或者项目发起人）。在本章第3.9条"人员岗位移交"中，岗位交接完成前（包括接岗人与交岗人在共同工作班次的岗位上）产生的岗位工作风险责任应由项目主办人或项目公司承担。

3.9 人员岗位移交

除非此前的有关合同或协议另有约定，律师应提醒和协助当事人在人员岗位移交时应具备下列条件或者完成下列事项：

（1）接岗人已经具备了项目主办人或项目公司确认的上岗人员所应具备的全部适岗工作技能；

（2）交岗人已将该岗位上一个合理的时段内已经完成的岗位工作及其工作记录向接岗人全面、完整、无误地交接完毕；

（3）交岗人已将该岗位下一个合理的时段内将要完成的岗位工作向接岗人全面、完整、无误地交接完毕；

（4）依据合同约定，或者在尽可能的情况下，接岗人与交岗人应当共同工作至少一个岗位班次，由交岗人指引接岗人完成全部岗位工作；

（5）在接岗人不能顺利完成岗位工作的情况下，应视为岗位交接未完成，交岗人不应离开岗位。

3.10 不动产移交

3.10.1 不动产移交的一般内容

（1）土地使用权的移交（包括移交占有权、办理土地使用权变更登记）；

（2）房屋、建筑物、构筑物和地上地下其他定着物的移交（包括移交占有权、办理所有

权变更登记）；

（3）不动产权利登记簿上其他权利限制的解除；

（4）基于对房屋、建筑物、构筑物和地上地下其他定着物工程施工、修缮、添附或其他加工承揽活动而可能存在的加工承揽人工程款优先受偿权的解除或消灭；

（5）对不动产移交前有关不动产的占有、使用、收益和处分的税费的结清，并移交相关缴纳凭证；

（6）已设立所有权、使用权的不动产的质量、保修和其他保障服务权利的保证凭证（如合同、保修单）的移交。

3.10.2 不动产移交阶段的律师工作通常包括：

（1）为委托人做好不动产权属状况调查；

（2）协助委托人办理不动产权属变更登记；

（3）协助委托人办理不动产移交手续，签署移交文件；

（4）就不动产权利登记簿上其他权利限制的解除为委托人提供法律方案；

（5）就可能存在的加工承揽人工程款优先受偿权状况进行调查，并提出法律解决方案；

（6）对不动产移交前有关不动产的占有、使用、收益和处分的税费缴纳情况和缴纳凭证进行审查，并提出法律解决方案；

（7）对已设立所有权、使用权的不动产的质量、保修和其他保障服务权利的保证凭证（如合同、保修单）的审查。

3.11 动产移交

3.11.1 动产移交的一般内容

（1）依法应登记的特殊动产的移交（包括移交占有权、办理动产权属变更登记）；

（2）动产权利限制（如设定抵押、质押、留置）的解除；

（3）已取得动产的对价的结清，并移交相关支付凭证；

（4）对特殊动产移交前有关动产的占有、使用、收益和处分的税费的结清，并移交相关缴纳凭证；

（5）已取得动产的质量、保修和其他售后服务权利的保证凭证（如合同、保修单）的移交。

3.11.2 动产移交阶段的律师工作通常包括：

（1）为委托人做好依法应登记的特殊动产权属状况调查；

（2）协助委托人办理特殊动产权属变更登记；

（3）协助委托人办理动产移交手续，签署移交文件；

（4）就动产权利限制的解除为委托人提供法律方案；

（5）对特殊动产移交前有关动产的占有、使用、收益和处分的税费缴纳情况和缴纳凭证进行审查，并提出法律解决方案；

（6）对已取得动产的对价是否结清以及相关支付凭证的审查；

（7）对已取得动产的质量、保修和其他售后服务权利的保证凭证（如合同、保修单）的审查。

3.12 维护保函处理

律师为项目发起人提供服务的，应当提醒并协助当事人最迟在移交日获得项目主办人或项目公司在本章第3.4条"保证期"项下和保证期内履行全部保证义务的可靠的足额保险、保函或者其他担保。只有在获得上述保险、保函或者其他担保后,项目发起人方可将项目主办人或项目公司在项目运营过程中提交项目发起人的维护保函在扣除项目主办人或项目公司按约应付而未付的款项后予以退还。

第七章　TOT模式下的特殊问题

第一节　概　述

1.1　TOT模式

即移交—经营—反向移交(为了与第一个"T(移交)"相区别,本指引对第二个"T"称为"反向移交"),是指项目主办人以支付价款或者约定的其他对价的方式获得项目发起人授予一定期限的项目经营管理权和相应的特许经营权(移交);在约定期限内通过经营该项目收回投资成本及取回相应收益(经营);约定期限届满后,项目主办人将项目管理经营权和相应的特许经营权无偿归还给项目发起人(反向移交)的融资方式。该融资方式分移交、经营、反向移交三个阶段。

1.2　TOT模式与BOT模式的主要区别

(1)TOT模式下,第一阶段的主要工作是项目发起人将现有项目移交给项目主办人;BOT模式下,第一阶段则是项目主办人负责投资、设计、建造项目至完工。

(2)TOT模式下,第二阶段项目主办人经营的是发起人移交过来的现有项目,可能会因项目设备、设施在移交前存在移交后暴露的缺陷对主办人的经营造成不利影响而导致项目主办人向项目发起人要求补偿或赔偿;而BOT项目模式下,项目主办人经营的项目系其自建的全新项目,因项目设备、设施可能存在的缺陷只能由项目主办人自己承担。

1.3　TOT协议中的两个价格

(1)项目价格:项目移交时项目主办人应当向项目发起人支付的购买项目经营管理权和相应的特许经营权的现状价格。该价格与BOT中的项目的建造总价不完全一致。BOT中项目的建造总价一般是新建项目的固定资产总造价;TOT中的项目价格除了包含所移交项目在移交时的固定资产总价,还可能包括项目特许经营权的部分价值。

(2)产品或服务价格:项目未来提供的产品或服务价格。TOT模式下,该价格因项目价格的内涵不同而出现不同。

1.4　项目发起人在招标文件中应对项目投资申请人投标报价的内容和方式作出明确规定。投标报价的内容和方式可以采用以下形式:

(1)确定固定项目价格的条件下,要求项目投资申请人对产品和服务价格进行报价;

(2)确定产品和服务价格的条件下,要求项目投资申请人对项目价格进行投标报价。

第二节　项目移交阶段

2.1　移交委员会和移交争议解决机制

在项目移交阶段,律师应当提示项目发起人与项目主办人共同组建项目移交委员会或者类似联合工作机构和制定在项目移交过程中出现争议的解决规则和解决程序。移交委员会的组建和议事规则及争议解决规则和解决程序可以参照本指引第六章第一节的相关规定。

2.2 项目转让的条件

律师应当提醒委托人(特别是项目主办人)在TOT协议中明确项目移交的条件;通常情况下,项目发起人在TOT协议应约定项目在现状条件下移交,并约定移交前后的项目缺陷风险分担的具体办法。

2.3 项目发起人在项目移交前的项目清查核实

律师应当提醒项目发起人在项目移交前对项目及经营该项目的原经营组织与经营该项目有关的经营活动进行全面清查核实,清查核实的工作主要包括以下方面:

(1)以主要设备、设施为主的实物资产的清查,主要包括该类资产的取得或建造时间、构成状况、运行条件、运行状况、大修记录、权属状况、权利限制状况(如被抵押)、投保状况等;

(2)非实物资产的清查核实,主要包括货币资金及有价证券的使用状况及使用限制、应收款项的收回期限及可收回状况(是否存在坏账)、知识产权的权利状况及使用条件等;

(3)土地使用权及相关房地产状况的清查核实,主要包括取得或建造时间、使用期限、使用状况、大修状况、使用限制条件、相关规划条件、抵押担保状况、投保状况等;

(4)相关负债(含未履行完毕的合同)的清查核实,主要包括各种负债的性质、构成、支付期限、担保状况等;

(5)资产负债表外项目的清查核实,主要包括大型设备、设施的租赁状况(是否存在融资租赁)、对外担保状况、未决诉讼状况、商业承兑汇票贴现状况等;

(6)职工劳动关系的清查核实。

2.4 项目发起人清查核实后的处理

律师应当提醒项目发起人在对项目及经营该项目的项目公司进行全面清查核实后宜对清查后的状况进行适当处理:

(1)对所移交项目下的资产、知识产权和/或负债等进行界定,对不属于项目移交范围内的资产、知识产权和/或负债等进行适当剥离;如果涉及到职工劳动关系变更的,应做好相应变更方案;

(2)对可能影响项目转让的权利限制,宜尽量解除,如暂时不能解除的,应制定相应对策;

(3)对为项目主要设备、设施正常运行而从第三方获得许可使用的知识产权、未履行完毕的合同等、对可能影响项目转让价格的资产负债表外项目,宜作出适当处理。处理的方式可以参照本指引第六章第二节的相关内容。

2.5 项目投资申请人在项目移交前的尽职调查

律师应当提醒项目投资申请人在项目移交前对项目及原经营组织进行尽职调查,调查的主要内容包括:

(1)项目或项目公司本身的运营或经营状况,这部分内容可以参考本节第2.3条项目发起人在项目移交前的项目清查核实的内容进行;

(2)项目提供产品或服务的市场状况、成本构成状况及项目各种风险状况(含为项目产品或服务提供原料或服务的供应商状况),该部分内容可参照BOT方式下需调查的相关内容。

2.6 项目移交范围

律师应当提醒当事人,项目移交的范围包括:主要设备、设施及相应零配件和保修合同,房屋、土地等不动产,尚未履行完毕的合同协议,与项目经营相关的知识产权,岗位上的员工等。该部分内容可参照第六章第二节的相关内容。

2.7 项目现场踏勘及主要设备、设施缺陷的约定

2.7.1 律师应提示项目发起人：

（1）在项目投资申请人在递交投标文件之前，应向项目投资申请人提供进入项目现场的许可和便利，可组织所有项目投资申请人或由项目投资申请人自行对项目现状进行实地踏勘，并就投资申请人的相关疑问作出适当回答；

（2）应当向项目投资申请人说明，在其投标文件中应已充分考虑作为有经验的项目投资人在现场踏勘能够发现的主要设备、设施缺陷的影响，项目移交后，该缺陷风险由项目主办人承担，项目发起人对该缺陷不承担任何责任；

（3）对在现场踏勘期间不能发现的主要设备设施的缺陷，可以给予项目主办人在项目移交后的一定期限内向项目发起人提出补偿或赔偿的权利，但超过该期限后，项目主办人无权要求项目发起人赔偿，或者约定移交前后项目缺陷风险分担的具体办法。

2.7.2 律师应当提示项目投资申请人：

（1）对在现场踏勘中发现的主要设备、设施缺陷，应当在投标文件中充分考虑；

（2）对在现场踏勘中不可能发现的主要设备、设施缺陷，在投标文件中因为无法考虑，应当要求这类缺陷由项目发起人承担，或者合理约定移交前后项目缺陷风险分担的具体办法；

（3）应当与项目发起人协商确定，对在现场踏勘中不可能发现的属于项目移交前的主要设备、设施缺陷，在项目移交后提出的补偿或赔偿、认定和处理期限及其相应程序和判定标准。

第三节 项目经营阶段

3.1 主要设备、设施缺陷

律师应当提醒项目主办人，当发现项目主要设备、设施缺陷可能是项目移交前的缺陷，项目主办人应当按照约定的期限和程序向项目发起人提出赔偿，并保留好相关证据。

3.2 主要设备、设施的大修及更新

（1）律师应当提醒当事人应对特许经营期间内针对项目移交后的设备、设施的大修或更新程序、相关的债权债务、大修后或更新后设备、设施的质量要求以及其他技术标准等做出约定。

（2）律师应提醒当事人，项目主办人对设备、设施的大修及更新时，应该在大修、更新前约定期限将大修、更新方案提交给项目发起人；项目发起人对该方案有权提出合理化建议；项目主办人也可以在上述方案中提出合理化建议；如果上述合理化建议实施后设备、设施的性能效果提高了合同约定的质量要求和/或其他技术、性能标准的，项目主办人因接受合理化建议并就上述性能效果的提高而发生的额外费用，可以向项目发起人要求补偿。

第六章

PPP 常用行业法律法规与政策文件

第六章　PPP常用行业法律法规与政策文件

第一节　道路交通基础设施

汇编导语

　　交通基础设施领域是较早开展政府和社会资本合作的领域，港铁公司参与的北京地铁四号线项目成为PPP典型案例，济青高铁等项目也正在积极开展PPP模式建设试点。该领域陆续出台了《铁路法》《公路法》《港口法》以及《收费公路管理条例》等配套法规及操作层面的实施办法。有运营收益的高速公路、铁路、轨道交通设施项目适合采用PPP模式。没有运营收益的城镇与乡村公路等交通基础设施建设，如果采用PPP模式，需要采用"可用性付费"机制，根据项目建设与项目运营的绩效评价确定付费机制，同时还要充分考虑社会经济环境的变化对项目运营成本的影响，设计合理的调价机制。采取资源配套补偿机制的，应当符合政府资源和产权交易的法律法规及相关规定。最高人民法院的司法判例已经确认收费公路的收益权可以设定质押。由此可以推知，地铁、轻轨等轨道交通项目和铁路项目的收费权，也可以依法设定质押融资，甚至进行资产证券化，为项目融资开拓新的渠道。

85.《中华人民共和国公路法》

（1998年1月1日起施行，2009年8月27日修正）

第一章　总　　则

　　第一条　为了加强公路的建设和管理，促进公路事业的发展，适应社会主义现代化建设和人民生活的需要，制定本法。

　　第二条　在中华人民共和国境内从事公路的规划、建设、养护、经营、使用和管理，适用本法。

　　本法所称公路，包括公路桥梁、公路隧道和公路渡口。

　　第三条　公路的发展应当遵循全面规划、合理布局、确保质量、保障畅通、保护环境、建设改造与养护并重的原则。

　　第四条　各级人民政府应当采取有力措施，扶持、促进公路建设。公路建设应当纳入国民经济和社会发展计划。

　　国家鼓励、引导国内外经济组织依法投资建设、经营公路。

　　第五条　国家帮助和扶持少数民族地区、边远地区和贫困地区发展公路建设。

　　第六条　公路按其在公路路网中的地位分为国道、省道、县道和乡道，并按技术等级分为高速公路、一级公路、二级公路、三级公路和四级公路。具体划分标准由国务院交通主管部门规定。

　　新建公路应当符合技术等级的要求。原有不符合最低技术等级要求的等外公路，应当采取措施,逐步改造为符合技术等级要求的公路。

第七条 公路受国家保护,任何单位和个人不得破坏、损坏或者非法占用公路、公路用地及公路附属设施。

任何单位和个人都有爱护公路、公路用地及公路附属设施的义务,有权检举和控告破坏、损坏公路、公路用地、公路附属设施和影响公路安全的行为。

第八条 国务院交通主管部门主管全国公路工作。

县级以上地方人民政府交通主管部门主管本行政区域内的公路工作;但是,县级以上地方人民政府交通主管部门对国道、省道的管理、监督职责,由省、自治区、直辖市人民政府确定。

乡、民族乡、镇人民政府负责本行政区域内的乡道的建设和养护工作。

县级以上地方人民政府交通主管部门可以决定由公路管理机构依照本法规定行使公路行政管理职责。

第九条 禁止任何单位和个人在公路上非法设卡、收费、罚款和拦截车辆。

第十条 国家鼓励公路工作方面的科学技术研究,对在公路科学技术研究和应用方面作出显著成绩的单位和个人给予奖励。

第十一条 本法对专用公路有规定的,适用于专用公路。

专用公路是指由企业或者其他单位建设、养护、管理,专为或者主要为本企业或者本单位提供运输服务的道路。

第二章 公路规划

……

第三章 公路建设

第二十条 县级以上人民政府交通主管部门应当依据职责维护公路建设秩序,加强对公路建设的监督管理。

第二十一条 筹集公路建设资金,除各级人民政府的财政拨款,包括依法征税筹集的公路建设专项资金转为的财政拨款外,可以依法向国内外金融机构或者外国政府贷款。

国家鼓励国内外经济组织对公路建设进行投资。开发、经营公路的公司可以依照法律、行政法规的规定发行股票、公司债券筹集资金。

依照本法规定出让公路收费权的收入必须用于公路建设。

向企业和个人集资建设公路,必须根据需要与可能,坚持自愿原则,不得强行摊派,并符合国务院的有关规定。

公路建设资金还可以采取符合法律或者国务院规定的其他方式筹集。

第二十二条 公路建设应当按照国家规定的基本建设程序和有关规定进行。

第二十三条 公路建设项目应当按照国家有关规定实行法人负责制度、招标投标制度和工程监理制度。

第二十四条 公路建设单位应当根据公路建设工程的特点和技术要求,选择具有相应资格的勘查设计单位、施工单位和工程监理单位,并依照有关法律、法规、规章的规定和公路工程技术标准的要求,分别签订合同,明确双方的权利义务。

承担公路建设项目的可行性研究单位、勘查设计单位、施工单位和工程监理单位,必须持有国家规定的资质证书。

第二十五条 公路建设项目的施工,须按国务院交通主管部门的规定报请县级以上地方人民政府交通主管部门批准。

第二十六条 公路建设必须符合公路工程技术标准。

承担公路建设项目的设计单位、施工单位和工程监理单位,应当按照国家有关规定建立健全质量保证体系,落实岗位责任制,并依照有关法律、法规、规章以及公路工程技术标准的要求和合同约定进行设计、施工和监理,保证公路工程质量。

第二十七条 公路建设使用土地依照有关法律、行政法规的规定办理。

公路建设应当贯彻切实保护耕地、节约用地的原则。

第二十八条 公路建设需要使用国有荒山、荒地或者需要在国有荒山、荒地、河滩、滩涂上挖砂、采石、取土的,依照有关法律、行政法规的规定办理后,任何单位和个人不得阻挠或者非法收取费用。

第二十九条 地方各级人民政府对公路建设依法使用土地和搬迁居民,应当给予支持和协助。

第三十条 公路建设项目的设计和施工,应当符合依法保护环境、保护文物古迹和防止水土流失的要求。

公路规划中贯彻国防要求的公路建设项目,应当严格按照规划进行建设,以保证国防交通的需要。

第三十一条 因建设公路影响铁路、水利、电力、邮电设施和其他设施正常使用时,公路建设单位应当事先征得有关部门的同意;因公路建设对有关设施造成损坏的,公路建设单位应当按照不低于该设施原有的技术标准予以修复,或者给予相应的经济补偿。

第三十二条 改建公路时,施工单位应当在施工路段两端设置明显的施工标志、安全标志。需要车辆绕行的,应当在绕行路口设置标志;不能绕行的,必须修建临时道路,保证车辆和行人通行。

第三十三条 公路建设项目和公路修复项目竣工后,应当按照国家有关规定进行验收;未经验收或者验收不合格的,不得交付使用。

建成的公路,应当按照国务院交通主管部门的规定设置明显的标志、标线。

第三十四条 县级以上地方人民政府应当确定公路两侧边沟(截水沟、坡脚护坡道,下同)外缘起不少于一米的公路用地。

第四章 公路养护

第三十五条 公路管理机构应当按照国务院交通主管部门规定的技术规范和操作规程对公路进行养护,保证公路经常处于良好的技术状态。

第三十六条 国家采用依法征税的办法筹集公路养护资金,具体实施办法和步骤由国务院规定。

依法征税筹集的公路养护资金,必须专项用于公路的养护和改建。

第三十七条 县、乡级人民政府对公路养护需要的挖砂、采石、取土以及取水,应当给予支持和协助。

第三十八条 县、乡级人民政府应当在农村义务工的范围内,按照国家有关规定组织公路两侧的农村居民履行为公路建设和养护提供劳务的义务。

第三十九条 为保障公路养护人员的人身安全,公路养护人员进行养护作业时,应当穿着统一的安全标志服;利用车辆进行养护作业时,应当在公路作业车辆上设置明显的作业标志。

公路养护车辆进行作业时,在不影响过往车辆通行的前提下,其行驶路线和方向不受公路标志、标线限制;过往车辆对公路养护车辆和人员应当注意避让。

公路养护工程施工影响车辆、行人通行时,施工单位应当依照本法第三十二条的规定办理。

第四十条 因严重自然灾害致使国道、省道交通中断,公路管理机构应当及时修复;公路管理机构难以及时修复时,县级以上地方人民政府应当及时组织当地机关、团体、企业事业单位、城乡居民进行抢修,并可以请求当地驻军支援,尽快恢复交通。

第四十一条 公路用地范围内的山坡、荒地,由公路管理机构负责水土保持。

第四十二条 公路绿化工作,由公路管理机构按照公路工程技术标准组织实施。

公路用地上的树木,不得任意砍伐;需要更新砍伐的,应当经县级以上地方人民政府交通主管部门同意后,依照《中华人民共和国森林法》的规定办理审批手续,并完成更新补种任务。

第五章 路政管理

第四十三条 各级地方人民政府应当采取措施,加强对公路的保护。

县级以上地方人民政府交通主管部门应当认真履行职责,依法做好公路保护工作,并努力采用科学的管理方法和先进的技术手段,提高公路管理水平,逐步完善公路服务设施,保障公路的完好、安全和畅通。

第四十四条 任何单位和个人不得擅自占用、挖掘公路。

因修建铁路、机场、电站、通信设施、水利工程和进行其他建设工程需要占用、挖掘公路或者使公路改线的,建设单位应当事先征得有关交通主管部门的同意;影响交通安全的,还须征得有关公安机关的同意。占用、挖掘公路或者使公路改线的,建设单位应当按照不低于该段公路原有的技术标准予以修复、改建或者给予相应的经济补偿。

第四十五条 跨越、穿越公路修建桥梁、渡槽或者架设、埋设管线等设施的,以及在公路用地范围内架设、埋设管线、电缆等设施的,应当事先经有关交通主管部门同意,影响交通安全的,还须征得有关公安机关的同意;所修建、架设或者埋设的设施应当符合公路工程技术标准的要求。对公路造成损坏的,应当按照损坏程度给予补偿。

第四十六条 任何单位和个人不得在公路上及公路用地范围内摆摊设点、堆放物品、倾倒垃圾、设置障碍、挖沟引水、利用公路边沟排放污物或者进行其他损坏、污染公路和影响公路畅通的活动。

第四十七条 在大中型公路桥梁和渡口周围二百米、公路隧道上方和洞口外一百米范围内,以及在公路两侧一定距离内,不得挖砂、采石、取土、倾倒废弃物,不得进行爆破作业及其他危及公路、公路桥梁、公路隧道、公路渡口安全的活动。

在前款范围内因抢险、防汛需要修筑堤坝、压缩或者拓宽河床的,应当事先报经省、自治区、直辖市人民政府交通主管部门会同水行政主管部门批准,并采取有效的保护有关的公路、公路桥梁、公路隧道、公路渡口安全的措施。

第四十八条 除农业机械因当地田间作业需要在公路上短距离行驶外,铁轮车、履带车和其他可能损害公路路面的机具,不得在公路上行驶。确需行驶的,必须经县级以上地方人民政府交通主管部门同意,采取有效的防护措施,并按照公安机关指定的时间、路线行驶。对公路造成损坏的,应当按照损坏程度给予补偿。

第四十九条 在公路上行驶的车辆的轴载质量应当符合公路工程技术标准要求。

第五十条 超过公路、公路桥梁、公路隧道或者汽车渡船的限载、限高、限宽、限长标准的车辆,不得在有限定标准的公路、公路桥梁上或者公路隧道内行驶,不得使用汽车渡船。超过公路或者公路桥梁限载标准确需行驶的,必须经县级以上地方人民政府交通主管部门批准,并按要求采取有效的防护措施;运载不可解体的超限物品的,应当按照指定的时间、路线、时速行驶,并悬挂明显标志。

运输单位不能按照前款规定采取防护措施的,由交通主管部门帮助其采取防护措施,所需费用由运输单位承担。

第五十一条 机动车制造厂和其他单位不得将公路作为检验机动车制动性能的试车场地。

第五十二条 任何单位和个人不得损坏、擅自移动、涂改公路附属设施。

前款公路附属设施,是指为保护、养护公路和保障公路安全畅通所设置的公路防护、排水、养护、管理、服务、交通安全、渡运、监控、通信、收费等设施、设备以及专用建筑物、构筑物等。

第五十三条 造成公路损坏的,责任者应当及时报告公路管理机构,并接受公路管理机构的现场调查。

第五十四条 任何单位和个人未经县级以上地方人民政府交通主管部门批准,不得在公路用地范围内设置公路标志以外的其他标志。

第五十五条 在公路上增设平面交叉道口,必须按照国家有关规定经过批准,并按照国家规定的技术标准建设。

第五十六条 除公路防护、养护需要的以外,禁止在公路两侧的建筑控制区内修建建筑物和地面构筑物;需要在建筑控制区内埋设管线、电缆等设施的,应当事先经县级以上地方人民政府交通主管部门批准。

前款规定的建筑控制区的范围,由县级以上地方人民政府按照保障公路运行安全和节约用地的原则,依照国务院的规定划定。

建筑控制区范围经县级以上地方人民政府依照前款规定划定后,由县级以上地方人民政府交通主管部门设置标桩、界桩。任何单位和个人不得损坏、擅自挪动该标桩、界桩。

第五十七条 除本法第四十七条第二款的规定外,本章规定由交通主管部门行使的路政管理职责,可以依照本法第八条第四款的规定,由公路管理机构行使。

第六章 收费公路

第五十八条 国家允许依法设立收费公路,同时对收费公路的数量进行控制。

除本法第五十九条规定可以收取车辆通行费的公路外,禁止任何公路收取车辆通行费。

第五十九条 符合国务院交通主管部门规定的技术等级和规模的下列公路,可以依法收取车辆通行费:

(一)由县级以上地方人民政府交通主管部门利用贷款或者向企业、个人集资建成的公路;

(二)由国内外经济组织依法受让前项收费公路收费权的公路;

(三)由国内外经济组织依法投资建成的公路。

第六十条 县级以上地方人民政府交通主管部门利用贷款或者集资建成的收费公路的收费期限,按照收费偿还贷款、集资款的原则,由省、自治区、直辖市人民政府依照国务院交通主管部门的规定确定。

有偿转让公路收费权的公路,收费权转让后,由受让方收费经营。收费权的转让期限由出让、受让双方约定并报转让收费权的审批机关审查批准,但最长不得超过国务院规定的年限。

国内外经济组织投资建设公路,必须按照国家有关规定办理审批手续;公路建成后,由投资者收费经营。收费经营期限按照收回投资并有合理回报的原则,由有关交通主管部门与投资者约定并按照国家有关规定办理审批手续,但最长不得超过国务院规定的年限。

第六十一条 本法第五十九条第一款第一项规定的公路中的国道收费权的转让,必须经国务院交通主管部门批准;国道以外的其他公路收费权的转让,必须经省、自治区、直辖市人民政府批准,并报国务院交通主管部门备案。

前款规定的公路收费权出让的最低成交价,以国有资产评估机构评估的价值为依据确定。

第六十二条 受让公路收费权和投资建设公路的国内外经济组织应当依法成立开发、经营公路的企业(以下简称公路经营企业)。

第六十三条 收费公路车辆通行费的收费标准,由公路收费单位提出方案,报省、自治区、直辖市人民政府交通主管部门会同级物价行政主管部门审查批准。

第六十四条 收费公路设置车辆通行费的收费站,应当报经省、自治区、直辖市人民政府审查批准。跨省、自治区、直辖市的收费公路设置车辆通行费的收费站,由有关省、自治区、直辖市人民政府协商确定;协商不成的,由国务院交通主管部门决定。同一收费公路由不同的交通主管部门组织建设或者由不同的公路经营企业经营的,应当按照"统一收费、按比例分成"的原则,统筹规划,合理设置收费站。

两个收费站之间的距离,不得小于国务院交通主管部门规定的标准。

第六十五条 有偿转让公路收费权的公路,转让收费权合同约定的期限届满,收费权由出让方收回。

由国内外经济组织依照本法规定投资建成并经营的收费公路,约定的经营期限届满,该公路由国家无偿收回,由有关交通主管部门管理。

第六十六条 依照本法第五十九条规定受让收费权或者由国内外经济组织投资建成经营的公路的养护工作,由各该公路经营企业负责。各该公路经营企业在经营期间应当按照国务院交通主管部门规定的技术规范和操作规程做好对公路的养护工作。在受让收费权的期限届满,或者经营期限届满时,公路应当处于良好的技术状态。

前款规定的公路的绿化和公路用地范围内的水土保持工作,由各该公路经营企业负责。

第一款规定的公路的路政管理,适用本法第五章的规定。该公路路政管理的职责由县级以上地方人民政府交通主管部门或者公路管理机构的派出机构、人员行使。

第六十七条 在收费公路上从事本法第四十四条第二款、第四十五条、第四十八条、第五十条所列活动的,除依照各该条的规定办理外,给公路经营企业造成损失的,应当给予相应的补偿。

第六十八条 收费公路的具体管理办法,由国务院依照本法制定。

第七章 监督检查

第六十九条 交通主管部门、公路管理机构依法对有关公路的法律、法规执行情况进行监督检查。

第七十条 交通主管部门、公路管理机构负有管理和保护公路的责任,有权检查、制止各种侵占、损坏公路、公路用地、公路附属设施及其他违反本法规定的行为。

第七十一条 公路监督检查人员依法在公路、建筑控制区、车辆停放场所、车辆所属单位等进行监督检查时,任何单位和个人不得阻挠。

公路经营者、使用者和其他有关单位、个人,应当接受公路监督检查人员依法实施的监督检查,并为其提供方便。

公路监督检查人员执行公务,应当佩戴标志,持证上岗。

第七十二条 交通主管部门、公路管理机构应当加强对所属公路监督检查人员的管理和教育,要求公路监督检查人员熟悉国家有关法律和规定,公正廉洁,热情服务,秉公执法,对公路监督检查人员的执法行为应当加强监督检查,对其违法行为应当及时纠正,依法处理。

第七十三条 用于公路监督检查的专用车辆,应当设置统一的标志和示警灯。

第八章 法律责任

第七十四条 违反法律或者国务院有关规定,擅自在公路上设卡、收费的,由交通主管部门责令停止违法行为,没收违法所得,可以处违法所得三倍以下的罚款,没有违法所得的,可以处二万元以下的罚款;对负有直接责任的主管人员和其他直接责任人员,依法给予行政处分。

第七十五条 违反本法第二十五条规定,未经有关交通主管部门批准擅自施工的,交通主管部门可以责令停止施工,并可以处五万元以下的罚款。

第七十六条 有下列违法行为之一的,由交通主管部门责令停止违法行为,可以处三万元以下的罚款:

(一)违反本法第四十四条第一款规定,擅自占用、挖掘公路的;

(二)违反本法第四十五条规定,未经同意或者未按照公路工程技术标准的要求修建桥梁、渡槽或者架设、埋设管线、电缆等设施的;

(三)违反本法第四十七条规定,从事危及公路安全的作业的;

(四)违反本法第四十八条规定,铁轮车、履带车和其他可能损害路面的机具擅自在公路上行驶的;

(五)违反本法第五十条规定,车辆超限使用汽车渡船或者在公路上擅自超限行驶的;

(六)违反本法第五十二条、第五十六条规定,损坏、移动、涂改公路附属设施或者损坏、挪动建筑控制区的标桩、界桩,可能危及公路安全的。

第七十七条 违反本法第四十六条的规定,造成公路路面损坏、污染或者影响公路畅通的,或者违反本法第五十一条规定,将公路作为试车场地的,由交通主管部门责令停止违法行为,可以处五千元以下的罚款。

第七十八条 违反本法第五十三条规定,造成公路损坏,未报告的,由交通主管部门处一千元以下的罚款。

第七十九条 违反本法第五十四条规定,在公路用地范围内设置公路标志以外的其他标志的,由交通主管部门责令限期拆除,可以处二万元以下的罚款;逾期不拆除的,由交通主管部门拆除,有关费用由设置者负担。

第八十条 违反本法第五十五条规定,未经批准在公路上增设平面交叉道口的,由交通主管部门责令恢复原状,处五万元以下的罚款。

第八十一条 违反本法第五十六条规定,在公路建筑控制区内修建建筑物、地面构筑物或者擅自埋设管线、电缆等设施的,由交通主管部门责令限期拆除,并可以处五万元以下的罚款。逾期不拆除的,由交通主管部门拆除,有关费用由建筑者、构筑者承担。

第八十二条 除本法第七十四条、第七十五条的规定外,本章规定由交通主管部门行使的行政处罚权和行政措施,可以依照本法第八条第四款的规定由公路管理机构行使。

第八十三条 阻碍公路建设或者公路抢修,致使公路建设或者抢修不能正常进行,尚未造成严重损失的,依照《中华人民共和国治安管理处罚法》的规定处罚。

损毁公路或者擅自移动公路标志,可能影响交通安全,尚不够刑事处罚的,适用《中华人民共和国道路交通安全法》第九十九条的处罚规定。

拒绝、阻碍公路监督检查人员依法执行职务未使用暴力、威胁方法的,依照《中华人民共和国治安管理处罚法》的规定处罚。

第八十四条 违反本法有关规定,构成犯罪的,依法追究刑事责任。

第八十五条 违反本法有关规定,对公路造成损害的,应当依法承担民事责任。

对公路造成较大损害的车辆,必须立即停车,保护现场,报告公路管理机构,接受公路管理机构的调查、处理后方得驶离。

第八十六条 交通主管部门、公路管理机构的工作人员玩忽职守、徇私舞弊、滥用职权,构成犯罪的,依法追究刑事责任;尚不构成犯罪的,依法给予行政处分。

第九章 附 则

第八十七条 本法自1998年1月1日起施行。

86.《中华人民共和国收费公路管理条例》

(2004年11月1日起施行,国务院令第417号)

第一章 总 则

第一条 为了加强对收费公路的管理,规范公路收费行为,维护收费公路的经营管理者和使用者的合法权益,促进公路事业的发展,根据《中华人民共和国公路法》(以下简称公路法),制定本条例。

第二条 本条例所称收费公路,是指符合公路法和本条例规定,经批准依法收取车辆通行费的公路(含桥梁和隧道)。

第三条 各级人民政府应当采取积极措施,支持、促进公路事业的发展。公路发展应当坚持非收费公路为主,适当发展收费公路。

第四条 全部由政府投资或者社会组织、个人捐资建设的公路,不得收取车辆通行费。

第五条 任何单位或者个人不得违反公路法和本条例的规定,在公路上设站(卡)收取车辆通行费。

第六条 对在公路上非法设立收费站(卡)收取车辆通行费的,任何单位和个人都有权拒绝交纳。

任何单位或者个人对在公路上非法设立收费站(卡)、非法收取或者使用车辆通行费、非法转让收费公路权益或者非法延长收费期限等行为,都有权向交通、价格、财政等部门举报。收到举报的部门应当按照职责分工依法及时查处;无权查处的,应当及时移送有权查处的部门。受理的部门必须自收到举报或者移送材料之日起10日内进行查处。

第七条 收费公路的经营管理者,经依法批准有权向通行收费公路的车辆收取车辆通行费。

军队车辆、武警部队车辆,公安机关在辖区内收费公路上处理交通事故、执行正常巡逻任务和处置突发事件的统一标志的制式警车,以及经国务院交通主管部门或者省、自治区、直辖市人民政府批准执行抢险救灾任务的车辆,免交车辆通行费。

进行跨区作业的联合收割机、运输联合收割机(包括插秧机)的车辆,免交车辆通行费。联合收割机不得在高速公路上通行。

第八条 任何单位或者个人不得以任何形式非法干预收费公路的经营管理,挤占、挪用收费公路经营管理者依法收取的车辆通行费。

第二章 收费公路建设和收费站的设置

第九条 建设收费公路,应当符合国家和省、自治区、直辖市公路发展规划,符合本条例规定的收费公路的技术等级和规模。

第十条 县级以上地方人民政府交通主管部门利用贷款或者向企业、个人有偿集资建设的公路(以下简称政府还贷公路),国内外经济组织投资建设或者依照公路法的规定受让政府还贷公路收费权的公路(以下简称经营性公路),经依法批准后,方可收取车辆通行费。

第十一条 建设和管理政府还贷公路,应当按照政事分开的原则,依法设立专门的不以营利为目的的法人组织。

省、自治区、直辖市人民政府交通主管部门对本行政区域内的政府还贷公路,可以实行统一管理、统一贷款、统一还款。

经营性公路建设项目应当向社会公布,采用招标投标方式选择投资者。

经营性公路由依法成立的公路企业法人建设、经营和管理。

第十二条 收费公路收费站的设置,由省、自治区、直辖市人民政府按照下列规定审查批准:

(一)高速公路以及其他封闭式的收费公路,除两端出入口外,不得在主线上设置收费站。但是,省、自治区、直辖市之间确需设置收费站的除外。

(二)非封闭式的收费公路的同一主线上,相邻收费站的间距不得少于50公里。

第十三条 高速公路以及其他封闭式的收费公路,应当实行计算机联网收费,减少收费站点,提高通行效率。联网收费的具体办法由国务院交通主管部门会同国务院有关部门制定。

第十四条 收费公路的收费期限,由省、自治区、直辖市人民政府按照下列标准审查批准:

(一)政府还贷公路的收费期限,按照用收费偿还贷款、偿还有偿集资款的原则确定,最长不得超过15年。国家确定的中西部省、自治区、直辖市的政府还贷公路收费期限,最长不得超过20年。

(二)经营性公路的收费期限,按照收回投资并有合理回报的原则确定,最长不得超过25年。国家确定的中西部省、自治区、直辖市的经营性公路收费期限,最长不得超过30年。

第十五条 车辆通行费的收费标准,应当依照价格法律、行政法规的规定进行听证,并按照下列程序审查批准:

(一)政府还贷公路的收费标准,由省、自治区、直辖市人民政府交通主管部门会同同级价格主管部门、财政部门审核后,报本级人民政府审查批准。

(二)经营性公路的收费标准,由省、自治区、直辖市人民政府交通主管部门会同同级价格主管部门审核后,报本级人民政府审查批准。

第十六条 车辆通行费的收费标准,应当根据公路的技术等级、投资总额、当地物价指数、偿还贷款或者有偿集资款的期限和收回投资的期限以及交通量等因素计算确定。对在国家规定的绿色通道上运输鲜活农产品的车辆,可以适当降低车辆通行费的收费标准或者免交车辆通行费。

修建与收费公路经营管理无关的设施、超标准修建的收费公路经营管理设施和服务设施,其费用不得作为确定收费标准的因素。

车辆通行费的收费标准需要调整的,应当依照本条例第十五条规定的程序办理。

第十七条 依照本条例规定的程序审查批准的收费公路收费站、收费期限、车辆通行费收费标准或者收费标准的调整方案,审批机关应当自审查批准之日起10日内将有关文件向国务院交通主管部门和国务院价格主管部门备案;其中属于政府还贷公路的,还应当自审查批准之日起10日内向国务院财政部门备案。

第十八条 建设收费公路,应当符合下列技术等级和规模:

(一)高速公路连续里程30公里以上。但是,城市市区至本地机场的高速公路除外。

(二)一级公路连续里程50公里以上。

(三)二车道的独立桥梁、隧道,长度800米以上;四车道的独立桥梁、隧道,长度500米以上。

技术等级为二级以下(含二级)的公路不得收费。但是,在国家确定的中西部省、自治区、直辖市建设的二级公路,其连续里程60公里以上的,经依法批准,可以收取车辆通行费。

第三章 收费公路权益的转让

第十九条 依照本条例的规定转让收费公路权益的,应当向社会公布,采用招标投标的方式,公平、公正、公开地选择经营管理者,并依法订立转让协议。

第二十条 收费公路的权益,包括收费权、广告经营权、服务设施经营权。

转让收费公路权益的,应当依法保护投资者的合法利益。

第二十一条 转让政府还贷公路权益中的收费权,可以申请延长收费期限,但延长的期限不得超过5年。

转让经营性公路权益中的收费权,不得延长收费期限。

第二十二条 有下列情形之一的,收费公路权益中的收费权不得转让:

(一)长度小于1000米的二车道独立桥梁和隧道;

(二)二级公路;

(三)收费时间已超过批准收费期限2/3。

第二十三条 转让政府还贷公路权益的收入,必须缴入国库,除用于偿还贷款和有偿集资款外,必须用于公路建设。

第二十四条 收费公路权益转让的具体办法,由国务院交通主管部门会同国务院发展改革部门和财政部门制定。

第四章 收费公路的经营管理

第二十五条 收费公路建成后,应当按照国家有关规定进行验收;验收合格的,方可收取车辆通行费。

收费公路不得边建设边收费。

第二十六条 收费公路经营管理者应当按照国家规定的标准和规范,对收费公路及沿线设施进行日常检查、维护,保证收费公路处于良好的技术状态,为通行车辆及人员提供优质服务。

收费公路的养护应当严格按照工期施工、竣工,不得拖延工期,不得影响车辆安全通行。

第二十七条 收费公路经营管理者应当在收费站的显著位置,设置载有收费站名称、审批机关、收费单位、收费标准、收费起止年限和监督电话等内容的公告牌,接受社会监督。

第二十八条 收费公路经营管理者应当按照国家规定的标准,结合公路交通状况、沿线设施等情况,设置交通标志、标线。

交通标志、标线必须清晰、准确、易于识别。重要的通行信息应当重复提示。

第二十九条 收费道口的设置,应当符合车辆行驶安全的要求;收费道口的数量,应当符合车辆快速通过的需要,不得造成车辆堵塞。

第三十条 收费站工作人员的配备,应当与收费道口的数量、车流量相适应,不得随意增加人员。

收费公路经营管理者应当加强对收费站工作人员的业务培训和职业道德教育,收费人员应当做到文明礼貌,规范服务。

第三十一条 遇有公路损坏、施工或者发生交通事故等影响车辆正常安全行驶的情形时,收费公路经营管理者应当在现场设置安全防护设施,并在收费公路出入口进行限速、警示提示,或者利用收费公路沿线可变信息板等设施予以公告;造成交通堵塞时,应当及时报告有关部门并协助疏导交通。

遇有公路严重损毁、恶劣气象条件或者重大交通事故等严重影响车辆安全通行的情形时，公安机关应当根据情况，依法采取限速通行、关闭公路等交通管制措施。收费公路经营管理者应当积极配合公安机关，及时将有关交通管制的信息向通行车辆进行提示。

第三十二条　收费公路经营管理者收取车辆通行费，必须向收费公路使用者开具收费票据。政府还贷公路的收费票据，由省、自治区、直辖市人民政府财政部门统一印（监）制。经营性公路的收费票据，由省、自治区、直辖市人民政府税务部门统一印（监）制。

第三十三条　收费公路经营管理者对依法应当交纳而拒交、逃交、少交车辆通行费的车辆，有权拒绝其通行，并要求其补交应交纳的车辆通行费。

任何人不得为拒交、逃交、少交车辆通行费而故意堵塞收费道口、强行冲卡、殴打收费公路管理人员、破坏收费设施或者从事其他扰乱收费公路经营管理秩序的活动。

发生前款规定的扰乱收费公路经营管理秩序行为时，收费公路经营管理者应当及时报告公安机关，由公安机关依法予以处理。

第三十四条　在收费公路上行驶的车辆不得超载。

发现车辆超载时，收费公路经营管理者应当及时报告公安机关，由公安机关依法予以处理。

第三十五条　收费公路经营管理者不得有下列行为：

（一）擅自提高车辆通行费收费标准；

（二）在车辆通行费收费标准之外加收或者代收任何其他费用；

（三）强行收取或者以其他不正当手段按车辆收取某一期间的车辆通行费；

（四）不开具收费票据，开具未经省、自治区、直辖市人民政府财政、税务部门统一印（监）制的收费票据或者开具已经过期失效的收费票据。

有前款所列行为之一的，通行车辆有权拒绝交纳车辆通行费。

第三十六条　政府还贷公路的管理者收取的车辆通行费收入，应当全部存入财政专户，严格实行收支两条线管理。

政府还贷公路的车辆通行费，除必要的管理、养护费用从财政部门批准的车辆通行费预算中列支外，必须全部用于偿还贷款和有偿集资款，不得挪作他用。

第三十七条　收费公路的收费期限届满，必须终止收费。

政府还贷公路在批准的收费期限届满前已经还清贷款、还清有偿集资款的，必须终止收费。

依照本条前两款的规定，收费公路终止收费的，有关省、自治区、直辖市人民政府应当向社会公告，明确规定终止收费的日期，接受社会监督。

第三十八条　收费公路终止收费前6个月，省、自治区、直辖市人民政府交通主管部门应当对收费公路进行鉴定和验收。经鉴定和验收，公路符合取得收费公路权益时核定的技术等级和标准的，收费公路经营管理者方可按照国家有关规定向交通主管部门办理公路移交手续；不符合取得收费公路权益时核定的技术等级和标准的，收费公路经营管理者应当在交通主管部门确定的期限内进行养护，达到要求后，方可按照规定办理公路移交手续。

第三十九条　收费公路终止收费后，收费公路经营管理者应当自终止收费之日起15日内拆除收费设施。

第四十条　任何单位或者个人不得通过封堵非收费公路或者在非收费公路上设卡收费等方式，强迫车辆通行收费公路。

第四十一条　收费公路经营管理者应当按照国务院交通主管部门和省、自治区、直辖市人民政府交通主管部门的要求，及时提供统计资料和有关情况。

第四十二条　收费公路的养护、绿化和公路用地范围内的水土保持及路政管理，依照公路法的有关规定执行。

第四十三条　国务院交通主管部门和省、自治区、直辖市人民政府交通主管部门应当对收费公路实施监督检查，督促收费公路经营管理者依法履行公路养护、绿化和公路用地范围内的水土保持义务。

第四十四条　审计机关应当依法加强收费公路的审计监督，对违法行为依法进行查处。

第四十五条　行政执法机关依法对收费公路实施监督检查时，不得向收费公路经营管理者收取任何费用。

第四十六条　省、自治区、直辖市人民政府应当将本行政区域内收费公路及收费站名称、收费单位、收费标准、收费期限等信息向社会公布，接受社会监督。

第五章　法律责任

……

第六章　附　则

第五十九条　本条例施行前在建的和已投入运行的收费公路，由国务院交通主管部门会同国务院发展改革部门和财政部门依照本条例规定的原则进行规范。具体办法由国务院交通主管部门制定。

第六十条　本条例自2004年11月1日起施行。

87.《收费公路权益转让办法》

(2008年10月1日起施行，交通运输部、国家发展和改革委员会、财政部令〔2008〕第11号)

第一章　总　则

第一条　为了规范收费公路权益转让行为，维护转让方、受让方以及使用者的合法权益，促进公路事业发展，根据《中华人民共和国公路法》(以下简称《公路法》)、《收费公路管理条例》(以下简称《收费条例》)制定本办法。

第二条　在中华人民共和国境内转让收费公路权益，应当遵守本办法。

第三条　本办法下列用语的含义是：

（一）收费公路，是指按照《公路法》和《收费条例》规定，经批准依法收取车辆通行费的公路（含桥梁和隧道）。收费公路包括政府还贷公路和经营性公路。

政府还贷公路，是指县级以上地方人民政府交通运输主管部门利用贷款或者向企业、个人有偿集资建成的收费公路。

经营性公路，是指国内外经济组织依法投资建设或者依法受让政府还贷公路收费权的收费公路。

(二)收费公路权益,是指收费公路的收费权、广告经营权、服务设施经营权。

(三)收费公路权益转让,是指收费公路建成通车后,转让方将其合法取得的收费公路权益有偿转让给受让方的交易活动。

转让方是指将合法取得的收费公路权益依法有偿转让给受让方的国内外经济组织,包括不以营利为目的的专门建设和管理政府还贷公路的法人组织和投资建设经营经营性公路的国内外经济组织。

受让方是指依法从转让方有偿取得收费公路权益的国内外经济组织。

第四条 国家允许依法转让收费公路权益,同时对收费公路权益的转让进行严格控制。

国家在综合考虑转让必要性、合理性、社会承受力等因素的基础上,严格限制政府还贷公路转让为经营性公路。

收费公路权益转让活动,应当遵守相关法律、法规、规章的规定,应当遵循公开、公平、公正和诚实信用的原则。

第五条 国务院交通运输主管部门主管全国收费公路权益的转让工作。国务院发展改革部门和财政主管部门依据各自职责,负责收费公路权益转让的相关管理工作。

第二章 收费公路权益转让条件

第六条 转让收费权的公路,应当符合《收费条例》第十八条规定的技术等级和规模。

第七条 有下列情形之一的,收费公路权益中的收费权不得转让:

(一)长度小于1000米的二车道独立桥梁和隧道;

(二)二级公路;

(三)收费时间已超过批准收费期限2/3。

第八条 同一个收费公路项目的收费权、广告经营权、服务设施经营权,可以合并转让,也可以单独转让。

第九条 转让收费公路权益,不得有下列行为:

(一)将一个依法批准的收费公路项目分成若干段转让收费权;

(二)将收费公路权益项目与非收费公路权益项目捆绑转让;

(三)受让方没有全部承继转让方原对政府和社会公众承担的责任、义务;

(四)将政府还贷公路权益无偿划转给企业法人。

第十条 转让尚未偿清国际金融组织或者外国政府贷款的收费公路权益的,应当按照国家相关规定在申请转让审批前经原利用国外贷款审批部门同意。

收费公路权益转让的受让方应当按照国家有关投资管理的相关规定,在申请转让审批前将投资项目申请报告报有相应管理权限的投资主管部门核准。申请核准时应当同时提交收费公路权益转让合同。

第十一条 转让公路收费权,应当征得下列利害关系人同意:

(一)该公路的债权人;

(二)该公路收费权的质权人;

(三)该公路的所有投资人;

(四)公路的投资建设合同和转让公路收费权合同中约定转让及再转让时要征得其同意的人。

第十二条 公路收费权的受让方应当具备下列条件:

(一)财务状况良好,企业所有者权益不低于受让项目实际造价的35%;

(二)商业信誉良好,在经济活动中无重大违法违规行为;

(三)法律、法规规定的其他条件。

单独转让公路广告经营权、服务设施经营权时,其受让方应当具备的条件,按照地方性法规和省级人民政府规章执行。

第十三条 转让政府还贷公路收费权,可以向省级人民政府申请延长收费期限,但延长的期限不得超过5年,且累计收费期限的总和最长不得超过20年。国家确定的中西部省、自治区、直辖市政府还贷公路累计收费期限的总和,最长不得超过25年。

转让经营性公路收费权,不得延长收费期限,且累计收费期限的总和最长不得超过25年。国家确定的中西部省、自治区、直辖市经营性公路累计收费期限的总和,最长不得超过30年。

不得以转让公路收费权为由提高车辆通行费标准。

第三章 收费公路权益转让程序

第十四条 转让公路收费权,在办理转让审批前,转让方可以先向审批机关提出转让立项申请。

提出转让立项申请的,需要提交以下材料:

(一)转让收费权的公路概况,包括公路建设年限、技术等级和规模,投资来源和投资额,通车收费时间,近三年该收费公路的收支情况等;

(二)转让的原因和目的;

(三)转让政府还贷公路所得收入的投向;

(四)本办法第十一条规定的利害关系人同意转让的书面意见;

(五)转让尚未偿清国际金融组织或者外国政府贷款的收费公路权益的,出具原利用国外贷款审批部门的书面同意意见;

(六)省级人民政府批准收取车辆通行费的文件;

(七)经审计机关或者有资格的会计师事务所审计的上一年度会计报告;

(八)首次转让公路收费权的,提供该收费公路竣工财务决算和竣工审计报告;

(九)转让经营性公路收费权的,提供公司章程;

(十)再次转让公路收费权的,提供原转让协议;

(十一)审批机关认为需要提供的其他文件。

第十五条 审批机关收到转让立项申请后,应当对申请转让的收费权是否符合转让条件进行初步审查,并出具转让立项审查意见。

转让立项审查意见可以作为转让方在作转让前期准备工作时证明拟转让的公路收费权符合转让条件的依据。

转让立项审查意见自出具之日起一年内有效。

第十六条 转让下列收费公路的收费权,转让方应当委托符合条件的资产评估机构,对收费权价值进行评估:

(一)政府还贷公路;

(二)有财政性资金投入的经营性公路;

(三)使用国有资本金投资的公路。

资产评估机构出具的评估报告,是确定前款规定收费公路的收费权转让最低成交价的依据。

转让方对资产评估机构出具的资产评估报告,应当按照国家有关资产评估的规定,报有关部门核准或者备案。

第十七条 转让方按照第十六条规定进行收费权价值评估的,应当委托符合下列条件的资产评估机构:

(一)具有法律、行政法规规定的资产评估资质;
(二)评估机构的人员具备与公路收费权价值评估相适应的专业知识和经验;
(三)评估机构和人员近三年未发生违规行为,未有违规不良记录。

第十八条 转让收费公路权益进行收费权价值评估,评估方法应当采用收益现值法,所涉及的收益期限由转让方与资产评估机构在批准的收费期限内约定。

第十九条 转让政府还贷公路收费权益和有财政性资金投入的经营性公路收费权益,应当采用公开招标的方式,公平、公正、公开选择受让方。

第二十条 收费公路权益转让的招标投标活动,应当严格执行《中华人民共和国招标投标法》等有关规定。

省级人民政府交通运输主管部门负责对收费公路权益转让招标投标全过程的监督管理。省级人民政府发展改革部门、财政主管部门依据各自职责,负责招标投标活动的监督。

第二十一条 进行收费公路权益转让招标的,转让方应当通过国家指定的报刊、信息网络或者其他媒介,发布招标公告。公告期不得少于20日。

第二十二条 转让政府还贷公路权益和有财政性资金投入以及使用国有资本金投资的经营性公路权益进行招标的,应当实行有底价招标。其中转让收费权的招标底价不得低于有关部门核准或者确认的收费权价值评估价。

第二十三条 转让方应当依法编制招标文件。招标文件应当包括下列内容:

(一)招标项目的基本情况,包括项目建设年限、通车时间、技术等级和规模、投资来源和投资额、近年收支情况等;
(二)受让方应当具备的条件及有关资格和资信要求。转让政府还贷公路权益和有财政性资金投入的经营性公路权益的,应当要求受让方承诺所成立的公路经营企业不对外提供担保,包括为受让方债务提供任何形式的担保,不承担受让方的债务;
(三)受让方的权利和义务;
(四)转让金的支付形式、期限(最长不超过合同生效后6个月)及担保要求;
(五)经营期间公路养护、绿化及水土保持要求;
(六)经营终结后解散和清算的程序,公路权益移交时公路及公路附属设施、服务设施的标准;
(七)受让方或其设立的公路经营企业破产、终止、解除转让协议的条件;
(八)政府终止收费公路权益转让协议的条件;
(九)投标文件的编制要求及其送达方式、地点和截止时间;
(十)开标地点及开标和评标的时间安排;
(十一)评标标准、评标办法、评标程序、确定废标的因素;

(十二)签订的转让合同的主要条款;
(十三)职工安置方案;
(十四)债权债务处理方案;
(十五)其他需要说明的问题。

第二十四条 受让方确定后,转让方和受让方应当依法订立收费公路权益转让合同。转让合同应当包括下列条款:
(一)转让方与受让方的名称与住所;
(二)项目名称和经营内容;
(三)经营范围和转让期限;
(四)转让价格及支付价款的时间(最长不超过合同生效后6个月)和方式;
(五)有关资产交割事项;
(六)转让方涉及的职工安置方案;
(七)转让方的权利和义务;
(八)受让方的权利和义务;
(九)公路养护和服务质量保障措施(包括建立养护维修保证金等);
(十)经营风险的承担责任;
(十一)公路养护责任;
(十二)公路移交的方式和时间;
(十三)争议的解决方式;
(十四)各方的违约责任;
(十五)合同变更和解除的条件;
(十六)转让合同期满后公路收费权的归属和移交事项;
(十七)转让和受让双方认为必要的其他条款。

第二十五条 公路收费权益转让合同自公路收费权转让批准之日起生效。

第二十六条 转让国道(包括国道主干线和国家高速公路网项目,下同)收费权,应当经国务院交通运输主管部门批准。转让国道以外的其他公路收费权,应当经省级交通运输主管部门审核同意,报省级人民政府批准。

将公路广告经营权、服务设施经营权与公路收费权合并转让的,由具有审批公路收费权权限的审批机关批准。

单独转让公路广告经营权、服务设施经营权的审批,按照地方性法规和省级人民政府规章执行。

第二十七条 申请转让公路收费权的,转让方应当向审批机关提交申请文件,内容应当包括:
(一)提出过立项申请的,需提交转让立项审查意见;未提出过立项申请的,需提交第十四条规定的相关材料;
(二)转让前期按照规定进行收费权价值评估的有关材料和资产评估报告的核准或者备案文件等;
(三)转让前期招标投标情况和受让方的确定情况;
(四)审计部门或者会计师事务所出具的受让方上年度会计报告和受让方的法人营业执

照副本;

(五) 按照第十条规定办理的相关手续和书面同意意见;
(六) 转让收入的具体投向;
(七) 公路收费权益管理情况;
(八) 转让方、受让方签订的公路收费权益转让合同;
(九) 审批机关认为需要提供的其他文件。

第二十八条　审批机关应当按照《行政许可法》和相关规定的要求,办理公路收费权转让审批。

审批机关在审查收费公路权益转让申请时,应当综合考虑维护国家利益、社会公共利益的因素。

同意转让公路收费权的,审批机关应当出具公路收费权转让批准文件。

第二十九条　由省级人民政府批准转让公路收费权的,转让方自批准之日起30日内,应当将省级交通运输主管部门审核意见、省级人民政府批准文件和转让合同报国务院交通运输主管部门备案。

第三十条　国务院交通运输主管部门应当自批准公路收费权转让之日起30日内,将批准文件抄送国务院发展改革主管部门和财政主管部门。

第三十一条　转让方应当对所提交申请材料的真实性、合法性负责。

第四章　转让收入使用管理

第三十二条　转让政府还贷公路权益的收入,除用于偿还公路建设贷款和有偿集资款外,应当全部用于公路建设。任何单位不得将转让政府还贷公路权益的收入用于公路建设以外的其他项目。

转让有财政性资金投入的经营性公路权益取得的收入中与财政性资金投入份额相应的收入部分,除用于偿还公路建设贷款外,主要用于公路建设。

第三十三条　转让全部由社会资金投入的经营性公路权益取得的收入,由投资者自行决定转让收入使用方向。

国家有关部门应当鼓励投资者将这部分收入继续投入公路建设项目。

第三十四条　转让政府还贷公路权益和转让有财政性资金投入的经营性公路权益取得的收入中与财政性资金投入份额相应的收入部分,纳入预算管理。转让方应当在取得上述转让收入的3个工作日内,按照规定的预算级次上缴财政。实行非税收入收缴管理制度改革的,按照改革的相关规定执行。财政主管部门应当将转让收入纳入当年财政收支预算,资金拨付按照财政国库管理制度有关规定执行。

第五章　收费公路权益转让后续管理及收回

第三十五条　受让方依法拥有转让期限内的公路收费权益,转让收费权益的公路、公路附属设施的所有权仍归国家所有。

第三十六条　收费公路权益转让合同约定的转让期限届满,转让收费公路权益的公路、公路附属设施以及服务设施应当处于良好的技术状态,由国家无偿收回,由交通运输主管部门管理。

收费公路权益转让期限未满,因社会公共利益需要等原因国家提前收回转让的收费公路权益的,接收收费公路权益的交通运输主管部门依法给予受让方补偿。最高补偿额按照原转让价格和提前收回的期限占原批准转让期限的比例计算确定。

第三十七条 收费公路权益转让后,该公路路政管理的职责仍然由县级以上地方人民政府交通运输主管部门或者公路管理机构的派出机构、人员行使。

第三十八条 受让方在依法取得收费公路权益后,依法成立的公路经营企业应当按照国家规定的标准和规范要求,做好公路养护管理、绿化以及公路用地范围内的水土保持工作,并对收费公路及沿线设施进行日常检查、检测、维护,保证收费公路处于良好的技术状态。

公路经营企业应当根据交通运输主管部门要求,定期提供公路技术状况检测报告。

第三十九条 公路经营企业应当接受国务院交通运输主管部门和省、自治区、直辖市人民政府交通运输主管部门的行业管理,按要求实行联网收费,并遵守路网的其他统一要求,及时提供统计资料和有关经营情况。

第四十条 收费公路权益转让后,省、自治区、直辖市交通运输主管部门应当对该收费公路的收费管理和养护情况实施监督检查。

收费公路权益转让合同约定的转让期限届满前6个月,省、自治区、直辖市人民政府交通运输主管部门应当对转让权益的收费公路进行鉴定和验收。经鉴定和验收,公路符合收费公路权益转让时核定的技术等级和标准的,公路经营企业方可按照国家有关规定,在转让期限届满时向交通运输主管部门办理公路移交手续;不符合转让收费公路权益时核定的技术等级和标准的,公路经营企业应当在交通运输主管部门确定的期限内进行养护,达到要求后,方可按照规定办理公路移交手续。转让期限届满仍未达到要求的,交通运输主管部门应当收回公路收费权,办理公路移交手续,指定其他单位进行养护,养护费用由原公路经营企业承担。

第六章 法律责任

……

第七章 附 则

第四十九条 本办法规定的时限以工作日计算,不含法定节假日。

第五十条 本办法自2008年10月1日起施行。交通部于1996年10月9日以交通部第9号令发布的《公路经营权有偿转让管理办法》同时废止。

88.《中华人民共和国铁路法》

（1991年5月1日起施行,2015年4月24日修正）

第一章 总 则

第一条 为了保障铁路运输和铁路建设的顺利进行,适应社会主义现代化建设和人民生活的需要,制定本法。

第二条 本法所称铁路,包括国家铁路、地方铁路、专用铁路和铁路专用线。

国家铁路是指由国务院铁路主管部门管理的铁路。

地方铁路是指由地方人民政府管理的铁路。

专用铁路是指由企业或者其他单位管理，专为本企业或者本单位内部提供运输服务的铁路。

铁路专用线是指由企业或者其他单位管理的与国家铁路或者其他铁路线路接轨的岔线。

第三条 国务院铁路主管部门主管全国铁路工作，对国家铁路实行高度集中、统一指挥的运输管理体制，对地方铁路、专用铁路和铁路专用线进行指导、协调、监督和帮助。

国家铁路运输企业行使法律、行政法规授予的行政管理职能。

第四条 国家重点发展国家铁路，大力扶持地方铁路的发展。

第五条 铁路运输企业必须坚持社会主义经营方向和为人民服务的宗旨，改善经营管理，切实改进路风，提高运输服务质量。

第六条 公民有爱护铁路设施的义务。禁止任何人破坏铁路设施，扰乱铁路运输的正常秩序。

第七条 铁路沿线各级地方人民政府应当协助铁路运输企业保证铁路运输安全畅通，车站、列车秩序良好，铁路设施完好和铁路建设顺利进行。

第八条 国家铁路的技术管理规程，由国务院铁路主管部门制定，地方铁路、专用铁路的技术管理办法，参照国家铁路的技术管理规程制定。

第九条 国家鼓励铁路科学技术研究，提高铁路科学技术水平。对在铁路科学技术研究中有显著成绩的单位和个人给予奖励。

第二章 铁路运输营业

……

第三章 铁路建设

第三十三条 铁路发展规划应当依据国民经济和社会发展以及国防建设的需要制定，并与其他方式的交通运输发展规划相协调。

第三十四条 地方铁路、专用铁路、铁路专用线的建设计划必须符合全国铁路发展规划，并征得国务院铁路主管部门或者国务院铁路主管部门授权的机构的同意。

第三十五条 在城市规划区范围内，铁路的线路、车站、枢纽以及其他有关设施的规划，应当纳入所在城市的总体规划。

铁路建设用地规划，应当纳入土地利用总体规划。为远期扩建、新建铁路需要的土地，由县级以上人民政府在土地利用总体规划中安排。

第三十六条 铁路建设用地，依照有关法律、行政法规的规定办理。

有关地方人民政府应当支持铁路建设，协助铁路运输企业做好铁路建设征收土地工作和拆迁安置工作。

第三十七条 已经取得使用权的铁路建设用地，应当依照批准的用途使用，不得擅自改作他用；其他单位或者个人不得侵占。

侵占铁路建设用地的，由县级以上地方人民政府土地管理部门责令停止侵占、赔偿损失。

第三十八条　铁路的标准轨距为1435毫米。新建国家铁路必须采用标准轨距。

窄轨铁路的轨距为762毫米或者1000毫米。

新建和改建铁路的其他技术要求应当符合国家标准或者行业标准。

第三十九条　铁路建成后，必须依照国家基本建设程序的规定，经验收合格，方能交付正式运行。

第四十条　铁路与道路交叉处，应当优先考虑设置立体交叉；未设立体交叉的，可以根据国家有关规定设置平交道口或者人行过道。在城市规划区内设置平交道口或者人行过道，由铁路运输企业或者建有专用铁路、铁路专用线的企业或者其他单位和城市规划主管部门共同决定。

拆除已经设置的平交道口或者人行过道，由铁路运输企业或者建有专用铁路、铁路专用线的企业或者其他单位和当地人民政府商定。

第四十一条　修建跨越河流的铁路桥梁，应当符合国家规定的防洪、通航和水流的要求。

第四章　铁路安全与保护

……

第五章　法律责任

……

第六章　附　则

第七十二条　本法所称国家铁路运输企业是指铁路局和铁路分局。

第七十三条　国务院根据本法制定实施条例。

第七十四条　本法自1991年5月1日起施行。

89.《中华人民共和国港口法》

（2004年1月1日起施行，2015年4月24日修正）

第一章　总　则

第一条　为了加强港口管理，维护港口的安全与经营秩序，保护当事人的合法权益，促进港口的建设与发展，制定本法。

第二条　从事港口规划、建设、维护、经营、管理及其相关活动，适用本法。

第三条　本法所称港口，是指具有船舶进出、停泊、靠泊，旅客上下，货物装卸、驳运、储存等功能，具有相应的码头设施，由一定范围的水域和陆域组成的区域。

港口可以由一个或者多个港区组成。

第四条　国务院和有关县级以上地方人民政府应当在国民经济和社会发展计划中体现港口的发展和规划要求，并依法保护和合理利用港口资源。

第五条 国家鼓励国内外经济组织和个人依法投资建设、经营港口,保护投资者的合法权益。

第六条 国务院交通主管部门主管全国的港口工作。

地方人民政府对本行政区域内港口的管理,按照国务院关于港口管理体制的规定确定。

依照前款确定的港口管理体制,由港口所在地的市、县人民政府管理的港口,由市、县人民政府确定一个部门具体实施对港口的行政管理;由省、自治区、直辖市人民政府管理的港口,由省、自治区、直辖市人民政府确定一个部门具体实施对港口的行政管理。

依照前款确定的对港口具体实施行政管理的部门,以下统称港口行政管理部门。

第二章 港口规划与建设

第七条 港口规划应当根据国民经济和社会发展的要求以及国防建设的需要编制,体现合理利用岸线资源的原则,符合城镇体系规划,并与土地利用总体规划、城市总体规划、江河流域规划、防洪规划、海洋功能区划、水路运输发展规划和其他运输方式发展规划以及法律、行政法规规定的其他有关规划相衔接、协调。

编制港口规划应当组织专家论证,并依法进行环境影响评价。

第八条 港口规划包括港口布局规划和港口总体规划。

港口布局规划,是指港口的分布规划,包括全国港口布局规划和省、自治区、直辖市港口布局规划。

港口总体规划,是指一个港口在一定时期的具体规划,包括港口的水域和陆域范围、港区划分、吞吐量和到港船型、港口的性质和功能、水域和陆域使用、港口设施建设岸线使用、建设用地配置以及分期建设序列等内容。

港口总体规划应当符合港口布局规划。

第九条 全国港口布局规划,由国务院交通主管部门征求国务院有关部门和有关军事机关的意见编制,报国务院批准后公布实施。

省、自治区、直辖市港口布局规划,由省、自治区、直辖市人民政府根据全国港口布局规划组织编制,并送国务院交通主管部门征求意见。国务院交通主管部门自收到征求意见的材料之日起满三十日未提出修改意见的,该港口布局规划由有关省、自治区、直辖市人民政府公布实施;国务院交通主管部门认为不符合全国港口布局规划的,应当自收到征求意见的材料之日起三十日内提出修改意见;有关省、自治区、直辖市人民政府对修改意见有异议的,报国务院决定。

第十条 港口总体规划由港口行政管理部门征求有关部门和有关军事机关的意见编制。

第十一条 地理位置重要、吞吐量较大、对经济发展影响较广的主要港口的总体规划,由国务院交通主管部门征求国务院有关部门和有关军事机关的意见后,会同有关省、自治区、直辖市人民政府批准,并公布实施。主要港口名录由国务院交通主管部门征求国务院有关部门意见后确定并公布。

省、自治区、直辖市人民政府征求国务院交通主管部门的意见后确定本地区的重要港口。重要港口的总体规划由省、自治区、直辖市人民政府征求国务院交通主管部门意见后批准,公布实施。

前两款规定以外的港口的总体规划,由港口所在地的市、县人民政府批准后公布实施,并报省、自治区、直辖市人民政府备案。

市、县人民政府港口行政管理部门编制的属于本条第一款、第二款规定范围的港口的总体规划，在报送审批前应当经本级人民政府审核同意。

第十二条 港口规划的修改，按照港口规划制定程序办理。

第十三条 在港口总体规划区内建设港口设施，使用港口深水岸线的，由国务院交通主管部门会同国务院经济综合宏观调控部门批准；建设港口设施，使用非深水岸线的，由港口行政管理部门批准。但是，由国务院或者国务院经济综合宏观调控部门批准建设的项目使用港口岸线，不再另行办理使用港口岸线的审批手续。

港口深水岸线的标准由国务院交通主管部门制定。

第十四条 港口建设应当符合港口规划。不得违反港口规划建设任何港口设施。

第十五条 按照国家规定须经有关机关批准的港口建设项目，应当按国家有关规定办理审批手续，并符合国家有关标准和技术规范。

建设港口工程项目，应当依法进行环境影响评价。

港口建设项目的安全设施和环境保护设施，必须与主体工程同时设计、同时施工、同时投入使用。

第十六条 港口建设使用土地和水域，应当依照有关土地管理、海域使用管理、河道管理、航道管理、军事设施保护管理的法律、行政法规以及其他有关法律、行政法规的规定办理。

第十七条 港口的危险货物作业场所、实施卫生除害处理的专用场所，应当符合港口总体规划和国家有关安全生产、消防、检验检疫和环境保护的要求，其与人口密集区和港口客运设施的距离应当符合国务院有关部门的规定；经依法办理有关手续，并经港口行政管理部门批准后，方可建设。

第十八条 航标设施以及其他辅助性设施，应当与港口同步建设，并保证按期投入使用。

港口内有关行政管理机构办公设施的建设应当符合港口总体规划，建设费用不得向港口经营人摊派。

第十九条 港口设施建设项目竣工后，应当按照国家有关规定经验收合格，方可投入使用。

港口设施的所有权，依照有关法律规定确定。

第二十条 县级以上有关人民政府应当保证必要的资金投入，用于港口公用的航道、防波堤、锚地等基础设施的建设和维护。具体办法由国务院规定。

第二十一条 县级以上有关人民政府应当采取措施，组织建设与港口相配套的航道、铁路、公路、给排水、供电、通信等设施。

第三章 港口经营

第二十二条 从事港口经营，应当向港口行政管理部门书面申请取得港口经营许可，并依法办理工商登记。

港口行政管理部门实施港口经营许可，应当遵循公开、公正、公平的原则。

港口经营包括码头和其他港口设施的经营，港口旅客运输服务经营，在港区内从事货物的装卸、驳运、仓储的经营和港口拖轮经营等。

第二十三条　取得港口经营许可，应当有固定的经营场所，有与经营业务相适应的设施、设备、专业技术人员和管理人员，并应当具备法律、法规规定的其他条件。

第二十四条　港口行政管理部门应当自收到本法第二十二条第一款规定的书面申请之日起三十日内依法作出许可或者不予许可的决定。予以许可的，颁发港口经营许可证；不予许可的，应当书面通知申请人并告知理由。

第二十五条　经营港口理货业务，应当按照规定取得许可。实施港口理货业务经营许可，应当遵循公开、公正、公平的原则。具体办法由国务院交通主管部门规定。

港口理货业务经营人应当公正、准确地办理理货业务；不得兼营本法第二十二条第三款规定的货物装卸经营业务和仓储经营业务。

第二十六条　港口经营人从事经营活动，必须遵守有关法律、法规，遵守国务院交通主管部门有关港口作业规则的规定，依法履行合同约定的义务，为客户提供公平、良好的服务。

从事港口旅客运输服务的经营人，应当采取保证旅客安全的有效措施，向旅客提供快捷、便利的服务，保持良好的候船环境。

港口经营人应当依照有关环境保护的法律、法规的规定，采取有效措施，防治对环境的污染和危害。

第二十七条　港口经营人应当优先安排抢险物资、救灾物资和国防建设急需物资的作业。

第二十八条　港口经营人应当在其经营场所公布经营服务的收费项目和收费标准；未公布的，不得实施。

港口经营性收费依法实行政府指导价或者政府定价的，港口经营人应当按照规定执行。

第二十九条　国家鼓励和保护港口经营活动的公平竞争。

港口经营人不得实施垄断行为和不正当竞争行为，不得以任何手段强迫他人接受其提供的港口服务。

第三十条　港口行政管理部门依照《中华人民共和国统计法》和有关行政法规的规定要求港口经营人提供的统计资料，港口经营人应当如实提供。

港口行政管理部门应当按照国家有关规定将港口经营人报送的统计资料及时上报，并为港口经营人保守商业秘密。

第三十一条　港口经营人的合法权益受法律保护。任何单位和个人不得向港口经营人摊派或者违法收取费用，不得违法干预港口经营人的经营自主权。

第四章　港口安全与监督管理

……

第五章　法律责任

……

第六章　附　则

第五十八条　对航行国际航线的船舶开放的港口，由有关省、自治区、直辖市人民政府按照国家有关规定国务院有关部门和有关军事机关同意后，报国务院批准。

第五十九条 渔业港口的管理工作由县级以上人民政府渔业行政主管部门负责。具体管理办法由国务院规定。

前款所称渔业港口，是指专门为渔业生产服务、供渔业船舶停泊、避风、装卸渔获物、补充渔需物资的人工港口或者自然港湾，包括综合性港口中渔业专用的码头、渔业专用的水域和渔船专用的锚地。

第六十条 军事港口的建设和管理办法由国务院、中央军事委员会规定。

第六十一条 本法自2004年1月1日起施行。

90.《中华人民共和国城市道路管理条例》

（1996年10月1日起施行，2011年1月8日修正）

第一章 总 则

第一条 为了加强城市道路管理，保障城市道路完好，充分发挥城市道路功能，促进城市经济和社会发展，制定本条例。

第二条 本条例所称城市道路，是指城市供车辆、行人通行的，具备一定技术条件的道路、桥梁及其附属设施。

第三条 本条例适用于城市道路规划、建设、养护、维修和路政管理。

第四条 城市道路管理实行统一规划、配套建设、协调发展和建设、养护、管理并重的原则。

第五条 国家鼓励和支持城市道路科学技术研究，推广先进技术，提高城市道路管理的科学技术水平。

第六条 国务院建设行政主管部门主管全国城市道路管理工作。

省、自治区人民政府城市建设行政主管部门主管本行政区域内的城市道路管理工作。

县级以上城市人民政府市政工程行政主管部门主管本行政区域内的城市道路管理工作。

第二章 规划和建设

第七条 县级以上城市人民政府应当组织市政工程、城市规划、公安交通等部门，根据城市总体规划编制城市道路发展规划。

市政工程行政主管部门应当根据城市道路发展规划，制定城市道路年度建设计划，经城市人民政府批准后实施。

第八条 城市道路建设资金可以按照国家有关规定，采取政府投资、集资、国内外贷款、国有土地有偿使用收入、发行债券等多种渠道筹集。

第九条 城市道路的建设应当符合城市道路技术规范。

第十条 政府投资建设城市道路的，应当根据城市道路发展规划和年度建设计划，由市政工程行政主管部门组织建设。

单位投资建设城市道路的，应当符合城市道路发展规划，并经市政工程行政主管部门批准。

城市住宅小区、开发区内的道路建设,应当分别纳入住宅小区、开发区的开发建设计划配套建设。

第十一条 国家鼓励国内外企业和其他组织以及个人按照城市道路发展规划,投资建设城市道路。

第十二条 城市供水、排水、燃气、热力、供电、通信、消防等依附于城市道路的各种管线、杆线等设施的建设计划,应当与城市道路发展规划和年度建设计划相协调,坚持先地下、后地上的施工原则,与城市道路同步建设。

第十三条 新建的城市道路与铁路干线相交的,应当根据需要在城市规划中预留立体交通设施的建设位置。

城市道路与铁路相交的道口建设应当符合国家有关技术规范,并根据需要逐步建设立体交通设施。建设立体交通设施所需投资,按照国家规定由有关部门协商确定。

第十四条 建设跨越江河的桥梁和隧道,应当符合国家规定的防洪、通航标准和其他有关技术规范。

第十五条 县级以上城市人民政府应当有计划地按照城市道路技术规范改建、拓宽城市道路和公路的结合部,公路行政主管部门可以按照国家有关规定在资金上给予补助。

第十六条 承担城市道路设计、施工的单位,应当具有相应的资质等级,并按照资质等级承担相应的城市道路的设计、施工任务。

第十七条 城市道路的设计、施工,应当严格执行国家和地方规定的城市道路设计、施工的技术规范。

城市道路施工,实行工程质量监督制度。

城市道路工程竣工,经验收合格后,方可交付使用;未经验收或者验收不合格的,不得交付使用。

第十八条 城市道路实行工程质量保修制度。城市道路的保修期为1年,自交付使用之日起计算。保修期内出现工程质量问题,由有关责任单位负责保修。

第十九条 市政工程行政主管部门对利用贷款或者集资建设的大型桥梁、隧道等,可以在一定期限内向过往车辆(军用车辆除外)收取通行费,用于偿还贷款或者集资款,不得挪作他用。

收取通行费的范围和期限,由省、自治区、直辖市人民政府规定。

第三章 养护和维修

第二十条 市政工程行政主管部门对其组织建设和管理的城市道路,按照城市道路的等级、数量及养护和维修的定额,逐年核定养护、维修经费,统一安排养护、维修资金。

第二十一条 承担城市道路养护、维修的单位,应当严格执行城市道路养护、维修的技术规范,定期对城市道路进行养护、维修,确保养护、维修工程的质量。

市政工程行政主管部门负责对养护、维修工程的质量进行监督检查,保障城市道路完好。

第二十二条 市政工程行政主管部门组织建设和管理的道路,由其委托的城市道路养护、维修单位负责养护、维修。单位投资建设和管理的道路,由投资建设的单位或者其委托的单位负责养护、维修。城市住宅小区、开发区内的道路,由建设单位或者其委托的单位负责养护、维修。

第二十三条 设在城市道路上的各类管线的检查井、箱盖或者城市道路附属设施,应当符合城市道路养护规范。因缺损影响交通和安全时,有关产权单位应当及时补缺或者修复。

第二十四条 城市道路的养护、维修工程应当按照规定的期限修复竣工,并在养护、维修工程施工现场设置明显标志和安全防围设施,保障行人和交通车辆安全。

第二十五条 城市道路养护、维修的专用车辆应当使用统一标志;执行任务时,在保证交通安全畅通的情况下,不受行驶路线和行驶方向的限制。

……

第六章 附 则

第四十五条 本条例自1996年10月1日起施行。

91.《农村公路建设管理办法》

(2006年3月1日起施行,交通部令〔2006〕第3号)

第一章 总 则

第一条 为加强农村公路建设管理,促进农村公路健康、持续发展,适应建设社会主义新农村需要,根据《中华人民共和国公路法》,制定本办法。

第二条 本办法适用于各级人民政府和有关部门投资的农村公路新建和改建工程的建设管理。

本办法所称农村公路,包括县道、乡道和村道。

第三条 农村公路建设应当遵循统筹规划、分级负责、因地制宜、经济实用、注重环保、确保质量的原则。

第四条 农村公路建设应当由地方人民政府负责。其中,乡道由所在乡(镇)人民政府负责建设;在当地人民政府的指导下,村道由村民委员会按照村民自愿、民主决策、一事一议的方式组织建设。

第五条 农村公路建设项目应当依据农村公路建设规划和分阶段建设重点,按照简便适用、切合实际的原则和国家规定的程序组织建设。

第六条 农村公路建设应当保证质量,降低建设成本,节能降耗,节约用地,保护生态环境。

国家鼓励农村公路建设应用新技术、新材料、新工艺。

第七条 交通部负责全国农村公路建设的行业管理。

省级人民政府交通主管部门依据职责负责本行政区域内农村公路建设的管理。

设区的市和县级人民政府交通主管部门依据职责负责本行政区域内农村公路建设的组织和管理。

第二章 标准与设计

第八条 各级人民政府交通主管部门应当按照因地制宜、实事求是的原则,合理确定农村公路的建设标准。

县道和乡道一般应当按照等级公路建设标准建设；村道的建设标准，特别是路基、路面宽度，应当根据当地实际需要和经济条件确定。

第九条 农村公路建设的技术指标应当根据实际情况合理确定。对于工程艰巨、地质复杂路段，在确保安全的前提下，平纵指标可适当降低，路基宽度可适当减窄。

第十条 农村公路建设应当充分利用现有道路进行改建或扩建。桥涵工程应当采用经济适用、施工方便的结构型式。路面应当选择能够就地取材、易于施工、有利于后期养护的结构。

第十一条 农村公路建设应当重视排水和防护工程的设置，提高公路抗灾能力。在陡岩、急弯、沿河路段应当设置必要的安全、防护设施和警示标志，提高行车安全性。

第十二条 二级以上的公路或中型以上的桥梁、隧道工程项目应当按照国家有关规定，分初步设计和施工图设计两个阶段进行；其他工程项目可以直接采用施工图一阶段设计。

第十三条 四级以上农村公路工程和大桥、特大桥、隧道工程的设计，应当由具有相应资质的设计单位承担；其他农村公路工程的设计，可以由县级以上地方人民政府交通主管部门组织有经验的技术人员承担。

第十四条 农村公路建设的工程设计，应当按照有关规定报县级以上人民政府交通主管部门审批。

第三章　建设资金与管理

第十五条 农村公路建设资金应当按照国家有关规定，列入地方人民政府的财政预算。

第十六条 农村公路建设逐步实行政府投资为主、农村社区为辅、社会各界共同参与的多渠道筹资机制。

鼓励农村公路沿线受益单位捐助农村公路建设，鼓励利用冠名权、路边资源开发权、绿化权等方式筹集社会资金投资农村公路建设，鼓励企业和个人捐款用于农村公路建设。

第十七条 农村公路建设不得增加农民负担，不得损害农民利益，不得采用强制手段向单位和个人集资，不得强行让农民出工、备料。确需农民出资、投入劳动力的，应当由村民委员会征得农民同意。

第十八条 中央政府对农村公路建设的补助资金应当全部用于农村公路建设工程项目，并严格执行国家对农村公路补助资金使用的有关规定，不得从中提取咨询、审查、管理、监督等费用。补助资金可以采用以奖代补的办法支付或者先预拨一部分，待工程验收合格后再全部支付。

地方政府安排的建设资金应当按时到位，并按照工程进度分期支付。

第十九条 农村公路建设不得拖欠工程款和农民工工资，不得拖欠征地拆迁款。

第二十条 各级地方人民政府交通主管部门应当依据职责，建立健全农村公路建设资金管理制度，加强对资金使用情况的监管。

农村公路建设资金使用应当接受审计、财政和上级财务部门审计检查。

任何单位、组织和个人不得截留、挤占和挪用农村公路建设资金。

第二十一条 各级人民政府和村民委员会应当将农村公路建设资金使用情况，向公路沿线乡（镇）、村定期进行公示，加强资金使用的社会监督。

第四章 建设组织与管理

第二十二条 农村公路建设用地依法应当列入农用地范围的,按照国家有关规定执行。

第二十三条 农村公路建设需要拆迁的,应当按照当地政府确定的补偿标准给予补偿,补偿标准应当公开。

第二十四条 农村公路建设项目符合法定招标条件的,应当依法进行招标。

含群众集资、农民投劳或利用扶贫资金的农村公路建设项目,以及未达到法定招标条件的项目,可以不进行招标。

第二十五条 县级以上地方人民政府交通主管部门应当加强对农村公路建设项目招标投标工作的指导和监督。

省级人民政府交通主管部门可以编制符合农村公路建设实际的招标文件范本。

第二十六条 对于规模较大、技术复杂的农村公路建设项目以及大桥、特大桥和隧道工程应当单独招标,其他农村公路建设项目可以在同一乡(镇)范围内多项目一并招标。

第二十七条 县道建设项目的招标由县级以上地方人民政府交通主管部门负责组织。乡道、村道建设项目的招标,可以由县级人民政府交通主管部门统一组织,也可以在县级人民政府交通主管部门的指导下由乡(镇)人民政府组织。

招标结果应当在当地进行公示。

第二十八条 沥青(水泥)混凝土路面、桥梁、隧道等工程,应当选择持有国家规定的资质证书的专业队伍施工。路基改建和公路附属工程在保证工程质量的条件下,可以在专业技术人员的指导下组织当地农民参加施工。

第二十九条 二级以上公路或中型以上桥梁、隧道工程项目应当依法办理施工许可;其他列入年度建设计划的农村公路建设项目,完成相应准备工作并经县级以上地方人民政府交通主管部门认可的,即视同批准开工建设。

第三十条 农村公路路面和桥梁、隧道工程应当主要采用机械化施工。

第三十一条 农村公路建设单位对工程质量负管理责任。施工单位对施工质量负责。

建设单位和施工单位要依据职责,明确质量责任,落实质量保证措施,加强质量与技术管理。

第三十二条 农村公路建设项目应当建立工程质量责任追究制和安全生产责任制。

第三十三条 铺筑沥青(水泥)混凝土路面的公路、大桥、特大桥及隧道工程应当设定质量缺陷责任期和质量保证金。质量缺陷责任期一般为1年,质量保证金一般为施工合同额的5%。

质量保证金由施工单位交付,由建设单位设立专户保管。质量缺陷责任期满、质量缺陷得到有效处置后,质量保证金应当返还施工单位。

第三十四条 农村公路建设过程中,发生工程质量或者安全事故,应当按照有关规定及时上报,不得隐瞒。

第三十五条 县级以上人民政府交通主管部门要加强对农村公路建设质量和安全生产的监督管理。

第三十六条 省级人民政府交通主管部门所属的质量监督机构应当加强对农村公路建设质量监督工作的指导。

设区的市级地方人民政府交通主管部门可以委托所属的质量监督机构负责组织农村公路建设的质量监督工作。未设置质量监督机构的，可以成立专门小组负责组织农村公路建设的质量监督工作。

第三十七条 地方人民政府交通主管部门可以聘请技术专家或群众代表参与监督工作。

农村公路施工现场应当设立工程质量主要控制措施的告示牌，以便社会监督和质量问题举报。

第三十八条 农村公路工程监理可以由县级人民政府交通主管部门以县为单位组建一个或几个监理组进行监理。有条件的，可通过招标方式，委托社会监理机构监理。

农村公路工程监理工作应当注重技术服务和指导，配备必要的检测设备和检测人员，加强现场质量抽检，确保质量，避免返工。

第五章 工程验收

第三十九条 农村公路建设项目中的县道、大桥、特大桥、隧道工程完工后，由设区的市级人民政府交通主管部门组织验收；其他农村公路建设项目由县级人民政府交通主管部门组织验收。

省级人民政府交通主管部门应当对农村公路工程验收工作进行抽查。

第四十条 农村公路建设项目的交工、竣工验收可以合并进行。

县道一般按项目验收；乡道和村道可以乡（镇）为单位，分批组织验收。

第四十一条 农村公路建设项目验收合格后，方可正式开放交通，并按规定要求开通客运班车。

第四十二条 农村公路建设项目验收合格后，应当落实养护责任和养护资金，加强养护管理，确保安全畅通。

第四十三条 省级人民政府交通主管部门可以根据交通部颁布的《公路工程竣（交）工验收办法》和《公路工程质量检验评定标准》，规定具体的农村公路建设项目验收办法与程序。

第六章 法律责任

第四十四条 违反本办法规定，在筹集农村公路建设资金过程中，强制向单位和个人集资，强迫农民出工、备料的，由上一级人民政府交通主管部门或者本级人民政府对责任单位进行通报批评，限期整改；情节严重的，对责任人依法给予行政处分。

第四十五条 违反本办法规定，农村公路建设资金不按时到位或者截留、挤占和挪用建设资金的，由上一级人民政府交通主管部门或者本级人民政府对责任单位进行通报批评，限期整改；情节严重的，停止资金拨付，对责任人依法给予行政处分。

第四十六条 违反本办法规定，擅自降低征地补偿标准，拖欠工程款、征地拆迁款和农民工工资的，由上一级人民政府交通主管部门或者本级人民政府对责任单位进行通报批评，限期整改；情节严重的，对责任人依法给予行政处分。

第四十七条 违反本办法规定，未经验收或者质量鉴定不合格即开放交通的，由上一级人民政府交通主管部门责令停止使用，限期改正。

第四十八条 农村公路建设项目发生质量和安全事故隐瞒不报、谎报或拖延报告期限的,由上一级人民政府交通主管部门对责任单位给予警告,对责任人依法给予行政处分。

第四十九条 农村公路建设项目未依法招标的,依据《中华人民共和国招标投标法》、《公路工程施工招标投标管理办法》等有关规定,对相关责任单位和责任人给予处罚。

第五十条 农村公路建设发生质量违法行为的,依据《建设工程质量管理条例》、《公路建设市场管理办法》、《公路工程质量监督规定》等有关规定对相关责任单位和责任人给予处罚。

第七章 附 则

第五十一条 本办法自2006年3月1日起施行。

92.《财政部、交通运输部关于在收费公路领域推广运用政府和社会资本合作模式的实施意见》

(2015年4月20日起施行,财建〔2015〕111号)

各省、自治区、直辖市、计划单列市财政厅(局)、交通运输厅(局、委),新疆生产建设兵团财务局、交通局:

为提高收费公路建管养运效率,促进公路可持续发展,依据《收费公路管理条例》、《国务院关于创新重点领域投融资机制鼓励社会投资的指导意见》(国发〔2014〕60号)和《财政部关于推广运用政府和社会资本合作模式有关问题的通知》(财金〔2014〕76号),财政部、交通运输部决定在收费公路领域鼓励推广政府和社会资本合作(Public-Private Partnership,以下简称PPP)模式。现提出以下意见:

一、总体目标

(一)转变供给方式。

鼓励社会资本通过政府和社会资本合作(PPP)模式,参与收费公路投资、建设、运营和维护,与政府共同参与项目全周期管理,发挥政府和社会资本各自优势,提高收费公路服务供给的质量和效率。

(二)创新公路投融资模式。

社会投资者按照市场化原则出资,独自或与政府指定机构共同成立项目公司建设和运营收费公路项目,政府要逐步从"补建设"向"补运营"转变,以项目运营绩效评价结果为依据,适时对价格和补贴进行调整,支持社会资本参与收费公路建设运营,提高财政支出的引导和带动作用,拓宽社会资本发展空间,有效释放市场活力。

(三)完善收费公路建设管理养护长效机制。

建立健全合同约束、收费调节、信息公开、过程监管、绩效考核等一系列改革配套制度与机制,实现合作双方风险分担、权益融合、有限追索。

二、基本原则

(四)公开透明,规范运作。

PPP项目推广工作应坚持"规范、公开、透明"的原则。在项目论证、选择合作伙伴、制定和履行各类合同、组织绩效评价等各个环节做到依法依规,并严格按照要求进行信息公开,接受各方监督；严格按照特许经营合同，规范运作，防止政府失信违约、合作伙伴获取不正当利益。

（五）循序渐进，逐步推广。

坚持盘活存量、用好增量、分类施策。对于社会效益突出但经营性收费不足以覆盖投资成本、需政府补贴部分资金或资源才能进行商业化运作的项目，鼓励按照PPP模式设计运作。鉴于目前全国公路网络正处于联网关键阶段，建设任务繁重，重点推进确需建设但投入较大且预期收益稳定的公路建设项目，鼓励按照PPP模式设计运作。按照政府性债务管理要求，做好融资平台公司项目向PPP项目转型的风险控制工作。

三、实施要求

（六）明晰PPP项目边界。

收费公路项目实施PPP模式所涉及的收费公路权益包括收费权、广告经营权和服务设施经营权。不同的项目可根据实际情况，将各项权益通过有效打包整合提升收益能力，以促进一体化经营、提高运营效率。

（七）规范PPP项目操作流程。

在项目发起、物有所值评价、财政承受能力论证、合作伙伴选择、收益补偿机制确立、项目公司组建、合作协议签署、绩效评价等操作过程中，应根据财政部关于PPP工作的统一指导和管理办法规范推进，地方各级财政部门会同交通运输部门抓紧研究制定符合当地实际情况的操作办法，实现规范化管理。

（八）编制完整的PPP项目实施方案。

实施方案应包含项目实施内容、产品及服务质量和标准、投融资结构、财务测算与风险分析、技术及经济可行性论证、合作伙伴要求、合同结构、政府组织方式、必要的配套措施等。

（九）加大评价及监管力度。

各地财政、交通运输部门要加强组织实施，积极统筹协调，研究建立议事协调及联审机制，有力有序推进PPP推广工作，建立对PPP项目的监督机制。

四、保障措施

（十）资金政策支持。

收费不足以满足社会资本或项目公司成本回收和合理回报的，在依法给予融资支持，项目沿线一定范围土地开发使用等支持措施仍不能完全覆盖成本的，可考虑给予合理的财政补贴。对符合《车辆购置税收入补助地方资金管理暂行办法》要求的项目，可按照交通运输重点项目资金申请和审核规定，申请投资补助。

（十一）相关配套政策。

地方各级财政、交通运输部门应当积极协调有关部门进一步完善公路收费、土地等政策，维护市场机制的决定性作用，在项目审批等相关方面为推进项目建立绿色通道。

财政部　交通运输部

2015年4月20日

93.《国务院办公厅关于推进城市地下综合管廊建设的指导意见》

（2015年8月10日起施行，国办发〔2015〕61号）

各省、自治区、直辖市人民政府，国务院各部委、各直属机构：

地下综合管廊是指在城市地下用于集中敷设电力、通信、广播电视、给水、排水、热力、燃气等市政管线的公共隧道。我国正处在城镇化快速发展时期，地下基础设施建设滞后。推进城市地下综合管廊建设，统筹各类市政管线规划、建设和管理，解决反复开挖路面、架空线网密集、管线事故频发等问题，有利于保障城市安全、完善城市功能、美化城市景观、促进城市集约高效和转型发展，有利于提高城市综合承载能力和城镇化发展质量，有利于增加公共产品有效投资、拉动社会资本投入、打造经济发展新动力。为切实做好城市地下综合管廊建设工作，经国务院同意，现提出以下意见：

一、总体要求

（一）指导思想。全面贯彻落实党的十八大和十八届二中、三中、四中全会精神，按照《国务院关于加强城市基础设施建设的意见》（国发〔2013〕36号）和《国务院办公厅关于加强城市地下管线建设管理的指导意见》（国办发〔2014〕27号）有关部署，适应新型城镇化和现代化城市建设的要求，把地下综合管廊建设作为履行政府职能、完善城市基础设施的重要内容，在继续做好试点工程的基础上，总结国内外先进经验和有效做法，逐步提高城市道路配建地下综合管廊的比例，全面推动地下综合管廊建设。

（二）工作目标。到2020年，建成一批具有国际先进水平的地下综合管廊并投入运营，反复开挖地面的"马路拉链"问题明显改善，管线安全水平和防灾抗灾能力明显提升，逐步消除主要街道蜘蛛网式架空线，城市地面景观明显好转。

（三）基本原则。

——坚持立足实际，加强顶层设计，积极有序推进，切实提高建设和管理水平。

——坚持规划先行，明确质量标准，完善技术规范，满足基本公共服务功能。

——坚持政府主导，加大政策支持，发挥市场作用，吸引社会资本广泛参与。

二、统筹规划

（四）编制专项规划。各城市人民政府要按照"先规划、后建设"的原则，在地下管线普查的基础上，统筹各类管线实际发展需要，组织编制地下综合管廊建设规划，规划期限原则上应与城市总体规划相一致。结合地下空间开发利用、各类地下管线、道路交通等专项建设规划，合理确定地下综合管廊建设布局、管线种类、断面形式、平面位置、竖向控制等，明确建设规模和时序，综合考虑城市发展远景，预留和控制有关地下空间。建立建设项目储备制度，明确五年项目滚动规划和年度建设计划，积极、稳妥、有序推进地下综合管廊建设。

（五）完善标准规范。根据城市发展需要抓紧制定和完善地下综合管廊建设和抗震防灾等方面的国家标准。地下综合管廊工程结构设计应考虑各类管线接入、引出支线的需求，满足抗震、人防和综合防灾等需要。地下综合管廊断面应满足所在区域所有管线入廊的需要，符合入廊管线敷设、增容、运行和维护检修的空间要求，并配建行车和行人检修通道，合理设置出入口，便于维修和更换管道。地下综合管廊应配套建设消防、供电、照明、通风、给排水、视频、标识、安全与报警、智能管理等附属设施，提高智能化监控管理水平，确保管廊安全运行。要满足各类管线独立运行维护和安全管理需要，避免产生相互干扰。

三、有序建设

（六）划定建设区域。从2015年起，城市新区、各类园区、成片开发区域的新建道路要根据功能需求，同步建设地下综合管廊；老城区要结合旧城更新、道路改造、河道治理、地下空间开发等，因地制宜、统筹安排地下综合管廊建设。在交通流量较大、地下管线密集的城市道路、轨道交通、地下综合体等地段，城市高强度开发区、重要公共空间、主要道路交叉口、道路与铁路或河流的交叉处，以及道路宽度难以单独敷设多种管线的路段，要优先建设地下综合管廊。加快既有地面城市电网、通信网络等架空线入地工程。

（七）明确实施主体。鼓励由企业投资建设和运营管理地下综合管廊。创新投融资模式，推广运用政府和社会资本合作（PPP）模式，通过特许经营、投资补贴、贷款贴息等形式，鼓励社会资本组建项目公司参与城市地下综合管廊建设和运营管理，优化合同管理，确保项目合理稳定回报。优先鼓励入廊管线单位共同组建或与社会资本合作组建股份制公司，或在城市人民政府指导下组成地下综合管廊业主委员会，公开招标选择建设和运营管理单位。积极培育大型专业化地下综合管廊建设和运营管理企业，支持企业跨地区开展业务，提供系统、规范的服务。

（八）确保质量安全。严格履行法定的项目建设程序，规范招投标行为，落实工程建设各方质量安全主体责任，切实把加强质量安全监管贯穿于规划、建设、运营全过程，建设单位要按规定及时报送工程档案。建立地下综合管廊工程质量终身责任永久性标牌制度，接受社会监督。根据地下综合管廊结构类型、受力条件、使用要求和所处环境等因素，考虑耐久性、可靠性和经济性，科学选择工程材料，主要材料宜采用高性能混凝土和高强钢筋。推进地下综合管廊主体结构构件标准化，积极推广应用预制拼装技术，提高工程质量和安全水平，同时有效带动工业构件生产、施工设备制造等相关产业发展。

四、严格管理

（九）明确入廊要求。城市规划区范围内的各类管线原则上应敷设于地下空间。已建设地下综合管廊的区域，该区域内的所有管线必须入廊。在地下综合管廊以外的位置新建管线的，规划部门不予许可审批，建设部门不予施工许可审批，市政道路部门不予掘路许可审批。既有管线应根据实际情况逐步有序迁移至地下综合管廊。各行业主管部门和有关企业要积极配合城市人民政府做好各自管线入廊工作。

（十）实行有偿使用。入廊管线单位应向地下综合管廊建设运营单位交纳入廊费和日常维护费，具体收费标准要统筹考虑建设和运营、成本和收益的关系，由地下综合管廊建设运营单位与入廊管线单位根据市场化原则共同协商确定。入廊费主要根据地下综合管廊本体及附属设施建设成本，以及各入廊管线单独敷设和更新改造成本确定。日常维护费主要根据地下综合管廊本体及附属设施维修、更新等维护成本，以及管线占用地下综合管廊空间比例、对附属设施使用强度等因素合理确定。公益性文化企业的有线电视网入廊，有关收费标准可适当给予优惠。由发展改革委会同住房城乡建设部制定指导意见，引导规范供需双方协商确定地下综合管廊收费标准，形成合理的收费机制。在地下综合管廊运营初期不能通过收费弥补成本的，地方人民政府视情给予必要的财政补贴。

（十一）提高管理水平。城市人民政府要制定地下综合管廊具体管理办法，加强工作指导与监督。地下综合管廊运营单位要完善管理制度，与入廊管线单位签订协议，明确入廊管线种类、时间、费用和责权利等内容，确保地下综合管廊正常运行。地下综合管廊本体及附属设施管理由地下综合管廊建设运营单位负责,入廊管线的设施维护及日常管理由各管线单位负责。管廊建设运营单位与入廊管线单位要分工明确,各司其职,相互配合,做好突发事件处置和应急管理等工作。

五、支持政策

(十二)加大政府投入。中央财政要发挥"四两拨千斤"的作用,积极引导地下综合管廊建设,通过现有渠道统筹安排资金予以支持。地方各级人民政府要进一步加大地下综合管廊建设资金投入。省级人民政府要加强地下综合管廊建设资金的统筹,城市人民政府要在年度预算和建设计划中优先安排地下综合管廊项目,并纳入地方政府采购范围。有条件的城市人民政府可对地下综合管廊项目给予贷款贴息。

(十三)完善融资支持。将地下综合管廊建设作为国家重点支持的民生工程,充分发挥开发性金融作用,鼓励相关金融机构积极加大对地下综合管廊建设的信贷支持力度。鼓励银行业金融机构在风险可控、商业可持续的前提下,为地下综合管廊项目提供中长期信贷支持,积极开展特许经营权、收费权和购买服务协议预期收益等担保创新类贷款业务,加大对地下综合管廊项目的支持力度。将地下综合管廊建设列入专项金融债支持范围予以长期投资。支持符合条件的地下综合管廊建设运营企业发行企业债券和项目收益票据,专项用于地下综合管廊建设项目。

城市人民政府是地下综合管廊建设管理工作的责任主体,要加强组织领导,明确主管部门,建立协调机制,扎实推进具体工作;要将地下综合管廊建设纳入政府绩效考核体系,建立有效的督查制度,定期对地下综合管廊建设工作进行督促检查。住房城乡建设部要会同有关部门建立推进地下综合管廊建设工作协调机制,组织设立地下综合管廊专家委员会;抓好地下综合管廊试点工作,尽快形成一批可复制、可推广的示范项目,经验成熟后有效推开,并加强对全国地下综合管廊建设管理工作的指导和监督检查。各管线行业主管部门、管理单位等要各司其职,密切配合,共同有序推动地下综合管廊建设。中央企业、省属企业要配合城市人民政府做好所属管线入地入廊工作。

国务院办公厅
2015年8月3日

第二节 供水热电气公用事业

汇编导语

城市供水热电气等公用事业,最初多由事业单位或者国有企业建设和运营。随着事业单位、国有企业改革的深入推进,国家大力推广PPP模式,鼓励引入社会资本,独资或者合资建设、运营公用事业,属于特许经营项目的,PPP项目合同应当吸纳特许经营协议的主要内容,或者另行单独签特许经营协议。城乡一体化、厂网一体化建设运营的项目,应当充分考虑项目生产与配套管网的边界衔接，考虑管网占用土地、设施的取得、租赁或者合法使用的程序，考虑管网维护系统和收费系统的边界衔接。存量项目的改造、改建或者转让，应当依法进行国有资产的清产核资和依法评估，涉及事业单位、国有企业人员安置、接收的，应当符合改制的法规要求和程序规范，以及劳动和社会保障法律的相关规定。

94.《中华人民共和国电力法》

（1996年4月1日起施行，2015年4月24日修正）

第一章 总 则

第一条 为了保障和促进电力事业的发展，维护电力投资者、经营者和使用者的合法权益，保障电力安全运行，制定本法。

第二条 本法适用于中华人民共和国境内的电力建设、生产、供应和使用活动。

第三条 电力事业应当适应国民经济和社会发展的需要，适当超前发展。国家鼓励、引导国内外的经济组织和个人依法投资开发电源，兴办电力生产企业。

电力事业投资，实行谁投资、谁收益的原则。

第四条 电力设施受国家保护。

禁止任何单位和个人危害电力设施安全或者非法侵占、使用电能。

第五条 电力建设、生产、供应和使用应当依法保护环境，采取新技术，减少有害物质排放，防治污染和其他公害。

国家鼓励和支持利用可再生能源和清洁能源发电。

第六条 国务院电力管理部门负责全国电力事业的监督管理。国务院有关部门在各自的职责范围内负责电力事业的监督管理。

县级以上地方人民政府经济综合主管部门是本行政区域内的电力管理部门，负责电力事业的监督管理。县级以上地方人民政府有关部门在各自的职责范围内负责电力事业的监督管理。

第七条 电力建设企业、电力生产企业、电网经营企业依法实行自主经营、自负盈亏，并接受电力管理部门的监督。

第八条 国家帮助和扶持少数民族地区、边远地区和贫困地区发展电力事业。

第九条 国家鼓励在电力建设、生产、供应和使用过程中，采用先进的科学技术和管理方法，对在研究、开发、采用先进的科学技术和管理方法等方面作出显著成绩的单位和个人给予奖励。

第二章 电力建设

第十条 电力发展规划应当根据国民经济和社会发展的需要制定，并纳入国民经济和社会发展计划。

电力发展规划，应当体现合理利用能源、电源与电网配套发展、提高经济效益和有利于环境保护的原则。

第十一条 城市电网的建设与改造规划,应当纳入城市总体规划。城市人民政府应当按照规划,安排变电设施用地、输电线路走廊和电缆通道。

任何单位和个人不得非法占用变电设施用地、输电线路走廊和电缆通道。

第十二条 国家通过制定有关政策,支持、促进电力建设。

地方人民政府应当根据电力发展规划,因地制宜,采取多种措施开发电源,发展电力建设。

第十三条 电力投资者对其投资形成的电力,享有法定权益。并网运行的,电力投资者有优先使用权;未并网的自备电厂,电力投资者自行支配使用。

第十四条 电力建设项目应当符合电力发展规划,符合国家电力产业政策。

电力建设项目不得使用国家明令淘汰的电力设备和技术。

第十五条 输变电工程、调度通信自动化工程等电网配套工程和环境保护工程,应当与发电工程项目同时设计、同时建设、同时验收、同时投入使用。

第十六条 电力建设项目使用土地,应当依照有关法律、行政法规的规定办理;依法征收土地的,应当依法支付土地补偿费和安置补偿费,做好迁移居民的安置工作。

电力建设应当贯彻切实保护耕地、节约利用土地的原则。

地方人民政府对电力事业依法使用土地和迁移居民,应当予以支持和协助。

第十七条 地方人民政府应当支持电力企业为发电工程建设勘探水源和依法取水、用水。电力企业应当节约用水。

第三章 电力生产与电网管理

……

第四章 电力供应与使用

……

第五章 电价与电费

第三十五条 本法所称电价,是指电力生产企业的上网电价、电网间的互供电价、电网销售电价。

电价实行统一政策,统一定价原则,分级管理。

第三十六条 制定电价,应当合理补偿成本,合理确定收益,依法计入税金,坚持公平负担,促进电力建设。

第三十七条 上网电价实行同网同质同价。具体办法和实施步骤由国务院规定。

电力生产企业有特殊情况需另行制定上网电价的,具体办法由国务院规定。

第三十八条 跨省、自治区、直辖市电网和省级电网内的上网电价,由电力生产企业和电网经营企业协商提出方案,报国务院物价行政主管部门核准。

独立电网内的上网电价,由电力生产企业和电网经营企业协商提出方案,报有管理权的物价行政主管部门核准。

地方投资的电力生产企业所生产的电力,属于在省内各地区形成独立电网的或者自发自用的,其电价可以由省、自治区、直辖市人民政府管理。

第三十九条 跨省、自治区、直辖市电网和独立电网之间、省级电网和独立电网之间的互供电价，由双方协商提出方案，报国务院物价行政主管部门或者其授权的部门核准。

独立电网与独立电网之间的互供电价，由双方协商提出方案，报有管理权的物价行政主管部门核准。

第四十条 跨省、自治区、直辖市电网和省级电网的销售电价，由电网经营企业提出方案，报国务院物价行政主管部门或者其授权的部门核准。

独立电网的销售电价，由电网经营企业提出方案，报有管理权的物价行政主管部门核准。

第四十一条 国家实行分类电价和分时电价。分类标准和分时办法由国务院确定。

对同一电网内的同一电压等级、同一用电类别的用户，执行相同的电价标准。

第四十二条 用户用电增容收费标准，由国务院物价行政主管部门会同国务院电力管理部门制定。

第四十三条 任何单位不得超越电价管理权限制定电价。供电企业不得擅自变更电价。

第四十四条 禁止任何单位和个人在电费中加收其他费用；但是，法律、行政法规另有规定的，按照规定执行。

地方集资办电在电费中加收费用的，由省、自治区、直辖市人民政府依照国务院有关规定制定办法。

禁止供电企业在收取电费时，代收其他费用。

第四十五条 电价的管理办法，由国务院依照本法的规定制定。

第六章 农村电力建设和农业用电

第四十六条 省、自治区、直辖市人民政府应当制定农村电气化发展规划，并将其纳入当地电力发展规划及国民经济和社会发展计划。

第四十七条 国家对农村电气化实行优惠政策，对少数民族地区、边远地区和贫困地区的农村电力建设给予重点扶持。

第四十八条 国家提倡农村开发水能资源，建设中、小型水电站，促进农村电气化。

国家鼓励和支持农村利用太阳能、风能、地热能、生物质能和其他能源进行农村电源建设，增加农村电力供应。

第四十九条 县级以上地方人民政府及其经济综合主管部门在安排用电指标时，应当保证农业和农村用电的适当比例，优先保证农村排涝、抗旱和农业季节性生产用电。

电力企业应当执行前款的用电安排，不得减少农业和农村用电指标。

第五十条 农业用电价格按照保本、微利的原则确定。

农民生活用电与当地城镇居民生活用电应当逐步实行相同的电价。

第五十一条 农业和农村用电管理办法，由国务院依照本办法的规定制定。

第七章 电力设施保护

……

第八章 监督检查

……

第九章　法律责任

……

第十章　附　则

第七十五条　本法自1996年4月1日起施行。

95.《中华人民共和国城市供水条例》

（1994年10月1日起施行，国务院令第158号）

第一章　总　则

第一条　为了加强城市供水管理，发展城市供水事业，保障城市生活、生产用水和其他各项建设用水，制定本条例。

第二条　本条例所称城市供水，是指城市公共供水和自建设施供水。本条例所称城市公共供水，是指城市自来水供水企业以公共供水管道及其附属设施向单位和居民的生活、生产和其他各项建设提供用水。本条例所称自建设施供水，是指城市的用水单位以其自行建设的供水管道及其附属设施主要向本单位的生活、生产和其他各项建设提供用水。

第三条　从事城市供水工作和使用城市供水，必须遵守本条例。

第四条　城市供水工作实行开发水源和计划用水、节约用水相结合的原则。

第五条　县级以上人民政府应当将发展城市供水事业纳入国民经济和社会发展计划。

第六条　国家实行有利于城市供水事业发展的政策，鼓励城市供水科学技术研究，推广先进技术，提高城市供水的现代化水平。

第七条　国务院城市建设行政主管部门主管全国城市供水工作。

省、自治区人民政府城市建设行政主管部门本行政区域内的城市供水工作。县级以上城市人民政府确定的城市供水行政主管部门（以下简称城市供水行政主管部门）主管本行政区域内的城市供水工作。

第八条　对在城市供水工作中作出显著成绩的单位和个人，给予奖励。

第二章　城市供水水源

……

第三章　城市供水工程建设

第十五条　城市供水工程的建设，应当按照城市供水发展规划及其年度建设计划进行。

第十六条　城市供水工程的设计、施工，应当委托特有相应资质证书的设计、施工单位承担，并遵守国家有关技术标准和规范。禁止无证或者超越资质证书规定的经营范围承担城市供水工程的设计、施工任务。

第十七条　城市供水工程竣工后，应当按照国家规定组织验收；未经验收或者验收不合格的，不得投入使用。

第十八条　城市新建、扩建、改建工程项目需要增加城市公共供水量的，应当将其供水工程建设投资交付城市供水行政主观部门，由其统一组织城市公共供水工程建设。

第四章　城市供水经营

第十九条　城市自来水供水企业和自建设施对外供水的企业，必须经资质审查合格并经工商行政管理机关登记注册后，方可从事经营活动。资质审查办法由国务院城市建设行政主管部门规定。

第二十条　城市自来水供水企业和自建设施对外供水的企业，应当建立、健全水质检测制度，确保城市供水的水质符合国家规定的饮用水卫生标准。

第二十一条　城市自来水供水企业和自建设施对外供水的企业，应当按照国家有关规定设置管网测压点，做好水压监测工作，确保供水管网的压力符合国家规定的标准。

禁止在城市公共供水管道上直接装泵抽水。

第二十二条　城市自来水供水企业和自建设施对外供水的企业，应当保持不间断供水。由于工程施工、设备维修等原因需停止供水的，应当经城市供水行政主观部门批准并提前24小时通知用水单位和个人；应发生灾害或者紧急事故，不能提前通知的，应当在抢修的同时通知用水单位和个人，尽快恢复正常供水，并报告城市供水行政主管部门。

第二十三条　自来水供水企业和自建设施对外供水的企业应当实行职工持证上岗制度。具体办法由国务院城市建设行政主管部门会同人事部门等制定。

第二十四条　用水单位和个人应当按照规定的计量标准和水价标准按时缴纳水费。

第二十五条　禁止滥用或者转供城市公共供水。

第二十六条　城市供水价格应当按照生活用水保本微利、生产和经营用水合理计价的原则制定。城市供水价格制定办法，由省、自治区、直辖市人民政府规定。

第五章　城市供水设施维护

第二十七条　城市自来水供水企业和自建设施供水的企业对其管理的城市供水的专用水库、引水渠道、取水口、泵站、井群、输（配）水管网、进户总水表、净（配）水厂、公用水站等设施，应当定期检查维修，确保安全运行。

第二十八条　用水单位自行建设的与城市公共供水管道连接的户外管道及其附属设施，必须经城市自来水供水企业验收合格并交其统一管理后，方可使用。

第二十九条　在规定的城市公共供水管道及其附属设施的地面和地下的安全保护范围内，禁止挖坑取土或者修建建筑物、构筑物等危害供水设施安全的活动。

第三十条　因工程建设确需改装、拆除或者迁移城市公共供水设施的，建设单位应当报经县级以上人民政府城市规划行政主管部门和城市供水行政主管部门批准，并采取相应的补救措施。

第三十一条　涉及城市公共供水设施的建设工程开工前，建设单位或者施工单位应当向城市自来水供水企业查明地下供水管网情况。施工影响城市公共供水设施安全的，建设单位或者施工单位应当与城市自来水供水企业商定相应的保护措施，由施工单位负责实施。

第六章 PPP常用行业法律法规与政策文件

第三十二条 禁止擅自将自建设施供水管网系统与城市公共供水管网系统连接；因特殊情况确需连接的，必须经城市自来水供水企业同意，报城市供水行政主管部门和卫生行政主管部门批准，并在管道连接处采取必要的防护措施。

禁止产生或者使用有毒有害物质的单位将其生产用水管网系统与城市公共供水管网系统直接连接。

第六章 罚　则

……

第七章 附　则

第三十八条 本条例第三十三条、第三十四条、第三十五条规定的罚款数额由省、自治区、直辖市人民政府规定。

第三十九条 本条例自1994年10月1日起施行。

96.《中华人民共和国城镇燃气管理条例》

（2011年3月1日起施行，2016年2月6日修正，国务院令第583号）

第一章 总　则

第一条 为了加强城镇燃气管理，保障燃气供应，防止和减少燃气安全事故，保障公民生命、财产安全和公共安全，维护燃气经营者和燃气用户的合法权益，促进燃气事业健康发展，制定本条例。

第二条 城镇燃气发展规划与应急保障、燃气经营与服务、燃气使用、燃气设施保护、燃气安全事故预防与处理及相关管理活动，适用本条例。

天然气、液化石油气的生产和进口，城市门站以外的天然气管道输送，燃气作为工业生产原料的使用，沼气、秸秆气的生产和使用，不适用本条例。

本条例所称燃气，是指作为燃料使用并符合一定要求的气体燃料，包括天然气（含煤层气）、液化石油气和人工煤气等。

第三条 燃气工作应当坚持统筹规划、保障安全、确保供应、规范服务、节能高效的原则。

第四条 县级以上人民政府应当加强对燃气工作的领导，并将燃气工作纳入国民经济和社会发展规划。

第五条 国务院建设主管部门负责全国的燃气管理工作。

县级以上地方人民政府燃气管理部门负责本行政区域内的燃气管理工作。

县级以上人民政府其他有关部门依照本条例和其他有关法律、法规的规定，在各自职责范围内负责有关燃气管理工作。

第六条 国家鼓励、支持燃气科学技术研究，推广使用安全、节能、高效、环保的燃气新技术、新工艺和新产品。

第七条 县级以上人民政府有关部门应当建立健全燃气安全监督管理制度,宣传普及燃气法律、法规和安全知识,提高全民的燃气安全意识。

第二章 燃气发展规划与应急保障

第八条 国务院建设主管部门应当会同国务院有关部门,依据国民经济和社会发展规划、土地利用总体规划、城乡规划以及能源规划,结合全国燃气资源总量平衡情况,组织编制全国燃气发展规划并组织实施。

县级以上地方人民政府燃气管理部门应当会同有关部门,依据国民经济和社会发展规划、土地利用总体规划、城乡规划、能源规划以及上一级燃气发展规划,组织编制本行政区域的燃气发展规划,报本级人民政府批准后组织实施,并报上一级人民政府燃气管理部门备案。

第九条 燃气发展规划的内容应当包括:燃气气源、燃气种类、燃气供应方式和规模、燃气设施布局和建设时序、燃气设施建设用地、燃气设施保护范围、燃气供应保障措施和安全保障措施等。

第十条 县级以上地方人民政府应当根据燃气发展规划的要求,加大对燃气设施建设的投入,并鼓励社会资金投资建设燃气设施。

第十一条 进行新区建设、旧区改造,应当按照城乡规划和燃气发展规划配套建设燃气设施或者预留燃气设施建设用地。

对燃气发展规划范围内的燃气设施建设工程,城乡规划主管部门在依法核发选址意见书时,应当就燃气设施建设是否符合燃气发展规划征求燃气管理部门的意见;不需要核发选址意见书的,城乡规划主管部门在依法核发建设用地规划许可证或者乡村建设规划许可证时,应当就燃气设施建设是否符合燃气发展规划征求燃气管理部门的意见。

燃气设施建设工程竣工后,建设单位应当依法组织竣工验收,并自竣工验收合格之日起15日内,将竣工验收情况报燃气管理部门备案。

第十二条 县级以上地方人民政府应当建立健全燃气应急储备制度,组织编制燃气应急预案,采取综合措施提高燃气应急保障能力。

燃气应急预案应当明确燃气应急气源和种类、应急供应方式、应急处置程序和应急救援措施等内容。

县级以上地方人民政府燃气管理部门应当会同有关部门对燃气供求状况实施监测、预测和预警。

第十三条 燃气供应严重短缺、供应中断等突发事件发生后,县级以上地方人民政府应当及时采取动用储备、紧急调度等应急措施,燃气经营者以及其他有关单位和个人应当予以配合,承担相关应急任务。

第三章 燃气经营与服务

第十四条 政府投资建设的燃气设施,应当通过招标投标方式选择燃气经营者。

社会资金投资建设的燃气设施,投资方可以自行经营,也可以另行选择燃气经营者。

第十五条 国家对燃气经营实行许可证制度。从事燃气经营活动的企业,应当具备下列条件:

(一)符合燃气发展规划要求;

（二）有符合国家标准的燃气气源和燃气设施；

（三）企业的主要负责人、安全生产管理人员以及运行、维护和抢修人员经专业培训并考核合格；

（四）法律、法规规定的其他条件。

符合前款规定条件的，由县级以上地方人民政府燃气管理部门核发燃气经营许可证。

申请人凭燃气经营许可证到工商行政管理部门依法办理登记手续。

第十六条 禁止个人从事管道燃气经营活动。

个人从事瓶装燃气经营活动的，应当遵守省、自治区、直辖市的有关规定。

第十七条 燃气经营者应当向燃气用户持续、稳定、安全供应符合国家质量标准的燃气，指导燃气用户安全用气、节约用气，并对燃气设施定期进行安全检查。

燃气经营者应当公示业务流程、服务承诺、收费标准和服务热线等信息，并按照国家燃气服务标准提供服务。

第十八条 燃气经营者不得有下列行为：

（一）拒绝向市政燃气管网覆盖范围内符合用气条件的单位或者个人供气；

（二）倒卖、抵押、出租、出借、转让、涂改燃气经营许可证；

（三）未履行必要告知义务擅自停止供气、调整供气量，或者未经审批擅自停业或者歇业；

（四）向未取得燃气经营许可证的单位或者个人提供用于经营的燃气；

（五）在不具备安全条件的场所储存燃气；

（六）要求燃气用户购买其指定的产品或者接受其提供的服务；

（七）擅自为非自有气瓶充装燃气；

（八）销售未经许可的充装单位充装的瓶装燃气或者销售充装单位擅自为非自有气瓶充装的瓶装燃气；

（九）冒用其他企业名称或者标识从事燃气经营、服务活动。

第十九条 管道燃气经营者对其供气范围内的市政燃气设施、建筑区划内业主专有部分以外的燃气设施，承担运行、维护、抢修和更新改造的责任。

管道燃气经营者应当按照供气、用气合同的约定，对单位燃气用户的燃气设施承担相应的管理责任。

第二十条 管道燃气经营者因施工、检修等原因需要临时调整供气量或者暂停供气的，应当将作业时间和影响区域提前48小时予以公告或者书面通知燃气用户，并按照有关规定及时恢复正常供气；因突发事件影响供气的，应当采取紧急措施并及时通知燃气用户。

燃气经营者停业、歇业的，应当事先对其供气范围内的燃气用户的正常用气作出妥善安排，并在90个工作日前向所在地燃气管理部门报告，经批准方可停业、歇业。

第二十一条 有下列情况之一的，燃气管理部门应当采取措施，保障燃气用户的正常用气：

（一）管道燃气经营者临时调整供气量或者暂停供气未及时恢复正常供气的；

（二）管道燃气经营者因突发事件影响供气未采取紧急措施的；

（三）燃气经营者擅自停业、歇业的；

（四）燃气管理部门依法撤回、撤销、注销、吊销燃气经营许可的。

第二十二条 燃气经营者应当建立健全燃气质量检测制度，确保所供应的燃气质量符合国家标准。

县级以上地方人民政府质量监督、工商行政管理、燃气管理等部门应当按照职责分工,依法加强对燃气质量的监督检查。

第二十三条 燃气销售价格,应当根据购气成本、经营成本和当地经济社会发展水平合理确定并适时调整。县级以上地方人民政府价格主管部门确定和调整管道燃气销售价格,应当征求管道燃气用户、管道燃气经营者和有关方面的意见。

第二十四条 通过道路、水路、铁路运输燃气的,应当遵守法律、行政法规有关危险货物运输安全的规定以及国务院交通运输部门、国务院铁路部门的有关规定;通过道路或者水路运输燃气的,还应当分别依照有关道路运输、水路运输的法律、行政法规的规定,取得危险货物道路运输许可或者危险货物水路运输许可。

第二十五条 燃气经营者应当对其从事瓶装燃气送气服务的人员和车辆加强管理,并承担相应的责任。

从事瓶装燃气充装活动,应当遵守法律、行政法规和国家标准有关气瓶充装的规定。

第二十六条 燃气经营者应当依法经营,诚实守信,接受社会公众的监督。

燃气行业协会应当加强行业自律管理,促进燃气经营者提高服务质量和技术水平。

第四章 燃气使用

......

第五章 燃气设施保护

第三十三条 县级以上地方人民政府燃气管理部门应当会同城乡规划等有关部门按照国家有关标准和规定划定燃气设施保护范围,并向社会公布。

在燃气设施保护范围内,禁止从事下列危及燃气设施安全的活动:

(一)建设占压地下燃气管线的建筑物、构筑物或者其他设施;

(二)进行爆破、取土等作业或者动用明火;

(三)倾倒、排放腐蚀性物质;

(四)放置易燃易爆危险物品或者种植深根植物;

(五)其他危及燃气设施安全的活动。

第三十四条 在燃气设施保护范围内,有关单位从事敷设管道、打桩、顶进、挖掘、钻探等可能影响燃气设施安全活动的,应当与燃气经营者共同制定燃气设施保护方案,并采取相应的安全保护措施。

第三十五条 燃气经营者应当按照国家有关工程建设标准和安全生产管理的规定,设置燃气设施防腐、绝缘、防雷、降压、隔离等保护装置和安全警示标志,定期进行巡查、检测、维修和维护,确保燃气设施的安全运行。

第三十六条 任何单位和个人不得侵占、毁损、擅自拆除或者移动燃气设施,不得毁损、覆盖、涂改、擅自拆除或者移动燃气设施安全警示标志。

任何单位和个人发现有可能危及燃气设施和安全警示标志的行为,有权予以劝阻、制止;经劝阻、制止无效的,应当立即告知燃气经营者或者向燃气管理部门、安全生产监督管理部门和公安机关报告。

第三十七条 新建、扩建、改建建设工程,不得影响燃气设施安全。

建设单位在开工前,应当查明建设工程施工范围内地下燃气管线的相关情况;燃气管理部门以及其他有关部门和单位应当及时提供相关资料。

建设工程施工范围内有地下燃气管线等重要燃气设施的,建设单位应当会同施工单位与管道燃气经营者共同制定燃气设施保护方案。建设单位、施工单位应当采取相应的安全保护措施,确保燃气设施运行安全;管道燃气经营者应当派专业人员进行现场指导。法律、法规另有规定的,依照有关法律、法规的规定执行。

第三十八条 燃气经营者改动市政燃气设施,应当制定改动方案,报县级以上地方人民政府燃气管理部门批准。

改动方案应当符合燃气发展规划,明确安全施工要求,有安全防护和保障正常用气的措施。

第六章 燃气安全事故预防与处理

第三十九条 燃气管理部门应当会同有关部门制定燃气安全事故应急预案,建立燃气事故统计分析制度,定期通报事故处理结果。

燃气经营者应当制定本单位燃气安全事故应急预案,配备应急人员和必要的应急装备、器材,并定期组织演练。

第四十条 任何单位和个人发现燃气安全事故或者燃气安全事故隐患等情况,应当立即告知燃气经营者,或者向燃气管理部门、公安机关消防机构等有关部门和单位报告。

第四十一条 燃气经营者应当建立健全燃气安全评估和风险管理体系,发现燃气安全事故隐患的,应当及时采取措施消除隐患。

燃气管理部门以及其他有关部门和单位应当根据各自职责,对燃气经营、燃气使用的安全状况等进行监督检查,发现燃气安全事故隐患的,应当通知燃气经营者、燃气用户及时采取措施消除隐患;不及时消除隐患可能严重威胁公共安全的,燃气管理部门以及其他有关部门和单位应当依法采取措施,及时组织消除隐患,有关单位和个人应当予以配合。

第四十二条 燃气安全事故发生后,燃气经营者应当立即启动本单位燃气安全事故应急预案,组织抢险、抢修。

燃气安全事故发生后,燃气管理部门、安全生产监督管理部门和公安机关消防机构等有关部门和单位,应当根据各自职责,立即采取措施防止事故扩大,根据有关情况启动燃气安全事故应急预案。

第四十三条 燃气安全事故经调查确定为责任事故的,应当查明原因、明确责任,并依法予以追究。

对燃气生产安全事故,依照有关生产安全事故报告和调查处理的法律、行政法规的规定报告和调查处理。

第七章 法律责任

……

第八章 附 则

……

第五十四条 农村的燃气管理参照本条例的规定执行。

第五十五条 本条例自2011年3月1日起施行。

97.《城镇排水与污水处理条例》

（2014年1月1日起施行，国务院令第641号）

第一章 总 则

第一条 为了加强对城镇排水与污水处理的管理，保障城镇排水与污水处理设施安全运行，防治城镇水污染和内涝灾害，保障公民生命、财产安全和公共安全，保护环境，制定本条例。

第二条 城镇排水与污水处理的规划，城镇排水与污水处理设施的建设、维护与保护，向城镇排水设施排水与污水处理，以及城镇内涝防治，适用本条例。

第三条 县级以上人民政府应当加强对城镇排水与污水处理工作的领导，并将城镇排水与污水处理工作纳入国民经济和社会发展规划。

第四条 城镇排水与污水处理应当遵循尊重自然、统筹规划、配套建设、保障安全、综合利用的原则。

第五条 国务院住房城乡建设主管部门指导监督全国城镇排水与污水处理工作。

县级以上地方人民政府城镇排水与污水处理主管部门（以下称城镇排水主管部门）负责本行政区域内城镇排水与污水处理的监督管理工作。

县级以上人民政府其他有关部门依照本条例和其他有关法律、法规的规定，在各自的职责范围内负责城镇排水与污水处理监督管理的相关工作。

第六条 国家鼓励采取特许经营、政府购买服务等多种形式，吸引社会资金参与投资、建设和运营城镇排水与污水处理设施。

县级以上人民政府鼓励、支持城镇排水与污水处理科学技术研究，推广应用先进适用的技术、工艺、设备和材料，促进污水的再生利用和污泥、雨水的资源化利用，提高城镇排水与污水处理能力。

第二章 规划与建设

第七条 国务院住房城乡建设主管部门会同国务院有关部门，编制全国的城镇排水与污水处理规划，明确全国城镇排水与污水处理的中长期发展目标、发展战略、布局、任务以及保障措施等。

城镇排水主管部门会同有关部门，根据当地经济社会发展水平以及地理、气候特征，编制本行政区域的城镇排水与污水处理规划，明确排水与污水处理目标与标准，排水量与排水模式，污水处理与再生利用、污泥处理处置要求，排涝措施，城镇排水与污水处理设施的规模、布局、建设时序和建设用地以及保障措施等；易发生内涝的城市、镇，还应当编制城镇内涝防治专项规划，并纳入本行政区域的城镇排水与污水处理规划。

第八条 城镇排水与污水处理规划的编制，应当依据国民经济和社会发展规划、城乡规划、土地利用总体规划、水污染防治规划和防洪规划,并与城镇开发建设、道路、绿地、水系等专项规划相衔接。

城镇内涝防治专项规划的编制,应当根据城镇人口与规模、降雨规律、暴雨内涝风险等因素,合理确定内涝防治目标和要求,充分利用自然生态系统,提高雨水滞渗、调蓄和排放能力。

第九条 城镇排水主管部门应当将编制的城镇排水与污水处理规划报本级人民政府批准后组织实施,并报上一级人民政府城镇排水主管部门备案。

城镇排水与污水处理规划一经批准公布,应当严格执行;因经济社会发展确需修改的,应当按照原审批程序报送审批。

第十条 县级以上地方人民政府应当根据城镇排水与污水处理规划的要求,加大对城镇排水与污水处理设施建设和维护的投入。

第十一条 城乡规划和城镇排水与污水处理规划确定的城镇排水与污水处理设施建设用地,不得擅自改变用途。

第十二条 县级以上地方人民政府应当按照先规划后建设的原则,依据城镇排水与污水处理规划,合理确定城镇排水与污水处理设施建设标准,统筹安排管网、泵站、污水处理厂以及污泥处理处置、再生水利用、雨水调蓄和排放等排水与污水处理设施建设和改造。

城镇新区的开发和建设,应当按照城镇排水与污水处理规划确定的建设时序,优先安排排水与污水处理设施建设;未建或者已建但未达到国家有关标准的,应当按照年度改造计划进行改造,提高城镇排水与污水处理能力。

第十三条 县级以上地方人民政府应当按照城镇排涝要求,结合城镇用地性质和条件,加强雨水管网、泵站以及雨水调蓄、超标雨水径流排放等设施建设和改造。

新建、改建、扩建市政基础设施工程应当配套建设雨水收集利用设施,增加绿地、砂石地面、可渗透路面和自然地面对雨水的滞渗能力,利用建筑物、停车场、广场、道路等建设雨水收集利用设施,削减雨水径流,提高城镇内涝防治能力。

新区建设与旧城区改建,应当按照城镇排水与污水处理规划确定的雨水径流控制要求建设相关设施。

第十四条 城镇排水与污水处理规划范围内的城镇排水与污水处理设施建设项目以及需要与城镇排水与污水处理设施相连接的新建、改建、扩建建设工程,城乡规划主管部门在依法核发建设用地规划许可证时,应当征求城镇排水主管部门的意见。城镇排水主管部门应当就排水设计方案是否符合城镇排水与污水处理规划和相关标准提出意见。

建设单位应当按照排水设计方案建设连接管网等设施;未建设连接管网等设施的,不得投入使用。城镇排水主管部门或者其委托的专门机构应当加强指导和监督。

第十五条 城镇排水与污水处理设施建设工程竣工后,建设单位应当依法组织竣工验收。竣工验收合格的,方可交付使用,并自竣工验收合格之日起15日内,将竣工验收报告及相关资料报城镇排水主管部门备案。

第十六条 城镇排水与污水处理设施竣工验收合格后,由城镇排水主管部门通过招标投标、委托等方式确定符合条件的设施维护运营单位负责管理。特许经营合同、委托运营合同涉及污染物削减和污水处理运营服务费的,城镇排水主管部门应当征求环境保护主管部门、价格主管部门的意见。国家鼓励实施城镇污水处理特许经营制度。具体办法由国务院住房城乡建设主管部门会同国务院有关部门制定。

城镇排水与污水处理设施维护运营单位应当具备下列条件：

（一）有法人资格；

（二）有与从事城镇排水与污水处理设施维护运营活动相适应的资金和设备；

（三）有完善的运行管理和安全管理制度；

（四）技术负责人和关键岗位人员经专业培训并考核合格；

（五）有相应的良好业绩和维护运营经验；

（六）法律、法规规定的其他条件。

第三章　排　水

……

第四章　污水处理

第二十八条　城镇排水主管部门应当与城镇污水处理设施维护运营单位签订维护运营合同，明确双方权利义务。

城镇污水处理设施维护运营单位应当依照法律、法规和有关规定以及维护运营合同进行维护运营，定期向社会公开有关维护运营信息，并接受相关部门和社会公众的监督。

第二十九条　城镇污水处理设施维护运营单位应当保证出水水质符合国家和地方规定的排放标准，不得排放不达标污水。

城镇污水处理设施维护运营单位应当按照国家有关规定检测进出水水质，向城镇排水主管部门、环境保护主管部门报送污水处理水质和水量、主要污染物削减量等信息，并按照有关规定和维护运营合同，向城镇排水主管部门报送生产运营成本等信息。

城镇污水处理设施维护运营单位应当按照国家有关规定向价格主管部门提交相关成本信息。

城镇排水主管部门核定城镇污水处理运营成本，应当考虑主要污染物削减情况。

第三十条　城镇污水处理设施维护运营单位或者污泥处理处置单位应当安全处理处置污泥，保证处理处置后的污泥符合国家有关标准，对产生的污泥以及处理处置后的污泥去向、用途、用量等进行跟踪、记录，并向城镇排水主管部门、环境保护主管部门报告。任何单位和个人不得擅自倾倒、堆放、丢弃、遗撒污泥。

第三十一条　城镇污水处理设施维护运营单位不得擅自停运城镇污水处理设施，因检修等原因需要停运或者部分停运城镇污水处理设施的，应当在90个工作日前向城镇排水主管部门、环境保护主管部门报告。

城镇污水处理设施维护运营单位在出现进水水质和水量发生重大变化可能导致出水水质超标，或者发生影响城镇污水处理设施安全运行的突发情况时，应当立即采取应急处理措施，并向城镇排水主管部门、环境保护主管部门报告。

城镇排水主管部门或者环境保护主管部门接到报告后，应当及时核查处理。

第三十二条　排水单位和个人应当按照国家有关规定缴纳污水处理费。

向城镇污水处理设施排放污水、缴纳污水处理费的，不再缴纳排污费。

排水监测机构接受城镇排水主管部门委托从事有关监测活动，不得向城镇污水处理设施维护运营单位和排水户收取任何费用。

第三十三条 污水处理费应当纳入地方财政预算管理,专项用于城镇污水处理设施的建设、运行和污泥处理处置,不得挪作他用。污水处理费的收费标准不应低于城镇污水处理设施正常运营的成本。因特殊原因,收取的污水处理费不足以支付城镇污水处理设施正常运营的成本的,地方人民政府给予补贴。

污水处理费的收取、使用情况应当向社会公开。

第三十四条 县级以上地方人民政府环境保护主管部门应当依法对城镇污水处理设施的出水水质和水量进行监督检查。

城镇排水主管部门应当对城镇污水处理设施运营情况进行监督和考核,并将监督考核情况向社会公布。有关单位和个人应当予以配合。

城镇污水处理设施维护运营单位应当为进出水在线监测系统的安全运行提供保障条件。

第三十五条 城镇排水主管部门应当根据城镇污水处理设施维护运营单位履行维护运营合同的情况以及环境保护主管部门对城镇污水处理设施出水水质和水量的监督检查结果,核定城镇污水处理设施运营服务费。地方人民政府有关部门应当及时、足额拨付城镇污水处理设施运营服务费。

第三十六条 城镇排水主管部门在监督考核中,发现城镇污水处理设施维护运营单位存在未依照法律、法规和有关规定以及维护运营合同进行维护运营,擅自停运或者部分停运城镇污水处理设施,或者其他无法安全运行等情形的,应当要求城镇污水处理设施维护运营单位采取措施,限期整改;逾期不整改的,或者整改后仍无法安全运行的,城镇排水主管部门可以终止维护运营合同。

城镇排水主管部门终止与城镇污水处理设施维护运营单位签订的维护运营合同的,应当采取有效措施保障城镇污水处理设施的安全运行。

第三十七条 国家鼓励城镇污水处理再生利用,工业生产、城市绿化、道路清扫、车辆冲洗、建筑施工以及生态景观等,应当优先使用再生水。

县级以上地方人民政府应当根据当地水资源和水环境状况,合理确定再生水利用的规模,制定促进再生水利用的保障措施。

再生水纳入水资源统一配置,县级以上地方人民政府水行政主管部门应当依法加强指导。

第五章 设施维护与保护

第三十八条 城镇排水与污水处理设施维护运营单位应当建立健全安全生产管理制度,加强对窨井盖等城镇排水与污水处理设施的日常巡查、维修和养护,保障设施安全运行。

从事管网维护、应急排水、井下及有限空间作业的,设施维护运营单位应当安排专门人员进行现场安全管理,设置醒目警示标志,采取有效措施避免人员坠落、车辆陷落,并及时复原窨井盖,确保操作规程的遵守和安全措施的落实。相关特种作业人员,应当按照国家有关规定取得相应的资格证书。

第三十九条 县级以上地方人民政府应当根据实际情况,依法组织编制城镇排水与污水处理应急预案,统筹安排应对突发事件以及城镇排涝所必需的物资。

城镇排水与污水处理设施维护运营单位应当制定本单位的应急预案,配备必要的抢险装备、器材,并定期组织演练。

第四十条 排水户因发生事故或者其他突发事件,排放的污水可能危及城镇排水与污水处理设施安全运行的,应当立即采取措施消除危害,并及时向城镇排水主管部门和环境保护主管部门等有关部门报告。

城镇排水与污水处理安全事故或者突发事件发生后,设施维护运营单位应当立即启动本单位应急预案,采取防护措施、组织抢修,并及时向城镇排水主管部门和有关部门报告。

第四十一条 城镇排水主管部门应当会同有关部门,按照国家有关规定划定城镇排水与污水处理设施保护范围,并向社会公布。

在保护范围内,有关单位从事爆破、钻探、打桩、顶进、挖掘、取土等可能影响城镇排水与污水处理设施安全的活动的,应当与设施维护运营单位等共同制定设施保护方案,并采取相应的安全防护措施。

第四十二条 禁止从事下列危及城镇排水与污水处理设施安全的活动:

(一)损毁、盗窃城镇排水与污水处理设施;

(二)穿凿、堵塞城镇排水与污水处理设施;

(三)向城镇排水与污水处理设施排放、倾倒剧毒、易燃易爆、腐蚀性废液和废渣;

(四)向城镇排水与污水处理设施倾倒垃圾、渣土、施工泥浆等废弃物;

(五)建设占压城镇排水与污水处理设施的建筑物、构筑物或者其他设施;

(六)其他危及城镇排水与污水处理设施安全的活动。

第四十三条 新建、改建、扩建建设工程,不得影响城镇排水与污水处理设施安全。

建设工程开工前,建设单位应当查明工程建设范围内地下城镇排水与污水处理设施的相关情况。城镇排水主管部门及其他相关部门和单位应当及时提供相关资料。

建设工程施工范围内有排水管网等城镇排水与污水处理设施的,建设单位应当与施工单位、设施维护运营单位共同制定设施保护方案,并采取相应的安全保护措施。

因工程建设需要拆除、改动城镇排水与污水处理设施的,建设单位应当制定拆除、改动方案,报城镇排水主管部门审核,并承担重建、改建和采取临时措施的费用。

第四十四条 县级以上人民政府城镇排水主管部门应当会同有关部门,加强对城镇排水与污水处理设施运行维护和保护情况的监督检查,并将检查情况及结果向社会公开。实施监督检查时,有权采取下列措施:

(一)进入现场进行检查、监测;

(二)查阅、复制有关文件和资料;

(三)要求被监督检查的单位和个人就有关问题作出说明。

被监督检查的单位和个人应当予以配合,不得妨碍和阻挠依法进行的监督检查活动。

第四十五条 审计机关应当加强对城镇排水与污水处理设施建设、运营、维护和保护等资金筹集、管理和使用情况的监督,并公布审计结果。

第六章 法律责任

……

第七章 附 则

第五十八条 依照《中华人民共和国水污染防治法》的规定,排水户需要取得排污许可证的,由环境保护主管部门核发;违反《中华人民共和国水污染防治法》的规定排放污水的,由环境保护主管部门处罚。

第五十九条 本条例自2014年1月1日起施行。

98.《国务院办公厅关于加强城市地下管线建设管理的指导意见》

(2014年6月3日起施行,国办发〔2014〕27号)

各省、自治区、直辖市人民政府,国务院各部委、各直属机构:

城市地下管线是指城市范围内供水、排水、燃气、热力、电力、通信、广播电视、工业等管线及其附属设施,是保障城市运行的重要基础设施和"生命线"。近年来,随着城市快速发展,地下管线建设规模不足、管理水平不高等问题凸显,一些城市相继发生大雨内涝、管线泄漏爆炸、路面塌陷等事件,严重影响了人民群众生命财产安全和城市运行秩序。为切实加强城市地下管线建设管理,保障城市安全运行,提高城市综合承载能力和城镇化发展质量,经国务院同意,现提出以下意见:

一、总体工作要求

(一)指导思想。深入学习领会党的十八大和十八届二中、三中全会精神,认真贯彻落实党中央和国务院的各项决策部署,适应中国特色新型城镇化需要,把加强城市地下管线建设管理作为履行政府职能的重要内容,统筹地下管线规划建设、管理维护、应急防灾等全过程,综合运用各项政策措施,提高创新能力,全面加强城市地下管线建设管理。

(二)基本原则。

规划引领,统筹建设。坚持先地下、后地上,先规划、后建设,科学编制城市地下管线等规划,合理安排建设时序,提高城市基础设施建设的整体性、系统性。

强化管理,消除隐患。加强城市地下管线维修、养护和改造,提高管理水平,及时发现、消除事故隐患,切实保障地下管线安全运行。

因地制宜,创新机制。按照国家统一要求,结合不同地区实际,科学确定城市地下管线的技术标准、发展模式。稳步推进地下综合管廊建设,加强科学技术和体制机制创新。

落实责任,加强领导。强化城市人民政府对地下管线建设管理的责任,明确有关部门和单位的职责,加强联动协调,形成高效有力的工作机制。

(三)目标任务。2015年底前,完成城市地下管线普查,建立综合管理信息系统,编制完成地下管线综合规划。力争用5年时间,完成城市地下老旧管网改造,将管网漏失率控制在国家标准以内,显著降低管网事故率,避免重大事故发生。用10年左右时间,建成较为完善的城市地下管线体系,使地下管线建设管理水平能够适应经济社会发展需要,应急防灾能力大幅提升。

二、加强规划统筹,严格规划管理

(四)加强城市地下管线的规划统筹。开展地下空间资源调查与评估,制定城市地下空间开发利用规划，统筹地下各类设施、管线布局，原则上不允许在中心城区规划新建生产经营性危险化学品输送管线，其他地区新建的危险化学品输送管线，不得在穿越其他管线等地下设施时形成密闭空间，且距离应满足标准规范要求。各城市要依据城市总体规划组织编制地下管线综合规划，对各类专业管线进行综合，结合城市未来发展需要，统筹考虑军队管线建设需求，合理确定管线设施的空间位置、规模、走向等，包括驻军单位、中央直属企业在内的行业主管部门和管线单位都要积极配合。编制城市地下管线综合规划，应加强与地下空间、道路交通、人防建设、地铁建设等规划的衔接和协调，并作为控制性详细规划和地下管线建设规划的基本依据。

（五）严格实施城市地下管线规划管理。按照先规划、后建设的原则，依据经批准的城市地下管线综合规划和控制性详细规划，对城市地下管线实施统一的规划管理。地下管线工程开工建设前要依据城乡规划法等法律法规取得建设工程规划许可证。要严格执行地下管线工程的规划核实制度，未经核实或者经核实不符合规划要求的，不得组织竣工验收。要加强对规划实施情况的监督检查，对各类违反规划的行为及时查处，依法严肃处理。

三、统筹工程建设，提高建设水平

（六）统筹城市地下管线工程建设。按照先地下、后地上的原则，合理安排地下管线和道路的建设时序。各城市在制定道路年度建设计划时，应提前告知相关行业主管部门和管线单位。各行业主管部门应指导管线单位，根据城市道路年度建设计划和地下管线综合规划，制定各专业管线年度建设计划，并与城市道路年度建设计划同步实施。要统筹安排各专业管线工程建设，力争一次敷设到位，并适当预留管线位置。要建立施工掘路总量控制制度，严格控制道路挖掘，杜绝"马路拉链"现象。

（七）稳步推进城市地下综合管廊建设。在36个大中城市开展地下综合管廊试点工程，探索投融资、建设维护、定价收费、运营管理等模式，提高综合管廊建设管理水平。通过试点示范效应，带动具备条件的城市结合新区建设、旧城改造、道路新（改、扩）建，在重要地段和管线密集区建设综合管廊。城市地下综合管廊应统一规划、建设和管理，满足管线单位的使用和运行维护要求，同步配套消防、供电、照明、监控与报警、通风、排水、标识等设施。鼓励管线单位入股组成股份制公司，联合投资建设综合管廊，或在城市人民政府指导下组成地下综合管廊业主委员会，招标选择建设、运营管理单位。建成综合管廊的区域，凡已在管廊中预留管线位置的，不得再另行安排管廊以外的管线位置。要统筹考虑综合管廊建设运行费用、投资回报和管线单位的使用成本，合理确定管廊租售价格标准。有关部门要及时总结试点经验，加强对各地综合管廊建设的指导。

（八）严格规范建设行为。城市地下管线工程建设项目应履行基本建设程序，严格落实施工图设计文件审查、施工许可、工程质量安全监督与监理、竣工测量以及档案移交等制度。要落实施工安全管理制度，明确相关责任人，确保施工作业安全。对于可能损害地下管线的建设工程，管线单位要与建设单位签订保护协议，辨识危险因素，提出保护措施。对于可能涉及危险化学品管道的施工作业，建设单位施工前要召集有关单位，制定施工方案，明确安全责任，严格按照安全施工要求作业，严禁在情况不明时盲目进行地面开挖作业。对违规建设施工造成管线破坏的行为要依法追究责任。工程覆土前，建设单位应按照有关规定进行竣工测量，及时将测量成果报送城建档案管理部门，并对测量数据和测量图的真实、准确性负责。

四、加强改造维护，消除安全隐患

（九）加大老旧管线改造力度。改造使用年限超过50年、材质落后和漏损严重的供排水管网。推进雨污分流管网改造和建设，暂不具备改造条件的，要建设截流干管，适当加大截流倍数。对存在事故隐患的供热、燃气、电力、通信等地下管线进行维修、更换和升级改造。对存在塌陷、火灾、水淹等重大安全隐患的电力电缆通道进行专项治理改造，推进城市电网、通信网架空线入地改造工程。实施城市宽带通信网络和有线广播电视网络光纤入户改造，加快有线广播电视网络数字化改造。

（十）加强维修养护。各城市要督促行业主管部门和管线单位，建立地下管线巡护和隐患排查制度，严格执行安全技术规程，配备专门人员对管线进行日常巡护，定期进行检测维修，强化监控预警，发现危害管线安全的行为或隐患应及时处理。对地下管线安全风险较大的区段和场所要进行重点监控；对已建成的危险化学品输送管线，要按照相关法律法规和标准规范严格管理。开展地下管线作业时，要严格遵守相关规定，配备必要的设施设备，按照先检测后监护再进入的原则进行作业，严禁违规违章作业，确保人员安全。针对城市地下管线可能发生或造成的泄漏、燃爆、坍塌等突发事故，要根据输送介质的危险特性及管道情况，制定应急防灾综合预案和有针对性的专项应急预案、现场处置方案，并定期组织演练；要加强应急队伍建设，提高人员专业素质，配套完善安全检测及应急装备；维修养护时一旦发生意外，要对风险进行辨识和评估，杜绝盲目施救，造成次生事故；要根据事故现场情况及救援需要及时划定警戒区域，疏散周边人员，维护现场秩序，确保应急工作安全有序。切实提高事故防范、灾害防治和应急处置能力。

（十一）消除安全隐患。各城市要定期排查地下管线存在的隐患，制定工作计划，限期消除隐患。加大力度清理拆除占压地下管线的违法建（构）筑物。清查、登记废弃和"无主"管线，明确责任单位，对于存在安全隐患的废弃管线要及时处置，消灭危险源，其余废弃管线应在道路新（改、扩）建时予以拆除。加强城市窨井盖管理，落实维护和管理责任，采用防坠落、防位移、防盗窃等技术手段，避免窨井伤人等事故发生。要按照有关规定完善地下管线配套安全设施，做到与建设项目同步设计、施工、交付使用。

五、开展普查工作，完善信息系统

（十二）开展城市地下管线普查。城市地下管线普查实行属地负责制，由城市人民政府统一组织实施。各城市要明确责任部门，制定总体方案，建立工作机制和相关规范，组织好普查成果验收和归档移交工作。普查工作包括地下管线基础信息普查和隐患排查。基础信息普查应按照相关技术规程进行探测、补测，重点掌握地下管线的规模大小、位置关系、功能属性、产权归属、运行年限等基本情况；隐患排查应全面了解地下管线的运行状况，摸清地下管线存在的结构性隐患和危险源。驻军单位、中央直属企业要按照当地政府的统一部署，积极配合做好所属地下管线的普查工作。普查成果要按规定集中统一管理，其中军队管线普查成果按军事设施保护法有关规定和军队保密要求提供和管理，由军队有关业务主管部门另行明确配套办法。

（十三）建立和完善综合管理信息系统。各城市要在普查的基础上，建立地下管线综合管理信息系统，满足城市规划、建设、运行和应急等工作需要。包括驻军单位、中央直属企业在内的行业主管部门和管线单位要建立完善专业管线信息系统，满足日常运营维护管理需要，驻军单位按照军队有关业务主管部门统一要求组织实施。综合管理信息系统和专业管信息系统应按照统一的数据标准,实现信息的即时交换、共建共享、动态更新。推进综合管理信息系统与数字化城市管理系统、智慧城市融合。充分利用信息资源,做好工程规划、施工建设、运营维护、应急防灾、公共服务等工作,建设工程规划和施工许可管理必须以综合管理信息系统为依据。涉及国家秘密的地下管线信息,要严格按照有关保密法律法规和标准进行管理。

六、完善法规标准,加大政策支持

(十四)完善法规标准。研究制订地下空间管理、地下管线综合管理等方面法规,健全地下管线规划建设、运行维护、应急防灾等方面的配套规章。开展各类地下管线标准规范的梳理和制(修)订工作,建立完善地下管线标准体系。根据城市发展实际需要,适当提高地下管线建设和抗震防灾等技术标准,重要地区要按相关标准规范的上限执行。按照国防和人防建设要求,研究促进城市地下管线军民融合发展的措施,优先为军队提供管线资源。

(十五)加大政策支持。中央继续通过现有渠道予以支持。地方政府和管线单位要落实资金,加快城市地下管网建设改造。要加快城市建设投融资体制改革,分清政府与企业边界,确需政府举债的,应通过发行政府一般债券或专项债券融资。开展城市基础设施和综合管廊建设等政府和社会资本合作机制(PPP)试点。以政府和社会资本合作方式参与城市基础设施和综合管廊建设的企业,可以探索通过发行企业债券、中期票据、项目收益债券等市场化方式融资。积极推进政府购买服务,完善特许经营制度,研究探索政府购买服务协议、特许经营权、收费权等作为银行质押品的政策,鼓励社会资本参与城市基础设施投资和运营。支持银行业金融机构在有效控制风险的基础上,加大信贷投放力度,支持城市基础设施建设。鼓励外资和民营资本发起设立以投资城市基础设施为主的产业投资基金。各级政府部门要优化地下管线建设改造相关行政许可手续办理流程,提高办理效率。

(十六)提高科技创新能力。加大城市地下管线科技研发和创新力度,鼓励在地下管线规划建设、运行维护及应急防灾等工作中,广泛应用精确测控、示踪标识、无损探测与修复、非开挖、物联网监测和隐患事故预警等先进技术。积极推广新工艺、新材料和新设备,推进新型建筑工业化,支持发展装配式建筑,推广应用管道预构件产品,提高预制装配化率。

七、落实地方责任,加强组织领导

(十七)落实地方责任。各地要牢固树立正确的政绩观,纠正"重地上轻地下"、"重建设轻管理"、"重使用轻维护"等错误观念,加强对城市地下管线建设管理工作的组织领导。省级人民政府要把城市地下空间和管线建设管理纳入重要议事日程,加大监督、指导和协调力度,督促各城市结合实际抓好相关工作。城市人民政府作为责任主体,要切实履行职责,统筹城市地上地下设施建设,做好地下空间和管线管理各项具体工作。住房城乡建设部要会同有关部门,加强对地下管线建设管理工作的指导和监督检查。对地下管线建设管理工作不力、造成重大事故的,要依法追究责任。

(十八)健全工作机制。各地要建立城市地下管线综合管理协调机制,明确牵头部门,组织有关部门和单位,加强联动协调,共同研究加强地下管线建设管理的政策措施,及时解决跨地区、跨部门及跨军队和地方的重大问题和突发事故。住房城乡建设部门会同有关部门负责城市地下管线综合管理,发展改革部门要将城市地下管线建设改造纳入经济社会发展规划,财政、通信、广播电视、安全监管、能源、保密等部门要各司其职、密切配合,形成分工明确、高效有力的工作机制。

（十九）积极引导社会参与。充分发挥行业组织的积极作用。各城市应设立统一的地下管线服务专线。充分运用多种媒体和宣传形式，加强城市地下管线安全和应急防灾知识的普及教育，开展"管线挖掘安全月"主题宣传活动，增强公众保护地下管线的意识。建立举报奖励制度，鼓励群众举报危害管线安全的行为。

国务院办公厅

2014年6月3日

第三节　养老医疗公用事业

汇编导语

尽管养老、医疗领域的法律法规并不多，但是国家近年来在政策层面一直大力推进养老医疗公用事业建设，推广医养一体化建设模式。地方政府也在加快推进公立养老、医疗项目的改制改革进程，尤其在人事体制、管理体制等方面加大改革力度。这样的养老医疗项目设计中，需要同步解决公办与民办、事业单位和企业单位、营利和非营利、指导价格和市场价格等体制机制问题，解决项目性质、人员编制与身份、社会保障等具体问题。当前法律政策环境下，不同的体制机制下PPP项目采用的具体模式有所不同，尤其是付费、价格、损益承担、监管边界等问题，都需要与项目所处的体制机制相符合。

不管沿用老的体制机制，还是创新的市场化模式，都要在项目方案设计中确保养老医疗项目的公共服务社会职能，方案中都要有项目公司在发生重大公共安全事件时无条件执行政府指令任务的制度设计（经营主体有权获得相应的公共服务补贴）。在法律和政策允许的范围内，积极配合改革整体思路，探索市场化模式，妥善解决历史遗留问题，这需要咨询机构和法律人士作出更多努力和有益尝试。

99.《中华人民共和国老年人权益保障法》

（2013年7月1日起施行，2015年4月24日修正）

第一章　总　则

……

第二章　家庭赡养与扶养

……

第三章 社会保障

……

第四章 社会服务

第三十七条 地方各级人民政府和有关部门应当采取措施，发展城乡社区养老服务，鼓励、扶持专业服务机构及其他组织和个人，为居家的老年人提供生活照料、紧急救援、医疗护理、精神慰藉、心理咨询等多种形式的服务。

对经济困难的老年人，地方各级人民政府应当逐步给予养老服务补贴。

第三十八条 地方各级人民政府和有关部门、基层群众性自治组织，应当将养老服务设施纳入城乡社区配套设施建设规划，建立适应老年人需要的生活服务、文化体育活动、日间照料、疾病护理与康复等服务设施和网点，就近为老年人提供服务。

发扬邻里互助的传统，提倡邻里间关心、帮助有困难的老年人。

鼓励慈善组织、志愿者为老年人服务。倡导老年人互助服务。

第三十九条 各级人民政府应当根据经济发展水平和老年人服务需求，逐步增加对养老服务的投入。

各级人民政府和有关部门在财政、税费、土地、融资等方面采取措施，鼓励、扶持企业事业单位、社会组织或者个人兴办、运营养老、老年人日间照料、老年文化体育活动等设施。

第四十条 地方各级人民政府和有关部门应当按照老年人口比例及分布情况，将养老服务设施建设纳入城乡规划和土地利用总体规划，统筹安排养老服务设施建设用地及所需物资。

公益性养老服务设施用地，可以依法使用国有划拨土地或者农民集体所有的土地。

养老服务设施用地，非经法定程序不得改变用途。

第四十一条 政府投资兴办的养老机构，应当优先保障经济困难的孤寡、失能、高龄等老年人的服务需求。

第四十二条 国务院有关部门制定养老服务设施建设、养老服务质量和养老服务职业等标准，建立健全养老机构分类管理和养老服务评估制度。

各级人民政府应当规范养老服务收费项目和标准，加强监督和管理。

第四十三条 设立养老机构，应当符合下列条件：

（一）有自己的名称、住所和章程；

（二）有与服务内容和规模相适应的资金；

（三）有符合相关资格条件的管理人员、专业技术人员和服务人员；

（四）有基本的生活用房、设施设备和活动场地；

（五）法律、法规规定的其他条件。

第四十四条 设立公益性养老机构应当向县级以上人民政府民政部门申请行政许可；经许可的，依法办理相应的登记。

设立经营性养老机构应当在工商行政管理部门办理登记后，向县级以上人民政府民政部门申请行政许可。

县级以上人民政府民政部门负责养老机构的指导、监督和管理，其他有关部门依照职责分工对养老机构实施监督。

第四十五条 养老机构变更或者终止的,应当妥善安置收住的老年人,并依照规定到有关部门办理手续。有关部门应当为养老机构妥善安置老年人提供帮助。

第四十六条 国家建立健全养老服务人才培养、使用、评价和激励制度,依法规范用工,促进从业人员劳动报酬合理增长,发展专职、兼职和志愿者相结合的养老服务队伍。

国家鼓励高等学校、中等职业学校和职业培训机构设置相关专业或者培训项目,培养养老服务专业人才。

第四十七条 养老机构应当与接受服务的老年人或者其代理人签订服务协议,明确双方的权利、义务。

养老机构及其工作人员不得以任何方式侵害老年人的权益。

第四十八条 国家鼓励养老机构投保责任保险,鼓励保险公司承保责任保险。

第四十九条 各级人民政府和有关部门应当将老年医疗卫生服务纳入城乡医疗卫生服务规划,将老年人健康管理和常见病预防等纳入国家基本公共卫生服务项目。鼓励为老年人提供保健、护理、临终关怀等服务。

国家鼓励医疗机构开设针对老年病的专科或者门诊。

医疗卫生机构应当开展老年人的健康服务和疾病防治工作。

第五十条 国家采取措施,加强老年医学的研究和人才培养,提高老年病的预防、治疗、科研水平,促进老年病的早期发现、诊断和治疗。

国家和社会采取措施,开展各种形式的健康教育,普及老年保健知识,增强老年人自我保健意识。

第五十一条 国家采取措施,发展老龄产业,将老龄产业列入国家扶持行业目录。扶持和引导企业开发、生产、经营适应老年人需要的用品和提供相关的服务。

第五章 社会优待

......

第六章 宜居环境

第六十条 国家采取措施,推进宜居环境建设,为老年人提供安全、便利和舒适的环境。

第六十一条 各级人民政府在制定城乡规划时,应当根据人口老龄化发展趋势、老年人口分布和老年人的特点,统筹考虑适合老年人的公共基础设施、生活服务设施、医疗卫生设施和文化体育设施建设。

第六十二条 国家制定和完善涉及老年人的工程建设标准体系,在规划、设计、施工、监理、验收、运行、维护、管理等环节加强相关标准的实施与监督。

第六十三条 国家制定无障碍设施工程建设标准。新建、改建和扩建道路、公共交通设施、建筑物、居住区等,应当符合国家无障碍设施工程建设标准。

各级人民政府和有关部门应当按照国家无障碍设施工程建设标准,优先推进与老年人日常生活密切相关的公共服务设施的改造。

无障碍设施的所有人和管理人应当保障无障碍设施正常使用。

第六十四条 国家推动老年宜居社区建设,引导、支持老年宜居住宅的开发,推动和扶持老年人家庭无障碍设施的改造,为老年人创造无障碍居住环境。

第七章 参与社会发展

......

第八章 法律责任

......

第九章 附 则

第八十三条 民族自治地方的人民代表大会,可以根据本法的原则,结合当地民族风俗习惯的具体情况,依照法定程序制定变通的或者补充的规定。

第八十四条 本法施行前设立的养老机构不符合本法规定条件的,应当限期整改。具体办法由国务院民政部门制定。

第八十五条 本法自2013年7月1日起施行。

100.《中华人民共和国医疗机构管理条例》

(1994年9月1日起施行,国务院令第149号)

第一章 总 则

第一条 为了加强对医疗机构的管理,促进医疗卫生事业的发展,保障公民健康,制定本条例。

第二条 本条例适用于从事疾病诊断、治疗活动的医院、卫生院、疗养院、门诊部、诊所、卫生所(室)以及急救站等医疗机构。

第三条 医疗机构以救死扶伤,防病治病,为公民的健康服务为宗旨。

第四条 国家扶持医疗机构的发展,鼓励多种形式兴办医疗机构。

第五条 国务院卫生行政部门负责全国医疗机构的监督管理工作。

县级以上地方人民政府卫生行政部门负责本行政区域内医疗机构的监督管理工作。

中国人民解放军卫生主管部门依照本条例和国家有关规定,对军队的医疗机构实施监督管理。

第二章 规划布局和设置审批

第六条 县级以上地方人民政府卫生行政部门应当根据本行政区域内的人口、医疗资源、医疗需求和现有医疗机构的分布状况,制定本行政区域医疗机构设置规划。

机关、企业和事业单位可以根据需要设置医疗机构,并纳入当地医疗机构的设置规划。

第七条 县级以上地方人民政府应当把医疗机构设置规划纳入当地的区域卫生发展规划和城乡建设发展总体规划。

第八条 设置医疗机构应当符合医疗机构设置规划和医疗机构基本标准。

医疗机构基本标准由国务院卫生行政部门制定。

第九条 单位或者个人设置医疗机构,必须经县级以上地方人民政府卫生行政部门审查批准,并取得设置医疗机构批准书,方可向有关部门办理其他手续。

第十条 申请设置医疗机构,应当提交下列文件:

(一)设置申请书;

(二)设置可行性研究报告;

(三)选址报告和建筑设计平面图。

第十一条 单位或者个人设置医疗机构,应当按照以下规定提出设置申请:

(一)不设床位或者床位不满100张的医疗机构,向所在地的县级人民政府卫生行政部门申请;

(二)床位在100张以上的医疗机构和专科医院按照省级人民政府卫生行政部门的规定申请。

第十二条 县级以上地方人民政府卫生行政部门应当自受理设置申请之日起30日内,作出批准或者不批准的书面答复;批准设置的,发给设置医疗机构批准书。

第十三条 国家统一规划的医疗机构的设置,由国务院卫生行政部门决定。

第十四条 机关、企业和事业单位按照国家医疗机构基本标准设置为内部职工服务的门诊部、诊所、卫生所(室),报所在地的县级人民政府卫生行政部门备案。

第三章 登 记

第十五条 医疗机构执业,必须进行登记,领取《医疗机构执业许可证》。

第十六条 申请医疗机构执业登记,应当具备下列条件:

(一)有设置医疗机构批准书;

(二)符合医疗机构的基本标准;

(三)有适合的名称、组织机构和场所;

(四)有与其开展的业务相适应的经费、设施、设备和专业卫生技术人员;

(五)有相应的规章制度;

(六)能够独立承担民事责任。

第十七条 医疗机构的执业登记,由批准其设置的人民政府卫生行政部门办理。

按照本条例第十三条规定设置的医疗机构的执业登记,由所在地的省、自治区、直辖市人民政府卫生行政部门办理。

机关、企业和事业单位设置的为内部职工服务的门诊部、诊所、卫生所(室)的执业登记,由所在地的县级人民政府卫生行政部门办理。

第十八条 医疗机构执业登记的主要事项:

(一)名称、地址、主要负责人;

(二)所有制形式;

(三)诊疗科目、床位;

(四)注册资金。

第十九条 县级以上地方人民政府卫生行政部门自受理执业登记申请之日起45日内,根据本条例和医疗机构基本标准进行审核。审核合格的,予以登记,发给《医疗机构执业许可证》;审核不合格的,将审核结果以书面形式通知申请人。

第二十条　医疗机构改变名称、场所、主要负责人、诊疗科目、床位，必须向原登记机关办理变更登记。

第二十一条　医疗机构歇业，必须向原登记机关办理注销登记。经登记机关核准后，收缴《医疗机构执业许可证》。

医疗机构非因改建、扩建、迁建原因停业超过1年的，视为歇业。

第二十二条　床位不满100张的医疗机构，其《医疗机构执业许可证》每年校验1次；床位在100张以上的医疗机构，其《医疗机构执业许可证》每3年校验1次。校验由原登记机关办理。

第二十三条　《医疗机构执业许可证》不得伪造、涂改、出卖、转让、出借。

《医疗机构执业许可证》遗失的，应当及时申明，并向原登记机关申请补发。

第四章　执　业

第二十四条　任何单位或者个人，未取得《医疗机构执业许可证》，不得开展诊疗活动。

第二十五条　医疗机构执业，必须遵守有关法律、法规和医疗技术规范。

第二十六条　医疗机构必须将《医疗机构执业许可证》、诊疗科目、诊疗时间和收费标准悬挂于明显处所。

第二十七条　医疗机构必须按照核准登记的诊疗科目开展诊疗活动。

第二十八条　医疗机构不得使用非卫生技术人员从事医疗卫生技术工作。

第二十九条　医疗机构应当加强对医务人员的医德教育。

第三十条　医疗机构工作人员上岗工作，必须佩带载有本人姓名、职务或者职称的标牌。

第三十一条　医疗机构对危重病人应当立即抢救。对限于设备或者技术条件不能诊治的病人，应当及时转诊。

第三十二条　未经医师（士）亲自诊查病人，医疗机构不得出具疾病诊断书、健康证明书或者死亡证明书等证明文件；未经医师（士）、助产人员亲自接产，医疗机构不得出具出生证明书或者死产报告书。

第三十三条　医疗机构施行手术、特殊检查或者特殊治疗时，必须征得患者同意，并应当取得其家属或者关系人同意并签字；无法取得患者意见时，应当取得家属或者关系人同意并签字；无法取得患者意见又无家属或者关系人在场，或者遇到其他特殊情况时，经治医师应当提出医疗处置方案，在取得医疗机构负责人或者被授权负责人员的批准后实施。

第三十四条　医疗机构发生医疗事故，按照国家有关规定处理。

第三十五条　医疗机构对传染病、精神病、职业病等患者的特殊诊治和处理，应当按照国家有关法律、法规的规定办理。

第三十六条　医疗机构必须按照有关药品管理的法律、法规，加强药品管理。

第三十七条　医疗机构必须按照人民政府或者物价部门的有关规定收取医疗费用，详列细项，并出具收据。

第三十八条　医疗机构必须承担相应的预防保健工作，承担县级以上人民政府卫生行政部门委托的支援农村、指导基层医疗卫生工作等任务。

第三十九条　发生重大灾害、事故、疾病流行或者其他意外情况时，医疗机构及其卫生技术人员必须服从县级以上人民政府卫生行政部门的调遣。

第五章 监督管理

第四十条 县级以上人民政府卫生行政部门行使下列监督管理职权：

（一）负责医疗机构的设置审批、执业登记和校验；

（二）对医疗机构的执业活动进行检查指导；

（三）负责组织对医疗机构的评审；

（四）对违反本条例的行为给予处罚。

第四十一条 国家实行医疗机构评审制度，由专家组成的评审委员会按照医疗机构评审办法和评审标准，对医疗机构的执业活动、医疗服务质量等进行综合评价。

医疗机构评审办法和评审标准由国务院卫生行政部门制定。

第四十二条 县级以上地方人民政府卫生行政部门负责组织本行政区域医疗机构评审委员会。

医疗机构评审委员会由医院管理、医学教育、医疗、医技、护理和财务等有关专家组成。评审委员会成员由县级以上地方人民政府卫生行政部门聘任。

第四十三条 县级以上地方人民政府卫生行政部门根据评审委员会的评审意见，对达到评审标准的医疗机构，发给评审合格证书；对未达到评审标准的医疗机构，提出处理意见。

第六章 罚 则

第四十四条 违反本条例第二十四条规定，未取得《医疗机构执业许可证》擅自执业的，由县级以上人民政府卫生行政部门责令其停止执业活动，没收非法所得和药品、器械，并可以根据情节处以1万元以下的罚款。

第四十五条 违反本条例第二十二条规定，逾期不校验《医疗机构执业许可证》仍从事诊疗活动的，由县级以上人民政府卫生行政部门责令其限期补办校验手续；拒不校验的，吊销其《医疗机构执业许可证》。

第四十六条 违反本条例第二十三条规定，出卖、转让、出借《医疗机构执业许可证》的，由县级以上人民政府卫生行政部门没收非法所得，并可以处以5000元以下的罚款；情节严重的，吊销其《医疗机构执业许可证》。

第四十七条 违反本条例第二十七条规定，诊疗活动超出登记范围的，由县级以上人民政府卫生行政部门予以警告、责令其改正，并可以根据情节处以3000元以下的罚款；情节严重的，吊销其《医疗机构执业许可证》。

第四十八条 违反本条例第二十八条规定，使用非卫生技术人员从事医疗卫生技术工作的，由县级以上人民政府卫生行政部门责令其限期改正，并可以处以5000元以下的罚款；情节严重的，吊销其《医疗机构执业许可证》。

第四十九条 违反本条例第三十二条规定，出具虚假证明文件的，由县级以上人民政府卫生行政部门予以警告；对造成危害后果的，可以处以1000元以下的罚款；对直接责任人员由所在单位或者上级机关给予行政处分。

第五十条 没收的财物和罚款全部上交国库。

第五十一条 当事人对行政处罚决定不服的，可以依照国家法律、法规的规定申请行政复议或者提起行政诉讼。当事人对罚款及没收药品、器械的处罚决定未在法定期限内申请复议或者提起诉讼又不履行的,县级以上人民政府卫生行政部门可以申请人民法院强制执行。

第七章 附 则

第五十二条 本条例实施前已经执业的医疗机构,应当在条例实施后的6个月内,按照本条例第三章的规定,补办登记手续,领取《医疗机构执业许可证》。

第五十三条 外国人在中华人民共和国境内开设医疗机构及香港、澳门、台湾居民在内地开设医疗机构的管理办法,由国务院卫生行政部门另行制定。

第五十四条 本条例由国务院卫生行政部门负责解释。

第五十五条 本条例自1994年9月1日起施行。1951年政务院批准发布的《医院诊所管理暂行条例》同时废止。

101.《国务院关于加快发展养老服务业的若干意见》

(2013年9月6日起施行,国发〔2013〕35号)

各省、自治区、直辖市人民政府,国务院各部委、各直属机构:

近年来,我国养老服务业快速发展,以居家为基础、社区为依托、机构为支撑的养老服务体系初步建立,老年消费市场初步形成,老龄事业发展取得显著成就。但总体上看,养老服务和产品供给不足、市场发育不健全、城乡区域发展不平衡等问题还十分突出。当前,我国已经进入人口老龄化快速发展阶段,2012年底我国60周岁以上老年人口已达1.94亿,2020年将达到2.43亿,2025年将突破3亿。积极应对人口老龄化,加快发展养老服务业,不断满足老年人持续增长的养老服务需求,是全面建成小康社会的一项紧迫任务,有利于保障老年人权益,共享改革发展成果,有利于拉动消费、扩大就业,有利于保障和改善民生,促进社会和谐,推进经济社会持续健康发展。为加快发展养老服务业,现提出以下意见:

一、总体要求

(一)指导思想。以邓小平理论、"三个代表"重要思想、科学发展观为指导,从国情出发,把不断满足老年人日益增长的养老服务需求作为出发点和落脚点,充分发挥政府作用,通过简政放权,创新体制机制,激发社会活力,充分发挥社会力量的主体作用,健全养老服务体系,满足多样化养老服务需求,努力使养老服务业成为积极应对人口老龄化、保障和改善民生的重要举措,成为扩大内需、增加就业、促进服务业发展、推动经济转型升级的重要力量。

(二)基本原则。

深化体制改革。加快转变政府职能,减少行政干预,加大政策支持和引导力度,激发各类服务主体活力,创新服务供给方式,加强监督管理,提高服务质量和效率。

坚持保障基本。以政府为主导,发挥社会力量作用,着力保障特殊困难老年人的养老服务需求,确保人人享有基本养老服务。加大对基层和农村养老服务的投入,充分发挥社区基层组织和服务机构在居家养老服务中的重要作用。支持家庭、个人承担应尽责任。

注重统筹发展。统筹发展居家养老、机构养老和其他多种形式的养老,实行普遍性服务和个性化服务相结合。统筹城市和农村养老资源,促进基本养老服务均衡发展。统筹利用各种资源,促进养老服务与医疗、家政、保险、教育、健身、旅游等相关领域的互动发展。

完善市场机制。充分发挥市场在资源配置中的基础性作用,逐步使社会力量成为发展养老服务业的主体,营造平等参与、公平竞争的市场环境,大力发展养老服务业,提供方便可及、价格合理的各类养老服务和产品,满足养老服务多样化、多层次需求。

(三)发展目标。到2020年,全面建成以居家为基础、社区为依托、机构为支撑的,功能完善、规模适度、覆盖城乡的养老服务体系。养老服务产品更加丰富,市场机制不断完善,养老服务业持续健康发展。

——服务体系更加健全。生活照料、医疗护理、精神慰藉、紧急救援等养老服务覆盖所有居家老年人。符合标准的日间照料中心、老年人活动中心等服务设施覆盖所有城市社区,90%以上的乡镇和60%以上的农村社区建立包括养老服务在内的社区综合服务设施和站点。全国社会养老床位数达到每千名老年人35-40张,服务能力大幅增强。

——产业规模显著扩大。以老年生活照料、老年产品用品、老年健康服务、老年体育健身、老年文化娱乐、老年金融服务、老年旅游等为主的养老服务业全面发展,养老服务业增加值在服务业中的比重显著提升,全国机构养老、居家社区生活照料和护理等服务提供1000万个以上就业岗位。涌现一批带动力强的龙头企业和大批富有创新活力的中小企业,形成一批养老服务产业集群,培育一批知名品牌。

——发展环境更加优化。养老服务业政策法规体系建立健全,行业标准科学规范,监管机制更加完善,服务质量明显提高。全社会积极应对人口老龄化意识显著增强,支持和参与养老服务的氛围更加浓厚,养老志愿服务广泛开展,敬老、养老、助老的优良传统得到进一步弘扬。

二、主要任务

(一)统筹规划发展城市养老服务设施。

加强社区服务设施建设。各地在制定城市总体规划、控制性详细规划时,必须按照人均用地不少于0.1平方米的标准,分区分级规划设置养老服务设施。凡新建城区和新建居住(小)区,要按标准要求配套建设养老服务设施,并与住宅同步规划、同步建设、同步验收、同步交付使用;凡老城区和已建成居住(小)区无养老服务设施或现有设施没有达到规划和建设指标要求的,要限期通过购置、置换、租赁等方式开辟养老服务设施,不得挪作他用。

综合发挥多种设施作用。各地要发挥社区公共服务设施的养老服务功能,加强社区养老服务设施与社区服务中心(服务站)及社区卫生、文化、体育等设施的功能衔接,提高使用率,发挥综合效益。要支持和引导各类社会主体参与社区综合服务设施建设、运营和管理,提供养老服务。各类具有为老年人服务功能的设施都要向老年人开放。

实施社区无障碍环境改造。各地区要按照无障碍设施工程建设相关标准和规范,推动和扶持老年人家庭无障碍设施的改造,加快推进坡道、电梯等与老年人日常生活密切相关的公共设施改造。

(二)大力发展居家养老服务网络。

发展居家养老便捷服务。地方政府要支持建立以企业和机构为主体、社区为纽带、满足老年人各种服务需求的居家养老服务网络。要通过制定扶持政策措施,积极培育居家养老服务企业和机构,上门为居家老年人提供助餐、助浴、助洁、助急、助医等定制服务;大力发展家政服务,为居家老年人提供规范化、个性化服务。要支持社区建立健全居家养老服务网点,引入社会组织和家政、物业等企业，兴办或运营老年供餐、社区日间照料、老年活动中心等形式多样的养老服务项目。

发展老年人文体娱乐服务。地方政府要支持社区利用社区公共服务设施和社会场所组织开展适合老年人的群众性文化体育娱乐活动，并发挥群众组织和个人积极性。鼓励专业养老机构利用自身资源优势，培训和指导社区养老服务组织和人员。

发展居家网络信息服务。地方政府要支持企业和机构运用互联网、物联网等技术手段创新居家养老服务模式，发展老年电子商务，建设居家服务网络平台，提供紧急呼叫、家政预约、健康咨询、物品代购、服务缴费等适合老年人的服务项目。

（三）大力加强养老机构建设。

支持社会力量举办养老机构。各地要根据城乡规划布局要求，统筹考虑建设各类养老机构。在资本金、场地、人员等方面，进一步降低社会力量举办养老机构的门槛，简化手续、规范程序、公开信息，行政许可和登记机关要核定其经营和活动范围，为社会力量举办养老机构提供便捷服务。鼓励境外资本投资养老服务业。鼓励个人举办家庭化、小型化的养老机构，社会力量举办规模化、连锁化的养老机构。鼓励民间资本对企业厂房、商业设施及其他可利用的社会资源进行整合和改造，用于养老服务。

办好公办保障性养老机构。各地公办养老机构要充分发挥托底作用，重点为"三无"（无劳动能力、无生活来源、无赡养人和扶养人，或者其赡养人和扶养人确无赡养和扶养能力）老人、低收入老人、经济困难的失能半失能老人提供无偿或低收费的供养、护理服务。政府举办的养老机构要实用适用，避免铺张豪华。

开展公办养老机构改制试点。有条件的地方可以积极稳妥地把专门面向社会提供经营性服务的公办养老机构转制成为企业，完善法人治理结构。政府投资兴办的养老床位应逐步通过公建民营等方式管理运营，积极鼓励民间资本通过委托管理等方式，运营公有产权的养老服务设施。要开展服务项目和设施安全标准化建设，不断提高服务水平。

（四）切实加强农村养老服务。

健全服务网络。要完善农村养老服务托底的措施，将所有农村"三无"老人全部纳入五保供养范围，适时提高五保供养标准，健全农村五保供养机构功能，使农村五保老人老有所养。在满足农村五保对象集中供养需求的前提下，支持乡镇五保供养机构改善设施条件并向社会开放，提高运营效益，增强护理功能，使之成为区域性养老服务中心。依托行政村、较大自然村，充分利用农家大院等，建设日间照料中心、托老所、老年活动站等互助性养老服务设施。农村党建活动室、卫生室、农家书屋、学校等要支持农村养老服务工作，组织与老年人相关的活动。充分发挥村民自治功能和老年协会作用，督促家庭成员承担赡养责任，组织开展邻里互助、志愿服务，解决周围老年人实际生活困难。

拓宽资金渠道。各地要进一步落实《中华人民共和国老年人权益保障法》有关农村可以将未承包的集体所有的部分土地、山林、水面、滩涂等作为养老基地，收益供老年人养老的要求。鼓励城市资金、资产和资源投向农村养老服务。各级政府用于养老服务的财政性资金应重点向农村倾斜。

建立协作机制。城市公办养老机构要与农村五保供养机构等建立长期稳定的对口支援和合作机制，采取人员培训、技术指导、设备支援等方式，帮助其提高服务能力。建立跨地区养老服务协作机制，鼓励发达地区支援欠发达地区。

（五）繁荣养老服务消费市场。

拓展养老服务内容。各地要积极发展养老服务业，引导养老服务企业和机构优先满足老年人基本服务需求，鼓励和引导相关行业积极拓展适合老年人特点的文化娱乐、体育健身、休闲旅游、健康服务、精神慰藉、法律服务等服务，加强残障老年人专业化服务。

开发老年产品用品。相关部门要围绕适合老年人的衣、食、住、行、医、文化娱乐等需要，支持企业积极开发安全有效的康复辅具、食品药品、服装服饰等老年用品用具和服务产品，引导商场、超市、批发市场设立老年用品专区专柜；开发老年住宅、老年公寓等老年生活设施，提高老年人生活质量。引导和规范商业银行、保险公司、证券公司等金融机构开发适合老年人的理财、信贷、保险等产品。

培育养老产业集群。各地和相关行业部门要加强规划引导，在制定相关产业发展规划中，要鼓励发展养老服务中小企业，扶持发展龙头企业，实施品牌战略，提高创新能力，形成一批产业链长、覆盖领域广、经济社会效益显著的产业集群。健全市场规范和行业标准，确保养老服务和产品质量，营造安全、便利、诚信的消费环境。

（六）积极推进医疗卫生与养老服务相结合。

推动医养融合发展。各地要促进医疗卫生资源进入养老机构、社区和居民家庭。卫生管理部门要支持有条件的养老机构设置医疗机构。医疗机构要积极支持和发展养老服务，有条件的二级以上综合医院应当开设老年病科，增加老年病床数量，做好老年慢病防治和康复护理。要探索医疗机构与养老机构合作新模式，医疗机构、社区卫生服务机构应当为老年人建立健康档案，建立社区医院与老年人家庭医疗契约服务关系，开展上门诊视、健康查体、保健咨询等服务，加快推进面向养老机构的远程医疗服务试点。医疗机构应当为老年人就医提供优先优惠服务。

健全医疗保险机制。对于养老机构内设的医疗机构，符合城镇职工（居民）基本医疗保险和新型农村合作医疗定点条件的，可申请纳入定点范围，入住的参保老年人按规定享受相应待遇。完善医保报销制度，切实解决老年人异地就医结算问题。鼓励老年人投保健康保险、长期护理保险、意外伤害保险等人身保险产品，鼓励和引导商业保险公司开展相关业务。

三、政策措施

（一）完善投融资政策。要通过完善扶持政策，吸引更多民间资本，培育和扶持养老服务机构和企业发展。各级政府要加大投入，安排财政性资金支持养老服务体系建设。金融机构要加快金融产品和服务方式创新，拓宽信贷抵押担保物范围，积极支持养老服务业的信贷需求。积极利用财政贴息、小额贷款等方式，加大对养老服务业的有效信贷投入。加强养老服务机构信用体系建设，增强对信贷资金和民间资本的吸引力。逐步放宽限制，鼓励和支持保险资金投资养老服务领域。开展老年人住房反向抵押养老保险试点。鼓励养老机构投保责任保险，保险公司承保责任保险。地方政府发行债券应统筹考虑养老服务需求，积极支持养老服务设施建设及无障碍改造。

（二）完善土地供应政策。各地要将各类养老服务设施建设用地纳入城镇土地利用总体规划和年度用地计划，合理安排用地需求，可将闲置的公益性用地调整为养老服务用地。民间资本举办的非营利性养老机构与政府举办的养老机构享有相同的土地使用政策，可以依法使用国有划拨土地或者农民集体所有的土地。对营利性养老机构建设用地，按照国家对经营性用地依法办理有偿用地手续的规定，优先保障供应，并制定支持发展养老服务业的土地政策。严禁养老设施建设用地改变用途、容积率等土地使用条件搞房地产开发。

（三）完善税费优惠政策。落实好国家现行支持养老服务业的税收优惠政策，对养老机构提供的养护服务免征营业税，对非营利性养老机构自用房产、土地免征房产税、城镇土地使用税，对符合条件的非营利性养老机构按规定免征企业所得税。对企事业单位、社会团体和个人向非营利性养老机构的捐赠，符合相关规定的，准予在计算其应纳税所得额时按税法规定比例扣除。各地对非营利性养老机构建设要免征有关行政事业性收费，对营利性养老机构建设要减半征收有关行政事业性收费，对养老机构提供养老服务也要适当减免行政事业性收费，养老机构用电、用水、用气、用热按居民生活类价格执行。境内外资本举办养老机构享有同等的税收等优惠政策。制定和完善支持民间资本投资养老服务业的税收优惠政策。

（四）完善补贴支持政策。各地要加快建立养老服务评估机制，建立健全经济困难的高龄、失能等老年人补贴制度。可根据养老服务的实际需要，推进民办公助，选择通过补助投资、贷款贴息、运营补贴、购买服务等方式，支持社会力量举办养老服务机构，开展养老服务。民政部本级彩票公益金和地方各级政府用于社会福利事业的彩票公益金，要将50%以上的资金用于支持发展养老服务业，并随老年人口的增加逐步提高投入比例。国家根据经济社会发展水平和职工平均工资增长、物价上涨等情况，进一步完善落实基本养老、基本医疗、最低生活保障等政策，适时提高养老保障水平。要制定政府向社会力量购买养老服务的政策措施。

（五）完善人才培养和就业政策。教育、人力资源社会保障、民政部门要支持高等院校和中等职业学校增设养老服务相关专业和课程，扩大人才培养规模，加快培养老年医学、康复、护理、营养、心理和社会工作等方面的专门人才，制定优惠政策，鼓励大专院校对口专业毕业生从事养老服务工作。充分发挥开放大学作用，开展继续教育和远程学历教育。依托院校和养老机构建立养老服务实训基地。加强老年护理人员专业培训，对符合条件的参加养老护理职业培训和职业技能鉴定的从业人员按规定给予相关补贴，在养老机构和社区开发公益性岗位，吸纳农村转移劳动力、城镇就业困难人员等从事养老服务。养老机构应当积极改善养老护理员工作条件，加强劳动保护和职业防护，依法缴纳养老保险费等社会保险费，提高职工工资福利待遇。养老机构应当科学设置专业技术岗位，重点培养和引进医生、护士、康复医师、康复治疗师、社会工作者等具有执业或职业资格的专业技术人员。对在养老机构就业的专业技术人员，执行与医疗机构、福利机构相同的执业资格、注册考核政策。

（六）鼓励公益慈善组织支持养老服务。引导公益慈善组织重点参与养老机构建设、养老产品开发、养老服务提供，使公益慈善组织成为发展养老服务业的重要力量。积极培育发展为老服务公益慈善组织。积极扶持发展各类为老服务志愿组织，开展志愿服务活动。倡导机关干部和企事业单位职工、大中小学学生参加养老服务志愿活动。支持老年群众组织开展自我管理、自我服务和服务社会活动。探索建立健康老人参与志愿互助服务的工作机制，建立为老志愿服务登记制度。弘扬敬老、养老、助老的优良传统，支持社会服务窗口行业开展"敬老文明号"创建活动。

四、组织领导

（一）健全工作机制。各地要将发展养老服务业纳入国民经济和社会发展规划，纳入政府重要议事日程，进一步强化工作协调机制，定期分析养老服务业发展情况和存在问题，研究推进养老服务业加快发展的各项政策措施，认真落实养老服务业发展的相关任务要求。

民政部门要切实履行监督管理、行业规范、业务指导职责,推动公办养老机构改革发展。发展改革部门要将养老服务业发展纳入经济社会发展规划、专项规划和区域规划,支持养老服务设施建设。财政部门要在现有资金渠道内对养老服务业发展给予财力保障。老龄工作机构要发挥综合协调作用,加强督促指导工作。教育、公安消防、卫生计生、国土、住房城乡建设、人力资源社会保障、商务、税务、金融、质检、工商、食品药品监管等部门要各司其职,及时解决工作中遇到的问题,形成齐抓共管、整体推进的工作格局。

(二)开展综合改革试点。国家选择有特点和代表性的区域进行养老服务业综合改革试点,在财政、金融、用地、税费、人才、技术及服务模式等方面进行探索创新,先行先试,完善体制机制和政策措施,为全国养老服务业发展提供经验。

(三)强化行业监管。民政部门要健全养老服务的准入、退出、监管制度,指导养老机构完善管理规范、改善服务质量,及时查处侵害老年人人身财产权益的违法行为和安全生产责任事故。价格主管部门要探索建立科学合理的养老服务定价机制,依法确定适用政府定价和政府指导价的范围。有关部门要建立完善养老服务业统计制度。其他各有关部门要依照职责分工对养老服务业实施监督管理。要积极培育和发展养老服务行业协会,发挥行业自律作用。

(四)加强督促检查。各地要加强工作绩效考核,确保责任到位、任务落实。省级人民政府要根据本意见要求,结合实际抓紧制定实施意见。国务院相关部门要根据本部门职责,制定具体政策措施。民政部、发展改革委、财政部等部门要抓紧研究提出促进民间资本参与养老服务业的具体措施和意见。发展改革委、民政部和老龄工作机构要加强对本意见执行情况的监督检查,及时向国务院报告。国务院将适时组织专项督查。

国务院
2013年9月6日

(部分内容略)

102.《关于鼓励民间资本参与养老服务业发展的实施意见》

(2015年2月3日起施行,民发〔2015〕33号)

各省、自治区、直辖市民政厅(局)、发展改革委、教育厅(局)、财政厅(局)、人力资源社会保障厅(局)、国土资源厅(局)、住房城乡建设厅(局),卫生计生委、银监局、保监局,各计划单列市民政局、发展改革委、教育局、财政局、人力资源社会保障局、国土资源局、住房城乡建设局、卫生局、银监局、保监局,新疆生产建设兵团民政局、发展改革委、教育局、财政局、人力资源社会保障局、国土资源局、住房城乡建设局、卫生局:

根据《国务院关于加快发展养老服务业的若干意见》(国发〔2013〕35号)精神,为了充分发挥市场在资源配置中的决定性作用和更好地发挥政府作用,逐步使社会力量成为发展养老服务业的主体,现就鼓励民间资本参与养老服务业发展,提出如下意见。

一、鼓励民间资本参与居家和社区养老服务

鼓励民间资本在城镇社区举办或运营老年人日间照料中心、老年人活动中心等养老服务设施,为有需求的老年人,特别是高龄、空巢、独居、生活困难的老年人,提供集中就餐、托养、助浴、健康、休闲和上门照护等服务,并协助做好老年人信息登记、身体状况评估等工

作。符合民办非企业单位登记条件的居家和社区养老服务机构,可以依法登记为民办非企业单位,其他机构依法登记为企业。

通过政府购买服务、协调指导、评估认证等方式,鼓励民间资本举办家政服务企业、居家养老服务专业机构或企业,上门为居家老年人提供助餐、助浴、助洁、助急、助医等定制服务。积极引导有条件的居家养老服务企业实行规模化、网络化、品牌化经营,增加和扩大网点,提高养老服务的可及性。支持社区居家养老服务网点引入社会组织和家政、教育、物业服务等企业,兴办或运营形式多样的养老服务项目。鼓励专业居家养老机构对社区养老服务组织进行业务指导和人员培训。

推进养老服务信息化建设,逐步实现对老年人信息的动态管理。支持民间资本运用互联网、物联网、云计算等技术手段,对接老年人服务需求和各类社会主体服务供给,发展面向养老机构的远程医疗服务,发展老年电子商务,为老年人提供紧急呼叫、家政预约、健康咨询、物品代购、服务缴费等服务项目。有条件的地方,可为居家老年人免费配置"一键通"等电子呼叫设备。

二、鼓励民间资本参与机构养老服务

支持采取股份制、股份合作制、PPP(政府和民间资本合作)等模式建设或发展养老机构。

鼓励社会力量举办规模化、连锁化的养老机构,鼓励养老机构跨区联合、资源共享,发展异地互动养老,推动形成一批具有较强竞争力的养老机构。

支持机关、企事业单位将所属的度假村、培训中心、招待所、疗养院等转型为养老机构,支持民间资本对企业厂房、商业设施及其他可利用的社会资源进行整合和改造,用于养老服务。

鼓励将政府投资举办的养老机构特别是新建机构,在明晰产权的基础上,通过公开招投标,以承包、联营、合资、合作等方式,交由社会力量来运营,实现运行机制市场化。有条件的地方,可稳妥开展把专门面向社会提供经营性服务的公办养老机构转制成为企业或社会组织的试点工作,完善法人治理结构。

鼓励通过政府购买服务的方式,支持民办养老机构接收城乡特困人员或政府承担照料责任的其他老年人。

三、支持民间资本参与养老产业发展

鼓励和引导民间资本拓展适合老年人特点的文化娱乐、教育、体育健身、休闲旅游、健康服务、精神慰藉、法律维权等服务,加强对残障老年人专业化服务。

支持企业开发安全有效的康复辅具、食品药品、服装服饰等老年用品用具和服务产品,引导商场、超市、批发市场设立老年用品专区专柜,鼓励有条件的地区建立老年用品一条街或专业交易市场。鼓励已有电商平台完善服务功能,增加适应老年人消费需求及特点的商品和服务。

鼓励民间资本参与老年公寓和居住区养老服务设施建设以及既有住宅适老化改造。对按照《城市居住区规划设计规范》、《老年人居住建筑设计标准》等建设标准规划建设的适老住区和老年公寓项目中,其配套的符合独立登记条件的养老机构按规定享受相应的扶持政策。

扶持发展龙头企业,特别要发展居家养老服务企业,培育一批带动力强的龙头企业和知名度高的养老服务业品牌,形成一批产业链长、覆盖领域广、经济社会效益显著的产业集群。

引导和规范商业银行、保险公司、证券公司等金融机构开发适合老年人的理财、信贷、保险等产品。

四、推进医养融合发展

支持有条件的养老机构内设医疗机构或与医疗卫生机构签订协议,为老年人提供优质便捷的医疗卫生服务。各级卫生计生行政部门要对养老机构设立医务室、护理站等医疗机构给予大力支持,积极提供便利;按规定进行设置审批和执业登记。

养老机构内设医疗机构符合职工基本医疗保险、城镇居民基本医疗保险和新型农村合作医疗定点医疗机构条件的,要按规定申请纳入定点范围。在定点医疗机构发生的符合规定的医疗康复项目费用,可按规定纳入基本医疗保险支付范围。

扶持和发展护理型养老机构建设。对民间资本投资举办的护理型养老机构,在财政补贴等政策上要予以倾斜。

要将养老机构内设医疗机构及其医护人员纳入卫生计生行政部门统一指导,在资格认定、职称评定、技术准入和推荐评优等方面,与其他医疗机构同等对待。

加强对养老机构中医师、执业护士、管理人员等的培训,强化医养融合发展的人才保障。鼓励医师和执业护士到养老机构、医疗机构中提供服务。

促进医疗卫生资源进入社区和居民家庭,加强居家和社区养老服务设施与基层医疗卫生机构的合作。

五、完善投融资政策

加大对养老服务业发展的财政资金投入。有条件的地区,可设立专项扶持资金。充分利用支持服务业发展的各类财政资金,探索采取建立产业基金、PPP等模式,支持发展面向大众的社会化养老服务产业,带动社会资本加大投入。通过中央基建投资等现有资金渠道,对社会急需、项目发展前景好的养老项目予以适当扶持。

民政部本级彩票公益金和地方各级政府用于社会福利事业的彩票公益金,要将50%以上的资金用于支持发展养老服务业,并随老年人口的增加逐步提高投入比例。其中,支持民办养老服务发展的资金不得低于30%。

民办非营利性养老机构应当为捐资举办,机构享有对其资产的法人财产权,捐资人(举办者)不拥有对所捐赠财产的所有权。对于举办者没有捐赠而以租赁形式给予组织使用的固定资产、以及以借款方式投入组织运营的流动资金,允许其收取不高于市场公允水平的租金和利息。行业管理部门和登记管理机关应当对其关联交易进行披露并进行必要监管。

民办非营利性养老机构停办后,应当依法进行清算,其剩余资产由民政部门负责统筹,以捐赠形式纳入当地政府养老发展专项基金。原始捐资有增值的,经养老机构决策机构同意并经审计符合规定的,可对捐资人(举办者)给予一次性奖励。

鼓励通过财政贴息、补助投资、风险补偿等方式,支持金融机构加快金融产品和服务方式创新,推进实施健康与养老服务工程。研究以养老服务产业为基础资产的证券化产品,稳步推进金融机构直接或间接投资养老服务业。

拓宽信贷抵押担保物范围,允许民办养老机构利用有偿取得的土地使用权、产权明晰的房产等固定资产办理抵押贷款,不动产登记机构要给予办理抵押登记手续。

六、落实税费优惠政策

对民办养老机构提供的育养服务免征营业税。养老机构在资产重组过程中涉及的不动产、土地使用权转让,不征收增值税和营业税。

进一步落实国家扶持小微企业相关税收优惠政策,对符合条件的小型微利养老服务企业,按照相关规定给予增值税、营业税、所得税优惠。

对家政服务企业由员工制家政服务员提供的老人护理等家政服务,在政策有效期内按规定免征营业税。

对符合条件的民办福利性、非营利性养老机构取得的收入,按规定免征企业所得税。

对民办福利性、非营利性养老机构自用的房产、土地免征房产税、城镇土地使用税。对经批准设立的民办养老院内专门为老年人提供生活照顾的场所免征耕地占用税。

对企事业单位、社会团体以及个人通过公益性社会团体或者县级以上人民政府及其部门,用于《中华人民共和国公益事业捐赠法》规定的公益事业的捐赠,符合相关规定的不超过年度利润总额12%的部分,准予扣除。对个人通过非营利性的社会团体和政府部门向福利性、非营利性的民办养老机构的捐赠,在缴纳个人所得税前准予全额扣除。

对民办非营利性养老机构建设免征有关行政事业性收费,对营利性养老机构建设减半征收有关行政事业性收费。

七、加强人才保障

支持职业院校设立养老服务相关专业点,扩大人才培养规模;加快发展养老服务专科本科教育,积极发展养老服务研究生教育,培养老年学、人口与家庭、人口管理、老年医学、中医骨伤、康复、护理、营养、心理和社会工作等方面的专门人才。拓展人才培养渠道,打通技术技能人才的培养发展通道,推进医学专业外其他适宜专业的"3+2"、五年一贯制等中高职一体化人才培养。编制实施《全国老年教育发展规划(2015-2020年)》。充分发挥开放大学作用,开展继续教育和远程教育,进一步提升养老服务从业人员整体素质。

依托职业院校和养老机构等,加强养老护理人员培训,对符合条件参加养老照护职业培训和职业技能鉴定的从业人员,按规定给予补贴。

允许符合条件的医师到民办养老机构医疗机构开展多点执业。鼓励民办养老机构引入社会工作人才。对在民办养老机构就业的专业技术人员执行与公办机构相同的执业资格、注册考核政策。

做好养老护理员工资指导价位发布工作,指导民办养老机构和组织合理确定养老护理员劳动报酬。养老机构和组织应当依法足额缴纳社会保险费,对吸纳就业困难人员就业的养老机构,按规定给予社会保险补贴。就业困难人员以灵活就业方式从事居家养老服务的,可按规定享受灵活就业社会保险补贴。积极改善养老护理员工作条件,加强劳动保护和职业防护。

八、促进民间资本规范有序参与

建立完善政府领导、民政牵头、相关部门参与的工作机制,充分发挥已经建立的各类养老服务议事协调机构的作用,加强政策协调,定期分析问题,共同研究鼓励民间资本参与养老服务业发展的推进举措。

民政部门要切实履行监督管理、行业规范、业务指导职责,及时编制养老服务业发展规划。发展改革部门要将养老服务业纳入经济社会发展规划,支持养老服务体系建设。住房城乡建设部门要制订养老服务设施建设标准,组织编制养老服务设施专项规划,指导养老服务设施有序建设。其他有关部门要各司其职,按照职责分工,做好鼓励民间资本参与养老服务业发展工作。

贯彻落实养老服务业相关政策法规,建立公开、透明、规范的养老服务业准入、退出、监管制度,营造平等参与、公平竞争的市场环境。凡是法律法规没有明令禁入的养老服务领域,都要向民间资本开放。

加快制订和完善养老服务相关标准,建立健全养老服务标准体系,不断提升养老服务的规范化和标准化水平。加强对民间资本进入养老服务业的跟踪监测和服务。

培育和发展养老服务行业协会,发挥其在行业自律、监督评估和沟通协调等方面的作用,推动形成政府、社会组织、养老服务实体三者相结合的管理机制。

九、保障用地需求

民间资本投资养老服务设施所需建设用地,适用国家规定的养老服务设施用地供应和开发利用政策,国土资源管理部门应按照《国土资源部办公厅关于印发<养老服务设施用地指导意见>的通知》(国土资厅发〔2014〕11号)相关规定,积极做好用地服务工作。

民政部　发展改革委　教育部　财政部　人力资源社会保障部
国土资源部　住房城乡建设部　卫生计生委　银监会　保监会
2015年2月3日

103.《国务院办公厅转发卫生计生委等部门关于推进医疗卫生与养老服务相结合指导意见的通知》

(2015年11月18日起施行,国办发〔2015〕84号)

各省、自治区、直辖市人民政府,国务院各部委、各直属机构:

卫生计生委、民政部、发展改革委、财政部、人力资源社会保障部、国土资源部、住房城乡建设部、全国老龄办、中医药局《关于推进医疗卫生与养老服务相结合的指导意见》已经国务院同意,现转发给你们,请认真贯彻执行。

国务院办公厅
2015年11月18日

关于推进医疗卫生与养老服务相结合的指导意见

卫生计生委　民政部　发展改革委　财政部　人力资源社会保障部　国土资源部
住房城乡建设部　全国老龄办　中医药局

为贯彻落实《国务院关于加快发展养老服务业的若干意见》(国发〔2013〕35号)和《国务院关于促进健康服务业发展的若干意见》(国发〔2013〕40号)等文件要求,进一步推进医疗卫生与养老服务相结合,现提出以下意见。

一、充分认识推进医疗卫生与养老服务相结合的重要性

我国是世界上老年人口最多的国家，老龄化速度较快。失能、部分失能老年人口大幅增加，老年人的医疗卫生服务需求和生活照料需求叠加的趋势越来越显著，健康养老服务需求日益强劲，目前有限的医疗卫生和养老服务资源以及彼此相对独立的服务体系远远不能满足老年人的需要，迫切需要为老年人提供医疗卫生与养老相结合的服务。医疗卫生与养老服务相结合，是社会各界普遍关注的重大民生问题，是积极应对人口老龄化的长久之计，是我国经济发展新常态下重要的经济增长点。加快推进医疗卫生与养老服务相结合，有利于满足人民群众日益增长的多层次、多样化健康养老服务需求，有利于扩大内需、拉动消费、增加就业，有利于推动经济持续健康发展和社会和谐稳定，对稳增长、促改革、调结构、惠民生和全面建成小康社会具有重要意义。

二、基本原则和发展目标

（一）基本原则。

保障基本，统筹发展。把保障老年人基本健康养老需求放在首位，对有需求的失能、部分失能老年人，以机构为依托，做好康复护理服务，着力保障特殊困难老年人的健康养老服务需求；对多数老年人，以社区和居家养老为主，通过医养有机融合，确保人人享有基本健康养老服务。推动普遍性服务和个性化服务协同发展，满足多层次、多样化的健康养老需求。

政府引导，市场驱动。发挥政府在制定规划、出台政策、引导投入、规范市场、营造环境等方面的引导作用，统筹各方资源，推动形成互利共赢的发展格局。充分发挥市场在资源配置中的决定性作用，营造平等参与、公平竞争的市场环境，充分调动社会力量的积极性和创造性。

深化改革，创新机制。加快政府职能转变，创新服务供给和资金保障方式，积极推进政府购买服务，激发各类服务主体潜力和活力，提高医养结合服务水平和效率。加强部门协作，提升政策引导、服务监管等工作的系统性和协同性，促进行业融合发展。

（二）发展目标。

到2017年，医养结合政策体系、标准规范和管理制度初步建立，符合需求的专业化医养结合人才培养制度基本形成，建成一批兼具医疗卫生和养老服务资质和能力的医疗卫生机构或养老机构（以下统称医养结合机构），逐步提升基层医疗卫生机构为居家老年人提供上门服务的能力，80%以上的医疗机构开设为老年人提供挂号、就医等便利服务的绿色通道，50%以上的养老机构能够以不同形式为入住老年人提供医疗卫生服务，老年人健康养老服务可及性明显提升。

到2020年，符合国情的医养结合体制机制和政策法规体系基本建立，医疗卫生和养老服务资源实现有序共享，覆盖城乡、规模适宜、功能合理、综合连续的医养结合服务网络基本形成，基层医疗卫生机构为居家老年人提供上门服务的能力明显提升。所有医疗机构开设为老年人提供挂号、就医等便利服务的绿色通道，所有养老机构能够以不同形式为入住老年人提供医疗卫生服务，基本适应老年人健康养老服务需求。

三、重点任务

（三）建立健全医疗卫生机构与养老机构合作机制。鼓励养老机构与周边的医疗卫生机构开展多种形式的协议合作，建立健全协作机制，本着互利互惠原则，明确双方责任。医疗卫生机构为养老机构开通预约就诊绿色通道，为入住老年人提供医疗巡诊、健康管理、保健咨询、预约就诊、急诊急救、中医养生保健等服务，确保入住老年人能够得到及时有效的医疗救治。养老机构内设的具备条件的医疗机构可作为医院(含中医医院)收治老年人的后期康复护理场所。鼓励二级以上综合医院(含中医医院,下同)与养老机构开展对口支援、合作共建。通过建设医疗养老联合体等多种方式,整合医疗、康复、养老和护理资源,为老年人提供治疗期住院、康复期护理、稳定期生活照料以及临终关怀一体化的健康和养老服务。

(四)支持养老机构开展医疗服务。养老机构可根据服务需求和自身能力,按相关规定申请开办老年病医院、康复医院、护理院、中医医院、临终关怀机构等,也可内设医务室或护理站,提高养老机构提供基本医疗服务的能力。养老机构设置的医疗机构要符合国家法律法规和卫生计生行政部门、中医药管理部门的有关规定,符合医疗机构基本标准,并按规定由相关部门实施准入和管理,依法依规开展医疗卫生服务。卫生计生行政部门和中医药管理部门要加大政策规划支持和技术指导力度。养老机构设置的医疗机构,符合条件的可按规定纳入城乡基本医疗保险定点范围。鼓励执业医师到养老机构设置的医疗机构多点执业,支持有相关专业特长的医师及专业人员在养老机构规范开展疾病预防、营养、中医调理养生等非诊疗行为的健康服务。

(五)推动医疗卫生服务延伸至社区、家庭。充分依托社区各类服务和信息网络平台,实现基层医疗卫生机构与社区养老服务机构的无缝对接。发挥卫生计生系统服务网络优势,结合基本公共卫生服务的开展为老年人建立健康档案,并为65岁以上老年人提供健康管理服务,到2020年65岁以上老年人健康管理率达到70%以上。鼓励为社区高龄、重病、失能、部分失能以及计划生育特殊家庭等行动不便或确有困难的老年人,提供定期体检、上门巡诊、家庭病床、社区护理、健康管理等基本服务。推进基层医疗卫生机构和医务人员与社区、居家养老结合,与老年人家庭建立签约服务关系,为老年人提供连续性的健康管理服务和医疗服务。提高基层医疗卫生机构为居家老年人提供上门服务的能力,规范为居家老年人提供的医疗和护理服务项目,将符合规定的医疗费用纳入医保支付范围。

(六)鼓励社会力量兴办医养结合机构。鼓励社会力量针对老年人健康养老需求,通过市场化运作方式,举办医养结合机构以及老年康复、老年护理等专业医疗机构。在制定医疗卫生和养老相关规划时,要给社会力量举办医养结合机构留出空间。按照"非禁即入"原则,凡符合规划条件和准入资质的,不得以任何理由加以限制。整合审批环节,明确并缩短审批时限,鼓励有条件的地方提供一站式便捷服务。通过特许经营、公建民营、民办公助等模式,支持社会力量举办非营利性医养结合机构。支持企业围绕老年人的预防保健、医疗卫生、康复护理、生活照料、精神慰藉等方面需求,积极开发安全有效的食品药品、康复辅具、日常照护、文化娱乐等老年人用品用具和服务产品。

(七)鼓励医疗卫生机构与养老服务融合发展。鼓励地方因地制宜,采取多种形式实现医疗卫生和养老服务融合发展。统筹医疗卫生与养老服务资源布局,重点加强老年病医院、康复医院、护理院、临终关怀机构建设,公立医院资源丰富的地区可积极稳妥地将部分公立医院转为康复、老年护理等接续性医疗机构。提高综合医院为老年患者服务的能力,有条件的二级以上综合医院要开设老年病科,做好老年慢性病防治和康复护理相关工作。提高基层医疗卫生机构康复、护理床位占比,鼓励其根据服务需求增设老年养护、临终关怀病床。全面落实老年医疗服务优待政策,医疗卫生机构要为老年人特别是高龄、重病、失能及部分失能老年人提供挂号、就诊、转诊、取药、收费、综合诊疗等就医便利服务。有条件的医疗卫生机构可以通过多种形式、依法依规开展养老服务。鼓励各级医疗卫生机构和医务工作志愿者定期为老年人开展义诊。充分发挥中医药（含民族医药，下同）的预防保健特色优势，大力开发中医药与养老服务相结合的系列服务产品。

四、保障措施

（八）完善投融资和财税价格政策。对符合条件的医养结合机构，按规定落实好相关支持政策。拓宽市场化融资渠道，探索政府和社会资本合作（PPP）的投融资模式。鼓励和引导各类金融机构创新金融产品和服务方式，加大金融对医养结合领域的支持力度。有条件的地方可通过由金融和产业资本共同筹资的健康产业投资基金支持医养结合发展。用于社会福利事业的彩票公益金要适当支持开展医养结合服务。积极推进政府购买基本健康养老服务，逐步扩大购买服务范围，完善购买服务内容，各类经营主体平等参与。

（九）加强规划布局和用地保障。各级政府要在土地利用总体规划和城乡规划中统筹考虑医养结合机构发展需要，做好用地规划布局。对非营利性医养结合机构，可采取划拨方式，优先保障用地；对营利性医养结合机构，应当以租赁、出让等有偿方式保障用地，养老机构设置医疗机构，可将在项目中配套建设医疗服务设施相关要求作为土地出让条件，并明确不得分割转让。依法需招标拍卖挂牌出让土地的，应当采取招标拍卖挂牌出让方式。

（十）探索建立多层次长期照护保障体系。继续做好老年人照护服务工作。进一步开发包括长期商业护理保险在内的多种老年护理保险产品，鼓励有条件的地方探索建立长期护理保险制度，积极探索多元化的保险筹资模式，保障老年人长期护理服务需求。鼓励老年人投保长期护理保险产品。建立健全长期照护项目内涵、服务标准以及质量评价等行业规范和体制机制，探索建立从居家、社区到专业机构等比较健全的专业照护服务提供体系。落实好将偏瘫肢体综合训练、认知知觉功能康复训练、日常生活能力评定等医疗康复项目纳入基本医疗保障范围的政策，为失能、部分失能老年人治疗性康复提供相应保障。

（十一）加强人才队伍建设。做好职称评定、专业技术培训和继续医学教育等方面的制度衔接，对养老机构和医疗卫生机构中的医务人员同等对待。完善薪酬、职称评定等激励机制，鼓励医护人员到医养结合机构执业。建立医疗卫生机构与医养结合机构人员进修轮训机制，促进人才有序流动。将老年医学、康复、护理人才作为急需紧缺人才纳入卫生计生人员培训规划。加强专业技能培训，大力推进养老护理员等职业技能鉴定工作。支持高等院校和中等职业学校增设相关专业课程，加快培养老年医学、康复、护理、营养、心理和社会工作等方面专业人才。

（十二）强化信息支撑。积极开展养老服务和社区服务信息惠民试点，利用老年人基本信息档案、电子健康档案、电子病历等，推动社区养老服务信息平台与区域人口健康信息平台对接，整合信息资源，实现信息共享，为开展医养结合服务提供信息和技术支撑。组织医疗机构开展面向养老机构的远程医疗服务。鼓励各地探索基于互联网的医养结合服务新模式，提高服务的便捷性和针对性。

五、组织实施

（十三）加强组织领导和部门协同。各地区、各有关部门要高度重视，把推进医养结合工作摆在重要位置，纳入深化医药卫生体制改革和促进养老、健康服务业发展的总体部署，各地要及时制定出台推进医养结合的政策措施、规划制度和具体方案。各相关部门要加强协同配合，落实和完善相关优惠扶持政策，共同支持医养结合发展。发展改革部门要将推动医疗卫生与养老服务相结合纳入国民经济和社会发展规划。卫生计生、民政和发展改革部门要做好养老机构和医疗卫生机构建设的规划衔接,加强在规划和审批等环节的合作,制定完善医养结合机构及为居家老年人提供医疗卫生和养老服务的标准规范并加强监管。财政部门要落实相关投入政策,积极支持医养结合发展。人力资源社会保障、卫生计生部门要将符合条件的医养结合机构纳入城乡基本医疗保险定点范围。国土资源部门要切实保障医养结合机构的土地供应。城乡规划主管部门要统筹规划医养结合机构的用地布局。老龄工作部门要做好入住医养结合机构和接受居家医养服务老年人的合法权益保障工作。中医药管理部门要研究制定中医药相关服务标准规范并加强监管,加强中医药适宜技术和服务产品推广,加强中医药健康养老人才培养,做好中医药健康养老工作。

(十四)抓好试点示范。国家选择有条件、有代表性的地区组织开展医养结合试点,规划建设一批特色鲜明、示范性强的医养结合试点项目。各地要结合实际积极探索促进医养结合的有效形式,每个省(区、市)至少设1个省级试点地区,积累经验、逐步推开。卫生计生、民政部门要会同相关部门密切跟踪各地进展,帮助解决试点中的重大问题,及时总结推广好的经验和做法,完善相关政策措施。

(十五)加强考核督查。各地区、各有关部门要建立以落实医养结合政策情况、医养结合服务覆盖率、医疗卫生机构和养老机构无缝对接程度、老年人护理服务质量、老年人满意度等为主要指标的考核评估体系,加强绩效考核。卫生计生、民政部门要会同相关部门加强对医养结合工作的督查,定期通报地方工作进展情况,确保各项政策措施落到实处。

第四节 教育文化公用事业

汇编导语

教育、文化与体育等公用事业,是十八大以来力推的改革领域。财政较为薄弱的地方政府,在快速推进教育文化与体育事业的发展方面面临更大的困难,对此更需要创新思路,破除原有体制机制障碍,尝试以公办民营、民办公助等方式,采取BOT、TOT、ROT、O&M、MC等模式或多种模式组合,在确保教育、文化与体育等公用事业公共服务特性的前提下,以合同条款约定各方权利、义务,以更加灵活的方式吸引社会资本参与进来,解决政府无力承担巨额投资的困境。盈利性教育、文化与体育项目,已经实行完全的市场定价机制,只要不违背《价格法》《反不正当竞争法》《广告法》等有关法律规定,政府不宜对项目收费和价格干预和不当限制。

咨询机构和法律人士应该大胆尝试,设计"可行性缺口补贴""保底+限高""公益+商业"等多种项目收益模型组合,在不违背法律强制规定的前提下,以合同、协议的方式规范约定政府方和社会资本方的则权利边界。合同、协议约定内容之外,应结合当前国家政策,切实落实地方政府对非盈利性教育、体育、文化机构的税收优惠政策和土地优先供应政策。政府提供可用性付费、可行性缺口补贴的PPP项目,应当就政府付费、补贴方案纳入当地政府中长期预算,根据《预算法》取得当地人民代表大会中长期预算批准文件。

104.《中华人民共和国教育法》

（1995年9月1日起施行，2015年12月27日修正）

第一章 总 则

......

第二章 教育基本制度

......

第三章 学校及其他教育机构

第二十六条 国家制定教育发展规划，并举办学校及其他教育机构。

国家鼓励企业事业组织、社会团体、其他社会组织及公民个人依法举办学校及其他教育机构。

国家举办学校及其他教育机构，应当坚持勤俭节约的原则。

以财政性经费、捐赠资产举办或者参与举办的学校及其他教育机构不得设立为营利性组织。

第二十七条 设立学校及其他教育机构，必须具备下列基本条件：

（一）有组织机构和章程；

（二）有合格的教师；

（三）有符合规定标准的教学场所及设施、设备等；

（四）有必备的办学资金和稳定的经费来源。

第二十八条 学校及其他教育机构的设立、变更和终止，应当按照国家有关规定办理审核、批准、注册或者备案手续。

第二十九条 学校及其他教育机构行使下列权利：

（一）按照章程自主管理；

（二）组织实施教育教学活动；

（三）招收学生或者其他受教育者；

（四）对受教育者进行学籍管理，实施奖励或者处分；

（五）对受教育者颁发相应的学业证书；

（六）聘任教师及其他职工，实施奖励或者处分；

（七）管理、使用本单位的设施和经费；

（八）拒绝任何组织和个人对教育教学活动的非法干涉；

（九）法律、法规规定的其他权利。

国家保护学校及其他教育机构的合法权益不受侵犯。

第三十条 学校及其他教育机构应当履行下列义务：

（一）遵守法律、法规；

（二）贯彻国家的教育方针，执行国家教育教学标准，保证教育教学质量；

（三）维护受教育者、教师及其他职工的合法权益；

（四）以适当方式为受教育者及其监护人了解受教育者的学业成绩及其他有关情况提供便利；

（五）遵照国家有关规定收取费用并公开收费项目；

（六）依法接受监督。

第三十一条 学校及其他教育机构的举办者按照国家有关规定，确定其所举办的学校或者其他教育机构的管理体制。

学校及其他教育机构的校长或者主要行政负责人必须由具有中华人民共和国国籍、在中国境内定居、并具备国家规定任职条件的公民担任，其任免按照国家有关规定办理。学校的教学及其他行政管理，由校长负责。

学校及其他教育机构应当按照国家有关规定，通过以教师为主体的教职工代表大会等组织形式，保障教职工参与民主管理和监督。

第三十二条 学校及其他教育机构具备法人条件的，自批准设立或者登记注册之日起取得法人资格。

学校及其他教育机构在民事活动中依法享有民事权利，承担民事责任。

学校及其他教育机构中的国有资产属于国家所有。

学校及其他教育机构兴办的校办产业独立承担民事责任。

第四章　教师和其他教育工作者

……

第五章　受教育者

……

第六章　教育与社会

……

第七章　教育投入与条件保障

第五十四条 国家建立以财政拨款为主、其他多种渠道筹措教育经费为辅的体制，逐步增加对教育的投入，保证国家举办的学校教育经费的稳定来源。

企业事业组织、社会团体及其他社会组织和个人依法举办的学校及其他教育机构，办学经费由举办者负责筹措，各级人民政府可以给予适当支持。

第五十五条 国家财政性教育经费支出占国民生产总值的比例应当随着国民经济的发展和财政收入的增长逐步提高。具体比例和实施步骤由国务院规定。

全国各级财政支出总额中教育经费所占比例应当随着国民经济的发展逐步提高。

第五十六条 各级人民政府的教育经费支出，按照事权和财权相统一的原则，在财政预算中单独列项。

各级人民政府教育财政拨款的增长应当高于财政经常性收入的增长，并使按在校学生人数平均的教育费用逐步增长，保证教师工资和学生人均公用经费逐步增长。

第五十七条　国务院及县级以上地方各级人民政府应当设立教育专项资金，重点扶持边远贫困地区、少数民族地区实施义务教育。

第五十八条　税务机关依法足额征收教育费附加，由教育行政部门统筹管理，主要用于实施义务教育。

省、自治区、直辖市人民政府根据国务院的有关规定，可以决定开征用于教育的地方附加费，专款专用。

第五十九条　国家采取优惠措施，鼓励和扶持学校在不影响正常教育教学的前提下开展勤工俭学和社会服务，兴办校办产业。

第六十条　国家鼓励境内、境外社会组织和个人捐资助学。

第六十一条　国家财政性教育经费、社会组织和个人对教育的捐赠，必须用于教育，不得挪用、克扣。

第六十二条　国家鼓励运用金融、信贷手段，支持教育事业的发展。

第六十三条　各级人民政府及其教育行政部门应当加强对学校及其他教育机构教育经费的监督管理，提高教育投资效益。

第六十四条　地方各级人民政府及其有关行政部门必须把学校的基本建设纳入城乡建设规划，统筹安排学校的基本建设用地及所需物资，按照国家有关规定实行优先、优惠政策。

第六十五条　各级人民政府对教科书及教学用图书资料的出版发行，对教学仪器、设备的生产和供应，对用于学校教育教学和科学研究的图书资料、教学仪器、设备的进口，按照国家有关规定实行优先、优惠政策。

第六十六条　国家推进教育信息化，加快教育信息基础设施建设，利用信息技术促进优质教育资源普及共享，提高教育教学水平和教育管理水平。

县级以上人民政府及其有关部门应当发展教育信息技术和其他现代化教学方式，有关行政部门应当优先安排，给予扶持。

国家鼓励学校及其他教育机构推广运用现代化教学方式。

第八章　教育对外交流与合作

……

第九章　法律责任

……

第十章　附　则

第八十四条　军事学校教育由中央军事委员会根据本法的原则规定。

宗教学校教育由国务院另行规定。

第八十五条　境外的组织和个人在中国境内办学和合作办学的办法，由国务院规定。

第八十六条　本法自1995年9月1日起施行。

105.《中华人民共和国民办教育促进法》

（2003年9月1日起施行，2013年6月29日修正）

第一章 总 则

第一条 为实施科教兴国战略，促进民办教育事业的健康发展，维护民办学校和受教育者的合法权益，根据宪法和教育法制定本法。

第二条 国家机构以外的社会组织或者个人，利用非国家财政性经费，面向社会举办学校及其他教育机构的活动，适用本法。本法未作规定的，依照教育法和其他有关教育法律执行。

第三条 民办教育事业属于公益性事业，是社会主义教育事业的组成部分。

国家对民办教育实行积极鼓励、大力支持、正确引导、依法管理的方针。

各级人民政府应当将民办教育事业纳入国民经济和社会发展规划。

第四条 民办学校应当遵守法律、法规，贯彻国家的教育方针，保证教育质量，致力于培养社会主义建设事业的各类人才。

民办学校应当贯彻教育与宗教相分离的原则。任何组织和个人不得利用宗教进行妨碍国家教育制度的活动。

第五条 民办学校与公办学校具有同等的法律地位，国家保障民办学校的办学自主权。

国家保障民办学校举办者、校长、教职工和受教育者的合法权益。

第六条 国家鼓励捐资办学。

国家对为发展民办教育事业做出突出贡献的组织和个人，给予奖励和表彰。

第七条 国务院教育行政部门负责全国民办教育工作的统筹规划、综合协调和宏观管理。

国务院劳动和社会保障行政部门及其他有关部门在国务院规定的职责范围内分别负责有关的民办教育工作。

第八条 县级以上地方各级人民政府教育行政部门主管本行政区域内的民办教育工作。

县级以上地方各级人民政府劳动和社会保障行政部门及其他有关部门在各自的职责范围内，分别负责有关的民办教育工作。

第二章 设 立

第九条 举办民办学校的社会组织，应当具有法人资格。

举办民办学校的个人，应当具有政治权利和完全民事行为能力。

民办学校应当具备法人条件。

第十条 设立民办学校应当符合当地教育发展的需求，具备教育法和其他有关法律、法规规定的条件。

民办学校的设置标准参照同级同类公办学校的设置标准执行。

第十一条 举办实施学历教育、学前教育、自学考试助学及其他文化教育的民办学校，由县级以上人民政府教育行政部门按照国家规定的权限审批；举办实施以职业技能为主的职业资格培训、职业技能培训的民办学校，由县级以上人民政府劳动和社会保障行政部门按照国家规定的权限审批，并抄送同级教育行政部门备案。

第十二条　申请筹设民办学校,举办者应当向审批机关提交下列材料:

(一)申办报告,内容应当主要包括:举办者、培养目标、办学规模、办学层次、办学形式、办学条件、内部管理体制、经费筹措与管理使用等;

(二)举办者的姓名、住址或者名称、地址;

(三)资产来源、资金数额及有效证明文件,并载明产权;

(四)属捐赠性质的校产须提交捐赠协议,载明捐赠人的姓名、所捐资产的数额、用途和管理方法及相关有效证明文件。

第十三条　审批机关应当自受理筹设民办学校的申请之日起三十日内以书面形式作出是否同意的决定。

同意筹设的,发给筹设批准书。不同意筹设的,应当说明理由。

筹设期不得超过三年。超过三年的,举办者应当重新申报。

第十四条　申请正式设立民办学校的,举办者应当向审批机关提交下列材料:

(一)筹设批准书;

(二)筹设情况报告;

(三)学校章程、首届学校理事会、董事会或者其他决策机构组成人员名单;

(四)学校资产的有效证明文件;

(五)校长、教师、财会人员的资格证明文件。

第十五条　具备办学条件,达到设置标准的,可以直接申请正式设立,并应当提交本法第十二条和第十四条(三)、(四)、(五)项规定的材料。

第十六条　申请正式设立民办学校的,审批机关应当自受理之日起三个月内以书面形式作出是否批准的决定,并送达申请人;其中申请正式设立民办高等学校的,审批机关也可以自受理之日起六个月内以书面形式作出是否批准的决定,并送达申请人。

第十七条　审批机关对批准正式设立的民办学校发给办学许可证。

审批机关对不批准正式设立的,应当说明理由。

第十八条　民办学校取得办学许可证,并依照有关的法律、行政法规进行登记,登记机关应当按照有关规定即时予以办理。

第三章　学校的组织与活动

第十九条　民办学校应当设立学校理事会、董事会或者其他形式的决策机构。

第二十条　学校理事会或者董事会由举办者或者其代表、校长、教职工代表等人员组成。其中三分之一以上的理事或者董事应当具有五年以上教育教学经验。

学校理事会或者董事会由五人以上组成,设理事长或者董事长一人。理事长、理事或者董事长、董事名单报审批机关备案。

第二十一条　学校理事会或者董事会行使下列职权:

(一)聘任和解聘校长;

(二)修改学校章程和制定学校的规章制度;

(三)制定发展规划,批准年度工作计划;

(四)筹集办学经费,审核预算、决算;

(五)决定教职工的编制定额和工资标准;

（六）决定学校的分立、合并、终止；

（七）决定其他重大事项。

其他形式决策机构的职权参照本条规定执行。

第二十二条 民办学校的法定代表人由理事长、董事长或者校长担任。

第二十三条 民办学校参照同级同类公办学校校长任职的条件聘任校长，年龄可以适当放宽。

第二十四条 民办学校校长负责学校的教育教学和行政管理工作，行使下列职权：

（一）执行学校理事会、董事会或者其他形式决策机构的决定；

（二）实施发展规划，拟订年度工作计划、财务预算和学校规章制度；

（三）聘任和解聘学校工作人员，实施奖惩；

（四）组织教育教学、科学研究活动，保证教育教学质量；

（五）负责学校日常管理工作；

（六）学校理事会、董事会或者其他形式决策机构的其他授权。

第二十五条 民办学校对招收的学生，根据其类别、修业年限、学业成绩，可以根据国家有关规定发给学历证书、结业证书或者培训合格证书。

对接受职业技能培训的学生，经政府批准的职业技能鉴定机构鉴定合格的，可以发给国家职业资格证书。

第二十六条 民办学校依法通过以教师为主体的教职工代表大会等形式，保障教职工参与民主管理和监督。

民办学校的教师和其他工作人员，有权依照工会法，建立工会组织，维护其合法权益。

第四章　教师与受教育者

第二十七条 民办学校的教师、受教育者与公办学校的教师、受教育者具有同等的法律地位。

第二十八条 民办学校聘任的教师，应当具有国家规定的任教资格。

第二十九条 民办学校应当对教师进行思想品德教育和业务培训。

第三十条 民办学校应当依法保障教职工的工资、福利待遇，并为教职工缴纳社会保险费。

第三十一条 民办学校教职工在业务培训、职务聘任、教龄和工龄计算、表彰奖励、社会活动等方面依法享有与公办学校教职工同等权利。

第三十二条 民办学校依法保障受教育者的合法权益。

民办学校按照国家规定建立学籍管理制度，对受教育者实施奖励或者处分。

第三十三条 民办学校的受教育者在升学、就业、社会优待以及参加先进评选等方面享有与同级同类公办学校的受教育者同等权利。

第五章　学校资产与财务管理

第三十四条 民办学校应当依法建立财务、会计制度和资产管理制度，并按照国家有关规定设置会计帐簿。

第三十五条 民办学校对举办者投入民办学校的资产、国有资产、受赠的财产以及办学

积累,享有法人财产权。

第三十六条 民办学校存续期间,所有资产由民办学校依法管理和使用,任何组织和个人不得侵占。

任何组织和个人都不得违反法律、法规向民办教育机构收取任何费用。

第三十七条 民办学校对接受学历教育的受教育者收取费用的项目和标准由学校制定,报有关部门批准并公示;对其他受教育者收取费用的项目和标准由学校制定,报有关部门备案并公示。

民办学校收取的费用应当主要用于教育教学活动和改善办学条件。

第三十八条 民办学校资产的使用和财务管理受审批机关和其他有关部门的监督。

民办学校应当在每个会计年度结束时制作财务会计报告,委托会计师事务所依法进行审计,并公布审计结果。

第六章 管理与监督

第三十九条 教育行政部门及有关部门应当对民办学校的教育教学工作、教师培训工作进行指导。

第四十条 教育行政部门及有关部门依法对民办学校实行督导,促进提高办学质量;组织或者委托社会中介组织评估办学水平和教育质量,并将评估结果向社会公布。

第四十一条 民办学校的招生简章和广告,应当报审批机关备案。

第四十二条 民办学校侵犯受教育者的合法权益,受教育者及其亲属有权向教育行政部门和其他有关部门申诉,有关部门应当及时予以处理。

第四十三条 国家支持和鼓励社会中介组织为民办学校提供服务。

第七章 扶持与奖励

第四十四条 县级以上各级人民政府可以设立专项资金,用于资助民办学校的发展,奖励和表彰有突出贡献的集体和个人。

第四十五条 县级以上各级人民政府可以采取经费资助,出租、转让闲置的国有资产等措施对民办学校予以扶持。

第四十六条 民办学校享受国家规定的税收优惠政策。

第四十七条 民办学校依照国家有关法律、法规,可以接受公民、法人或者其他组织的捐赠。

国家对向民办学校捐赠财产的公民、法人或者其他组织按照有关规定给予税收优惠,并予以表彰。

第四十八条 国家鼓励金融机构运用信贷手段,支持民办教育事业的发展。

第四十九条 人民政府委托民办学校承担义务教育任务,应当按照委托协议拨付相应的教育经费。

第五十条 新建、扩建民办学校,人民政府应当按照公益事业用地及建设的有关规定给予优惠。教育用地不得用于其他用途。

第五十一条 民办学校在扣除办学成本、预留发展基金以及按照国家有关规定提取其他的必需的费用后,出资人可以从办学结余中取得合理回报。取得合理回报的具体办法由国务院规定。

第五十二条 国家采取措施,支持和鼓励社会组织和个人到少数民族地区、边远贫困地区举办民办学校,发展教育事业。

第八章 变更与终止

第五十三条 民办学校的分立、合并,在进行财务清算后,由学校理事会或者董事会报审批机关批准。

申请分立、合并民办学校的,审批机关应当自受理之日起三个月内以书面形式答复;其中申请分立、合并民办高等学校的,审批机关也可以自受理之日起六个月内以书面形式答复。

第五十四条 民办学校举办者的变更,须由举办者提出,在进行财务清算后,经学校理事会或者董事会同意,报审批机关核准。

第五十五条 民办学校名称、层次、类别的变更,由学校理事会或者董事会报审批机关批准。

申请变更为其他民办学校,审批机关应当自受理之日起三个月内以书面形式答复;其中申请变更为民办高等学校的,审批机关也可以自受理之日起六个月内以书面形式答复。

第五十六条 民办学校有下列情形之一的,应当终止:
(一)根据学校章程规定要求终止,并经审批机关批准的;
(二)被吊销办学许可证的;
(三)因资不抵债无法继续办学的。

第五十七条 民办学校终止时,应当妥善安置在校学生。实施义务教育的民办学校终止时,审批机关应当协助学校安排学生继续就学。

第五十八条 民办学校终止时,应当依法进行财务清算。

民办学校自己要求终止的,由民办学校组织清算;被审批机关依法撤销的,由审批机关组织清算;因资不抵债无法继续办学而被终止的,由人民法院组织清算。

第五十九条 对民办学校的财产按照下列顺序清偿:
(一)应退受教育者学费、杂费和其他费用;
(二)应发教职工的工资及应缴纳的社会保险费用;
(三)偿还其他债务。

民办学校清偿上述债务后的剩余财产,按照有关法律、行政法规的规定处理。

第六十条 终止的民办学校,由审批机关收回办学许可证和销毁印章,并注销登记。

第九章 法律责任

第六十一条 民办学校在教育活动中违反教育法、教师法规定的,依照教育法、教师法的有关规定给予处罚。

第六十二条 民办学校有下列行为之一的,由审批机关或者其他有关部门责令限期改正,并予以警告;有违法所得的,退还所收费用后没收违法所得;情节严重的,责令停止招生、吊销办学许可证;构成犯罪的,依法追究刑事责任:
(一)擅自分立、合并民办学校的;
(二)擅自改变民办学校名称、层次、类别和举办者的;

（三）发布虚假招生简章或者广告，骗取钱财的；

（四）非法颁发或者伪造学历证书、结业证书、培训证书、职业资格证书的；

（五）管理混乱严重影响教育教学，产生恶劣社会影响的；

（六）提交虚假证明文件或者采取其他欺诈手段隐瞒重要事实骗取办学许可证的；

（七）伪造、变造、买卖、出租、出借办学许可证的；

（八）恶意终止办学、抽逃资金或者挪用办学经费的。

第六十三条 审批机关和有关部门有下列行为之一的，由上级机关责令其改正；情节严重的，对直接负责的主管人员和其他直接责任人员，依法给予行政处分；造成经济损失的，依法承担赔偿责任；构成犯罪的，依法追究刑事责任：

（一）已受理设立申请，逾期不予答复的；

（二）批准不符合本法规定条件申请的；

（三）疏于管理，造成严重后果的；

（四）违反国家有关规定收取费用的；

（五）侵犯民办学校合法权益的；

（六）其他滥用职权、徇私舞弊的。

第六十四条 社会组织和个人擅自举办民办学校的，由县级以上人民政府的有关行政部门责令限期改正，符合本法及有关法律规定的民办学校条件的，可以补办审批手续；逾期仍达不到办学条件的，责令停止办学，造成经济损失的，依法承担赔偿责任。

第十章 附 则

第六十五条 本法所称的民办学校包括依法举办的其他民办教育机构。

本法所称的校长包括其他民办教育机构的主要行政负责人。

第六十六条 在工商行政管理部门登记注册的经营性的民办培训机构的管理办法，由国务院另行规定。

第六十七条 境外的组织和个人在中国境内合作办学的办法，由国务院规定。

第六十八条 本法自2003年9月1日起施行。1997年7月31日国务院颁布的《社会力量办学条例》同时废止。

106.《国务院办公厅转发文化部等部门关于做好政府向社会力量购买公共文化服务工作意见的通知》

（2015年5月5日起施行，国办发〔2015〕37号）

各省、自治区、直辖市人民政府，国务院各部委、各直属机构：

文化部、财政部、新闻出版广电总局、体育总局《关于做好政府向社会力量购买公共文化服务工作的意见》已经国务院同意，现转发给你们，请结合实际，认真贯彻执行。

国务院办公厅
2015年5月5日

关于做好政府向社会力量购买公共文化服务工作的意见

文化部　财政部　新闻出版广电总局　体育总局

党的十八届三中全会提出，要完善文化管理体制，推动公共文化服务社会化发展。十八届四中全会提出，要深入推进依法行政，加快建设法治政府，依法加强和规范公共服务，规范和引导各类社会组织健康发展。今年《政府工作报告》对深化文化体制改革、逐步推进基本公共文化服务标准化均等化作出明确部署。政府向社会力量购买公共文化服务，既是深入推进依法行政、转变政府职能、建设服务型政府的重要环节，也是规范和引导社会组织健康发展、推动公共文化服务社会化发展的重要途径，对于进一步深化文化体制改革，丰富公共文化服务供给，提高公共文化服务效能，满足人民群众精神文化和体育健身需求具有重要意义。根据《国务院办公厅关于政府向社会力量购买服务的指导意见》（国办发〔2013〕96号）有关要求，为加快推进政府向社会力量购买公共文化服务工作，现提出以下意见：

一、指导思想、基本原则和目标任务

（一）指导思想。以邓小平理论、"三个代表"重要思想、科学发展观为指导，深入贯彻习近平总书记系列重要讲话精神，按照党中央、国务院决策部署，以社会主义核心价值观为引领，按照深入推进依法行政、深化文化体制改革和构建现代公共文化服务体系的目标和要求，转变政府职能，推动公共文化服务社会化发展，逐步建立起适应社会主义市场经济的公共文化服务供给机制，为人民群众提供更加方便、快捷、优质、高效的公共文化服务。

（二）基本原则。

坚持正确导向，发挥引领作用。以人民为中心，坚持社会主义先进文化前进方向，将政府向社会力量购买的公共文化服务与培育践行社会主义核心价值观相结合、与传承弘扬中华优秀传统文化相融合，发挥文化引领风尚、教育人民、服务社会、推动发展的作用。

明确政府主导，完善政策体系。加强对政府向社会力量购买公共文化服务工作的组织领导、政策支持、财政投入和监督管理，按照相关法律法规要求，坚持与文化、体育事业单位改革相衔接，坚持与完善文化、体育管理体制相衔接，制定中央与地方协同配套、操作性强的政府向社会力量购买公共文化服务政策体系和管理规范。

培育市场主体，丰富服务供给。进一步发挥市场在文化资源配置中的积极作用，推进政府向社会力量购买公共文化服务与培育社会化公共文化服务力量相结合，规范和引导社会组织健康发展，逐步构建多层次、多方式的公共文化服务供给体系。

立足群众需求，创新购买方式。以满足人民群众基本公共文化需求为目标，突出公共性和公益性，不断创新政府向社会力量购买公共文化服务模式，建立"自下而上、以需定供"的互动式、菜单式服务方式，推动公共文化服务供给与人民群众文化需求有效对接。

规范管理程序，注重服务实效。按照公开、公平、公正原则，建立健全政府向社会力量购买公共文化服务的工作机制，规范购买流程，稳步有序开展工作。坚持风险和责任对等原则，规范政府和社会力量合作关系，严格价格管理。加强绩效管理，完善群众评价和反馈机制，切实提高政府向社会力量购买公共文化服务的针对性和有效性。

（三）目标任务。到2020年，在全国基本建立比较完善的政府向社会力量购买公共文化

服务体系，形成与经济社会发展水平相适应、与人民群众精神文化和体育健身需求相符合的公共文化资源配置机制和供给机制，社会力量参与和提供公共文化服务的氛围更加浓厚，公共文化服务内容日益丰富，公共文化服务质量和效率显著提高。

二、积极有序推进政府向社会力量购买公共文化服务工作

（一）明确购买主体。政府向社会力量购买公共文化服务的主体是承担提供公共文化与体育服务的各级行政机关。纳入行政编制管理且经费由财政负担的文化与体育群团组织，也可根据实际需要，通过购买服务方式提供公共文化服务。

（二）科学选定承接主体。承接政府向社会力量购买公共文化服务的主体主要为具备提供公共文化服务能力，且依法在登记管理部门登记或经国务院批准免予登记的社会组织和符合条件的事业单位，以及依法在工商管理或行业主管部门登记成立的企业、机构等社会力量。各地要结合本地实际和拟购买公共文化服务的内容、特点，明确具体条件，秉持公开、公平、公正的遴选原则，科学选定承接主体。

（三）明确购买内容。政府向社会力量购买公共文化服务的内容为符合先进文化前进方向、健康积极向上的，适合采取市场化方式提供、社会力量能够承担的公共文化服务，突出公共性和公益性并主动向社会公开。主要包括：公益性文化体育产品的创作与传播，公益性文化体育活动的组织与承办，中华优秀传统文化与民族民间传统体育的保护、传承与展示，公共文化体育设施的运营和管理，民办文化体育机构提供的免费或低收费服务等内容。

（四）制定指导性目录。文化部、财政部、新闻出版广电总局、体育总局制定面向全国的政府向社会力量购买公共文化服务指导性目录。各地要按照转变政府职能的要求，结合本地经济社会发展水平、公共文化服务需求状况和财政预算安排情况，制定本地区政府向社会力量购买公共文化服务的指导性目录或具体购买目录。指导性目录和具体购买目录，应在总结经验的基础上，及时进行动态调整。

（五）完善购买机制。各地要建立健全方式灵活、程序规范、标准明确、结果评价、动态调整的购买机制。结合公共文化服务的具体内容、特点和地方实际，按照政府采购有关规定，采用公开招标、邀请招标、竞争性谈判、竞争性磋商、单一来源等方式确定承接主体，采取购买、委托、租赁、特许经营、战略合作等各种合同方式。建立以项目选定、信息发布、组织采购、项目监管、绩效评价为主要内容的规范化购买流程。根据所购买公共文化服务特点，分类制定内容明确、操作性强、便于考核的公共文化服务标准，方便承接主体掌握，便于购买主体监管。加强对服务提供全过程的跟踪监管和对服务成果的检查验收，检查验收结果应结合服务对象满意度调查，作为付款的重要依据。建立购买价格或财政补贴的动态调整机制，根据承接主体服务内容和质量，合理确定价格，避免获取暴利。

（六）提供资金保障。政府向社会力量购买公共文化服务所需资金列入财政预算，从部门预算经费或经批准的专项资金等既有预算中统筹安排。逐步加大现有财政资金向社会力量购买公共文化服务的投入力度。对新增的公共文化服务内容，凡适于以购买服务实现的，原则上都要通过政府购买服务方式实施。

（七）健全监管机制。加强对政府向社会力量购买公共文化服务的监督管理，建立健全政府购买的法律监督、行政监督、审计监督、纪检监督、社会监督、舆论监督制度，完善事前、事中和事后监管体系，严格遵守相关财政财务管理规定，确保购买行为公开透明、规范有效，坚决遏制和预防腐败现象。财政部门要加强对政府向社会力量购买公共文化服务资金的监管，监察、审计等部门要加强监督，文化、新闻出版广电、体育部门要按照职能分工将承接政府购买服务行为纳入监管体系。购买主体与承接主体应按照权责明确、规范高效的原则签订合同，严格遵照合同约定，避免出现行政干预行为。购买主体应建立健全内部监督管理制度，按规定公开购买服务的相关信息，自觉接受审计监督、社会监督和舆论监督。承接主体应主动接受购买主体的监管，健全财务报告制度，严格按照服务合同履行服务任务，保证服务数量、质量和效果，严禁服务转包行为。

（八）加强绩效评价。健全由购买主体、公共文化服务对象以及第三方共同参与的综合评审机制；加强对购买公共文化服务项目的绩效评价，建立长效跟踪机制。在绩效评价体系中，要侧重服务对象对公共文化服务的满意度评价。政府向社会力量购买公共文化服务的绩效评价结果要向社会公布，并作为以后年度编制政府向社会力量购买公共文化服务预算和选择政府向社会力量购买公共文化服务承接主体的重要参考依据。

三、营造政府向社会力量购买公共文化服务的良好环境

（一）加强组织领导。政府向社会力量购买公共文化服务，是保障和改善民生的一项重要工作，事关人民群众切身利益，也是进一步转变政府职能、创新文化与体育管理方式的重要抓手。各地要高度重视，切实加强组织领导，建立健全政府统一领导，文化、财政、新闻出版广电、体育部门负责，社会力量广泛参与的工作机制，逐步使政府向社会力量购买公共文化服务工作制度化、规范化和科学化。

（二）强化沟通协调。各地要建立健全政府向社会力量购买公共文化服务的协调机制，文化、财政、新闻出版广电、体育部门要密切配合，注重协调沟通，整合资源，共同研究政府向社会力量购买公共文化服务有关重要事项，及时发现和解决工作中出现的问题，统筹推进政府向社会力量购买公共文化服务工作。

（三）注重宣传引导。各地要充分利用各种媒体，广泛宣传实施政府向社会力量购买公共文化服务工作的重要意义、主要内容、政策措施和流程安排，精心做好政策解读，加强正面舆论引导，主动回应社会关切，充分调动社会参与的积极性，为推进政府向社会力量购买公共文化服务营造良好的工作环境和舆论氛围。

（四）严格监督管理。建立政府向社会力量购买公共文化服务信用档案。对在购买服务实施过程中，发现承接主体不符合资质要求、歪曲服务主旨、弄虚作假、冒领财政资金等违法违规行为的，记入信用档案，并按照相关法律法规进行处罚，对造成社会重大恶劣影响的，禁止再次参与政府购买公共文化服务工作。

附件

政府向社会力量购买公共文化服务指导性目录

一、公益性文化体育产品的创作与传播

（一）公益性舞台艺术作品的创作、演出与宣传

（二）公益性广播影视作品的制作与宣传

（三）公益性出版物的编辑、印刷、复制与发行

（四）公益性数字文化产品的制作与传播

（五）公益性广告的制作与传播

（六）公益性少数民族文化产品的创作、译制与传播

（七）全民健身和公益性运动训练竞赛的宣传与推广

（八）面向特殊群体的公益性文化体育产品的创作与传播

（九）其他公益性文化体育产品的创作与传播

二、公益性文化体育活动的组织与承办

（一）公益性文化艺术活动（含戏曲）的组织与承办

（二）公益性电影放映活动的组织与承办

（三）全民阅读活动的组织与承办

（四）公益性文化艺术培训（含讲座）的组织与承办

（五）公益性体育竞赛活动的组织与承办

（六）全民健身活动的组织与承办

（七）公益性体育培训、健身指导、国民体质监测与体育锻炼标准测验达标活动的组织与承办

（八）公益性青少年体育活动的组织与承办

（九）面向特殊群体的公益性文化体育活动的组织与承办

（十）其他公益性文化体育活动的组织与承办

三、中华优秀传统文化与民族民间传统体育的保护、传承与展示

（一）文化遗产保护、传承与展示

（二）优秀民间文化艺术的普及推广与交流展示

（三）民族民间传统体育项目的保护、传承与展示

（四）其他优秀传统文化和传统体育的保护、传承与展示

四、公共文化体育设施的运营和管理

（一）公共图书馆（室）、文化馆（站）、村（社区）综合文化服务中心（含农家书屋）等运营和管理

（二）公共美术馆、博物馆等运营和管理

（三）公共剧场（院）等运营和管理

（四）广播电视村村通、户户通等接收设备的维修维护

（五）公共电子阅览室、数字农家书屋等公共数字文化设施的运营和管理

（六）面向特殊群体提供的有线电视免费或低收费服务

（七）公共体育设施、户外营地的运营和管理

（八）公共体育健身器材的维修维护和监管

（九）其他公共文化体育设施的运营和管理

五、民办文化体育机构提供的免费或低收费服务

（一）民办图书馆、美术馆、博物馆等面向社会提供的免费或低收费服务

（二）民办演艺机构面向社会提供的免费或低票价演出

（三）互联网上网服务场所面向社会提供的免费或低收费上网服务

(四)民办农村(社区)文化服务中心(含书屋)面向社会提供的免费或低收费服务

(五)民办体育场馆设施、民办健身机构面向社会提供的免费或低收费服务

(六)其他民办文化体育机构面向社会提供的免费或低收费服务

第五节 环境治理与保护公用事业

汇编导语

　　污水处理、垃圾清收与焚烧、"海绵城市"建设、美化绿化等环境保护与治理公用事业,多数既有社会公用事业的特点,也有产生商业利益的特点。商业资源补偿,政府付费(政府购买服务)的项目,应根据该项目的客观情况设计付费条件、暂停付费条件、终止付费条件,相关的技术标准和指标应在PPP合同中明确列出。根据项目的实际情况和行业特点制定的项目运营手册、绩效考核指标、政府监管细则,应列为合同的附件,作为双方履约的重要依据。PPP项目合同应特别约定,环境保护、安全保障等相关技术标准(含国家标准、行业标准等)变化的,应当执行当时生效的标准。

　　既提供社会公共服务,同时又提供商业化服务的PPP项目,应当首先确保持续、稳定地提供社会公共服务,商业服务项目不得挤占和替代公共服务项目,一旦发生商业服务影响到公共服务的,实施机构和监管部门有权行使介入权和接管权,情节严重的,应启动违约追究甚至终止合同机制。为应对突发环境污染事件、食品安全事件或者出现不可抗力事件等紧急特殊情况,PPP方案中应设计有应急预案,项目公司不得因为增加成本或商业机会等原因停止提供公共服务,紧急情况下必须服从政府有关部门的特殊安排和指令任务。紧急特殊事件过后,项目公司有权获得相应的补贴或运营补偿,也可以通过运营期限延长等方式予以补贴、补偿。

107.《中华人民共和国环境保护法》

(内容详见本书上册第二章第七节施工建设与环保安全部分)

......

108.《中华人民共和国固体废弃物污染环境防治法》

(2005年4月1日起施行,2015年4月24日修正)

第一章 总 则

第一条 为了防治固体废物污染环境,保障人体健康,维护生态安全,促进经济社会可

持续发展,制定本法。

第二条 本法适用于中华人民共和国境内固体废物污染环境的防治。

固体废物污染海洋环境的防治和放射性固体废物污染环境的防治不适用本法。

第三条 国家对固体废物污染环境的防治,实行减少固体废物的产生量和危害性、充分合理利用固体废物和无害化处置固体废物的原则,促进清洁生产和循环经济发展。

国家采取有利于固体废物综合利用活动的经济、技术政策和措施,对固体废物实行充分回收和合理利用。

国家鼓励、支持采取有利于保护环境的集中处置固体废物的措施,促进固体废物污染环境防治产业发展。

第四条 县级以上人民政府应当将固体废物污染环境防治工作纳入国民经济和社会发展计划,并采取有利于固体废物污染环境防治的经济、技术政策和措施。

国务院有关部门、县级以上地方人民政府及其有关部门组织编制城乡建设、土地利用、区域开发、产业发展等规划,应当统筹考虑减少固体废物的产生量和危害性、促进固体废物的综合利用和无害化处置。

第五条 国家对固体废物污染环境防治实行污染者依法负责的原则。

产品的生产者、销售者、进口者、使用者对其产生的固体废物依法承担污染防治责任。

第六条 国家鼓励、支持固体废物污染环境防治的科学研究、技术开发、推广先进的防治技术和普及固体废物污染环境防治的科学知识。

各级人民政府应当加强防治固体废物污染环境的宣传教育,倡导有利于环境保护的生产方式和生活方式。

第七条 国家鼓励单位和个人购买、使用再生产品和可重复利用产品。

第八条 各级人民政府对在固体废物污染环境防治工作以及相关的综合利用活动中作出显著成绩的单位和个人给予奖励。

第九条 任何单位和个人都有保护环境的义务,并有权对造成固体废物污染环境的单位和个人进行检举和控告。

第十条 国务院环境保护行政主管部门对全国固体废物污染环境的防治工作实施统一监督管理。国务院有关部门在各自的职责范围内负责固体废物污染环境防治的监督管理工作。

县级以上地方人民政府环境保护行政主管部门对本行政区域内固体废物污染环境的防治工作实施统一监督管理。县级以上地方人民政府有关部门在各自的职责范围内负责固体废物污染环境防治的监督管理工作。

国务院建设行政主管部门和县级以上地方人民政府环境卫生行政主管部门负责生活垃圾清扫、收集、贮存、运输和处置的监督管理工作。

第二章 固体废物污染环境防治的监督管理

第十一条 国务院环境保护行政主管部门会同国务院有关行政主管部门根据国家环境质量标准和国家经济、技术条件,制定国家固体废物污染环境防治技术标准。

第十二条 国务院环境保护行政主管部门建立固体废物污染环境监测制度,制定统一的监测规范,并会同有关部门组织监测网络。

大、中城市人民政府环境保护行政主管部门应当定期发布固体废物的种类、产生量、处置状况等信息。

第十三条 建设产生固体废物的项目以及建设贮存、利用、处置固体废物的项目,必须依法进行环境影响评价,并遵守国家有关建设项目环境保护管理的规定。

第十四条 建设项目的环境影响评价文件确定需要配套建设的固体废物污染环境防治设施,必须与主体工程同时设计、同时施工、同时投入使用。固体废物污染环境防治设施必须经原审批环境影响评价文件的环境保护行政主管部门验收合格后,该建设项目方可投入生产或者使用。对固体废物污染环境防治设施的验收应当与对主体工程的验收同时进行。

第十五条 县级以上人民政府环境保护行政主管部门和其他固体废物污染环境防治工作的监督管理部门,有权依据各自的职责对管辖范围内与固体废物污染环境防治有关的单位进行现场检查。被检查的单位应当如实反映情况,提供必要的资料。检查机关应当为被检查的单位保守技术秘密和业务秘密。

检查机关进行现场检查时,可以采取现场监测、采集样品、查阅或者复制与固体废物污染环境防治相关的资料等措施。检查人员进行现场检查,应当出示证件。

第三章　固体废物污染环境的防治

第一节　一般规定

第十六条 产生固体废物的单位和个人,应当采取措施,防止或者减少固体废物对环境的污染。

第十七条 收集、贮存、运输、利用、处置固体废物的单位和个人,必须采取防扬散、防流失、防渗漏或者其他防止污染环境的措施;不得擅自倾倒、堆放、丢弃、遗撒固体废物。

禁止任何单位或者个人向江河、湖泊、运河、渠道、水库及其最高水位线以下的滩地和岸坡等法律、法规规定禁止倾倒、堆放废弃物的地点倾倒、堆放固体废物。

第十八条 产品和包装物的设计、制造,应当遵守国家有关清洁生产的规定。国务院标准化行政主管部门应当根据国家经济和技术条件、固体废物污染环境防治状况以及产品的技术要求,组织制定有关标准,防止过度包装造成环境污染。

生产、销售、进口依法被列入强制回收目录的产品和包装物的企业,必须按照国家有关规定对该产品和包装物进行回收。

第十九条 国家鼓励科研、生产单位研究、生产易回收利用、易处置或者在环境中可降解的薄膜覆盖物和商品包装物。

使用农用薄膜的单位和个人,应当采取回收利用等措施,防止或者减少农用薄膜对环境的污染。

第二十条 从事畜禽规模养殖应当按照国家有关规定收集、贮存、利用或者处置养殖过程中产生的畜禽粪便,防止污染环境。

禁止在人口集中地区、机场周围、交通干线附近以及当地人民政府划定的区域露天焚烧秸秆。

第二十一条 对收集、贮存、运输、处置固体废物的设施、设备和场所,应当加强管理和维护,保证其正常运行和使用。

第二十二条 在国务院和国务院有关主管部门及省、自治区、直辖市人民政府划定的自然保护区、风景名胜区、饮用水水源保护区、基本农田保护区和其他需要特别保护的区域内，禁止建设工业固体废物集中贮存、处置的设施、场所和生活垃圾填埋场。

第二十三条 转移固体废物出省、自治区、直辖市行政区域贮存、处置的，应当向固体废物移出地的省、自治区、直辖市人民政府环境保护行政主管部门提出申请。移出地的省、自治区、直辖市人民政府环境保护行政主管部门应当商经接受地的省、自治区、直辖市人民政府环境保护行政主管部门同意后，方可批准转移该固体废物出省、自治区、直辖市行政区域。未经批准的，不得转移。

第二十四条 禁止中华人民共和国境外的固体废物进境倾倒、堆放、处置。

第二十五条 禁止进口不能用作原料或者不能以无害化方式利用的固体废物；对可以用作原料的固体废物实行限制进口和非限制进口分类管理。

国务院环境保护行政主管部门会同国务院对外贸易主管部门、国务院经济综合宏观调控部门、海关总署、国务院质量监督检验检疫部门制定、调整并公布禁止进口、限制进口和非限制进口的固体废物目录。

禁止进口列入禁止进口目录的固体废物。进口列入限制进口目录的固体废物，应当经国务院环境保护行政主管部门会同国务院对外贸易主管部门审查许可。

进口的固体废物必须符合国家环境保护标准，并经质量监督检验检疫部门检验合格。

进口固体废物的具体管理办法，由国务院环境保护行政主管部门会同国务院对外贸易主管部门、国务院经济综合宏观调控部门、海关总署、国务院质量监督检验检疫部门制定。

第二十六条 进口者对海关将其所进口的货物纳入固体废物管理范围不服的，可以依法申请行政复议，也可以向人民法院提起行政诉讼。

第二节 工业固体废物污染环境的防治

第二十七条 国务院环境保护行政主管部门应当会同国务院经济综合宏观调控部门和其他有关部门对工业固体废物对环境的污染作出界定，制定防治工业固体废物污染环境的技术政策，组织推广先进的防治工业固体废物污染环境的生产工艺和设备。

第二十八条 国务院经济综合宏观调控部门应当会同国务院有关部门组织研究、开发和推广减少工业固体废物产生量和危害性的生产工艺和设备，公布限期淘汰产生严重污染环境的工业固体废物的落后生产工艺、落后设备的名录。

生产者、销售者、进口者、使用者必须在国务院经济综合宏观调控部门会同国务院有关部门规定的期限内分别停止生产、销售、进口或者使用列入前款规定的名录中的设备。生产工艺的采用者必须在国务院经济综合宏观调控部门会同国务院有关部门规定的期限内停止采用列入前款规定的名录中的工艺。

列入限期淘汰名录被淘汰的设备，不得转让给他人使用。

第二十九条 县级以上人民政府有关部门应当制定工业固体废物污染环境防治工作规划，推广能够减少工业固体废物产生量和危害性的先进生产工艺和设备，推动工业固体废物污染环境防治工作。

第三十条 产生工业固体废物的单位应当建立、健全污染环境防治责任制度，采取防治工业固体废物污染环境的措施。

第三十一条 企业事业单位应当合理选择和利用原材料、能源和其他资源，采用先进的生产工艺和设备，减少工业固体废物产生量，降低工业固体废物的危害性。

第三十二条 国家实行工业固体废物申报登记制度。

产生工业固体废物的单位必须按照国务院环境保护行政主管部门的规定，向所在地县级以上地方人民政府环境保护行政主管部门提供工业固体废物的种类、产生量、流向、贮存、处置等有关资料。

前款规定的申报事项有重大改变的，应当及时申报。

第三十三条 企业事业单位应当根据经济、技术条件对其产生的工业固体废物加以利用；对暂时不利用或者不能利用的，必须按照国务院环境保护行政主管部门的规定建设贮存设施、场所，安全分类存放，或者采取无害化处置措施。

建设工业固体废物贮存、处置的设施、场所，必须符合国家环境保护标准。

第三十四条 禁止擅自关闭、闲置或者拆除工业固体废物污染环境防治设施、场所；确有必要关闭、闲置或者拆除的，必须经所在地县级以上地方人民政府环境保护行政主管部门核准，并采取措施，防止污染环境。

第三十五条 产生工业固体废物的单位需要终止的，应当事先对工业固体废物的贮存、处置的设施、场所采取污染防治措施，并对未处置的工业固体废物作出妥善处置，防止污染环境。

产生工业固体废物的单位发生变更的，变更后的单位应当按照国家有关环境保护的规定对未处置的工业固体废物及其贮存、处置的设施、场所进行安全处置或者采取措施保证该设施、场所安全运行。变更前当事人对工业固体废物及其贮存、处置的设施、场所的污染防治责任另有约定的，从其约定；但是，不得免除当事人的污染防治义务。

对本法施行前已经终止的单位未处置的工业固体废物及其贮存、处置的设施、场所进行安全处置的费用，由有关人民政府承担；但是，该单位享有的土地使用权依法转让的，应当由土地使用权受让人承担处置费用。当事人另有约定的，从其约定；但是，不得免除当事人的污染防治义务。

第三十六条 矿山企业应当采取科学的开采方法和选矿工艺，减少尾矿、矸石、废石等矿业固体废物的产生量和贮存量。

尾矿、矸石、废石等矿业固体废物贮存设施停止使用后，矿山企业应当按照国家有关环境保护规定进行封场，防止造成环境污染和生态破坏。

第三十七条 拆解、利用、处置废弃电器产品和废弃机动车船，应当遵守有关法律、法规的规定，采取措施，防止污染环境。

第三节 生活垃圾污染环境的防治

第三十八条 县级以上人民政府应当统筹安排建设城乡生活垃圾收集、运输、处置设施，提高生活垃圾的利用率和无害化处置率，促进生活垃圾收集、处置的产业化发展，逐步建立和完善生活垃圾污染环境防治的社会服务体系。

第三十九条 县级以上地方人民政府环境卫生行政主管部门应当组织对城市生活垃圾进行清扫、收集、运输和处置，可以通过招标等方式选择具备条件的单位从事生活垃圾的清扫、收集、运输和处置。

第四十条 对城市生活垃圾应当按照环境卫生行政主管部门的规定，在指定的地点放置，不得随意倾倒、抛撒或者堆放。

第四十一条 清扫、收集、运输、处置城市生活垃圾，应当遵守国家有关环境保护和环境卫生管理的规定，防止污染环境。

第四十二条 对城市生活垃圾应当及时清运，逐步做到分类收集和运输，并积极开展合理利用和实施无害化处置。

第四十三条 城市人民政府应当有计划地改进燃料结构，发展城市煤气、天然气、液化气和其他清洁能源。

城市人民政府有关部门应当组织净菜进城，减少城市生活垃圾。

城市人民政府有关部门应当统筹规划，合理安排收购网点，促进生活垃圾的回收利用工作。

第四十四条 建设生活垃圾处置的设施、场所，必须符合国务院环境保护行政主管部门和国务院建设行政主管部门规定的环境保护和环境卫生标准。

禁止擅自关闭、闲置或者拆除生活垃圾处置的设施、场所；确有必要关闭、闲置或者拆除的，必须经所在地的市、县人民政府环境卫生行政主管部门和环境保护行政主管部门核准，并采取措施，防止污染环境。

第四十五条 从生活垃圾中回收的物质必须按照国家规定的用途或者标准使用，不得用于生产可能危害人体健康的产品。

第四十六条 工程施工单位应当及时清运工程施工过程中产生的固体废物，并按照环境卫生行政主管部门的规定进行利用或者处置。

第四十七条 从事公共交通运输的经营单位，应当按照国家有关规定，清扫、收集运输过程中产生的生活垃圾。

第四十八条 从事城市新区开发、旧区改建和住宅小区开发建设的单位，以及机场、码头、车站、公园、商店等公共设施、场所的经营管理单位，应当按照国家有关环境卫生的规定，配套建设生活垃圾收集设施。

第四十九条 农村生活垃圾污染环境防治的具体办法，由地方性法规规定。

第四章 危险废物污染环境防治的特别规定

第五十条 危险废物污染环境的防治，适用本章规定；本章未作规定的，适用本法其他有关规定。

第五十一条 国务院环境保护行政主管部门应当会同国务院有关部门制定国家危险废物名录，规定统一的危险废物鉴别标准、鉴别方法和识别标志。

第五十二条 对危险废物的容器和包装物以及收集、贮存、运输、处置危险废物的设施、场所，必须设置危险废物识别标志。

第五十三条 产生危险废物的单位，必须按照国家有关规定制定危险废物管理计划，并向所在地县级以上地方人民政府环境保护行政主管部门申报危险废物的种类、产生量、流向、贮存、处置等有关资料。

前款所称危险废物管理计划应当包括减少危险废物产生量和危害性的措施以及危险废物贮存、利用、处置措施。危险废物管理计划应当报产生危险废物的单位所在地县级以上地方人民政府环境保护行政主管部门备案。

本条规定的申报事项或者危险废物管理计划内容有重大改变的,应当及时申报。

第五十四条 国务院环境保护行政主管部门会同国务院经济综合宏观调控部门组织编制危险废物集中处置设施、场所的建设规划,报国务院批准后实施。

县级以上地方人民政府应当依据危险废物集中处置设施、场所的建设规划组织建设危险废物集中处置设施、场所。

第五十五条 产生危险废物的单位,必须按照国家有关规定处置危险废物,不得擅自倾倒、堆放;不处置的,由所在地县级以上地方人民政府环境保护行政主管部门责令限期改正;逾期不处置或者处置不符合国家有关规定的,由所在地县级以上地方人民政府环境保护行政主管部门指定单位按照国家有关规定代为处置,处置费用由产生危险废物的单位承担。

第五十六条 以填埋方式处置危险废物不符合国务院环境保护行政主管部门规定的,应当缴纳危险废物排污费。危险废物排污费征收的具体办法由国务院规定。

危险废物排污费用于污染环境的防治,不得挪作他用。

第五十七条 从事收集、贮存、处置危险废物经营活动的单位,必须向县级以上人民政府环境保护行政主管部门申请领取经营许可证;从事利用危险废物经营活动的单位,必须向国务院环境保护行政主管部门或者省、自治区、直辖市人民政府环境保护行政主管部门申请领取经营许可证。具体管理办法由国务院规定。

禁止无经营许可证或者不按照经营许可证规定从事危险废物收集、贮存、利用、处置的经营活动。

禁止将危险废物提供或者委托给无经营许可证的单位从事收集、贮存、利用、处置的经营活动。

第五十八条 收集、贮存危险废物,必须按照危险废物特性分类进行。禁止混合收集、贮存、运输、处置性质不相容而未经安全性处置的危险废物。

贮存危险废物必须采取符合国家环境保护标准的防护措施,并不得超过一年;确需延长期限的,必须报经原批准经营许可证的环境保护行政主管部门批准;法律、行政法规另有规定的除外。

禁止将危险废物混入非危险废物中贮存。

第五十九条 转移危险废物的,必须按照国家有关规定填写危险废物转移联单,并向危险废物移出地设区的市级以上地方人民政府环境保护行政主管部门提出申请。移出地设区的市级以上地方人民政府环境保护行政主管部门应当商经接受地设区的市级以上地方人民政府环境保护行政主管部门同意后,方可批准转移该危险废物。未经批准的,不得转移。

转移危险废物途经移出地、接受地以外行政区域的,危险废物移出地设区的市级以上地方人民政府环境保护行政主管部门应当及时通知沿途经过的设区的市级以上地方人民政府环境保护行政主管部门。

第六十条 运输危险废物,必须采取防止污染环境的措施,并遵守国家有关危险货物运输管理的规定。

禁止将危险废物与旅客在同一运输工具上载运。

第六十一条 收集、贮存、运输、处置危险废物的场所、设施、设备和容器、包装物及其他物品转作他用时,必须经过消除污染的处理,方可使用。

第六十二条　产生、收集、贮存、运输、利用、处置危险废物的单位，应当制定意外事故的防范措施和应急预案，并向所在地县级以上地方人民政府环境保护行政主管部门备案；环境保护行政主管部门应当进行检查。

第六十三条　因发生事故或者其他突发性事件，造成危险废物严重污染环境的单位，必须立即采取措施消除或者减轻对环境的污染危害，及时通报可能受到污染危害的单位和居民，并向所在地县级以上地方人民政府环境保护行政主管部门和有关部门报告，接受调查处理。

第六十四条　在发生或者有证据证明可能发生危险废物严重污染环境、威胁居民生命财产安全时，县级以上地方人民政府环境保护行政主管部门或者其他固体废物污染环境防治工作的监督管理部门必须立即向本级人民政府和上一级人民政府有关行政主管部门报告，由人民政府采取防止或者减轻危害的有效措施。有关人民政府可以根据需要责令停止导致或者可能导致环境污染事故的作业。

第六十五条　重点危险废物集中处置设施、场所的退役费用应当预提，列入投资概算或者经营成本。具体提取和管理办法，由国务院财政部门、价格主管部门会同国务院环境保护行政主管部门规定。

第六十六条　禁止经中华人民共和国过境转移危险废物。

第五章　法律责任

第六十七条　县级以上人民政府环境保护行政主管部门或者其他固体废物污染环境防治工作的监督管理部门违反本法规定，有下列行为之一的，由本级人民政府或者上级人民政府有关行政主管部门责令改正，对负有责任的主管人员和其他直接责任人员依法给予行政处分；构成犯罪的，依法追究刑事责任：

（一）不依法作出行政许可或者办理批准文件的；

（二）发现违法行为或者接到对违法行为的举报后不予查处的；

（三）有不依法履行监督管理职责的其他行为的。

第六十八条　违反本法规定，有下列行为之一的，由县级以上人民政府环境保护行政主管部门责令停止违法行为，限期改正，处以罚款：

（一）不按照国家规定申报登记工业固体废物，或者在申报登记时弄虚作假的；

（二）对暂时不利用或者不能利用的工业固体废物未建设贮存的设施、场所安全分类存放，或者未采取无害化处置措施的；

（三）将列入限期淘汰名录被淘汰的设备转让给他人使用的；

（四）擅自关闭、闲置或者拆除工业固体废物污染环境防治设施、场所的；

（五）在自然保护区、风景名胜区、饮用水水源保护区、基本农田保护区和其他需要特别保护的区域内，建设工业固体废物集中贮存、处置的设施、场所和生活垃圾填埋场的；

（六）擅自转移固体废物出省、自治区、直辖市行政区域贮存、处置的；

（七）未采取相应防范措施，造成工业固体废物扬散、流失、渗漏或者造成其他环境污染的；

（八）在运输过程中沿途丢弃、遗撒工业固体废物的。

有前款第一项、第八项行为之一的，处五千元以上五万元以下的罚款；有前款第二项、第三项、第四项、第五项、第六项、第七项行为之一的,处一万元以上十万元以下的罚款。

第六十九条 违反本法规定,建设项目需要配套建设的固体废物污染环境防治设施未建成、未经验收或者验收不合格,主体工程即投入生产或者使用的,由审批该建设项目环境影响评价文件的环境保护行政主管部门责令停止生产或者使用,可以并处十万元以下的罚款。

第七十条 违反本法规定,拒绝县级以上人民政府环境保护行政主管部门或者其他固体废物污染环境防治工作的监督管理部门现场检查的,由执行现场检查的部门责令限期改正;拒不改正或者在检查时弄虚作假的,处二千元以上二万元以下的罚款。

第七十一条 从事畜禽规模养殖未按照国家有关规定收集、贮存、处置畜禽粪便,造成环境污染的,由县级以上地方人民政府环境保护行政主管部门责令限期改正,可以处五万元以下的罚款。

第七十二条 违反本法规定,生产、销售、进口或者使用淘汰的设备,或者采用淘汰的生产工艺的,由县级以上人民政府经济综合宏观调控部门责令改正;情节严重的,由县级以上人民政府经济综合宏观调控部门提出意见,报请同级人民政府按照国务院规定的权限决定停业或者关闭。

第七十三条 尾矿、矸石、废石等矿业固体废物贮存设施停止使用后,未按照国家有关环境保护规定进行封场的,由县级以上地方人民政府环境保护行政主管部门责令限期改正,可以处五万元以上二十万元以下的罚款。

第七十四条 违反本法有关城市生活垃圾污染环境防治的规定,有下列行为之一的,由县级以上地方人民政府环境卫生行政主管部门责令停止违法行为,限期改正,处以罚款:

(一)随意倾倒、抛撒或者堆放生活垃圾的;

(二)擅自关闭、闲置或者拆除生活垃圾处置设施、场所的;

(三)工程施工单位不及时清运施工过程中产生的固体废物,造成环境污染的;

(四)工程施工单位不按照环境卫生行政主管部门的规定对施工过程中产生的固体废物进行利用或者处置的;

(五)在运输过程中沿途丢弃、遗撒生活垃圾的。

单位有前款第一项、第三项、第五项行为之一的,处五千元以上五万元以下的罚款;有前款第二项、第四项行为之一的,处一万元以上十万元以下的罚款。个人有前款第一项、第五项行为之一的,处二百元以下的罚款。

第七十五条 违反本法有关危险废物污染环境防治的规定,有下列行为之一的,由县级以上人民政府环境保护行政主管部门责令停止违法行为,限期改正,处以罚款:

(一)不设置危险废物识别标志的;

(二)不按照国家规定申报登记危险废物,或者在申报登记时弄虚作假的;

(三)擅自关闭、闲置或者拆除危险废物集中处置设施、场所的;

(四)不按照国家规定缴纳危险废物排污费的;

(五)将危险废物提供或者委托给无经营许可证的单位从事经营活动的;

(六)不按照国家规定填写危险废物转移联单或者未经批准擅自转移危险废物的;

(七)将危险废物混入非危险废物中贮存的;

(八)未经安全性处置,混合收集、贮存、运输、处置具有不相容性质的危险废物的;

(九)将危险废物与旅客在同一运输工具上载运的;

（十）未经消除污染的处理将收集、贮存、运输、处置危险废物的场所、设施、设备和容器、包装物及其他物品转作他用的；

（十一）未采取相应防范措施，造成危险废物扬散、流失、渗漏或者造成其他环境污染的；

（十二）在运输过程中沿途丢弃、遗撒危险废物的；

（十三）未制定危险废物意外事故防范措施和应急预案的。

有前款第一项、第二项、第七项、第八项、第九项、第十项、第十一项、第十二项、第十三项行为之一的，处一万元以上十万元以下的罚款；有前款第三项、第五项、第六项行为之一的，处二万元以上二十万元以下的罚款；有前款第四项行为的，限期缴纳，逾期不缴纳的，处应缴纳危险废物排污费金额一倍以上三倍以下的罚款。

第七十六条　违反本法规定，危险废物产生者不处置其产生的危险废物又不承担依法应当承担的处置费用的，由县级以上地方人民政府环境保护行政主管部门责令限期改正，处代为处置费用一倍以上三倍以下的罚款。

第七十七条　无经营许可证或者不按照经营许可证规定从事收集、贮存、利用、处置危险废物经营活动的，由县级以上人民政府环境保护行政主管部门责令停止违法行为，没收违法所得，可以并处违法所得三倍以下的罚款。

不按照经营许可证规定从事前款活动的，还可以由发证机关吊销经营许可证。

第七十八条　违反本法规定，将中华人民共和国境外的固体废物进境倾倒、堆放、处置的，进口属于禁止进口的固体废物或者未经许可擅自进口属于限制进口的固体废物用作原料的，由海关责令退运该固体废物，可以并处十万元以上一百万元以下的罚款；构成犯罪的，依法追究刑事责任。进口者不明的，由承运人承担退运该固体废物的责任，或者承担该固体废物的处置费用。

逃避海关监管将中华人民共和国境外的固体废物运输进境，构成犯罪的，依法追究刑事责任。

第七十九条　违反本法规定，经中华人民共和国过境转移危险废物的，由海关责令退运该危险废物，可以并处五万元以上五十万元以下的罚款。

第八十条　对已经非法入境的固体废物，由省级以上人民政府环境保护行政主管部门依法向海关提出处理意见，海关应当依照本法第七十八条的规定作出处罚决定；已经造成环境污染的，由省级以上人民政府环境保护行政主管部门责令进口者消除污染。

第八十一条　违反本法规定，造成固体废物严重污染环境的，由县级以上人民政府环境保护行政主管部门按照国务院规定的权限决定限期治理；逾期未完成治理任务的，由本级人民政府决定停业或者关闭。

第八十二条　违反本法规定，造成固体废物污染环境事故的，由县级以上人民政府环境保护行政主管部门处二万元以上二十万元以下的罚款；造成重大损失的，按照直接损失的百分之三十计算罚款，但是最高不超过一百万元，对负有责任的主管人员和其他直接责任人员，依法给予行政处分；造成固体废物污染环境重大事故的，并由县级以上人民政府按照国务院规定的权限决定停业或者关闭。

第八十三条　违反本法规定，收集、贮存、利用、处置危险废物，造成重大环境污染事故，构成犯罪的，依法追究刑事责任。

第八十四条　受到固体废物污染损害的单位和个人，有权要求依法赔偿损失。

赔偿责任和赔偿金额的纠纷,可以根据当事人的请求,由环境保护行政主管部门或者其他固体废物污染环境防治工作的监督管理部门调解处理;调解不成的,当事人可以向人民法院提起诉讼。当事人也可以直接向人民法院提起诉讼。

国家鼓励法律服务机构对固体废物污染环境诉讼中的受害人提供法律援助。

第八十五条 造成固体废物污染环境的,应当排除危害,依法赔偿损失,并采取措施恢复环境原状。

第八十六条 因固体废物污染环境引起的损害赔偿诉讼,由加害人就法律规定的免责事由及其行为与损害结果之间不存在因果关系承担举证责任。

第八十七条 固体废物污染环境的损害赔偿责任和赔偿金额的纠纷,当事人可以委托环境监测机构提供监测数据。环境监测机构应当接受委托,如实提供有关监测数据。

第六章 附 则

第八十八条 本法下列用语的含义:

(一)固体废物,是指在生产、生活和其他活动中产生的丧失原有利用价值或者虽未丧失利用价值但被抛弃或者放弃的固态、半固态和置于容器中的气态的物品、物质以及法律、行政法规规定纳入固体废物管理的物品、物质。

(二)工业固体废物,是指在工业生产活动中产生的固体废物。

(三)生活垃圾,是指在日常生活中或者为日常生活提供服务的活动中产生的固体废物以及法律、行政法规规定视为生活垃圾的固体废物。

(四)危险废物,是指列入国家危险废物名录或者根据国家规定的危险废物鉴别标准和鉴别方法认定的具有危险特性的固体废物。

(五)贮存,是指将固体废物临时置于特定设施或者场所中的活动。

(六)处置,是指将固体废物焚烧和用其他改变固体废物的物理、化学、生物特性的方法,达到减少已产生的固体废物数量、缩小固体废物体积、减少或者消除其危险成份的活动,或者将固体废物最终置于符合环境保护规定要求的填埋场的活动。

(七)利用,是指从固体废物中提取物质作为原材料或者燃料的活动。

第八十九条 液态废物的污染防治,适用本法;但是,排入水体的废水的污染防治适用有关法律,不适用本法。

第九十条 中华人民共和国缔结或者参加的与固体废物污染环境防治有关的国际条约与本法有不同规定的,适用国际条约的规定;但是,中华人民共和国声明保留的条款除外。

第九十一条 本法自2005年4月1日起施行。

109.《中华人民共和国水污染防治法》

(2008年6月1日起施行)

第一章 总 则

第一条 为了防治水污染,保护和改善环境,保障饮用水安全,促进经济社会全面协调可持续发展，制定本法。

第二条 本法适用于中华人民共和国领域内的江河、湖泊、运河、渠道、水库等地表水体以及地下水体的污染防治。

海洋污染防治适用《中华人民共和国海洋环境保护法》。

第三条 水污染防治应当坚持预防为主、防治结合、综合治理的原则，优先保护饮用水水源，严格控制工业污染、城镇生活污染，防治农业面源污染，积极推进生态治理工程建设，预防、控制和减少水环境污染和生态破坏。

第四条 县级以上人民政府应当将水环境保护工作纳入国民经济和社会发展规划。

县级以上地方人民政府应当采取防治水污染的对策和措施，对本行政区域的水环境质量负责。

第五条 国家实行水环境保护目标责任制和考核评价制度，将水环境保护目标完成情况作为对地方人民政府及其负责人考核评价的内容。

第六条 国家鼓励、支持水污染防治的科学技术研究和先进适用技术的推广应用，加强水环境保护的宣传教育。

第七条 国家通过财政转移支付等方式，建立健全对位于饮用水水源保护区区域和江河、湖泊、水库上游地区的水环境生态保护补偿机制。

第八条 县级以上人民政府环境保护主管部门对水污染防治实施统一监督管理。

交通主管部门的海事管理机构对船舶污染水域的防治实施监督管理。

县级以上人民政府水行政、国土资源、卫生、建设、农业、渔业等部门以及重要江河、湖泊的流域水资源保护机构，在各自的职责范围内，对有关水污染防治实施监督管理。

第九条 排放水污染物，不得超过国家或者地方规定的水污染物排放标准和重点水污染物排放总量控制指标。

第十条 任何单位和个人都有义务保护水环境，并有权对污染损害水环境的行为进行检举。

县级以上人民政府及其有关主管部门对在水污染防治工作中做出显著成绩的单位和个人给予表彰和奖励。

第二章 水污染防治的标准和规划

第十一条 国务院环境保护主管部门制定国家水环境质量标准。

省、自治区、直辖市人民政府可以对国家水环境质量标准中未作规定的项目，制定地方标准，并报国务院环境保护主管部门备案。

第十二条 国务院环境保护主管部门会同国务院水行政主管部门和有关省、自治区、直辖市人民政府，可以根据国家确定的重要江河、湖泊流域水体的使用功能以及有关地区的经济、技术条件，确定该重要江河、湖泊流域的省界水体适用的水环境质量标准，报国务院批准后施行。

第十三条 国务院环境保护主管部门根据国家水环境质量标准和国家经济、技术条件，制定国家水污染物排放标准。

省、自治区、直辖市人民政府对国家水污染物排放标准中未作规定的项目，可以制定地方水污染物排放标准；对国家水污染物排放标准中已作规定的项目，可以制定严于国家水污染物排放标准的地方水污染物排放标准。地方水污染物排放标准须报国务院环境保护主管部门备案。

向已有地方水污染物排放标准的水体排放污染物的,应当执行地方水污染物排放标准。

第十四条 国务院环境保护主管部门和省、自治区、直辖市人民政府,应当根据水污染防治的要求和国家或者地方的经济、技术条件,适时修订水环境质量标准和水污染物排放标准。

第十五条 防治水污染应当按流域或者按区域进行统一规划。国家确定的重要江河、湖泊的流域水污染防治规划,由国务院环境保护主管部门会同国务院经济综合宏观调控、水行政等部门和有关省、自治区、直辖市人民政府编制,报国务院批准。

前款规定外的其他跨省、自治区、直辖市江河、湖泊的流域水污染防治规划,根据国家确定的重要江河、湖泊的流域水污染防治规划和本地实际情况,由有关省、自治区、直辖市人民政府环境保护主管部门会同同级水行政等部门和有关市、县人民政府编制,经有关省、自治区、直辖市人民政府审核,报国务院批准。

省、自治区、直辖市内跨县江河、湖泊的流域水污染防治规划,根据国家确定的重要江河、湖泊的流域水污染防治规划和本地实际情况,由省、自治区、直辖市人民政府环境保护主管部门会同同级水行政等部门编制,报省、自治区、直辖市人民政府批准,并报国务院备案。

经批准的水污染防治规划是防治水污染的基本依据,规划的修订须经原批准机关批准。

县级以上地方人民政府应当根据依法批准的江河、湖泊的流域水污染防治规划,组织制定本行政区域的水污染防治规划。

第十六条 国务院有关部门和县级以上地方人民政府开发、利用和调节、调度水资源时,应当统筹兼顾,维持江河的合理流量和湖泊、水库以及地下水体的合理水位,维护水体的生态功能。

第三章 水污染防治的监督管理

第十七条 新建、改建、扩建直接或者间接向水体排放污染物的建设项目和其他水上设施,应当依法进行环境影响评价。

建设单位在江河、湖泊新建、改建、扩建排污口的,应当取得水行政主管部门或者流域管理机构同意;涉及通航、渔业水域的,环境保护主管部门在审批环境影响评价文件时,应当征求交通、渔业主管部门的意见。

建设项目的水污染防治设施,应当与主体工程同时设计、同时施工、同时投入使用。水污染防治设施应当经过环境保护主管部门验收,验收不合格的,该建设项目不得投入生产或者使用。

第十八条 国家对重点水污染物排放实施总量控制制度。

省、自治区、直辖市人民政府应当按照国务院的规定削减和控制本行政区域的重点水污染物排放总量,并将重点水污染物排放总量控制指标分解落实到市、县人民政府。市、县人民政府根据本行政区域重点水污染物排放总量控制指标的要求,将重点水污染物排放总量控制指标分解落实到排污单位。具体办法和实施步骤由国务院规定。

省、自治区、直辖市人民政府可以根据本行政区域水环境质量状况和水污染防治工作的需要，确定本行政区域实施总量削减和控制的重点水污染物。

对超过重点水污染物排放总量控制指标的地区，有关人民政府环境保护主管部门应当暂停审批新增重点水污染物排放总量的建设项目的环境影响评价文件。

第十九条 国务院环境保护主管部门对未按照要求完成重点水污染物排放总量控制指标的省、自治区、直辖市予以公布。省、自治区、直辖市人民政府环境保护主管部门对未按照要求完成重点水污染物排放总量控制指标的市、县予以公布。

县级以上人民政府环境保护主管部门对违反本法规定、严重污染水环境的企业予以公布。

第二十条 国家实行排污许可制度。

直接或者间接向水体排放工业废水和医疗污水以及其他按照规定应当取得排污许可证方可排放的废水、污水的企业事业单位，应当取得排污许可证；城镇污水集中处理设施的运营单位，也应当取得排污许可证。排污许可的具体办法和实施步骤由国务院规定。

禁止企业事业单位无排污许可证或者违反排污许可证的规定向水体排放前款规定的废水、污水。

第二十一条 直接或者间接向水体排放污染物的企业事业单位和个体工商户，应当按照国务院环境保护主管部门的规定，向县级以上地方人民政府环境保护主管部门申报登记拥有的水污染物排放设施、处理设施和在正常作业条件下排放水污染物的种类、数量和浓度，并提供防治水污染方面的有关技术资料。

企业事业单位和个体工商户排放水污染物的种类、数量和浓度有重大改变的，应当及时申报登记；其水污染物处理设施应当保持正常使用；拆除或者闲置水污染物处理设施的，应当事先报县级以上地方人民政府环境保护主管部门批准。

第二十二条 向水体排放污染物的企业事业单位和个体工商户，应当按照法律、行政法规和国务院环境保护主管部门的规定设置排污口；在江河、湖泊设置排污口的，还应当遵守国务院水行政主管部门的规定。

禁止私设暗管或者采取其他规避监管的方式排放水污染物。

第二十三条 重点排污单位应当安装水污染物排放自动监测设备，与环境保护主管部门的监控设备联网，并保证监测设备正常运行。排放工业废水的企业，应当对其所排放的工业废水进行监测，并保存原始监测记录。具体办法由国务院环境保护主管部门规定。

应当安装水污染物排放自动监测设备的重点排污单位名录，由设区的市级以上地方人民政府环境保护主管部门根据本行政区域的环境容量、重点水污染物排放总量控制指标的要求以及排污单位排放水污染物的种类、数量和浓度等因素，商同级有关部门确定。

第二十四条 直接向水体排放污染物的企业事业单位和个体工商户，应当按照排放水污染物的种类、数量和排污费征收标准缴纳排污费。

排污费应当用于污染的防治，不得挪作他用。

第二十五条 国家建立水环境质量监测和水污染物排放监测制度。国务院环境保护主管部门负责制定水环境监测规范，统一发布国家水环境状况信息，会同国务院水行政等部门组织监测网络。

第二十六条 国家确定的重要江河、湖泊流域的水资源保护工作机构负责监测其所在流域的省界水体的水环境质量状况，并将监测结果及时报国务院环境保护主管部门和国务院水行政主管部门；有经国务院批准成立的流域水资源保护领导机构的，应当将监测结果及时报告流域水资源保护领导机构。

第二十七条 环境保护主管部门和其他依照本法规定行使监督管理权的部门，有权对管辖范围内的排污单位进行现场检查，被检查的单位应当如实反映情况，提供必要的资料。检查机关有义务为被检查的单位保守在检查中获取的商业秘密。

第二十八条 跨行政区域的水污染纠纷，由有关地方人民政府协商解决，或者由其共同的上级人民政府协调解决。

第四章　水污染防治措施

第一节　一般规定

第二十九条 禁止向水体排放油类、酸液、碱液或者剧毒废液。

禁止在水体清洗装贮过油类或者有毒污染物的车辆和容器。

第三十条 禁止向水体排放、倾倒放射性固体废物或者含有高放射性和中放射性物质的废水。

向水体排放含低放射性物质的废水，应当符合国家有关放射性污染防治的规定和标准。

第三十一条 向水体排放含热废水，应当采取措施，保证水体的水温符合水环境质量标准。

第三十二条 含病原体的污水应当经过消毒处理；符合国家有关标准后，方可排放。

第三十三条 禁止向水体排放、倾倒工业废渣、城镇垃圾和其他废弃物。

禁止将含有汞、镉、砷、铬、铅、氰化物、黄磷等的可溶性剧毒废渣向水体排放、倾倒或者直接埋入地下。

存放可溶性剧毒废渣的场所，应当采取防水、防渗漏、防流失的措施。

第三十四条 禁止在江河、湖泊、运河、渠道、水库最高水位线以下的滩地和岸坡堆放、存贮固体废弃物和其他污染物。

第三十五条 禁止利用渗井、渗坑、裂隙和溶洞排放、倾倒含有毒污染物的废水、含病原体的污水和其他废弃物。

第三十六条 禁止利用无防渗漏措施的沟渠、坑塘等输送或者存贮含有毒污染物的废水、含病原体的污水和其他废弃物。

第三十七条 多层地下水的含水层水质差异大的，应当分层开采；对已受污染的潜水和承压水，不得混合开采。

第三十八条 兴建地下工程设施或者进行地下勘探、采矿等活动，应当采取防护性措施，防止地下水污染。

第三十九条 人工回灌补给地下水，不得恶化地下水质。

第二节　工业水污染防治

第四十条 国务院有关部门和县级以上地方人民政府应当合理规划工业布局，要求造成水污染的企业进行技术改造，采取综合防治措施，提高水的重复利用率，减少废水和污染物排放量。

第四十一条 国家对严重污染水环境的落后工艺和设备实行淘汰制度。

国务院经济综合宏观调控部门会同国务院有关部门,公布限期禁止采用的严重污染水环境的工艺名录和限期禁止生产、销售、进口、使用的严重污染水环境的设备名录。

生产者、销售者、进口者或者使用者应当在规定的期限内停止生产、销售、进口或者使用列入前款规定的设备名录中的设备。工艺的采用者应当在规定的期限内停止采用列入前款规定的工艺名录中的工艺。

依照本条第二款、第三款规定被淘汰的设备,不得转让给他人使用。

第四十二条 国家禁止新建不符合国家产业政策的小型造纸、制革、印染、染料、炼焦、炼硫、炼砷、炼汞、炼油、电镀、农药、石棉、水泥、玻璃、钢铁、火电以及其他严重污染水环境的生产项目。

第四十三条 企业应当采用原材料利用效率高、污染物排放量少的清洁工艺,并加强管理,减少水污染物的产生。

第三节 城镇水污染防治

第四十四条 城镇污水应当集中处理。

县级以上地方人民政府应当通过财政预算和其他渠道筹集资金,统筹安排建设城镇污水集中处理设施及配套管网,提高本行政区域城镇污水的收集率和处理率。

国务院建设主管部门应当会同国务院经济综合宏观调控、环境保护主管部门,根据城乡规划和水污染防治规划,组织编制全国城镇污水处理设施建设规划。县级以上地方人民政府组织建设、经济综合宏观调控、环境保护、水行政等部门编制本行政区域的城镇污水处理设施建设规划。县级以上地方人民政府建设主管部门应当按照城镇污水处理设施建设规划,组织建设城镇污水集中处理设施及配套管网,并加强对城镇污水集中处理设施运营的监督管理。

城镇污水集中处理设施的运营单位按照国家规定向排污者提供污水处理的有偿服务,收取污水处理费用,保证污水集中处理设施的正常运行。向城镇污水集中处理设施排放污水、缴纳污水处理费用的,不再缴纳排污费。收取的污水处理费用应当用于城镇污水集中处理设施的建设和运行,不得挪作他用。

城镇污水集中处理设施的污水处理收费、管理以及使用的具体办法,由国务院规定。

第四十五条 向城镇污水集中处理设施排放水污染物,应当符合国家或者地方规定的水污染物排放标准。

城镇污水集中处理设施的出水水质达到国家或者地方规定的水污染物排放标准的,可以按照国家有关规定免缴排污费。

城镇污水集中处理设施的运营单位,应当对城镇污水集中处理设施的出水水质负责。

环境保护主管部门应当对城镇污水集中处理设施的出水水质和水量进行监督检查。

第四十六条 建设生活垃圾填埋场,应当采取防渗漏等措施,防止造成水污染。

第四节 农业和农村水污染防治

第四十七条 使用农药,应当符合国家有关农药安全使用的规定和标准。

运输、存贮农药和处置过期失效农药,应当加强管理,防止造成水污染。

第四十八条 县级以上地方人民政府农业主管部门和其他有关部门,应当采取措施,指导农业生产者科学、合理地施用化肥和农药,控制化肥和农药的过量使用,防止造成水污染。

第四十九条　国家支持畜禽养殖场、养殖小区建设畜禽粪便、废水的综合利用或者无害化处理设施。

畜禽养殖场、养殖小区应当保证其畜禽粪便、废水的综合利用或者无害化处理设施正常运转，保证污水达标排放，防止污染水环境。

第五十条　从事水产养殖应当保护水域生态环境，科学确定养殖密度，合理投饵和使用药物，防止污染水环境。

第五十一条　向农田灌溉渠道排放工业废水和城镇污水，应当保证其下游最近的灌溉取水点的水质符合农田灌溉水质标准。

利用工业废水和城镇污水进行灌溉，应当防止污染土壤、地下水和农产品。

第五节　船舶水污染防治

第五十二条　船舶排放含油污水、生活污水，应当符合船舶污染物排放标准。从事海洋航运的船舶进入内河和港口的，应当遵守内河的船舶污染物排放标准。

船舶的残油、废油应当回收，禁止排入水体。

禁止向水体倾倒船舶垃圾。

船舶装载运输油类或者有毒货物，应当采取防止溢流和渗漏的措施，防止货物落水造成水污染。

第五十三条　船舶应当按照国家有关规定配置相应的防污设备和器材，并持有合法有效的防止水域环境污染的证书与文书。

船舶进行涉及污染物排放的作业，应当严格遵守操作规程，并在相应的记录簿上如实记载。

第五十四条　港口、码头、装卸站和船舶修造厂应当备有足够的船舶污染物、废弃物的接收设施。从事船舶污染物、废弃物接收作业，或者从事装载油类、污染危害性货物船舱清洗作业的单位，应当具备与其运营规模相适应的接收处理能力。

第五十五条　船舶进行下列活动，应当编制作业方案，采取有效的安全和防污染措施，并报作业地海事管理机构批准：

（一）进行残油、含油污水、污染危害性货物残留物的接收作业，或者进行装载油类、污染危害性货物船舱的清洗作业；

（二）进行散装液体污染危害性货物的过驳作业；

（三）进行船舶水上拆解、打捞或者其他水上、水下船舶施工作业。

在渔港水域进行渔业船舶水上拆解活动，应当报作业地渔业主管部门批准。

第五章　饮用水水源和其他特殊水体保护

第五十六条　国家建立饮用水水源保护区制度。饮用水水源保护区分为一级保护区和二级保护区；必要时，可以在饮用水水源保护区外围划定一定的区域作为准保护区。

饮用水水源保护区的划定，由有关市、县人民政府提出划定方案，报省、自治区、直辖市人民政府批准；跨市、县饮用水水源保护区的划定，由有关市、县人民政府协商提出划定方案，报省、自治区、直辖市人民政府批准；协商不成的，由省、自治区、直辖市人民政府环境保护主管部门会同同级水行政、国土资源、卫生、建设等部门提出划定方案，征求同级有关部门的意见后，报省、自治区、直辖市人民政府批准。

跨省、自治区、直辖市的饮用水水源保护区，由有关省、自治区、直辖市人民政府商有关流域管理机构划定；协商不成的，由国务院环境保护主管部门会同同级水行政、国土资源、卫生、建设等部门提出划定方案，征求国务院有关部门的意见后，报国务院批准。

国务院和省、自治区、直辖市人民政府可以根据保护饮用水水源的实际需要，调整饮用水水源保护区的范围，确保饮用水安全。有关地方人民政府应当在饮用水水源保护区的边界设立明确的地理界标和明显的警示标志。

第五十七条 在饮用水水源保护区内，禁止设置排污口。

第五十八条 禁止在饮用水水源一级保护区内新建、改建、扩建与供水设施和保护水源无关的建设项目；已建成的与供水设施和保护水源无关的建设项目，由县级以上人民政府责令拆除或者关闭。

禁止在饮用水水源一级保护区内从事网箱养殖、旅游、游泳、垂钓或者其他可能污染饮用水水体的活动。

第五十九条 禁止在饮用水水源二级保护区内新建、改建、扩建排放污染物的建设项目；已建成的排放污染物的建设项目，由县级以上人民政府责令拆除或者关闭。

在饮用水水源二级保护区内从事网箱养殖、旅游等活动的，应当按照规定采取措施，防止污染饮用水水体。

第六十条 禁止在饮用水水源准保护区内新建、扩建对水体污染严重的建设项目；改建建设项目，不得增加排污量。

第六十一条 县级以上地方人民政府应当根据保护饮用水水源的实际需要，在准保护区内采取工程措施或者建造湿地、水源涵养林等生态保护措施，防止水污染物直接排入饮用水水体，确保饮用水安全。

第六十二条 饮用水水源受到污染可能威胁供水安全的，环境保护主管部门应当责令有关企业事业单位采取停止或者减少排放水污染物等措施。

第六十三条 国务院和省、自治区、直辖市人民政府根据水环境保护的需要，可以规定在饮用水水源保护区内，采取禁止或者限制使用含磷洗涤剂、化肥、农药以及限制种植养殖等措施。

第六十四条 县级以上人民政府可以对风景名胜区水体、重要渔业水体和其他具有特殊经济文化价值的水体划定保护区，并采取措施，保证保护区的水质符合规定用途的水环境质量标准。

第六十五条 在风景名胜区水体、重要渔业水体和其他具有特殊经济文化价值的水体的保护区内，不得新建排污口。在保护区附近新建排污口，应当保证保护区水体不受污染。

第六章 水污染事故处置

第六十六条 各级人民政府及其有关部门，可能发生水污染事故的企业事业单位，应当依照《中华人民共和国突发事件应对法》的规定，做好突发水污染事故的应急准备、应急处置和事后恢复等工作。

第六十七条 可能发生水污染事故的企业事业单位，应当制定有关水污染事故的应急方案，做好应急准备，并定期进行演练。

生产、储存危险化学品的企业事业单位，应当采取措施，防止在处理安全生产事故过程中产生的可能严重污染水体的消防废水、废液直接排入水体。

第六十八条 企业事业单位发生事故或者其他突发性事件,造成或者可能造成水污染事故的,应当立即启动本单位的应急方案,采取应急措施,并向事故发生地的县级以上地方人民政府或者环境保护主管部门报告。环境保护主管部门接到报告后,应当及时向本级人民政府报告,并抄送有关部门。

造成渔业污染事故或者渔业船舶造成水污染事故的,应当向事故发生地的渔业主管部门报告,接受调查处理。其他船舶造成水污染事故的,应当向事故发生地的海事管理机构报告,接受调查处理;给渔业造成损害的,海事管理机构应当通知渔业主管部门参与调查处理。

第七章 法律责任

第六十九条 环境保护主管部门或者其他依照本法规定行使监督管理权的部门,不依法作出行政许可或者办理批准文件的,发现违法行为或者接到对违法行为的举报后不予查处的,或者有其他未依照本法规定履行职责的行为的,对直接负责的主管人员和其他直接责任人员依法给予处分。

第七十条 拒绝环境保护主管部门或者其他依照本法规定行使监督管理权的部门的监督检查,或者在接受监督检查时弄虚作假的,由县级以上人民政府环境保护主管部门或者其他依照本法规定行使监督管理权的部门责令改正,处一万元以上十万元以下的罚款。

第七十一条 违反本法规定,建设项目的水污染防治设施未建成、未经验收或者验收不合格,主体工程即投入生产或者使用的,由县级以上人民政府环境保护主管部门责令停止生产或者使用,直至验收合格,处五万元以上五十万元以下的罚款。

第七十二条 违反本法规定,有下列行为之一的,由县级以上人民政府环境保护主管部门责令限期改正;逾期不改正的,处一万元以上十万元以下的罚款:

(一)拒报或者谎报国务院环境保护主管部门规定的有关水污染物排放申报登记事项的;

(二)未按照规定安装水污染物排放自动监测设备或者未按照规定与环境保护主管部门的监控设备联网,并保证监测设备正常运行的;

(三)未按照规定对所排放的工业废水进行监测并保存原始监测记录的。

第七十三条 违反本法规定,不正常使用水污染物处理设施,或者未经环境保护主管部门批准拆除、闲置水污染物处理设施的,由县级以上人民政府环境保护主管部门责令限期改正,处应缴纳排污费数额一倍以上三倍以下的罚款。

第七十四条 违反本法规定,排放水污染物超过国家或者地方规定的水污染物排放标准,或者超过重点水污染物排放总量控制指标的,由县级以上人民政府环境保护主管部门按照权限责令限期治理,处应缴纳排污费数额二倍以上五倍以下的罚款。

限期治理期间,由环境保护主管部门责令限制生产、限制排放或者停产整治。限期治理的期限最长不超过一年;逾期未完成治理任务的,报经有批准权的人民政府批准,责令关闭。

第七十五条 在饮用水水源保护区内设置排污口的,由县级以上地方人民政府责令限期拆除,处十万元以上五十万元以下的罚款;逾期不拆除的,强制拆除,所需费用由违法者承担,处五十万元以上一百万元以下的罚款,并可以责令停产整顿。

除前款规定外,违反法律、行政法规和国务院环境保护主管部门的规定设置排污口或者私设暗管的,由县级以上地方人民政府环境保护主管部门责令限期拆除,处二万元以上十万元以下的罚款;逾期不拆除的,强制拆除,所需费用由违法者承担,处十万元以上五十万元以下的罚款;私设暗管或者有其他严重情节的,县级以上地方人民政府环境保护主管部门可以提请县级以上地方人民政府责令停产整顿。

未经水行政主管部门或者流域管理机构同意,在江河、湖泊新建、改建、扩建排污口的,由县级以上人民政府水行政主管部门或者流域管理机构依据职权,依照前款规定采取措施、给予处罚。

第七十六条 有下列行为之一的,由县级以上地方人民政府环境保护主管部门责令停止违法行为,限期采取治理措施,消除污染,处以罚款;逾期不采取治理措施的,环境保护主管部门可以指定有治理能力的单位代为治理,所需费用由违法者承担:

（一）向水体排放油类、酸液、碱液的;

（二）向水体排放剧毒废液,或者将含有汞、镉、砷、铬、铅、氰化物、黄磷等的可溶性剧毒废渣向水体排放、倾倒或者直接埋入地下的;

（三）在水体清洗装贮过油类、有毒污染物的车辆或者容器的;

（四）向水体排放、倾倒工业废渣、城镇垃圾或者其他废弃物,或者在江河、湖泊、运河、渠道、水库最高水位线以下的滩地、岸坡堆放、存贮固体废弃物或者其他污染物的;

（五）向水体排放、倾倒放射性固体废物或者含有高放射性、中放射性物质的废水的;

（六）违反国家有关规定或者标准,向水体排放含低放射性物质的废水、热废水或者含病原体的污水的;

（七）利用渗井、渗坑、裂隙或者溶洞排放、倾倒含有毒污染物的废水、含病原体的污水或者其他废弃物的;

（八）利用无防渗漏措施的沟渠、坑塘等输送或者存贮含有毒污染物的废水、含病原体的污水或者其他废弃物的。

有前款第三项、第六项行为之一的,处一万元以上十万元以下的罚款;有前款第一项、第四项、第八项行为之一的,处二万元以上二十万元以下的罚款;有前款第二项、第五项、第七项行为之一的,处五万元以上五十万元以下的罚款。

第七十七条 违反本法规定,生产、销售、进口或者使用列入禁止生产、销售、进口、使用的严重污染水环境的设备名录中的设备,或者采用列入禁止采用的严重污染水环境的工艺名录中的工艺的,由县级以上人民政府经济综合宏观调控部门责令改正,处五万元以上二十万元以下的罚款;情节严重的,由县级以上人民政府经济综合宏观调控部门提出意见,报请本级人民政府责令停业、关闭。

第七十八条 违反本法规定,建设不符合国家产业政策的小型造纸、制革、印染、染料、炼焦、炼硫、炼砷、炼汞、炼油、电镀、农药、石棉、水泥、玻璃、钢铁、火电以及其他严重污染水环境的生产项目的,由所在地的市、县人民政府责令关闭。

第七十九条 船舶未配置相应的防污染设备和器材,或者未持有合法有效的防止水域环境污染的证书与文书的,由海事管理机构、渔业主管部门按照职责分工责令限期改正,处二千元以上二万元以下的罚款;逾期不改正的,责令船舶临时停航。

船舶进行涉及污染物排放的作业,未遵守操作规程或者未在相应的记录簿上如实记载的,由海事管理机构、渔业主管部门按照职责分工责令改正,处二千元以上二万元以下的罚款。

第八十条 违反本法规定,有下列行为之一的,由海事管理机构、渔业主管部门按照职责分工责令停止违法行为,处以罚款;造成水污染的,责令限期采取治理措施,消除污染;逾期不采取治理措施的,海事管理机构、渔业主管部门按照职责分工可以指定有治理能力的单位代为治理,所需费用由船舶承担:

(一)向水体倾倒船舶垃圾或者排放船舶的残油、废油的;

(二)未经作业地海事管理机构批准,船舶进行残油、含油污水、污染危害性货物残留物的接收作业,或者进行装载油类、污染危害性货物船舱的清洗作业,或者进行散装液体污染危害性货物的过驳作业的;

(三)未经作业地海事管理机构批准,进行船舶水上拆解、打捞或者其他水上、水下船舶施工作业的;

(四)未经作业地渔业主管部门批准,在渔港水域进行渔业船舶水上拆解的。

有前款第一项、第二项、第四项行为之一的,处五千元以上五万元以下的罚款;有前款第三项行为的,处一万元以上十万元以下的罚款。

第八十一条 有下列行为之一的,由县级以上地方人民政府环境保护主管部门责令停止违法行为,处十万元以上五十万元以下的罚款;并报经有批准权的人民政府批准,责令拆除或者关闭:

(一)在饮用水水源一级保护区内新建、改建、扩建与供水设施和保护水源无关的建设项目的;

(二)在饮用水水源二级保护区内新建、改建、扩建排放污染物的建设项目的;

(三)在饮用水水源准保护区内新建、扩建对水体污染严重的建设项目,或者改建建设项目增加排污量的。

在饮用水水源一级保护区内从事网箱养殖或者组织进行旅游、垂钓或者其他可能污染饮用水水体的活动的,由县级以上地方人民政府环境保护主管部门责令停止违法行为,处二万元以上十万元以下的罚款。个人在饮用水水源一级保护区内游泳、垂钓或者从事其他可能污染饮用水水体的活动的,由县级以上地方人民政府环境保护主管部门责令停止违法行为,可以处五百元以下的罚款。

第八十二条 企业事业单位有下列行为之一的,由县级以上人民政府环境保护主管部门责令改正;情节严重的,处二万元以上十万元以下的罚款:

(一)不按照规定制定水污染事故的应急方案的;

(二)水污染事故发生后,未及时启动水污染事故的应急方案,采取有关应急措施的。

第八十三条 企业事业单位违反本法规定,造成水污染事故的,由县级以上人民政府环境保护主管部门依照本条第二款的规定处以罚款,责令限期采取治理措施,消除污染;不按要求采取治理措施或者不具备治理能力的,由环境保护主管部门指定有治理能力的单位代为治理,所需费用由违法者承担;对造成重大或者特大水污染事故的,可以报经有批准权的人民政府批准,责令关闭;对直接负责的主管人员和其他直接责任人员可以处上一年度从本单位取得的收入百分之五十以下的罚款。

对造成一般或者较大水污染事故的,按照水污染事故造成的直接损失的百分之二十计算罚款；对造成重大或者特大水污染事故的，按照水污染事故造成的直接损失的百分之三十计算罚款。

造成渔业污染事故或者渔业船舶造成水污染事故的，由渔业主管部门进行处罚；其他船舶造成水污染事故的，由海事管理机构进行处罚。

第八十四条 当事人对行政处罚决定不服的，可以申请行政复议，也可以在收到通知之日起十五日内向人民法院起诉；期满不申请行政复议或者起诉，又不履行行政处罚决定的，由作出行政处罚决定的机关申请人民法院强制执行。

第八十五条 因水污染受到损害的当事人，有权要求排污方排除危害和赔偿损失。

由于不可抗力造成水污染损害的，排污方不承担赔偿责任；法律另有规定的除外。

水污染损害是由受害人故意造成的，排污方不承担赔偿责任。水污染损害是由受害人重大过失造成的，可以减轻排污方的赔偿责任。

水污染损害是由第三人造成的，排污方承担赔偿责任后，有权向第三人追偿。

第八十六条 因水污染引起的损害赔偿责任和赔偿金额的纠纷，可以根据当事人的请求，由环境保护主管部门或者海事管理机构、渔业主管部门按照职责分工调解处理；调解不成的，当事人可以向人民法院提起诉讼。当事人也可以直接向人民法院提起诉讼。

第八十七条 因水污染引起的损害赔偿诉讼，由排污方就法律规定的免责事由及其行为与损害结果之间不存在因果关系承担举证责任。

第八十八条 因水污染受到损害的当事人人数众多的，可以依法由当事人推选代表人进行共同诉讼。

环境保护主管部门和有关社会团体可以依法支持因水污染受到损害的当事人向人民法院提起诉讼。

国家鼓励法律服务机构和律师为水污染损害诉讼中的受害人提供法律援助。

第八十九条 因水污染引起的损害赔偿责任和赔偿金额的纠纷，当事人可以委托环境监测机构提供监测数据。环境监测机构应当接受委托，如实提供有关监测数据。

第九十条 违反本法规定，构成违反治安管理行为的，依法给予治安管理处罚；构成犯罪的，依法追究刑事责任。

第八章 附 则

第九十一条 本法中下列用语的含义：

（一）水污染，是指水体因某种物质的介入，而导致其化学、物理、生物或者放射性等方面特性的改变，从而影响水的有效利用，危害人体健康或者破坏生态环境，造成水质恶化的现象。

（二）水污染物，是指直接或者间接向水体排放的，能导致水体污染的物质。

（三）有毒污染物，是指那些直接或者间接被生物摄入体内后，可能导致该生物或者其后代发病、行为反常、遗传异变、生理机能失常、机体变形或者死亡的污染物。

（四）渔业水体，是指划定的鱼虾类的产卵场、索饵场、越冬场、洄游通道和鱼虾贝藻类的养殖场的水体。

第九十二条 本法自2008年6月1日起施行。

110.《城镇排水与污水处理条例》

（内容详见本书下册第六章第二节供水热电气公用事业部分）

……

111.《污水处理费征收使用管理办法》

（2015年3月1日起施行）

第一章 总 则

第一条 为了规范污水处理费征收使用管理，保障城镇污水处理设施运行维护和建设，防治水污染，保护环境，根据《水污染防治法》、《城镇排水与污水处理条例》的规定，制定本办法。

第二条 城镇污水处理费的征收、使用和管理适用本办法。

第三条 污水处理费是按照"污染者付费"原则，由排水单位和个人缴纳并专项用于城镇污水处理设施建设、运行和污泥处理处置的资金。

第四条 污水处理费属于政府非税收入，全额上缴地方国库，纳入地方政府性基金预算管理，实行专款专用。

第五条 鼓励各地区采取政府与社会资本合作、政府购买服务等多种形式，共同参与城镇排水与污水处理设施投资、建设和运营，合理分担风险，实现权益融合，加强项目全生命周期管理，提高城镇排水与污水处理服务质量和运营效率。

第六条 污水处理费的征收、使用和管理应当接受财政、价格、审计部门和上级城镇排水与污水处理主管部门的监督检查。

第二章 征收缴库

第七条 凡设区的市、县（市）和建制镇已建成污水处理厂的，均应当征收污水处理费；在建污水处理厂，已批准污水处理厂建设项目可行性研究报告或项目建议书的，可以开征污水处理费，并应当在开征3年内建成污水处理厂投入运行。

第八条 向城镇排水与污水处理设施排放污水、废水的单位和个人（以下称缴纳义务人），应当缴纳污水处理费。

向城镇排水与污水处理设施排放污水、废水并已缴纳污水处理费的，不再缴纳排污费。

向城镇排水与污水处理设施排放的污水超过国家或者地方规定排放标准的，依法进行处罚。

第九条 单位或个人自建污水处理设施，污水处理后全部回用，或处理后水质符合国家规定的排向自然水体的水质标准，且未向城镇排水与污水处理设施排水的，不缴纳污水处理费；仍向城镇排水与污水处理设施排水的，应当足额缴纳污水处理费。

第十条 除本办法第十一条规定的情形外，污水处理费按缴纳义务人的用水量计征。用水量按下列方式核定：

（一）使用公共供水的单位和个人，其用水量以水表显示的量值为准。

（二）使用自备水源的单位和个人已安装计量设备的，其用水量以计量设备显示的量值为准；未安装计量设备或者计量设备不能正常使用的，其用水量按取水设施额定流量每日运转24小时计算。

第十一条 因大量蒸发、蒸腾造成排水量明显低于用水量，且排水口已安装自动在线监测设施等计量设备的，经县级以上地方城镇排水与污水处理主管部门（以下称城镇排水主管部门）认定并公示后，按缴纳义务人实际排水量计征污水处理费。对产品以水为主要原料的企业，仍按其用水量计征污水处理费。

建设施工临时排水、基坑疏干排水已安装排水计量设备的，按计量设备显示的量值计征污水处理费；未安装排水计量设备或者计量设备不能正常使用的，按施工规模定额征收污水处理费。

第十二条 污水处理费的征收标准，按照覆盖污水处理设施正常运营和污泥处理处置成本并合理盈利的原则制定，由县级以上地方价格、财政和排水主管部门提出意见，报同级人民政府批准后执行。

污水处理费的征收标准暂时未达到覆盖污水处理设施正常运营和污泥处理处置成本并合理盈利水平的，应当逐步调整到位。

第十三条 使用公共供水的单位和个人，其污水处理费由城镇排水主管部门委托公共供水企业在收取水费时一并代征，并在发票中单独列明污水处理费的缴款数额。

城镇排水主管部门应当与公共供水企业签订代征污水处理费合同，明确双方权利义务。

公共供水企业代征的污水处理费与其水费收入应当分账核算，并及时足额上缴代征的污水处理费，不得隐瞒、滞留、截留和挪用。

公共供水企业代征的污水处理费，由城镇排水主管部门征缴入库。

第十四条 使用自备水源的单位和个人，其污水处理费由城镇排水主管部门或其委托的单位征收。

各地区应当加强对自备水源的管理，加大对使用自备水源单位和个人污水处理费的征收力度。

第十五条 污水处理费一般应当按月征收，并全额上缴地方国库。

公共供水企业应当按规定时限如实向城镇排水主管部门申报售水量和代征的污水处理费数额。使用自备水源的单位和个人应当按规定时限如实向城镇排水主管部门或其委托的单位申报用水量（排水量）和应缴纳的污水处理费数额。

城镇排水主管部门或其委托的单位应当对申报情况进行审核，确定污水处理费征收数额。收取污水处理费时，使用省级财政部门统一印制的票据。具体缴库办法按照省级财政部门的规定执行。

第十六条 城镇排水主管部门应当核实公共供水企业全年实际售水量，在次年3月底前完成对公共供水企业全年应缴污水处理费的汇算清缴工作。

对因用水户欠缴水费、公共供水企业核销坏账损失的水量，经城镇排水主管部门审核确认后，不计入公共供水企业全年实际应代征污水处理费的水量。

第十七条 公共供水企业、城镇排水主管部门委托的单位代征污水处理费，由地方财政从污水处理费支出预算中支付代征手续费，具体办法由县级以上地方财政部门规定。

第十八条 城镇排水主管部门及其委托的单位、公共供水企业要严格按照规定的范围、标准和时限要求征收或者代征污水处理费，确保将污水处理费征缴到位。

第十九条 任何单位和个人均不得违反本办法规定，自行改变污水处理费的征收对象、范围和标准。

严禁对企业违规减免或者缓征污水处理费。已经出台污水处理费减免或者缓征政策的，应当予以废止。

第二十条 城镇排水主管部门应当将污水处理费的征收依据、征收主体、征收标准、征收程序、法律责任等进行公示。

第三章　使用管理

第二十一条 污水处理费专项用于城镇污水处理设施的建设、运行和污泥处理处置，以及污水处理费的代征手续费支出，不得挪作他用。

第二十二条 征收的污水处理费不能保障城镇排水与污水处理设施正常运营的，地方财政应当给予补贴。

第二十三条 缴入国库的污水处理费与地方财政补贴资金统筹使用，通过政府购买服务方式，向提供城镇排水与污水处理服务的单位支付服务费。

服务费应当覆盖合理服务成本并使服务单位合理收益。

服务费按照合同约定的污水处理量、污泥处理处置量、排水管网维护、再生水量等服务质量和数量予以确定。

第二十四条 城镇排水主管部门与财政部门、价格主管部门协商一致后，与城镇排水与污水处理服务单位签订政府购买服务合同。

政府购买服务合同应当包括城镇排水与污水处理服务范围和期限、服务数量和质量、服务费支付标准及调整机制、绩效考核、风险分担、信息披露、政府接管、权利义务和违约责任等内容。

第二十五条 城镇排水主管部门应当根据城镇排水与污水处理服务单位履行政府购买服务合同的情况，以及城镇污水处理设施出水水质和水量的监督检查结果，按期核定服务费。

财政部门应当及时、足额拨付服务费。

第二十六条 城镇排水与污水处理服务单位应当定期公布污水处理量、主要污染物削减量、污水处理设施出水水质状况等信息。

第二十七条 城镇排水与污水处理服务单位违反规定擅自停运城镇污水处理设施，以及城镇污水处理设施的出水质未达到国家或者地方规定的水污染物排放标准的，应当按照合同约定相应扣减服务费，并依法对其进行处罚。

第二十八条 城镇排水主管部门、财政部门可以委托第三方评估机构，对城镇排水与污水处理服务绩效进行评估，绩效评估结果应当与服务费支付相挂钩并向社会公开。

第二十九条 各地区可以通过合理确定投资收益水平，吸引社会资本参与投资、建设和运营城镇排水与污水处理项目，提高污水处理服务质量和运营效率。

各地区应当按照《政府采购法》及有关规定，通过公开招标、竞争性谈判等竞争性方式选择符合要求的城镇排水与污水处理服务单位，并采取特许经营、委托运营等多种服务方式。

第三十条 县级以上地方财政部门对城镇排水与污水处理服务费支出（包括污水处理费安排的支出和财政补贴资金）实行预决算管理。

城镇排水主管部门应当根据城镇排水与污水处理设施的建设、运行和污泥处理处置情况，编制年度城镇排水与污水处理服务费支出预算，经同级财政部门审核后，纳入同级财政预算报经批准后执行。

城镇排水主管部门应当根据城镇排水与污水处理服务费支出预算执行情况编制年度决算，经同级财政部门审核后，纳入同级财政决算。

县级以上地方财政部门会同排水主管部门可以将城镇排水与污水处理服务费支出纳入中长期财政规划管理，加强预算控制，保障政府购买服务合同有效执行。

第三十一条 污水处理费的资金支付按照财政国库管理制度有关规定执行。

第三十二条 城镇排水主管部门和财政部门应当每年向社会公布污水处理费的征收、使用情况。

第四章　法律责任

第三十三条 单位和个人违反本办法规定，有下列情形之一的，依照《财政违法行为处罚处分条例》和《违反行政事业性收费和罚没收入收支两条线管理规定行政处分暂行规定》等国家有关规定追究法律责任；涉嫌犯罪的，依法移送司法机关处理：

（一）擅自减免污水处理费或者改变污水处理费征收范围、对象和标准的；

（二）隐瞒、坐支应当上缴的污水处理费的；

（三）滞留、截留、挪用应当上缴的污水处理费的；

（四）不按照规定的预算级次、预算科目将污水处理费缴入国库的；

（五）违反规定扩大污水处理费开支范围、提高开支标准的；

（六）其他违反国家财政收入管理规定的行为。

第三十四条 缴纳义务人不缴纳污水处理费的，按照《城镇排水与污水处理条例》第五十四条规定，由城镇排水主管部门责令限期缴纳，逾期拒不缴纳的，处应缴纳污水处理费数额1倍以上3倍以下罚款。

第三十五条 污水处理费征收、使用管理有关部门的工作人员违反本办法规定，在污水处理费征收和使用管理工作中徇私舞弊、玩忽职守、滥用职权的，依法给予处分；涉嫌犯罪的，依法移送司法机关。

第五章　附　则

第三十六条 各省、自治区、直辖市根据本办法制定具体实施办法，并报财政部、国家发展改革委、住房城乡建设部备案。

第三十七条 本办法由财政部会同国家发展改革委、住房城乡建设部负责解释。

第三十八条 本办法自2015年3月1日起施行。此前有关污水处理费征收使用管理规定与本办法不一致的，以本办法为准。

112.《湿地保护管理规定》

（2013年5月1日起施行，国家林业局令第32号）

第一条 为了加强湿地保护管理，履行国际湿地公约，根据法律法规和国务院有关规定，制定本规定。

第二条 本规定所称湿地，是指常年或者季节性积水地带、水域和低潮时水深不超过6米的海域，包括沼泽湿地、湖泊湿地、河流湿地、滨海湿地等自然湿地，以及重点保护野生动物栖息地或者重点保护野生植物的原生地等人工湿地。

第三条 国家对湿地实行保护优先、科学恢复、合理利用、持续发展的方针。

第四条 国家林业局负责全国湿地保护工作的组织、协调、指导和监督，并组织、协调有关国际湿地公约的履约工作。

县级以上地方人民政府林业主管部门按照有关规定负责本行政区域内的湿地保护管理工作。

第五条 县级以上人民政府林业主管部门及有关湿地保护管理机构应当加强湿地保护宣传教育和培训，结合世界湿地日、爱鸟周和保护野生动物宣传月等开展宣传教育活动，提高公众湿地保护意识。

县级以上人民政府林业主管部门应当组织开展湿地保护管理的科学研究，应用推广研究成果，提高湿地保护管理水平。

第六条 县级以上地方人民政府林业主管部门应当鼓励、支持公民、法人和其他组织，以志愿服务、捐赠等形式参与湿地保护。

第七条 国家林业局会同国务院有关部门编制全国和区域性湿地保护规划，报国务院或者其授权的部门批准。

县级以上地方人民政府林业主管部门会同同级人民政府有关部门，按照有关规定编制本行政区域内的湿地保护规划，报同级人民政府或者其授权的部门批准。

第八条 湿地保护规划应当包括下列内容：

（一）湿地资源分布情况、类型及特点、水资源、野生生物资源状况；
（二）保护和利用的指导思想、原则、目标和任务；
（三）湿地生态保护重点建设项目与建设布局；
（四）投资估算和效益分析；
（五）保障措施。

第九条 经批准的湿地保护规划必须严格执行；未经原批准机关批准，不得调整或者修改。

第十条 国家林业局定期组织开展全国湿地资源调查、监测和评估，按照有关规定向社会公布相关情况。

湿地资源调查、监测、评估等技术规程，由国家林业局在征求有关部门和单位意见的基础上制定。

县级以上地方人民政府林业主管部门及有关湿地保护管理机构应当组织开展本行政区域内的湿地资源调查、监测和评估工作，按照有关规定向社会公布相关情况。

第十一条　县级以上人民政府或者林业主管部门可以采取建立湿地自然保护区、湿地公园、湿地保护小区、湿地多用途管理区等方式，健全湿地保护体系，完善湿地保护管理机构，加强湿地保护。

第十二条　湿地按照其重要程度、生态功能等，分为重要湿地和一般湿地。

重要湿地包括国家重要湿地和地方重要湿地。

重要湿地以外的湿地为一般湿地。

第十三条　国家林业局会同国务院有关部门划定国家重要湿地，向社会公布。

国家重要湿地的划分标准，由国家林业局会同国务院有关部门制定。

第十四条　县级以上地方人民政府林业主管部门会同同级人民政府有关部门划定地方重要湿地，并向社会公布。

地方重要湿地和一般湿地的管理办法由省、自治区、直辖市制定。

第十五条　符合国际湿地公约国际重要湿地标准的，可以申请指定为国际重要湿地。

申请指定国际重要湿地的，由国务院有关部门或者湿地所在地省、自治区、直辖市人民政府林业主管部门向国家林业局提出。国家林业局应当组织论证、审核，对符合国际重要湿地条件的，在征得湿地所在地省、自治区、直辖市人民政府和国务院有关部门同意后，报国际湿地公约秘书处核准列入《国际重要湿地名录》。

第十六条　国家林业局对国际重要湿地的保护管理工作进行指导和监督，定期对国际重要湿地的生态状况开展检查和评估，并向社会公布结果。

国际重要湿地所在地的县级以上地方人民政府林业主管部门应当会同同级人民政府有关部门对国际重要湿地保护管理状况进行检查，指导国际重要湿地保护管理机构维持国际重要湿地的生态特征。

第十七条　国际重要湿地保护管理机构应当建立湿地生态预警机制，制定实施管理计划，开展动态监测，建立数据档案。

第十八条　因气候变化、自然灾害等造成国际重要湿地生态特征退化的，省、自治区、直辖市人民政府林业主管部门应当会同同级人民政府有关部门进行调查，指导国际重要湿地保护管理机构制定实施补救方案，并向同级人民政府和国家林业局报告。

因工程建设等造成国际重要湿地生态特征退化甚至消失的，省、自治区、直辖市人民政府林业主管部门应当会同同级人民政府有关部门督促、指导项目建设单位限期恢复，并向同级人民政府和国家林业局报告；对逾期不予恢复或者确实无法恢复的，由国家林业局会商所在地省、自治区、直辖市人民政府和国务院有关部门后，按照有关规定处理。

第十九条　具备自然保护区设立条件的湿地，应当依法建立自然保护区。

自然保护区的设立和管理按照自然保护区管理的有关规定执行。

第二十条　以保护湿地生态系统、合理利用湿地资源、开展湿地宣传教育和科学研究为目的，并可供开展生态旅游等活动的湿地，可以建立湿地公园。

湿地公园分为国家湿地公园和地方湿地公园。

第二十一条　建立国家湿地公园，应当具备下列条件：

（一）湿地生态系统在全国或者区域范围内具有典型性；或者区域地位重要；或者湿地主体生态功能具有典型示范性；或者湿地生物多样性丰富；或者生物物种独特。

（二）具有重要或者特殊科学研究、宣传教育和文化价值。

第二十二条 申请建立国家湿地公园的,应当编制国家湿地公园总体规划。

国家湿地公园总体规划是国家湿地公园建设管理、试点验收、批复命名、检查评估的重要依据。

第二十三条 建立国家湿地公园,由省、自治区、直辖市人民政府林业主管部门向国家林业局提出申请,并提交总体规划等相关材料。

国家林业局在收到申请后,对提交的有关材料组织论证审核,对符合条件的,同意其开展试点。

试点期限不超过5年。对试点期限内具备验收条件的,省、自治区、直辖市人民政府林业主管部门可以向国家林业局提出验收申请,经国家林业局组织验收合格的,予以批复并命名为国家湿地公园。

在试点期限内不申请验收或者验收不合格且整改后仍不合格的,国家林业局应当取消其国家湿地公园试点资格。

第二十四条 国家林业局组织开展国家湿地公园的检查和评估工作。

因管理不善导致国家湿地公园条件丧失的,或者对存在问题拒不整改或者整改不符合要求的,国家林业局应当撤销国家湿地公园的命名,并向社会公布。

第二十五条 地方湿地公园的建立和管理,按照地方有关规定办理。

第二十六条 县级以上人民政府林业主管部门应当指导国家重要湿地、国际重要湿地、国家湿地公园、国家级湿地自然保护区保护管理机构建立健全管理制度,并按照相关规定制定专门的规章或者法规,加强保护管理。

第二十七条 因保护湿地给湿地所有者或者经营者合法权益造成损失的,应当按照有关规定予以补偿。

第二十八条 县级以上地方人民政府林业主管部门及有关湿地保护管理机构应当组织开展退化湿地恢复工作,恢复湿地功能或者扩大湿地面积。

第二十九条 县级以上地方人民政府林业主管部门及有关湿地保护管理机构应当开展湿地动态监测,并在湿地资源调查和监测的基础上,建立和更新湿地资源档案。

第三十条 县级以上人民政府林业主管部门应当对开展生态旅游等利用湿地资源的活动进行指导和监督。

第三十一条 除法律法规有特别规定的以外,在湿地内禁止从事下列活动:

(一)开(围)垦湿地,放牧、捕捞;

(二)填埋、排干湿地或者擅自改变湿地用途;

(三)取用或者截断湿地水源;

(四)挖砂、取土、开矿;

(五)排放生活污水、工业废水;

(六)破坏野生动物栖息地、鱼类洄游通道,采挖野生植物或者猎捕野生动物;

(七)引进外来物种;

(八)其他破坏湿地及其生态功能的活动。

第三十二条 工程建设应当不占或者少占湿地。确需征收或者占用的,用地单位应当依法办理相关手续,并给予补偿。

临时占用湿地的,期限不得超过2年;临时占用期限届满,占用单位应当对所占湿地进行生态修复。

第三十三条 县级以上地方人民政府林业主管部门应当会同同级人民政府有关部门，在同级人民政府的组织下建立湿地生态补水协调机制，保障湿地生态用水需求。

第三十四条 县级以上人民政府林业主管部门应当会同同级人民政府有关部门协调、组织、开展湿地有害生物防治工作；湿地保护管理机构应当按照有关规定承担湿地有害生物防治的具体工作。

第三十五条 县级以上人民政府林业主管部门应当会同同级人民政府有关部门开展湿地保护执法活动，对破坏湿地的违法行为依法予以处理。

第三十六条 本规定所称国际湿地公约，是指《关于特别是作为水禽栖息地的国际重要湿地公约》。

第三十七条 本规定自2013年5月1日起施行。

113.《财政部、环境保护部关于推进水污染防治领域政府和社会资本合作的实施意见》

（2015年4月9日起施行，财建〔2015〕90号）

各省、自治区、直辖市、计划单列市财政厅（局）、环境保护厅（局），新疆生产兵团财务局、环境保护局：

切实加强水污染防治力度，保障国家水安全，关系国计民生，是环境保护重点工作。在水污染防治领域大力推广运用政府和社会资本合作（PPP）模式，对提高环境公共产品与服务供给质量，提升水污染防治能力与效率具有重要意义。为深入贯彻落实党中央和国务院精神，积极实施水污染防治行动计划，规范水污染防治领域PPP项目操作流程，完善投融资环境，引导社会资本积极参与、加大投入，根据《关于推广运用政府和社会资本合作模式有关问题的通知》（财金〔2014〕76号），就扎实推进水污染防治领域PPP工作提出如下意见。

一、总体目标

（一）完善制度规范，优化机制设计。

在水污染防治领域形成以合同约束、信息公开、过程监管、绩效考核等为主要内容，多层次、一体化、综合性的PPP工作规范体系，实现合作双方风险分担、利益共享、权益融合。建立和完善水污染防治领域稳定、长效的社会资本投资回报机制。

（二）转变供给方式，改进管理模式。

加强水污染防治专项资金等政策引导，建立公平公正的社会资本投资环境。转变政府职能，拓宽环境基本公共服务供给渠道，改变政府单一供给格局。创新项目管理模式，强化社会整体水污染防治能力，提高水污染防治服务质量与管理效率。

（三）推进水污染防治，提高水环境质量。

优化水资源综合开发途径，创新水环境综合治理模式。充分发挥市场机制作用，鼓励和引导社会资本参与水污染防治项目建设和运营。拓宽投融资渠道，加大资金投入，切实改善水环境质量。

二、基本原则

（一）坚持存量为主原则。

水污染防治领域推广运用PPP模式，以费价机制透明合理、现金流支撑能力相对较强的存量项目为主。经充分论证的新建项目可采取PPP模式。坚持物有所值原则转化存量项目、遴选新建项目。鼓励结合项目自然条件和技术特点，创新融资模式，盘活存量资产，形成改进项目运营管理的有效途径，构建社会资本全程参与、全面责任、全生命周期管理的规范化PPP模式。

（二）坚持因地制宜原则。

充分考虑不同地区、不同流域和湖泊、不同领域项目特点，因地制宜，采取差异化的合作模式与推进策略，分类、分批推进水污染防治领域政府和社会资本合作。

（三）坚持突出重点原则。

纳入国家重点支持江河湖泊动态名录或水污染防治专项资金等相关资金支持的地区，率先推进PPP模式。纳入国家一般引导江河湖泊动态目录的江河湖泊，按照逐步推进、务求实效思路，积极推广运用PPP模式。

三、总体要求

（一）明晰项目边界。

逐步将水污染防治领域全面向社会资本开放，推广运用PPP模式，以饮用水水源地环境综合整治、湖泊水体保育、河流环境生态修复与综合整治、湖滨河滨缓冲带建设、湿地建设、水源涵养林建设、地下水环境修复、污染场地修复、城市黑臭水体治理、重点河口海湾环境综合整治、入海排污口清理整治、畜禽养殖污染防治、农业面源污染治理、农村环境综合整治、工业园区污染集中治理（含工业废水毒性减排）、城镇污水处理（含再生水利用、污泥处置）及管网建设、城镇生活垃圾收运及处置、环境监测与突发环境事件应急处置等为重点。鼓励对项目有效整合，打包实施PPP模式，提升整体收益能力，扩展外部效益。

（二）健全回报机制。

综合采用使用者付费、政府可行性缺口补助、政府付费等方式，分类支持经营性、准公益性和公益性项目。积极发掘水污染防治相关周边土地开发、供水、林下经济、生态农业、生态渔业、生态旅游等收益创造能力较强的配套项目资源，鼓励实施城乡供排水一体、厂网一体和行业"打包"，实现组合开发，吸引社会资本参与。完善市政污水处理、垃圾处理等水污染防治领域价格形成机制，建立基于保障合理收益原则的收费标准动态调整机制。优化政府补贴体系，探索水污染防治领域市场化风险规避与补偿机制。

（三）规范操作流程。

在项目识别、准备、采购、执行和移交等操作过程中，以及物有所值评价、财政承受能力论证、合作伙伴选择、收益补偿机制确立、项目公司组建、合作合同签署、绩效评价等方面，应根据财政部关于PPP工作的统一指导和管理办法规范推进，地方各级财政部门会同环境保护部门抓紧研究制定符合当地实际情况的操作办法，实现规范化管理。

四、组织实施

（一）鼓励水污染防治领域推进PPP工作。

各级环境保护、财政部门组织实施多层次推介工作，积极从国民经济和社会发展规划、水污染防治行动计划、主要污染物减排计划、水污染防治领域专项规划等既定规划中遴选潜在项目,及时筛选评估社会资本发起PPP项目建议,推进水污染防治领域PPP工作。

(二)定期组织评选。

对拟采用PPP模式的水污染防治项目,由当地环境保护、财政部门组织编制或委托第三方机构编制实施方案。实施方案具体应包含项目实施内容、产品及服务质量和标准、投融资结构、财务测算与风险分析、技术及经济可行性论证、合作伙伴要求、合同结构、权益分配和风险分担、政府支持方式、配套措施等。财政部、环境保护部每半年在全国范围内组织一次水污染防治领域PPP项目评选工作,从中选择部分优质项目予以推介。各地可自愿上报。

(三)加大评价及监管力度。

地方各级财政、环境保护部门要加强组织实施,积极统筹协调,研究建立议事协调及联审机制,有力有序推进。省级财政、环境保护部门建立对PPP项目的实施监督机制。

五、保障机制

(一)市场环境建设。

建立公平、开放、透明的市场环境,维护市场机制基础性作用。规范项目合作伙伴选择程序,建立合理的风险分担、收益共享机制。健全风险防范机制,加强行业监管和质、价监督。培育第三方专业机构,完善咨询中介市场。完善付费机制,鼓励采用第三方支付体系。

(二)资金支持。

地方各级财政部门要统筹运用水污染防治专项等相关资金,优化调整使用方向,扩大资金来源渠道,对PPP项目予以适度政策倾斜。水污染防治PPP项目有关财政资金纳入中期财政规划管理。综合采用财政奖励、投资补助、融资费用补贴、政府付费等方式,支持水污染防治领域PPP项目实施落实。逐步从"补建设"向"补运营"、"前补助"向"后奖励"转变。鼓励社会资本建立环境保护基金,重点支持水污染防治领域PPP项目。

(三)融资支持。

地方财政、环境保护部门应积极协调相关部门,着力支持PPP项目融资能力提升,尽快建立向金融机构推介PPP项目的常态化渠道,鼓励金融机构为相关项目提高授信额度、增进信用等级。健全社会资本投入市场激励机制,推行排污权有偿使用,完善排污权交易市场。鼓励环境金融服务创新,支持开展排污权、收费权、政府购买服务协议及特许权协议项下收益质押担保融资,探索开展污水垃圾处理服务项目预期收益质押融资。

(四)配套措施。

各级财政、环境保护部门要加强组织实施,统筹协调,履行责任,加强监管,切实提高水污染防治能力水平,实现水环境质量改善。建立独立、透明、可问责、专业化的PPP项目监管体系,实行信息公开,鼓励公众参与,接受公众监督。建立政府、服务使用者共同参与的综合性评价体系,推广第三方绩效评价,形成评价结果应用机制和项目后评价机制。环境保护部门要进一步完善水污染防治领域特许经营管理制度,降低准入门槛,清理审批限制,拓宽社会资本进入渠道。

财政部　环境保护部

2015年4月9日

114.《国务院办公厅关于推进海绵城市建设的指导意见》

(2015年10月11日起施行,国办发〔2015〕75号)

各省、自治区、直辖市人民政府,国务院各部委、各直属机构:

海绵城市是指通过加强城市规划建设管理,充分发挥建筑、道路和绿地、水系等生态系统对雨水的吸纳、蓄渗和缓释作用,有效控制雨水径流,实现自然积存、自然渗透、自然净化的城市发展方式。《国务院关于加强城市基础设施建设的意见》(国发〔2013〕36号)和《国务院办公厅关于做好城市排水防涝设施建设工作的通知》(国办发〔2013〕23号)印发以来,各有关方面积极贯彻新型城镇化和水安全战略有关要求,有序推进海绵城市建设试点,在有效防治城市内涝、保障城市生态安全等方面取得了积极成效。为加快推进海绵城市建设,修复城市水生态、涵养水资源,增强城市防涝能力,扩大公共产品有效投资,提高新型城镇化质量,促进人与自然和谐发展,经国务院同意,现提出以下意见:

一、总体要求

(一)工作目标。通过海绵城市建设,综合采取"渗、滞、蓄、净、用、排"等措施,最大限度地减少城市开发建设对生态环境的影响,将70%的降雨就地消纳和利用。到2020年,城市建成区20%以上的面积达到目标要求;到2030年,城市建成区80%以上的面积达到目标要求。

(二)基本原则。

坚持生态为本、自然循环。充分发挥山水林田湖等原始地形地貌对降雨的积存作用,充分发挥植被、土壤等自然下垫面对雨水的渗透作用,充分发挥湿地、水体等对水质的自然净化作用,努力实现城市水体的自然循环。

坚持规划引领、统筹推进。因地制宜确定海绵城市建设目标和具体指标,科学编制和严格实施相关规划,完善技术标准规范。统筹发挥自然生态功能和人工干预功能,实施源头减排、过程控制、系统治理,切实提高城市排水、防涝、防洪和防灾减灾能力。

坚持政府引导、社会参与。发挥市场配置资源的决定性作用和政府的调控引导作用,加大政策支持力度,营造良好发展环境。积极推广政府和社会资本合作(PPP)、特许经营等模式,吸引社会资本广泛参与海绵城市建设。

二、加强规划引领

(三)科学编制规划。编制城市总体规划、控制性详细规划以及道路、绿地、水等相关专项规划时,要将雨水年径流总量控制率作为其刚性控制指标。划定城市蓝线时,要充分考虑自然生态空间格局。建立区域雨水排放管理制度,明确区域排放总量,不得违规超排。

(四)严格实施规划。将建筑与小区雨水收集利用、可渗透面积、蓝线划定与保护等海绵城市建设要求作为城市规划许可和项目建设的前置条件,保持雨水径流特征在城市开发建设前后大体一致。在建设工程施工图审查、施工许可等环节,要将海绵城市相关工程措施作为重点审查内容;工程竣工验收报告中,应当写明海绵城市相关工程措施的落实情况,提交备案机关。

(五)完善标准规范。抓紧修订完善与海绵城市建设相关的标准规范,突出海绵城市建设的关键性内容和技术性要求。要结合海绵城市建设的目标和要求编制相关工程建设标准图集和技术导则,指导海绵城市建设。

三、统筹有序建设

(六) 统筹推进新老城区海绵城市建设。从2015年起,全国各城市新区、各类园区、成片开发区要全面落实海绵城市建设要求。老城区要结合城镇棚户区和城乡危房改造、老旧小区有机更新等,以解决城市内涝、雨水收集利用、黑臭水体治理为突破口,推进区域整体治理,逐步实现小雨不积水、大雨不内涝、水体不黑臭、热岛有缓解。各地要建立海绵城市建设工程项目储备制度,编制项目滚动规划和年度建设计划,避免大拆大建。

(七) 推进海绵型建筑和相关基础设施建设。推广海绵型建筑与小区,因地制宜采取屋顶绿化、雨水调蓄与收集利用、微地形等措施,提高建筑与小区的雨水积存和蓄滞能力。推进海绵型道路与广场建设,改变雨水快排、直排的传统做法,增强道路绿化带对雨水的消纳功能,在非机动车道、人行道、停车场、广场等扩大使用透水铺装,推行道路与广场雨水的收集、净化和利用,减轻对市政排水系统的压力。大力推进城市排水防涝设施的达标建设,加快改造和消除城市易涝点;实施雨污分流,控制初期雨水污染,排入自然水体的雨水须经过岸线净化;加快建设和改造沿岸截流干管,控制渗漏和合流制污水溢流污染。结合雨水利用、排水防涝等要求,科学布局建设雨水调蓄设施。

(八) 推进公园绿地建设和自然生态修复。推广海绵型公园和绿地,通过建设雨水花园、下凹式绿地、人工湿地等措施,增强公园和绿地系统的城市海绵体功能,消纳自身雨水,并为蓄滞周边区域雨水提供空间。加强对城市坑塘、河湖、湿地等水体自然形态的保护和恢复,禁止填湖造地、截弯取直、河道硬化等破坏水生态环境的建设行为。恢复和保持河湖水系的自然连通,构建城市良性水循环系统,逐步改善水环境质量。加强河道系统整治,因势利导改造渠化河道,重塑健康自然的弯曲河岸线,恢复自然深潭浅滩和泛洪漫滩,实施生态修复,营造多样性生物生存环境。

四、完善支持政策

(九) 创新建设运营机制。区别海绵城市建设项目的经营性与非经营性属性,建立政府与社会资本风险分担、收益共享的合作机制,采取明晰经营性收益权、政府购买服务、财政补贴等多种形式,鼓励社会资本参与海绵城市投资建设和运营管理。强化合同管理,严格绩效考核并按效付费。鼓励有实力的科研设计单位、施工企业、制造企业与金融资本相结合,组建具备综合业务能力的企业集团或联合体,采用总承包等方式统筹组织实施海绵城市建设相关项目,发挥整体效益。

(十) 加大政府投入。中央财政要发挥"四两拨千斤"的作用,通过现有渠道统筹安排资金予以支持,积极引导海绵城市建设。地方各级人民政府要进一步加大海绵城市建设资金投入,省级人民政府要加强海绵城市建设资金的统筹,城市人民政府要在中期财政规划和年度建设计划中优先安排海绵城市建设项目,并纳入地方政府采购范围。

(十一) 完善融资支持。各有关方面要将海绵城市建设作为重点支持的民生工程,充分发挥开发性、政策性金融作用,鼓励相关金融机构积极加大对海绵城市建设的信贷支持力度。鼓励银行业金融机构在风险可控、商业可持续的前提下,对海绵城市建设提供中长期信贷支持,积极开展购买服务协议预期收益等担保创新类贷款业务,加大对海绵城市建设项目的资金支持力度。将海绵城市建设中符合条件的项目列入专项建设基金支持范围。支持符合条件的企业通过发行企业债券、公司债券、资产支持证券和项目收益票据等募集资金,用于海绵城市建设项目。

五、抓好组织落实

城市人民政府是海绵城市建设的责任主体,要把海绵城市建设提上重要日程,完善工作机制,统筹规划建设,抓紧启动实施,增强海绵城市建设的整体性和系统性,做到"规划一张图、建设一盘棋、管理一张网"。住房城乡建设部要会同有关部门督促指导各地做好海绵城市建设工作,继续抓好海绵城市建设试点,尽快形成一批可推广、可复制的示范项目,经验成熟后及时总结宣传、有效推开;发展改革委要加大专项建设基金对海绵城市建设的支持力度;财政部要积极推进PPP模式,并对海绵城市建设给予必要资金支持;水利部要加强对海绵城市建设中水利工作的指导和监督。各有关部门要按照职责分工,各司其职,密切配合,共同做好海绵城市建设相关工作。

国务院办公厅
2015年10月11日

第七章
PPP 地方法规规章与政策文件

汇编导语

本次汇编选择了北京、上海、浙江、山东、重庆等省市地方人大、政府发布的法规、规章与政策文件。整体而言，地方人大、政府的法规、规章，都是在国家法律法规的原则范围内针对本地区特殊情况作出的特别规定。地方政府的政策文件都是按照党中央、国务院和中央部委的文件要求制定或者转发的，有的侧重强调特许经营的路径，有的侧重政府采购的路径，基本在法律上没有实质性的突破。对比分析可以看出，不同地区基础设施和公用事业建设的发展是不平衡的，相关行业的改革进度、深度也有不同，当地政府对本地区不同行业、产业的支持重点、支持政策有很大不同，政府参与和管控的幅度也有不同。针对这些"地方特色"法律人士和咨询机构开展PPP项目时也应当给以特别注意。重庆市发改委推出《PPP通行协议指导文本》，对律师起草和审查PPP协议、合同具有很强的参考意义。

地方政府的政策文件，只在管理体制和职责分工上有所不同，但在实施PPP项目中合法性与合规性的要求是一致的。针对不同行业不同类型的PPP项目，根据法律、法规、规章、规范性文件、操作指引的内在逻辑顺序，同时结合当地政府职责分工的实际情况，找到并适用准确的法律和规范要求，无疑是法律人士和咨询机构开展PPP项目必须坚持的底线思维和正确的工作方法。

第一节 北 京

115.《北京市城市基础设施特许经营条例》

（2006年3月1日起施行，北京市人民代表大会常务委员会公告第42号）

第一章 总 则

第一条 为了规范本市城市基础设施特许经营活动，扩大融资渠道，保障社会公共利益和公共安全，保证公共产品和服务的质量，保护特许经营者的合法权益，根据有关法律、法规，制定本条例。

第二条 本条例所称城市基础设施特许经营，是指中华人民共和国境内外的企业和其他经济组织依法取得政府授予的特许经营权，在一定期限和范围内经营城市基础设施，提供公共产品或者公共服务。

第三条 本市城市基础设施实施特许经营的，适用本条例。

下列城市基础设施项目可以实施特许经营：

（一）供水、供气、供热；

（二）污水和固体废物处理；

（三）城市轨道交通和其他公共交通；

（四）市人民政府确定的其他城市基础设施。

第四条 城市基础设施特许经营可以采取下列方式：

（一）在一定期限内，城市基础设施项目由特许经营者投资建设、运营，期限届满无偿移交回政府；

（二）在一定期限内，城市基础设施由政府移交特许经营者运营，期限届满无偿移交回政府；

（三）市人民政府同意的其他方式。

第五条 城市基础设施实施特许经营，应当遵循公平、诚信和公共利益优先原则。

第六条 市发展改革部门负责本市城市基础设施特许经营的总体规划、综合平衡、协调和监督。

市城市基础设施行业主管部门，区、县人民政府，以及市或者区、县人民政府指定的部门（以下统称实施机关）负责本市城市基础设施项目的具体实施和监督管理工作。

规划、土地、建设、环保、财政、审计、监察等相关行政部门在各自职责范围内依法履行监督管理职责。

第二章 特许经营权的授予

第七条 拟实施特许经营的城市基础设施项目，可以由市发展改革部门、市城市基础设施行业主管部门或者区、县人民政府提出。

第八条 城市基础设施特许经营项目应当符合本市经济和社会发展规划、城市总体规划、城市基础设施行业发展规划和城市发展需要。

市发展改革部门确定市级实施特许经营的城市基础设施项目。重大项目应当报市人民政府批准。

区、县人民政府在固定资产投资项目审批权限范围内确定本区、县实施特许经营的城市基础设施项目。

第九条 城市基础设施特许经营项目确定后，实施机关应当拟定实施方案。

城市基础设施特许经营项目实施方案应当包括下列内容：

（一）项目名称；

（二）项目的实施机关；

（三）特许经营者应当具备的条件及选择方式；

（四）项目基本经济技术指标；

（五）选址和其他规划条件；

（六）特许经营权条款及特许经营期限；

（七）投资回报和价格的测算；

（八）特许经营权使用费及其减免；

（九）保障措施；

（十）其他政府承诺。

第十条 市发展改革部门组织市规划、土地、建设、环保、财政等有关行政主管部门依照各自职责对市级城市基础设施特许经营项目的实施方案进行审查，有关行政主管部门应当分别出具审定意见。市发展改革部门会同实施机关将修改审定的实施方案报市人民政府批准。

区、县城市基础设施特许经营项目的实施方案由区、县人民政府确定。

重大的城市基础设施特许经营项目的实施方案，应当组织专家进行可行性论证。

第十一条 实施机关按照实施方案，通过招标等公平竞争方式确定特许经营者并与之签订特许经营协议。

第十二条 特许经营协议应当包括下列内容：

（一）项目名称、内容；

（二）特许经营方式、区域、范围、期限；

（三）是否成立项目公司以及项目公司的经营范围、注册资本、股东出资方式、出资比例、股权转让等；

（四）产品或者服务的数量、质量和标准；

（五）投融资期限和方式；

（六）投资回报方式以及确定、调整机制；

（七）特许经营权使用费及其减免；

（八）特许经营者的权利和义务；

（九）履约担保；

（十）特许经营期内的风险分担；

（十一）政府承诺和保障；

（十二）应急预案；

（十三）特许经营期满后，项目移交的方式、程序；

（十四）违约责任；

（十五）争议解决方式；

（十六）需要约定的其他事项。

特许经营协议内容应当符合城市基础设施特许经营项目实施方案。

第十三条 特许经营协议中约定的特许经营期限根据行业特点、经营规模、经营方式等因素确定，但最长不得超过三十年。

第十四条 依据特许经营协议需要成立项目公司的，特许经营者应当在规定的期限内注册成立项目公司，并由实施机关确认其承担特许经营者的权利和义务。

特许经营协议可以约定限制项目公司的股权变更。

第十五条 特许经营协议可以约定特许经营者通过下列方式取得回报：

（一）对提供的公共产品或者服务收费；

（二）政府授予与城市基础设施相关的其他开发经营权益；

（三）政府给予相应补贴；

（四）市人民政府同意的其他方式。

第十六条 对于微利或者享受财政补贴的项目，特许经营协议中可以约定减免特许经营权使用费。

第十七条 特许经营协议中政府承诺的内容可以涉及与特许经营项目有关的土地使用、相关城市基础设施的提供、防止不必要的重复性竞争项目建设、必要合理的补贴、产品或者服务的政府采购，但政府不承诺商业风险分担、固定投资回报率及法律、法规禁止的其他事项。

第十八条　特许经营协议签订后，特许经营者应当持特许经营协议和其他有关文件到有关行政主管部门办理相关手续。

有关行政主管部门在办理特许经营项目相关手续时，对已经出具审定意见的内容，不再作重复审查；对其他内容的审查结果不应当导致特许经营协议内容的实质性变更。

第三章　权利和义务

第十九条　实施机关应当按照特许经营协议履行相关义务。

有关行政主管部门按照各自职责范围履行特许经营协议中的相关政府承诺。

特许经营者应当按照特许经营协议提供安全、合格的产品和优质、持续、高效的服务。

第二十条　特许经营者应当按照规划，在特许经营协议约定的服务区域内向消费者普遍地、无歧视地提供公共产品或者服务。

特许经营者不得对新增用户连接特许经营的供水、供气、供热、污水处理等设施收取设施投资补偿费等接入费用。

第二十一条　按照市和区、县人民政府的决定或者特许经营协议约定由实施机关接管城市基础设施的，特许经营者应当在完成接管前善意履行看守职责，维持正常的经营服务。

第二十二条　特许经营期限届满一年前，特许经营者可以向实施机关申请延期，经实施机关组织评审并报本级人民政府批准后，可以延期。

第二十三条　特许经营者向公众提供产品或者服务的价格应当执行由价格主管部门制定的政府定价或者政府指导价。

第二十四条　特许经营者应当按照特许经营协议的约定缴纳特许经营权使用费。

第二十五条　未经实施机关同意，特许经营者不得擅自转让、出租、质押、抵押或者以其他方式处分特许经营权和特许经营项目资产。

在特许经营期限内，特许经营者不得将特许经营项目的设施及相关土地用于特许经营项目之外。

第二十六条　特许经营者应当对城市基础设施定期检修保养和更新改造，保证设施良好运转，并将运行情况报告实施机关。

第二十七条　特许经营者应当对城市基础设施建设、运营、维修、保养过程中的有关资料进行收集、归类、整理和归档，并按照协议约定的方式、程序和期限完整移交给实施机关。

第二十八条　特许经营者应当将年度经营报告、年度财务报告以及其他重大事项的报告，及时、完整地报送实施机关备案。

第二十九条　实施机关及其工作人员对在实施特许经营活动和监督管理工作中知悉的特许经营者的商业秘密、技术秘密负有保密义务。

第三十条　因政策调整损害特许经营者预期利益的，政府应当给予相应补偿。

第三十一条　特许经营期限内，特许经营协议的任何一方不得擅自变更或者解除原协议。一方认为需要变更或者解除协议的，应当与另一方进行协商。经双方协商一致的，可以变更或者解除协议；协商不一致产生争议的，可以按照协议约定的争议解决方式处理。

第三十二条　任何单位或者个人不得违反法律、法规以及本条例的规定收回或者限制特许经营者的特许经营权。

确因公共利益需要，政府可以收回特许经营权、终止特许经营协议、征用实施特许经营的城市基础设施、指令特许经营者提供公共产品或者服务，但是应当按照特许经营协议的约定给予相应补偿。

第三十三条　特许经营者对市和区、县人民政府及其有关行政主管部门作出的具体行政行为，认为侵犯其合法权益的，有陈述、申辩的权利，并可以依法申请行政复议或者提起行政诉讼。

第三十四条　实施机关与特许经营者应当制定应急预案，在突发自然灾害、战争灾害、事故灾害以及公共卫生、社会治安等公共事件时，最大限度保证城市基础设施的正常运转。

第四章　监督管理

第三十五条　特许经营期限内，有关行政主管部门应当按照各自职责对特许经营项目进行检查、评估、审计，对特许经营者违反法律、法规、规章规定的行为予以纠正并依法处理。

第三十六条　实施机关应当建立并保存城市基础设施特许经营项目档案。

实施机关应当及时监测、分析城市基础设施特许经营项目实施情况，并定期会同有关部门组织专业机构对项目实施情况进行综合评估。评估周期一般不短于两年，必要时可以实施年度评估。

监测、评估不得妨碍特许经营项目的正常经营活动。

第三十七条　政府价格主管部门制定的特许经营项目政府定价或者政府指导价应当遵循补偿成本、合理收益、节约资源和与社会承受力相适应的原则。与特许经营产品、服务无关的费用，不得列入特许经营成本。

第三十八条　价格主管部门应当建立定期审价制度，建立成本资料数据库，对产品或者服务价格进行有效的监督管理。

第三十九条　特许经营者应当将城市基础设施特许经营项目的质量、技术标准以及其他关系公共利益、公共安全的信息及时向社会公告。

第五章　法律责任

第四十条　特许经营者有下列情形之一的，由实施机关责令限期改正；拒不改正的，可以收回特许经营权、终止特许经营协议，并实施临时接管：

（一）违反法律、法规的规定或者特许经营协议的约定，情节严重的；

（二）不履行检修保养和更新改造义务，危害公共利益和公共安全的；

（三）擅自转让、出租、质押、抵押或者以其他方式擅自处分特许经营权或者特许经营项目资产的；

（四）擅自停业、歇业的；

（五）法律、法规规定或者特许经营协议约定的其他情形。

第四十一条　以欺骗、贿赂等不正当手段获得特许经营权的，实施机关应当撤销特许经营权，终止特许经营协议。

被撤销特许经营权的企业或者其他经济组织，三年内不得参与竞争本市城市基础设施特许经营权。

第四十二条　有关行政主管部门及其工作人员违反本条例规定，不履行法定职责、干预特许经营者正常经营活动、徇私舞弊、滥用职权的,由监察机关依法追究有关责任人员的行政责任;构成犯罪的,依法追究刑事责任。

第六章 附 则

第四十三条 本条例自2006年3月1日起施行。2003年8月28日市人民政府公布的《北京市城市基础设施特许经营办法》同时废止。

116.《北京市人民政府关于印发引进社会资本推动市政基础设施领域建设试点项目实施方案的通知》

(2013年7月28日起施行,京政发〔2013〕21号)

各区、县人民政府,市政府各委、办、局,各市属机构:

现将《引进社会资本推动市政基础设施领域建设试点项目实施方案》印发给你们,请结合实际,认真组织实施。

北京市人民政府
2013年7月28日

引进社会资本推动市政基础设施领域建设试点项目实施方案

大力引进社会资本尤其是民间资本,参与市政基础设施领域的投资、建设和运营,是贯彻落实党的十八大精神,切实转变政府职能,理顺政府与市场、政府与社会关系的重要举措。有利于深刻把握首都发展阶段性特征,深化本市投融资体制改革,促进首都经济持续健康发展;有利于拓展社会资本尤其是民间资本投资的渠道和领域,增强首都投资发展内生动力;有利于形成多元主体和适度竞争的格局,保障公共产品有效供给,不断提升首都城市建设管理水平。根据国家及本市有关政策,现就引进社会资本推动市政基础设施领域建设试点项目提出如下实施方案。

一、总体思路

按照市场化建设、产业化经营的基本方向,对具备一定经营条件的市政基础设施领域,放开增量、盘活存量,分类推进、试点先行,建立投资、补贴与价格的协同机制,完善投资、建设与运营的市场化体系,不断提升市政基础设施领域发展水平。

二、主要措施

(一)拓展空间,分类推进市政基础设施领域投资建设运营体制改革。

1. 增量项目。

对经营性领域(包括燃气、电力和非基本公共服务等),依法放开建设和经营市场,积极推行投资运营主体招商,政府不再直接投入。

对准经营性领域(包括轨道交通、收费公路、热力、污水处理和垃圾焚烧等),以公共私营合作制(PPP)、股权合作等方式,通过建立投资、补贴与价格的协同机制,为投资者获得合理回报积极创造条件。

对非经营性领域(包括基本公共服务、排水管线、普通公路及城市道路、垃圾转运站、堆肥填埋场、渗沥液处理厂、交通枢纽等),采取捆绑式项目法人招标等方式由社会投资人组织实施,也可由政府回购或购买服务。

2. 存量资产。

通过委托运营、股权出让、融资租赁、基金引导、整合改制、技术资源合作、后勤社会化等方式,加大专业化运营力度,扩大产业化经营规模。

(二)完善政策,建立投资、补贴与价格的协同机制。

1. 稳步推动价格市场化改革。按照补偿成本、合理收益、节约资源及社会可承受的原则,加强投资成本和服务成本监测,建立定期审价制度,逐步调整理顺价格收费水平,建立科学的价格形成机制。

2. 多渠道完善投资回报补偿机制。一是通过合理的政府投入,减少一部分企业投资;二是通过引入市场竞争机制,推动投资运营公开透明,压缩一部分企业成本;三是通过将财政运营补助转变为政府购买服务,增加一部分企业主营业务收入;四是通过依法依规配置企业一定的土地开发权,以及符合监管要求的广告、商铺、冠名等经营权,增加一部分企业其他经营收入。

3. 营造公平透明的政策环境。根据行业特点和经营属性,行业主管部门进一步加强行业监管,分行业设定技术规范,明确行业标准、服务质量和监管细则,保障城市公共安全;政策管理部门分类明确土地、规划、财税、金融等重点政策,细化支持标准;专业公司要打破垄断,配合落实市政配套条件,按管理体制和协议约定分担成本。

(三)培育主体,做优做强市政基础设施领域建设运营企业。

1. 重点扶持一批社会投资骨干企业。以确保安全稳定运营和增加有效供给为原则,重点引导和支持行业内骨干企业参与本市市政基础设施领域建设运营。

2. 提升市、区县相关国有企业投资经营能力。鼓励市、区县相关国有企业以市场化方式,围绕城市发展新阶段带来的市政基础设施领域新需求,优先保障本市建设经营任务。鼓励市、区县相关国有企业采取股份制、委托运营、合资组建项目公司、设立股权基金、债转股等方式,吸引社会资本进行股权投资和项目投资。

(四)明确路径,创造公平竞争的市场环境。

1. 明确技术经济指标。对向社会招标、招商的项目,应事先明确项目名称、内容,经营期限,产品或服务数量(设计能力和基本服务量)、质量和标准,投资概算构成,投资回报方式,价格确定及调整机制,必要的政府投资、财政补贴及政府承诺等事项,向社会公布,方便企业公平参与。

2. 规范招商方式。可采取公开招标、竞争性谈判等多种方式公平择优确定社会投资人。

3. 实行清单预告制度。重大项目建设信息提前向社会公布。项目推介实行集中推介与分散谈判相结合的方式,前期广泛发布招商信息,项目启动后选定重点意向投资人,成熟一个,推进一个。

三、试点方案

按照"增量先行、存量跟进,试点推动、分步实施"的工作思路,分类推动社会资本尤其是民间资本参与市政基础设施领域市场化建设。近期,选择轨道交通、城市道路、综合交通枢纽、污水处理、固废处置和镇域供热等条件相对成熟的领域,开展市场化试点。下一步,在总结试点经验的基础上,逐步扩大市场化建设的规模和领域。

(一)主要领域和试点方式。

1. 轨道交通。

新建线路:主要采用公共私营合作制(PPP),社会投资人参与轨道交通投资建设的全部环节。

在建线路:采用股权融资或股权融资+委托运营的模式。

已开通线路:采用融资租赁、资产证券化、股权转让等方式进行盘活。

2. 城市道路。

符合规定的国道等重要普通公路及城市快速路,采用建设-移交(BT)模式建设。通过公开招标,选择投资人组建项目公司投资建设,建成后按合同约定由政府回购。支持有条件的项目按市场化原则综合建设与公共交通相关的经营设施。

3. 综合交通枢纽。

周边土地资源丰富的交通枢纽项目,在条件允许的情况下,采取一体化建设模式。将公益性的交通枢纽和经营性开发项目作为整体,捆绑实施。通过项目法人招标或土地带条件招标等公开竞争方式确定综合开发单位。

4. 污水处理。

新建再生水厂:按照"企业建厂、政府配网"的原则,主要实行建设-经营-移交(BOT)模式,厂站由社会投资人建设、运营和维护。小城镇再生水厂以打捆方式由区县招标确定共同特许经营者,实行规模化经营。

在建和已建成的新城、乡镇污水处理厂:采取委托运营或移交-经营-移交(TOT)模式,在一定区域实现规模化运营。

5. 固废处置。

新建生活垃圾和餐厨垃圾处理设施,主要以公共私营合作制(PPP)、股权合作等方式建设;新建建筑垃圾处理设施,主要采取企业直接投资方式建设运营;新建转运站、填埋场、渗沥液处理厂、粪便处理设施等非经营性项目,采用社会投资人出资建设,政府采购并分期付款的方式。

上述固废处置领域在建和已建成的项目,采用移交-经营-移交(TOT)模式或委托运营方式,吸引社会资本参与。

6. 镇域供热。

热源热网建设:热源由企业以建设-经营-移交(BOT)模式投资建设,一次管网原则上由区县属专业公司投资建设,二次管网由产权单位建设。

热网系统运营:热网系统由委托运营商运营、管理和维护,实行规模化经营。

(二)基本政策。

1. 土地使用。

基础设施和市政公用项目,原则以划拨方式供地。土地使用权期限与特许经营期限一致,特许经营期满后,应连同地上物一并无偿移交政府。涉及一体化建设的项目,分情况采取协议出让、租赁、招标拍卖挂牌出让等方式供地。

对于厂站等非线性项目,场地内征地拆迁、永久性市政基础设施建设等土地开发费用,原则上由特许经营者承担,也可由实施机关与特许经营者协商确定。

鼓励土地使用权人在符合规划的前提下利用自有土地建设市政基础设施。

2. 价格政策。

特许经营者向公众提供产品或者服务的价格应执行由价格主管部门制定的政府定价或者政府指导价,特许经营项目可按照中标或者协议价格进行经济结算。

其他项目执行行业统一价格政策。

3. 投资回报。

对特许经营项目,经营者主要按协议约定收取服务费以及协议约定的其他方式取得合理回报。其中,财政补偿金额按以下公式计算:财政补偿金额=(中标或协议价格-政府定价)×政府承诺基本收购(处理)量或基本服务量。

对其他项目,在收费标准、建设投资、政府购买服务等方面给予同等待遇。

4. 市政设施配套。

按现行政府投资体制,红线外配套市政道路、供水、污水和再生水管网建设改造等由市、区县政府投资安排,红线外电力、燃气等经营性设施由市、区县专业公司投资。

政府投资的管网可委托社会投资人一体化建设,也可在政府建成后一并委托社会投资人运维管理。

5. 技术经济条件。

企业投资内部收益率:原则上按8%测算,可结合行业特点和利率水平进行适当调整,具体通过竞争方式确定。

特许经营权使用费:原则上暂不征收。

特许经营期:轨道交通行业30年,其他行业一般10至30年。具体结合不同类型项目的服务规模、投资运营收益及运营成本测算确定。特许经营期内,全部更新改造投资由特许经营者负责。

基本服务量:具体表现为协议客流(涉及轨道交通领域)、基本水量(涉及污水处理领域)、基本处理量(涉及固废处理领域)等,在日均预测服务量基础上,根据经营年限、设计能力等进行测算。

约定价格(费用)及调整机制:具体表现为约定票价、污水处理服务费、垃圾处理服务费等。具体计费方式和收费标准通过招标或竞争性谈判等方式确定,并在协议中约定,由特许经营实施机关向经营者支付。依据构成运营成本重要项目变化情况,运营期约定价格原则上每3年调整一次。

资本金:根据不同项目特点,投资人自有资金(或投资股本金)应为项目总投资的20%至35%。

投资人资格:社会责任意识强,无不良从业信誉记录,具有雄厚技术实力、资金实力和丰富项目经验的专业公司。

6. 政策调整与协议变更。

特许经营期限内,特许经营协议双方应严格履约,不得擅自变更或者解除协议。如一方认为需要变更或者解除协议,或因国家法律政策调整导致协议无法继续履行的,应当与另一方进行协商。经双方协商一致的,可以变更或者解除协议;协商不一致产生争议的,可以按照协议约定的争议解决方式处理。

（三）实施项目。

1. 首期试点。

首期启动6个领域27个市场化试点项目，项目总投资约1620亿元，拟引进社会投资约680亿元。具体包括：地铁14号线等轨道交通项目3个，国道110二期等道路项目2个，苹果园交通枢纽项目1个，郑王坟再生水厂等污水处理项目10个，东南循环经济园区一期等固废处置项目4个，顺义新城牛栏山组团供热工程等镇域供热项目7个。

2. 后期安排。

结合"十二五"规划，在总结试点经验的基础上，后期拟再选取99个项目进行细化论证和重点推进，总投资约1760亿元，预计引进社会投资约620亿元。具体包括：地铁7号线等轨道交通项目9个，京良路东段城市道路项目1个，中心城区居民区停车设施项目1个，北苑北、望京西等交通枢纽项目6个，新城、乡镇新增再生水厂项目69个，首钢建筑垃圾处理厂等固废处置项目7个，门头沟新城城子组团供热工程等镇域供热项目6个。

四、保障机制

（一）加强协调。

建立由市发展改革委、市财政局、市国资委、市国土局、市规划委、市金融局、市环保局、市住房城乡建设委、市市政市容委、市交通委、市水务局、市工商联等单位共同参与的协调机制，统筹协调和推进有关引进社会资本推动市政基础设施领域建设的工作，但不改变现行相关部门职责和相关行业管理体系。

各区县要建立相应的协调机制，按照全市统一部署，统筹组织开展本区县相关工作。

（二）明确职责。

市行业主管部门和区县政府等特许经营实施机关，负责公布行业标准，编制特许经营实施方案，加强与社会专业服务机构、产业联盟的业务合作，公平择优开展招商工作并协调组织项目实施。

市行业主管部门要会同市发展改革委、市财政局等相关部门，按照试点领域组成专门工作小组，合力推进市级试点项目实施。市国资委推动市属国有企业积极参与市场化建设试点项目。

市国土局、市规划委、市环保局、市金融局等部门负责细化各领域支持标准和政策，对试点项目优先配置资源和办理相关行政审批手续。

各区县政府负责组织实施区县级项目的市场化建设，落实属地责任，协助完成相关领域年度建设计划。

（三）落实任务。

1. 市发展改革委会同市财政局及相关行业主管部门，细化完善政府投资体制。政府投资侧重理顺市政基础设施领域投资运营和回报补偿机制，优先保障市政配套投入，减轻社会投资人负担。按照市、区县财权事权划分以及同级政府保障的原则，对增量特许经营项目按8%的内部收益率进行政府投资和补偿测算；对非特许经营项目（含存量项目），实行保本微利、差别化的补贴政策。

2. 市财政局会同相关行业主管部门，细化落实政府购买服务机制。根据政府财力，制定购买服务实施方案，逐步划定政府购买服务的范围，纳入市、区县财政结算支付体系。先期以基本公共服务、排水设施为试点，逐步扩展到垃圾处理、公路等其他公益性领域。

3. 市发展改革委会同相关行业主管部门，适时、适度调整理顺价格收费水平。在定期审核成本的基础上，以完善首都城市功能、确保市政基础设施领域安全稳定运营和增加有效供给为出发点，逐步建立与实际成本相适应的价格形成机制。

4. 市国资委会同相关行业主管部门，细化落实市政基础设施领域存量资产盘活利用方案。要充分发挥国有资本经营预算的撬动作用，重点推动国有经营性资产证券化，协调市属国有企业引入社会资本进行多元股权投资和项目投资。

117.《北京市人民政府办公厅关于在公共服务领域推广政府和社会资本合作模式的实施意见》

（2015年11月3日起施行，京政办发〔2015〕52号）

各区、县人民政府，市政府各委、办、局，各市属机构：

为深入贯彻落实《国务院办公厅转发财政部发展改革委人民银行关于在公共服务领域推广政府和社会资本合作模式指导意见的通知》（国办发〔2015〕42号），鼓励和引导社会资本参与公共产品和公共服务项目的投资、运营管理，提高公共产品和公共服务供给能力与效率，经市政府同意，现就在公共服务领域推广政府和社会资本合作（Public-Private Partnership，PPP）模式提出如下实施意见。

一、充分认识推广政府和社会资本合作模式的重要意义

政府和社会资本合作模式是指政府按照依法合规、重诺履约、公开透明、公众受益、积极稳妥的基本原则，采取竞争性方式择优选择具有投资、运营管理能力的社会资本，双方按照平等协商原则订立合同，明确责权利关系，由社会资本提供公共服务，政府依据公共服务绩效评价结果向社会资本支付相应对价，保证社会资本获得合理收益。

推广政府和社会资本合作模式是认真贯彻习近平总书记系列重要讲话和对北京工作重要指示精神，深入落实《京津冀协同发展规划纲要》的重要举措，是公共服务供给机制的重大创新。通过推广政府和社会资本合作模式，有利于完善财政投入和管理方式，提高财政资金使用效益；有利于加快转变政府职能，推动政府从公共产品的直接"提供者"转变为社会资本的"合作者"以及政府和社会资本合作项目的"监管者"；有利于激发市场主体活力和发展潜力，盘活社会存量资本，构建高精尖经济结构；有利于提高公共服务水平，让人民群众享有优质高效的公共服务，加快建设国际一流的和谐宜居之都。

二、政府和社会资本合作模式的适用范围及操作模式

（一）适用范围。政府和社会资本合作模式主要适用于公共服务领域内的项目，重点在轨道交通、停车设施、垃圾污水处理、能源、水利、保障性安居工程、医疗、养老、教育、文化、郊区旅游、高速公路等领域推广。在能源、交通运输、水利、环境保护、市政工程等特定领域需要实施特许经营的，按照《基础设施和公用事业特许经营管理办法》执行。

（二）操作模式。政府和社会资本合作项目按支付机制分为使用者付费、可行性缺口补助和政府付费3种类型。使用者付费项目指有明确的收费基础，并且经营收费能够完全覆盖投资成本的项目；可行性缺口补助项目指有经营收费，但不足以覆盖投资成本、需政府补贴部分资金或资源的项目；政府付费项目指缺乏使用者付费基础、主要依靠政府投入回收投资成本的项目。对于上述3种类型的项目,可选择建设-运营-移交(BOT)、建设-拥有-运营(BOO)等模式。对于融资平台公司存量公共服务项目转型为政府和社会资本合作项目,可选择转让-运营-移交(TOT)、改建-运营-移交(ROT)等模式。

三、规范政府和社会资本合作项目全生命周期管理

（一）公开征集项目。政府部门和社会资本均可发起政府和社会资本合作项目建议。政府部门根据经济社会发展规划及专项规划提出政府和社会资本合作项目建议,报市财政局;社会资本根据本市经济社会发展需求提出政府和社会资本合作项目建议,通过行业主管部门报市财政局。市财政局将政府和社会资本合作项目建议纳入市级政府和社会资本合作项目储备库。

（二）科学筛选项目。市财政局、市发展改革委会同相关部门对市级政府和社会资本合作项目储备库中的项目进行筛选,及时将条件成熟的项目纳入市级政府和社会资本合作项目库,并由行业主管部门组织编制项目实施方案,实施方案包括项目基本情况、经济技术指标、投资估算、经营期限、投资回报方式、财政补贴、价格确定及调价机制等内容。

（三）择优选择合作伙伴。政府部门应当根据合同法、政府采购法及其实施条例等法律法规,通过公开招标、邀请招标、竞争性磋商、竞争性谈判、单一来源采购等方式,综合评估参与者的专业资质、技术能力、管理经验、财务实力和信用状况等因素,依法择优选择诚实守信的合作伙伴。

（四）规范合同管理。树立平等协商的理念,按照权责对等原则合理分配项目风险,按照激励相容原则科学设计合同条款,明确项目的产出说明和绩效要求、收益回报机制、退出安排、应急和临时接管预案等关键环节,实现责权利对等。建立价格和补贴动态调整机制,确保社会资本进得来、留得住、有收益预期。

（五）增强履约能力。政府部门和社会资本要严格按照合同约定做好项目建设、运营管理工作。政府部门要加强工程质量、运营标准的全过程监督,对项目建设情况和公共服务质量进行验收,积极协调解决项目推进中的问题。社会资本要将自身经济利益诉求与政府政策目标、社会目标相结合,履行好企业社会责任,维护公众利益。在合同履行过程中,确需变更合同内容、延长合同期限的,由政府和社会资本方协商解决。

（六）完善退出机制。在政府和社会资本合作项目执行过程中,如遇不可抗力或违约事件导致项目提前终止时,行业主管部门要及时组织接管,保障项目设施持续运行,保证公共利益不受侵害;确需变更社会资本方的,由政府和社会资本方协商解决,但应保持公共服务的持续性和稳定性。政府和社会资本合作项目期满后,要按照合同约定的移交形式、内容和标准进行移交,对移交资产进行性能测试、资产评估和登记入账,并按照国家统一的会计制度进行核算,在政府财务报告中进行反映和管理。社会资本退出也可依托各类产权、股权交易市场等渠道进行。

四、政策保障

（一）简化审批流程。进一步减少审批环节,由市财政局、市发展改革委牵头对政府和社会资本合作项目实施方案进行联评联审,从项目建设的必要性、合规性、政府和社会资本合作模式的适用性、财政承受能力以及价格的合理性等方面,对项目实施方案进行可行性评估,评估结果作为项目决策的重要依据。合同签署后,有关部门可并行办理必要的审批手续,并对实施方案中已经明确的内容不再作实质性审查,简化手续,主动服务,加快推进规划选

址、用地预审、项目立项、工商注册登记等审批核准工作。

（二）完善财税支持政策。将政府和社会资本合作项目中政府负担的资金纳入财政预算，并在中期财政规划、政府财务报告中进行反映。研究制定政府和社会资本合作专项支持资金管理办法，给予政府和社会资本合作项目前期费用垫付、增信、融资贴息、奖励等支持。符合条件的政府和社会资本合作项目，可按规定在水电气热价格、行政事业性收费、税收等方面享受相关优惠政策。积极支持公共服务领域存量项目改造和投融资平台公司转型，有效化解政府性债务。

（三）积极推进公共服务领域价格改革。按照补偿成本、合理收益、节约资源、优质优价、公平负担的原则，加快理顺公共服务价格。及时披露项目运行过程中的成本变化、公共服务质量等信息，提高定价调价的透明度。

（四）多种方式保障项目用地。实行多样化土地供应，保障项目建设用地。对符合划拨用地目录的项目，可按划拨方式供地，但划拨土地不得改变土地用途。建成的项目经依法批准可以抵押，土地使用权性质不变，待合同经营期满后，连同公共设施一并移交政府；实现抵押权后改变项目性质应该以有偿方式取得土地使用权的，应依法办理土地有偿使用手续。不符合划拨用地目录的项目，以租赁方式取得土地使用权的，租金收入参照土地出让收入纳入政府性基金预算管理。以作价出资或者入股方式取得土地使用权的，应当以市、区县人民政府作为出资人，制定作价出资或者入股方案，经市、区县人民政府批准后实施。

（五）做好金融服务。鼓励金融机构创新符合政府和社会资本合作模式特点的金融服务，优化信贷评审方式，积极为政府和社会资本合作项目提供融资支持。鼓励符合条件的项目运营主体在资本市场通过发行公司债券、企业债券、中期票据、定向票据等市场化方式进行融资。鼓励项目公司发行项目收益债券、项目收益票据、资产支持票据等。市金融工作部门应当积极搭建社会资本与金融机构的对接平台，引导金融机构正确识别、计量和控制风险，并按照风险可控、商业可持续原则支持政府和社会资本合作项目融资。

（六）推进信用体系建设。按照重诺履约原则，加强社会信用体系建设，保障政府和社会资本合作项目顺利实施。政府部门要保持政策的连续性和稳定性，依法行政，防止不当干预，认真履行向社会资本作出的承诺；社会资本要守信自律，建立科学的企业信用管理流程，提升企业综合竞争力。咨询、法律、会计等中介机构要增强责任意识，提供质优价廉的服务。

（七）建立多层次监督管理体系。行业主管部门应制定不同领域的行业技术标准、公共产品或服务技术规范，加强对公共服务质量和价格的监管。建立政府、公众共同参与的综合性评价体系，建立事前设定绩效目标、事中进行绩效跟踪、事后进行绩效评价的全生命周期绩效管理机制，确保实现公共利益最大化。依法充分披露项目实施相关信息，切实保障公众知情权，接受社会监督。

五、组织实施

（一）加强组织领导。建立推广政府和社会资本合作模式联席会议制度，负责统筹协调工作；市财政局、市发展改革委为联席会议主责单位，市财政局主要负责在存量项目中推广政府和社会资本合作模式，市发展改革委主要负责在新建公共服务项目中推广政府和社会资本合作模式，市国土局、市规划委、市工商局、市金融局以及相关行业主管部门为成员单位。联席会议办公室设在市财政局，具体工作由市财政局政府与社会资本合作促进中心承担。

（二）加强示范引导。相关行业主管部门要加快研究梳理在本行业推广政府和社会资本

合作模式的相关政策,探索制定推广政府和社会资本合作模式的导则和范本。各区县、各部门、各单位要选取市场发育程度高、具有稳定收益和社会效益的项目,积极推广政府和社会资本合作模式,并及时总结经验,发挥好示范带动作用。

(三)搭建信息平台。利用现代信息技术,搭建服务平台,公开政府和社会资本合作流程、评审标准、项目信息、实施情况、咨询服务、绩效评价等相关信息,确保项目实施公开透明。

(四)加强宣传引导。积极宣传政府和社会资本合作模式的重要意义,做好政策解读,回应社会关切,不断增进共识,营造良好氛围。

北京市人民政府办公厅
2015年11月3日

第二节 上 海

118.《上海市城市基础设施特许经营管理办法》

(2011年5月1日起施行,上海市人民政府令第55号)

第一章 总 则

第一条 【立法目的】

为了规范本市城市基础设施特许经营活动,维护特许经营者的合法权益,提高公共产品和公共服务的质量,保障公共利益和公共安全,根据有关法律、法规,制定本办法。

第二条 【定义】

本办法所称城市基础设施特许经营(以下简称特许经营),是指政府依法选择中华人民共和国境内外的法人或者其他经济组织,授权其在一定期限和范围内经营某项城市基础设施,提供公共产品或者公共服务的活动。

第三条 【适用范围】

在本市行政区域内实施特许经营的,适用本办法。

下列城市基础设施项目的建设和运营,可以实施特许经营:

(一)供水、供气、污水处理、垃圾处理、城市道路、公路、城市轨道交通和其他公共交通项目;

(二)市人民政府认为有必要实施特许经营的其他城市基础设施项目。

第四条 【特许经营方式】

特许经营可以采取下列方式:

（一）在一定期限内，政府授权特许经营者投资、建设、运营城市基础设施，期限届满后无偿移交给政府；

（二）在一定期限内，政府授权特许经营者运营已建成的城市基础设施，期限届满后无偿移交给政府；

（三）市人民政府同意的其他方式。

第五条 【实施原则】

实施特许经营，应当遵循公共利益优先和公开、公平、公正的原则。

第六条 【鼓励参与】

鼓励国内外企业、其他组织和个人采取独资、合资、合作等多种形式，依法从事特许经营活动。

第七条 【管理体制】

市发展改革行政管理部门负责本市特许经营的综合协调工作。

市行业主管部门负责本市行政区域内特许经营项目的具体实施和监督管理工作，并依据市人民政府的授权签订特许经营协议。

对服务于特定区、县行政区域内的特许经营项目，可由区、县人民政府负责具体实施和监督管理工作，并签订特许经营协议。

市行业主管部门和区、县人民政府实施特许经营项目的具体分工，由市发展改革行政管理部门会同有关行政管理部门确定。

市建设交通、规划国土、环保、财政、价格、工商、审计、监察等相关行政管理部门在各自职责范围内，依法履行监督管理职责。

第二章 特许经营权的授予

第八条 【项目要求】

特许经营项目应当符合本市国民经济和社会发展规划、城市总体规划、城市基础设施专项规划以及城市建设发展需要。

第九条 【实施方案内容】

市行业主管部门和区、县人民政府（以下统称实施机关）应当拟定特许经营项目的实施方案。

实施方案应当包括下列内容：

（一）项目名称及其基本情况；

（二）项目的实施机关；

（三）项目的基本经济技术指标；

（四）特许经营者应当具备的条件及选择方式；

（五）特许经营协议草案及特许经营期限；

（六）投资总额、投资回报、价格及其测算；

（七）政府承诺和保障；

（八）应当明确的其他事项。

特许经营项目由政府指定单位支付费用或者需要纳入政府定价项目进行成本核算的，实施机关应当将测算依据纳入实施方案一并审定。

采用本办法第四条第(一)项规定的特许经营方式的，实施机关应当将经批准的项目建议书或者项目核准咨询意见，以及规划国土和环保管理部门出具的意见作为实施方案的附件。

第十条 【实施方案审定】

实施机关应当将特许经营项目的实施方案报市发展改革行政管理部门。市发展改革行政管理部门在收到报审的实施方案后，应当根据实际情况，会同市建设交通、规划国土、环保、财政、价格、工商等相关行政管理部门对实施方案进行审查；相关行政管理部门应当分别出具书面审查意见。市发展改革行政管理部门会同实施机关，根据审查意见修改实施方案后，报市人民政府批准。

区、县人民政府实施的特许经营项目，其实施方案应当事先征得市行业主管部门的同意。

属于本办法第三条第二款第(一)项规定的特许经营项目的，实施机关应当在将实施方案报市发展改革行政管理部门之前，征求市建设交通行政管理部门的意见。

属于重大特许经营项目的，市发展改革行政管理部门在审定实施方案过程中，应当组织专家论证。

第十一条 【特许经营者的确定】

实施方案经市人民政府批准后，实施机关应当依法通过招标投标方式选择特许经营者。招标文件应当符合经批准的实施方案。

没有投标者或者投标者不符合招标条件的，可以采用竞争性谈判方式确定特许经营者。

第十二条 【协议签订】

特许经营者确定后，实施机关与特许经营者应当签订特许经营协议。特许经营协议应当符合经批准的实施方案和招标文件。

需要成立项目公司的，特许经营者应当按照规定注册成立项目公司，项目公司的章程应当经实施机关审核认可。

特许经营者将权利和义务转移至项目公司的，应当事先征得实施机关的同意，并签订书面协议。当项目公司未履行或者不能履行相关义务时，其权利和义务由特许经营者继受。

第十三条 【协议内容】

特许经营协议应当包括下列内容：

(一)项目名称、内容；

(二)特许经营方式、区域、范围、期限；

(三)是否成立项目公司以及项目公司的经营范围、注册资本、股东出资方式、出资比例、股权转让等；

(四)所提供的产品或者服务的数量、质量和标准；

(五)设施的维护和更新改造；

(六)绩效监测；

(七)投融资期限和方式；

(八)投资回报方式以及确定、调整机制；

(九)价格和收费的确定方法、标准以及调整程序；

(十)设施的权属；

(十一)特许经营者的权利和义务；

（十二）履约担保；

（十三）特许经营期内的风险分担；

（十四）政府承诺和保障；

（十五）应急预案和临时接管预案；

（十六）特许经营期限届满后，项目移交的方式、程序；

（十七）变更、提前终止及补偿；

（十八）违约责任；

（十九）争议解决方式；

（二十）实施机关对特许经营活动特定的监督和检查职责；

（二十一）需要明确的其他事项。

第十四条 【投资回报取得方式】

在特许经营协议中，协议双方可以约定特许经营者或者项目公司（以下统称项目经营者）通过下列方式取得回报：

（一）按照所提供特许经营的产品或者服务向消费者收费；

（二）政府授予与特许经营项目相关的其他开发经营权益；

（三）政府给予相应补贴；

（四）市人民政府同意的其他方式。

第十五条 【价格确定】

特许经营项目通过销售服务渠道向用户收费取得收入的，其产品或者服务价格一般按照价格主管部门公布的标准确定；属于单独定价范围的，依照价格法律、法规及相关规定，由实施机关报价格主管部门审定。

特许经营期限内，价格主管部门可以按照相关法律、法规规定或者特许经营协议约定调整价格。如果协议发生变更，涉及单独定价标准调整的，须事先经市价格主管部门核准。

第十六条 【经营期限】

特许经营期限应当根据行业特点、经营规模、经营方式等因素确定，最长不超过30年。法律、法规另有规定的，从其规定。

第十七条 【政府承诺】

在特许经营协议中，政府可以承诺与特许经营项目有关的土地使用、相关城市基础设施的提供、防止不必要的竞争性项目建设、必要合理的补贴等内容，但不得承诺商业风险分担、固定投资回报以及法律、法规禁止的其他事项。

第十八条 【相关手续办理】

特许经营协议签订后，项目经营者应当依法到有关行政管理部门办理相关手续。有关行政管理部门对已经出具审查意见的事项，不再作重复审查；对未涉及事项的审查，不得导致特许经营协议内容的实质性变更。

第十九条 【协议备案】

实施机关应当在签订特许经营协议后30日内，将协议报市发展改革行政管理部门备案。其中，属于本办法第三条第二款第（一）项规定特许经营项目的，实施机关还应当报市建设交通行政管理部门备案。

第三章 特许经营权的实施

第二十条 【服务规范】

项目经营者应当按照特许经营协议,提供安全、合格的产品和持续、便利、符合标准的服务,并按照协议约定向消费者普遍、无歧视地提供公共产品或者公共服务。

第二十一条 【设施维护】

项目经营者应当按照技术规范,定期对特许经营项目设施进行检修和保养,保证设施运转正常,并将设施运行情况报告实施机关,但特许经营协议另有约定的除外。

第二十二条 【应急预案】

实施机关和项目经营者应当制定突发事件应急预案,并在突发事件发生后,及时启动应急预案,最大限度地保障公共产品和公共服务的正常提供。

第二十三条 【信息报送】

项目经营者应当将中长期发展规划、年度经营计划、年度经营报告、年度财务报告以及其他重大事项,及时、完整地报送实施机关备案。

第二十四条 【资料管理】

项目经营者应当对特许经营项目建设和运营中的有关资料进行收集、整理和妥善保管。

第二十五条 【特许经营权的限定】

未经实施机关同意,项目经营者不得转让、出租、质押、抵押或者以其他方式擅自处分特许经营权以及与特许经营活动相关的土地使用权、设施和企业股权等资产及其权益。

在特许经营期限内,项目经营者不得将特许经营项目的贷款、设施及相关土地使用权用于该特许经营项目之外的用途。

第二十六条 【协议变更】

在特许经营期限内,协议双方经协商可以变更特许经营协议,但应当按照本办法第十九条规定报有关行政管理部门备案。其中,特许经营协议需要作重大变更的,实施机关应当提前30日报市人民政府批准。属于重大变更的情形,应当在特许经营协议中明确。

因法律、法规、规章修改或者废止,或者城乡规划、技术标准、政策重大调整等需要变更特许经营协议的,实施机关应当与项目经营者协商;经双方协商仍无法达成一致的,实施机关可以报市人民政府批准后提前收回特许经营权,但应当给予项目经营者合理的补偿。

第二十七条 【特定监管职责】

实施机关应当加强对项目经营者特许经营活动的指导、监督和管理,履行下列职责:

(一)制定产品服务质量评价标准,并协助价格主管部门开展对政府制定价格成本的监审工作,提出价格调整意见;

(二)监督项目经营者履行法定义务和协议约定义务;

(三)对项目经营者的经营计划实施情况、产品和服务的质量以及安全生产情况等进行监督检查;

(四)受理公众对项目经营者的投诉;

(五)向政府提交年度特许经营监督检查报告;

(六)在特定情形下,临时接管特许经营项目;

(七)法律、法规、规章规定或者协议约定的其他职责。

第二十八条 【保密义务】

对在实施特许经营活动和监督管理工作中知悉的项目经营者的商业秘密、技术秘密,实施机关和其他行政机关及其工作人员负有保密义务。

第二十九条 【特殊情况下的指令】

因特殊情况需要指令项目经营者提供特许经营协议约定之外的公共产品或者公共服务的,实施机关应当报经市人民政府批准后实施,但应当给予项目经营者合理的补偿。

第三十条 【档案管理和评估制度】

实施机关应当建立并保存特许经营项目档案。

实施机关应当监测、分析特许经营项目实施情况,会同有关部门组织专业机构定期对项目实施情况进行综合评估,并将评估报告抄送市发展改革行政管理部门。评估周期一般不得低于2年,特殊情况下可以实施年度评估。评估的内容应当包括产品和服务质量达标情况、设备完好率等内容。

第三十一条 【临时接管的适用情形】

项目经营者在特许经营过程中,有下列情形之一的,应当实施临时接管:

(一)企业内部发生重大突发性事件导致项目经营者无法按照特许经营协议提供公共产品和公共服务的;

(二)发生本办法第四十条规定情形的;

(三)发生其他已经严重危及或者可能严重危及公共利益、公共安全等意外事件的。

第三十二条 【临时接管决定】

发生本办法第三十一条规定情形的,经报市人民政府批准后,实施机关应当及时启动临时接管预案,并对相关城市基础设施作出临时接管决定。具体临时接管预案,由实施机关负责制定。

临时接管决定应当包括接管理由、接管人员、接管内容、接管期限等内容,并应当予以公告。

第三十三条 【临时接管的实施】

在临时接管期间,实施机关应当按照临时接管决定实施接管。项目经营者应当善意履行职责,配合接管人员做好相关工作,并接受接管人员的监督管理。

第三十四条 【临时接管的终止】

有下列情形之一的,经报市人民政府批准后,终止临时接管,并予以公告:

(一)项目经营者已恢复正常经营能力的;

(二)其他严重危及或者可能严重危及公共利益、公共安全等意外事件的情形已经消失的;

(三)其他应当终止临时接管的情形。

第三十五条 【社会监督】

项目经营者应当将特许经营项目的质量、技术标准以及其他关系公共利益、公共安全的信息及时向社会公告。

社会公众有权对本市特许经营活动进行监督,并向实施机关提出建议和意见。

第四章　特许经营权的终止

第三十六条　【特许经营权保护】

任何单位或者个人不得违反法律、法规、规章以及本办法的规定终止项目经营者的特许经营权。

第三十七条　【期限届满的终止】

特许经营期限届满的,项目经营者取得的特许经营权终止。协议双方应当按照特许经营协议的约定办理有关城市基础设施、资料及档案等的移交、接管手续。

第三十八条　【经营者提出提前终止】

在特许经营期限内,项目经营者不得擅自终止特许经营活动。

因不可抗力确实无法正常经营的,项目经营者可以向实施机关提出提前终止特许经营权的申请,经实施机关报市人民政府审核后,应当允许其提前终止特许经营权。

因不可抗力以外的其他原因需要提前终止特许经营权的,项目经营者应当提前向实施机关提出申请,经实施机关报市人民政府批准后,可以提前解除特许经营协议,终止特许经营权。实施机关应当在收到申请的3个月内给予答复。

在特许经营协议解除前,项目经营者应当按照特许经营协议履行相关职责。

第三十九条　【因公共利益提前收回】

因法律、法规、规章修改或者废止,或者政策重大调整的,为了公共利益需要,经报市人民政府批准后,实施机关可以提前收回特许经营权,但应当按照特许经营协议的约定给予项目经营者合理补偿。特许经营协议对补偿没有约定的,协议双方可以协商确定补偿方案。

协议双方无法就补偿方案达成一致的,实施机关可以拟订补偿方案,对项目经营者为维持特许经营业务正常运作所投资建设的固定资产净值以及其他合理部分给予补偿。

补偿方案由实施机关报市人民政府批准后实施。

第四十条　【因经营者违法违约提前收回】

项目经营者有下列情形之一的,实施机关应当责令改正,并可以按照规定程序报市人民政府批准后,提前收回其特许经营权;项目经营者同时承担相应的赔偿责任:

(一)项目经营者违反法律、法规、规章的规定或者特许经营协议的约定,情节严重的;

(二)项目经营者不履行检修保养和更新改造义务,危害公共利益和公共安全的;

(三)未经实施机关同意,项目经营者擅自转让、出租、质押、抵押或者以其他方式擅自处分特许经营权以及与特许经营活动相关的土地使用权、设备和企业股权等资产及权益的;

(四)项目经营者擅自停业、歇业,影响到公共利益和公共安全的;

(五)项目经营者提供的公共产品和公共服务达不到规定标准和要求,严重影响公共利益的;

(六)法律、法规、规章规定或者特许经营协议约定的其他情形。

第四十一条　【提前收回的程序要求】

实施机关依法提前收回特许经营权的,应当于6个月前将收回理由、收回日期等书面通知项目经营者,并进行公告。项目经营者可以在收到通知后30日内提出书面申辩或者要求举行听证会。

第四十二条 【资料和档案移交】

提前终止特许经营权的,项目经营者应当在实施机关规定的时间内,按照特许经营协议的约定,将维持特许经营业务正常运作所必需的资料和档案移交给实施机关。

第四十三条 【特许经营者的重新选择】

特许经营期限届满或者提前终止特许经营权,对该城市基础设施继续采用特许经营方式的,实施机关应当按照本办法的规定重新选择特许经营者。

因特许经营期限届满而重新选择特许经营者的,在同等条件下,原项目经营者优先获得特许经营权。

第五章 法律责任

第四十四条 【对以不正当手段获得特许经营权的处理】

以欺骗、贿赂等不正当手段获得特许经营权的,实施机关应当撤销特许经营权,并向社会公开披露。

被撤销特许经营权的法人或者其他经济组织,3年内不得参与竞争本市城市基础设施经营。

第四十五条 【对实施机关违法的处理】

实施机关违反本办法规定,不履行法定职责、干预项目经营者正常经营活动、徇私舞弊、滥用职权的,由其上级行政机关或者监察机关责令改正,对直接负责的主管人员和其他直接责任人员依法给予行政处分;构成犯罪的,依法追究刑事责任。

第六章 附 则

第四十六条 【涉外特许经营项目规范】

外商投资于特许经营项目的,应当同时适用国家和本市有关外商投资管理的规定。

第四十七条 【社会化经营涉及股权转让】

城市基础设施社会化经营涉及股权转让的,应当在转让前依法取得特许经营权。

第四十八条 【具体管理办法】

市相关行政管理部门和区、县人民政府可以依据本办法制定具体的管理办法。

第四十九条 【施行日期】

本办法自2011年5月1日起施行。

119. 上海市人民政府办公厅印发《关于进一步深化本市政府采购改革创新实施意见》的通知

(2015年3月1日起施行,沪府办发〔2015〕7号)

为贯彻党的十八届四中全会精神,落实财政部关于政府采购的部署,推动本市政府采购管理从程序导向向结果导向转变的重大变革,更好地发挥政府采购制度在实现经济社会发展目标、提供优质高效公共服务、提高政府治理能力等方面的作用,现就进一步深化本市政府采购改革创新提出如下实施意见:

一、加快政府采购信息管理平台的推广运用

（一）市级财政部门要继续优化完善本市政府采购信息管理平台（以下简称"政府采购平台"）一期电子集市的运行，拓展集市产品种类和范围，加大引进电子商务平台力度，强化价格信息库动态监管。

（二）市级财政部门要继续推进政府采购平台二期电子招投标系统推广运用。市、区县两级财政部门要根据各自的职责，通过电子招投标系统，实施本级政府采购项目。市、区县各部门、各单位或其委托的采购代理机构（包括集中采购机构和社会代理机构）要按照电子招投标系统的流程进行采购。集中采购机构要率先推广运用电子招投标系统。

（三）市级财政部门要结合本市社会信用体系建设的推进工作，加大政府采购领域的信用体系建设力度。要强化政府采购平台与本市法人库、人口库以及公共信用信息平台的信息共享，完善对供应商不诚信行为、违法行为等负面信息的记录、管理和运用，逐步推广使用信用报告，营造诚实守信的政府采购竞争环境。

二、加大政府采购信息公开力度

（一）市、区县各部门、各单位或其委托的采购代理机构要严格贯彻执行政府采购信息公开要求，按照规范化的内容及时公开采购信息、采购结果信息。

（二）市、区县两级财政部门要积极推动政府采购信息公开，在政府采购项目实施过程中，公开项目预算金额、采购标准、采购需求和采购合同主要内容等。

三、深化对采购需求的研究

（一）市、区县各部门、各单位或其委托的采购代理机构要加强对采购项目需求的研究，在满足工作需要的前提下，采购通用类货物和服务。

（二）凡列入集中采购目录的通用类货物以及为保障政府部门自身正常运转需要向社会购买的服务项目，采购需求标准由集中采购机构研究提出。其他专项设备与服务项目采购需求标准，由市、区县各部门、各单位或其委托的采购代理机构提出。

（三）市、区县各部门、各单位或其委托的采购代理机构在需求研究过程中，要广泛听取专家及相关供应商的意见，将评审专家的作用前移到需求管理环节。对向社会公众提供公共服务项目的采购需求，还应征求社会公众的意见。

（四）市、区县各主管部门可根据所属单位的需求特点，研究将标准统一、采购需求统一的项目实行整合打包采购，提高采购效率。

四、完善服务类项目的采购实施

（一）市、区县两级财政部门要根据财政部《关于推进和完善服务项目政府采购有关问题的通知》，对政府采购服务类项目实行分类管理。

（二）对采购需求处于探索阶段或不具备竞争条件的政府采购公共服务项目，市、区县各部门、各单位或其委托的采购代理机构可依法采用竞争性谈判等更为灵活的采购方式，使用新的合同类型及付款方式。

五、加强创新采购模式的研究

（一）市、区县两级财政部门要探索试行批量集中采购，要求市、区县各部门、各单位将标准统一的通用类货物在规定时间内，委托集中采购机构实施批量采购，形成规模效应。

（二）市政府相关部门要加强对采用政府和社会资本合作模式实施政府购买公共服务的研究。要结合特许经营模式，研究采用与之相适应的购买方式、评审制度与合同类型。

六、不断提高对政府采购的监管水平

（一）市、区县两级财政部门要进一步优化政府采购集中采购目录和采购限额标准。要继续会同相关部门研究集中采购机构的发展方向，将通用类货物与服务作为集中采购目录主要内容，重点推进批量集中采购。其他专项设备与服务类项目逐步退出集中采购目录，由社会代理机构实施差异化委托代理。

（二）市、区县两级财政部门要进一步研究优化审批流程。简化对采购方式变更的审核程序，缩短审批时间，提高行政效能。简化对进口产品采购核准程序，鼓励批量申请核准，对同类进口产品采购需求，还可以探索实行一次核准多次有效。

（三）市、区县两级财政部门要探索建立对政府采购结果的评估机制，并尝试引入专家、供应商、项目受益群体、社会公众、社会组织等多元化主体共同参与。同时，建立评估结果对采购人、供应商以及项目后续采购活动的反馈机制。

（四）要充分发挥市政府采购委员会顶层设计、议事与协同管理的作用；加大相关单位对政府采购监管的参与力度，依托审计、监察等部门，定期开展监督检查；加强各主管部门的采购管理责任，探索建立部门系统内采购人需求制定、采购内部监控、采购结果评价等方面的管理制度。

本实施意见自2015年3月1日起施行，有效期至2017年2月28日。

第三节　浙　江

120.《杭州市公用事业特许经营条例》

（2007年7月1日起施行，杭州市人民代表大会常务委员会公告第66号）

第一章　总　则

第一条　为规范市政公用事业特许经营活动，保障社会公共利益、公共安全和特许经营者的合法权益，促进市政公用事业健康发展，根据《中华人民共和国行政许可法》等有关法律、法规的规定，结合本市实际，制定本条例。

第二条　本市市区范围内市政公用事业特许经营及其监督管理，适用本条例。

第三条　本条例所称市政公用事业特许经营（以下简称特许经营），是指市政府依法通过市场竞争机制选择市政公用事业投资者或者经营者，明确其在一定期限和范围内经营某项市政公用产品或者提供某项服务的制度。

第四条　下列直接关系公共利益、涉及公共资源配置的项目，可实行特许经营：

（一）城市供水、管道燃气、集中供热、公共汽（电）车、城市轨道交通；

（二）城市污水处理、城市地下共同管沟；

（三）生活垃圾处理；

（四）法律、法规规定的其他市政公用项目。

第五条 实施特许经营，应当遵循公共利益优先和公开、公平、公正的原则。

第六条 鼓励跨区域的市政公用设施共享。有关各方应当按照促进社会经济发展、平等互利、协商一致的原则，共同推进跨区域特许经营的实施。

第七条 特许经营权的授权主体是市政府。

第八条 市市政公用事业行政主管部门负责组织实施本条例。

市政公用事业监管机构具体负责对特许经营活动实施日常监管。

规划、土地、建设、环保、工商、城管执法、国资、价格、财政、审计等相关行政部门，在各自的职责范围内依法实施监督管理工作。

第九条 社会公众享有对特许经营的知情权和监督权，对侵害公众合法权益的行为有权进行投诉、举报。

第二章 特许经营权的授予

第十条 特许经营可以采用下列方式：

（一）在一定期限内，将市政公用项目授予特许经营者投资建设并运营，期限届满无偿移交给市政府；

（二）在一定期限内，将市政公用项目移交特许经营者运营，期限届满无偿移交给市政府；

（三）在一定期限内，委托特许经营者提供公共服务；

（四）法律、法规规定的其他方式。

第十一条 特许经营权的授予程序：

（一）确立项目：依据全市经济社会发展的要求，由市发展改革行政主管部门会同市市政公用事业行政主管部门对拟实行特许经营的项目组织立项论证，并报市政府批准；

（二）制定实施方案：特许经营项目确定后，市市政公用事业行政主管部门应当会同市发展改革行政主管部门拟订实施方案，并组织规划、土地、建设、环保、财政、价格、国资等有关部门按照各自职责对特许经营项目实施方案进行审查和专家论证，经征求公众意见后将实施方案报市政府批准；

（三）选择经营主体：通过招标等公平竞争方式，按照有关法律、法规的规定，公开、公平、公正地选择特许经营者，并将选择结果向社会公示二十日，接受社会监督；

（四）签订协议：公示期满无异议，由市政府或者市政府授权的部门与获得特许经营权的经营者签订特许经营协议。

对于特别复杂的市政公用特许经营项目，采用招标方式无法确定特许经营者的，可以采用招募方式确定特许经营者。市政府或者其授权的部门应当将拟授权经营的项目进行公告，并向不少于两个申请人发出邀请，通过审慎调查和意向谈判，确定经营者候选人，提交专门设立的评审委员会确定优先谈判对象，通过谈判确定经营者。

根据招标文件、招募公告等需要成立项目公司的，特许经营者应当在规定的期限内注册成立项目公司，并由市政府或者市政府授权的部门与项目公司签订特许经营协议，明确双方的权利和义务。

第十二条 市政府可以根据市政公用项目的不同特点收取特许经营权使用费,法律法规另有规定的除外。

特许经营权使用费应当专项用于市政公用事业,不得挪作他用,并依法接受审计监督。

第十三条 申请特许经营权,应当具备下列条件:

(一)依法成立的企业法人;

(二)良好的银行资信、财务状况及相应的偿债能力;

(三)相应的从业经历、良好的业绩和企业商誉;

(四)相应的注册资本金和设备、设施;

(五)切实可行的经营方案;

(六)符合法律、法规、规章和招标(招募)文件规定的其他条件。

第十四条 特许经营项目实施方案应当包括下列内容:

(一)项目名称;

(二)项目基本经济技术指标及产品或者服务质量标准;

(三)选址和其他规划条件;

(四)特许经营的形式、主要内容、范围及期限;

(五)部门间协同保障机制及谈判组织形式、人员构成、咨询方式;

(六)经营者应当具备的条件及选择方式;

(七)特许经营权使用费及其减免;

(八)投资回报和价格的测算;

(九)财政补贴及其他优惠措施;

(十)政府的监督管理措施;

(十一)其他应当明确的事项。

第十五条 特许经营协议应当包括下列内容:

(一)项目名称、内容;

(二)特许经营方式、区域、范围、期限;

(三)项目公司的经营范围、注册资本、股东出资方式和出资比例、股权转让限制等;

(四)产品或者服务的数量、质量和标准;

(五)投融资期限和方式;

(六)投资回报方式及其确定、调整机制;

(七)特许经营权使用费的收取;

(八)特许经营者的权利和义务;

(九)特许经营设施的权属与处置;

(十)履约保函或者其他担保方式;

(十一)安全管理与应急预案;

(十二)特许经营项目移交及临时接管的标准、方式、程序;

(十三)政府监管及社会监督的内容;

(十四)违约责任及争议解决方式;

(十五)需要约定的其他事项。

特许经营协议内容应当符合特许经营项目实施方案。

第十六条 特许经营协议中不得承诺商业风险分担、固定投资回报率及法律、法规禁止的其他事项。

第十七条 特许经营期限根据项目的经营规模、经营方式、投资回报周期等因素确定，但最长不得超过三十年。

第十八条 特许经营期限届满，应当按本条例规定重新选择项目的特许经营者。

特许经营者的重新确定应当于特许经营期限届满六个月前完成。

第十九条 特许经营协议签订后，特许经营者应当及时到有关行政主管部门办理相关手续。已经出具审定意见的，有关行政主管部门不再重复审查。

第三章 特许经营者的权利和义务

第二十条 特许经营者依法享有下列权利：

（一）独立经营管理的权利，国家机关、社会团体和其他组织不得非法干预其正常经营活动；

（二）根据特许经营协议的约定，通过对提供的公共产品或者服务收费以及市政府合理补偿或者法律、法规规定的其他方式取得合理收益；

（三）请求市政府及其有关部门制止和排除侵害特许经营权的行为；

（四）对发展规划和价格等的调整提出建议；

（五）享受有关的优惠政策和财政补贴；

（六）法律、法规、规章规定和特许经营协议约定的其他权利。

第二十一条 特许经营者应当履行下列义务：

（一）按照规划和社会需要，在特许经营协议约定的服务区域内向消费者普遍地、无歧视地提供安全、合格的产品和优质、持续、高效的服务；

（二）按照特许经营协议的约定缴纳特许经营权使用费；

（三）按照相关法规、规范、标准等要求，对市政公用设施进行定期检修保养，确保设施完好，做好安全生产和稳定供应工作，接受政府有关部门的指导、监督、检查；

（四）将特许经营产品或者服务的质量、技术标准及时准确地向社会公告，关系公共利益、公共安全的信息应当及时向社会公开，对特许经营的产品或者服务项目向社会提供咨询服务并接受社会监督；

（五）及时将企业的中长期发展规划、年度经营计划、年度经营报告、董事会、监事会主要成员及总经理的变更等重大事项报送市市政公用事业行政主管部门备案；

（六）做好设施及运营资料的收集、分类、整理、归档工作，建立完善市政公用设施信息化管理系统并与市政公用事业监管机构联网，按要求及时、准确地将运营情况、设施状况等相关资料报送市政公用事业监管机构及其他政府相关部门；

（七）制定应急预案，保证市政公用设施的安全运行。在可能危及公共利益、公共安全以及为了公共利益需要等情况下，服从政府的统一指挥、调度；

（八）项目中止时，在完成接管前应当按特许经营协议约定履行看守职责，维持正常的经营服务；项目终止时，应当按照接管单位的要求，将维持特许经营项目正常运转所需的设施、设备及相关档案、资料完好移交；

（九）允许其他经营者按照规划要求连接其投资建设或者经营管理的市政公用设施；

（十）履行法律、法规、规章规定和特许经营协议约定的其他义务。

第二十二条 特许经营者不得有下列行为：

（一）转让、出租、抵押或者以其他方式处分特许经营权；

（二）超越特许经营协议中约定的范围从事经营活动；

（三）擅自停业、歇业；

（四）擅自转让、出租、质押、抵押或者以其他方式处分特许经营项目资产，擅自转让股权；

（五）改变其投资建设、运营的市政公用设施项目的土地使用性质，将特许经营项目的设施及相关土地用于特许经营项目之外，擅自改变市政公用设施的功能和用途；

（六）降低、减少所提供产品或者服务的质量、数量，擅自调整所提供产品或者服务的价格、收费；

（七）利用特许经营的强势地位，强制、限定、阻碍用户购买某种产品、服务，或者有其他侵害消费者合法权益的行为；

（八）法律、法规、规章和特许经营协议禁止的其他行为。

第二十三条 经市政府同意，特许经营者可以获得市政府投资建设或者属于市政府所有的市政公用设施的使用权；对其他投资者所有的市政公用设施，特许经营者可以与投资者协商确定市政公用设施的使用方式。

第二十四条 特许经营者应当按照城市规划和特许经营协议的约定，及时建设和更新市政公用设施。特许经营权被收回或者终止后，该市政公用设施归政府所有；需要补偿的，根据特许经营协议的约定给予特许经营者合理补偿。

第二十五条 特许经营者因建设和维护公共设施需要进入某一地段和建筑物时，应当事先与权利人协商，有关权利人应当提供方便。

第二十六条 特许经营期间，因不可抗力的原因无法正常经营的，特许经营者应当及时报告市市政公用事业行政主管部门，并积极采取措施予以补救。

第四章 价 格

第二十七条 特许经营者应当遵守价格法律、法规规定，执行依法制定的政府定价、指导价。

第二十八条 特许经营产品、服务的价格和收费标准，应当与特许经营者所提供的服务质量相对等。

特许经营产品、服务的价格和收费标准，应当根据社会平均成本、社会承受能力、经营者合理收益以及其他相关因素确定。

市价格主管部门应当建立定期审价制度，设立成本资料数据库，形成有效的成本约束机制。

第二十九条 特许经营产品、服务的价格和收费标准的制定或者调整，可以由特许经营者或者行业协会、行业主管部门向市价格主管部门提出书面申请或者建议，也可以由市价格主管部门依法直接提出价格方案。市价格主管部门应当开展社会平均成本和社会承受能力调查，听取有关方面的意见，并按照国家有关规定举行听证会。

市价格主管部门应当会同市市政公用事业行政主管部门制定价格方案，价格方案按规定程序报批后，由市价格主管部门向社会公布并组织实施。

第三十条 特许经营产品、服务的价格和收费，应当保持相对稳定。

第五章 监督管理

第三十一条 市市政公用事业行政主管部门对特许经营履行下列职责：

（一）组织制定公共产品和服务质量标准；

（二）协助相关部门核算和监控企业成本；

（三）监督特许经营者履行法定义务和特许经营协议约定的义务；

（四）对特许经营者的经营计划提出意见和建议并监督实施；

（五）对特许经营者提供的产品和服务质量以及安全生产情况进行监督；

（六）向市政府提交对特许经营者的年度监督检查报告；

（七）组织特许经营项目的中期评估和终期评估；

（八）紧急情况时组织临时接管特许经营项目；

（九）受理、处理公众对特许经营活动的投诉；

（十）法律、法规规定的其他职责。

第三十二条 特许经营期限内，有关行政主管部门应当按照法律、法规、规章的规定对特许经营者实行监管，并履行特许经营协议中的相关政府承诺。

财政、价格、国资等部门在制定涉及特许经营项目的有关政策时，应当征求市市政公用事业行政主管部门的意见。

第三十三条 有关行政主管部门应当组织制定特许经营监管应急预案，在发生自然灾害、战争灾害、事故灾害以及公共卫生、社会治安等公共突发事件时，最大限度地保证特许经营项目的正常运转。

市市政公用事业行政主管部门应当制定临时接管方案，在特许经营者擅自停业、歇业及市政府撤销、收回特许经营权时，采取有效措施保证公共产品或者服务的连续性、稳定性。

第三十四条 任何单位或者个人不得违反法律、法规的规定收回或者限制特许经营者的特许经营权。

确因公共利益需要，市政府可以依法收回特许经营权、终止特许经营协议、征用实施特许经营的市政公用设施、指令特许经营者提供公共产品或者服务，特许经营者应当予以配合。由此给特许经营者造成直接损失的，应当依法给予合理补偿。

收回或者终止特许经营权的条件及补偿方案应当在特许经营协议中予以明确。

第三十五条 政府有关部门及其工作人员对在实施特许经营监督管理工作中知悉的特许经营者的商业秘密、技术秘密负有保密义务。

第三十六条 市政府应当设立特许经营社会监督委员会，委员会成员中非政府部门的专家和公众代表不得少于三分之二。

特许经营社会监督委员会可以通过听证会、座谈会、问卷调查等方式收集公众意见，提出相关建议，代表公众对特许经营项目进行监督。

特许经营者应当按年度向特许经营社会监督委员会通报经营情况，充分听取特许经营社会监督委员会的意见，及时解决特许经营社会监督委员会提出的问题；对不予采纳的意见,应当向特许经营社会监督委员会书面说明理由。

市政府及其有关部门应当每年听取特许经营社会监督委员会工作报告,及时督促、帮助特许经营者解决特许经营社会监督委员会提出的问题。

第六章 法律责任

第三十七条 特许经营者以欺骗、贿赂等不正当手段取得特许经营权的,经市政府决定,撤销其特许经营权,没收违法所得,并由特许经营者赔偿由此而造成的损失;构成犯罪的,依法追究刑事责任。

第三十八条 特许经营者在经营期间有下列行为之一的,由市市政公用事业行政主管部门责令改正;拒不改正的,经市政府决定,可以收回其特许经营权,终止特许经营协议,并实施临时接管:

(一)转让、出租、抵押或者以其他方式处分特许经营权的;

(二)不履行普遍服务义务,或者产品、服务质量不符合标准,严重影响公众利益的;

(三)擅自停业、歇业,影响公共利益和社会稳定的;

(四)因生产管理不善,发生重大质量、安全生产事故和环境事故,严重危害公众利益的;

(五)因经营管理不善,财务状况恶化,亏损严重,企业无法正常运行,严重影响公众利益的;

(六)因转让企业股权而出现不符合特许经营协议约定的授权资格条件的;

(七)在可能危及公共利益、公共安全以及为了公共利益需要等情况下,不服从政府的统一指挥、调度;

(八)法律、法规、规章规定和特许经营协议约定的其他情形。

第三十九条 在作出撤销或者收回特许经营权的决定之前,市市政公用事业行政主管部门应当告知特许经营者有权要求举行听证。特许经营者要求举行听证的,应当组织听证。

按照本条例第三十七条、第三十八条规定被撤销和收回特许经营权的企业,三年内不得在本市市区范围内申请从事特许经营。

第四十条 对有下列行为之一的,由市市政公用事业行政主管部门责令改正,并可以按特许经营协议约定提取履约保函:

(一)不按特许经营协议约定提供产品或者服务,影响公众利益或者损害消费者合法权益的;

(二)不配合政府有关部门依据相关法律、法规、规章的规定或者特许经营协议约定进行指导、监督、检查的;

(三)不对市政公用设施的状况及性能进行定期检修保养,或者在项目中止时未按约定履行看守职责的;

(四)擅自改变市政公用设施及土地用途,或者擅自将项目土地及设施用于项目之外的;

(五)不允许其他经营者按照规划要求连接其投资建设或者经营管理的市政公用设施的;

(六)不按照城市规划和特许经营协议的约定建设和更新市政公用设施的;

(七)不按照特许经营协议约定将相关信息报送相关部门或者向社会公示的;

（八）不对各项市政公用设施的相关资料进行收集、归类、整理和归档，没有完善信息化管理系统的；

（九）发生重大质量、安全及环保等责任事故，对社会造成恶劣影响的；

（十）超出特许经营协议所约定的经营范围经营的；

（十一）特许经营权被收回或者终止后，未在规定的时间内将维持特许经营业务正常运作所必需的资产及档案在正常运行情况下移交市市政公用事业行政主管部门指定的单位的；

（十二）特许经营协议中约定的其他情形。

第四十一条 特许经营者在经营活动中违反有关法律、法规、规章规定的，由有关部门按照相关法律、法规、规章的规定进行处罚。

第四十二条 从事特许经营监督管理的工作人员在管理工作中滥用职权、徇私舞弊、索贿受贿的，由有关部门依法给予行政处分；构成犯罪的，依法追究刑事责任。

第七章 附 则

第四十三条 本条例施行前已授权的特许经营项目，特许经营协议有约定的，从其约定；未作约定的，适用本条例。

第四十四条 本条例所称市政公用事业监管机构，是指市政府确定的市政公用行业监管机构。

第四十五条 本条例自2007年7月1日起施行。

121.《浙江省人民政府办公厅关于推广运用政府和社会资本合作模式的指导意见》

（2015年1月30日起施行，浙政办发〔2015〕9号）

各市、县（市、区）人民政府，省政府直属各单位：

为贯彻落实十八届三中全会精神，深化投融资体制改革和预算管理制度改革，加强地方政府性债务管理，促进政府职能转变，根据《国务院关于创新重点领域投融资机制鼓励社会投资的指导意见》（国发〔2014〕60号）等文件要求，经省政府同意，现就推广运用政府和社会资本合作（Public Private Partnership，简称PPP）模式，鼓励和吸引社会资本参与基础设施建设和运营，提高公共产品质量与效率，提出如下意见：

一、总体要求

政府和社会资本合作模式是指政府和社会资本为建设基础设施及提供公共服务而建立的长期合作关系和制度安排。推广运用政府和社会资本合作模式，有利于创新投融资机制，拓宽社会资本投资渠道；有利于发展混合所有制经济，增强经济增长内生动力；有利于加快政府职能转变,提高社会治理能力。

(一)指导思想。

全面贯彻落实党的十八大、十八届三中、四中全会和省委十三届四次、五次和六次全会精神,按照中央和省委、省政府决策部署,使市场在资源配置中起决定性作用和更好发挥政府作用,打破行业垄断和市场壁垒,加快政府职能转变,推进政府与社会资本合作,进一步鼓励社会投资特别是民间投资,盘活存量、用好增量,推进基础设施建设,提高公共产品质量与效率。

(二)基本原则。

1. 政府主导,市场运作。厘清政府与市场边界,政府做好政策制订、发展规划和市场监管,社会资本承担项目的建设、运营和维护,构建协作与监督相结合的政府和社会资本合作机制。

2. 风险分担,互利共赢。建立健全激励与约束相结合的风险分担和利益补偿机制,充分考虑社会资本合理收益,切实维护公共利益。

3. 积极稳妥,有序推进。探索运用规范的政府和社会资本合作模式,不断完善制度体系,规范项目操作流程,有序推进政府和社会资本合作。

二、主要任务

(一)做好项目储备。

适宜采用政府和社会资本合作模式的项目,具有价格调整机制相对灵活、市场化程度相对较高、投资规模相对较大、需求长期稳定等特点。各地要按照本地区基础设施建设和公共服务需要,兼顾资源有效配置及项目合理布局,重点关注交通、水利、市政公用事业、保障性安居工程、资源环境、生态保护和社会事业领域,如供水、供气、污水和垃圾处理、轨道交通、航运、医疗和养老服务设施等,优先选择收费定价机制透明、有稳定现金流的项目,建立本地区项目储备库。在建或已建项目也可纳入项目库管理,利用政府和社会资本合作模式进行升级改造或者运营管理。根据各地项目储备和工作开展情况,建立省级项目储备库,并确定若干个政府和社会资本合作示范市县。

(二)规范项目评估。

各地要根据有关政策法规要求,扎实做好项目前期论证工作。项目评估时,要综合考虑公共服务需要、责任风险分担、产出标准、关键绩效指标、支付方式、服务价格和收费标准、融资方案和所需要的财政补贴等要素,平衡好项目财务效益和社会效益,确保实现激励相容。除传统的项目评估论证外,要积极借鉴物有所值(Value for Money, VFM)评价理念和方法,对拟采用政府和社会资本合作模式的项目进行筛选,并与传统政府采购模式进行比较分析,确保从项目全生命周期看,采用政府和社会资本合作模式后能够提高服务质量和运营效率,或者降低项目成本。各地应明确相应的行业管理部门、事业单位、行业运营公司或其他相关机构,作为政府授权的项目实施机构,在授权范围内具体负责项目评估论证、合同签订、组织实施等工作。项目实施机构应编制项目实施方案,经评估论证后报政府审核实施。

(三)选择合作伙伴。

各地要严格按照《政府采购法》《招标投标法》等相关规定,通过公开招标、邀请招标、竞争性谈判、单一来源采购、竞争性磋商等方式，依法选择社会资本投资人。各地应根据项目实际情况和要求，综合考虑专业资质、技术能力、管理经验和财务实力等因素，择优确定诚实守信、安全可靠的社会资本投资人，并在规定的信息发布渠道及时发布采购公告和结果等信息，保证程序公开、过程透明。

（四）建立合作机制。

社会资本投资人可设立独立法人的项目公司。政府可指定相关机构依法参股项目公司。政府出资机构和社会资本投资人应在平等协商、依法合规的基础上签订股东合同，明确出资比例和方式、利润分配方式、风险责任分担机制、项目的功能和绩效要求、退出安排及项目移交机制、争议解决程序以及公司章程重要条款等事项。政府授权机构应与社会资本投资人或项目公司签订项目合同，明确项目经营内容、范围及期限，责任风险分担，产品和服务标准，价格、收费标准、补贴及调整机制，违约责任和争议解决程序等关键内容。项目合同、股东合同等应报项目同级财政部门和法制机构备案。协议签订后内容发生实质性调整或变更的，凡涉及政府出资或补贴、收费标准等内容的，须经项目同级财政、物价等部门确认。

（五）完善价格机制。

建立健全按照社会平均建造成本、运营费用、投资收益率等因素确定价格和收费机制，并根据成本变化、通货膨胀、社会资本收益率等因素合理调整，激励投资者降低建设和运营成本。对项目收入不能覆盖成本和合理收益的，可通过政府付费等方式给予适当补贴。政府应以项目运营绩效评价结果为依据，综合考虑产品或服务价格、建造成本、运营费用、实际收益率、财政中长期承受能力等因素，建立动态补贴机制。除最低需求风险外，政府补贴不得承诺社会资本回报水平。各级财政部门要将财政补贴等支出分类纳入同级政府预算，在中长期财政规划中予以统筹考虑，并会同行业主管部门、物价部门加强成本和价格监审。

（六）防范债务风险。

各地要根据中长期财政规划和项目全生命周期内的财政支出，对政府付费或提供财政补贴等支持的项目进行财政承受能力论证。在明确项目收益与风险分担机制时，要综合考虑政府风险转移意向、支付方式和市场风险管理能力等要素，量力而行，减少政府不必要的负担。各地要按照国务院和省政府加强地方政府性债务管理的要求，认真甄别筛选融资平台公司存量项目，对适宜开展政府和社会资本合作模式的项目，大力推广政府和社会资本合作模式。要依法严格控制政府各类或有债务，严防债务风险转移，切实防范和控制财政风险。政府对社会资本投资人或项目公司按约定规则依法承担特许经营权、合理定价、财政补贴等相关责任，不承担社会资本投资人或项目公司的偿债责任。除法律另有规定外，各地政府及其所属部门不得以任何方式提供担保。

（七）加强项目监督。

项目公司要严格按合同约定组织工程建设和运营，确保工程质量，提供安全、优质、高效、便利的公共产品。各地要建立健全由政府、服务使用者共同参与的综合评价体系，组织开展对项目的绩效目标实现程度、运营管理、资金使用、公共服务质量、公众满意度等综合绩效评价工作，必要时可委托专业机构参与。绩效评价结果要依法对外公开，接受社会监督，并作为价格和收费标准、财政补贴等调整的参考依据。各级行业主管部门要加强对项目建设质量、运营标准和安全的监督，保障公共产品的质量、效率和延续性。财政、发展改革、国土资源、规划、审计、物价等相关部门,要在各自职责范围内做好项目管理和监督等工作,依法履行监管职责。

(八)健全退出机制。

政府应与社会资本投资人明确项目的退出路径,保障项目持续稳定运行。如遇不可抗力或违约事件导致合作提前终止时,应及时做好接管,保障公共利益不受侵害。政府和社会资本合作期满后,要按照合同约定的移交形式、移交内容和移交标准,及时组织开展项目验收、资产交割等工作,妥善做好项目移交。项目移交完成后,应组织对项目产出、成本效益、监管成效、可持续性、政府和社会资本合作模式应用等进行绩效评价,并按相关规定公开评价结果。评价结果作为政府开展政府和社会资本合作管理工作决策参考依据。

三、保障措施

(一)加强组织领导。

各地、各有关部门要切实加强组织领导,进一步明确责任分工,细化工作举措,抓好工作落实。财政、发改和省级有关部门要加强组织协调,指导并推动各地开展政府和社会资本合作工作,充分发挥市场机制的决定性作用、政府的更好作用和企业的主体作用。各市、县(市、区)政府要根据实际,强化组织保障,形成工作合力,确保政府和社会资本合作工作顺利实施。

(二)完善配套政策。

完善政府和社会资本合作项目审批机制,进一步简化审批程序,减少审批环节,提高审批效率。实行多样化土地供应方式,保障项目建设用地。政府和社会资本合作项目按规定享受各项税收优惠和行政事业性收费减免政策,在安排各类财政专项资金和政府性补贴时,享受与政府投资项目同等的财政扶持政策。支持项目公司利用外国政府、国际金融组织贷款和清洁发展委托贷款。拓宽项目融资渠道,鼓励银行、证券、保险等金融机构以及融资担保机构积极开发适合项目的金融产品,创新金融服务,积极争取社保资金、保险资金、专业投资机构资金参与,支持金融机构及早介入项目前期准备工作,参与项目的策划、融资、建设和运营。鼓励社会中介机构积极参与项目建设,提供法律、财务、咨询等专业服务。

(三)优化发展环境。

各地要完善投资者保护政策,切实维护社会资本投资人的合法权益。加强项目实施能力建设,注重培养专业人才。加强舆论宣传引导,增强政府、社会和市场主体共识,营造推广运用政府和社会资本模式的良好氛围。健全信息公开制度,及时发布项目规划、采购需求以及行业政策、市场需求等信息,增强政策透明度。提升公众参与度,畅通公众获取和反馈有关信息的渠道,保障公众的知情权、建议权和监督权。

122.《浙江省财政厅关于推广运用政府和社会资本合作模式的实施意见》

(2015年2月10日起施行,浙财金〔2015〕5号)

各市、县(市、区)财政局(宁波不发):

根据国务院、财政部关于推广运用政府和社会资本合作(Public Private Partnership,简称PPP)模式有关精神和《浙江省人民政府办公厅关于推广运用政府和社会资本合作模式的指导意见》（浙政办发〔2015〕9号）要求，现就推广运用政府和社会资本合作模式提出如下意见：

一、充分认识推广运用政府和社会资本合作模式的重要意义

政府和社会资本合作模式是指政府和社会资本为建设基础设施、提供公共服务而建立的长期合作关系和制度安排。推广运用政府和社会资本合作模式，有利于创新投融资机制，拓宽社会资本投资渠道；有利于发展混合所有制经济，增强经济增长内生动力；有利于深化财税体制改革，发挥财税在适应和引领经济新常态中的重要作用。

推广运用政府和社会资本合作模式，是财政部门贯彻落实十八届三中全会精神，深化财政体制改革的重要抓手，也是实现公共财政职能，创新财政管理的重要途径。各地财政部门要充分认识推广运用政府和社会资本合作模式的重要意义，大力宣传政府和社会资本合作模式的理念和方法，积极做好本地区政府和社会资本合作的综合协调工作，切实履行财政管理职责，推动政府和社会资本合作规范有序开展。

二、规范政府和社会资本合作操作模式

为保证政府和社会资本合作项目实施质量，各地财政部门要按照财政部《政府和社会资本合作模式操作指南（试行）》（财金〔2014〕113号）要求，规范项目识别、准备、采购、执行、移交各环节流程。重点做好以下工作：

（一）项目识别

1. 项目范围。价格调整机制相对灵活、市场化程度相对较高、投资规模相对较大、需求长期稳定的基础设施和公共服务项目，应积极采用政府和社会资本合作模式进行建设和运营，包括高速公路、铁路、港口码头、民用机场、城市轨道交通、城市公交及场站等交通设施，跨流域引调水、水资源综合利用等水利设施，地下综合管廊、供水、供气、供热、污水和垃圾处理等市政公用设施，教育、文化、旅游、医疗、养老、体育等社会公共事业，公共租赁住房等保障性安居工程以及资源和环境保护等项目。

2. 项目征集。财政部门应向交通、住建、环保、教育、水利、医疗、文化、民政、体育等行业主管部门征集潜在的政府和社会资本合作项目，支持社会资本以项目建议书的方式向财政部门推荐潜在项目。财政部门应会同行业主管部门对潜在项目进行评估筛选，确定备选项目，制定项目年度和中期开发计划。

3. 项目评估。列入年度开发计划的项目，财政部门应会同行业主管部门组织开展项目定性、定量物有所值（Value for money，简称VFM）评估和财政承受能力论证。定性物有所值评估应重点关注项目采用政府和社会资本合作模式与政府传统采购模式相比，能否增加有效供给、优化风险分配、提高服务质量和运营效率、促进创新和公平竞争等。定量物有所值评估要判断政府和社会资本合作模式能否降低项目全生命周期成本。定量评价工作各地可根据实际情况开展。财政承受能力论证应重点关注项目全生命周期内的政府付费或补贴等支出占当年财政收入的比例，确保财政的中长期可持续性。

4. 项目储备。各地财政部门应建立本地区项目库，将通过物有所值评估和财政承受能力论证的项目，纳入项目库管理，并及时报送省财政厅备案。省财政厅根据项目情况，建立全省政府和社会资本合作项目库，定期或不定期向社会公布推荐项目清单。浙江省首批政府和社会资本合作推荐项目清单见附件。

（二）项目准备

1. 实施方案编制。通过物有所值评估和财政承受能力论证的项目，可进行项目准备。各地确定的项目实施机构应编制项目实施方案。项目实施方案应包括项目概况、风险分配基本框架、项目运作方式、交易结构、合同体系、监管架构、采购方式选择等内容。项目运作方式根据项目收费定价机制、投资收益水平、风险分配框架、融资需求和期满处置等因素确定,主要包括建设—运营—移交(BOT)、建设—拥有—运营(BOO)、转让—运营—移交(TOT)、改建—运营—移交(ROT)等。

2. 实施方案审核。财政部门应对项目实施方案进行物有所值和财政承受能力验证,通过验证的,报经同级政府批准后实施;未通过验证的,可在实施方案调整后重新验证。

(三)项目采购

1. 采购方式。项目实施机构应当按照政府采购法律法规及《政府和社会资本合作项目政府采购管理办法》(财库〔2014〕215号)等规定,根据项目采购需求特点,采取适宜的采购方式,选择信誉好、实力强的社会资本参与项目建设运营。项目采购方式包括公开招标、邀请招标、竞争性谈判、竞争性磋商和单一来源采购等方式,其中采用竞争性磋商采购方式的,按照《政府采购竞争性磋商采购方式管理暂行办法》(财库〔2014〕214号)等规定执行。

2. 信息发布。项目采购应通过省财政厅指定媒体发布项目信息、项目采购信息、项目需求信息、项目采购结果信息、项目合同文本等应公开内容,但涉及国家机密、商业秘密的内容除外。

3. 合同签署。项目采购完成后,项目实施机构或政府授权机构应与中选社会资本签署项目合同,明确项目经营内容、范围及期限,责任风险分担,产品和服务标准,价格、收费标准、补贴及调整机制,违约责任和争议解决程序等关键内容。各地要按照财政部《PPP项目合同指南(试行)》(财金〔2014〕156号)要求制订合同文本,确保合同合理分配项目风险、明确划分各方义务、有效保障各方合法权益。

(四)项目执行

1. 设立项目公司。项目公司可以由社会资本出资设立,也可以由政府和社会资本共同出资设立,政府在项目公司中的持股比例应当低于50%。项目实施机构和财政部门应监督社会资本按照采购文件和合同约定,按时足额出资设立项目公司。项目公司成立后,项目实施机构或政府授权机构应与项目公司重新签署项目合同,或签署关于承继项目合同的补充合同。项目采购时,政府或项目实施机构已完成立项、初步设计审查等程序的,政府及项目实施机构可在项目公司成立后履行必要程序,将项目的立项以及各种审批资料变更或移交至项目公司。

2. 项目合同执行。社会资本和项目公司要严格按合同约定组织项目建设和运营,确保项目质量,提供安全、优质、高效、便利的公共服务。项目实施机构或行业主管部门要根据项目合同约定,监督社会资本或项目公司履行合同义务,定期监测项目产出绩效指标,编制季报和年报。政府有支付义务的,应按合同约定和绩效指标向社会资本或项目公司支付费用,并执行约定的奖励条款或惩处措施。设置超额收益分享机制的,社会资本或项目公司应及时足额向政府支付超额收益。

(五)项目移交

项目经营期满或发生合同提前终止情况时,项目实施机构或政府指定部门应组建项目移交工作组,按照合同约定的移交形式、补偿方式、移交内容和移交标准,及时组织开展项目性能测试、验收及资产交割等工作,妥善做好项目移交。项目移交完成后,财政部门应会同有关部门组织对项目产出、成本效益、监管成效、可持续性、政府和社会资本合作模式应用等进行绩效评价,并按相关规定公开评价结果。评价结果作为政府开展政府和社会资本合作管理工作的决策参考依据。

三、切实履行财政管理职能

政府和社会资本合作项目建设周期长、涉及领域广、复杂程度高,对财政管理提出了更高要求。各地财政部门要进一步提高认识,勇于担当,认真做好相关财政管理工作。

(一)加强项目预算管理。对项目收入不能覆盖成本和合理收益,但社会效益较好的政府和社会资本合作项目,地方财政可通过政府付费等方式给予适当补贴。各地应以项目运营绩效评价结果为依据,综合考虑产品或服务价格、建造成本、运营费用、实际收益率、财政中长期承受能力等合理因素,建立动态补贴机制。除最低需求风险外,政府补贴原则上不得承诺社会资本回报水平。各地财政部门要将财政补贴等支出分类纳入同级政府预算,在中长期财政规划中予以统筹考虑,并逐步按照权责发生制政府综合财务报告制度改革的要求,将项目的政府补贴与政府资本投入、土地使用以及配套设施等进行统筹管理。

(二)加强项目政府采购监管。各地财政部门要切实履行政府采购监管职责,会同项目实施机构及行业主管部门,严格遵照《政府采购法》、《政府采购货物和服务招标投标管理办法》(财政部令第18号)、《政府采购非招标采购方式管理办法》(财政部令第74号)、《政府采购竞争性磋商采购方式管理暂行办法》(财库〔2014〕214号)、《政府和社会资本合作项目政府采购管理办法》(财库〔2014〕215号)以及《政府和社会资本合作模式操作指南(试行)》(财金〔2014〕113号)等规定执行,规范项目政府采购行为,维护国家利益、社会公共利益和政府采购当事人的合法权益。

(三)加强政府债务风险管理。各地财政部门要按照国务院和省政府有关加强地方政府性债务管理的要求,切实防范和控制财政风险。对政府付费或提供财政补贴等支持的项目,财政部门要根据中长期财政规划和项目全生命周期内的财政补贴等支出,严格进行财政承受能力论证。加强项目中政府承诺管理,政府对社会资本或项目公司除按约定规则依法承担合理定价、财政补贴等相关责任,不承担社会资本或项目公司的偿债责任。除法律另有规定外,地方政府及其所属部门不得以任何方式提供担保。要将推广运用政府和社会资本合作模式与化解政府债务风险相结合,积极做好地方政府融资平台公司在建公益性项目的梳理,对符合要求的项目要大力推广政府和社会资本合作模式,并做好政府融资平台公司在建公益性项目向政府和社会资本合作项目转型的风险控制工作,防止企业债务向政府转移。

(四)加强政府和社会资本合作合同管理。合同是政府和社会资本长期友好合作的重要基础,也是政府和社会资本合作项目顺利实施的重要保障。各地财政部门要高度重视,充分认识合同管理的重要意义,会同行业主管部门加强政府和社会资本合作合同的审核和履约管理工作,确保合同内容真实反映各方意愿、合理分配项目风险、明确划分各方义务,有效保障合法权益。各地财政部门要组织加强对当地政府相关部门、社会资本以及项目其他参与方的法律和合同管理培训,提升各方的法律意识、契约观念以及对项目合同核心内容和谈判要点的把握能力,充分识别、合理防控项目风险。

(五)扎实开展项目绩效评价。各地财政部门应会同行业主管部门,加强对公共服务质量和价格的监管,建立政府、服务使用者共同参与的综合性评价体系,对项目的绩效目标实现程度、运营管理、资金使用、成本费用、公共产品和服务质量等进行绩效评价,并将结果依法公开。根据评价结果,依据合同约定对价格或补贴等进行调整,激励社会资本通过管理创新、技术创新提高公共产品服务的质量和效率。

四、加大推广应用政府和社会资本合作模式的保障力度

（一）加强组织领导。省财政厅会同省级有关部门，加强沟通协调，做好政府和社会资本合作模式的政策制定、项目储备、业务指导和信息管理等工作。各级财政部门要积极向本级政府和相关部门大力宣传政府和社会资本合作模式，建立工作协调推进机制，加强部门配合，形成工作合力。要结合财政内部职责分工，落实工作责任部门，强化组织保障，切实履行财政对推广运用政府和社会资本合作模式的管理职能。

（二）加大政策支持。政府和社会资本合作项目按规定享受各项税收优惠和行政事业性收费减免政策，在安排各类财政专项资金和政府性补贴时，享受与政府投资项目同等的财政扶持政策。支持项目公司利用外国政府、国际金融组织贷款和清洁发展委托贷款。鼓励银行、证券、保险等金融机构以及融资担保机构积极开发适合项目的金融产品，创新金融服务，积极争取保险资金、专业投资机构资金等参与，支持金融机构及早介入项目前期准备工作，参与项目的策划、融资、建设和运营。积极支持符合条件的政府和社会资本合作项目申报财政部示范项目，争取中央转移支付资金、政府和社会资本合作融资支持基金的扶持。对推广运用政府和社会资本合作工作富有成效的市县，省财政给予综合奖补支持。

（三）加强能力建设。各地财政部门要着力加强政府和社会资本合作模式实施能力建设，注重培育专业人才。同时，大力宣传培训政府和社会资本合作的工作理念和方法，加强舆论宣传引导，增进政府、社会和市场主体共识，营造推广运用政府和社会资本模式的良好氛围。要充分借助、积极运用法律、投资、财务、保险等专业咨询顾问机构的力量，提升政府和社会资本合作管理工作的科学性、规范性和操作性。

对工作中出现的新情况、新问题，应及时报告省财政厅。

附件：浙江省首批政府和社会资本合作推荐项目清单(略)

浙江省财政厅
2015年2月10日

123.《关于在公共服务领域推广政府和社会资本合作模式的实施意见》

（2016年3月3日起施行，浙财金〔2016〕13号）

各市、县（市、区）人民政府，省政府直属各单位：

为认真贯彻落实《国务院办公厅转发财政部 发展改革委 人民银行关于在公共服务领域推广政府和社会资本合作模式指导意见的通知》（国办发〔2015〕42号）和《浙江省人民政府办公厅关于推广运用政府和社会资本合作模式的指导意见》（浙政办发〔2015〕9号）精神，创新公共服务供给机制，提高公共服务供给质量和水平，增强经济增长动力，经省政府同意，现就在公共服务领域推广政府和社会资本合作（Public-Private Partnership，以下简称PPP）模式，提出以下实施意见。

一、健全组织保障

（一）各地、各部门要充分认识推广PPP模式的重要意义，把思想和行动统一到中央和省委、省政府决策部署上来，精心组织实施，加强协调配合，形成工作合力，切实履行职责，共同抓好落实。

（二）省政府建立PPP工作联席会议制度，由省政府常务副省长担任召集人，财政、发改、人行、国土、建设、交通、环保等部门为成员单位，统筹制定全省PPP工作总体规划，指导和推动各地、各部门开展PPP工作。省财政厅、省发改委、人民银行杭州中心支行等职能部门要加强协调配合，形成工作合力，共同抓好落实。省财政厅、省发改委等相关部门加强政策沟通协调与信息交流，履行PPP工作政策制订、业务指导、信息管理等职责。省发改委、省财政厅等相关部门要加强对社会投资的引导和项目管理，做好PPP项目库建设。人民银行杭州中心支行等金融管理部门要加强对金融机构的监督和指导，引导金融机构按照风险可控、商业可持续原则支持PPP项目融资。教育、科技、民政、人力社保、国土、环保、建设、交通、水利、农业、文化、卫生计生、体育等行业主管部门要按照职责分工，结合行业特点，抓紧完善落实本领域内推广运用PPP模式的政策措施，加强对本领域内PPP工作的指导、协调和监督。

（三）市县政府要根据实际落实本级政府PPP工作的决策管理，切实强化组织保障，建立高效顺畅的协调机制，结合当地实际确定牵头部门，明确工作职责，形成工作合力，确保顺利推进实施。鼓励有条件的地方政府统筹内部机构改革需要，设立专门机构，承担PPP模式推广职责。

二、规范项目实施

（四）加快建立PPP项目库。各地要在能源、交通运输、水利、环境保护、农业、林业、科技、保障性安居工程、医疗、卫生、养老、教育、文化等公共服务领域推广运用PPP模式，建立PPP项目库。省发改委、省财政厅会同相关部门建立省级PPP项目库，做好项目储备，并向社会公开推介，吸引社会资本积极参与。在能源、交通运输、水利、环境保护、市政工程等特定领域需要实施特许经营的，按《基础设施和公用事业特许经营管理办法》执行。

（五）鼓励存量项目转化。鼓励各地将融资平台公司存量公共服务项目转型为PPP项目，引入社会资本参与改造和运营，减轻地方政府债务压力，腾出资金用于重点民生项目建设。推动投融资平台改革创新发展，对已经建立现代企业制度、实现市场化运营的，在其承担的地方政府债务已纳入政府财政预算、得到妥善处置并明确公告今后不再承担地方政府举债融资职能的前提下，可作为社会资本参与当地PPP项目。严禁融资平台公司通过保底承诺等方式参与政府和社会资本合作项目，进行变相融资。

（六）科学决策新建项目。各地政府要根据当地经济社会发展需要，结合财政收支平衡状况，统筹评估论证新建项目的经济效益和社会效益，保证决策质量。建立多部门参与的项目协调联审机制，提高项目决策质量和效率。行业主管部门或政府授权的项目实施机构应编制PPP项目实施方案，明确风险分配基本框架、项目运作方式、交易结构、合同体系、监管架构、采购方式选择等内容。财政部门要会同行业主管部门做好物有所值评估工作，并开展财政承受能力论证，发改、规划、国土、环保、建设等部门要推动PPP项目实施方案联审和项目立项审批的联动，提高审批效率。PPP项目实施方案由行业主管部门报经同级政府批准后实施。

（七）择优选择项目合作伙伴。对使用财政性资金（资产、资源）作为社会资本提供公共服务对价的PPP项目，当地政府或项目实施机构应当根据预算法、合同法、政府采购法及其实施条例等法律法规规定，选择项目合作伙伴。项目实施机构应当依托政府采购信息平台，及时、充分向社会公布项目采购信息。采购中应综合评估项目合作伙伴的专业资质、技术能力、管理经验、财务实力和信用状况等因素,依法择优选择诚实守信的合作伙伴。加强项目政府采购环节的监督管理,保证采购过程公平、公正、公开。

(八)完善PPP项目合作机制。项目实施机构或政府授权机构应与中选社会资本签署项目合同。项目合同要符合国家有关部门制定的合同指南要求,合理确定合作双方的权利与义务,按照权责对等原则合理分配项目风险,明确项目的产出说明和绩效要求、收益回报机制、退出安排、应急和临时接管预案等关键环节,实现责权利对等。

(九)规范项目执行。行业主管部门及项目实施机构要根据项目合同约定,监督社会资本或项目公司履行合同义务,严格按合同约定组织项目建设和运营,确保项目质量,提供安全、优质、高效、便利的公共服务。政府有支付义务的,应按合同约定和绩效指标向社会资本或项目公司支付费用,并执行约定的奖励条款或惩处措施。设置超额收益分享机制的,社会资本或项目公司应及时足额向政府支付超额收益。

(十)完善价格机制和动态补贴机制。加快完善公共服务领域价格的形成、调整和补偿机制。按照补偿成本、合理收益、节约资源、优质优价、公平负担的原则合理确定公共服务价格,并依据项目运行成本、社会承受能力和绩效评价结果,健全公共服务价格调整机制。完善政府价格决策听证制度,广泛听取社会资本、公众和有关部门意见,确保定价调价的科学性。及时披露项目运行过程中的成本变化、公共服务质量等信息,提高定价调价的透明度。对没有经营收入或收入不能覆盖成本和合理收益的,可通过政府付费、可行性缺口补助、资源补偿等方式给予支持。各类政府付费、可行性缺口补助应纳入财政预算,原则上不得承诺商业风险分担、固定投资回报以及法律、法规禁止的其他事项。

(十一)建立综合监督管理体系。各地要建立项目综合监管体系,保障公共服务质量。行业主管部门应根据合同约定和相关领域的行业技术标准、公共产品或服务技术规范,加强对公共服务质量和价格的监管,建立政府、公众共同参与的综合性评价体系,建立事前设定绩效目标、事中进行绩效跟踪、事后进行绩效评价的全生命周期绩效管理机制。行业主管部门、物价部门、财政部门要加强定价和可行性缺口补助监管,政府付费、可行性缺口补助、使用者付费与绩效评价挂钩,并将绩效评价结果作为调价和政府付费、可行性缺口补助的重要依据,确保公共利益。各行业主管部门及审计、国资等相关部门要在各自职责范围内做好项目管理和监督等工作,依法履行监管职责。鼓励社会公众参与项目监督,依法充分披露项目实施相关信息,切实保障公众知情权,接受社会监督。

(十二)健全争议解决机制和退出机制。健全合同争议解决机制,依法积极协调解决争议,确需变更合同内容、延长合同期限以及变更社会资本方的,由政府和社会资本方协商解决,但应当保持公共服务的持续性和稳定性。健全退出机制,政府及项目实施机构应与社会资本明确项目的退出路径,保障项目持续稳定运行,并依托各类产权、股权交易市场,为社会资本提供多元化、规范化、市场化的退出渠道。项目运行过程中社会资本退出的,应符合合同约定并征得项目实施机构同意。项目合作期满后,要按照合同约定的移交形式、移交内容和移交标准妥善做好项目移交。如遇不可抗力或违约事件导致合作提前终止时,项目实施机构应及时做好接管,保障公共利益不受侵害。

(十三)建立预警和应急机制。各地要建立健全安全预警和应急救援工作机制,提高应对突发事件的应急反应能力,妥善应对重大安全和突发事件,防范和及时化解建设运营风险。制订突发事件应急预案,并在突发事件发生后,及时启动应急预案,保障公共产品和服务

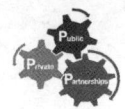

的正常提供。

三、完善扶持政策

（十四）简化审批程序。进一步推进"四张清单一张网"改革，加大简政放权力度，推进投资审批事项的取消、下放，减少审批环节，提高审批效率。建立PPP项目实施方案联评联审机制，提高审查工作效率。项目合同签署后，可并行办理必要的审批手续，有关部门要简化办理手续，优化办理程序，对实施方案中已经明确的内容不再作实质性审查。项目合同签署前，政府或项目实施机构已完成立项、初步设计审查等程序的，有关部门应在项目合同签署后，按照合同约定和项目建设需要办理变更程序。

（十五）保障项目用地。实行多样化土地供应，保障项目建设用地。对符合划拨用地目录的项目，可按划拨方式供地，建成的项目经依法批准可以抵押，实现抵押权后改变项目性质应该以有偿方式取得土地使用权的，应依法办理土地有偿使用手续。不符合划拨用地目录的项目，以租赁方式取得土地使用权的，租金收入参照土地出让收入纳入政府性基金预算管理。以作价出资或者入股方式取得土地使用权的，应当以市、县人民政府作为出资人，制订作价出资或者入股方案，经市、县人民政府批准后实施。

（十六）做好金融服务。建立投融资对接服务机制，积极向政策性银行、商业银行、信托、证券、保险、基金等金融机构和其他投资者推介PPP项目。鼓励银行业金融机构积极探索适合PPP项目特点的信贷产品和模式，开展排污权、收费权、特许经营权、预期收益、政府购买协议质押等贷款业务，在政策范围内实行差异化的信贷政策，对符合条件的PPP项目可适当延长贷款期限，贷款利率可适当优惠。鼓励符合条件的项目运营主体在资本市场通过发行公司债券、企业债券、中期票据、定向票据等市场化方式进行融资。鼓励项目公司发行项目收益债券、项目收益票据、资产支持票据等。鼓励社保资金、保险资金、股权投资基金以及其他专业投资机构按照市场化原则，创新运用债权投资计划、股权投资计划、项目资产支持计划等多种方式参与项目。创新支持项目公司利用外国政府、国际金融组织贷款和清洁发展委托贷款，为项目提供长期稳定、低成本的融资资金。

（十七）加大财税支持。有效统筹财政资金，综合运用投资补助、财政补贴、贷款贴息等形式，支持PPP项目建设。在安排政府投资时，同等条件下优先支持采用PPP模式项目。创新财政投入方式，探索采取股权投资等方式支持PPP项目，省财政出资100亿元设立浙江省基础设施投资（含PPP）基金，发挥政府性资金杠杆效应，吸引金融资本、产业资本参与，通过股权投资等方式支持PPP项目融资。鼓励各地及金融机构、社会资本等发起设立PPP领域投资基金。落实税费优惠政策，公共服务项目采取政府和社会资本合作模式的，可按规定享受相关税收和行政事业性收费优惠政策。实施PPP综合奖补政策，支持PPP示范市县建设，促进PPP项目签约、开工。根据中央出台的以奖代补政策，财政部将择优对符合条件、规范实施的转型为PPP项目的地方融资平台公司存量项目，按项目转型实际化解地方政府存量债务规模给予一定奖励。

四、优化发展环境

（十八）加强能力建设。大力培养专业人才，加快形成政府部门、高校、企业、专业咨询机构联合培养人才的机制。鼓励各类市场主体加大人才培训力度，开展业务人员培训，建设一支高素质的专业人才队伍。积极培育和引入为PPP项目提供第三方专业服务的中介机构和专家库，提高PPP项目科学化、规范化管理水平。

（十九）建立信息平台。建立全省统一的信息发布平台和项目管理平台。及时向社会公开项目实施情况等相关信息，确保项目实施公开透明、有序推进。对全省PPP项目进行跟踪、监督和管理，保障PPP项目规范运作。

（二十）加强宣传引导。加强社会舆论引导，通过媒体宣传增进政府、社会公众与市场主体对PPP模式的认可度。建立PPP项目公众参与机制，建立及时畅通的信息渠道，保障公众对PPP项目经营活动的知情权、建议权。

浙江省财政厅　浙江省发展和改革委员会　中国人民银行杭州中心支行
2016年3月3日

第四节　山　东

124.《关于印发〈山东省城市市政公用事业经营许可管理办法〉的通知》

（2006年5月30日起施行，鲁建发〔2006〕15号）

各市建委（建设局）、市政（城管）局：

市政公用事业是城市重要的基础设施，是城市经济和社会发展的重要载体，直接关系到社会公众利益，具有显著的公用性和自然垄断性。为加强对市政公用事业企业经营活动的监督管理，促进城市市政公用事业的健康持续发展，保障公众利益和公共安全，根据《中华人民共和国行政许可法》和《山东省城市建设管理条例》等法律法规，结合我省实际，制定了《山东省城市市政公用事业经营许可管理办法》，现印发给你们，请遵照执行。

二〇〇六年五月三十日

山东省城市市政公用事业经营许可管理办法

第一条 为规范全省城市市政公用事业行业管理，加强对市政公用事业企业经营活动的监督管理，促进城市市政公用事业的健康持续发展，保障公众利益和公共安全，根据《中华人民共和国行政许可法》和《山东省城市建设管理条例》等法律法规，结合我省实际，制定本办法。

第二条 在本省行政区域内，从事城市供水、公共客运交通、污水处理、垃圾处理等市政公用事业生产经营的单位，应遵守本办法。

第三条 各类城市市政公用事业生产经营单位，均应当提交经营许可申请及规定的申请材料，经审查合格，取得《山东省城市市政公用事业经营许可证》后，方可从事城市市政公用事业生产经营活动。新设立的市政公用事业企业、外地外行业参与城市市政公用事业特许经营权投标的企业，必须首先取得《山东省城市市政公用事业经营许可证》后，方可参与城市市政公用事业生产经营活动和特许经营权投标。

第四条　省建设行政主管部门负责全省城市市政公用事业经营许可的管理工作。设区的市、县（市）人民政府建设行政主管部门或者县级以上人民政府确定的部门（以下称市政公用事业行政主管部门）负责本行政区域内的城市市政公用事业经营许可管理工作。

第五条　《山东省城市市政公用事业经营许可证》实行分级、分类管理。按生产、经营或服务规模大小，城市供水、公共客运交通、污水处理、垃圾处理的生产经营单位的经营许可等级分为一、二级，具体分级标准另行制定。一级企业的经营许可证的审核、颁发，由省建设行政主管部门负责；二级企业的经营许可证的审核、颁发，由设区城市的市政公用事业行政主管部门负责，并在15日内将批准文件和有关资料报省建设行政主管部门备案。市政公用事业经营许可标准和分级经营范围按城市供水、公共客运交通、污水处理、垃圾处理不同行业分别制定，由省建设行政主管部门印发。

第六条　城市市政公用事业生产经营单位应当向企业注册地县级以上市政公用事业行业管理部门申请经营许可。已经取得《山东省城市市政公用事业经营许可证》的企业，到异地经营的，应到当地市政公用事业行业主管部门备案。

第七条　申请市政公用事业经营许可的企业应当具备下列条件：

（一）依法注册的企业法人；

（二）有相应的注册资本金和设施、设备；

（三）有良好的银行资信和财务状况；

（四）有良好的从业经历和良好的业绩；

（五）有与经营规模相适应生产、服务、管理及工程技术人员，企业经营管理、技术管理、财务管理负责人具备相应的从业经历和业绩，其他关键岗位人员具有相应的从业资格；

（六）制定了切实可行的经营方案及服务承诺，有完善的产品和服务质量管理体系；

（七）有健全的企业安全管理制度和事故抢险抢修预案，具备与经营规模相适应的检测和抢险抢修、应急处置能力；

（八）无行业不良记录，未发生过重大安全事故或群体性投诉事件；

（九）法律、法规规定的其他条件。

第八条　申请经营许可的企业，应提供下列材料：《山东省城市市政公用事业经营许可申请表》一式4份及相应的电子文档、附件材料1份。附件材料包括：

（一）企业法人营业执照；

（二）企业章程；

（三）企业法人代表和安全、技术、经营、财务负责人的任职文件、职称证、身份证；

（四）企业经营、管理、服务规章制度，安全管理制度，事故应急预案和事故抢险抢修预案；

（五）企业拥有的工程技术和经济管理人员的职称证书、社会保险凭证，企业关键和需持证上岗人员上岗证书、社会保险证明；

（六）专业机构出具的企业验资报告；

（七）为保证企业正常运行，保证产品和服务质量所必须配备的检测仪器、设备，抢修机械的购置凭证；

（八）根据行业特点，需要出具的其他证件、资料。

第九条 县（市）市政公用事业行政主管部门接到市政公用事业经营许可申请后，必须在20日内做出初审决定；设区城市的市政公用事业行政主管部门接到县（市）市政公用事业行政主管部门的初审决定和直接接到市政公用事业经营许可申请后，应当在20日内作出审查、审批决定；省建设行政主管部门接到设区城市的市政公用事业行政主管部门的审查决定后，应当在20日内作出审批决定。不予批准的应当向申请人书面说明理由。省建设行政主管部门和设区城市的市政公用事业行政主管部门应当在作出批准决定后10个工作日内向申请人颁发《山东省城市市政公用事业经营许可证》。

第十条 因企业生产、经营和服务规模扩大，需要经营许可升级的，由设区城市的市政公用事业行政主管部门提出初审意见，省建设行政主管部门按规定程序办理。

第十一条 《山东省城市市政公用事业经营许可证》由省建设行政主管部门统一印制，《山东省城市市政公用事业经营许可证》分为正本和副本，正本和副本具有同等的法律效力。

第十二条 《山东省城市市政公用事业经营许可证》有效期为三年。企业需要延续已取得的经营许可的有效期的，应当在《山东省城市市政公用事业经营许可证》有效期届满30日前，按照审批程序向市政公用事业行政主管部门提出申请。延续申请的程序和要求与许可证申请相同。市政公用事业行政主管部门应根据企业申请，在《山东省城市市政公用事业经营许可证》有效期届满前作出是否准予延续的许可决定。

第十三条 市政公用事业行政主管部门必须对企业进行定期和不定期的监督检查，发现有不符合国家有关市政公用事业法律、法规及经营管理规定的，应当责令限期进行整改，在规定期限内不改正或整改不合格的，依法取消其经营许可。

第十四条 建立城市市政公用事业企业年度生产经营服务报告制度。城市市政公用事业生产经营企业应当在每年的第一个月的月底前，向给其发放《山东省城市市政公用事业经营许可证》的市政公用事业行政主管部门报告本企业上一个年度的生产、经营和服务、管理等情况。必要的内容，应向社会公布。

第十五条 已取得《山东省城市市政公用事业经营许可证》的企业发生分立、合并、转让、出卖、租赁的，应当在上述行为生效30日前向原审批机关申请办理注销登记，原《山东省城市市政公用事业经营许可证》作废。分立、合并、转让、出卖、租赁后的市政公用事业企业应当按照规定重新申请办理《山东省城市市政公用事业经营许可证》。

第十六条 已取得《山东省城市市政公用事业经营许可证》的企业的名称、地址、法人代表等变更的，应当在变更后20日内，向原审批机关申请办理变更手续。

第十七条 未取得《山东省城市市政公用事业经营许可证》的企业，无资格获得城市市政公用事业特许经营权，任何单位或机构都不得与其签署城市市政公用事业特许经营协议。违反本办法规定，擅自经营城市市政公用事业的，由市政公用事业行政主管部门责令其限期改正，并按照《山东省城市建设管理条例》等有关法律、法规予以处罚。

第十八条 在本办法实施前已经从事城市市政公用事业生产经营的单位，应按本办法要求向企业注册地县级以上市政公用事业行政主管部门申请经营许可，由省建设行政主管部

门和设区城市的市政公用事业行政主管部门集中审查,集中审批发证。

第十九条 市政公用事业行政主管部门的工作人员,在依据本办法办理市政公用事业经营许可时,严重渎职、失职、索贿受贿或者侵犯企业合法权益的,按有关法律法规规定处理。

第二十条 城市供气、供热经营许可,按照《山东省燃气经营许可管理办法》和《山东省供热经营许可管理办法》执行。

第二十一条 本《办法》由省建设行政主管部门负责解释。

第二十二条 本《办法》自发布之日起施行。

125.《青岛市市政公用基础设施特许经营管理暂行规定》

(2005年10月1日起施行,青岛市人民政府令第184号)

第一条 为推进市政公用基础设施建设运营市场化进程,加强市场监管,保障社会公共利益和公共安全,根据有关法律法规,结合本市实际,制定本规定。

第二条 城市供水、供气、供热、污水处理、垃圾处理等市政公用基础设施,依法实施特许经营的,应当按照有关法律法规关于市场准入行政许可的规定和本规定,通过市场竞争机制选择投资者或经营者,确定其在一定期限和范围内经营,提供市政公用产品和服务。

第三条 市市政公用行政主管部门负责本市市政公用基础设施特许经营管理工作。

其他有关部门应当按照各自职责,共同做好市政公用基础设施特许经营管理工作。

第四条 实施特许经营,应当遵循公开、公平、公正和公共利益优先的原则。

第五条 特许经营可以采取下列方式:

(一)在一定期限内,将市政公用基础设施项目授予特许经营者投资建设及运营,期限届满无偿移交;

(二)在一定期限内,将市政公用基础设施移交特许经营者运营,期限届满无偿移交;

(三)市人民政府确定的其他方式。

第六条 实施特许经营的项目,由市市政公用行政主管部门会同市发展改革、国资、财政、价格、规划、国土、建设、环保等有关部门,根据本市城市建设发展需要和市政公用基础设施规划提出,报市人民政府批准。

特许经营项目确定后,市市政公用行政主管部门应当拟定特许经营实施方案,征求有关部门的意见,报市人民政府批准后组织实施。

第七条 市市政公用行政主管部门应当按照批准的特许经营实施方案,采取招标等方式,依法确定特许经营者,并向社会公示。

特许经营者确定后,市市政公用行政主管部门授予其特许经营权,并与其签订特许经营协议。

第八条 特许经营协议应当包括以下内容:

(一)项目名称;

(二)经营方式、区域、范围、期限;

(三)产品或服务的数量、质量和标准;

(四)投融资期限和方式;

(五)价格和收费的确定方法、标准及调整机制;

(六)设施设备的权属、处置、维护、更新改造和移交;

(七)安全管理;

(八)经营状况的评估期限、方式;

(九)协议的终止和变更;

(十)协议期限届满后设施、资产、档案的移交程序;

(十一)违约责任;

(十二)争议解决方式;

(十三)双方认为应该约定的其他事项。

第九条 特许经营期限应当根据行业特点、规模、经营方式等因素确定,最长不得超过30年。

第十条 市市政公用行政主管部门应当履行下列职责:

(一)协助相关部门核算和监控企业成本及费用,提出价格、收费的确定或调整意见;

(二)对特许经营者经营计划实施情况、产品和服务的质量以及安全生产情况进行监督;

(三)受理并及时处理公众对特许经营者的投诉;

(四)审查特许经营者的年度报告,向市人民政府提交年度特许经营监管报告;

(五)制定临时接管预案,在危及或可能危及公共利益、公共安全等紧急情况下,组织临时接管特许经营项目;

(六)法律、法规、规章规定的其他职责。

第十一条 特许经营者从事特许经营活动,应当公平竞争,诚实守信,向用户提供安全、方便、稳定、价格合理的产品和服务,并履行普遍服务的义务。

第十二条 在特许经营期限内,特许经营者应当遵守有关法律、法规、规章的规定,履行特许经营协议,科学合理地制定年度生产、供应计划,不间断地提供产品和服务。

第十三条 市政公用产品和服务价格按照补偿成本、依法纳税、合理收益的原则,依法定程序予以核定和调整。

特许经营者提供市政公用产品和服务,应当按照规定的价格收取费用。特许经营者提供的产品和服务达不到规定标准或合同约定的,应当依法承担相应的责任。

第十四条 特许经营者在特许经营期限内,应当按照有关标准和规范的要求,对特许经营的设施、设备进行养护、维修、更新改造,确保特许经营项目安全运行。

第十五条 特许经营者应当按照规定的时间向市市政公用行政主管部门报送企业中长期发展规划、年度经营计划、年度报告等相关资料。

特许经营者名称、地址、法定代表人变更的,应当在变更前向市市政公用行政主管部门报告。

第十六条 除法律法规规定可以转让的外,特许经营权不得转让。

第十七条 特许经营者应当允许其他经营者按照规划要求连接其市政公用基础设施,有关费用执行价格主管部门的规定。

第十八条 特许经营者经营的产品或服务项目及其价格应当向社会公示,提供咨询服务,并接受社会监督。

第十九条 特许经营期限内,市市政公用行政主管部门及其他有关部门按照各自职责,可以采取检查等方式,对特许经营者履行法定义务和协议约定义务的情况进行监督检查,依法查处违法行为。

市市政公用行政主管部门及其他有关部门实施监督检查时,不得妨碍特许经营者正常的生产经营活动。

第二十条 市市政公用行政主管部门应当对特许经营者经营情况进行定期评估,并公示评估结果。

评估周期一般不得少于两年,特殊情况下可以实施年度评估。

第二十一条 在特许经营期限内,发生不可抗力或特许经营协议的内容发生变化,确需变更或提前终止协议的,市市政公用行政主管部门应当与特许经营者签订相关的补充协议或提前终止协议。

第二十二条 特许经营者有下列行为之一的,市市政公用行政主管部门应当责令其限期改正,或依法采取有效措施督促其履行义务;逾期不改正的,可依照法律法规的规定或协议约定,终止特许经营协议,取消特许经营权;

（一）未按照法律、法规、规章及有关标准、规范的规定和特许经营协议的约定提供产品或者服务,情节严重的;

（二）不履行设施养护、维修和更新改造义务,危害公共利益和公共安全的;

（三）转让特许经营权或擅自处置、抵押特许经营设施、设备的;

（四）擅自停业、歇业的;

（五）因经营管理不善,发生重大质量、安全生产事故,或亏损严重,无法正常运营的;

（六）不按规划要求投资、建设市政公用设施的;

（七）法律法规禁止的其他行为。

第二十三条 市市政公用行政主管部门应当制定特许经营项目应急预案。特许经营权终止或发生突发事件时,市市政公用行政主管部门应当采取有效措施组织临时接管,保证产品供应和服务的连续稳定。

第二十四条 特许经营权被取消或终止后,特许经营者应当按照特许经营协议约定或者市市政公用行政主管部门规定,办理有关设施、资产及档案等移交手续。

第二十五条 特许经营期限内,确因公共利益需要,特许经营权被取消或市政公用基础设施被依法征用,特许经营者应当给予配合,并有权获得合理补偿。

特许经营者承担政府公益性指令任务造成经济损失的,有权获得合理补偿。

第二十六条 市市政公用行政主管部门或其他有关部门及其工作人员有下列情形之一的,由其上级行政机关或监察机关责令改正,对负主要责任的主管人员和其他直接责任人员依法给予行政处分;构成犯罪的,移交司法机关依法追究刑事责任;

（一）不依法履行监督职责或监督不力,造成严重后果的;

（二）对不符合法定条件的竞标者授予特许经营权的;

（三）滥用职权、徇私舞弊的。

第二十七条 本规定施行前已经从事市政公用基础设施经营的,经市市政公用行政主管部门依法审查,可以直接授予其特许经营权。

第二十八条 本规定自2005年10月1日起施行。

126.《山东省财政厅关于印发〈山东省政府和社会资本合作(PPP)发展基金实施办法〉的通知》

(2015年8月12日起施行,鲁财预〔2015〕45号)

山东省经济开发投资公司,省直有关部门,各市财政局:

为加快推广运用政府和社会资本合作(PPP)模式,促进我省基础设施和公共服务领域投融资机制创新,根据省政府第61次常务会议纪要精神,我们制定了《山东省政府和社会资本合作(PPP)发展基金实施办法》,现予以印发。请省经济开发投资公司抓紧拟定细化的实施方案,有关部门单位积极支持配合,切实加快基金设立运作步伐,及时发挥基金投资的综合效益。

山东省财政厅
2015年7月30日

山东省政府和社会资本合作(PPP)发展基金实施办法

为加快推广运用政府和社会资本合作(PPP)模式,促进我省基础设施和公共服务领域投融资机制创新,助推更多PPP项目落地,根据《国务院办公厅转发财政部 发展改革委 人民银行关于在公共服务领域推广政府和社会资本合作模式指导意见的通知》(国办发〔2015〕42号)、《山东省人民政府关于运用政府引导基金促进股权投资加快发展的意见》(鲁政发〔2014〕17号)、《山东省人民政府办公厅关于印发山东省省级股权投资引导基金管理暂行办法的通知》(鲁政办发〔2014〕44号)有关规定,设立山东省政府和社会资本合作(PPP)发展基金,并制定本实施办法。

一、基金设立的目的

通过设立PPP发展基金,为基础设施和公共服务领域重点项目提供资金支持,增强社会资本投资信心,促进各地加快推广运用PPP模式,引导民间资本积极投向基础设施和公共服务领域,切实缓解基础设施投资缺口大、政府财力不足、债务负担较重等困难。同时,进一步推动政府投融资体制机制创新,有效发挥社会资本管理效率高、技术创新能力强的优势,加快形成多元化、可持续的PPP项目资金投入渠道,促进实现民生改善、发展动力增强等多重目标。

二、基金的发起与设立

(一)基金名称:山东省政府和社会资本合作(PPP)发展基金(以下简称PPP发展基金)。

(二)基金规模:800亿元。

(三)基金期限:一般不超过10年,确需延长存续期时,须报省级股权投资引导基金决策委员会批准。

(四)基金出资人构成:

1. 政府引导基金出资人:①省财政厅;②省经济开发投资公司;③部分市县财政局。

2. 其他出资人：①银行机构；②保险、信托资金；③其他社会资本。

（五）基金募集：PPP发展基金分3年募集到位。政府引导基金出资80亿元，银行、保险、信托等其他出资人出资720亿元。根据投资进度，2015年首批基金规模为200亿元，其中引导基金出资20亿元。

三、基金的投资范围和运作模式

（一）基金的投资范围。PPP发展基金的投资范围限于山东境内，投资重点为纳入省级PPP项目库且通过财政承受能力论证的PPP项目，其中对省级以上试点项目及参与引导基金出资市、县的适合项目，优先予以支持。

（二）基金的运作模式。山东省经济开发投资公司（以下简称省经投公司）根据授权作为政府出资人代表，组织发起设立PPP发展基金。基金实行母子基金两级架构，在突出激励引导、切实发挥财政资金杠杆放大作用的同时，坚持市场化专业运作，借助专业投资机构多元化投融资服务和项目管理经验，采取股权、债权或股权债权组合等多种灵活有效方式，提升投资效率。引导基金在运作模式上，重点采取与知名投资机构合作设立子基金的方式，通过与若干家实力雄厚且市场声誉良好的国家级、省级机构合作设立子基金，充分发挥专业投资机构的管理优势，在引资的同时吸引高端管理人才、先进管理模式进驻山东，以保证投资的质量和效果。同时，也可与有意向的市开展合作，制定专门管理办法，支持部分市在当地设立PPP子基金，调动市县政府的积极性，推动PPP管理模式在全省加快推广。对事关全省发展的重大项目，也可由省经投公司通过合法规范形式管理投资，以提高基金投资效率。

四、基金的管理体制

（一）引导基金管理体制。主要参照鲁政办发〔2014〕44号文件相关规定执行。省财政厅作为省级股权投资引导基金决策委员会办事机构，代表省政府履行引导基金出资人职责。省金融办作为省政府金融管理部门，负责指导监督引导基金管理公司的经营管理。引导基金投资重点、让利政策以及拟参股子基金等重大决策事项由省决策委员会确定。省财政厅及相关部门主要负责PPP项目储备库和项目信息平台建设，开展"物有所值"评估和财政承受能力论证，确保项目质量，优先选择价格调整机制灵活、市场化程度较高、投资规模较大、长期合同关系清楚、具有长期稳定需求的项目向子基金管理机构进行推介。

（二）子基金管理体制。主要采取所有权、管理权、托管权相分离的管理体制。省经投公司与社会投资人、基金管理机构签订出资人协议，确定各方的权利、义务、责任。优先级社会出资人按约定取得稳定合理回报，但不直接参与基金投资的项目决策。基金管理机构（GP）依据合伙协议或公司章程，按照市场规则负责子基金投资项目决策和投后管理。省经投公司根据授权代行引导基金出资人职责，按照出资协议对子基金运营进行监督。

五、基金的投资回报和收益分配

（一）基金的收益来源。

1. 所投资PPP项目的股权分红收益及股权转让增值收益；
2. 对PPP项目债权投入产生的利息收入；
3. 基金间隙资金用于稳健类金融产品产生的收入；
4. 其他合法收入。

（二）基金的收益分配。

1. PPP发展基金在收益分配上主要采取优先与劣后的结构，政府引导基金以及基金管理团队可作为劣后级,其他社会出资人根据其风险偏好可作为优先级。

2. 子基金每年所得收益,首先用于分配与优先级出资人约定的固定收益;基金收益超过优先级出资人固定收益的剩余部分,在其他出资人之间进行分配,也可作为浮动收益在优先级、劣后级出资人之间进行分配,具体分配政策在基金合伙协议或章程中明确。基金投资期内,对参与出资市县的累计投资额度一般不低于其出资额的3倍。参与出资的市县如当年未获得基金投入,其出资部分可享受优先级出资人的固定收益。

六、基金的监督管理和风险防控

(一)基金的监督管理。引导基金参股设立子基金实行全过程公开透明操作,接受社会监督。子基金管理机构及其管理费率、社会资本出资人出资额度以及出资条件的确定等,一般应采取公平、公开、竞争、择优的遴选机制。引导基金及其子基金的资金必须委托符合条件的金融机构进行托管。子基金的具体运作情况实行社会中介机构独立审计制度。

(二)基金的风险防控。省经投公司负责对子基金进行监管,密切跟踪其经营和财务状况,防范财务风险,定期向省财政厅报送引导基金及参股子基金的运行情况。当PPP发展基金的使用出现违法违规和偏离政策导向等情况时,省经投公司应及时向省财政厅、相关主管部门报告,并按协议采取终止合作等必要措施,最大限度防范化解风险。

(三)基金的绩效评价。省财政厅、相关主管部门按照有关规定,对引导基金建立有效的绩效考核制度,定期对引导基金政策目标、政策效果及PPP发展基金投资运行情况进行评估,并纳入公共财政考核评价体系。

七、基金的退出机制

PPP发展基金在退出机制安排上,实行股权投资的,到期优先由项目的社会资本方回购,社会资本方不回购的,可由市县政府方回购,并写入项目的PPP合作协议中;实行债权投入的,由借款主体项目公司按期归还。当子基金清算出现亏损时,首先由基金管理机构以其对基金的出资额为限承担亏损,其次由引导基金作为劣后级出资人以其出资额为限承担亏损,其余部分由其他出资人按出资比例承担。

本办法由省财政厅负责解释。有效期自2015年8月12日起至2020年8月11日止。

127.《山东省人民政府办公厅转发省财政厅 省发展改革委 人民银行济南分行关于在公共服务领域推广政府和 社会资本合作模式的指导意见的通知》

(2015年8月20日起施行,鲁政办发〔2015〕35号)

各市人民政府,各县(市、区)人民政府,省政府各部门、各直属机构,各大企业,各高等院校:

省财政厅、省发展改革委、人民银行济南分行《关于在公共服务领域推广政府和社会资本合作模式的指导意见》已经省政府同意,现转发给你们,请认真贯彻执行。

山东省人民政府办公厅
2015年8月20日

关于在公共服务领域推广政府和社会资本合作模式的指导意见

省财政厅　省发展改革委　人民银行济南分行

政府和社会资本合作（Public-Private Partnership, PPP）模式作为在公共服务领域建立的一种长期合作关系，是公共服务供给机制的重大创新。政府采取竞争性方式择优选择具有投资、运营管理能力的社会资本，双方按照平等协商原则订立合同，明确责权利关系，由社会资本提供公共服务，政府依据公共服务绩效评价结果向社会资本支付相应对价，保证社会资本获得合理收益。推广运用政府和社会资本合作模式，对提升政府治理能力、推动新型城镇化建设、建立现代财政制度具有重要意义。

为鼓励社会资本参与我省公共服务领域投资运营，拓宽投融资渠道，提高公共产品供给质量和效率，促进政府职能转变，根据《国务院关于创新重点领域投融资机制鼓励社会投资的指导意见》（国发〔2014〕60号）、《国务院办公厅转发财政部发展改革委人民银行关于在公共服务领域推广政府和社会资本合作模式指导意见的通知》（国办发〔2015〕42号）、《山东省人民政府关于创新重点领域投融资机制鼓励社会投资的实施意见》（鲁政发〔2015〕12号）等有关规定，现就推广运用政府和社会资本合作模式提出以下指导意见：

一、准确把握政府和社会资本合作模式的总体要求

（一）指导思想。

按照中央部署和省委、省政府要求，改革创新公共服务机制和投入方式，厘清政府和市场边界，充分发挥市场在资源配置中的决定性作用，鼓励和引导社会资本积极参与基础设施和公共服务领域建设，提高公共服务的供给质量和效率，为广大人民群众提供优质高效的公共服务，推动全省经济社会持续健康发展。

（二）基本原则。

1. 依法治理，重诺履约。在政府和社会资本合作模式中，政府和社会资本法律地位平等、权利义务对等，必须树立和强化契约精神，坚持平等协商、互利互惠、诚实守信、严格履约，通过合同正确表达意愿、合理分配风险、妥善履行义务、有效主张权利。

2. 利益共享，风险分担。在利益分配和风险分担方面要兼顾效率与公平。统筹考虑社会资本方的合理收益预期、政府方的财政承受能力及使用者的支付能力，设置合理回报，形成收益约束，防止任何一方过分受损或超额获益，确保经济效益与社会效益相统一，实现公共利益最大化。同时，科学合理设计项目风险分担机制，原则上项目设计、建设、财务和运营维护等商业风险由社会资本方承担，法律、政策和最低需求风险由政府承担。政府不承诺对市场风险兜底，严控项目风险转化为财政风险。

3. 积极稳妥，规范管理。鼓励各级、各部门因地制宜，探索符合当地实际的做法，形成具有我省特色的发展模式。要规范推进政府和社会资本合作项目实施，通过政府采购方式择优选择合作伙伴，坚持必要、合理、可持续的财政投入原则，防止政府支出责任过重加剧财政负担。严禁通过保底承诺、回购安排、明股实债等方式进行变相融资，形成新的政府债务。

4. 强化监督，注重绩效。加强政府监管，并鼓励各利益相关方以多种形式参与监督，既要

避免因公共服务价格过高、服务质量不达标等损害公众权益,又要保障社会资本长期合理回报和项目可持续运营。始终坚持将绩效管理机制贯穿于政府和社会资本合作项目全过程,真实、客观、公正地反映项目运营情况。实行阳光化运作,依法充分披露政府和社会资本合作项目重要信息和与公众利益密切相关的信息,保障公众知情权,稳步均衡提升项目的经济效益和社会效益。

二、明确政府和社会资本合作项目的适用范围和操作模式

(一)适用范围。政府和社会资本合作模式主要适用于投资规模较大、需求长期稳定、价格调整机制相对灵活、市场化程度相对较高的基础设施及公共服务领域。主要包括:能源、交通运输、市政工程、水利、环境保护、农业、林业、科技、保障性安居工程、医疗、卫生、养老、教育、文化、流通、家政等公共服务领域。其中,能源、交通运输、水利、环境保护、市政工程等特定领域需要实施特许经营的,按《基础设施和公用事业特许经营管理办法》执行。

(二)操作模式。政府或授权组织实施机构应根据项目实施周期、收费定价机制、投资收益水平、风险分配基本框架和所需要的政府投入等因素,合理选择建设—运营—移交(BOT)、建设—拥有—运营(BOO)等运作方式。积极运用转让—运营—移交(TOT)、改建—运营—移交(ROT)等方式,将融资平台公司存量公共服务项目转型为政府和社会资本合作项目,引入社会资本参与改造运营。

三、加快完善政府和社会资本合作的政策措施

(一)健全财政管理制度。开展财政承受能力论证,统筹评估和控制项目的财政支出责任,促进中长期财政可持续发展。建立完善公共服务成本财政管理和会计制度,创新资源组合开发模式,针对政府付费、使用者付费、可行性缺口补助等不同支付机制,将项目涉及的运营补贴、经营收费权和其他支付对价等,按照国家统一的会计制度进行核算,纳入年度预算、中期财政规划,在政府财务报告中进行反映和管理,并向本级人大或其常委会报告。完善政府和社会资本合作项目资金管理,政府以运营补贴等作为社会资本提供公共服务的对价,以绩效评价结果作为对价支付依据,探索建立动态补贴机制,将财政补贴等支出分类纳入同级政府预算。

(二)加大财税支持力度。积极探索财政资金撬动社会资本参与政府和社会资本合作项目的有效方式。通过以奖代补等形式,支持政府和社会资本合作工作开展,优先支持地方融资平台存量项目转型。建立政府和社会资本合作发展基金,充分利用各类股权投资引导基金参与项目建设。在利用国际金融组织和外国政府贷款时,优先推荐政府和社会资本合作项目。落实和完善国家支持公共服务事业的税收优惠政策,公共服务项目采取政府和社会资本合作模式的,可按规定享受相关税收优惠政策。各级政府可结合自身财力状况,研究制定相关政策措施,激发市场主体活力和发展潜力。

(三)切实保障项目建设用地。实行多样化土地供应,对符合《划拨用地目录》的建设项目,可按划拨方式供地,划拨土地不得改变土地用途。建成的项目经依法批准可以抵押,抵押期限应当设定在合同约定经营期限范围内,确保土地使用权性质不变,待合同经营期满后,连同公共设施一并移交政府;实现抵押权后改变项目性质应当以有偿方式取得土地使用权的,应依法办理土地有偿使用手续。采取租赁方式取得土地使用权的,租金收入参照土地出让收入纳入政府性基金预算管理。以作价出资或者入股方式取得土地使用权的,应当以市、

县人民政府作为出资人，制定作价出资或者入股方案，经市、县人民政府批准后实施。

（四）完善公共服务价格调整机制。积极推进公共服务领域价格改革，按照补偿成本、合理收益、节约资源、优质优价、公平负担的原则，加快理顺公共服务价格。依据项目运行情况和绩效评价结果，健全公共服务价格调整机制，完善政府价格决策听证制度，广泛听取社会资本、公众和有关部门意见，确保定价调价的科学性。及时披露项目运行过程中的成本变化、公共服务质量等信息，提高定价调价的透明度。

（五）简化项目审核流程。进一步减少审批环节，建立项目实施方案联评联审机制，提高审查工作效率。项目合同签署后，可并行办理必要的审批手续，有关部门要简化办理手续，优化办理程序，主动加强服务，对项目实施方案中已经明确的内容不再作实质性审查。

（六）做好综合金融服务。金融机构应创新符合政府和社会资本合作模式特点的金融服务，优化信贷评审方式，积极为政府和社会资本合作项目提供融资支持。鼓励项目公司或合作伙伴通过成立私募基金、引入战略投资者、发行债券等多种方式拓宽融资渠道。鼓励开发性金融机构发挥中长期贷款优势，参与改造政府和社会资本合作项目，引导商业性金融机构拓宽项目融资渠道。鼓励符合条件的项目运营主体在资本市场通过发行公司债券、企业债券、中期票据、定向工具等市场化方式进行融资。金融监管部门应加强监督管理，引导金融机构正确识别、计量和控制风险，按照风险可控、商业可持续原则支持政府和社会资本合作项目融资。

（七）完善政府举债融资机制。按照《国务院关于加强地方政府性债务管理的意见》（国发〔2014〕43号）、《山东省人民政府关于贯彻国发〔2014〕43号文件加强政府性债务管理的实施意见》（鲁政发〔2014〕23号）等有关规定，把化解政府存量债务与推广政府和社会资本合作模式结合起来，鼓励社会资本通过特许经营等方式，参与城市基础设施等有一定收益的公益性事业投资和运营，减轻地方政府的债务压力，腾出更多资金用于重点民生项目建设。

四、加强政府和社会资本合作项目的全过程管理

（一）项目识别。

1. 发起与筛选。政府和社会资本合作项目由政府或社会资本方发起，以政府发起为主。项目应符合经济和社会发展总体规划和专项规划。各级财政、发展改革等部门应负责向教育、科技、民政、人力资源社会保障、国土资源、环境保护、住房城乡建设、交通运输、水利、农业、商务、文化、卫生计生等行业主管部门征集潜在政府和社会资本合作项目。行业主管部门可从国民经济和社会发展规划及行业专项规划中的新建、改建项目或存量公共资产中遴选潜在项目，优先支持融资平台公司存量项目转型为政府和社会资本合作项目。

2. 评价与论证。积极借鉴物有所值（VFM）评价方法，综合考虑公共服务需要、责任风险分担、项目产出质量、关键绩效指标、支付方式、融资方案和财政补贴等要素，从定性和定量等方面开展物有所值评价工作。要找好项目利润点，确保利润率保持在合理范围。对于政府付费或补贴的政府和社会资本合作项目，要开展财政承受能力论证，识别和测算项目的各项财政支出责任，科学评估项目对财政支出的影响，严格控制支出规模，有效防范和控制财政风险。通过物有所值评价和财政承受能力论证的项目，方可进行项目准备，并将项目财政支出责任纳入预算统筹安排；未通过论证的项目，不宜采用政府和社会资本合作模式。

(二)项目准备。

1. 编制实施方案。项目实施机构应根据前期论证情况,对通过评价论证的项目组织编制实施方案,依次对项目概况、风险分配基本框架、项目运作方式、交易结构、合同体系、监管架构、采购方式选择等方面进行介绍。

2. 审核实施方案。各级财政、发展改革、人民银行等部门应会同行业主管部门等建立项目联评联审机制,对项目审批、立项和实施方案进行联合评审。通过评审的项目,上报同级政府批准后实施。

(三)项目采购。

1. 甄选合作伙伴。各级政府应根据《中华人民共和国预算法》《中华人民共和国合同法》《中华人民共和国政府采购法》《财政部关于印发政府和社会资本合作模式操作指南(试行)的通知》(财金〔2014〕113号)、《财政部关于印发〈政府和社会资本合作项目政府采购管理办法〉的通知》(财库〔2014〕215号)等有关规定,依托政府采购信息平台,及时、充分地向社会公布项目采购信息,合理运用公开招标、竞争性谈判、邀请招标、竞争性磋商和单一来源等采购方式,依法选择专业资质好、技术能力强、管理经验丰富的合作伙伴,按照平等协商原则明确政府和项目公司的权利与义务。对已经建立现代企业制度、实现市场化运营的,在其承担的地方政府债务已纳入政府财政预算、得到妥善处置并明确公告今后不再承担地方政府举债融资职能的融资平台公司,可作为社会资本方参与当地政府和社会资本合作项目。

2. 签订合同文本。按照《财政部关于规范政府和社会资本合作合同管理工作的通知》(财金〔2014〕156号)要求,政府或政府授权机构与社会资本方依据"权责对等、激励相容"原则,科学设计并签订项目规范合同,明确项目的产出说明和绩效要求、收益回报机制、退出安排、应急和临时接管预案等关键环节,实现责权利对等。合理设置关于期限变更(展期和提前终止)、内容变更(产出标准调整、价格调整等)、主体变更(合同转让)等灵活调整机制,为项目执行预留调整和变更空间。在项目合同中,应特别注明特殊条件下导致的项目中止、临时征用等应急预案有关条款。同时,健全合同争议解决机制,依法积极协调解决争议。确需变更合同内容、延长合同期限以及变更社会资本方的,由政府和社会资本方协商解决,但应当保证公共服务的持续性和稳定性。

(四)项目执行。

1. 成立项目公司。社会资本可依法设立项目公司,负责项目具体管理和融资运作。政府可指定相关机构依法参股项目公司,但政府在项目公司中的持股比例应当低于50%,且不具有实际控制力及管理权。项目实施机构和财政部门应监督社会资本按照采购文件和项目合同约定,按时足额出资设立项目公司。项目融资由社会资本或项目公司负责。政府或有权授予特许经营的主管部门按照合同约定履行义务和监管责任,不得给予过高的财政补贴承诺,不得兜底市场风险。严禁违规为项目公司和投资方提供融资担保或变相担保。

2. 规范定价机制。在项目经营期内,根据项目建造成本、运营维护费用、预期收益率等因素,计算出公共服务价格上限。同时,根据项目运营情况、居民消费价格指数等因素,定期对公共服务价格进行调整,防范公共服务形成自然垄断。在保证服务质量的前提下,确保社会资本方"盈利但不暴利",实现项目可持续运营。

3. 健全风险管理。各级政府要以财政承受能力论证结果为依据,综合考虑政府风险转移意向、支付方式和市场风险管理能力等要素,研究制定项目收益与风险分担机制以及防范项目不能正常运转的应急方案。按照政府性债务管理要求合理确定补贴金额,严格控制政府或有债务,重点做好融资平台公司项目向政府和社会资本合作项目转型的风险控制工作,切实防范和控制财政风险。各行业主管部门应制定不同领域的行业技术标准、公共产品或服务技术规范,加强对公共服务质量和价格的监管。原则上,同一设区市内同一类项目,价格、收费等标准应基本一致。

4. 做好中期评估。项目实施机构应树立"全生命周期"管理理念,每3–5年对项目进行中期评估,重点分析项目运行状况、财务管理状况和项目合同的合规性、适应性和合理性,及时评估已发现问题的风险,制定应对措施,并报同级财政部门备案。

(五)项目移交。

1. 妥善建立项目移交机制。项目实施机构应根据政府授权,按照合同约定的移交形式、补偿方式、移交内容和标准,认真及时做好项目接管,保障项目设施持续运行,保证公共利益不受侵害。按照合同约定,对项目建设情况和公共服务质量进行验收,逾期未完成或不符合标准的,社会资本要限期完工或整改,并采取补救措施或赔偿损失。各级政府要做好移交资产性能测试、资产评估和登记入账等工作,并按照国家统一的会计制度进行核算,在政府财务报告中进行反映和管理。

2. 稳步开展项目绩效评价。建立政府、公众共同参与的综合性评价体系,对项目产出、成本效益、监管成效、可持续性、政府和社会资本合作模式应用等进行评价,并按相关规定公开评价结果。建立事前设定绩效目标、事中进行绩效跟踪、事后进行绩效评价的"全生命周期"绩效管理机制,将政府付费、使用者付费与绩效评价挂钩,并将绩效评价结果作为调价的重要依据,激励社会资本通过管理创新、技术创新提高公共服务的质量和效率。

五、保障措施

(一)加强组织领导。各级、各部门要按照职能分工,负责相关领域具体工作。各级财政、发展改革、人民银行等部门要积极会同教育、科技、民政、人力资源社会保障、国土资源、环境保护、住房城乡建设、交通运输、水利、农业、商务、文化、卫生计生等部门,加强政策沟通协调和信息交流,形成横向纵向联动,结合已有规划和当地实际,出台具体政策措施并抓好落实。

(二)抓好项目人才储备。各级政府应逐步完善项目动态储备机制,建立政府和社会资本合作项目储备库,优先选择收费定价机制透明、有稳定现金流的项目抓紧推出,尽快形成可复制、可推广的实施范例,努力做到推出一批,成功一批。大力培养专业人才,积极探索建立专家储备机制,为推广运用政府和社会资本合作模式提供理论基础、人才储备和智力支持。鼓励各类市场主体加大人才培训力度,开展业务人员培训,建设一支高素质的专业人才队伍。

(三)加大宣传力度。各级政府要切实履行规划指导、识别评估、咨询服务、宣传培训、绩效评价、信息统计、专家库和项目库建设等职责,建立统一信息发布平台,定期发布最新政策动态和项目信息,供社会资本方、咨询公司、金融等机构参考,实现多方对接。同时,强化舆论宣传工作,通过报纸、电视、广播、网络等媒体渠道,积极宣传政府和社会资本合作模式的先进经验和做法,及时向社会公布项目开展情况,扩大政策知晓度,凝聚舆论共识,为推广运用政府和社会资本合作模式奠定坚实基础。

第五节 重 庆

128.《重庆市人民政府关于印发重庆市PPP投融资模式改革实施方案的通知》

（2014年8月4日起施行，渝府发〔2014〕38号）

各区县（自治县）人民政府，市政府各部门，有关单位：

《重庆市PPP投融资模式改革实施方案》已经市政府第52次常务会议审议，并经市委第86次常委会议审定，现印发给你们，请认真贯彻执行。

重庆市人民政府

2014年8月1日

重庆市PPP投融资模式改革实施方案

为深入贯彻落实党的十八届三中全会精神，充分发挥市场在资源配置中的决定性作用和更好发挥政府作用，市委将PPP投融资模式改革列入了25项重点改革专项工作。从重庆实际出发，推进PPP投融资改革，是加快基础设施建设、提供更多公共产品、提升政府公共服务水平的重要途径，是突破城市发展资金瓶颈、化解政府性债务、深化国资国企改革的重要手段。按照立足当前、着眼长远的工作要求，确保积极稳妥推进，经研究提出如下工作方案。

一、基本思路和基本原则

PPP投融资（Public-Private-Partnership，缩写PPP），指政府与社会资本合作，为提供公共产品或服务而建立的全过程合作关系，以授予特许经营权为基础，以利益共享和风险分担为特征，通过引入市场竞争和激励约束机制，发挥双方优势，提高公共产品或服务的质量和供给效率。重点是建立健全市场化的价格发现机制、合理的政府补贴机制、科学的资源配置机制和有约束的利益分配机制。

工作中注意把握以下基本原则：一是坚持风险共担。政府（或政府指定机构，下同）与投资人均承担相应的项目建设和运营风险，政府不得承担项目建设运营的兜底责任。二是坚持收益共享。政府既要充分调动社会资本参与的积极性，又要防止不合理让利或利益输送，要与投资人按合约分享项目的合理收益。三是坚持交易公平。除因国家安全、保密等有关规定外，资产或股权转让、出售等均进入相应交易场所进行，未经批准不得直接发包、转让、出

售,确保交易规范、程序合法。四是坚持诚信守约。要规范制定合约,政府与投资人一旦签署合约都必须严格执行,无故违约必须依法赔偿。

二、主要适用范围

(一)经营收费、自负盈亏类项目。通过政府核定的经营收费价格及多种经营收入,实现项目建设运营自求平衡、投资人合理收益。可采取BOT(建设—经营—移交)、BOT+EPC(设计施工总承包基础上的BOT)等PPP投融资模式。

(二)财政补贴、购买服务类项目。政府核定的经营收费价格不足以弥补项目运营成本,需要财政以购买服务方式给予补贴。可采取BOO(建设—拥有—经营)、TOO(移交—拥有—经营)等PPP投融资模式。

(三)资源匹配、合理收益类项目。政府应当投资建设但经营收费价格和财政补贴到位存在较大困难的项目,通过土地储备和物业开发等资源匹配来改变边界条件,从而实现财务平衡。可采取BOT、TOT(移交—经营—移交)、股权基金等PPP投融资模式。

(四)土地整治、收益约束类项目。对一级土地开发等投资增值项目,引入投资人直接投资但只能获取有限的合理收益。可采取整治—移交、股权融资等PPP投融资模式。

三、重点推进领域

(一)交通领域。1. 高速公路。新建项目由政府通过公开招投标引入投资人,独资或合资成立项目公司。公司负责项目建设,承担项目负债,在特许经营期内自主运营、自负盈亏。收费价格实行政府定价。已建成投运项目的政府股权采取一事一议方式,通过公开招投标转让给投资人。投资人按股比分享项目收益。行业主管部门负责监管项目建设质量、运行安全。

2. 地方铁路。政府通过公开招投标或要约引入投资人,独资或合资成立项目公司。公司负责项目建设,承担项目负债,自主运营、自负盈亏。货运价格实行市场调节价,客运价格实行政府指导价。对起步初期有一定经营困难的项目,可适当配置土地资源以降低投资人风险,土地资源按既定的性质和用途开发。行业主管部门负责监管项目建设质量、运行安全。

3. 轨道交通。政府通过公开招投标或要约引入投资人,独资或合资成立项目公司。公司负责项目建设,承担项目负债,在特许经营期内负责项目运营、享受收益。独资项目,全部建设投资通过对价方式,由政府合理匹配上盖物业开发、土地等资源;合资项目,政府按协议出资并合理匹配上盖物业开发、土地等资源对价。对价资源由投资人按既定的性质和用途自主开发、自负盈亏,作为投资回报。项目运营通过"影子"票价覆盖运营全成本(包括人工费、运行费、折旧费等),与执行票价差额由财政购买服务补贴。行业主管部门负责监管项目建设和服务质量、运行安全,财政、物价部门负责核定"影子"票价,物价部门通过公开听证适时调整执行票价。

(二)市政公共设施领域。包括城镇供水、污水处理、垃圾处理等项目。新建项目由政府通过公开招投标引入投资人,独资或合资成立项目公司。公司负责项目建设,承担项目负债,在特许经营期内开展运营、享受收益。已建成投运项目由政府通过公开招投标,引入投资人实行购买、委托、租赁运营。实行政府定价。污水垃圾处理通过财政购买服务补贴实现"保本微利"。行业主管部门负责监管项目建设质量、处理标准、运营安全。

(三)土地整治开发领域。政府以土地整治成本和收益率为主要条件,通过公开招投标或要约引入投资人。投资人按约出资并进行土地整治,验收后交由国土部门按程序招拍挂出让。政府按约支付投资人土地整治成本及收益。可采取股份公司或施工总承包方式运作,土地整治成本(不含融资成本)和投资人收益计入土地招拍挂底价。投资人按约享受有限收益,不分享土地出让增值收益。行业主管部门负责制定整治标准,监管项目建设质量,财政、审计部门负责核定整治成本。

(四)经营性社会事业设施领域。包括非义务教育、非基本医疗卫生、健康、养老、体育、文化产业等项目。政府按照区域功能和城市规划要求,编制项目布局规划,并明确项目规模及功能标准。新建项目,以特许经营方式通过公开招投标引入投资人组建项目公司,公司按规划和功能标准投资建设并开展运营、接受监督、享受收益。对政府投资已建成投运的项目,可在不改变原有服务功能的前提下,通过公开招投标引入投资人参与或受托管理。实行政府定价或政府指导价。对承担了公共服务功能的事项,政府给予同等的财政补贴。行业主管部门负责监管项目建设质量、运营安全、服务标准和服务质量。

四、科学合理确定边界条件

PPP投融资模式的关键之一是科学合理地确定边界条件。重点是对市场化的价格形成机制、公共产品的供给能力与服务水平保障机制、有效防控履约风险等做好制度安排。

(一)市场定价。充分发挥价格对投资的引导作用,凡不属于政府定价目录的产品和服务,由项目法人自主定价、自负盈亏;凡属经营性公共产品或服务性质的,按照"成本+合理回报"原则确定政府定价或政府指导价。同时物价部门要做好价格监管工作,防止项目法人随意提价损害公共利益。

(二)收费定价。注重产品或服务的公共属性,在收费政策允许范围内,根据地方经济社会发展实际和承受能力,合理制定收费标准,健全公共产品或服务收费的动态调整机制,逐步覆盖运营全成本,减少财政补贴。

(三)财政补贴。对当前尚未达到市场化条件、政府核定的价格不足以弥补项目运营成本时,按照与投资人协议承诺和合同约定,财政通过购买服务方式对"影子"价格和协议产品或服务量不足部分给予补贴。"影子"价格或财政补贴标准均应通过公开招投标要约条件竞价确定。

(四)资源配置。以土地开发收益作为投资来源或收益来源的,按照合同约定配置一定数量的土地进行对价。具体根据城市规划合理确定土地及上盖物业开发资源(容积率等条件),参照同期周边邻近地块平均楼面地价确定对价方式,以公开招投标要约条件竞价确定。

(五)防止暴利。PPP投融资模式改革允许投资人获取合理收益,但对资源配置、开发增值类项目要防止出现暴利。投资人资金占用成本和收益合并计算,合理收益率原则上以银行贷款同期基准利率作为参考,对建设周期较长的项目可适当上浮作为限价,并通过招投标方式确定。对土地配置、有经营性收入的项目,应设立超过一定幅度后的溢价共享、亏损共担机制。

五、规范审批和加强监管

(一)规范投融资方案和合约文本编制。PPP投融资方案应包括投资人资质和条件、技术或服务要求及标准、期限和范围、招标或要约条件、投资人收益率和价格测算、回报来源和支付方式、监管方式和条件、政府配套设施和服务承诺、法律关系和地位等重点内容。制定相关领域PPP标准合约文本,在完成招标确定投资人后,投融资方案重点内容均应进入合约文本。投融资方案和合约制定过程中,应引入第三方中介机构、法律顾问开展评估、参与讨论,为投资决策提供参考。

(二)规范项目审查审批。对高速公路、市政公共设施等原有模式较为成熟的项目,PPP投融资方案按原渠道审查审批。对涉及资源配置的土地整治开发、轨道交通、地方铁路等项目,PPP投融资方案由项目发起人(政府指定部门或投资主体)细化提出,按照一事一议方式,市政府行业主管部门初审,市发展改革委会同市财政局、市国资委等有关部门审核,报市政府审议后执行。区县(自治县)土地整治开发等项目PPP投融资方案由市发展改革委牵头审查,报经市政府同意后审批;其他类别项目,在试点工作结束后,由区县(自治县)政府参照前述原则审查审批。

(三)规范招投标管理。PPP投融资方案涉及的投资人引入及资产或股权转让、出售等,按项目属性分类进入联合产权交易所、土地使用权和矿业权交易中心、工程招投标交易中心等交易场所公开、公平、公正竞价进行。对采取竞争性谈判或要约方式的,应测算对价资源配置、"影子"价格、财政补贴等主要条件,并进入交易所让市场发现价格。交易流程、交易规则、监管办法统一制定,由行政监管部门加强监督。同时优化程序、简化环节,以投资概算或融资方案批复作为招投标限价,不重复审查。凡中标的投资人能够自行建设、生产或提供的合格产品,可不再单独招投标。

(四)加强全程跟踪监管。加强项目建设质量和标准、运营标准和安全的监督,保障公共安全,确保公共产品或服务供给的质量、效率和延续性。加强项目建设造价和运营成本监控,委托中介机构开展建设全过程造价跟踪审计、运营收支全过程跟踪审计。加强项目账户监管,投资人投入资金一律进入资金专户或共同监管账户进行管理和拨付。加强多方监管,畅通公众获取和反馈有关信息的渠道。加强绩效考评,健全完善正常、规范的退出机制和风险管控机制,对投资人未能如约、按量、按质提供公共产品或服务的,投资人必须按合约规定及时退出并依法赔偿。严格责任追究,对违法违规操作PPP投融资模式的,上级行政主管部门、纪检监察部门应责令限期改正,并对相关责任人员依法依纪处理。

(五)做好试点总结工作。在法律法规及边界条件设计的制度框架内,积极稳妥有序开展试点。近期,优先在市级层面的土地整治开发、轨道交通、市郊铁路等现金流稳定、资源能平衡的领域,形成试点方案并加快推进;选择若干有条件的区县(自治县)开展试点,市级有关部门加强指导和监督。在试点成功后,及时总结经验,逐渐向全市推开。同时完善我市相关特许经营权管理办法,为地方立法做好相应准备。

129.《重庆市人民政府关于创新重点领域投融资机制鼓励社会投资的实施意见》

(2015年5月7日起施行,渝府发〔2015〕27号)

各区县(自治县)人民政府,市政府各部门,有关单位:

为贯彻落实《国务院关于创新重点领域投融资机制鼓励社会投资的指导意见》(国发〔2014〕60号),进一步扩大有效投资,促进经济持续健康发展,现就进一步创新重点领域投融资机制鼓励社会投资提出如下实施意见。

一、总体要求

（一）指导思想。深刻把握经济运行"新常态"和重庆发展"新阶段"时代特征，坚持全市"一盘棋"，找准薄弱环节，进一步鼓励和吸引社会资本加大基础设施、公共服务、资源环境、生态建设等重点领域投资。坚持市场化改革方向，充分发挥市场在资源配置中的决定性作用和更好发挥政府作用，放开市场准入，完善市场规则，营造机会均等、权利对等、规则平等的投资环境，进一步激发社会投资特别是民间投资活力，增强经济发展动力，更好地服务五大功能区域发展战略，支撑全市经济平稳健康发展。

二、进一步吸引和鼓励社会资本进入重点领域

（二）鼓励社会资本进入交通基础设施领域。支持中国铁路总公司等央企加大在渝铁路干线投资。鼓励社会资本投资和运营市郊铁路、资源开发性铁路、园区货运铁路专（支）线、城市轨道交通等项目。鼓励社会资本参与收费公路建设，以城市综合体等形式投资建设客运枢纽场站。鼓励社会资本投资建设航电枢纽，采取多种方式参与港口等水运项目、干支线机场、通用航空以及机场配套服务设施等建设和运营。

（三）鼓励社会资本进入能源设施领域。鼓励和支持大型能源央企加大在渝大型电源、电网、油气等领域投资。鼓励社会资本投资建设常规水电站、抽水蓄能电站和风电、生物质能等能源项目，进入清洁高效煤电项目建设、燃煤电厂节能减排升级改造领域。积极吸引社会资本投资建设跨区输电通道、区域主干电网完善工程。鼓励社会资本投资建设分布式电源系统、分布式能源微网系统、储能装置和电动汽车充换电设施，投资发展储能技术。支持社会资本投资建设配电网，参与增量配电业务；成立售电公司，参与售电业务。支持各类企业参股建设油气管网主干线、地下储气库、城市配气管网和城市储气设施、压缩天然气（CNG）/液化天然气（LNG）加气站，控股建设油气管网支线、原油和成品油商业储备库。

（四）鼓励社会资本进入公共服务领域。鼓励社会资本通过特许经营，以国有民营、民有民营等多种方式投资城镇供水、供热、燃气、污水垃圾处理、建筑垃圾资源化利用和处理、城市综合管廊、公园配套服务、公共交通、停车设施等市政基础设施建设和运营。鼓励实行城乡供水一体化、厂网一体投资和运营。鼓励社会资本通过独资、合资、合作、联营、参股、租赁等途径，参与教育、医疗、养老、体育健身、文化设施建设和运营。统筹规划、科学布局各类公共服务设施，调整、新增公共服务领域项目要优先考虑社会资本进入。

（五）鼓励社会资本进入农业和水利领域。鼓励和吸引社会资本以特许经营、参股控股、承包租赁等多种形式参与重大水利项目的建设和运营。鼓励社会资本通过参与重大水利工程投资建设和运营等方式参与水资源开发利用和保护，并优先获得新增水资源使用权。鼓励社会经营主体投资建设和经营小农水等设施，支持财政补助资金形成的存量项目采取国有民营、公有民营等多种方式吸引社会资本。

（六）鼓励社会资本进入生态环保领域。鼓励社会资本进入生态国有林区从事生态采伐。鼓励社会资本进入生态公益型林场开展林下经济、森林旅游、经济林产品开发等多种经营。鼓励社会资本参与集体林林权流转，发展多种形式的规模经营。鼓励社会资本全面进入污染治理、环境监测、环保产品和性能认证服务等环境保护领域。

（七）鼓励社会资本进入信息基础设施领域。积极推动民营资本与移动、联通、电信开展业务合作，支持民营资本开展移动通信转售业务试点、接入网业务试点和用户驻地网业务、网络托管业务、增值电信业务，试点参与基站机房、通信塔等基础设施建设和运营。积极支

持有条件的企业申请电信业务运营牌照,参股进入基础电信运营市场。鼓励符合条件的民营企业参与通信工程设计、施工、监理、信息网络系统集成、用户管线建设以及通信建设项目招标代理服务。鼓励支持社会力量参与智慧城市、信息惠民、数据中心、物联网应用相关基础平台建设和运营。

三、创新重点领域投资模式

（八）确立社会资本投资重点领域项目建设和运营的优先地位。投资主管部门要会同有关行政主管部门,根据经济社会发展需要定期发布行业发展规划,滚动向社会公开推出相关领域项目建设计划,并根据行业特点设定建设和运营的边界条件、补偿机制或采购标准,采用合营、私营等方式,优先吸引社会资本投资,并享受与国有投资项目同等政策待遇。市场机制暂不能有效发挥作用的项目和领域,要发挥政府投资的"先导"作用和"托底"作用,切实保障公共产品供给;同时通过逐步完善价格形成、调整和补偿机制,进一步增强市场信号,完善市场机制,吸引社会资本受托管理。

（九）深入推广政府和社会资本合作模式（以下简称PPP）。继续深化重点领域PPP模式创新,结合不同行业特点,研究"影子价格""影子流量"等可计量、可考核、易操作的新方法,探索项目特定受益对象成本分担机制,合理构建商业模式,吸引社会投资。建立PPP试点项目"绿色通道",加强与社会资本对接,加快推进项目建设。强化政策保障,启动PPP投融资改革立法调研,研究明晰法律关系,推进有关特许经营权管理办法立法工作,切实保障投资人权益。

（十）扩大政府购买服务。进一步扩大公共性、基础性领域政府购买服务,公开购买服务项目和内容,以公开、公平竞争方式择优选择公共服务供给方。培育公共服务多元化提供主体,加快推进公用事业单位企业化改制,支持社会投资者组建新型公共服务提供主体,支持社会主体、企业主体、事业主体平等参与政府购买服务竞争。鼓励打破以项目为单位的分散运营模式,实行规模化经营,降低建设和运营成本,提高投资效益。

（十一）积极盘活存量资产。采取股权投资基金等多种方式吸引、聚合社会资本,以股权转让、股权融资、公私合营等方式吸引社会资本参与铁路、公路、水运、航电枢纽、水电站、水利以及园区基础设施等具有一定经营效益的存量项目建设和运营。加大国铁干线铁路地方合资股份等存量资产盘活力度,积极探索通过股权置换、"存量换增量"等方式,进一步扩大中国铁路总公司等央企在渝投资。存量资源变现资金要用于有关重点领域建设。

四、创新融资渠道和工具

（十二）探索创新信贷服务。加大对重点领域的信贷倾斜,推进信贷产品期限、还款方式、抵质押方式创新,健全风险补偿机制。支持开展排污权、收费权、集体林权、特许经营权、购买服务协议预期收益、集体承包土地经营权质押贷款,以及利用土地经营收益和供水、发电、污水垃圾处理等预期收益质押贷款。鼓励银行金融机构新设小微支行和社区支行,探索运用大数据分析等信息技术手段,优化信用评级体系,降低资金成本。

（十三）支持开展股权及债权等多元渠道融资。鼓励、支持社保资金、保险资金等通过股权或债权方式投资我市收益稳定、回收期长的基础设施和基础产业项目。支持重点领域项目及其企业通过银行间市场、证券市场、私募市场、全国中小企业股份转让系统和境外市场扩大直接融资规模,探索发行棚改债、可续期债、并购债、境外点心债等创新债券品种。支持市内企业与证券公司、基金管理公司子公司等金融机构合作,积极开展以重点领域项目预期收益权为标的的资产证券化创新。鼓励、支持开发性金融机构充分发挥中长期融资优势及综合性金融服务能力,创新提供期限匹配、成本适当、多元可持续的金融产品,积极拓宽PPP项目及重点领域项目的融资渠道。

(十四)鼓励发展重点领域投资基金。鼓励社会资本与市内企业合作,发起设立产业投资基金和创业投资基金,重点投向现代物流、生态环保、基础设施、区域开发、战略性新兴产业、先进制造业等领域。做大做强重庆战略性新兴产业引导股权投资基金,按照"政府引导、市场运作"原则,撬动更多社会资本投入。充分发挥重庆股份转让中心作用,加强区域性场外市场建设,积极纳入全国新三板市场体系,为基金投资提供退出通道。

五、创新政府资源配置方式

(十五)优化政府投资安排方式。政府投资要收紧拳头、集中力量、补充短板,重点加强公益性和基础性重大项目建设。对鼓励社会资本参与的重点领域,政府投资可根据实际情况,采取投资补助、基金注资、担保补贴、贷款贴息等方式给予支持,进一步发挥政府投资"四两拨千斤"的引导带动作用。

(十六)完善重点领域价格形成机制。建立健全公益性项目和公用事业成本监审机制,加快改进基础设施价格形成、调整和补偿机制,使经营者能够获得合理收益。通过政府购买服务、政府配置资源、价格合理调整等方式,达到国有资本和社会资本合作共赢、利益共享、风险共担的目的。按照市场化方向和构建现代企业制度的要求,健全合资项目投资收益回报分配机制,保障投资者合法收益。

(十七)落实重点领域优惠政策。按照《国家税务总局关于进一步贯彻落实税收政策促进民间投资健康发展的意见》(国税发〔2012〕53号)精神,切实落实社会资本发展公益性事业的税收优惠政策。按照市政府关于加快教育、医疗、卫生、文化、养老等社会事业改革的工作要求,落实在用地、用水、用电、用气价格方面的优惠政策,保障社会资本在人力资源培训交流、医保社保政策方面的同等权益,进一步增强社会投资信心。

六、创新政府服务和监管模式

(十八)营造公开透明的市场环境。市级行业主管部门要结合行业特点,及时向社会公开发布项目投资信息。市政府有关部门要开辟"绿色通道",加快办理项目审批(核准、备案)、规划选址、土地预审、环境评价、节能审查等前期手续,同步开展投融资方案编制工作和招商洽谈工作,推进项目尽快落地。要搭建服务平台,完善跟踪机制,畅通民间投资主体反映诉求和交流沟通的信息渠道,切实解决投资项目建设运营中的矛盾问题,全力做好政府服务各项工作。

(十九)建立标准规范的市场合约制度。按照不同行业特点,规范完善合同范本,确保合同内容全面、规范、有效。要按照要约条件,由项目实施机构和社会资本依法签订项目合同,进一步明确服务标准、价格管理、回报方式、风险分担、信息披露、违约处罚、政府接管以及评估论证等内容,以市场合约制度保障投资人权益。

(二十)形成公平公正的监护机制。建立和完善行业绩效考评体系,确保公共产品和服务的质量、效率和延续性。鼓励推进第三方评价,鼓励公众参与和社会监督,完善公众咨询、投诉和处理机制,对公共产品和服务的数量、质量以及资金使用效率等方面进行综合评价,评价结果向社会公示,作为价费标准、财政补贴以及合作期限等调整的参考依据。建立项目退出机制,明确项目退出路径,妥善处理投资回收、资产接管等事宜,保障项目持续稳定运行。

七、创新工作保障措施

（二十一）进一步简政放权。继续深化投资体制改革，对投资项目行政审批事项进行合并、取消和下放，减少审批环节，规范审批流程，提高服务效率。严格按照国家有关要求，清理精简前置审批条件。强化纵横联动协管，切实落实已取消、下放的审批事项。建立重大项目部门协调联动推进机制，推进重点领域建设项目加快实施。

（二十二）建立服务对接机制。以项目为载体，由市、区县（自治县）发展改革部门牵头，建立与各类金融机构定期对接、推介的服务机制，协同行业主管部门做好重点领域的融资服务工作。各行业主管部门要加强与牵头单位的衔接沟通，研究引导社会资本进入重点领域的具体方式，指导项目单位拟定合理的融资方案。引导金融机构加大对重点领域建设项目的支持力度，努力为重大工程项目提供长期稳定、低成本的资金支持。

（二十三）建立项目推进责任制。各行业主管部门要结合实际，按照职责分工抓紧制定本领域实施细则，于2015年5月底前向社会公开。要根据行业规划建立吸引社会投资的重大项目储备库，形成"试点一批、储备一批、推出一批"的滚动发展机制。要瞄准重点地区、重点企业，组织招商引资活动，积极推介重点项目。已签约项目要建立由行业主管部门负责、有关部门参与的项目推进责任制，切实抓好跟踪服务，确保尽快落地实施。

创新重点领域投融资机制对稳增长、促改革、调结构、惠民生、防风险具有重要作用。各区县（自治县）政府、市政府各部门和有关单位要进一步提高认识，加强组织领导，健全工作机制，充分利用政府信息公开平台和互联网门户网站，及时公布重点领域的发展建设规划及布局，积极引导社会资本参与重点领域重大项目建设。市政府督查室、市发展改革委要会同市级有关部门加强对本实施意见落实情况的督促检查，重大问题及时向市政府报告。

附件：重点领域吸引社会投资重点任务分工（略）

重庆市人民政府
2015年5月7日

130.《重庆市人民政府关于印发重庆市推进城乡基本公共服务资源配置机制改革实施方案的通知》

（2015年10月12日起施行，渝府发〔2015〕61号）

各区县（自治县）人民政府，市政府各部门，有关单位：

《重庆市推进城乡基本公共服务资源配置机制改革实施方案》已经市政府第103次常务会议审议并经市委第150次常委会议审定，现印发给你们，请认真贯彻执行。

重庆市人民政府
2015年10月12日

重庆市推进城乡基本公共服务资源配置机制改革实施方案

为切实加强城乡基本公共服务资源配置机制改革,提高资源配置效率,推动优质要素资源流动,加快推进城乡基本公共服务均等化,实现发展成果更多更公平惠及全市人民,结合我市实际,制定本实施方案。

一、总体要求

(一)指导思想。

深入贯彻党的十八大和十八届三中、四中全会以及习近平总书记系列重要讲话精神,全面落实五大功能区域发展战略,准确把握新常态下民生改善与社会发展面临的机遇和挑战,把解决人民群众最关心、最直接、最现实的利益问题作为根本出发点,紧紧围绕全面建成小康社会、实现基本公共服务均等化、努力为全社会提供多层次多样化服务等发展目标,以创新体制机制为重点,努力构建供给主体更多元、供给方式更多样、资源配置更公平和高效的基本公共服务资源配置机制,增进群众福祉。

(二)基本原则。

——坚持"全市一盘棋"。充分考虑区域功能定位、产业发展需求、经济社会发展水平和人口流动规律等综合因素,建立健全与各功能区功能导向、人口分布相适应的基本公共服务统筹规划和保障机制,统筹推动城乡基本公共服务事业,促进区域经济与社会民生协调发展。

——加强政府资源优化配置。全面落实政府基本公共服务职责,加大公共财政投入,重点保基本、兜底线、强基层、促公平。优化政府对公共服务资源的直接配置模式,努力扩大城乡基本公共服务覆盖面,着力提升政府公共服务供给效能和水平。

——充分发挥市场机制作用。积极稳妥地利用市场机制推进公共服务领域资源优化配置。在市场主体发育相对较好、基本公共服务标准和监管比较规范的区域与领域,充分发挥市场在资源配置中的决定性作用,政府应当尽可能采取购买服务或PPP合作等方式,引进社会第三方提供基本公共服务,实现提高服务水平和效率的目标;在有一定竞争性、经营性的公共服务领域,政府应当在规范引导和有效监管的基础上,采取特许经营、承诺经营、自主经营等方式,为社会提供多样化的公共服务。

——积极应用现代信息技术手段。发挥互联网、云计算、大数据等现代信息技术对资源配置的优化和集成作用,积极探索"互联网+公共服务"新机制、新模式。推动公共服务供给方式和服务模式变革,进一步提升公共服务的便捷普惠性,特别是通过新一代信息化手段,引导公共服务资源向贫困乡村、边远山区覆盖,让公众享受更加公平、高效、优质、便捷的服务。

(三)适用范围。

立足解决人民群众最关切的民生问题,按照循序渐进原则,当前重点围绕公共教育、医疗卫生、养老服务、残疾人康复、文化体育、就业和社会保障等基本公共服务领域,创新资源配置体制机制。对涉及社会救助、社会福利等其他基本公共服务领域资源配置问题,待试点取得初步成效后,再逐步研究推进。

二、全面落实政府基本公共服务职责

(一)建立基本公共服务标准体系和规划引导约束机制。

1. 合理确定基本公共服务保障内容和标准。厘清政府职责,处理好群众基本生存发展

需求与提升性差异化需求的关系、基础保障需求与政府财力承受的关系、全民均衡享受与特殊群体倾斜照顾的关系,按照国家基本公共服务中长期规划提出的标准要求,界定政府必须提供基础保障的具体服务事项,逐项研究确定目标对象、服务标准、覆盖水平等,形成科学合理的基本公共服务保障内容和标准。

2. 建立基本公共服务配置标准。对纳入政府基础保障的各项基本服务项目,逐项研究相应的配置标准,包括基础设施设备配置标准、服务人员配备标准、人均最低支出标准、日常运行管理规范、服务技术规范等。对涉及特定服务保障对象的项目要明确服务对象资格认定等标准。加强社区综合服务平台建设,重点解决基本公共服务"最后一公里"的可及性问题。

3. 科学编制基本公共服务发展规划。以服务半径、服务人口为基本依据,统筹规划各功能区基本公共服务设施空间布局。对原有设施布点过密区域,要控制发展,有序转移疏减;对人口聚集发展新区域,要加强基本公共服务基础设施布局;对薄弱偏远区域、人口减载区域,注重基本公共服务设施的合理保留和科学完善,确保不因未来人口减少而影响当期基本公共服务水平和质量。

4. 建立标准和规划动态调整机制。充分利用大数据,以全市自然人信息数据库为基础,分类叠加地理空间信息数据和基本公共服务保障信息数据,实时监测城乡区域间基本公共服务均衡保障情况。根据实时监测数据,结合国家基本公共服务规划要求、政府财力供给、社会发展水平和群众需求情况,适时调整城乡基本公共服务保障范围、保障标准,并同步修订发展规划,确保相关标准和规划与全市经济社会发展阶段相协调,与广大人民群众提高物质文化生活水平需求相适应。

(二)优化公共财政投入机制。

1. 突出公共财力投入重点。建立基本公共服务各级财政投入稳定增长机制,保证政府对公共服务的供给能力。立足缩小城乡和区域差距,突出公共财政支持重点,重点加强非营利性、公益性和基础性公共服务设施建设,重点扶持农村及边远、贫困、少数民族地区,重点支持"互联网+公共服务"基础设施建设,重点加大渝东北生态涵养发展区和渝东南生态保护发展区公共财政投入。

2. 改革和完善财政转移支付制度。进一步理顺市、区县、乡镇三级政府基本公共服务事权和支出责任,推进转移支付改革,优化转移支付结构。逐步提高一般性转移支付占比,完善转移支付分配办法,建立财政转移支付同农业转移人口市民化挂钩机制,促进区域间基本公共服务均等化,建立激励约束机制,引导一般性转移支付资金向贫困乡村、边远地区投入。充分考虑公共服务提供的有效性、受益范围的外部性、信息获取的及时性等因素,清理整合专项转移支付,加大资金统筹力度。规范专项转移支付分配管理,提高资金使用效益。

3. 提高闲置资源利用效率。充分利用闲置校舍、闲置厂房、乡镇建制调整闲置资产、楼堂馆所清理后新增可调剂资产等,加快对现有设施的清理,通过调剂、划拨、置换、租用等多种方式,增添基本公共服务设施,完善基本服务功能。以最大限度利用公共服务资源为目标,以满足需求、方便使用、减少浪费、提高效率为原则,打破行业和地域壁垒,建立更大范围的公共服务资源统筹利用格局。

三、运用市场机制优化基本公共服务资源配置

(一)积极优化政府公共服务资源配置。

1. 加大政府购买服务力度。对适宜采取市场化方式提供、当地社会力量能够承担的基本公共服务事项，原则上政府应尽可能按照以事定费、竞争择优原则，交给社会力量承担，并根据服务数量和质量支付费用。加快制定政府购买基本公共服务指导目录，编制年度购买服务计划，加强购买服务招投标、预算管理和绩效评估监督。积极探索政府采购公共服务、向目标人群发放有价凭单、目标人群自主选择服务商等多种购买服务的方式。

2. 推广政府和社会资本合作。发挥好财政资金的杠杆作用，鼓励社会资本通过合资、合作、租赁等途径，共同参与基本公共服务设施建设和运营。结合不同行业特点，研究"影子价格"、服务覆盖范围等可计量、可考核、易操作的新方法，探索特定受益对象成本分担机制。积极探索公建民营、民办公助、特许经营、房地产开发协议配建等多种方式，以及股权置换、"存量换增量"等机制改革，不断扩大公共服务供给总量，提高服务水平。

3. 鼓励人才资源合理流动。创新公共服务机构人员管理机制，形成有利于人才培养与合理流动的管理模式。鼓励公共服务机构设置一定比例的流动岗位，吸引高水平服务人才兼职。职称（职务）评聘向各种所有制的基层单位倾斜。鼓励公共服务机构人员在区域间、城乡间和不同所有制单位之间合理规范流动。采用定向援助、对口支援和对口帮扶等多种形式，推动城市优秀人才向基层单位流动。

（二）进一步优化市场环境。

1. 放宽市场准入。要把促进改善民生与增强经济动力、社会活力结合起来，瞄准潜力大、前景好的健康养老、文化体育、教育培训等公共服务产业，为各类市场主体营造公平竞争的发展环境。凡是法律法规没有明令禁入的领域，都要向社会资本开放。政府制定的各类公共服务体系发展规划要为社会资本进入留足空间。厘清市场主体投资自主决策权和政府监督权的关系，全面清理不利于市场主体进入的有关政策规定，依法依规取消不合理的行政审批事项和审批条件。

2. 培育多元市场主体。鼓励要素资源向提供公共服务的优势机构和品牌企业集中，发展各种所有制和多种运作管理模式的公共服务产业集团。推动国有公共服务资产清产核资和所有权界定，创新国有资产经营管理模式，鼓励公立机构利用自身品牌、技术、人力资源等各方面优势，通过委托管理、兼并重组、股权运作等方式，实现集团化、规模化、连锁化发展。鼓励市内外品牌企业通过跨行业、跨所有制兼并重组进入公共服务行业。大力引进国内外知名企业在渝设立公共服务运营、研发中心。鼓励发展一批"专、精、特、新"的公共服务小微企业。鼓励公共服务行业协会、社团、民办非企业单位等非营利性组织发展。

3. 加大各类政策保障支持力度。进一步完善配套支持政策，在规划布局、用地保障、水电气等要素价格、税收政策、行政事业性收费等方面，保障民办机构与公立机构享受相同待遇。保障民办机构工作人员在职称评定、科研立项、技能鉴定、职业培训等方面与公办机构享受同等待遇。进一步加强投融资服务，鼓励和支持保险资金等通过股权或债权方式投资公共服务业，鼓励和支持社会资本设立社会事业发展产业投资基金，支持符合条件的营利性公共服务企业在境内外交易所上市融资，在新三板、重庆股份转让中心挂牌，鼓励实施资产证券化，探索发行公共服务企业专项收益债。

四、推进"互联网+公共服务"行动

（一）推进"互联网+教育"行动。探索新型教育服务供给方式，加快推进教育信息化"三通两平台"建设，鼓励互联网企业与社会教育机构根据市场需求开发数字教育资源，提供互动教学、个性化辅导、实训教学等网络化教育服务。对没有寄宿制学校的边远乡村，优先推广在线开放课程等网络学习模式，探索线上线下学习相结合的学籍许可、学分认证与学分转换等制度，构建面向学习需求、专家名师授课的在线教育课程体系，扩大优质教育资源覆盖面，促进教育公平。

（二）推进"互联网+医疗卫生"行动。建立健全全员人口信息、电子健康档案和电子病历三大数据库。加强区域医疗卫生服务资源整合，积极探索互联网远程医疗、医疗物联网等网络医疗健康服务应用。利用互联网提供在线预约诊疗、划价缴费、诊疗报告查询等便捷医疗服务和长期跟踪、动态更新、监测预警的个性化健康管理服务。积极发展互联网健康咨询、健康档案查询、自我健康管理等应用服务，提升规范化和专业化水平。开展"网络医院"试点。支持第三方机构构建医学影像、健康档案、检验报告、电子病历等医疗信息共享服务平台，引导医疗机构面向远郊区县（自治县）和农村地区开展基层检查、上级诊断等远程医疗服务。

（三）推进"互联网+养老服务"行动。依托现有互联网资源和社会力量，以社区为基础，搭建养老信息服务网络平台，发展老年电子商务，利用互联网、物联网技术手段创新居家养老服务模式，提供紧急呼叫、家政预约、健康咨询、物品代购、服务缴费等服务项目。鼓励养老服务机构应用基于移动互联网的便携式体检、紧急呼叫监控等设备，提高养老服务水平。推进养老服务与医疗、家政、保险、健身、旅游的互联互通，积极利用互联网技术手段推进"医养融合"发展。

（四）推进"互联网+文化体育"行动。创新开展公共文化物联网服务，改革全市公共文化产品配送机制，整合各类公共文化资源，依托物联网平台，实现群众网上点单、政府按需购买配送文化产品、各类文化服务主体竞争性供给的服务新模式。大力推进"三网融合"，加快构建标准统一、互联互通的公共数字文化服务网络，丰富文化服务资源。支持体育服务电商平台建设，搭建"重庆体育"云平台，整合体育用品、赛事表演、场馆服务、健身康体等各类体育资源，推进体育消费便捷化、个性化。

（五）推进"互联网+就业和社会保障"行动。加快"金保二期"工程建设，促进参保人员社会保险关系信息数据依法在全市范围内高效、便捷、无障碍转移接续，实现数据集中、五险统征、集中结算。搭建基于互联网的人力资源服务平台，建立统一规范灵活的人力资源市场，更好满足用人单位和劳动者对更高质量就业服务的需求。建立并推广使用重庆市职业培训信息管理平台，并与"金保二期"工程其他业务系统进行数据联动，进一步强化职业培训规范管理，优化职业培训公共服务。对贫困家庭待就业人员，建立覆盖到户的信息定向采集和即时跟踪系统，充分利用大数据技术，提供精准就业帮扶。完善跨地区医保费用结算管理服务，逐步扩大跨省市医保费用即时结算范围，构建便民快捷的一体化社会保障公共服务体系。延伸相关就业和社会保障网络覆盖，推动就业网络招聘，通过搭建社区公共服务平台，实现社会保险就近办理。

五、组织实施

（一）建立协调推进机制。建立基本公共服务资源配置机制改革协调制度，研究解决重大事项，统筹推进相关工作。明确市级行业主管部门责任，牵头部门要会同有关部门和单位制定实施细则，明确路线图、时间表和任务书，按程序报批后组织实施；市政府其他有关部门和有关单位在各自职责范围内，积极协助，主动配合。各区县（自治县）政府根据市级行业主管部门制定的专项改革方案，结合本地实际推动各项改革任务落实。

(二)加强政策统筹衔接。加强有关政策、规划和改革举措的统筹协调和有效衔接。建立公共服务政策协调审查机制,组织开展政策清理,及时依法废止有违市场化规律、阻碍新兴产业和新兴业态发展的政策条款,落实国家非营利性教育、医疗、养老、体育健身、文化机构税收优惠政策。建立健全基本公共服务成本监审机制,加快改进价格形成、调整和补偿机制。

(三)开展统计监测和绩效考核。各区县(自治县)政府、市级行业主管部门要做好公共服务领域的统计监测工作,研究判断公共服务资源配置形势和趋势变化,提出促进资源优化配置的合理化措施建议。加快建立新兴公共服务业态的统计监测体系,完善公共服务消费支出统计。进一步加强基本公共服务绩效考核,探索引入第三方开展绩效评价,完善公众咨询、投诉和处理机制,对公共产品和服务的数量、质量以及资金使用效率等方面的综合评价结果及时向社会公示,并作为调整收费标准和确定财政补贴、合作期限的参考依据。

(四)积极稳妥有序推进。按照民生工作"五个坚持"的原则,围绕教育、医疗卫生等公共服务领域,重点突破市场准入、创新驱动等关键共性环节,着力加强责任制度体系建设。处理好积极与稳妥、全面履行政府职责与充分发挥市场作用、重点突破与协同推进等关系。鼓励各区县(自治县)政府和市级行业主管部门因地制宜,探索适合本行政区域和本行业特点的做法。要加强舆论宣传引导,大力宣传城乡基本公共服务资源配置机制改革的重要意义、主要做法和成功经验,营造浓厚的社会氛围。

附件:城乡基本公共服务资源配置机制改革重点任务分工表(略)

131.《重庆市发展和改革委员会关于印发PPP合作通行协议指导文本的通知》

(渝发改投〔2014〕1444号)

重庆市PPP通行协议指导文本

第一章 总 则

按照相关法律、法规、标准和规范的要求,根据_____(根据项目具体情况,简单介绍本协议签署的目的、原则和法律依据),经重庆市人民政府授权,本协议由_____(部门)(被授权人)(下称"甲方"),地址:_____,被授权代表:_____,职务:_____;与_____(下称"乙方"),注册地点_____,注册号:_____,法定代表人:_____,职务:_____,国籍:_____。于___年___月___日在重庆市签署。

鉴于:

(1)重庆市人民政府决定以特许经营的方式实施_____项目(以下简称"项目")。该项目已于___年___月___日获得_____人民政府或有关部门的批准,或者纳入_____规

划。(批文或规划见附件____);

(2)_____(甲方)于___年___月至___年___月对_____项目遵循公开、公平、公正和公共利益优先的原则,经过_____,确定由_____(乙方)承担本项目的建设。

双方在此达成如下条款:

第二章 术语定义

第1条 术语定义

1.1 术语定义

在本协议中,下述术语具有下列含义:

"项目"	指_____项目,建设规模为_____建设地点为_____。
"本协议"	指甲方与乙方之间签订的本特许经营协议,包括附件____至附件____,以及日后可能签订的任何本特许经营协议之补充修改协议和附件,上述每一文件均被视为并入本协议。
"生效日期"	约定的协议生效日期。
"法律适用"	指适用所有的中国法律、法规、规章和政府部门颁布的所有技术标准、技术规范以及其他所有的强制性要求。
"法律变更"	指:a. 在本协议签署之后,本协议适用的法律被修改、废除或重新解释以及新颁布的任何法律;或者b. 甲方的任何上级政府部门在本协议签署日之后修改、批准的重要条件或增加的任何重要的额外条件。并且,上述任何一种情况导致:(i)适用于乙方或由乙方承担的税收、税收优惠或关税发生任何变化;或(ii)对项目的融资、建设、运营维护和移交的要求发生任何变化。
"工作日"	指法定的工作日。
"投标保函"	指投标人按照投标人须知与投标书同时提交的保函。
"土地使用权"	由重庆市土地管理部门划拨给项目的土地使用权或通过招牌挂方式取得的土地使用权
"土地使用权证明"	指由重庆市土地管理部门核发的土地使用权证
"批准"	指根据本协议的规定,乙方为项目进行融资、建设、拥有、运营、维护和/或移交而需从政府部门获得的审批、审查、许可、登记、核准、核备、备案等。
"融资完成"	指乙方与贷款人签署并递交所需的有效融资文件(包括满足或放弃该融资文件要求的获得首笔资金的每一前提条件),用以证明乙方为本项目获得举债融资所需的全部交易办理完毕,同时乙方应一并收到本协议和融资文件可能要求的股权投资人的认股书(或股权出资)。
"融资文件"	指与项目的融资或再融资相关的贷款协议、保函、外汇套期保值协议和其它文件,但不包括:1) 与股权投资人的认购书或股权出资相关的任何文件,或2) 与提供履约保函和维护保函相关的文件。
"开工日期"	指颁布项目施工许可证之日,或按约定方式确定的日期:(a)本协议生效后_____天,或_____(b)____年___月___日,或_____(c)其他条件。
"最终竣工日"	指实质上完成项目施工并合格地通过交工验收后,在交工证书中标明的日期。

"开始商业运营日"	指满足第7.3条的规定,项目视为开始商业运营之日
"特许经营期"	具有第2.2条规定的含义。
"履约保函"	指乙方按照本协议第3.3条规定向甲方提供的保函。
"商业运营期"或"运营期"	指自开始商业运营日起至特许经营期最后一日止的期间。
"经营收费"	指甲方根据本协议就____项目应向乙方承担支付的_____费用。
"收费单价"	指_____。
"运营年"	指运营期内任一公历年度期间,但第一个运营年的开始应自开始商业运营日开始,最后一个运营年的结束应在特许经营期的最后一日结束。
"运营月"	指运营期内任一个公历月期间,但第一个运营月的开始应在开始商业运营日开始,最后一个运营月的结束应在特许经营期的最后一日结束。
"运营日"	指运营期内每日从00:00时开始至同日24:00时结束的二十四小时期间。
"维护保函"	指按照本协议第8.5条款向甲方提供的保函。
"移交日"	指特许经营期结束后的第一个工作日,或经双方书面同意的移交项目设施的其它日期。
"违约"	指本协议签约任何一方未能履行其在本协议项下的任何义务,而且这种违约不能归咎于另一方违反本协议的作为或不作为或不可抗力等。
"违约利率"	指违约当时适用的中国人民银行规定的一年期贷款利率加__%。
"不可抗力"	指不能预见、不能避免并不能克服的客观情况。

1.2 其它

在本协议中:

(a)"元"指"人民币元",为中华人民共和国法定货币;

(b)除本协议上下文另有规定外,"一方"或"各方"应为本协议的一方或各方;本协议、或融资文件的各方均包括其它各自的继任者和获准的受让人;

(c)所指的日、星期、月、和年均指公历的日、星期、月、和年;

(d)所指的合同是指与该项目有关的所有合同和合同附件,并且在任何情况下均包括对该合同所作的补充或修改;

第三章 特许经营权

第2条 特许经营权

2.1 特许经营权

甲方按照有关法律、法规的规定授予乙方的在特许经营期内独家的行使的权利,以使乙方进行_____(融资、建设、运营和维护)项目设施的建设并取得经营收费。

乙方的特许经营权在整个特许经营期内始终持续有效。

在特许经营期内,非经甲方同意,并仅限于本项目的融资担保所需,乙方不得擅自就本特许经营权及相关权益向任何第三方进行转让、出租、质押或其它任何处置。

确因公共利益需要,出现_____情形时,甲方可以收回特许经营权、终止协议履行、征用实施特许经营的城市公用事业项目、指令项目公司提供公共产品或者服务,但应当按照约定(附件12、15)给予相应补偿。

2.2 特许经营期

除非依据本协议进行延长或第16条而终止，特许经营期应为_____年，自本协议生效之日起（或约定的某一时点，如开始运营之日）计算。（BOT、BOO模式包括准备期、建设期和运营期三个阶段）

特许经营期应根据项目特点、规模和运营方式等因素确定，最长不得超过30年。

特许经营期结束，需要延长特许经营期限的，应重新签订协议。

第3条 声明和条件

3.1 甲方的声明

甲方在此向乙方声明，在生效日期：

（1）甲方已获重庆市人民政府授权管理本项目，有权签署本协议，并可以履行其在本协议项下的各项义务；

（2）甲方已经获得本协议附件____列出的应在生效日期前获得的所有批准；

（3）如果甲方在此所作的声明被证实在作出时存在实质方面的不属实，并且该等不属实声明严重影响本协议项下项目的顺利进行，乙方有权终止本协议。

3.2 乙方的声明

乙方在此向甲方声明，在生效日期：

（1）乙方是依据中华人民共和国法律正式成立的合法机构，具有签署和履行本协议、其它项目合同和融资文件的法人资格和权利；

（2）乙方已经获得本协议附件____列出的应在生效日期前获得的所有批准；

（3）乙方应确保在特许经营期内的任何时候，在项目中的投资股本金数额高于或等于届时项目投资额的____%；

（4）如果乙方在此所作的声明被证实在作出时存在实质方面的不属实，并且该等不属实声明严重影响本协议项下项目的顺利进行，甲方有权终止本协议。

3.3 履约保函

（1）建设期的履约保函。乙方注册登记并完成项目批准手续后____个工作日内，应向甲方提交按照附件10的格式出具的履约保函。履约保函的金额为相应工程项目资本金的____%。以保证乙方履行本协议项下有关设计和建设的义务。

（2）运营期的履约保函。乙方应在每个运营年的____月____日前向甲方交纳上一年度运营收入的____%作为乙方在运营期的履约担保的组成部分，直到运营期的履约担保金额达到_____为止。履约保证金可专项用于项目的_____，最低额度应保持在_____以上。

3.4 融资完成

乙方应确保于生效日期后____个工作日内实现融资完成，在融资完成后____个工作日内向甲方书面确认融资完成，并交付所有签署的融资文件的复印件，以及甲方可能合理要求的表明融资完成已实现的其它证明文件。

投资人承诺出资的项目资本金必须全部为其自有资金，注册成立项目公司后，以特许权质押等方式向银行或其他机构融资。甲方不能作为乙方融资活动的担保人，不能为乙方的融资活动承担任何风险和责任。

3.5 甲方的权利和义务

（1）授予乙方特许经营权。

（2）根据本协议的规定按时向乙方支付_____。

（3）在特许经营期内，协助乙方办理有关政府部门要求的各种与本项目有关的批准和保持批准有效。

（4）对乙方特许经营过程实施监管，包括产品和服务质量，项目经营状况和安全防范措施，以及协助相关部门核算和监控企业成本等。

（5）甲方本着尊重社会公众的知情权，鼓励公众参与监督的原则，有权及时将产品和服务质量检查、监测、评估结果和整改情况以适当的方式向社会公布。并受理公众对乙方的投诉，并进行核实处理。

（6）遇紧急情况，在可能严重影响公众利益的情况下，可依法对乙方进行临时接管。

3.6 乙方的权利和义务

（1）乙方在特许经营期内享有特许经营权；

（2）根据本协议的规定，乙方应在特许经营期内自行承担费用、责任和风险，负责进行项目的_____（融资、建设，以及项目设施的运营与维护）；

（3）按照本协议规定的方式取得_____（经营性收费或政府补贴）。

（4）接受政府部门的行业监管。服从社会公共利益，履行对社会公益性事业所应尽的义务和服务。

3.7 转让并移交（适用于TOT，TOO形式）

（1）特许经营权的转让。由甲方与乙方共同委托第三方评估机构，对项目资产总额、设施设备运行情况、债权债务关系等进行评估。达到_____条件，可进行特许经营权的转让并移交项目。

（2）项目的移交。甲方根据评估结果，将_____（包括运营、维护、权利和义务等）移交给乙方。

第四章 项目建设（BOT、BOO形式适用）

第4条 土地使用

4.1 土地使用权

在本协议生效后，以_____（视项目具体情况而定）形式由甲方向乙方提供或由乙方自行取得项目用地的土地使用权（以下简称"土地使用权"），并确保乙方在特许经营期内独占性地使用土地。

4.2 对使用土地的限制

无甲方事先书面同意，乙方不得将第4.1条项目土地用于项目之外的其它任何目的。

4.3 征地拆迁

甲方应协调好有关部门和单位，协助乙方进行本项目工程建设用地征地拆迁工作。征地拆迁的有关费用包括_____等由乙方承担。征地标准按照批复的初步设计概算的标准执行。

第5条 勘察与设计

5.1 设计要求

乙方应以本项目工程可行性研究报告中的推荐方案为依据，按照规定的技术规范和要求以及适用法律法规及审批程序，自行承担或依法选择确定有相应资质的设计单位进行本项目初步设计和施工图设计,并承担相应费用。

乙方应对由于乙方原因造成的本项目设计中的任何缺陷负责,甲方未对设计文件提出异议不应被视为对本协议项下其权利的放弃,或以任何方式解除乙方在本协议项下的义务,唯有第5.4条规定的情况除外。

5.2 审阅设计标准和技术规范

乙方已审阅过附件4规定的设计标准和技术规范。对设计文件中的任何错误、不一致、不明确或遗漏应在下一阶段工作中提出并给予纠正,否则造成的后果和一切费用应由乙方承担。

5.3 施工图设计

乙方应根据批准的初步设计和附件4中列明的设计标准和技术规范进行施工图设计,并提供给甲方或甲方委托的具有审查资质的专门机构进行建设前审查。如果在施工图设计中需要对初步设计进行重大变更则应提出变更理由。乙方不得擅自修改设计标准和工程规模,有内容变更的施工图设计,必须经甲方批准方可以据此施工。如申报后____日内甲方未书面拒绝,视为甲方同意该施工图的内容变更。

5.4 甲方的责任

只有在下列情况下,甲方应对设计中的错误负责:

(a)乙方认为甲方批复中部分内容错误,并书面通知甲方,在通知发出后____日内甲方没有对该错误进行纠正;

(b)甲方在收到乙方有关错误的通知后,书面答复乙方按照原设计行事。

第6条 建设

6.1 乙方的主要义务

乙方应依照所有适用法律法规和建设程序以及本协议的要求,负责本项目设施的建设工程,并承担建设工程中应承担的费用和风险,包括:

(a)在本协议规定的开工日期或之前,开始工程建设,在本协议规定的竣工日期或之前竣工;

(b)进行施工前准备,及时提供所有必要的施工设施;

(c)根据适用法律法规和基本建设程序、批准的初步设计和施工图设计、所有适用的施工标准和规范及本协议的其它要求,自行承担或依法选择确定有相应资质的承包商进行项目施工建设。在施工工程中安装的所有设备必须是全新的,使用的所有材料必须经检验是合格的;

(d)依法选择确定有相应资质的监理公司进行项目建设施工的全过程监理,并承担相应费用;

(e)在项目建设过程中,乙方在签署、取得或完成各种合同、审批等文件后,应于__个工作日内将相应的有关项目建设的文件之复印件报甲方备案;

(f)在工程建设完成后,按照本协议第6.8条的规定交付有关竣工图纸和技术资料。

6.2 甲方的主要义务

(a)在建设期内协助乙方办理有关政府部门所要求的批准和保持批准有效;

(b)给予属于甲方批准权限内的批准并保持批准有效。

6.3 质量保证和质量控制

在工程建设开始之前,乙方应建立健全质量保证体系、安全保证体系,制定和执行工程质量保证和质量控制计划,并在工程建设进度月报表中同时反映工程质量监控情况。这部分是否可以给甲方设定"甲方有权对乙方的质量保证和质量监控进行监督的权利"的表述

6.4 项目进度计划

6.4.1 项目计划

双方应根据附件6规定的进度计划履行其在本协议项下的建设义务。

如果出现下列情况,附件6规定的进度计划日期的最后期限将延长或修改。

(a)第11.1条所述的不可抗力事件;

(b)由于第6.9条所述的发现文物使工程建设的实施延误;

(c)由于甲方的违约而造成乙方的延误;

(d)由于乙方的违约而造成甲方的延误。

6.4.2 进度日期的延长

当第11.1条不可抗力事件发生后,一方应在实际发生延误的_____个工作日之内,向另一方提出书面的延期要求,并说明该延期是已采取所有合理的措施后所无法回避的延期。

收到延期要求的一方应积极同提出要求的一方就延期事项进行协商,并达成书面意见。如提出书面要求的一方在_____个工作日之内没有收到另一方对延期表示异议的书面意见,将被视为另一方对延期的要求已表示同意。

6.4.3 由于甲方的原因导致开始商业运营日的延误

如果由于甲方的违约造成开始商业运营日的任何延误,乙方应:

(a)提出附件6规定的进度计划日期作适当延长;

(b)有权获得延误的经济补偿,使乙方基本上恢复到该延误没有发生时相同的经济状况。其中经济补偿的金额为每日支付____元(注:与6.4.4条件等同);

(c)有权获得延长特许经营期,相应延长的特许经营期应不少于被延误的商业运营期。

6.4.4 乙方导致的竣工延误

如果因乙方的原因导致开始商业运营日的延误,则乙方应就发生的任何延误向甲方支付违约金。每延误一日,乙方应向甲方支付违约金额____元。甲方可以从履约保函中兑取,直至履约保函全部兑取完。如果履约保函累计被兑取完毕或者违约金金额累计达到履约保函金额,甲方有权立即发出终止意向通知书。

6.5 进度报告

乙方每月应向甲方提交工程建设进度月报,该月报应反映已完成的和在建的建设工程进度和质量、预计完成工程的时间,如果进度和质量发生问题,应提出挽回的措施和计划。

6.6 甲方的监督和检查

6.6.1 对建设工程的检查

甲方有权在不影响工程施工的前提下,检查乙方进度和项目的质量控制检验方法及结果,以确认工程建设符合本协议规定的进度和质量要求。乙方应派代表陪同检查,提供检查工作的必要条件,若检查工作中涉及专有资料的保密问题,应按11.2保密条款执行。

6.6.2 不符合质量和安全要求

如果工程建设不符合本协议的质量或安全要求,甲方可以就此向乙方提出警告。如果乙方在甲方通知后的合理时间内不能或拒绝修正缺陷,甲方有权停止施工,责成乙方进行整改,直到安全得到保证、缺陷得到修补、质量得到控制方可恢复施工。停工造成的损失由乙

方承担。

6.7 不可免除

不论甲方是否监督、检查建设工程的任何部分，都不应视为放弃其在本协议下的任何权利，也不能免除乙方在本协议下的任何义务。

6.8 交付图纸和技术资料

在竣工日之后_____个月内，乙方应向甲方提交下列资料：

（a）_____份项目设施的全套施工和竣工图纸、竣工验收记录；

（b）_____份所有设备技术资料和图纸的复印件（包括设备平面图、说明书、使用和维护手册、质量保证书、安装记录、测试记录、质量监督和验收记录）；

（c）_____份，甲方合理要求的与项目有关的其它技术文件或资料。

6.9 对考古、地质及历史物品的保护

如果乙方在项目建设运营和维护过程中，发现考古文物、化石、古墓遗址、及具有考古学、地质学和历史意义的任何物品，乙方应及时通知甲方，并采取适当的保护措施，如果上述发现导致建设工程的延误，应按第6.4.2条执行，或双方按照第6.4.3条款中（b）条款进行协商延长特许经营期或予以经济补偿。

第7条 竣工

7.1 项目竣工验收

项目_____（时间范围内），乙方应按有关规定向政府有关部门申请进行项目的竣工验收。乙方应至少提前_____个工作日向甲方发出竣工验收的书面通知。

甲方在接到通知后的_____日内派代表参加由乙方组织有关方面联合进行的竣工验收。如果甲方在收到通知后未参加竣工验收，则竣工验收可在甲方缺席的情况下按预定的时间进行，并将验收结果及时通报甲方。

如果竣工验收部分或全部不合格，乙方应采取所有必要的改正措施补救不合格情况，并再次组织一次竣工验收，但应至少提前_____个工作日向甲方发出书面通知。乙方应对因不合格而导致的费用增加和工期延误承担全部责任。再次竣工验收不合格或部分不合格，乙方承担项目建设不合格的责任。

如果在再次竣工验收结束后_____个工作日内验收结果已得到有关部门的认可，未发出有关不合格的书面通知，则视为项目设施竣工。

7.2 环保验收

乙方应在开始商业运营日之前，在合理日期内上报环保部门进行环保验收，同时报甲方。

7.3 申请运营

（a）乙方达到_____等条件后，应立即书面通知甲方，申请正式开始运营。

（b）甲方应自接到开始运营申请之日起____个工作日内通知乙方是否同意开始运营。如不同意须同时陈述理由。

如果不同意原因是由甲方造成的，甲方应在____日内解决。如____日内仍未能解决，甲方应及时通知乙方，乙方收到通知第____日视为开始运营日。

如甲方未于上述期限内发出同意或不同意的通知，视为同意乙方开始运营。乙方应将最终的开始运营日通知甲方。

第五章 项目的运营与维护

第8条 运营与维护

8.1 运营和维护的基本原则

在整个运营期内,乙方应根据本协议的规定,自行承担费用(包括税费)和风险,管理、运营和维护设施。乙方应确保在整个运营期内,始终根据下列规定运营并维护项目设施:＿＿＿＿＿＿＿＿＿＿＿＿＿＿＿＿＿＿＿＿＿＿＿＿＿＿＿＿＿＿＿＿＿＿＿＿＿＿。

乙方应确保项目设施始终处于良好营运状态并能够达到＿＿＿＿＿＿＿等要求。

8.2 运营范围的排他性

在特许经营期内,乙方应只对甲方规定的＿＿＿＿＿＿＿提供产品或服务。未经甲方事先书面同意,不得接受任何第三方的其他使用产品或服务的需求。

8.3 甲方的主要责任

甲方应确保在整个特许经营期内,＿＿＿＿＿＿＿＿＿＿＿＿＿＿＿＿＿＿。

在整个特许运营期内,应督促乙方认真执行国家行业标准、行业管理部门和地方政府的相关规定以及本协议规定。

8.4 乙方的主要责任

从开始运营日起,乙方应＿＿＿＿＿＿＿＿＿＿＿＿＿＿＿＿＿＿＿＿。

超过产品或服务设计供应能力时,乙方应提出处理建议,并在＿＿＿个工作日内通知甲方,甲方对建议应明确采纳意见。

乙方应按适用法律法规和合理的商业标准以及谨慎运行惯例认真而有效地处理其业务与事务,向甲方提交反映其经营情况的财务报表,并保证其真实性。

乙方应建立定期检修保养制度,对各项设施的运行资料进行收集、归类和整理,完善公用设施信息化管理系统,保持水处理设施处于良好使用状态,并在甲方的要求下将设施运行情况报告给甲方。

乙方在日常经营活动中,应充分考虑环境影响,维护生态环境。

乙方应建立完善安全生产制度和意外事故的应急机制,制定应急预案报甲方备案,并按要求定期进行应急预案演练;乙方应保障生产和服务的稳定和安全,防止事故发生。如出现重大意外事故,乙方应及时通报甲方,并尽最大人力、物力进行抢救,尽快恢复生产与服务;在事故影响期间,乙方应采取各种应急措施进行补救,尽量减少事故对公众的影响。

8.5 维护保函

8.5.1 维护保函的出具

在正式开始运营日之前,乙方应向甲方出具一份维护保函,其格式为甲方可接受的见索即付的银行保函,保函的金额为人民币＿＿＿＿＿＿＿万元。维护保函应至少每两年更新一次,作为其履行本协议项下项目设施维护义务及保证期义务的保证。分期提供保函时,下一期的保函必须在上一期保函结束前一个月提供,以确保保函的继续有效。最后一次保函有效期要持续到特许经营期结束后12个月。

8.5.2 恢复维护保函的数额

如果甲方在特许经营期内兑取维护保函项下的款项,乙方应确保在甲方兑取款项后的＿＿＿＿＿＿＿个月内将维护保函的金额恢复到人民币＿＿＿＿＿＿＿万元,并向甲方提供维护保函已恢复的证据。

8.5.3 维护的责任

甲方行使兑取维护保函项下款项的权利不损害甲方在本协议项下的其它权利,且不应解除乙方不履行维护项目设施的义务。

8.6 运行与维护手册

在开始运营之前,乙方应编制运行与维护手册。该手册应包括生产运行、日常维护、设备设施检修内容、程序和频率等,并在开始运营日之前报送甲方备查。

8.7 产品或服务量的计量

乙方应按_____对提供产品或服务量进行记录,并定期向_____进行上报。

8.8 收费及价格管理

8.8.1 收费的依据和标准

乙方应根据_____,按_____(收费标准)执行,甲方应协助乙方在项目运营收费之前取得_____收费许可。

8.8.2 收费标准的调整

乙方可在项目运营后根据物价上涨等非经营性因素影响提出收费标准调整意见,报市政府价格主管部门审批,未经批准,不得擅自调整收费标准。

8.9 财政补贴、政府购买服务的相关约定(需要单独增加)

8.10 暂停服务

发生计划内暂停服务,乙方应于每年____月____日提交下一年度维护计划,其重大维护和更新内容上报甲方。甲方应在预计的计划内暂停服务开始之前给与书面答复或批准,乙方应尽最大努力使计划内暂停服务的影响降低到最小并通过采取储备供应、外部采购等措施保证暂停期内的正常服务提供。

若发生计划外暂停服务,乙方应立即通知甲方,解释其原因并尽最大努力在24小时内恢复正常服务。若因乙方原因计划外暂停服务超过____小时,乙方应按_____支付违约金。

8.11 环境保护

乙方应始终遵守有关公共卫生和安全的适用法律法规及本协议的规定。

乙方不应因项目设施的建设、运营和维护而造成土地(包括土壤、地下水或地表水及空气)或周围环境的污染。

乙方在项目设施的建设、运营和维护期间应采取一切合理措施来避免或尽量减少对项目设施周围建筑物和居民区的干扰。

但乙方对于以下任何一种情形不承担责任:(1)生效日期前已经存在的或潜在的;或者(2)因第三方的作为或不作为引起的;或者(3)甲方导致的环境污染及安全隐患。

8.12 未履行维护的处理

如果乙方违反其第8.4条项下项目设施维护的义务,甲方可就该违约向乙方发出通知,限期完成纠正性维护。乙方在接到上述通知后应对项目设施进行必要的纠正性维护。如乙方未在限期内进行纠正性维护,甲方有权依据附件11兑取维护保函项下款项,并可另行组织对项目设施进行纠正性维护,确保项目设施的正常营运。

第9条 项目的经营与开发

9.1 经营开发范围

乙方有权在国家及重庆市法律法规允许的范围内,对_____等进行商业开发。除乙方自有产权的项目设施及附属设施外,无论采取何种经营方式,只能转让经营权,不得转让项目设施及附属设施产权(如土地使用权),相关合同的期限均不得超过特许经营期。

9.2 经营开发的监管

乙方对_____等进行商业开发应按照行业管理的统一要求,办理相关手续。在经营开发过程中,乙方应服从行业主管部门的统一管理,接受监督检查。

9.3 匹配资源的开发(需要单独增加)

9.3.1 资源匹配原则

9.3.2 经营开发范围及程序

9.3.3 收益分配原则

第六章 项目设施的移交(BOT、TOT形式适用)

第10条 特许经营期期满时项目设施的移交

10.1 移交委员会

特许经营期结束____个月前,由甲方和乙方各自派员组成移交委员会,具体负责和办理移交工作,甲乙双方代表人数应当相同。移交委员会主任委员由政府指派有关部门担任,组织必要的会议会谈并商定设施移交的详尽程序,确定移交仪式,最后将移交信息在市级报和市政府公众信息网上刊登,向社会公告。

10.2 移交范围

在特许经营期结束当日即移交日,乙方应向甲方无偿移交:

(a)乙方对项目设施的所有权利和利益,包括:

(i)项目设施的建筑物和构筑物;

(ii)与项目设施使用相关的所有机械和设备;

(iii)第10.4条要求的_____等其它动产;

(iv)运营和维护项目设施所要求的所有技术和技术诀窍、知识产权等无形资产(包括以许可方式取得的);

(b)在用的各类管理章程和运营手册包括专有技术、生产档案、技术档案、文秘档案、图书资料、设计图纸、文件和其它资料,以使项目能平稳地正常地继续运营;

(c)土地使用权及与项目场地有关的其它权利;

这些资产在向甲方移交时应不存在任何留置权、债权、抵押、担保物权或任何种类的其它请求权。项目场地在移交日应不存在任何环境问题和环境遗留问题。

甲乙双方在办理移交工作的同时,应明确特许经营期结束后妥善安置原项目公司雇员的办法。

10.3 最后恢复性大修和性能测试

10.3.1 最后恢复性大修

(a)在移交日之前不早于____个月,乙方应按照移交委员会商定的最后恢复性大修计划对项目设施进行大修,此大修必须于移交日__个月之前完成。

(b)通过最后恢复性大修,乙方应确保项目设施设备的整体完好率达到____%、其它设施设备的整体完好率达到____%,项目建筑构筑物不存在重大损坏。

(c)如果乙方不能根据上述要求进行最后恢复性大修或达到大修标准,甲方应有权兑取相应维护保函金额自行进行大修。在此情况下,应向乙方提供所发生的支出的详细记录。

10.3.2 性能测试

在移交日之前,移交委员会应进行项目设施的性能测试。乙方有责任使测试所得各项性能参数都能符合_____技术规范或标准的要求。如果所测参数仍有差距,甲方有权从维护保函中支取相应费用以修正上述缺陷。如果保函金额不足使用的,甲方承担费用以后有权向乙方追偿。

10.4 备品备件

10.4.1 在移交日,乙方应向甲方无偿移交按附件4技术规范或标准要求的在____个月期间项目设施正常运行需要的消耗性备件和事故抢修的零备件,并提交备件的详细清单。

10.4.2 乙方应向甲方提交生产经营项目设施所需全部备品备件的厂商名单。

10.5 保证期

乙方应在移交日后12个月的保证期内,承担全部设备设施质量缺陷的保修责任(因接受移交的单位使用不当造成的损坏除外),乙方在收到该通知后,应尽快自费进行保修。

在紧急情况下,或乙方没有及时保修,甲方有权兑取维护保函的相应金额进行保修,但应将支出的清单递交给乙方。

10.6 承包商保证的转让

在移交时,乙方有义务将所有承包商、制造商和供应商提供的尚未期满的担保及保证在可转让的范围内分别无偿转让给甲方,并促成供应商以过去同样的优惠价格供应设备,在移交时,应当通知所有的承包商、制造商和供应商与甲方确认尚未期满的义务的履行,甲方有权选择是否接受合同延续和承担由此发生的一切责任。

10.7 移交效力

除10.5条规定以外,乙方在本协议项下的权利和义务随移交的完成而终止,甲方应接管项目的运营及享有项目的一切权利和义务。

10.8 维护保函的解除

甲方应在移交日起12个月后的_____个工作日内解除所有或届时未兑取完的维护保函的余额。

10.9 风险转移

甲方承担移交日后项目的全部或部分损失或损坏的风险,除非损失或损坏是由乙方的过错或违约所致。

第七章 双方的一般权利和义务

第11条 甲方和乙方共同的一般权利和义务

11.1 不可抗力

11.1.1 不可抗力

不可抗力是指在签订本协议时不能合理预见的、不能克服和不能避免的事件或情形。以

满足上述条件为前提,不可抗力包括但不限于:

(1)雷电、地震、火山爆发、滑坡、水灾、暴雨、海啸、台风、龙卷风或旱灾;

(2)流行病、瘟疫爆发;

(3)战争行为、入侵、武装冲突或外敌行为、封锁或军事力量的使用,暴乱或恐怖行为;

(4)全国性、地区性、城市性或行业性罢工;

(5)由于不能归因于甲乙方的原因引起的工程供电中断。

11.1.2 积极补救不可抗力的义务

(a)尽快向对方通告事件或情况的发生,对事件或情况的预计持续时间和其在本协议项下履行义务的可能影响作出估计;

(b)作出一切合理努力以继续履行其在本协议项下的义务;

(c)尽快采取行动纠正或补救造成免于履行义务的事件或情况;

(d)作出一切合理努力以减轻或限制对对方造成的损害;

(e)将其根据上述(b)(c)和(d)段采取的行动或行动计划定期通告对方,并在导致它免于履行义务的事件或情况不再存在时立即通知对方。

11.1.3 不可抗力的处理程序

不可抗力事件发生后,双方应本着诚信平等的原则,立即就此等不可抗力事件进行协商,

(a)如果双方在____日内达成一致意见,继续履行在本协议项下的义务,则甲方应按照附件12的规定向乙方进行补偿。

(b)如果双方不能够在上述____日期限内达成一致意见,则任何一方可送达终止通知。

11.1.4 费用

发生不可抗力事件时,任一方必须各自承担由于不可抗力事件造成的支出和费用。乙方因不可抗力造成的损失,应由保险获得补偿,甲方可依不可抗力造成的时间损失给予延期并相应延长特许经营期。

11.1.5 不可抗力造成的终止

如果任何不可抗力事件阻止一方履行其义务的时间自该不可抗力发生日起连续超过_____个工作日,双方应协商继续履行本协议的条件和重新履行本协议的时间。如果自不可抗力发生后_____个工作日之内双方不能就继续履行的条件和时间达成一致意见,并且该不可抗力事件如果不能一致解决将会对项目的顺利进行造成实质性影响时,任何一方均可以按16.3条款书面通知另一方终止本协议。

11.2 保密

任何一方或其雇员、承包商、顾问或代理人获得的所有资料和文件(不论是财务、技术或其它方面,但不包括与项目进展有关的非敏感信息),如果尚未公布即应保密,未经另一方事先书面同意,在特许经营期期满之后的_____年期间不得向第三方透露或公开,但是法律要求的信息除外。本承诺在本协议终止后仍然有效。

11.3 合作义务,预先警告义务

双方应相互合作以达到本协议的目的,并应善意地行使和履行各自在本协议项下的权利和义务。在此前提下,双方同意:

(a)除本协议另有规定外,当一方要求取得另一方的同意时,被要求方应在10天或其它

合理所需的时间内给予同意或批准,而不可以无理拒绝或迟延给予该等同意或批准;及(b)如果任何一方获悉的任何事件或情形属于:

(1) 经该方合理预计将对任何一方履行其本协议项下的义务或实施项目的能力造成重大不利影响的事件或情形;及

(2) 合理预计另一方不可能获悉该事件或情形;

则该方应尽快将该事件或情形通知另一方。

第12条 甲方的一般义务

12.1 不干预

甲方不得干预项目内部管理事务,除非本协议条款的执行受到影响。

12.2 不当兑取保证金

如果甲方兑取了乙方提交的投标保函、履约保函和维护保函中的款项,之后乙方通过仲裁或其它方式确定甲方无权兑取,甲方应退还兑取的金额,并应补偿乙方因此发生的所有费用和支出,以及支付自兑取之日至退还之日的利息,该利息按当时银行短期贷款利率执行。

第13条 乙方的一般义务

13.1 股权转让的限制

附件7是乙方原始股东的名单及各自在注册资本中所占的份额。乙方应在公司章程中作出规定,确保在协议生效日之后____年内,未经甲方批准任何股东都不得将股权进行转让或以股权质押、虚假诉讼等形式变相转让。在协议生效____年后,在符合下列_____情况下,甲方应批准乙方进行股权转让。

(a) _____

(b) _____

(c) _____

13.2 遵守适用法律

乙方履行本协议项下的义务时应始终遵守适用法律的规定。

13.3 劳动安全标准

乙方应遵守现行的劳动保护法规,尊重职工的权利和严格执行安全法规及有关标准。

13.4 项目文件的协调

乙方应确保融资文件、股东之间的任何合同、乙方章程、本协议项下的保险单以及由乙方签订的与本项目有关的任何其它合同都能符合本协议的规定和都能够履行本协议。

13.5 税金、关税及收费

乙方应按照适用法律缴纳所有税金、关税及行政性收费。

13.6 对承包商和其雇员及代理人的责任

乙方雇用任何承包商和其雇员及其代理人,不应解除乙方在本协议项下的任何义务。承包商和其雇员及其代理人为本协议目的的所有作为或不作为视同乙方的作为或不作为。

13.7 知识产权的赔偿处理

乙方应对本项目在建设、运营和管理工作中可能发生的侵犯知识产权而引起的诉讼负责应诉和赔偿。

第14条 保险

14.1 特许经营期内,乙方必须按照附件8的规定自费购买保险。

14.2 如果乙方不购买或维持本协议所要求的保险,则甲方有权购买该保险,并且有权根据本协议从履约保函或维护保函款中兑取需支付的保险费金额。

第八章 违约赔偿

第15条 违约赔偿

15.1 赔偿

任一方应有权获得因违约方违约而使该方遭受的任何损失、支出和费用的赔偿,该项赔偿由违约方支付。

15.2 减轻损失的措施

由于另一方违约而遭受损失的一方应采取合理行动减轻损失。如果一方未能采取此类措施,违约方可以请求从赔偿金额中扣除应能够减轻或减少的损失金额。

受损害的一方应有权从另一方获得为减轻损失而采取行动所发生的合理费用。

15.3 由于受损害方造成的损失的扣除

如果造成损失的部分原因是由于受损害方的作为或不作为造成的,赔偿的数额应扣除这些因素。

15.4 对间接损失不负责任

除非本协议另有规定,各方均不应对由于或根据本协议产生的或与其相关的任何索赔为对方的任何间接、特殊、利润损失或附带损失或惩罚性损害赔偿负责。

第九章 终止、变更和转让

第16条 终止

16.1 甲方的终止

下述每一条款所述事件,如果不是由于甲方的违约或由于不可抗力所致,如果有允许的纠正期限而乙方在该期限内未能纠正,即构成乙方违约事件,甲方有权立即发出终止意向通知,并兑取履约保函或维护保函中的保证金:

(a)乙方未按时实现融资完成;

(b)乙方擅自转让、出租特许经营权;

(c)乙方擅自将所经营的财产进行处置或者抵押;

(d)乙方因管理不善,发生特别重大质量、生产安全事故;

(e)乙方擅自停业、歇业,严重影响到社会公共利益和安全;

(f)根据中国法律乙方进行清算或资不抵债;

(g)乙方在第3.2条中的任何声明被证明在做出时即有严重错误,使乙方履行本协议的能力受到严重的不利影响;

(h)乙方未履行本协议项下的其它义务,构成对本协议的实质性违约,并且在收到甲方说明其违约并要求补救的书面通知____个工作日内仍未能补救该实质性违约;

(i)乙方擅自转让股权、变相转让股权;

(j)乙方擅自将所经营的财产进行处置或抵押。

16.2 乙方的终止

下述每一条款所述事件,如果不是由于乙方的违约或由于不可抗力所致,如果有允许的纠正期限而在该期限内未能纠正，即构成甲方违约事件，乙方有权立即发出终止意向通知：

（a）甲方在第3.1条中的任何声明被证明在做出时即有严重错误，使甲方履行本协议的能力受到严重的不利影响；

（b）甲方未能按照本协议的约定履行向乙方支付服务费的义务；

（c）甲方未履行其在本协议项下的任何其它义务构成对本协议的实质性违约，并且在收到乙方说明其违约并要求补救的书面通知后的 个工作日内未能补救该实质性违约。

16.3 终止意向通知和终止通知

16.3.1 终止意向通知

按照第16.1或16.2条发出的任何终止意向通知应表述违约事件的详细情况并给出必要的协商期。

在终止意向通知发出之后，双方应在协商期内为避免本协议终止采取措施，如果双方就将要采取的措施达成一致意见，并且在相应的协商期内纠正了违约事件，终止意向通知应立即自动失效。

16.3.2 终止通知

在协商期届满之时，除非：

（i）双方另外达成一致；或

（ii）导致发出终止意向通知的违约事件得到纠正，

发出终止意向通知的一方有权发出终止通知。

16.4 终止的一般后果

如果本协议提前终止，则自任何一方发出终止通知起，至双方商定的提前终止日止，双方应继续履行本协议下的权利和义务。

本协议终止后，双方在本协议项下不再有进一步的义务，但根据第16.6条可能到期应付的任何款项，以及本协议到期或终止之前发生的而在本协议到期或终止之日尚未支付的付款义务除外。本协议的终止不影响本协议中争议解决条款和任何在本协议终止后仍然有效的其它条款。

16.5 终止后的补偿

16.5.1 乙方违约事件导致的终止

在生效日期后，如果甲方因乙方违约事件而终止本协议，则甲方应有权收回乙方对该项目的相关权益。甲方在向乙方支付附件12补偿表所列的补偿金额后，乙方对该项目的相关权益将转归甲方所有。

补偿金额的确定应从特许年限、已运营年限、乙方在项目中的总投入、乙方的过错程度等方面进行综合考虑和设定。

16.5.2 甲方违约事件导致的终止

在生效日期后，如果乙方因甲方违约事件根据第16.2条终止本协议，则乙方有权要求甲方收回该项目的相关权益。甲方在向乙方支付附件12补偿表中的补偿金额后，乙方在该项目中的相关权益将转归甲方所有。

补偿金额的确定应由甲乙双方从特许年限、乙方已运营年限、乙方在项目中的总投资、乙方已获取的收益、该项目的预期收益等方面进行综合考虑。

16.5.3 第11.1款项下不可抗力事件和/或法律变更导致的终止

如果因第11.1款所述的不可抗力事件导致任何一方依据第16条终止本协议，甲方应向乙方支付附件12补偿表中所列的补偿金额。甲方支付该项目的补偿金额后，乙方将该项目中的相关权益转让给甲方。

补偿金额的确定应由甲乙双方从特许年限、乙方已运营年限、乙方在项目中的总投资、乙方已获取的收益、该项目的预期收益以及各方对此等事件承担的能力等方面进行综合考虑。

16.6 终止后的移交

16.6.1 乙方根据16.6.2条款向甲方移交参照第10.2条规定的项目所有设施的权利和权益。

16.6.2 乙方应于提前终止日立即向甲方移交项目的占有权和运行权。如因乙方不按期移交并退场、甲方不按期接受移交并维持正常运行，则由违约方承担相应损失。甲方和乙方应于____日内按照16.5条款确定终止补偿金额。甲方应在确定终止补偿金额后____天内将终止补偿金全部支付。乙方在收到最后一笔终止补偿金当日，将项目设施的所有权和所有权益全部移交给甲方。

第17条 变更和转让

17.1 甲方的变更

由于政府机构改革造成甲方的变更，但新的甲方应：

（a）具有承担原甲方对项目的所有权利、义务和责任的能力，并重新得到政府的授权，以及；

（b）接受并完全承担原甲方在本协议项下义务的履行。

17.2 乙方的转让

17.2.1 资产或合同的转让

未经甲方事先书面同意，乙方不得出让、转让、抵押、质押本项目的资产，也不得在上述资产、权利和利益上设置任何留置权或担保权益或者以其它方式处置这些资产、权利或利益。

第十章 解释和争议的解决

第18条 解释规则

18.1 修改

本协议任何修改、补充或变更只有以书面形式并由双方授权代表签字，并加盖公章方可生效并具约束力。

18.2 可分割性

如果本协议任何条款不合法、无效或不能执行，或者被任何有管辖权的仲裁庭或法院宣布为不合法、无效或不能执行，则

（a）其它条款仍然有效和可执行；

（b）双方应对不合法、无效或不能执行的条款进行修改，使之合法、有效并可执行，并且这些修改应尽可能平衡双方之间的利益。

第19条 争议的解决

19.1 双方友好协商解决

若双方对本协议条款的解释或执行（包括关于其存在、有效或终止的任何问题）产生任

何争议、分歧或索赔,则应尽力通过友好协商解决该争议、分歧或索赔。若在____个工作日内该争议未能得到解决,则应适用第19.2条的规定。

19.2 仲裁

双方同意本协议引起的或与本协议有关的所有争议,均提交给重庆仲裁委员会裁决,仲裁裁决对双方均有约束力。

19.3 争议解决期间的履行

在争议、分歧或索赔作出最终裁决前,各方应继续履行其在本协议项下的所有义务并继续享有其在本协议项下的所有权利,任何一方不得以发生争议为由,停止项目运营服务、停止项目运营支持服务或采取其他影响公共利益的措施,在最终裁决作出后按裁决进行最终调整。

19.4 仲裁结果的执行

甲方和乙方应在____个工作日内执行仲裁结果,逾期不执行的,视为违约。需终止协议的按16.6条规定执行。

19.5 继续有效

第19条规定的争议解决条款在本协议终止后继续有效。

(注:争议解决方式只能选择仲裁机构和法院诉讼中的一种,选择诉讼的可自行更替条款内容)

第十一章 其 它

第20条 其他条款

20.1 通知

本协议项下的通知,通过专人递交、快递、邮寄、传真或电子邮件按下述地址送至或发至对方:

甲　　方:_____
地　　址:_____
邮　　编:_____
收件人:_____
传　　真:_____
电子信箱:_____
乙　　方:_____
地　　址:_____
邮　　编:_____
收件人:_____
传　　真:_____
电子信箱:_____

一方的收件人地址、电传传真号码或电子邮箱若有变更应及时以书面形式通知另一方。下述情况应视为已送达:(i)如用信件进行任何通讯,在由专人递交、快递或邮寄方式(挂号、要求回执)发送至上述地址时;和(ii)如用传真或电子邮件形式,在准确发送至上述传真号码或电子邮箱时。

20.2 附件目录(供参考)

附件1　项目设计能力、标准
附件2　项目质量指标
附件3　项目建设和运营的特许范围(或区域图示)
附件4　技术规范或标准
附件5　特许经营授予方提供的服务和设施
附件6　建设、运营(考虑投入运营前的调试及试运行等环节)和维护方案
附件7　乙方的初始股东名单
附件8　保险
附件9　所需的项目和企业相关文件
附件10　履约保函格式
附件11　维护保函格式
附件12　终止补偿金额
附件13　项目安全处置
附件14　项目投融资方案
附件15　不符合服务标准违约金

20.3 不弃权

任何一方均不被视为放弃本协议中的任何条款,除非一方以书面形式作出放弃。任何一方未坚持严格履行本协议中的任何条款,或未行使其本协议中规定的任何权利,均不应被视为对任何上述条款的放弃或对今后行使任何上述权利的放弃。

20.4 合同文字

本协议以中文订立,正本一式四份,甲方和乙方各执二份。

本协议由双方各自正式授权的代表在其签名下注明的日期签署。双方愿受本协议的法律约束。

20.5 生效日期

(a)双方签字盖章后生效;或

(b)＿＿＿＿＿＿＿＿＿＿＿＿＿＿＿＿＿＿＿＿＿＿＿＿

(c)＿＿＿＿＿＿＿＿＿＿＿＿＿＿＿＿＿＿＿＿＿＿＿＿

主管部门(甲方)＿＿＿＿＿＿　　公司名称(乙方)＿＿＿＿＿＿

[印章]＿＿＿＿＿＿＿＿　　　　[印章]＿＿＿＿＿＿＿＿

姓名:＿＿＿＿＿＿＿＿＿　　　姓名:＿＿＿＿＿＿＿＿＿

职务:＿＿＿＿＿＿＿＿＿　　　职务:＿＿＿＿＿＿＿＿＿

日期:＿＿＿＿＿＿＿＿＿　　　日期:＿＿＿＿＿＿＿＿＿

Public-Private Partnership

PPP法律政策与操作规范实用手册

(上册)

张玉鹏　宋文斐　主编

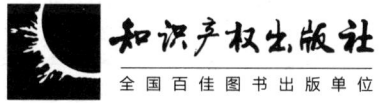

图书在版编目（CIP）数据

PPP法律政策与操作规范实用手册：全2册／张玉鹏，宋文斐主编．—北京：知识产权出版社，2016.9

ISBN 978-7-5130-4481-3

Ⅰ.①P… Ⅱ.①张… ②宋… Ⅲ.①政府投资—合作—社会资本—法规—汇编—中国 Ⅳ.①D922.280.9

中国版本图书馆CIP数据核字（2016）第223653号

责任编辑：齐梓伊　　　　　　　　　　　责任出版：刘译文
封面设计：张　悦

PPP法律政策与操作规范实用手册（上册）

张玉鹏　宋文斐　主编

出版发行：知识产权出版社 有限责任公司		网　　址：http://www.ipph.cn	
社　　址：北京市海淀区西外太平庄55号		邮　　编：100081	
责编电话：010-82000860转8176		责编邮箱：qiziyi2004@qq.com	
发行电话：010-82000860转8101/8102		发行传真：010-82000893/82005070/82000270	
印　　刷：北京嘉恒彩色印刷有限责任公司		经　　销：各大网上书店、新华书店及相关专业书店
开　　本：787mm×1092mm　1/16		印　　张：54	
版　　次：2016年9月第1版		印　　次：2016年9月第1次印刷	
字　　数：1240千字		定　　价：127.00元（全2册）	
ISBN 978-7-5130-4481-3			

出版权专有　侵权必究

如有印装质量问题，本社负责调换。

《PPP法律政策与操作规范实用手册》编委会

主　编　张玉鹏　宋文斐

编　委　李嘉奎　于娜娜　涂　俊

　　　　　仇勇军　李璐霞　郭　伟

　　　　　周　坤　杨　震　孟令锦

　　　　　张　芳　王　丹

序 言

火热的PPP实践离不开法律保障

PPP模式，是公私合作共建模式的英文简称，其全称为Public-Private Partnership，国内称作政府和社会资本合作伙伴关系模式。这一模式主要是政府公共机构与社会资本方合作，由社会资本方为政府公共机构提供政府公共部门所要求的公共服务，而由政府公共部门出资购买这项服务或者由使用者支付费用的一种新型公私合作模式。与之前的Concession、BOT、PFI等模式不同，PPP本身是一个意义非常宽泛的概念，加之意识形态的不同，因此无论是我国还是国外，对PPP的确切内涵迄今为止也没有形成统一认识。

与全国火热的PPP实践相比，当前并没有一个明确的PPP法律规范体系来确保实施PPP模式中的风险控制。因此，对将要实施或者正在实施PPP模式的当事人各方来说，这都将成为一个潜在的巨大风险，而这也将会成为PPP项目推进实施无法逾越的障碍。如何保障PPP项目全过程的合法合规，防范和控制PPP模式过程中可能出现的风险，最大化地降解当事各方的顾虑，以及在实施PPP项目中出现纠纷后可以援引哪些现行法律法规有效地解决问题，这将成为参与PPP项目的专业律师和咨询机构的重要职责。尽管目前我国还没有一部统一的"PPP法"，但就当前全国各地全面推进的PPP项目实践来说，非常有必要将PPP项目全过程可能涉及的法律法规及政策文件汇总，按照法律的内在逻辑顺序和专业人士学习查阅习惯分类整理形成汇编，为专业律师、咨询机构在项目实践中提供一套实用工具书。

本汇编重在实用性，搁置学界关于PPP法律属性的争议，结合律师和咨询团队近百个PPP案例的实战经验，把PPP项目实践中可能遇到的法律、政策、操作指引、规范性文件汇编成册，以PPP项目实施中的四大法律关系即合同法律关系、物权法律关系、公司法律关系、行政法律关系为主线，以PPP一般性法律法规为统领，以招标采购、国资监管、土地房产、金融保险、知识产权、劳动人事、施工建设与环保安全七大板块法律为基本框架，将国家政策文件、财政部、发改委等中央部委的指导文件、操作指引分类按效力层级顺序汇编。考虑到法律政策文件的普遍意义和行业代表性，本汇编下册还汇总了五大重点行业领域PPP法律法规与政策文件，和五个省市地方政府的PPP法规规章和政策文件。为避免查阅烦琐，提高实用性和便捷性，本书编写中对庞杂的法律法规和政策文件精心甄别、筛选，删减掉关联性和实用性不强的实施细则、技术规范以及单纯的管理性规范文件的条款、内容，确保收录和保留的内容更具有针对性和实用性。对专业律师和咨询机构实操PPP项目而言，本书采用的汇编逻辑之严谨和内容之全面是其他类似书籍不可替代的。相信本书能够成为法律和咨询专业人士学习研究和实操PPP项目必不可缺的实用工具书。

张玉鹏

2016年5月

目 录

上册

第一章 PPP一般性法律法规与规章

1. 《中华人民共和国民法通则》 004
2. 《中华人民共和国合同法》 009
3. 《中华人民共和国物权法》 023
4. 《中华人民共和国担保法》 037
5. 《中华人民共和国公司法》 044
6. 《中华人民共和国合伙企业法》 068
7. 《中华人民共和国中外合资经营企业法》 078
8. 《中华人民共和国行政许可法》 080
9. 《中华人民共和国行政处罚法》 084
10. 《中华人民共和国行政诉讼法》 086
11. 《中华人民共和国税收征收管理法》 090
12. 《市政公用事业特许经营管理办法》 097
13. 《基础设施和公用事业特许经营管理办法》 100
14. 《基础设施和公用事业特许经营法》 107
15. 《政府和社会资本合作法》 113

第二章 PPP特别法律法规与规范文件

第一节 招标采购

16. 《中华人民共和国预算法》 123
17. 《中华人民共和国预算法实施条例》 137
18. 《中华人民共和国招标投标法》 145
19. 《中华人民共和国招标投标法实施条例》 151
20. 《中华人民共和国政府采购法》 163

21. 《中华人民共和国政府采购法实施条例》 ... 171
22. 《政府采购货物和服务招标投标管理办法》 ... 181
23. 《政府采购非招标采购方式管理办法》 ... 192
24. 《政府和社会资本合作项目政府采购管理办法》 ... 201
25. 《政府采购竞争性磋商采购方式管理暂行办法》 ... 204
26. 《政府购买服务管理办法(暂行)》 ... 210

第二节 国资监管 ... 214

27. 《中华人民共和国审计法》 ... 214
28. 《中华人民共和国企业国有资产法》 ... 218
29. 《企业国有资产监督管理暂行条例》 ... 226
30. 《事业单位国有资产管理暂行办法》 ... 231
31. 《企业国有产权转让管理暂行办法》 ... 236
32. 《企业国有产权无偿划转管理暂行办法》 ... 241
33. 《企业国有资产评估管理暂行办法》 ... 244
34. 《国有企业清产核资办法》 ... 249
35. 《国务院关于调整和完善固定资产投资项目资本金制度的通知》 ... 254

第三节 土地房产 ... 255

36. 《中华人民共和国土地管理法》 ... 255
37. 《中华人民共和国城市房地产管理法》 ... 263
38. 《中华人民共和国城乡规划法》 ... 268
39. 《中华人民共和国农村土地承包法》 ... 273
40. 《中华人民共和国村民委员会组织法》 ... 276
41. 《城镇国有土地使用权出让和转让暂行条例》 ... 278
42. 《划拨土地使用权管理暂行办法》 ... 281
43. 《划拨用地目录》 ... 285
44. 《招标拍卖挂牌出让国有建设用地使用权规定》 ... 289

第四节 金融保险 ... 293

45. 《中华人民共和国保险法》 ... 293
46. 《中华人民共和国证券法》 ... 297
47. 《中华人民共和国信托法》 ... 302
48. 《融资租赁企业监督管理办法》 ... 308
49. 《融资性担保公司管理暂行办法》 ... 309

第五节 知识产权 ... 312

50. 《中华人民共和国商标法》 ... 312
51. 《中华人民共和国专利法》 ... 318

52.《中华人民共和国著作权法》 ··· 324
53.《中华人民共和国反不正当竞争法》 ································· 330
54.《中华人民共和国反垄断法》 ··· 333

第六节 劳动人事 337

55.《中华人民共和国劳动合同法》 ······································· 338
56.《中华人民共和国社会保险法》 ······································· 349
57.《中华人民共和国工会法》 ·· 356
58.《事业单位人事管理条例》 ·· 361

第七节 施工建设与环保安全 364

59.《中华人民共和国建筑法》 ·· 365
60.《中华人民共和国环境保护法》 ······································· 373
61.《中华人民共和国安全生产法》 ······································· 381
62.《中华人民共和国消防法》 ·· 394
63.《建设工程质量管理条例》 ·· 402
64.《建设工程勘察设计管理条例》 ······································· 410
65.《建设工程安全生产管理条例》 ······································· 415
66.《房屋建筑和市政基础设施工程施工分包管理办法》 ·············· 424

下册

第三章 PPP国家政策文件

67.《中共中央关于全面深化改革若干重大问题的决定》 ················ 429
68.《国务院关于加强城市基础设施建设的意见》 ························ 434
69.《国务院办公厅关于政府向社会力量购买服务的意见》 ············· 439
70.《国务院关于加强地方政府性债务管理的意见》 ···················· 442
71.《国务院关于深化预算管理制度改革的决定》 ························ 445
72.《国务院关于创新重点领域投融资机制鼓励社会投资的指导意见》 ··· 451
73.《中共中央国务院关于深化国有企业改革的指导意见》 ············· 456

第四章 PPP国家部委规范文件

74.《财政部关于推广运用政府和社会资本合作模式有关问题的通知》 ······ 463

75. 《关于印发政府和社会资本合作模式操作指南(试行)的通知》 ········· 466
76. 《关于规范政府和社会资本合作合同管理工作的通知》 ············· 474
77. 《PPP项目合同指南(试行)》 ··································· 475
78. 《关于印发〈政府和社会资本合作项目财政承受能力论证指引〉的通知》 ··· 533
79. 《财政部关于印发〈PPP物有所值评价指引(试行)〉的通知》 ········· 538
80. 《国家发展改革委关于开展政府和社会资本合作的指导意见》 ········ 541
81. 《政府和社会资本项目通用合同指南》(2014版) ·················· 545
82. 《国务院办公厅转发财政部　发展改革委　人民银行关于在公共服务领域推广政府和社会资本合作模式指导意见的通知》 ························· 557

第五章　PPP律师业务操作指引

83. 《律师办理基础设施特许经营法律业务操作指引》 ················· 565
84. 《律师办理市政公用事业特许经营操作指引》 ····················· 595

第六章　PPP常用行业法律法规与政策文件

第一节　道路交通基础设施 ·· 631

85. 《中华人民共和国公路法》 ···································· 631
86. 《中华人民共和国收费公路管理条例》 ·························· 638
87. 《收费公路权益转让办法》 ···································· 643
88. 《中华人民共和国铁路法》 ···································· 649
89. 《中华人民共和国港口法》 ···································· 651
90. 《中华人民共和国城市道路管理条例》 ·························· 655
91. 《农村公路建设管理办法》 ···································· 657
92. 《财政部、交通运输部关于在收费公路领域推广运用政府和社会资本合作模式的实施意见》 ·· 661
93. 《国务院办公厅关于推进城市地下综合管廊建设的指导意见》 ······· 663

第二节　供水热电气公用事业 ·· 665

94. 《中华人民共和国电力法》 ···································· 666
95. 《中华人民共和国城市供水条例》 ······························ 669
96. 《中华人民共和国城镇燃气管理条例》 ·························· 671
97. 《城镇排水与污水处理条例》 ·································· 676

98.《国务院办公厅关于加强城市地下管线建设管理的指导意见》 …… 681

第三节　养老医疗公用事业 …… 685

99.《中华人民共和国老年人权益保障法》 …… 685
100.《中华人民共和国医疗机构管理条例》 …… 688
101.《国务院关于加快发展养老服务业的若干意见》 …… 692
102.《关于鼓励民间资本参与养老服务业发展的实施意见》 …… 697
103.《国务院办公厅转发卫生计生委等部门关于推进医疗卫生与养老服务相结合指导
　　意见的通知》 …… 701

第四节　教育文化公用事业 …… 705

104.《中华人民共和国教育法》 …… 706
105.《中华人民共和国民办教育促进法》 …… 709
106.《国务院办公厅转发文化部等部门关于做好政府向社会力量购买公共文化服务工作
　　意见的通知》 …… 714

第五节　环境治理与保护公用事业 …… 719

4107.《中华人民共和国环境保护法》 …… 719
108.《中华人民共和国固体废弃物污染环境防治法》 …… 719
109.《中华人民共和国水污染防治法》 …… 729
110.《城镇排水与污水处理条例》 …… 741
111.《污水处理费征收使用管理办法》 …… 741
112.《湿地保护管理规定》 …… 745
113.《财政部、环境保护部关于推进水污染防治领域政府和社会资本合作的
　　实施意见》 …… 748
114.《国务院办公厅关于推进海绵城市建设的指导意见》 …… 751

第七章　PPP地方法规规章与政策文件

第一节　北京 …… 757

115.《北京市城市基础设施特许经营条例》 …… 757
116.《北京市人民政府关于印发引进社会资本推动市政基础设施领域建设试点
　　项目实施方案的通知》 …… 762
117.《北京市人民政府办公厅关于在公共服务领域推广政府和社会资本合作模
　　式的实施意见》 …… 767

第二节　上海

118.《上海市城市基础设施特许经营管理办法》 …………………………………… 770

119. 上海市人民政府办公厅印发《关于进一步深化本市政府采购改革创新实施
意见》的通知 ……………………………………………………………………… 777

第三节　浙江

120.《杭州市公用事业特许经营条例》 …………………………………………… 779

121.《浙江省人民政府办公厅关于推广运用政府和社会资本合作模式的指导
意见》 ……………………………………………………………………………… 786

122.《浙江省财政厅关于推广运用政府和社会资本合作模式的实施意见》 …… 789

123.《关于在公共服务领域推广政府和社会资本合作模式的实施意见》 ……… 793

第四节　山东

124.《关于印发〈山东省城市市政公用事业经营许可管理办法〉的通知》 …… 797

125.《青岛市市政公用基础设施特许经营管理暂行规定》 ……………………… 800

126.《山东省财政厅关于印发〈山东省政府和社会资本合作（PPP）发展基金实施
办法〉的通知》 …………………………………………………………………… 803

127.《山东省人民政府办公厅转发省财政厅　省发展改革委　人民银行济南分行
关于在公共服务领域推广政府和社会资本合作模式的指导意见的通知》 …… 805

第五节　重庆

128.《重庆市人民政府关于印发重庆市PPP投融资模式改革实施方案的通知》 … 811

129.《重庆市人民政府关于创新重点领域投融资机制鼓励社会投资的实施意见》 … 814

130.《重庆市人民政府关于印发重庆市推进城乡基本公共服务资源配置机制改革
实施方案的通知》 ………………………………………………………………… 818

131.《重庆市发展和改革委员会关于印发PPP合作通行协议指导文本的通知》 … 823

第一章
PPP 一般性法律法规与规章

汇编导语

在被学界称作中国PPP顶层设计的"政府和社会资本合作法"或"基础设施特许经营法"出台之前，无论政府方、社会资本方，或是法律与咨询机构操作PPP项目仍应援引并遵守现行生效的法律法规。首先，界定法律关系对PPP项目至关重要。PPP项目中政府和社会资本方之间既有特许经营关系，也有商事合同关系；既有行政监管关系，也有股东投资关系。尽管理论和实务界对修订后的《行政诉讼法》把特许经营权的授予和解除定位为行政行为，只能通过行政诉讼的方式解决争议的争议不断，但就PPP项目的实践来说，根据现行的法律和政策规范，PPP法律体系应当包括商事法律和行政法律两大基础类别。

《政府采购法》第43条规定政府采购合同适用合同法，财政部《政府和社会资本合作政府采购管理办法》明确规定把选择社会资本的过程确定为政府采购。即政府和社会资本合作关系的基础法律是《合同法》，财政部和发改委的PPP合同操作指南把PPP合同体系都以合作合同关系为基础法律关系。基于此我们认为，PPP法律体系中首要的就是基于《民法通则》《合同法》建立起来的商事合同法律关系即债权关系。进而是以《物权法》《担保法》为主体的物权法律关系。PPP项目大多数需要成立项目公司（SPV），项目公司的"三会"架构设计、投资机构\基金以股权关系介入PPP项目，或者以LP、GP组建合伙企业，间接投资到项目公司，都需要公司、企业法律的规范，因此公司企业法律关系也是PPP法律体系中的基础法律关系。PPP项目公司（或者以项目公司为载体）运营过程需要依法申请许可或者批准，行政主管机关依法实施监管、处罚，发生行政纠纷可以依法启动行政诉讼。项目运营中应当依法纳税，享受相关税收减免优惠。由此可知，由行政许可、行政处罚、行政诉讼法以及税收征管法等构成的行政法律关系也是PPP项目中不可或缺的基础法律关系。

查阅我国法律体系，目前还没有一部直接针对PPP的行政法规。2004年原建设部制定的《市政公用事业特许经营管理办法》和2015年发改委、财政部、人民银行等六部委联合发布的《基础设施和公用事业特许经营管理办法》都属于部门规章，且都是以政府的特许经营为立法基础。我们认为，在"特许经营法"或"政府和社会资本合作法"出台之前，国务院先整合当前有关PPP的法律政策与操作规范，尽快出台"PPP条例"也不失为权宜之策。

我们认为，特许经营应当限于城镇基础设施建设和公用事业中资源垄断、经营垄断性质的项目。但PPP项目不仅仅局限于基于特许经营权的合作，可以通过行政许可解决的非特许经营的项目，甚至原来由政府或政府融资平台主导、参与的具有一定公共服务属性的商业项目，完全可以采用PPP模式，以解决政府直接参与商业项目的问题。在大力推进城镇化、新农村建设的政策背景下，小城镇、乡村的基础设施建设和公共服务也需要借助PPP模式加快推进。但是城市和农村的基础设施和公共服务项目建设在授权和决策程序、监管模式、土地权属、项目收益分配等方面存在较大差别，适用的法律也并不完全相同，需要特别注意。

1.《中华人民共和国民法通则》

（1987年1月1日起施行，2009年8月27日修正）

第一章 基本原则

第一条 为了保障公民、法人的合法的民事权益，正确调整民事关系，适应社会主义现代化建设事业发展的需要，根据宪法和我国实际情况，总结民事活动的实践经验，制定本法。

第二条 中华人民共和国民法调整平等主体的公民之间、法人之间、公民和法人之间的财产关系和人身关系。

第三条 当事人在民事活动中的地位平等。

第四条 民事活动应当遵循自愿、公平、等价有偿、诚实信用的原则。

第五条 公民、法人的合法的民事权益受法律保护，任何组织和个人不得侵犯。

第六条 民事活动必须遵守法律，法律没有规定的，应当遵守国家政策。

第七条 民事活动应当尊重社会公德，不得损害社会公共利益，破坏国家经济计划，扰乱社会经济秩序。

第八条 在中华人民共和国领域内的民事活动，适用中华人民共和国法律，法律另有规定的除外。

本法关于公民的规定，适用于在中华人民共和国领域内的外国人、无国籍人，法律另有规定的除外。

……

第三章 法 人

第一节 一般规定

第三十六条 法人是具有民事权利能力和民事行为能力，依法独立享有民事权利和承担民事义务的组织。

法人的民事权利能力和民事行为能力，从法人成立时产生，到法人终止时消灭。

第三十七条 法人应当具备下列条件：

（一）依法成立；

（二）有必要的财产或者经费；

（三）有自己的名称、组织机构和场所；

（四）能够独立承担民事责任。

第三十八条 依照法律或者法人组织章程规定，代表法人行使职权的负责人，是法人的法定代表人。

第三十九条 法人以它的主要办事机构所在地为住所。

第四十条 法人终止，应当依法进行清算，停止清算范围外的活动。

第二节 企业法人

第四十一条 全民所有制企业、集体所有制企业有符合国家规定的资金数额,有组织章程、组织机构和场所,能够独立承担民事责任,经主管机关核准登记,取得法人资格。

在中华人民共和国领域内设立的中外合资经营企业、中外合作经营企业和外资企业,具备法人条件的,依法经工商行政管理机关核准登记,取得中国法人资格。

第四十二条 企业法人应当在核准登记的经营范围内从事经营。

第四十三条 企业法人对它的法定代表人和其他工作人员的经营活动,承担民事责任。

第四十四条 企业法人分立、合并或者有其他重要事项变更,应当向登记机关办理登记并公告。

企业法人分立、合并,它的权利和义务由变更后的法人享有和承担。

第四十五条 企业法人由于下列原因之一终止:

(一)依法被撤销;

(二)解散;

(三)依法宣告破产;

(四)其他原因。

第四十六条 企业法人终止,应当向登记机关办理注销登记并公告。

第四十七条 企业法人解散,应当成立清算组织,进行清算。企业法人被撤销、被宣告破产的,应当由主管机关或者人民法院组织有关机关和有关人员成立清算组织,进行清算。

第四十八条 全民所有制企业法人以国家授予它经营管理的财产承担民事责任。集体所有制企业法人以企业所有的财产承担民事责任。中外合资经营企业法人、中外合作经营企业法人和外资企业法人以企业所有的财产承担民事责任,法律另有规定的除外。

第四十九条 企业法人有下列情形之一的,除法人承担责任外,对法定代表人可以给予行政处分、罚款,构成犯罪的,依法追究刑事责任:

(一)超出登记机关核准登记的经营范围从事非法经营的;

(二)向登记机关、税务机关隐瞒真实情况、弄虚作假的;

(三)抽逃资金、隐匿财产逃避债务的;

(四)解散、被撤销、被宣告破产后,擅自处理财产的;

(五)变更、终止时不及时申请办理登记和公告,使利害关系人遭受重大损失的;

(六)从事法律禁止的其他活动,损害国家利益或者社会公共利益的。

第三节 机关、事业单位和社会团体法人

第五十条 有独立经费的机关从成立之日起,具有法人资格。

具备法人条件的事业单位、社会团体,依法不需要办理法人登记的,从成立之日起,具有法人资格;依法需要办理法人登记的,经核准登记,取得法人资格。

第四节 联 营

第五十一条 企业之间或者企业、事业单位之间联营,组成新的经济实体,独立承担民事责任、具备法人条件的,经主管机关核准登记,取得法人资格。

第五十二条 企业之间或者企业、事业单位之间联营，共同经营、不具备法人条件的，由联营各方按照出资比例或者协议的约定，以各自所有的或者经营管理的财产承担民事责任。依照法律的规定或者协议的约定负连带责任的，承担连带责任。

第五十三条 企业之间或者企业、事业单位之间联营，按照合同的约定各自独立经营的，它的权利和义务由合同约定，各自承担民事责任。

第四章　民事法律行为和代理

……

第五十八条 下列民事行为无效：
（一）无民事行为能力人实施的；
（二）限制民事行为能力人依法不能独立实施的；
（三）一方以欺诈、胁迫的手段或者乘人之危，使对方在违背真实意思的情况下所为的；
（四）恶意串通，损害国家、集体或者第三人利益的；
（五）违反法律或者社会公共利益的；
（六）以合法形式掩盖非法目的。
无效的民事行为，从行为开始起就没有法律约束力。

第五十九条 下列民事行为，一方有权请求人民法院或者仲裁机关予以变更或者撤销：
（一）行为人对行为内容有重大误解的；
（二）显失公平的。
被撤销的民事行为从行为开始起无效。

第六十条 民事行为部分无效，不影响其他部分的效力的，其他部分仍然有效。

第六十一条 民事行为被确认为无效或者被撤销后，当事人因该行为取得的财产，应当返还给受损失的一方。有过错的一方应当赔偿对方因此所受的损失，对方都有过错的，应当各自承担相应的责任。

双方恶意串通，实施民事行为损害国家的、集体的或者第三人的利益的，应当追缴双方取得的财产，收归国家、集体所有或者返还第三人。

第六十二条 民事法律行为可以附条件，附条件的民事法律行为在符合所附条件时生效。

第二节　代　理

第六十三条 公民、法人可以通过代理人实施民事法律行为。
代理人在代理权限内，以被代理人的名义实施民事法律行为。被代理人对代理人的代理行为，承担民事责任。
依照法律规定或者按照双方当事人约定，应当由本人实施的民事法律行为，不得代理。

第六十四条 代理包括委托代理、法定代理和指定代理。
委托代理人按照被代理人的委托行使代理权，法定代理人依照法律的规定行使代理权，指定代理人按照人民法院或者指定单位的指定行使代理权。

第六十五条 民事法律行为的委托代理，可以用书面形式，也可以用口头形式。法律规定用书面形式的,应当用书面形式。

书面委托代理的授权委托书应当载明代理人的姓名或者名称、代理事项、权限和期间,并由委托人签名或者盖章。

委托书授权不明的,被代理人应当向第三人承担民事责任,代理人负连带责任。

第六十六条 没有代理权、超越代理权或者代理权终止后的行为,只有经过被代理人的追认,被代理人才承担民事责任。未经追认的行为,由行为人承担民事责任。本人知道他人以本人名义实施民事行为而不作否认表示的,视为同意。

代理人不履行职责而给被代理人造成损害的,应当承担民事责任。

代理人和第三人串通,损害被代理人的利益的,由代理人和第三人负连带责任。

第三人知道行为人没有代理权、超越代理权或者代理权已终止还与行为人实施民事行为给他人造成损害的,由第三人和行为人负连带责任。

第六十七条 代理人知道被委托代理的事项违法仍然进行代理活动的,或者被代理人知道代理人的代理行为违法不表示反对的,由被代理人和代理人负连带责任。

第六十八条 委托代理人为被代理人的利益需要转托他人代理的,应当事先取得被代理人的同意。事先没有取得被代理人同意的,应当在事后及时告诉被代理人,如果被代理人不同意,由代理人对自己所转托的人的行为负民事责任,但在紧急情况下,为了保护被代理人的利益而转托他人代理的除外。

第六十九条 有下列情形之一的,委托代理终止:

(一)代理期间届满或者代理事务完成;

(二)被代理人取消委托或者代理人辞去委托;

(三)代理人死亡;

(四)代理人丧失民事行为能力;

(五)作为被代理人或者代理人的法人终止。

第七十条 有下列情形之一的,法定代理或者指定代理终止:

(一)被代理人取得或者恢复民事行为能力;

(二)被代理人或者代理人死亡;

(三)代理人丧失民事行为能力;

(四)指定代理的人民法院或者指定单位取消指定;

(五)由其他原因引起的被代理人和代理人之间的监护关系消灭。

第五章 民事权利

第一节 财产所有权和与财产所有权有关的财产权

第七十一条 财产所有权是指所有人依法对自己的财产享有占有、使用、收益和处分的权利。

第七十二条 财产所有权的取得,不得违反法律规定。

按照合同或者其他合法方式取得财产的,财产所有权从财产交付时起转移,法律另有规定或者当事人另有约定的除外。

第七十三条 国家财产属于全民所有。

国家财产神圣不可侵犯，禁止任何组织或者个人侵占、哄抢、私分、截留、破坏。

第七十四条 劳动群众集体组织的财产属于劳动群众集体所有，包括：

（一）法律规定为集体所有的土地和森林、山岭、草原、荒地、滩涂等；

（二）集体经济组织的财产；

（三）集体所有的建筑物、水库、农田水利设施和教育、科学、文化、卫生、体育等设施；

（四）集体所有的其他财产。

集体所有的土地依照法律属于村农民集体所有，由村农业生产合作社等农业集体经济组织或者村民委员会经营、管理。已经属于乡（镇）农民集体经济组织所有的，可以属于乡（镇）农民集体所有。

集体所有的财产受法律保护，禁止任何组织或者个人侵占、哄抢、私分、破坏或者非法查封、扣押、冻结、没收。

……

第七十六条 公民依法享有财产继承权。

第七十七条 社会团体包括宗教团体的合法财产受法律保护。

第七十八条 财产可以由两个以上的公民、法人共有。

共有分为按份共有和共同共有。按份共有人按照各自的份额，对共有财产分享权利，分担义务。共同共有人对共有财产享有权利，承担义务。

按份共有财产的每个共有人有权要求将自己的份额分出或者转让。但在出售时，其他共有人在同等条件下，有优先购买的权利。

……

第八十条 国家所有的土地，可以依法由全民所有制单位使用，也可以依法确定由集体所有制单位使用，国家保护它的使用、收益的权利；使用单位有管理、保护、合理利用的义务。

公民、集体依法对集体所有的或者国家所有由集体使用的土地的承包经营权，受法律保护。承包双方的权利和义务，依照法律由承包合同规定。

土地不得买卖、出租、抵押或者以其他形式非法转让。

第八十一条 国家所有的森林、山岭、草原、荒地、滩涂、水面等自然资源，可以依法由全民所有制单位使用，也可以依法确定由集体所有制单位使用，国家保护它的使用、收益的权利；使用单位有管理、保护、合理利用的义务。

国家所有的矿藏，可以依法由全民所有制单位和集体所有制单位开采，也可以依法由公民采挖。国家保护合法的采矿权。

公民、集体依法对集体所有的或者国家所有由集体使用的森林、山岭、草原、荒地、滩涂、水面的承包经营权，受法律保护。承包双方的权利和义务，依照法律由承包合同规定。

国家所有的矿藏、水流，国家所有的和法律规定属于集体所有的林地、山岭、草原、荒地、滩涂不得买卖、出租、抵押或者以其他形式非法转让。

第八十二条 全民所有制企业对国家授予它经营管理的财产依法享有经营权，受法律保护。

……

第六章 民事责任

第一节 一般规定

第一百零六条 公民、法人违反合同或者不履行其他义务的,应当承担民事责任。

公民、法人由于过错侵害国家的、集体的财产,侵害他人财产、人身的,应当承担民事责任。

没有过错,但法律规定应当承担民事责任的,应当承担民事责任。

第一百零七条 因不可抗力不能履行合同或者造成他人损害的,不承担民事责任,法律另有规定的除外。

第一百零八条 债务应当清偿。暂时无力偿还的,经债权人同意或者人民法院裁决,可以由债务人分期偿还。有能力偿还拒不偿还的,由人民法院判决强制偿还。

第一百零九条 因防止、制止国家的、集体的财产或者他人的财产、人身遭受侵害而使自己受到损害的,由侵害人承担赔偿责任,受益人也可以给予适当的补偿。

第一百一十条 对承担民事责任的公民、法人需要追究行政责任的,应当追究行政责任;构成犯罪的,对公民、法人的法定代表人应当依法追究刑事责任。

第二节 违反合同的民事责任

第一百一十一条 当事人一方不履行合同义务或者履行合同义务不符合约定条件的,另一方有权要求履行或者采取补救措施,并有权要求赔偿损失。

第一百一十二条 当事人一方违反合同的赔偿责任,应当相当于另一方因此所受到的损失。

当事人可以在合同中约定,一方违反合同时,向另一方支付一定数额的违约金;也可以在合同中约定对于违反合同而产生的损失赔偿额的计算方法。

第一百一十三条 当事人双方都违反合同的,应当分别承担各自应负的民事责任。

第一百一十四条 当事人一方因另一方违反合同受到损失的,应当及时采取措施防止损失的扩大;没有及时采取措施致使损失扩大的,无权就扩大的损失要求赔偿。

第一百一十五条 合同的变更或者解除,不影响当事人要求赔偿损失的权利。

第一百一十六条 当事人一方由于上级机关的原因,不能履行合同义务的,应当按照合同约定向另一方赔偿损失或者采取其他补救措施,再由上级机关对它因此受到的损失负责处理。

……

2.《中华人民共和国合同法》
(1999年10月1日起施行)

总 则

第一章 一般规定

第一条 为了保护合同当事人的合法权益,维护社会经济秩序,促进社会主义现代化建设，制定本法。

第二条 本法所称合同是平等主体的自然人、法人、其他组织之间设立、变更、终止民事权利义务关系的协议。

婚姻、收养、监护等有关身份关系的协议，适用其他法律的规定。

第三条 合同当事人的法律地位平等，一方不得将自己的意志强加给另一方。

第四条 当事人依法享有自愿订立合同的权利，任何单位和个人不得非法干预。

第五条 当事人应当遵循公平原则确定各方的权利和义务。

第六条 当事人行使权利、履行义务应当遵循诚实信用原则。

第七条 当事人订立、履行合同，应当遵守法律、行政法规，尊重社会公德，不得扰乱社会经济秩序，损害社会公共利益。

第八条 依法成立的合同，对当事人具有法律约束力。当事人应当按照约定履行自己的义务，不得擅自变更或者解除合同。

依法成立的合同，受法律保护。

第二章 合同的订立

第九条 当事人订立合同，应当具有相应的民事权利能力和民事行为能力。

当事人依法可以委托代理人订立合同。

第十条 当事人订立合同，有书面形式、口头形式和其他形式。

法律、行政法规规定采用书面形式的，应当采用书面形式。当事人约定采用书面形式的，应当采用书面形式。

第十一条 书面形式是指合同书、信件和数据电文（包括电报、电传、传真、电子数据交换和电子邮件）等可以有形地表现所载内容的形式。

第十二条 合同的内容由当事人约定，一般包括以下条款：

（一）当事人的名称或者姓名和住所；

（二）标的；

（三）数量；

（四）质量；

（五）价款或者报酬；

（六）履行期限、地点和方式；

（七）违约责任；

（八）解决争议的方法。

当事人可以参照各类合同的示范文本订立合同。

第十三条 当事人订立合同，采取要约、承诺方式。

第十四条 要约是希望和他人订立合同的意思表示，该意思表示应当符合下列规定：

（一）内容具体确定；

（二）表明经受要约人承诺，要约人即受该意思表示约束。

第十五条 要约邀请是希望他人向自己发出要约的意思表示。寄送的价目表、拍卖公告、招标公告、招股说明书、商业广告等为要约邀请。

商业广告的内容符合要约规定的，视为要约。

第十六条 要约到达受要约人时生效。

采用数据电文形式订立合同,收件人指定特定系统接收数据电文的,该数据电文进入该特定系统的时间,视为到达时间;未指定特定系统的,该数据电文进入收件人的任何系统的首次时间,视为到达时间。

第十七条 要约可以撤回。撤回要约的通知应当在要约到达受要约人之前或者与要约同时到达受要约人。

第十八条 要约可以撤销。撤销要约的通知应当在受要约人发出承诺通知之前到达受要约人。

第十九条 有下列情形之一的,要约不得撤销:

(一)要约人确定了承诺期限或者以其他形式明示要约不可撤销;

(二)受要约人有理由认为要约是不可撤销的,并已经为履行合同作了准备工作。

第二十条 有下列情形之一的,要约失效:

(一)拒绝要约的通知到达要约人;

(二)要约人依法撤销要约;

(三)承诺期限届满,受要约人未作出承诺;

(四)受要约人对要约的内容作出实质性变更。

第二十一条 承诺是受要约人同意要约的意思表示。

第二十二条 承诺应当以通知的方式作出,但根据交易习惯或者要约表明可以通过行为作出承诺的除外。

第二十三条 承诺应当在要约确定的期限内到达要约人。

要约没有确定承诺期限的,承诺应当依照下列规定到达:

(一)要约以对话方式作出的,应当即时作出承诺,但当事人另有约定的除外;

(二)要约以非对话方式作出的,承诺应当在合理期限内到达。

第二十四条 要约以信件或者电报作出的,承诺期限自信件载明的日期或者电报交发之日开始计算。信件未载明日期的,自投寄该信件的邮戳日期开始计算。要约以电话、传真等快速通讯方式作出的,承诺期限自要约到达受要约人时开始计算。

第二十五条 承诺生效时合同成立。

第二十六条 承诺通知到达要约人时生效。承诺不需要通知的,根据交易习惯或者要约的要求作出承诺的行为时生效。

采用数据电文形式订立合同的,承诺到达的时间适用本法第十六条第二款的规定。

第二十七条 承诺可以撤回。撤回承诺的通知应当在承诺通知到达要约人之前或者与承诺通知同时到达要约人。

第二十八条 受要约人超过承诺期限发出承诺的,除要约人及时通知受要约人该承诺有效的以外,为新要约。

第二十九条 受要约人在承诺期限内发出承诺,按照通常情形能够及时到达要约人,但因其他原因承诺到达要约人时超过承诺期限的,除要约人及时通知受要约人因承诺超过期限不接受该承诺的以外,该承诺有效。

第三十条 承诺的内容应当与要约的内容一致。受要约人对要约的内容作出实质性变更的,为新要约。有关合同标的、数量、质量、价款或者报酬、履行期限、履行地点和方式、违约责任和解决争议方法等的变更,是对要约内容的实质性变更。

第三十一条 承诺对要约的内容作出非实质性变更的,除要约人及时表示反对或者要约表明承诺不得对要约的内容作出任何变更的以外,该承诺有效,合同的内容以承诺的内容为准。

第三十二条 当事人采用合同书形式订立合同的,自双方当事人签字或者盖章时合同成立。

第三十三条 当事人采用信件、数据电文等形式订立合同的,可以在合同成立之前要求签订确认书。签订确认书时合同成立。

第三十四条 承诺生效的地点为合同成立的地点。

采用数据电文形式订立合同的,收件人的主营业地为合同成立的地点;没有主营业地的,其经常居住地为合同成立的地点。当事人另有约定的,按照其约定。

第三十五条 当事人采用合同书形式订立合同的,双方当事人签字或者盖章的地点为合同成立的地点。

第三十六条 法律、行政法规规定或者当事人约定采用书面形式订立合同,当事人未采用书面形式但一方已经履行主要义务,对方接受的,该合同成立。

第三十七条 采用合同书形式订立合同,在签字或者盖章之前,当事人一方已经履行主要义务,对方接受的,该合同成立。

第三十八条 国家根据需要下达指令性任务或者国家订货任务的,有关法人、其他组织之间应当依照有关法律、行政法规规定的权利和义务订立合同。

第三十九条 采用格式条款订立合同的,提供格式条款的一方应当遵循公平原则确定当事人之间的权利和义务,并采取合理的方式提请对方注意免除或者限制其责任的条款,按照对方的要求,对该条款予以说明。

格式条款是当事人为了重复使用而预先拟定,并在订立合同时未与对方协商的条款。

第四十条 格式条款具有本法第五十二条和第五十三条规定情形的,或者提供格式条款一方免除其责任、加重对方责任、排除对方主要权利的,该条款无效。

第四十一条 对格式条款的理解发生争议的,应当按照通常理解予以解释。对格式条款有两种以上解释的,应当作出不利于提供格式条款一方的解释。格式条款和非格式条款不一致的,应当采用非格式条款。

第四十二条 当事人在订立合同过程中有下列情形之一,给对方造成损失的,应当承担损害赔偿责任:

(一)假借订立合同,恶意进行磋商;

(二)故意隐瞒与订立合同有关的重要事实或者提供虚假情况;

(三)有其他违背诚实信用原则的行为。

第四十三条 当事人在订立合同过程中知悉的商业秘密,无论合同是否成立,不得泄露或者不正当地使用。泄露或者不正当地使用该商业秘密给对方造成损失的,应当承担损害赔偿责任。

第三章 合同的效力

第四十四条 依法成立的合同,自成立时生效。

法律、行政法规规定应当办理批准、登记等手续生效的，依照其规定。

第四十五条 当事人对合同的效力可以约定附条件。附生效条件的合同，自条件成就时生效。附解除条件的合同，自条件成就时失效。

当事人为自己的利益不正当地阻止条件成就的，视为条件已成就；不正当地促成条件成就的，视为条件不成就。

第四十六条 当事人对合同的效力可以约定附期限。附生效期限的合同，自期限届至时生效。附终止期限的合同，自期限届满时失效。

第四十七条 限制民事行为能力人订立的合同，经法定代理人追认后，该合同有效，但纯获利益的合同或者与其年龄、智力、精神健康状况相适应而订立的合同，不必经法定代理人追认。

相对人可以催告法定代理人在一个月内予以追认。法定代理人未作表示的，视为拒绝追认。合同被追认之前，善意相对人有撤销的权利。撤销应当以通知的方式作出。

第四十八条 行为人没有代理权、超越代理权或者代理权终止后以被代理人名义订立的合同，未经被代理人追认，对被代理人不发生效力，由行为人承担责任。

相对人可以催告被代理人在一个月内予以追认。被代理人未作表示的，视为拒绝追认。合同被追认之前，善意相对人有撤销的权利。撤销应当以通知的方式作出。

第四十九条 行为人没有代理权、超越代理权或者代理权终止后以被代理人名义订立合同，相对人有理由相信行为人有代理权的，该代理行为有效。

第五十条 法人或者其他组织的法定代表人、负责人超越权限订立的合同，除相对人知道或者应当知道其超越权限的以外，该代表行为有效。

第五十一条 无处分权的人处分他人财产，经权利人追认或者无处分权的人订立合同后取得处分权的，该合同有效。

第五十二条 有下列情形之一的，合同无效：

（一）一方以欺诈、胁迫的手段订立合同，损害国家利益；

（二）恶意串通，损害国家、集体或者第三人利益；

（三）以合法形式掩盖非法目的；

（四）损害社会公共利益；

（五）违反法律、行政法规的强制性规定。

第五十三条 合同中的下列免责条款无效：

（一）造成对方人身伤害的；

（二）因故意或者重大过失造成对方财产损失的。

第五十四条 下列合同，当事人一方有权请求人民法院或者仲裁机构变更或者撤销：

（一）因重大误解订立的；

（二）在订立合同时显失公平的。

一方以欺诈、胁迫的手段或者乘人之危，使对方在违背真实意思的情况下订立的合同，受损害方有权请求人民法院或者仲裁机构变更或者撤销。

当事人请求变更的，人民法院或者仲裁机构不得撤销。

第五十五条 有下列情形之一的，撤销权消灭：

（一）具有撤销权的当事人自知道或者应当知道撤销事由之日起一年内没有行使撤

销权；

（二）具有撤销权的当事人知道撤销事由后明确表示或者以自己的行为放弃撤销权。

第五十六条 无效的合同或者被撤销的合同自始没有法律约束力。合同部分无效，不影响其他部分效力的，其他部分仍然有效。

第五十七条 合同无效、被撤销或者终止的，不影响合同中独立存在的有关解决争议方法的条款的效力。

第五十八条 合同无效或者被撤销后，因该合同取得的财产，应当予以返还；不能返还或者没有必要返还的，应当折价补偿。有过错的一方应当赔偿对方因此所受到的损失，双方都有过错的，应当各自承担相应的责任。

第五十九条 当事人恶意串通，损害国家、集体或者第三人利益的，因此取得的财产收归国家所有或者返还集体、第三人。

第四章 合同的履行

第六十条 当事人应当按照约定全面履行自己的义务。

当事人应当遵循诚实信用原则，根据合同的性质、目的和交易习惯履行通知、协助、保密等义务。

第六十一条 合同生效后，当事人就质量、价款或者报酬、履行地点等内容没有约定或者约定不明确的，可以协议补充；不能达成补充协议的，按照合同有关条款或者交易习惯确定。

第六十二条 当事人就有关合同内容约定不明确，依照本法第六十一条的规定仍不能确定的，适用下列规定：

（一）质量要求不明确的，按照国家标准、行业标准履行；没有国家标准、行业标准的，按照通常标准或者符合合同目的的特定标准履行。

（二）价款或者报酬不明确的，按照订立合同时履行地的市场价格履行；依法应当执行政府定价或者政府指导价的，按照规定履行。

（三）履行地点不明确，给付货币的，在接受货币一方所在地履行；交付不动产的，在不动产所在地履行；其他标的，在履行义务一方所在地履行。

（四）履行期限不明确的，债务人可以随时履行，债权人也可以随时要求履行，但应当给对方必要的准备时间。

（五）履行方式不明确的，按照有利于实现合同目的的方式履行。

（六）履行费用的负担不明确的，由履行义务一方负担。

第六十三条 执行政府定价或者政府指导价的，在合同约定的交付期限内政府价格调整时，按照交付时的价格计价。逾期交付标的物的，遇价格上涨时，按照原价格执行；价格下降时，按照新价格执行。逾期提取标的物或者逾期付款的，遇价格上涨时，按照新价格执行；价格下降时，按照原价格执行。

……

第五章 合同的变更和转让

第七十七条 当事人协商一致，可以变更合同。

法律、行政法规规定变更合同应当办理批准、登记等手续的,依照其规定。

第七十八条 当事人对合同变更的内容约定不明确的,推定为未变更。

第七十九条 债权人可以将合同的权利全部或者部分转让给第三人,但有下列情形之一的除外:

(一)根据合同性质不得转让;

(二)按照当事人约定不得转让;

(三)依照法律规定不得转让。

第八十条 债权人转让权利的,应当通知债务人。未经通知,该转让对债务人不发生效力。

债权人转让权利的通知不得撤销,但经受让人同意的除外。

第八十一条 债权人转让权利的,受让人取得与债权有关的从权利,但该从权利专属于债权人自身的除外。

第八十二条 债务人接到债权转让通知后,债务人对让与人的抗辩,可以向受让人主张。

第八十三条 债务人接到债权转让通知时,债务人对让与人享有债权,并且债务人的债权先于转让的债权到期或者同时到期的,债务人可以向受让人主张抵销。

第八十四条 债务人将合同的义务全部或者部分转移给第三人的,应当经债权人同意。

第八十五条 债务人转移义务的,新债务人可以主张原债务人对债权人的抗辩。

第八十六条 债务人转移义务的,新债务人应当承担与主债务有关的从债务,但该从债务专属于原债务人自身的除外。

第八十七条 法律、行政法规规定转让权利或者转移义务应当办理批准、登记等手续的,依照其规定。

第八十八条 当事人一方经对方同意,可以将自己在合同中的权利和义务一并转让给第三人。

第八十九条 权利和义务一并转让的,适用本法第七十九条、第八十一条至第八十三条、第八十五条至第八十七条的规定。

第九十条 当事人订立合同后合并的,由合并后的法人或者其他组织行使合同权利,履行合同义务。当事人订立合同后分立的,除债权人和债务人另有约定的以外,由分立的法人或者其他组织对合同的权利和义务享有连带债权,承担连带债务。

第六章 合同的权利义务终止

第九十一条 有下列情形之一的,合同的权利义务终止:

(一)债务已经按照约定履行;

(二)合同解除;

(三)债务相互抵销;

(四)债务人依法将标的物提存;

(五)债权人免除债务;

(六)债权债务同归于一人;

(七)法律规定或者当事人约定终止的其他情形。

第九十二条 合同的权利义务终止后,当事人应当遵循诚实信用原则,根据交易习惯履行通知、协助、保密等义务。

第九十三条 当事人协商一致,可以解除合同。

当事人可以约定一方解除合同的条件。解除合同的条件成就时,解除权人可以解除合同。

第九十四条 有下列情形之一的,当事人可以解除合同:
(一)因不可抗力致使不能实现合同目的;
(二)在履行期限届满之前,当事人一方明确表示或者以自己的行为表明不履行主要债务;
(三)当事人一方迟延履行主要债务,经催告后在合理期限内仍未履行;
(四)当事人一方迟延履行债务或者有其他违约行为致使不能实现合同目的;
(五)法律规定的其他情形。

第九十五条 法律规定或者当事人约定解除权行使期限,期限届满当事人不行使的,该权利消灭。

法律没有规定或者当事人没有约定解除权行使期限,经对方催告后在合理期限内不行使的,该权利消灭。

第九十六条 当事人一方依照本法第九十三条第二款、第九十四条的规定主张解除合同的,应当通知对方。合同自通知到达对方时解除。对方有异议的,可以请求人民法院或者仲裁机构确认解除合同的效力。

法律、行政法规规定解除合同应当办理批准、登记等手续的,依照其规定。

第九十七条 合同解除后,尚未履行的,终止履行;已经履行的,根据履行情况和合同性质,当事人可以要求恢复原状、采取其他补救措施,并有权要求赔偿损失。

第九十八条 合同的权利义务终止,不影响合同中结算和清理条款的效力。

……

第七章 违约责任

第一百零七条 当事人一方不履行合同义务或者履行合同义务不符合约定的,应当承担继续履行、采取补救措施或者赔偿损失等违约责任。

第一百零八条 当事人一方明确表示或者以自己的行为表明不履行合同义务的,对方可以在履行期限届满之前要求其承担违约责任。

第一百零九条 当事人一方未支付价款或者报酬的,对方可以要求其支付价款或者报酬。

第一百一十条 当事人一方不履行非金钱债务或者履行非金钱债务不符合约定的,对方可以要求履行,但有下列情形之一的除外:
(一)法律上或者事实上不能履行;
(二)债务的标的不适于强制履行或者履行费用过高;
(三)债权人在合理期限内未要求履行。

第一百一十一条 质量不符合约定的,应当按照当事人的约定承担违约责任。对违约责任没有约定或者约定不明确,依照本法第六十一条的规定仍不能确定的,受损害方根据标的的性质以及损失的大小,可以合理选择要求对方承担修理、更换、重作、退货、减少价款或者报酬等违约责任。

第一百一十二条 当事人一方不履行合同义务或者履行合同义务不符合约定的,在履行义务或者采取补救措施后,对方还有其他损失的,应当赔偿损失。

第一百一十三条 当事人一方不履行合同义务或者履行合同义务不符合约定,给对方造成损失的,损失赔偿额应当相当于因违约所造成的损失,包括合同履行后可以获得的利益,但不得超过违反合同一方订立合同时预见到或者应当预见到的因违反合同可能造成的损失。

经营者对消费者提供商品或者服务有欺诈行为的,依照《中华人民共和国消费者权益保护法》的规定承担损害赔偿责任。

第一百一十四条 当事人可以约定一方违约时应当根据违约情况向对方支付一定数额的违约金,也可以约定因违约产生的损失赔偿额的计算方法。

约定的违约金低于造成的损失的,当事人可以请求人民法院或者仲裁机构予以增加;约定的违约金过分高于造成的损失的,当事人可以请求人民法院或者仲裁机构予以适当减少。

当事人就迟延履行约定违约金的,违约方支付违约金后,还应当履行债务。

第一百一十五条 当事人可以依照《中华人民共和国担保法》约定一方向对方给付定金作为债权的担保。债务人履行债务后,定金应当抵作价款或者收回。给付定金的一方不履行约定的债务的,无权要求返还定金;收受定金的一方不履行约定的债务的,应当双倍返还定金。

第一百一十六条 当事人既约定违约金,又约定定金的,一方违约时,对方可以选择适用违约金或者定金条款。

第一百一十七条 因不可抗力不能履行合同的,根据不可抗力的影响,部分或者全部免除责任,但法律另有规定的除外。当事人迟延履行后发生不可抗力的,不能免除责任。

本法所称不可抗力,是指不能预见、不能避免并不能克服的客观情况。

第一百一十八条 当事人一方因不可抗力不能履行合同的,应当及时通知对方,以减轻可能给对方造成的损失,并应当在合理期限内提供证明。

第一百一十九条 当事人一方违约后,对方应当采取适当措施防止损失的扩大;没有采取适当措施致使损失扩大的,不得就扩大的损失要求赔偿。

当事人因防止损失扩大而支出的合理费用,由违约方承担。

第一百二十条 当事人双方都违反合同的,应当各自承担相应的责任。

第一百二十一条 当事人一方因第三人的原因造成违约的,应当向对方承担违约责任。当事人一方和第三人之间的纠纷,依照法律规定或者按照约定解决。

第一百二十二条 因当事人一方的违约行为,侵害对方人身、财产权益的,受损害方有权选择依照本法要求其承担违约责任或者依照其他法律要求其承担侵权责任。

……

第十章 供用电、水、气、热力合同

第一百七十六条 供用电合同是供电人向用电人供电,用电人支付电费的合同。

第一百七十七条 供用电合同的内容包括供电的方式、质量、时间,用电容量、地址、性质、计量方式、电价、电费的结算方式、供用电设施的维护责任等条款。

第一百七十八条 供用电合同的履行地点，按照当事人约定；当事人没有约定或者约定不明确的，供电设施的产权分界处为履行地点。

第一百七十九条 供电人应当按照国家规定的供电质量标准和约定安全供电。供电人未按照国家规定的供电质量标准和约定安全供电，造成用电人损失的，应当承担损害赔偿责任。

第一百八十条 供电人因供电设施计划检修、临时检修、依法限电或者用电人违法用电等原因，需要中断供电时，应当按照国家有关规定事先通知用电人。未事先通知用电人中断供电，造成用电人损失的，应当承担损害赔偿责任。

第一百八十一条 因自然灾害等原因断电，供电人应当按照国家有关规定及时抢修。未及时抢修，造成用电人损失的，应当承担损害赔偿责任。

第一百八十二条 用电人应当按照国家有关规定和当事人的约定及时交付电费。用电人逾期不交付电费的，应当按照约定支付违约金。经催告用电人在合理期限内仍不交付电费和违约金的，供电人可以按照国家规定的程序中止供电。

第一百八十三条 用电人应当按照国家有关规定和当事人的约定安全用电。用电人未按照国家有关规定和当事人的约定安全用电，造成供电人损失的，应当承担损害赔偿责任。

第一百八十四条 供用水、供用气、供用热力合同，参照供用电合同的有关规定。

……

第十三章　租赁合同

第二百一十二条 租赁合同是出租人将租赁物交付承租人使用、收益，承租人支付租金的合同。

第二百一十三条 租赁合同的内容包括租赁物的名称、数量、用途、租赁期限、租金及其支付期限和方式、租赁物维修等条款。

第二百一十四条 租赁期限不得超过二十年。超过二十年的，超过部分无效。

租赁期间届满，当事人可以续订租赁合同，但约定的租赁期限自续订之日起不得超过二十年。

第二百一十五条 租赁期限六个月以上的，应当采用书面形式。当事人未采用书面形式的，视为不定期租赁。

第二百一十六条 出租人应当按照约定将租赁物交付承租人，并在租赁期间保持租赁物符合约定的用途。

第二百一十七条 承租人应当按照约定的方法使用租赁物。对租赁物的使用方法没有约定或者约定不明确，依照本法第六十一条的规定仍不能确定的，应当按照租赁物的性质使用。

第二百一十八条 承租人按照约定的方法或者租赁物的性质使用租赁物，致使租赁物受到损耗的，不承担损害赔偿责任。

第二百一十九条 承租人未按照约定的方法或者租赁物的性质使用租赁物，致使租赁物受到损失的，出租人可以解除合同并要求赔偿损失。

第二百二十条 出租人应当履行租赁物的维修义务，但当事人另有约定的除外。

第二百二十一条 承租人在租赁物需要维修时可以要求出租人在合理期限内维修。出租人未履行维修义务的，承租人可以自行维修，维修费用由出租人负担。因维修租赁物影响承租人使用的，应当相应减少租金或者延长租期。

第二百二十二条 承租人应当妥善保管租赁物，因保管不善造成租赁物毁损、灭失的，应当承担损害赔偿责任。

第二百二十三条 承租人经出租人同意，可以对租赁物进行改善或者增设他物。

承租人未经出租人同意，对租赁物进行改善或者增设他物的，出租人可以要求承租人恢复原状或者赔偿损失。

第二百二十四条 承租人经出租人同意，可以将租赁物转租给第三人。承租人转租的，承租人与出租人之间的租赁合同继续有效，第三人对租赁物造成损失的，承租人应当赔偿损失。

承租人未经出租人同意转租的，出租人可以解除合同。

第二百二十五条 在租赁期间因占有、使用租赁物获得的收益，归承租人所有，但当事人另有约定的除外。

第二百二十六条 承租人应当按照约定的期限支付租金。对支付期限没有约定或者约定不明确，依照本法第六十一条的规定仍不能确定，租赁期间不满一年的，应当在租赁期间届满时支付；租赁期间一年以上的，应当在每届满一年时支付，剩余期间不满一年的，应当在租赁期间届满时支付。

第二百二十七条 承租人无正当理由未支付或者迟延支付租金的，出租人可以要求承租人在合理期限内支付。承租人逾期不支付的，出租人可以解除合同。

第二百二十八条 因第三人主张权利，致使承租人不能对租赁物使用、收益的，承租人可以要求减少租金或者不支付租金。

第三人主张权利的，承租人应当及时通知出租人。

第二百二十九条 租赁物在租赁期间发生所有权变动的，不影响租赁合同的效力。

第二百三十条 出租人出卖租赁房屋的，应当在出卖之前的合理期限内通知承租人，承租人享有以同等条件优先购买的权利。

第二百三十一条 因不可归责于承租人的事由，致使租赁物部分或者全部毁损、灭失的，承租人可以要求减少租金或者不支付租金；因租赁物部分或者全部毁损、灭失，致使不能实现合同目的的，承租人可以解除合同。

第二百三十二条 当事人对租赁期限没有约定或者约定不明确，依照本法第六十一条的规定仍不能确定的，视为不定期租赁。当事人可以随时解除合同，但出租人解除合同应当在合理期限之前通知承租人。

第二百三十三条 租赁物危及承租人的安全或者健康的，即使承租人订立合同时明知该租赁物质量不合格，承租人仍然可以随时解除合同。

第二百三十四条 承租人在房屋租赁期间死亡的，与其生前共同居住的人可以按照原租赁合同租赁该房屋。

第二百三十五条 租赁期间届满，承租人应当返还租赁物。返还的租赁物应当符合按照约定或者租赁物的性质使用后的状态。

第二百三十六条 租赁期间届满，承租人继续使用租赁物，出租人没有提出异议的，原租赁合同继续有效，但租赁期限为不定期。

第十四章　融资租赁合同

第二百三十七条　融资租赁合同是出租人根据承租人对出卖人、租赁物的选择，向出卖人购买租赁物，提供给承租人使用，承租人支付租金的合同。

第二百三十八条　融资租赁合同的内容包括租赁物名称、数量、规格、技术性能、检验方法、租赁期限、租金构成及其支付期限和方式、币种、租赁期间届满租赁物的归属等条款。

融资租赁合同应当采用书面形式。

第二百三十九条　出租人根据承租人对出卖人、租赁物的选择订立的买卖合同，出卖人应当按照约定向承租人交付标的物，承租人享有与受领标的物有关的买受人的权利。

第二百四十条　出租人、出卖人、承租人可以约定，出卖人不履行买卖合同义务的，由承租人行使索赔的权利。承租人行使索赔权利的，出租人应当协助。

第二百四十一条　出租人根据承租人对出卖人、租赁物的选择订立的买卖合同，未经承租人同意，出租人不得变更与承租人有关的合同内容。

第二百四十二条　出租人享有租赁物的所有权。承租人破产的，租赁物不属于破产财产。

第二百四十三条　融资租赁合同的租金，除当事人另有约定的以外，应当根据购买租赁物的大部分或者全部成本以及出租人的合理利润确定。

第二百四十四条　租赁物不符合约定或者不符合使用目的的，出租人不承担责任，但承租人依赖出租人的技能确定租赁物或者出租人干预选择租赁物的除外。

第二百四十五条　出租人应当保证承租人对租赁物的占有和使用。

第二百四十六条　承租人占有租赁物期间，租赁物造成第三人的人身伤害或者财产损害的，出租人不承担责任。

第二百四十七条　承租人应当妥善保管、使用租赁物。

承租人应当履行占有租赁物期间的维修义务。

第二百四十八条　承租人应当按照约定支付租金。承租人经催告后在合理期限内仍不支付租金的，出租人可以要求支付全部租金；也可以解除合同，收回租赁物。

第二百四十九条　当事人约定租赁期间届满租赁物归承租人所有，承租人已经支付大部分租金，但无力支付剩余租金，出租人因此解除合同收回租赁物的，收回的租赁物的价值超过承租人欠付的租金以及其他费用的，承租人可以要求部分返还。

第二百五十条　出租人和承租人可以约定租赁期间届满租赁物的归属。对租赁物的归属没有约定或者约定不明确，依照本法第六十一条的规定仍不能确定的，租赁物的所有权归出租人。

……

第十六章　建设工程合同

第二百六十九条　建设工程合同是承包人进行工程建设，发包人支付价款的合同。

建设工程合同包括工程勘察、设计、施工合同。

第二百七十条　建设工程合同应当采用书面形式。

第二百七十一条 建设工程的招标投标活动,应当依照有关法律的规定公开、公平、公正进行。

第二百七十二条 发包人可以与总承包人订立建设工程合同,也可以分别与勘察人、设计人、施工人订立勘察、设计、施工承包合同。发包人不得将应当由一个承包人完成的建设工程肢解成若干部分发包给几个承包人。

总承包人或者勘察、设计、施工承包人经发包人同意,可以将自己承包的部分工作交由第三人完成。第三人就其完成的工作成果与总承包人或者勘察、设计、施工承包人向发包人承担连带责任。承包人不得将其承包的全部建设工程转包给第三人或者将其承包的全部建设工程肢解以后以分包的名义分别转包给第三人。

禁止承包人将工程分包给不具备相应资质条件的单位。禁止分包单位将其承包的工程再分包。建设工程主体结构的施工必须由承包人自行完成。

第二百七十三条 国家重大建设工程合同,应当按照国家规定的程序和国家批准的投资计划、可行性研究报告等文件订立。

第二百七十四条 勘察、设计合同的内容包括提交有关基础资料和文件(包括概预算)的期限、质量要求、费用以及其他协作条件等条款。

第二百七十五条 施工合同的内容包括工程范围、建设工期、中间交工工程的开工和竣工时间、工程质量、工程造价、技术资料交付时间、材料和设备供应责任、拨款和结算、竣工验收、质量保修范围和质量保证期、双方相互协作等条款。

第二百七十六条 建设工程实行监理的,发包人应当与监理人采用书面形式订立委托监理合同。发包人与监理人的权利和义务以及法律责任,应当依照本法委托合同以及其他有关法律、行政法规的规定。

第二百七十七条 发包人在不妨碍承包人正常作业的情况下,可以随时对作业进度、质量进行检查。

第二百七十八条 隐蔽工程在隐蔽以前,承包人应当通知发包人检查。发包人没有及时检查的,承包人可以顺延工程日期,并有权要求赔偿停工、窝工等损失。

第二百七十九条 建设工程竣工后,发包人应当根据施工图纸及说明书、国家颁发的施工验收规范和质量检验标准及时进行验收。验收合格的,发包人应当按照约定支付价款,并接收该建设工程。建设工程竣工经验收合格后,方可交付使用;未经验收或者验收不合格的,不得交付使用。

第二百八十条 勘察、设计的质量不符合要求或者未按照期限提交勘察、设计文件拖延工期,造成发包人损失的,勘察人、设计人应当继续完善勘察、设计,减收或者免收勘察、设计费并赔偿损失。

第二百八十一条 因施工人的原因致使建设工程质量不符合约定的,发包人有权要求施工人在合理期限内无偿修理或者返工、改建。经过修理或者返工、改建后,造成逾期交付的,施工人应当承担违约责任。

第二百八十二条 因承包人的原因致使建设工程在合理使用期限内造成人身和财产损害的,承包人应当承担损害赔偿责任。

第二百八十三条 发包人未按照约定的时间和要求提供原材料、设备、场地、资金、技术资料的,承包人可以顺延工程日期,并有权要求赔偿停工、窝工等损失。

第二百八十四条 因发包人的原因致使工程中途停建、缓建的,发包人应当采取措施弥补或者减少损失,赔偿承包人因此造成的停工、窝工、倒运、机械设备调迁、材料和构件积压等损失和实际费用。

第二百八十五条 因发包人变更计划,提供的资料不准确,或者未按照期限提供必需的勘察、设计工作条件而造成勘察、设计的返工、停工或者修改设计,发包人应当按照勘察人、设计人实际消耗的工作量增付费用。

第二百八十六条 发包人未按照约定支付价款的,承包人可以催告发包人在合理期限内支付价款。发包人逾期不支付的,除按照建设工程的性质不宜折价、拍卖的以外,承包人可以与发包人协议将该工程折价,也可以申请人民法院将该工程依法拍卖。建设工程的价款就该工程折价或者拍卖的价款优先受偿。

第二百八十七条 本章没有规定的,适用承揽合同的有关规定。

……

第二十一章 委托合同

第三百九十六条 委托合同是委托人和受托人约定,由受托人处理委托人事务的合同。

第三百九十七条 委托人可以特别委托受托人处理一项或者数项事务,也可以概括委托受托人处理一切事务。

第三百九十八条 委托人应当预付处理委托事务的费用。受托人为处理委托事务垫付的必要费用,委托人应当偿还该费用及其利息。

第三百九十九条 受托人应当按照委托人的指示处理委托事务。需要变更委托人指示的,应当经委托人同意;因情况紧急,难以和委托人取得联系的,受托人应当妥善处理委托事务,但事后应当将该情况及时报告委托人。

第四百条 受托人应当亲自处理委托事务。经委托人同意,受托人可以转委托。转委托经同意的,委托人可以就委托事务直接指示转委托的第三人,受托人仅就第三人的选任及其对第三人的指示承担责任。转委托未经同意的,受托人应当对转委托的第三人的行为承担责任,但在紧急情况下受托人为维护委托人的利益需要转委托的除外。

第四百零一条 受托人应当按照委托人的要求,报告委托事务的处理情况。委托合同终止时,受托人应当报告委托事务的结果。

第四百零二条 受托人以自己的名义,在委托人的授权范围内与第三人订立的合同,第三人在订立合同时知道受托人与委托人之间的代理关系的,该合同直接约束委托人和第三人,但有确切证据证明该合同只约束受托人和第三人的除外。

第四百零三条 受托人以自己的名义与第三人订立合同时,第三人不知道受托人与委托人之间的代理关系的,受托人因第三人的原因对委托人不履行义务,受托人应当向委托人披露第三人,委托人因此可以行使受托人对第三人的权利,但第三人与受托人订立合同时如果知道该委托人就不会订立合同的除外。

受托人因委托人的原因对第三人不履行义务,受托人应当向第三人披露委托人,第三人因此可以选择受托人或者委托人作为相对人主张其权利,但第三人不得变更选定的相对人。

委托人行使受托人对第三人的权利的,第三人可以向委托人主张其对受托人的抗辩。第三人选定委托人作为其相对人的,委托人可以向第三人主张其对受托人的抗辩以及受托人对第三人的抗辩。

第四百零四条 受托人处理委托事务取得的财产,应当转交给委托人。

第四百零五条 受托人完成委托事务的,委托人应当向其支付报酬。因不可归责于受托人的事由,委托合同解除或者委托事务不能完成的,委托人应当向受托人支付相应的报酬。当事人另有约定的,按照其约定。

第四百零六条 有偿的委托合同,因受托人的过错给委托人造成损失的,委托人可以要求赔偿损失。无偿的委托合同,因受托人的故意或者重大过失给委托人造成损失的,委托人可以要求赔偿损失。

受托人超越权限给委托人造成损失的,应当赔偿损失。

第四百零七条 受托人处理委托事务时,因不可归责于自己的事由受到损失的,可以向委托人要求赔偿损失。

第四百零八条 委托人经受托人同意,可以在受托人之外委托第三人处理委托事务。因此给受托人造成损失的,受托人可以向委托人要求赔偿损失。

第四百零九条 两个以上的受托人共同处理委托事务的,对委托人承担连带责任。

第四百一十条 委托人或者受托人可以随时解除委托合同。因解除合同给对方造成损失的,除不可归责于该当事人的事由以外,应当赔偿损失。

第四百一十一条 委托人或者受托人死亡、丧失民事行为能力或者破产的,委托合同终止,但当事人另有约定或者根据委托事务的性质不宜终止的除外。

第四百一十二条 因委托人死亡、丧失民事行为能力或者破产,致使委托合同终止将损害委托人利益的,在委托人的继承人、法定代理人或者清算组织承受委托事务之前,受托人应当继续处理委托事务。

第四百一十三条 因受托人死亡、丧失民事行为能力或者破产,致使委托合同终止的,受托人的继承人、法定代理人或者清算组织应当及时通知委托人。因委托合同终止将损害委托人利益的,在委托人作出善后处理之前,受托人的继承人、法定代理人或者清算组织应当采取必要措施。

……

3.《中华人民共和国物权法》
（2007年10月1日起施行）

第一编 总 则

第一章 基本原则

第一条 为了维护国家基本经济制度,维护社会主义市场经济秩序,明确物的归属,发挥物的效用,保护权利人的物权,根据宪法,制定本法。

第二条 因物的归属和利用而产生的民事关系,适用本法。

本法所称物,包括不动产和动产。法律规定权利作为物权客体的,依照其规定。

本法所称物权,是指权利人依法对特定的物享有直接支配和排他的权利,包括所有权、用益物权和担保物权。

第三条 国家在社会主义初级阶段,坚持公有制为主体、多种所有制经济共同发展的基本经济制度。

国家巩固和发展公有制经济,鼓励、支持和引导非公有制经济的发展。

国家实行社会主义市场经济,保障一切市场主体的平等法律地位和发展权利。

第四条 国家、集体、私人的物权和其他权利人的物权受法律保护,任何单位和个人不得侵犯。

第五条 物权的种类和内容,由法律规定。

第六条 不动产物权的设立、变更、转让和消灭,应当依照法律规定登记。动产物权的设立和转让,应当依照法律规定交付。

第七条 物权的取得和行使,应当遵守法律,尊重社会公德,不得损害公共利益和他人合法权益。

第八条 其他相关法律对物权另有特别规定的,依照其规定。

第二章 物权的设立、变更、转让和消灭

第一节 不动产登记

第九条 不动产物权的设立、变更、转让和消灭,经依法登记,发生效力;未经登记,不发生效力,但法律另有规定的除外。

依法属于国家所有的自然资源,所有权可以不登记。

第十条 不动产登记,由不动产所在地的登记机构办理。

国家对不动产实行统一登记制度。统一登记的范围、登记机构和登记办法,由法律、行政法规规定。

第十一条 当事人申请登记,应当根据不同登记事项提供权属证明和不动产界址、面积等必要材料。

第十二条 登记机构应当履行下列职责:

(一)查验申请人提供的权属证明和其他必要材料;

(二)就有关登记事项询问申请人;

(三)如实、及时登记有关事项;

(四)法律、行政法规规定的其他职责。

申请登记的不动产的有关情况需要进一步证明的,登记机构可以要求申请人补充材料,必要时可以实地查看。

第十三条 登记机构不得有下列行为:

(一)要求对不动产进行评估;

(二)以年检等名义进行重复登记;

(三)超出登记职责范围的其他行为。

第十四条　不动产物权的设立、变更、转让和消灭，依照法律规定应当登记的，自记载于不动产登记簿时发生效力。

第十五条　当事人之间订立有关设立、变更、转让和消灭不动产物权的合同，除法律另有规定或者合同另有约定外，自合同成立时生效；未办理物权登记的，不影响合同效力。

第十六条　不动产登记簿是物权归属和内容的根据。不动产登记簿由登记机构管理。

第十七条　不动产权属证书是权利人享有该不动产物权的证明。不动产权属证书记载的事项，应当与不动产登记簿一致；记载不一致的，除有证据证明不动产登记簿确有错误外，以不动产登记簿为准。

第十八条　权利人、利害关系人可以申请查询、复制登记资料，登记机构应当提供。

第十九条　权利人、利害关系人认为不动产登记簿记载的事项错误的，可以申请更正登记。不动产登记簿记载的权利人书面同意更正或者有证据证明登记确有错误的，登记机构应当予以更正。

不动产登记簿记载的权利人不同意更正的，利害关系人可以申请异议登记。登记机构予以异议登记的，申请人在异议登记之日起十五日内不起诉，异议登记失效。异议登记不当，造成权利人损害的，权利人可以向申请人请求损害赔偿。

第二十条　当事人签订买卖房屋或者其他不动产物权的协议，为保障将来实现物权，按照约定可以向登记机构申请预告登记。预告登记后，未经预告登记的权利人同意，处分该不动产的，不发生物权效力。

预告登记后，债权消灭或者自能够进行不动产登记之日起三个月内未申请登记的，预告登记失效。

第二十一条　当事人提供虚假材料申请登记，给他人造成损害的，应当承担赔偿责任。

因登记错误，给他人造成损害的，登记机构应当承担赔偿责任。登记机构赔偿后，可以向造成登记错误的人追偿。

第二十二条　不动产登记费按件收取，不得按照不动产的面积、体积或者价款的比例收取。具体收费标准由国务院有关部门会同价格主管部门规定。

……

第二编　所有权

第四章　一般规定

第三十九条　所有权人对自己的不动产或者动产，依法享有占有、使用、收益和处分的权利。

第四十条　所有权人有权在自己的不动产或者动产上设立用益物权和担保物权。用益物权人、担保物权人行使权利，不得损害所有权人的权益。

第四十一条　法律规定专属于国家所有的不动产和动产，任何单位和个人不能取得所有权。

第四十二条　为了公共利益的需要，依照法律规定的权限和程序可以征收集体所有的土地和单位、个人的房屋及其他不动产。

征收集体所有的土地，应当依法足额支付土地补偿费、安置补助费、地上附着物和青苗

的补偿费等费用,安排被征地农民的社会保障费用,保障被征地农民的生活,维护被征地农民的合法权益。

征收单位、个人的房屋及其他不动产,应当依法给予拆迁补偿,维护被征收人的合法权益;征收个人住宅的,还应当保障被征收人的居住条件。

任何单位和个人不得贪污、挪用、私分、截留、拖欠征收补偿费等费用。

第四十三条 国家对耕地实行特殊保护,严格限制农用地转为建设用地,控制建设用地总量。不得违反法律规定的权限和程序征收集体所有的土地。

第四十四条 因抢险、救灾等紧急需要,依照法律规定的权限和程序可以征用单位、个人的不动产或者动产。被征用的不动产或者动产使用后,应当返还被征用人。单位、个人的不动产或者动产被征用或者征用后毁损、灭失的,应当给予补偿。

第五章　国家所有权和集体所有权、私人所有权

第四十五条 法律规定属于国家所有的财产,属于国家所有即全民所有。

国有财产由国务院代表国家行使所有权;法律另有规定的,依照其规定。

第四十六条 矿藏、水流、海域属于国家所有。

第四十七条 城市的土地,属于国家所有。法律规定属于国家所有的农村和城市郊区的土地,属于国家所有。

第四十八条 森林、山岭、草原、荒地、滩涂等自然资源,属于国家所有,但法律规定属于集体所有的除外。

第四十九条 法律规定属于国家所有的野生动植物资源,属于国家所有。

第五十条 无线电频谱资源属于国家所有。

第五十一条 法律规定属于国家所有的文物,属于国家所有。

第五十二条 国防资产属于国家所有。

铁路、公路、电力设施、电信设施和油气管道等基础设施,依照法律规定为国家所有的,属于国家所有。

第五十三条 国家机关对其直接支配的不动产和动产,享有占有、使用以及依照法律和国务院的有关规定处分的权利。

第五十四条 国家举办的事业单位对其直接支配的不动产和动产,享有占有、使用以及依照法律和国务院的有关规定收益、处分的权利。

第五十五条 国家出资的企业,由国务院、地方人民政府依照法律、行政法规规定分别代表国家履行出资人职责,享有出资人权益。

第五十六条 国家所有的财产受法律保护,禁止任何单位和个人侵占、哄抢、私分、截留、破坏。

第五十七条 履行国有财产管理、监督职责的机构及其工作人员,应当依法加强对国有财产的管理、监督,促进国有财产保值增值,防止国有财产损失;滥用职权,玩忽职守,造成国有财产损失的,应当依法承担法律责任。

违反国有财产管理规定,在企业改制、合并分立、关联交易等过程中,低价转让、合谋私分、擅自担保或者以其他方式造成国有财产损失的,应当依法承担法律责任。

第五十八条 集体所有的不动产和动产包括:

(一)法律规定属于集体所有的土地和森林、山岭、草原、荒地、滩涂;

(二)集体所有的建筑物、生产设施、农田水利设施;

(三)集体所有的教育、科学、文化、卫生、体育等设施;

(四)集体所有的其他不动产和动产。

第五十九条 农民集体所有的不动产和动产,属于本集体成员集体所有。

下列事项应当依照法定程序经本集体成员决定:

(一)土地承包方案以及将土地发包给本集体以外的单位或者个人承包;

(二)个别土地承包经营权人之间承包地的调整;

(三)土地补偿费等费用的使用、分配办法;

(四)集体出资的企业的所有权变动等事项;

(五)法律规定的其他事项。

第六十条 对于集体所有的土地和森林、山岭、草原、荒地、滩涂等,依照下列规定行使所有权:

(一)属于村农民集体所有的,由村集体经济组织或者村民委员会代表集体行使所有权;

(二)分别属于村内两个以上农民集体所有的,由村内各该集体经济组织或者村民小组代表集体行使所有权;

(三)属于乡镇农民集体所有的,由乡镇集体经济组织代表集体行使所有权。

第六十一条 城镇集体所有的不动产和动产,依照法律、行政法规的规定由本集体享有占有、使用、收益和处分的权利。

第六十二条 集体经济组织或者村民委员会、村民小组应当依照法律、行政法规以及章程、村规民约向本集体成员公布集体财产的状况。

第六十三条 集体所有的财产受法律保护,禁止任何单位和个人侵占、哄抢、私分、破坏。

集体经济组织、村民委员会或者其负责人作出的决定侵害集体成员合法权益的,受侵害的集体成员可以请求人民法院予以撤销。

第六十四条 私人对其合法的收入、房屋、生活用品、生产工具、原材料等不动产和动产享有所有权。

第六十五条 私人合法的储蓄、投资及其收益受法律保护。

国家依照法律规定保护私人的继承权及其他合法权益。

第六十六条 私人的合法财产受法律保护,禁止任何单位和个人侵占、哄抢、破坏。

第六十七条 国家、集体和私人依法可以出资设立有限责任公司、股份有限公司或者其他企业。国家、集体和私人所有的不动产或者动产,投到企业的,由出资人按照约定或者出资比例享有资产收益、重大决策以及选择经营管理者等权利并履行义务。

第六十八条 企业法人对其不动产和动产依照法律、行政法规以及章程享有占有、使用、收益和处分的权利。

企业法人以外的法人,对其不动产和动产的权利,适用有关法律、行政法规以及章程的规定。

第六十九条 社会团体依法所有的不动产和动产,受法律保护。

第六章 业主的建筑物区分所有权

第七十条 业主对建筑物内的住宅、经营性用房等专有部分享有所有权，对专有部分以外的共有部分享有共有和共同管理的权利。

第七十一条 业主对其建筑物专有部分享有占有、使用、收益和处分的权利。业主行使权利不得危及建筑物的安全，不得损害其他业主的合法权益。

第七十二条 业主对建筑物专有部分以外的共有部分，享有权利，承担义务；不得以放弃权利不履行义务。

业主转让建筑物内的住宅、经营性用房，其对共有部分享有的共有和共同管理的权利一并转让。

第七十三条 建筑区划内的道路，属于业主共有，但属于城镇公共道路的除外。建筑区划内的绿地，属于业主共有，但属于城镇公共绿地或者明示属于个人的除外。建筑区划内的其他公共场所、公用设施和物业服务用房，属于业主共有。

第七十四条 建筑区划内，规划用于停放汽车的车位、车库应当首先满足业主的需要。

建筑区划内，规划用于停放汽车的车位、车库的归属，由当事人通过出售、附赠或者出租等方式约定。

占用业主共有的道路或者其他场地用于停放汽车的车位，属于业主共有。

第七十五条 业主可以设立业主大会，选举业主委员会。

地方人民政府有关部门应当对设立业主大会和选举业主委员会给予指导和协助。

第七十六条 下列事项由业主共同决定：

（一）制定和修改业主大会议事规则；

（二）制定和修改建筑物及其附属设施的管理规约；

（三）选举业主委员会或者更换业主委员会成员；

（四）选聘和解聘物业服务企业或者其他管理人；

（五）筹集和使用建筑物及其附属设施的维修资金；

（六）改建、重建建筑物及其附属设施；

（七）有关共有和共同管理权利的其他重大事项。

决定前款第五项和第六项规定的事项，应当经专有部分占建筑物总面积三分之二以上的业主且占总人数三分之二以上的业主同意。决定前款其他事项，应当经专有部分占建筑物总面积过半数的业主且占总人数过半数的业主同意。

第七十七条 业主不得违反法律、法规以及管理规约，将住宅改变为经营性用房。业主将住宅改变为经营性用房的，除遵守法律、法规以及管理规约外，应当经有利害关系的业主同意。

第七十八条 业主大会或者业主委员会的决定，对业主具有约束力。

业主大会或者业主委员会作出的决定侵害业主合法权益的，受侵害的业主可以请求人民法院予以撤销。

第七十九条 建筑物及其附属设施的维修资金，属于业主共有。经业主共同决定，可以用于电梯、水箱等共有部分的维修。维修资金的筹集、使用情况应当公布。

第八十条 建筑物及其附属设施的费用分摊、收益分配等事项，有约定的，按照约定；没有约定或者约定不明确的,按照业主专有部分占建筑物总面积的比例确定。

……

第十一章 土地承包经营权

第一百二十四条 农村集体经济组织实行家庭承包经营为基础、统分结合的双层经营体制。

农民集体所有和国家所有由农民集体使用的耕地、林地、草地以及其他用于农业的土地,依法实行土地承包经营制度。

第一百二十五条 土地承包经营权人依法对其承包经营的耕地、林地、草地等享有占有、使用和收益的权利,有权从事种植业、林业、畜牧业等农业生产。

第一百二十六条 耕地的承包期为三十年。草地的承包期为三十年至五十年。林地的承包期为三十年至七十年;特殊林木的林地承包期,经国务院林业行政主管部门批准可以延长。

前款规定的承包期届满,由土地承包经营权人按照国家有关规定继续承包。

第一百二十七条 土地承包经营权自土地承包经营权合同生效时设立。

县级以上地方人民政府应当向土地承包经营权人发放土地承包经营权证、林权证、草原使用权证,并登记造册,确认土地承包经营权。

第一百二十八条 土地承包经营权人依照农村土地承包法的规定,有权将土地承包经营权采取转包、互换、转让等方式流转。流转的期限不得超过承包期的剩余期限。未经依法批准,不得将承包地用于非农建设。

第一百二十九条 土地承包经营权人将土地承包经营权互换、转让,当事人要求登记的,应当向县级以上地方人民政府申请土地承包经营权变更登记;未经登记,不得对抗善意第三人。

第一百三十条 承包期内发包人不得调整承包地。

因自然灾害严重毁损承包地等特殊情形,需要适当调整承包的耕地和草地的,应当依照农村土地承包法等法律规定办理。

第一百三十一条 承包期内发包人不得收回承包地。农村土地承包法等法律另有规定的,依照其规定。

第一百三十二条 承包地被征收的,土地承包经营权人有权依照本法第四十二条第二款的规定获得相应补偿。

第一百三十三条 通过招标、拍卖、公开协商等方式承包荒地等农村土地,依照农村土地承包法等法律和国务院的有关规定,其土地承包经营权可以转让、入股、抵押或者以其他方式流转。

第一百三十四条 国家所有的农用地实行承包经营的,参照本法的有关规定。

第十二章 建设用地使用权

第一百三十五条 建设用地使用权人依法对国家所有的土地享有占有、使用和收益的权利,有权利用该土地建造建筑物、构筑物及其附属设施。

第一百三十六条 建设用地使用权可以在土地的地表、地上或者地下分别设立。新设立的建设用地使用权，不得损害已设立的用益物权。

第一百三十七条 设立建设用地使用权，可以采取出让或者划拨等方式。

工业、商业、旅游、娱乐和商品住宅等经营性用地以及同一土地有两个以上意向用地者的，应当采取招标、拍卖等公开竞价的方式出让。

严格限制以划拨方式设立建设用地使用权。采取划拨方式的，应当遵守法律、行政法规关于土地用途的规定。

第一百三十八条 采取招标、拍卖、协议等出让方式设立建设用地使用权的，当事人应当采取书面形式订立建设用地使用权出让合同。

建设用地使用权出让合同一般包括下列条款：

（一）当事人的名称和住所；
（二）土地界址、面积等；
（三）建筑物、构筑物及其附属设施占用的空间；
（四）土地用途；
（五）使用期限；
（六）出让金等费用及其支付方式；
（七）解决争议的方法。

第一百三十九条 设立建设用地使用权的，应当向登记机构申请建设用地使用权登记。建设用地使用权自登记时设立。登记机构应当向建设用地使用权人发放建设用地使用权证书。

第一百四十条 建设用地使用权人应当合理利用土地，不得改变土地用途；需要改变土地用途的，应当依法经有关行政主管部门批准。

第一百四十一条 建设用地使用权人应当依照法律规定以及合同约定支付出让金等费用。

第一百四十二条 建设用地使用权人建造的建筑物、构筑物及其附属设施的所有权属于建设用地使用权人，但有相反证据证明的除外。

第一百四十三条 建设用地使用权人有权将建设用地使用权转让、互换、出资、赠与或者抵押，但法律另有规定的除外。

第一百四十四条 建设用地使用权转让、互换、出资、赠与或者抵押的，当事人应当采取书面形式订立相应的合同。使用期限由当事人约定，但不得超过建设用地使用权的剩余期限。

第一百四十五条 建设用地使用权转让、互换、出资或者赠与的，应当向登记机构申请变更登记。

第一百四十六条 建设用地使用权转让、互换、出资或者赠与的，附着于该土地上的建筑物、构筑物及其附属设施一并处分。

第一百四十七条 建筑物、构筑物及其附属设施转让、互换、出资或者赠与的，该建筑物、构筑物及其附属设施占用范围内的建设用地使用权一并处分。

第一百四十八条 建设用地使用权期间届满前，因公共利益需要提前收回该土地的，应当依照本法第四十二条的规定对该土地上的房屋及其他不动产给予补偿，并退还相应的出让金。

第一百四十九条　住宅建设用地使用权期间届满的,自动续期。

非住宅建设用地使用权期间届满后的续期,依照法律规定办理。该土地上的房屋及其他不动产的归属,有约定的,按照约定;没有约定或者约定不明确的,依照法律、行政法规的规定办理。

第一百五十条　建设用地使用权消灭的,出让人应当及时办理注销登记。登记机构应当收回建设用地使用权证书。

第一百五十一条　集体所有的土地作为建设用地的,应当依照土地管理法等法律规定办理。

第十三章　宅基地使用权

第一百五十二条　宅基地使用权人依法对集体所有的土地享有占有和使用的权利,有权依法利用该土地建造住宅及其附属设施。

第一百五十三条　宅基地使用权的取得、行使和转让,适用土地管理法等法律和国家有关规定。

第一百五十四条　宅基地因自然灾害等原因灭失的,宅基地使用权消灭。对失去宅基地的村民,应当重新分配宅基地。

第一百五十五条　已经登记的宅基地使用权转让或者消灭的,应当及时办理变更登记或者注销登记。

……

第四编　担保物权

第十五章　一般规定

第一百七十条　担保物权人在债务人不履行到期债务或者发生当事人约定的实现担保物权的情形,依法享有就担保财产优先受偿的权利,但法律另有规定的除外。

第一百七十一条　债权人在借贷、买卖等民事活动中,为保障实现其债权,需要担保的,可以依照本法和其他法律的规定设立担保物权。

第三人为债务人向债权人提供担保的,可以要求债务人提供反担保。反担保适用本法和其他法律的规定。

第一百七十二条　设立担保物权,应当依照本法和其他法律的规定订立担保合同。担保合同是主债权债务合同的从合同。主债权债务合同无效,担保合同无效,但法律另有规定的除外。

担保合同被确认无效后,债务人、担保人、债权人有过错的,应当根据其过错各自承担相应的民事责任。

第一百七十三条　担保物权的担保范围包括主债权及其利息、违约金、损害赔偿金、保管担保财产和实现担保物权的费用。当事人另有约定的,按照约定。

第一百七十四条　担保期间,担保财产毁损、灭失或者被征收等,担保物权人可以就获得的保险金、赔偿金或者补偿金等优先受偿。被担保债权的履行期未届满的,也可以提存该保险金、赔偿金或者补偿金等。

第一百七十五条 第三人提供担保，未经其书面同意，债权人允许债务人转移全部或者部分债务的，担保人不再承担相应的担保责任。

第一百七十六条 被担保的债权既有物的担保又有人的担保的，债务人不履行到期债务或者发生当事人约定的实现担保物权的情形，债权人应当按照约定实现债权；没有约定或者约定不明确，债务人自己提供物的担保的，债权人应当先就该物的担保实现债权；第三人提供物的担保的，债权人可以就物的担保实现债权，也可以要求保证人承担保证责任。提供担保的第三人承担担保责任后，有权向债务人追偿。

第一百七十七条 有下列情形之一的，担保物权消灭：

（一）主债权消灭；

（二）担保物权实现；

（三）债权人放弃担保物权；

（四）法律规定担保物权消灭的其他情形。

第一百七十八条 担保法与本法的规定不一致的，适用本法。

第十六章 抵押权

第一节 一般抵押权

第一百七十九条 为担保债务的履行，债务人或者第三人不转移财产的占有，将该财产抵押给债权人的，债务人不履行到期债务或者发生当事人约定的实现抵押权的情形，债权人有权就该财产优先受偿。

前款规定的债务人或者第三人为抵押人，债权人为抵押权人，提供担保的财产为抵押财产。

第一百八十条 债务人或者第三人有权处分的下列财产可以抵押：

（一）建筑物和其他土地附着物；

（二）建设用地使用权；

（三）以招标、拍卖、公开协商等方式取得的荒地等土地承包经营权；

（四）生产设备、原材料、半成品、产品；

（五）正在建造的建筑物、船舶、航空器；

（六）交通运输工具；

（七）法律、行政法规未禁止抵押的其他财产。

抵押人可以将前款所列财产一并抵押。

第一百八十一条 经当事人书面协议，企业、个体工商户、农业生产经营者可以将现有的以及将有的生产设备、原材料、半成品、产品抵押，债务人不履行到期债务或者发生当事人约定的实现抵押权的情形，债权人有权就实现抵押权时的动产优先受偿。

第一百八十二条 以建筑物抵押的，该建筑物占用范围内的建设用地使用权一并抵押。以建设用地使用权抵押的，该土地上的建筑物一并抵押。

抵押人未依照前款规定一并抵押的，未抵押的财产视为一并抵押。

第一百八十三条 乡镇、村企业的建设用地使用权不得单独抵押。以乡镇、村企业的厂房等建筑物抵押的，其占用范围内的建设用地使用权一并抵押。

第一百八十四条 下列财产不得抵押:

(一)土地所有权;

(二)耕地、宅基地、自留地、自留山等集体所有的土地使用权,但法律规定可以抵押的除外;

(三)学校、幼儿园、医院等以公益为目的的事业单位、社会团体的教育设施、医疗卫生设施和其他社会公益设施;

(四)所有权、使用权不明或者有争议的财产;

(五)依法被查封、扣押、监管的财产;

(六)法律、行政法规规定不得抵押的其他财产。

第一百八十五条 设立抵押权,当事人应当采取书面形式订立抵押合同。

抵押合同一般包括下列条款:

(一)被担保债权的种类和数额;

(二)债务人履行债务的期限;

(三)抵押财产的名称、数量、质量、状况、所在地、所有权归属或者使用权归属;

(四)担保的范围。

第一百八十六条 抵押权人在债务履行期届满前,不得与抵押人约定债务人不履行到期债务时抵押财产归债权人所有。

第一百八十七条 以本法第一百八十条第一款第一项至第三项规定的财产或者第五项规定的正在建造的建筑物抵押的,应当办理抵押登记。抵押权自登记时设立。

第一百八十八条 以本法第一百八十条第一款第四项、第六项规定的财产或者第五项规定的正在建造的船舶、航空器抵押的,抵押权自抵押合同生效时设立;未经登记,不得对抗善意第三人。

第一百八十九条 企业、个体工商户、农业生产经营者以本法第一百八十一条规定的动产抵押的,应当向抵押人住所地的工商行政管理部门办理登记。抵押权自抵押合同生效时设立;未经登记,不得对抗善意第三人。

依照本法第一百八十一条规定抵押的,不得对抗正常经营活动中已支付合理价款并取得抵押财产的买受人。

第一百九十条 订立抵押合同前抵押财产已出租的,原租赁关系不受该抵押权的影响。抵押权设立后抵押财产出租的,该租赁关系不得对抗已登记的抵押权。

第一百九十一条 抵押期间,抵押人经抵押权人同意转让抵押财产的,应当将转让所得的价款向抵押权人提前清偿债务或者提存。转让的价款超过债权数额的部分归抵押人所有,不足部分由债务人清偿。

抵押期间,抵押人未经抵押权人同意,不得转让抵押财产,但受让人代为清偿债务消灭抵押权的除外。

第一百九十二条 抵押权不得与债权分离而单独转让或者作为其他债权的担保。债权转让的,担保该债权的抵押权一并转让,但法律另有规定或者当事人另有约定的除外。

第一百九十三条 抵押人的行为足以使抵押财产价值减少的,抵押权人有权要求抵押人停止其行为。抵押财产价值减少的,抵押权人有权要求恢复抵押财产的价值,或者提供与减少的价值相应的担保。抵押人不恢复抵押财产的价值也不提供担保的,抵押权人有权要求债务人提前清偿债务。

第一百九十四条 抵押权人可以放弃抵押权或者抵押权的顺位。抵押权人与抵押人可以协议变更抵押权顺位以及被担保的债权数额等内容,但抵押权的变更,未经其他抵押权人书面同意,不得对其他抵押权人产生不利影响。

债务人以自己的财产设定抵押,抵押权人放弃该抵押权、抵押权顺位或者变更抵押权的,其他担保人在抵押权人丧失优先受偿权益的范围内免除担保责任,但其他担保人承诺仍然提供担保的除外。

第一百九十五条 债务人不履行到期债务或者发生当事人约定的实现抵押权的情形,抵押权人可以与抵押人协议以抵押财产折价或者以拍卖、变卖该抵押财产所得的价款优先受偿。协议损害其他债权人利益的,其他债权人可以在知道或者应当知道撤销事由之日起一年内请求人民法院撤销该协议。

抵押权人与抵押人未就抵押权实现方式达成协议的,抵押权人可以请求人民法院拍卖、变卖抵押财产。

抵押财产折价或者变卖的,应当参照市场价格。

第一百九十六条 依照本法第一百八十一条规定设定抵押的,抵押财产自下列情形之一发生时确定:

(一)债务履行期届满,债权未实现;

(二)抵押人被宣告破产或者被撤销;

(三)当事人约定的实现抵押权的情形;

(四)严重影响债权实现的其他情形。

第一百九十七条 债务人不履行到期债务或者发生当事人约定的实现抵押权的情形,致使抵押财产被人民法院依法扣押的,自扣押之日起抵押权人有权收取该抵押财产的天然孳息或者法定孳息,但抵押权人未通知应当清偿法定孳息的义务人的除外。

前款规定的孳息应当先充抵收取孳息的费用。

第一百九十八条 抵押财产折价或者拍卖、变卖后,其价款超过债权数额的部分归抵押人所有,不足部分由债务人清偿。

第一百九十九条 同一财产向两个以上债权人抵押的,拍卖、变卖抵押财产所得的价款依照下列规定清偿:

(一)抵押权已登记的,按照登记的先后顺序清偿;顺序相同的,按照债权比例清偿;

(二)抵押权已登记的先于未登记的受偿;

(三)抵押权未登记的,按照债权比例清偿。

第二百条 建设用地使用权抵押后,该土地上新增的建筑物不属于抵押财产。该建设用地使用权实现抵押权时,应当将该土地上新增的建筑物与建设用地使用权一并处分,但新增建筑物所得的价款,抵押权人无权优先受偿。

第二百零一条 依照本法第一百八十条第一款第三项规定的土地承包经营权抵押的,或者依照本法第一百八十三条规定以乡镇、村企业的厂房等建筑物占用范围内的建设用地使用权一并抵押的,实现抵押权后,未经法定程序,不得改变土地所有权的性质和土地用途。

第二百零二条 抵押权人应当在主债权诉讼时效期间行使抵押权;未行使的,人民法院不予保护。

第二节 最高额抵押权

第二百零三条 为担保债务的履行,债务人或者第三人对一定期间内将要连续发生的债权提供担保财产的,债务人不履行到期债务或者发生当事人约定的实现抵押权的情形,抵押权人有权在最高债权额限度内就该担保财产优先受偿。

最高额抵押权设立前已经存在的债权,经当事人同意,可以转入最高额抵押担保的债权范围。

第二百零四条 最高额抵押担保的债权确定前,部分债权转让的,最高额抵押权不得转让,但当事人另有约定的除外。

第二百零五条 最高额抵押担保的债权确定前,抵押权人与抵押人可以通过协议变更债权确定的期间、债权范围以及最高债权额,但变更的内容不得对其他抵押权人产生不利影响。

第二百零六条 有下列情形之一的,抵押权人的债权确定:
(一)约定的债权确定期间届满;
(二)没有约定债权确定期间或者约定不明确,抵押权人或者抵押人自最高额抵押权设立之日起满二年后请求确定债权;
(三)新的债权不可能发生;
(四)抵押财产被查封、扣押;
(五)债务人、抵押人被宣告破产或者被撤销;
(六)法律规定债权确定的其他情形。

第二百零七条 最高额抵押权除适用本节规定外,适用本章第一节一般抵押权的规定。

第十七章 质 权

第一节 动产质权

第二百零八条 为担保债务的履行,债务人或者第三人将其动产出质给债权人占有的,债务人不履行到期债务或者发生当事人约定的实现质权的情形,债权人有权就该动产优先受偿。

前款规定的债务人或者第三人为出质人,债权人为质权人,交付的动产为质押财产。

第二百零九条 法律、行政法规禁止转让的动产不得出质。

第二百一十条 设立质权,当事人应当采取书面形式订立质权合同。

质权合同一般包括下列条款:
(一)被担保债权的种类和数额;
(二)债务人履行债务的期限;
(三)质押财产的名称、数量、质量、状况;
(四)担保的范围;
(五)质押财产交付的时间。

第二百一十一条 质权人在债务履行期届满前,不得与出质人约定债务人不履行到期债务时质押财产归债权人所有。

第二百一十二条　质权自出质人交付质押财产时设立。

第二百一十三条　质权人有权收取质押财产的孳息，但合同另有约定的除外。

前款规定的孳息应当先充抵收取孳息的费用。

第二百一十四条　质权人在质权存续期间，未经出质人同意，擅自使用、处分质押财产，给出质人造成损害的，应当承担赔偿责任。

第二百一十五条　质权人负有妥善保管质押财产的义务；因保管不善致使质押财产毁损、灭失的，应当承担赔偿责任。

质权人的行为可能使质押财产毁损、灭失的，出质人可以要求质权人将质押财产提存，或者要求提前清偿债务并返还质押财产。

第二百一十六条　因不能归责于质权人的事由可能使质押财产毁损或者价值明显减少，足以危害质权人权利的，质权人有权要求出质人提供相应的担保；出质人不提供的，质权人可以拍卖、变卖质押财产，并与出质人通过协议将拍卖、变卖所得的价款提前清偿债务或者提存。

第二百一十七条　质权人在质权存续期间，未经出质人同意转质，造成质押财产毁损、灭失的，应当向出质人承担赔偿责任。

第二百一十八条　质权人可以放弃质权。债务人以自己的财产出质，质权人放弃该质权的，其他担保人在质权人丧失优先受偿权益的范围内免除担保责任，但其他担保人承诺仍然提供担保的除外。

第二百一十九条　债务人履行债务或者出质人提前清偿所担保的债权的，质权人应当返还质押财产。

债务人不履行到期债务或者发生当事人约定的实现质权的情形，质权人可以与出质人协议以质押财产折价，也可以就拍卖、变卖质押财产所得的价款优先受偿。

质押财产折价或者变卖的，应当参照市场价格。

第二百二十条　出质人可以请求质权人在债务履行期届满后及时行使质权；质权人不行使的，出质人可以请求人民法院拍卖、变卖质押财产。

出质人请求质权人及时行使质权，因质权人怠于行使权利造成损害的，由质权人承担赔偿责任。

第二百二十一条　质押财产折价或者拍卖、变卖后，其价款超过债权数额的部分归出质人所有，不足部分由债务人清偿。

第二百二十二条　出质人与质权人可以协议设立最高额质权。

最高额质权除适用本节有关规定外，参照本法第十六章第二节最高额抵押权的规定。

第二节　权利质权

第二百二十三条　债务人或者第三人有权处分的下列权利可以出质：

（一）汇票、支票、本票；

（二）债券、存款单；

（三）仓单、提单；

（四）可以转让的基金份额、股权；

（五）可以转让的注册商标专用权、专利权、著作权等知识产权中的财产权；

(六)应收账款；

(七)法律、行政法规规定可以出质的其他财产权利。

第二百二十四条 以汇票、支票、本票、债券、存款单、仓单、提单出质的,当事人应当订立书面合同。质权自权利凭证交付质权人时设立；没有权利凭证的,质权自有关部门办理出质登记时设立。

第二百二十五条 汇票、支票、本票、债券、存款单、仓单、提单的兑现日期或者提货日期先于主债权到期的,质权人可以兑现或者提货,并与出质人协议将兑现的价款或者提取的货物提前清偿债务或者提存。

第二百二十六条 以基金份额、股权出质的,当事人应当订立书面合同。以基金份额、证券登记结算机构登记的股权出质的,质权自证券登记结算机构办理出质登记时设立；以其他股权出质的,质权自工商行政管理部门办理出质登记时设立。

基金份额、股权出质后,不得转让,但经出质人与质权人协商同意的除外。出质人转让基金份额、股权所得的价款,应当向质权人提前清偿债务或者提存。

第二百二十七条 以注册商标专用权、专利权、著作权等知识产权中的财产权出质的,当事人应当订立书面合同。质权自有关主管部门办理出质登记时设立。

知识产权中的财产权出质后,出质人不得转让或者许可他人使用,但经出质人与质权人协商同意的除外。出质人转让或者许可他人使用出质的知识产权中的财产权所得的价款,应当向质权人提前清偿债务或者提存。

第二百二十八条 以应收账款出质的,当事人应当订立书面合同。质权自信贷征信机构办理出质登记时设立。

应收账款出质后,不得转让,但经出质人与质权人协商同意的除外。出质人转让应收账款所得的价款,应当向质权人提前清偿债务或者提存。

第二百二十九条 权利质权除适用本节规定外,适用本章第一节动产质权的规定。

……

4.《中华人民共和国担保法》

（1995年10月1日起施行）

……

第五条 担保合同是主合同的从合同,主合同无效,担保合同无效。担保合同另有约定的,按照约定。

担保合同被确认无效后,债务人、担保人、债权人有过错的,应当根据其过错各自承担相应的民事责任。

……

第十六条 保证的方式有：

(一)一般保证；

(二)连带责任保证。

第十七条 当事人在保证合同中约定，债务人不能履行债务时，由保证人承担保证责任的，为一般保证。

一般保证的保证人在主合同纠纷未经审判或者仲裁，并就债务人财产依法强制执行仍不能履行债务前，对债权人可以拒绝承担保证责任。

有下列情形之一的，保证人不得行使前款规定的权利：

(一)债务人住所变更，致使债权人要求其履行债务发生重大困难的；

(二)人民法院受理债务人破产案件，中止执行程序的；

(三)保证人以书面形式放弃前款规定的权利的。

第十八条 当事人在保证合同中约定保证人与债务人对债务承担连带责任的，为连带责任保证。

连带责任保证的债务人在主合同规定的债务履行期届满没有履行债务的，债权人可以要求债务人履行债务，也可以要求保证人在其保证范围内承担保证责任。

第十九条 当事人对保证方式没有约定或者约定不明确的，按照连带责任保证承担保证责任。

第二十条 一般保证和连带责任保证的保证人享有债务人的抗辩权。债务人放弃对债务的抗辩权的，保证人仍有权抗辩。

抗辩权是指债权人行使债权时，债务人根据法定事由，对抗债权人行使请求权的权利。

第三节 保证责任

第二十一条 保证担保的范围包括主债权及利息、违约金、损害赔偿金和实现债权的费用。保证合同另有约定的，按照约定。

当事人对保证担保的范围没有约定或者约定不明确的，保证人应当对全部债务承担责任。

第二十二条 保证期间，债权人依法将主债权转让给第三人的，保证人在原保证担保的范围内继续承担保证责任。保证合同另有约定的，按照约定。

第二十三条 保证期间，债权人许可债务人转让债务的，应当取得保证人书面同意，保证人对未经其同意转让的债务，不再承担保证责任。

第二十四条 债权人与债务人协议变更主合同的，应当取得保证人书面同意，未经保证人书面同意的，保证人不再承担保证责任。保证合同另有约定的，按照约定。

第二十五条 一般保证的保证人与债权人未约定保证期间的，保证期间为主债务履行期届满之日起六个月。

在合同约定的保证期间和前款规定的保证期间，债权人未对债务人提起诉讼或者申请仲裁的，保证人免除保证责任；债权人已提起诉讼或者申请仲裁的，保证期间适用诉讼时效中断的规定。

第二十六条 连带责任保证的保证人与债权人未约定保证期间的，债权人有权自主债务履行期届满之日起六个月内要求保证人承担保证责任。

在合同约定的保证期间和前款规定的保证期间,债权人未要求保证人承担保证责任的,保证人免除保证责任。

第二十七条 保证人依照本法第十四条规定就连续发生的债权作保证,未约定保证期间的,保证人可以随时书面通知债权人终止保证合同,但保证人对于通知到债权人前所发生的债权,承担保证责任。

第二十八条 同一债权既有保证又有物的担保的,保证人对物的担保以外的债权承担保证责任。

债权人放弃物的担保的,保证人在债权人放弃权利的范围内免除保证责任。

第二十九条 企业法人的分支机构未经法人书面授权或者超出授权范围与债权人订立保证合同的,该合同无效或者超出授权范围的部分无效,债权人和企业法人有过错的,应当根据其过错各自承担相应的民事责任;债权人无过错的,由企业法人承担民事责任。

第三十条 有下列情形之一的,保证人不承担民事责任:

(一)主合同当事人双方串通,骗取保证人提供保证的;

(二)主合同债权人采取欺诈、胁迫等手段,使保证人在违背真实意思的情况下提供保证的。

第三十一条 保证人承担保证责任后,有权向债务人追偿。

第三十二条 人民法院受理债务人破产案件后,债权人未申报债权的,保证人可以参加破产财产分配,预先行使追偿权。

第三章 抵 押

第一节 抵押和抵押物

第三十三条 本法所称抵押,是指债务人或者第三人不转移对本法第三十四条所列财产的占有,将该财产作为债权的担保。债务人不履行债务时,债权人有权依照本法规定以该财产折价或者以拍卖、变卖该财产的价款优先受偿。

前款规定的债务人或者第三人为抵押人,债权人为抵押权人,提供担保的财产为抵押物。

第三十四条 下列财产可以抵押:

(一)抵押人所有的房屋和其他地上定着物;

(二)抵押人所有的机器、交通运输工具和其他财产;

(三)抵押人依法有权处分的国有的土地使用权、房屋和其他地上定着物;

(四)抵押人依法有权处分的国有的机器、交通运输工具和其他财产;

(五)抵押人依法承包并经发包方同意抵押的荒山、荒沟、荒丘、荒滩等荒地的土地使用权;

(六)依法可以抵押的其他财产。

抵押人可以将前款所列财产一并抵押。

第三十五条 抵押人所担保的债权不得超出其抵押物的价值。

财产抵押后,该财产的价值大于所担保债权的余额部分,可以再次抵押,但不得超出其余额部分。

第三十六条 以依法取得的国有土地上的房屋抵押的,该房屋占用范围内的国有土地使用权同时抵押。

以出让方式取得的国有土地使用权抵押的,应当将抵押时该国有土地上的房屋同时抵押。

乡(镇)、村企业的土地使用权不得单独抵押。以乡(镇)、村企业的厂房等建筑物抵押的,其占用范围内的土地使用权同时抵押。

第三十七条 下列财产不得抵押:

(一)土地所有权;

(二)耕地、宅基地、自留地、自留山等集体所有的土地使用权,但本法第三十四条第(五)项、第三十六条第三款规定的除外;

(三)学校、幼儿园、医院等以公益为目的的事业单位、社会团体的教育设施、医疗卫生设施和其他社会公益设施;

(四)所有权、使用权不明或者有争议的财产;

(五)依法被查封、扣押、监管的财产;

(六)依法不得抵押的其他财产。

第二节 抵押合同和抵押物登记

第三十八条 抵押人和抵押权人应当以书面形式订立抵押合同。

第三十九条 抵押合同应当包括以下内容:

(一)被担保的主债权种类、数额;

(二)债务人履行债务的期限;

(三)抵押物的名称、数量、质量、状况、所在地、所有权权属或者使用权权属;

(四)抵押担保的范围;

(五)当事人认为需要约定的其他事项。

抵押合同不完全具备前款规定内容的,可以补正。

第四十条 订立抵押合同时,抵押权人和抵押人在合同中不得约定在债务履行期届满抵押权人未受清偿时,抵押物的所有权转移为债权人所有。

第四十一条 当事人以本法第四十二条规定的财产抵押的,应当办理抵押物登记,抵押合同自登记之日起生效。

第四十二条 办理抵押物登记的部门如下:

(一)以无地上定着物的土地使用权抵押的,为核发土地使用权证书的土地管理部门;

(二)以城市房地产或者乡(镇)、村企业的厂房等建筑物抵押的,为县级以上地方人民政府规定的部门;

(三)以林木抵押的,为县级以上林木主管部门;

(四)以航空器、船舶、车辆抵押的,为运输工具的登记部门;

(五)以企业的设备和其他动产抵押的,为财产所在地的工商行政管理部门。

第四十三条 当事人以其他财产抵押的,可以自愿办理抵押物登记,抵押合同自签订之日起生效。

当事人未办理抵押物登记的,不得对抗第三人。当事人办理抵押物登记的,登记部门为抵押人所在地的公证部门。

第四十四条 办理抵押物登记,应当向登记部门提供下列文件或者其复印件:

(一)主合同和抵押合同;

(二)抵押物的所有权或者使用权证书。

第四十五条 登记部门登记的资料,应当允许查阅、抄录或者复印。

第三节 抵押的效力

第四十六条 抵押担保的范围包括主债权及利息、违约金、损害赔偿金和实现抵押权的费用。抵押合同另有约定的,按照约定。

第四十七条 债务履行期届满,债务人不履行债务致使抵押物被人民法院依法扣押的,自扣押之日起抵押权人有权收取由抵押物分离的天然孳息以及抵押人就抵押物可以收取的法定孳息。抵押权人未将扣押抵押物的事实通知应当清偿法定孳息的义务人的,抵押权的效力不及于该孳息。

前款孳息应当先充抵收取孳息的费用。

第四十八条 抵押人将已出租的财产抵押的,应当书面告知承租人,原租赁合同继续有效。

第四十九条 抵押期间,抵押人转让已办理登记的抵押物的,应当通知抵押权人并告知受让人转让物已经抵押的情况;抵押人未通知抵押权人或者未告知受让人的,转让行为无效。

转让抵押物的价款明显低于其价值的,抵押权人可以要求抵押人提供相应的担保;抵押人不提供的,不得转让抵押物。

抵押人转让抵押物所得的价款,应当向抵押权人提前清偿所担保的债权或者向与抵押权人约定的第三人提存。超过债权数额的部分,归抵押人所有,不足部分由债务人清偿。

第五十条 抵押权不得与债权分离而单独转让或者作为其他债权的担保。

第五十一条 抵押人的行为足以使抵押物价值减少的,抵押权人有权要求抵押人停止其行为。抵押物价值减少时,抵押权人有权要求抵押人恢复抵押物的价值,或者提供与减少的价值相当的担保。

抵押人对抵押物价值减少无过错的,抵押权人只能在抵押人因损害而得到的赔偿范围内要求提供担保。抵押物价值未减少的部分,仍作为债权的担保。

第五十二条 抵押权与其担保的债权同时存在,债权消灭的,抵押权也消灭。

第四节 抵押权的实现

第五十三条 债务履行期届满抵押权人未受清偿的,可以与抵押人协议以抵押物折价或者以拍卖、变卖该抵押物所得的价款受偿;协议不成的,抵押权人可以向人民法院提起诉讼。

抵押物折价或者拍卖、变卖后,其价款超过债权数额的部分归抵押人所有,不足部分由债务人清偿。

第五十四条 同一财产向两个以上债权人抵押的,拍卖、变卖抵押物所得的价款按照以下规定清偿:

（一）抵押合同以登记生效的，按照抵押物登记的先后顺序清偿；顺序相同的，按照债权比例清偿；

（二）抵押合同自签订之日起生效的，该抵押物已登记的，按照本条第（一）项规定清偿；未登记的，按照合同生效时间的先后顺序清偿，顺序相同的，按照债权比例清偿。抵押物已登记的先于未登记的受偿。

第五十五条 城市房地产抵押合同签订后，土地上新增的房屋不属于抵押物。需要拍卖该抵押的房地产时，可以依法将该土地上新增的房屋与抵押物一同拍卖，但对拍卖新增房屋所得，抵押权人无权优先受偿。

依照本法规定以承包的荒地的土地使用权抵押的，或者以乡（镇）、村企业的厂房等建筑物占用范围内的土地使用权抵押的，在实现抵押权后，未经法定程序不得改变土地集体所有和土地用途。

第五十六条 拍卖划拨的国有土地使用权所得的价款，在依法缴纳相当于应缴纳的土地使用权出让金的款额后，抵押权人有优先受偿权。

第五十七条 为债务人抵押担保的第三人，在抵押权人实现抵押权后，有权向债务人追偿。

第五十八条 抵押权因抵押物灭失而消灭。因灭失所得的赔偿金，应当作为抵押财产。

第五节　最高额抵押

第五十九条 本法所称最高额抵押，是指抵押人与抵押权人协议，在最高债权额限度内，以抵押物对一定期间内连续发生的债权作担保。

第六十条 借款合同可以附最高额抵押合同。

债权人与债务人就某项商品在一定期间内连续发生交易而签订的合同，可以附最高额抵押合同。

第六十一条 最高额抵押的主合同债权不得转让。

第六十二条 最高额抵押除适用本节规定外，适用本章其他规定。

第四章　质　押

第一节　动产质押

第六十三条 本法所称动产质押，是指债务人或者第三人将其动产移交债权人占有，将该动产作为债权的担保。债务人不履行债务时，债权人有权依照本法规定以该动产折价或者以拍卖、变卖该动产的价款优先受偿。

前款规定的债务人或者第三人为出质人，债权人为质权人，移交的动产为质物。

第六十四条 出质人和质权人应当以书面形式订立质押合同。

质押合同自质物移交于质权人占有时生效。

第六十五条 质押合同应当包括以下内容：

（一）被担保的主债权种类、数额；

（二）债务人履行债务的期限；

（三）质物的名称、数量、质量、状况；

（四）质押担保的范围；

（五）质物移交的时间；

（六）当事人认为需要约定的其他事项。

质押合同不完全具备前款规定内容的，可以补正。

第六十六条 出质人和质权人在合同中不得约定在债务履行期届满质权人未受清偿时，质物的所有权转移为质权人所有。

第六十七条 质押担保的范围包括主债权及利息、违约金、损害赔偿金、质物保管费用和实现质权的费用。质押合同另有约定的，按照约定。

第六十八条 质权人有权收取质物所生的孳息。质押合同另有约定的，按照约定。

前款孳息应当先充抵收取孳息的费用。

第六十九条 质权人负有妥善保管质物的义务。因保管不善致使质物灭失或者毁损的，质权人应当承担民事责任。

质权人不能妥善保管质物可能致使其灭失或者毁损的，出质人可以要求质权人将质物提存，或者要求提前清偿债权而返还质物。

第七十条 质物有损坏或者价值明显减少的可能，足以危害质权人权利的，质权人可以要求出质人提供相应的担保。出质人不提供的，质权人可以拍卖或者变卖质物，并与出质人协议将拍卖或者变卖所得的价款用于提前清偿所担保的债权或者向与出质人约定的第三人提存。

第七十一条 债务履行期届满债务人履行债务的，或者出质人提前清偿所担保的债权的，质权人应当返还质物。

债务履行期届满质权人未受清偿的，可以与出质人协议以质物折价，也可以依法拍卖、变卖质物。

质物折价或者拍卖、变卖后，其价款超过债权数额的部分归出质人所有，不足部分由债务人清偿。

第七十二条 为债务人质押担保的第三人，在质权人实现质权后，有权向债务人追偿。

第七十三条 质权因质物灭失而消灭。因灭失所得的赔偿金，应当作为出质财产。

第七十四条 质权与其担保的债权同时存在，债权消灭的，质权也消灭。

第二节 权利质押

第七十五条 下列权利可以质押：

（一）汇票、支票、本票、债券、存款单、仓单、提单；

（二）依法可以转让的股份、股票；

（三）依法可以转让的商标专用权，专利权、著作权中的财产权；

（四）依法可以质押的其他权利。

第七十六条 以汇票、支票、本票、债券、存款单、仓单、提单出质的，应当在合同约定的期限内将权利凭证交付质权人。质押合同自权利凭证交付之日起生效。

第七十七条 以载明兑现或者提货日期的汇票、支票、本票、债券、存款单、仓单、提单出质的，汇票、支票、本票、债券、存款单、仓单、提单兑现或者提货日期先于债务履行期的，质权人可以在债务履行期届满前兑现或者提货，并与出质人协议将兑现的价款或者提取的货物用于提前清偿所担保的债权或者向与出质人约定的第三人提存。

第七十八条 以依法可以转让的股票出质的,出质人与质权人应当订立书面合同,并向证券登记机构办理出质登记。质押合同自登记之日起生效。

股票出质后,不得转让,但经出质人与质权人协商同意的可以转让。出质人转让股票所得的价款应当向质权人提前清偿所担保的债权或者向与质权人约定的第三人提存。

以有限责任公司的股份出质的,适用公司法股份转让的有关规定。质押合同自股份出质记载于股东名册之日起生效。

第七十九条 以依法可以转让的商标专用权,专利权、著作权中的财产权出质的,出质人与质权人应当订立书面合同,并向其管理部门办理出质登记。质押合同自登记之日起生效。

第八十条 本法第七十九条规定的权利出质后,出质人不得转让或者许可他人使用,但经出质人与质权人协商同意的可以转让或者许可他人使用。出质人所得的转让费、许可费应当向质权人提前清偿所担保的债权或者向与质权人约定的第三人提存。

第八十一条 权利质押除适用本节规定外,适用本章第一节的规定。

……

5.《中华人民共和国公司法》

(2006年1月1日起施行,2013年12月28日修订)

第一章 总 则

第一条 为了规范公司的组织和行为,保护公司、股东和债权人的合法权益,维护社会经济秩序,促进社会主义市场经济的发展,制定本法。

第二条 本法所称公司是指依照本法在中国境内设立的有限责任公司和股份有限公司。

第三条 公司是企业法人,有独立的法人财产,享有法人财产权。公司以其全部财产对公司的债务承担责任。

有限责任公司的股东以其认缴的出资额为限对公司承担责任;股份有限公司的股东以其认购的股份为限对公司承担责任。

第四条 公司股东依法享有资产收益、参与重大决策和选择管理者等权利。

第五条 公司从事经营活动,必须遵守法律、行政法规,遵守社会公德、商业道德,诚实守信,接受政府和社会公众的监督,承担社会责任。

公司的合法权益受法律保护,不受侵犯。

第六条 设立公司,应当依法向公司登记机关申请设立登记。符合本法规定的设立条件的,由公司登记机关分别登记为有限责任公司或者股份有限公司;不符合本法规定的设立条件的,不得登记为有限责任公司或者股份有限公司。

法律、行政法规规定设立公司必须报经批准的,应当在公司登记前依法办理批准手续。

公众可以向公司登记机关申请查询公司登记事项,公司登记机关应当提供查询服务。

第七条 依法设立的公司,由公司登记机关发给公司营业执照。公司营业执照签发日期为公司成立日期。

公司营业执照应当载明公司的名称、住所、注册资本、经营范围、法定代表人姓名等事项。

公司营业执照记载的事项发生变更的,公司应当依法办理变更登记,由公司登记机关换发营业执照。

第八条 依照本法设立的有限责任公司,必须在公司名称中标明有限责任公司或者有限公司字样。

依照本法设立的股份有限公司,必须在公司名称中标明股份有限公司或者股份公司字样。

第九条 有限责任公司变更为股份有限公司,应当符合本法规定的股份有限公司的条件。股份有限公司变更为有限责任公司,应当符合本法规定的有限责任公司的条件。

有限责任公司变更为股份有限公司的,或者股份有限公司变更为有限责任公司的,公司变更前的债权、债务由变更后的公司承继。

第十条 公司以其主要办事机构所在地为住所。

第十一条 设立公司必须依法制定公司章程。公司章程对公司、股东、董事、监事、高级管理人员具有约束力。

第十二条 公司的经营范围由公司章程规定,并依法登记。公司可以修改公司章程,改变经营范围,但是应当办理变更登记。

公司的经营范围中属于法律、行政法规规定须经批准的项目,应当依法经过批准。

第十三条 公司法定代表人依照公司章程的规定,由董事长、执行董事或者经理担任,并依法登记。公司法定代表人变更,应当办理变更登记。

第十四条 公司可以设立分公司。设立分公司,应当向公司登记机关申请登记,领取营业执照。分公司不具有法人资格,其民事责任由公司承担。

公司可以设立子公司,子公司具有法人资格,依法独立承担民事责任。

第十五条 公司可以向其他企业投资;但是,除法律另有规定外,不得成为对所投资企业的债务承担连带责任的出资人。

第十六条 公司向其他企业投资或者为他人提供担保,依照公司章程的规定,由董事会或者股东会、股东大会决议;公司章程对投资或者担保的总额及单项投资或者担保的数额有限额规定的,不得超过规定的限额。

公司为公司股东或者实际控制人提供担保的,必须经股东会或者股东大会决议。

前款规定的股东或者受前款规定的实际控制人支配的股东,不得参加前款规定事项的表决。该项表决由出席会议的其他股东所持表决权的过半数通过。

第十七条 公司必须保护职工的合法权益,依法与职工签订劳动合同,参加社会保险,加强劳动保护,实现安全生产。

公司应当采用多种形式,加强公司职工的职业教育和岗位培训,提高职工素质。

第十八条 公司职工依照《中华人民共和国工会法》组织工会,开展工会活动,维护职工合法权益。公司应当为本公司工会提供必要的活动条件。公司工会代表职工就职工的劳动报酬、工作时间、福利、保险和劳动安全卫生等事项依法与公司签订集体合同。

公司依照宪法和有关法律的规定,通过职工代表大会或者其他形式,实行民主管理。

公司研究决定改制以及经营方面的重大问题、制定重要的规章制度时,应当听取公司工会的意见,并通过职工代表大会或者其他形式听取职工的意见和建议。

第十九条 在公司中,根据中国共产党章程的规定,设立中国共产党的组织,开展党的活动。公司应当为党组织的活动提供必要条件。

第二十条 公司股东应当遵守法律、行政法规和公司章程,依法行使股东权利,不得滥用股东权利损害公司或者其他股东的利益;不得滥用公司法人独立地位和股东有限责任损害公司债权人的利益。

公司股东滥用股东权利给公司或者其他股东造成损失的,应当依法承担赔偿责任。

公司股东滥用公司法人独立地位和股东有限责任,逃避债务,严重损害公司债权人利益的,应当对公司债务承担连带责任。

第二十一条 公司的控股股东、实际控制人、董事、监事、高级管理人员不得利用其关联关系损害公司利益。

违反前款规定,给公司造成损失的,应当承担赔偿责任。

第二十二条 公司股东会或者股东大会、董事会的决议内容违反法律、行政法规的无效。

股东会或者股东大会、董事会的会议召集程序、表决方式违反法律、行政法规或者公司章程,或者决议内容违反公司章程的,股东可以自决议作出之日起六十日内,请求人民法院撤销。

股东依照前款规定提起诉讼的,人民法院可以应公司的请求,要求股东提供相应担保。

公司根据股东会或者股东大会、董事会决议已办理变更登记的,人民法院宣告该决议无效或者撤销该决议后,公司应当向公司登记机关申请撤销变更登记。

第二章 有限责任公司的设立和组织机构

第一节 设 立

第二十三条 设立有限责任公司,应当具备下列条件:
(一)股东符合法定人数;
(二)有符合公司章程规定的全体股东认缴的出资额;
(三)股东共同制定公司章程;
(四)有公司名称,建立符合有限责任公司要求的组织机构;
(五)有公司住所。

第二十四条 有限责任公司由五十个以下股东出资设立。

第二十五条 有限责任公司章程应当载明下列事项:
(一)公司名称和住所;
(二)公司经营范围;
(三)公司注册资本;
(四)股东的姓名或者名称;
(五)股东的出资方式、出资额和出资时间;
(六)公司的机构及其产生办法、职权、议事规则;

（七）公司法定代表人；
（八）股东会会议认为需要规定的其他事项。
股东应当在公司章程上签名、盖章。

第二十六条 有限责任公司的注册资本为在公司登记机关登记的全体股东认缴的出资额。

法律、行政法规以及国务院决定对有限责任公司注册资本实缴、注册资本最低限额另有规定的，从其规定。

第二十七条 股东可以用货币出资，也可以用实物、知识产权、土地使用权等可以用货币估价并可以依法转让的非货币财产作价出资；但是，法律、行政法规规定不得作为出资的财产除外。

对作为出资的非货币财产应当评估作价，核实财产，不得高估或者低估作价。法律、行政法规对评估作价有规定的，从其规定。

第二十八条 股东应当按期足额缴纳公司章程中规定的各自所认缴的出资额。股东以货币出资的，应当将货币出资足额存入有限责任公司在银行开设的账户；以非货币财产出资的，应当依法办理其财产权的转移手续。

股东不按照前款规定缴纳出资的，除应当向公司足额缴纳外，还应当向已按期足额缴纳出资的股东承担违约责任。

第二十九条 股东认足公司章程规定的出资后，由全体股东指定的代表或者共同委托的代理人向公司登记机关报送公司登记申请书、公司章程等文件，申请设立登记。

第三十条 有限责任公司成立后，发现作为设立公司出资的非货币财产的实际价额显著低于公司章程所定价额的，应当由交付该出资的股东补足其差额；公司设立时的其他股东承担连带责任。

第三十一条 有限责任公司成立后，应当向股东签发出资证明书。
出资证明书应当载明下列事项：
（一）公司名称；
（二）公司成立日期；
（三）公司注册资本；
（四）股东的姓名或者名称、缴纳的出资额和出资日期；
（五）出资证明书的编号和核发日期。
出资证明书由公司盖章。

第三十二条 有限责任公司应当置备股东名册，记载下列事项：
（一）股东的姓名或者名称及住所；
（二）股东的出资额；
（三）出资证明书编号。
记载于股东名册的股东，可以依股东名册主张行使股东权利。

公司应当将股东的姓名或者名称向公司登记机关登记；登记事项发生变更的，应当办理变更登记。未经登记或者变更登记的，不得对抗第三人。

第三十三条 股东有权查阅、复制公司章程、股东会会议记录、董事会会议决议、监事会会议决议和财务会计报告。

股东可以要求查阅公司会计账簿。股东要求查阅公司会计账簿的，应当向公司提出书面请求，说明目的。公司有合理根据认为股东查阅会计账簿有不正当目的，可能损害公司合法利益的，可以拒绝提供查阅，并应当自股东提出书面请求之日起十五日内书面答复股东并说明理由。公司拒绝提供查阅的，股东可以请求人民法院要求公司提供查阅。

第三十四条　股东按照实缴的出资比例分取红利；公司新增资本时，股东有权优先按照实缴的出资比例认缴出资。但是，全体股东约定不按照出资比例分取红利或者不按照出资比例优先认缴出资的除外。

第三十五条　公司成立后，股东不得抽逃出资。

第二节　组织机构

第三十六条　有限责任公司股东会由全体股东组成。股东会是公司的权力机构，依照本法行使职权。

第三十七条　股东会行使下列职权：

（一）决定公司的经营方针和投资计划；

（二）选举和更换非由职工代表担任的董事、监事，决定有关董事、监事的报酬事项；

（三）审议批准董事会的报告；

（四）审议批准监事会或者监事的报告；

（五）审议批准公司的年度财务预算方案、决算方案；

（六）审议批准公司的利润分配方案和弥补亏损方案；

（七）对公司增加或者减少注册资本作出决议；

（八）对发行公司债券作出决议；

（九）对公司合并、分立、解散、清算或者变更公司形式作出决议；

（十）修改公司章程；

（十一）公司章程规定的其他职权。

对前款所列事项股东以书面形式一致表示同意的，可以不召开股东会会议，直接作出决定，并由全体股东在决定文件上签名、盖章。

第三十八条　首次股东会会议由出资最多的股东召集和主持，依照本法规定行使职权。

第三十九条　股东会会议分为定期会议和临时会议。

定期会议应当依照公司章程的规定按时召开。代表十分之一以上表决权的股东，三分之一以上的董事，监事会或者不设监事会的公司的监事提议召开临时会议的，应当召开临时会议。

第四十条　有限责任公司设立董事会的，股东会会议由董事会召集，董事长主持；董事长不能履行职务或者不履行职务的，由副董事长主持；副董事长不能履行职务或者不履行职务的，由半数以上董事共同推举一名董事主持。

有限责任公司不设董事会的，股东会会议由执行董事召集和主持。

董事会或者执行董事不能履行或者不履行召集股东会会议职责的，由监事会或者不设监事会的公司的监事召集和主持；监事会或者监事不召集和主持的，代表十分之一以上表决权的股东可以自行召集和主持。

第四十一条　召开股东会会议，应当于会议召开十五日前通知全体股东；但是，公司章程另有规定或者全体股东另有约定的除外。

股东会应当对所议事项的决定作成会议记录，出席会议的股东应当在会议记录上签名。

第四十二条 股东会会议由股东按照出资比例行使表决权；但是，公司章程另有规定的除外。

第四十三条 股东会的议事方式和表决程序，除本法有规定的外，由公司章程规定。

股东会会议作出修改公司章程、增加或者减少注册资本的决议，以及公司合并、分立、解散或者变更公司形式的决议，必须经代表三分之二以上表决权的股东通过。

第四十四条 有限责任公司设董事会，其成员为三人至十三人；但是，本法第五十条另有规定的除外。

两个以上的国有企业或者两个以上的其他国有投资主体投资设立的有限责任公司，其董事会成员中应当有公司职工代表；其他有限责任公司董事会成员中可以有公司职工代表。董事会中的职工代表由公司职工通过职工代表大会、职工大会或者其他形式民主选举产生。

董事会设董事长一人，可以设副董事长。董事长、副董事长的产生办法由公司章程规定。

第四十五条 董事任期由公司章程规定，但每届任期不得超过三年。董事任期届满，连选可以连任。

董事任期届满未及时改选，或者董事在任期内辞职导致董事会成员低于法定人数的，在改选出的董事就任前，原董事仍应当依照法律、行政法规和公司章程的规定，履行董事职务。

第四十六条 董事会对股东会负责，行使下列职权：

（一）召集股东会会议，并向股东会报告工作；

（二）执行股东会的决议；

（三）决定公司的经营计划和投资方案；

（四）制订公司的年度财务预算方案、决算方案；

（五）制订公司的利润分配方案和弥补亏损方案；

（六）制订公司增加或者减少注册资本以及发行公司债券的方案；

（七）制订公司合并、分立、解散或者变更公司形式的方案；

（八）决定公司内部管理机构的设置；

（九）决定聘任或者解聘公司经理及其报酬事项，并根据经理的提名决定聘任或者解聘公司副经理、财务负责人及其报酬事项；

（十）制定公司的基本管理制度；

（十一）公司章程规定的其他职权。

第四十七条 董事会会议由董事长召集和主持；董事长不能履行职务或者不履行职务的，由副董事长召集和主持；副董事长不能履行职务或者不履行职务的，由半数以上董事共同推举一名董事召集和主持。

第四十八条 董事会的议事方式和表决程序，除本法有规定的外，由公司章程规定。

董事会应当对所议事项的决定作成会议记录，出席会议的董事应当在会议记录上签名。

董事会决议的表决，实行一人一票。

第四十九条 有限责任公司可以设经理，由董事会决定聘任或者解聘。经理对董事会负

责,行使下列职权:

(一)主持公司的生产经营管理工作,组织实施董事会决议;
(二)组织实施公司年度经营计划和投资方案;
(三)拟订公司内部管理机构设置方案;
(四)拟订公司的基本管理制度;
(五)制定公司的具体规章;
(六)提请聘任或者解聘公司副经理、财务负责人;
(七)决定聘任或者解聘除应由董事会决定聘任或者解聘以外的负责管理人员;
(八)董事会授予的其他职权。

公司章程对经理职权另有规定的,从其规定。

经理列席董事会会议。

第五十条 股东人数较少或者规模较小的有限责任公司,可以设一名执行董事,不设董事会。执行董事可以兼任公司经理。

执行董事的职权由公司章程规定。

第五十一条 有限责任公司设监事会,其成员不得少于三人。股东人数较少或者规模较小的有限责任公司,可以设一至二名监事,不设监事会。

监事会应当包括股东代表和适当比例的公司职工代表,其中职工代表的比例不得低于三分之一,具体比例由公司章程规定。监事会中的职工代表由公司职工通过职工代表大会、职工大会或者其他形式民主选举产生。

监事会设主席一人,由全体监事过半数选举产生。监事会主席召集和主持监事会会议;监事会主席不能履行职务或者不履行职务的,由半数以上监事共同推举一名监事召集和主持监事会会议。

董事、高级管理人员不得兼任监事。

第五十二条 监事的任期每届为三年。监事任期届满,连选可以连任。

监事任期届满未及时改选,或者监事在任期内辞职导致监事会成员低于法定人数的,在改选出的监事就任前,原监事仍应当依照法律、行政法规和公司章程的规定,履行监事职务。

第五十三条 监事会、不设监事会的公司的监事行使下列职权:

(一)检查公司财务;
(二)对董事、高级管理人员执行公司职务的行为进行监督,对违反法律、行政法规、公司章程或者股东会决议的董事、高级管理人员提出罢免的建议;
(三)当董事、高级管理人员的行为损害公司的利益时,要求董事、高级管理人员予以纠正;
(四)提议召开临时股东会会议,在董事会不履行本法规定的召集和主持股东会会议职责时召集和主持股东会会议;
(五)向股东会会议提出提案;
(六)依照本法第一百五十一条的规定,对董事、高级管理人员提起诉讼;
(七)公司章程规定的其他职权。

第五十四条 监事可以列席董事会会议,并对董事会决议事项提出质询或者建议。

监事会、不设监事会的公司的监事发现公司经营情况异常,可以进行调查;必要时,可以聘请会计师事务所等协助其工作,费用由公司承担。

第五十五条 监事会每年度至少召开一次会议,监事可以提议召开临时监事会会议。

监事会的议事方式和表决程序,除本法有规定的外,由公司章程规定。

监事会决议应当经半数以上监事通过。

监事会应当对所议事项的决定作成会议记录,出席会议的监事应当在会议记录上签名。

第五十六条 监事会、不设监事会的公司的监事行使职权所必需的费用,由公司承担。

第三节 一人有限责任公司的特别规定

第五十七条 一人有限责任公司的设立和组织机构,适用本节规定;本节没有规定的,适用本章第一节、第二节的规定。

本法所称一人有限责任公司,是指只有一个自然人股东或者一个法人股东的有限责任公司。

第五十八条 一个自然人只能投资设立一个一人有限责任公司。该一人有限责任公司不能投资设立新的一人有限责任公司。

第五十九条 一人有限责任公司应当在公司登记中注明自然人独资或者法人独资,并在公司营业执照中载明。

第六十条 一人有限责任公司章程由股东制定。

第六十一条 一人有限责任公司不设股东会。股东作出本法第三十七条第一款所列决定时,应当采用书面形式,并由股东签名后置备于公司。

第六十二条 一人有限责任公司应当在每一会计年度终了时编制财务会计报告,并经会计师事务所审计。

第六十三条 一人有限责任公司的股东不能证明公司财产独立于股东自己的财产的,应当对公司债务承担连带责任。

第四节 国有独资公司的特别规定

第六十四条 国有独资公司的设立和组织机构,适用本节规定;本节没有规定的,适用本章第一节、第二节的规定。

本法所称国有独资公司,是指国家单独出资、由国务院或者地方人民政府授权本级人民政府国有资产监督管理机构履行出资人职责的有限责任公司。

第六十五条 国有独资公司章程由国有资产监督管理机构制定,或者由董事会制订报国有资产监督管理机构批准。

第六十六条 国有独资公司不设股东会,由国有资产监督管理机构行使股东会职权。国有资产监督管理机构可以授权公司董事会行使股东会的部分职权,决定公司的重大事项,但公司的合并、分立、解散、增加或者减少注册资本和发行公司债券,必须由国有资产监督管理机构决定;其中,重要的国有独资公司合并、分立、解散、申请破产的,应当由国有资产监督管理机构审核后,报本级人民政府批准。

前款所称重要的国有独资公司,按照国务院的规定确定。

第六十七条 国有独资公司设董事会，依照本法第四十六条、第六十六条的规定行使职权。董事每届任期不得超过三年。董事会成员中应当有公司职工代表。

董事会成员由国有资产监督管理机构委派；但是，董事会成员中的职工代表由公司职工代表大会选举产生。

董事会设董事长一人，可以设副董事长。董事长、副董事长由国有资产监督管理机构从董事会成员中指定。

第六十八条 国有独资公司设经理，由董事会聘任或者解聘。经理依照本法第四十九条规定行使职权。

经国有资产监督管理机构同意，董事会成员可以兼任经理。

第六十九条 国有独资公司的董事长、副董事长、董事、高级管理人员，未经国有资产监督管理机构同意，不得在其他有限责任公司、股份有限公司或者其他经济组织兼职。

第七十条 国有独资公司监事会成员不得少于五人，其中职工代表的比例不得低于三分之一，具体比例由公司章程规定。

监事会成员由国有资产监督管理机构委派；但是，监事会成员中的职工代表由公司职工代表大会选举产生。监事会主席由国有资产监督管理机构从监事会成员中指定。

监事会行使本法第五十三条第（一）项至第（三）项规定的职权和国务院规定的其他职权。

第三章　有限责任公司的股权转让

第七十一条 有限责任公司的股东之间可以相互转让其全部或者部分股权。

股东向股东以外的人转让股权，应当经其他股东过半数同意。股东应就其股权转让事项书面通知其他股东征求同意，其他股东自接到书面通知之日起满三十日未答复的，视为同意转让。其他股东半数以上不同意转让的，不同意的股东应当购买该转让的股权；不购买的，视为同意转让。

经股东同意转让的股权，在同等条件下，其他股东有优先购买权。两个以上股东主张行使优先购买权的，协商确定各自的购买比例；协商不成的，按照转让时各自的出资比例行使优先购买权。

公司章程对股权转让另有规定的，从其规定。

第七十二条 人民法院依照法律规定的强制执行程序转让股东的股权时，应当通知公司及全体股东，其他股东在同等条件下有优先购买权。其他股东自人民法院通知之日起满二十日不行使优先购买权的，视为放弃优先购买权。

第七十三条 依照本法第七十一条、第七十二条转让股权后，公司应当注销原股东的出资证明书，向新股东签发出资证明书，并相应修改公司章程和股东名册中有关股东及其出资额的记载。对公司章程的该项修改不需再由股东会表决。

第七十四条 有下列情形之一的，对股东会该项决议投反对票的股东可以请求公司按照合理的价格收购其股权：

（一）公司连续五年不向股东分配利润，而公司该五年连续盈利，并且符合本法规定的分配利润条件的；

（二）公司合并、分立、转让主要财产的；

（三）公司章程规定的营业期限届满或者章程规定的其他解散事由出现，股东会会议通过决议修改章程使公司存续的。

自股东会会议决议通过之日起六十日内，股东与公司不能达成股权收购协议的，股东可以自股东会会议决议通过之日起九十日内向人民法院提起诉讼。

第七十五条 自然人股东死亡后，其合法继承人可以继承股东资格；但是，公司章程另有规定的除外。

第四章　股份有限公司的设立和组织机构

第一节　设　立

第七十六条 设立股份有限公司，应当具备下列条件：
（一）发起人符合法定人数；
（二）有符合公司章程规定的全体发起人认购的股本总额或者募集的实收股本总额；
（三）股份发行、筹办事项符合法律规定；
（四）发起人制订公司章程，采用募集方式设立的经创立大会通过；
（五）有公司名称，建立符合股份有限公司要求的组织机构；
（六）有公司住所。

第七十七条 股份有限公司的设立，可以采取发起设立或者募集设立的方式。

发起设立，是指由发起人认购公司应发行的全部股份而设立公司。

募集设立，是指由发起人认购公司应发行股份的一部分，其余股份向社会公开募集或者向特定对象募集而设立公司。

第七十八条 设立股份有限公司，应当有二人以上二百人以下为发起人，其中须有半数以上的发起人在中国境内有住所。

第七十九条 股份有限公司发起人承担公司筹办事务。

发起人应当签订发起人协议，明确各自在公司设立过程中的权利和义务。

第八十条 股份有限公司采取发起设立方式设立的，注册资本为在公司登记机关登记的全体发起人认购的股本总额。在发起人认购的股份缴足前，不得向他人募集股份。

股份有限公司采取募集方式设立的，注册资本为在公司登记机关登记的实收股本总额。

法律、行政法规以及国务院决定对股份有限公司注册资本实缴、注册资本最低限额另有规定的，从其规定。

第八十一条 股份有限公司章程应当载明下列事项：
（一）公司名称和住所；
（二）公司经营范围；
（三）公司设立方式；
（四）公司股份总数、每股金额和注册资本；
（五）发起人的姓名或者名称、认购的股份数、出资方式和出资时间；
（六）董事会的组成、职权和议事规则；
（七）公司法定代表人；

（八）监事会的组成、职权和议事规则；
（九）公司利润分配办法；
（十）公司的解散事由与清算办法；
（十一）公司的通知和公告办法；
（十二）股东大会会议认为需要规定的其他事项。

第八十二条 发起人的出资方式，适用本法第二十六条的规定。

第八十三条 以发起设立方式设立股份有限公司的，发起人应当书面认足公司章程规定其认购的股份，并按照公司章程规定缴纳出资。以非货币财产出资的，应当依法办理其财产权的转移手续。

发起人不依照前款规定缴纳出资的，应当按照发起人协议承担违约责任。

发起人认足公司章程规定的出资后，应当选举董事会和监事会，由董事会向公司登记机关报送公司章程以及法律、行政法规规定的其他文件，申请设立登记。

第八十四条 以募集设立方式设立股份有限公司的，发起人认购的股份不得少于公司股份总数的百分之三十五；但是，法律、行政法规另有规定的，从其规定。

第八十五条 发起人向社会公开募集股份，必须公告招股说明书，并制作认股书。认股书应当载明本法第八十六条所列事项，由认股人填写认购股数、金额、住所，并签名、盖章。认股人按照所认购股数缴纳股款。

第八十六条 招股说明书应当附有发起人制订的公司章程，并载明下列事项：
（一）发起人认购的股份数；
（二）每股的票面金额和发行价格；
（三）无记名股票的发行总数；
（四）募集资金的用途；
（五）认股人的权利、义务；
（六）本次募股的起止期限及逾期未募足时认股人可以撤回所认股份的说明。

第八十七条 发起人向社会公开募集股份，应当由依法设立的证券公司承销，签订承销协议。

第八十八条 发起人向社会公开募集股份，应当同银行签订代收股款协议。

代收股款的银行应当按照协议代收和保存股款，向缴纳股款的认股人出具收款单据，并负有向有关部门出具收款证明的义务。

第八十九条 发行股份的股款缴足后，必须经依法设立的验资机构验资并出具证明。发起人应当自股款缴足之日起三十日内主持召开公司创立大会。创立大会由发起人、认股人组成。

发行的股份超过招股说明书规定的截止期限尚未募足的，或者发行股份的股款缴足后，发起人在三十日内未召开创立大会的，认股人可以按照所缴股款并加算银行同期存款利息，要求发起人返还。

第九十条 发起人应当在创立大会召开十五日前将会议日期通知各认股人或者予以公告。创立大会应有代表股份总数过半数的发起人、认股人出席，方可举行。

创立大会行使下列职权：
（一）审议发起人关于公司筹办情况的报告；

（二）通过公司章程；

（三）选举董事会成员；

（四）选举监事会成员；

（五）对公司的设立费用进行审核；

（六）对发起人用于抵作股款的财产的作价进行审核；

（七）发生不可抗力或者经营条件发生重大变化直接影响公司设立的，可以作出不设立公司的决议。

创立大会对前款所列事项作出决议，必须经出席会议的认股人所持表决权过半数通过。

第九十一条 发起人、认股人缴纳股款或者交付抵作股款的出资后，除未按期募足股份、发起人未按期召开创立大会或者创立大会决议不设立公司的情形外，不得抽回其股本。

第九十二条 董事会应于创立大会结束后三十日内，向公司登记机关报送下列文件，申请设立登记：

（一）公司登记申请书；

（二）创立大会的会议记录；

（三）公司章程；

（四）验资证明；

（五）法定代表人、董事、监事的任职文件及其身份证明；

（六）发起人的法人资格证明或者自然人身份证明；

（七）公司住所证明。

以募集方式设立股份有限公司公开发行股票的，还应当向公司登记机关报送国务院证券监督管理机构的核准文件。

第九十三条 股份有限公司成立后，发起人未按照公司章程的规定缴足出资的，应当补缴；其他发起人承担连带责任。

股份有限公司成立后，发现作为设立公司出资的非货币财产的实际价额显著低于公司章程所定价额的，应当由交付该出资的发起人补足其差额；其他发起人承担连带责任。

第九十四条 股份有限公司的发起人应当承担下列责任：

（一）公司不能成立时，对设立行为所产生的债务和费用负连带责任；

（二）公司不能成立时，对认股人已缴纳的股款，负返还股款并加算银行同期存款利息的连带责任；

（三）在公司设立过程中，由于发起人的过失致使公司利益受到损害的，应当对公司承担赔偿责任。

第九十五条 有限责任公司变更为股份有限公司时，折合的实收股本总额不得高于公司净资产额。有限责任公司变更为股份有限公司，为增加资本公开发行股份时，应当依法办理。

第九十六条 股份有限公司应当将公司章程、股东名册、公司债券存根、股东大会会议记录、董事会会议记录、监事会会议记录、财务会计报告置备于本公司。

第九十七条 股东有权查阅公司章程、股东名册、公司债券存根、股东大会会议记录、董事会会议决议、监事会会议决议、财务会计报告，对公司的经营提出建议或者质询。

第二节 股东大会

第九十八条　股份有限公司股东大会由全体股东组成。股东大会是公司的权力机构，依照本法行使职权。

第九十九条　本法第三十七条第一款关于有限责任公司股东会职权的规定，适用于股份有限公司股东大会。

第一百条　股东大会应当每年召开一次年会。有下列情形之一的，应当在两个月内召开临时股东大会：

（一）董事人数不足本法规定人数或者公司章程所定人数的三分之二时；

（二）公司未弥补的亏损达实收股本总额三分之一时；

（三）单独或者合计持有公司百分之十以上股份的股东请求时；

（四）董事会认为必要时；

（五）监事会提议召开时；

（六）公司章程规定的其他情形。

第一百零一条　股东大会会议由董事会召集，董事长主持；董事长不能履行职务或者不履行职务的，由副董事长主持；副董事长不能履行职务或者不履行职务的，由半数以上董事共同推举一名董事主持。

董事会不能履行或者不履行召集股东大会会议职责的，监事会应当及时召集和主持；监事会不召集和主持的，连续九十日以上单独或者合计持有公司百分之十以上股份的股东可以自行召集和主持。

第一百零二条　召开股东大会会议，应当将会议召开的时间、地点和审议的事项于会议召开二十日前通知各股东；临时股东大会应当于会议召开十五日前通知各股东；发行无记名股票的，应当于会议召开三十日前公告会议召开的时间、地点和审议事项。

单独或者合计持有公司百分之三以上股份的股东，可以在股东大会召开十日前提出临时提案并书面提交董事会；董事会应当在收到提案后二日内通知其他股东，并将该临时提案提交股东大会审议。临时提案的内容应当属于股东大会职权范围，并有明确议题和具体决议事项。

股东大会不得对前两款通知中未列明的事项作出决议。

无记名股票持有人出席股东大会会议的，应当于会议召开五日前至股东大会闭会时将股票交存于公司。

第一百零三条　股东出席股东大会会议，所持每一股份有一表决权。但是，公司持有的本公司股份没有表决权。

股东大会作出决议，必须经出席会议的股东所持表决权过半数通过。但是，股东大会作出修改公司章程、增加或者减少注册资本的决议，以及公司合并、分立、解散或者变更公司形式的决议，必须经出席会议的股东所持表决权的三分之二以上通过。

第一百零四条　本法和公司章程规定公司转让、受让重大资产或者对外提供担保等事项必须经股东大会作出决议的，董事会应当及时召集股东大会会议，由股东大会就上述事项进行表决。

第一百零五条　股东大会选举董事、监事，可以依照公司章程的规定或者股东大会的决议，实行累积投票制。

本法所称累积投票制，是指股东大会选举董事或者监事时，每一股份拥有与应选董事或者监事人数相同的表决权,股东拥有的表决权可以集中使用。

第一百零六条 股东可以委托代理人出席股东大会会议,代理人应当向公司提交股东授权委托书,并在授权范围内行使表决权。

第一百零七条 股东大会应当对所议事项的决定作成会议记录,主持人、出席会议的董事应当在会议记录上签名。会议记录应当与出席股东的签名册及代理出席的委托书一并保存。

第三节 董事会、经理

第一百零八条 股份有限公司设董事会,其成员为五人至十九人。

董事会成员中可以有公司职工代表。董事会中的职工代表由公司职工通过职工代表大会、职工大会或者其他形式民主选举产生。

本法第四十五条关于有限责任公司董事任期的规定,适用于股份有限公司董事。

本法第四十六条关于有限责任公司董事会职权的规定,适用于股份有限公司董事会。

第一百零九条 董事会设董事长一人,可以设副董事长。董事长和副董事长由董事会以全体董事的过半数选举产生。

董事长召集和主持董事会会议,检查董事会决议的实施情况。副董事长协助董事长工作,董事长不能履行职务或者不履行职务的,由副董事长履行职务;副董事长不能履行职务或者不履行职务的,由半数以上董事共同推举一名董事履行职务。

第一百一十条 董事会每年度至少召开两次会议,每次会议应当于会议召开十日前通知全体董事和监事。

代表十分之一以上表决权的股东、三分之一以上董事或者监事会,可以提议召开董事会临时会议。董事长应当自接到提议后十日内,召集和主持董事会会议。

董事会召开临时会议,可以另定召集董事会的通知方式和通知时限。

第一百一十一条 董事会会议应有过半数的董事出席方可举行。董事会作出决议,必须经全体董事的过半数通过。

董事会决议的表决,实行一人一票。

第一百一十二条 董事会会议,应由董事本人出席;董事因故不能出席,可以书面委托其他董事代为出席,委托书中应载明授权范围。

董事会应当对会议所议事项的决定作成会议记录,出席会议的董事应当在会议记录上签名。

董事应当对董事会的决议承担责任。董事会的决议违反法律、行政法规或者公司章程、股东大会决议,致使公司遭受严重损失的,参与决议的董事对公司负赔偿责任。但经证明在表决时曾表明异议并记载于会议记录的,该董事可以免除责任。

第一百一十三条 股份有限公司设经理,由董事会决定聘任或者解聘。

本法第五十条关于有限责任公司经理职权的规定,适用于股份有限公司经理。

第一百一十四条 公司董事会可以决定由董事会成员兼任经理。

第一百一十五条 公司不得直接或者通过子公司向董事、监事、高级管理人员提供借款。

第一百一十六条 公司应当定期向股东披露董事、监事、高级管理人员从公司获得报酬的情况。

第四节 监事会

第一百一十七条 股份有限公司设监事会,其成员不得少于三人。

监事会应当包括股东代表和适当比例的公司职工代表,其中职工代表的比例不得低于三分之一,具体比例由公司章程规定。监事会中的职工代表由公司职工通过职工代表大会、职工大会或者其他形式民主选举产生。

监事会设主席一人,可以设副主席。监事会主席和副主席由全体监事过半数选举产生。监事会主席召集和主持监事会会议;监事会主席不能履行职务或者不履行职务的,由监事会副主席召集和主持监事会会议;监事会副主席不能履行职务或者不履行职务的,由半数以上监事共同推举一名监事召集和主持监事会会议。

董事、高级管理人员不得兼任监事。

本法第五十二条关于有限责任公司监事任期的规定,适用于股份有限公司监事。

第一百一十八条 本法第五十三条、第五十四条关于有限责任公司监事会职权的规定,适用于股份有限公司监事会。

监事会行使职权所必需的费用,由公司承担。

第一百一十九条 监事会每六个月至少召开一次会议。监事可以提议召开临时监事会会议。

监事会的议事方式和表决程序,除本法有规定的外,由公司章程规定。

监事会决议应当经半数以上监事通过。

监事会应当对所议事项的决定作成会议记录,出席会议的监事应当在会议记录上签名。

第五节 上市公司组织机构的特别规定

第一百二十条 本法所称上市公司,是指其股票在证券交易所上市交易的股份有限公司。

第一百二十一条 上市公司在一年内购买、出售重大资产或者担保金额超过公司资产总额百分之三十的,应当由股东大会作出决议,并经出席会议的股东所持表决权的三分之二以上通过。

第一百二十二条 上市公司设立独立董事,具体办法由国务院规定。

第一百二十三条 上市公司设董事会秘书,负责公司股东大会和董事会会议的筹备、文件保管以及公司股东资料的管理,办理信息披露事务等事宜。

第一百二十四条 上市公司董事与董事会会议决议事项所涉及的企业有关联关系的,不得对该项决议行使表决权,也不得代理其他董事行使表决权。该董事会会议由过半数的无关联关系董事出席即可举行,董事会会议所作决议须经无关联关系董事过半数通过。出席董事会的无关联关系董事人数不足三人的,应将该事项提交上市公司股东大会审议。

第五章 股份有限公司的股份发行和转让

第一节 股份发行

第一百二十五条 股份有限公司的资本划分为股份,每一股的金额相等。

公司的股份采取股票的形式。股票是公司签发的证明股东所持股份的凭证。

第一百二十六条 股份的发行,实行公平、公正的原则,同种类的每一股份应当具有同等权利。

同次发行的同种类股票,每股的发行条件和价格应当相同;任何单位或者个人所认购的股份,每股应当支付相同价额。

第一百二十七条 股票发行价格可以按票面金额,也可以超过票面金额,但不得低于票面金额。

第一百二十八条 股票采用纸面形式或者国务院证券监督管理机构规定的其他形式。

股票应当载明下列主要事项:

(一)公司名称;

(二)公司成立日期;

(三)股票种类、票面金额及代表的股份数;

(四)股票的编号。

股票由法定代表人签名,公司盖章。

发起人的股票,应当标明发起人股票字样。

第一百二十九条 公司发行的股票,可以为记名股票,也可以为无记名股票。

公司向发起人、法人发行的股票,应当为记名股票,并应当记载该发起人、法人的名称或者姓名,不得另立户名或者以代表人姓名记名。

第一百三十条 公司发行记名股票的,应当置备股东名册,记载下列事项:

(一)股东的姓名或者名称及住所;

(二)各股东所持股份数;

(三)各股东所持股票的编号;

(四)各股东取得股份的日期。

发行无记名股票的,公司应当记载其股票数量、编号及发行日期。

第一百三十一条 国务院可以对公司发行本法规定以外的其他种类的股份,另行作出规定。

第一百三十二条 股份有限公司成立后,即向股东正式交付股票。公司成立前不得向股东交付股票。

第一百三十三条 公司发行新股,股东大会应当对下列事项作出决议:

(一)新股种类及数额;

(二)新股发行价格;

(三)新股发行的起止日期;

(四)向原有股东发行新股的种类及数额。

第一百三十四条 公司经国务院证券监督管理机构核准公开发行新股时,必须公告新股招股说明书和财务会计报告,并制作认股书。

本法第八十七条、第八十八条的规定适用于公司公开发行新股。

第一百三十五条 公司发行新股,可以根据公司经营情况和财务状况,确定其作价方案。

第一百三十六条 公司发行新股募足股款后,必须向公司登记机关办理变更登记,并公告。

第二节 股份转让

第一百三十七条 股东持有的股份可以依法转让。

第一百三十八条 股东转让其股份,应当在依法设立的证券交易场所进行或者按照国务院规定的其他方式进行。

第一百三十九条 记名股票,由股东以背书方式或者法律、行政法规规定的其他方式转让;转让后由公司将受让人的姓名或者名称及住所记载于股东名册。

股东大会召开前二十日内或者公司决定分配股利的基准日前五日内,不得进行前款规定的股东名册的变更登记。但是,法律对上市公司股东名册变更登记另有规定的,从其规定。

第一百四十条 无记名股票的转让,由股东将该股票交付给受让人后即发生转让的效力。

第一百四十一条 发起人持有的本公司股份,自公司成立之日起一年内不得转让。公司公开发行股份前已发行的股份,自公司股票在证券交易所上市交易之日起一年内不得转让。

公司董事、监事、高级管理人员应当向公司申报所持有的本公司的股份及其变动情况,在任职期间每年转让的股份不得超过其所持有本公司股份总数的百分之二十五;所持本公司股份自公司股票上市交易之日起一年内不得转让。上述人员离职后半年内,不得转让其所持有的本公司股份。公司章程可以对公司董事、监事、高级管理人员转让其所持有的本公司股份作出其他限制性规定。

第一百四十二条 公司不得收购本公司股份。但是,有下列情形之一的除外:

(一)减少公司注册资本;

(二)与持有本公司股份的其他公司合并;

(三)将股份奖励给本公司职工;

(四)股东因对股东大会作出的公司合并、分立决议持异议,要求公司收购其股份的。

公司因前款第(一)项至第(三)项的原因收购本公司股份的,应当经股东大会决议。公司依照前款规定收购本公司股份后,属于第(一)项情形的,应当自收购之日起十日内注销;属于第(二)项、第(四)项情形的,应当在六个月内转让或者注销。

公司依照第一款第(三)项规定收购的本公司股份,不得超过本公司已发行股份总额的百分之五;用于收购的资金应当从公司的税后利润中支出;所收购的股份应当在一年内转让给职工。

公司不得接受本公司的股票作为质押权的标的。

第一百四十三条 记名股票被盗、遗失或者灭失,股东可以依照《中华人民共和国民事诉讼法》规定的公示催告程序,请求人民法院宣告该股票失效。人民法院宣告该股票失效后,股东可以向公司申请补发股票。

第一百四十四条 上市公司的股票,依照有关法律、行政法规及证券交易所交易规则上市交易。

第一百四十五条 上市公司必须依照法律、行政法规的规定,公开其财务状况、经营情况及重大诉讼,在每会计年度内半年公布一次财务会计报告。

第六章 公司董事、监事、高级管理人员的资格和义务

第一百四十六条 有下列情形之一的,不得担任公司的董事、监事、高级管理人员:

(一)无民事行为能力或者限制民事行为能力;

(二)因贪污、贿赂、侵占财产、挪用财产或者破坏社会主义市场经济秩序,被判处刑罚,执行期满未逾五年,或者因犯罪被剥夺政治权利,执行期满未逾五年;

(三)担任破产清算的公司、企业的董事或者厂长、经理,对该公司、企业的破产负有个人责任的,自该公司、企业破产清算完结之日起未逾三年;

(四)担任因违法被吊销营业执照、责令关闭的公司、企业的法定代表人,并负有个人责任的,自该公司、企业被吊销营业执照之日起未逾三年;

(五)个人所负数额较大的债务到期未清偿。

公司违反前款规定选举、委派董事、监事或者聘任高级管理人员的,该选举、委派或者聘任无效。

董事、监事、高级管理人员在任职期间出现本条第一款所列情形的,公司应当解除其职务。

第一百四十七条 董事、监事、高级管理人员应当遵守法律、行政法规和公司章程,对公司负有忠实义务和勤勉义务。

董事、监事、高级管理人员不得利用职权收受贿赂或者其他非法收入,不得侵占公司的财产。

第一百四十八条 董事、高级管理人员不得有下列行为:

(一)挪用公司资金;

(二)将公司资金以其个人名义或者以其他个人名义开立账户存储;

(三)违反公司章程的规定,未经股东会、股东大会或者董事会同意,将公司资金借贷给他人或者以公司财产为他人提供担保;

(四)违反公司章程的规定或者未经股东会、股东大会同意,与本公司订立合同或者进行交易;

(五)未经股东会或者股东大会同意,利用职务便利为自己或者他人谋取属于公司的商业机会,自营或者为他人经营与所任职公司同类的业务;

(六)接受他人与公司交易的佣金归为己有;

(七)擅自披露公司秘密;

(八)违反对公司忠实义务的其他行为。

董事、高级管理人员违反前款规定所得的收入应当归公司所有。

第一百四十九条 董事、监事、高级管理人员执行公司职务时违反法律、行政法规或者公司章程的规定,给公司造成损失的,应当承担赔偿责任。

第一百五十条 股东会或者股东大会要求董事、监事、高级管理人员列席会议的,董事、监事、高级管理人员应当列席并接受股东的质询。

董事、高级管理人员应当如实向监事会或者不设监事会的有限责任公司的监事提供有关情况和资料,不得妨碍监事会或者监事行使职权。

第一百五十一条 董事、高级管理人员有本法第一百四十九条规定的情形的,有限责任公司的股东、股份有限公司连续一百八十日以上单独或者合计持有公司百分之一以上股份的

股东，可以书面请求监事会或者不设监事会的有限责任公司的监事向人民法院提起诉讼；监事有本法第一百四十九条规定的情形的，前述股东可以书面请求董事会或者不设董事会的有限责任公司的执行董事向人民法院提起诉讼。

监事会、不设监事会的有限责任公司的监事，或者董事会、执行董事收到前款规定的股东书面请求后拒绝提起诉讼，或者自收到请求之日起三十日内未提起诉讼，或者情况紧急、不立即提起诉讼将会使公司利益受到难以弥补的损害的，前款规定的股东有权为了公司的利益以自己的名义直接向人民法院提起诉讼。

他人侵犯公司合法权益，给公司造成损失的，本条第一款规定的股东可以依照前两款的规定向人民法院提起诉讼。

第一百五十二条　董事、高级管理人员违反法律、行政法规或者公司章程的规定，损害股东利益的，股东可以向人民法院提起诉讼。

第七章　公司债券

第一百五十三条　本法所称公司债券，是指公司依照法定程序发行、约定在一定期限还本付息的有价证券。

公司发行公司债券应当符合《中华人民共和国证券法》规定的发行条件。

第一百五十四条　发行公司债券的申请经国务院授权的部门核准后，应当公告公司债券募集办法。

公司债券募集办法中应当载明下列主要事项：

（一）公司名称；
（二）债券募集资金的用途；
（三）债券总额和债券的票面金额；
（四）债券利率的确定方式；
（五）还本付息的期限和方式；
（六）债券担保情况；
（七）债券的发行价格、发行的起止日期；
（八）公司净资产额；
（九）已发行的尚未到期的公司债券总额；
（十）公司债券的承销机构。

第一百五十五条　公司以实物券方式发行公司债券的，必须在债券上载明公司名称、债券票面金额、利率、偿还期限等事项，并由法定代表人签名，公司盖章。

第一百五十六条　公司债券，可以为记名债券，也可以为无记名债券。

第一百五十七条　公司发行公司债券应当置备公司债券存根簿。

发行记名公司债券的，应当在公司债券存根簿上载明下列事项：

（一）债券持有人的姓名或者名称及住所；
（二）债券持有人取得债券的日期及债券的编号；
（三）债券总额，债券的票面金额、利率、还本付息的期限和方式；
（四）债券的发行日期。

发行无记名公司债券的，应当在公司债券存根簿上载明债券总额、利率、偿还期限和方式、发行日期及债券的编号。

第一百五十八条 记名公司债券的登记结算机构应当建立债券登记、存管、付息、兑付等相关制度。

第一百五十九条 公司债券可以转让,转让价格由转让人与受让人约定。

公司债券在证券交易所上市交易的,按照证券交易所的交易规则转让。

第一百六十条 记名公司债券,由债券持有人以背书方式或者法律、行政法规规定的其他方式转让;转让后由公司将受让人的姓名或者名称及住所记载于公司债券存根簿。

无记名公司债券的转让,由债券持有人将该债券交付给受让人后即发生转让的效力。

第一百六十一条 上市公司经股东大会决议可以发行可转换为股票的公司债券,并在公司债券募集办法中规定具体的转换办法。上市公司发行可转换为股票的公司债券,应当报国务院证券监督管理机构核准。

发行可转换为股票的公司债券,应当在债券上标明可转换公司债券字样,并在公司债券存根簿上载明可转换公司债券的数额。

第一百六十二条 发行可转换为股票的公司债券的,公司应当按照其转换办法向债券持有人换发股票,但债券持有人对转换股票或者不转换股票有选择权。

第八章 公司财务、会计

第一百六十三条 公司应当依照法律、行政法规和国务院财政部门的规定建立本公司的财务、会计制度。

第一百六十四条 公司应当在每一会计年度终了时编制财务会计报告,并依法经会计师事务所审计。

财务会计报告应当依照法律、行政法规和国务院财政部门的规定制作。

第一百六十五条 有限责任公司应当依照公司章程规定的期限将财务会计报告送交各股东。

股份有限公司的财务会计报告应当在召开股东大会年会的二十日前置备于本公司,供股东查阅;公开发行股票的股份有限公司必须公告其财务会计报告。

第一百六十六条 公司分配当年税后利润时,应当提取利润的百分之十列入公司法定公积金。公司法定公积金累计额为公司注册资本的百分之五十以上的,可以不再提取。

公司的法定公积金不足以弥补以前年度亏损的,在依照前款规定提取法定公积金之前,应当先用当年利润弥补亏损。

公司从税后利润中提取法定公积金后,经股东会或者股东大会决议,还可以从税后利润中提取任意公积金。

公司弥补亏损和提取公积金后所余税后利润,有限责任公司依照本法第三十四条的规定分配;股份有限公司按照股东持有的股份比例分配,但股份有限公司章程规定不按持股比例分配的除外。

股东会、股东大会或者董事会违反前款规定,在公司弥补亏损和提取法定公积金之前向股东分配利润的,股东必须将违反规定分配的利润退还公司。

公司持有的本公司股份不得分配利润。

第一百六十七条 股份有限公司以超过股票票面金额的发行价格发行股份所得的溢价

款以及国务院财政部门规定列入资本公积金的其他收入,应当列为公司资本公积金。

第一百六十八条 公司的公积金用于弥补公司的亏损、扩大公司生产经营或者转为增加公司资本。但是,资本公积金不得用于弥补公司的亏损。

法定公积金转为资本时,所留存的该项公积金不得少于转增前公司注册资本的百分之二十五。

第一百六十九条 公司聘用、解聘承办公司审计业务的会计师事务所,依照公司章程的规定,由股东会、股东大会或者董事会决定。

公司股东会、股东大会或者董事会就解聘会计师事务所进行表决时,应当允许会计师事务所陈述意见。

第一百七十条 公司应当向聘用的会计师事务所提供真实、完整的会计凭证、会计账簿、财务会计报告及其他会计资料,不得拒绝、隐匿、谎报。

第一百七十一条 公司除法定的会计账簿外,不得另立会计账簿。

对公司资产,不得以任何个人名义开立账户存储。

第九章 公司合并、分立、增资、减资

第一百七十二条 公司合并可以采取吸收合并或者新设合并。

一个公司吸收其他公司为吸收合并,被吸收的公司解散。两个以上公司合并设立一个新的公司为新设合并,合并各方解散。

第一百七十三条 公司合并,应当由合并各方签订合并协议,并编制资产负债表及财产清单。公司应当自作出合并决议之日起十日内通知债权人,并于三十日内在报纸上公告。债权人自接到通知书之日起三十日内,未接到通知书的自公告之日起四十五日内,可以要求公司清偿债务或者提供相应的担保。

第一百七十四条 公司合并时,合并各方的债权、债务,应当由合并后存续的公司或者新设的公司承继。

第一百七十五条 公司分立,其财产作相应的分割。

公司分立,应当编制资产负债表及财产清单。公司应当自作出分立决议之日起十日内通知债权人,并于三十日内在报纸上公告。

第一百七十六条 公司分立前的债务由分立后的公司承担连带责任。但是,公司在分立前与债权人就债务清偿达成的书面协议另有约定的除外。

第一百七十七条 公司需要减少注册资本时,必须编制资产负债表及财产清单。

公司应当自作出减少注册资本决议之日起十日内通知债权人,并于三十日内在报纸上公告。债权人自接到通知书之日起三十日内,未接到通知书的自公告之日起四十五日内,有权要求公司清偿债务或者提供相应的担保。

第一百七十八条 有限责任公司增加注册资本时,股东认缴新增资本的出资,依照本法设立有限责任公司缴纳出资的有关规定执行。

股份有限公司为增加注册资本发行新股时,股东认购新股,依照本法设立股份有限公司缴纳股款的有关规定执行。

第一百七十九条 公司合并或者分立,登记事项发生变更的,应当依法向公司登记机关办理变更登记;公司解散的,应当依法办理公司注销登记;设立新公司的,应当依法办理公司

设立登记。

公司增加或者减少注册资本,应当依法向公司登记机关办理变更登记。

第十章 公司解散和清算

第一百八十条 公司因下列原因解散:

(一)公司章程规定的营业期限届满或者公司章程规定的其他解散事由出现;

(二)股东会或者股东大会决议解散;

(三)因公司合并或者分立需要解散;

(四)依法被吊销营业执照、责令关闭或者被撤销;

(五)人民法院依照本法第一百八十二条的规定予以解散。

第一百八十一条 公司有本法第一百八十条第(一)项情形的,可以通过修改公司章程而存续。

依照前款规定修改公司章程,有限责任公司须经持有三分之二以上表决权的股东通过,股份有限公司须经出席股东大会会议的股东所持表决权的三分之二以上通过。

第一百八十二条 公司经营管理发生严重困难,继续存续会使股东利益受到重大损失,通过其他途径不能解决的,持有公司全部股东表决权百分之十以上的股东,可以请求人民法院解散公司。

第一百八十三条 公司因本法第一百八十条第(一)项、第(二)项、第(四)项、第(五)项规定而解散的,应当在解散事由出现之日起十五日内成立清算组,开始清算。有限责任公司的清算组由股东组成,股份有限公司的清算组由董事或者股东大会确定的人员组成。逾期不成立清算组进行清算的,债权人可以申请人民法院指定有关人员组成清算组进行清算。人民法院应当受理该申请,并及时组织清算组进行清算。

第一百八十四条 清算组在清算期间行使下列职权:

(一)清理公司财产,分别编制资产负债表和财产清单;

(二)通知、公告债权人;

(三)处理与清算有关的公司未了结的业务;

(四)清缴所欠税款以及清算过程中产生的税款;

(五)清理债权、债务;

(六)处理公司清偿债务后的剩余财产;

(七)代表公司参与民事诉讼活动。

第一百八十五条 清算组应当自成立之日起十日内通知债权人,并于六十日内在报纸上公告。债权人应当自接到通知书之日起三十日内,未接到通知书的自公告之日起四十五日内,向清算组申报其债权。

债权人申报债权,应当说明债权的有关事项,并提供证明材料。清算组应当对债权进行登记。

在申报债权期间,清算组不得对债权人进行清偿。

第一百八十六条 清算组在清理公司财产、编制资产负债表和财产清单后,应当制定清算方案,并报股东会、股东大会或者人民法院确认。

公司财产在分别支付清算费用、职工的工资、社会保险费用和法定补偿金，缴纳所欠税款，清偿公司债务后的剩余财产，有限责任公司按照股东的出资比例分配，股份有限公司按照股东持有的股份比例分配。

清算期间，公司存续，但不得开展与清算无关的经营活动。公司财产在未依照前款规定清偿前，不得分配给股东。

第一百八十七条　清算组在清理公司财产、编制资产负债表和财产清单后，发现公司财产不足清偿债务的，应当依法向人民法院申请宣告破产。

公司经人民法院裁定宣告破产后，清算组应当将清算事务移交给人民法院。

第一百八十八条　公司清算结束后，清算组应当制作清算报告，报股东会、股东大会或者人民法院确认，并报送公司登记机关，申请注销公司登记，公告公司终止。

第一百八十九条　清算组成员应当忠于职守，依法履行清算义务。

清算组成员不得利用职权收受贿赂或者其他非法收入，不得侵占公司财产。

清算组成员因故意或者重大过失给公司或者债权人造成损失的，应当承担赔偿责任。

第一百九十条　公司被依法宣告破产的，依照有关企业破产的法律实施破产清算。

第十一章　外国公司的分支机构

……

第十二章　法律责任

第一百九十八条　违反本法规定，虚报注册资本、提交虚假材料或者采取其他欺诈手段隐瞒重要事实取得公司登记的，由公司登记机关责令改正，对虚报注册资本的公司，处以虚报注册资本金额百分之五以上百分之十五以下的罚款；对提交虚假材料或者采取其他欺诈手段隐瞒重要事实的公司，处以五万元以上五十万元以下的罚款；情节严重的，撤销公司登记或者吊销营业执照。

第一百九十九条　公司的发起人、股东虚假出资，未交付或者未按期交付作为出资的货币或者非货币财产的，由公司登记机关责令改正，处以虚假出资金额百分之五以上百分之十五以下的罚款。

第二百条　公司的发起人、股东在公司成立后，抽逃其出资的，由公司登记机关责令改正，处以所抽逃出资金额百分之五以上百分之十五以下的罚款。

第二百零一条　公司违反本法规定，在法定的会计账簿以外另立会计账簿的，由县级以上人民政府财政部门责令改正，处以五万元以上五十万元以下的罚款。

第二百零二条　公司在依法向有关主管部门提供的财务会计报告等材料上作虚假记载或者隐瞒重要事实的，由有关主管部门对直接负责的主管人员和其他直接责任人员处以三万元以上三十万元以下的罚款。

第二百零三条　公司不依照本法规定提取法定公积金的，由县级以上人民政府财政部门责令如数补足应当提取的金额，可以对公司处以二十万元以下的罚款。

第二百零四条　公司在合并、分立、减少注册资本或者进行清算时，不依照本法规定通知或者公告债权人的，由公司登记机关责令改正，对公司处以一万元以上十万元以下的罚款。

公司在进行清算时,隐匿财产,对资产负债表或者财产清单作虚假记载或者在未清偿债务前分配公司财产的,由公司登记机关责令改正,对公司处以隐匿财产或者未清偿债务前分配公司财产金额百分之五以上百分之十以下的罚款;对直接负责的主管人员和其他直接责任人员处以一万元以上十万元以下的罚款。

第二百零五条 公司在清算期间开展与清算无关的经营活动的,由公司登记机关予以警告,没收违法所得。

第二百零六条 清算组不依照本法规定向公司登记机关报送清算报告,或者报送清算报告隐瞒重要事实或者有重大遗漏的,由公司登记机关责令改正。

清算组成员利用职权徇私舞弊、谋取非法收入或者侵占公司财产的,由公司登记机关责令退还公司财产,没收违法所得,并可以处以违法所得一倍以上五倍以下的罚款。

第二百零七条 承担资产评估、验资或者验证的机构提供虚假材料的,由公司登记机关没收违法所得,处以违法所得一倍以上五倍以下的罚款,并可以由有关主管部门依法责令该机构停业、吊销直接责任人员的资格证书,吊销营业执照。

承担资产评估、验资或者验证的机构因过失提供有重大遗漏的报告的,由公司登记机关责令改正,情节较重的,处以所得收入一倍以上五倍以下的罚款,并可以由有关主管部门依法责令该机构停业、吊销直接责任人员的资格证书,吊销营业执照。

承担资产评估、验资或者验证的机构因其出具的评估结果、验资或者验证证明不实,给公司债权人造成损失的,除能够证明自己没有过错的外,在其评估或者证明不实的金额范围内承担赔偿责任。

第二百零八条 公司登记机关对不符合本法规定条件的登记申请予以登记,或者对符合本法规定条件的登记申请不予登记的,对直接负责的主管人员和其他直接责任人员,依法给予行政处分。

第二百零九条 公司登记机关的上级部门强令公司登记机关对不符合本法规定条件的登记申请予以登记,或者对符合本法规定条件的登记申请不予登记的,或者对违法登记进行包庇的,对直接负责的主管人员和其他直接责任人员依法给予行政处分。

第二百一十条 未依法登记为有限责任公司或者股份有限公司,而冒用有限责任公司或者股份有限公司名义的,或者未依法登记为有限责任公司或者股份有限公司的分公司,而冒用有限责任公司或者股份有限公司的分公司名义的,由公司登记机关责令改正或者予以取缔,可以并处十万元以下的罚款。

第二百一十一条 公司成立后无正当理由超过六个月未开业的,或者开业后自行停业连续六个月以上的,可以由公司登记机关吊销营业执照。

公司登记事项发生变更时,未依照本法规定办理有关变更登记的,由公司登记机关责令限期登记;逾期不登记的,处以一万元以上十万元以下的罚款。

第二百一十二条 外国公司违反本法规定,擅自在中国境内设立分支机构的,由公司登记机关责令改正或者关闭,可以并处五万元以上二十万元以下的罚款。

第二百一十三条 利用公司名义从事危害国家安全、社会公共利益的严重违法行为的,吊销营业执照。

第二百一十四条 公司违反本法规定,应当承担民事赔偿责任和缴纳罚款、罚金的,其财产不足以支付时,先承担民事赔偿责任。

第二百一十五条 违反本法规定,构成犯罪的,依法追究刑事责任。

第十三章 附 则

第二百一十六条 本法下列用语的含义:

(一)高级管理人员,是指公司的经理、副经理、财务负责人,上市公司董事会秘书和公司章程规定的其他人员。

(二)控股股东,是指其出资额占有限责任公司资本总额百分之五十以上或者其持有的股份占股份有限公司股本总额百分之五十以上的股东;出资额或者持有股份的比例虽然不足百分之五十,但依其出资额或者持有的股份所享有的表决权已足以对股东会、股东大会的决议产生重大影响的股东。

(三)实际控制人,是指虽不是公司的股东,但通过投资关系、协议或者其他安排,能够实际支配公司行为的人。

(四)关联关系,是指公司控股股东、实际控制人、董事、监事、高级管理人员与其直接或者间接控制的企业之间的关系,以及可能导致公司利益转移的其他关系。但是,国家控股的企业之间不仅因为同受国家控股而具有关联关系。

第二百一十七条 外商投资的有限责任公司和股份有限公司适用本法;有关外商投资的法律另有规定的,适用其规定。

第二百一十八条 本法自2006年1月1日起施行。

6.《中华人民共和国合伙企业法》

(2007年6月1日起施行)

第一章 总 则

第一条 为了规范合伙企业的行为,保护合伙企业及其合伙人、债权人的合法权益,维护社会经济秩序,促进社会主义市场经济的发展,制定本法。

第二条 本法所称合伙企业,是指自然人、法人和其他组织依照本法在中国境内设立的普通合伙企业和有限合伙企业。

普通合伙企业由普通合伙人组成,合伙人对合伙企业债务承担无限连带责任。本法对普通合伙人承担责任的形式有特别规定的,从其规定。

有限合伙企业由普通合伙人和有限合伙人组成,普通合伙人对合伙企业债务承担无限连带责任,有限合伙人以其认缴的出资额为限对合伙企业债务承担责任。

第三条 国有独资公司、国有企业、上市公司以及公益性的事业单位、社会团体不得成为普通合伙人。

第四条 合伙协议依法由全体合伙人协商一致、以书面形式订立。

第五条　订立合伙协议、设立合伙企业,应当遵循自愿、平等、公平、诚实信用原则。

第六条　合伙企业的生产经营所得和其他所得,按照国家有关税收规定,由合伙人分别缴纳所得税。

第七条　合伙企业及其合伙人必须遵守法律、行政法规,遵守社会公德、商业道德,承担社会责任。

第八条　合伙企业及其合伙人的合法财产及其权益受法律保护。

第九条　申请设立合伙企业,应当向企业登记机关提交登记申请书、合伙协议书、合伙人身份证明等文件。

合伙企业的经营范围中有属于法律、行政法规规定在登记前须经批准的项目的,该项经营业务应当依法经过批准,并在登记时提交批准文件。

第十条　申请人提交的登记申请材料齐全、符合法定形式,企业登记机关能够当场登记的,应予当场登记,发给营业执照。

除前款规定情形外,企业登记机关应当自受理申请之日起二十日内,作出是否登记的决定。予以登记的,发给营业执照;不予登记的,应当给予书面答复,并说明理由。

第十一条　合伙企业的营业执照签发日期,为合伙企业成立日期。

合伙企业领取营业执照前,合伙人不得以合伙企业名义从事合伙业务。

第十二条　合伙企业设立分支机构,应当向分支机构所在地的企业登记机关申请登记,领取营业执照。

第十三条　合伙企业登记事项发生变更的,执行合伙事务的合伙人应当自作出变更决定或者发生变更事由之日起十五日内,向企业登记机关申请办理变更登记。

第二章　普通合伙企业

第一节　合伙企业设立

第十四条　设立合伙企业,应当具备下列条件:

(一)有二个以上合伙人。合伙人为自然人的,应当具有完全民事行为能力;

(二)有书面合伙协议;

(三)有合伙人认缴或者实际缴付的出资;

(四)有合伙企业的名称和生产经营场所;

(五)法律、行政法规规定的其他条件。

第十五条　合伙企业名称中应当标明"普通合伙"字样。

第十六条　合伙人可以用货币、实物、知识产权、土地使用权或者其他财产权利出资,也可以用劳务出资。

合伙人以实物、知识产权、土地使用权或者其他财产权利出资,需要评估作价的,可以由全体合伙人协商确定,也可以由全体合伙人委托法定评估机构评估。

合伙人以劳务出资的,其评估办法由全体合伙人协商确定,并在合伙协议中载明。

第十七条　合伙人应当按照合伙协议约定的出资方式、数额和缴付期限,履行出资义务。

以非货币财产出资的,依照法律、行政法规的规定,需要办理财产权转移手续的,应当依法办理。

第十八条 合伙协议应当载明下列事项：
（一）合伙企业的名称和主要经营场所的地点；
（二）合伙目的和合伙经营范围；
（三）合伙人的姓名或者名称、住所；
（四）合伙人的出资方式、数额和缴付期限；
（五）利润分配、亏损分担方式；
（六）合伙事务的执行；
（七）入伙与退伙；
（八）争议解决办法；
（九）合伙企业的解散与清算；
（十）违约责任。

第十九条 合伙协议经全体合伙人签名、盖章后生效。合伙人按照合伙协议享有权利，履行义务。

修改或者补充合伙协议，应当经全体合伙人一致同意；但是，合伙协议另有约定的除外。

合伙协议未约定或者约定不明确的事项，由合伙人协商决定；协商不成的，依照本法和其他有关法律、行政法规的规定处理。

第二节 合伙企业财产

第二十条 合伙人的出资、以合伙企业名义取得的收益和依法取得的其他财产，均为合伙企业的财产。

第二十一条 合伙人在合伙企业清算前，不得请求分割合伙企业的财产；但是，本法另有规定的除外。

合伙人在合伙企业清算前私自转移或者处分合伙企业财产的，合伙企业不得以此对抗善意第三人。

第二十二条 除合伙协议另有约定外，合伙人向合伙人以外的人转让其在合伙企业中的全部或者部分财产份额时，须经其他合伙人一致同意。

合伙人之间转让在合伙企业中的全部或者部分财产份额时，应当通知其他合伙人。

第二十三条 合伙人向合伙人以外的人转让其在合伙企业中的财产份额的，在同等条件下，其他合伙人有优先购买权；但是，合伙协议另有约定的除外。

第二十四条 合伙人以外的人依法受让合伙人在合伙企业中的财产份额的，经修改合伙协议即成为合伙企业的合伙人，依照本法和修改后的合伙协议享有权利，履行义务。

第二十五条 合伙人以其在合伙企业中的财产份额出质的，须经其他合伙人一致同意；未经其他合伙人一致同意，其行为无效，由此给善意第三人造成损失的，由行为人依法承担赔偿责任。

第三节 合伙事务执行

第二十六条 合伙人对执行合伙事务享有同等的权利。

按照合伙协议的约定或者经全体合伙人决定，可以委托一个或者数个合伙人对外代表合伙企业,执行合伙事务。

作为合伙人的法人、其他组织执行合伙事务的,由其委派的代表执行。

第二十七条 依照本法第二十六条第二款规定委托一个或者数个合伙人执行合伙事务的,其他合伙人不再执行合伙事务。

不执行合伙事务的合伙人有权监督执行事务合伙人执行合伙事务的情况。

第二十八条 由一个或者数个合伙人执行合伙事务的,执行事务合伙人应当定期向其他合伙人报告事务执行情况以及合伙企业的经营和财务状况,其执行合伙事务所产生的收益归合伙企业,所产生的费用和亏损由合伙企业承担。

合伙人为了解合伙企业的经营状况和财务状况,有权查阅合伙企业会计账簿等财务资料。

第二十九条 合伙人分别执行合伙事务的,执行事务合伙人可以对其他合伙人执行的事务提出异议。提出异议时,应当暂停该项事务的执行。如果发生争议,依照本法第三十条规定作出决定。

受委托执行合伙事务的合伙人不按照合伙协议或者全体合伙人的决定执行事务的,其他合伙人可以决定撤销该委托。

第三十条 合伙人对合伙企业有关事项作出决议,按照合伙协议约定的表决办法办理。合伙协议未约定或者约定不明确的,实行合伙人一人一票并经全体合伙人过半数通过的表决办法。

本法对合伙企业的表决办法另有规定的,从其规定。

第三十一条 除合伙协议另有约定外,合伙企业的下列事项应当经全体合伙人一致同意:

(一)改变合伙企业的名称;

(二)改变合伙企业的经营范围、主要经营场所的地点;

(三)处分合伙企业的不动产;

(四)转让或者处分合伙企业的知识产权和其他财产权利;

(五)以合伙企业名义为他人提供担保;

(六)聘任合伙人以外的人担任合伙企业的经营管理人员。

第三十二条 合伙人不得自营或者同他人合作经营与本合伙企业相竞争的业务。

除合伙协议另有约定或者经全体合伙人一致同意外,合伙人不得同本合伙企业进行交易。

合伙人不得从事损害本合伙企业利益的活动。

第三十三条 合伙企业的利润分配、亏损分担,按照合伙协议的约定办理;合伙协议未约定或者约定不明确的,由合伙人协商决定;协商不成的,由合伙人按照实缴出资比例分配、分担;无法确定出资比例的,由合伙人平均分配、分担。

合伙协议不得约定将全部利润分配给部分合伙人或者由部分合伙人承担全部亏损。

第三十四条 合伙人按照合伙协议的约定或者经全体合伙人决定,可以增加或者减少对合伙企业的出资。

第三十五条 被聘任的合伙企业的经营管理人员应当在合伙企业授权范围内履行职务。

被聘任的合伙企业的经营管理人员,超越合伙企业授权范围履行职务,或者在履行职务过程中因故意或者重大过失给合伙企业造成损失的,依法承担赔偿责任。

　　第三十六条　合伙企业应当依照法律、行政法规的规定建立企业财务、会计制度。

第四节　合伙企业与第三人关系

　　第三十七条　合伙企业对合伙人执行合伙事务以及对外代表合伙企业权利的限制,不得对抗善意第三人。

　　第三十八条　合伙企业对其债务,应先以其全部财产进行清偿。

　　第三十九条　合伙企业不能清偿到期债务的,合伙人承担无限连带责任。

　　第四十条　合伙人由于承担无限连带责任,清偿数额超过本法第三十三条第一款规定的其亏损分担比例的,有权向其他合伙人追偿。

　　第四十一条　合伙人发生与合伙企业无关的债务,相关债权人不得以其债权抵销其对合伙企业的债务;也不得代位行使合伙人在合伙企业中的权利。

　　第四十二条　合伙人的自有财产不足清偿其与合伙企业无关的债务的,该合伙人可以以其从合伙企业中分取的收益用于清偿;债权人也可以依法请求人民法院强制执行该合伙人在合伙企业中的财产份额用于清偿。

　　人民法院强制执行合伙人的财产份额时,应当通知全体合伙人,其他合伙人有优先购买权;其他合伙人未购买,又不同意将该财产份额转让给他人的,依照本法第五十一条的规定为该合伙人办理退伙结算,或者办理削减该合伙人相应财产份额的结算。

第五节　入伙、退伙

　　第四十三条　新合伙人入伙,除合伙协议另有约定外,应当经全体合伙人一致同意,并依法订立书面入伙协议。

　　订立入伙协议时,原合伙人应当向新合伙人如实告知原合伙企业的经营状况和财务状况。

　　第四十四条　入伙的新合伙人与原合伙人享有同等权利,承担同等责任。入伙协议另有约定的,从其约定。

　　新合伙人对入伙前合伙企业的债务承担无限连带责任。

　　第四十五条　合伙协议约定合伙期限的,在合伙企业存续期间,有下列情形之一的,合伙人可以退伙:

　　(一)合伙协议约定的退伙事由出现;

　　(二)经全体合伙人一致同意;

　　(三)发生合伙人难以继续参加合伙的事由;

　　(四)其他合伙人严重违反合伙协议约定的义务。

　　第四十六条　合伙协议未约定合伙期限的,合伙人在不给合伙企业事务执行造成不利影响的情况下,可以退伙,但应当提前三十日通知其他合伙人。

　　第四十七条　合伙人违反本法第四十五条、第四十六条的规定退伙的,应当赔偿由此给合伙企业造成的损失。

　　第四十八条　合伙人有下列情形之一的,当然退伙:

　　(一)作为合伙人的自然人死亡或者被依法宣告死亡;

(二)个人丧失偿债能力；

(三)作为合伙人的法人或者其他组织依法被吊销营业执照、责令关闭、撤销，或者被宣告破产；

(四)法律规定或者合伙协议约定合伙人必须具有相关资格而丧失该资格；

(五)合伙人在合伙企业中的全部财产份额被人民法院强制执行。

合伙人被依法认定为无民事行为能力人或者限制民事行为能力人的，经其他合伙人一致同意，可以依法转为有限合伙人，普通合伙企业依法转为有限合伙企业。其他合伙人未能一致同意的，该无民事行为能力或者限制民事行为能力的合伙人退伙。

退伙事由实际发生之日为退伙生效日。

第四十九条 合伙人有下列情形之一的，经其他合伙人一致同意，可以决议将其除名：

(一)未履行出资义务；

(二)因故意或者重大过失给合伙企业造成损失；

(三)执行合伙事务时有不正当行为；

(四)发生合伙协议约定的事由。

对合伙人的除名决议应当书面通知被除名人。被除名人接到除名通知之日，除名生效，被除名人退伙。

被除名人对除名决议有异议的，可以自接到除名通知之日起三十日内，向人民法院起诉。

第五十条 合伙人死亡或者被依法宣告死亡的，对该合伙人在合伙企业中的财产份额享有合法继承权的继承人，按照合伙协议的约定或者经全体合伙人一致同意，从继承开始之日起，取得该合伙企业的合伙人资格。

有下列情形之一的，合伙企业应当向合伙人的继承人退还被继承合伙人的财产份额：

(一)继承人不愿意成为合伙人；

(二)法律规定或者合伙协议约定合伙人必须具有相关资格，而该继承人未取得该资格；

(三)合伙协议约定不能成为合伙人的其他情形。

合伙人的继承人为无民事行为能力人或者限制民事行为能力人的，经全体合伙人一致同意，可以依法成为有限合伙人，普通合伙企业依法转为有限合伙企业。全体合伙人未能一致同意的，合伙企业应当将被继承合伙人的财产份额退还该继承人。

第五十一条 合伙人退伙，其他合伙人应当与该退伙人按照退伙时的合伙企业财产状况进行结算，退还退伙人的财产份额。退伙人对给合伙企业造成的损失负有赔偿责任的，相应扣减其应当赔偿的数额。

退伙时有未了结的合伙企业事务的，待该事务了结后进行结算。

第五十二条 退伙人在合伙企业中财产份额的退还办法，由合伙协议约定或者由全体合伙人决定，可以退还货币，也可以退还实物。

第五十三条 退伙人对基于其退伙前的原因发生的合伙企业债务，承担无限连带责任。

第五十四条 合伙人退伙时，合伙企业财产少于合伙企业债务的，退伙人应当依照本法第三十三条第一款的规定分担亏损。

第六节 特殊的普通合伙企业

第五十五条 以专业知识和专门技能为客户提供有偿服务的专业服务机构，可以设立为特殊的普通合伙企业。

特殊的普通合伙企业是指合伙人依照本法第五十七条的规定承担责任的普通合伙企业。

特殊的普通合伙企业适用本节规定；本节未作规定的，适用本章第一节至第五节的规定。

第五十六条 特殊的普通合伙企业名称中应当标明"特殊普通合伙"字样。

第五十七条 一个合伙人或者数个合伙人在执业活动中因故意或者重大过失造成合伙企业债务的，应当承担无限责任或者无限连带责任，其他合伙人以其在合伙企业中的财产份额为限承担责任。

合伙人在执业活动中非因故意或者重大过失造成的合伙企业债务以及合伙企业的其他债务，由全体合伙人承担无限连带责任。

第五十八条 合伙人执业活动中因故意或者重大过失造成的合伙企业债务，以合伙企业财产对外承担责任后，该合伙人应当按照合伙协议的约定对给合伙企业造成的损失承担赔偿责任。

第五十九条 特殊的普通合伙企业应当建立执业风险基金、办理职业保险。

执业风险基金用于偿付合伙人执业活动造成的债务。执业风险基金应当单独立户管理。具体管理办法由国务院规定。

第三章 有限合伙企业

第六十条 有限合伙企业及其合伙人适用本章规定；本章未作规定的，适用本法第二章第一节至第五节关于普通合伙企业及其合伙人的规定。

第六十一条 有限合伙企业由二个以上五十个以下合伙人设立；但是，法律另有规定的除外。

有限合伙企业至少应当有一个普通合伙人。

第六十二条 有限合伙企业名称中应当标明"有限合伙"字样。

第六十三条 合伙协议除符合本法第十八条的规定外，还应当载明下列事项：

（一）普通合伙人和有限合伙人的姓名或者名称、住所；

（二）执行事务合伙人应具备的条件和选择程序；

（三）执行事务合伙人权限与违约处理办法；

（四）执行事务合伙人的除名条件和更换程序；

（五）有限合伙人入伙、退伙的条件、程序以及相关责任；

（六）有限合伙人和普通合伙人相互转变程序。

第六十四条 有限合伙人可以用货币、实物、知识产权、土地使用权或者其他财产权利作价出资。

有限合伙人不得以劳务出资。

第六十五条 有限合伙人应当按照合伙协议的约定按期足额缴纳出资；未按期足额缴纳的，应当承担补缴义务，并对其他合伙人承担违约责任。

第六十六条 有限合伙企业登记事项中应当载明有限合伙人的姓名或者名称及认缴的出资数额。

第六十七条 有限合伙企业由普通合伙人执行合伙事务。执行事务合伙人可以要求在合伙协议中确定执行事务的报酬及报酬提取方式。

第六十八条 有限合伙人不执行合伙事务，不得对外代表有限合伙企业。

有限合伙人的下列行为，不视为执行合伙事务：

（一）参与决定普通合伙人入伙、退伙；

（二）对企业的经营管理提出建议；

（三）参与选择承办有限合伙企业审计业务的会计师事务所；

（四）获取经审计的有限合伙企业财务会计报告；

（五）对涉及自身利益的情况，查阅有限合伙企业财务会计账簿等财务资料；

（六）在有限合伙企业中的利益受到侵害时，向有责任的合伙人主张权利或者提起诉讼；

（七）执行事务合伙人怠于行使权利时，督促其行使权利或者为了本企业的利益以自己的名义提起诉讼；

（八）依法为本企业提供担保。

第六十九条 有限合伙企业不得将全部利润分配给部分合伙人；但是，合伙协议另有约定的除外。

第七十条 有限合伙人可以同本有限合伙企业进行交易；但是，合伙协议另有约定的除外。

第七十一条 有限合伙人可以自营或者同他人合作经营与本有限合伙企业相竞争的业务；但是，合伙协议另有约定的除外。

第七十二条 有限合伙人可以将其在有限合伙企业中的财产份额出质；但是，合伙协议另有约定的除外。

第七十三条 有限合伙人可以按照合伙协议的约定向合伙人以外的人转让其在有限合伙企业中的财产份额，但应当提前三十日通知其他合伙人。

第七十四条 有限合伙人的自有财产不足清偿其与合伙企业无关的债务的，该合伙人可以以其从有限合伙企业中分取的收益用于清偿；债权人也可以依法请求人民法院强制执行该合伙人在有限合伙企业中的财产份额用于清偿。

人民法院强制执行有限合伙人的财产份额时，应当通知全体合伙人。在同等条件下，其他合伙人有优先购买权。

第七十五条 有限合伙企业仅剩有限合伙人的，应当解散；有限合伙企业仅剩普通合伙人的，转为普通合伙企业。

第七十六条 第三人有理由相信有限合伙人为普通合伙人并与其交易的，该有限合伙人对该笔交易承担与普通合伙人同样的责任。

有限合伙人未经授权以有限合伙企业名义与他人进行交易，给有限合伙企业或者其他合伙人造成损失的，该有限合伙人应当承担赔偿责任。

第七十七条 新入伙的有限合伙人对入伙前有限合伙企业的债务，以其认缴的出资额为限承担责任。

第七十八条 有限合伙人有本法第四十八条第一款第一项、第三项至第五项所列情形之一的，当然退伙。

第七十九条 作为有限合伙人的自然人在有限合伙企业存续期间丧失民事行为能力的，

其他合伙人不得因此要求其退伙。

第八十条 作为有限合伙人的自然人死亡、被依法宣告死亡或者作为有限合伙人的法人及其他组织终止时，其继承人或者权利承受人可以依法取得该有限合伙人在有限合伙企业中的资格。

第八十一条 有限合伙人退伙后，对基于其退伙前的原因发生的有限合伙企业债务，以其退伙时从有限合伙企业中取回的财产承担责任。

第八十二条 除合伙协议另有约定外，普通合伙人转变为有限合伙人，或者有限合伙人转变为普通合伙人，应当经全体合伙人一致同意。

第八十三条 有限合伙人转变为普通合伙人的，对其作为有限合伙人期间有限合伙企业发生的债务承担无限连带责任。

第八十四条 普通合伙人转变为有限合伙人的，对其作为普通合伙人期间合伙企业发生的债务承担无限连带责任。

第四章 合伙企业解散、清算

第八十五条 合伙企业有下列情形之一的，应当解散：
（一）合伙期限届满，合伙人决定不再经营；
（二）合伙协议约定的解散事由出现；
（三）全体合伙人决定解散；
（四）合伙人已不具备法定人数满三十天；
（五）合伙协议约定的合伙目的已经实现或者无法实现；
（六）依法被吊销营业执照、责令关闭或者被撤销；
（七）法律、行政法规规定的其他原因。

第八十六条 合伙企业解散，应当由清算人进行清算。

清算人由全体合伙人担任；经全体合伙人过半数同意，可以自合伙企业解散事由出现后十五日内指定一个或者数个合伙人，或者委托第三人，担任清算人。

自合伙企业解散事由出现之日起十五日内未确定清算人的，合伙人或者其他利害关系人可以申请人民法院指定清算人。

第八十七条 清算人在清算期间执行下列事务：
（一）清理合伙企业财产，分别编制资产负债表和财产清单；
（二）处理与清算有关的合伙企业未了结事务；
（三）清缴所欠税款；
（四）清理债权、债务；
（五）处理合伙企业清偿债务后的剩余财产；
（六）代表合伙企业参加诉讼或者仲裁活动。

第八十八条 清算人自被确定之日起十日内将合伙企业解散事项通知债权人，并于六十日内在报纸上公告。债权人应当自接到通知书之日起三十日内，未接到通知书的自公告之日起四十五日内，向清算人申报债权。

债权人申报债权，应当说明债权的有关事项，并提供证明材料。清算人应当对债权进行登记。

清算期间，合伙企业存续，但不得开展与清算无关的经营活动。

第八十九条 合伙企业财产在支付清算费用和职工工资、社会保险费用、法定补偿金以及缴纳所欠税款、清偿债务后的剩余财产，依照本法第三十三条第一款的规定进行分配。

第九十条 清算结束，清算人应当编制清算报告，经全体合伙人签名、盖章后，在十五日内向企业登记机关报送清算报告，申请办理合伙企业注销登记。

第九十一条 合伙企业注销后，原普通合伙人对合伙企业存续期间的债务仍应承担无限连带责任。

第九十二条 合伙企业不能清偿到期债务的，债权人可以依法向人民法院提出破产清算申请，也可以要求普通合伙人清偿。

合伙企业依法被宣告破产的，普通合伙人对合伙企业债务仍应承担无限连带责任。

第五章 法律责任

第九十三条 违反本法规定，提交虚假文件或者采取其他欺骗手段，取得合伙企业登记的，由企业登记机关责令改正，处以五千元以上五万元以下的罚款；情节严重的，撤销企业登记，并处以五万元以上二十万元以下的罚款。

第九十四条 违反本法规定，合伙企业未在其名称中标明"普通合伙"、"特殊普通合伙"或者"有限合伙"字样的，由企业登记机关责令限期改正，处以二千元以上一万元以下的罚款。

第九十五条 违反本法规定，未领取营业执照，而以合伙企业或者合伙企业分支机构名义从事合伙业务的，由企业登记机关责令停止，处以五千元以上五万元以下的罚款。

合伙企业登记事项发生变更时，未依照本法规定办理变更登记的，由企业登记机关责令限期登记；逾期不登记的，处以二千元以上二万元以下的罚款。

合伙企业登记事项发生变更，执行合伙事务的合伙人未按期申请办理变更登记的，应当赔偿由此给合伙企业、其他合伙人或者善意第三人造成的损失。

第九十六条 合伙人执行合伙事务，或者合伙企业从业人员利用职务上的便利，将应当归合伙企业的利益据为己有的，或者采取其他手段侵占合伙企业财产的，应当将该利益和财产退还合伙企业；给合伙企业或者其他合伙人造成损失的，依法承担赔偿责任。

第九十七条 合伙人对本法规定或者合伙协议约定必须经全体合伙人一致同意始得执行的事务擅自处理，给合伙企业或者其他合伙人造成损失的，依法承担赔偿责任。

第九十八条 不具有事务执行权的合伙人擅自执行合伙事务，给合伙企业或者其他合伙人造成损失的，依法承担赔偿责任。

第九十九条 合伙人违反本法规定或者合伙协议的约定，从事与本合伙企业相竞争的业务或者与本合伙企业进行交易的，该收益归合伙企业所有；给合伙企业或者其他合伙人造成损失的，依法承担赔偿责任。

第一百条 清算人未依照本法规定向企业登记机关报送清算报告，或者报送清算报告隐瞒重要事实，或者有重大遗漏的，由企业登记机关责令改正。由此产生的费用和损失，由清算人承担和赔偿。

第一百零一条 清算人执行清算事务，牟取非法收入或者侵占合伙企业财产的，应当将该收入和侵占的财产退还合伙企业；给合伙企业或者其他合伙人造成损失的，依法承担赔偿责任。

第一百零二条 清算人违反本法规定,隐匿、转移合伙企业财产,对资产负债表或者财产清单作虚假记载,或者在未清偿债务前分配财产,损害债权人利益的,依法承担赔偿责任。

第一百零三条 合伙人违反合伙协议的,应当依法承担违约责任。

合伙人履行合伙协议发生争议的,合伙人可以通过协商或者调解解决。不愿通过协商、调解解决或者协商、调解不成的,可以按照合伙协议约定的仲裁条款或者事后达成的书面仲裁协议,向仲裁机构申请仲裁。合伙协议中未订立仲裁条款,事后又没有达成书面仲裁协议的,可以向人民法院起诉。

第一百零四条 有关行政管理机关的工作人员违反本法规定,滥用职权、徇私舞弊、收受贿赂、侵害合伙企业合法权益的,依法给予行政处分。

第一百零五条 违反本法规定,构成犯罪的,依法追究刑事责任。

第一百零六条 违反本法规定,应当承担民事赔偿责任和缴纳罚款、罚金,其财产不足以同时支付的,先承担民事赔偿责任。

第六章 附 则

第一百零七条 非企业专业服务机构依据有关法律采取合伙制的,其合伙人承担责任的形式可以适用本法关于特殊的普通合伙企业合伙人承担责任的规定。

第一百零八条 外国企业或者个人在中国境内设立合伙企业的管理办法由国务院规定。

第一百零九条 本法自2007年6月1日起施行。

7.《中华人民共和国中外合资经营企业法》

(1979年7月1日起施行,2001年3月15日修正)

第一条 中华人民共和国为了扩大国际经济合作和技术交流,允许外国公司、企业和其它经济组织或个人(以下简称外国合营者),按照平等互利的原则,经中国政府批准,在中华人民共和国境内,同中国的公司、企业或其它经济组织(以下简称中国合营者)共同举办合营企业。

第二条 中国政府依法保护外国合营者按照经中国政府批准的协议、合同、章程在合营企业的投资、应分得的利润和其它合法权益。

合营企业的一切活动应遵守中华人民共和国法律、法规的规定。

国家对合营企业不实行国有化和征收;在特殊情况下,根据社会公共利益的需要,对合营企业可以依照法律程序实行征收,并给予相应的补偿。

第三条 合营各方签订的合营协议、合同、章程,应报国家对外经济贸易主管部门(以下称审查批准机关)审查批准。审查批准机关应在三个月内决定批准或不批准。合营企业经批准后,向国家工商行政管理主管部门登记,领取营业执照,开始营业。

第四条 合营企业的形式为有限责任公司。

在合营企业的注册资本中,外国合营者的投资比例一般不低于百分之二十五。

合营各方按注册资本比例分享利润和分担风险及亏损。

合营者的注册资本如果转让必须经合营各方同意。

第五条 合营企业各方可以现金、实物、工业产权等进行投资。

外国合营者作为投资的技术和设备,必须确实是适合我国需要的先进技术和设备。如果有意以落后的技术和设备进行欺骗,造成损失的,应赔偿损失。

中国合营者的投资可包括为合营企业经营期间提供的场地使用权。如果场地使用权未作为中国合营者投资的一部分,合营企业应向中国政府缴纳使用费。

上述各项投资应在合营企业的合同和章程中加以规定,其价格(场地除外)由合营各方评议商定。

第六条 合营企业设董事会,其人数组成由合营各方协商,在合同、章程中确定,并由合营各方委派和撤换。董事长和副董事长由合营各方协商确定或由董事会选举产生。中外合营者的一方担任董事长的,由他方担任副董事长。董事会根据平等互利的原则,决定合营企业的重大问题。

董事会的职权是按合营企业章程规定,讨论决定合营企业的一切重大问题:企业发展规划、生产经营活动方案、收支预算、利润分配、劳动工资计划、停业,以及总经理、副总经理、总工程师、总会计师、审计师的任命或聘请及其职权和待遇等。

正副总经理(或正副厂长)由合营各方分别担任。

合营企业职工的录用、辞退、报酬、福利、劳动保护、劳动保险等事项,应当依法通过订立合同加以规定。

第七条 合营企业的职工依法建立工会组织,开展工会活动,维护职工的合法权益。

合营企业应当为本企业工会提供必要的活动条件。

第八条 合营企业获得的毛利润,按中华人民共和国税法规定缴纳合营企业所得税后,扣除合营企业章程规定的储备基金、职工奖励及福利基金、企业发展基金,净利润根据合营各方注册资本的比例进行分配。

合营企业依照国家有关税收的法律和行政法规的规定,可以享受减税、免税的优惠待遇。

外国合营者将分得的净利润用于在中国境内再投资时,可申请退还已缴纳的部分所得税。

第九条 合营企业应凭营业执照在国家外汇管理机关允许经营外汇业务的银行或其它金融机构开立外汇帐户。

合营企业的有关外汇事宜,应遵照中华人民共和国外汇管理条例办理。

合营企业在其经营活动中,可直接向外国银行筹措资金。

合营企业的各项保险应向中国境内的保险公司投保。

第十条 合营企业在批准的经营范围内所需的原材料、燃料等物资,按照公平、合理的原则,可以在国内市场或者在国际市场购买。

鼓励合营企业向中国境外销售产品。出口产品可由合营企业直接或与其有关的委托机构向国外市场出售,也可通过中国的外贸机构出售。合营企业产品也可在中国市场销售。

合营企业需要时可在中国境外设立分支机构。

第十一条 外国合营者在履行法律和协议、合同规定的义务后分得的净利润,在合营企业期满或者中止时所分得的资金以及其它资金,可按合营企业合同规定的货币,按外汇管理条例汇往国外。

鼓励外国合营者将可汇出的外汇存入中国银行。

第十二条　合营企业的外籍职工的工资收入和其它正当收入,按中华人民共和国税法缴纳个人所得税后,可按外汇管理条例汇往国外。

第十三条　合营企业的合营期限,按不同行业、不同情况,作不同的约定。

有的行业的合营企业,应当约定合营期限;有的行业的合营企业,可以约定合营期限,也可以不约定合营期限。约定合营期限的合营企业,合营各方同意延长合营期限的,应在距合营期满六个月前向审查批准机关提出申请。审查批准机关应自接到申请之日起一个月内决定批准或不批准。

第十四条　合营企业如发生严重亏损、一方不履行合同和章程规定的义务、不可抗力等,经合营各方协商同意,报请审查批准机关批准,并向国家工商行政管理主管部门登记,可终止合同。如果因违反合同而造成损失的,应由违反合同的一方承担经济责任。

第十五条　合营各方发生纠纷,董事会不能协商解决时,由中国仲裁机构进行调解或仲裁,也可由合营各方协议在其它仲裁机构仲裁。

合营各方没有在合同中订有仲裁条款的或者事后没有达成书面仲裁协议的,可以向人民法院起诉。

第十六条　本法自公布之日起生效。

8.《中华人民共和国行政许可法》

（2004年7月1日起施行）

第一章　总　则

……

第二章　行政许可的设定

第十一条　设定行政许可,应当遵循经济和社会发展规律,有利于发挥公民、法人或者其他组织的积极性、主动性,维护公共利益和社会秩序,促进经济、社会和生态环境协调发展。

第十二条　下列事项可以设定行政许可:

（一）直接涉及国家安全、公共安全、经济宏观调控、生态环境保护以及直接关系人身健康、生命财产安全等特定活动,需要按照法定条件予以批准的事项;

（二）有限自然资源开发利用、公共资源配置以及直接关系公共利益的特定行业的市场准入等,需要赋予特定权利的事项;

（三）提供公众服务并且直接关系公共利益的职业、行业,需要确定具备特殊信誉、特殊条件或者特殊技能等资格、资质的事项;

（四）直接关系公共安全、人身健康、生命财产安全的重要设备、设施、产品、物品，需要按照技术标准、技术规范，通过检验、检测、检疫等方式进行审定的事项；

（五）企业或者其他组织的设立等，需要确定主体资格的事项；

（六）法律、行政法规规定可以设定行政许可的其他事项。

第十三条 本法第十二条所列事项，通过下列方式能够予以规范的，可以不设行政许可：

（一）公民、法人或者其他组织能够自主决定的；

（二）市场竞争机制能够有效调节的；

（三）行业组织或者中介机构能够自律管理的；

（四）行政机关采用事后监督等其他行政管理方式能够解决的。

第十四条 本法第十二条所列事项，法律可以设定行政许可。尚未制定法律的，行政法规可以设定行政许可。

必要时，国务院可以采用发布决定的方式设定行政许可。实施后，除临时性行政许可事项外，国务院应当及时提请全国人民代表大会及其常务委员会制定法律，或者自行制定行政法规。

第十五条 本法第十二条所列事项，尚未制定法律、行政法规的，地方性法规可以设定行政许可；尚未制定法律、行政法规和地方性法规的，因行政管理的需要，确需立即实施行政许可的，省、自治区、直辖市人民政府规章可以设定临时性的行政许可。临时性的行政许可实施满一年需要继续实施的，应当提请本级人民代表大会及其常务委员会制定地方性法规。

地方性法规和省、自治区、直辖市人民政府规章，不得设定应当由国家统一确定的公民、法人或者其他组织的资格、资质的行政许可；不得设定企业或者其他组织的设立登记及其前置性行政许可。其设定的行政许可，不得限制其他地区的个人或者企业到本地区从事生产经营和提供服务，不得限制其他地区的商品进入本地区市场。

……

第四章　行政许可的实施程序

……

第五节　变更与延续

第四十九条 被许可人要求变更行政许可事项的，应当向作出行政许可决定的行政机关提出申请；符合法定条件、标准的，行政机关应当依法办理变更手续。

第五十条 被许可人需要延续依法取得的行政许可的有效期的，应当在该行政许可有效期届满三十日前向作出行政许可决定的行政机关提出申请。但是，法律、法规、规章另有规定的，依照其规定。

行政机关应当根据被许可人的申请，在该行政许可有效期届满前作出是否准予延续的决定；逾期未作决定的，视为准予延续。

第六节　特别规定

第五十一条 实施行政许可的程序，本节有规定的，适用本节规定；本节没有规定的，适用本章其他有关规定。

第五十二条　国务院实施行政许可的程序，适用有关法律、行政法规的规定。

第五十三条　实施本法第十二条第二项所列事项的行政许可的，行政机关应当通过招标、拍卖等公平竞争的方式作出决定。但是，法律、行政法规另有规定的，依照其规定。

行政机关通过招标、拍卖等方式作出行政许可决定的具体程序，依照有关法律、行政法规的规定。

行政机关按照招标、拍卖程序确定中标人、买受人后，应当作出准予行政许可的决定，并依法向中标人、买受人颁发行政许可证件。

行政机关违反本条规定，不采用招标、拍卖方式，或者违反招标、拍卖程序，损害申请人合法权益的，申请人可以依法申请行政复议或者提起行政诉讼。

第五十四条　实施本法第十二条第三项所列事项的行政许可，赋予公民特定资格，依法应当举行国家考试的，行政机关根据考试成绩和其他法定条件作出行政许可决定；赋予法人或者其他组织特定的资格、资质的，行政机关根据申请人的专业人员构成、技术条件、经营业绩和管理水平等的考核结果作出行政许可决定。但是，法律、行政法规另有规定的，依照其规定。

公民特定资格的考试依法由行政机关或者行业组织实施，公开举行。行政机关或者行业组织应当事先公布资格考试的报名条件、报考办法、考试科目以及考试大纲。但是，不得组织强制性的资格考试的考前培训，不得指定教材或者其他助考材料。

第五十五条　实施本法第十二条第四项所列事项的行政许可的，应当按照技术标准、技术规范依法进行检验、检测、检疫，行政机关根据检验、检测、检疫的结果作出行政许可决定。

行政机关实施检验、检测、检疫，应当自受理申请之日起五日内指派两名以上工作人员按照技术标准、技术规范进行检验、检测、检疫。不需要对检验、检测、检疫结果作进一步技术分析即可认定设备、设施、产品、物品是否符合技术标准、技术规范的，行政机关应当场作出行政许可决定。

行政机关根据检验、检测、检疫结果，作出不予行政许可决定的，应当书面说明不予行政许可所依据的技术标准、技术规范。

第五十六条　实施本法第十二条第五项所列事项的行政许可，申请人提交的申请材料齐全、符合法定形式的，行政机关应当当场予以登记。需要对申请材料的实质内容进行核实的，行政机关依照本法第三十四条第三款的规定办理。

第五十七条　有数量限制的行政许可，两个或者两个以上申请人的申请均符合法定条件、标准的，行政机关应当根据受理行政许可申请的先后顺序作出准予行政许可的决定。但是，法律、行政法规另有规定的，依照其规定。

……

第六章　监督检查

第六十条　上级行政机关应当加强对下级行政机关实施行政许可的监督检查，及时纠正行政许可实施中的违法行为。

第六十一条　行政机关应当建立健全监督制度，通过核查反映被许可人从事行政许可事项活动情况的有关材料，履行监督责任。

行政机关依法对被许可人从事行政许可事项的活动进行监督检查时，应当将监督检查的情况和处理结果予以记录,由监督检查人员签字后归档。公众有权查阅行政机关监督检查记录。

行政机关应当创造条件,实现与被许可人、其他有关行政机关的计算机档案系统互联,核查被许可人从事行政许可事项活动情况。

第六十二条 行政机关可以对被许可人生产经营的产品依法进行抽样检查、检验、检测,对其生产经营场所依法进行实地检查。检查时,行政机关可以依法查阅或者要求被许可人报送有关材料;被许可人应当如实提供有关情况和材料。

行政机关根据法律、行政法规的规定,对直接关系公共安全、人身健康、生命财产安全的重要设备、设施进行定期检验。对检验合格的,行政机关应当发给相应的证明文件。

第六十三条 行政机关实施监督检查,不得妨碍被许可人正常的生产经营活动,不得索取或者收受被许可人的财物,不得谋取其他利益。

第六十四条 被许可人在作出行政许可决定的行政机关管辖区域外违法从事行政许可事项活动的,违法行为发生地的行政机关应当依法将被许可人的违法事实、处理结果抄告作出行政许可决定的行政机关。

第六十五条 个人和组织发现违法从事行政许可事项的活动,有权向行政机关举报,行政机关应当及时核实、处理。

第六十六条 被许可人未依法履行开发利用自然资源义务或者未依法履行利用公共资源义务的,行政机关应当责令限期改正;被许可人在规定期限内不改正的,行政机关应当依照有关法律、行政法规的规定予以处理。

第六十七条 取得直接关系公共利益的特定行业的市场准入行政许可的被许可人,应当按照国家规定的服务标准、资费标准和行政机关依法规定的条件,向用户提供安全、方便、稳定和价格合理的服务,并履行普遍服务的义务;未经作出行政许可决定的行政机关批准,不得擅自停业、歇业。

被许可人不履行前款规定的义务的,行政机关应当责令限期改正,或者依法采取有效措施督促其履行义务。

第六十八条 对直接关系公共安全、人身健康、生命财产安全的重要设备、设施,行政机关应当督促设计、建造、安装和使用单位建立相应的自检制度。

行政机关在监督检查时,发现直接关系公共安全、人身健康、生命财产安全的重要设备、设施存在安全隐患的,应当责令停止建造、安装和使用,并责令设计、建造、安装和使用单位立即改正。

第六十九条 有下列情形之一的,作出行政许可决定的行政机关或者其上级行政机关,根据利害关系人的请求或者依据职权,可以撤销行政许可:

(一)行政机关工作人员滥用职权、玩忽职守作出准予行政许可决定的;
(二)超越法定职权作出准予行政许可决定的;
(三)违反法定程序作出准予行政许可决定的;
(四)对不具备申请资格或者不符合法定条件的申请人准予行政许可的;
(五)依法可以撤销行政许可的其他情形。

被许可人以欺骗、贿赂等不正当手段取得行政许可的,应当予以撤销。

依照前两款的规定撤销行政许可,可能对公共利益造成重大损害的,不予撤销。

依照本条第一款的规定撤销行政许可,被许可人的合法权益受到损害的,行政机关应当依法给予赔偿。依照本条第二款的规定撤销行政许可的,被许可人基于行政许可取得的利益不受保护。

第七十条 有下列情形之一的,行政机关应当依法办理有关行政许可的注销手续:
（一）行政许可有效期届满未延续的;
（二）赋予公民特定资格的行政许可,该公民死亡或者丧失行为能力的;
（三）法人或者其他组织依法终止的;
（四）行政许可依法被撤销、撤回,或者行政许可证件依法被吊销的;
（五）因不可抗力导致行政许可事项无法实施的;
（六）法律、法规规定的应当注销行政许可的其他情形。

……

9.《中华人民共和国行政处罚法》

（1996年10月1日起施行,2009年8月27日修正）

第一章 总 则

……

第二章 行政处罚的种类和设定

第八条 行政处罚的种类:
（一）警告;
（二）罚款;
（三）没收违法所得、没收非法财物;
（四）责令停产停业;
（五）暂扣或者吊销许可证、暂扣或者吊销执照;
（六）行政拘留;
（七）法律、行政法规规定的其他行政处罚。

第九条 法律可以设定各种行政处罚。
限制人身自由的行政处罚,只能由法律设定。

第十条 行政法规可以设定除限制人身自由以外的行政处罚。
法律对违法行为已经作出行政处罚规定,行政法规需要作出具体规定的,必须在法律规定的给予行政处罚的行为、种类和幅度的范围内规定。

第十一条 地方性法规可以设定除限制人身自由、吊销企业营业执照以外的行政处罚。
法律、行政法规对违法行为已经作出行政处罚规定,地方性法规需要作出具体规定的,必须在法律、行政法规规定的给予行政处罚的行为、种类和幅度的范围内规定。

第十二条 国务院部、委员会制定的规章可以在法律、行政法规规定的给予行政处罚的行为、种类和幅度的范围内作出具体规定。

尚未制定法律、行政法规的,前款规定的国务院部、委员会制定的规章对违反行政管理秩序的行为,可以设定警告或者一定数量罚款的行政处罚。罚款的限额由国务院规定。

国务院可以授权具有行政处罚权的直属机构依照本条第一款、第二款的规定,规定行政处罚。

第十三条　省、自治区、直辖市人民政府和省、自治区人民政府所在地的市人民政府以及经国务院批准的较大的市人民政府制定的规章可以在法律、法规规定的给予行政处罚的行为、种类和幅度的范围内作出具体规定。

尚未制定法律、法规的,前款规定的人民政府制定的规章对违反行政管理秩序的行为,可以设定警告或者一定数量罚款的行政处罚。罚款的限额由省、自治区、直辖市人民代表大会常务委员会规定。

第十四条　除本法第九条、第十条、第十一条、第十二条以及第十三条的规定外,其他规范性文件不得设定行政处罚。

第三章　行政处罚的实施机关

第十五条　行政处罚由具有行政处罚权的行政机关在法定职权范围内实施。

第十六条　国务院或者经国务院授权的省、自治区、直辖市人民政府可以决定一个行政机关行使有关行政机关的行政处罚权,但限制人身自由的行政处罚权只能由公安机关行使。

第十七条　法律、法规授权的具有管理公共事务职能的组织可以在法定授权范围内实施行政处罚。

第十八条　行政机关依照法律、法规或者规章的规定,可以在其法定权限内委托符合本法第十九条规定条件的组织实施行政处罚。行政机关不得委托其他组织或者个人实施行政处罚。

委托行政机关对受委托的组织实施行政处罚的行为应当负责监督,并对该行为的后果承担法律责任。

受委托组织在委托范围内,以委托行政机关名义实施行政处罚;不得再委托其他任何组织或者个人实施行政处罚。

第十九条　受委托组织必须符合以下条件:

(一)依法成立的管理公共事务的事业组织;

(二)具有熟悉有关法律、法规、规章和业务的工作人员;

(三)对违法行为需要进行技术检查或者技术鉴定的,应当有条件组织进行相应的技术检查或者技术鉴定。

第四章　行政处罚的管辖和适用

第二十条　行政处罚由违法行为发生地的县级以上地方人民政府具有行政处罚权的行政机关管辖。法律、行政法规另有规定的除外。

第二十一条　对管辖发生争议的,报请共同的上一级行政机关指定管辖。

第二十二条 违法行为构成犯罪的,行政机关必须将案件移送司法机关,依法追究刑事责任。

第二十三条 行政机关实施行政处罚时,应当责令当事人改正或者限期改正违法行为。

第二十四条 对当事人的同一个违法行为,不得给予两次以上罚款的行政处罚。

第二十五条 不满十四周岁的人有违法行为的,不予行政处罚,责令监护人加以管教;已满十四周岁不满十八周岁的人有违法行为的,从轻或者减轻行政处罚。

第二十六条 精神病人在不能辨认或者不能控制自己行为时有违法行为的,不予行政处罚,但应当责令其监护人严加看管和治疗。间歇性精神病人在精神正常时有违法行为的,应当给予行政处罚。

第二十七条 当事人有下列情形之一的,应当依法从轻或者减轻行政处罚:

(一)主动消除或者减轻违法行为危害后果的;

(二)受他人胁迫有违法行为的;

(三)配合行政机关查处违法行为有立功表现的;

(四)其他依法从轻或者减轻行政处罚的。

违法行为轻微并及时纠正,没有造成危害后果的,不予行政处罚。

第二十八条 违法行为构成犯罪,人民法院判处拘役或者有期徒刑时,行政机关已经给予当事人行政拘留的,应当依法折抵相应刑期。

违法行为构成犯罪,人民法院判处罚金时,行政机关已经给予当事人罚款的,应当折抵相应罚金。

第二十九条 违法行为在二年内未被发现的,不再给予行政处罚。法律另有规定的除外。

前款规定的期限,从违法行为发生之日起计算;违法行为有连续或者继续状态的,从行为终了之日起计算。

……

10.《中华人民共和国行政诉讼法》

(1990年10月1日起施行,2014年11月1日修正)

第一章 总 则

……

第二章 受案范围

第十二条 人民法院受理公民、法人或者其他组织提起的下列诉讼:

(一)对行政拘留、暂扣或者吊销许可证和执照、责令停产停业、没收违法所得、没收非法财物、罚款、警告等行政处罚不服的;

(二)对限制人身自由或者对财产的查封、扣押、冻结等行政强制措施和行政强制执行不服的;

(三)申请行政许可,行政机关拒绝或者在法定期限内不予答复,或者对行政机关作出的有关行政许可的其他决定不服的;

(四)对行政机关作出的关于确认土地、矿藏、水流、森林、山岭、草原、荒地、滩涂、海域等自然资源的所有权或者使用权的决定不服的;

(五)对征收、征用决定及其补偿决定不服的;

(六)申请行政机关履行保护人身权、财产权等合法权益的法定职责,行政机关拒绝履行或者不予答复的;

(七)认为行政机关侵犯其经营自主权或者农村土地承包经营权、农村土地经营权的;

(八)认为行政机关滥用行政权力排除或者限制竞争的;

(九)认为行政机关违法集资、摊派费用或者违法要求履行其他义务的;

(十)认为行政机关没有依法支付抚恤金、最低生活保障待遇或者社会保险待遇的;

(十一)认为行政机关不依法履行、未按照约定履行或者违法变更、解除政府特许经营协议、土地房屋征收补偿协议等协议的;

(十二)认为行政机关侵犯其他人身权、财产权等合法权益的。

除前款规定外,人民法院受理法律、法规规定可以提起诉讼的其他行政案件。

第十三条 人民法院不受理公民、法人或者其他组织对下列事项提起的诉讼:

(一)国防、外交等国家行为;

(二)行政法规、规章或者行政机关制定、发布的具有普遍约束力的决定、命令;

(三)行政机关对行政机关工作人员的奖惩、任免等决定;

(四)法律规定由行政机关最终裁决的行政行为。

第三章 管 辖

第十四条 基层人民法院管辖第一审行政案件。

第十五条 中级人民法院管辖下列第一审行政案件:

(一)对国务院部门或者县级以上地方人民政府所作的行政行为提起诉讼的案件;

(二)海关处理的案件;

(三)本辖区内重大、复杂的案件;

(四)其他法律规定由中级人民法院管辖的案件。

第十六条 高级人民法院管辖本辖区内重大、复杂的第一审行政案件。

第十七条 最高人民法院管辖全国范围内重大、复杂的第一审行政案件。

第十八条 行政案件由最初作出行政行为的行政机关所在地人民法院管辖。经复议的案件,也可以由复议机关所在地人民法院管辖。

经最高人民法院批准,高级人民法院可以根据审判工作的实际情况,确定若干人民法院跨行政区域管辖行政案件。

第十九条 对限制人身自由的行政强制措施不服提起的诉讼,由被告所在地或者原告所在地人民法院管辖。

第二十条 因不动产提起的行政诉讼,由不动产所在地人民法院管辖。

第二十一条 两个以上人民法院都有管辖权的案件,原告可以选择其中一个人民法院提起诉讼。原告向两个以上有管辖权的人民法院提起诉讼的,由最先立案的人民法院管辖。

第二十二条　人民法院发现受理的案件不属于本院管辖的,应当移送有管辖权的人民法院,受移送的人民法院应当受理。受移送的人民法院认为受移送的案件按照规定不属于本院管辖的,应当报请上级人民法院指定管辖,不得再自行移送。

第二十三条　有管辖权的人民法院由于特殊原因不能行使管辖权的,由上级人民法院指定管辖。

人民法院对管辖权发生争议,由争议双方协商解决。协商不成的,报它们的共同上级人民法院指定管辖。

第二十四条　上级人民法院有权审理下级人民法院管辖的第一审行政案件。

下级人民法院对其管辖的第一审行政案件,认为需要由上级人民法院审理或者指定管辖的,可以报请上级人民法院决定。

第四章　诉讼参加人

第二十五条　行政行为的相对人以及其他与行政行为有利害关系的公民、法人或者其他组织,有权提起诉讼。

有权提起诉讼的公民死亡,其近亲属可以提起诉讼。

有权提起诉讼的法人或者其他组织终止,承受其权利的法人或者其他组织可以提起诉讼。

第二十六条　公民、法人或者其他组织直接向人民法院提起诉讼的,作出行政行为的行政机关是被告。

经复议的案件,复议机关决定维持原行政行为的,作出原行政行为的行政机关和复议机关是共同被告;复议机关改变原行政行为的,复议机关是被告。

复议机关在法定期限内未作出复议决定,公民、法人或者其他组织起诉原行政行为的,作出原行政行为的行政机关是被告;起诉复议机关不作为的,复议机关是被告。

两个以上行政机关作出同一行政行为的,共同作出行政行为的行政机关是共同被告。

行政机关委托的组织所作的行政行为,委托的行政机关是被告。

行政机关被撤销或者职权变更的,继续行使其职权的行政机关是被告。

第二十七条　当事人一方或者双方为二人以上,因同一行政行为发生的行政案件,或者因同类行政行为发生的行政案件、人民法院认为可以合并审理并经当事人同意的,为共同诉讼。

第二十八条　当事人一方人数众多的共同诉讼,可以由当事人推选代表人进行诉讼。代表人的诉讼行为对其所代表的当事人发生效力,但代表人变更、放弃诉讼请求或者承认对方当事人的诉讼请求,应当经被代表的当事人同意。

第二十九条　公民、法人或者其他组织同被诉行政行为有利害关系但没有提起诉讼,或者同案件处理结果有利害关系的,可以作为第三人申请参加诉讼,或者由人民法院通知参加诉讼。

人民法院判决第三人承担义务或者减损第三人权益的,第三人有权依法提起上诉。

……

第六章 起诉和受理

第四十四条 对属于人民法院受案范围的行政案件，公民、法人或者其他组织可以先向行政机关申请复议，对复议决定不服的，再向人民法院提起诉讼；也可以直接向人民法院提起诉讼。

法律、法规规定应当先向行政机关申请复议，对复议决定不服再向人民法院提起诉讼的，依照法律、法规的规定。

第四十五条 公民、法人或者其他组织不服复议决定的，可以在收到复议决定书之日起十五日内向人民法院提起诉讼。复议机关逾期不作决定的，申请人可以在复议期满之日起十五日内向人民法院提起诉讼。法律另有规定的除外。

第四十六条 公民、法人或者其他组织直接向人民法院提起诉讼的，应当自知道或者应当知道作出行政行为之日起六个月内提出。法律另有规定的除外。

因不动产提起诉讼的案件自行政行为作出之日起超过二十年，其他案件自行政行为作出之日起超过五年提起诉讼的，人民法院不予受理。

第四十七条 公民、法人或者其他组织申请行政机关履行保护其人身权、财产权等合法权益的法定职责，行政机关在接到申请之日起两个月内不履行的，公民、法人或者其他组织可以向人民法院提起诉讼。法律、法规对行政机关履行职责的期限另有规定的，从其规定。

公民、法人或者其他组织在紧急情况下请求行政机关履行保护其人身权、财产权等合法权益的法定职责，行政机关不履行的，提起诉讼不受前款规定期限的限制。

第四十八条 公民、法人或者其他组织因不可抗力或者其他不属于自身的原因耽误起诉期限的，被耽误的时间不计算在起诉期限内。

公民、法人或者其他组织因前款规定以外的其他特殊情况耽误起诉期限的，在障碍消除后十日内，可以申请延长期限，是否准许由人民法院决定。

第四十九条 提起诉讼应当符合下列条件：

（一）原告是符合本法第二十五条规定的公民、法人或者其他组织；
（二）有明确的被告；
（三）有具体的诉讼请求和事实根据；
（四）属于人民法院受案范围和受诉人民法院管辖。

第五十条 起诉应当向人民法院递交起诉状，并按照被告人数提出副本。

书写起诉状确有困难的，可以口头起诉，由人民法院记入笔录，出具注明日期的书面凭证，并告知对方当事人。

第五十一条 人民法院在接到起诉状时对符合本法规定的起诉条件的，应当登记立案。

对当场不能判定是否符合本法规定的起诉条件的，应当接收起诉状，出具注明收到日期的书面凭证，并在七日内决定是否立案。不符合起诉条件的，作出不予立案的裁定。裁定书应当载明不予立案的理由。原告对裁定不服的，可以提起上诉。

起诉状内容欠缺或者有其他错误的，应当给予指导和释明，并一次性告知当事人需要补正的内容。不得未经指导和释明即以起诉不符合条件为由不接收起诉状。

对于不接收起诉状、接收起诉状后不出具书面凭证，以及不一次性告知当事人需要补正的起诉状内容的，当事人可以向上级人民法院投诉，上级人民法院应当责令改正，并对直接负责的主管人员和其他直接责任人员依法给予处分。

第五十二条 人民法院既不立案,又不作出不予立案裁定的,当事人可以向上一级人民法院起诉。上一级人民法院认为符合起诉条件的,应当立案、审理,也可以指定其他下级人民法院立案、审理。

第五十三条 公民、法人或者其他组织认为行政行为所依据的国务院部门和地方人民政府及其部门制定的规范性文件不合法,在对行政行为提起诉讼时,可以一并请求对该规范性文件进行审查。

前款规定的规范性文件不含规章。

……

第九章 涉外行政诉讼

第九十八条 外国人、无国籍人、外国组织在中华人民共和国进行行政诉讼,适用本法。法律另有规定的除外。

第九十九条 外国人、无国籍人、外国组织在中华人民共和国进行行政诉讼,同中华人民共和国公民、组织有同等的诉讼权利和义务。

外国法院对中华人民共和国公民、组织的行政诉讼权利加以限制的,人民法院对该国公民、组织的行政诉讼权利,实行对等原则。

第一百条 外国人、无国籍人、外国组织在中华人民共和国进行行政诉讼,委托律师代理诉讼的,应当委托中华人民共和国律师机构的律师。

……

11.《中华人民共和国税收征收管理法》

(1993年1月1日起施行,2015年4月24日修正)

第一章 总 则

第一条 为了加强税收征收管理,规范税收征收和缴纳行为,保障国家税收收入,保护纳税人的合法权益,促进经济和社会发展,制定本法。

第二条 凡依法由税务机关征收的各种税收的征收管理,均适用本法。

第三条 税收的开征、停征以及减税、免税、退税、补税,依照法律的规定执行;法律授权国务院规定的,依照国务院制定的行政法规的规定执行。

任何机关、单位和个人不得违反法律、行政法规的规定,擅自作出税收开征、停征以及减税、免税、退税、补税和其他同税收法律、行政法规相抵触的决定。

第四条 法律、行政法规规定负有纳税义务的单位和个人为纳税人。

法律、行政法规规定负有代扣代缴、代收代缴税款义务的单位和个人为扣缴义务人。

纳税人、扣缴义务人必须依照法律、行政法规的规定缴纳税款、代扣代缴、代收代缴税款。

第五条 国务院税务主管部门主管全国税收征收管理工作。各地国家税务局和地方税务局应当按照国务院规定的税收征收管理范围分别进行征收管理。

地方各级人民政府应当依法加强对本行政区域内税收征收管理工作的领导或者协调，支持税务机关依法执行职务，依照法定税率计算税额，依法征收税款。

各有关部门和单位应当支持、协助税务机关依法执行职务。

税务机关依法执行职务，任何单位和个人不得阻挠。

第六条　国家有计划地用现代信息技术装备各级税务机关，加强税收征收管理信息系统的现代化建设，建立、健全税务机关与政府其他管理机关的信息共享制度。

纳税人、扣缴义务人和其他有关单位应当按照国家有关规定如实向税务机关提供与纳税和代扣代缴、代收代缴税款有关的信息。

第七条　税务机关应当广泛宣传税收法律、行政法规，普及纳税知识，无偿地为纳税人提供纳税咨询服务。

第八条　纳税人、扣缴义务人有权向税务机关了解国家税收法律、行政法规的规定以及与纳税程序有关的情况。

纳税人、扣缴义务人有权要求税务机关为纳税人、扣缴义务人的情况保密。税务机关应当依法为纳税人、扣缴义务人的情况保密。

纳税人依法享有申请减税、免税、退税的权利。

纳税人、扣缴义务人对税务机关所作出的决定，享有陈述权、申辩权；依法享有申请行政复议、提起行政诉讼、请求国家赔偿等权利。

纳税人、扣缴义务人有权控告和检举税务机关、税务人员的违法违纪行为。

第九条　税务机关应当加强队伍建设，提高税务人员的政治业务素质。

税务机关、税务人员必须秉公执法，忠于职守，清正廉洁，礼貌待人，文明服务，尊重和保护纳税人、扣缴义务人的权利，依法接受监督。

税务人员不得索贿受贿、徇私舞弊、玩忽职守、不征或者少征应征税款；不得滥用职权多征税款或者故意刁难纳税人和扣缴义务人。

第十条　各级税务机关应当建立、健全内部制约和监督管理制度。

上级税务机关应当对下级税务机关的执法活动依法进行监督。

各级税务机关应当对其工作人员执行法律、行政法规和廉洁自律准则的情况进行监督检查。

第十一条　税务机关负责征收、管理、稽查、行政复议的人员的职责应当明确，并相互分离、相互制约。

第十二条　税务人员征收税款和查处税收违法案件，与纳税人、扣缴义务人或者税收违法案件有利害关系的，应当回避。

第十三条　任何单位和个人都有权检举违反税收法律、行政法规的行为。收到检举的机关和负责查处的机关应当为检举人保密。税务机关应当按照规定对检举人给予奖励。

第十四条　本法所称税务机关是指各级税务局、税务分局、税务所和按照国务院规定设立的并向社会公告的税务机构。

……

第三章　税款征收

第二十八条　税务机关依照法律、行政法规的规定征收税款，不得违反法律、行政法规的规定开征、停征、多征、少征、提前征收、延缓征收或者摊派税款。

农业税应纳税额按照法律、行政法规的规定核定。

第二十九条 除税务机关、税务人员以及经税务机关依照法律、行政法规委托的单位和人员外，任何单位和个人不得进行税款征收活动。

第三十条 扣缴义务人依照法律、行政法规的规定履行代扣、代收税款的义务。对法律、行政法规没有规定负有代扣、代收税款义务的单位和个人，税务机关不得要求其履行代扣、代收税款义务。

扣缴义务人依法履行代扣、代收税款义务时，纳税人不得拒绝。纳税人拒绝的，扣缴义务人应当及时报告税务机关处理。

税务机关按照规定付给扣缴义务人代扣、代收手续费。

第三十一条 纳税人、扣缴义务人按照法律、行政法规规定或者税务机关依照法律、行政法规的规定确定的期限，缴纳或者解缴税款。

纳税人因有特殊困难，不能按期缴纳税款的，经省、自治区、直辖市国家税务局、地方税务局批准，可以延期缴纳税款，但是最长不得超过三个月。

第三十二条 纳税人未按照规定期限缴纳税款的，扣缴义务人未按照规定期限解缴税款的，税务机关除责令限期缴纳外，从滞纳税款之日起，按日加收滞纳税款万分之五的滞纳金。

第三十三条 纳税人依照法律、行政法规的规定办理减税、免税。

地方各级人民政府、各级人民政府主管部门、单位和个人违反法律、行政法规规定，擅自作出的减税、免税决定无效，税务机关不得执行，并向上级税务机关报告。

第三十四条 税务机关征收税款时，必须给纳税人开具完税凭证。扣缴义务人代扣、代收税款时，纳税人要求扣缴义务人开具代扣、代收税款凭证的，扣缴义务人应当开具。

第三十五条 纳税人有下列情形之一的，税务机关有权核定其应纳税额：

（一）依照法律、行政法规的规定可以不设置帐簿的；

（二）依照法律、行政法规的规定应当设置帐簿但未设置的；

（三）擅自销毁帐簿或者拒不提供纳税资料的；

（四）虽设置帐簿，但帐目混乱或者成本资料、收入凭证、费用凭证残缺不全，难以查帐的；

（五）发生纳税义务，未按照规定的期限办理纳税申报，经税务机关责令限期申报，逾期仍不申报的；

（六）纳税人申报的计税依据明显偏低，又无正当理由的。

税务机关核定应纳税额的具体程序和方法由国务院税务主管部门规定。

第三十六条 企业或者外国企业在中国境内设立的从事生产、经营的机构、场所与其关联企业之间的业务往来，应当按照独立企业之间的业务往来收取或者支付价款、费用；不按照独立企业之间的业务往来收取或者支付价款、费用，而减少其应纳税的收入或者所得额的，税务机关有权进行合理调整。

第三十七条 对未按照规定办理税务登记的从事生产、经营的纳税人以及临时从事经营的纳税人，由税务机关核定其应纳税额，责令缴纳；不缴纳的，税务机关可以扣押其价值相当于应纳税款的商品、货物。扣押后缴纳应纳税款的，税务机关必须立即解除扣押，并归还所扣押的商品、货物；扣押后仍不缴纳应纳税款的，经县以上税务局（分局）局长批准，依法拍卖或者变卖所扣押的商品、货物，以拍卖或者变卖所得抵缴税款。

第三十八条 税务机关有根据认为从事生产、经营的纳税人有逃避纳税义务行为的,可以在规定的纳税期之前,责令限期缴纳应纳税款;在限期内发现纳税人有明显的转移、隐匿其应纳税的商品、货物以及其他财产或者应纳税的收入的迹象的,税务机关可以责成纳税人提供纳税担保。如果纳税人不能提供纳税担保,经县以上税务局(分局)局长批准,税务机关可以采取下列税收保全措施:

（一）书面通知纳税人开户银行或者其他金融机构冻结纳税人的金额相当于应纳税款的存款;

（二）扣押、查封纳税人的价值相当于应纳税款的商品、货物或者其他财产。

纳税人在前款规定的限期内缴纳税款的,税务机关必须立即解除税收保全措施;限期期满仍未缴纳税款的,经县以上税务局(分局)局长批准,税务机关可以书面通知纳税人开户银行或者其他金融机构从其冻结的存款中扣缴税款,或者依法拍卖或者变卖所扣押、查封的商品、货物或者其他财产,以拍卖或者变卖所得抵缴税款。

个人及其所扶养家属维持生活必需的住房和用品,不在税收保全措施的范围之内。

第三十九条 纳税人在限期内已缴纳税款,税务机关未立即解除税收保全措施,使纳税人的合法利益遭受损失的,税务机关应当承担赔偿责任。

第四十条 从事生产、经营的纳税人、扣缴义务人未按照规定的期限缴纳或者解缴税款,纳税担保人未按照规定的期限缴纳所担保的税款,由税务机关责令限期缴纳,逾期仍未缴纳的,经县以上税务局(分局)局长批准,税务机关可以采取下列强制执行措施:

（一）书面通知其开户银行或者其他金融机构从其存款中扣缴税款;

（二）扣押、查封、依法拍卖或者变卖其价值相当于应纳税款的商品、货物或者其他财产,以拍卖或者变卖所得抵缴税款。

税务机关采取强制执行措施时,对前款所列纳税人、扣缴义务人、纳税担保人未缴纳的滞纳金同时强制执行。

个人及其所扶养家属维持生活必需的住房和用品,不在强制执行措施的范围之内。

第四十一条 本法第三十七条、第三十八条、第四十条规定的采取税收保全措施、强制执行措施的权力,不得由法定的税务机关以外的单位和个人行使。

第四十二条 税务机关采取税收保全措施和强制执行措施必须依照法定权限和法定程序,不得查封、扣押纳税人个人及其所扶养家属维持生活必需的住房和用品。

第四十三条 税务机关滥用职权违法采取税收保全措施、强制执行措施,或者采取税收保全措施、强制执行措施不当,使纳税人、扣缴义务人或者纳税担保人的合法权益遭受损失的,应当依法承担赔偿责任。

第四十四条 欠缴税款的纳税人或者他的法定代表人需要出境的,应当在出境前向税务机关结清应纳税款、滞纳金或者提供担保。未结清税款、滞纳金,又不提供担保的,税务机关可以通知出境管理机关阻止其出境。

第四十五条 税务机关征收税款,税收优先于无担保债权,法律另有规定的除外;纳税人欠缴的税款发生在纳税人以其财产设定抵押、质押或者纳税人的财产被留置之前的,税收应当先于抵押权、质权、留置权执行。

纳税人欠缴税款,同时又被行政机关决定处以罚款、没收违法所得的,税收优先于罚款、没收违法所得。

税务机关应当对纳税人欠缴税款的情况定期予以公告。

第四十六条 纳税人有欠税情形而以其财产设定抵押、质押的,应当向抵押权人、质权人说明其欠税情况。抵押权人、质权人可以请求税务机关提供有关的欠税情况。

第四十七条 税务机关扣押商品、货物或者其他财产时,必须开付收据;查封商品、货物或者其他财产时,必须开付清单。

第四十八条 纳税人有合并、分立情形的,应当向税务机关报告,并依法缴清税款。纳税人合并时未缴清税款的,应当由合并后的纳税人继续履行未履行的纳税义务;纳税人分立时未缴清税款的,分立后的纳税人对未履行的纳税义务应当承担连带责任。

第四十九条 欠缴税款数额较大的纳税人在处分其不动产或者大额资产之前,应当向税务机关报告。

第五十条 欠缴税款的纳税人因怠于行使到期债权,或者放弃到期债权,或者无偿转让财产,或者以明显不合理的低价转让财产而受让人知道该情形,对国家税收造成损害的,税务机关可以依照合同法第七十三条、第七十四条的规定行使代位权、撤销权。

税务机关依照前款规定行使代位权、撤销权的,不免除欠缴税款的纳税人尚未履行的纳税义务和应承担的法律责任。

第五十一条 纳税人超过应纳税额缴纳的税款,税务机关发现后应当立即退还;纳税人自结算缴纳税款之日起三年内发现的,可以向税务机关要求退还多缴的税款并加算银行同期存款利息,税务机关及时查实后应当立即退还;涉及从国库中退库的,依照法律、行政法规有关国库管理的规定退还。

第五十二条 因税务机关的责任,致使纳税人、扣缴义务人未缴或者少缴税款的,税务机关在三年内可以要求纳税人、扣缴义务人补缴税款,但是不得加收滞纳金。

因纳税人、扣缴义务人计算错误等失误,未缴或者少缴税款的,税务机关在三年内可以追征税款、滞纳金;有特殊情况的,追征期可以延长到五年。

对偷税、抗税、骗税的,税务机关追征其未缴或者少缴的税款、滞纳金或者所骗取的税款,不受前款规定期限的限制。

第五十三条 国家税务局和地方税务局应当按照国家规定的税收征收管理范围和税款入库预算级次,将征收的税款缴入国库。

对审计机关、财政机关依法查出的税收违法行为,税务机关应当根据有关机关的决定、意见书,依法将应收的税款、滞纳金按照税款入库预算级次缴入国库,并将结果及时回复有关机关。

第四章 税务检查

第五十四条 税务机关有权进行下列税务检查:

(一)检查纳税人的帐簿、记帐凭证、报表和有关资料,检查扣缴义务人代扣代缴、代收代缴税款帐簿、记帐凭证和有关资料;

(二)到纳税人的生产、经营场所和货物存放地检查纳税人应纳税的商品、货物或者其他财产,检查扣缴义务人与代扣代缴、代收代缴税款有关的经营情况;

(三)责成纳税人、扣缴义务人提供与纳税或者代扣代缴、代收代缴税款有关的文件、证明材料和有关资料;

（四）询问纳税人、扣缴义务人与纳税或者代扣代缴、代收代缴税款有关的问题和情况；

（五）到车站、码头、机场、邮政企业及其分支机构检查纳税人托运、邮寄应纳税商品、货物或者其他财产的有关单据、凭证和有关资料；

（六）经县以上税务局（分局）局长批准，凭全国统一格式的检查存款帐户许可证明，查询从事生产、经营的纳税人、扣缴义务人在银行或者其他金融机构的存款帐户。税务机关在调查税收违法案件时，经设区的市、自治州以上税务局（分局）局长批准，可以查询案件涉嫌人员的储蓄存款。税务机关查询所获得的资料，不得用于税收以外的用途。

第五十五条 税务机关对从事生产、经营的纳税人以前纳税期的纳税情况依法进行税务检查时，发现纳税人有逃避纳税义务行为，并有明显的转移、隐匿其应纳税的商品、货物以及其他财产或者应纳税的收入的迹象的，可以按照本法规定的批准权限采取税收保全措施或者强制执行措施。

第五十六条 纳税人、扣缴义务人必须接受税务机关依法进行的税务检查，如实反映情况，提供有关资料，不得拒绝、隐瞒。

第五十七条 税务机关依法进行税务检查时，有权向有关单位和个人调查纳税人、扣缴义务人和其他当事人与纳税或者代扣代缴、代收代缴税款有关的情况，有关单位和个人有义务向税务机关如实提供有关资料及证明材料。

第五十八条 税务机关调查税务违法案件时，对与案件有关的情况和资料，可以记录、录音、录像、照相和复制。

第五十九条 税务机关派出的人员进行税务检查时，应当出示税务检查证和税务检查通知书，并有责任为被检查人保守秘密；未出示税务检查证和税务检查通知书的，被检查人有权拒绝检查。

第五章　法律责任

第六十条 纳税人有下列行为之一的，由税务机关责令限期改正，可以处二千元以下的罚款；情节严重的，处二千元以上一万元以下的罚款：

（一）未按照规定的期限申报办理税务登记、变更或者注销登记的；

（二）未按照规定设置、保管帐簿或者保管记帐凭证和有关资料的；

（三）未按照规定将财务、会计制度或者财务、会计处理办法和会计核算软件报送税务机关备查的；

（四）未按照规定将其全部银行帐号向税务机关报告的；

（五）未按照规定安装、使用税控装置，或者损毁或者擅自改动税控装置的。

纳税人不办理税务登记的，由税务机关责令限期改正；逾期不改正的，经税务机关提请，由工商行政管理机关吊销其营业执照。

纳税人未按照规定使用税务登记证件，或者转借、涂改、损毁、买卖、伪造税务登记证件的，处二千元以上一万元以下的罚款；情节严重的，处一万元以上五万元以下的罚款。

第六十一条 扣缴义务人未按照规定设置、保管代扣代缴、代收代缴税款帐簿或者保管代扣代缴、代收代缴税款记帐凭证及有关资料的，由税务机关责令限期改正，可以处二千元以下的罚款；情节严重的，处二千元以上五千元以下的罚款。

第六十二条 纳税人未按照规定的期限办理纳税申报和报送纳税资料的，或者扣缴义务人未按照规定的期限向税务机关报送代扣代缴、代收代缴税款报告表和有关资料的,由税务机关责令限期改正,可以处二千元以下的罚款;情节严重的,可以处二千元以上一万元以下的罚款。

第六十三条 纳税人伪造、变造、隐匿、擅自销毁帐簿、记帐凭证,或者在帐簿上多列支出或者不列、少列收入,或者经税务机关通知申报而拒不申报或者进行虚假的纳税申报,不缴或者少缴应纳税款的,是偷税。对纳税人偷税的,由税务机关追缴其不缴或者少缴的税款、滞纳金,并处不缴或者少缴的税款百分之五十以上五倍以下的罚款;构成犯罪的,依法追究刑事责任。

扣缴义务人采取前款所列手段,不缴或者少缴已扣、已收税款,由税务机关追缴其不缴或者少缴的税款、滞纳金,并处不缴或者少缴的税款百分之五十以上五倍以下的罚款;构成犯罪的,依法追究刑事责任。

第六十四条 纳税人、扣缴义务人编造虚假计税依据的,由税务机关责令限期改正,并处五万元以下的罚款。

纳税人不进行纳税申报,不缴或者少缴应纳税款的,由税务机关追缴其不缴或者少缴的税款、滞纳金,并处不缴或者少缴的税款百分之五十以上五倍以下的罚款。

第六十五条 纳税人欠缴应纳税款,采取转移或者隐匿财产的手段,妨碍税务机关追缴欠缴的税款的,由税务机关追缴欠缴的税款、滞纳金,并处欠缴税款百分之五十以上五倍以下的罚款;构成犯罪的,依法追究刑事责任。

第六十六条 以假报出口或者其他欺骗手段,骗取国家出口退税款的,由税务机关追缴其骗取的退税款,并处骗取税款一倍以上五倍以下的罚款;构成犯罪的,依法追究刑事责任。

对骗取国家出口退税款的,税务机关可以在规定期间内停止为其办理出口退税。

第六十七条 以暴力、威胁方法拒不缴纳税款的,是抗税,除由税务机关追缴其拒缴的税款、滞纳金外,依法追究刑事责任。情节轻微,未构成犯罪的,由税务机关追缴其拒缴的税款、滞纳金,并处拒缴税款一倍以上五倍以下的罚款。

第六十八条 纳税人、扣缴义务人在规定期限内不缴或者少缴应纳或者应解缴的税款,经税务机关责令限期缴纳,逾期仍未缴纳的,税务机关除依照本法第四十条的规定采取强制执行措施追缴其不缴或者少缴的税款外,可以处不缴或者少缴的税款百分之五十以上五倍以下的罚款。

第六十九条 扣缴义务人应扣未扣、应收而不收税款的,由税务机关向纳税人追缴税款,对扣缴义务人处应扣未扣、应收未收税款百分之五十以上三倍以下的罚款。

第七十条 纳税人、扣缴义务人逃避、拒绝或者以其他方式阻挠税务机关检查的,由税务机关责令改正,可以处一万元以下的罚款;情节严重的,处一万元以上五万元以下的罚款。

第七十一条 违反本法第二十二条规定,非法印制发票的,由税务机关销毁非法印制的发票,没收违法所得和作案工具,并处一万元以上五万元以下的罚款;构成犯罪的,依法追究刑事责任。

第七十二条 从事生产、经营的纳税人、扣缴义务人有本法规定的税收违法行为,拒不接受税务机关处理的,税务机关可以收缴其发票或者停止向其发售发票。

第七十三条 纳税人、扣缴义务人的开户银行或者其他金融机构拒绝接受税务机关依法检查纳税人、扣缴义务人存款帐户,或者拒绝执行税务机关作出的冻结存款或者扣缴税款的决定,或者在接到税务机关的书面通知后帮助纳税人、扣缴义务人转移存款,造成税款流失的,由税务机关处十万元以上五十万元以下的罚款,对直接负责的主管人员和其他直接责任人员处一千元以上一万元以下的罚款。

第七十四条 本法规定的行政处罚,罚款额在二千元以下的,可以由税务所决定。

第七十五条 税务机关和司法机关的涉税罚没收入,应当按照税款入库预算级次上缴国库。

第七十六条 税务机关违反规定擅自改变税收征收管理范围和税款入库预算级次的,责令限期改正,对直接负责的主管人员和其他直接责任人员依法给予降级或者撤职的行政处分。

第七十七条 纳税人、扣缴义务人有本法第六十三条、第六十五条、第六十六条、第六十七条、第七十一条规定的行为涉嫌犯罪的,税务机关应当依法移交司法机关追究刑事责任。

税务人员徇私舞弊,对依法应当移交司法机关追究刑事责任的不移交,情节严重的,依法追究刑事责任。

……

12.《市政公用事业特许经营管理办法》

(2004年5月1日起施行,建设部令第126号)

第一条 为了加快推进市政公用事业市场化,规范市政公用事业特许经营活动,加强市场监管,保障社会公共利益和公共安全,促进市政公用事业健康发展,根据国家有关法律、法规,制定本办法。

第二条 本办法所称市政公用事业特许经营,是指政府按照有关法律、法规规定,通过市场竞争机制选择市政公用事业投资者或者经营者,明确其在一定期限和范围内经营某项市政公用事业产品或者提供某项服务的制度。

城市供水、供气、供热、公共交通、污水处理、垃圾处理等行业,依法实施特许经营的,适用本办法。

第三条 实施特许经营的项目由省、自治区、直辖市通过法定形式和程序确定。

第四条 国务院建设主管部门负责全国市政公用事业特许经营活动的指导和监督工作。

省、自治区人民政府建设主管部门负责本行政区域内的市政公用事业特许经营活动的指导和监督工作。

直辖市、市、县人民政府市政公用事业主管部门依据人民政府的授权(以下简称主管部门),负责本行政区域内的市政公用事业特许经营的具体实施。

第五条 实施市政公用事业特许经营,应当遵循公开、公平、公正和公共利益优先的原则。

第六条 实施市政公用事业特许经营,应当坚持合理布局,有效配置资源的原则,鼓励跨行政区域的市政公用基础设施共享。

跨行政区域的市政公用基础设施特许经营，应当本着有关各方平等协商的原则，共同加强监管。

第七条 参与特许经营权竞标者应当具备以下条件：

（一）依法注册的企业法人；

（二）有相应的注册资本金和设施、设备；

（三）有良好的银行资信、财务状况及相应的偿债能力；

（四）有相应的从业经历和良好的业绩；

（五）有相应数量的技术、财务、经营等关键岗位人员；

（六）有切实可行的经营方案；

（七）地方性法规、规章规定的其他条件。

第八条 主管部门应当依照下列程序选择投资者或者经营者：

（一）提出市政公用事业特许经营项目，报直辖市、市、县人民政府批准后，向社会公开发布招标条件，受理投标；

（二）根据招标条件，对特许经营权的投标人进行资格审查和方案预审，推荐出符合条件的投标候选人；

（三）组织评审委员会依法进行评审，并经过质询和公开答辩，择优选择特许经营权授予对象；

（四）向社会公示中标结果，公示时间不少于20天；

（五）公示期满，对中标者没有异议的，经直辖市、市、县人民政府批准，与中标者（以下简称"获得特许经营权的企业"）签订特许经营协议。

第九条 特许经营协议应当包括以下内容：

（一）特许经营内容、区域、范围及有效期限；

（二）产品和服务标准；

（三）价格和收费的确定方法、标准以及调整程序；

（四）设施的权属与处置；

（五）设施维护和更新改造；

（六）安全管理；

（七）履约担保；

（八）特许经营权的终止和变更；

（九）违约责任；

（十）争议解决方式；

（十一）双方认为应该约定的其他事项。

第十条 主管部门应当履行下列责任：

（一）协助相关部门核算和监控企业成本，提出价格调整意见；

（二）监督获得特许经营权的企业履行法定义务和协议书规定的义务；

（三）对获得特许经营权的企业的经营计划实施情况、产品和服务的质量以及安全生产情况进行监督；

（四）受理公众对获得特许经营权的企业的投诉；

（五）向政府提交年度特许经营监督检查报告；

（六）在危及或者可能危及公共利益、公共安全等紧急情况下，临时接管特许经营项目；

（七）协议约定的其他责任。

第十一条 获得特许经营权的企业应当履行下列责任：

（一）科学合理地制定企业年度生产、供应计划；

（二）按照国家安全生产法规和行业安全生产标准规范，组织企业安全生产；

（三）履行经营协议，为社会提供足量的、符合标准的产品和服务；

（四）接受主管部门对产品和服务质量的监督检查；

（五）按规定的时间将中长期发展规划、年度经营计划、年度报告、董事会决议等报主管部门备案；

（六）加强对生产设施、设备的运行维护和更新改造，确保设施完好；

（七）协议约定的其他责任。

第十二条 特许经营期限应当根据行业特点、规模、经营方式等因素确定，最长不得超过30年。

第十三条 获得特许经营权的企业承担政府公益性指令任务造成经济损失的，政府应当给予相应的补偿。

第十四条 在协议有效期限内，若协议的内容确需变更的，协议双方应当在共同协商的基础上签订补充协议。

第十五条 获得特许经营权的企业确需变更名称、地址、法定代表人的，应当提前书面告知主管部门，并经其同意。

第十六条 特许经营期限届满，主管部门应当按照本办法规定的程序组织招标，选择特许经营者。

第十七条 获得特许经营权的企业在协议有效期内单方提出解除协议的，应当提前提出申请，主管部门应当自收到获得特许经营权的企业申请的3个月内作出答复。在主管部门同意解除协议前，获得特许经营权的企业必须保证正常的经营与服务。

第十八条 获得特许经营权的企业在特许经营期间有下列行为之一的，主管部门应当依法终止特许经营协议，取消其特许经营权，并可以实施临时接管：

（一）擅自转让、出租特许经营权的；

（二）擅自将所经营的财产进行处置或者抵押的；

（三）因管理不善，发生重大质量、生产安全事故的；

（四）擅自停业、歇业，严重影响到社会公共利益和安全的；

（五）法律、法规禁止的其他行为。

第十九条 特许经营权发生变更或者终止时，主管部门必须采取有效措施保证市政公用产品供应和服务的连续性与稳定性。

第二十条 主管部门应当在特许经营协议签订后30日内，将协议报上一级市政公用事业主管部门备案。

第二十一条 在项目运营的过程中，主管部门应当组织专家对获得特许经营权的企业经营情况进行中期评估。

评估周期一般不得低于两年，特殊情况下可以实施年度评估。

第二十二条 直辖市、市、县人民政府有关部门按照有关法律、法规规定的原则和程序，审定和监管市政公用事业产品和服务价格。

第二十三条 未经直辖市、市、县人民政府批准,获得特许经营权的企业不得擅自停业、歇业。

获得特许经营权的企业擅自停业、歇业的,主管部门应当责令其限期改正,或者依法采取有效措施督促其履行义务。

第二十四条 主管部门实施监督检查,不得妨碍获得特许经营权的企业正常的生产经营活动。

第二十五条 主管部门应当建立特许经营项目的临时接管应急预案。

对获得特许经营权的企业取消特许经营权并实施临时接管的,必须按照有关法律、法规的规定进行,并召开听证会。

第二十六条 社会公众对市政公用事业特许经营享有知情权、建议权。

直辖市、市、县人民政府应当建立社会公众参与机制,保障公众能够对实施特许经营情况进行监督。

第二十七条 国务院建设主管部门应当加强对直辖市市政公用事业主管部门实施特许经营活动的监督检查,省、自治区人民政府建设主管部门应当加强对市、县人民政府市政公用事业主管部门实施特许经营活动的监督检查,及时纠正实施特许经营中的违法行为。

第二十八条 对以欺骗、贿赂等不正当手段获得特许经营权的企业,主管部门应当取消其特许经营权,并向国务院建设主管部门报告,由国务院建设主管部门通过媒体等形式向社会公开披露。被取消特许经营权的企业在三年内不得参与市政公用事业特许经营竞标。

第二十九条 主管部门或者获得特许经营权的企业违反协议的,由过错方承担违约责任,给对方造成损失的,应当承担赔偿责任。

第三十条 主管部门及其工作人员有下列情形之一的,由对其授权的直辖市、市、县人民政府或者监察机关责令改正,对负主要责任的主管人员和其他直接责任人员依法给予行政处分;构成犯罪的,依法追究刑事责任:

(一)不依法履行监督职责或者监督不力,造成严重后果的;

(二)对不符合法定条件的竞标者授予特许经营权的;

(三)滥用职权、徇私舞弊的。

第三十一条 本办法自2004年5月1日起施行。

13.《基础设施和公用事业特许经营管理办法》

(2015年6月1日起施行,国家发展和改革委员会、财政部、住房和城乡建设部、交通运输部、水利部、中国人民银行令第25号)

第一章 总 则

第一条 为鼓励和引导社会资本参与基础设施和公用事业建设运营,提高公共服务质量和效率,保护特许经营者合法权益,保障社会公共利益和公共安全,促进经济社会持续健康发展,制定本办法。

第二条 中华人民共和国境内的能源、交通运输、水利、环境保护、市政工程等基础设施和公用事业领域的特许经营活动,适用本办法。

第三条 本办法所称基础设施和公用事业特许经营,是指政府采用竞争方式依法授权中华人民共和国境内外的法人或者其他组织,通过协议明确权利义务和风险分担,约定其在一定期限和范围内投资建设运营基础设施和公用事业并获得收益,提供公共产品或者公共服务。

第四条 基础设施和公用事业特许经营应当坚持公开、公平、公正,保护各方信赖利益,并遵循以下原则:

(一)发挥社会资本融资、专业、技术和管理优势,提高公共服务质量效率;

(二)转变政府职能,强化政府与社会资本协商合作;

(三)保护社会资本合法权益,保证特许经营持续性和稳定性;

(四)兼顾经营性和公益性平衡,维护公共利益。

第五条 基础设施和公用事业特许经营可以采取以下方式:

(一)在一定期限内,政府授予特许经营者投资新建或改扩建、运营基础设施和公用事业,期限届满移交政府;

(二)在一定期限内,政府授予特许经营者投资新建或改扩建、拥有并运营基础设施和公用事业,期限届满移交政府;

(三)特许经营者投资新建或改扩建基础设施和公用事业并移交政府后,由政府授予其在一定期限内运营;

(四)国家规定的其他方式。

第六条 基础设施和公用事业特许经营期限应当根据行业特点、所提供公共产品或服务需求、项目生命周期、投资回收期等综合因素确定,最长不超过30年。

对于投资规模大、回报周期长的基础设施和公用事业特许经营项目(以下简称特许经营项目)可以由政府或者其授权部门与特许经营者根据项目实际情况,约定超过前款规定的特许经营期限。

第七条 国务院发展改革、财政、国土、环保、住房城乡建设、交通运输、水利、能源、金融、安全监管等有关部门按照各自职责,负责相关领域基础设施和公用事业特许经营规章、政策制定和监督管理工作。

县级以上地方人民政府发展改革、财政、国土、环保、住房城乡建设、交通运输、水利、价格、能源、金融监管等有关部门根据职责分工,负责有关特许经营项目实施和监督管理工作。

第八条 县级以上地方人民政府应当建立各有关部门参加的基础设施和公用事业特许经营部门协调机制,负责统筹有关政策措施,并组织协调特许经营项目实施和监督管理工作。

第二章 特许经营协议订立

第九条 县级以上人民政府有关行业主管部门或政府授权部门(以下简称项目提出部门)可以根据经济社会发展需求,以及有关法人和其他组织提出的特许经营项目建议等,提出特许经营项目实施方案。

特许经营项目应当符合国民经济和社会发展总体规划、主体功能区规划、区域规划、环境保护规划和安全生产规划等专项规划、土地利用规划、城乡规划、中期财政规划等,并且建设运营标准和监管要求明确。

项目提出部门应当保证特许经营项目的完整性和连续性。

第十条 特许经营项目实施方案应当包括以下内容:

(一)项目名称;

(二)项目实施机构;

(三)项目建设规模、投资总额、实施进度,以及提供公共产品或公共服务的标准等基本经济技术指标;

(四)投资回报、价格及其测算;

(五)可行性分析,即降低全生命周期成本和提高公共服务质量效率的分析估算等;

(六)特许经营协议框架草案及特许经营期限;

(七)特许经营者应当具备的条件及选择方式;

(八)政府承诺和保障;

(九)特许经营期限届满后资产处置方式;

(十)应当明确的其他事项。

第十一条 项目提出部门可以委托具有相应能力和经验的第三方机构,开展特许经营可行性评估,完善特许经营项目实施方案。

需要政府提供可行性缺口补助或者开展物有所值评估的,由财政部门负责开展相关工作。具体办法由国务院财政部门另行制定。

第十二条 特许经营可行性评估应当主要包括以下内容:

(一)特许经营项目全生命周期成本、技术路线和工程方案的合理性,可能的融资方式、融资规模、资金成本,所提供公共服务的质量效率,建设运营标准和监管要求等;

(二)相关领域市场发育程度,市场主体建设运营能力状况和参与意愿;

(三)用户付费项目公众支付意愿和能力评估。

第十三条 项目提出部门依托本级人民政府根据本办法第八条规定建立的部门协调机制,会同发展改革、财政、城乡规划、国土、环保、水利等有关部门对特许经营项目实施方案进行审查。经审查认为实施方案可行的,各部门应当根据职责分别出具书面审查意见。

项目提出部门综合各部门书面审查意见,报本级人民政府或其授权部门审定特许经营项目实施方案。

第十四条 县级以上人民政府应当授权有关部门或单位作为实施机构负责特许经营项目有关实施工作,并明确具体授权范围。

第十五条 实施机构根据经审定的特许经营项目实施方案,应当通过招标、竞争性谈判等竞争方式选择特许经营者。

特许经营项目建设运营标准和监管要求明确、有关领域市场竞争比较充分的,应当通过招标方式选择特许经营者。

第十六条 实施机构应当在招标或谈判文件中载明是否要求成立特许经营项目公司。

第十七条 实施机构应当公平择优选择具有相应管理经验、专业能力、融资实力以及信用状况良好的法人或者其他组织作为特许经营者。鼓励金融机构与参与竞争的法人或其他组织共同制定投融资方案。

特许经营者选择应当符合内外资准入等有关法律、行政法规规定。

依法选定的特许经营者,应当向社会公示。

第十八条 实施机构应当与依法选定的特许经营者签订特许经营协议。

需要成立项目公司的,实施机构应当与依法选定的投资人签订初步协议,约定其在规定期限内注册成立项目公司,并与项目公司签订特许经营协议。

特许经营协议应当主要包括以下内容:

(一)项目名称、内容;

(二)特许经营方式、区域、范围和期限;

(三)项目公司的经营范围、注册资本、股东出资方式、出资比例、股权转让等;(四)所提供产品或者服务的数量、质量和标准;

(五)设施权属,以及相应的维护和更新改造;

(六)监测评估;

(七)投融资期限和方式;

(八)收益取得方式,价格和收费标准的确定方法以及调整程序;

(九)履约担保;

(十)特许经营期内的风险分担;

(十一)政府承诺和保障;

(十二)应急预案和临时接管预案;

(十三)特许经营期限届满后,项目及资产移交方式、程序和要求等;

(十四)变更、提前终止及补偿;

(十五)违约责任;

(十六)争议解决方式;

(十七)需要明确的其他事项。

第十九条 特许经营协议根据有关法律、行政法规和国家规定,可以约定特许经营者通过向用户收费等方式取得收益。

向用户收费不足以覆盖特许经营建设、运营成本及合理收益的,可由政府提供可行性缺口补助,包括政府授予特许经营项目相关的其它开发经营权益。

第二十条 特许经营协议应当明确价格或收费的确定和调整机制。特许经营项目价格或收费应当依据相关法律、行政法规规定和特许经营协议约定予以确定和调整。

第二十一条 政府可以在特许经营协议中就防止不必要的同类竞争性项目建设、必要合理的财政补贴、有关配套公共服务和基础设施的提供等内容作出承诺,但不得承诺固定投资回报和其他法律、行政法规禁止的事项。

第二十二条 特许经营者根据特许经营协议,需要依法办理规划选址、用地和项目核准或审批等手续的,有关部门在进行审核时,应当简化审核内容,优化办理流程,缩短办理时限,对于本部门根据本办法第十三条出具书面审查意见已经明确的事项,不再作重复审查。

实施机构应当协助特许经营者办理相关手续。

第二十三条 国家鼓励金融机构为特许经营项目提供财务顾问、融资顾问、银团贷款等金融服务。政策性、开发性金融机构可以给予特许经营项目差异化信贷支持,对符合条件的项目,贷款期限最长可达30年。探索利用特许经营项目预期收益质押贷款,支持利用相关收益作为还款来源。

第二十四条 国家鼓励通过设立产业基金等形式入股提供特许经营项目资本金。鼓励特许经营项目公司进行结构化融资,发行项目收益票据和资产支持票据等。

国家鼓励特许经营项目采用成立私募基金,引入战略投资者,发行企业债券、项目收益债券、公司债券、非金融企业债务融资工具等方式拓宽投融资渠道。

第二十五条 县级以上人民政府有关部门可以探索与金融机构设立基础设施和公用事业特许经营引导基金,并通过投资补助、财政补贴、贷款贴息等方式,支持有关特许经营项目建设运营。

第三章 特许经营协议履行

第二十六条 特许经营协议各方当事人应当遵循诚实信用原则,按照约定全面履行义务。

除法律、行政法规另有规定外,实施机构和特许经营者任何一方不履行特许经营协议约定义务或者履行义务不符合约定要求的,应当根据协议继续履行、采取补救措施或者赔偿损失。

第二十七条 依法保护特许经营者合法权益。任何单位或者个人不得违反法律、行政法规和本办法规定,干涉特许经营者合法经营活动。

第二十八条 特许经营者应当根据特许经营协议,执行有关特许经营项目投融资安排,确保相应资金或资金来源落实。

第二十九条 特许经营项目涉及新建或改扩建有关基础设施和公用事业的,应当符合城乡规划、土地管理、环境保护、质量管理、安全生产等有关法律、行政法规规定的建设条件和建设标准。

第三十条 特许经营者应当根据有关法律、行政法规、标准规范和特许经营协议,提供优质、持续、高效、安全的公共产品或者公共服务。

第三十一条 特许经营者应当按照技术规范,定期对特许经营项目设施进行检修和保养,保证设施运转正常及经营期限届满后资产按规定进行移交。

第三十二条 特许经营者对涉及国家安全的事项负有保密义务,并应当建立和落实相应保密管理制度。

实施机构、有关部门及其工作人员对在特许经营活动和监督管理工作中知悉的特许经营者商业秘密负有保密义务。

第三十三条 实施机构和特许经营者应当对特许经营项目建设、运营、维修、保养过程中有关资料,按照有关规定进行归档保存。

第三十四条 实施机构应当按照特许经营协议严格履行有关义务,为特许经营者建设运营特许经营项目提供便利和支持,提高公共服务水平。

行政区划调整,政府换届、部门调整和负责人变更,不得影响特许经营协议履行。

第三十五条 需要政府提供可行性缺口补助的特许经营项目,应当严格按照预算法规定,综合考虑政府财政承受能力和债务风险状况,合理确定财政付费总额和分年度数额,并与政府年度预算和中期财政规划相衔接,确保资金拨付需要。

第三十六条 因法律、行政法规修改,或者政策调整损害特许经营者预期利益,或者根据公共利益需要,要求特许经营者提供协议约定以外的产品或服务的,应当给予特许经营者相应补偿。

第四章 特许经营协议变更和终止

第三十七条 在特许经营协议有效期内,协议内容确需变更的,协议当事人应当在协商一致基础上签订补充协议。如协议可能对特许经营项目的存续债务产生重大影响的,应当事先征求债权人同意。特许经营项目涉及直接融资行为的,应当及时做好相关信息披露。

特许经营期限届满后确有必要延长的,按照有关规定经充分评估论证,协商一致并报批准后,可以延长。

第三十八条 在特许经营期限内,因特许经营协议一方严重违约或不可抗力等原因,导致特许经营者无法继续履行协议约定义务,或者出现特许经营协议约定的提前终止协议情形的,在与债权人协商一致后,可以提前终止协议。

特许经营协议提前终止的,政府应当收回特许经营项目,并根据实际情况和协议约定给予原特许经营者相应补偿。

第三十九条 特许经营期限届满终止或提前终止的,协议当事人应当按照特许经营协议约定,以及有关法律、行政法规和规定办理有关设施、资料、档案等的性能测试、评估、移交、接管、验收等手续。

第四十条 特许经营期限届满终止或者提前终止,对该基础设施和公用事业继续采用特许经营方式的,实施机构应当根据本办法规定重新选择特许经营者。

因特许经营期限届满重新选择特许经营者的,在同等条件下,原特许经营者优先获得特许经营。

新的特许经营者选定之前,实施机构和原特许经营者应当制定预案,保障公共产品或公共服务的持续稳定提供。

第五章 监督管理和公共利益保障

第四十一条 县级以上人民政府有关部门应当根据各自职责,对特许经营者执行法律、行政法规、行业标准、产品或服务技术规范,以及其他有关监管要求进行监督管理,并依法加强成本监督审查。

县级以上审计机关应当依法对特许经营活动进行审计。

第四十二条 县级以上人民政府及其有关部门应当根据法律、行政法规和国务院决定保留的行政审批项目对特许经营进行监督管理,不得以实施特许经营为名违法增设行政审批项目或审批环节。

第四十三条 实施机构应当根据特许经营协议,定期对特许经营项目建设运营情况进行监测分析,会同有关部门进行绩效评价,并建立根据绩效评价结果、按照特许经营协议约定对价格或财政补贴进行调整的机制,保障所提供公共产品或公共服务的质量和效率。

实施机构应当将社会公众意见作为监测分析和绩效评价的重要内容。

第四十四条 社会公众有权对特许经营活动进行监督,向有关监管部门投诉,或者向实施机构和特许经营者提出意见建议。

第四十五条 县级以上人民政府应当将特许经营有关政策措施、特许经营部门协调机制组成以及职责等信息向社会公开。

实施机构和特许经营者应当将特许经营项目实施方案、特许经营者选择、特许经营协议及其变更或终止、项目建设运营、所提供公共服务标准、监测分析和绩效评价、经过审计的上年度财务报表等有关信息按规定向社会公开。

特许经营者应当公开有关会计数据、财务核算和其他有关财务指标,并依法接受年度财务审计。

第四十六条 特许经营者应当对特许经营协议约定服务区域内所有用户普遍地、无歧视地提供公共产品或公共服务,不得对新增用户实行差别待遇。

第四十七条 实施机构和特许经营者应当制定突发事件应急预案,按规定报有关部门。突发事件发生后,及时启动应急预案,保障公共产品或公共服务的正常提供。

第四十八条 特许经营者因不可抗力等原因确实无法继续履行特许经营协议的,实施机构应当采取措施,保证持续稳定提供公共产品或公共服务。

第六章 争议解决

第四十九条 实施机构和特许经营者就特许经营协议履行发生争议的,应当协商解决。协商达成一致的,应当签订补充协议并遵照执行。

第五十条 实施机构和特许经营者就特许经营协议中的专业技术问题发生争议的,可以共同聘请专家或第三方机构进行调解。调解达成一致的,应当签订补充协议并遵照执行。

第五十一条 特许经营者认为行政机关作出的具体行政行为侵犯其合法权益的,有陈述、申辩的权利,并可以依法提起行政复议或者行政诉讼。

第五十二条 特许经营协议存续期间发生争议,当事各方在争议解决过程中,应当继续履行特许经营协议义务,保证公共产品或公共服务的持续性和稳定性。

第七章 法律责任

第五十三条 特许经营者违反法律、行政法规和国家强制性标准,严重危害公共利益,或者造成重大质量、安全事故或者突发环境事件的,有关部门应当责令限期改正并依法予以行政处罚;拒不改正、情节严重的,可以终止特许经营协议;构成犯罪的,依法追究刑事责任。

第五十四条 以欺骗、贿赂等不正当手段取得特许经营项目的,应当依法收回特许经营项目,向社会公开。

第五十五条 实施机构、有关行政主管部门及其工作人员不履行法定职责、干预特许经营者正常经营活动、徇私舞弊、滥用职权、玩忽职守的,依法给予行政处分;构成犯罪的,依法追究刑事责任。

第五十六条 县级以上人民政府有关部门应当对特许经营者及其从业人员的不良行为建立信用记录,纳入全国统一的信用信息共享交换平台。对严重违法失信行为依法予以曝光,并会同有关部门实施联合惩戒。

第八章 附则

第五十七条 基础设施和公用事业特许经营涉及国家安全审查的,按照国家有关规定执行。

第五十八条 法律、行政法规对基础设施和公用事业特许经营另有规定的,从其规定。

本办法实施之前依法已经订立特许经营协议的,按照协议约定执行。

第五十九条 本办法由国务院发展改革部门会同有关部门负责解释。

第六十条 本办法自 2015 年 6 月 1 日起施行。

14.《基础设施和公用事业特许经营法》

（征求意见稿）

第一章 总 则

第一条 【立法目的】为鼓励和引导社会资本进入基础设施和公用事业领域,提高公共服务质量,稳定经济增长、持续改善民生,制定本法。

第二条 【适用范围】中华人民共和国境内的基础设施和公用事业的特许经营,适用本法。本法未规定的,适用其他有关法律规定。

第三条 【特许经营定义】本法所称基础设施和公用事业特许经营,是指各级人民政府依法选择中华人民共和国境内外的企业法人或者其他组织,并签订协议,授权企业法人或者其他组织在一定期限和范围内建设经营或者经营特定基础设施和公用事业,提供公共产品或者公共服务的活动。

第四条 【基础设施和公用事业的范围】下列基础设施和公用事业项目可以实施特许经营:

（一）煤炭、石油、天然气、电力、新能源等能源项目;

（二）铁路、公路、水运、港口码头、民用机场、通用航空设施、城市轨道交通等交通运输项目;

（三）电信枢纽、通信、信息网络、信息系统等项目;

（四）农田水利、跨流域调水、水资源综合利用、水土保持等水利项目;

（五）生态环境治理与修复、自然灾害防治、土地整治、矿山地质环境恢复治理等生态环境保护项目;

（六）供水、供气、供热、污水和垃圾处理、公共交通、停车场（楼）、电动汽车充电设施、城市园林绿化等市政公用事业项目以及工业园区内公用设施项目;

（七）廉租住房、公共租赁住房、经济适用住房等政策性住房项目;

（八）科技、教育、文化、旅游、卫生、体育、社会福利等社会事业项目;

（九）省级以上人民政府确定的其他基础设施和公用事业项目。

实施特许经营的项目,必须符合降低成本、提高效率、改善公共服务的要求。对于项目特性和预期服务质量具有不确定性、难以明确项目要求,或者难以明确划分风险的项目,不实施特许经营。

第五条 【特许经营方式】特许经营可以采取下列方式:

（一）在一定期限内,政府授权特许经营者投资、建设、运营基础设施和公用事业,包括现有基础设施和公用事业的改建、扩建,期限届满移交政府;

(二)在一定期限内,政府授权特许经营者运营已建成的基础设施和公用事业,期限届满移交政府;

(三)在一定期限内,政府授权特许经营者提供公共服务;

(四)国家规定的其他方式。

第六条 【基本原则】基础设施和公用事业特许经营项目应当符合国民经济和社会发展规划、城乡规划和土地利用总体规划。

实施基础设施和公用事业特许经营,应当平等保护参与各方合法权益,遵循物有所值、公开、公平、公正和诚实信用原则。

第七条 【职责分工】省级以上人民政府发展改革部门负责指导和协调本行政区域内基础设施和公用事业特许经营工作,会同有关部门制定基础设施和公用事业特许经营的重要制度、重大规划。

县级以上地方人民政府有关部门依据本级人民政府的授权作为实施机关,负责本部门职责范围内基础设施和公用事业特许经营项目的具体实施工作。基础设施和公用事业特许经营实施工作,由实施机关的上级人民政府有关部门负责监督检查。

第二章 特许经营权的授予

第八条 【特许经营项目的提出】基础设施和公用事业特许经营实施机关可以根据发展规划、经济和社会发展要求提出基础设施和公用事业特许经营项目建议;中华人民共和国境内外的企业法人或其他组织可以根据地区发展规划,以书面形式向基础设施和公用事业特许经营实施机关提出基础设施和公用事业特许经营项目立项申请。

国务院发展改革部门应当会同有关部门,制定特许经营项目提出、评估和实施的具体办法。

第九条 【实施方案】实施机关提出基础设施和公用事业特许经营项目建议的,应当编制实施方案。企业或其他组织向实施机关提出基础设施和公用事业特许经营项目立项申请的,应当一并报送实施方案。

实施方案应当达到可研报告深度,并包括下列内容:

(一)项目名称和基本情况;

(二)项目的实施主体;

(三)项目的基本经济技术指标;

(四)特许经营者应当具备的条件;

(五)特许经营权协议主要条款及特许经营期限;

(六)投资总额、投资回报、收费项目的价格形成机制,面向公众收费且实行市场调节价的项目,还应包括价格测算方法。

实施机关提出项目建议的,其实施方案还应包括规划、环境保护和土地行政管理部门的意见,特许经营者的选择方式,特许经营相关政府保障措施及其他政府承诺。企业法人或其他组织提出立项申请的,实施机关应当对其提交的实施方案补充前款内容后再报请有关部门论证审批,并将论证审批结果及时告知申请人。

第十条 【论证及审批】实施机关应当将上述项目建议、立项申请、实施方案报本级人民政府发展改革部门,本级人民政府发展改革部门会同有关部门,以是否有利于降低成本、提高效率、改善公共服务质量为基本衡量标准进行评估论证,并将实施方案及论证结果报同级人民政府批准。重大基础设施和公用事业特许经营项目的评估论证，应当充分听取社会公众意见，并组织专家论证。

外商投资项目的审查批准按照有关规定执行。

第十一条【特许经营者的选择】实施方案批准后，实施机关应当通过招标等市场竞争方式依法选择特许经营者，并签订书面特许经营协议。招标文件和特许经营协议应当符合经批准的实施方案。特许经营者选择的具体办法由国务院发展改革部门会同有关部门制定。特许经营者将权利和义务转移至项目公司的，应当事先征得实施机关的同意，并签订书面协议。为保证行业规模效益和公众利益，供水、供气等具有自然垄断性质的项目，应当合理控制同一行政区域内特许经营者的数量。

第十二条【协作机制】政府有关部门应当建立协作机制，为特许经营者办理城乡规划、土地、环保、节能等手续提供方便。对于实施方案阶段有关部门已经审批的内容，不得在特许经营协议签订后重复审查。

第三章　特许经营协议

第十三条【特许经营协议内容】特许经营协议应当包括下列内容：

（一）项目名称、内容；

（二）特许经营方式、区域、范围、期限；

（三）是否成立项目公司以及项目公司的经营范围、认缴资本、股东出资方式、出资比例、股权转让等；

（四）产品或者服务的数量、质量和标准；

（五）设施维护和更新改造；

（六）绩效监测；

（七）投融资期限和方式；

（八）投资回报方式以及确定、调整机制；

（九）特许经营者的权利和义务；

（十）履约担保；

（十一）特许经营期内的风险分担；

（十二）政府承诺和保障；

（十三）应急预案；

（十四）特许经营期满后，项目移交的方式、程序；

（十五）变更、提前终止及补偿；

（十六）违约责任；

（十七）争议解决方式；

（十八）需要约定的其他事项。

第十四条【投资回报】特许经营协议可以约定特许经营者通过下列一种或几种方式取得合理回报：

（一）对提供特许经营的产品或者服务收费；

（二）政府授予与特许经营项目相关的其他开发经营权益；

（三）政府给予相应补贴或政府采购服务；

(四)县级以上人民政府同意的其他方式。

第十五条 【特许经营期限】特许经营期限应当根据行业特点、经营规模、经营方式等因素确定,一般不超过30年。

第十六条 【价格的确定和调整一】通过销售服务向用户收费取得收入的特许经营项目,属于实行市场调节价项目的,应当允许价格根据市场情况适当浮动;属于政府定价项目的,应按相关规定进行成本监审并确定价格。

第十七条 【价格的确定和调整二】特许经营项目按协议约定由政府指定单位支付费用、需纳入政府定价项目进行成本核算的,由实施机关提出支付费用的测算依据,纳入实施方案一并审定。

特许经营期间,价格主管部门可以依据相关法律法规的规定调整价格。

第十八条 【政府承诺】特许经营协议约定的政府承诺可以涉及与特许经营项目有关的土地使用、相关基础设施和公用事业的提供、防止不必要的竞争性项目建设、必要合理的补贴、产品或者服务的政府采购等,但不得承诺投资回报以及法律法规禁止的其他事项。

第十九条 【应急预案】实施机关与特许经营者应当制定应急预案,在突发自然灾害、战争灾害、事故灾害以及公共卫生、社会治安等公共事件时,最大限度地保证公共产品和公共服务的正常提供。

第二十条 【政策调整】因法律、法规、规章或政府有关规划、服务标准和政策调整等,导致特许经营协议无法继续履行的,实施机关和特许经营者可在协商一致的基础上变更特许经营协议。协商不成的,经报本级人民政府批准,实施机关可提前收回特许经营权。

第二十一条 【特许经营协议变更】特许经营期限内,确需变更特许经营协议的,协议双方应在协商一致的基础上签订补充协议。涉及重大变更的,实施机关应当在补充协议签订前报原实施方案审查部门同意。

第二十二条 【特许经营权提前终止】特许经营者在特许经营期限内不得单方提出解除特许经营协议。确有特殊原因需要解除协议的,特许经营者应当提前提出申请,实施机关应当在收到申请的3个月内作出是否同意的答复。在实施机关同意解除协议前,特许经营者必须按协议履行相关职责。

第四章 特许经营者权利和义务

第二十三条 【特许经营权不受违法剥夺】特许经营者根据特许经营协议享有特许经营权。任何单位或者个人不得违反法律规定收回或者限制特许经营者的特许经营权。

第二十四条 【获得赔偿权】实施机关违法行为导致特许经营者权益受到损害的,应当依法予以赔偿。

第二十五条 【特许经营权优先获得】特许经营期满,有关基础设施和公用事业继续实施特许经营的,原特许经营者在同等条件下优先获得特许经营权。

第二十六条 【基本义务】特许经营者应当按照特许经营协议提供安全、合格的产品和优质、持续、高效的服务。

第二十七条 【普遍服务义务】特许经营者应当按照特许经营协议约定的服务区域以及政府规划向消费者普遍地、无歧视地提供公共产品或者公共服务。

第二十八条 【设施更新、改造及维护义务】特许经营者应当对特许经营项目设施定期检修保养，保证设施良好运转，按照协议或者政府规划对设施进行更新改造或者对升级改造予以配合，并将设施运行情况报告实施机关。

第二十九条 【信息报送及信息公开义务】特许经营者应当将中长期发展规划、年度经营计划、年度经营报告、年度财务报告以及其他重大事项及时、完整地报送实施机关备案，并将相关信息按规定及时向社会公开。

第三十条 【资料保存】特许经营者应当对特许经营项目建设、运营、维修、保养过程中有关资料进行收集、归类、整理和归档。

特许经营期满或其他原因终止特许经营权的，原特许经营者应当在实施机关规定的时间内，按照特许经营协议的约定，将维持特许经营业务正常运作所必需的资料和档案移交实施机关，并妥善安置人员。

第三十一条 【权利限制】未经实施机关同意，特许经营者不得转让、出租、质押、抵押或者以其他方式擅自处分特许经营权、与特许经营活动相关的资产、设施和企业股权，不得将特许经营项目的设施及相关土地用于特许经营项目之外的用途。

第五章 实施机关的权利和义务

第三十二条 【监督权】实施机关依照法律法规及协议对特许经营者履行特许经营协议的行为进行监督，有权要求特许经营者纠正不符合特许经营协议的行为。

第三十三条 【验收权】特许经营的基础设施和公用事业项目建设完成后和期满移交前，实施机关有权对项目进行验收，对不符合要求的有权要求返工或者重做。

第三十四条 【提前收回权】确因公共利益需要，导致特许经营协议无法继续履行的，经省级人民政府批准，实施机关可以提前收回特许经营权，但是应当按照特许经营协议的约定给予合理补偿。

特许经营协议对补偿没有约定的，可在协议双方协商一致的基础上，由实施机关拟定补偿方案，并报省级人民政府批准。协商不成的，实施机关可依法提前收回特许经营权，但应对特许经营者给予合理补偿。

提前收回特许经营权的，实施机关应当于收回特许经营权之日前6个月，将收回理由、收回日期等通知特许经营者，并在媒体进行公告。特许经营企业可以在收到有关书面通知后30个工作日内提出书面申辩或要求举行听证会。

第三十五条 【基本义务】实施机关应当按照特许经营协议的约定履行相关承诺。

第三十六条 【保密义务】实施机关和其他行政机关及其工作人员对在实施特许经营活动和监督管理工作中知悉的特许经营者商业秘密负有保密义务。

第六章 监督管理

第三十七条 【行政管理部门职责】有关行政管理部门依照本法规定，在各自职责范围内，加强对特许经营项目的监督检查，依法履行下列职责：

（一）制定有关规划和管理办法；

（二）制定产品服务质量评价标准；

（三）核算和监控特许经营成本；

（四）监督特许经营者履行法定义务与特许经营协议规定的义务；
（五）监督检查特许经营者提供的产品和服务质量；
（六）受理企事业单位及社会公众对特许经营者的投诉；
（七）对特许经营者违法行为依法进行查处；
（八）审查特许经营者的年度报告；
（九）在危及或可能危及公共利益、公共安全等紧急情况时，临时接管特许经营项目；
（十）法律、法规规定的其他职责。

第三十八条　【评估制度】实施机关应当及时监测、分析特许经营项目实施情况，并定期会同有关部门组织专业机构对项目实施情况进行综合评估。评估一般每3至5年进行一次，特殊情况下可以实施年度评估。评估的内容应涉及产品和服务质量达标情况、设备设施和相关资产的完好率等。

第三十九条　【公众知情权】特许经营者应当将特许经营项目的质量、技术标准、成本、价格以及其他关系公共利益、公共安全的信息及时向社会公告。

第四十条　【社会监督】任何单位和个人依法对基础设施和公用事业特许经营活动进行监督，有权向有关行政管理部门进行投诉和举报，参与有关听证会，并向实施机关提出有关建议。

第七章　法律责任

第四十一条　【临时接管】特许经营者在特许经营期间有下列情形之一的，由实施机关责令限期改正；拒不改正的，实施机关经报省级人民政府批准，可以收回特许经营权、终止特许经营协议，并实施临时接管，特许经营者应同时承担相应的赔偿责任：
（一）违反本法、国家有关规定或者特许经营协议的约定，情节严重的；
（二）不履行检修保养和更新改造义务，危害公共利益和公共安全的；
（三）未经实施机关同意，擅自转让、出租、质押、抵押或者以其他方式擅自处分特许经营权、与特许经营活动相关资产设施或企业股权的；
（四）擅自停业、歇业的；
（五）达不到公共产品、服务的标准和要求的；
（六）法律、法规规定或者特许经营协议约定的其他情形。

第四十二条　【从业禁止】以欺骗、贿赂等不正当手段获得特许经营权的，实施机关应当撤销特许经营权，终止特许经营协议，通过媒体等形式向社会公开披露，并纳入社会信用体系。

被撤销特许经营权的企业法人或者其他组织，三年内不得参与特许经营项目的竞争。

第四十三条　【实施机关的法律责任】实施机关违反本办法规定，不履行法定职责、干预特许经营者正常经营活动、徇私舞弊、滥用职权的，由监察机关责令改正，并依法追究。负有直接责任的主管人员和其他直接责任人员的行政责任；构成犯罪的，依法追究刑事责任。

第八章　附　则

第四十四条　【法律救济】特许经营者与实施机关就特许经营协议发生争议并难以协商达成一致的，可以依法提起民事诉讼或仲裁。

特许经营者对行政管理部门就特许经营活动作出的具体行政行为不服的,可以依法提起行政复议或行政诉讼。

第四十五条 【实施办法】国务院发展改革部门会同有关部门,制定特许经营的指南、协议标准文本等配套制度。

第四十六条 【施行日期】本法自　年　月　日起施行。

15.《政府和社会资本合作法》

（征求意见稿）

第一章　总　则

第一条 【立法目的】为了规范政府和社会资本合作,创新公共产品和服务供给模式,鼓励和引导社会资本参与公共产品和服务的提供,提高公共产品和服务的质量和效率,制定本法。

第二条 【适用范围】中华人民共和国境内的政府和社会资本合作,适用本法。

第三条 【定义】本法所称政府和社会资本合作,是指政府和社会资本以合作协议的方式提供公共产品和服务的行为。

第四条 【合作原则】政府和社会资本合作应当遵循诚实守信、平等协商、风险分担、互利共赢、公平竞争的原则,合作各方的合法权益受平等保护。

第五条 【权益风险配置】政府和社会资本合作应当由市场在资源配置中起决定性作用；更好发挥政府作用,优化权益风险配置。

第六条 【管理体制】国务院财政部门负责指导协调、监督管理全国政府和社会资本合作工作,并会同有关部门制定政府和社会资本合作综合性政策措施。国务院发展改革、国土资源、住房城乡建设、交通运输等有关主管部门按照各自职责负责有关政府和社会资本合作政策的制定和监督管理工作。

县级以上人民政府财政部门负责指导协调、监督管理本级行政区域内的政府和社会资本合作工作。县级以上人民政府发展改革、国土资源、住房城乡建设、交通运输等有关主管部门在各自职责范围内负责政府和社会资本合作项目实施和监督管理工作。

第七条 【监管原则】政府和社会资本的督管理部门应当依据负面清单管理原则依法确定各自监管范围、监管方式、监管标准和监管流程。

第八条 【财政资金管理】政府和社会资本合作所需财政资金应当结合中长期财政规划统筹考虑,纳入同级政府预算管理,确保支出透明、规范、有效。

第二章　政府和社会资本合作项目的产生

第九条 【项目特征】政府和社会资本合作项目(以下简称合作项目)应当具有如下基本特征:

(一)具有公共性、公益性;

（二）风险可分担；

（三）满足物有所值评价；

（四）法律法规规定的其他要求。

前款所称物有所值评价，是指与政府提供公共产品和服务的传统模式相比，社会资本参与能有效降低项目全生命周期成本、提高公共产品和服务质量效率。

第十条 【项目类型】合作项目包括基础设施类项目和公共服务类项目。

基础设施类项目包括公路、铁路、港口、机场、城市轨道交通、供水、供暖、燃气和污水垃圾处理等项目；公共服务类项目包括环境保护、大气污染治理、教育培训、公共医疗卫生、养老服务、住房保障、行政事业单位房产运行维护等项目。

第十一条 【指导目录】省级人民政府财政部门会同本级发展改革部门和有关行业主管部门制定政府和社会资本合作指导目录，报本级人民政府批准后发布。

政府和社会资本合作指导目录制定过程中，应当向社会公开征求意见。

第十二条 【项目评价和论证】纳入政府和社会资本合作指导目录的项目应当通过物有所值评价和财政承受能力论证。

第十三条 【实施方案的提出】县级以上人民政府有关行业主管部门应当依据本地区发展规划、经济社会发展需求，根据政府和社会资本合作指导目录，提出政府和社会资本合作实施方案。

第十四条 【实施方案的内容】实施方案应当包括以下内容：

（一）合作项目名称和实施单位；

（二）合作项目的基本情况和经济技术指标；

（三）社会资本应当具备的条件及选择方式；

（四）合作项目运作方式及期限；

（五）合作项目投资总额、预期收益、支付方式、价格及其测算；

（六）合作项目融资方案；

（七）合作项目风险分配方案；

（八）需要政府提供的支持措施；

（九）合作项目满足物有所值评价的基本情况；

（十）其他事项。

第十五条 【社会资本自提】社会资本可以根据政府和社会资本合作指导目录，向有关行业主管部出政府和社会资本合作实施方案建议。实施方案建议应当包括本法第四条规定的除实施单位、社会资本应当具备的条件及选择方式以外的其他内容以及自身优势条件。行业主管部门负责评估审查实施方案建议，提出评审意见。

第十六条 【联合评审】县级以上人民政府财政部门会同其他有关部门，对政府和社会资本合作实施方案进行联合评审，报请同级人民政府批准。

参加联合评审的部门对实施方案存在较大争议的，由县级以上人民政府财政部门委托专门机构进行第三方评估后报请同级人民政府决定。

第十七条 【实施单位确定】县级以上人民政府有关部门依据其职责范围作为实施单位，负责有关合作项目实施方案的具体实施工作。

第十八条 【社会资本的选择】实施单位应当根据经批准的实施方案，按照政府采购有关法律制度规定程序选择社会资本,并进行公示。

社会资本选择的具体办法由国务院财政部门会同有关部门制定。

第十九条 【社会资本自提补偿】被采纳的政府和社会资本合作实施方案建议的提出者,未被依法选择为社会资本的,有权获得制作实施方案建议的成本补偿。

补偿标准和办法由国务院财政部门会同有关部门制定。

第二十条 【金融机构参与】有关金融机构可以在社会资本选择阶段参与制定市场化融资方案。

第二十一条 【合作协议】实施单位应当根据经批准的实施方案与选定的社会资本签订政府和社会合作协议(以下简称合作协议)。

需要为合作项目设立专门项目公司的,项目公司成立后,由项目公司与实施单位签署关于承继合作协议的补充协议。

第二十二条 【项目审批】实施单位和社会资本根据合作协议和经批准的实施方案,依法办理合作项目设计、规划、用地、建设、收费等审批手续时,有关部门应当简化办理手续,优化办理流程,对于本部门根据本法第十六条提出的意见已经明确的内容不再作实质性审查。

第二十三条 【项目公司成立】根据合作协议需要成立项目公司的,社会资本应当按照约定依法成立项目公司。本级人民政府出资企业可以依法参股项目公司,参股比例由项目实施单位与社会资本双方协商确定。

第三章 政府和社会资本合作协议

第二十四条 【协议内容】合作协议应当包括以下内容:

(一)合作项目名称、内容、运作方式及期限;

(二)项目公司经营范围、注册资本等;

(三)合作项目的融资;

(四)合作项目设计、建设、运营、维护的标准和监督管理;

(五)收益取得方式;

(六)价费及其调整机制;

(七)履约担保、权益配置和风险分担;

(八)合作各方的权利和义务;

(九)政府方的监督和介入;

(十)合作项目资产所有权归属及移转;

(十一)合作协议变更、提前终止及补偿;

(十二)合作期满移交;

(十三)违约责任与争议解决;

(十四)其他应当约定的事项。

有关行业主管部门会同财政部门制定合作协议指南或示范文本。

第二十五条 【收益取得】合作协议可以约定社会资本通过下列方式取得合理收益:

(一)政府付费;

(二)向使用公共产品或服务的用户收费;

(三)可行性缺口补助,包括与合作项目相关的其他配套开发经营权益;

（四）经县级以上人民政府依法批准的其他方式。

第二十六条 【合作期限】政府和社会资本合作期限应当根据行业特点、所提供公共产品、服务需求、项目生命周期、投资回收期等综合因素确定，一般不少于25年。

第二十七条 【价格确定和调整】合作协议应当约定合作项目定价的依据、标准，调价的条件、方法和程序等内容。实施单位应当定期对合作项目建设运营情况进行检查监督，并对运营成本和收益进行监测。

合作项目连续3年收入过高或过低，幅度超过合作协议约定的，应当按照合作协议调整政府付费标准，或公共产品和服务的价格。

第二十八条 【政府承诺】政府可结合项目物有所值评价和财政承受能力论证情况，为保证社会资本取得合理收益，在合作协议中承诺有关土地使用、防止不必要的同类竞争性项目建设、必要合理的费用支出、有关配套公共服务和基础设施的提供等内容，涉及资金支出的纳入政府预算进行管理。

需要政府付费或提供可行性缺口补助的市政基础设施项目和公共服务项目，县级以上人民政府可以将项目所需用地采取划拨或者作价入股方式提供。但用于与合作项目相关的配套开发用地除外。

第二十九条 【风险分担】合作协议中应当合理分配合作项目风险，原则上合作项目设计、建设、财务和运营维护等商业风险由社会资本承担，法律、政策、最低需求等风险由政府承担，不可抗力等风险由政府和社会资本合理共担。

第三十条 【融资担保】社会资本或项目公司有权处分的下列财产和权利可以抵押、质押：

（一）项目公司的财产，包括动产和不动产；
（二）项目公司的土地使用权；
（三）项目公司的股权；
（四）合作项目的收益权；
（五）法律法规规定的可以抵押、质押的其他财产和权利。

第三十一条 【融资方式】社会资本或项目公司可通过以本法第三十条规定的财产和权利抵押、质押贷款、资产证券化等方式融资，具体办法由国务院银行、证券、保险行业监管机构制定。

第三十二条 【协议的变更】合作期限内，确需变更合作协议的，合作各方应当在协商一致的基础上签订补充协议。合作协议内容发生实质性变化的，应当报原批准机关批准。

第三十三条 【不得解除协议】除法律法规另有规定或合作协议另有约定外，合作各方在合作期限内不得单方解除合作协议。

第四章 政府和社会资本合作项目的实施

第三十四条 【全面履约】合作协议各方应当遵循诚实信用原则，按照合作协议的约定全面履行义务。除法律法规另有规定外，实施单位和社会资本任何一方不履行合作协议约定义务或者履行义务不符合约定要求的，应当承担继续履行、采取救措施或者赔偿损失等违约责任。

政府换届、负责人变更、实施单位职能调整、合并分立或撤销不得影响合作协议履行。

第三十五条 【社会资本权利限制】未经依法批准或者合作协议约定，社会资本或项目公司不得擅自转让股权和核心资产，不得将合作项目的设施、土地和项目收益权等相关权益用于合作项目之外的用途，不得以上述资产和权利为他人提供担保。

第三十六条 【社会资本普遍服务义务】社会资本应当根据有关法律法规、标准规范和合作协议，提供普遍、优质、持续、无差别的公共产品或者服务。

第三十七条 【项目建设验收】合作项目建设完成后，实施单位应当依法验收。逾期未完成或不符合合作协议约定的验收标准的，实施单位有权要求社会资本或项目公司在限期内完工、采取补救措施或者赔偿损失。

第三十八条 【临时接管】社会资本或项目公司违反合作协议的约定，影响公共产品和服务持续稳定安全供给，或危及国家安全和重大公共利益的，县级以上地方人民政府有权临时接管合作项目，直至启动合作项目提前终止程序。

县级以上人民政府可指定合格机构实施临时接管。临时接管项目所产生的一切费用，根据合作协议约定，由违约方单独承担或由各责任方分担。社会资本或项目公司承担的临时接管费用，可以从其获得的终止补偿中扣减。

临时接管期限内项目公司恢复正常经营能力的，接管程序终止。临时接管期限届满后项目公司解散、合并或者依法破产的，终止接管转入重组或破产清算程序。

第三十九条 【项目重启或政府回收】合作协议提前终止后，实施单位根据项目进展情况，按照本法第十八条的规定重新选择社会资本。

在一定期限内能重新选择社会资本，影响公共产品或服务提供的，县级以上人民政府应当予以回购。

第四十条 【项目移交】合作期限结束或者合作协议提前终止后，社会资本或项目公司应当将项目资产、技术、人员、资料和相关权益，以合作协议约定的条件和程序移交给当地县级以上人民政府。有关行业主管部门应当对移交资产进行性能测试，确认项目资产功能的完整性以及知识产权和技术法律文件的有效性。社会资本或项目公司应当配合做好项目公司应当配合运营平稳过渡相关工作。

第四十一条 【资料保存】社会资本或项目公司应当对合作项目设计、建设、运营、维修、保养过程中有关资料进行归档保存。

社会资本或项目公司应当按规定的时间将中长期发展规划、年度经营计划、年度报告、董事会决议等报实施单位备案。

第四十二条 【赔偿补偿】政府依法征收、征用合作的项目的财产、指令社会资本或项目公司提供合作协议约定外的公共产品或服务的，或者因法律法规或政策调整损害社会资本预期收益的，政府应当依法予以相应补偿或支付相应费用。

第五章　监督管理与争议解决

第四十三条 【行业监管】县级以上人民政府有关行业主管部门应当根据职责分工制定相关领域合作项目进行监管要求和标准。

第四十四条 【监管职责】合作期限内，县级以上人民政府有关部门应当按照各自职责对合作项目进行监督管理。

第四十五条 【绩效评价】县级以上人民政府有关行业主管部门会同财政部门对合作项

目进行绩效评价。合作项目的绩效评价可以委托第三方机构进行。

县级以上人民政府财政部门根据绩效评价结果，依据合同约定对政府付费、可行性缺口补助进行调整。

第四十六条 【信息公开】实施单位、社会资本或项目公司应当依法公开披露项目相关信息保障公众知情权，接受社会监督。

社会资本或项目公司应当披露合作项目产出的数量和质量、经营状况等信息。实施单位应当公开不涉及国家秘密、商业秘密的合作项目合同条款、绩效监测报告、中期评估报告和项目重大变更或终止情况等。

第四十七条 【应急预案】实施单位、社会资本或项目公司应当制定突发事件应急预案，并在突发事件发生后，及时启动应急预案，保障公共产品或者服务的正常提供。

第四十八条 【投诉处理机制】合作项目利害关系人、服务对象或社会公众认为社会资本或项目公司违反法律法规规定，或者未按照约定提供公共产品或服务的。可以向实施单位或有关监管部门投诉，实施单位或有关监管部门应当依法处理。

第四十九条 【争议解决】开展政府和社会资本合作，社会资本与实施单位就合作协议发生争议并难以协商达成一致的，可以依法提起民事诉讼或仲裁。

第六章　法律责任

第五十条 【社会资本的法律责任】社会资本或项目公司在合作期间违反法律法规的规定，县级以上人民政府行业主管部门应当责令限期改正；拒不改正，严重危事公共安全和公共利益的，社会资本或项目公司应当依法承担赔偿责任。

第五十一条 【违反政府采购的法律责任】在选择社会资本合作者的过程中违反政府采购法规有关规定的，依法追究有关单位和人员的责任。

第五十二条 【实施单位法律责任】实施单位存在下列行为之一的由本级人民政府或者上级人民政府主管部门或者监察机关责令改正，并对负有直接责任的主管人员和其他直接责任人员依法给予处分，构成犯罪，依法追究刑事责任：

（一）违反本法规定，未按实施方案和合作协议实施合作项目，情节严重的；

（二）未按合作协议履行义务的；

（三）滥用职权影响合作协议的正常履行的。

因实施单位及其主管人员和其他直接责任人员的过错造成社会资本损失的，应当依法予以赔偿。

第五十三条 【行政部门法律责任】政府和社会资本合作监督管理部门的工作人员在实施监督检查中违反本法规定滥用职权，玩忽职守，徇私舞弊的，依法给予行政处分；构成犯罪的，依法追究刑事责任。

第七章　附　则

第五十四条 【已开展项目转化为政府和社会资本合作】本法实施前，政府参与的基础设施与公共服务项目需要采用政府和社会资本合作的方式的，应当依照本法规定的程序进行。

第五十五条 【国际条约协议的协调】使用国际组织和外国政府贷款开展的政府和社会

资本合作项目,贷款方、资金提供方与中方达成的合作内容另有规定的,可以适用其规定,但不得损害国家利益和社会公共利益。

第五十六条 【国防项目例外】国防领域的政府和社会资本合作项目的有关规定不适用本法。

第五十七条 【安全审查】政府和社会资本合作项目涉及国家安全审查的,按照国家有关规定执行。

第五十八条 【实施办法】本法实施的具体步骤和办法由国务院规定。

第五十九条 【施行日期】本法自　年　月　日起施行。

第二章

PPP 特别法律法规与规范文件

第一节 招标采购

汇编导语

PPP项目招标采购能否规范成功,对PPP项目的成败至关重要。财政部文件把PPP项目社会资本方的选定方式确定为政府采购,明确了公开招标、邀请招标、竞争性谈判等采购方式,根据《政府采购法》第26条的规定,又确定了竞争性磋商的采购方式。不同政府采购方式的适用条件、操作流程及法律责任并不相同,违反法律规定的招标采购活动有可能被依法确认为无效。

竞争性磋商方式采购中允许采购人和响应的社会资本方多轮谈判磋商,除明确规定不可磋商条款外,双方可以通过磋商实质性变更交易条件,但应当将变更内容通知所有投标人,即视为重新发出磋商邀请。一旦发出中标通知书\成交确认书,双方合同主要内容即告确认,双方只能就非实质性条款进行协商谈判,主要交易条件非经法定程序不得变更。

《招标投标法实施条例》规定了投资建设一体化即所谓的"两招并一招"制度。但是通过竞争性谈判、竞争性磋商、单一来源采购非招标方式选定的特许经营的社会资本方,或虽经招标方式但非特许经营项目的社会资本方,具备项目的建设、生产或服务提供能力的,项目涉及的建设、运营或服务采购是否不需要进行二次招标,现行法律并没有明确规定,需要立法或司法解释的方式给以明确。

全口径预算,全过程监管,是本届政府提出的规范政府预算的要求。《预算法》规定,采用政府付费回报机制的PPP项目,政府付费方案应当纳入当地政府的财政预算,报经同级人大批准。社会资本方事先和政府方接触,签订《投资意向书》《合作协议》或者提交《项目建议书》,这些活动的合法性和规范性,需要法律和咨询专业人员给出明确的咨询和指导意见。

16.《中华人民共和国预算法》

(1995年1月1日起施行,2014年8月31日修正)

第一章 总 则

第一条 为了规范政府收支行为,强化预算约束,加强对预算的管理和监督,建立健全全面规范、公开透明的预算制度,保障经济社会的健康发展,根据宪法,制定本法。

第二条 预算、决算的编制、审查、批准、监督,以及预算的执行和调整,依照本法规定执行。

第三条 国家实行一级政府一级预算,设立中央,省、自治区、直辖市,设区的市、自治州,县、自治县、不设区的市、市辖区,乡、民族乡、镇五级预算。

全国预算由中央预算和地方预算组成。地方预算由各省、自治区、直辖市总预算组成。

地方各级总预算由本级预算和汇总的下一级总预算组成；下一级只有本级预算的，下一级总预算即指下一级的本级预算。没有下一级预算的，总预算即指本级预算。

第四条 预算由预算收入和预算支出组成。

政府的全部收入和支出都应当纳入预算。

第五条 预算包括一般公共预算、政府性基金预算、国有资本经营预算、社会保险基金预算。

一般公共预算、政府性基金预算、国有资本经营预算、社会保险基金预算应当保持完整、独立。政府性基金预算、国有资本经营预算、社会保险基金预算应当与一般公共预算相衔接。

第六条 一般公共预算是对以税收为主体的财政收入，安排用于保障和改善民生、推动经济社会发展、维护国家安全、维持国家机构正常运转等方面的收支预算。

中央一般公共预算包括中央各部门（含直属单位，下同）的预算和中央对地方的税收返还、转移支付预算。

中央一般公共预算收入包括中央本级收入和地方向中央的上解收入。中央一般公共预算支出包括中央本级支出、中央对地方的税收返还和转移支付。

第七条 地方各级一般公共预算包括本级各部门（含直属单位，下同）的预算和税收返还、转移支付预算。

地方各级一般公共预算收入包括地方本级收入、上级政府对本级政府的税收返还和转移支付、下级政府的上解收入。地方各级一般公共预算支出包括地方本级支出、对上级政府的上解支出、对下级政府的税收返还和转移支付。

第八条 各部门预算由本部门及其所属各单位预算组成。

第九条 政府性基金预算是对依照法律、行政法规的规定在一定期限内向特定对象征收、收取或者以其他方式筹集的资金，专项用于特定公共事业发展的收支预算。

政府性基金预算应当根据基金项目收入情况和实际支出需要，按基金项目编制，做到以收定支。

第十条 国有资本经营预算是对国有资本收益作出支出安排的收支预算。

国有资本经营预算应当按照收支平衡的原则编制，不列赤字，并安排资金调入一般公共预算。

第十一条 社会保险基金预算是对社会保险缴款、一般公共预算安排和其他方式筹集的资金，专项用于社会保险的收支预算。

社会保险基金预算应当按照统筹层次和社会保险项目分别编制，做到收支平衡。

第十二条 各级预算应当遵循统筹兼顾、勤俭节约、量力而行、讲求绩效和收支平衡的原则。

各级政府应当建立跨年度预算平衡机制。

第十三条 经人民代表大会批准的预算，非经法定程序，不得调整。各级政府、各部门、各单位的支出必须以经批准的预算为依据，未列入预算的不得支出。

第十四条 经本级人民代表大会或者本级人民代表大会常务委员会批准的预算、预算调整、决算、预算执行情况的报告及报表，应当在批准后二十日内由本级政府财政部门向社会公开，并对本级政府财政转移支付安排、执行的情况以及举借债务的情况等重要事项作出说明。

经本级政府财政部门批复的部门预算、决算及报表,应当在批复后二十日内由各部门向社会公开,并对部门预算、决算中机关运行经费的安排、使用情况等重要事项作出说明。

各级政府、各部门、各单位应当将政府采购的情况及时向社会公开。

本条前三款规定的公开事项,涉及国家秘密的除外。

第十五条 国家实行中央和地方分税制。

第十六条 国家实行财政转移支付制度。财政转移支付应当规范、公平、公开,以推进地区间基本公共服务均等化为主要目标。

财政转移支付包括中央对地方的转移支付和地方上级政府对下级政府的转移支付,以为均衡地区间基本财力、由下级政府统筹安排使用的一般性转移支付为主体。

按照法律、行政法规和国务院的规定可以设立专项转移支付,用于办理特定事项。建立健全专项转移支付定期评估和退出机制。市场竞争机制能够有效调节的事项不得设立专项转移支付。

上级政府在安排专项转移支付时,不得要求下级政府承担配套资金。但是,按照国务院的规定应当由上下级政府共同承担的事项除外。

第十七条 各级预算的编制、执行应当建立健全相互制约、相互协调的机制。

第十八条 预算年度自公历1月1日起,至12月31日止。

第十九条 预算收入和预算支出以人民币元为计算单位。

第二章 预算管理职权

第二十条 全国人民代表大会审查中央和地方预算草案及中央和地方预算执行情况的报告;批准中央预算和中央预算执行情况的报告;改变或者撤销全国人民代表大会常务委员会关于预算、决算的不适当的决议。

全国人民代表大会常务委员会监督中央和地方预算的执行;审查和批准中央预算的调整方案;审查和批准中央决算;撤销国务院制定的同宪法、法律相抵触的关于预算、决算的行政法规、决定和命令;撤销省、自治区、直辖市人民代表大会及其常务委员会会制定的同宪法、法律和行政法规相抵触的关于预算、决算的地方性法规和决议。

第二十一条 县级以上地方各级人民代表大会审查本级总预算草案及本级总预算执行情况的报告;批准本级预算和本级预算执行情况的报告;改变或者撤销本级人民代表大会常务委员会会关于预算、决算的不适当的决议;撤销本级政府关于预算、决算的不适当的决定和命令。

县级以上地方各级人民代表大会常务委员会监督本级总预算的执行;审查和批准本级预算的调整方案;审查和批准本级决算;撤销本级政府和下一级人民代表大会及其常务委员会关于预算、决算的不适当的决定、命令和决议。

乡、民族乡、镇的人民代表大会审查和批准本级预算和本级预算执行情况的报告;监督本级预算的执行;审查和批准本级预算的调整方案;审查和批准本级决算;撤销本级政府关于预算、决算的不适当的决定和命令。

第二十二条 全国人民代表大会财政经济委员会对中央预算草案初步方案及上一年预算执行情况、中央预算调整初步方案和中央决算草案进行初步审查,提出初步审查意见。

省、自治区、直辖市人民代表大会有关专门委员会对本级预算草案初步方案及上一年预算执行情况、本级预算调整初步方案和本级决算草案进行初步审查，提出初步审查意见。

设区的市、自治州人民代表大会有关专门委员会对本级预算草案初步方案及上一年预算执行情况、本级预算调整初步方案和本级决算草案进行初步审查，提出初步审查意见，未设立专门委员会的，由本级人民代表大会常务委员会有关工作机构研究提出意见。

县、自治县、不设区的市、市辖区人民代表大会常务委员会对本级预算草案初步方案及上一年预算执行情况进行初步审查，提出初步审查意见。县、自治县、不设区的市、市辖区人民代表大会常务委员会有关工作机构对本级预算调整初步方案和本级决算草案研究提出意见。

设区的市、自治州以上各级人民代表大会有关专门委员会进行初步审查、常务委员会有关工作机构研究提出意见时，应当邀请本级人民代表大会代表参加。

对依照本条第一款至第四款规定提出的意见，本级政府财政部门应当将处理情况及时反馈。

依照本条第一款至第四款规定提出的意见以及本级政府财政部门反馈的处理情况报告，应当印发本级人民代表大会代表。

全国人民代表大会常务委员会和省、自治区、直辖市、设区的市、自治州人民代表大会常务委员会有关工作机构，依照本级人民代表大会常务委员会的决定，协助本级人民代表大会财政经济委员会或者有关专门委员会承担审查预算草案、预算调整方案、决算草案和监督预算执行等方面的具体工作。

第二十三条 国务院编制中央预算、决算草案；向全国人民代表大会作关于中央和地方预算草案的报告；将省、自治区、直辖市政府报送备案的预算汇总后报全国人民代表大会常务委员会会备案；组织中央和地方预算的执行；决定中央预算预备费的动用；编制中央预算调整方案；监督中央各部门和地方政府的预算执行；改变或者撤销中央各部门和地方政府关于预算、决算的不适当的决定、命令；向全国人民代表大会、全国人民代表大会常务委员会报告中央和地方预算的执行情况。

第二十四条 县级以上地方各级政府编制本级预算、决算草案；向本级人民代表大会作关于本级总预算草案的报告；将下一级政府报送备案的预算汇总后报本级人民代表大会常务委员会备案；组织本级总预算的执行；决定本级预算预备费的动用；编制本级预算的调整方案；监督本级各部门和下级政府的预算执行；改变或者撤销本级各部门和下级政府关于预算、决算的不适当的决定、命令；向本级人民代表大会、本级人民代表大会常务委员会报告本级总预算的执行情况。

乡、民族乡、镇政府编制本级预算、决算草案；向本级人民代表大会作关于本级预算草案的报告；组织本级预算的执行；决定本级预算预备费的动用；编制本级预算的调整方案；向本级人民代表大会报告本级预算的执行情况。

经省、自治区、直辖市政府批准，乡、民族乡、镇本级预算草案、预算调整方案、决算草案，可以由上一级政府代编，并依照本法第二十一条的规定报乡、民族乡、镇的人民代表大会审查和批准。

第二十五条 国务院财政部门具体编制中央预算、决算草案；具体组织中央和地方预算的执行；提出中央预算预备费动用方案；具体编制中央预算的调整方案；定期向国务院报告中央和地方预算的执行情况。

地方各级政府财政部门具体编制本级预算、决算草案；具体组织本级总预算的执行；提出本级预算预备费动用方案；具体编制本级预算的调整方案；定期向本级政府和上一级政府财政部门报告本级总预算的执行情况。

第二十六条　各部门编制本部门预算、决算草案；组织和监督本部门预算的执行；定期向本级政府财政部门报告预算的执行情况。

各单位编制本单位预算、决算草案；按照国家规定上缴预算收入，安排预算支出，并接受国家有关部门的监督。

第三章　预算收支范围

第二十七条　一般公共预算收入包括各项税收收入、行政事业性收费收入、国有资源（资产）有偿使用收入、转移性收入和其他收入。

一般公共预算支出按照其功能分类，包括一般公共服务支出，外交、公共安全、国防支出，农业、环境保护支出，教育、科技、文化、卫生、体育支出，社会保障及就业支出和其他支出。

一般公共预算支出按照其经济性质分类，包括工资福利支出、商品和服务支出、资本性支出和其他支出。

第二十八条　政府性基金预算、国有资本经营预算和社会保险基金预算的收支范围，按照法律、行政法规和国务院的规定执行。

第二十九条　中央预算与地方预算有关收入和支出项目的划分、地方向中央上解收入、中央对地方税收返还或者转移支付的具体办法，由国务院规定，报全国人民代表大会常务委员会备案。

第三十条　上级政府不得在预算之外调用下级政府预算的资金。下级政府不得挤占或者截留属于上级政府预算的资金。

第四章　预算编制

第三十一条　国务院应当及时下达关于编制下一年预算草案的通知。编制预算草案的具体事项由国务院财政部门部署。

各级政府、各部门、各单位应当按照国务院规定的时间编制预算草案。

第三十二条　各级预算应当根据年度经济社会发展目标、国家宏观调控总体要求和跨年度预算平衡的需要，参考上一年预算执行情况、有关支出绩效评价结果和本年度收支预测，按照规定程序征求各方面意见后，进行编制。

各级政府依据法定权限作出决定或者制定行政措施，凡涉及增加或者减少财政收入或者支出的，应当在预算批准前提出并在预算草案中作出相应安排。

各部门、各单位应当按照国务院财政部门制定的政府收支分类科目、预算支出标准和要求，以及绩效目标管理等预算编制规定，根据其依法履行职能和事业发展的需要以及存量资产情况，编制本部门、本单位预算草案。

前款所称政府收支分类科目，收入分为类、款、项、目；支出按其功能分类分为类、款、项，按其经济性质分类分为类、款。

第三十三条　省、自治区、直辖市政府应当按照国务院规定的时间，将本级总预算草案报国务院审核汇总。

第三十四条　中央一般公共预算中必需的部分资金，可以通过举借国内和国外债务等方式筹措，举借债务应当控制适当的规模，保持合理的结构。

对中央一般公共预算中举借的债务实行余额管理，余额的规模不得超过全国人民代表大会批准的限额。

国务院财政部门具体负责对中央政府债务的统一管理。

第三十五条　地方各级预算按照量入为出、收支平衡的原则编制，除本法另有规定外，不列赤字。

经国务院批准的省、自治区、直辖市的预算中必需的建设投资的部分资金，可以在国务院确定的限额内，通过发行地方政府债券举借债务的方式筹措。举借债务的规模，由国务院报全国人民代表大会或者全国人民代表大会常务委员会批准。省、自治区、直辖市依照国务院下达的限额举借的债务，列入本级预算调整方案，报本级人民代表大会常务委员会批准。举借的债务应当有偿还计划和稳定的偿还资金来源，只能用于公益性资本支出，不得用于经常性支出。

除前款规定外，地方政府及其所属部门不得以任何方式举借债务。

除法律另有规定外，地方政府及其所属部门不得为任何单位和个人的债务以任何方式提供担保。

国务院建立地方政府债务风险评估和预警机制、应急处置机制以及责任追究制度。国务院财政部门对地方政府债务实施监督。

第三十六条　各级预算收入的编制，应当与经济社会发展水平相适应，与财政政策相衔接。

各级政府、各部门、各单位应当依照本法规定，将所有政府收入全部列入预算，不得隐瞒、少列。

第三十七条　各级预算支出应当依照本法规定，按其功能和经济性质分类编制。

各级预算支出的编制，应当贯彻勤俭节约的原则，严格控制各部门、各单位的机关运行经费和楼堂馆所等基本建设支出。

各级一般公共预算支出的编制，应当统筹兼顾，在保证基本公共服务合理需要的前提下，优先安排国家确定的重点支出。

第三十八条　一般性转移支付应当按照国务院规定的基本标准和计算方法编制。专项转移支付应当分地区、分项目编制。

县级以上各级政府应当将对下级政府的转移支付预计数提前下达下级政府。

地方各级政府应当将上级政府提前下达的转移支付预计数编入本级预算。

第三十九条　中央预算和有关地方预算中应当安排必要的资金，用于扶助革命老区、民族地区、边疆地区、贫困地区发展经济社会建设事业。

第四十条　各级一般公共预算应当按照本级一般公共预算支出额的百分之一至百分之三设置预备费，用于当年预算执行中的自然灾害等突发事件处理增加的支出及其他难以预见的开支。

第四十一条　各级一般公共预算按照国务院的规定可以设置预算周转金，用于本级政府调剂预算年度内季节性收支差额。

各级一般公共预算按照国务院的规定可以设置预算稳定调节基金,用于弥补以后年度预算资金的不足。

第四十二条 各级政府上一年预算的结转资金,应当在下一年用于结转项目的支出;连续两年未用完的结转资金,应当作为结余资金管理。

各部门、各单位上一年预算的结转、结余资金按照国务院财政部门的规定办理。

第五章 预算审查和批准

第四十三条 中央预算由全国人民代表大会审查和批准。

地方各级预算由本级人民代表大会审查和批准。

第四十四条 国务院财政部门应当在每年全国人民代表大会会议举行的四十五日前,将中央预算草案的初步方案提交全国人民代表大会财政经济委员会进行初步审查。

省、自治区、直辖市政府财政部门应当在本级人民代表大会会议举行的三十日前,将本级预算草案的初步方案提交本级人民代表大会有关专门委员会进行初步审查。

设区的市、自治州政府财政部门应当在本级人民代表大会会议举行的三十日前,将本级预算草案的初步方案提交本级人民代表大会有关专门委员会进行初步审查,或者送交本级人民代表大会常务委员会有关工作机构征求意见。

县、自治县、不设区的市、市辖区政府应当在本级人民代表大会会议举行的三十日前,将本级预算草案的初步方案提交本级人民代表大会常务委员会进行初步审查。

第四十五条 县、自治县、不设区的市、市辖区、乡、民族乡、镇的人民代表大会举行会议审查预算草案前,应当采用多种形式,组织本级人民代表大会代表,听取选民和社会各界的意见。

第四十六条 报送各级人民代表大会审查和批准的预算草案应当细化。本级一般公共预算支出,按其功能分类应当编列到项;按其经济性质分类,基本支出应当编列到款。本级政府性基金预算、国有资本经营预算、社会保险基金预算支出,按其功能分类应当编列到项。

第四十七条 国务院在全国人民代表大会举行会议时,向大会作关于中央和地方预算草案以及中央和地方预算执行情况的报告。

地方各级政府在本级人民代表大会举行会议时,向大会作关于总预算草案和总预算执行情况的报告。

第四十八条 全国人民代表大会和地方各级人民代表大会对预算草案及其报告、预算执行情况的报告重点审查下列内容:

(一)上一年预算执行情况是否符合本级人民代表大会预算决议的要求;

(二)预算安排是否符合本法的规定;

(三)预算安排是否贯彻国民经济和社会发展的方针政策,收支政策是否切实可行;

(四)重点支出和重大投资项目的预算安排是否适当;

(五)预算的编制是否完整,是否符合本法第四十六条的规定;

(六)对下级政府的转移性支出预算是否规范、适当;

(七)预算安排举借的债务是否合法、合理,是否有偿还计划和稳定的偿还资金来源;

(八)与预算有关重要事项的说明是否清晰。

第四十九条 全国人民代表大会财政经济委员会向全国人民代表大会主席团提出关于中央和地方预算草案及中央和地方预算执行情况的审查结果报告。

省、自治区、直辖市、设区的市、自治州人民代表大会有关专门委员会，县、自治县、不设区的市、市辖区人民代表大会常务委员会，向本级人民代表大会主席团提出关于总预算草案及上一年总预算执行情况的审查结果报告。

审查结果报告应当包括下列内容：

（一）对上一年预算执行和落实本级人民代表大会预算决议的情况作出评价；

（二）对本年度预算草案是否符合本法的规定，是否可行作出评价；

（三）对本级人民代表大会批准预算草案和预算报告提出建议；

（四）对执行年度预算、改进预算管理、提高预算绩效、加强预算监督等提出意见和建议。

第五十条 乡、民族乡、镇政府应当及时将经本级人民代表大会批准的本级预算报上一级政府备案。县级以上地方各级政府应当及时将经本级人民代表大会批准的本级预算及下一级政府报送备案的预算汇总，报上一级政府备案。

县级以上地方各级政府将下一级政府依照前款规定报送备案的预算汇总后，报本级人民代表大会常务委员会会备案。国务院将省、自治区、直辖市政府依照前款规定报送备案的预算汇总后，报全国人民代表大会常务委员会备案。

第五十一条 国务院和县级以上地方各级政府对下一级政府依照本法第四十条规定报送备案的预算，认为有同法律、行政法规相抵触或者有其他不适当之处，需要撤销批准预算的决议的，应当提请本级人民代表大会常务委员会审议决定。

第五十二条 各级预算经本级人民代表大会批准后，本级政府财政部门应当在二十日内向本级各部门批复预算。各部门应当在接到本级政府财政部门批复的本部门预算后十五日内向所属各单位批复预算。

中央对地方的一般性转移支付应当在全国人民代表大会批准预算后三十日内正式下达。中央对地方的专项转移支付应当在全国人民代表大会批准预算后九十日内正式下达。

省、自治区、直辖市政府接到中央一般性转移支付和专项转移支付后，应当在三十日内正式下达到本行政区域县级以上各级政府。

县级以上地方各级预算安排对下级政府的一般性转移支付和专项转移支付，应当分别在本级人民代表大会批准预算后的三十日和六十日内正式下达。

对自然灾害等突发事件处理的转移支付，应当及时下达预算；对据实结算等特殊项目的转移支付，可以分期下达预算，或者先预付后结算。

县级以上各级政府财政部门应当将批复本级各部门的预算和批复下级政府的转移支付预算，抄送本级人民代表大会财政经济委员会、有关专门委员会和常务委员会有关工作机构。

第六章　预算执行

第五十三条 各级预算由本级政府组织执行，具体工作由本级政府财政部门负责。

各部门、各单位是本部门、本单位的预算执行主体，负责本部门、本单位的预算执行，并对执行结果负责。

第五十四条 预算年度开始后,各级预算草案在本级人民代表大会批准前,可以安排下列支出:

(一)上一年度结转的支出;

(二)参照上一年同期的预算支出数额安排必须支付的本年度部门基本支出、项目支出,以及对下级政府的转移性支出;

(三)法律规定必须履行支付义务的支出,以及用于自然灾害等突发事件处理的支出。

根据前款规定安排支出的情况,应当在预算草案的报告中作出说明。

预算经本级人民代表大会批准后,按照批准的预算执行。

第五十五条 预算收入征收部门和单位,必须依照法律、行政法规的规定,及时、足额征收应征的预算收入。不得违反法律、行政法规规定,多征、提前征收或者减征、免征、缓征应征的预算收入,不得截留、占用或者挪用预算收入。

各级政府不得向预算收入征收部门和单位下达收入指标。

第五十六条 政府的全部收入应当上缴国家金库(以下简称国库),任何部门、单位和个人不得截留、占用、挪用或者拖欠。

对于法律有明确规定或者经国务院批准的特定专用资金,可以依照国务院的规定设立财政专户。

第五十七条 各级政府财政部门必须依照法律、行政法规和国务院财政部门的规定,及时、足额地拨付预算支出资金,加强对预算支出的管理和监督。

各级政府、各部门、各单位的支出必须按照预算执行,不得虚假列支。

各级政府、各部门、各单位应当对预算支出情况开展绩效评价。

第五十八条 各级预算的收入和支出实行收付实现制。

特定事项按照国务院的规定实行权责发生制的有关情况,应当向本级人民代表大会常务委员会报告。

第五十九条 县级以上各级预算必须设立国库;具备条件的乡、民族乡、镇也应当设立国库。

中央国库业务由中国人民银行经理,地方国库业务依照国务院的有关规定办理。

各级国库应当按照国家有关规定,及时准确地办理预算收入的收纳、划分、留解、退付和预算支出的拨付。

各级国库库款的支配权属于本级政府财政部门。除法律、行政法规另有规定外,未经本级政府财政部门同意,任何部门、单位和个人都无权冻结、动用国库库款或者以其他方式支配已入国库的库款。

各级政府应当加强对本级国库的管理和监督,按照国务院的规定完善国库现金管理,合理调节国库资金余额。

第六十条 已经缴入国库的资金,依照法律、行政法规的规定或者国务院的决定需要退付的,各级政府财政部门或者其授权的机构应当及时办理退付。按照规定应当由财政支出安排的事项,不得用退库处理。

第六十一条 国家实行国库集中收缴和集中支付制度,对政府全部收入和支出实行国库集中收付管理。

第六十二条 各级政府应当加强对预算执行的领导,支持政府财政、税务、海关等预算收入的征收部门依法组织预算收入，支持政府财政部门严格管理预算支出。

财政、税务、海关等部门在预算执行中，应当加强对预算执行的分析；发现问题时应当及时建议本级政府采取措施予以解决。

第六十三条 各部门、各单位应当加强对预算收入和支出的管理，不得截留或者动用应当上缴的预算收入，不得擅自改变预算支出的用途。

第六十四条 各级预算预备费的动用方案，由本级政府财政部门提出，报本级政府决定。

第六十五条 各级预算周转金由本级政府财政部门管理，不得挪作他用。

第六十六条 各级一般公共预算年度执行中有超收收入的，只能用于冲减赤字或者补充预算稳定调节基金。

各级一般公共预算的结余资金，应当补充预算稳定调节基金。

省、自治区、直辖市一般公共预算年度执行中出现短收，通过调入预算稳定调节基金、减少支出等方式仍不能实现收支平衡的，省、自治区、直辖市政府报本级人民代表大会或者其常务委员会批准，可以增列赤字，报国务院财政部门备案，并应当在下一年度预算中予以弥补。

第七章 预算调整

第六十七条 经全国人民代表大会批准的中央预算和经地方各级人民代表大会批准的地方各级预算，在执行中出现下列情况之一的，应当进行预算调整：

（一）需要增加或者减少预算总支出的；

（二）需要调入预算稳定调节基金的；

（三）需要调减预算安排的重点支出数额的；

（四）需要增加举借债务数额的。

第六十八条 在预算执行中，各级政府一般不制定新的增加财政收入或者支出的政策和措施，也不制定减少财政收入的政策和措施；必须作出并需要进行预算调整的，应当在预算调整方案中作出安排。

第六十九条 在预算执行中，各级政府对于必须进行的预算调整，应当编制预算调整方案。预算调整方案应当说明预算调整的理由、项目和数额。

在预算执行中，由于发生自然灾害等突发事件，必须及时增加预算支出的，应当先动支预备费；预备费不足支出的，各级政府可以先安排支出，属于预算调整的，列入预算调整方案。

国务院财政部门应当在全国人民代表大会常务委员会举行会议审查和批准预算调整方案的三十日前，将预算调整初步方案送交全国人民代表大会财政经济委员会进行初步审查。

省、自治区、直辖市政府财政部门应当在本级人民代表大会常务委员会举行会议审查和批准预算调整方案的三十日前，将预算调整初步方案送交本级人民代表大会有关专门委员会进行初步审查。

设区的市、自治州政府财政部门应当在本级人民代表大会常务委员会举行会议审查和批准预算调整方案的三十日前，将预算调整初步方案送交本级人民代表大会有关专门委员会进行初步审查，或者送交本级人民代表大会常务委员会有关工作机构征求意见。

县、自治县、不设区的市、市辖区政府财政部门应当在本级人民代表大会常务委员会举行会议审查和批准预算调整方案的三十日前，将预算调整初步方案送交本级人民代表大会常务委员会有关工作机构征求意见。

中央预算的调整方案应当提请全国人民代表大会常务委员会审查和批准。县级以上地方各级预算的调整方案应当提请本级人民代表大会常务委员会审查和批准；乡、民族乡、镇预算的调整方案应当提请本级人民代表大会审查和批准。未经批准，不得调整预算。

第七十条 经批准的预算调整方案，各级政府应当严格执行。未经本法第六十九条规定的程序，各级政府不得作出预算调整的决定。

对违反前款规定作出的决定，本级人民代表大会、本级人民代表大会常务委员会会或者上级政府应当责令其改变或者撤销。

第七十一条 在预算执行中，地方各级政府因上级政府增加不需要本级政府提供配套资金的专项转移支付而引起的预算支出变化，不属于预算调整。

接受增加专项转移支付的县级以上地方各级政府应当向本级人民代表大会常务委员会报告有关情况；接受增加专项转移支付的乡、民族乡、镇政府应当向本级人民代表大会报告有关情况。

第七十二条 各部门、各单位的预算支出应当按照预算科目执行。严格控制不同预算科目、预算级次或者项目间的预算资金的调剂，确需调剂使用的，按照国务院财政部门的规定办理。

第七十三条 地方各级预算的调整方案经批准后，由本级政府报上一级政府备案。

第八章 决 算

第七十四条 决算草案由各级政府、各部门、各单位，在每一预算年度终了后按照国务院规定的时间编制。

编制决算草案的具体事项，由国务院财政部门部署。

第七十五条 编制决算草案，必须符合法律、行政法规，做到收支真实、数额准确、内容完整、报送及时。

决算草案应当与预算相对应，按预算数、调整预算数、决算数分别列出。一般公共预算支出应当按其功能分类编列到项，按其经济性质分类编列到款。

第七十六条 各部门对所属各单位的决算草案，应当审核并汇总编制本部门的决算草案，在规定的期限内报本级政府财政部门审核。

各级政府财政部门对本级各部门决算草案审核后发现有不符合法律、行政法规规定的，有权予以纠正。

第七十七条 国务院财政部门编制中央决算草案，经国务院审计部门审计后，报国务院审定，由国务院提请全国人民代表大会常务委员会审查和批准。

县级以上地方各级政府财政部门编制本级决算草案，经本级政府审计部门审计后，报本级政府审定，由本级政府提请本级人民代表大会常务委员会审查和批准。

乡、民族乡、镇政府编制本级决算草案，提请本级人民代表大会审查和批准。

第七十八条 国务院财政部门应当在全国人民代表大会常务委员会举行会议审查和批准中央决算草案的三十日前，将上一年度中央决算草案提交全国人民代表大会财政经济委员会进行初步审查。

省、自治区、直辖市政府财政部门应当在本级人民代表大会常务委员会举行会议审查和批准本级决算草案的三十日前,将上一年度本级决算草案提交本级人民代表大会有关专门委员会进行初步审查。

设区的市、自治州政府财政部门应当在本级人民代表大会常务委员会举行会议审查和批准本级决算草案的三十日前,将上一年度本级决算草案提交本级人民代表大会有关专门委员会进行初步审查,或者送交本级人民代表大会常务委员会有关工作机构征求意见。

县、自治县、不设区的市、市辖区政府财政部门应当在本级人民代表大会常务委员会举行会议审查和批准本级决算草案的三十日前,将上一年度本级决算草案送交本级人民代表大会常务委员会有关工作机构征求意见。

全国人民代表大会财政经济委员会和省、自治区、直辖市、设区的市、自治州人民代表大会有关专门委员会,向本级人民代表大会常务委员会提出关于本级决算草案的审查结果报告。

第七十九条　县级以上各级人民代表大会常务委员会和乡、民族乡、镇人民代表大会对本级决算草案,重点审查下列内容:

（一）预算收入情况;

（二）支出政策实施情况和重点支出、重大投资项目资金的使用及绩效情况;

（三）结转资金的使用情况;

（四）资金结余情况;

（五）本级预算调整及执行情况;

（六）财政转移支付安排执行情况;

（七）经批准举借债务的规模、结构、使用、偿还等情况;

（八）本级预算周转金规模和使用情况;

（九）本级预备费使用情况;

（十）超收收入安排情况,预算稳定调节基金的规模和使用情况;

（十一）本级人民代表大会批准的预算决议落实情况;

（十二）其他与决算有关的重要情况。

县级以上各级人民代表大会常务委员会应当结合本级政府提出的上一年度预算执行和其他财政收支的审计工作报告,对本级决算草案进行审查。

第八十条　各级决算经批准后,财政部门应当在二十日内向本级各部门批复决算。各部门应当在接到本级政府财政部门批复的本部门决算后十五日内向所属单位批复决算。

第八十一条　地方各级政府应当将经批准的决算及下一级政府上报备案的决算汇总,报上一级政府备案。

县级以上各级政府应当将下一级政府报送备案的决算汇总后,报本级人民代表大会常务委员会备案。

第八十二条　国务院和县级以上地方各级政府对下一级政府依照本法第六十四条规定报送备案的决算,认为有同法律、行政法规相抵触或者有其他不适当之处,需要撤销批准该项决算的决议的,应当提请本级人民代表大会常务委员会会审议决定;经审议决定撤销的,该下级人民代表大会常务委员会会应当责成本级政府依照本法规定重新编制决算草案,提请本级人民代表大会常务委员会会审查和批准。

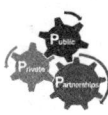

第九章 监 督

第八十三条 全国人民代表大会及其常务委员会对中央和地方预算、决算进行监督。

县级以上地方各级人民代表大会及其常务委员会对本级和下级预算、决算进行监督。

乡、民族乡、镇人民代表大会对本级预算、决算进行监督。

第八十四条 各级人民代表大会和县级以上各级人民代表大会常务委员会会有权就预算、决算中的重大事项或者特定问题组织调查,有关的政府、部门、单位和个人应当如实反映情况和提供必要的材料。

第八十五条 各级人民代表大会和县级以上各级人民代表大会常务委员会会举行会议时,人民代表大会代表或者常务委员会会组成人员,依照法律规定程序就预算、决算中的有关问题提出询问或者质询,受询问或者受质询的有关的政府或者财政部门必须及时给予答复。

第八十六条 国务院和县级以上地方各级政府应当在每年六月至九月期间向本级人民代表大会常务委员会报告预算执行情况。

第八十七条 各级政府监督下级政府的预算执行;下级政府应当定期向上一级政府报告预算执行情况。

第八十八条 各级政府财政部门负责监督检查本级各部门及其所属各单位预算的编制、执行,并向本级政府和上一级政府财政部门报告预算执行情况。

第八十九条 县级以上政府审计部门依法对预算执行、决算实行审计监督。

对预算执行和其他财政收支的审计工作报告应当向社会公开。

第九十条 政府各部门负责监督检查所属各单位的预算执行,及时向本级政府财政部门反映本部门预算执行情况,依法纠正违反预算的行为。

第九十一条 公民、法人或者其他组织发现有违反本法的行为,可以依法向有关国家机关进行检举、控告。

接受检举、控告的国家机关应当依法进行处理,并为检举人、控告人保密。任何单位或者个人不得压制和打击报复检举人、控告人。

第十章 法律责任

第九十二条 各级政府及有关部门有下列行为之一的,责令改正,对负有直接责任的主管人员和其他直接责任人员追究行政责任:

(一)未依照本法规定,编制、报送预算草案、预算调整方案、决算草案和部门预算、决算以及批复预算、决算的;

(二)违反本法规定,进行预算调整的;

(三)未依照本法规定对有关预算事项进行公开和说明的;

(四)违反规定设立政府性基金项目和其他财政收入项目的;

(五)违反法律、法规规定使用预算预备费、预算周转金、预算稳定调节基金、超收收入的;

(六)违反本法规定开设财政专户的。

第九十三条 各级政府及有关部门、单位有下列行为之一的,责令改正,对负有直接责任的主管人员和其他直接责任人员依法给予降级、撤职、开除的处分:

(一)未将所有政府收入和支出列入预算或者虚列收入和支出的;

(二)违反法律、行政法规的规定,多征、提前征收或者减征、免征、缓征应征预算收入的;

(三)截留、占用、挪用或者拖欠应当上缴国库的预算收入的;

(四)违反本法规定,改变预算支出用途的;

(五)擅自改变上级政府专项转移支付资金用途的;

(六)违反本法规定拨付预算支出资金,办理预算收入收纳、划分、留解、退付,或者违反本法规定冻结、动用国库库款或者以其他方式支配已入国库库款的。

第九十四条 各级政府、各部门、各单位违反本法规定举借债务或者为他人债务提供担保,或者挪用重点支出资金,或者在预算之外及超预算标准建设楼堂馆所的,责令改正,对负有直接责任的主管人员和其他直接责任人员给予撤职、开除的处分。

第九十五条 各级政府有关部门、单位及其工作人员有下列行为之一的,责令改正,追回骗取、使用的资金,有违法所得的没收违法所得,对单位给予警告或者通报批评;对负有直接责任的主管人员和其他直接责任人员依法给予处分:

(一)违反法律、法规的规定,改变预算收入上缴方式的;

(二)以虚报、冒领等手段骗取预算资金的;

(三)违反规定扩大开支范围、提高开支标准的;

(四)其他违反财政管理规定的行为。

第九十六条 本法第九十二条、第九十三条、第九十四条、第九十五条所列违法行为,其他法律对其处理、处罚另有规定的,依照其规定。

违反本法规定,构成犯罪的,依法追究刑事责任。

第十一章 附 则

第九十七条 各级政府财政部门应当按年度编制以权责发生制为基础的政府综合财务报告,报告政府整体财务状况、运行情况和财政中长期可持续性,报本级人民代表大会常务委员会备案。

第九十八条 国务院根据本法制定实施条例。

第九十九条 民族自治地方的预算管理,依照民族区域自治法的有关规定执行;民族区域自治法没有规定的,依照本法和国务院的有关规定执行。

第一百条 省、自治区、直辖市人民代表大会或者其常务委员会根据本法,可以制定有关预算审查监督的决定或者地方性法规。

第一百零一条 本法自1995年1月1日施行。1991年10月21日国务院发布的《国家预算管理条例》同时废止。

17.《中华人民共和国预算法实施条例》

（1995年11月22日起施行，实施国务院令第186号）

第一章 总 则

第一条 根据《中华人民共和国预算法》（以下简称预算法），制定本条例。

第二条 县级以上地方政府的派出机关，根据本级政府授权进行预算管理活动，但是不作为一级预算。

第三条 预算法第四条第一款所称"中央各部门"，是指与财政部直接发生预算缴款、拨款关系的国家机关、军队、政党组织和社会团体；所称"直属单位"，是指与财政部直接发生预算缴款、拨款关系的企业和事业单位。

第四条 预算法第五条第三款所称"本级各部门"，是指与本级政府财政部门直接发生预算缴款、拨款关系的地方国家机关、政党组织和社会团体；所称"直属单位"，是指与本级政府财政部门直接发生预算缴款、拨款关系的企业和事业单位。

第五条 各部门预算由本部门所属各单位预算组成。本部门机关经费预算，应当纳入本部门预算。

第六条 预算法第八条所称"中央和地方分税制"，是指在划分中央与地方事权的基础上，确定中央与地方财政支出范围，并按税种划分中央与地方预算收入的财政管理体制。

分税制财政管理体制的具体内容和实施办法，按照国务院的有关规定执行。

第七条 县级以上地方各级政府应当根据中央和地方分税制的原则和上级政府的有关规定，确定本级政府对下级政府的财政管理体制。

第八条 预算收入和预算支出以人民币元为计算单位。预算收支以外国货币收纳和支付的，按照中国人民银行公布的当日人民币基准汇价折算。

第二章 预算收支范围

第九条 预算法第十九条第二款所称"依照规定应当上缴的国有资产收益"，是指各部门和各单位占有、使用和依法处分境内外国有资产产生的收益，按照国家有关规定应当上缴预算的部分。

预算法第十九条第二款所称"专项收入"，是指根据特定需要由国务院批准或者经国务院授权由财政部批准，设置、征集和纳入预算管理、有专项用途的收入。

第十条 预算法第十九条第三款所称"经济建设支出"，包括用于经济建设的基本建设投资支出，支持企业的挖潜改造支出，拨付的企业流动资金支出，拨付的生产性贷款贴息支出，专项建设基金支出，支持农业生产支出以及其他经济建设支出。

预算法第十九条第三款所称"事业发展支出"，是指用于教育、科学、文化、卫生、体育、工业、交通、商业、农业、林业、环境保护、水利、气象等方面事业的支出，具体包括公益性基本建设支出、设备购置支出、人员费用支出、业务费用支出以及其他事业发展支出。

第十一条 预算法第二十条第一款所称"中央预算收入"，是指按照分税制财政管理体制，纳入中央预算、地方不参与分享的收入，包括中央本级收入和地方按照规定向中央上解的收入。

预算法第二十条第一款所称"地方预算收入",是指按照分税制财政管理体制,纳入地方预算、中央不参与分享的收入,包括地方本级收入和中央按照规定返还或者补助地方的收入。

预算法第二十条第一款所称"中央和地方预算共享收入",是指按照分税制财政管理体制,中央预算和地方预算对同一税种的收入,按照一定划分标准或者比例分享的收入。

第十二条 预算法第二十条第二款所称"中央预算支出",是指按照分税制财政管理体制,由中央财政承担并列入中央预算的支出,包括中央本级支出和中央返还或者补助地方的支出。

预算法第二十条第二款所称"地方预算支出",是指按照分税制财政管理体制,由地方财政承担并列入地方预算的支出,包括地方本级支出和地方按照规定上解中央的支出。

第十三条 地方各级预算上下级之间有关收入和支出项目的划分以及上解、返还或者补助的具体办法,由上级地方政府确定,并报本级人民代表大会常务委员会备案。

第十四条 经国务院批准设立的专用基金应当实行预算管理;尚未纳入预算管理的,应当逐步纳入预算管理。

第三章 预算编制

第十五条 预算法第二十四条所称"预算草案",是指各级政府、各部门、各单位编制的未经法定程序审查和批准的预算收支计划。

第十六条 各级政府编制年度预算草案的依据:

(一)法律、法规;

(二)国民经济和社会发展计划、财政中长期计划以及有关的财政经济政策;

(三)本级政府的预算管理职权和财政管理体制确定的预算收支范围;

(四)上一年度预算执行情况和本年度预算收支变化因素;

(五)上级政府对编制本年度预算草案的指示和要求。

第十七条 各部门、各单位编制年度预算草案的依据:

(一)法律、法规;

(二)本级政府的指示和要求以及本级政府财政部门的部署;

(三)本部门、本单位的职责、任务和事业发展计划;

(四)本部门、本单位的定员定额标准;

(五)本部门、本单位上一年度预算执行情况和本年度预算收支变化因素。

第十八条 中央预算的编制内容:

(一)本级预算收入和支出;

(二)上一年度结余用于本年度安排的支出;

(三)返还或者补助地方的支出;

(四)地方上解的收入。

中央财政本年度举借的国内外债务和还本付息数额应当在本级预算中单独列示。

第十九条 地方各级政府预算的编制内容:

(一)本级预算收入和支出;

(二)上一年度结余用于本年度安排的支出;
(三)上级返还或者补助的收入;
(四)返还或者补助下级的支出;
(五)上解上级的支出;
(六)下级上解的收入。

第二十条 各级政府预算按照复式预算编制,分为政府公共预算、国有资产经营预算、社会保障预算和其他预算。

复式预算的编制办法和实施步骤,由国务院另行规定。

第二十一条 各级政府预算中,预备费设置的比例由本级政府在预算法第三十二条规定的幅度内确定。

第二十二条 预算法第三十三条所称"预算周转金",是指各级政府为调剂预算年度内季节性收支差额,保证及时用款而设置的周转资金。各级政府预算周转金从本级政府预算的结余中设置和补充,其额度应当逐步达到本级政府预算支出总额的4%。

第二十三条 各级政府预算的上年度专项结余,应当用于上年度结转项目的支出;上年度净结余,应当用于补充预算周转金和下年度需要安排的预算支出。

第二十四条 国务院于每年11月10日前向省、自治区、直辖市政府和中央各部门下达编制下一年度预算草案的指示,提出编制预算草案的原则和要求。

财政部根据国务院编制下一年度预算草案的指示,部署编制预算草案的具体事项,规定预算收支科目、报表格式、编报方法,并安排财政收支计划。

第二十五条 中央各部门应当根据国务院的指示和财政部的部署,结合本部门的具体情况,提出编制本部门预算草案的要求,具体布置所属各单位编制预算草案。

中央各部门负责本部门所属各单位预算草案的审核,并汇总编制本部门的预算草案,于每年12月10日前报财政部审核。

第二十六条 省、自治区、直辖市政府根据国务院的指示和财政部的部署,结合本地区的具体情况,提出本行政区域编制预算草案的要求。

第二十七条 县级以上地方各级政府财政部门审核本级各部门的预算草案,编制本级政府预算草案,汇编本级总预算草案,经本级政府审定后,按照规定期限报上一级政府。

省、自治区、直辖市政府财政部门汇总的本级总预算草案,应当于下一年1月10日前报财政部。

第二十八条 财政部审核中央各部门的预算草案,编制中央预算草案;汇总地方预算草案,汇编中央和地方预算草案。

第二十九条 县级以上各级政府财政部门审核本级各部门的预算草案时,发现不符合编制预算要求的,应当予以纠正;汇编本级总预算时,发现下级政府预算草案不符合国务院和本级政府编制预算要求的,应当及时向本级政府报告,由本级政府予以纠正。

第三十条 中央预算草案经全国人民代表大会批准后,为当年中央预算。财政部应当自全国人民代表大会批准中央预算之日起30日内,批复中央各部门预算。中央各部门应当自财政部批复本部门预算之日起15日内,批复所属各单位预算。

第三十一条 地方各级政府预算草案经本级人民代表大会批准后,为当年本级政府预算。县级以上地方各级政府财政部门应当自本级人民代表大会批准本级政府预算之日起30日内，批复本级各部门预算。地方各部门应当自本级财政部门批复本部门预算之日起15日内，批复所属各单位预算。

第三十二条 依照本条例第三十条、第三十一条规定批复的预算，为当年部门预算、单位预算。

第四章 预算执行

第三十三条 政府财政部门负责预算执行的具体工作，主要任务是：

（一）研究落实财政税收政策的措施，支持经济和社会的健康发展；

（二）制定组织预算收入和管理预算支出的制度和办法；

（三）督促各预算收入征收部门、各预算缴款单位完成预算收入任务；

（四）根据年度支出预算和季度用款计划，合理调度、拨付预算资金，监督检查各部门、各单位管好用好预算资金，节减开支，提高效率；

（五）指导和监督各部门、各单位建立健全财务制度和会计核算体系，按照规定使用预算资金；

（六）编报、汇总分期的预算收支执行数字，分析预算收支执行情况，定期向本级政府和上一级政府财政部门报告预算执行情况，并提出增收节支的建议；

（七）协调预算收入征收部门、国库和其他有关部门的业务工作。

第三十四条 预算法第四十四条所称"上一年同期的预算支出数额"，是指上一年度同期预算安排用于各部门、各单位正常运转的人员经费、业务经费等必需的支出数额。

第三十五条 各级财政、税务、海关等预算收入征收部门，必须依照有关法律、行政法规和财政部的有关规定，积极组织预算收入，按照财政管理体制的规定及时将预算收入缴入中央国库和地方国库；未经财政部批准，不得将预算收入存入在国库外设立的过渡性帐户。

各项预算收入的减征、免征或者缓征，必须按照有关法律、行政法规和财政部的有关规定办理。任何单位和个人不得擅自决定减征、免征、缓征应征的预算收入。

第三十六条 一切有预算收入上缴任务的部门和单位，必须依照有关法律、行政法规和财政部的有关规定，将应当上缴的预算收入，按照规定的预算级次、预算科目、缴库方式和期限缴入国库，不得截留、占用、挪用或者拖欠。

第三十七条 政府财政部门应当加强对预算拨款的管理，并遵循下列原则：

（一）按照预算拨款，即按照批准的年度预算和用款计划拨款，不得办理无预算、无用款计划、超预算、超计划的拨款，不得擅自改变支出用途；

（二）按照规定的预算级次和程序拨款，即根据用款单位的申请，按照用款单位的预算级次和审定的用款计划，按期核拨，不得越级办理预算拨款；

（三）按照进度拨款，即根据各用款单位的实际用款进度和国库库款情况拨付资金。

第三十八条 各级政府、各部门、各单位应当加强对预算支出的管理，严格执行预算和财政制度，不得擅自扩大支出范围、提高开支标准；严格按照预算规定的支出用途使用资金；建立健全财务制度和会计核算体系，按照标准考核、监督，提高资金使用效益。

第三十九条 财政部负责制定与预算执行有关的财务会计制度。各部门、各单位应当按照政府财政部门的要求，加强对预算收入和预算支出的管理核算。

第四十条 国库是办理预算收入的收纳、划分、留解和库款支拨的专门机构。国库分为中央国库和地方国库。

中央国库业务由中国人民银行经理。未设中国人民银行分支机构的地区，由中国人民银行商财政部后，委托有关银行办理。

地方国库业务由中国人民银行分支机构经理。未设中国人民银行分支机构的地区，由上级中国人民银行分支机构商有关的地方政府财政部门后，委托有关银行办理。

具备条件的乡、民族乡、镇，应当设立国库。具体条件和标准由省、自治区、直辖市政府财政部门确定。

第四十一条 中央国库业务应当接受财政部的指导和监督，对中央财政负责。

地方国库业务应当接受本级政府财政部门的指导和监督，对地方财政负责。

省、自治区、直辖市制定的地方国库业务规程应当报财政部和中国人民银行备案。

第四十二条 各级国库应当依照有关法律、行政法规和财政部、中国人民银行的有关规定，加强对国库业务的管理，及时准确地办理预算收入的收纳、划分、留解和预算支出的拨付。

各级国库和有关银行必须遵守国家有关预算收入缴库的规定，不得延解、占压应当缴入国库的预算收入和国库库款。

第四十三条 各级国库必须凭本级政府财政部门签发的拨款凭证于当日办理库款拨付，并将款项及时转入用款单位的存款帐户。

各级国库和有关银行不得占压财政部门拨付的预算资金。

第四十四条 预算法第四十八条第四款所称"以其他方式支配已入国库的库款"，是指部门、单位和个人未经本级政府财政部门同意，调拨、周转、冻结、扣拨、退付已入国库的库款。

第四十五条 中央预算收入、中央和地方预算共享收入退库的办法，由财政部制定。地方预算收入退库的办法，由省、自治区、直辖市政府财政部门制定。

各级预算收入退库的审批权属于本级政府财政部门。中央预算收入、中央和地方预算共享收入的退库，由财政部或者财政部授权的机构批准。地方预算收入的退库，由地方政府财政部门或者其授权的机构批准。具体退库程序按照财政部的有关规定办理。

办理预算收入退库，应当直接退给申请单位或者申请个人，按照国家规定用途使用。任何部门、单位和个人不得截留、挪用退库款项。

第四十六条 各级政府应当加强对本级国库的管理和监督，各级政府财政部门负责协调本级预算收入征收部门与国库的业务工作。

第四十七条 各级政府依据法定权限作出的决定和规定的行政措施，凡涉及财政减收增支的，应当在预算批准前提出并在预算中作出相应安排。在预算执行中一般不制定新的减收增支政策和措施；确需制定的，应当采取相应的增收节支措施。

第四十八条 国务院各部门制定的规章，凡涉及减免应缴预算收入，设立和改变收费项目，罚没财物处理，企业成本、费用开支标准和范围，国有资产处置、收益分配，会计核算以及行政事业经费开支标准的，必须符合国家统一的规定。

第四十九条 地方政府依据法定权限制定的规章和规定的行政措施，不得涉及减免中央预算收入、中央和地方预算共享收入，不得影响中央预算收入、中央和地方预算共享收入的征收；违反规定的，有关预算收入征收部门有权拒绝执行，并应当向上级预算收入征收部门和财政部报告。

第五十条 各级政府应当加强对预算工作的领导，定期听取财政部门有关预算执行情况的汇报，研究解决预算执行中出现的问题。

第五十一条 政府财政部门有权对本级各部门及其所属各单位的预算执行进行监督检查，对各部门预算收支的情况和效果进行考核。

政府财政部门有权对本级各预算收入征收部门征收预算收入的情况进行监督检查，对擅自减征、免征、缓征及退还预算收入的，责令改正。

第五十二条 政府财政部门应当每月向本级政府报告预算执行情况，具体报告内容和方式由本级政府规定。

第五十三条 省、自治区、直辖市政府财政部门应当按照下列期限和方式向财政部报告本行政区域预算执行情况：

（一）预算收支旬报，按照财政部规定的内容编制，于每旬终了后3日内报送财政部；

（二）预算收支月报，按照财政部规定的内容编制，于每月终了后5日内报送财政部；

（三）每月预算收支执行情况文字说明材料，于每月终了后10日内报送财政部；每季预算收支执行情况的全面分析材料于季度终了后15日内报送财政部；

（四）年报即年度决算的编报事项，依照预算法和本条例的有关规定执行。

设区的市、自治州政府和县级政府的财政部门和乡、民族乡、镇政府向上一级政府财政部门编报预算收支执行情况的内容和报送期限，由上一级政府财政部门规定。

第五十四条 各级财政、税务、海关等预算收入征收部门应当每月按照财政部门规定的期限和要求，向财政部门和上级主管部门报送有关预算收入计划执行情况，并附说明材料。

第五十五条 中央国库与地方国库应当按照有关规定向财政部门编报预算收入入库、解库及库款拨付情况的日报、旬报、月报和年报。

第五十六条 政府财政部门、预算收入征收部门和国库应当建立健全相互之间的预算收入对帐制度，在预算执行中按月、按年核对预算收入的收纳及库款拨付情况，保证预算收入的征收入库和库存金额准确无误。

第五十七条 各部门依照有关法律、行政法规和国家有关规定，对所属各单位的预算执行情况，进行监督检查。

第五十八条 各部门应当按照本级政府财政部门规定的期限，向本级政府财政部门报送本部门有关预算收支、企业缴款完成情况等报表和文字说明材料。

第五十九条 政府财政部门对要求追加预算支出、减少预算收入的事项应当严格审核；对需要动用预备费的，必须经本级政府批准。

第五章 预算调整

第六十条 预算调整方案由政府财政部门负责具体编制。预算调整方案应当列明调整的原因、项目、数额、措施及有关说明，经本级政府审定后，提请本级人民代表大会常务委员会审查和批准。

第六十一条 接受上级返还或者补助的地方政府，应当按照上级政府规定的用途使用款项，不得擅自改变用途。

政府有关部门以本级预算安排的资金拨付给下级政府有关部门的专款，必须经本级政府财政部门同意并办理预算划转手续。

第六十二条 各部门、各单位的预算支出,必须按照本级政府财政部门批复的预算科目和数额执行,不得挪用;确需作出调整的,必须经本级政府财政部门同意。

第六十三条 年度预算确定后,企业、事业单位改变隶属关系,引起预算级次和关系变化的,应当在改变财务关系的同时,相应办理预算划转。

第六章 决 算

第六十四条 预算法第五十九条所称"决算草案",是指各级政府、各部门、各单位编制的未经法定程序审查和批准的预算收支的年度执行结果。

第六十五条 财政部应当在每年第四季度部署编制决算草案的原则、要求、方法和报送期限,制发中央各部门决算、地方决算及其他有关决算的报表格式。

县级以上地方政府财政部门根据财政部的部署,部署编制本级政府各部门和下级政府决算草案的原则、要求、方法和报送期限,制发本级政府各部门决算、下级政府决算及其他有关决算的报表格式。

第六十六条 地方政府财政部门根据上级政府财政部门的部署,制定本行政区域决算草案和本级各部门决算草案的具体编制办法。

各部门根据本级政府财政部门的部署,制定所属各单位决算草案的具体编制办法。

第六十七条 政府财政部门、各部门、各单位在每一预算年度终了时,应当清理核实全年预算收入、支出数字和往来款项,做好决算数字的对帐工作。不得把本年度的收入和支出转为下年度的收入和支出,不得把下年度的收入和支出列为本年度的收入和支出;不得把预算内收入和支出转为预算之外,不得随意把预算外收入和支出转为预算之内。

决算各项数字应当以经核实的基层单位汇总的会计数字为准,不得以估计数字替代,不得弄虚作假。

第六十八条 各单位应当按照主管部门的布置,认真编制本单位决算草案,在规定期限内上报。

各部门在审核汇总所属各单位决算草案基础上,连同本部门自身的决算收入和支出数字,汇编成本部门决算草案并附决算草案详细说明,经部门行政领导签章后,在规定期限内报本级政府财政部门审核。

第六十九条 各级预算收入征收部门应当按照财政部门的要求,及时编报收入年报及有关资料。

第七十条 财政部应当根据中央各部门决算草案汇总编制中央决算草案,报国务院审定后,由国务院提请全国人民代表大会常务委员会审查和批准。

县级以上地方各级政府财政部门根据本级各部门决算草案汇总编制本级决算草案,报本级政府审定后,由本级政府提请本级人民代表大会常务委员会审查和批准。

乡、民族乡、镇政府根据财政部门提供的年度预算收入和支出的执行结果,编制本级决算草案,提请本级人民代表大会审查和批准。

第七十一条 对于年度预算执行中上下级财政之间按照规定需要清算的事项,应当在决算时办理结算。

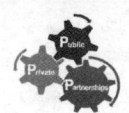

第七十二条 县级以上各级政府决算草案经本级人民代表大会常务委员会批准后,本级政府财政部门应当自批准之日起20日内向本级各部门批复决算。各部门应当自本级政府财政部门批复本部门决算之日15日内向所属各单位批复决算。

第七十三条 县级以上地方各级政府应当自本级人民代表大会常务委员会批准本级政府决算之日起30日内,将本级政府决算及下一级政府上报备案的决算汇总,报上一级政府备案。

第七章 监 督

第七十四条 县级以上各级政府应当接受本级人民代表大会及其常务委员会对预算执行情况和决算的监督,乡级人民政府应当接受本级人民代表大会对预算执行情况和决算的监督;按照本级人民代表大会或其常务委员会的要求,报告预算执行情况;认真研究处理本级人民代表大会代表或者常务委员会组成人员有关改进预算管理的建议、批评和意见,并及时答复。

第七十五条 各级政府应当加强对下级政府预算执行的监督,对下级政府在预算执行中违反法律、行政法规和国家方针政策的行为,依法予以制止和纠正;对本级预算执行中出现的问题,及时采取处理措施。

下级政府应当接受上级政府对预算执行的监督;根据上级政府的要求,及时提供资料,如实反映情况,不得隐瞒、虚报;严格执行上级政府作出的有关决定,并将执行结果及时上报。

第七十六条 各部门及其所属各单位应当接受本级财政部门有关预算的监督检查;按照本级财政部门的要求,如实提供有关预算资料;执行本级财政部门提出的检查意见。

第七十七条 各级审计机关应当依照《中华人民共和国审计法》以及有关法律、行政法规的规定,对本级预算执行情况,对本级各部门和下级政府预算的执行情况和决算,进行审计监督。

第八章 附 则

第七十八条 预算法第七十四条所称"擅自动用国库库款或者擅自以其他方式支配已入国库的库款",是指:

(一)预算收入征收部门不经政府财政部门或者政府财政部门授权的机构同意退库的;

(二)预算收入征收部门将所收税款和其他预算收入存入在国库之外设立的过渡性帐户、经费帐户和其他帐户的;

(三)经理国库业务的银行未经有关政府财政部门同意,动用国库库款或者办理退库的;

(四)经理国库业务的银行违反规定将国库库款挪作他用的;

(五)不及时收纳、留解预算收入,或者延解、占压国库库款的;

(六)不及时将预算拨款划入用款单位帐户,占压政府财政部门拨付的预算资金的。

第七十九条 本条例自发布之日起施行。

18.《中华人民共和国招标投标法》

(2000年1月1日起施行)

第一章 总 则

第一条 为了规范招标投标活动,保护国家利益、社会公共利益和招标投标活动当事人的合法权益,提高经济效益,保证项目质量,制定本法。

第二条 在中华人民共和国境内进行招标投标活动,适用本法。

第三条 在中华人民共和国境内进行下列工程建设项目包括项目的勘察、设计、施工、监理以及与工程建设有关的重要设备、材料等的采购,必须进行招标:

(一)大型基础设施、公用事业等关系社会公共利益、公众安全的项目;

(二)全部或者部分使用国有资金投资或者国家融资的项目;

(三)使用国际组织或者外国政府贷款、援助资金的项目。

前款所列项目的具体范围和规模标准,由国务院发展计划部门会同国务院有关部门制订,报国务院批准。

法律或者国务院对必须进行招标的其他项目的范围有规定的,依照其规定。

第四条 任何单位和个人不得将依法必须进行招标的项目化整为零或者以其他任何方式规避招标。

第五条 招标投标活动应当遵循公开、公平、公正和诚实信用的原则。

第六条 依法必须进行招标的项目,其招标投标活动不受地区或者部门的限制。任何单位和个人不得违法限制或者排斥本地区、本系统以外的法人或者其他组织参加投标,不得以任何方式非法干涉招标投标活动。

第七条 招标投标活动及其当事人应当接受依法实施的监督。

有关行政监督部门依法对招标投标活动实施监督,依法查处招标投标活动中的违法行为。

对招标投标活动的行政监督及有关部门的具体职权划分,由国务院规定。

第二章 招 标

第八条 招标人是依照本法规定提出招标项目、进行招标的法人或者其他组织。

第九条 招标项目按照国家有关规定需要履行项目审批手续的,应当先履行审批手续,取得批准。

招标人应当有进行招标项目的相应资金或者资金来源已经落实,并应当在招标文件中如实载明。

第十条 招标分为公开招标和邀请招标。

公开招标,是指招标人以招标公告的方式邀请不特定的法人或者其他组织投标。

邀请招标,是指招标人以投标邀请书的方式邀请特定的法人或者其他组织投标。

第十一条 国务院发展计划部门确定的国家重点项目和省、自治区、直辖市人民政府确定的地方重点项目不适宜公开招标的,经国务院发展计划部门或者省、自治区、直辖市人民政府批准,可以进行邀请招标。

第十二条　招标人有权自行选择招标代理机构，委托其办理招标事宜。任何单位和个人不得以任何方式为招标人指定招标代理机构。

招标人具有编制招标文件和组织评标能力的，可以自行办理招标事宜。任何单位和个人不得强制其委托招标代理机构办理招标事宜。

依法必须进行招标的项目，招标人自行办理招标事宜的，应当向有关行政监督部门备案。

第十三条　招标代理机构是依法设立、从事招标代理业务并提供相关服务的社会中介组织。

招标代理机构应当具备下列条件：

（一）有从事招标代理业务的营业场所和相应资金；

（二）有能够编制招标文件和组织评标的相应专业力量；

（三）有符合本法第三十七条第三款规定条件、可以作为评标委员会成员人选的技术、经济等方面的专家库。

第十四条　从事工程建设项目招标代理业务的招标代理机构，其资格由国务院或者省、自治区、直辖市人民政府的建设行政主管部门认定。具体办法由国务院建设行政主管部门会同国务院有关部门制定。从事其他招标代理业务的招标代理机构，其资格认定的主管部门由国务院规定。

招标代理机构与行政机关和其他国家机关不得存在隶属关系或者其他利益关系。

第十五条　招标代理机构应当在招标人委托的范围内办理招标事宜，并遵守本法关于招标人的规定。

第十六条　招标人采用公开招标方式的，应当发布招标公告。依法必须进行招标的项目的招标公告，应当通过国家指定的报刊、信息网络或者其他媒介发布。

招标公告应当载明招标人的名称和地址、招标项目的性质、数量、实施地点和时间以及获取招标文件的办法等事项。

第十七条　招标人采用邀请招标方式的，应当向三个以上具备承担招标项目的能力、资信良好的特定的法人或者其他组织发出投标邀请书。

投标邀请书应当载明本法第十六条第二款规定的事项。

第十八条　招标人可以根据招标项目本身的要求，在招标公告或者投标邀请书中，要求潜在投标人提供有关资质证明文件和业绩情况，并对潜在投标人进行资格审查；国家对投标人的资格条件有规定的，依照其规定。

招标人不得以不合理的条件限制或者排斥潜在投标人，不得对潜在投标人实行歧视待遇。

第十九条　招标人应当根据招标项目的特点和需要编制招标文件。招标文件应当包括招标项目的技术要求、对投标人资格审查的标准、投标报价要求和评标标准等所有实质性要求和条件以及拟签订合同的主要条款。

国家对招标项目的技术、标准有规定的，招标人应当按照其规定在招标文件中提出相应要求。

招标项目需要划分标段、确定工期的，招标人应当合理划分标段、确定工期，并在招标文件中载明。

第二十条　招标文件不得要求或者标明特定的生产供应者以及含有倾向或者排斥潜在投标人的其他内容。

第二十一条 招标人根据招标项目的具体情况,可以组织潜在投标人踏勘项目现场。

第二十二条 招标人不得向他人透露已获取招标文件的潜在投标人的名称、数量以及可能影响公平竞争的有关招标投标的其他情况。

招标人设有标底的,标底必须保密。

第二十三条 招标人对已发出的招标文件进行必要的澄清或者修改的,应当在招标文件要求提交投标文件截止时间至少十五日前,以书面形式通知所有招标文件收受人。该澄清或者修改的内容为招标文件的组成部分。

第二十四条 招标人应当确定投标人编制投标文件所需要的合理时间;但是,依法必须进行招标的项目,自招标文件开始发出之日起至投标人提交投标文件截止之日止,最短不得少于二十日。

第三章 投 标

第二十五条 投标人是响应招标、参加投标竞争的法人或者其他组织。

依法招标的科研项目允许个人参加投标的,投标的个人适用本法有关投标人的规定。

第二十六条 投标人应当具备承担招标项目的能力;国家有关规定对投标人资格条件或者招标文件对投标人资格条件有规定的,投标人应当具备规定的资格条件。

第二十七条 投标人应当按照招标文件的要求编制投标文件。投标文件应当对招标文件提出的实质性要求和条件作出响应。

招标项目属于建设施工的,投标文件的内容应当包括拟派出的项目负责人与主要技术人员的简历、业绩和拟用于完成招标项目的机械设备等。

第二十八条 投标人应当在招标文件要求提交投标文件的截止时间前,将投标文件送达投标地点。招标人收到投标文件后,应当签收保存,不得开启。投标人少于三个的,招标人应当依照本法重新招标。

在招标文件要求提交投标文件的截止时间后送达的投标文件,招标人应当拒收。

第二十九条 投标人在招标文件要求提交投标文件的截止时间前,可以补充、修改或者撤回已提交的投标文件,并书面通知招标人。补充、修改的内容为投标文件的组成部分。

第三十条 投标人根据招标文件载明的项目实际情况,拟在中标后将中标项目的部分非主体、非关键性工作进行分包的,应当在投标文件中载明。

第三十一条 两个以上法人或者其他组织可以组成一个联合体,以一个投标人的身份共同投标。

联合体各方均应当具备承担招标项目的相应能力;国家有关规定或者招标文件对投标人资格条件有规定的,联合体各方均应当具备规定的相应资格条件。由同一专业的单位组成的联合体,按照资质等级较低的单位确定资质等级。

联合体各方应当签订共同投标协议,明确约定各方拟承担的工作和责任,并将共同投标协议连同投标文件一并提交招标人。联合体中标的,联合体各方应当共同与招标人签订合同,就中标项目向招标人承担连带责任。

招标人不得强制投标人组成联合体共同投标,不得限制投标人之间的竞争。

第三十二条 投标人不得相互串通投标报价,不得排挤其他投标人的公平竞争,损害招标人或者其他投标人的合法权益。

投标人不得与招标人串通投标，损害国家利益、社会公共利益或者他人的合法权益。

禁止投标人以向招标人或者评标委员会成员行贿的手段谋取中标。

第三十三条 投标人不得以低于成本的报价竞标，也不得以他人名义投标或者以其他方式弄虚作假，骗取中标。

第四章 开标、评标和中标

第三十四条 开标应当在招标文件确定的提交投标文件截止时间的同一时间公开进行；开标地点应当为招标文件中预先确定的地点。

第三十五条 开标由招标人主持，邀请所有投标人参加。

第三十六条 开标时，由投标人或者其推选的代表检查投标文件的密封情况，也可以由招标人委托的公证机构检查并公证；经确认无误后，由工作人员当众拆封，宣读投标人名称、投标价格和投标文件的其他主要内容。

招标人在招标文件要求提交投标文件的截止时间前收到的所有投标文件，开标时都应当当众予以拆封、宣读。

开标过程应当记录，并存档备查。

第三十七条 评标由招标人依法组建的评标委员会负责。

依法必须进行招标的项目，其评标委员会由招标人的代表和有关技术、经济等方面的专家组成，成员人数为五人以上单数，其中技术、经济等方面的专家不得少于成员总数的三分之二。

前款专家应当从事相关领域工作满八年并具有高级职称或者具有同等专业水平，由招标人从国务院有关部门或者省、自治区、直辖市人民政府有关部门提供的专家名册或者招标代理机构的专家库内的相关专业的专家名单中确定；一般招标项目可以采取随机抽取方式，特殊招标项目可以由招标人直接确定。

与投标人有利害关系的人不得进入相关项目的评标委员会；已经进入的应当更换。

评标委员会成员的名单在中标结果确定前应当保密。

第三十八条 招标人应当采取必要的措施，保证评标在严格保密的情况下进行。

任何单位和个人不得非法干预、影响评标的过程和结果。

第三十九条 评标委员会可以要求投标人对投标文件中含义不明确的内容作必要的澄清或者说明，但是澄清或者说明不得超出投标文件的范围或者改变投标文件的实质性内容。

第四十条 评标委员会应当按照招标文件确定的评标标准和方法，对投标文件进行评审和比较；设有标底的，应当参考标底。评标委员会完成评标后，应当向招标人提出书面评标报告，并推荐合格的中标候选人。

招标人根据评标委员会提出的书面评标报告和推荐的中标候选人确定中标人。招标人也可以授权评标委员会直接确定中标人。

国务院对特定招标项目的评标有特别规定的，从其规定。

第四十一条 中标人的投标应当符合下列条件之一：

（一）能够最大限度地满足招标文件中规定的各项综合评价标准；

（二）能够满足招标文件的实质性要求，并且经评审的投标价格最低；但是投标价格低于成本的除外。

第四十二条 评标委员会经评审,认为所有投标都不符合招标文件要求的,可以否决所有投标。

依法必须进行招标的项目的所有投标被否决的,招标人应当依照本法重新招标。

第四十三条 在确定中标人前,招标人不得与投标人就投标价格、投标方案等实质性内容进行谈判。

第四十四条 评标委员会成员应当客观、公正地履行职务,遵守职业道德,对所提出的评审意见承担个人责任。

评标委员会成员不得私下接触投标人,不得收受投标人的财物或者其他好处。

评标委员会成员和参与评标的有关工作人员不得透露对投标文件的评审和比较、中标候选人的推荐情况以及与评标有关的其他情况。

第四十五条 中标人确定后,招标人应当向中标人发出中标通知书,并同时将中标结果通知所有未中标的投标人。

中标通知书对招标人和中标人具有法律效力。中标通知书发出后,招标人改变中标结果的,或者中标人放弃中标项目的,应当依法承担法律责任。

第四十六条 招标人和中标人应当自中标通知书发出之日起三十日内,按照招标文件和中标人的投标文件订立书面合同。招标人和中标人不得再行订立背离合同实质性内容的其他协议。

招标文件要求中标人提交履约保证金的,中标人应当提交。

第四十七条 依法必须进行招标的项目,招标人应当自确定中标人之日起十五日内,向有关行政监督部门提交招标投标情况的书面报告。

第四十八条 中标人应当按照合同约定履行义务,完成中标项目。中标人不得向他人转让中标项目,也不得将中标项目肢解后分别向他人转让。

中标人按照合同约定或者经招标人同意,可以将中标项目的部分非主体、非关键性工作分包给他人完成。接受分包的人应当具备相应的资格条件,并不得再次分包。

中标人应当就分包项目向招标人负责,接受分包的人就分包项目承担连带责任。

第五章 法律责任

第四十九条 违反本法规定,必须进行招标的项目而不招标的,将必须进行招标的项目化整为零或者以其他任何方式规避招标的,责令限期改正,可以处项目合同金额千分之五以上千分之十以下的罚款;对全部或者部分使用国有资金的项目,可以暂停项目执行或者暂停资金拨付;对单位直接负责的主管人员和其他直接责任人员依法给予处分。

第五十条 招标代理机构违反本法规定,泄露应当保密的与招标投标活动有关的情况和资料的,或者与招标人、投标人串通损害国家利益、社会公共利益或者他人合法权益的,处五万元以上二十五万元以下的罚款,对单位直接负责的主管人员和其他直接责任人员处单位罚款数额百分之五以上百分之十以下的罚款;有违法所得的,并处没收违法所得;情节严重的,暂停直至取消招标代理资格;构成犯罪的,依法追究刑事责任。给他人造成损失的,依法承担赔偿责任。

前款所列行为影响中标结果的,中标无效。

第五十一条 招标人以不合理的条件限制或者排斥潜在投标人的,对潜在投标人实行歧视待遇的，强制要求投标人组成联合体共同投标的，或者限制投标人之间竞争的，责令改正，可以处一万元以上五万元以下的罚款。

第五十二条 依法必须进行招标的项目的招标人向他人透露已获取招标文件的潜在投标人的名称、数量或者可能影响公平竞争的有关招标投标的其他情况的，或者泄露标底的，给予警告，可以并处一万元以上十万元以下的罚款；对单位直接负责的主管人员和其他直接责任人员依法给予处分；构成犯罪的，依法追究刑事责任。

前款所列行为影响中标结果的，中标无效。

第五十三条 投标人相互串通投标或者与招标人串通投标的，投标人以向招标人或者评标委员会成员行贿的手段谋取中标的，中标无效，处中标项目金额千分之五以上千分之十以下的罚款，对单位直接负责的主管人员和其他直接责任人员处单位罚款数额百分之五以上百分之十以下的罚款；有违法所得的，并处没收违法所得；情节严重的，取消其一年至二年内参加依法必须进行招标的项目的投标资格并予以公告，直至由工商行政管理机关吊销营业执照；构成犯罪的，依法追究刑事责任。给他人造成损失的，依法承担赔偿责任。

第五十四条 投标人以他人名义投标或者以其他方式弄虚作假，骗取中标的，中标无效，给招标人造成损失的，依法承担赔偿责任；构成犯罪的，依法追究刑事责任。

依法必须进行招标的项目的投标人有前款所列行为尚未构成犯罪的，处中标项目金额千分之五以上千分之十以下的罚款，对单位直接负责的主管人员和其他直接责任人员处单位罚款数额百分之五以上百分之十以下的罚款；有违法所得的，并处没收违法所得；情节严重的，取消其一年至三年内参加依法必须进行招标的项目的投标资格并予以公告，直至由工商行政管理机关吊销营业执照。

第五十五条 依法必须进行招标的项目，招标人违反本法规定，与投标人就投标价格、投标方案等实质性内容进行谈判的，给予警告，对单位直接负责的主管人员和其他直接责任人员依法给予处分。

前款所列行为影响中标结果的，中标无效。

第五十六条 评标委员会成员收受投标人的财物或者其他好处的，评标委员会成员或者参加评标的有关工作人员向他人透露对投标文件的评审和比较、中标候选人的推荐以及与评标有关的其他情况的，给予警告，没收收受的财物，可以并处三千元以上五万元以下的罚款，对有所列违法行为的评标委员会成员取消担任评标委员会成员的资格，不得再参加任何依法必须进行招标的项目的评标；构成犯罪的，依法追究刑事责任。

第五十七条 招标人在评标委员会依法推荐的中标候选人以外确定中标人的，依法必须进行招标的项目在所有投标被评标委员会否决后自行确定中标人的，中标无效。责令改正，可以处中标项目金额千分之五以上千分之十以下的罚款；对单位直接负责的主管人员和其他直接责任人员依法给予处分。

第五十八条 中标人将中标项目转让给他人的，将中标项目肢解后分别转让给他人的，违反本法规定将中标项目的部分主体、关键性工作分包给他人的，或者分包人再次分包的，转让、分包无效，处转让、分包项目金额千分之五以上千分之十以下的罚款；有违法所得的，并处没收违法所得；可以责令停业整顿；情节严重的，由工商行政管理机关吊销营业执照。

第五十九条 招标人与中标人不按照招标文件和中标人的投标文件订立合同的，或者招标人、中标人订立背离合同实质性内容的协议的，责令改正；可以处中标项目金额千分之五以上千分之十以下的罚款。

第六十条 中标人不履行与招标人订立的合同的,履约保证金不予退还,给招标人造成的损失超过履约保证金数额的,还应当对超过部分予以赔偿;没有提交履约保证金的,应当对招标人的损失承担赔偿责任。

中标人不按照与招标人订立的合同履行义务,情节严重的,取消其二年至五年内参加依法必须进行招标的项目的投标资格并予以公告,直至由工商行政管理机关吊销营业执照。

因不可抗力不能履行合同的,不适用前两款规定。

第六十一条 本章规定的行政处罚,由国务院规定的有关行政监督部门决定。本法已对实施行政处罚的机关作出规定的除外。

第六十二条 任何单位违反本法规定,限制或者排斥本地区、本系统以外的法人或者其他组织参加投标的,为招标人指定招标代理机构的,强制招标人委托招标代理机构办理招标事宜的,或者以其他方式干涉招标投标活动的,责令改正;对单位直接负责的主管人员和其他直接责任人员依法给予警告、记过、记大过的处分,情节较重的,依法给予降级、撤职、开除的处分。

个人利用职权进行前款违法行为的,依照前款规定追究责任。

第六十三条 对招标投标活动依法负有行政监督职责的国家机关工作人员徇私舞弊、滥用职权或者玩忽职守,构成犯罪的,依法追究刑事责任;不构成犯罪的,依法给予行政处分。

第六十四条 依法必须进行招标的项目违反本法规定,中标无效的,应当依照本法规定的中标条件从其余投标人中重新确定中标人或者依照本法重新进行招标。

第六章 附 则

第六十五条 投标人和其他利害关系人认为招标投标活动不符合本法有关规定的,有权向招标人提出异议或者依法向有关行政监督部门投诉。

第六十六条 涉及国家安全、国家秘密、抢险救灾或者属于利用扶贫资金实行以工代赈、需要使用农民工等特殊情况,不适宜进行招标的项目,按照国家有关规定可以不进行招标。

第六十七条 使用国际组织或者外国政府贷款、援助资金的项目进行招标,贷款方、资金提供方对招标投标的具体条件和程序有不同规定的,可以适用其规定,但违背中华人民共和国的社会公共利益的除外。

第六十八条 本法自2000年1月1日起施行。

19.《中华人民共和国招标投标法实施条例》

(2012年2月1日起施行,国务院令第613号)

第一章 总 则

第一条 为了规范招标投标活动,根据《中华人民共和国招标投标法》(以下简称招标投标法),制定本条例。

第二条 招标投标法第三条所称工程建设项目，是指工程以及与工程建设有关的货物、服务。

前款所称工程，是指建设工程，包括建筑物和构筑物的新建、改建、扩建及其相关的装修、拆除、修缮等；所称与工程建设有关的货物，是指构成工程不可分割的组成部分，且为实现工程基本功能所必需的设备、材料等；所称与工程建设有关的服务，是指为完成工程所需的勘察、设计、监理等服务。

第三条 依法必须进行招标的工程建设项目的具体范围和规模标准，由国务院发展改革部门会同国务院有关部门制订，报国务院批准后公布施行。

第四条 国务院发展改革部门指导和协调全国招标投标工作，对国家重大建设项目的工程招标投标活动实施监督检查。国务院工业和信息化、住房城乡建设、交通运输、铁道、水利、商务等部门，按照规定的职责分工对有关招标投标活动实施监督。

县级以上地方人民政府发展改革部门指导和协调本行政区域的招标投标工作。县级以上地方人民政府有关部门按照规定的职责分工，对招标投标活动实施监督，依法查处招标投标活动中的违法行为。县级以上地方人民政府对其所属部门有关招标投标活动的监督职责分工另有规定的，从其规定。

财政部门依法对实行招标投标的政府采购工程建设项目的预算执行情况和政府采购政策执行情况实施监督。

监察机关依法对与招标投标活动有关的监察对象实施监察。

第五条 设区的市级以上地方人民政府可以根据实际需要，建立统一规范的招标投标交易场所，为招标投标活动提供服务。招标投标交易场所不得与行政监督部门存在隶属关系，不得以营利为目的。

国家鼓励利用信息网络进行电子招标投标。

第六条 禁止国家工作人员以任何方式非法干涉招标投标活动。

第二章 招 标

第七条 按照国家有关规定需要履行项目审批、核准手续的依法必须进行招标的项目，其招标范围、招标方式、招标组织形式应当报项目审批、核准部门审批、核准。项目审批、核准部门应当及时将审批、核准确定的招标范围、招标方式、招标组织形式通报有关行政监督部门。

第八条 国有资金占控股或者主导地位的依法必须进行招标的项目，应当公开招标；但有下列情形之一的，可以邀请招标：

（一）技术复杂、有特殊要求或者受自然环境限制，只有少量潜在投标人可供选择；

（二）采用公开招标方式的费用占项目合同金额的比例过大。

有前款第二项所列情形，属于本条例第七条规定的项目，由项目审批、核准部门在审批、核准项目时作出认定；其他项目由招标人申请有关行政监督部门作出认定。

第九条 除招标投标法第六十六条规定的可以不进行招标的特殊情况外，有下列情形之一的，可以不进行招标：

（一）需要采用不可替代的专利或者专有技术；

（二）采购人依法能够自行建设、生产或者提供；

（三）已通过招标方式选定的特许经营项目投资人依法能够自行建设、生产或者提供；

（四）需要向原中标人采购工程、货物或者服务，否则将影响施工或者功能配套要求；

（五）国家规定的其他特殊情形。

招标人为适用前款规定弄虚作假的，属于招标投标法第四条规定的规避招标。

第十条 招标投标法第十二条第二款规定的招标人具有编制招标文件和组织评标能力，是指招标人具有与招标项目规模和复杂程度相适应的技术、经济等方面的专业人员。

第十一条 招标代理机构的资格依照法律和国务院的规定由有关部门认定。

国务院住房城乡建设、商务、发展改革、工业和信息化等部门，按照规定的职责分工对招标代理机构依法实施监督管理。

第十二条 招标代理机构应当拥有一定数量的取得招标职业资格的专业人员。取得招标职业资格的具体办法由国务院人力资源社会保障部门会同国务院发展改革部门制定。

第十三条 招标代理机构在其资格许可和招标人委托的范围内开展招标代理业务，任何单位和个人不得非法干涉。

招标代理机构代理招标业务，应当遵守招标投标法和本条例关于招标人的规定。招标代理机构不得在所代理的招标项目中投标或者代理投标，也不得为所代理的招标项目的投标人提供咨询。

招标代理机构不得涂改、出租、出借、转让资格证书。

第十四条 招标人应当与被委托的招标代理机构签订书面委托合同，合同约定的收费标准应当符合国家有关规定。

第十五条 公开招标的项目，应当依照招标投标法和本条例的规定发布招标公告、编制招标文件。

招标人采用资格预审办法对潜在投标人进行资格审查的，应当发布资格预审公告、编制资格预审文件。

依法必须进行招标的项目的资格预审公告和招标公告，应当在国务院发展改革部门依法指定的媒介发布。在不同媒介发布的同一招标项目的资格预审公告或者招标公告的内容应当一致。指定媒介发布依法必须进行招标的项目的境内资格预审公告、招标公告，不得收取费用。

编制依法必须进行招标的项目的资格预审文件和招标文件，应当使用国务院发展改革部门会同有关行政监督部门制定的标准文本。

第十六条 招标人应当按照资格预审公告、招标公告或者投标邀请书规定的时间、地点发售资格预审文件或者招标文件。资格预审文件或者招标文件的发售期不得少于5日。

招标人发售资格预审文件、招标文件收取的费用应当限于补偿印刷、邮寄的成本支出，不得以营利为目的。

第十七条 招标人应当合理确定提交资格预审申请文件的时间。依法必须进行招标的项目提交资格预审申请文件的时间，自资格预审文件停止发售之日起不得少于5日。

第十八条 资格预审应当按照资格预审文件载明的标准和方法进行。

国有资金占控股或者主导地位的依法必须进行招标的项目，招标人应当组建资格审查委员会审查资格预审申请文件。资格审查委员会及其成员应当遵守招标投标法和本条例有关评标委员会及其成员的规定。

第十九条 资格预审结束后，招标人应当及时向资格预审申请人发出资格预审结果通知书。未通过资格预审的申请人不具有投标资格。

通过资格预审的申请人少于3个的，应当重新招标。

第二十条 招标人采用资格后审办法对投标人进行资格审查的，应当在开标后由评标委员会按照招标文件规定的标准和方法对投标人的资格进行审查。

第二十一条 招标人可以对已发出的资格预审文件或者招标文件进行必要的澄清或者修改。澄清或者修改的内容可能影响资格预审申请文件或者投标文件编制的，招标人应当在提交资格预审申请文件截止时间至少3日前，或者投标截止时间至少15日前，以书面形式通知所有获取资格预审文件或者招标文件的潜在投标人；不足3日或者15日的，招标人应当顺延提交资格预审申请文件或者投标文件的截止时间。

第二十二条 潜在投标人或者其他利害关系人对资格预审文件有异议的，应当在提交资格预审申请文件截止时间2日前提出；对招标文件有异议的，应当在投标截止时间10日前提出。招标人应当自收到异议之日起3日内作出答复；作出答复前，应当暂停招标投标活动。

第二十三条 招标人编制的资格预审文件、招标文件的内容违反法律、行政法规的强制性规定，违反公开、公平、公正和诚实信用原则，影响资格预审结果或者潜在投标人投标的，依法必须进行招标的项目的招标人应当在修改资格预审文件或者招标文件后重新招标。

第二十四条 招标人对招标项目划分标段的，应当遵守招标投标法的有关规定，不得利用划分标段限制或者排斥潜在投标人。依法必须进行招标的项目的招标人不得利用划分标段规避招标。

第二十五条 招标人应当在招标文件中载明投标有效期。投标有效期从提交投标文件的截止之日起算。

第二十六条 招标人在招标文件中要求投标人提交投标保证金的，投标保证金不得超过招标项目估算价的2%。投标保证金有效期应当与投标有效期一致。

依法必须进行招标的项目的境内投标单位，以现金或者支票形式提交的投标保证金应当从其基本账户转出。

招标人不得挪用投标保证金。

第二十七条 招标人可以自行决定是否编制标底。一个招标项目只能有一个标底。标底必须保密。

接受委托编制标底的中介机构不得参加受托编制标底项目的投标，也不得为该项目的投标人编制投标文件或者提供咨询。

招标人设有最高投标限价的，应当在招标文件中明确最高投标限价或者最高投标限价的计算方法。招标人不得规定最低投标限价。

第二十八条 招标人不得组织单个或者部分潜在投标人踏勘项目现场。

第二十九条 招标人可以依法对工程以及与工程建设有关的货物、服务全部或者部分实行总承包招标。以暂估价形式包括在总承包范围内的工程、货物、服务属于依法必须进行招标的项目范围且达到国家规定规模标准的，应当依法进行招标。

前款所称暂估价，是指总承包招标时不能确定价格而由招标人在招标文件中暂时估定的工程、货物、服务的金额。

第三十条 对技术复杂或者无法精确拟定技术规格的项目，招标人可以分两阶段进行招标。

第一阶段,投标人按照招标公告或者投标邀请书的要求提交不带报价的技术建议,招标人根据投标人提交的技术建议确定技术标准和要求,编制招标文件。

第二阶段,招标人向在第一阶段提交技术建议的投标人提供招标文件,投标人按照招标文件的要求提交包括最终技术方案和投标报价的投标文件。

招标人要求投标人提交投标保证金的,应当在第二阶段提出。

第三十一条 招标人终止招标的,应当及时发布公告,或者以书面形式通知被邀请的或者已经获取资格预审文件、招标文件的潜在投标人。已经发售资格预审文件、招标文件或者已经收取投标保证金的,招标人应当及时退还所收取的资格预审文件、招标文件的费用,以及所收取的投标保证金及银行同期存款利息。

第三十二条 招标人不得以不合理的条件限制、排斥潜在投标人或者投标人。

招标人有下列行为之一的,属于以不合理条件限制、排斥潜在投标人或者投标人:

(一)就同一招标项目向潜在投标人或者投标人提供有差别的项目信息;

(二)设定的资格、技术、商务条件与招标项目的具体特点和实际需要不相适应或者与合同履行无关;

(三)依法必须进行招标的项目以特定行政区域或者特定行业的业绩、奖项作为加分条件或者中标条件;

(四)对潜在投标人或者投标人采取不同的资格审查或者评标标准;

(五)限定或者指定特定的专利、商标、品牌、原产地或者供应商;

(六)依法必须进行招标的项目非法限定潜在投标人或者投标人的所有制形式或者组织形式;

(七)以其他不合理条件限制、排斥潜在投标人或者投标人。

第三章 投 标

第三十三条 投标人参加依法必须进行招标的项目的投标,不受地区或者部门的限制,任何单位和个人不得非法干涉。

第三十四条 与招标人存在利害关系可能影响招标公正性的法人、其他组织或者个人,不得参加投标。

单位负责人为同一人或者存在控股、管理关系的不同单位,不得参加同一标段投标或者未划分标段的同一招标项目投标。

违反前两款规定的,相关投标均无效。

第三十五条 投标人撤回已提交的投标文件,应当在投标截止时间前书面通知招标人。招标人已收取投标保证金的,应当自收到投标人书面撤回通知之日起5日内退还。

投标截止后投标人撤销投标文件的,招标人可以不退还投标保证金。

第三十六条 未通过资格预审的申请人提交的投标文件,以及逾期送达或者不按照招标文件要求密封的投标文件,招标人应当拒收。

招标人应当如实记载投标文件的送达时间和密封情况,并存档备查。

第三十七条 招标人应当在资格预审公告、招标公告或者投标邀请书中载明是否接受联合体投标。

招标人接受联合体投标并进行资格预审的,联合体应当在提交资格预审申请文件前组成。资格预审后联合体增减、更换成员的,其投标无效。

联合体各方在同一招标项目中以自己名义单独投标或者参加其他联合体投标的,相关投标均无效。

第三十八条 投标人发生合并、分立、破产等重大变化的,应当及时书面告知招标人。投标人不再具备资格预审文件、招标文件规定的资格条件或者其投标影响招标公正性的,其投标无效。

第三十九条 禁止投标人相互串通投标。

有下列情形之一的,属于投标人相互串通投标:

(一)投标人之间协商投标报价等投标文件的实质性内容;

(二)投标人之间约定中标人;

(三)投标人之间约定部分投标人放弃投标或者中标;

(四)属于同一集团、协会、商会等组织成员的投标人按照该组织要求协同投标;

(五)投标人之间为谋取中标或者排斥特定投标人而采取的其他联合行动。

第四十条 有下列情形之一的,视为投标人相互串通投标:

(一)不同投标人的投标文件由同一单位或者个人编制;

(二)不同投标人委托同一单位或者个人办理投标事宜;

(三)不同投标人的投标文件载明的项目管理成员为同一人;

(四)不同投标人的投标文件异常一致或者投标报价呈规律性差异;

(五)不同投标人的投标文件相互混装;

(六)不同投标人的投标保证金从同一单位或者个人的账户转出。

第四十一条 禁止招标人与投标人串通投标。

有下列情形之一的,属于招标人与投标人串通投标:

(一)招标人在开标前开启投标文件并将有关信息泄露给其他投标人;

(二)招标人直接或者间接向投标人泄露标底、评标委员会成员等信息;

(三)招标人明示或者暗示投标人压低或者抬高投标报价;

(四)招标人授意投标人撤换、修改投标文件;

(五)招标人明示或者暗示投标人为特定投标人中标提供方便;

(六)招标人与投标人为谋求特定投标人中标而采取的其他串通行为。

第四十二条 使用通过受让或者租借等方式获取的资格、资质证书投标的,属于招标投标法第三十三条规定的以他人名义投标。

投标人有下列情形之一的,属于招标投标法第三十三条规定的以其他方式弄虚作假的行为:

(一)使用伪造、变造的许可证件;

(二)提供虚假的财务状况或者业绩;

(三)提供虚假的项目负责人或者主要技术人员简历、劳动关系证明;

(四)提供虚假的信用状况;

(五)其他弄虚作假的行为。

第四十三条 提交资格预审申请文件的申请人应当遵守招标投标法和本条例有关投标

人的规定。

第四章 开标、评标和中标

第四十四条 招标人应当按照招标文件规定的时间、地点开标。

投标人少于3个的,不得开标;招标人应当重新招标。

投标人对开标有异议的,应当在开标现场提出,招标人应当当场作出答复,并制作记录。

第四十五条 国家实行统一的评标专家专业分类标准和管理办法。具体标准和办法由国务院发展改革部门会同国务院有关部门制定。

省级人民政府和国务院有关部门应当组建综合评标专家库。

第四十六条 除招标投标法第三十七条第三款规定的特殊招标项目外,依法必须进行招标的项目,其评标委员会的专家成员应当从评标专家库内相关专业的专家名单中以随机抽取方式确定。任何单位和个人不得以明示、暗示等任何方式指定或者变相指定参加评标委员会的专家成员。

依法必须进行招标的项目的招标人非因招标投标法和本条例规定的事由,不得更换依法确定的评标委员会成员。更换评标委员会的专家成员应当依照前款规定进行。

评标委员会成员与投标人有利害关系的,应当主动回避。

有关行政监督部门应当按照规定的职责分工,对评标委员会成员的确定方式、评标专家的抽取和评标活动进行监督。行政监督部门的工作人员不得担任本部门负责监督项目的评标委员会成员。

第四十七条 招标投标法第三十七条第三款所称特殊招标项目,是指技术复杂、专业性强或者国家有特殊要求,采取随机抽取方式确定的专家难以保证胜任评标工作的项目。

第四十八条 招标人应当向评标委员会提供评标所必需的信息,但不得明示或者暗示其倾向或者排斥特定投标人。

招标人应当根据项目规模和技术复杂程度等因素合理确定评标时间。超过三分之一的评标委员会成员认为评标时间不够的,招标人应当适当延长。

评标过程中,评标委员会成员有回避事由、擅离职守或者因健康等原因不能继续评标的,应当及时更换。被更换的评标委员会成员作出的评审结论无效,由更换后的评标委员会成员重新进行评审。

第四十九条 评标委员会成员应当依照招标投标法和本条例的规定,按照招标文件规定的评标标准和方法,客观、公正地对投标文件提出评审意见。招标文件没有规定的评标标准和方法不得作为评标的依据。

评标委员会成员不得私下接触投标人,不得收受投标人给予的财物或者其他好处,不得向招标人征询确定中标人的意向,不得接受任何单位或者个人明示或者暗示提出的倾向或者排斥特定投标人的要求,不得有其他不客观、不公正履行职务的行为。

第五十条 招标项目设有标底的,招标人应当在开标时公布。标底只能作为评标的参考,不得以投标报价是否接近标底作为中标条件,也不得以投标报价超过标底上下浮动范围作为否决投标的条件。

第五十一条 有下列情形之一的,评标委员会应当否决其投标:

(一)投标文件未经投标单位盖章和单位负责人签字;

（二）投标联合体没有提交共同投标协议；

（三）投标人不符合国家或者招标文件规定的资格条件；

（四）同一投标人提交两个以上不同的投标文件或者投标报价，但招标文件要求提交备选投标的除外；

（五）投标报价低于成本或者高于招标文件设定的最高投标限价；

（六）投标文件没有对招标文件的实质性要求和条件作出响应；

（七）投标人有串通投标、弄虚作假、行贿等违法行为。

第五十二条 投标文件中有含义不明确的内容、明显文字或者计算错误，评标委员会认为需要投标人作出必要澄清、说明的，应当书面通知该投标人。投标人的澄清、说明应当采用书面形式，并不得超出投标文件的范围或者改变投标文件的实质性内容。

评标委员会不得暗示或者诱导投标人作出澄清、说明，不得接受投标人主动提出的澄清、说明。

第五十三条 评标完成后，评标委员会应当向招标人提交书面评标报告和中标候选人名单。中标候选人应当不超过3个，并标明排序。

评标报告应当由评标委员会全体成员签字。对评标结果有不同意见的评标委员会成员应当以书面形式说明其不同意见和理由，评标报告应当注明该不同意见。评标委员会成员拒绝在评标报告上签字又不书面说明其不同意见和理由的，视为同意评标结果。

第五十四条 依法必须进行招标的项目，招标人应当自收到评标报告之日起3日内公示中标候选人，公示期不得少于3日。

投标人或者其他利害关系人对依法必须进行招标的项目的评标结果有异议的，应当在中标候选人公示期间提出。招标人应当自收到异议之日起3日内作出答复；作出答复前，应当暂停招标投标活动。

第五十五条 国有资金占控股或者主导地位的依法必须进行招标的项目，招标人应当确定排名第一的中标候选人为中标人。排名第一的中标候选人放弃中标、因不可抗力不能履行合同、不按照招标文件要求提交履约保证金，或者被查实存在影响中标结果的违法行为等情形，不符合中标条件的，招标人可以按照评标委员会提出的中标候选人名单排序依次确定其他中标候选人为中标人，也可以重新招标。

第五十六条 中标候选人的经营、财务状况发生较大变化或者存在违法行为，招标人认为可能影响其履约能力的，应当在发出中标通知书前由原评标委员会按照招标文件规定的标准和方法审查确认。

第五十七条 招标人和中标人应当依照招标投标法和本条例的规定签订书面合同，合同的标的、价款、质量、履行期限等主要条款应当与招标文件和中标人的投标文件的内容一致。招标人和中标人不得再行订立背离合同实质性内容的其他协议。

招标人最迟应当在书面合同签订后5日内向中标人和未中标的投标人退还投标保证金及银行同期存款利息。

第五十八条 招标文件要求中标人提交履约保证金的，中标人应当按照招标文件的要求提交。履约保证金不得超过中标合同金额的10%。

第五十九条 中标人应当按照合同约定履行义务，完成中标项目。中标人不得向他人转让中标项目，也不得将中标项目肢解后分别向他人转让。

中标人按照合同约定或者经招标人同意,可以将中标项目的部分非主体、非关键性工作分包给他人完成。接受分包的人应当具备相应的资格条件,并不得再次分包。

中标人应当就分包项目向招标人负责,接受分包的人就分包项目承担连带责任。

第五章　投诉与处理

第六十条　投标人或者其他利害关系人认为招标投标活动不符合法律、行政法规规定的,可以自知道或者应当知道之日起10日内向有关行政监督部门投诉。投诉应当有明确的请求和必要的证明材料。

就本条例第二十二条、第四十四条、第五十四条规定事项投诉的,应当先向招标人提出异议,异议答复期间不计算在前款规定的期限内。

第六十一条　投诉人就同一事项向两个以上有权受理的行政监督部门投诉的,由最先收到投诉的行政监督部门负责处理。

行政监督部门应当自收到投诉之日起3个工作日内决定是否受理投诉,并自受理投诉之日起30个工作日内作出书面处理决定;需要检验、检测、鉴定、专家评审的,所需时间不计算在内。

投诉人捏造事实、伪造材料或者以非法手段取得证明材料进行投诉的,行政监督部门应当予以驳回。

第六十二条　行政监督部门处理投诉,有权查阅、复制有关文件、资料,调查有关情况,相关单位和人员应当予以配合。必要时,行政监督部门可以责令暂停招标投标活动。

行政监督部门的工作人员对监督检查过程中知悉的国家秘密、商业秘密,应当依法予以保密。

第六章　法律责任

第六十三条　招标人有下列限制或者排斥潜在投标人行为之一的,由有关行政监督部门依照招标投标法第五十一条的规定处罚:

(一)依法应当公开招标的项目不按照规定在指定媒介发布资格预审公告或者招标公告;

(二)在不同媒介发布的同一招标项目的资格预审公告或者招标公告的内容不一致,影响潜在投标人申请资格预审或者投标。

依法必须进行招标的项目的招标人不按照规定发布资格预审公告或者招标公告,构成规避招标的,依照招标投标法第四十九条的规定处罚。

第六十四条　招标人有下列情形之一的,由有关行政监督部门责令改正,可以处10万元以下的罚款:

(一)依法应当公开招标而采用邀请招标;

(二)招标文件、资格预审文件的发售、澄清、修改的时限,或者确定的提交资格预审申请文件、投标文件的时限不符合招标投标法和本条例规定;

(三)接受未通过资格预审的单位或者个人参加投标;

(四)接受应当拒收的投标文件。

招标人有前款第一项、第三项、第四项所列行为之一的,对单位直接负责的主管人员和其他直接责任人员依法给予处分。

第六十五条　招标代理机构在所代理的招标项目中投标、代理投标或者向该项目投标人提供咨询的，接受委托编制标底的中介机构参加受托编制标底项目的投标或者为该项目的投标人编制投标文件、提供咨询的，依照招标投标法第五十条的规定追究法律责任。

第六十六条　招标人超过本条例规定的比例收取投标保证金、履约保证金或者不按照规定退还投标保证金及银行同期存款利息的，由有关行政监督部门责令改正，可以处5万元以下的罚款；给他人造成损失的，依法承担赔偿责任。

第六十七条　投标人相互串通投标或者与招标人串通投标的，投标人向招标人或者评标委员会成员行贿谋取中标的，中标无效；构成犯罪的，依法追究刑事责任；尚不构成犯罪的，依照招标投标法第五十三条的规定处罚。投标人未中标的，对单位的罚款金额按照招标项目合同金额依照招标投标法规定的比例计算。

投标人有下列行为之一的，属于招标投标法第五十三条规定的情节严重行为，由有关行政监督部门取消其1年至2年内参加依法必须进行招标的项目的投标资格：

（一）以行贿谋取中标；

（二）3年内2次以上串通投标；

（三）串通投标行为损害招标人、其他投标人或者国家、集体、公民的合法利益，造成直接经济损失30万元以上；

（四）其他串通投标情节严重的行为。

投标人自本条第二款规定的处罚执行期限届满之日起3年内又有该款所列违法行为之一的，或者串通投标、以行贿谋取中标情节特别严重的，由工商行政管理机关吊销营业执照。

法律、行政法规对串通投标报价行为的处罚另有规定的，从其规定。

第六十八条　投标人以他人名义投标或者以其他方式弄虚作假骗取中标的，中标无效；构成犯罪的，依法追究刑事责任；尚不构成犯罪的，依照招标投标法第五十四条的规定处罚。依法必须进行招标的项目的投标人未中标的，对单位的罚款金额按照招标项目合同金额依照招标投标法规定的比例计算。

投标人有下列行为之一的，属于招标投标法第五十四条规定的情节严重行为，由有关行政监督部门取消其1年至3年内参加依法必须进行招标的项目的投标资格：

（一）伪造、变造资格、资质证书或者其他许可证件骗取中标；

（二）3年内2次以上使用他人名义投标；

（三）弄虚作假骗取中标给招标人造成直接经济损失30万元以上；

（四）其他弄虚作假骗取中标情节严重的行为。

投标人自本条第二款规定的处罚执行期限届满之日起3年内又有该款所列违法行为之一的，或者弄虚作假骗取中标情节特别严重的，由工商行政管理机关吊销营业执照。

第六十九条　出让或者出租资格、资质证书供他人投标的，依照法律、行政法规的规定给予行政处罚；构成犯罪的，依法追究刑事责任。

第七十条　依法必须进行招标的项目的招标人不按照规定组建评标委员会，或者确定、更换评标委员会成员违反招标投标法和本条例规定的，由有关行政监督部门责令改正，可以处10万元以下的罚款，对单位直接负责的主管人员和其他直接责任人员依法给予处分；违法确定或者更换的评标委员会成员作出的评审结论无效,依法重新进行评审。

国家工作人员以任何方式非法干涉选取评标委员会成员的,依照本条例第八十一条的规定追究法律责任。

第七十一条 评标委员会成员有下列行为之一的,由有关行政监督部门责令改正;情节严重的,禁止其在一定期限内参加依法必须进行招标的项目的评标;情节特别严重的,取消其担任评标委员会成员的资格:

(一)应当回避而不回避;

(二)擅离职守;

(三)不按照招标文件规定的评标标准和方法评标;

(四)私下接触投标人;

(五)向招标人征询确定中标人的意向或者接受任何单位或者个人明示或者暗示提出的倾向或者排斥特定投标人的要求;

(六)对依法应当否决的投标不提出否决意见;

(七)暗示或者诱导投标人作出澄清、说明或者接受投标人主动提出的澄清、说明;

(八)其他不客观、不公正履行职务的行为。

第七十二条 评标委员会成员收受投标人的财物或者其他好处的,没收收受的财物,处3000元以上5万元以下的罚款,取消担任评标委员会成员的资格,不得再参加依法必须进行招标的项目的评标;构成犯罪的,依法追究刑事责任。

第七十三条 依法必须进行招标的项目的招标人有下列情形之一的,由有关行政监督部门责令改正,可以处中标项目金额10‰以下的罚款;给他人造成损失的,依法承担赔偿责任;对单位直接负责的主管人员和其他直接责任人员依法给予处分:

(一)无正当理由不发出中标通知书;

(二)不按照规定确定中标人;

(三)中标通知书发出后无正当理由改变中标结果;

(四)无正当理由不与中标人订立合同;

(五)在订立合同时向中标人提出附加条件。

第七十四条 中标人无正当理由不与招标人订立合同,在签订合同时向招标人提出附加条件,或者不按照招标文件要求提交履约保证金的,取消其中标资格,投标保证金不予退还。对依法必须进行招标的项目的中标人,由有关行政监督部门责令改正,可以处中标项目金额10‰以下的罚款。

第七十五条 招标人和中标人不按照招标文件和中标人的投标文件订立合同,合同的主要条款与招标文件、中标人的投标文件的内容不一致,或者招标人、中标人订立背离合同实质性内容的协议的,由有关行政监督部门责令改正,可以处中标项目金额5‰以上10‰以下的罚款。

第七十六条 中标人将中标项目转让给他人的,将中标项目肢解后分别转让给他人的,违反招标投标法和本条例规定将中标项目的部分主体、关键性工作分包给他人的,或者分包人再次分包的,转让、分包无效,处转让、分包项目金额5‰以上10‰以下的罚款;有违法所得的,并处没收违法所得;可以责令停业整顿;情节严重的,由工商行政管理机关吊销营业执照。

第七十七条 投标人或者其他利害关系人捏造事实、伪造材料或者以非法手段取得证明材料进行投诉，给他人造成损失的，依法承担赔偿责任。

招标人不按照规定对异议作出答复，继续进行招标投标活动的，由有关行政监督部门责令改正，拒不改正或者不能改正并影响中标结果的，依照本条例第八十二条的规定处理。

第七十八条 取得招标职业资格的专业人员违反国家有关规定办理招标业务的，责令改正，给予警告；情节严重的，暂停一定期限内从事招标业务；情节特别严重的，取消招标职业资格。

第七十九条 国家建立招标投标信用制度。有关行政监督部门应当依法公告对招标人、招标代理机构、投标人、评标委员会成员等当事人违法行为的行政处理决定。

第八十条 项目审批、核准部门不依法审批、核准项目招标范围、招标方式、招标组织形式的，对单位直接负责的主管人员和其他直接责任人员依法给予处分。

有关行政监督部门不依法履行职责，对违反招标投标法和本条例规定的行为不依法查处，或者不按照规定处理投诉、不依法公告对招标投标当事人违法行为的行政处理决定的，对直接负责的主管人员和其他直接责任人员依法给予处分。

项目审批、核准部门和有关行政监督部门的工作人员徇私舞弊、滥用职权、玩忽职守，构成犯罪的，依法追究刑事责任。

第八十一条 国家工作人员利用职务便利，以直接或者间接、明示或者暗示等任何方式非法干涉招标投标活动，有下列情形之一的，依法给予记过或者记大过处分；情节严重的，依法给予降级或者撤职处分；情节特别严重的，依法给予开除处分；构成犯罪的，依法追究刑事责任：

（一）要求对依法必须进行招标的项目不招标，或者要求对依法应当公开招标的项目不公开招标；

（二）要求评标委员会成员或者招标人以其指定的投标人作为中标候选人或者中标人，或者以其他方式非法干涉评标活动，影响中标结果；

（三）以其他方式非法干涉招标投标活动。

第八十二条 依法必须进行招标的项目的招标投标活动违反招标投标法和本条例的规定，对中标结果造成实质性影响，且不能采取补救措施予以纠正的，招标、投标、中标无效，应当依法重新招标或者评标。

第七章 附 则

第八十三条 招标投标协会按照依法制定的章程开展活动，加强行业自律和服务。

第八十四条 政府采购的法律、行政法规对政府采购货物、服务的招标投标另有规定的，从其规定。

第八十五条 本条例自2012年2月1日起施行。

20.《中华人民共和国政府采购法》

（2003年1月1日起施行，2014年8月31日修正）

第一章 总 则

第一条 为了规范政府采购行为，提高政府采购资金的使用效益，维护国家利益和社会公共利益，保护政府采购当事人的合法权益，促进廉政建设，制定本法。

第二条 在中华人民共和国境内进行的政府采购适用本法。

本法所称政府采购，是指各级国家机关、事业单位和团体组织，使用财政性资金采购依法制定的集中采购目录以内的或者采购限额标准以上的货物、工程和服务的行为。

政府集中采购目录和采购限额标准依照本法规定的权限制定。

本法所称采购，是指以合同方式有偿取得货物、工程和服务的行为，包括购买、租赁、委托、雇用等。

本法所称货物，是指各种形态和种类的物品，包括原材料、燃料、设备、产品等。

本法所称工程，是指建设工程，包括建筑物和构筑物的新建、改建、扩建、装修、拆除、修缮等。

本法所称服务，是指除货物和工程以外的其他政府采购对象。

第三条 政府采购应当遵循公开透明原则、公平竞争原则、公正原则和诚实信用原则。

第四条 政府采购工程进行招标投标的，适用招标投标法。

第五条 任何单位和个人不得采用任何方式，阻挠和限制供应商自由进入本地区和本行业的政府采购市场。

第六条 政府采购应当严格按照批准的预算执行。

第七条 政府采购实行集中采购和分散采购相结合。集中采购的范围由省级以上人民政府公布的集中采购目录确定。

属于中央预算的政府采购项目，其集中采购目录由国务院确定并公布；属于地方预算的政府采购项目，其集中采购目录由省、自治区、直辖市人民政府或者其授权的机构确定并公布。

纳入集中采购目录的政府采购项目，应当实行集中采购。

第八条 政府采购限额标准，属于中央预算的政府采购项目，由国务院确定并公布；属于地方预算的政府采购项目，由省、自治区、直辖市人民政府或者其授权的机构确定并公布。

第九条 政府采购应当有助于实现国家的经济和社会发展政策目标，包括保护环境，扶持不发达地区和少数民族地区，促进中小企业发展等。

第十条 政府采购应当采购本国货物、工程和服务。但有下列情形之一的除外：

（一）需要采购的货物、工程或者服务在中国境内无法获取或者无法以合理的商业条件获取的；

（二）为在中国境外使用而进行采购的；

（三）其他法律、行政法规另有规定的。

前款所称本国货物、工程和服务的界定，依照国务院有关规定执行。

第十一条 政府采购的信息应当在政府采购监督管理部门指定的媒体上及时向社会公开发布,但涉及商业秘密的除外。

第十二条 在政府采购活动中,采购人员及相关人员与供应商有利害关系的,必须回避。供应商认为采购人员及相关人员与其他供应商有利害关系的,可以申请其回避。

前款所称相关人员,包括招标采购中评标委员会的组成人员,竞争性谈判采购中谈判小组的组成人员,询价采购中询价小组的组成人员等。

第十三条 各级人民政府财政部门是负责政府采购监督管理的部门,依法履行对政府采购活动的监督管理职责。

各级人民政府其他有关部门依法履行与政府采购活动有关的监督管理职责。

第二章 政府采购当事人

第十四条 政府采购当事人是指在政府采购活动中享有权利和承担义务的各类主体,包括采购人、供应商和采购代理机构等。

第十五条 采购人是指依法进行政府采购的国家机关、事业单位、团体组织。

第十六条 集中采购机构为采购代理机构。设区的市、自治州以上人民政府根据本级政府采购项目组织集中采购的需要设立集中采购机构。

集中采购机构是非营利事业法人,根据采购人的委托办理采购事宜。

第十七条 集中采购机构进行政府采购活动,应当符合采购价格低于市场平均价格、采购效率更高、采购质量优良和服务良好的要求。

第十八条 采购人采购纳入集中采购目录的政府采购项目,必须委托集中采购机构代理采购;采购未纳入集中采购目录的政府采购项目,可以自行采购,也可以委托集中采购机构在委托的范围内代理采购。

纳入集中采购目录属于通用的政府采购项目的,应当委托集中采购机构代理采购;属于本部门、本系统有特殊要求的项目,应当实行部门集中采购;属于本单位有特殊要求的项目,经省级以上人民政府批准,可以自行采购。

第十九条 采购人可以委托集中采购机构以外的采购代理机构,在委托的范围内办理政府采购事宜。

采购人有权自行选择采购代理机构,任何单位和个人不得以任何方式为采购人指定采购代理机构。

第二十条 采购人依法委托采购代理机构办理采购事宜的,应当由采购人与采购代理机构签订委托代理协议,依法确定委托代理的事项,约定双方的权利义务。

第二十一条 供应商是指向采购人提供货物、工程或者服务的法人、其他组织或者自然人。

第二十二条 供应商参加政府采购活动应当具备下列条件:

(一)具有独立承担民事责任的能力;

(二)具有良好的商业信誉和健全的财务会计制度;

(三)具有履行合同所必需的设备和专业技术能力;

(四)有依法缴纳税收和社会保障资金的良好记录;

(五)参加政府采购活动前三年内,在经营活动中没有重大违法记录;

(六)法律、行政法规规定的其他条件。

采购人可以根据采购项目的特殊要求,规定供应商的特定条件,但不得以不合理的条件对供应商实行差别待遇或者歧视待遇。

第二十三条 采购人可以要求参加政府采购的供应商提供有关资质证明文件和业绩情况,并根据本法规定的供应商条件和采购项目对供应商的特定要求,对供应商的资格进行审查。

第二十四条 两个以上的自然人、法人或者其他组织可以组成一个联合体,以一个供应商的身份共同参加政府采购。

以联合体形式进行政府采购的,参加联合体的供应商均应当具备本法第二十二条规定的条件,并应当向采购人提交联合协议,载明联合体各方承担的工作和义务。联合体各方应当共同与采购人签订采购合同,就采购合同约定的事项对采购人承担连带责任。

第二十五条 政府采购当事人不得相互串通损害国家利益、社会公共利益和其他当事人的合法权益;不得以任何手段排斥其他供应商参与竞争。

供应商不得以向采购人、采购代理机构、评标委员会的组成人员、竞争性谈判小组的组成人员、询价小组的组成人员行贿或者采取其他不正当手段谋取中标或者成交。

采购代理机构不得以向采购人行贿或者采取其他不正当手段谋取非法利益。

第三章 政府采购方式

第二十六条 政府采购采用以下方式:

(一)公开招标;

(二)邀请招标;

(三)竞争性谈判;

(四)单一来源采购;

(五)询价;

(六)国务院政府采购监督管理部门认定的其他采购方式。

公开招标应作为政府采购的主要采购方式。

第二十七条 采购人采购货物或者服务应当采用公开招标方式的,其具体数额标准,属于中央预算的政府采购项目,由国务院规定;属于地方预算的政府采购项目,由省、自治区、直辖市人民政府规定;因特殊情况需要采用公开招标以外的采购方式的,应当在采购活动开始前获得设区的市、自治州以上人民政府采购监督管理部门的批准。

第二十八条 采购人不得将应当以公开招标方式采购的货物或者服务化整为零或者以其他任何方式规避公开招标采购。

第二十九条 符合下列情形之一的货物或者服务,可以依照本法采用邀请招标方式采购:

(一)具有特殊性,只能从有限范围的供应商处采购的;

(二)采用公开招标方式的费用占政府采购项目总价值的比例过大的。

第三十条 符合下列情形之一的货物或者服务,可以依照本法采用竞争性谈判方式采购:

(一)招标后没有供应商投标或者没有合格标的或者重新招标未能成立的;

(二)技术复杂或者性质特殊,不能确定详细规格或者具体要求的;

(三)采用招标所需时间不能满足用户紧急需要的;

（四）不能事先计算出价格总额的。

第三十一条 符合下列情形之一的货物或者服务，可以依照本法采用单一来源方式采购：

（一）只能从唯一供应商处采购的；

（二）发生了不可预见的紧急情况不能从其他供应商处采购的；

（三）必须保证原有采购项目一致性或者服务配套的要求，需要继续从原供应商处添购，且添购资金总额不超过原合同采购金额百分之十的。

第三十二条 采购的货物规格、标准统一、现货货源充足且价格变化幅度小的政府采购项目，可以依照本法采用询价方式采购。

第四章 政府采购程序

第三十三条 负有编制部门预算职责的部门在编制下一财政年度部门预算时，应当将该财政年度政府采购的项目及资金预算列出，报本级财政部门汇总。部门预算的审批，按预算管理权限和程序进行。

第三十四条 货物或者服务项目采取邀请招标方式采购的，采购人应当从符合相应资格条件的供应商中，通过随机方式选择三家以上的供应商，并向其发出投标邀请书。

第三十五条 货物和服务项目实行招标方式采购的，自招标文件开始发出之日起至投标人提交投标文件截止之日止，不得少于二十日。

第三十六条 在招标采购中，出现下列情形之一的，应予废标：

（一）符合专业条件的供应商或者对招标文件作实质响应的供应商不足三家的；

（二）出现影响采购公正的违法、违规行为的；

（三）投标人的报价均超过了采购预算，采购人不能支付的；

（四）因重大变故，采购任务取消的。

废标后，采购人应当将废标理由通知所有投标人。

第三十七条 废标后，除采购任务取消情形外，应当重新组织招标；需要采取其他方式采购的，应当在采购活动开始前获得设区的市、自治州以上人民政府采购监督管理部门或者政府有关部门批准。

第三十八条 采用竞争性谈判方式采购的，应当遵循下列程序：

（一）成立谈判小组。谈判小组由采购人的代表和有关专家共三人以上的单数组成，其中专家的人数不得少于成员总数的三分之二。

（二）制定谈判文件。谈判文件应当明确谈判程序、谈判内容、合同草案的条款以及评定成交的标准等事项。

（三）确定邀请参加谈判的供应商名单。谈判小组从符合相应资格条件的供应商名单中确定不少于三家的供应商参加谈判，并向其提供谈判文件。

（四）谈判。谈判小组所有成员集中与单一供应商分别进行谈判。在谈判中，谈判的任何一方不得透露与谈判有关的其他供应商的技术资料、价格和其他信息。谈判文件有实质性变动的，谈判小组应当以书面形式通知所有参加谈判的供应商。

（五）确定成交供应商。谈判结束后，谈判小组应当要求所有参加谈判的供应商在规定时间内进行最后报价，采购人从谈判小组提出的成交候选人中根据符合采购需求、质量和服务相等且报价最低的原则确定成交供应商，并将结果通知所有参加谈判的未成交的供应商。

第二章　PPP特别法律法规与规范文件

第三十九条　采取单一来源方式采购的,采购人与供应商应当遵循本法规定的原则,在保证采购项目质量和双方商定合理价格的基础上进行采购。

第四十条　采取询价方式采购的,应当遵循下列程序:

(一)成立询价小组。询价小组由采购人的代表和有关专家共三人以上的单数组成,其中专家的人数不得少于成员总数的三分之二。询价小组应当对采购项目的价格构成和评定成交的标准等事项作出规定。

(二)确定被询价的供应商名单。询价小组根据采购需求,从符合相应资格条件的供应商名单中确定不少于三家的供应商,并向其发出询价通知书让其报价。

(三)询价。询价小组要求被询价的供应商一次报出不得更改的价格。

(四)确定成交供应商。采购人根据符合采购需求、质量和服务相等且报价最低的原则确定成交供应商,并将结果通知所有被询价的未成交的供应商。

第四十一条　采购人或者其委托的采购代理机构应当组织对供应商履约的验收。大型或者复杂的政府采购项目,应当邀请国家认可的质量检测机构参加验收工作。验收方成员应当在验收书上签字,并承担相应的法律责任。

第四十二条　采购人、采购代理机构对政府采购项目每项采购活动的采购文件应当妥善保存,不得伪造、变造、隐匿或者销毁。采购文件的保存期限为从采购结束之日起至少保存十五年。

采购文件包括采购活动记录、采购预算、招标文件、投标文件、评标标准、评估报告、定标文件、合同文本、验收证明、质疑答复、投诉处理决定及其他有关文件、资料。

采购活动记录至少应当包括下列内容:

(一)采购项目类别、名称;

(二)采购项目预算、资金构成和合同价格;

(三)采购方式,采用公开招标以外的采购方式的,应当载明原因;

(四)邀请和选择供应商的条件及原因;

(五)评标标准及确定中标人的原因;

(六)废标的原因;

(七)采用招标以外采购方式的相应记载。

第五章　政府采购合同

第四十三条　政府采购合同适用合同法。采购人和供应商之间的权利和义务,应当按照平等、自愿的原则以合同方式约定。

采购人可以委托采购代理机构代表其与供应商签订政府采购合同。由采购代理机构以采购人名义签订合同的,应当提交采购人的授权委托书,作为合同附件。

第四十四条　政府采购合同应当采用书面形式。

第四十五条　国务院政府采购监督管理部门应当会同国务院有关部门,规定政府采购合同必须具备的条款。

第四十六条　采购人与中标、成交供应商应当在中标、成交通知书发出之日起三十日内,按照采购文件确定的事项签订政府采购合同。

中标、成交通知书对采购人和中标、成交供应商均具有法律效力。中标、成交通知书发

出后,采购人改变中标、成交结果的,或者中标、成交供应商放弃中标、成交项目的,应当依法承担法律责任。

第四十七条　政府采购项目的采购合同自签订之日起七个工作日内,采购人应当将合同副本报同级政府采购监督管理部门和有关部门备案。

第四十八条　经采购人同意,中标、成交供应商可以依法采取分包方式履行合同。

政府采购合同分包履行的,中标、成交供应商就采购项目和分包项目向采购人负责,分包供应商就分包项目承担责任。

第四十九条　政府采购合同履行中,采购人需追加与合同标的相同的货物、工程或者服务的,在不改变合同其他条款的前提下,可以与供应商协商签订补充合同,但所有补充合同的采购金额不得超过原合同采购金额的百分之十。

第五十条　政府采购合同的双方当事人不得擅自变更、中止或者终止合同。

政府采购合同继续履行将损害国家利益和社会公共利益的,双方当事人应当变更、中止或者终止合同。有过错的一方应当承担赔偿责任,双方都有过错的,各自承担相应的责任。

第六章　质疑与投诉

第五十一条　供应商对政府采购活动事项有疑问的,可以向采购人提出询问,采购人应当及时作出答复,但答复的内容不得涉及商业秘密。

第五十二条　供应商认为采购文件、采购过程和中标、成交结果使自己的权益受到损害的,可以在知道或者应知其权益受到损害之日起七个工作日内,以书面形式向采购人提出质疑。

第五十三条　采购人应当在收到供应商的书面质疑后七个工作日内作出答复,并以书面形式通知质疑供应商和其他有关供应商,但答复的内容不得涉及商业秘密。

第五十四条　采购人委托采购代理机构采购的,供应商可以向采购代理机构提出询问或者质疑,采购代理机构应当依照本法第五十一条、第五十三条的规定就采购人委托授权范围内的事项作出答复。

第五十五条　质疑供应商对采购人、采购代理机构的答复不满意或者采购人、采购代理机构未在规定的时间内作出答复的,可以在答复期满后十五个工作日内向同级政府采购监督管理部门投诉。

第五十六条　政府采购监督管理部门应当在收到投诉后三十个工作日内,对投诉事项作出处理决定,并以书面形式通知投诉人和与投诉事项有关的当事人。

第五十七条　政府采购监督管理部门在处理投诉事项期间,可以视具体情况书面通知采购人暂停采购活动,但暂停时间最长不得超过三十日。

第五十八条　投诉人对政府采购监督管理部门的投诉处理决定不服或者政府采购监督管理部门逾期未作处理的,可以依法申请行政复议或者向人民法院提起行政诉讼。

第七章　监督检查

第五十九条　政府采购监督管理部门应当加强对政府采购活动及集中采购机构的监督检查。

监督检查的主要内容是:

（一）有关政府采购的法律、行政法规和规章的执行情况；
（二）采购范围、采购方式和采购程序的执行情况；
（三）政府采购人员的职业素质和专业技能。

第六十条 政府采购监督管理部门不得设置集中采购机构，不得参与政府采购项目的采购活动。

采购代理机构与行政机关不得存在隶属关系或者其他利益关系。

第六十一条 集中采购机构应当建立健全内部监督管理制度。采购活动的决策和执行程序应当明确，并相互监督、相互制约。经办采购的人员与负责采购合同审核、验收人员的职责权限应当明确，并相互分离。

第六十二条 集中采购机构的采购人员应当具有相关职业素质和专业技能，符合政府采购监督管理部门规定的专业岗位任职要求。

集中采购机构对其工作人员应当加强教育和培训；对采购人员的专业水平、工作实绩和职业道德状况定期进行考核。采购人员经考核不合格的，不得继续任职。

第六十三条 政府采购项目的采购标准应当公开。

采用本法规定的采购方式的，采购人在采购活动完成后，应当将采购结果予以公布。

第六十四条 采购人必须按照本法规定的采购方式和采购程序进行采购。

任何单位和个人不得违反本法规定，要求采购人或者采购工作人员向其指定的供应商进行采购。

第六十五条 政府采购监督管理部门应当对政府采购项目的采购活动进行检查，政府采购当事人应当如实反映情况，提供有关材料。

第六十六条 政府采购监督管理部门应当对集中采购机构的采购价格、节约资金效果、服务质量、信誉状况、有无违法行为等事项进行考核，并定期如实公布考核结果。

第六十七条 依照法律、行政法规的规定对政府采购负有行政监督职责的政府有关部门，应当按照其职责分工，加强对政府采购活动的监督。

第六十八条 审计机关应当对政府采购进行审计监督。政府采购监督管理部门、政府采购各当事人有关政府采购活动，应当接受审计机关的审计监督。

第六十九条 监察机关应当加强对参与政府采购活动的国家机关、国家公务员和国家行政机关任命的其他人员实施监察。

第七十条 任何单位和个人对政府采购活动中的违法行为，有权控告和检举，有关部门、机关应当依照各自职责及时处理。

第八章 法律责任

第七十一条 采购人、采购代理机构有下列情形之一的，责令限期改正，给予警告，可以并处罚款，对直接负责的主管人员和其他直接责任人员，由其行政主管部门或者有关机关给予处分，并予通报：

（一）应当采用公开招标方式而擅自采用其他方式采购的；
（二）擅自提高采购标准的；
（三）以不合理的条件对供应商实行差别待遇或者歧视待遇的；
（四）在招标采购过程中与投标人进行协商谈判的；

（五）中标、成交通知书发出后不与中标、成交供应商签订采购合同的；

（六）拒绝有关部门依法实施监督检查的。

第七十二条 采购人、采购代理机构及其工作人员有下列情形之一，构成犯罪的，依法追究刑事责任；尚不构成犯罪的，处以罚款，有违法所得的，并处没收违法所得，属于国家机关工作人员的，依法给予行政处分：

（一）与供应商或者采购代理机构恶意串通的；

（二）在采购过程中接受贿赂或者获取其他不正当利益的；

（三）在有关部门依法实施的监督检查中提供虚假情况的；

（四）开标前泄露标底的。

第七十三条 有前两条违法行为之一影响中标、成交结果或者可能影响中标、成交结果的，按下列情况分别处理：

（一）未确定中标、成交供应商的，终止采购活动；

（二）中标、成交供应商已经确定但采购合同尚未履行的，撤销合同，从合格的中标、成交候选人中另行确定中标、成交供应商；

（三）采购合同已经履行的，给采购人、供应商造成损失的，由责任人承担赔偿责任。

第七十四条 采购人对应当实行集中采购的政府采购项目，不委托集中采购机构实行集中采购的，由政府采购监督管理部门责令改正；拒不改正的，停止按预算向其支付资金，由其上级行政主管部门或者有关机关依法给予其直接负责的主管人员和其他直接责任人员处分。

第七十五条 采购人未依法公布政府采购项目的采购标准和采购结果的，责令改正，对直接负责的主管人员依法给予处分。

第七十六条 采购人、采购代理机构违反本法规定隐匿、销毁应当保存的采购文件或者伪造、变造采购文件的，由政府采购监督管理部门处以二万元以上十万元以下的罚款，对其直接负责的主管人员和其他直接责任人员依法给予处分；构成犯罪的，依法追究刑事责任。

第七十七条 供应商有下列情形之一的，处以采购金额千分之五以上千分之十以下的罚款，列入不良行为记录名单，在一至三年内禁止参加政府采购活动，有违法所得的，并处没收违法所得，情节严重的，由工商行政管理机关吊销营业执照；构成犯罪的，依法追究刑事责任：

（一）提供虚假材料谋取中标、成交的；

（二）采取不正当手段诋毁、排挤其他供应商的；

（三）与采购人、其他供应商或者采购代理机构恶意串通的；

（四）向采购人、采购代理机构行贿或者提供其他不正当利益的；

（五）在招标采购过程中与采购人进行协商谈判的；

（六）拒绝有关部门监督检查或者提供虚假情况的。

供应商有前款第（一）至（五）项情形之一的，中标、成交无效。

第七十八条 采购代理机构在代理政府采购业务中有违法行为的，按照有关法律规定处以罚款，可以在一至三年内禁止其代理政府采购业务，构成犯罪的，依法追究刑事责任。

第七十九条 政府采购当事人有本法第七十一条、第七十二条、第七十七条违法行为之一，给他人造成损失的，并应依照有关民事法律规定承担民事责任。

第八十条 政府采购监督管理部门的工作人员在实施监督检查中违反本法规定滥用职权、玩忽职守、徇私舞弊的，依法给予行政处分；构成犯罪的，依法追究刑事责任。

第八十一条 政府采购监督管理部门对供应商的投诉逾期未作处理的,给予直接负责的主管人员和其他直接责任人员行政处分。

第八十二条 政府采购监督管理部门对集中采购机构业绩的考核,有虚假陈述,隐瞒真实情况的,或者不作定期考核和公布考核结果的,应当及时纠正,由其上级机关或者监察机关对其负责人进行通报,并对直接负责的人员依法给予行政处分。

集中采购机构在政府采购监督管理部门考核中,虚报业绩,隐瞒真实情况的,处以二万元以上二十万元以下的罚款,并予以通报;情节严重的,取消其代理采购的资格。

第八十三条 任何单位或者个人阻挠和限制供应商进入本地区或者本行业政府采购市场的,责令限期改正;拒不改正的,由该单位、个人的上级行政主管部门或者有关机关给予单位责任人或者个人处分。

第九章 附 则

第八十四条 使用国际组织和外国政府贷款进行的政府采购,贷款方、资金提供方与中方达成的协议对采购的具体条件另有规定的,可以适用其规定,但不得损害国家利益和社会公共利益。

第八十五条 对因严重自然灾害和其他不可抗力事件所实施的紧急采购和涉及国家安全和秘密的采购,不适用本法。

第八十六条 军事采购法规由中央军事委员会另行制定。

第八十七条 本法实施的具体步骤和办法由国务院规定。

第八十八条 本法自2003年1月1日起施行。

21.《中华人民共和国政府采购法实施条例》

(2015年3月1日起施行,国务院令第658号)

第一章 总 则

第一条 根据《中华人民共和国政府采购法》(以下简称政府采购法),制定本条例。

第二条 政府采购法第二条所称财政性资金是指纳入预算管理的资金。

以财政性资金作为还款来源的借贷资金,视同财政性资金。

国家机关、事业单位和团体组织的采购项目既使用财政性资金又使用非财政性资金的,使用财政性资金采购的部分,适用政府采购法及本条例;财政性资金与非财政性资金无法分割采购的,统一适用政府采购法及本条例。

政府采购法第二条所称服务,包括政府自身需要的服务和政府向社会公众提供的公共服务。

第三条 集中采购目录包括集中采购机构采购项目和部门集中采购项目。

技术、服务等标准统一,采购人普遍使用的项目,列为集中采购机构采购项目;采购人本部门、本系统基于业务需要有特殊要求,可以统一采购的项目,列为部门集中采购项目。

第四条 政府采购法所称集中采购,是指采购人将列入集中采购目录的项目委托集中采购机构代理采购或者进行部门集中采购的行为;所称分散采购,是指采购人将采购限额标准以上的未列入集中采购目录的项目自行采购或者委托采购代理机构代理采购的行为。

第五条 省、自治区、直辖市人民政府或者其授权的机构根据实际情况,可以确定分别适用于本行政区域省级、设区的市级、县级的集中采购目录和采购限额标准。

第六条 国务院财政部门应当根据国家的经济和社会发展政策,会同国务院有关部门制定政府采购政策,通过制定采购需求标准、预留采购份额、价格评审优惠、优先采购等措施,实现节约能源、保护环境、扶持不发达地区和少数民族地区、促进中小企业发展等目标。

第七条 政府采购工程以及与工程建设有关的货物、服务,采用招标方式采购的,适用《中华人民共和国招标投标法》及其实施条例;采用其他方式采购的,适用政府采购法及本条例。

前款所称工程,是指建设工程,包括建筑物和构筑物的新建、改建、扩建及其相关的装修、拆除、修缮等;所称与工程建设有关的货物,是指构成工程不可分割的组成部分,且为实现工程基本功能所必需的设备、材料等;所称与工程建设有关的服务,是指为完成工程所需的勘察、设计、监理等服务。

政府采购工程以及与工程建设有关的货物、服务,应当执行政府采购政策。

第八条 政府采购项目信息应当在省级以上人民政府财政部门指定的媒体上发布。采购项目预算金额达到国务院财政部门规定标准的,政府采购项目信息应当在国务院财政部门指定的媒体上发布。

第九条 在政府采购活动中,采购人员及相关人员与供应商有下列利害关系之一的,应当回避:

(一)参加采购活动前3年内与供应商存在劳动关系;

(二)参加采购活动前3年内担任供应商的董事、监事;

(三)参加采购活动前3年内是供应商的控股股东或者实际控制人;

(四)与供应商的法定代表人或者负责人有夫妻、直系血亲、三代以内旁系血亲或者近姻亲关系;

(五)与供应商有其他可能影响政府采购活动公平、公正进行的关系。

供应商认为采购人员及相关人员与其他供应商有利害关系的,可以向采购人或者采购代理机构书面提出回避申请,并说明理由。采购人或者采购代理机构应当及时询问被申请回避人员,有利害关系的被申请回避人员应当回避。

第十条 国家实行统一的政府采购电子交易平台建设标准,推动利用信息网络进行电子化政府采购活动。

第二章 政府采购当事人

第十一条 采购人在政府采购活动中应当维护国家利益和社会公共利益,公正廉洁,诚实守信,执行政府采购政策,建立政府采购内部管理制度,厉行节约,科学合理确定采购需求。

采购人不得向供应商索要或者接受其给予的赠品、回扣或者与采购无关的其他商品、服务。

第十二条 政府采购法所称采购代理机构,是指集中采购机构和集中采购机构以外的采购代理机构。

集中采购机构是设区的市级以上人民政府依法设立的非营利事业法人,是代理集中采购项目的执行机构。集中采购机构应当根据采购人委托制定集中采购项目的实施方案,明确采购规程,组织政府采购活动,不得将集中采购项目转委托。集中采购机构以外的采购代理机构,是从事采购代理业务的社会中介机构。

第十三条 采购代理机构应当建立完善的政府采购内部监督管理制度,具备开展政府采购业务所需的评审条件和设施。

采购代理机构应当提高确定采购需求,编制招标文件、谈判文件、询价通知书,拟订合同文本和优化采购程序的专业化服务水平,根据采购人委托在规定的时间内及时组织采购人与中标或者成交供应商签订政府采购合同,及时协助采购人对采购项目进行验收。

第十四条 采购代理机构不得以不正当手段获取政府采购代理业务,不得与采购人、供应商恶意串通操纵政府采购活动。

采购代理机构工作人员不得接受采购人或者供应商组织的宴请、旅游、娱乐,不得收受礼品、现金、有价证券等,不得向采购人或者供应商报销应当由个人承担的费用。

第十五条 采购人、采购代理机构应当根据政府采购政策、采购预算、采购需求编制采购文件。

采购需求应当符合法律法规以及政府采购政策规定的技术、服务、安全等要求。政府向社会公众提供的公共服务项目,应当就确定采购需求征求社会公众的意见。除因技术复杂或者性质特殊,不能确定详细规格或者具体要求外,采购需求应当完整、明确。必要时,应当就确定采购需求征求相关供应商、专家的意见。

第十六条 政府采购法第二十条规定的委托代理协议,应当明确代理采购的范围、权限和期限等具体事项。

采购人和采购代理机构应当按照委托代理协议履行各自义务,采购代理机构不得超越代理权限。

第十七条 参加政府采购活动的供应商应当具备政府采购法第二十二条第一款规定的条件,提供下列材料:

(一)法人或其他组织的营业执照等证明文件,自然人的身份证明;

(二)财务状况报告,依法缴纳税收和社会保障资金的相关材料;

(三)具备履行合同所必需的设备和专业技术能力的证明材料;

(四)参加政府采购活动前3年内在经营活动中没有重大违法记录的书面声明;

(五)具备法律、行政法规规定的其他条件的证明材料。

采购项目有特殊要求的,供应商还应当提供其符合特殊要求的证明材料或者情况说明。

第十八条 单位负责人为同一人或者存在直接控股、管理关系的不同供应商,不得参加同一合同项下的政府采购活动。

除单一来源采购项目外,为采购项目提供整体设计、规范编制或者项目管理、监理、检测等服务的供应商,不得再参加该采购项目的其他采购活动。

第十九条 政府采购法第二十二条第一款第五项所称重大违法记录,是指供应商因违法经营受到刑事处罚或者责令停产停业、吊销许可证或者执照、较大数额罚款等行政处罚。

供应商在参加政府采购活动前3年内因违法经营被禁止在一定期限内参加政府采购活动,期限届满的,可以参加政府采购活动。

第二十条 采购人或者采购代理机构有下列情形之一的,属于以不合理的条件对供应商实行差别待遇或者歧视待遇:

(一)就同一采购项目向供应商提供有差别的项目信息;

(二)设定的资格、技术、商务条件与采购项目的具体特点和实际需要不相适应或者与合同履行无关;

(三)采购需求中的技术、服务等要求指向特定供应商、特定产品;

(四)以特定行政区域或者特定行业的业绩、奖项作为加分条件或者中标、成交条件;

(五)对供应商采取不同的资格审查或者评审标准;

(六)限定或者指定特定的专利、商标、品牌或者供应商;

(七)非法限定供应商的所有制形式、组织形式或者所在地;

(八)以其他不合理条件限制或者排斥潜在供应商。

第二十一条 采购人或者采购代理机构对供应商进行资格预审的,资格预审公告应当在省级以上人民政府财政部门指定的媒体上发布。已进行资格预审的,评审阶段可以不再对供应商资格进行审查。资格预审合格的供应商在评审阶段资格发生变化的,应当通知采购人和采购代理机构。

资格预审公告应当包括采购人和采购项目名称、采购需求、对供应商的资格要求以及供应商提交资格预审申请文件的时间和地点。提交资格预审申请文件的时间自公告发布之日起不得少于5个工作日。

第二十二条 联合体中有同类资质的供应商按照联合体分工承担相同工作的,应当按照资质等级较低的供应商确定资质等级。

以联合体形式参加政府采购活动的,联合体各方不得再单独参加或者与其他供应商另外组成联合体参加同一合同项下的政府采购活动。

第三章 政府采购方式

第二十三条 采购人采购公开招标数额标准以上的货物或者服务,符合政府采购法第二十九条、第三十条、第三十一条、第三十二条规定情形或者有需要执行政府采购政策等特殊情况的,经设区的市级以上人民政府财政部门批准,可以依法采用公开招标以外的采购方式。

第二十四条 列入集中采购目录的项目,适合实行批量集中采购的,应当实行批量集中采购,但紧急的小额零星货物项目和有特殊要求的服务、工程项目除外。

第二十五条 政府采购工程依法不进行招标的,应当依照政府采购法和本条例规定的竞争性谈判或者单一来源采购方式采购。

第二十六条 政府采购法第三十条第三项规定的情形,应当是采购人不可预见的或者非因采购人拖延导致的;第四项规定的情形,是指因采购艺术品或者因专利、专有技术或者因服务的时间、数量事先不能确定等导致不能事先计算出价格总额。

第二十七条 政府采购法第三十一条第一项规定的情形,是指因货物或者服务使用不可替代的专利、专有技术,或者公共服务项目具有特殊要求,导致只能从某一特定供应商处采购。

第二十八条 在一个财政年度内，采购人将一个预算项目下的同一品目或者类别的货物、服务采用公开招标以外的方式多次采购，累计资金数额超过公开招标数额标准的，属于以化整为零方式规避公开招标，但项目预算调整或者经批准采用公开招标以外方式采购除外。

第四章 政府采购程序

第二十九条 采购人应当根据集中采购目录、采购限额标准和已批复的部门预算编制政府采购实施计划，报本级人民政府财政部门备案。

第三十条 采购人或者采购代理机构应当在招标文件、谈判文件、询价通知书中公开采购项目预算金额。

第三十一条 招标文件的提供期限自招标文件开始发出之日起不得少于5个工作日。

采购人或者采购代理机构可以对已发出的招标文件进行必要的澄清或者修改。澄清或者修改的内容可能影响投标文件编制的，采购人或者采购代理机构应当在投标截止时间至少15日前，以书面形式通知所有获取招标文件的潜在投标人；不足15日的，采购人或者采购代理机构应当顺延提交投标文件的截止时间。

第三十二条 采购人或者采购代理机构应当按照国务院财政部门制定的招标文件标准文本编制招标文件。

招标文件应当包括采购项目的商务条件、采购需求、投标人的资格条件、投标报价要求、评标方法、评标标准以及拟签订的合同文本等。

第三十三条 招标文件要求投标人提交投标保证金的，投标保证金不得超过采购项目预算金额的2%。投标保证金应当以支票、汇票、本票或者金融机构、担保机构出具的保函等非现金形式提交。投标人未按照招标文件要求提交投标保证金的，投标无效。

采购人或者采购代理机构应当自中标通知书发出之日起5个工作日内退还未中标供应商的投标保证金，自政府采购合同签订之日起5个工作日内退还中标供应商的投标保证金。

竞争性谈判或者询价采购中要求参加谈判或者询价的供应商提交保证金的，参照前两款的规定执行。

第三十四条 政府采购招标评标方法分为最低评标价法和综合评分法。

最低评标价法，是指投标文件满足招标文件全部实质性要求且投标报价最低的供应商为中标候选人的评标方法。综合评分法，是指投标文件满足招标文件全部实质性要求且按照评审因素的量化指标评审得分最高的供应商为中标候选人的评标方法。

技术、服务等标准统一的货物和服务项目，应当采用最低评标价法。

采用综合评分法的，评审标准中的分值设置应当与评审因素的量化指标相对应。

招标文件中没有规定的评标标准不得作为评审的依据。

第三十五条 谈判文件不能完整、明确列明采购需求，需要由供应商提供最终设计方案或者解决方案的，在谈判结束后，谈判小组应当按照少数服从多数的原则投票推荐3家以上供应商的设计方案或者解决方案，并要求其在规定时间内提交最后报价。

第三十六条 询价通知书应当根据采购需求确定政府采购合同条款。在询价过程中，询价小组不得改变询价通知书所确定的政府采购合同条款。

第三十七条　政府采购法第三十八条第五项、第四十条第四项所称质量和服务相等，是指供应商提供的产品质量和服务均能满足采购文件规定的实质性要求。

第三十八条　达到公开招标数额标准，符合政府采购法第三十一条第一项规定情形，只能从唯一供应商处采购的，采购人应当将采购项目信息和唯一供应商名称在省级以上人民政府财政部门指定的媒体上公示，公示期不得少于5个工作日。

第三十九条　除国务院财政部门规定的情形外，采购人或者采购代理机构应当从政府采购评审专家库中随机抽取评审专家。

第四十条　政府采购评审专家应当遵守评审工作纪律，不得泄露评审文件、评审情况和评审中获悉的商业秘密。

评标委员会、竞争性谈判小组或者询价小组在评审过程中发现供应商有行贿、提供虚假材料或者串通等违法行为的，应当及时向财政部门报告。

政府采购评审专家在评审过程中受到非法干预的，应当及时向财政、监察等部门举报。

第四十一条　评标委员会、竞争性谈判小组或者询价小组成员应当按照客观、公正、审慎的原则，根据采购文件规定的评审程序、评审方法和评审标准进行独立评审。采购文件内容违反国家有关强制性规定的，评标委员会、竞争性谈判小组或者询价小组应当停止评审并向采购人或者采购代理机构说明情况。

评标委员会、竞争性谈判小组或者询价小组成员应当在评审报告上签字，对自己的评审意见承担法律责任。对评审报告有异议的，应当在评审报告上签署不同意见，并说明理由，否则视为同意评审报告。

第四十二条　采购人、采购代理机构不得向评标委员会、竞争性谈判小组或者询价小组的评审专家作倾向性、误导性的解释或者说明。

第四十三条　采购代理机构应当自评审结束之日起2个工作日内将评审报告送交采购人。采购人应当自收到评审报告之日起5个工作日内在评审报告推荐的中标或者成交候选人中按顺序确定中标或者成交供应商。

采购人或者采购代理机构应当自中标、成交供应商确定之日起2个工作日内，发出中标、成交通知书，并在省级以上人民政府财政部门指定的媒体上公告中标、成交结果，招标文件、竞争性谈判文件、询价通知书随中标、成交结果同时公告。

中标、成交结果公告内容应当包括采购人和采购代理机构的名称、地址、联系方式，项目名称和项目编号，中标或者成交供应商名称、地址和中标或者成交金额，主要中标或者成交标的的名称、规格型号、数量、单价、服务要求以及评审专家名单。

第四十四条　除国务院财政部门规定的情形外，采购人、采购代理机构不得以任何理由组织重新评审。采购人、采购代理机构按照国务院财政部门的规定组织重新评审的，应当书面报告本级人民政府财政部门。

采购人或者采购代理机构不得通过对样品进行检测、对供应商进行考察等方式改变评审结果。

第四十五条　采购人或者采购代理机构应当按照政府采购合同规定的技术、服务、安全标准组织对供应商履约情况进行验收，并出具验收书。验收书应当包括每一项技术、服务、安全标准的履约情况。

政府向社会公众提供的公共服务项目，验收时应当邀请服务对象参与并出具意见，验收结果应当向社会公告。

第四十六条 政府采购法第四十二条规定的采购文件,可以用电子档案方式保存。

第五章 政府采购合同

第四十七条 国务院财政部门应当会同国务院有关部门制定政府采购合同标准文本。

第四十八条 采购文件要求中标或者成交供应商提交履约保证金的,供应商应当以支票、汇票、本票或者金融机构、担保机构出具的保函等非现金形式提交。履约保证金的数额不得超过政府采购合同金额的10%。

第四十九条 中标或者成交供应商拒绝与采购人签订合同的,采购人可以按照评审报告推荐的中标或者成交候选人名单排序,确定下一候选人为中标或者成交供应商,也可以重新开展政府采购活动。

第五十条 采购人应当自政府采购合同签订之日起2个工作日内,将政府采购合同在省级以上人民政府财政部门指定的媒体上公告,但政府采购合同中涉及国家秘密、商业秘密的内容除外。

第五十一条 采购人应当按照政府采购合同规定,及时向中标或者成交供应商支付采购资金。

政府采购项目资金支付程序,按照国家有关财政资金支付管理的规定执行。

第六章 质疑与投诉

第五十二条 采购人或者采购代理机构应当在3个工作日内对供应商依法提出的询问作出答复。

供应商提出的询问或者质疑超出采购人对采购代理机构委托授权范围的,采购代理机构应当告知供应商向采购人提出。

政府采购评审专家应当配合采购人或者采购代理机构答复供应商的询问和质疑。

第五十三条 政府采购法第五十二条规定的供应商应知其权益受到损害之日,是指:

(一)对可以质疑的采购文件提出质疑的,为收到采购文件之日或者采购文件公告期限届满之日;

(二)对采购过程提出质疑的,为各采购程序环节结束之日;

(三)对中标或者成交结果提出质疑的,为中标或者成交结果公告期限届满之日。

第五十四条 询问或者质疑事项可能影响中标、成交结果的,采购人应当暂停签订合同,已经签订合同的,应当中止履行合同。

第五十五条 供应商质疑、投诉应当有明确的请求和必要的证明材料。供应商投诉的事项不得超出已质疑事项的范围。

第五十六条 财政部门处理投诉事项采用书面审查的方式,必要时可以进行调查取证或者组织质证。

对财政部门依法进行的调查取证,投诉人和与投诉事项有关的当事人应当如实反映情况,并提供相关材料。

第五十七条 投诉人捏造事实、提供虚假材料或者以非法手段取得证明材料进行投诉的,财政部门应当予以驳回。

财政部门受理投诉后,投诉人书面申请撤回投诉的,财政部门应当终止投诉处理程序。

第五十八条 财政部门处理投诉事项,需要检验、检测、鉴定、专家评审以及需要投诉人补正材料的,所需时间不计算在投诉处理期限内。

财政部门对投诉事项作出的处理决定,应当在省级以上人民政府财政部门指定的媒体上公告。

第七章 监督检查

第五十九条 政府采购法第六十三条所称政府采购项目的采购标准,是指项目采购所依据的经费预算标准、资产配置标准和技术、服务标准等。

第六十条 除政府采购法第六十六条规定的考核事项外,财政部门对集中采购机构的考核事项还包括:

(一)政府采购政策的执行情况;

(二)采购文件编制水平;

(三)采购方式和采购程序的执行情况;

(四)询问、质疑答复情况;

(五)内部监督管理制度建设及执行情况;

(六)省级以上人民政府财政部门规定的其他事项。

财政部门应当制定考核计划,定期对集中采购机构进行考核,考核结果有重要情况的,应当向本级人民政府报告。

第六十一条 采购人发现采购代理机构有违法行为的,应当要求其改正。采购代理机构拒不改正的,采购人应当向本级人民政府财政部门报告,财政部门应当依法处理。

采购代理机构发现采购人的采购需求存在以不合理条件对供应商实行差别待遇、歧视待遇或者其他不符合法律、法规和政府采购政策规定内容,或者发现采购人有其他违法行为的,应当建议其改正。采购人拒不改正的,采购代理机构应当向采购人的本级人民政府财政部门报告,财政部门应当依法处理。

第六十二条 省级以上人民政府财政部门应当对政府采购评审专家库实行动态管理,具体管理办法由国务院财政部门制定。

采购人或者采购代理机构应当对评审专家在政府采购活动中的职责履行情况予以记录,并及时向财政部门报告。

第六十三条 各级人民政府财政部门和其他有关部门应当加强对参加政府采购活动的供应商、采购代理机构、评审专家的监督管理,对其不良行为予以记录,并纳入统一的信用信息平台。

第六十四条 各级人民政府财政部门对政府采购活动进行监督检查,有权查阅、复制有关文件、资料,相关单位和人员应当予以配合。

第六十五条 审计机关、监察机关以及其他有关部门依法对政府采购活动实施监督,发现采购当事人有违法行为的,应当及时通报财政部门。

第八章 法律责任

第六十六条 政府采购法第七十一条规定的罚款,数额为10万元以下。

政府采购法第七十二条规定的罚款,数额为5万元以上25万元以下。

第六十七条 采购人有下列情形之一的,由财政部门责令限期改正,给予警告,对直接负责的主管人员和其他直接责任人员依法给予处分,并予以通报:

(一)未按照规定编制政府采购实施计划或者未按照规定将政府采购实施计划报本级人民政府财政部门备案;

(二)将应当进行公开招标的项目化整为零或者以其他任何方式规避公开招标;

(三)未按照规定在评标委员会、竞争性谈判小组或者询价小组推荐的中标或者成交候选人中确定中标或者成交供应商;

(四)未按照采购文件确定的事项签订政府采购合同;

(五)政府采购合同履行中追加与合同标的相同的货物、工程或者服务的采购金额超过原合同采购金额10%;

(六)擅自变更、中止或者终止政府采购合同;

(七)未按照规定公告政府采购合同;

(八)未按照规定时间将政府采购合同副本报本级人民政府财政部门和有关部门备案。

第六十八条 采购人、采购代理机构有下列情形之一的,依照政府采购法第七十一条、第七十八条的规定追究法律责任:

(一)未依照政府采购法和本条例规定的方式实施采购;

(二)未依法在指定的媒体上发布政府采购项目信息;

(三)未按照规定执行政府采购政策;

(四)违反本条例第十五条的规定导致无法组织对供应商履约情况进行验收或者国家财产遭受损失;

(五)未依法从政府采购评审专家库中抽取评审专家;

(六)非法干预采购评审活动;

(七)采用综合评分法时评审标准中的分值设置未与评审因素的量化指标相对应;

(八)对供应商的询问、质疑逾期未作处理;

(九)通过对样品进行检测、对供应商进行考察等方式改变评审结果;

(十)未按照规定组织对供应商履约情况进行验收。

第六十九条 集中采购机构有下列情形之一的,由财政部门责令限期改正,给予警告,有违法所得的,并处没收违法所得,对直接负责的主管人员和其他直接责任人员依法给予处分,并予以通报:

(一)内部监督管理制度不健全,对依法应当分设、分离的岗位、人员未分设、分离;

(二)将集中采购项目委托其他采购代理机构采购;

(三)从事营利活动。

第七十条 采购人员与供应商有利害关系而不依法回避的,由财政部门给予警告,并处2000元以上2万元以下的罚款。

第七十一条 有政府采购法第七十一条、第七十二条规定的违法行为之一,影响或者可能影响中标、成交结果的,依照下列规定处理:

(一)未确定中标或者成交供应商的,终止本次政府采购活动,重新开展政府采购活动。

(二)已确定中标或者成交供应商但尚未签订政府采购合同的,中标或者成交结果无效,从合格的中标或者成交候选人中另行确定中标或者成交供应商;没有合格的中标或者成交候选人的,重新开展政府采购活动。

(三)政府采购合同已签订但尚未履行的,撤销合同,从合格的中标或者成交候选人中另行确定中标或者成交供应商;没有合格的中标或者成交候选人的,重新开展政府采购活动。

(四)政府采购合同已经履行,给采购人、供应商造成损失的,由责任人承担赔偿责任。

政府采购当事人有其他违反政府采购法或者本条例规定的行为,经改正后仍然影响或者可能影响中标、成交结果或者依法被认定为中标、成交无效的,依照前款规定处理。

第七十二条 供应商有下列情形之一的,依照政府采购法第七十七条第一款的规定追究法律责任:

(一)向评标委员会、竞争性谈判小组或者询价小组成员行贿或者提供其他不正当利益;

(二)中标或者成交后无正当理由拒不与采购人签订政府采购合同;

(三)未按照采购文件确定的事项签订政府采购合同;

(四)将政府采购合同转包;

(五)提供假冒伪劣产品;

(六)擅自变更、中止或者终止政府采购合同。

供应商有前款第一项规定情形的,中标、成交无效。评审阶段资格发生变化,供应商未依照本条例第二十一条的规定通知采购人和采购代理机构的,处以采购金额5‰的罚款,列入不良行为记录名单,中标、成交无效。

第七十三条 供应商捏造事实、提供虚假材料或者以非法手段取得证明材料进行投诉的,由财政部门列入不良行为记录名单,禁止其1至3年内参加政府采购活动。

第七十四条 有下列情形之一的,属于恶意串通,对供应商依照政府采购法第七十七条第一款的规定追究法律责任,对采购人、采购代理机构及其工作人员依照政府采购法第七十二条的规定追究法律责任:

(一)供应商直接或者间接从采购人或者采购代理机构处获得其他供应商的相关情况并修改其投标文件或者响应文件;

(二)供应商按照采购人或者采购代理机构的授意撤换、修改投标文件或者响应文件;

(三)供应商之间协商报价、技术方案等投标文件或者响应文件的实质性内容;

(四)属于同一集团、协会、商会等组织成员的供应商按照该组织要求协同参加政府采购活动;

(五)供应商之间事先约定由某一特定供应商中标、成交;

(六)供应商之间商定部分供应商放弃参加政府采购活动或者放弃中标、成交;

(七)供应商与采购人或者采购代理机构之间、供应商相互之间,为谋求特定供应商中标、成交或者排斥其他供应商的其他串通行为。

第七十五条 政府采购评审专家未按照采购文件规定的评审程序、评审方法和评审标准进行独立评审或者泄露评审文件、评审情况的,由财政部门给予警告,并处2000元以上2万元以下的罚款;影响中标、成交结果的,处2万元以上5万元以下的罚款,禁止其参加政府采购评审活动。

政府采购评审专家与供应商存在利害关系未回避的,处2万元以上5万元以下的罚款,禁止其参加政府采购评审活动。

政府采购评审专家收受采购人、采购代理机构、供应商贿赂或者获取其他不正当利益,构成犯罪的,依法追究刑事责任;尚不构成犯罪的,处2万元以上5万元以下的罚款,禁止其参加政府采购评审活动。

政府采购评审专家有上述违法行为的,其评审意见无效,不得获取评审费;有违法所得的,没收违法所得;给他人造成损失的,依法承担民事责任。

第七十六条 政府采购当事人违反政府采购法和本条例规定,给他人造成损失的,依法承担民事责任。

第七十七条 财政部门在履行政府采购监督管理职责中违反政府采购法和本条例规定,滥用职权、玩忽职守、徇私舞弊的,对直接负责的主管人员和其他直接责任人员依法给予处分;直接负责的主管人员和其他直接责任人员构成犯罪的,依法追究刑事责任。

第九章 附 则

第七十八条 财政管理实行省直接管理的县级人民政府可以根据需要并报经省级人民政府批准,行使政府采购法和本条例规定的设区的市级人民政府批准变更采购方式的职权。

第七十九条 本条例自2015年3月1日起施行。

22.《政府采购货物和服务招标投标管理办法》

(2004年9月11日起施行,财政部令第18号)

第一章 总 则

第一条 为了规范政府采购当事人的采购行为,加强对政府采购货物和服务招标投标活动的监督管理,维护社会公共利益和政府采购招标投标活动当事人的合法权益,依据《中华人民共和国政府采购法》(以下简称政府采购法)和其他有关法律规定,制定本办法。

第二条 采购人及采购代理机构(以下统称"招标采购单位")进行政府采购货物或者服务(以下简称"货物服务")招标投标活动,适用本办法。

前款所称采购代理机构,是指集中采购机构和依法经认定资格的其他采购代理机构。

第三条 货物服务招标分为公开招标和邀请招标。

公开招标,是指招标采购单位依法以招标公告的方式邀请不特定的供应商参加投标。

邀请招标,是指招标采购单位依法从符合相应资格条件的供应商中随机邀请三家以上供应商,并以投标邀请书的方式,邀请其参加投标。

第四条 货物服务采购项目达到公开招标数额标准的,必须采用公开招标方式。因特殊情况需要采用公开招标以外方式的,应当在采购活动开始前获得设区的市、自治州以上人民政府财政部门的批准。

第五条 招标采购单位不得将应当以公开招标方式采购的货物服务化整为零或者以其他方式规避公开招标采购。

第六条 任何单位和个人不得阻挠和限制供应商自由参加货物服务招标投标活动,不得指定货物的品牌、服务的供应商和采购代理机构，以及采用其他方式非法干涉货物服务招标投标活动。

第七条　在货物服务招标投标活动中，招标采购单位工作人员、评标委员会成员及其他相关人员与供应商有利害关系的，必须回避。供应商认为上述人员与其他供应商有利害关系的，可以申请其回避。

第八条　参加政府采购货物服务投标活动的供应商（以下简称"投标人"），应当是提供本国货物服务的本国供应商，但法律、行政法规规定外国供应商可以参加货物服务招标投标活动的除外。

外国供应商依法参加货物服务招标投标活动的，应当按照本办法的规定执行。

第九条　货物服务招标投标活动，应当有助于实现国家经济和社会发展政策目标，包括保护环境，扶持不发达地区和少数民族地区，促进中小企业发展等。

第十条　县级以上各级人民政府财政部门应当依法履行对货物服务招标投标活动的监督管理职责。

第二章　招　标

第十一条　招标采购单位应当按照本办法规定组织开展货物服务招标投标活动。

采购人可以依法委托采购代理机构办理货物服务招标事宜，也可以自行组织开展货物服务招标活动，但必须符合本办法第十二条规定的条件。

集中采购机构应当依法独立开展货物服务招标活动。其他采购代理机构应当根据采购人的委托办理货物服务招标事宜。

第十二条　采购人符合下列条件的，可以自行组织招标：

（一）具有独立承担民事责任的能力；

（二）具有编制招标文件和组织招标能力，有与采购招标项目规模和复杂程度相适应的技术、经济等方面的采购和管理人员；

（三）采购人员经过省级以上人民政府财政部门组织的政府采购培训。

采购人不符合前款规定条件的，必须委托采购代理机构代理招标。

第十三条　采购人委托采购代理机构招标的，应当与采购代理机构签订委托协议，确定委托代理的事项，约定双方的权利和义务。

第十四条　采用公开招标方式采购的，招标采购单位必须在财政部门指定的政府采购信息发布媒体上发布招标公告。

第十五条　采用邀请招标方式采购的，招标采购单位应当在省级以上人民政府财政部门指定的政府采购信息媒体发布资格预审公告，公布投标人资格条件，资格预审公告的期限不得少于七个工作日。

投标人应当在资格预审公告期结束之日起三个工作日前，按公告要求提交资格证明文件。招标采购单位从评审合格投标人中通过随机方式选择三家以上的投标人，并向其发出投标邀请书。

第十六条　采用招标方式采购的，自招标文件开始发出之日起至投标人提交投标文件截止之日止，不得少于二十日。

第十七条　公开招标公告应当包括以下主要内容：

（一）招标采购单位的名称、地址和联系方法；
（二）招标项目的名称、数量或者招标项目的性质；
（三）投标人的资格要求；
（四）获取招标文件的时间、地点、方式及招标文件售价；
（五）投标截止时间、开标时间及地点。

第十八条 招标采购单位应当根据招标项目的特点和需求编制招标文件。招标文件包括以下内容：

（一）投标邀请；
（二）投标人须知（包括密封、签署、盖章要求等）；
（三）投标人应当提交的资格、资信证明文件；
（四）投标报价要求、投标文件编制要求和投标保证金交纳方式；
（五）招标项目的技术规格、要求和数量，包括附件、图纸等；
（六）合同主要条款及合同签订方式；
（七）交货和提供服务的时间；
（八）评标方法、评标标准和废标条款；
（九）投标截止时间、开标时间及地点；
（十）省级以上财政部门规定的其他事项。

招标人应当在招标文件中规定并标明实质性要求和条件。

第十九条 招标采购单位应当制作纸质招标文件，也可以在财政部门指定的网络媒体上发布电子招标文件，并应当保持两者的一致。电子招标文件与纸质招标文件具有同等法律效力。

第二十条 招标采购单位可以要求投标人提交符合招标文件规定要求的备选投标方案，但应当在招标文件中说明，并明确相应的评审标准和处理办法。

第二十一条 招标文件规定的各项技术标准应当符合国家强制性标准。

招标文件不得要求或者标明特定的投标人或者产品，以及含有倾向性或者排斥潜在投标人的其他内容。

第二十二条 招标采购单位可以根据需要，就招标文件征询有关专家或者供应商的意见。

第二十三条 招标文件售价应当按照弥补招标文件印制成本费用的原则确定，不得以营利为目的，不得以招标采购金额作为确定招标文件售价依据。

第二十四条 招标采购单位在发布招标公告、发出投标邀请书或者发出招标文件后，不得擅自终止招标。

第二十五条 招标采购单位根据招标采购项目的具体情况，可以组织潜在投标人现场考察或者召开开标前答疑会，但不得单独或者分别组织只有一个投标人参加的现场考察。

第二十六条 开标前，招标采购单位和有关工作人员不得向他人透露已获取招标文件的潜在投标人的名称、数量以及可能影响公平竞争的有关招标投标的其他情况。

第二十七条 招标采购单位对已发出的招标文件进行必要澄清或者修改的，应当在招标文件要求提交投标文件截止时间十五日前，在财政部门指定的政府采购信息发布媒体上发布更正公告，并以书面形式通知所有招标文件收受人。该澄清或者修改的内容为招标文件的组成部分。

第二十八条 招标采购单位可以视采购具体情况，延长投标截止时间和开标时间，但至少应当在招标文件要求提交投标文件的截止时间三日前，将变更时间书面通知所有招标文件收受人，并在财政部门指定的政府采购信息发布媒体上发布变更公告。

第三章 投　标

第二十九条 投标人是响应招标并且符合招标文件规定资格条件和参加投标竞争的法人、其他组织或者自然人。

第三十条 投标人应当按照招标文件的要求编制投标文件。投标文件应对招标文件提出的要求和条件作出实质性响应。

投标文件由商务部分、技术部分、价格部分和其他部分组成。

第三十一条 投标人应当在招标文件要求提交投标文件的截止时间前，将投标文件密封送达投标地点。招标采购单位收到投标文件后，应当签收保存，任何单位和个人不得在开标前开启投标文件。

在招标文件要求提交投标文件的截止时间之后送达的投标文件，为无效投标文件，招标采购单位应当拒收。

第三十二条 投标人在投标截止时间前，可以对所递交的投标文件进行补充、修改或者撤回，并书面通知招标采购单位。补充、修改的内容应当按招标文件要求签署、盖章，并作为投标文件的组成部分。

第三十三条 投标人根据招标文件载明的标的采购项目实际情况，拟在中标后将中标项目的非主体、非关键性工作交由他人完成的，应当在投标文件中载明。

第三十四条 两个以上供应商可以组成一个投标联合体，以一个投标人的身份投标。

以联合体形式参加投标的，联合体各方均应当符合政府采购法第二十二条第一款规定的条件。采购人根据采购项目的特殊要求规定投标人特定条件的，联合体各方中至少应当有一方符合采购人规定的特定条件。

联合体各方之间应当签订共同投标协议，明确约定联合体各方承担的工作和相应的责任，并将共同投标协议连同投标文件一并提交招标采购单位。联合体各方签订共同投标协议后，不得再以自己名义单独在同一项目中投标，也不得组成新的联合体参加同一项目投标。

招标采购单位不得强制投标人组成联合体共同投标，不得限制投标人之间的竞争。

第三十五条 投标人之间不得相互串通投标报价，不得妨碍其他投标人的公平竞争，不得损害招标采购单位或者其他投标人的合法权益。

投标人不得以向招标采购单位、评标委员会成员行贿或者采取其他不正当手段谋取中标。

第三十六条 招标采购单位应当在招标文件中明确投标保证金的数额及交纳办法。招标采购单位规定的投标保证金数额，不得超过采购项目概算的百分之一。

投标人投标时，应当按招标文件要求交纳投标保证金。投标保证金可以采用现金支票、银行汇票、银行保函等形式交纳。投标人未按招标文件要求交纳投标保证金的，招标采购单位应当拒绝接收投标人的投标文件。

联合体投标的，可以由联合体中的一方或者共同提交投标保证金，以一方名义提交投标保证金的，对联合体各方均具有约束力。

第三十七条 招标采购单位应当在中标通知书发出后五个工作日内退还未中标供应商的

投标保证金,在采购合同签订后五个工作日内退还中标供应商的投标保证金。招标采购单位逾期退还投标保证金的,除应当退还投标保证金本金外,还应当按商业银行同期贷款利率上浮20%后的利率支付资金占用费。

第四章 开标、评标与定标

第三十八条 开标应当在招标文件确定的提交投标文件截止时间的同一时间公开进行;开标地点应当为招标文件中预先确定的地点。

招标采购单位在开标前,应当通知同级人民政府财政部门及有关部门。财政部门及有关部门可以视情况到现场监督开标活动。

第三十九条 开标由招标采购单位主持,采购人、投标人和有关方面代表参加。

第四十条 开标时,应当由投标人或者其推选的代表检查投标文件的密封情况,也可以由招标人委托的公证机构检查并公证;经确认无误后,由招标工作人员当众拆封,宣读投标人名称、投标价格、价格折扣、招标文件允许提供的备选投标方案和投标文件的其他主要内容。

未宣读的投标价格、价格折扣和招标文件允许提供的备选投标方案等实质内容,评标时不予承认。

第四十一条 开标时,投标文件中开标一览表(报价表)内容与投标文件中明细表内容不一致的,以开标一览表(报价表)为准。

投标文件的大写金额和小写金额不一致的,以大写金额为准;总价金额与按单价汇总金额不一致的,以单价金额计算结果为准;单价金额小数点有明显错位的,应以总价为准,并修改单价;对不同文字文本投标文件的解释发生异议的,以中文文本为准。

第四十二条 开标过程应当由招标采购单位指定专人负责记录,并存档备查。

第四十三条 投标截止时间结束后参加投标的供应商不足三家的,除采购任务取消情形外,招标采购单位应当报告设区的市、自治州以上人民政府财政部门,由财政部门按照以下原则处理:

(一)招标文件没有不合理条款、招标公告时间及程序符合规定的,同意采取竞争性谈判、询价或者单一来源方式采购;

(二)招标文件存在不合理条款的,招标公告时间及程序不符合规定的,应予废标,并责成招标采购单位依法重新招标。

在评标期间,出现符合专业条件的供应商或者对招标文件作出实质响应的供应商不足三家情形的,可以比照前款规定执行。

第四十四条 评标工作由招标采购单位负责组织,具体评标事务由招标采购单位依法组建的评标委员会负责,并独立履行下列职责:

(一)审查投标文件是否符合招标文件要求,并作出评价;

(二)要求投标供应商对投标文件有关事项作出解释或者澄清;

(三)推荐中标候选供应商名单,或者受采购人委托按照事先确定的办法直接确定中标供应商;

(四)向招标采购单位或者有关部门报告非法干预评标工作的行为。

第四十五条 评标委员会由采购人代表和有关技术、经济等方面的专家组成,成员人数应当为五人以上单数。其中,技术、经济等方面的专家不得少于成员总数的三分之二。采购数额在300万元以上、技术复杂的项目,评标委员会中技术、经济方面的专家人数应当为五人以上单数。

招标采购单位就招标文件征询过意见的专家,不得再作为评标专家参加评标。采购人不得以专家身份参与本部门或者本单位采购项目的评标。采购代理机构工作人员不得参加由本机构代理的政府采购项目的评标。

评标委员会成员名单原则上应在开标前确定,并在招标结果确定前保密。

第四十六条　评标专家应当熟悉政府采购、招标投标的相关政策法规,熟悉市场行情,有良好的职业道德,遵守招标纪律,从事相关领域工作满八年并具有高级职称或者具有同等专业水平。

第四十七条　各级人民政府财政部门应当对专家实行动态管理。

第四十八条　招标采购单位应当从同级或上一级财政部门设立的政府采购评审专家库中,通过随机方式抽取评标专家。

招标采购机构对技术复杂、专业性极强的采购项目,通过随机方式难以确定合适评标专家的,经设区的市、自治州以上人民政府财政部门同意,可以采取选择性方式确定评标专家。

第四十九条　评标委员会成员应当履行下列义务:

(一)遵纪守法,客观、公正、廉洁地履行职责;

(二)按照招标文件规定的评标方法和评标标准进行评标,对评审意见承担个人责任;

(三)对评标过程和结果,以及供应商的商业秘密保密;

(四)参与评标报告的起草;

(五)配合财政部门的投诉处理工作;

(六)配合招标采购单位答复投标供应商提出的质疑。

第五十条　货物服务招标采购的评标方法分为最低评标价法、综合评分法和性价比法。

第五十一条　最低评标价法,是指以价格为主要因素确定中标候选供应商的评标方法,即在全部满足招标文件实质性要求前提下,依据统一的价格要素评定最低报价,以提出最低报价的投标人作为中标候选供应商或者中标供应商的评标方法。

最低评标价法适用于标准定制商品及通用服务项目。

第五十二条　综合评分法,是指在最大限度地满足招标文件实质性要求前提下,按照招标文件中规定的各项因素进行综合评审后,以评标总得分最高的投标人作为中标候选供应商或者中标供应商的评标方法。

综合评分的主要因素是:价格、技术、财务状况、信誉、业绩、服务、对招标文件的响应程度,以及相应的比重或者权值等。上述因素应当在招标文件中事先规定。

评标时,评标委员会各成员应当独立对每个有效投标人的标书进行评价、打分,然后汇总每个投标人每项评分因素的得分。

采用综合评分法的,货物项目的价格分值占总分值的比重(即权值)为百分之三十至百分之六十;服务项目的价格分值占总分值的比重(即权值)为百分之十至百分之三十。执行统一价格标准的服务项目,其价格不列为评分因素。有特殊情况需要调整的,应当经同级人民政府财政部门批准。

评标总得分 = $F_1 \times A_1 + F_2 \times A_2 + \cdots\cdots + F_n \times A_n$

F1、F2……Fn分别为各项评分因素的汇总得分；

A1、A2、……An 分别为各项评分因素所占的权重（A1+A2+……+An=1）。

第五十三条 性价比法，是指按照要求对投标文件进行评审后，计算出每个有效投标人除价格因素以外的其他各项评分因素（包括技术、财务状况、信誉、业绩、服务、对招标文件的响应程度等）的汇总得分，并除以该投标人的投标报价，以商数（评标总得分）最高的投标人为中标候选供应商或者中标供应商的评标方法。

评标总得分＝B/N

B为投标人的综合得分，B=F1×A1+F2×A2+……+Fn×An，其中：F1、F2……Fn分别为除价格因素以外的其他各项评分因素的汇总得分；A1、A2、……An 分别为除价格因素以外的其他各项评分因素所占的权重（A1+A2+……+An=1）。

N为投标人的投标报价。

第五十四条 评标应当遵循下列工作程序：

（一）投标文件初审。初审分为资格性检查和符合性检查。

1、资格性检查。依据法律法规和招标文件的规定，对投标文件中的资格证明、投标保证金等进行审查，以确定投标供应商是否具备投标资格。

2、符合性检查。依据招标文件的规定，从投标文件的有效性、完整性和对招标文件的响应程度进行审查，以确定是否对招标文件的实质性要求作出响应。

（二）澄清有关问题。对投标文件中含义不明确、同类问题表述不一致或者有明显文字和计算错误的内容，评标委员会可以书面形式（应当由评标委员会专家签字）要求投标人作出必要的澄清、说明或者纠正。投标人的澄清、说明或者补正应当采用书面形式，由其授权的代表签字，并不得超出投标文件的范围或者改变投标文件的实质性内容。

（三）比较与评价。按招标文件中规定的评标方法和标准，对资格性检查和符合性检查合格的投标文件进行商务和技术评估，综合比较与评价。

（四）推荐中标候选供应商名单。中标候选供应商数量应当根据采购需要确定，但必须按顺序排列中标候选供应商。

1、采用最低评标价法的，按投标报价由低到高顺序排列。投标报价相同的，按技术指标优劣顺序排列。评标委员会认为，排在前面的中标候选供应商的最低投标价或者某些分项报价明显不合理或者低于成本，有可能影响商品质量和不能诚信履约的，应当要求其在规定的期限内提供书面文件予以解释说明，并提交相关证明材料；否则，评标委员会可以取消该投标人的中标候选资格，按顺序由排在后面的中标候选供应商递补，以此类推。

2、采用综合评分法的，按评审后得分由高到低顺序排列。得分相同的，按投标报价由低到高顺序排列。得分且投标报价相同的，按技术指标优劣顺序排列。

3、采用性价比法的，按商数得分由高到低顺序排列。商数得分相同的，按投标报价由低到高顺序排列。商数得分且投标报价相同的，按技术指标优劣顺序排列。

（六）编写评标报告。评标报告是评标委员会根据全体评标成员签字的原始评标记录和评标结果编写的报告，其主要内容包括：

1、招标公告刊登的媒体名称、开标日期和地点；

2、购买招标文件的投标人名单和评标委员会成员名单；

3、评标方法和标准；

4、开标记录和评标情况及说明,包括投标无效投标人名单及原因;

5、评标结果和中标候选供应商排序表;

6、评标委员会的授标建议。

第五十五条 在评标中,不得改变招标文件中规定的评标标准、方法和中标条件。

第五十六条 投标文件属下列情况之一的,应当在资格性、符合性检查时按照无效投标处理:

(一)应交未交投标保证金的;

(二)未按照招标文件规定要求密封、签署、盖章的;

(三)不具备招标文件中规定资格要求的;

(四)不符合法律、法规和招标文件中规定的其他实质性要求的。

第五十七条 在招标采购中,有政府采购法第三十六条第一款第(二)至第(四)项规定情形之一的,招标采购单位应当予以废标,并将废标理由通知所有投标供应商。

废标后,除采购任务取消情形外,招标采购单位应当重新组织招标。需要采取其他采购方式的,应当在采购活动开始前获得设区的市、自治州以上人民政府财政部门的批准。

第五十八条 招标采购单位应当采取必要措施,保证评标在严格保密的情况下进行。

任何单位和个人不得非法干预、影响评标办法的确定,以及评标过程和结果。

第五十九条 采购代理机构应当在评标结束后五个工作日内将评标报告送采购人。

采购人应当在收到评标报告后五个工作日内,按照评标报告中推荐的中标候选供应商顺序确定中标供应商;也可以事先授权评标委员会直接确定中标供应商。

采购人自行组织招标的,应当在评标结束后五个工作日内确定中标供应商。

第六十条 中标供应商因不可抗力或者自身原因不能履行政府采购合同的,采购人可以与排位在中标供应商之后第一位的中标候选供应商签订政府采购合同,以此类推。

第六十一条 在确定中标供应商前,招标采购单位不得与投标供应商就投标价格、投标方案等实质性内容进行谈判。

第六十二条 中标供应商确定后,中标结果应当在财政部门指定的政府采购信息发布媒体上公告。公告内容应当包括招标项目名称、中标供应商名单、评标委员会成员名单、招标采购单位的名称和电话。

在发布公告的同时,招标采购单位应当向中标供应商发出中标通知书,中标通知书对采购人和中标供应商具有同等法律效力。

中标通知书发出后,采购人改变中标结果,或者中标供应商放弃中标,应当承担相应的法律责任。

第六十三条 投标供应商对中标公告有异议的,应当在中标公告发布之日起七个工作日内,以书面形式向招标采购单位提出质疑。招标采购单位应当在收到投标供应商书面质疑后七个工作日内,对质疑内容作出答复。

质疑供应商对招标采购单位的答复不满意或者招标采购单位未在规定时间内答复的,可以在答复期满后十五个工作日内按有关规定,向同级人民政府财政部门投诉。财政部门应当在收到投诉后三十个工作日内,对投诉事项作出处理决定。

处理投诉事项期间,财政部门可以视具体情况书面通知招标采购单位暂停签订合同等活动,但暂停时间最长不得超过三十日。

第六十四条 采购人或者采购代理机构应当自中标通知书发出之日起三十日内,按照招标文件和中标供应商投标文件的约定,与中标供应商签订书面合同。所签订的合同不得对招标文件和中标供应商投标文件作实质性修改。

招标采购单位不得向中标供应商提出任何不合理的要求,作为签订合同的条件,不得与中标供应商私下订立背离合同实质性内容的协议。

第六十五条 采购人或者采购代理机构应当自采购合同签订之日起七个工作日内,按照有关规定将采购合同副本报同级人民政府财政部门备案。

第六十六条 法律、行政法规规定应当办理批准、登记等手续后生效的合同,依照其规定。

第六十七条 招标采购单位应当建立真实完整的招标采购档案,妥善保管每项采购活动的采购文件,并不得伪造、变造、隐匿或者销毁。采购文件的保存期限为从采购结束之日起至少保存十五年。

第五章　法律责任

第六十八条 招标采购单位有下列情形之一的,责令限期改正,给予警告,可以按照有关法律规定并处罚款,对直接负责的主管人员和其他直接责任人员,由其行政主管部门或者有关机关依法给予处分,并予通报:

(一)应当采用公开招标方式而擅自采用其他方式采购的;

(二)应当在财政部门指定的政府采购信息发布媒体上公告信息而未公告的;

(三)将必须进行招标的项目化整为零或者以其他任何方式规避招标的;

(四)以不合理的要求限制或者排斥潜在投标供应商,对潜在投标供应商实行差别待遇或者歧视待遇,或者招标文件指定特定的供应商、含有倾向性或者排斥潜在投标供应商的其他内容的;

(五)评标委员会组成不符合本办法规定的;

(六)无正当理由不按照依法推荐的中标候选供应商顺序确定中标供应商,或者在评标委员会依法推荐的中标候选供应商以外确定中标供应商的;

(七)在招标过程中与投标人进行协商谈判,或者不按照招标文件和中标供应商的投标文件确定的事项签订政府采购合同,或者与中标供应商另行订立背离合同实质性内容的协议的;

(八)中标通知书发出后无正当理由不与中标供应商签订采购合同的;

(九)未按本办法规定将应当备案的委托招标协议、招标文件、评标报告、采购合同等文件资料提交同级人民政府财政部门备案的;

(十)拒绝有关部门依法实施监督检查的。

第六十九条 招标采购单位及其工作人员有下列情形之一,构成犯罪的,依法追究刑事责任;尚不构成犯罪的,按照有关法律规定处以罚款,有违法所得的,并处没收违法所得,由其行政主管部门或者有关机关依法给予处分,并予通报:

(一)与投标人恶意串通的;

(二)在采购过程中接受贿赂或者获取其他不正当利益的;

(三)在有关部门依法实施的监督检查中提供虚假情况的;

（四）开标前泄露已获取招标文件的潜在投标人的名称、数量、标底或者其他可能影响公平竞争的有关招标投标情况的。

第七十条 采购代理机构有本办法第六十八条、第六十九条违法行为之一，情节严重的，可以取消其政府采购代理资格，并予以公告。

第七十一条 有本办法第六十八条、第六十九条违法行为之一，并且影响或者可能影响中标结果的，应当按照下列情况分别处理：

（一）未确定中标候选供应商的，终止招标活动，依法重新招标；

（二）中标候选供应商已经确定但采购合同尚未履行的，撤销合同，从中标候选供应商中按顺序另行确定中标供应商；

（三）采购合同已经履行的，给采购人、投标人造成损失的，由责任人承担赔偿责任。

第七十二条 采购人对应当实行集中采购的政府采购项目不委托集中采购机构进行招标的，或者委托不具备政府采购代理资格的中介机构办理政府采购招标事务的，责令改正；拒不改正的，停止按预算向其支付资金，由其上级行政主管部门或者有关机关依法给予其直接负责的主管人员和其他直接责任人员处分。

第七十三条 招标采购单位违反有关规定隐匿、销毁应当保存的招标、投标过程中的有关文件或者伪造、变造招标、投标过程中的有关文件的，处以二万元以上十万元以下的罚款，对其直接负责的主管人员和其他直接责任人员，由其行政主管部门或者有关机关依法给予处分，并予通报；构成犯罪的，依法追究刑事责任。

第七十四条 投标人有下列情形之一的，处以政府采购项目中标金额千分之五以上千分之十以下的罚款，列入不良行为记录名单，在一至三年内禁止参加政府采购活动，并予以公告，有违法所得的，并处没收违法所得，情节严重的，由工商行政管理机关吊销营业执照；构成犯罪的，依法追究刑事责任：

（一）提供虚假材料谋取中标的；

（二）采取不正当手段诋毁、排挤其他投标人的；

（三）与招标采购单位、其他投标人恶意串通的；

（四）向招标采购单位行贿或者提供其他不正当利益的；

（五）在招标过程中与招标采购单位进行协商谈判、不按照招标文件和中标供应商的投标文件订立合同，或者与采购人另行订立背离合同实质性内容的协议的；

（六）拒绝有关部门监督检查或者提供虚假情况的。

投标人有前款第（一）至（五）项情形之一的，中标无效。

第七十五条 中标供应商有下列情形之一的，招标采购单位不予退还其交纳的投标保证金；情节严重的，由财政部门将其列入不良行为记录名单，在一至三年内禁止参加政府采购活动，并予以通报：

（一）中标后无正当理由不与采购人或者采购代理机构签订合同的；

（二）将中标项目转让给他人，或者在投标文件中未说明，且未经采购招标机构同意，将中标项目分包给他人的；

（三）拒绝履行合同义务的。

第七十六条 政府采购当事人有本办法第六十八条、第六十九条、第七十四条、第七十五条违法行为之一，给他人造成损失的，应当依照有关民事法律规定承担民事责任。

第七十七条 评标委员会成员有下列行为之一的,责令改正,给予警告,可以并处一千元以下的罚款：

（一）明知应当回避而未主动回避的；

（二）在知道自己为评标委员会成员身份后至评标结束前的时段内私下接触投标供应商的；

（三）在评标过程中擅离职守,影响评标程序正常进行的；

（四）在评标过程中有明显不合理或者不正当倾向性的；

（五）未按招标文件规定的评标方法和标准进行评标的。

上述行为影响中标结果的,中标结果无效。

第七十八条 评标委员会成员或者与评标活动有关的工作人员有下列行为之一的,给予警告,没收违法所得,可以并处三千元以上五万元以下的罚款；对评标委员会成员取消评标委员会成员资格,不得再参加任何政府采购招标项目的评标,并在财政部门指定的政府采购信息发布媒体上予以公告；构成犯罪的,依法追究刑事责任：

（一）收受投标人、其他利害关系人的财物或者其他不正当利益的；

（二）泄露有关投标文件的评审和比较、中标候选人的推荐以及与评标有关的其他情况的。

第七十九条 任何单位或者个人非法干预、影响评标的过程或者结果的,责令改正；由该单位、个人的上级行政主管部门或者有关机关给予单位责任人或者个人处分。

第八十条 财政部门工作人员在实施政府采购监督检查中违反规定滥用职权、玩忽职守、徇私舞弊的,依法给予行政处分；构成犯罪的,依法追究刑事责任。

第八十一条 财政部门对投标人的投诉无故逾期未作处理的,依法给予直接负责的主管人员和其他直接责任人员行政处分。

第八十二条 有本办法规定的中标无效情形的,由同级或其上级财政部门认定中标无效。中标无效的,应当依照本办法规定从其他中标人或者中标候选人中重新确定,或者依照本办法重新进行招标。

第八十三条 本办法所规定的行政处罚,由县级以上人民政府财政部门负责实施。

第八十四条 政府采购当事人对行政处罚不服的,可以依法申请行政复议,或者直接向人民法院提起行政诉讼。逾期未申请复议,也未向人民法院起诉,又不履行行政处罚决定的,由作出行政处罚决定的机关申请人民法院强制执行。

第六章 附 则

第八十五条 政府采购货物服务可以实行协议供货采购和定点采购,但协议供货采购和定点供应商必须通过公开招标方式确定；因特殊情况需要采用公开招标以外方式确定的,应当获得省级以上人民政府财政部门批准。

协议供货采购和定点采购的管理办法,由财政部另行规定。

第八十六条 政府采购货物中的进口机电产品进行招标投标的,按照国家有关办法执行。

第八十七条 使用国际组织和外国政府贷款进行的政府采购货物和服务招标,贷款方或者资金提供方与中方达成的协议对采购的具体条件另有规定的,可以适用其规定,但不得损害国家利益和社会公共利益。

第八十八条 对因严重自然灾害和其他不可抗力事件所实施的紧急采购和涉及国家安全和秘密的采购,不适用本办法。

第八十九条 本办法由财政部负责解释。

各省、自治区、直辖市人民政府财政部门可以根据本办法制定具体实施办法。

第九十条 本办法自2004年9月11日起施行。财政部1999年6月24日颁布实施的《政府采购招标投标管理暂行办法》(财预字[1999]363号)同时废止。

23.《政府采购非招标采购方式管理办法》

(2014年2月1日起施行,财政部令第74号)

第一章 总 则

第一条 为了规范政府采购行为,加强对采用非招标采购方式采购活动的监督管理,维护国家利益、社会公共利益和政府采购当事人的合法权益,依据《中华人民共和国政府采购法》(以下简称政府采购法)和其他法律、行政法规的有关规定,制定本办法。

第二条 采购人、采购代理机构采用非招标采购方式采购货物、工程和服务的,适用本办法。

本办法所称非招标采购方式,是指竞争性谈判、单一来源采购和询价采购方式。

竞争性谈判是指谈判小组与符合资格条件的供应商就采购货物、工程和服务事宜进行谈判,供应商按照谈判文件的要求提交响应文件和最后报价,采购人从谈判小组提出的成交候选人中确定成交供应商的采购方式。

单一来源采购是指采购人从某一特定供应商处采购货物、工程和服务的采购方式。

询价是指询价小组向符合资格条件的供应商发出采购货物询价通知书,要求供应商一次报出不得更改的价格,采购人从询价小组提出的成交候选人中确定成交供应商的采购方式。

第三条 采购人、采购代理机构采购以下货物、工程和服务之一的,可以采用竞争性谈判、单一来源采购方式采购;采购货物的,还可以采用询价采购方式:

(一)依法制定的集中采购目录以内,且未达到公开招标数额标准的货物、服务;

(二)依法制定的集中采购目录以外、采购限额标准以上,且未达到公开招标数额标准的货物、服务;

(三)达到公开招标数额标准、经批准采用非公开招标方式的货物、服务;

(四)按照招标投标法及其实施条例必须进行招标的工程建设项目以外的政府采购工程。

第二章 一般规定

第四条 达到公开招标数额标准的货物、服务采购项目,拟采用非招标采购方式的,采购人应当在采购活动开始前,报经主管预算单位同意后,向设区的市、自治州以上人民政府财政部门申请批准。

第五条 根据本办法第四条申请采用非招标采购方式采购的，采购人应当向财政部门提交以下材料并对材料的真实性负责：

（一）采购人名称、采购项目名称、项目概况等项目基本情况说明；

（二）项目预算金额、预算批复文件或者资金来源证明；

（三）拟申请采用的采购方式和理由。

第六条 采购人、采购代理机构应当按照政府采购法和本办法的规定组织开展非招标采购活动，并采取必要措施，保证评审在严格保密的情况下进行。

任何单位和个人不得非法干预、影响评审过程和结果。

第七条 竞争性谈判小组或者询价小组由采购人代表和评审专家共3人以上单数组成，其中评审专家人数不得少于竞争性谈判小组或者询价小组成员总数的2/3。采购人不得以评审专家身份参加本部门或本单位采购项目的评审。采购代理机构人员不得参加本机构代理的采购项目的评审。

达到公开招标数额标准的货物或者服务采购项目，或者达到招标规模标准的政府采购工程，竞争性谈判小组或者询价小组应当由5人以上单数组成。

采用竞争性谈判、询价方式采购的政府采购项目，评审专家应当从政府采购评审专家库内相关专业的专家名单中随机抽取。技术复杂、专业性强的竞争性谈判采购项目，通过随机方式难以确定合适的评审专家的，经主管预算单位同意，可以自行选定评审专家。技术复杂、专业性强的竞争性谈判采购项目，评审专家中应当包含1名法律专家。

第八条 竞争性谈判小组或者询价小组在采购活动过程中应当履行下列职责：

（一）确认或者制定谈判文件、询价通知书；

（二）从符合相应资格条件的供应商名单中确定不少于3家的供应商参加谈判或者询价；

（三）审查供应商的响应文件并作出评价；

（四）要求供应商解释或者澄清其响应文件；

（五）编写评审报告；

（六）告知采购人、采购代理机构在评审过程中发现的供应商的违法违规行为。

第九条 竞争性谈判小组或者询价小组成员应当履行下列义务：

（一）遵纪守法，客观、公正、廉洁地履行职责；

（二）根据采购文件的规定独立进行评审，对个人的评审意见承担法律责任；

（三）参与评审报告的起草；

（四）配合采购人、采购代理机构答复供应商提出的质疑；

（五）配合财政部门的投诉处理和监督检查工作。

第十条 谈判文件、询价通知书应当根据采购项目的特点和采购人的实际需求制定，并经采购人书面同意。采购人应当以满足实际需求为原则，不得擅自提高经费预算和资产配置等采购标准。

谈判文件、询价通知书不得要求或者标明供应商名称或者特定货物的品牌，不得含有指向特定供应商的技术、服务等条件。

第十一条 谈判文件、询价通知书应当包括供应商资格条件、采购邀请、采购方式、采购预算、采购需求、采购程序、价格构成或者报价要求、响应文件编制要求、提交响应文件截止时间及地点、保证金交纳数额和形式、评定成交的标准等。

谈判文件除本条第一款规定的内容外，还应当明确谈判小组根据与供应商谈判情况可能实质性变动的内容，包括采购需求中的技术、服务要求以及合同草案条款。

第十二条　采购人、采购代理机构应当通过发布公告、从省级以上财政部门建立的供应商库中随机抽取或者采购人和评审专家分别书面推荐的方式邀请不少于3家符合相应资格条件的供应商参与竞争性谈判或者询价采购活动。

符合政府采购法第二十二条第一款规定条件的供应商可以在采购活动开始前加入供应商库。财政部门不得对供应商申请入库收取任何费用，不得利用供应商库进行地区和行业封锁。

采取采购人和评审专家书面推荐方式选择供应商的，采购人和评审专家应当各自出具书面推荐意见。采购人推荐供应商的比例不得高于推荐供应商总数的50%。

第十三条　供应商应当按照谈判文件、询价通知书的要求编制响应文件，并对其提交的响应文件的真实性、合法性承担法律责任。

第十四条　采购人、采购代理机构可以要求供应商在提交响应文件截止时间之前交纳保证金。保证金应当采用支票、汇票、本票、网上银行支付或者金融机构、担保机构出具的保函等非现金形式交纳。保证金数额应当不超过采购项目预算的2%。

供应商为联合体的，可以由联合体中的一方或者多方共同交纳保证金，其交纳的保证金对联合体各方均具有约束力。

第十五条　供应商应当在谈判文件、询价通知书要求的截止时间前，将响应文件密封送达指定地点。在截止时间后送达的响应文件为无效文件，采购人、采购代理机构或者谈判小组、询价小组应当拒收。

供应商在提交询价响应文件截止时间前，可以对所提交的响应文件进行补充、修改或者撤回，并书面通知采购人、采购代理机构。补充、修改的内容作为响应文件的组成部分。补充、修改的内容与响应文件不一致的，以补充、修改的内容为准。

第十六条　谈判小组、询价小组在对响应文件的有效性、完整性和响应程度进行审查时，可以要求供应商对响应文件中含义不明确、同类问题表述不一致或者有明显文字和计算错误的内容等作出必要的澄清、说明或者更正。供应商的澄清、说明或者更正不得超出响应文件的范围或者改变响应文件的实质性内容。

谈判小组、询价小组要求供应商澄清、说明或者更正响应文件应当以书面形式作出。供应商的澄清、说明或者更正应当由法定代表人或其授权代表签字或者加盖公章。由授权代表签字的，应当附法定代表人授权书。供应商为自然人的，应当由本人签字并附身份证明。

第十七条　谈判小组、询价小组应当根据评审记录和评审结果编写评审报告，其主要内容包括：

（一）邀请供应商参加采购活动的具体方式和相关情况，以及参加采购活动的供应商名单；

（二）评审日期和地点，谈判小组、询价小组成员名单；

（三）评审情况记录和说明，包括对供应商的资格审查情况、供应商响应文件评审情况、谈判情况、报价情况等；

（四）提出的成交候选人的名单及理由。

评审报告应当由谈判小组、询价小组全体人员签字认可。谈判小组、询价小组成员对评审报告有异议的，谈判小组、询价小组按照少数服从多数的原则推荐成交候选人，采购程序继续进行。对评审报告有异议的谈判小组、询价小组成员，应当在报告上签署不同意见并说明理由，由谈判小组、询价小组书面记录相关情况。谈判小组、询价小组成员拒绝在报告上签字又不书面说明其不同意见和理由的，视为同意评审报告。

第十八条 采购人或者采购代理机构应当在成交供应商确定后2个工作日内，在省级以上财政部门指定的媒体上公告成交结果，同时向成交供应商发出成交通知书，并将竞争性谈判文件、询价通知书随成交结果同时公告。成交结果公告应当包括以下内容：

（一）采购人和采购代理机构的名称、地址和联系方式；

（二）项目名称和项目编号；

（三）成交供应商名称、地址和成交金额；

（四）主要成交标的的名称、规格型号、数量、单价、服务要求；

（五）谈判小组、询价小组成员名单及单一来源采购人员名单。

采用书面推荐供应商参加采购活动的，还应当公告采购人和评审专家的推荐意见。

第十九条 采购人与成交供应商应当在成交通知书发出之日起30日内，按照采购文件确定的合同文本以及采购标的、规格型号、采购金额、采购数量、技术和服务要求等事项签订政府采购合同。

采购人不得向成交供应商提出超出采购文件以外的任何要求作为签订合同的条件，不得与成交供应商订立背离采购文件确定的合同文本以及采购标的、规格型号、采购金额、采购数量、技术和服务要求等实质性内容的协议。

第二十条 采购人或者采购代理机构应当在采购活动结束后及时退还供应商的保证金，但因供应商自身原因导致无法及时退还的除外。未成交供应商的保证金应当在成交通知书发出后5个工作日内退还，成交供应商的保证金应当在采购合同签订后5个工作日内退还。

有下列情形之一的，保证金不予退还：

（一）供应商在提交响应文件截止时间后撤回响应文件的；

（二）供应商在响应文件中提供虚假材料的；

（三）除因不可抗力或谈判文件、询价通知书认可的情形以外，成交供应商不与采购人签订合同的；

（四）供应商与采购人、其他供应商或者采购代理机构恶意串通的；

（五）采购文件规定的其他情形。

第二十一条 除资格性审查认定错误和价格计算错误外，采购人或者采购代理机构不得以任何理由组织重新评审。采购人、采购代理机构发现谈判小组、询价小组未按照采购文件规定的评定成交的标准进行评审的，应当重新开展采购活动，并同时书面报告本级财政部门。

第二十二条 除不可抗力等因素外，成交通知书发出后，采购人改变成交结果，或者成交供应商拒绝签订政府采购合同的，应当承担相应的法律责任。

成交供应商拒绝签订政府采购合同的，采购人可以按照本办法第三十六条第二款、第四十九条第二款规定的原则确定其他供应商作为成交供应商并签订政府采购合同，也可以重新开展采购活动。拒绝签订政府采购合同的成交供应商不得参加对该项目重新开展的采购活动。

第二十三条 在采购活动中因重大变故，采购任务取消的，采购人或者采购代理机构应当终止采购活动，通知所有参加采购活动的供应商，并将项目实施情况和采购任务取消原因报送本级财政部门。

第二十四条 采购人或者采购代理机构应当按照采购合同规定的技术、服务等要求组织对供应商履约的验收，并出具验收书。验收书应当包括每一项技术、服务等要求的履约情况。大型或者复杂的项目，应当邀请国家认可的质量检测机构参加验收。验收方成员应当在验收书上签字，并承担相应的法律责任。

第二十五条 谈判小组、询价小组成员以及与评审工作有关的人员不得泄露评审情况以及评审过程中获悉的国家秘密、商业秘密。

第二十六条 采购人、采购代理机构应当妥善保管每项采购活动的采购文件。采购文件包括采购活动记录、采购预算、谈判文件、询价通知书、响应文件、推荐供应商的意见、评审报告、成交供应商确定文件、单一来源采购协商情况记录、合同文本、验收证明、质疑答复、投诉处理决定以及其他有关文件、资料。采购文件可以电子档案方式保存。

采购活动记录至少应当包括下列内容：

（一）采购项目类别、名称；
（二）采购项目预算、资金构成和合同价格；
（三）采购方式，采用该方式的原因及相关说明材料；
（四）选择参加采购活动的供应商的方式及原因；
（五）评定成交的标准及确定成交供应商的原因；
（六）终止采购活动的，终止的原因。

第三章 竞争性谈判

第二十七条 符合下列情形之一的采购项目，可以采用竞争性谈判方式采购：
（一）招标后没有供应商投标或者没有合格标的，或者重新招标未能成立的；
（二）技术复杂或者性质特殊，不能确定详细规格或者具体要求的；
（三）非采购人所能预见的原因或者非采购人拖延造成采用招标所需时间不能满足用户紧急需要的；
（四）因艺术品采购、专利、专有技术或者服务的时间、数量事先不能确定等原因不能事先计算出价格总额的。

公开招标的货物、服务采购项目，招标过程中提交投标文件或者经评审实质性响应招标文件要求的供应商只有两家时，采购人、采购代理机构按照本办法第四条经本级财政部门批准后可以与该两家供应商进行竞争性谈判采购，采购人、采购代理机构应当根据招标文件中的采购需求编制谈判文件，成立谈判小组，由谈判小组对谈判文件进行确认。符合本款情形的，本办法第三十三条、第三十五条中规定的供应商最低数量可以为两家。

第二十八条 符合本办法第二十七条第一款第一项情形和第二款情形，申请采用竞争性谈判采购方式时，除提交本办法第五条第一至三项规定的材料外，还应当提交下列申请材料：
（一）在省级以上财政部门指定的媒体上发布招标公告的证明材料；
（二）采购人、采购代理机构出具的对招标文件和招标过程是否有供应商质疑及质疑处理情况的说明；

（三）评标委员会或者3名以上评审专家出具的招标文件没有不合理条款的论证意见。

第二十九条 从谈判文件发出之日起至供应商提交首次响应文件截止之日止不得少于3个工作日。

提交首次响应文件截止之日前，采购人、采购代理机构或者谈判小组可以对已发出的谈判文件进行必要的澄清或者修改，澄清或者修改的内容作为谈判文件的组成部分。澄清或者修改的内容可能影响响应文件编制的，采购人、采购代理机构或者谈判小组应当在提交首次响应文件截止之日3个工作日前，以书面形式通知所有接收谈判文件的供应商，不足3个工作日的，应当顺延提交首次响应文件截止之日。

第三十条 谈判小组应当对响应文件进行评审，并根据谈判文件规定的程序、评定成交的标准等事项与实质性响应谈判文件要求的供应商进行谈判。未实质性响应谈判文件的响应文件按无效处理，谈判小组应当告知有关供应商。

第三十一条 谈判小组所有成员应当集中与单一供应商分别进行谈判，并给予所有参加谈判的供应商平等的谈判机会。

第三十二条 在谈判过程中，谈判小组可以根据谈判文件和谈判情况实质性变动采购需求中的技术、服务要求以及合同草案条款，但不得变动谈判文件中的其他内容。实质性变动的内容，须经采购人代表确认。

对谈判文件作出的实质性变动是谈判文件的有效组成部分，谈判小组应当及时以书面形式同时通知所有参加谈判的供应商。

供应商应当按照谈判文件的变动情况和谈判小组的要求重新提交响应文件，并由其法定代表人或授权代表签字或者加盖公章。由授权代表签字的，应当附法定代表人授权书。供应商为自然人的，应当由本人签字并附身份证明。

第三十三条 谈判文件能够详细列明采购标的的技术、服务要求的，谈判结束后，谈判小组应当要求所有继续参加谈判的供应商在规定时间内提交最后报价，提交最后报价的供应商不得少于3家。

谈判文件不能详细列明采购标的的技术、服务要求，需经谈判由供应商提供最终设计方案或解决方案的，谈判结束后，谈判小组应当按照少数服从多数的原则投票推荐3家以上供应商的设计方案或者解决方案，并要求其在规定时间内提交最后报价。

最后报价是供应商响应文件的有效组成部分。

第三十四条 已提交响应文件的供应商，在提交最后报价之前，可以根据谈判情况退出谈判。采购人、采购代理机构应当退还退出谈判的供应商的保证金。

第三十五条 谈判小组应当从质量和服务均能满足采购文件实质性响应要求的供应商中，按照最后报价由低到高的顺序提出3名以上成交候选人，并编写评审报告。

第三十六条 采购代理机构应当在评审结束后2个工作日内将评审报告送采购人确认。

采购人应当在收到评审报告后5个工作日内，从评审报告提出的成交候选人中，根据质量和服务均能满足采购文件实质性响应要求且最后报价最低的原则确定成交供应商，也可以书面授权谈判小组直接确定成交供应商。采购人逾期未确定成交供应商且不提出异议的，视为确定评审报告提出的最后报价最低的供应商为成交供应商。

第三十七条 出现下列情形之一的，采购人或者采购代理机构应当终止竞争性谈判采购

活动,发布项目终止公告并说明原因,重新开展采购活动:

(一)因情况变化,不再符合规定的竞争性谈判采购方式适用情形的;

(二)出现影响采购公正的违法、违规行为的;

(三)在采购过程中符合竞争要求的供应商或者报价未超过采购预算的供应商不足3家的,但本办法第二十七条第二款规定的情形除外。

第四章 单一来源采购

第三十八条 属于政府采购法第三十一条第一项情形,且达到公开招标数额的货物、服务项目,拟采用单一来源采购方式的,采购人、采购代理机构在按照本办法第四条报财政部门批准之前,应当在省级以上财政部门指定媒体上公示,并将公示情况一并报财政部门。公示期不得少于5个工作日,公示内容应当包括:

(一)采购人、采购项目名称和内容;

(二)拟采购的货物或者服务的说明;

(三)采用单一来源采购方式的原因及相关说明;

(四)拟定的唯一供应商名称、地址;

(五)专业人员对相关供应商因专利、专有技术等原因具有唯一性的具体论证意见,以及专业人员的姓名、工作单位和职称;

(六)公示的期限;

(七)采购人、采购代理机构、财政部门的联系地址、联系人和联系电话。

第三十九条 任何供应商、单位或者个人对采用单一来源采购方式公示有异议的,可以在公示期内将书面意见反馈给采购人、采购代理机构,并同时抄送相关财政部门。

第四十条 采购人、采购代理机构收到对采用单一来源采购方式公示的异议后,应当在公示期满后5个工作日内,组织补充论证,论证后认为异议成立的,应当依法采取其他采购方式;论证后认为异议不成立的,应当将异议意见、论证意见与公示情况一并报相关财政部门。

采购人、采购代理机构应当将补充论证的结论告知提出异议的供应商、单位或者个人。

第四十一条 采用单一来源采购方式采购的,采购人、采购代理机构应当组织具有相关经验的专业人员与供应商商定合理的成交价格并保证采购项目质量。

第四十二条 单一来源采购人员应当编写协商情况记录,主要内容包括:

(一)依据本办法第三十八条进行公示的,公示情况说明;

(二)协商日期和地点,采购人员名单;

(三)供应商提供的采购标的成本、同类项目合同价格以及相关专利、专有技术等情况说明;

(四)合同主要条款及价格商定情况。

协商情况记录应当由采购全体人员签字认可。对记录有异议的采购人员,应当签署不同意见并说明理由。采购人员拒绝在记录上签字又不书面说明其不同意见和理由的,视为同意。

第四十三条 出现下列情形之一的,采购人或者采购代理机构应当终止采购活动,发布项目终止公告并说明原因,重新开展采购活动:

(一)因情况变化,不再符合规定的单一来源采购方式适用情形的;

(二)出现影响采购公正的违法、违规行为的;

（三）报价超过采购预算的。

第五章　询　价

第四十四条　询价采购需求中的技术、服务等要求应当完整、明确，符合相关法律、行政法规和政府采购政策的规定。

第四十五条　从询价通知书发出之日起至供应商提交响应文件截止之日止不得少于3个工作日。

提交响应文件截止之日前，采购人、采购代理机构或者询价小组可以对已发出的询价通知书进行必要的澄清或者修改，澄清或者修改的内容作为询价通知书的组成部分。澄清或者修改的内容可能影响响应文件编制的，采购人、采购代理机构或者询价小组应当在提交响应文件截止之日3个工作日前，以书面形式通知所有接收询价通知书的供应商，不足3个工作日的，应当顺延提交响应文件截止之日。

第四十六条　询价小组在询价过程中，不得改变询价通知书所确定的技术和服务等要求、评审程序、评定成交的标准和合同文本等事项。

第四十七条　参加询价采购活动的供应商，应当按照询价通知书的规定一次报出不得更改的价格。

第四十八条　询价小组应当从质量和服务均能满足采购文件实质性响应要求的供应商中，按照报价由低到高的顺序提出3名以上成交候选人，并编写评审报告。

第四十九条　采购代理机构应当在评审结束后2个工作日内将评审报告送采购人确认。

采购人应当在收到评审报告后5个工作日内，从评审报告提出的成交候选人中，根据质量和服务均能满足采购文件实质性响应要求且报价最低的原则确定成交供应商，也可以书面授权询价小组直接确定成交供应商。采购人逾期未确定成交供应商且不提出异议的，视为确定评审报告提出的最后报价最低的供应商为成交供应商。

第五十条　出现下列情形之一的，采购人或者采购代理机构应当终止询价采购活动，发布项目终止公告并说明原因，重新开展采购活动：

（一）因情况变化，不再符合规定的询价采购方式适用情形的；

（二）出现影响采购公正的违法、违规行为的；

（三）在采购过程中符合竞争要求的供应商或者报价未超过采购预算的供应商不足3家的。

第六章　法律责任

第五十一条　采购人、采购代理机构有下列情形之一的，责令限期改正，给予警告；有关法律、行政法规规定处以罚款的，并处罚款；涉嫌犯罪的，依法移送司法机关处理：

（一）未按照本办法规定在指定媒体上发布政府采购信息的；

（二）未按照本办法规定组成谈判小组、询价小组的；

（三）在询价采购过程中与供应商进行协商谈判的；

（四）未按照政府采购法和本办法规定的程序和要求确定成交候选人的；

（五）泄露评审情况以及评审过程中获悉的国家秘密、商业秘密的。

采购代理机构有前款情形之一，情节严重的，暂停其政府采购代理机构资格3至6个月；情节特别严重或者逾期不改正的，取消其政府采购代理机构资格。

第五十二条 采购人有下列情形之一的，责令限期改正，给予警告；有关法律、行政法规规定处以罚款的，并处罚款：

（一）未按照政府采购法和本办法的规定采用非招标采购方式的；

（二）未按照政府采购法和本办法的规定确定成交供应商的；

（三）未按照采购文件确定的事项签订政府采购合同，或者与成交供应商另行订立背离合同实质性内容的协议的；

（四）未按规定将政府采购合同副本报本级财政部门备案的。

第五十三条 采购人、采购代理机构有本办法第五十一条、第五十二条规定情形之一，且情节严重或者拒不改正的，其直接负责的主管人员和其他直接责任人员属于国家机关工作人员的，由任免机关或者监察机关依法给予处分，并予通报。

第五十四条 成交供应商有下列情形之一的，责令限期改正，情节严重的，列入不良行为记录名单，在1至3年内禁止参加政府采购活动，并予以通报：

（一）未按照采购文件确定的事项签订政府采购合同，或者与采购人另行订立背离合同实质性内容的协议的；

（二）成交后无正当理由不与采购人签订合同的；

（三）拒绝履行合同义务的。

第五十五条 谈判小组、询价小组成员有下列行为之一的，责令改正，给予警告；有关法律、行政法规规定处以罚款的，并处罚款；涉嫌犯罪的，依法移送司法机关处理：

（一）收受采购人、采购代理机构、供应商、其他利害关系人的财物或者其他不正当利益的；

（二）泄露评审情况以及评审过程中获悉的国家秘密、商业秘密的；

（三）明知与供应商有利害关系而不依法回避的；

（四）在评审过程中擅离职守，影响评审程序正常进行的；

（五）在评审过程中有明显不合理或者不正当倾向性的；

（六）未按照采购文件规定的评定成交的标准进行评审的。

评审专家有前款情形之一，情节严重的，取消其政府采购评审专家资格，不得再参加任何政府采购项目的评审，并在财政部门指定的政府采购信息发布媒体上予以公告。

第五十六条 有本办法第五十一条、第五十二条、第五十五条违法行为之一，并且影响或者可能影响成交结果的，应当按照下列情形分别处理：

（一）未确定成交供应商的，终止本次采购活动，依法重新开展采购活动；

（二）已确定成交供应商但采购合同尚未履行的，撤销合同，从合格的成交候选人中另行确定成交供应商，没有合格的成交候选人的，重新开展采购活动；

（三）采购合同已经履行的，给采购人、供应商造成损失的，由责任人依法承担赔偿责任。

第五十七条 政府采购当事人违反政府采购法和本办法规定，给他人造成损失的，应当依照有关民事法律规定承担民事责任。

第五十八条 任何单位或者个人非法干预、影响评审过程或者结果的，责令改正；该单位责任人或者个人属于国家机关工作人员的，由任免机关或者监察机关依法给予处分。

第五十九条 财政部门工作人员在实施监督管理过程中违法干预采购活动或者滥用职权、玩忽职守、徇私舞弊的,依法给予处分;涉嫌犯罪的,依法移送司法机关处理。

第七章 附 则

第六十条 本办法所称主管预算单位是指负有编制部门预算职责,向同级财政部门申报预算的国家机关、事业单位和团体组织。

第六十一条 各省、自治区、直辖市人民政府财政部门可以根据本办法制定具体实施办法。

第六十二条 本办法自2014年2月1日起施行。

24.《政府和社会资本合作项目政府采购管理办法》

(2014年12月31日起施行,财库〔2014〕215号)

第一章 总 则

第一条 为了规范政府和社会资本合作项目政府采购(以下简称PPP项目采购)行为,维护国家利益、社会公共利益和政府采购当事人的合法权益,依据《中华人民共和国政府采购法》(以下简称政府采购法)和有关法律、行政法规、部门规章,制定本办法。

第二条 本办法所称PPP项目采购,是指政府为达成权利义务平衡、物有所值的PPP项目合同,遵循公开、公平、公正和诚实信用原则,按照相关法规要求完成PPP项目识别和准备等前期工作后,依法选择社会资本合作者的过程。PPP项目实施机构(采购人)在项目实施过程中选择合作社会资本(供应商),适用本办法。

第三条 PPP项目实施机构可以委托政府采购代理机构办理PPP项目采购事宜。PPP项目咨询服务机构从事PPP项目采购业务的,应当按照政府采购代理机构管理的有关要求及时进行网上登记。

第二章 采购程序

第四条 PPP项目采购方式包括公开招标、邀请招标、竞争性谈判、竞争性磋商和单一来源采购。项目实施机构应当根据PPP项目的采购需求特点,依法选择适当的采购方式。公开招标主要适用于采购需求中核心边界条件和技术经济参数明确、完整、符合国家法律法规及政府采购政策,且采购过程中不作更改的项目。

第五条 PPP项目采购应当实行资格预审。项目实施机构应当根据项目需要准备资格预审文件,发布资格预审公告,邀请社会资本和与其合作的金融机构参与资格预审,验证项目能否获得社会资本响应和实现充分竞争。

第六条 资格预审公告应当在省级以上人民政府财政部门指定的政府采购信息发布媒体上发布。资格预审合格的社会资本在签订PPP项目合同前资格发生变化的,应当通知项目实施机构。

资格预审公告应当包括项目授权主体、项目实施机构和项目名称、采购需求、对社会资本的资格要求、是否允许联合体参与采购活动、是否限定参与竞争的合格社会资本的数量及限定的方法和标准、以及社会资本提交资格预审申请文件的时间和地点。提交资格预审申请文件的时间自公告发布之日起不得少于15个工作日。

第七条 项目实施机构、采购代理机构应当成立评审小组，负责PPP项目采购的资格预审和评审工作。评审小组由项目实施机构代表和评审专家共5人以上单数组成，其中评审专家人数不得少于评审小组成员总数的2/3。评审专家可以由项目实施机构自行选定，但评审专家中至少应当包含1名财务专家和1名法律专家。项目实施机构代表不得以评审专家身份参加项目的评审。

第八条 项目有3家以上社会资本通过资格预审的，项目实施机构可以继续开展采购文件准备工作；项目通过资格预审的社会资本不足3家的，项目实施机构应当在调整资格预审公告内容后重新组织资格预审；项目经重新资格预审后合格社会资本仍不够3家的，可以依法变更采购方式。

资格预审结果应当告知所有参与资格预审的社会资本，并将资格预审的评审报告提交财政部门（政府和社会资本合作中心）备案。

第九条 项目采购文件应当包括采购邀请、竞争者须知（包括密封、签署、盖章要求等）、竞争者应当提供的资格、资信及业绩证明文件、采购方式、政府对项目实施机构的授权、实施方案的批复和项目相关审批文件、采购程序、响应文件编制要求、提交响应文件截止时间、开启时间及地点、保证金交纳数额和形式、评审方法、评审标准、政府采购政策要求、PPP项目合同草案及其他法律文本、采购结果确认谈判中项目合同可变的细节、以及是否允许未参加资格预审的供应商参与竞争并进行资格后审等内容。项目采购文件中还应当明确项目合同必须报请本级人民政府审核同意，在获得同意前项目合同不得生效。

采用竞争性谈判或者竞争性磋商采购方式的，项目采购文件除上款规定的内容外，还应当明确评审小组根据与社会资本谈判情况可能实质性变动的内容，包括采购需求中的技术、服务要求以及项目合同草案条款。

第十条 项目实施机构应当在资格预审公告、采购公告、采购文件、项目合同中列明采购本国货物和服务、技术引进和转让等政策要求，以及对社会资本参与采购活动和履约保证的担保要求。

第十一条 项目实施机构应当组织社会资本进行现场考察或者召开采购前答疑会，但不得单独或者分别组织只有一个社会资本参加的现场考察和答疑会。项目实施机构可以视项目的具体情况，组织对符合条件的社会资本的资格条件进行考察核实。

第十二条 评审小组成员应当按照客观、公正、审慎的原则，根据资格预审公告和采购文件规定的程序、方法和标准进行资格预审和独立评审。已进行资格预审的，评审小组在评审阶段可以不再对社会资本进行资格审查。允许进行资格后审的，由评审小组在响应文件评审环节对社会资本进行资格审查。

评审小组成员应当在资格预审报告和评审报告上签字，对自己的评审意见承担法律责任。对资格预审报告或者评审报告有异议的，应当在报告上签署不同意见，并说明理由，否则视为同意资格预审报告和评审报告。

评审小组发现采购文件内容违反国家有关强制性规定的，应当停止评审并向项目实施机构说明情况。

第十三条 评审专家应当遵守评审工作纪律，不得泄露评审情况和评审中获悉的国家秘密、商业秘密。

评审小组在评审过程中发现社会资本有行贿、提供虚假材料或者串通等违法行为的，应当及时向财政部门报告。

评审专家在评审过程中受到非法干涉的，应当及时向财政、监察等部门举报。

第十四条 PPP项目采购评审结束后，项目实施机构应当成立专门的采购结果确认谈判工作组，负责采购结果确认前的谈判和最终的采购结果确认工作。

采购结果确认谈判工作组成员及数量由项目实施机构确定，但应当至少包括财政预算管理部门、行业主管部门代表，以及财务、法律等方面的专家。涉及价格管理、环境保护的PPP项目，谈判工作组还应当包括价格管理、环境保护行政执法机关代表。评审小组成员可以作为采购结果确认谈判工作组成员参与采购结果确认谈判。

第十五条 采购结果确认谈判工作组应当按照评审报告推荐的候选社会资本排名，依次与候选社会资本及与其合作的金融机构就项目合同中可变的细节问题进行项目合同签署前的确认谈判，率先达成一致的候选社会资本即为预中标、成交社会资本。

第十六条 确认谈判不得涉及项目合同中不可谈判的核心条款，不得与排序在前但已终止谈判的社会资本进行重复谈判。

第十七条 项目实施机构应当在预中标、成交社会资本确定后10个工作日内，与预中标、成交社会资本签署确认谈判备忘录，并将预中标、成交结果和根据采购文件、响应文件及有关补遗文件和确认谈判备忘录拟定的项目合同文本在省级以上人民政府财政部门指定的政府采购信息发布媒体上进行公示，公示期不得少于5个工作日。项目合同文本应当将预中标、成交社会资本响应文件中的重要承诺和技术文件等作为附件。项目合同文本涉及国家秘密、商业秘密的内容可以不公示。

第十八条 项目实施机构应当在公示期满无异议后2个工作日内，将中标、成交结果在省级以上人民政府财政部门指定的政府采购信息发布媒体上进行公告，同时发出中标、成交通知书。

中标、成交结果公告内容应当包括：项目实施机构和采购代理机构的名称、地址和联系方式；项目名称和项目编号；中标或者成交社会资本的名称、地址、法人代表；中标或者成交标的名称、主要中标或者成交条件（包括但不限于合作期限、服务要求、项目概算、回报机制）等；评审小组和采购结果确认谈判工作组成员名单。

第十九条 项目实施机构应当在中标、成交通知书发出后30日内，与中标、成交社会资本签订经本级人民政府审核同意的PPP项目合同。

需要为PPP项目设立专门项目公司的，待项目公司成立后，由项目公司与项目实施机构重新签署PPP项目合同，或者签署关于继承PPP项目合同的补充合同。

第二十条 项目实施机构应当在PPP项目合同签订之日起2个工作日内，将PPP项目合同在省级以上人民政府财政部门指定的政府采购信息发布媒体上公告，但PPP项目合同中涉及国家秘密、商业秘密的内容除外。

第二十一条 项目实施机构应当在采购文件中要求社会资本交纳参加采购活动的保证金和履约保证金。社会资本应当以支票、汇票、本票或者金融机构、担保机构出具的保函等非现金形式交纳保证金。参加采购活动的保证金数额不得超过项目预算金额的2%。履约保证金的数额不得超过PPP项目初始投资总额或者资产评估值的10%,无固定资产投资或者投资额不大的服务型PPP项目,履约保证金的数额不得超过平均6个月服务收入额。

第三章 争议处理和监督检查

第二十二条 参加PPP项目采购活动的社会资本对采购活动的询问、质疑和投诉,依照有关政府采购法律制度规定执行。

项目实施机构和中标、成交社会资本在PPP项目合同履行中发生争议且无法协商一致的,可以依法申请仲裁或者提起民事诉讼。

第二十三条 各级人民政府财政部门应当加强对PPP项目采购活动的监督检查,依法处理采购活动中的违法违规行为。

第二十四条 PPP项目采购有关单位和人员在采购活动中出现违法违规行为的,依照政府采购法及有关法律法规追究法律责任。

第四章 附 则

第二十五条 本办法自发布之日起施行。

25.《政府采购竞争性磋商采购方式管理暂行办法》

(2014年12月31日起施行,财库〔2014〕214号)

第一章 总 则

第一条 为了规范政府采购行为,维护国家利益、社会公共利益和政府采购当事人的合法权益,依据《中华人民共和国政府采购法》(以下简称政府采购法)第二十六条第一款第六项规定,制定本办法。

第二条 本办法所称竞争性磋商采购方式,是指采购人、政府采购代理机构通过组建竞争性磋商小组(以下简称磋商小组)与符合条件的供应商就采购货物、工程和服务事宜进行磋商,供应商按照磋商文件的要求提交响应文件和报价,采购人从磋商小组评审后提出的候选供应商名单中确定成交供应商的采购方式。

第三条 符合下列情形的项目,可以采用竞争性磋商方式开展采购:

(一)政府购买服务项目;

(二)技术复杂或者性质特殊,不能确定详细规格或者具体要求的;

(三)因艺术品采购、专利、专有技术或者服务的时间、数量事先不能确定等原因不能事先计算出价格总额的;

(四)市场竞争不充分的科研项目,以及需要扶持的科技成果转化项目;

(五)按照招标投标法及其实施条例必须进行招标的工程建设项目以外的工程建设项目。

第二章 磋商程序

第四条 达到公开招标数额标准的货物、服务采购项目,拟采用竞争性磋商采购方式的,采购人应当在采购活动开始前,报经主管预算单位同意后,依法向设区的市、自治州以上人民政府财政部门申请批准。

第五条 采购人、采购代理机构应当按照政府采购法和本办法的规定组织开展竞争性磋商,并采取必要措施,保证磋商在严格保密的情况下进行。

任何单位和个人不得非法干预、影响磋商过程和结果。

第六条 采购人、采购代理机构应当通过发布公告、从省级以上财政部门建立的供应商库中随机抽取或者采购人和评审专家分别书面推荐的方式邀请不少于3家符合相应资格条件的供应商参与竞争性磋商采购活动。

符合政府采购法第二十二条第一款规定条件的供应商可以在采购活动开始前加入供应商库。财政部门不得对供应商申请入库收取任何费用,不得利用供应商库进行地区和行业封锁。

采取采购人和评审专家书面推荐方式选择供应商的,采购人和评审专家应当各自出具书面推荐意见。采购人推荐供应商的比例不得高于推荐供应商总数的50%。

第七条 采用公告方式邀请供应商的,采购人、采购代理机构应当在省级以上人民政府财政部门指定的政府采购信息发布媒体发布竞争性磋商公告。竞争性磋商公告应当包括以下主要内容:

(一)采购人、采购代理机构的名称、地点和联系方法;
(二)采购项目的名称、数量、简要规格描述或项目基本概况介绍;
(三)采购项目的预算;
(四)供应商资格条件;
(五)获取磋商文件的时间、地点、方式及磋商文件售价;
(六)响应文件提交的截止时间、开启时间及地点;
(七)采购项目联系人姓名和电话。

第八条 竞争性磋商文件(以下简称磋商文件)应当根据采购项目的特点和采购人的实际需求制定,并经采购人书面同意。采购人应当以满足实际需求为原则,不得擅自提高经费预算和资产配置等采购标准。

磋商文件不得要求或者标明供应商名称或者特定货物的品牌,不得含有指向特定供应商的技术、服务等条件。

第九条 磋商文件应当包括供应商资格条件、采购邀请、采购方式、采购预算、采购需求、政府采购政策要求、评审程序、评审方法、评审标准、价格构成或者报价要求、响应文件编制要求、保证金交纳数额和形式以及不予退还保证金的情形、磋商过程中可能实质性变动的内容、响应文件提交的截止时间、开启时间及地点以及合同草案条款等。

第十条 从磋商文件发出之日起至供应商提交首次响应文件截止之日止不得少于10日。

磋商文件售价应当按照弥补磋商文件制作成本费用的原则确定,不得以营利为目的,不得以项目预算金额作为确定磋商文件售价依据。磋商文件的发售期限自开始之日起不得少于5个工作日。

提交首次响应文件截止之日前，采购人、采购代理机构或者磋商小组可以对已发出的磋商文件进行必要的澄清或者修改，澄清或者修改的内容作为磋商文件的组成部分。澄清或者修改的内容可能影响响应文件编制的，采购人、采购代理机构应当在提交首次响应文件截止时间至少5日前，以书面形式通知所有获取磋商文件的供应商；不足5日的，采购人、采购代理机构应当顺延提交首次响应文件截止时间。

第十一条 供应商应当按照磋商文件的要求编制响应文件，并对其提交的响应文件的真实性、合法性承担法律责任。

第十二条 采购人、采购代理机构可以要求供应商在提交响应文件截止时间之前交纳磋商保证金。磋商保证金应当采用支票、汇票、本票或者金融机构、担保机构出具的保函等非现金形式交纳。磋商保证金数额应当不超过采购项目预算的2%。供应商未按照磋商文件要求提交磋商保证金的，响应无效。

供应商为联合体的，可以由联合体中的一方或者多方共同交纳磋商保证金，其交纳的保证金对联合体各方均具有约束力。

第十三条 供应商应当在磋商文件要求的截止时间前，将响应文件密封送达指定地点。在截止时间后送达的响应文件为无效文件，采购人、采购代理机构或者磋商小组应当拒收。

供应商在提交响应文件截止时间前，可以对所提交的响应文件进行补充、修改或者撤回，并书面通知采购人、采购代理机构。补充、修改的内容作为响应文件的组成部分。补充、修改的内容与响应文件不一致的，以补充、修改的内容为准。

第十四条 磋商小组由采购人代表和评审专家共3人以上单数组成，其中评审专家人数不得少于磋商小组成员总数的2/3。采购人代表不得以评审专家身份参加本部门或本单位采购项目的评审。采购代理机构人员不得参加本机构代理的采购项目的评审。

采用竞争性磋商方式的政府采购项目，评审专家应当从政府采购评审专家库内相关专业的专家名单中随机抽取。符合本办法第三条第四项规定情形的项目，以及情况特殊、通过随机方式难以确定合适的评审专家的项目，经主管预算单位同意，可以自行选定评审专家。技术复杂、专业性强的采购项目，评审专家中应当包含1名法律专家。

第十五条 评审专家应当遵守评审工作纪律，不得泄露评审情况和评审中获悉的商业秘密。

磋商小组在评审过程中发现供应商有行贿、提供虚假材料或者串通等违法行为的，应当及时向财政部门报告。

评审专家在评审过程中受到非法干涉的，应当及时向财政、监察等部门举报。

第十六条 磋商小组成员应当按照客观、公正、审慎的原则，根据磋商文件规定的评审程序、评审方法和评审标准进行独立评审。未实质性响应磋商文件的响应文件按无效响应处理，磋商小组应当告知提交响应文件的供应商。

磋商文件内容违反国家有关强制性规定的，磋商小组应当停止评审并向采购人或者采购代理机构说明情况。

第十七条 采购人、采购代理机构不得向磋商小组中的评审专家作倾向性、误导性的解释或者说明。

采购人、采购代理机构可以视采购项目的具体情况，组织供应商进行现场考察或召开磋商前答疑会，但不得单独或分别组织只有一个供应商参加的现场考察和答疑会。

第十八条　磋商小组在对响应文件的有效性、完整性和响应程度进行审查时，可以要求供应商对响应文件中含义不明确、同类问题表述不一致或者有明显文字和计算错误的内容等作出必要的澄清、说明或者更正。供应商的澄清、说明或者更正不得超出响应文件的范围或者改变响应文件的实质性内容。

磋商小组要求供应商澄清、说明或者更正响应文件应当以书面形式作出。供应商的澄清、说明或者更正应当由法定代表人或其授权代表签字或者加盖公章。由授权代表签字的，应当附法定代表人授权书。供应商为自然人的，应当由本人签字并附身份证明。

第十九条　磋商小组所有成员应当集中与单一供应商分别进行磋商，并给予所有参加磋商的供应商平等的磋商机会。

第二十条　在磋商过程中，磋商小组可以根据磋商文件和磋商情况实质性变动采购需求中的技术、服务要求以及合同草案条款，但不得变动磋商文件中的其他内容。实质性变动的内容，须经采购人代表确认。

对磋商文件作出的实质性变动是磋商文件的有效组成部分，磋商小组应当及时以书面形式同时通知所有参加磋商的供应商。

供应商应当按照磋商文件的变动情况和磋商小组的要求重新提交响应文件，并由其法定代表人或授权代表签字或者加盖公章。由授权代表签字的，应当附法定代表人授权书。供应商为自然人的，应当由本人签字并附身份证明。

第二十一条　磋商文件能够详细列明采购标的的技术、服务要求的，磋商结束后，磋商小组应当要求所有实质性响应的供应商在规定时间内提交最后报价，提交最后报价的供应商不得少于3家。

磋商文件不能详细列明采购标的的技术、服务要求，需经磋商由供应商提供最终设计方案或解决方案的，磋商结束后，磋商小组应当按照少数服从多数的原则投票推荐3家以上供应商的设计方案或者解决方案，并要求其在规定时间内提交最后报价。

最后报价是供应商响应文件的有效组成部分。符合本办法第三条第四项情形的，提交最后报价的供应商可以为2家。

第二十二条　已提交响应文件的供应商，在提交最后报价之前，可以根据磋商情况退出磋商。采购人、采购代理机构应当退还退出磋商的供应商的磋商保证金。

第二十三条　经磋商确定最终采购需求和提交最后报价的供应商后，由磋商小组采用综合评分法对提交最后报价的供应商的响应文件和最后报价进行综合评分。

综合评分法，是指响应文件满足磋商文件全部实质性要求且按评审因素的量化指标评审得分最高的供应商为成交候选供应商的评审方法。

第二十四条　综合评分法评审标准中的分值设置应当与评审因素的量化指标相对应。磋商文件中没有规定的评审标准不得作为评审依据。

评审时，磋商小组各成员应当独立对每个有效响应的文件进行评价、打分，然后汇总每个供应商每项评分因素的得分。

综合评分法货物项目的价格分值占总分值的比重（即权值）为30%至60%，服务项目的价格分值占总分值的比重（即权值）为10%至30%。采购项目中含不同采购对象的，以占项目资金比例最高的采购对象确定其项目属性。符合本办法第三条第三项的规定和执行统一价格标准的项目，其价格不列为评分因素。有特殊情况需要在上述规定范围外设定价格分权重的，应当经本级人民政府财政部门审核同意。

综合评分法中的价格分统一采用低价优先法计算，即满足磋商文件要求且最后报价最低的供应商的价格为磋商基准价，其价格分为满分。其他供应商的价格分统一按照下列公式计算：

磋商报价得分=（磋商基准价/最后磋商报价）×价格权值×100

项目评审过程中，不得去掉最后报价中的最高报价和最低报价。

第二十五条 磋商小组应当根据综合评分情况，按照评审得分由高到低顺序推荐3名以上成交候选供应商，并编写评审报告。符合本办法第二十一条第三款情形的，可以推荐2家成交候选供应商。评审得分相同的，按照最后报价由低到高的顺序推荐。评审得分且最后报价相同的，按照技术指标优劣顺序推荐。

第二十六条 评审报告应当包括以下主要内容：

（一）邀请供应商参加采购活动的具体方式和相关情况；

（二）响应文件开启日期和地点；

（三）获取磋商文件的供应商名单和磋商小组成员名单；

（四）评审情况记录和说明，包括对供应商的资格审查情况、供应商响应文件评审情况、磋商情况、报价情况等；

（五）提出的成交候选供应商的排序名单及理由。

第二十七条 评审报告应当由磋商小组全体人员签字认可。磋商小组成员对评审报告有异议的，磋商小组按照少数服从多数的原则推荐成交候选供应商，采购程序继续进行。对评审报告有异议的磋商小组成员，应当在报告上签署不同意见并说明理由，由磋商小组书面记录相关情况。磋商小组成员拒绝在报告上签字又不书面说明其不同意见和理由的，视为同意评审报告。

第二十八条 采购代理机构应当在评审结束后2个工作日内将评审报告送采购人确认。

采购人应当在收到评审报告后5个工作日内，从评审报告提出的成交候选供应商中，按照排序由高到低的原则确定成交供应商，也可以书面授权磋商小组直接确定成交供应商。采购人逾期未确定成交供应商且不提出异议的，视为确定评审报告提出的排序第一的供应商为成交供应商。

第二十九条 采购人或者采购代理机构应当在成交供应商确定后2个工作日内，在省级以上财政部门指定的政府采购信息发布媒体上公告成交结果，同时向成交供应商发出成交通知书，并将磋商文件随成交结果同时公告。成交结果公告应当包括以下内容：

（一）采购人和采购代理机构的名称、地址和联系方式；

（二）项目名称和项目编号；

（三）成交供应商名称、地址和成交金额；

（四）主要成交标的的名称、规格型号、数量、单价、服务要求；

（五）磋商小组成员名单。

采用书面推荐供应商参加采购活动的，还应当公告采购人和评审专家的推荐意见。

第三十条 采购人与成交供应商应当在成交通知书发出之日起30日内，按照磋商文件确定的合同文本以及采购标的、规格型号、采购金额、采购数量、技术和服务要求等事项签订政府采购合同。

采购人不得向成交供应商提出超出磋商文件以外的任何要求作为签订合同的条件,不得与成交供应商订立背离磋商文件确定的合同文本以及采购标的、规格型号、采购金额、采购数量、技术和服务要求等实质性内容的协议。

第三十一条 采购人或者采购代理机构应当在采购活动结束后及时退还供应商的磋商保证金,但因供应商自身原因导致无法及时退还的除外。未成交供应商的磋商保证金应当在成交通知书发出后5个工作日内退还,成交供应商的磋商保证金应当在采购合同签订后5个工作日内退还。

有下列情形之一的,磋商保证金不予退还:

(一)供应商在提交响应文件截止时间后撤回响应文件的;
(二)供应商在响应文件中提供虚假材料的;
(三)除因不可抗力或磋商文件认可的情形以外,成交供应商不与采购人签订合同的;
(四)供应商与采购人、其他供应商或者采购代理机构恶意串通的;
(五)磋商文件规定的其他情形。

第三十二条 除资格性检查认定错误、分值汇总计算错误、分项评分超出评分标准范围、客观分评分不一致、经磋商小组一致认定评分畸高、畸低的情形外,采购人或者采购代理机构不得以任何理由组织重新评审。采购人、采购代理机构发现磋商小组未按照磋商文件规定的评审标准进行评审的,应当重新开展采购活动,并同时书面报告本级财政部门。

采购人或者采购代理机构不得通过对样品进行检测、对供应商进行考察等方式改变评审结果。

第三十三条 成交供应商拒绝签订政府采购合同的,采购人可以按照本办法第二十八条第二款规定的原则确定其他供应商作为成交供应商并签订政府采购合同,也可以重新开展采购活动。拒绝签订政府采购合同的成交供应商不得参加对该项目重新开展的采购活动。

第三十四条 出现下列情形之一的,采购人或者采购代理机构应当终止竞争性磋商采购活动,发布项目终止公告并说明原因,重新开展采购活动:

(一)因情况变化,不再符合规定的竞争性磋商采购方式适用情形的;
(二)出现影响采购公正的违法、违规行为的;
(三)除本办法第二十一条第三款规定的情形外,在采购过程中符合要求的供应商或者报价未超过采购预算的供应商不足3家的。

第三十五条 在采购活动中因重大变故,采购任务取消的,采购人或者采购代理机构应当终止采购活动,通知所有参加采购活动的供应商,并将项目实施情况和采购任务取消原因报送本级财政部门。

第三章 附 则

第三十六条 相关法律制度对政府和社会资本合作项目采用竞争性磋商采购方式另有规定的,从其规定。

第三十七条 本办法所称主管预算单位是指负有编制部门预算职责,向同级财政部门申报预算的国家机关、事业单位和团体组织。

第三十八条 本办法自发布之日起施行。

26.《政府购买服务管理办法(暂行)》

(2015年1月1日起施行,财综〔2014〕96号)

第一章 总 则

第一条 为了进一步转变政府职能,推广和规范政府购买服务,更好发挥市场在资源配置中的决定性作用,根据《中华人民共和国预算法》、《中华人民共和国政府采购法》、《中共中央关于全面深化改革若干重大问题的决定》、《国务院办公厅关于政府向社会力量购买服务的指导意见》(国办发〔2013〕96号)等有关要求和规定,制定本办法。

第二条 本办法所称政府购买服务,是指通过发挥市场机制作用,把政府直接提供的一部分公共服务事项以及政府履职所需服务事项,按照一定的方式和程序,交由具备条件的社会力量和事业单位承担,并由政府根据合同约定向其支付费用。

政府购买服务范围应当根据政府职能性质确定,并与经济社会发展水平相适应。属于事务性管理服务的,应当引入竞争机制,通过政府购买服务方式提供。

第三条 政府购买服务遵循以下基本原则:

(一)积极稳妥,有序实施。从实际出发,准确把握社会公共服务需求,充分发挥政府主导作用,探索多种有效方式,加大社会组织承接政府购买服务支持力度,增强社会组织平等参与承接政府购买公共服务的能力,有序引导社会力量参与服务供给,形成改善公共服务的合力。

(二)科学安排,注重实效。突出公共性和公益性,重点考虑、优先安排与改善民生密切相关、有利于转变政府职能的领域和项目,明确权利义务,切实提高财政资金使用效率。

(三)公开择优,以事定费。按照公开、公平、公正原则,坚持费随事转,通过公平竞争择优选择方式确定政府购买服务的承接主体,建立优胜劣汰的动态调整机制。

(四)改革创新,完善机制。坚持与事业单位改革、社会组织改革相衔接,推进政事分开、政社分开,放宽市场准入,凡是社会能办好的,都交给社会力量承担,不断完善体制机制。

第二章 购买主体和承接主体

第四条 政府购买服务的主体(以下简称购买主体)是各级行政机关和具有行政管理职能的事业单位。

第五条 党的机关、纳入行政编制管理且经费由财政负担的群团组织向社会提供的公共服务以及履职服务,可以根据实际需要,按照本办法规定实施购买服务。

第六条 承接政府购买服务的主体(以下简称承接主体),包括在登记管理部门登记或经国务院批准免于登记的社会组织、按事业单位分类改革应划入公益二类或转为企业的事业单位,依法在工商管理或行业主管部门登记成立的企业、机构等社会力量。

第七条 承接主体应当具备以下条件:

(一)依法设立,具有独立承担民事责任的能力;

(二)治理结构健全,内部管理和监督制度完善;

(三)具有独立、健全的财务管理、会计核算和资产管理制度;

(四)具备提供服务所必需的设施、人员和专业技术能力;

（五）具有依法缴纳税收和社会保障资金的良好记录；

（六）前三年内无重大违法记录，通过年检或按要求履行年度报告公示义务，信用状况良好，未被列入经营异常名录或者严重违法企业名单；

（七）符合国家有关政事分开、政社分开、政企分开的要求；

（八）法律、法规规定以及购买服务项目要求的其他条件。

第八条 承接主体的资质及具体条件，由购买主体根据第六条、第七条规定，结合购买服务内容具体需求确定。

第九条 政府购买服务应当与事业单位改革相结合，推动事业单位与主管部门理顺关系和去行政化，推进有条件的事业单位转为企业或社会组织。

事业单位承接政府购买服务的，应按照"费随事转"原则，相应调整财政预算保障方式，防止出现既通过财政拨款养人办事，同时又花钱购买服务的行为。

第十条 购买主体应当在公平竞争的原则下鼓励行业协会商会参与承接政府购买服务，培育发展社会组织，提升社会组织承担公共服务能力，推动行业协会商会与行政机构脱钩。

第十一条 购买主体应当保障各类承接主体平等竞争，不得以不合理的条件对承接主体实行差别化歧视。

第三章 购买内容及指导目录

第十二条 政府购买服务的内容为适合采取市场化方式提供、社会力量能够承担的服务事项。政府新增或临时性、阶段性的服务事项，适合社会力量承担的，应当按照政府购买服务的方式进行。不属于政府职能范围，以及应当由政府直接提供、不适合社会力量承担的服务事项，不得向社会力量购买。

第十三条 各级财政部门负责制定本级政府购买服务指导性目录，确定政府购买服务的种类、性质和内容。

财政部门制定政府购买服务指导性目录，应当充分征求相关部门意见，并根据经济社会发展变化、政府职能转变及公众需求等情况及时进行动态调整。

第十四条 除法律法规另有规定外，下列服务应当纳入政府购买服务指导性目录：

（一）基本公共服务。公共教育、劳动就业、人才服务、社会保险、社会救助、养老服务、儿童福利服务、残疾人服务、优抚安置、医疗卫生、人口和计划生育、住房保障、公共文化、公共体育、公共安全、公共交通运输、三农服务、环境治理、城市维护等领域适宜由社会力量承担的服务事项。

（二）社会管理性服务。社区建设、社会组织建设与管理、社会工作服务、法律援助、扶贫济困、防灾救灾、人民调解、社区矫正、流动人口管理、安置帮教、志愿服务运营管理、公共公益宣传等领域适宜由社会力量承担的服务事项。

（三）行业管理与协调性服务。行业职业资格和水平测试管理、行业规范、行业投诉等领域适宜由社会力量承担的服务事项。

（四）技术性服务。科研和技术推广、行业规划、行业调查、行业统计分析、检验检疫检测、监测服务、会计审计服务等领域适宜由社会力量承担的服务事项。

（五）政府履职所需辅助性事项。法律服务、课题研究、政策（立法）调研草拟论证、战略和政策研究、综合性规划编制、标准评价指标制定、社会调查、会议经贸活动和展览服务、监督检查、评估、绩效评价、工程服务、项目评审、财务审计、咨询、技术业务培训、信息化建设与管理、后勤管理等领域中适宜由社会力量承担的服务事项。

（六）其他适宜由社会力量承担的服务事项。

第十五条 纳入指导性目录的服务事项，应当实施购买服务。

第四章　购买方式及程序

第十六条 购买主体应当根据购买内容的供求特点、市场发育程度等因素，按照方式灵活、程序简便、公开透明、竞争有序、结果评价的原则组织实施政府购买服务。

第十七条 购买主体应当按照政府采购法的有关规定，采用公开招标、邀请招标、竞争性谈判、单一来源采购等方式确定承接主体。

与政府购买服务相关的采购限额标准、公开招标数额标准、采购方式审核、信息公开、质疑投诉等按照政府采购相关法律制度规定执行。

第十八条 购买主体应当在购买预算下达后，根据政府采购管理要求编制政府采购实施计划，报同级政府采购监管部门备案后开展采购活动。

购买主体应当及时向社会公告购买内容、规模、对承接主体的资质要求和应提交的相关材料等相关信息。

第十九条 按规定程序确定承接主体后，购买主体应当与承接主体签订合同，并可根据服务项目的需求特点，采取购买、委托、租赁、特许经营、战略合作等形式。

合同应当明确购买服务的内容、期限、数量、质量、价格等要求，以及资金结算方式、双方的权利义务事项和违约责任等内容。

第二十条 购买主体应当加强购买合同管理，督促承接主体严格履行合同，及时了解掌握购买项目实施进度，严格按照国库集中支付管理有关规定和合同执行进度支付款项，并根据实际需求和合同规定积极帮助承接主体做好与相关政府部门、服务对象的沟通、协调。

第二十一条 承接主体应当按合同履行提供服务的义务，认真组织实施服务项目，按时完成服务项目任务，保证服务数量、质量和效果，主动接受有关部门、服务对象及社会监督，严禁转包行为。

第二十二条 承接主体完成合同约定的服务事项后，购买主体应当及时组织对履约情况进行检查验收，并依据现行财政财务管理制度加强管理。

第五章　预算及财务管理

第二十三条 政府购买服务所需资金，应当在既有财政预算中统筹安排。购买主体应当在现有财政资金安排的基础上，按规定逐步增加政府购买服务资金比例。对预算已安排资金且明确通过购买方式提供的服务项目，按相关规定执行；对预算已安排资金但尚未明确通过购买方式提供的服务项目，可以根据实际情况转为通过政府购买服务方式实施。

第二十四条 购买主体应当充分发挥行业主管部门、行业组织和专业咨询评估机构、专家等专业优势，结合项目特点和相关经费预算，综合物价、工资、税费等因素，合理测算安排政府购买服务所需支出。

第二十五条 财政部门在布置年度预算编制工作时，应当对购买服务相关预算安排提出明确要求,在预算报表中制定专门的购买服务项目表。

购买主体应当按要求填报购买服务项目表,并将列入集中采购目录或采购限额标准以上的政府购买服务项目同时反映在政府采购预算中,与部门预算一并报送财政部门审核。

第二十六条 财政部门负责政府购买服务管理的机构对购买主体填报的政府购买服务项目表进行审核。

第二十七条 财政部门审核后的购买服务项目表,随部门预算批复并下达给相关购买主体。购买主体应当按照财政部门下达的购买服务项目表,组织实施购买服务工作。

第二十八条 承接主体应当建立政府购买服务台账,记录相关文件、工作计划方案、项目和资金批复、项目进展和资金支付、工作汇报总结、重大活动和其它有关资料信息,接受和配合相关部门对资金使用情况进行监督检查及绩效评价。

第二十九条 承接主体应当建立健全财务制度,严格遵守相关财政财务规定,对购买服务的项目资金进行规范的财务管理和会计核算,加强自身监督,确保资金规范管理和使用。

第三十条 承接主体应当建立健全财务报告制度,按要求向购买主体提供资金的使用情况、项目执行情况、成果总结等材料。

第六章 绩效和监督管理

第三十一条 财政部门应当按照建立全过程预算绩效管理机制的要求,加强成本效益分析,推进政府购买服务绩效评价工作。

财政部门应当推动建立由购买主体、服务对象及专业机构组成的综合性评价机制,推进第三方评价,按照过程评价与结果评价、短期效果评价与长远效果评价、社会效益评价与经济效益评价相结合的原则,对购买服务项目数量、质量和资金使用绩效等进行考核评价。评价结果作为选择承接主体的重要参考依据。

第三十二条 财政、审计等有关部门应当加强对政府购买服务的监督、审计,确保政府购买服务资金规范管理和合理使用。对截留、挪用和滞留资金以及其他违反本办法规定的行为,依照《中华人民共和国政府采购法》、《财政违法行为处罚处分条例》等国家有关规定追究法律责任;涉嫌犯罪的,依法移交司法机关处理。

第三十三条 民政、工商管理及行业主管等部门应当按照职责分工将承接主体承接政府购买服务行为信用记录纳入年检(报)、评估、执法等监管体系,不断健全守信激励和失信惩戒机制。

第三十四条 购买主体应当加强服务项目标准体系建设,科学设定服务需求和目标要求,建立服务项目定价体系和质量标准体系,合理编制规范性服务标准文本。

第三十五条 购买主体应当建立监督检查机制,加强对政府购买服务的全过程监督,积极配合有关部门将承接主体的承接政府购买服务行为纳入年检(报)、评估、执法等监管体系。

第三十六条 财政部门和购买主体应当按照《中华人民共和国政府信息公开条例》、《政府采购信息公告管理办法》以及预算公开的相关规定,公开财政预算及部门和单位的政府购买服务活动的相关信息,涉及国家秘密、商业秘密和个人隐私的信息除外。

第三十七条 财政部门应当会同相关部门、购买主体建立承接主体承接政府购买服务行为信用记录,对弄虚作假、冒领财政资金以及有其他违法违规行为的承接主体,依法给予行政处罚,并列入政府购买服务黑名单。

第七章 附 则

第三十八条 本办法由财政部会同有关部门负责解释。

第三十九条 本办法自2015年1月1日起施行。

第二节 国资监管

汇编导语

PPP项目是政府和社会资本的合作，接受监管机关对国有资产的监管是"法定义务"，应当严格按照《企业国有资产法》《审计法》等国资监管法律法规，确保国有资产"保值增值"的基本原则办理。同时还要符合财政、国资监管、审计以及行业监管部门的法规规章和规范的规定。

PPP项目涉及国有资产、国有股权的处置以及以国有资产出资、无偿划转的，应当按照规定由相关政府机关依法批准。PPP项目中的国有独资企业、国有独资公司、国有控股或参股公司对国有股权的出资、转让、抵押等重大活动，应当履行法律规定内部决策程序和政府审批程序。涉及到国有企业改制、国有资产出资或国有股权转让划转的，应按相关规定进行清产核资、财务审计、资产评估，客观公正地确定国有资产的交易价值。各地国资监管部门和分工可能有所不同，实践中还应符合当地政府确定的监管审批权限和程序。

国有资产的监管覆盖PPP项目的全过程。涉及国有资产经营和使用财政资金的项目的项目公司，除依法合规经营外，还应当建立健全审计制度，依法接受审计部门或者委托的第三方审计机构的全过程跟踪审计和结果审计，接受政府的审计监督。特别强调的是，除法律规定和合同约定的政府监管外，政府方不得以任何方式和理由非法介入、干扰PPP项目的正常运营。

27.《中华人民共和国审计法》

（1995年1月1日起施行，2006年2月28日修正）

第一章 总 则

第一条 为了加强国家的审计监督，维护国家财政经济秩序，提高财政资金使用效益，促进廉政建设，保障国民经济和社会健康发展，根据宪法，制定本法。

第二条 国家实行审计监督制度。国务院和县级以上地方人民政府设立审计机关。

国务院各部门和地方各级人民政府及其各部门的财政收支，国有的金融机构和企业事业组织的财务收支，以及其他依照本法规定应当接受审计的财政收支、财务收支，依照本法规定接受审计监督。

审计机关对前款所列财政收支或者财务收支的真实、合法和效益,依法进行审计监督。

第三条 审计机关依照法律规定的职权和程序,进行审计监督。

审计机关依据有关财政收支、财务收支的法律、法规和国家其他有关规定进行审计评价,在法定职权范围内作出审计决定。

第四条 国务院和县级以上地方人民政府应当每年向本级人民代表大会常务委员会提出审计机关对预算执行和其他财政收支的审计工作报告。审计工作报告应当重点报告对预算执行的审计情况。必要时,人民代表大会常务委员会可以对审计工作报告作出决议。

国务院和县级以上地方人民政府应当将审计工作报告中指出的问题的纠正情况和处理结果向本级人民代表大会常务委员会报告。

第五条 审计机关依照法律规定独立行使审计监督权,不受其他行政机关、社会团体和个人的干涉。

第六条 审计机关和审计人员办理审计事项,应当客观公正,实事求是,廉洁奉公,保守秘密。

……

第三章 审计机关职责

第十六条 审计机关对本级各部门(含直属单位)和下级政府预算的执行情况和决算以及其他财政收支情况,进行审计监督。

第十七条 审计署在国务院总理领导下,对中央预算执行情况和其他财政收支情况进行审计监督,向国务院总理提出审计结果报告。

地方各级审计机关分别在省长、自治区主席、市长、州长、县长、区长和上一级审计机关的领导下,对本级预算执行情况和其他财政收支情况进行审计监督,向本级人民政府和上一级审计机关提出审计结果报告。

第十八条 审计署对中央银行的财务收支,进行审计监督。

审计机关对国有金融机构的资产、负债、损益,进行审计监督。

第十九条 审计机关对国家的事业组织和使用财政资金的其他事业组织的财务收支,进行审计监督。

第二十条 审计机关对国有企业的资产、负债、损益,进行审计监督。

第二十一条 对国有资本占控股地位或者主导地位的企业、金融机构的审计监督,由国务院规定。

第二十二条 审计机关对政府投资和以政府投资为主的建设项目的预算执行情况和决算,进行审计监督。

第二十三条 审计机关对政府部门管理的和其他单位受政府委托管理的社会保障基金、社会捐赠资金以及其他有关基金、资金的财务收支,进行审计监督。

第二十四条 审计机关对国际组织和外国政府援助、贷款项目的财务收支,进行审计监督。

第二十五条 审计机关按照国家有关规定,对国家机关和依法属于审计机关审计监督对象的其他单位的主要负责人,在任职期间对本地区、本部门或者本单位的财政收支、财务收

支以及有关经济活动应负经济责任的履行情况，进行审计监督。

第二十六条 除本法规定的审计事项外，审计机关对其他法律、行政法规规定应当由审计机关进行审计的事项，依照本法和有关法律、行政法规的规定进行审计监督。

第二十七条 审计机关有权对与国家财政收支有关的特定事项，向有关地方、部门、单位进行专项审计调查，并向本级人民政府和上一级审计机关报告审计调查结果。

第二十八条 审计机关根据被审计单位的财政、财务隶属关系或者国有资产监督管理关系，确定审计管辖范围。

审计机关之间对审计管辖范围有争议的，由其共同的上级审计机关确定。

上级审计机关可以将其审计管辖范围内的本法第十八条第二款至第二十五条规定的审计事项，授权下级审计机关进行审计；上级审计机关对下级审计机关审计管辖范围内的重大审计事项，可以直接进行审计，但是应当防止不必要的重复审计。

第二十九条 依法属于审计机关审计监督对象的单位，应当按照国家有关规定建立健全内部审计制度；其内部审计工作应当接受审计机关的业务指导和监督。

第三十条 社会审计机构审计的单位依法属于审计机关审计监督对象的，审计机关按照国务院的规定，有权对该社会审计机构出具的相关审计报告进行核查。

第四章 审计机关权限

第三十一条 审计机关有权要求被审计单位按照审计机关的规定提供预算或者财务收支计划、预算执行情况、决算、财务会计报告，运用电子计算机储存、处理的财政收支、财务收支电子数据和必要的电子计算机技术文档，在金融机构开立账户的情况，社会审计机构出具的审计报告，以及其他与财政收支或者财务收支有关的资料，被审计单位不得拒绝、拖延、谎报。

被审计单位负责人对本单位提供的财务会计资料的真实性和完整性负责。

第三十二条 审计机关进行审计时，有权检查被审计单位的会计凭证、会计账簿、财务会计报告和运用电子计算机管理财政收支、财务收支电子数据的系统，以及其他与财政收支、财务收支有关的资料和资产，被审计单位不得拒绝。

第三十三条 审计机关进行审计时，有权就审计事项的有关问题向有关单位和个人进行调查，并取得有关证明材料。有关单位和个人应当支持、协助审计机关工作，如实向审计机关反映情况，提供有关证明材料。

审计机关经县级以上人民政府审计机关负责人批准，有权查询被审计单位在金融机构的账户。

审计机关有证据证明被审计单位以个人名义存储公款的，经县级以上人民政府审计机关主要负责人批准，有权查询被审计单位以个人名义在金融机构的存款。

第三十四条 审计机关进行审计时，被审计单位不得转移、隐匿、篡改、毁弃会计凭证、会计账簿、财务会计报告以及其他与财政收支或者财务收支有关的资料，不得转移、隐匿所持有的违反国家规定取得的资产。

审计机关对被审计单位违反前款规定的行为，有权予以制止；必要时，经县级以上人民政府审计机关负责人批准，有权封存有关资料和违反国家规定取得的资产；对其中在金融机构的有关存款需要予以冻结的，应当向人民法院提出申请。

审计机关对被审计单位正在进行的违反国家规定的财政收支、财务收支行为,有权予以制止;制止无效的,经县级以上人民政府审计机关负责人批准,通知财政部门和有关主管部门暂停拨付与违反国家规定的财政收支、财务收支行为直接有关的款项,已经拨付的,暂停使用。

审计机关采取前两款规定的措施不得影响被审计单位合法的业务活动和生产经营活动。

第三十五条 审计机关认为被审计单位所执行的上级主管部门有关财政收支、财务收支的规定与法律、行政法规相抵触的,应当建议有关主管部门纠正;有关主管部门不予纠正的,审计机关应当提请有权处理的机关依法处理。

第三十六条 审计机关可以向政府有关部门通报或者向社会公布审计结果。

审计机关通报或者公布审计结果,应当依法保守国家秘密和被审计单位的商业秘密,遵守国务院的有关规定。

第三十七条 审计机关履行审计监督职责,可以提请公安、监察、财政、税务、海关、价格、工商行政管理等机关予以协助。

……

第六章 法律责任

第四十三条 被审计单位违反本法规定,拒绝或者拖延提供与审计事项有关的资料的,或者提供的资料不真实、不完整的,或者拒绝、阻碍检查的,由审计机关责令改正,可以通报批评,给予警告;拒不改正的,依法追究责任。

第四十四条 被审计单位违反本法规定,转移、隐匿、篡改、毁弃会计凭证、会计账簿、财务会计报告以及其他与财政收支、财务收支有关的资料,或者转移、隐匿所持有的违反国家规定取得的资产,审计机关认为对直接负责的主管人员和其他直接责任人员依法应当给予处分的,应当提出给予处分的建议,被审计单位或者其上级机关、监察机关应当依法及时作出决定,并将结果书面通知审计机关;构成犯罪的,依法追究刑事责任。

第四十五条 对本级各部门(含直属单位)和下级政府违反预算的行为或者其他违反国家规定的财政收支行为,审计机关、人民政府或者有关主管部门在法定职权范围内,依照法律、行政法规的规定,区别情况采取下列处理措施:

(一)责令限期缴纳应当上缴的款项;
(二)责令限期退还被侵占的国有资产;
(三)责令限期退还违法所得;
(四)责令按照国家统一的会计制度的有关规定进行处理;
(五)其他处理措施。

第四十六条 对被审计单位违反国家规定的财务收支行为,审计机关、人民政府或者有关主管部门在法定职权范围内,依照法律、行政法规的规定,区别情况采取前条规定的处理措施,并可以依法给予处罚。

第四十七条 审计机关在法定职权范围内作出的审计决定,被审计单位应当执行。

审计机关依法责令被审计单位上缴应当上缴的款项,被审计单位拒不执行的,审计机关应当通报有关主管部门,有关主管部门应当依照有关法律、行政法规的规定予以扣缴或者采取其他处理措施,并将结果书面通知审计机关。

第四十八条 被审计单位对审计机关作出的有关财务收支的审计决定不服的,可以依法申请行政复议或者提起行政诉讼。

被审计单位对审计机关作出的有关财政收支的审计决定不服的,可以提请审计机关的本级人民政府裁决,本级人民政府的裁决为最终决定。

第四十九条 被审计单位的财政收支、财务收支违反国家规定,审计机关认为对直接负责的主管人员和其他直接责任人员依法应当给予处分的,应当提出给予处分的建议,被审计单位或者其上级机关、监察机关应当依法及时作出决定,并将结果书面通知审计机关。

第五十条 被审计单位的财政收支、财务收支违反法律、行政法规的规定,构成犯罪的,依法追究刑事责任。

第五十一条 报复陷害审计人员的,依法给予处分;构成犯罪的,依法追究刑事责任。

第五十二条 审计人员滥用职权、徇私舞弊、玩忽职守或者泄露所知悉的国家秘密、商业秘密的,依法给予处分;构成犯罪的,依法追究刑事责任。

第七章 附 则

第五十三条 中国人民解放军审计工作的规定,由中央军事委员会根据本法制定。

第五十四条 本法自1995年1月1日起施行。1988年11月30日国务院发布的《中华人民共和国审计条例》同时废止。

28.《中华人民共和国企业国有资产法》

（2009年5月1日起施行）

第一章 总 则

第一条 为了维护国家基本经济制度,巩固和发展国有经济,加强对国有资产的保护,发挥国有经济在国民经济中的主导作用,促进社会主义市场经济发展,制定本法。

第二条 本法所称企业国有资产（以下称国有资产）,是指国家对企业各种形式的出资所形成的权益。

第三条 国有资产属于国家所有即全民所有。国务院代表国家行使国有资产所有权。

第四条 国务院和地方人民政府依照法律、行政法规的规定,分别代表国家对国家出资企业履行出资人职责,享有出资人权益。

国务院确定的关系国民经济命脉和国家安全的大型国家出资企业,重要基础设施和重要自然资源等领域的国家出资企业,由国务院代表国家履行出资人职责。其他的国家出资企业,由地方人民政府代表国家履行出资人职责。

第五条 本法所称国家出资企业,是指国家出资的国有独资企业、国有独资公司,以及国有资本控股公司、国有资本参股公司。

第六条 国务院和地方人民政府应当按照政企分开、社会公共管理职能与国有资产出资人职能分开、不干预企业依法自主经营的原则,依法履行出资人职责。

第七条 国家采取措施,推动国有资本向关系国民经济命脉和国家安全的重要行业和关键领域集中,优化国有经济布局和结构,推进国有企业的改革和发展,提高国有经济的整体素质,增强国有经济的控制力、影响力。

第八条 国家建立健全与社会主义市场经济发展要求相适应的国有资产管理与监督体制,建立健全国有资产保值增值考核和责任追究制度,落实国有资产保值增值责任。

第九条 国家建立健全国有资产基础管理制度。具体办法按照国务院的规定制定。

第十条 国有资产受法律保护,任何单位和个人不得侵害。

第二章　履行出资人职责的机构

第十一条 国务院国有资产监督管理机构和地方人民政府按照国务院的规定设立的国有资产监督管理机构,根据本级人民政府的授权,代表本级人民政府对国家出资企业履行出资人职责。

国务院和地方人民政府根据需要,可以授权其他部门、机构代表本级人民政府对国家出资企业履行出资人职责。

代表本级人民政府履行出资人职责的机构、部门,以下统称履行出资人职责的机构。

第十二条 履行出资人职责的机构代表本级人民政府对国家出资企业依法享有资产收益、参与重大决策和选择管理者等出资人权利。

履行出资人职责的机构依照法律、行政法规的规定,制定或者参与制定国家出资企业的章程。

履行出资人职责的机构对法律、行政法规和本级人民政府规定须经本级人民政府批准的履行出资人职责的重大事项,应当报请本级人民政府批准。

第十三条 履行出资人职责的机构委派的股东代表参加国有资本控股公司、国有资本参股公司召开的股东会会议、股东大会会议,应当按照委派机构的指示提出提案、发表意见、行使表决权,并将其履行职责的情况和结果及时报告委派机构。

第十四条 履行出资人职责的机构应当依照法律、行政法规以及企业章程履行出资人职责,保障出资人权益,防止国有资产损失。

履行出资人职责的机构应当维护企业作为市场主体依法享有的权利,除依法履行出资人职责外,不得干预企业经营活动。

第十五条 履行出资人职责的机构对本级人民政府负责,向本级人民政府报告履行出资人职责的情况,接受本级人民政府的监督和考核,对国有资产的保值增值负责。

履行出资人职责的机构应当按照国家有关规定,定期向本级人民政府报告有关国有资产总量、结构、变动、收益等汇总分析的情况。

第三章　国家出资企业

第十六条 国家出资企业对其动产、不动产和其他财产依照法律、行政法规以及企业章程享有占有、使用、收益和处分的权利。

国家出资企业依法享有的经营自主权和其他合法权益受法律保护。

第十七条 国家出资企业从事经营活动,应当遵守法律、行政法规,加强经营管理,提高经济效益,接受人民政府及其有关部门、机构依法实施的管理和监督,接受社会公众的监督,承担社会责任,对出资人负责。

国家出资企业应当依法建立和完善法人治理结构,建立健全内部监督管理和风险控制制度。

第十八条 国家出资企业应当依照法律、行政法规和国务院财政部门的规定,建立健全财务、会计制度,设置会计账簿,进行会计核算,依照法律、行政法规以及企业章程的规定向出资人提供真实、完整的财务、会计信息。

国家出资企业应当依照法律、行政法规以及企业章程的规定,向出资人分配利润。

第十九条 国有独资公司、国有资本控股公司和国有资本参股公司依照《中华人民共和国公司法》的规定设立监事会。国有独资企业由履行出资人职责的机构按照国务院的规定委派监事组成监事会。

国家出资企业的监事会依照法律、行政法规以及企业章程的规定,对董事、高级管理人员执行职务的行为进行监督,对企业财务进行监督检查。

第二十条 国家出资企业依照法律规定,通过职工代表大会或者其他形式,实行民主管理。

第二十一条 国家出资企业对其所出资企业依法享有资产收益、参与重大决策和选择管理者等出资人权利。

国家出资企业对其所出资企业,应当依照法律、行政法规的规定,通过制定或者参与制定所出资企业的章程,建立权责明确、有效制衡的企业内部监督管理和风险控制制度,维护其出资人权益。

第四章 国家出资企业管理者的选择与考核

第二十二条 履行出资人职责的机构依照法律、行政法规以及企业章程的规定,任免或者建议任免国家出资企业的下列人员:

(一)任免国有独资企业的经理、副经理、财务负责人和其他高级管理人员;

(二)任免国有独资公司的董事长、副董事长、董事、监事会主席和监事;

(三)向国有资本控股公司、国有资本参股公司的股东会、股东大会提出董事、监事人选。

国家出资企业中应当由职工代表出任的董事、监事,依照有关法律、行政法规的规定由职工民主选举产生。

第二十三条 履行出资人职责的机构任命或者建议任命的董事、监事、高级管理人员,应当具备下列条件:

(一)有良好的品行;

(二)有符合职位要求的专业知识和工作能力;

(三)有能够正常履行职责的身体条件;

(四)法律、行政法规规定的其他条件。

董事、监事、高级管理人员在任职期间出现不符合前款规定情形或者出现《中华人民共和国公司法》规定的不得担任公司董事、监事、高级管理人员情形的,履行出资人职责的机构应当依法予以免职或者提出免职建议。

第二十四条 履行出资人职责的机构对拟任命或者建议任命的董事、监事、高级管理人员的人选,应当按照规定的条件和程序进行考察。考察合格的,按照规定的权限和程序任命或者建议任命。

第二十五条 未经履行出资人职责的机构同意,国有独资企业、国有独资公司的董事、高级管理人员不得在其他企业兼职。未经股东会、股东大会同意,国有资本控股公司、国有资本参股公司的董事、高级管理人员不得在经营同类业务的其他企业兼职。

未经履行出资人职责的机构同意,国有独资公司的董事长不得兼任经理。未经股东会、股东大会同意,国有资本控股公司的董事长不得兼任经理。

董事、高级管理人员不得兼任监事。

第二十六条 国家出资企业的董事、监事、高级管理人员,应当遵守法律、行政法规以及企业章程,对企业负有忠实义务和勤勉义务,不得利用职权收受贿赂或者取得其他非法收入和不当利益,不得侵占、挪用企业资产,不得超越职权或者违反程序决定企业重大事项,不得有其他侵害国有资产出资人权益的行为。

第二十七条 国家建立国家出资企业管理者经营业绩考核制度。履行出资人职责的机构应当对其任命的企业管理者进行年度和任期考核,并依据考核结果决定对企业管理者的奖惩。

履行出资人职责的机构应当按照国家有关规定,确定其任命的国家出资企业管理者的薪酬标准。

第二十八条 国有独资企业、国有独资公司和国有资本控股公司的主要负责人,应当接受依法进行的任期经济责任审计。

第二十九条 本法第二十二条第一款第一项、第二项规定的企业管理者,国务院和地方人民政府规定由本级人民政府任免的,依照其规定。履行出资人职责的机构依照本章规定对上述企业管理者进行考核、奖惩并确定其薪酬标准。

第五章 关系国有资产出资人权益的重大事项

第一节 一般规定

第三十条 国家出资企业合并、分立、改制、上市,增加或者减少注册资本,发行债券,进行重大投资,为他人提供大额担保,转让重大财产,进行大额捐赠,分配利润,以及解散、申请破产等重大事项,应当遵守法律、行政法规以及企业章程的规定,不得损害出资人和债权人的权益。

第三十一条 国有独资企业、国有独资公司合并、分立,增加或者减少注册资本,发行债券,分配利润,以及解散、申请破产,由履行出资人职责的机构决定。

第三十二条 国有独资企业、国有独资公司有本法第三十条所列事项的,除依照本法第三十一条和有关法律、行政法规以及企业章程的规定,由履行出资人职责的机构决定的以外,国有独资企业由企业负责人集体讨论决定,国有独资公司由董事会决定。

第三十三条 国有资本控股公司、国有资本参股公司有本法第三十条所列事项的,依照法律、行政法规以及公司章程的规定,由公司股东会、股东大会或者董事会决定。由股东会、股东大会决定的,履行出资人职责的机构委派的股东代表应当依照本法第十三条的规定行使权利。

第三十四条　重要的国有独资企业、国有独资公司、国有资本控股公司的合并、分立、解散、申请破产以及法律、行政法规和本级人民政府规定应当由履行出资人职责的机构报经本级人民政府批准的重大事项，履行出资人职责的机构在作出决定或者向其委派参加国有资本控股公司股东会会议、股东大会会议的股东代表作出指示前，应当报请本级人民政府批准。

本法所称的重要的国有独资企业、国有独资公司和国有资本控股公司，按照国务院的规定确定。

第三十五条　国家出资企业发行债券、投资等事项，有关法律、行政法规规定应当报经人民政府或者人民政府有关部门、机构批准、核准或者备案的，依照其规定。

第三十六条　国家出资企业投资应当符合国家产业政策，并按照国家规定进行可行性研究；与他人交易应当公平、有偿，取得合理对价。

第三十七条　国家出资企业的合并、分立、改制、解散、申请破产等重大事项，应当听取企业工会的意见，并通过职工代表大会或者其他形式听取职工的意见和建议。

第三十八条　国有独资企业、国有独资公司、国有资本控股公司对其所出资企业的重大事项参照本章规定履行出资人职责。具体办法由国务院规定。

第二节　企业改制

第三十九条　本法所称企业改制是指：

（一）国有独资企业改为国有独资公司；

（二）国有独资企业、国有独资公司改为国有资本控股公司或者非国有资本控股公司；

（三）国有资本控股公司改为非国有资本控股公司。

第四十条　企业改制应当依照法定程序，由履行出资人职责的机构决定或者由公司股东会、股东大会决定。

重要的国有独资企业、国有独资公司、国有资本控股公司的改制，履行出资人职责的机构在作出决定或者向其委派参加国有资本控股公司股东会会议、股东大会会议的股东代表作出指示前，应当将改制方案报请本级人民政府批准。

第四十一条　企业改制应当制定改制方案，载明改制后的企业组织形式、企业资产和债权债务处理方案、股权变动方案、改制的操作程序、资产评估和财务审计等中介机构的选聘等事项。

企业改制涉及重新安置企业职工的，还应当制定职工安置方案，并经职工代表大会或者职工大会审议通过。

第四十二条　企业改制应当按照规定进行清产核资、财务审计、资产评估，准确界定和核实资产，客观、公正地确定资产的价值。

企业改制涉及以企业的实物、知识产权、土地使用权等非货币财产折算为国有资本出资或者股份的，应当按照规定对折价财产进行评估，以评估确认价格作为确定国有资本出资额或者股份数额的依据。不得将财产低价折股或者有其他损害出资人权益的行为。

第三节　与关联方的交易

第四十三条　国家出资企业的关联方不得利用与国家出资企业之间的交易，谋取不当利益,损害国家出资企业利益。

本法所称关联方,是指本企业的董事、监事、高级管理人员及其近亲属,以及这些人员所有或者实际控制的企业。

第四十四条 国有独资企业、国有独资公司、国有资本控股公司不得无偿向关联方提供资金、商品、服务或者其他资产,不得以不公平的价格与关联方进行交易。

第四十五条 未经履行出资人职责的机构同意,国有独资企业、国有独资公司不得有下列行为:

(一)与关联方订立财产转让、借款的协议;

(二)为关联方提供担保;

(三)与关联方共同出资设立企业,或者向董事、监事、高级管理人员或者其近亲属所有或者实际控制的企业投资。

第四十六条 国有资本控股公司、国有资本参股公司与关联方的交易,依照《中华人民共和国公司法》和有关行政法规以及公司章程的规定,由公司股东会、股东大会或者董事会决定。由公司股东会、股东大会决定的,履行出资人职责的机构委派的股东代表,应当依照本法第十三条的规定行使权利。

公司董事会对公司与关联方的交易作出决议时,该交易涉及的董事不得行使表决权,也不得代理其他董事行使表决权。

第四节 资产评估

第四十七条 国有独资企业、国有独资公司和国有资本控股公司合并、分立、改制,转让重大财产,以非货币财产对外投资,清算或者有法律、行政法规以及企业章程规定应当进行资产评估的其他情形的,应当按照规定对有关资产进行评估。

第四十八条 国有独资企业、国有独资公司和国有资本控股公司应当委托依法设立的符合条件的资产评估机构进行资产评估;涉及应当报经履行出资人职责的机构决定的事项的,应当将委托资产评估机构的情况向履行出资人职责的机构报告。

第四十九条 国有独资企业、国有独资公司、国有资本控股公司及其董事、监事、高级管理人员应当向资产评估机构如实提供有关情况和资料,不得与资产评估机构串通评估作价。

第五十条 资产评估机构及其工作人员受托评估有关资产,应当遵守法律、行政法规以及评估执业准则,独立、客观、公正地对受托评估的资产进行评估。资产评估机构应当对其出具的评估报告负责。

第五节 国有资产转让

第五十一条 本法所称国有资产转让,是指依法将国家对企业的出资所形成的权益转移给其他单位或者个人的行为;按照国家规定无偿划转国有资产的除外。

第五十二条 国有资产转让应当有利于国有经济布局和结构的战略性调整,防止国有资产损失,不得损害交易各方的合法权益。

第五十三条 国有资产转让由履行出资人职责的机构决定。履行出资人职责的机构决定转让全部国有资产的,或者转让部分国有资产致使国家对该企业不再具有控股地位的,应当报请本级人民政府批准。

第五十四条 国有资产转让应当遵循等价有偿和公开、公平、公正的原则。

除按照国家规定可以直接协议转让的以外,国有资产转让应当在依法设立的产权交易场所公开进行。转让方应当如实披露有关信息,征集受让方;征集产生的受让方为两个以上的,转让应当采用公开竞价的交易方式。

转让上市交易的股份依照《中华人民共和国证券法》的规定进行。

第五十五条 国有资产转让应当以依法评估的、经履行出资人职责的机构认可或者由履行出资人职责的机构报经本级人民政府核准的价格为依据,合理确定最低转让价格。

第五十六条 法律、行政法规或者国务院国有资产监督管理机构规定可以向本企业的董事、监事、高级管理人员或者其近亲属,或者这些人员所有或者实际控制的企业转让的国有资产,在转让时,上述人员或者企业参与受让的,应当与其他受让参与者平等竞买;转让方应当按照国家有关规定,如实披露有关信息;相关的董事、监事和高级管理人员不得参与转让方案的制定和组织实施的各项工作。

第五十七条 国有资产向境外投资者转让的,应当遵守国家有关规定,不得危害国家安全和社会公共利益。

第六章 国有资本经营预算

第五十八条 国家建立健全国有资本经营预算制度,对取得的国有资本收入及其支出实行预算管理。

第五十九条 国家取得的下列国有资本收入,以及下列收入的支出,应当编制国有资本经营预算:

(一)从国家出资企业分得的利润;

(二)国有资产转让收入;

(三)从国家出资企业取得的清算收入;

(四)其他国有资本收入。

第六十条 国有资本经营预算按年度单独编制,纳入本级人民政府预算,报本级人民代表大会批准。

国有资本经营预算支出按照当年预算收入规模安排,不列赤字。

第六十一条 国务院和有关地方人民政府财政部门负责国有资本经营预算草案的编制工作,履行出资人职责的机构向财政部门提出由其履行出资人职责的国有资本经营预算建议草案。

第六十二条 国有资本经营预算管理的具体办法和实施步骤,由国务院规定,报全国人民代表大会常务委员会备案。

第七章 国有资产监督

第六十三条 各级人民代表大会常务委员会通过听取和审议本级人民政府履行出资人职责的情况和国有资产监督管理情况的专项工作报告,组织对本法实施情况的执法检查等,依法行使监督职权。

第六十四条 国务院和地方人民政府应当对其授权履行出资人职责的机构履行职责的情况进行监督。

第六十五条　国务院和地方人民政府审计机关依照《中华人民共和国审计法》的规定,对国有资本经营预算的执行情况和属于审计监督对象的国家出资企业进行审计监督。

第六十六条　国务院和地方人民政府应当依法向社会公布国有资产状况和国有资产监督管理工作情况,接受社会公众的监督。

任何单位和个人有权对造成国有资产损失的行为进行检举和控告。

第六十七条　履行出资人职责的机构根据需要,可以委托会计师事务所对国有独资企业、国有独资公司的年度财务会计报告进行审计,或者通过国有资本控股公司的股东会、股东大会决议,由国有资本控股公司聘请会计师事务所对公司的年度财务会计报告进行审计,维护出资人权益。

第八章　法律责任

第六十八条　履行出资人职责的机构有下列行为之一的,对其直接负责的主管人员和其他直接责任人员依法给予处分:

（一）不按照法定的任职条件,任命或者建议任命国家出资企业管理者的;
（二）侵占、截留、挪用国家出资企业的资金或者应当上缴的国有资本收入的;
（三）违反法定的权限、程序,决定国家出资企业重大事项,造成国有资产损失的;
（四）有其他不依法履行出资人职责的行为,造成国有资产损失的。

第六十九条　履行出资人职责的机构的工作人员玩忽职守、滥用职权、徇私舞弊,尚不构成犯罪的,依法给予处分。

第七十条　履行出资人职责的机构委派的股东代表未按照委派机构的指示履行职责,造成国有资产损失的,依法承担赔偿责任;属于国家工作人员的,并依法给予处分。

第七十一条　国家出资企业的董事、监事、高级管理人员有下列行为之一,造成国有资产损失的,依法承担赔偿责任;属于国家工作人员的,并依法给予处分:

（一）利用职权收受贿赂或者取得其他非法收入和不当利益的;
（二）侵占、挪用企业资产的;
（三）在企业改制、财产转让等过程中,违反法律、行政法规和公平交易规则,将企业财产低价转让、低价折股的;
（四）违反本法规定与本企业进行交易的;
（五）不如实向资产评估机构、会计师事务所提供有关情况和资料,或者与资产评估机构、会计师事务所串通出具虚假资产评估报告、审计报告的;
（六）违反法律、行政法规和企业章程规定的决策程序,决定企业重大事项的;
（七）有其他违反法律、行政法规和企业章程执行职务行为的。

国家出资企业的董事、监事、高级管理人员因前款所列行为取得的收入,依法予以追缴或者归国家出资企业所有。

履行出资人职责的机构任命或者建议任命的董事、监事、高级管理人员有本条第一款所列行为之一,造成国有资产重大损失的,由履行出资人职责的机构依法予以免职或者提出免职建议。

第七十二条　在涉及关联方交易、国有资产转让等交易活动中,当事人恶意串通,损害国有资产权益的,该交易行为无效。

第七十三条 国有独资企业、国有独资公司、国有资本控股公司的董事、监事、高级管理人员违反本法规定,造成国有资产重大损失,被免职的,自免职之日起五年内不得担任国有独资企业、国有独资公司、国有资本控股公司的董事、监事、高级管理人员;造成国有资产特别重大损失,或者因贪污、贿赂、侵占财产、挪用财产或者破坏社会主义市场经济秩序被判处刑罚的,终身不得担任国有独资企业、国有独资公司、国有资本控股公司的董事、监事、高级管理人员。

第七十四条 接受委托对国家出资企业进行资产评估、财务审计的资产评估机构、会计师事务所违反法律、行政法规的规定和执业准则,出具虚假的资产评估报告或者审计报告的,依照有关法律、行政法规的规定追究法律责任。

第七十五条 违反本法规定,构成犯罪的,依法追究刑事责任。

第九章 附 则

第七十六条 金融企业国有资产的管理与监督,法律、行政法规另有规定的,依照其规定。

第七十七条 本法自2009年5月1日起施行。

29.《企业国有资产监督管理暂行条例》

(2003年5月13日起施行,2011年1月8日修正)

第一章 总 则

第一条 为建立适应社会主义市场经济需要的国有资产监督管理体制,进一步搞好国有企业,推动国有经济布局和结构的战略性调整,发展和壮大国有经济,实现国有资产保值增值,制定本条例。

第二条 国有及国有控股企业、国有参股企业中的国有资产的监督管理,适用本条例。

金融机构中的国有资产的监督管理,不适用本条例。

第三条 本条例所称企业国有资产,是指国家对企业各种形式的投资和投资所形成的权益,以及依法认定为国家所有的其他权益。

第四条 企业国有资产属于国家所有。国家实行由国务院和地方人民政府分别代表国家履行出资人职责,享有所有者权益,权利、义务和责任相统一,管资产和管人、管事相结合的国有资产管理体制。

第五条 国务院代表国家对关系国民经济命脉和国家安全的大型国有及国有控股、国有参股企业,重要基础设施和重要自然资源等领域的国有及国有控股、国有参股企业,履行出资人职责。国务院履行出资人职责的企业,由国务院确定、公布。

省、自治区、直辖市人民政府和设区的市、自治州级人民政府分别代表国家对由国务院履行出资人职责以外的国有及国有控股、国有参股企业,履行出资人职责。其中,省、自治区、直辖市人民政府履行出资人职责的国有及国有控股、国有参股企业,由省、自治区、直辖市人民政府确定、公布,并报国务院国有资产监督管理机构备案;其他由设区的市、自治州级人民政府履行出资人职责的国有及国有控股、国有参股企业,由设区的市、自治州级人民政府确定、公布,并报省、自治区、直辖市人民政府国有资产监督管理机构备案。

国务院,省、自治区、直辖市人民政府,设区的市、自治州级人民政府履行出资人职责的企业,以下统称所出资企业。

第六条 国务院,省、自治区、直辖市人民政府,设区的市、自治州级人民政府,分别设立国有资产监督管理机构。国有资产监督管理机构根据授权,依法履行出资人职责,依法对企业国有资产进行监督管理。

企业国有资产较少的设区的市、自治州,经省、自治区、直辖市人民政府批准,可以不单独设立国有资产监督管理机构。

第七条 各级人民政府应当严格执行国有资产管理法律、法规,坚持政府的社会公共管理职能与国有资产出资人职能分开,坚持政企分开,实行所有权与经营权分离。

国有资产监督管理机构不行使政府的社会公共管理职能,政府其他机构、部门不履行企业国有资产出资人职责。

第八条 国有资产监督管理机构应当依照本条例和其他有关法律、行政法规的规定,建立健全内部监督制度,严格执行法律、行政法规。

第九条 发生战争、严重自然灾害或者其他重大、紧急情况时,国家可以依法统一调用、处置企业国有资产。

第十条 所出资企业及其投资设立的企业,享有有关法律、行政法规规定的企业经营自主权。

国有资产监督管理机构应当支持企业依法自主经营,除履行出资人职责以外,不得干预企业的生产经营活动。

第十一条 所出资企业应当努力提高经济效益,对其经营管理的企业国有资产承担保值增值责任。

所出资企业应当接受国有资产监督管理机构依法实施的监督管理,不得损害企业国有资产所有者和其他出资人的合法权益。

第二章 国有资产监督管理机构

第十二条 国务院国有资产监督管理机构是代表国务院履行出资人职责、负责监督管理企业国有资产的直属特设机构。

省、自治区、直辖市人民政府国有资产监督管理机构,设区的市、自治州级人民政府国有资产监督管理机构是代表本级政府履行出资人职责、负责监督管理企业国有资产的直属特设机构。

上级政府国有资产监督管理机构依法对下级政府的国有资产监督管理工作进行指导和监督。

第十三条 国有资产监督管理机构的主要职责是:

(一)依照《中华人民共和国公司法》等法律、法规,对所出资企业履行出资人职责,维护所有者权益;

(二)指导推进国有及国有控股企业的改革和重组;

(三)依照规定向所出资企业派出监事会;

（四）依照法定程序对所出资企业的企业负责人进行任免、考核，并根据考核结果对其进行奖惩；

（五）通过统计、稽核等方式对企业国有资产的保值增值情况进行监管；

（六）履行出资人的其他职责和承办本级政府交办的其他事项。

国务院国有资产监督管理机构除前款规定职责外，可以制定企业国有资产监督管理的规章、制度。

第十四条 国有资产监督管理机构的主要义务是：

（一）推进国有资产合理流动和优化配置，推动国有经济布局和结构的调整；

（二）保持和提高关系国民经济命脉和国家安全领域国有经济的控制力和竞争力，提高国有经济的整体素质；

（三）探索有效的企业国有资产经营体制和方式，加强企业国有资产监督管理工作，促进企业国有资产保值增值，防止企业国有资产流失；

（四）指导和促进国有及国有控股企业建立现代企业制度，完善法人治理结构，推进管理现代化；

（五）尊重、维护国有及国有控股企业经营自主权，依法维护企业合法权益，促进企业依法经营管理，增强企业竞争力；

（六）指导和协调解决国有及国有控股企业改革与发展中的困难和问题。

第十五条 国有资产监督管理机构应当向本级政府报告企业国有资产监督管理工作、国有资产保值增值状况和其他重大事项。

第三章　企业负责人管理

第十六条 国有资产监督管理机构应当建立健全适应现代企业制度要求的企业负责人的选用机制和激励约束机制。

第十七条 国有资产监督管理机构依照有关规定，任免或者建议任免所出资企业的企业负责人：

（一）任免国有独资企业的总经理、副总经理、总会计师及其他企业负责人；

（二）任免国有独资公司的董事长、副董事长、董事，并向其提出总经理、副总经理、总会计师等的任免建议；

（三）依照公司章程，提出向国有控股的公司派出的董事、监事人选，推荐国有控股的公司的董事长、副董事长和监事会主席人选，并向其提出总经理、副总经理、总会计师人选的建议；

（四）依照公司章程，提出向国有参股的公司派出的董事、监事人选。

国务院，省、自治区、直辖市人民政府，设区的市、自治州级人民政府，对所出资企业的企业负责人的任免另有规定的，按照有关规定执行。

第十八条 国有资产监督管理机构应当建立企业负责人经营业绩考核制度，与其任命的企业负责人签订业绩合同，根据业绩合同对企业负责人进行年度考核和任期考核。

第十九条 国有资产监督管理机构应当依照有关规定，确定所出资企业中的国有独资企业、国有独资公司的企业负责人的薪酬；依据考核结果，决定其向所出资企业派出的企业负责人的奖惩。

第四章 企业重大事项管理

第二十条 国有资产监督管理机构负责指导国有及国有控股企业建立现代企业制度,审核批准其所出资企业中的国有独资企业、国有独资公司的重组、股份制改造方案和所出资企业中的国有独资公司的章程。

第二十一条 国有资产监督管理机构依照法定程序决定其所出资企业中的国有独资企业、国有独资公司的分立、合并、破产、解散、增减资本、发行公司债券等重大事项。其中,重要的国有独资企业、国有独资公司分立、合并、破产、解散的,应当由国有资产监督管理机构审核后,报本级人民政府批准。

国有资产监督管理机构依照法定程序审核、决定国防科技工业领域其所出资企业中的国有独资企业、国有独资公司的有关重大事项时,按照国家有关法律、规定执行。

第二十二条 国有资产监督管理机构依照公司法的规定,派出股东代表、董事,参加国有控股的公司、国有参股的公司的股东会、董事会。

国有控股的公司、国有参股的公司的股东会、董事会决定公司的分立、合并、破产、解散、增减资本、发行公司债券、任免企业负责人等重大事项时,国有资产监督管理机构派出的股东代表、董事,应当按照国有资产监督管理机构的指示发表意见、行使表决权。

国有资产监督管理机构派出的股东代表、董事,应当将其履行职责的有关情况及时向国有资产监督管理机构报告。

第二十三条 国有资产监督管理机构决定其所出资企业的国有股权转让。其中,转让全部国有股权或者转让部分国有股权致使国家不再拥有控股地位的,报本级人民政府批准。

第二十四条 所出资企业投资设立的重要子企业的重大事项,需由所出资企业报国有资产监督管理机构批准的,管理办法由国务院国有资产监督管理机构另行制定,报国务院批准。

第二十五条 国有资产监督管理机构依照国家有关规定组织协调所出资企业中的国有独资企业、国有独资公司的兼并破产工作,并配合有关部门做好企业下岗职工安置等工作。

第二十六条 国有资产监督管理机构依照国家有关规定拟订所出资企业收入分配制度改革的指导意见,调控所出资企业工资分配的总体水平。

第二十七条 国有资产监督管理机构可以对所出资企业中具备条件的国有独资企业、国有独资公司进行国有资产授权经营。

被授权的国有独资企业、国有独资公司对其全资、控股、参股企业中国家投资形成的国有资产依法进行经营、管理和监督。

第二十八条 被授权的国有独资企业、国有独资公司应当建立和完善规范的现代企业制度,并承担企业国有资产的保值增值责任。

第五章 企业国有资产管理

第二十九条 国有资产监督管理机构依照国家有关规定,负责企业国有资产的产权界定、产权登记、资产评估监管、清产核资、资产统计、综合评价等基础管理工作。

国有资产监督管理机构协调其所出资企业之间的企业国有资产产权纠纷。

第三十条 国有资产监督管理机构应当建立企业国有资产产权交易监督管理制度,加强企业国有资产产权交易的监督管理,促进企业国有资产的合理流动,防止企业国有资产流失。

第三十一条　国有资产监督管理机构对其所出资企业的企业国有资产收益依法履行出资人职责；对其所出资企业的重大投融资规划、发展战略和规划，依照国家发展规划和产业政策履行出资人职责。

第三十二条　所出资企业中的国有独资企业、国有独资公司的重大资产处置，需由国有资产监督管理机构批准的，依照有关规定执行。

第六章　企业国有资产监督

第三十三条　国务院国有资产监督管理机构代表国务院向其所出资企业中的国有独资企业、国有独资公司派出监事会。监事会的组成、职权、行为规范等，依照《国有企业监事会暂行条例》的规定执行。

地方人民政府国有资产监督管理机构代表本级人民政府向其所出资企业中的国有独资企业、国有独资公司派出监事会，参照《国有企业监事会暂行条例》的规定执行。

第三十四条　国有资产监督管理机构依法对所出资企业财务进行监督，建立和完善国有资产保值增值指标体系，维护国有资产出资人的权益。

第三十五条　国有及国有控股企业应当加强内部监督和风险控制，依照国家有关规定建立健全财务、审计、企业法律顾问和职工民主监督等制度。

第三十六条　所出资企业中的国有独资企业、国有独资公司应当按照规定定期向国有资产监督管理机构报告财务状况、生产经营状况和国有资产保值增值状况。

第七章　法律责任

第三十七条　国有资产监督管理机构不按规定任免或者建议任免所出资企业的企业负责人，或者违法干预所出资企业的生产经营活动，侵犯其合法权益，造成企业国有资产损失或者其他严重后果的，对直接负责的主管人员和其他直接责任人员依法给予行政处分；构成犯罪的，依法追究刑事责任。

第三十八条　所出资企业中的国有独资企业、国有独资公司未按照规定向国有资产监督管理机构报告财务状况、生产经营状况和国有资产保值增值状况的，予以警告；情节严重的，对直接负责的主管人员和其他直接责任人员依法给予纪律处分。

第三十九条　国有及国有控股企业的企业负责人滥用职权、玩忽职守，造成企业国有资产损失的，应负赔偿责任，并对其依法给予纪律处分；构成犯罪的，依法追究刑事责任。

第四十条　对企业国有资产损失负有责任受到撤职以上纪律处分的国有及国有控股企业的企业负责人，5年内不得担任任何国有及国有控股企业的企业负责人；造成企业国有资产重大损失或者被判处刑罚的，终身不得担任任何国有及国有控股企业的企业负责人。

第八章　附　则

第四十一条　国有及国有控股企业、国有参股企业的组织形式、组织机构、权利和义务等，依照《中华人民共和国公司法》等法律、行政法规和本条例的规定执行。

第四十二条　国有及国有控股企业、国有参股企业中中国共产党基层组织建设、社会主义精神文明建设和党风廉政建设，依照《中国共产党章程》和有关规定执行。

国有及国有控股企业、国有参股企业中工会组织依照《中华人民共和国工会法》和《中国工会章程》的有关规定执行。

第四十三条 国务院国有资产监督管理机构,省、自治区、直辖市人民政府可以依据本条例制定实施办法。

第四十四条 本条例施行前制定的有关企业国有资产监督管理的行政法规与本条例不一致的,依照本条例的规定执行。

第四十五条 政企尚未分开的单位,应当按照国务院的规定,加快改革,实现政企分开。政企分开后的企业,由国有资产监督管理机构依法履行出资人职责,依法对企业国有资产进行监督管理。

第四十六条 本条例自公布之日起施行。

30.《事业单位国有资产管理暂行办法》

(2006年7月1日起施行,财政部令第36号)

第一章 总 则

第一条 为了规范和加强事业单位国有资产管理,维护国有资产的安全完整,合理配置和有效利用国有资产,保障和促进各项事业发展,建立适应社会主义市场经济和公共财政要求的事业单位国有资产管理体制,根据国务院有关规定,制定本办法。

第二条 本办法适用于各级各类事业单位的国有资产管理活动。

第三条 本办法所称的事业单位国有资产,是指事业单位占有、使用的,依法确认为国家所有,能以货币计量的各种经济资源的总称,即事业单位的国有(公共)财产。

事业单位国有资产包括国家拨给事业单位的资产,事业单位按照国家规定运用国有资产组织收入形成的资产,以及接受捐赠和其他经法律确认为国家所有的资产,其表现形式为流动资产、固定资产、无形资产和对外投资等。

第四条 事业单位国有资产管理活动,应当坚持资产管理与预算管理相结合的原则,推行实物费用定额制度,促进事业资产整合与共享共用,实现资产管理和预算管理的紧密统一;应当坚持所有权和使用权相分离的原则;应当坚持资产管理与财务管理、实物管理与价值管理相结合的原则。

第五条 事业单位国有资产实行国家统一所有,政府分级监管,单位占有、使用的管理体制。

第二章 管理机构及其职责

第六条 各级财政部门是政府负责事业单位国有资产管理的职能部门,对事业单位的国有资产实施综合管理。其主要职责是:

(一)根据国家有关国有资产管理的规定,制定事业单位国有资产管理的规章制度,并组织实施和监督检查;

(二)研究制定本级事业单位实物资产配置标准和相关的费用标准,组织本级事业单位国有资产的产权登记、产权界定、产权纠纷调处、资产评估监管、资产清查和统计报告等基础管理工作；

（三）按规定权限审批本级事业单位有关资产购置、处置和利用国有资产对外投资、出租、出借和担保等事项，组织事业单位长期闲置、低效运转和超标准配置资产的调剂工作，建立事业单位国有资产整合、共享、共用机制；

（四）推进本级有条件的事业单位实现国有资产的市场化、社会化，加强事业单位转企改制工作中国有资产的监督管理；

（五）负责本级事业单位国有资产收益的监督管理；

（六）建立和完善事业单位国有资产管理信息系统，对事业单位国有资产实行动态管理；

（七）研究建立事业单位国有资产安全性、完整性和使用有效性的评价方法、评价标准和评价机制，对事业单位国有资产实行绩效管理；

（八）监督、指导本级事业单位及其主管部门、下级财政部门的国有资产管理工作。

第七条 事业单位的主管部门（以下简称主管部门）负责对本部门所属事业单位的国有资产实施监督管理。其主要职责是：

（一）根据本级和上级财政部门有关国有资产管理的规定，制定本部门事业单位国有资产管理的实施办法，并组织实施和监督检查；

（二）组织本部门事业单位国有资产的清查、登记、统计汇总及日常监督检查工作；

（三）审核本部门所属事业单位利用国有资产对外投资、出租、出借和担保等事项，按规定权限审核或者审批有关资产购置、处置事项；

（四）负责本部门所属事业单位长期闲置、低效运转和超标准配置资产的调剂工作，优化事业单位国有资产配置，推动事业单位国有资产共享、共用；

（五）督促本部门所属事业单位按规定缴纳国有资产收益；

（六）组织实施对本部门所属事业单位国有资产管理和使用情况的评价考核；

（七）接受同级财政部门的监督、指导并向其报告有关事业单位国有资产管理工作。

第八条 事业单位负责对本单位占有、使用的国有资产实施具体管理。其主要职责是：

（一）根据事业单位国有资产管理的有关规定，制定本单位国有资产管理的具体办法并组织实施；

（二）负责本单位资产购置、验收入库、维护保管等日常管理，负责本单位资产的账卡管理、清查登记、统计报告及日常监督检查工作；

（三）办理本单位国有资产配置、处置和对外投资、出租、出借和担保等事项的报批手续；

（四）负责本单位用于对外投资、出租、出借和担保的资产的保值增值，按照规定及时、足额缴纳国有资产收益；

（五）负责本单位存量资产的有效利用，参与大型仪器、设备等资产的共享、共用和公共研究平台建设工作；

（六）接受主管部门和同级财政部门的监督、指导并向其报告有关国有资产管理工作。

第九条 各级财政部门、主管部门和事业单位应当按照本办法的规定，明确管理机构和人员，做好事业单位国有资产管理工作。

第十条 财政部门根据工作需要，可以将国有资产管理的部分工作交由有关单位完成。

第三章 资产配置及使用

第十一条 事业单位国有资产配置是指财政部门、主管部门、事业单位等根据事业单位履行职能的需要,按照国家有关法律、法规和规章制度规定的程序,通过购置或者调剂等方式为事业单位配备资产的行为。

第十二条 事业单位国有资产配置应当符合以下条件:

(一)现有资产无法满足事业单位履行职能的需要;

(二)难以与其他单位共享、共用相关资产;

(三)难以通过市场购买产品或者服务的方式代替资产配置,或者采取市场购买方式的成本过高。

第十三条 事业单位国有资产配置应当符合规定的配置标准;没有规定配置标准的,应当从严控制,合理配置。

第十四条 对于事业单位长期闲置、低效运转或者超标准配置的资产,原则上由主管部门进行调剂,并报同级财政部门备案;跨部门、跨地区的资产调剂应当报同级或者共同上一级的财政部门批准。法律、行政法规另有规定的,依照其规定。

第十五条 事业单位向财政部门申请用财政性资金购置规定限额以上资产的(包括事业单位申请用财政性资金举办大型会议、活动需要进行的购置),除国家另有规定外,按照下列程序报批:

(一)年度部门预算编制前,事业单位资产管理部门会同财务部门审核资产存量,提出下一年度拟购置资产的品目、数量,测算经费额度,报主管部门审核;

(二)主管部门根据事业单位资产存量状况和有关资产配置标准,审核、汇总事业单位资产购置计划,报同级财政部门审批;

(三)同级财政部门根据主管部门的审核意见,对资产购置计划进行审批;

(四)经同级财政部门批准的资产购置计划,事业单位应当列入年度部门预算,并在上报年度部门预算时附送批复文件等相关材料,作为财政部门批复部门预算的依据。

第十六条 事业单位向主管部门或者其他部门申请项目经费的,有关部门在下达经费前,应当将所涉及的规定限额以上的资产购置事项报同级财政部门批准。

第十七条 事业单位用其他资金购置规定限额以上资产的,报主管部门审批;主管部门应当将审批结果定期报同级财政部门备案。

第十八条 事业单位购置纳入政府采购范围的资产,应当按照国家有关政府采购的规定执行。

第十九条 事业单位国有资产的使用包括单位自用和对外投资、出租、出借、担保等方式。

第二十条 事业单位应当建立健全资产购置、验收、保管、使用等内部管理制度。

事业单位应当对实物资产进行定期清查,做到账账、账卡、账实相符,加强对本单位专利权、商标权、著作权、土地使用权、非专利技术、商誉等无形资产的管理,防止无形资产流失。

第二十一条 事业单位利用国有资产对外投资、出租、出借和担保等应当进行必要的可行性论证,并提出申请,经主管部门审核同意后,报同级财政部门审批。法律、行政法规另有规定的,依照其规定。

事业单位应当对本单位用于对外投资、出租和出借的资产实行专项管理，并在单位财务会计报告中对相关信息进行充分披露。

第二十二条 财政部门和主管部门应当加强对事业单位利用国有资产对外投资、出租、出借和担保等行为的风险控制。

第二十三条 事业单位对外投资收益以及利用国有资产出租、出借和担保等取得的收入应当纳入单位预算，统一核算，统一管理。国家另有规定的除外。

第四章 资产处置

第二十四条 事业单位国有资产处置，是指事业单位对其占有、使用的国有资产进行产权转让或者注销产权的行为。处置方式包括出售、出让、转让、对外捐赠、报废、报损以及货币性资产损失核销等。

第二十五条 事业单位处置国有资产，应当严格履行审批手续，未经批准不得自行处置。

第二十六条 事业单位占有、使用的房屋建筑物、土地和车辆的处置，货币性资产损失的核销，以及单位价值或者批量价值在规定限额以上的资产的处置，经主管部门审核后报同级财政部门审批；规定限额以下的资产的处置报主管部门审批，主管部门将审批结果定期报同级财政部门备案。法律、行政法规另有规定的，依照其规定。

第二十七条 财政部门或者主管部门对事业单位国有资产处置事项的批复是财政部门重新安排事业单位有关资产配置预算项目的参考依据，是事业单位调整相关会计账目的凭证。

第二十八条 事业单位国有资产处置应当遵循公开、公正、公平的原则。

事业单位出售、出让、转让、变卖资产数量较多或者价值较高的，应当通过拍卖等市场竞价方式公开处置。

第二十九条 事业单位国有资产处置收入属于国家所有，应当按照政府非税收入管理的规定，实行"收支两条线"管理。

第五章 产权登记与产权纠纷处理

……

第六章 资产评估与资产清查

第三十八条 事业单位有下列情形之一的，应当对相关国有资产进行评估：

（一）整体或者部分改制为企业；
（二）以非货币性资产对外投资；
（三）合并、分立、清算；
（四）资产拍卖、转让、置换；
（五）整体或者部分资产租赁给非国有单位；
（六）确定涉讼资产价值；
（七）法律、行政法规规定的其他需要进行评估的事项。

第三十九条 事业单位有下列情形之一的，可以不进行资产评估：

（一）经批准事业单位整体或者部分资产无偿划转；

（二）行政、事业单位下属的事业单位之间的合并、资产划转、置换和转让；

（三）发生其他不影响国有资产权益的特殊产权变动行为，报经同级财政部门确认可以不进行资产评估的。

第四十条 事业单位国有资产评估工作应当委托具有资产评估资质的评估机构进行。事业单位应当如实向资产评估机构提供有关情况和资料，并对所提供的情况和资料的客观性、真实性和合法性负责。

事业单位不得以任何形式干预资产评估机构独立执业。

第四十一条 事业单位国有资产评估项目实行核准制和备案制。核准和备案工作按照国家有关国有资产评估项目核准和备案管理的规定执行。

第四十二条 事业单位有下列情形之一的，应当进行资产清查：

（一）根据国家专项工作要求或者本级政府实际工作需要，被纳入统一组织的资产清查范围的；

（二）进行重大改革或者整体、部分改制为企业的；

（三）遭受重大自然灾害等不可抗力造成资产严重损失的；

（四）会计信息严重失真或者国有资产出现重大流失的；

（五）会计政策发生重大更改，涉及资产核算方法发生重要变化的；

（六）同级财政部门认为应当进行资产清查的其他情形。

第四十三条 事业单位进行资产清查，应当向主管部门提出申请，并按照规定程序报同级财政部门批准立项后组织实施，但根据国家专项工作要求或者本级政府工作需要进行的资产清查除外。

第四十四条 事业单位资产清查工作的内容主要包括基本情况清理、账务清理、财产清查、损溢认定、资产核实和完善制度等。资产清查的具体办法由财政部另行制定。

……

第八章 监督检查与法律责任

第四十八条 财政部门、主管部门、事业单位及其工作人员，应当依法维护事业单位国有资产的安全完整，提高国有资产使用效益。

第四十九条 财政部门、主管部门和事业单位应当建立健全科学合理的事业单位国有资产监督管理责任制，将资产监督、管理的责任落实到具体部门、单位和个人。

第五十条 事业单位国有资产监督应当坚持单位内部监督与财政监督、审计监督、社会监督相结合，事前监督与事中监督、事后监督相结合，日常监督与专项检查相结合。

第五十一条 事业单位及其工作人员违反本办法，有下列行为之一的，依据《财政违法行为处罚处分条例》的规定进行处罚、处理、处分：

（一）以虚报、冒领等手段骗取财政资金的；

（二）擅自占有、使用和处置国有资产的；

（三）擅自提供担保的；

（四）未按规定缴纳国有资产收益的。

第五十二条 财政部门、主管部门及其工作人员在上缴、管理国有资产收益，或者下拨财政资金时，违反本办法规定的，依据《财政违法行为处罚处分条例》的规定进行处罚、处理、处分。

第五十三条 主管部门在配置事业单位国有资产或者审核、批准国有资产使用、处置事项的工作中违反本办法规定的，财政部门可以责令其限期改正，逾期不改的予以警告。

第五十四条 违反本办法有关事业单位国有资产管理规定的其他行为，依据国家有关法律、法规及规章制度进行处理。

第九章　附　则

第五十五条 社会团体和民办非企业单位中占有、使用国有资产的，参照本办法执行。参照公务员制度管理的事业单位和社会团体，依照国家关于行政单位国有资产管理的有关规定执行。

第五十六条 实行企业化管理并执行企业财务会计制度的事业单位，以及事业单位创办的具有法人资格的企业，由财政部门按照企业国有资产监督管理的有关规定实施监督管理。

……

第六十条 本办法自2006年7月1日起施行。此前颁布的有关事业单位国有资产管理的规定与本办法相抵触的，按照本办法执行。

31.《企业国有产权转让管理暂行办法》

（2004年2月1日起施行，国务院国有资产监督管理委员会、财政部令第3号）

第一章　总　则

第一条 为规范企业国有产权转让行为，加强企业国有产权交易的监督管理，促进企业国有资产的合理流动、国有经济布局和结构的战略性调整，防止企业国有资产流失，根据《企业国有资产监督管理暂行条例》和国家有关法律、行政法规的规定，制定本办法。

第二条 国有资产监督管理机构、持有国有资本的企业（以下统称转让方）将所持有的企业国有产权有偿转让给境内外法人、自然人或者其他组织（以下统称受让方）的活动适用本办法。

金融类企业国有产权转让和上市公司的国有股权转让，按照国家有关规定执行。

本办法所称企业国有产权，是指国家对企业以各种形式投入形成的权益、国有及国有控股企业各种投资所形成的应享有的权益，以及依法认定为国家所有的其他权益。

第三条 企业国有产权转让应当遵守国家法律、行政法规和政策规定，有利于国有经济布局和结构的战略性调整，促进国有资本优化配置，坚持公开、公平、公正的原则，保护国家和其他各方合法权益。

第四条 企业国有产权转让应当在依法设立的产权交易机构中公开进行，不受地区、行业、出资或者隶属关系的限制。国家法律、行政法规另有规定的，从其规定。

第五条 企业国有产权转让可以采取拍卖、招投标、协议转让以及国家法律、行政法规规定的其他方式进行。

第六条 转让的企业国有产权权属应当清晰。权属关系不明确或者存在权属纠纷的企业国有产权不得转让。被设置为担保物权的企业国有产权转让,应当符合《中华人民共和国担保法》的有关规定。

第七条 国有资产监督管理机构负责企业国有产权转让的监督管理工作。

第二章 企业国有产权转让的监督管理

第八条 国有资产监督管理机构对企业国有产权转让履行下列监管职责:

(一)按照国家有关法律、行政法规的规定,制定企业国有产权交易监管制度和办法;

(二)决定或者批准所出资企业国有产权转让事项,研究、审议重大产权转让事项并报本级人民政府批准;

(三)选择确定从事企业国有产权交易活动的产权交易机构;

(四)负责企业国有产权交易情况的监督检查工作;

(五)负责企业国有产权转让信息的收集、汇总、分析和上报工作;

(六)履行本级政府赋予的其他监管职责。

本办法所称所出资企业是指国务院,省、自治区、直辖市人民政府,设区的市、自治州级人民政府授权国有资产监督管理机构履行出资人职责的企业。

第九条 所出资企业对企业国有产权转让履行下列职责:

(一)按照国家有关规定,制定所属企业的国有产权转让管理办法,并报国有资产监督管理机构备案;

(二)研究企业国有产权转让行为是否有利于提高企业的核心竞争力,促进企业的持续发展,维护社会的稳定;

(三)研究、审议重要子企业的重大国有产权转让事项,决定其他子企业的国有产权转让事项;

(四)向国有资产监督管理机构报告有关国有产权转让情况。

第十条 企业国有产权转让可按下列基本条件选择产权交易机构:

(一)遵守国家有关法律、行政法规、规章以及企业国有产权交易的政策规定;

(二)履行产权交易机构的职责,严格审查企业国有产权交易主体的资格和条件;

(三)按照国家有关规定公开披露产权交易信息,并能够定期向国有资产监督管理机构报告企业国有产权交易情况;

(四)具备相应的交易场所、信息发布渠道和专业人员,能够满足企业国有产权交易活动的需要;

(五)产权交易操作规范,连续3年没有将企业国有产权拆细后连续交易行为以及其他违法、违规记录。

第三章 企业国有产权转让的程序

第十一条 企业国有产权转让应当做好可行性研究,按照内部决策程序进行审议,并形成书面决议。

国有独资企业的产权转让,应当由总经理办公会议审议。国有独资公司的产权转让,应当由董事会审议;没有设立董事会的,由总经理办公会议审议。涉及职工合法权益的,应当听取转让标的企业职工代表大会的意见,对职工安置等事项应当经职工代表大会讨论通过。

第十二条 按照本办法规定的批准程序,企业国有产权转让事项经批准或者决定后,转让方应当组织转让标的企业按照有关规定开展清产核资,根据清产核资结果编制资产负债表和资产移交清册,并委托会计师事务所实施全面审计(包括按照国家有关规定对转让标的企业法定代表人的离任审计)。资产损失的认定与核销,应当按照国家有关规定办理。

转让所出资企业国有产权导致转让对方不再拥有控股地位的,由同级国有资产监督管理机构组织进行清产核资,并委托社会中介机构开展相关业务。

社会中介机构应当依法独立、公正地执行业务。企业和个人不得干预社会中介机构的正常执业行为。

第十三条 在清产核资和审计的基础上,转让方应当委托具有相关资质的资产评估机构依照国家有关规定进行资产评估。评估报告经核准或者备案后,作为确定企业国有产权转让价格的参考依据。

在产权交易过程中,当交易价格低于评估结果的90%时,应当暂停交易,在获得相关产权转让批准机构同意后方可继续进行。

第十四条 转让方应当将产权转让公告委托产权交易机构刊登在省级以上公开发行的经济或者金融类报刊和产权交易机构的网站上,公开披露有关企业国有产权转让信息,广泛征集受让方。产权转让公告期为20个工作日。

转让方披露的企业国有产权转让信息应当包括下列内容:

(一)转让标的的基本情况;

(二)转让标的企业的产权构成情况;

(三)产权转让行为的内部决策及批准情况;

(四)转让标的企业近期经审计的主要财务指标数据;

(五)转让标的企业资产评估核准或者备案情况;

(六)受让方应当具备的基本条件;

(七)其他需披露的事项。

第十五条 在征集受让方时,转让方可以对受让方的资质、商业信誉、经营情况、财务状况、管理能力、资产规模等提出必要的受让条件。

受让方一般应当具备下列条件:

(一)具有良好的财务状况和支付能力;

(二)具有良好的商业信用;

(三)受让方为自然人的,应当具有完全民事行为能力;

(四)国家法律、行政法规规定的其他条件。

第十六条 受让方为外国及我国香港特别行政区、澳门特别行政区、台湾地区的法人、自然人或者其他组织的,受让企业国有产权应当符合国务院公布的《指导外商投资方向规定》及其他有关规定。

第十七条 经公开征集产生两个以上受让方时,转让方应当与产权交易机构协商,根据转让标的的具体情况采取拍卖或者招投标方式组织实施产权交易。

采取拍卖方式转让企业国有产权的,应当按照《中华人民共和国拍卖法》及有关规定组织实施。

采取招投标方式转让企业国有产权的,应当按照国家有关规定组织实施。

企业国有产权转让成交后,转让方与受让方应当签订产权转让合同,并应当取得产权交易机构出具的产权交易凭证。

第十八条 经公开征集只产生一个受让方或者按照有关规定经国有资产监督管理机构批准的,可以采取协议转让的方式。

采取协议转让方式的,转让方应当与受让方进行充分协商,依法妥善处理转让中所涉及的相关事项后,草签产权转让合同,并按照本办法第十一条规定的程序进行审议。

第十九条 企业国有产权转让合同应当包括下列主要内容:

(一)转让与受让双方的名称与住所;

(二)转让标的企业国有产权的基本情况;

(三)转让标的企业涉及的职工安置方案;

(四)转让标的企业涉及的债权、债务处理方案;

(五)转让方式、转让价格、价款支付时间和方式及付款条件;

(六)产权交割事项;

(七)转让涉及的有关税费负担;

(八)合同争议的解决方式;

(九)合同各方的违约责任;

(十)合同变更和解除的条件;

(十一)转让和受让双方认为必要的其他条款。

转让企业国有产权导致转让方不再拥有控股地位的,在签订产权转让合同时,转让方应当与受让方协商提出企业重组方案,包括在同等条件下对转让标的企业职工的优先安置方案。

第二十条 国有产权转让的全部价款,受让方应当按照产权转让合同的约定支付。

转让价款原则上应当一次付清。如金额较大、一次付清确有困难的,可以采取分期付款的方式。采取分期付款方式的,受让方首期付款不得低于总价款的30%,并在合同生效之日起5个工作日内支付;其余款项应当提供合法的担保,并应当按同期银行贷款利率向转让方支付延期付款期间利息,付款期限不得超过1年。

第二十一条 转让企业国有产权涉及国有划拨土地使用权转让和由国家出资形成的探矿权、采矿权转让的,应当按照国家有关规定另行办理相关手续。

第二十二条 转让企业国有产权导致转让方不再拥有控股地位的,应当按照有关政策规定处理好与职工的劳动关系,解决转让标的企业拖欠职工的工资、欠缴的各项社会保险费以及其他有关费用,并做好企业职工各项社会保险关系的接续工作。

第二十三条 转让企业国有产权取得的净收益,按照国家有关规定处理。

第二十四条 企业国有产权转让成交后,转让和受让双方应当凭产权交易机构出具的产权交易凭证,按照国家有关规定及时办理相关产权登记手续。

第四章 企业国有产权转让的批准程序

第二十五条 国有资产监督管理机构决定所出资企业的国有产权转让。其中,转让企业国有产权致使国家不再拥有控股地位的,应当报本级人民政府批准。

第二十六条　所出资企业决定其子企业的国有产权转让。其中，重要子企业的重大国有产权转让事项，应当报同级国有资产监督管理机构会签财政部门后批准。其中，涉及政府社会公共管理审批事项的，需预先报经政府有关部门审批。

第二十七条　转让企业国有产权涉及上市公司国有股性质变化或者实际控制权转移的，应当同时遵守国家法律、行政法规和相关监管部门的规定。

对非上市股份有限公司国有股权转让管理，国家另有规定的，从其规定。

第二十八条　决定或者批准企业国有产权转让行为，应当审查下列书面文件：

（一）转让企业国有产权的有关决议文件；

（二）企业国有产权转让方案；

（三）转让方和转让标的企业国有资产产权登记证；

（四）律师事务所出具的法律意见书；

（五）受让方应当具备的基本条件；

（六）批准机构要求的其他文件。

第二十九条　企业国有产权转让方案一般应当载明下列内容：

（一）转让标的企业国有产权的基本情况；

（二）企业国有产权转让行为的有关论证情况；

（三）转让标的企业涉及的、经企业所在地劳动保障行政部门审核的职工安置方案；

（四）转让标的企业涉及的债权、债务包括拖欠职工债务的处理方案；

（五）企业国有产权转让收益处置方案；

（六）企业国有产权转让公告的主要内容。

转让企业国有产权导致转让方不再拥有控股地位的，应当附送经债权金融机构书面同意的相关债权债务协议、职工代表大会审议的职工安置方案的决议等。

第三十条　对于国民经济关键行业、领域中对受让方有特殊要求的，企业实施资产重组中将企业国有产权转让给所属控股企业的国有产权转让，经省级以上国有资产监督管理机构批准后，可以采取协议转让方式转让国有产权。

第三十一条　企业国有产权转让事项经批准或者决定后，如转让和受让双方调整产权转让比例或者企业国有产权转让方案有重大变化的，应当按照规定程序重新报批。

第五章　法律责任

第三十二条　在企业国有产权转让过程中，转让方、转让标的企业和受让方有下列行为之一的，国有资产监督管理机构或者企业国有产权转让相关批准机构应当要求转让方终止产权转让活动，必要时应当依法向人民法院提起诉讼，确认转让行为无效。

（一）未按本办法有关规定在产权交易机构中进行交易的；

（二）转让方、转让标的企业不履行相应的内部决策程序、批准程序或者超越权限、擅自转让企业国有产权的；

（三）转让方、转让标的企业故意隐匿应当纳入评估范围的资产，或者向中介机构提供虚假会计资料，导致审计、评估结果失真，以及未经审计、评估，造成国有资产流失的；

（四）转让方与受让方串通，低价转让国有产权，造成国有资产流失的；

（五）转让方、转让标的企业未按规定妥善安置职工、接续社会保险关系、处理拖欠职

工各项债务以及未补缴欠缴的各项社会保险费,侵害职工合法权益的;

(六)转让方未按规定落实转让标的企业的债权债务,非法转移债权或者逃避债务清偿责任的;以企业国有产权作为担保的,转让该国有产权时,未经担保权人同意的。

(七)受让方采取欺诈、隐瞒等手段影响转让方的选择以及产权转让合同签订的;

(八)受让方在产权转让竞价、拍卖中,恶意串通压低价格,造成国有资产流失的。

对以上行为中转让方、转让标的企业负有直接责任的主管人员和其他直接责任人员,由国有资产监督管理机构或者相关企业按照人事管理权限给予警告,情节严重的,给予纪律处分,造成国有资产损失的,应当负赔偿责任;由于受让方的责任造成国有资产流失的,受让方应当依法赔偿转让方的经济损失;构成犯罪的,依法移送司法机关追究刑事责任。

第三十三条 社会中介机构在企业国有产权转让的审计、评估和法律服务中违规执业的,由国有资产监督管理机构将有关情况通报其行业主管机关,建议给予相应处罚;情节严重的,可要求企业不得再委托其进行企业国有产权转让的相关业务。

第三十四条 产权交易机构在企业国有产权交易中弄虚作假或者玩忽职守,损害国家利益或者交易双方合法权益的,依法追究直接责任人员的责任,国有资产监督管理机构将不再选择其从事企业国有产权交易的相关业务。

第三十五条 企业国有产权转让批准机构及其有关人员违反本办法,擅自批准或者在批准中以权谋私,造成国有资产流失的,由有关部门按照干部管理权限,给予纪律处分;构成犯罪的,依法移送司法机关追究刑事责任。

第六章 附 则

第三十六条 境外企业国有产权转让管理办法另行制定。

第三十七条 政企尚未分开的单位以及其他单位所持有的企业国有产权转让,由主管财政部门批准,具体比照本办法执行。

第三十八条 本办法由国务院国有资产监督管理委员会负责解释;涉及有关部门的,由国资委商有关部门解释。

第三十九条 本办法自二〇〇四年二月一日起施行。

32.《企业国有产权无偿划转管理暂行办法》

(2005年8月29日起施行,国资发产权〔2005〕239号)

第一章 总 则

第一条 为规范企业国有产权无偿划转行为,保障企业国有产权有序流动,防止国有资产流失,根据《企业国有资产监督管理暂行条例》(国务院令第378号)等有关规定,制定本办法。

第二条 本办法所称企业国有产权无偿划转,是指企业国有产权在政府机构、事业单位、国有独资企业、国有独资公司之间的无偿转移。

国有独资公司作为划入或划出一方的，应当符合《中华人民共和国公司法》的有关规定。

第三条 各级人民政府授权其国有资产监督管理机构（以下简称国资监管机构）履行出资人职责的企业（以下统称所出资企业）及其各级子企业国有产权无偿划转适用本办法。

股份有限公司国有股无偿划转，按国家有关规定执行。

第四条 企业国有产权无偿划转应当遵循以下原则：

（一）符合国家有关法律法规和产业政策的规定；

（二）符合国有经济布局和结构调整的需要；

（三）有利于优化产业结构和提高企业核心竞争力；

（四）划转双方协商一致。

第五条 被划转企业国有产权的权属应当清晰。权属关系不明确或存在权属纠纷的企业国有产权不得进行无偿划转。被设置为担保物权的企业国有产权无偿划转，应当符合《中华人民共和国担保法》的有关规定。有限责任公司国有股权的划转，还应当遵循《中华人民共和国公司法》的有关规定。

第二章 企业国有产权无偿划转的程序

第六条 企业国有产权无偿划转应当做好可行性研究。无偿划转可行性论证报告一般应当载明下列内容：

（一）被划转企业所处行业情况及国家有关法律法规、产业政策规定；

（二）被划转企业主业情况及与划入、划出方企业主业和发展规划的关系；

（三）被划转企业的财务状况及或有负债情况；

（四）被划转企业的人员情况；

（五）划入方对被划转企业的重组方案，包括投入计划、资金来源、效益预测及风险对策等；

（六）其他需说明的情况。

第七条 划转双方应当在可行性研究的基础上，按照内部决策程序进行审议，并形成书面决议。

划入方（划出方）为国有独资企业的，应当由总经理办公会议审议；已设立董事会的，由董事会审议。划入方（划出方）为国有独资公司的，应当由董事会审议；尚未设立董事会的，由总经理办公会议审议。所涉及的职工分流安置事项，应当经被划转企业职工代表大会审议通过。

第八条 划出方应当就无偿划转事项通知本企业（单位）债权人，并制订相应的债务处置方案。

第九条 划转双方应当组织被划转企业按照有关规定开展审计或清产核资，以中介机构出具的审计报告或经划出方国资监管机构批准的清产核资结果作为企业国有产权无偿划转的依据。

第十条 划转双方协商一致后，应当签订企业国有产权无偿划转协议。划转协议应当包括下列主要内容：

（一）划入划出双方的名称与住所；

（二）被划转企业的基本情况；

（三）被划转企业国有产权数额及划转基准日；

（四）被划转企业涉及的职工分流安置方案；

（五）被划转企业涉及的债权、债务（包括拖欠职工债务）以及或有负债的处理方案；

（六）划转双方的违约责任；

（七）纠纷的解决方式；

（八）协议生效条件；

（九）划转双方认为必要的其他条款。

无偿划转事项按照本办法规定程序批准后，划转协议生效。划转协议生效以前，划转双方不得履行或者部分履行。

第十一条 划转双方应当依据相关批复文件及划转协议，进行账务调整，按规定办理产权登记等手续。

第三章 企业国有产权无偿划转的批准

第十二条 企业国有产权在同一国资监管机构所出资企业之间无偿划转的，由所出资企业共同报国资监管机构批准。

企业国有产权在不同国资监管机构所出资企业之间无偿划转的，依据划转双方的产权归属关系，由所出资企业分别报同级国资监管机构批准。

第十三条 实施政企分开的企业，其国有产权无偿划转所出资企业或其子企业持有的，由同级国资监管机构和主管部门分别批准。

第十四条 下级政府国资监管机构所出资企业国有产权无偿划转上级政府国资监管机构所出资企业或其子企业持有的，由下级政府和上级政府国资监管机构分别批准。

第十五条 企业国有产权在所出资企业内部无偿划转的，由所出资企业批准并抄报同级国资监管机构。

第十六条 批准企业国有产权无偿划转事项，应当审查下列书面材料：

（一）无偿划转的申请文件；

（二）总经理办公会议或董事会有关无偿划转的决议；

（三）划转双方及被划转企业的产权登记证；

（四）无偿划转的可行性论证报告；

（五）划转双方签订的无偿划转协议；

（六）中介机构出具的被划转企业划转基准日的审计报告或同级国资监管机构清产核资结果批复文件；

（七）划出方债务处置方案；

（八）被划转企业职代会通过的职工分流安置方案；

（九）其他有关文件。

第十七条 企业国有产权无偿划转事项经批准后，划出方和划入方调整产权划转比例或者划转协议有重大变化的，应当按照规定程序重新报批。

第十八条 有下列情况之一的，不得实施无偿划转：

（一）被划转企业主业不符合划入方主业及发展规划的；

（二）中介机构对被划转企业划转基准日的财务报告出具否定意见、无法表示意见或保

留意见的审计报告的;

（三）无偿划转涉及的职工分流安置事项未经被划转企业的职工代表大会审议通过的;

（四）被划转企业或有负债未有妥善解决方案的;

（五）划出方债务未有妥善处置方案的。

第十九条 下列无偿划转事项,依据中介机构出具的被划转企业上一年度（或最近一次）的审计报告或经国资监管机构批准的清产核资结果,直接进行账务调整,并按规定办理产权登记等手续。

（一）由政府决定的所出资企业国有产权无偿划转本级国资监管机构其他所出资企业的;

（二）由上级政府决定的所出资企业国有产权在上、下级政府国资监管机构之间的无偿划转;

（三）由划入、划出方政府决定的所出资企业国有产权在互不隶属的政府的国资监管机构之间的无偿划转;

（四）由政府决定的实施政企分开的企业,其国有产权无偿划转国资监管机构持有的;

（五）其他由政府或国资监管机构根据国有经济布局、结构调整和重组需要决定的无偿划转事项。

第四章 附 则

第二十条 企业国有产权无偿向境外划转及境外企业国有产权无偿划转办法另行制定。

第二十一条 企业实物资产等无偿划转参照本办法执行。

第二十二条 本办法自公布之日起施行。

33.《企业国有资产评估管理暂行办法》

（2005年9月1日起施行,国务院国有资产监督管理委员会第12号令）

第一章 总 则

第一条 为规范企业国有资产评估行为,维护国有资产出资人合法权益,促进企业国有产权有序流转,防止国有资产流失,根据《中华人民共和国公司法》、《企业国有资产监督管理暂行条例》（国务院令第378号）和《国有资产评估管理办法》（国务院令第91号）等有关法律法规,制定本办法。

第二条 各级国有资产监督管理机构履行出资人职责的企业（以下统称所出资企业）及其各级子企业（以下统称企业）涉及的资产评估,适用本办法。

第三条 各级国有资产监督管理机构负责其所出资企业的国有资产评估监管工作。

国务院国有资产监督管理机构负责对全国企业国有资产评估监管工作进行指导和监督。

第四条 企业国有资产评估项目实行核准制和备案制。

经各级人民政府批准经济行为的事项涉及的资产评估项目,分别由其国有资产监督管理机构负责核准。

经国务院国有资产监督管理机构批准经济行为的事项涉及的资产评估项目,由国务院国有资产监督管理机构负责备案;经国务院国有资产监督管理机构所出资企业(以下简称中央企业)及其各级子企业批准经济行为的事项涉及的资产评估项目,由中央企业负责备案。

地方国有资产监督管理机构及其所出资企业的资产评估项目备案管理工作的职责分工,由地方国有资产监督管理机构根据各地实际情况自行规定。

第五条 各级国有资产监督管理机构及其所出资企业,应当建立企业国有资产评估管理工作制度,完善资产评估项目的档案管理,做好项目统计分析报告工作。

省级国有资产监督管理机构和中央企业应当于每年度终了30个工作日内将其资产评估项目情况的统计分析资料上报国务院国有资产监督管理机构。

第二章 资产评估

第六条 企业有下列行为之一的,应当对相关资产进行评估:

(一)整体或者部分改建为有限责任公司或者股份有限公司;

(二)以非货币资产对外投资;

(三)合并、分立、破产、解散;

(四)非上市公司国有股东股权比例变动;

(五)产权转让;

(六)资产转让、置换;

(七)整体资产或者部分资产租赁给非国有单位;

(八)以非货币资产偿还债务;

(九)资产涉讼;

(十)收购非国有单位的资产;

(十一)接受非国有单位以非货币资产出资;

(十二)接受非国有单位以非货币资产抵债;

(十三)法律、行政法规规定的其他需要进行资产评估的事项。

第七条 企业有下列行为之一的,可以不对相关国有资产进行评估:

(一)经各级人民政府或其国有资产监督管理机构批准,对企业整体或者部分资产实施无偿划转;

(二)国有独资企业与其下属独资企业(事业单位)之间或其下属独资企业(事业单位)之间的合并、资产(产权)置换和无偿划转。

第八条 企业发生第六条所列行为的,应当由其产权持有单位委托具有相应资质的资产评估机构进行评估。

第九条 企业产权持有单位委托的资产评估机构应当具备下列基本条件:

(一)遵守国家有关法律、法规、规章以及企业国有资产评估的政策规定,严格履行法定职责,近3年内没有违法、违规记录;

(二)具有与评估对象相适应的资质条件;

(三)具有与评估对象相适应的专业人员和专业特长;

(四)与企业负责人无经济利益关系;

（五）未向同一经济行为提供审计业务服务。

第十条　企业应当向资产评估机构如实提供有关情况和资料，并对所提供情况和资料的真实性、合法性和完整性负责，不得隐匿或虚报资产。

第十一条　企业应当积极配合资产评估机构开展工作，不得以任何形式干预其正常执业行为。

第三章　核准与备案

第十二条　凡需经核准的资产评估项目，企业在资产评估前应当向国有资产监督管理机构报告下列有关事项：

（一）相关经济行为批准情况；

（二）评估基准日的选择情况；

（三）资产评估范围的确定情况；

（四）选择资产评估机构的条件、范围、程序及拟选定机构的资质、专业特长情况；

（五）资产评估的时间进度安排情况。

第十三条　企业应当及时向国有资产监督管理机构报告资产评估项目的工作进展情况。国有资产监督管理机构认为必要时，可以对该项目进行跟踪指导和现场检查。

第十四条　资产评估项目的核准按照下列程序进行：

（一）企业收到资产评估机构出具的评估报告后应当逐级上报初审，经初审同意后，自评估基准日起8个月内向国有资产监督管理机构提出核准申请；

（二）国有资产监督管理机构收到核准申请后，对符合核准要求的，及时组织有关专家审核，在20个工作日内完成对评估报告的核准；对不符合核准要求的，予以退回。

第十五条　企业提出资产评估项目核准申请时，应当向国有资产监督管理机构报送下列文件材料：

（一）资产评估项目核准申请文件；

（二）资产评估项目核准申请表（附件1）；

（三）与评估目的相对应的经济行为批准文件或有效材料；

（四）所涉及的资产重组方案或者改制方案、发起人协议等材料；

（五）资产评估机构提交的资产评估报告（包括评估报告书、评估说明、评估明细表及其电子文档）；

（六）与经济行为相对应的审计报告；

（七）资产评估各当事方的相关承诺函；

（八）其他有关材料。

第十六条　国有资产监督管理机构应当对下列事项进行审核：

（一）资产评估项目所涉及的经济行为是否获得批准；

（二）资产评估机构是否具备相应评估资质；

（三）评估人员是否具备相应执业资格；

（四）评估基准日的选择是否适当，评估结果的使用有效期是否明示；

（五）资产评估范围与经济行为批准文件确定的资产范围是否一致；

（六）评估依据是否适当；

(七)企业是否就所提供的资产权属证明文件、财务会计资料及生产经营管理资料的真实性、合法性和完整性做出承诺;

(八)评估过程是否符合相关评估准则的规定;

(九)参与审核的专家是否达成一致意见。

第十七条 资产评估项目的备案按照下列程序进行:

(一)企业收到资产评估机构出具的评估报告后,将备案材料逐级报送给国有资产监督管理机构或其所出资企业,自评估基准日起9个月内提出备案申请;

(二)国有资产监督管理机构或者所出资企业收到备案材料后,对材料齐全的,在20个工作日内办理备案手续,必要时可组织有关专家参与备案评审。

第十八条 资产评估项目备案需报送下列文件材料:

(一)国有资产评估项目备案表一式三份(附件2);

(二)资产评估报告(评估报告书、评估说明和评估明细表及其电子文档);

(三)与资产评估项目相对应的经济行为批准文件;

(四)其他有关材料。

第十九条 国有资产监督管理机构及所出资企业根据下列情况确定是否对资产评估项目予以备案:

(一)资产评估所涉及的经济行为是否获得批准;

(二)资产评估机构是否具备相应评估资质,评估人员是否具备相应执业资格;

(三)评估基准日的选择是否适当,评估结果的使用有效期是否明示;

(四)资产评估范围与经济行为批准文件确定的资产范围是否一致;

(五)企业是否就所提供的资产权属证明文件、财务会计资料及生产经营管理资料的真实性、合法性和完整性作出承诺;

(六)评估程序是否符合相关评估准则的规定。

第二十条 国有资产监督管理机构下达的资产评估项目核准文件和经国有资产监督管理机构或所出资企业备案的资产评估项目备案表是企业办理产权登记、股权设置和产权转让等相关手续的必备文件。

第二十一条 经核准或备案的资产评估结果使用有效期为自评估基准日起1年。

第二十二条 企业进行与资产评估相应的经济行为时,应当以经核准或备案的资产评估结果为作价参考依据;当交易价格低于评估结果的90%时,应当暂停交易,在获得原经济行为批准机构同意后方可继续交易。

第四章 监督检查

第二十三条 各级国有资产监督管理机构应当加强对企业国有资产评估工作的监督检查,重点检查企业内部国有资产评估管理制度的建立、执行情况和评估管理人员配备情况,定期或者不定期地对资产评估项目进行抽查。

第二十四条 各级国有资产监督管理机构对企业资产评估项目进行抽查的内容包括:

(一)企业经济行为的合规性;

(二)评估的资产范围与有关经济行为所涉及的资产范围是否一致;

(三)企业提供的资产权属证明文件、财务会计资料及生产经营管理资料的真实性、合法性和完整性；

（四）资产评估机构的执业资质和评估人员的执业资格；

（五）资产账面价值与评估结果的差异；

（六）经济行为的实际成交价与评估结果的差异；

（七）评估工作底稿；

（八）评估依据的合理性；

（九）评估报告对重大事项及其对评估结果影响的披露程度，以及该披露与实际情况的差异；

（十）其他有关情况。

第二十五条 省级国有资产监督管理机构应当于每年度终了30个工作日内将检查、抽查及处理情况上报国务院国有资产监督管理机构。

第二十六条 国有资产监督管理机构应当将资产评估项目的抽查结果通报相关部门。

第五章 罚 则

第二十七条 企业违反本办法，有下列情形之一的，由国有资产监督管理机构通报批评并责令改正，必要时可依法向人民法院提起诉讼，确认其相应的经济行为无效：

（一）应当进行资产评估而未进行评估；

（二）聘请不符合相应资质条件的资产评估机构从事国有资产评估活动；

（三）向资产评估机构提供虚假情况和资料，或者与资产评估机构串通作弊导致评估结果失实的；

（四）应当办理核准、备案而未办理。

第二十八条 企业在国有资产评估中发生违法违规行为或者不正当使用评估报告的，对负有直接责任的主管人员和其他直接责任人员，依法给予处分；涉嫌犯罪的，依法移送司法机关处理。

第二十九条 受托资产评估机构在资产评估过程中违规执业的，由国有资产监督管理机构将有关情况通报其行业主管部门，建议给予相应处罚；情节严重的，可要求企业不得再委托该中介机构及其当事人进行国有资产评估业务；涉嫌犯罪的，依法移送司法机关处理。

第三十条 有关资产评估机构对资产评估项目抽查工作不予配合的，国有资产监督管理机构可以要求企业不得再委托该资产评估机构及其当事人进行国有资产评估业务。

第三十一条 各级国有资产监督管理机构工作人员违反本规定，造成国有资产流失的，依法给予处分；涉嫌犯罪的，依法移送司法机关处理。

第六章 附 则

第三十二条 境外国有资产评估，遵照相关法规执行。

第三十三条 政企尚未分开单位所属企事业单位的国有资产评估工作，参照本办法执行。

第三十四条 省级国有资产监督管理机构可以根据本办法，制定本地区相关工作规范，并报国务院国有资产监督管理机构备案。

第三十五条 本办法自2005年9月1日起施行。

34.《国有企业清产核资办法》

（2003年9月9日起施行，国务院国有资产监督管理委员会令第1号）

第一章 总 则

第一条 为加强对企业的国有资产监督管理，规范企业清产核资工作，真实反映企业的资产及财务状况，完善企业基础管理，为科学评价和规范考核企业经营绩效及国有资产保值增值提供依据，根据《企业国有资产监督管理暂行条例》等法律、法规，制定本办法。

第二条 本办法所称清产核资，是指国有资产监督管理机构根据国家专项工作要求或者企业特定经济行为需要，按照规定的工作程序、方法和政策，组织企业进行账务清理、财产清查，并依法认定企业的各项资产损溢，从而真实反映企业的资产价值和重新核定企业国有资本金的活动。

第三条 国务院，省、自治区、直辖市人民政府，设区的市、自治州级人民政府履行出资人职责的企业及其子企业或分支机构的清产核资，适用本办法。

第四条 企业清产核资包括账务清理、资产清查、价值重估、损溢认定、资金核实和完善制度等内容。

第五条 企业清产核资清出的各项资产损失和资金挂账，依据国家清产核资有关法律、法规、规章和财务会计制度的规定处理。

第六条 各级国有资产监督管理机构是企业清产核资工作的监督管理部门。

第二章 清产核资的范围

第七条 各级国有资产监督管理机构对符合下列情形之一的，可以要求企业进行清产核资：

（一）企业资产损失和资金挂账超过所有者权益，或者企业会计信息严重失真、账实严重不符的；

（二）企业受重大自然灾害或者其他重大、紧急情况等不可抗力因素影响，造成严重资产损失的；

（三）企业账务出现严重异常情况，或者国有资产出现重大流失的；

（四）其他应当进行清产核资的情形。

第八条 符合下列情形之一，需要进行清产核资的，由企业提出申请，报同级国有资产监督管理机构批准：

（一）企业分立、合并、重组、改制、撤销等经济行为涉及资产或产权结构重大变动情况的；

（二）企业会计政策发生重大更改，涉及资产核算方法发生重要变化情况的；

（三）国家有关法律法规规定企业特定经济行为必须开展清产核资工作的。

第三章 清产核资的内容

第九条 账务清理是指对企业的各种银行账户、会计核算科目、各类库存现金和有价证券等基本财务情况进行全面核对和清理，以及对企业的各项内部资金往来进行全面核对和清理,以保证企业账账相符,账证相符,促进企业账务的全面、准确和真实。

第十条　资产清查是指对企业的各项资产进行全面的清理、核对和查实。在资产清查中把实物盘点同核实账务结合起来,把清理资产同核查负债和所有者权益结合起来,重点做好各类应收及预付账款、各项对外投资、账外资产的清理,以及做好企业有关抵押、担保等事项的清理。

企业对清查出的各种资产盘盈和盘亏、报废及坏账等损失按照清产核资要求进行分类排队,提出相关处理意见。

第十一条　价值重估是对企业账面价值和实际价值背离较大的主要固定资产和流动资产按照国家规定方法、标准进行重新估价。

企业在以前清产核资中已经进行资产价值重估或者因特定经济行为需要已经进行资产评估的,可以不再进行价值重估。

第十二条　损溢认定是指国有资产监督管理机构依据国家清产核资政策和有关财务会计制度规定,对企业申报的各项资产损溢和资金挂账进行认证。

企业资产损失认定的具体办法另行制定。

第十三条　资金核实是指国有资产监督管理机构根据企业上报的资产盘盈和资产损失、资金挂账等清产核资工作结果,依据国家清产核资政策和有关财务会计制度规定,组织进行审核并批复准于账务处理,重新核定企业实际占用的国有资本金数额。

第十四条　企业占用的国有资本金数额经重新核定后,应当作为国有资产监督管理机构评价企业经营绩效及考核国有资产保值增值的基数。

第四章　清产核资的程序

第十五条　企业清产核资除国家另有规定外,应当按照下列程序进行:

（一）企业提出申请;

（二）国有资产监督管理机构批复同意立项;

（三）企业制定工作实施方案,并组织账务清理、资产清查等工作;

（四）聘请社会中介机构对清产核资结果进行专项财务审计和对有关损溢提出鉴证证明;

（五）企业上报清产核资工作结果报告及社会中介机构专项审计报告;

（六）国有资产监督管理机构对资产损溢进行认定,对资金核实结果进行批复;

（七）企业根据清产核资资金核实结果批复调账;

（八）企业办理相关产权变更登记和工商变更登记;

（九）企业完善各项规章制度。

第十六条　所出资企业由于国有产权转让、出售等发生控股权转移等产权重大变动需要开展清产核资的,由同级国有资产监督管理机构组织实施并负责委托社会中介机构。

第十七条　子企业由于国有产权转让、出售等发生控股权转移等重大产权变动的,可以由所出资企业自行组织开展清产核资工作。对有关资产损溢和资金挂账的处理,按规定程序申报批准。

第十八条　企业清产核资申请报告应当说明清产核资的原因、范围、组织和步骤及工作基准日。

对企业提出的清产核资申请,同级国有资产监督管理机构根据本办法和国家有关规定进行审核,经同意后批复企业开展清产核资工作。

第十九条 企业实施清产核资按下列步骤进行:

(一)指定内设的财务管理机构、资产管理机构或者多个部门组成的清产核资临时办事机构,统称为清产核资机构,负责具体组织清产核资工作;

(二)制定本企业的清产核资实施方案;

(三)聘请符合资质条件的社会中介机构;

(四)按照清产核资工作的内容和要求具体组织实施各项工作;

(五)向同级国有资产监督管理机构报送由企业法人代表签字、加盖公章的清产核资工作结果申报材料。

第二十条 企业清产核资实施方案以及所聘社会中介机构的名单和资质情况应当报同级国有资产监督管理机构备案。

第二十一条 企业清产核资工作结果申报材料主要包括下列内容:

(一)清产核资工作报告。主要反映本企业的清产核资工作基本情况,包括:企业清产核资的工作基准日、范围、内容、结果,以及基准日资产及财务状况;

(二)按规定表式和软件填报的清产核资报表及相关材料;

(三)需申报处理的资产损溢和资金挂账等情况,相关材料应当单独汇编成册,并附有关原始凭证资料和具有法律效力的证明材料;

(四)子企业是股份制企业的,还应当附送经该企业董事会或者股东会同意对清产核资损溢进行处理的书面证明材料;

(五)社会中介机构根据企业清产核资的结果,出具经注册会计师签字的清产核资专项财务审计报告并编制清产核资后的企业会计报表;

(六)其他需提供的备查材料。

第二十二条 国有资产监督管理机构收到企业报送的清产核资工作结果申报材料后,应当进行认真核实,在规定时限内出具清产核资资金核实的批复文件。

第二十三条 企业应当按照国有资产监督管理机构的清产核资批复文件,对企业进行账务处理,并将账务处理结果报国有资产监督管理机构备案。

第二十四条 企业在接到清产核资的批复30个工作日内,应当到同级国有资产监督管理机构办理相应的产权变更登记手续,涉及企业注册资本变动的,应当在规定的时间内到工商行政管理部门办理工商变更登记手续。

第五章 清产核资的组织

第二十五条 企业清产核资工作按照统一规范、分级管理的原则,由同级国有资产监督管理机构组织指导和监督检查。

第二十六条 各级国有资产监督管理机构负责本级人民政府批准或者交办的企业清产核资组织工作。

第二十七条 国务院国有资产监督管理委员会在企业清产核资中履行下列职责:

(一)制定全国企业清产核资规章、制度和办法;

(二)负责所出资企业清产核资工作的组织指导和监督检查;

（三）负责对所出资企业的各项资产损溢进行认定，并对企业占用的国有资本进行核实；

（四）指导地方国有资产监督管理机构开展企业清产核资工作。

第二十八条 地方国有资产监督管理机构在企业清产核资中履行下列监管职责：

（一）依据国家有关清产核资规章、制度、办法和规定的工作程序，负责本级人民政府所出资企业清产核资工作的组织指导和监督检查；

（二）负责对本级人民政府所出资企业的各项资产损溢进行认定，并对企业占用的国有资本进行核实；

（三）指导下一级国有资产监督管理机构开展企业清产核资工作；

（四）向上一级国有资产监督管理机构及时报告工作情况。

第二十九条 企业清产核资机构负责组织企业的清产核资工作，向同级国有资产监督管理机构报送相关资料，根据同级国有资产监督管理机构清产核资批复组织企业本部及子企业进行调账。

第三十条 企业投资设立的各类多元投资企业的清产核资工作，由实际控股或协议主管的上级企业负责组织，并将有关清产核资结果及时通知其他有关各方。

第六章　清产核资的要求

第三十一条 各级国有资产监督管理机构应当加强企业清产核资的组织领导，加强监督检查，对企业清产核资工作结果的审核和资产损失的认定，应当严格执行国家清产核资有关的法律、法规、规章和有关财务会计制度规定，严格把关，依法办事，严肃工作纪律。

第三十二条 各级国有资产监督管理机构应当对企业清产核资情况及相关社会中介机构清产核资审计情况进行监督，对社会中介机构所出具专项财务审计报告的程序和内容进行检查。

第三十三条 企业进行清产核资应当做到全面彻底、不重不漏、账实相符，通过核实"家底"，找出企业经营管理中存在的矛盾和问题，以便完善制度、加强管理、堵塞漏洞。

第三十四条 企业在清产核资工作中应当坚持实事求是的原则，如实反映存在问题，清查出来的问题应当及时申报，不得瞒报虚报。

企业清产核资申报处理的各项资产损失应当提供具有法律效力的证明材料。

第三十五条 企业在清产核资中应当认真清理各项长期积压的存货，以及各种未使用、剩余、闲置或因技术落后淘汰的固定资产、工程物资，并组织力量进行处置，积极变现或者收回残值。

第三十六条 企业在完成清产核资后，应当全面总结，认真分析在资产及财务日常管理中存在的问题，提出相应整改措施和实施计划，强化内部财务控制，建立相关的资产损失责任追究制度，以及进一步完善企业经济责任审计和企业负责人离任审计制度。

第三十七条 企业清产核资中产权归属不清或者有争议的资产，可以在清产核资工作结束后，依据国家有关法规，向同级国有资产监督管理机构另行申报产权界定。

第三十八条 企业对经批复同意核销的各项不良债权、不良投资及实物资产损失，应当加强管理，建立账销案存管理制度，组织力量或成立专门机构积极清理和追索，避免国有资产流失。

第三十九条 企业应当在清产核资中认真清理各项账外资产、负债，对经批准同意入账的各项盘盈资产及同意账务处理的有关负债,应当及时纳入企业日常资产及财务管理的范围。

第四十条 企业对清产核资中反映出的各项管理问题应当认真总结经验,分清工作责任,建立各项管理制度,并严格落实。应当建立健全不良资产管理机制,巩固清产核资成果。

第四十一条 除涉及国家安全的特殊企业以外,企业清产核资工作结果须委托符合资质条件的社会中介机构进行专项财务审计。

第四十二条 社会中介机构应当按照独立、客观、公正的原则,履行必要的审计程序,认真核实企业的各项清产核资材料,并按规定进行实物盘点和账务核对。对企业资产损溢按照国家清产核资政策和有关财务会计制度规定的损溢确定标准,在充分调查研究、论证的基础上进行职业推断和合规评判,提出经济鉴证意见,并出具鉴证证明。

第四十三条 进行清产核资的企业应当积极配合社会中介机构的工作,提供审计工作和经济鉴证所必要的资料和线索。企业和个人不得干预社会中介机构的正常执业行为。社会中介机构的审计工作和经济鉴证工作享有法律规定的权力,承担法律规定的义务。

第四十四条 企业及社会中介机构应当根据会计档案管理的要求,妥善保管有关清产核资各项工作的底稿,以备检查。

第七章 法律责任

第四十五条 企业在清产核资中违反本办法所规定程序的,由同级国有资产监督管理机构责令其限期改正;企业清产核资工作质量不符合规定要求的,由同级国有资产监督管理机构责令其重新开展清产核资。

第四十六条 企业在清产核资中有意瞒报情况,或者弄虚作假、提供虚假会计资料的,由同级国有资产监督管理机构责令改正,根据《中华人民共和国会计法》和《企业国有资产监督管理暂行条例》等有关法律、法规规定予以处罚;对企业负责人和直接责任人员依法给予行政和纪律处分。

第四十七条 企业负责人和有关工作人员在清产核资中,采取隐瞒不报、低价变卖、虚报损失等手段侵吞、转移国有资产的,由同级国有资产监督管理机构责令改正,并依法给予行政和纪律处分;构成犯罪的,依法追究刑事责任。

第四十八条 企业负责人对申报的清产核资工作结果真实性、完整性承担责任;社会中介机构对企业清产核资审计报告的准确性、可靠性承担责任。

第四十九条 社会中介机构及有关当事人在清产核资中与企业相互串通,弄虚作假、提供虚假鉴证材料的,由同级国有资产监督管理机构会同有关部门依法查处;构成犯罪的,依法追究刑事责任。

第五十条 国有资产监督管理机构工作人员在对企业清产核资工作结果进行审核过程中徇私舞弊,造成重大工作过失的,应当依法给予行政和纪律处分;构成犯罪的,依法追究刑事责任。

第八章 附 则

第五十一条 各省、自治区、直辖市和计划单列市的国有资产监督管理机构可依据本办法制定本地区的具体实施办法。

第五十二条 各中央部门管理的企业的清产核资工作参照本办法执行。

第五十三条 本办法实施前的有关企业清产核资工作的规章制度与本办法不一致的,依照本办法的规定执行。

第五十四条 本办法由国务院国有资产监督管理委员会负责解释。

第五十五条 本办法自发布之日起施行。

35.《国务院关于调整和完善固定资产投资项目资本金制度的通知》

（2015年9月9日起施行,国发〔2015〕51号）

各省、自治区、直辖市人民政府,国务院各部委、各直属机构:

为进一步解决当前重大民生和公共领域投资项目融资难、融资贵问题,增加公共产品和公共服务供给,补短板、增后劲,扩大有效投资需求,促进投资结构调整,保持经济平稳健康发展,国务院决定对固定资产投资项目资本金制度进行调整和完善。现就有关事项通知如下:

一、各行业固定资产投资项目的最低资本金比例按以下规定执行。

城市和交通基础设施项目:城市轨道交通项目由25%调整为20%,港口、沿海及内河航运、机场项目由30%调整为25%,铁路、公路项目由25%调整为20%。

房地产开发项目:保障性住房和普通商品住房项目维持20%不变,其他项目由30%调整为25%。

产能过剩行业项目:钢铁、电解铝项目维持40%不变,水泥项目维持35%不变,煤炭、电石、铁合金、烧碱、焦炭、黄磷、多晶硅项目维持30%不变。

其他工业项目:玉米深加工项目由30%调整为20%,化肥(钾肥除外)项目维持25%不变。

电力等其他项目维持20%不变。

二、城市地下综合管廊、城市停车场项目,以及经国务院批准的核电站等重大建设项目,可以在规定最低资本金比例基础上适当降低。

三、金融机构在提供信贷支持和服务时,要坚持独立审贷,切实防范金融风险。要根据借款主体和项目实际情况,按照国家规定的资本金制度要求,对资本金的真实性、投资收益和贷款风险进行全面审查和评估,坚持风险可控、商业可持续原则,自主决定是否发放贷款以及具体的贷款数量和比例。对于产能严重过剩行业,金融机构要严格执行《国务院关于化解产能严重过剩矛盾的指导意见》(国发〔2013〕41号)有关规定。

四、自本通知印发之日起,凡尚未审批可行性研究报告、核准项目申请报告、办理备案手续的固定资产投资项目,以及金融机构尚未贷款的固定资产投资项目,均按照本通知执行。已经办理相关手续但尚未开工建设的固定资产投资项目,参照本通知执行。已与金融机构签订相关合同的固定资产投资项目,按照原合同执行。

五、国家将根据经济形势发展和宏观调控需要,适时调整固定资产投资项目最低资本金比例。

六、本通知自印发之日起执行。

第三节 土地房产

汇编导语

PPP项目中,无论是新增新建建设项目,还是改造存量基础设施项目,几乎都会涉及土地房产的权属、处置和收益权等一系列复杂的法律问题。我国对国有土地和集体土地使用权的取得、使用、处置采取不同的法律制度。国家对国有建设用地实行严格的审批和监管制度,对集体土地尤其耕地实行更为严格的红线保护制度。

基础设施建设项目,应当依法取得国有土地使用权,依法履行公开"招拍挂"程序。符合《划拨土地目录》的PPP项目,可以根据《划拨土地使用权管理暂行办法》以划拨方式获得项目用地的土地使用权。项目的设计、建设过程、竣工验收、造价决算等均应符合现行规划、建设审批和监管要求。项目土地的有偿取得、受让依法应当缴纳或补缴土地出让金、配套费等,缴纳税金。有关项目用地的前期费用可以根据需要确定是否列为项目总投资,由项目公司实际承担。

国家对土地、房屋建筑、耕地、林地经营权等不动产实行登记制度,未经登记的不动产尤其需要甄别是否存在权属争议。依法设定抵押权的不动产应当办理登记,未经登记不得对抗第三人。

PPP项目利用农村集体经济组织和农民的承包土地的,应当符合《土地承包法》《农村土地承包经营权流转管理办法》等的规定,履行《村民委员会组织法》规定的程序,并不得侵害农村集体经济组织和农民的合法权益。

36.《中华人民共和国土地管理法》

(1999年1月1日起施行,2004年8月28日修正)

第一章 总 则

第一条 为了加强土地管理,维护土地的社会主义公有制,保护、开发土地资源,合理利用土地,切实保护耕地,促进社会经济的可持续发展,根据宪法,制定本法。

第二条 中华人民共和国实行土地的社会主义公有制,即全民所有制和劳动群众集体所有制。

全民所有,即国家所有土地的所有权由国务院代表国家行使。

任何单位和个人不得侵占、买卖或者以其他形式非法转让土地。土地使用权可以依法转让。

国家为了公共利益的需要,可以依法对土地实行征收或者征用并给予补偿。

国家依法实行国有土地有偿使用制度。但是,国家在法律规定的范围内划拨国有土地使用权的除外。

第三条 十分珍惜、合理利用土地和切实保护耕地是我国的基本国策。各级人民政府应当采取措施，全面规划，严格管理，保护、开发土地资源，制止非法占用土地的行为。

第四条 国家实行土地用途管制制度。

国家编制土地利用总体规划，规定土地用途，将土地分为农用地、建设用地和未利用地。严格限制农用地转为建设用地，控制建设用地总量，对耕地实行特殊保护。

前款所称农用地是指直接用于农业生产的土地，包括耕地、林地、草地、农田水利用地、养殖水面等；建设用地是指建造建筑物、构筑物的土地，包括城乡住宅和公共设施用地、工矿用地、交通水利设施用地、旅游用地、军事设施用地等；未利用地是指农用地和建设用地以外的土地。

使用土地的单位和个人必须严格按照土地利用总体规划确定的用途使用土地。

第五条 国务院土地行政主管部门统一负责全国土地的管理和监督工作。

县级以上地方人民政府土地行政主管部门的设置及其职责，由省、自治区、直辖市人民政府根据国务院有关规定确定。

第六条 任何单位和个人都有遵守土地管理法律、法规的义务，并有权对违反土地管理法律、法规的行为提出检举和控告。

第七条 在保护和开发土地资源、合理利用土地以及进行有关的科学研究等方面成绩显著的单位和个人，由人民政府给予奖励。

第二章　土地的所有权和使用权

第八条 城市市区的土地属于国家所有。

农村和城市郊区的土地，除由法律规定属于国家所有的以外，属于农民集体所有；宅基地和自留地、自留山，属于农民集体所有。

第九条 国有土地和农民集体所有的土地，可以依法确定给单位或者个人使用。使用土地的单位和个人，有保护、管理和合理利用土地的义务。

第十条 农民集体所有的土地依法属于村农民集体所有的，由村集体经济组织或者村民委员会经营、管理；已经分别属于村内两个以上农村集体经济组织的农民集体所有的，由村内各该农村集体经济组织或者村民小组经营、管理；已经属于乡（镇）农民集体所有的，由乡（镇）农村集体经济组织经营、管理。

第十一条 农民集体所有的土地，由县级人民政府登记造册，核发证书，确认所有权。

农民集体所有的土地依法用于非农业建设的，由县级人民政府登记造册，核发证书，确认建设用地使用权。

单位和个人依法使用的国有土地，由县级以上人民政府登记造册，核发证书，确认使用权；其中，中央国家机关使用的国有土地的具体登记发证机关，由国务院确定。

确认林地、草原的所有权或者使用权，确认水面、滩涂的养殖使用权，分别依照《中华人民共和国森林法》、《中华人民共和国草原法》和《中华人民共和国渔业法》的有关规定办理。

第十二条 依法改变土地权属和用途的，应当办理土地变更登记手续。

第十三条 依法登记的土地的所有权和使用权受法律保护，任何单位和个人不得侵犯。

第十四条 农民集体所有的土地由本集体经济组织的成员承包经营，从事种植业、林业、畜牧业、渔业生产。土地承包经营期限为三十年。发包方和承包方应当订立承包合同，约定双方的权利和义务。承包经营土地的农民有保护和按照承包合同约定的用途合理利用土地的义务。农民的土地承包经营权受法律保护。

在土地承包经营期限内，对个别承包经营者之间承包的土地进行适当调整的，必须经村民会议三分之二以上成员或者三分之二以上村民代表的同意，并报乡（镇）人民政府和县级人民政府农业行政主管部门批准。

第十五条　国有土地可以由单位或者个人承包经营，从事种植业、林业、畜牧业、渔业生产。农民集体所有的土地，可以由本集体经济组织以外的单位或者个人承包经营，从事种植业、林业、畜牧业、渔业生产。发包方和承包方应当订立承包合同，约定双方的权利和义务。土地承包经营的期限由承包合同约定。承包经营土地的单位和个人，有保护和按照承包合同约定的用途合理利用土地的义务。

农民集体所有的土地由本集体经济组织以外的单位或者个人承包经营的，必须经村民会议三分之二以上成员或者三分之二以上村民代表的同意，并报乡（镇）人民政府批准。

第十六条　土地所有权和使用权争议，由当事人协商解决；协商不成的，由人民政府处理。

单位之间的争议，由县级以上人民政府处理；个人之间、个人与单位之间的争议，由乡级人民政府或者县级以上人民政府处理。

当事人对有关人民政府的处理决定不服的，可以自接到处理决定通知之日起三十日内，向人民法院起诉。

在土地所有权和使用权争议解决前，任何一方不得改变土地利用现状。

第三章　土地利用总体规划

第十七条　各级人民政府应当依据国民经济和社会发展规划、国土整治和资源环境保护的要求、土地供给能力以及各项建设对土地的需求，组织编制土地利用总体规划。

土地利用总体规划的规划期限由国务院规定。

第十八条　下级土地利用总体规划应当依据上一级土地利用总体规划编制。

地方各级人民政府编制的土地利用总体规划中的建设用地总量不得超过上一级土地利用总体规划确定的控制指标，耕地保有量不得低于上一级土地利用总体规划确定的控制指标。

省、自治区、直辖市人民政府编制的土地利用总体规划，应当确保本行政区域内耕地总量不减少。

第十九条　土地利用总体规划按照下列原则编制：

（一）严格保护基本农田，控制非农业建设占用农用地；

（二）提高土地利用率；

（三）统筹安排各类、各区域用地；

（四）保护和改善生态环境，保障土地的可持续利用；

（五）占用耕地与开发复垦耕地相平衡。

第二十条　县级土地利用总体规划应当划分土地利用区，明确土地用途。

乡（镇）土地利用总体规划应当划分土地利用区，根据土地使用条件，确定每一块土地的用途，并予以公告。

第二十一条　土地利用总体规划实行分级审批。

省、自治区、直辖市的土地利用总体规划，报国务院批准。

省、自治区人民政府所在地的市、人口在一百万以上的城市以及国务院指定的城市的土地利用总体规划，经省、自治区人民政府审查同意后，报国务院批准。

本条第二款、第三款规定以外的土地利用总体规划，逐级上报省、自治区、直辖市人民政府批准；其中，乡（镇）土地利用总体规划可以由省级人民政府授权的设区的市、自治州人民政府批准。

土地利用总体规划一经批准，必须严格执行。

第二十二条 城市建设用地规模应当符合国家规定的标准，充分利用现有建设用地，不占或者尽量少占农用地。

城市总体规划、村庄和集镇规划，应当与土地利用总体规划相衔接，城市总体规划、村庄和集镇规划中建设用地规模不得超过土地利用总体规划确定的城市和村庄、集镇建设用地规模。

在城市规划区内、村庄和集镇规划区内，城市和村庄、集镇建设用地应当符合城市规划、村庄和集镇规划。

第二十三条 江河、湖泊综合治理和开发利用规划，应当与土地利用总体规划相衔接。在江河、湖泊、水库的管理和保护范围以及蓄洪滞洪区内，土地利用应当符合江河、湖泊综合治理和开发利用规划，符合河道、湖泊行洪、蓄洪和输水的要求。

第二十四条 各级人民政府应当加强土地利用计划管理，实行建设用地总量控制。

土地利用年度计划，根据国民经济和社会发展计划、国家产业政策、土地利用总体规划以及建设用地和土地利用的实际状况编制。土地利用年度计划的编制审批程序与土地利用总体规划的编制审批程序相同，一经审批下达，必须严格执行。

第二十五条 省、自治区、直辖市人民政府应当将土地利用年度计划的执行情况列为国民经济和社会发展计划执行情况的内容，向同级人民代表大会报告。

第二十六条 经批准的土地利用总体规划的修改，须经原批准机关批准；未经批准，不得改变土地利用总体规划确定的土地用途。

经国务院批准的大型能源、交通、水利等基础设施建设用地，需要改变土地利用总体规划的，根据国务院的批准文件修改土地利用总体规划。

经省、自治区、直辖市人民政府批准的能源、交通、水利等基础设施建设用地，需要改变土地利用总体规划的，属于省级人民政府土地利用总体规划批准权限内的，根据省级人民政府的批准文件修改土地利用总体规划。

……

第四章 耕地保护

……

第五章 建设用地

第四十三条 任何单位和个人进行建设，需要使用土地的，必须依法申请使用国有土地；但是，兴办乡镇企业和村民建设住宅经依法批准使用本集体经济组织农民集体所有的土地的，或者乡（镇）村公共设施和公益事业建设经依法批准使用农民集体所有的土地的除外。

前款所称依法申请使用的国有土地包括国家所有的土地和国家征收的原属于农民集体所有的土地。

第四十四条 建设占用土地，涉及农用地转为建设用地的，应当办理农用地转用审批手续。

省、自治区、直辖市人民政府批准的道路、管线工程和大型基础设施建设项目、国务院批准的建设项目占用土地，涉及农用地转为建设用地的，由国务院批准。

在土地利用总体规划确定的城市和村庄、集镇建设用地规模范围内，为实施该规划而将农用地转为建设用地的，按土地利用年度计划分批次由原批准土地利用总体规划的机关批准。在已批准的农用地转用范围内，具体建设项目用地可以由市、县人民政府批准。

本条第二款、第三款规定以外的建设项目占用土地，涉及农用地转为建设用地的，由省、自治区、直辖市人民政府批准。

第四十五条 征收下列土地的，由国务院批准：

（一）基本农田；

（二）基本农田以外的耕地超过三十五公顷的；

（三）其他土地超过七十公顷的。

征收前款规定以外的土地的，由省、自治区、直辖市人民政府批准，并报国务院备案。

征收农用地的，应当依照本法第四十四条的规定先行办理农用地转用审批。其中，经国务院批准农用地转用的，同时办理征地审批手续，不再另行办理征地审批；经省、自治区、直辖市人民政府在征地批准权限内批准农用地转用的，同时办理征地审批手续，不再另行办理征地审批，超过征地批准权限的，应当依照本条第一款的规定另行办理征地审批。

第四十六条 国家征收土地的，依照法定程序批准后，由县级以上地方人民政府予以公告并组织实施。

被征收土地的所有权人、使用权人应当在公告规定期限内，持土地权属证书到当地人民政府土地行政主管部门办理征地补偿登记。

第四十七条 征收土地的，按照被征收土地的原用途给予补偿。

征收耕地的补偿费用包括土地补偿费、安置补助费以及地上附着物和青苗的补偿费。征收耕地的土地补偿费，为该耕地被征收前三年平均年产值的六至十倍。征收耕地的安置补助费，按照需要安置的农业人口数计算。需要安置的农业人口数，按照被征收的耕地数量除以征地前被征收单位平均每人占有耕地的数量计算。每一个需要安置的农业人口的安置补助费标准，为该耕地被征收前三年平均年产值的四至六倍。但是，每公顷被征收耕地的安置补助费，最高不得超过被征收前三年平均年产值的十五倍。

征收其他土地的土地补偿费和安置补助费标准，由省、自治区、直辖市参照征收耕地的土地补偿费和安置补助费的标准规定。

被征收土地上的附着物和青苗的补偿标准，由省、自治区、直辖市规定。

征收城市郊区的菜地，用地单位应当按照国家有关规定缴纳新菜地开发建设基金。

依照本条第二款的规定支付土地补偿费和安置补助费，尚不能使需要安置的农民保持原有生活水平的，经省、自治区、直辖市人民政府批准，可以增加安置补助费。但是，土地补偿费和安置补助费的总和不得超过土地被征收前三年平均年产值的三十倍。

国务院根据社会、经济发展水平，在特殊情况下，可以提高征收耕地的土地补偿费和安置补助费的标准。

第四十八条 征地补偿安置方案确定后,有关地方人民政府应当公告,并听取被征地的农村集体经济组织和农民的意见。

第四十九条 被征地的农村集体经济组织应当将征收土地的补偿费用的收支状况向本集体经济组织的成员公布,接受监督。

禁止侵占、挪用被征收土地单位的征地补偿费用和其他有关费用。

第五十条 地方各级人民政府应当支持被征地的农村集体经济组织和农民从事开发经营,兴办企业。

第五十一条 大中型水利、水电工程建设征收土地的补偿费标准和移民安置办法,由国务院另行规定。

第五十二条 建设项目可行性研究论证时,土地行政主管部门可以根据土地利用总体规划、土地利用年度计划和建设用地标准,对建设用地有关事项进行审查,并提出意见。

第五十三条 经批准的建设项目需要使用国有建设用地的,建设单位应当持法律、行政法规规定的有关文件,向有批准权的县级以上人民政府土地行政主管部门提出建设用地申请,经土地行政主管部门审查,报本级人民政府批准。

第五十四条 建设单位使用国有土地,应当以出让等有偿使用方式取得;但是,下列建设用地,经县级以上人民政府依法批准,可以以划拨方式取得:

(一)国家机关用地和军事用地;

(二)城市基础设施用地和公益事业用地;

(三)国家重点扶持的能源、交通、水利等基础设施用地;

(四)法律、行政法规规定的其他用地。

第五十五条 以出让等有偿使用方式取得国有土地使用权的建设单位,按照国务院规定的标准和办法,缴纳土地使用权出让金等土地有偿使用费和其他费用后,方可使用土地。

自本法施行之日起,新增建设用地的土地有偿使用费,百分之三十上缴中央财政,百分之七十留给有关地方人民政府,都专项用于耕地开发。

第五十六条 建设单位使用国有土地的,应当按照土地使用权出让等有偿使用合同的约定或者土地使用权划拨批准文件的规定使用土地;确需改变该幅土地建设用途的,应当经有关人民政府土地行政主管部门同意,报原批准用地的人民政府批准。其中,在城市规划区内改变土地用途的,在报批前,应当先经有关城市规划行政主管部门同意。

第五十七条 建设项目施工和地质勘查需要临时使用国有土地或者农民集体所有的土地的,由县级以上人民政府土地行政主管部门批准。其中,在城市规划区内的临时用地,在报批前,应当先经有关城市规划行政主管部门同意。土地使用者应当根据土地权属,与有关土地行政主管部门或者农村集体经济组织、村民委员会签订临时使用土地合同,并按照合同的约定支付临时使用土地补偿费。

临时使用土地的使用者应当按照临时使用土地合同约定的用途使用土地,并不得修建永久性建筑物。

临时使用土地期限一般不超过二年。

第五十八条 有下列情形之一的,由有关人民政府土地行政主管部门报经原批准用地的人民政府或者有批准权的人民政府批准,可以收回国有土地使用权:

（一）为公共利益需要使用土地的；

（二）为实施城市规划进行旧城区改建，需要调整使用土地的；

（三）土地出让等有偿使用合同约定的使用期限届满，土地使用者未申请续期或者申请续期未获批准的；

（四）因单位撤销、迁移等原因，停止使用原划拨的国有土地的；

（五）公路、铁路、机场、矿场等经核准报废的。

依照前款第（一）项、第（二）项的规定收回国有土地使用权的，对土地使用权人应当给予适当补偿。

第五十九条 乡镇企业、乡（镇）村公共设施、公益事业、农村村民住宅等乡（镇）村建设，应当按照村庄和集镇规划，合理布局，综合开发，配套建设；建设用地，应当符合乡（镇）土地利用总体规划和土地利用年度计划，并依照本法第四十四条、第六十条、第六十一条、第六十二条的规定办理审批手续。

第六十条 农村集体经济组织使用乡（镇）土地利用总体规划确定的建设用地兴办企业或者与其他单位、个人以土地使用权入股、联营等形式共同举办企业的，应当持有关批准文件，向县级以上地方人民政府土地行政主管部门提出申请，按照省、自治区、直辖市规定的批准权限，由县级以上地方人民政府批准；其中，涉及占用农用地的，依照本法第四十四条的规定办理审批手续。

按照前款规定兴办企业的建设用地，必须严格控制。省、自治区、直辖市可以按照乡镇企业的不同行业和经营规模，分别规定用地标准。

第六十一条 乡（镇）村公共设施、公益事业建设，需要使用土地的，经乡（镇）人民政府审核，向县级以上地方人民政府土地行政主管部门提出申请，按照省、自治区、直辖市规定的批准权限，由县级以上地方人民政府批准；其中，涉及占用农用地的，依照本法第四十四条的规定办理审批手续。

第六十二条 农村村民一户只能拥有一处宅基地，其宅基地的面积不得超过省、自治区、直辖市规定的标准。

农村村民建住宅，应当符合乡（镇）土地利用总体规划，并尽量使用原有的宅基地和村内空闲地。

农村村民住宅用地，经乡（镇）人民政府审核，由县级人民政府批准；其中，涉及占用农用地的，依照本法第四十四条的规定办理审批手续。

农村村民出卖、出租住房后，再申请宅基地的，不予批准。

第六十三条 农民集体所有的土地的使用权不得出让、转让或者出租用于非农业建设；但是，符合土地利用总体规划并依法取得建设用地的企业，因破产、兼并等情形致使土地使用权依法发生转移的除外。

第六十四条 在土地利用总体规划制定前已建的不符合土地利用总体规划确定的用途的建筑物、构筑物，不得重建、扩建。

第六十五条 有下列情形之一的，农村集体经济组织报经原批准用地的人民政府批准，可以收回土地使用权：

（一）为乡（镇）村公共设施和公益事业建设，需要使用土地的；

（二）不按照批准的用途使用土地的；

(三)因撤销、迁移等原因而停止使用土地的。

依照前款第(一)项规定收回农民集体所有的土地的,对土地使用权人应当给予适当补偿。

第六章 监督检查

……

第七章 法律责任

第七十三条 买卖或者以其他形式非法转让土地的,由县级以上人民政府土地行政主管部门没收违法所得;对违反土地利用总体规划擅自将农用地改为建设用地的,限期拆除在非法转让的土地上新建的建筑物和其他设施,恢复土地原状,对符合土地利用总体规划的,没收在非法转让的土地上新建的建筑物和其他设施;可以并处罚款;对直接负责的主管人员和其他直接责任人员,依法给予行政处分;构成犯罪的,依法追究刑事责任。

第七十四条 违反本法规定,占用耕地建窑、建坟或者擅自在耕地上建房、挖砂、采石、采矿、取土等,破坏种植条件的,或者因开发土地造成土地荒漠化、盐渍化的,由县级以上人民政府土地行政主管部门责令限期改正或者治理,可以并处罚款;构成犯罪的,依法追究刑事责任。

第七十五条 违反本法规定,拒不履行土地复垦义务的,由县级以上人民政府土地行政主管部门责令限期改正;逾期不改正的,责令缴纳复垦费,专项用于土地复垦,可以处以罚款。

第七十六条 未经批准或者采取欺骗手段骗取批准,非法占用土地的,由县级以上人民政府土地行政主管部门责令退还非法占用的土地,对违反土地利用总体规划擅自将农用地改为建设用地的,限期拆除在非法占用的土地上新建的建筑物和其他设施,恢复土地原状,对符合土地利用总体规划的,没收在非法占用的土地上新建的建筑物和其他设施,可以并处罚款;对非法占用土地单位的直接负责的主管人员和其他直接责任人员,依法给予行政处分;构成犯罪的,依法追究刑事责任。

超过批准的数量占用土地,多占的土地以非法占用土地论处。

第七十七条 农村村民未经批准或者采取欺骗手段骗取批准,非法占用土地建住宅的,由县级以上人民政府土地行政主管部门责令退还非法占用的土地,限期拆除在非法占用的土地上新建的房屋。

超过省、自治区、直辖市规定的标准,多占的土地以非法占用土地论处。

第七十八条 无权批准征收、使用土地的单位或者个人非法批准占用土地的,超越批准权限非法批准占用土地的,不按照土地利用总体规划确定的用途批准用地的,或者违反法律规定的程序批准占用、征收土地的,其批准文件无效,对非法批准征收、使用土地的直接负责的主管人员和其他直接责任人员,依法给予行政处分;构成犯罪的,依法追究刑事责任。非法批准、使用的土地应当收回,有关当事人拒不归还的,以非法占用土地论处。

非法批准征收、使用土地,对当事人造成损失的,依法应当承担赔偿责任。

第七十九条 侵占、挪用被征收土地单位的征地补偿费用和其他有关费用,构成犯罪的,依法追究刑事责任;尚不构成犯罪的,依法给予行政处分。

第八十条 依法收回国有土地使用权当事人拒不交出土地的,临时使用土地期满拒不归

还的,或者不按照批准的用途使用国有土地的,由县级以上人民政府土地行政主管部门责令交还土地,处以罚款。

第八十一条 擅自将农民集体所有的土地的使用权出让、转让或者出租用于非农业建设的,由县级以上人民政府土地行政主管部门责令限期改正,没收违法所得,并处罚款。

第八十二条 不依照本法规定办理土地变更登记的,由县级以上人民政府土地行政主管部门责令其限期办理。

第八十三条 依照本法规定,责令限期拆除在非法占用的土地上新建的建筑物和其他设施的,建设单位或者个人必须立即停止施工,自行拆除;对继续施工的,作出处罚决定的机关有权制止。建设单位或者个人对责令限期拆除的行政处罚决定不服的,可以在接到责令限期拆除决定之日起十五日内,向人民法院起诉;期满不起诉又不自行拆除的,由作出处罚决定的机关依法申请人民法院强制执行,费用由违法者承担。

第八十四条 土地行政主管部门的工作人员玩忽职守、滥用职权、徇私舞弊,构成犯罪的,依法追究刑事责任;尚不构成犯罪的,依法给予行政处分。

第八章 附 则

第八十五条 中外合资经营企业、中外合作经营企业、外资企业使用土地的,适用本法;法律另有规定的,从其规定。

第八十六条 本法自1999年1月1日起施行。

37.《中华人民共和国城市房地产管理法》

(1995年1月1日起施行,2009年8月27日修正)

第一章 总 则

第一条 为了加强对城市房地产的管理,维护房地产市场秩序,保障房地产权利人的合法权益,促进房地产业的健康发展,制定本法。

第二条 在中华人民共和国城市规划区国有土地(以下简称国有土地)范围内取得房地产开发用地的土地使用权,从事房地产开发、房地产交易,实施房地产管理,应当遵守本法。

本法所称房屋,是指土地上的房屋等建筑物及构筑物。

本法所称房地产开发,是指在依据本法取得国有土地使用权的土地上进行基础设施、房屋建设的行为。

本法所称房地产交易,包括房地产转让、房地产抵押和房屋租赁。

第三条 国家依法实行国有土地有偿、有限期使用制度。但是,国家在本法规定的范围内划拨国有土地使用权的除外。

第四条 国家根据社会、经济发展水平,扶持发展居民住宅建设,逐步改善居民的居住条件。

第五条 房地产权利人应当遵守法律和行政法规,依法纳税。房地产权利人的合法权益受法律保护,任何单位和个人不得侵犯。

第六条 为了公共利益的需要,国家可以征收国有土地上单位和个人的房屋,并依法给予拆迁补偿,维护被征收人的合法权益;征收个人住宅的,还应当保障被征收人的居住条件。具体办法由国务院规定。

第七条 国务院建设行政主管部门、土地管理部门依照国务院规定的职权划分,各司其职,密切配合,管理全国房地产工作。

县级以上地方人民政府房产管理、土地管理部门的机构设置及其职权由省、自治区、直辖市人民政府确定。

第二章 房地产开发用地

第一节 土地使用权出让

第八条 土地使用权出让,是指国家将国有土地使用权(以下简称土地使用权)在一定年限内出让给土地使用者,由土地使用者向国家支付土地使用权出让金的行为。

第九条 城市规划区内的集体所有的土地,经依法征收转为国有土地后,该幅国有土地的使用权方可有偿出让。

第十条 土地使用权出让,必须符合土地利用总体规划、城市规划和年度建设用地计划。

第十一条 县级以上地方人民政府出让土地使用权用于房地产开发的,须根据省级以上人民政府下达的控制指标拟订年度出让土地使用权总面积方案,按照国务院规定,报国务院或者省级人民政府批准。

第十二条 土地使用权出让,由市、县人民政府有计划、有步骤地进行。出让的每幅地块、用途、年限和其他条件,由市、县人民政府土地管理部门会同城市规划、建设、房产管理部门共同拟定方案,按照国务院规定,报经有批准权的人民政府批准后,由市、县人民政府土地管理部门实施。

直辖市的县人民政府及其有关部门行使前款规定的权限,由直辖市人民政府规定。

第十三条 土地使用权出让,可以采取拍卖、招标或者双方协议的方式。

商业、旅游、娱乐和豪华住宅用地,有条件的,必须采取拍卖、招标方式;没有条件,不能采取拍卖、招标方式的,可以采取双方协议的方式。

采取双方协议方式出让土地使用权的出让金不得低于按国家规定所确定的最低价。

第十四条 土地使用权出让最高年限由国务院规定。

第十五条 土地使用权出让,应当签订书面出让合同。

土地使用权出让合同由市、县人民政府土地管理部门与土地使用者签订。

第十六条 土地使用者必须按照出让合同约定,支付土地使用权出让金;未按照出让合同约定支付土地使用权出让金的,土地管理部门有权解除合同,并可以请求违约赔偿。

第十七条 土地使用者按照出让合同约定支付土地使用权出让金的,市、县人民政府土地管理部门必须按照出让合同约定,提供出让的土地;未按照出让合同约定提供出让的土地的,土地使用者有权解除合同,由土地管理部门返还土地使用权出让金,土地使用者并可以请求违约赔偿。

第十八条 土地使用者需要改变土地使用权出让合同约定的土地用途的，必须取得出让方和市、县人民政府城市规划行政主管部门的同意，签订土地使用权出让合同变更协议或者重新签订土地使用权出让合同，相应调整土地使用权出让金。

第十九条 土地使用权出让金应当全部上缴财政，列入预算，用于城市基础设施建设和土地开发。土地使用权出让金上缴和使用的具体办法由国务院规定。

第二十条 国家对土地使用者依法取得的土地使用权，在出让合同约定的使用年限届满前不收回；在特殊情况下，根据社会公共利益的需要，可以依照法律程序提前收回，并根据土地使用者使用土地的实际年限和开发土地的实际情况给予相应的补偿。

第二十一条 土地使用权因土地灭失而终止。

第二十二条 土地使用权出让合同约定的使用年限届满，土地使用者需要继续使用土地的，应当至迟于届满前一年申请续期，除根据社会公共利益需要收回该幅土地的，应当予以批准。经批准准予续期的，应当重新签订土地使用权出让合同，依照规定支付土地使用权出让金。

土地使用权出让合同约定的使用年限届满，土地使用者未申请续期或者虽申请续期但依照前款规定未获批准的，土地使用权由国家无偿收回。

第二节 土地使用权划拨

第二十三条 土地使用权划拨，是指县级以上人民政府依法批准，在土地使用者缴纳补偿、安置等费用后将该幅土地交付其使用，或者将土地使用权无偿交付给土地使用者使用的行为。

依照本法规定以划拨方式取得土地使用权的，除法律、行政法规另有规定外，没有使用期限的限制。

第二十四条 下列建设用地的土地使用权，确属必需的，可以由县级以上人民政府依法批准划拨：

（一）国家机关用地和军事用地；
（二）城市基础设施用地和公益事业用地；
（三）国家重点扶持的能源、交通、水利等项目用地；
（四）法律、行政法规规定的其他用地。

第三章 房地产开发

……

第四章 房地产交易

第一节 一般规定

第三十二条 房地产转让、抵押时，房屋的所有权和该房屋占用范围内的土地使用权同时转让、抵押。

第三十三条 基准地价、标定地价和各类房屋的重置价格应当定期确定并公布。具体办法由国务院规定。

第三十四条 国家实行房地产价格评估制度。

房地产价格评估,应当遵循公正、公平、公开的原则,按照国家规定的技术标准和评估程序,以基准地价、标定地价和各类房屋的重置价格为基础,参照当地的市场价格进行评估。

第三十五条 国家实行房地产成交价格申报制度。

房地产权利人转让房地产,应当向县级以上地方人民政府规定的部门如实申报成交价,不得瞒报或者作不实的申报。

第三十六条 房地产转让、抵押,当事人应当依照本法第五章的规定办理权属登记。

第二节 房地产转让

第三十七条 房地产转让,是指房地产权利人通过买卖、赠与或者其他合法方式将其房地产转移给他人的行为。

第三十八条 下列房地产,不得转让:

(一)以出让方式取得土地使用权的,不符合本法第三十九条规定的条件的;

(二)司法机关和行政机关依法裁定、决定查封或者以其他形式限制房地产权利的;

(三)依法收回土地使用权的;

(四)共有房地产,未经其他共有人书面同意的;

(五)权属有争议的;

(六)未依法登记领取权属证书的;

(七)法律、行政法规规定禁止转让的其他情形。

第三十九条 以出让方式取得土地使用权的,转让房地产时,应当符合下列条件:

(一)按照出让合同约定已经支付全部土地使用权出让金,并取得土地使用权证书的;

(二)按照出让合同约定进行投资开发,属于房屋建设工程的,完成开发投资总额的百分之二十五以上,属于成片开发土地的,形成工业用地或者其他建设用地条件。

转让房地产时房屋已经建成的,还应当持有房屋所有权证书。

第四十条 以划拨方式取得土地使用权的,转让房地产时,应当按照国务院规定,报有批准权的人民政府审批。有批准权的人民政府准予转让的,应当由受让方办理土地使用权出让手续,并依照国家有关规定缴纳土地使用权出让金。

以划拨方式取得土地使用权的,转让房地产报批时,有批准权的人民政府按照国务院规定决定可以不办理土地使用权出让手续的,转让方应当按照国务院规定将转让房地产所获收益中的土地收益上缴国家或者作其他处理。

第四十一条 房地产转让,应当签订书面转让合同,合同中应当载明土地使用权取得的方式。

第四十二条 房地产转让时,土地使用权出让合同载明的权利、义务随之转移。

第四十三条 以出让方式取得土地使用权的,转让房地产后,其土地使用权的使用年限为原土地使用权出让合同约定的使用年限减去原土地使用者已经使用年限后的剩余年限。

第四十四条 以出让方式取得土地使用权的,转让房地产后,受让人改变原土地使用权出让合同约定的土地用途的,必须取得原出让方和市、县人民政府城市规划行政主管部门的同意,签订土地使用权出让合同变更协议或者重新签订土地使用权出让合同,相应调整土地使用权出让金。

……

第三节　房地产抵押

第四十七条　房地产抵押，是指抵押人以其合法的房地产以不转移占有的方式向抵押权人提供债务履行担保的行为。债务人不履行债务时，抵押权人有权依法以抵押的房地产拍卖所得的价款优先受偿。

第四十八条　依法取得的房屋所有权连同该房屋占用范围内的土地使用权，可以设定抵押权。

以出让方式取得的土地使用权，可以设定抵押权。

第四十九条　房地产抵押，应当凭土地使用权证书、房屋所有权证书办理。

第五十条　房地产抵押，抵押人和抵押权人应当签订书面抵押合同。

第五十一条　设定房地产抵押权的土地使用权是以划拨方式取得的，依法拍卖该房地产后，应当从拍卖所得的价款中缴纳相当于应缴纳的土地使用权出让金的款额后，抵押权人方可优先受偿。

第五十二条　房地产抵押合同签订后，土地上新增的房屋不属于抵押财产。需要拍卖该抵押的房地产时，可以依法将土地上新增的房屋与抵押财产一同拍卖，但对拍卖新增房屋所得，抵押权人无权优先受偿。

第四节　房屋租赁

……

第五节　中介服务机构

……

第五章　房地产权属登记管理

第六十条　国家实行土地使用权和房屋所有权登记发证制度。

第六十一条　以出让或者划拨方式取得土地使用权，应当向县级以上地方人民政府土地管理部门申请登记，经县级以上地方人民政府土地管理部门核实，由同级人民政府颁发土地使用权证书。

在依法取得的房地产开发用地上建成房屋的，应当凭土地使用权证书向县级以上地方人民政府房产管理部门申请登记，由县级以上地方人民政府房产管理部门核实并颁发房屋所有权证书。

房地产转让或者变更时，应当向县级以上地方人民政府房产管理部门申请房产变更登记，并凭变更后的房屋所有权证书向同级人民政府土地管理部门申请土地使用权变更登记，经同级人民政府土地管理部门核实，由同级人民政府更换或者更改土地使用权证书。

法律另有规定的，依照有关法律的规定办理。

第六十二条　房地产抵押时，应当向县级以上地方人民政府规定的部门办理抵押登记。

因处分抵押房地产而取得土地使用权和房屋所有权的，应当依照本章规定办理过户登记。

第六十三条　经省、自治区、直辖市人民政府确定，县级以上地方人民政府由一个部门统一负责房产管理和土地管理工作的，可以制作、颁发统一的房地产权证书，依照本法第六十一条的规定,将房屋的所有权和该房屋占用范围内的土地使用权的确认和变更,分别载入房地产权证书。

第六章 法律责任

第六十四条 违反本法第十一条、第十二条的规定,擅自批准出让或者擅自出让土地使用权用于房地产开发的,由上级机关或者所在单位给予有关责任人员行政处分。

第六十五条 违反本法第三十条的规定,未取得营业执照擅自从事房地产开发业务的,由县级以上人民政府工商行政管理部门责令停止房地产开发业务活动,没收违法所得,可以并处罚款。

第六十六条 违反本法第三十九条第一款的规定转让土地使用权的,由县级以上人民政府土地管理部门没收违法所得,可以并处罚款。

第六十七条 违反本法第四十条第一款的规定转让房地产的,由县级以上人民政府土地管理部门责令缴纳土地使用权出让金,没收违法所得,可以并处罚款。

第六十八条 违反本法第四十五条第一款的规定预售商品房的,由县级以上人民政府房产管理部门责令停止预售活动,没收违法所得,可以并处罚款。

第六十九条 违反本法第五十八条的规定,未取得营业执照擅自从事房地产中介服务业务的,由县级以上人民政府工商行政管理部门责令停止房地产中介服务业务活动,没收违法所得,可以并处罚款。

第七十条 没有法律、法规的依据,向房地产开发企业收费的,上级机关应当责令退回所收取的钱款;情节严重的,由上级机关或者所在单位给予直接责任人员行政处分。

第七十一条 房产管理部门、土地管理部门工作人员玩忽职守、滥用职权,构成犯罪的,依法追究刑事责任;不构成犯罪的,给予行政处分。

房产管理部门、土地管理部门工作人员利用职务上的便利,索取他人财物,或者非法收受他人财物为他人谋取利益,构成犯罪的,依法追究刑事责任;不构成犯罪的,给予行政处分。

第七章 附则

第七十二条 在城市规划区外的国有土地范围内取得房地产开发用地的土地使用权,从事房地产开发、交易活动以及实施房地产管理,参照本法执行。

第七十三条 本法自1995年1月1日起施行。

38.《中华人民共和国城乡规划法》

(2008年1月1日起施行,2015年4月24日修正)

第一章 总则

第一条 为了加强城乡规划管理,协调城乡空间布局,改善人居环境,促进城乡经济社会全面协调可持续发展,制定本法。

第二条 制定和实施城乡规划,在规划区内进行建设活动,必须遵守本法。

本法所称城乡规划,包括城镇体系规划、城市规划、镇规划、乡规划和村庄规划。城市规划、镇规划分为总体规划和详细规划。详细规划分为控制性详细规划和修建性详细规划。

本法所称规划区,是指城市、镇和村庄的建成区以及因城乡建设和发展需要,必须实行规划控制的区域。规划区的具体范围由有关人民政府在组织编制的城市总体规划、镇总体规划、乡规划和村庄规划中,根据城乡经济社会发展水平和统筹城乡发展的需要划定。

第三条 城市和镇应当依照本法制定城市规划和镇规划。城市、镇规划区内的建设活动应当符合规划要求。

县级以上地方人民政府根据本地农村经济社会发展水平,按照因地制宜、切实可行的原则,确定应当制定乡规划、村庄规划的区域。在确定区域内的乡、村庄,应当依照本法制定规划,规划区内的乡、村庄建设应当符合规划要求。

县级以上地方人民政府鼓励、指导前款规定以外的区域的乡、村庄制定和实施乡规划、村庄规划。

第四条 制定和实施城乡规划,应当遵循城乡统筹、合理布局、节约土地、集约发展和先规划后建设的原则,改善生态环境,促进资源、能源节约和综合利用,保护耕地等自然资源和历史文化遗产,保持地方特色、民族特色和传统风貌,防止污染和其他公害,并符合区域人口发展、国防建设、防灾减灾和公共卫生、公共安全的需要。

在规划区内进行建设活动,应当遵守土地管理、自然资源和环境保护等法律、法规的规定。

县级以上地方人民政府应当根据当地经济社会发展的实际,在城市总体规划、镇总体规划中合理确定城市、镇的发展规模、步骤和建设标准。

第五条 城市总体规划、镇总体规划以及乡规划和村庄规划的编制,应当依据国民经济和社会发展规划,并与土地利用总体规划相衔接。

第六条 各级人民政府应当将城乡规划的编制和管理经费纳入本级财政预算。

第七条 经依法批准的城乡规划,是城乡建设和规划管理的依据,未经法定程序不得修改。

第八条 城乡规划组织编制机关应当及时公布经依法批准的城乡规划。但是,法律、行政法规规定不得公开的内容除外。

第九条 任何单位和个人都应当遵守经依法批准并公布的城乡规划,服从规划管理,并有权就涉及其利害关系的建设活动是否符合规划的要求向城乡规划主管部门查询。

任何单位和个人都有权向城乡规划主管部门或者其他有关部门举报或者控告违反城乡规划的行为。城乡规划主管部门或者其他有关部门对举报或者控告,应当及时受理并组织核查、处理。

第十条 国家鼓励采用先进的科学技术,增强城乡规划的科学性,提高城乡规划实施及监督管理的效能。

第十一条 国务院城乡规划主管部门负责全国的城乡规划管理工作。

县级以上地方人民政府城乡规划主管部门负责本行政区域内的城乡规划管理工作。

第二章 城乡规划的制定

……

第三章 城乡规划的实施

第二十八条 地方各级人民政府应当根据当地经济社会发展水平，量力而行，尊重群众意愿，有计划、分步骤地组织实施城乡规划。

第二十九条 城市的建设和发展，应当优先安排基础设施以及公共服务设施的建设，妥善处理新区开发与旧区改建的关系，统筹兼顾进城务工人员生活和周边农村经济社会发展、村民生产与生活的需要。

镇的建设和发展，应当结合农村经济社会发展和产业结构调整，优先安排供水、排水、供电、供气、道路、通信、广播电视等基础设施和学校、卫生院、文化站、幼儿园、福利院等公共服务设施的建设，为周边农村提供服务。

乡、村庄的建设和发展，应当因地制宜、节约用地，发挥村民自治组织的作用，引导村民合理进行建设，改善农村生产、生活条件。

第三十条 城市新区的开发和建设，应当合理确定建设规模和时序，充分利用现有市政基础设施和公共服务设施，严格保护自然资源和生态环境，体现地方特色。

在城市总体规划、镇总体规划确定的建设用地范围以外，不得设立各类开发区和城市新区。

第三十一条 旧城区的改建，应当保护历史文化遗产和传统风貌，合理确定拆迁和建设规模，有计划地对危房集中、基础设施落后等地段进行改建。

历史文化名城、名镇、名村的保护以及受保护建筑物的维护和使用，应当遵守有关法律、行政法规和国务院的规定。

第三十二条 城乡建设和发展，应当依法保护和合理利用风景名胜资源，统筹安排风景名胜区及周边乡、镇、村庄的建设。

风景名胜区的规划、建设和管理，应当遵守有关法律、行政法规和国务院的规定。

第三十三条 城市地下空间的开发和利用，应当与经济和技术发展水平相适应，遵循统筹安排、综合开发、合理利用的原则，充分考虑防灾减灾、人民防空和通信等需要，并符合城市规划，履行规划审批手续。

第三十四条 城市、县、镇人民政府应当根据城市总体规划、镇总体规划、土地利用总体规划和年度计划以及国民经济和社会发展规划，制定近期建设规划，报总体规划审批机关备案。

近期建设规划应当以重要基础设施、公共服务设施和中低收入居民住房建设以及生态环境保护为重点内容，明确近期建设的时序、发展方向和空间布局。近期建设规划的规划期限为五年。

第三十五条 城乡规划确定的铁路、公路、港口、机场、道路、绿地、输配电设施及输电线路走廊、通信设施、广播电视设施、管道设施、河道、水库、水源地、自然保护区、防汛通道、消防通道、核电站、垃圾填埋场及焚烧厂、污水处理厂和公共服务设施的用地以及其他需要依法保护的用地，禁止擅自改变用途。

第三十六条 按照国家规定需要有关部门批准或者核准的建设项目，以划拨方式提供国有土地使用权的，建设单位在报送有关部门批准或者核准前，应当向城乡规划主管部门申请核发选址意见书。

前款规定以外的建设项目不需要申请选址意见书。

第三十七条 在城市、镇规划区内以划拨方式提供国有土地使用权的建设项目，经有关部门批准、核准、备案后，建设单位应当向城市、县人民政府城乡规划主管部门提出建设用地规划许可申请，由城市、县人民政府城乡规划主管部门依据控制性详细规划核定建设用地的位置、面积、允许建设的范围，核发建设用地规划许可证。

建设单位在取得建设用地规划许可证后，方可向县级以上地方人民政府土地主管部门申请用地，经县级以上人民政府审批后，由土地主管部门划拨土地。

第三十八条 在城市、镇规划区内以出让方式提供国有土地使用权的，在国有土地使用权出让前，城市、县人民政府城乡规划主管部门应当依据控制性详细规划，提出出让地块的位置、使用性质、开发强度等规划条件，作为国有土地使用权出让合同的组成部分。未确定规划条件的地块，不得出让国有土地使用权。

以出让方式取得国有土地使用权的建设项目，在签订国有土地使用权出让合同后，建设单位应当持建设项目的批准、核准、备案文件和国有土地使用权出让合同，向城市、县人民政府城乡规划主管部门领取建设用地规划许可证。

城市、县人民政府城乡规划主管部门不得在建设用地规划许可证中，擅自改变作为国有土地使用权出让合同组成部分的规划条件。

第三十九条 规划条件未纳入国有土地使用权出让合同的，该国有土地使用权出让合同无效；对未取得建设用地规划许可证的建设单位批准用地的，由县级以上人民政府撤销有关批准文件；占用土地的，应当及时退回；给当事人造成损失的，应当依法给予赔偿。

第四十条 在城市、镇规划区内进行建筑物、构筑物、道路、管线和其他工程建设的，建设单位或者个人应当向城市、县人民政府城乡规划主管部门或者省、自治区、直辖市人民政府确定的镇人民政府申请办理建设工程规划许可证。

申请办理建设工程规划许可证，应当提交使用土地的有关证明文件、建设工程设计方案等材料。需要建设单位编制修建性详细规划的建设项目，还应当提交修建性详细规划。对符合控制性详细规划和规划条件的，由城市、县人民政府城乡规划主管部门或者省、自治区、直辖市人民政府确定的镇人民政府核发建设工程规划许可证。

城市、县人民政府城乡规划主管部门或者省、自治区、直辖市人民政府确定的镇人民政府应当依法将经审定的修建性详细规划、建设工程设计方案的总平面图予以公布。

第四十一条 在乡、村庄规划区内进行乡镇企业、乡村公共设施和公益事业建设的，建设单位或者个人应当向乡、镇人民政府提出申请，由乡、镇人民政府报城市、县人民政府城乡规划主管部门核发乡村建设规划许可证。

在乡、村庄规划区内使用原有宅基地进行农村村民住宅建设的规划管理办法，由省、自治区、直辖市制定。

在乡、村庄规划区内进行乡镇企业、乡村公共设施和公益事业建设以及农村村民住宅建设，不得占用农用地；确需占用农用地的，应当依照《中华人民共和国土地管理法》有关规定办理农用地转用审批手续后，由城市、县人民政府城乡规划主管部门核发乡村建设规划许可证。

建设单位或者个人在取得乡村建设规划许可证后，方可办理用地审批手续。

第四十二条 城乡规划主管部门不得在城乡规划确定的建设用地范围以外作出规划许可。

第四十三条 建设单位应当按照规划条件进行建设；确需变更的，必须向城市、县人民政府城乡规划主管部门提出申请。变更内容不符合控制性详细规划的，城乡规划主管部门不得批准。城市、县人民政府城乡规划主管部门应当及时将依法变更后的规划条件通报同级土地主管部门并公示。

建设单位应当及时将依法变更后的规划条件报有关人民政府土地主管部门备案。

第四十四条 在城市、镇规划区内进行临时建设的，应当经城市、县人民政府城乡规划主管部门批准。临时建设影响近期建设规划或者控制性详细规划的实施以及交通、市容、安全等的，不得批准。

临时建设应当在批准的使用期限内自行拆除。

临时建设和临时用地规划管理的具体办法，由省、自治区、直辖市人民政府制定。

第四十五条 县级以上地方人民政府城乡规划主管部门按照国务院规定对建设工程是否符合规划条件予以核实。未经核实或者经核实不符合规划条件的，建设单位不得组织竣工验收。

建设单位应当在竣工验收后六个月内向城乡规划主管部门报送有关竣工验收资料。

第四章 城乡规划的修改

……

第五章 监督检查

……

第六章 法律责任

……

第六十四条 未取得建设工程规划许可证或者未按照建设工程规划许可证的规定进行建设的，由县级以上地方人民政府城乡规划主管部门责令停止建设；尚可采取改正措施消除对规划实施的影响的，限期改正，处建设工程造价百分之五以上百分之十以下的罚款；无法采取改正措施消除影响的，限期拆除，不能拆除的，没收实物或者违法收入，可以并处建设工程造价百分之十以下的罚款。

第六十五条 在乡、村庄规划区内未依法取得乡村建设规划许可证或者未按照乡村建设规划许可证的规定进行建设的，由乡、镇人民政府责令停止建设、限期改正；逾期不改正的，可以拆除。

第六十六条 建设单位或者个人有下列行为之一的，由所在地城市、县人民政府城乡规划主管部门责令限期拆除，可以并处临时建设工程造价一倍以下的罚款：

（一）未经批准进行临时建设的；

（二）未按照批准内容进行临时建设的；

（三）临时建筑物、构筑物超过批准期限不拆除的。

第六十七条 建设单位未在建设工程竣工验收后六个月内向城乡规划主管部门报送有关竣工验收资料的，由所在地城市、县人民政府城乡规划主管部门责令限期补报；逾期不补报的，处一万元以上五万元以下的罚款。

第六十八条　城乡规划主管部门作出责令停止建设或者限期拆除的决定后,当事人不停止建设或者逾期不拆除的,建设工程所在地县级以上地方人民政府可以责成有关部门采取查封施工现场、强制拆除等措施。

第六十九条　违反本法规定,构成犯罪的,依法追究刑事责任。

第七章　附　则

第七十条　本法自2008年1月1日起施行。《中华人民共和国城市规划法》同时废止。

39.《中华人民共和国农村土地承包法》

（2003年3月1日起施行，2009年8月27日修正）

第一章　总　则

第一条　为稳定和完善以家庭承包经营为基础、统分结合的双层经营体制,赋予农民长期而有保障的土地使用权,维护农村土地承包当事人的合法权益,促进农业、农村经济发展和农村社会稳定,根据宪法,制定本法。

第二条　本法所称农村土地,是指农民集体所有和国家所有依法由农民集体使用的耕地、林地、草地,以及其他依法用于农业的土地。

第三条　国家实行农村土地承包经营制度。

农村土地承包采取农村集体经济组织内部的家庭承包方式,不宜采取家庭承包方式的荒山、荒沟、荒丘、荒滩等农村土地,可以采取招标、拍卖、公开协商等方式承包。

第四条　国家依法保护农村土地承包关系的长期稳定。

农村土地承包后,土地的所有权性质不变。承包地不得买卖。

第五条　农村集体经济组织成员有权依法承包由本集体经济组织发包的农村土地。

任何组织和个人不得剥夺和非法限制农村集体经济组织成员承包土地的权利。

……

第九条　国家保护集体土地所有者的合法权益,保护承包方的土地承包经营权,任何组织和个人不得侵犯。

第十条　国家保护承包方依法、自愿、有偿地进行土地承包经营权流转。

第十一条　国务院农业、林业行政主管部门分别依照国务院规定的职责负责全国农村土地承包及承包合同管理的指导。县级以上地方人民政府农业、林业等行政主管部门分别依照各自职责,负责本行政区域内农村土地承包及承包合同管理。乡(镇)人民政府负责本行政区域内农村土地承包及承包合同管理。

第二章　家庭承包

……

第三节　承包期限和承包合同

第二十条　耕地的承包期为三十年。草地的承包期为三十年至五十年。林地的承包期为三十年至七十年；特殊林木的林地承包期，经国务院林业行政主管部门批准可以延长。

……

第二十二条　承包合同自成立之日起生效。承包方自承包合同生效时取得土地承包经营权。

第二十三条　县级以上地方人民政府应当向承包方颁发土地承包经营权证或者林权证等证书，并登记造册，确认土地承包经营权。

颁发土地承包经营权证或者林权证等证书，除按规定收取证书工本费外，不得收取其他费用。

第二十四条　承包合同生效后，发包方不得因承办人或者负责人的变动而变更或者解除，也不得因集体经济组织的分立或者合并而变更或者解除。

第二十五条　国家机关及其工作人员不得利用职权干涉农村土地承包或者变更、解除承包合同。

第四节　土地承包经营权的保护

第二十六条　承包期内，发包方不得收回承包地。承包期内，承包方全家迁入小城镇落户的，应当按照承包方的意愿，保留其土地承包经营权或者允许其依法进行土地承包经营权流转。承包期内，承包方全家迁入设区的市，转为非农业户口的，应当将承包的耕地和草地交回发包方。承包方不交回的，发包方可以收回承包的耕地和草地。承包期内，承包方交回承包地或者发包方依法收回承包地时，承包方对其在承包地上投入而提高土地生产能力的，有权获得相应的补偿。

……

第五节　土地承包经营权的流转

第三十二条　通过家庭承包取得的土地承包经营权可以依法采取转包、出租、互换、转让或者其他方式流转。

第三十三条　土地承包经营权流转应当遵循以下原则：

（一）平等协商、自愿、有偿，任何组织和个人不得强迫或者阻碍承包方进行土地承包经营权流转；

（二）不得改变土地所有权的性质和土地的农业用途；

（三）流转的期限不得超过承包期的剩余期限；

（四）受让方须有农业经营能力；

（五）在同等条件下，本集体经济组织成员享有优先权。

第三十四条　土地承包经营权流转的主体是承包方。承包方有权依法自主决定土地承包经营权是否流转和流转的方式。

第三十五条　承包期内，发包方不得单方面解除承包合同，不得假借少数服从多数强迫承包方放弃或者变更土地承包经营权，不得以划分"口粮田"和"责任田"等为由收回承包地搞招标承包，不得将承包地收回抵顶欠款。

第三十六条 土地承包经营权流转的转包费、租金、转让费等，应当由当事人双方协商确定。流转的收益归承包方所有，任何组织和个人不得擅自截留、扣缴。

第三十七条 土地承包经营权采取转包、出租、互换、转让或者其他方式流转，当事人双方应当签订书面合同。采取转让方式流转的，应当经发包方同意；采取转包、出租、互换或者其他方式流转的，应当报发包方备案。

土地承包经营权流转合同一般包括以下条款：

（一）双方当事人的姓名、住所；
（二）流转土地的名称、坐落、面积、质量等级；
（三）流转的期限和起止日期；
（四）流转土地的用途；
（五）双方当事人的权利和义务；
（六）流转价款及支付方式；
（七）违约责任。

第三十八条 土地承包经营权采取互换、转让方式流转，当事人要求登记的，应当向县级以上地方人民政府申请登记。未经登记，不得对抗善意第三人。

第三十九条 承包方可以在一定期限内将部分或者全部土地承包经营权转包或者出租给第三方，承包方与发包方的承包关系不变。承包方将土地交由他人代耕不超过一年的，可以不签订书面合同。

第四十条 承包方之间为方便耕种或者各自需要，可以对属于同一集体经济组织的土地的土地承包经营权进行互换。

第四十一条 承包方有稳定的非农职业或者有稳定的收入来源的，经发包方同意，可以将全部或者部分土地承包经营权转让给其他从事农业生产经营的农户，由该农户同发包方确立新的承包关系，原承包方与发包方在该土地上的承包关系即行终止。

第四十二条 承包方之间为发展农业经济，可以自愿联合将土地承包经营权入股，从事农业合作生产。

第四十三条 承包方对其在承包地上投入而提高土地生产能力的，土地承包经营权依法流转时有权获得相应的补偿。

第三章 其他方式的承包

第四十四条 不宜采取家庭承包方式的荒山、荒沟、荒丘、荒滩等农村土地，通过招标、拍卖、公开协商等方式承包的，适用本章规定。

第四十五条 以其他方式承包农村土地的，应当签订承包合同。当事人的权利和义务、承包期限等，由双方协商确定。以招标、拍卖方式承包的，承包费通过公开竞标、竞价确定；以公开协商等方式承包的，承包费由双方议定。

第四十六条 荒山、荒沟、荒丘、荒滩等可以直接通过招标、拍卖、公开协商等方式实行承包经营，也可以将土地承包经营权折股分给本集体经济组织成员后，再实行承包经营或者股份合作经营。承包荒山、荒沟、荒丘、荒滩的，应当遵守有关法律、行政法规的规定，防止水土流失，保护生态环境。

第四十七条　以其他方式承包农村土地,在同等条件下,本集体经济组织成员享有优先承包权。

第四十八条　发包方将农村土地发包给本集体经济组织以外的单位或者个人承包,应当事先经本集体经济组织成员的村民会议三分之二以上成员或者三分之二以上村民代表的同意,并报乡(镇)人民政府批准。由本集体经济组织以外的单位或者个人承包的,应当对承包方的资信情况和经营能力进行审查后,再签订承包合同。

第四十九条　通过招标、拍卖、公开协商等方式承包农村土地,经依法登记取得土地承包经营权证或者林权证等证书的,其土地承包经营权可以依法采取转让、出租、入股、抵押或者其他方式流转。

第五十条　土地承包经营权通过招标、拍卖、公开协商等方式取得的,该承包人死亡,其应得的承包收益,依照继承法的规定继承;在承包期内,其继承人可以继续承包。

第四章　争议的解决和法律责任

……

第五章　附　则

……

40.《中华人民共和国村民委员会组织法》

（2010年10月28日起施行）

第一章　总　则

……

第四章　村民会议和村民代表会议

第二十一条　村民会议由本村十八周岁以上的村民组成。

村民会议由村民委员会召集。有十分之一以上的村民或者三分之一以上的村民代表提议,应当召集村民会议。召集村民会议,应当提前十天通知村民。

第二十二条　召开村民会议,应当有本村十八周岁以上村民的过半数,或者本村三分之二以上的户的代表参加,村民会议所作决定应当经到会人员的过半数通过。法律对召开村民会议及作出决定另有规定的,依照其规定。

召开村民会议,根据需要可以邀请驻本村的企业、事业单位和群众组织派代表列席。

第二十三条　村民会议审议村民委员会的年度工作报告,评议村民委员会成员的工作;有权撤销或者变更村民委员会不适当的决定;有权撤销或者变更村民代表会议不适当的决定。

村民会议可以授权村民代表会议审议村民委员会的年度工作报告,评议村民委员会成员的工作,撤销或者变更村民委员会不适当的决定。

第二十四条 涉及村民利益的下列事项,经村民会议讨论决定方可办理:
（一）本村享受误工补贴的人员及补贴标准;
（二）从村集体经济所得收益的使用;
（三）本村公益事业的兴办和筹资筹劳方案及建设承包方案;
（四）土地承包经营方案;
（五）村集体经济项目的立项、承包方案;
（六）宅基地的使用方案;
（七）征地补偿费的使用、分配方案;
（八）以借贷、租赁或者其他方式处分村集体财产;
（九）村民会议认为应当由村民会议讨论决定的涉及村民利益的其他事项。
村民会议可以授权村民代表会议讨论决定前款规定的事项。
法律对讨论决定村集体经济组织财产和成员权益的事项另有规定的,依照其规定。

第二十五条 人数较多或者居住分散的村,可以设立村民代表会议,讨论决定村民会议授权的事项。村民代表会议由村民委员会成员和村民代表组成,村民代表应当占村民代表会议组成人员的五分之四以上,妇女村民代表应当占村民代表会议组成人员的三分之一以上。
村民代表由村民按每五户至十五户推选一人,或者由各村民小组推选若干人。村民代表的任期与村民委员会的任期相同。村民代表可以连选连任。
村民代表应当向其推选户或者村民小组负责,接受村民监督。

第二十六条 村民代表会议由村民委员会召集。村民代表会议每季度召开一次。有五分之一以上的村民代表提议,应当召集村民代表会议。
村民代表会议有三分之二以上的组成人员参加方可召开,所作决定应当经到会人员的过半数同意。

第二十七条 村民会议可以制定和修改村民自治章程、村规民约,并报乡、民族乡、镇的人民政府备案。
村民自治章程、村规民约以及村民会议或者村民代表会议的决定不得与宪法、法律、法规和国家的政策相抵触,不得有侵犯村民的人身权利、民主权利和合法财产权利的内容。
村民自治章程、村规民约以及村民会议或者村民代表会议的决定违反前款规定的,由乡、民族乡、镇的人民政府责令改正。

第二十八条 召开村民小组会议,应当有本村民小组十八周岁以上的村民三分之二以上,或者本村民小组三分之二以上的户的代表参加,所作决定应当经到会人员的过半数同意。
村民小组组长由村民小组会议推选。村民小组组长任期与村民委员会的任期相同,可以连选连任。
属于村民小组的集体所有的土地、企业和其他财产的经营管理以及公益事项的办理,由村民小组会议依照有关法律的规定讨论决定,所作决定及实施情况应当及时向本村民小组的村民公布。

第五章 民主管理和民主监督

......

第六章 附 则

……

41.《城镇国有土地使用权出让和转让暂行条例》

（1990年5月19日起施行，国务院令第55号）

第一章 总 则

第一条 为了改革城镇国有土地使用制度，合理开发、利用、经营土地，加强土地管理，促进城市建设和经济发展，制定本条例。

第二条 国家按照所有权与使用权分离的原则，实行城镇国有土地使用权出让、转让制度，但地下资源、埋藏物和市政公用设施除外。

前款所称城镇国有土地是指市、县城、建制镇、工矿区范围内属于全民所有的土地（以下简称土地）。

第三条 中华人民共和国境内外的公司、企业、其他组织和个人，除法律另有规定者外，均可依照本条例的规定取得土地使用权，进行土地开发、利用、经营。

第四条 依照本条例的规定取得土地使用权的土地使用者，其使用权在使用年限内可以转让、出租、抵押或者用于其他经济活动。合法权益受国家法律保护。

第五条 土地使用者开发、利用、经营土地的活动，应当遵守国家法律、法规的规定，并不得损害社会公共利益。

第六条 县级以上人民政府土地管理部门依法对土地使用权的出让、转让、出租、抵押、终止进行监督检查。

第七条 土地使用权出让、转让、出租、抵押、终止及有关的地上建筑物、其他附着物的登记，由政府土地管理部门、房产管理部门依照法律和国务院的有关规定办理。

登记文件可以公开查阅。

第二章 土地使用权出让

第八条 土地使用权出让是指国家以土地所有者的身份将土地使用权在一定年限内让与土地使用者，并由土地使用者向国家支付土地使用权出让金的行为。

土地使用权出让应当签订出让合同。

第九条 土地使用权的出让，由市、县人民政府负责，有计划、有步骤地进行。

第十条 土地使用权出让的地块、用途、年限和其他条件，由市、县人民政府土地管理部门会同城市规划和建设管理部门、房产管理部门共同拟定方案，按照国务院规定的批准权限报经批准后，由土地管理部门实施。

第十一条 土地使用权出让合同应当按照平等、自愿、有偿的原则，由市、县人民政府土地管理部门（以下简称出让方）与土地使用者签订。

第十二条 土地使用权出让最高年限按下列用途确定：

（一）居住用地七十年；
（二）工业用地五十年；
（三）教育、科技、文化、卫生、体育用地五十年；
（四）商业、旅游、娱乐用地四十年；
（五）综合或者其他用地五十年。

第十三条　土地使用权出让可以采取下列方式：
（一）协议；
（二）招标；
（三）拍卖。

依照前款规定方式出让土地使用权的具体程序和步骤，由省、自治区、直辖市人民政府规定。

第十四条　土地使用者应当在签订土地使用权出让合同后六十日内，支付全部土地使用权出让金。逾期未全部支付的，出让方有权解除合同，并可请求违约赔偿。

第十五条　出让方应当按照合同规定，提供出让的土地使用权。未按合同规定提供土地使用权的，土地使用者有权解除合同，并可请求违约赔偿。

第十六条　土地使用者在支付全部土地使用权出让金后，应当依照规定办理登记，领取土地使用证，取得土地使用权。

第十七条　土地使用者应当按照土地使用权出让合同的规定和城市规划的要求，开发、利用、经营土地。

未按合同规定的期限和条件开发、利用土地的，市、县人民政府土地管理部门应当予以纠正，并根据情节可以给予警告、罚款直至无偿收回土地使用权的处罚。

第十八条　土地使用者需要改变土地使用权出让合同规定的土地用途的，应当征得出让方同意并经土地管理部门和城市规划部门批准，依照本章的有关规定重新签订土地使用权出让合同，调整土地使用权出让金，并办理登记。

第三章　土地使用权转让

第十九条　土地使用权转让是指土地使用者将土地使用权再转移的行为，包括出售、交换和赠与。

未按土地使用权出让合同规定的期限和条件投资开发、利用土地的，土地使用权不得转让。

第二十条　土地使用权转让应当签订转让合同。

第二十一条　土地使用权转让时，土地使用权出让合同和登记文件中所载明的权利、义务随之转移。

第二十二条　土地使用者通过转让方式取得的土地使用权，其使用年限为土地使用权出让合同规定的使用年限减去原土地使用者已使用年限后的剩余年限。

第二十三条　土地使用权转让时，其地上建筑物、其他附着物所有权随之转让。

第二十四条　地上建筑物、其他附着物的所有人或者共有人，享有该建筑物、附着物使用范围内的土地使用权。

土地使用者转让地上建筑物、其他附着物所有权时，其使用范围内的土地使用权随之转让,但地上建筑物、其他附着物作为动产转让的除外。

第二十五条　土地使用权和地上建筑物、其他附着物所有权转让,应当依照规定办理过户登记。

土地使用权和地上建筑物、其他附着物所有权分割转让的,应当经市、县人民政府土地管理部门和房产管理部门批准,并依照规定办理过户登记。

第二十六条　土地使用权转让价格明显低于市场价格的,市、县人民政府有优先购买权。

土地使用权转让的市场价格不合理上涨时,市、县人民政府可以采取必要的措施。

第二十七条　土地使用权转让后,需要改变土地使用权出让合同规定的土地用途的,依照本条例第十八条的规定办理。

第四章　土地使用权出租

第二十八条　土地使用权出租是指土地使用者作为出租人将土地使用权随同地上建筑物、其他附着物租赁给承租人使用,由承租人向出租人支付租金的行为。

未按土地使用权出让合同规定的期限和条件投资开发、利用土地的,土地使用权不得出租。

第二十九条　土地使用权出租,出租人与承租人应当签订租赁合同。

租赁合同不得违背国家法律、法规和土地使用权出让合同的规定。

第三十条　土地使用权出租后,出租人必须继续履行土地使用权出让合同。

第三十一条　土地使用权和地上建筑物、其他附着物出租,出租人应当依照规定办理登记。

第五章　土地使用权抵押

……

第六章　土地使用权终止

第三十九条　土地使用权因土地使用权出让合同规定的使用年限届满、提前收回及土地灭失等原因而终止。

第四十条　土地使用权期满,土地使用权及其地上建筑物、其他附着物所有权由国家无偿取得。土地使用者应当交还土地使用证,并依照规定办理注销登记。

第四十一条　土地使用权期满,土地使用者可以申请续期。需要续期的,应当依照本条例第二章的规定重新签订合同,支付土地使用权出让金,并办理登记。

第四十二条　国家对土地使用者依法取得的土地使用权不提前收回。在特殊情况下,根据社会公共利益的需要,国家可以依照法律程序提前收回,并根据土地使用者已使用的年限和开发、利用土地的实际情况给予相应的补偿。

第七章　划拨土地使用权

第四十三条　划拨土地使用权是指土地使用者通过各种方式依法无偿取得的土地使用权。

前款土地使用者应当依照《中华人民共和国城镇土地使用税暂行条例》的规定缴纳土地使用税。

第四十四条　划拨土地使用权,除本条例第四十五条规定的情况外,不得转让、出租、抵押。

第四十五条 符合下列条件的,经市、县人民政府土地管理部门和房产管理部门批准,其划拨土地使用权和地上建筑物,其他附着物所有权可以转让、出租、抵押:

(一)土地使用者为公司、企业、其他经济组织和个人;

(二)领有国有土地使用证;

(三)具有地上建筑物、其他附着物合法的产权证明;

(四)依照本条例第二章的规定签订土地使用权出让合同,向当地市、县人民政府补交土地使用权出让金或者以转让、出租、抵押所获收益抵交土地使用权出让金。

转让、出租、抵押前款划拨土地使用权的,分别依照本条例第三章、第四章和第五章的规定办理。

第四十六条 对未经批准擅自转让、出租、抵押划拨土地使用权的单位和个人,市、县人民政府土地管理部门应当没收其非法收入,并根据情节处以罚款。

第四十七条 无偿取得划拨土地使用权的土地使用者,因迁移、解散、撤销、破产或者其他原因而停止使用土地的,市、县人民政府应当无偿收回其划拨土地使用权,并可依照本条例的规定予以出让。

对划拨土地使用权,市、县人民政府根据城市建设发展需要和城市规划的要求,可以无偿收回,并可依照本条例的规定予以出让。

无偿收回划拨土地使用权时,对其地上建筑物、其他附着物,市、县人民政府应当根据实际情况给予适当补偿。

第八章 附 则

第四十八条 依照本条例的规定取得土地使用权的个人,其土地使用权可以继承。

第四十九条 土地使用者应当依照国家税收法规的规定纳税。

第五十条 依照本条例收取的土地使用权出让金列入财政预算,作为专项基金管理,主要用于城市建设和土地开发。具体使用管理办法,由财政部另行制定。

第五十一条 各省、自治区、直辖市人民政府应当根据本条例的规定和当地的实际情况选择部分条件比较成熟的城镇先行试点。

第五十二条 外商投资从事开发经营成片土地的,其土地使用权的管理依照国务院的有关规定执行。

第五十三条 本条例由国家土地管理局负责解释;实施办法由省、自治区、直辖市人民政府制定。

第五十四条 本条例自发布之日起施行。

42.《划拨土地使用权管理暂行办法》

(1992年3月8日起施行,国家土地管理局令〔92〕第1号)

第一条 为了贯彻实施《中华人民共和国城镇国有土地使用权出让和转让暂行条例》

（以下简称《条例》，加强对划拨土地使用权的管理，特制定本办法。

第二条 划拨土地使用权，是指土地使用者通过除出让土地使用权以外的其他各种方式依法取得的国有土地使用权。

第三条 划拨土地使用权（以下简称"土地使用权"）的转让、出租、抵押活动，适用本办法。

第四条 县级以上人民政府土地管理部门依法对土地使用权转让、出租、抵押活动进行管理和监督检查。

第五条 未经市、县人民政府土地管理部门批准并办理土地使用权出让手续，交付土地使用权出让金的土地使用者，不得转让、出租、抵押土地使用权。

第六条 符合下列条件的，经市、县人民政府土地管理部门批准，其土地使用权可以转让、出租、抵押：

（一）土地使用者为公司、企业、其他经济组织和个人；

（二）领有国有土地使用证；

（三）具有合法的地上建筑物、其他附着物产权证明；

（四）依照《条例》和本办法规定签订土地使用权出让合同，向当地市、县人民政府交付土地使用权出让金或者以转让、出租、抵押所获收益抵交土地使用权出让金。

第七条 土地使用权转让，是指土地使用者将土地使用权单独或者随同地上建筑物、其他附着物转移给他人的行为。

原拥有土地使用权的一方称为转让人，接受土地使用权的一方称为受让人。

第八条 土地使用权转让的方式包括出售、交换和赠与等。

出售是指转让人以土地使用权作为交易条件，取得一定收益的行为。

交换是指土地使用者之间互相转移土地使用权的行为。

赠与是指转让人将土地使用权无偿转移给受让人的行为。

第九条 土地使用权出租，是指土地使用者将土地使用权单独或者随同地上建筑物、其他附着物租赁给他人使用，由他人向其支付租金的行为。

原拥有土地使用权的一方称为出租人，承租土地使用权的一方称为承租人。

第十条 土地使用权抵押，是指土地使用者提供可供抵押的土地使用权作为按期清偿债务的担保行为。

原拥有土地使用权的一方称为抵押人，抵押债权人称为抵押权人。

第十一条 转让、抵押土地使用权，其地上建筑物、其他附着物所有权随之转让、抵押；转让、抵押地上建筑物、其他附着物所有权，其使有范围内的土地使用权随之转让、抵押。但地上建筑物、其他附着物作为动产转让的除外。

出租土地使用权、其地上建筑物、其他附着物使用权随之出租；出租地上建筑物、其他附着物使用权，其使用范围内的土地使用权随之出租。

第十二条 土地使用者需要转让、出租、抵押土地使用权的，必须持国有土地使用证以及地上建筑物、其他附着物产权证明等合法证件，向所在地市、县人民政府土地管理部门提出书面申请。

第十三条 市、县人民政府土地管理部门应当在接到转让、出租、抵押土地使用权书面申请书之日起十五日内给予回复。

第十四条　市、县人民政府土地管理部门与申请人经过协商后，签订土地使用权出让合同。

第十五条　土地使用权转让、出租、抵押行为的双方当事人应当依照有关法律、法规和土地使用权出让合同的规定，签订土地使用权转让、租赁、抵押合同。

第十六条　土地使用者应当在土地使用权出让合同签订后六十日内，向所在地市、县人民政府交付土地使用权出让金，到市、县人民政府土地管理部门办理土地使用权出让登记手续。

第十七条　双方当事人应当在办理土地使用权出让登记手续后十五日内，到所在地市、县人民政府土地管理部门办理土地使用权转让、出租、抵押登记手续。

办理登记手续，应当提交下列证明文件、材料：

（一）国有土地使用证；

（二）土地使用权出让合同；

（三）土地使用权转让、租赁、抵押合同；

（四）市、县人民政府土地管理部门认为有必要提交的其他证明文件、材料。

第十八条　土地使用权转让，土地使用权出让合同和登记文件中所载明的权利、义务随之转移。

第十九条　土地使用权出租、抵押，出租人、抵押人必须继续履行土地使用权出让合同。

第二十条　土地使用权转让后，受让人需要改变土地使用权出让合同规定内容的，应当征得所在地市、县人民政府土地管理部门同意，并按规定的审批权限经土地管理部门和城市规划部门批准，依照《条例》和本办法规定重新签订土地使用权出让合同，调整土地使用权出让金，并办理土地登记手续。

第二十一条　土地使用权出租后，承租人不得新建永久性建筑物、构筑物。需要建造临时性建筑物、构筑物的，必须征得出租人同意，并按照有关法律、法规的规定办理审批手续。

土地使用权出租后，承租人需要改变土地使用权出让合同规定内容的，必须征得出租人同意，并按规定的审批权限经土地管理部门和城市规划部门批准，依照《条例》和本办法规定重新签订土地使用权出让合同，调整土地使用权出让金，并办理土地登记手续。

第二十二条　土地使用权租赁合同终止后，出租人应当自租赁合同终止之日起十五日内，到原登记机关办理注销土地使用权出租登记手续。

第二十三条　土地使用权抵押合同终止后，抵押人应当自抵押合同终止之日起十五日内，到原登记机关办理注销土地使用权抵押登记手续。

第二十四条　抵押人到期未能履行债务或者在抵押合同期间宣告解散、破产的，抵押权人有权依照国家法律、法规和抵押合同的规定处分抵押财产。

因处分抵押财产而取得土地使用权的，土地使用者应当自权利取得之日起十五日内，到所在地市、县人民政府土地管理部门办理变更土地登记手续。

第二十五条　土地使用者转让、出租、抵押土地使用权、在办理土地使用权出让手续时，其土地使用权出让期由所在地市、县人民政府土地管理部门与土地使用者经过协商后，在土地使用权出让合同中订明，但不得超过《条例》规定的最高年限。

第二十六条　土地使用权出让金，区别土地使用权转让、出租、抵押等不同方式，按标定地价的一定比例收取，最低不得低于标定地价的40%。标定地价由所在地市、县人民政府土地管理部门根据基准地价，按土地使用权转让、出租、抵押期限和地块条件核定。

第二十七条　土地使用权出让金，由市、县人民政府土地管理部门代表政府收取，按国家有关规定管理。

第二十八条　土地使用权出让期届满，土地使用者必须在出让期满之日起十五日内持国有土地使用证和土地使用权出让合同，到原登记机关办理注销出让登记手续。

第二十九条　土地使用权出让期满后，土地使用者再转让、出租、抵押土地使用权时，须按本办法规定重新签订土地使用权出让合同，支付土地使用权出让金，并办理变更土地登记手续。

第三十条　土地使用权出让期间，国家在特殊情况下根据社会公共利益的需要，可以依照法律程序收回土地使用权，并根据土地使用者已使用的年限和开发、利用土地的实际情况给予相应的补偿。

第三十一条　土地使用者未按土地使用权出让合同规定的期限支付全部出让金的，出让方有权解除合同，并可请求违约赔偿。

第三十二条　土地使用权转让、出租、抵押，当事人不办理土地登记手续的，其行为无效，不受法律保护。

第三十三条　对未经批准擅自转让、出租、抵押土地使用权的单位和个人，由所在地市、县人民政府土地管理部门依照《条例》第四十六条规定处理。

第三十四条　当事人对土地管理部门作出的行政处罚决定不服的，可以依照《中华人民共和国行政诉讼法》向人民法院提起诉讼。

第三十五条　县级以上人民政府土地管理部门应当加强对土地使用权转让、出租、抵押活动监督检查工作，对违法行为，应当及时查处。

第三十六条　土地管理部门在对土地使用权转让、出租、抵押活动进行监督检查时，被检查的单位或者个人应当予以配合，如实反映情况，提供有关文件、资料，不得阻挠。

第三十七条　土地管理部门在监督检查中，可以采取下列措施：

（一）查阅、复制与土地监督检查事项有关的文件、资料；

（二）要求被监督检查的单位和个人提供或者报送与监督检查事项有关的文件，资料及其他必要情况；

（三）责令被监督检查的单位和个人停止正在进行的土地违法行为。

第三十八条　土地管理部门办理土地使用权出让等业务活动的经费，按照国家有关规定办理。

第三十九条　经济组织以外的其他组织从事土地使用权转让、出租、抵押活动的，可参照办法办理。

第四十条　以土地使用权作为条件，与他人进行联建房屋、举办联营企业的，视为土地使用权转让行为，按照本办法办理。

第四十一条　对《条例》实施后，本办法实施前发生的未经批准擅自转让、出租、抵押土地使用权行为，市、县人民政府土地管理部门应当组织进行清理，并按《条例》规定处罚后，补办出让手续。

第四十二条　本办法由国家土地管理局负责解释。

第四十三条　本办法自发布之日起施行。

43.《划拨用地目录》

（2001年10月22日起施行，国土资源部令第9号）

一、根据《中华人民共和国土地管理法》和《中华人民共和国城市房地产管理法》的规定，制定本目录。

二、符合本目录的建设用地项目，由建设单位提出申请，经有批准权的人民政府批准，可以划拨方式提供土地使用权。

三、对国家重点扶持的能源、交通、水利等基础设施用地项目，可以以划拨方式提供土地使用权。对以营利为目的，非国家重点扶持的能源、交通、水利等基础设施用地项目，应当以有偿方式提供土地使用权。

四、以划拨方式取得的土地使用权，因企业改制、土地使用权转让或者改变土地用途等不再符合本目录的，应当实行有偿使用。

五、本目录施行后，法律、行政法规和国务院的有关政策另有规定的，按有关规定执行。

六、本目录自发布之日起施行。原国家土地管理局颁布的《划拨用地项目目录》同时废止。

国家机关用地和军事用地

（一）党政机关和人民团体用地

1. 办公用地。
2. 安全、保密、通讯等特殊专用设施。

（二）军事用地

1. 指挥机关、地面和地下的指挥工程、作战工程。
2. 营区、训练场、试验场。
3. 军用公路、铁路专用线、机场、港口、码头。
4. 军用洞库、仓库、输电、输油、输气管线。
5. 军用通信、通讯线路、侦察、观测台站和测量、导航标志。
6. 国防军品科研、试验设施。
7. 其他军事设施。

城市基础设施用地和公益事业用地

（三）城市基础设施用地

1. 供水设施：包括水源地、取水工程、净水厂、输配水工程、水质检测中心、调度中心、控制中心。
2. 燃气供应设施：包括人工煤气生产设施、液化石油气气化站、液化石油气储配站、天然气输配气设施。
3. 供热设施：包括热电厂、热力网设施。
4. 公共交通设施：包括城市轻轨、地下铁路线路、公共交通车辆停车场、首末站（总站）、调度中心、整流站、车辆保养场。
5. 环境卫生设施：包括雨水处理设施、污水处理厂、垃圾（粪便）处理设施、其他环卫设施。

6. 道路广场：包括市政道路、市政广场。

7. 绿地：包括公共绿地（住宅小区、工程建设项目的配套绿地除外）、防护绿地。

（四）非营利性邮政设施用地

1. 邮件处理中心、邮政支局（所）。

2. 邮政运输、物流配送中心。

3. 邮件转运站。

4. 国际邮件互换局、交换站。

5. 集装容器（邮袋、报皮）维护调配处理场。

（五）非营利性教育设施用地

1. 学校教学、办公、实验、科研及校内文化体育设施。

2. 高等、中等、职业学校的学生宿舍、食堂、教学实习及训练基地。

3. 托儿所、幼儿园的教学、办公、园内活动场地。

4. 特殊教育学校（盲校、聋哑学校、弱智学校）康复、技能训练设施。

（六）公益性科研机构用地

1. 科学研究、调查、观测、实验、试验（站、场、基地）设施。

2. 科研机构办公设施。

（七）非营利性体育设施用地

1. 各类体育运动项目专业比赛和专业训练场（馆）、配套设施（高尔夫球场除外）。

2. 体育信息、科研、兴奋剂检测设施。

3. 全民健身运动设施（住宅小区、企业单位内配套的除外）。

（八）非营利性公共文化设施用地

1. 图书馆。

2. 博物馆。

3. 文化馆。

4. 青少年宫、青少年科技馆、青少年（儿童）活动中心。

（九）非营利性医疗卫生设施用地

1. 医院、门诊部（所）、急救中心（站）、城乡卫生院。

2. 各级政府所属的卫生防疫站（疾病控制中心）、健康教育所、专科疾病防治所（站）。

3. 各级政府所属的妇幼保健所（院、站）、母婴保健机构、儿童保健机构、血站（血液中心、中心血站）。

（十）非营利性社会福利设施用地

1. 福利性住宅。

2. 综合性社会福利设施。

3. 老年人社会福利设施。

4. 儿童社会福利设施。

5. 残疾人社会福利设施。

6. 收容遣送设施。

7. 殡葬设施。

国家重点扶持的能源、交通、水利等基础设施用地

（十一）石油天然气设施用地

1. 油（气、水）井场及作业配套设施。
2. 油（气、汽、水）计量站、转接站、增压站、热采站、处理厂（站）、联合站、注水（气、汽、化学助剂）站、配气（水）站、原油（气）库、海上油气陆上终端。
3. 防腐、防砂、钻井泥浆、三次采油制剂厂（站）材料配制站（厂、车间）、预制厂（车间）。
4. 油（气）田机械、设备、仪器、管材加工和维修设施。
5. 油、气（汽）、水集输和长输管道、专用交通运输设施。
6. 油（气）田物资仓库（站）、露天货场、废旧料场、成品油（气）库（站）、液化气站。
7. 供排水设施、供配电设施、通讯设施。
8. 环境保护检测、污染治理、废旧料（物）综合处理设施。
9. 消防、安全、保卫设施。

（十二）煤炭设施用地

1. 矿井、露天矿、煤炭加工设施，共伴生矿物开采与加工场地。
2. 矿井通风、抽放瓦斯、煤层气开采、防火灌浆、井下热害防治设施。
3. 采掘场与疏干设施（含控制站）。
4. 自备发电厂、热电站、输变电设施。
5. 矿区内煤炭机电设备、仪器仪表、配件、器材供应与维修设施。
6. 矿区生产供水、供电、燃气、供气、通讯设施。
7. 矿山救护、消防防护设施。
8. 中心试验站。
9. 专用交通、运输设施。

（十三）电力设施用地

1. 发（变）电主厂房设施及配套库房设施。
2. 发（变）电厂（站）的专用交通设施。
3. 配套环保、安全防护设施。
4. 火力发电工程配电装置、网控楼、通信楼、微波塔。
5. 火力发电工程循环水管（沟）、冷却塔（池）、阀门井水工设施。
6. 火力发电工程燃料供应、供热设施，化学楼、输煤综合楼，启动锅炉房、空压机房。
7. 火力发电工程乙炔站、制氢（氧）站，化学水处理设施。
8. 核能发电工程应急给水储存室、循环水泵房、安全用水泵房、循环水进排水口及管沟、加氯间、配电装置。
9. 核能发电工程燃油储运及油处理设施。
10. 核能发电工程制氢站及相应设施。
11. 核能发电工程淡水水源设施，净水设施、污水、废水处理装置。
12. 新能源发电工程电机、厢变、输电（含专用送出工程）、变电站设施，资源观测设施。
13. 输配电线路塔（杆）、巡线站、线路工区、线路维护、检修道路。
14. 变（配）电装置，直流输电换流站及接地极。

15. 输变电、配电工程给排水、水处理等水工设施。

16. 输变电工区、高压工区。

（十四）水利设施用地

1. 水利工程用地：包括挡水、泄水建筑物、引水系统、尾水系统、分洪道及其附属建筑物，附属道路、交通设施，供电、供水、供风、供热及制冷设施。

2. 水库淹没区。

3. 堤防工程。

4. 河道治理工程。

5. 水闸、泵站、涵洞、桥梁、道路工程及其管护设施。

6. 蓄滞洪区、防护林带、滩区安全建设工程。

7. 取水系统：包括水闸、堰、进水口、泵站、机电井及其管护设施。

8. 输（排）水设施（含明渠、暗渠、隧道、管道、桥、渡槽、倒虹、调蓄水库、水池等）、压（抽、排）泵站、水厂。

9. 防汛抗旱通信设施，水文、气象测报设施。

10. 水土保持管理站、科研技术推广所（站）、试验地设施。

（十五）铁路交通设施用地

1. 铁路线路、车站及站场设施。

2. 铁路运输生产及维修、养护设施。

3. 铁路防洪、防冻、防雪、防风沙设施（含苗圃及植被保护带）、生产防疫、环保、水保设施。

4. 铁路给排水、供电、供暖、制冷、节能、专用通信、信号、信息系统设施。

5. 铁路轮渡、码头及相应的防风、防浪堤、护岸、栈桥、渡船整备设施。

6. 铁路专用物资仓储库（场）。

7. 铁路安全守备、消防、战备设施。

（十六）公路交通设施用地

1. 公路线路、桥梁、交叉工程、隧道和渡口。

2. 公路通信、监控、安全设施。

3. 高速公路服务区（区内经营性用地除外）。

4. 公路养护道班（工区）。

5. 公路线路用地界外设置的公路防护、排水、防洪、防雪、防波、防风沙设施及公路环境保护、监测设施。

（十七）水路交通设施用地

1. 码头、栈桥、防波堤、防沙导流堤、引堤、护岸、围堰水工工程。

2. 人工开挖的航道、港池、锚地及停泊区工程。

3. 港口生产作业区。

4. 港口机械设备停放场地及维修设施。

5. 港口专用铁路、公路、管道设施。

6. 港口给排水、供电、供暖、节能、防洪设施。

7. 水上安全监督（包括沿海和内河）、救助打捞、港航消防设施。

8. 通讯导航设施、环境保护设施。
9. 内河航运管理设施、内河航运枢纽工程、通航建筑物及管理维修区。

（十八）民用机场设施用地

1. 机场飞行区。
2. 公共航空运输客、货业务设施：包括航站楼、机场场区内的货运库（站）、特殊货物（危险品）业务仓库。
3. 空中交通管理系统。
4. 航材供应、航空器维修、适航检查及校验设施。
5. 机场地面专用设备、特种车辆保障设施。
6. 油料运输、中转、储油及加油设施。
7. 消防、应急救援、安全检查、机场公用设施。
8. 环境保护设施：包括污水处理、航空垃圾处理、环保监测、防噪声设施。
9. 训练机场、通用航空机场、公共航运机场中的通用航空业务配套设施。
法律、行政法规规定的其他用地。

（十九）特殊用地

1. 监狱。
2. 劳教所。
3. 戒毒所、看守所、治安拘留所、收容教育所。

44.《招标拍卖挂牌出让国有建设用地使用权规定》

（2007年11月1日起施行，国土资源部令第39号）

第一条 为规范国有建设用地使用权出让行为，优化土地资源配置，建立公开、公平、公正的土地使用制度，根据《中华人民共和国物权法》、《中华人民共和国土地管理法》、《中华人民共和国城市房地产管理法》和《中华人民共和国土地管理法实施条例》，制定本规定。

第二条 在中华人民共和国境内以招标、拍卖或者挂牌出让方式在土地的地表、地上或者地下设立国有建设用地使用权的，适用本规定。

本规定所称招标出让国有建设用地使用权，是指市、县人民政府国土资源行政主管部门（以下简称出让人）发布招标公告，邀请特定或者不特定的自然人、法人和其他组织参加国有建设用地使用权投标，根据投标结果确定国有建设用地使用权人的行为。

本规定所称拍卖出让国有建设用地使用权，是指出让人发布拍卖公告，由竞买人在指定时间、地点进行公开竞价，根据出价结果确定国有建设用地使用权人的行为。

本规定所称挂牌出让国有建设用地使用权，是指出让人发布挂牌公告，按公告规定的期限将拟出让宗地的交易条件在指定的土地交易场所挂牌公布，接受竞买人的报价申请并更新挂牌价格，根据挂牌期限截止时的出价结果或者现场竞价结果确定国有建设用地使用权人的行为。

第三条 招标、拍卖或者挂牌出让国有建设用地使用权，应当遵循公开、公平、公正和诚信的原则。

第四条 工业、商业、旅游、娱乐和商品住宅等经营性用地以及同一宗地有两个以上意向用地者的，应当以招标、拍卖或者挂牌方式出让。

前款规定的工业用地包括仓储用地，但不包括采矿用地。

第五条 国有建设用地使用权招标、拍卖或者挂牌出让活动，应当有计划地进行。

市、县人民政府国土资源行政主管部门根据经济社会发展计划、产业政策、土地利用总体规划、土地利用年度计划、城市规划和土地市场状况，编制国有建设用地使用权出让年度计划，报经同级人民政府批准后，及时向社会公开发布。

第六条 市、县人民政府国土资源行政主管部门应当按照出让年度计划，会同城市规划等有关部门共同拟订招标拍卖挂牌出让地块的出让方案，报经市、县人民政府批准后，由市、县人民政府国土资源行政主管部门组织实施。

前款规定的出让方案应当包括出让地块的空间范围、用途、年限、出让方式、时间和其他条件等。

第七条 出让人应当根据招标拍卖挂牌出让地块的情况，编制招标拍卖挂牌出让文件。

招标拍卖挂牌出让文件应当包括出让公告、投标或者竞买须知、土地使用条件、标书或者竞买申请书、报价单、中标通知书或者成交确认书、国有建设用地使用权出让合同文本。

第八条 出让人应当至少在投标、拍卖或者挂牌开始日前20日，在土地有形市场或者指定的场所、媒介发布招标、拍卖或者挂牌公告，公布招标拍卖挂牌出让宗地的基本情况和招标拍卖挂牌的时间、地点。

第九条 招标拍卖挂牌公告应当包括下列内容：

（一）出让人的名称和地址；

（二）出让宗地的面积、界址、空间范围、现状、使用年期、用途、规划指标要求；

（三）投标人、竞买人的资格要求以及申请取得投标、竞买资格的办法；

（四）索取招标拍卖挂牌出让文件的时间、地点和方式；

（五）招标拍卖挂牌时间、地点、投标挂牌期限、投标和竞价方式等；

（六）确定中标人、竞得人的标准和方法；

（七）投标、竞买保证金；

（八）其他需要公告的事项。

第十条 市、县人民政府国土资源行政主管部门应当根据土地估价结果和政府产业政策综合确定标底或者底价。

标底或者底价不得低于国家规定的最低价标准。

确定招标标底，拍卖和挂牌的起叫价、起始价、底价，投标、竞买保证金，应当实行集体决策。

招标标底和拍卖挂牌的底价，在招标开标前和拍卖挂牌出让活动结束之前应当保密。

第十一条 中华人民共和国境内外的自然人、法人和其他组织，除法律、法规另有规定外，均可申请参加国有建设用地使用权招标拍卖挂牌出让活动。

出让人在招标拍卖挂牌出让公告中不得设定影响公平、公正竞争的限制条件。挂牌出让的，出让公告中规定的申请截止时间，应当为挂牌出让结束日前2天。对符合招标拍卖挂牌公告规定条件的申请人，出让人应当通知其参加招标拍卖挂牌活动。

第十二条 市、县人民政府国土资源行政主管部门应当为投标人、竞买人查询拟出让土地的有关情况提供便利。

第十三条 投标、开标依照下列程序进行：

（一）投标人在投标截止时间前将标书投入标箱。招标公告允许邮寄标书的，投标人可以邮寄，但出让人在投标截止时间前收到的方为有效。

标书投入标箱后，不可撤回。投标人应当对标书和有关书面承诺承担责任。

（二）出让人按照招标公告规定的时间、地点开标，邀请所有投标人参加。由投标人或者其推选的代表检查标箱的密封情况，当众开启标箱，点算标书。投标人少于三人的，出让人应当终止招标活动。投标人不少于三人的，应当逐一宣布投标人名称、投标价格和投标文件的主要内容。

（三）评标小组进行评标。评标小组由出让人代表、有关专家组成，成员人数为五人以上的单数。

评标小组可以要求投标人对投标文件作出必要的澄清或者说明，但是澄清或者说明不得超出投标文件的范围或者改变投标文件的实质性内容。

评标小组应当按照招标文件确定的评标标准和方法，对投标文件进行评审。

（四）招标人根据评标结果，确定中标人。

按照价高者得的原则确定中标人的，可以不成立评标小组，由招标主持人根据开标结果，确定中标人。

第十四条 对能够最大限度地满足招标文件中规定的各项综合评价标准，或者能够满足招标文件的实质性要求且价格最高的投标人，应当确定为中标人。

第十五条 拍卖会依照下列程序进行：

（一）主持人点算竞买人；

（二）主持人介绍拍卖宗地的面积、界址、空间范围、现状、用途、使用年期、规划指标要求、开工和竣工时间以及其他有关事项；

（三）主持人宣布起叫价和增价规则及增价幅度。没有底价的，应当明确提示；

（四）主持人报出起叫价；

（五）竞买人举牌应价或者报价；

（六）主持人确认该应价或者报价后继续竞价；

（七）主持人连续三次宣布同一应价或者报价而没有再应价或者报价的，主持人落槌表示拍卖成交；

（八）主持人宣布最高应价或者报价者为竞得人。

第十六条 竞买人的最高应价或者报价未达到底价时，主持人应当终止拍卖。

拍卖主持人在拍卖中可以根据竞买人竞价情况调整拍卖增价幅度。

第十七条 挂牌依照以下程序进行：

（一）在挂牌公告规定的挂牌起始日，出让人将挂牌宗地的面积、界址、空间范围、现状、用途、使用年期、规划指标要求、开工时间和竣工时间、起始价、增价规则及增价幅度等，在挂牌公告规定的土地交易场所挂牌公布；

（二）符合条件的竞买人填写报价单报价；

（三）挂牌主持人确认该报价后，更新显示挂牌价格；

（四）挂牌主持人在挂牌公告规定的挂牌截止时间确定竞得人。

第十八条　挂牌时间不得少于10日。挂牌期间可根据竞买人竞价情况调整增价幅度。

第十九条　挂牌截止应当由挂牌主持人主持确定。挂牌期限届满，挂牌主持人现场宣布最高报价及其报价者，并询问竞买人是否愿意继续竞价。有竞买人表示愿意继续竞价的，挂牌出让转入现场竞价，通过现场竞价确定竞得人。挂牌主持人连续三次报出最高挂牌价格，没有竞买人表示愿意继续竞价的，按照下列规定确定是否成交：

（一）在挂牌期限内只有一个竞买人报价，且报价不低于底价，并符合其他条件的，挂牌成交；

（二）在挂牌期限内有两个或者两个以上的竞买人报价的，出价最高者为竞得人；报价相同的，先提交报价单者为竞得人，但报价低于底价者除外；

（三）在挂牌期限内无应价者或者竞买人的报价均低于底价或者均不符合其他条件的，挂牌不成交。

第二十条　以招标、拍卖或者挂牌方式确定中标人、竞得人后，中标人、竞得人支付的投标、竞买保证金，转作受让地块的定金。出让人应当向中标人发出中标通知书或者与竞得人签订成交确认书。

中标通知书或者成交确认书应当包括出让人和中标人或者竞得人的名称，出让标的，成交时间、地点、价款以及签订国有建设用地使用权出让合同的时间、地点等内容。

中标通知书或者成交确认书对出让人和中标人或者竞得人具有法律效力。出让人改变竞得结果，或者中标人、竞得人放弃中标宗地、竞得宗地的，应当依法承担责任。

第二十一条　中标人、竞得人应当按照中标通知书或者成交确认书约定的时间，与出让人签订国有建设用地使用权出让合同。中标人、竞得人支付的投标、竞买保证金抵作土地出让价款；其他投标人、竞买人支付的投标、竞买保证金，出让人必须在招标拍卖挂牌活动结束后5个工作日内予以退还，不计利息。

第二十二条　招标拍卖挂牌活动结束后，出让人应在10个工作日内将招标拍卖挂牌出让结果在土地有形市场或者指定的场所、媒介公布。

出让人公布出让结果，不得向受让人收取费用。

第二十三条　受让人依照国有建设用地使用权出让合同的约定付清全部土地出让价款后，方可申请办理土地登记，领取国有建设用地使用权证书。

未按出让合同约定缴清全部土地出让价款的，不得发放国有建设用地使用权证书，也不得按出让价款缴纳比例分割发放国有建设用地使用权证书。

第二十四条　应当以招标拍卖挂牌方式出让国有建设用地使用权而擅自采用协议方式出让的，对直接负责的主管人员和其他直接责任人员依法给予处分；构成犯罪的，依法追究刑事责任。

第二十五条　中标人、竞得人有下列行为之一的，中标、竞得结果无效；造成损失的，应当依法承担赔偿责任：

（一）提供虚假文件隐瞒事实的；

（二）采取行贿、恶意串通等非法手段中标或者竞得的。

第二十六条　国土资源行政主管部门的工作人员在招标拍卖挂牌出让活动中玩忽职守、滥用职权、徇私舞弊的，依法给予处分；构成犯罪的，依法追究刑事责任。

第二十七条 以招标拍卖挂牌方式租赁国有建设用地使用权的,参照本规定执行。

第二十八条 本规定自2007年11月1日起施行。

第四节　金融保险

汇编导语

国家大力推广PPP模式,主要政策背景就是规范、化解地方政府性债务,通过创新社会融资渠道,加快推进基础设施和公用事业建设。投融资方案是PPP项目实施方案中必不可少的重要内容,应当符合国家有关政府性债务管理规定和预算法律及政策,符合现行金融监管法律法规。通过项目发行企业债券、吸收私募基金投资、资产证券化、资产信托、融资租赁等方式的融资方案,应严格依据国家证券法、基金法、信托法等金融法律法规,通过合同、协议等法律文件加以规范。政府设立的PPP引导基金进入PPP项目的,要充分利用财务和法律尽职调查、资产审计和评估等手段,规范设计基金与社会资本的合资、合股架构,依法界定各方的责、权、利。

PPP项目公司或者项目资产打包上市或者进入股权交易市场挂牌的,应取得政府有关部门的批准,方案设计中应保证融资用于PPP项目,不得假借项目之名套取融资之利。

PPP项目是长周期项目,一般包括项目建设(改造)、项目运营、项目移交等阶段。为预防和减少项目风险,项目方案中应当包括全过程、全项目的保险方案。保险项目、保险费承担、保险利益等事项应通过保险合同依法确定。社会资本方、投资方不得通过保险非法转移法定责任和合同责任,不得以保险方式直接或者变相方式非法获利。

45.《中华人民共和国保险法》

（2009年10月1日起施行，2015年4月24日修正）

第一章　总　则

……

第二章　保险合同

第一节　一般规定

第十条 保险合同是投保人与保险人约定保险权利义务关系的协议。

投保人是指与保险人订立保险合同,并按照合同约定负有支付保险费义务的人。

保险人是指与投保人订立保险合同,并按照合同约定承担赔偿或者给付保险金责任的保险公司。

……

第十二条 人身保险的投保人在保险合同订立时,对被保险人应当具有保险利益。

财产保险的被保险人在保险事故发生时,对保险标的应当具有保险利益。

人身保险是以人的寿命和身体为保险标的的保险。

财产保险是以财产及其有关利益为保险标的的保险。

被保险人是指其财产或者人身受保险合同保障,享有保险金请求权的人。投保人可以为被保险人。

保险利益是指投保人或者被保险人对保险标的具有的法律上承认的利益。

第十三条 投保人提出保险要求,经保险人同意承保,保险合同成立。保险人应当及时向投保人签发保险单或者其他保险凭证。

保险单或者其他保险凭证应当载明当事人双方约定的合同内容。当事人也可以约定采用其他书面形式载明合同内容。

依法成立的保险合同,自成立时生效。投保人和保险人可以对合同的效力约定附条件或者附期限。

第十四条 保险合同成立后,投保人按照约定交付保险费,保险人按照约定的时间开始承担保险责任。

……

第二节 人身保险合同

第三十一条 投保人对下列人员具有保险利益:

(一)本人;

(二)配偶、子女、父母;

(三)前项以外与投保人有抚养、赡养或者扶养关系的家庭其他成员、近亲属;

(四)与投保人有劳动关系的劳动者。

除前款规定外,被保险人同意投保人为其订立合同的,视为投保人对被保险人具有保险利益。

订立合同时,投保人对被保险人不具有保险利益的,合同无效。

……

第三节 财产保险合同

第四十八条 保险事故发生时,被保险人对保险标的不具有保险利益的,不得向保险人请求赔偿保险金。

第四十九条 保险标的转让的,保险标的的受让人承继被保险人的权利和义务。

保险标的转让的,被保险人或者受让人应当及时通知保险人,但货物运输保险合同和另有约定的合同除外。

因保险标的转让导致危险程度显著增加的,保险人自收到前款规定的通知之日起三十日内,可以按照合同约定增加保险费或者解除合同。保险人解除合同的,应当将已收取的保险费，按照合同约定扣除自保险责任开始之日起至合同解除之日止应收的部分后，退还投保人。

被保险人、受让人未履行本条第二款规定的通知义务的，因转让导致保险标的危险程度显著增加而发生的保险事故，保险人不承担赔偿保险金的责任。

第五十条 货物运输保险合同和运输工具航程保险合同，保险责任开始后，合同当事人不得解除合同。

第五十一条 被保险人应当遵守国家有关消防、安全、生产操作、劳动保护等方面的规定，维护保险标的的安全。

保险人可以按照合同约定对保险标的的安全状况进行检查，及时向投保人、被保险人提出消除不安全因素和隐患的书面建议。

投保人、被保险人未按照约定履行其对保险标的的安全应尽责任的，保险人有权要求增加保险费或者解除合同。

保险人为维护保险标的的安全，经被保险人同意，可以采取安全预防措施。

第五十二条 在合同有效期内，保险标的的危险程度显著增加的，被保险人应当按照合同约定及时通知保险人，保险人可以按照合同约定增加保险费或者解除合同。保险人解除合同的，应当将已收取的保险费，按照合同约定扣除自保险责任开始之日起至合同解除之日止应收的部分后，退还投保人。

被保险人未履行前款规定的通知义务的，因保险标的的危险程度显著增加而发生的保险事故，保险人不承担赔偿保险金的责任。

第五十三条 有下列情形之一的，除合同另有约定外，保险人应当降低保险费，并按日计算退还相应的保险费：

（一）据以确定保险费率的有关情况发生变化，保险标的的危险程度明显减少的；

（二）保险标的的保险价值明显减少的。

第五十四条 保险责任开始前，投保人要求解除合同的，应当按照合同约定向保险人支付手续费，保险人应当退还保险费。保险责任开始后，投保人要求解除合同的，保险人应当将已收取的保险费，按照合同约定扣除自保险责任开始之日起至合同解除之日止应收的部分后，退还投保人。

第五十五条 投保人和保险人约定保险标的的保险价值并在合同中载明的，保险标的发生损失时，以约定的保险价值为赔偿计算标准。

投保人和保险人未约定保险标的的保险价值的，保险标的发生损失时，以保险事故发生时保险标的的实际价值为赔偿计算标准。

保险金额不得超过保险价值。超过保险价值的，超过部分无效，保险人应当退还相应的保险费。

保险金额低于保险价值的，除合同另有约定外，保险人按照保险金额与保险价值的比例承担赔偿保险金的责任。

第五十六条 重复保险的投保人应当将重复保险的有关情况通知各保险人。

重复保险的各保险人赔偿保险金的总和不得超过保险价值。除合同另有约定外，各保险人按照其保险金额与保险金额总和的比例承担赔偿保险金的责任。

重复保险的投保人可以就保险金额总和超过保险价值的部分，请求各保险人按比例返还保险费。

重复保险是指投保人对同一保险标的、同一保险利益、同一保险事故分别与两个以上保险人订立保险合同,且保险金额总和超过保险价值的保险。

第五十七条 保险事故发生时,被保险人应当尽力采取必要的措施,防止或者减少损失。

保险事故发生后,被保险人为防止或者减少保险标的的损失所支付的必要的、合理的费用,由保险人承担;保险人所承担的费用数额在保险标的的损失赔偿金额以外另行计算,最高不超过保险金额的数额。

第五十八条 保险标的发生部分损失的,自保险人赔偿之日起三十日内,投保人可以解除合同;除合同另有约定外,保险人也可以解除合同,但应当提前十五日通知投保人。

合同解除的,保险人应当将保险标的未受损失部分的保险费,按照合同约定扣除自保险责任开始之日起至合同解除之日止应收的部分后,退还投保人。

第五十九条 保险事故发生后,保险人已支付了全部保险金额,并且保险金额等于保险价值的,受损保险标的的全部权利归于保险人;保险金额低于保险价值的,保险人按照保险金额与保险价值的比例取得受损保险标的的部分权利。

第六十条 因第三者对保险标的的损害而造成保险事故的,保险人自向被保险人赔偿保险金之日起,在赔偿金额范围内代位行使被保险人对第三者请求赔偿的权利。

前款规定的保险事故发生后,被保险人已经从第三者取得损害赔偿的,保险人赔偿保险金时,可以相应扣减被保险人从第三者已取得的赔偿金额。

保险人依照本条第一款规定行使代位请求赔偿的权利,不影响被保险人就未取得赔偿的部分向第三者请求赔偿的权利。

第六十一条 保险事故发生后,保险人未赔偿保险金之前,被保险人放弃对第三者请求赔偿的权利的,保险人不承担赔偿保险金的责任。

保险人向被保险人赔偿保险金后,被保险人未经保险人同意放弃对第三者请求赔偿的权利的,该行为无效。

被保险人故意或者因重大过失致使保险人不能行使代位请求赔偿的权利的,保险人可以扣减或者要求返还相应的保险金。

第六十二条 除被保险人的家庭成员或者其组成人员故意造成本法第六十条第一款规定的保险事故外,保险人不得对被保险人的家庭成员或者其组成人员行使代位请求赔偿的权利。

第六十三条 保险人向第三者行使代位请求赔偿的权利时,被保险人应当向保险人提供必要的文件和所知道的有关情况。

第六十四条 保险人、被保险人为查明和确定保险事故的性质、原因和保险标的的损失程度所支付的必要的、合理的费用,由保险人承担。

第六十五条 保险人对责任保险的被保险人给第三者造成的损害,可以依照法律的规定或者合同的约定,直接向该第三者赔偿保险金。

责任保险的被保险人给第三者造成损害,被保险人对第三者应负的赔偿责任确定的,根据被保险人的请求,保险人应当直接向该第三者赔偿保险金。被保险人怠于请求的,第三者有权就其应获赔偿部分直接向保险人请求赔偿保险金。

责任保险的被保险人给第三者造成损害,被保险人未向该第三者赔偿的,保险人不得向被保险人赔偿保险金。

责任保险是指以被保险人对第三者依法应负的赔偿责任为保险标的的保险。

第六十六条 责任保险的被保险人因给第三者造成损害的保险事故而被提起仲裁或者诉讼的,被保险人支付的仲裁或者诉讼费用以及其他必要的、合理的费用,除合同另有约定外,由保险人承担。

……

第一百八十五条 本法自2009年10月1日起施行。

46.《中华人民共和国证券法》

(2006年1月1日起施行,2014年8月31日修正)

第一章 总 则

第一条 为了规范证券发行和交易行为,保护投资者的合法权益,维护社会经济秩序和社会公共利益,促进社会主义市场经济的发展,制定本法。

第二条 在中华人民共和国境内,股票、公司债券和国务院依法认定的其他证券的发行和交易,适用本法;本法未规定的,适用《中华人民共和国公司法》和其他法律、行政法规的规定。

政府债券、证券投资基金份额的上市交易,适用本法;其他法律、行政法规另有规定的,适用其规定。

证券衍生品种发行、交易的管理办法,由国务院依照本法的原则规定。

第三条 证券的发行、交易活动,必须实行公开、公平、公正的原则。

第四条 证券发行、交易活动的当事人具有平等的法律地位,应当遵守自愿、有偿、诚实信用的原则。

第五条 证券的发行、交易活动,必须遵守法律、行政法规;禁止欺诈、内幕交易和操纵证券市场的行为。

第六条 证券业和银行业、信托业、保险业实行分业经营、分业管理,证券公司与银行、信托、保险业务机构分别设立。国家另有规定的除外。

第七条 国务院证券监督管理机构依法对全国证券市场实行集中统一监督管理。

国务院证券监督管理机构根据需要可以设立派出机构,按照授权履行监督管理职责。

第八条 在国家对证券发行、交易活动实行集中统一监督管理的前提下,依法设立证券业协会,实行自律性管理。

第九条 国家审计机关依法对证券交易所、证券公司、证券登记结算机构、证券监督管理机构进行审计监督。

第二章 证券发行

第十条 公开发行证券,必须符合法律、行政法规规定的条件,并依法报经国务院证券监督管理机构或者国务院授权的部门核准；未经依法核准，任何单位和个人不得公开发行证券。

有下列情形之一的，为公开发行：

（一）向不特定对象发行证券的；

（二）向特定对象发行证券累计超过二百人的；

（三）法律、行政法规规定的其他发行行为。

非公开发行证券，不得采用广告、公开劝诱和变相公开方式。

第十一条 发行人申请公开发行股票、可转换为股票的公司债券，依法采取承销方式的，或者公开发行法律、行政法规规定实行保荐制度的其他证券的，应当聘请具有保荐资格的机构担任保荐人。

保荐人应当遵守业务规则和行业规范，诚实守信，勤勉尽责，对发行人的申请文件和信息披露资料进行审慎核查，督导发行人规范运作。

保荐人的资格及其管理办法由国务院证券监督管理机构规定。

第十二条 设立股份有限公司公开发行股票，应当符合《中华人民共和国公司法》规定的条件和经国务院批准的国务院证券监督管理机构规定的其他条件，向国务院证券监督管理机构报送募股申请和下列文件：

（一）公司章程；

（二）发起人协议；

（三）发起人姓名或者名称，发起人认购的股份数、出资种类及验资证明；

（四）招股说明书；

（五）代收股款银行的名称及地址；

（六）承销机构名称及有关的协议。

依照本法规定聘请保荐人的，还应当报送保荐人出具的发行保荐书。

法律、行政法规规定设立公司必须报经批准的，还应当提交相应的批准文件。

第十三条 公司公开发行新股，应当符合下列条件：

（一）具备健全且运行良好的组织机构；

（二）具有持续盈利能力，财务状况良好；

（三）最近三年财务会计文件无虚假记载，无其他重大违法行为；

（四）经国务院批准的国务院证券监督管理机构规定的其他条件。

上市公司非公开发行新股，应当符合经国务院批准的国务院证券监督管理机构规定的条件，并报国务院证券监督管理机构核准。

第十四条 公司公开发行新股，应当向国务院证券监督管理机构报送募股申请和下列文件：

（一）公司营业执照；

（二）公司章程；

（三）股东大会决议；

（四）招股说明书；

（五）财务会计报告；

（六）代收股款银行的名称及地址；

（七）承销机构名称及有关的协议。

依照本法规定聘请保荐人的，还应当报送保荐人出具的发行保荐书。

第十五条 公司对公开发行股票所募集资金，必须按照招股说明书所列资金用途使用。改变招股说明书所列资金用途，必须经股东大会作出决议。擅自改变用途而未作纠正的，或者未经股东大会认可的，不得公开发行新股。

第十六条 公开发行公司债券，应当符合下列条件：

（一）股份有限公司的净资产不低于人民币三千万元，有限责任公司的净资产不低于人民币六千万元；

（二）累计债券余额不超过公司净资产的百分之四十；

（三）最近三年平均可分配利润足以支付公司债券一年的利息；

（四）筹集的资金投向符合国家产业政策；

（五）债券的利率不超过国务院限定的利率水平；

（六）国务院规定的其他条件。

公开发行公司债券筹集的资金，必须用于核准的用途，不得用于弥补亏损和非生产性支出。

上市公司发行可转换为股票的公司债券，除应当符合第一款规定的条件外，还应当符合本法关于公开发行股票的条件，并报国务院证券监督管理机构核准。

第十七条 申请公开发行公司债券，应当向国务院授权的部门或者国务院证券监督管理机构报送下列文件：

（一）公司营业执照；

（二）公司章程；

（三）公司债券募集办法；

（四）资产评估报告和验资报告；

（五）国务院授权的部门或者国务院证券监督管理机构规定的其他文件。

依照本法规定聘请保荐人的，还应当报送保荐人出具的发行保荐书。

第十八条 有下列情形之一的，不得再次公开发行公司债券：

（一）前一次公开发行的公司债券尚未募足；

（二）对已公开发行的公司债券或者其他债务有违约或者延迟支付本息的事实，仍处于继续状态；

（三）违反本法规定，改变公开发行公司债券所募资金的用途。

……

第四十七条 上市公司董事、监事、高级管理人员、持有上市公司股份百分之五以上的股东，将其持有的该公司的股票在买入后六个月内卖出，或者在卖出后六个月内又买入，由此所得收益归该公司所有，公司董事会应当收回其所得收益。但是，证券公司因包销购入售后剩余股票而持有百分之五以上股份的，卖出该股票不受六个月时间限制。

公司董事会不按照前款规定执行的，股东有权要求董事会在三十日内执行。公司董事会未在上述期限内执行的，股东有权为了公司的利益以自己的名义直接向人民法院提起诉讼。

公司董事会不按照第一款的规定执行的，负有责任的董事依法承担连带责任。

第二节 证券上市

第四十八条 申请证券上市交易,应当向证券交易所提出申请,由证券交易所依法审核同意,并由双方签订上市协议。

证券交易所根据国务院授权的部门的决定安排政府债券上市交易。

第四十九条 申请股票、可转换为股票的公司债券或者法律、行政法规规定实行保荐制度的其他证券上市交易,应当聘请具有保荐资格的机构担任保荐人。

本法第十一条第二款、第三款的规定适用于上市保荐人。

第五十条 股份有限公司申请股票上市,应当符合下列条件:

(一)股票经国务院证券监督管理机构核准已公开发行;

(二)公司股本总额不少于人民币三千万元;

(三)公开发行的股份达到公司股份总数的百分之二十五以上;公司股本总额超过人民币四亿元的,公开发行股份的比例为百分之十以上;

(四)公司最近三年无重大违法行为,财务会计报告无虚假记载。

证券交易所可以规定高于前款规定的上市条件,并报国务院证券监督管理机构批准。

第五十一条 国家鼓励符合产业政策并符合上市条件的公司股票上市交易。

第五十二条 申请股票上市交易,应当向证券交易所报送下列文件:

(一)上市报告书;

(二)申请股票上市的股东大会决议;

(三)公司章程;

(四)公司营业执照;

(五)依法经会计师事务所审计的公司最近三年的财务会计报告;

(六)法律意见书和上市保荐书;

(七)最近一次的招股说明书;

(八)证券交易所上市规则规定的其他文件。

第五十三条 股票上市交易申请经证券交易所审核同意后,签订上市协议的公司应当在规定的期限内公告股票上市的有关文件,并将该文件置备于指定场所供公众查阅。

第五十四条 签订上市协议的公司除公告前条规定的文件外,还应当公告下列事项:

(一)股票获准在证券交易所交易的日期;

(二)持有公司股份最多的前十名股东的名单和持股数额;

(三)公司的实际控制人;

(四)董事、监事、高级管理人员的姓名及其持有本公司股票和债券的情况。

第五十五条 上市公司有下列情形之一的,由证券交易所决定暂停其股票上市交易:

(一)公司股本总额、股权分布等发生变化不再具备上市条件;

(二)公司不按照规定公开其财务状况,或者对财务会计报告作虚假记载,可能误导投资者;

(三)公司有重大违法行为;

(四)公司最近三年连续亏损;

(五)证券交易所上市规则规定的其他情形。

第五十六条 上市公司有下列情形之一的,由证券交易所决定终止其股票上市交易:

(一)公司股本总额、股权分布等发生变化不再具备上市条件,在证券交易所规定的期限内仍不能达到上市条件;

(二)公司不按照规定公开其财务状况,或者对财务会计报告作虚假记载,且拒绝纠正;

(三)公司最近三年连续亏损,在其后一个年度内未能恢复盈利;

(四)公司解散或者被宣告破产;

(五)证券交易所上市规则规定的其他情形。

第五十七条 公司申请公司债券上市交易,应当符合下列条件:

(一)公司债券的期限为一年以上;

(二)公司债券实际发行额不少于人民币五千万元;

(三)公司申请债券上市时仍符合法定的公司债券发行条件。

第五十八条 申请公司债券上市交易,应当向证券交易所报送下列文件:

(一)上市报告书;

(二)申请公司债券上市的董事会决议;

(三)公司章程;

(四)公司营业执照;

(五)公司债券募集办法;

(六)公司债券的实际发行数额;

(七)证券交易所上市规则规定的其他文件。

申请可转换为股票的公司债券上市交易,还应当报送保荐人出具的上市保荐书。

第五十九条 公司债券上市交易申请经证券交易所审核同意后,签订上市协议的公司应当在规定的期限内公告公司债券上市文件及有关文件,并将其申请文件置备于指定场所供公众查阅。

第六十条 公司债券上市交易后,公司有下列情形之一的,由证券交易所决定暂停其公司债券上市交易:

(一)公司有重大违法行为;

(二)公司情况发生重大变化不符合公司债券上市条件;

(三)发行公司债券所募集的资金不按照核准的用途使用;

(四)未按照公司债券募集办法履行义务;

(五)公司最近二年连续亏损。

第六十一条 公司有前条第(一)项、第(四)项所列情形之一经查实后果严重的,或者有前条第(二)项、第(三)项、第(五)项所列情形之一,在限期内未能消除的,由证券交易所决定终止其公司债券上市交易。

公司解散或者被宣告破产的,由证券交易所终止其公司债券上市交易。

第六十二条 对证券交易所作出的不予上市、暂停上市、终止上市决定不服的,可以向证券交易所设立的复核机构申请复核。

……

47.《中华人民共和国信托法》

（2001年10月1日起施行）

第一章 总 则

第一条 为了调整信托关系，规范信托行为，保护信托当事人的合法权益，促进信托事业的健康发展，制定本法。

第二条 本法所称信托，是指委托人基于对受托人的信任，将其财产权委托给受托人，由受托人按委托人的意愿以自己的名义，为受益人的利益或者特定目的，进行管理或者处分的行为。

第三条 委托人、受托人、受益人（以下统称信托当事人）在中华人民共和国境内进行民事、营业、公益信托活动，适用本法。

第四条 受托人采取信托机构形式从事信托活动，其组织和管理由国务院制定具体办法。

第五条 信托当事人进行信托活动，必须遵守法律、行政法规，遵循自愿、公平和诚实信用原则，不得损害国家利益和社会公共利益。

第二章 信托的设立

第六条 设立信托，必须有合法的信托目的。

第七条 设立信托，必须有确定的信托财产，并且该信托财产必须是委托人合法所有的财产。

本法所称财产包括合法的财产权利。

第八条 设立信托，应当采取书面形式。

书面形式包括信托合同、遗嘱或者法律、行政法规规定的其他书面文件等。

采取信托合同形式设立信托的，信托合同签订时，信托成立。采取其他书面形式设立信托的，受托人承诺信托时，信托成立。

第九条 设立信托，其书面文件应当载明下列事项：

（一）信托目的；

（二）委托人、受托人的姓名或者名称、住所；

（三）受益人或者受益人范围；

（四）信托财产的范围、种类及状况；

（五）受益人取得信托利益的形式、方法。

除前款所列事项外，可以载明信托期限、信托财产的管理方法、受托人的报酬、新受托人的选任方式、信托终止事由等事项。

第十条 设立信托，对于信托财产，有关法律、行政法规规定应当办理登记手续的，应当依法办理信托登记。

未依照前款规定办理信托登记的，应当补办登记手续；不补办的，该信托不产生效力。

第十一条 有下列情形之一的，信托无效：

（一）信托目的违反法律、行政法规或者损害社会公共利益；
（二）信托财产不能确定；
（三）委托人以非法财产或者本法规定不得设立信托的财产设立信托；
（四）专以诉讼或者讨债为目的设立信托；
（五）受益人或者受益人范围不能确定；
（六）法律、行政法规规定的其他情形。

第十二条 委托人设立信托损害其债权人利益的，债权人有权申请人民法院撤销该信托。

人民法院依照前款规定撤销信托的，不影响善意受益人已经取得的信托利益。

本条第一款规定的申请权，自债权人知道或者应当知道撤销原因之日起一年内不行使的，归于消灭。

第十三条 设立遗嘱信托，应当遵守继承法关于遗嘱的规定。

遗嘱指定的人拒绝或者无能力担任受托人的，由受益人另行选任受托人；受益人为无民事行为能力人或者限制民事行为能力人的，依法由其监护人代行选任。遗嘱对选任受托人另有规定的，从其规定。

第三章 信托财产

第十四条 受托人因承诺信托而取得的财产是信托财产。

受托人因信托财产的管理运用、处分或者其他情形而取得的财产，也归入信托财产。

法律、行政法规禁止流通的财产，不得作为信托财产。

法律、行政法规限制流通的财产，依法经有关主管部门批准后，可以作为信托财产。

第十五条 信托财产与委托人未设立信托的其他财产相区别。设立信托后，委托人死亡或者依法解散、被依法撤销、被宣告破产时，委托人是唯一受益人的，信托终止，信托财产作为其遗产或者清算财产；委托人不是唯一受益人的，信托存续，信托财产不作为其遗产或者清算财产；但作为共同受益人的委托人死亡或者依法解散、被依法撤销、被宣告破产时，其信托受益权作为其遗产或者清算财产。

第十六条 信托财产与属于受托人所有的财产（以下简称固有财产）相区别，不得归入受托人的固有财产或者成为固有财产的一部分。

受托人死亡或者依法解散、被依法撤销、被宣告破产而终止，信托财产不属于其遗产或者清算财产。

第十七条 除因下列情形之一外，对信托财产不得强制执行：

（一）设立信托前债权人已对该信托财产享有优先受偿的权利，并依法行使该权利的；
（二）受托人处理信托事务所产生债务，债权人要求清偿该债务的；
（三）信托财产本身应担负的税款；
（四）法律规定的其他情形。

对于违反前款规定而强制执行信托财产，委托人、受托人或者受益人有权向人民法院提出异议。

第十八条 受托人管理运用、处分信托财产所产生的债权，不得与其固有财产产生的债务相抵销。

受托人管理运用、处分不同委托人的信托财产所产生的债权债务，不得相互抵销。

第四章 信托当事人

第一节 委托人

第十九条 委托人应当是具有完全民事行为能力的自然人、法人或者依法成立的其他组织。

第二十条 委托人有权了解其信托财产的管理运用、处分及收支情况，并有权要求受托人作出说明。

委托人有权查阅、抄录或者复制与其信托财产有关的信托帐目以及处理信托事务的其他文件。

第二十一条 因设立信托时未能预见的特别事由，致使信托财产的管理方法不利于实现信托目的或者不符合受益人的利益时，委托人有权要求受托人调整该信托财产的管理方法。

第二十二条 受托人违反信托目的处分信托财产或者因违背管理职责、处理信托事务不当致使信托财产受到损失的，委托人有权申请人民法院撤销该处分行为，并有权要求受托人恢复信托财产的原状或者予以赔偿；该信托财产的受让人明知是违反信托目的而接受该财产的，应当予以返还或者予以赔偿。

前款规定的申请权，自委托人知道或者应当知道撤销原因之日起一年内不行使的，归于消灭。

第二十三条 受托人违反信托目的处分信托财产或者管理运用、处分信托财产有重大过失的，委托人有权依照信托文件的规定解任受托人，或者申请人民法院解任受托人。

第二节 受托人

第二十四条 受托人应当是具有完全民事行为能力的自然人、法人。

法律、行政法规对受托人的条件另有规定的，从其规定。

第二十五条 受托人应当遵守信托文件的规定，为受益人的最大利益处理信托事务。

受托人管理信托财产，必须恪尽职守，履行诚实、信用、谨慎、有效管理的义务。

第二十六条 受托人除依照本法规定取得报酬外，不得利用信托财产为自己谋取利益。

受托人违反前款规定，利用信托财产为自己谋取利益的，所得利益归入信托财产。

第二十七条 受托人不得将信托财产转为其固有财产。受托人将信托财产转为其固有财产的，必须恢复该信托财产的原状；造成信托财产损失的，应当承担赔偿责任。

第二十八条 受托人不得将其固有财产与信托财产进行交易或者将不同委托人的信托财产进行相互交易，但信托文件另有规定或者经委托人或者受益人同意，并以公平的市场价格进行交易的除外。

受托人违反前款规定，造成信托财产损失的，应当承担赔偿责任。

第二十九条 受托人必须将信托财产与其固有财产分别管理、分别记帐，并将不同委托人的信托财产分别管理、分别记帐。

第三十条 受托人应当自己处理信托事务，但信托文件另有规定或者有不得已事由的，可以委托他人代为处理。

受托人依法将信托事务委托他人代理的，应当对他人处理信托事务的行为承担责任。

第三十一条 同一信托的受托人有两个以上的,为共同受托人。

共同受托人应当共同处理信托事务,但信托文件规定对某些具体事务由受托人分别处理的,从其规定。

共同受托人共同处理信托事务,意见不一致时,按信托文件规定处理;信托文件未规定的,由委托人、受益人或者其利害关系人决定。

第三十二条 共同受托人处理信托事务对第三人所负债务,应当承担连带清偿责任。第三人对共同受托人之一所作的意思表示,对其他受托人同样有效。

共同受托人之一违反信托目的处分信托财产或者因违背管理职责、处理信托事务不当致使信托财产受到损失的,其他受托人应当承担连带赔偿责任。

第三十三条 受托人必须保存处理信托事务的完整记录。

受托人应当每年定期将信托财产的管理运用、处分及收支情况,报告委托人和受益人。

受托人对委托人、受益人以及处理信托事务的情况和资料负有依法保密的义务。

第三十四条 受托人以信托财产为限向受益人承担支付信托利益的义务。

第三十五条 受托人有权依照信托文件的约定取得报酬。信托文件未作事先约定的,经信托当事人协商同意,可以作出补充约定;未作事先约定和补充约定的,不得收取报酬。

约定的报酬经信托当事人协商同意,可以增减其数额。

第三十六条 受托人违反信托目的处分信托财产或者因违背管理职责、处理信托事务不当致使信托财产受到损失的,在未恢复信托财产的原状或者未予赔偿前,不得请求给付报酬。

第三十七条 受托人因处理信托事务所支出的费用、对第三人所负债务,以信托财产承担。受托人以其固有财产先行支付的,对信托财产享有优先受偿的权利。

受托人违背管理职责或者处理信托事务不当对第三人所负债务或者自己所受到的损失,以其固有财产承担。

第三十八条 设立信托后,经委托人和受益人同意,受托人可以辞任。本法对公益信托的受托人辞任另有规定的,从其规定。

受托人辞任的,在新受托人选出前仍应履行管理信托事务的职责。

第三十九条 受托人有下列情形之一的,其职责终止:

(一)死亡或者被依法宣告死亡;

(二)被依法宣告为无民事行为能力人或者限制民事行为能力人;

(三)被依法撤销或者被宣告破产;

(四)依法解散或者法定资格丧失;

(五)辞任或者被解任;

(六)法律、行政法规规定的其他情形。

受托人职责终止时,其继承人或者遗产管理人、监护人、清算人应当妥善保管信托财产,协助新受托人接管信托事务。

第四十条 受托人职责终止的,依照信托文件规定选任新受托人;信托文件未规定的,由委托人选任;委托人不指定或者无能力指定的,由受益人选任;受益人为无民事行为能力人或者限制民事行为能力人的,依法由其监护人代行选任。

原受托人处理信托事务的权利和义务,由新受托人承继。

第四十一条 受托人有本法第三十九条第一款第(三)项至第(六)项所列情形之一,职责终止的,应当作出处理信托事务的报告,并向新受托人办理信托财产和信托事务的移交手续。

前款报告经委托人或者受益人认可,原受托人就报告中所列事项解除责任。但原受托人有不正当行为的除外。

第四十二条 共同受托人之一职责终止的,信托财产由其他受托人管理和处分。

第三节 受益人

第四十三条 受益人是在信托中享有信托受益权的人。受益人可以是自然人、法人或者依法成立的其他组织。

委托人可以是受益人,也可以是同一信托的唯一受益人。

受托人可以是受益人,但不得是同一信托的唯一受益人。

第四十四条 受益人自信托生效之日起享有信托受益权。信托文件另有规定的,从其规定。

第四十五条 共同受益人按照信托文件的规定享受信托利益。信托文件对信托利益的分配比例或者分配方法未作规定的,各受益人按照均等的比例享受信托利益。

第四十六条 受益人可以放弃信托受益权。

全体受益人放弃信托受益权的,信托终止。

部分受益人放弃信托受益权的,被放弃的信托受益权按下列顺序确定归属:

(一)信托文件规定的人;

(二)其他受益人;

(三)委托人或者其继承人。

第四十七条 受益人不能清偿到期债务的,其信托受益权可以用于清偿债务,但法律、行政法规以及信托文件有限制性规定的除外。

第四十八条 受益人的信托受益权可以依法转让和继承,但信托文件有限制性规定的除外。

第四十九条 受益人可以行使本法第二十条至第二十三条规定的委托人享有的权利。受益人行使上述权利,与委托人意见不一致时,可以申请人民法院作出裁定。

受托人有本法第二十二条第一款所列行为,共同受益人之一申请人民法院撤销该处分行为的,人民法院所作出的撤销裁定,对全体共同受益人有效。

第五章 信托的变更与终止

第五十条 委托人是唯一受益人的,委托人或者其继承人可以解除信托。信托文件另有规定的,从其规定。

第五十一条 设立信托后,有下列情形之一的,委托人可以变更受益人或者处分受益人的信托受益权:

(一)受益人对委托人有重大侵权行为;

(二)受益人对其他共同受益人有重大侵权行为;

(三)经受益人同意;

(四)信托文件规定的其他情形。

有前款第(一)项、第(三)项、第(四)项所列情形之一的,委托人可以解除信托。

第五十二条 信托不因委托人或者受托人的死亡、丧失民事行为能力、依法解散、被依法撤销或者被宣告破产而终止,也不因受托人的辞任而终止。但本法或者信托文件另有规定的除外。

第五十三条 有下列情形之一的,信托终止:
(一)信托文件规定的终止事由发生;
(二)信托的存续违反信托目的;
(三)信托目的已经实现或者不能实现;
(四)信托当事人协商同意;
(五)信托被撤销;
(六)信托被解除。

第五十四条 信托终止的,信托财产归属于信托文件规定的人;信托文件未规定的,按下列顺序确定归属:
(一)受益人或者其继承人;
(二)委托人或者其继承人。

第五十五条 依照前条规定,信托财产的归属确定后,在该信托财产转移给权利归属人的过程中,信托视为存续,权利归属人视为受益人。

第五十六条 信托终止后,人民法院依据本法第十七条的规定对原信托财产进行强制执行的,以权利归属人为被执行人。

第五十七条 信托终止后,受托人依照本法规定行使请求给付报酬、从信托财产中获得补偿的权利时,可以留置信托财产或者对信托财产的权利归属人提出请求。

第五十八条 信托终止的,受托人应当作出处理信托事务的清算报告。受益人或者信托财产的权利归属人对清算报告无异议的,受托人就清算报告所列事项解除责任。但受托人有不正当行为的除外。

第六章 公益信托

第五十九条 公益信托适用本章规定。本章未规定的,适用本法及其他相关法律的规定。

第六十条 为了下列公共利益目的之一而设立的信托,属于公益信托:
(一)救济贫困;
(二)救助灾民;
(三)扶助残疾人;
(四)发展教育、科技、文化、艺术、体育事业;
(五)发展医疗卫生事业;
(六)发展环境保护事业,维护生态环境;
(七)发展其他社会公益事业。

第六十一条 国家鼓励发展公益信托。

第六十二条 公益信托的设立和确定其受托人,应当经有关公益事业的管理机构(以下简称公益事业管理机构)批准。

未经公益事业管理机构的批准,不得以公益信托的名义进行活动。

公益事业管理机构对于公益信托活动应当给予支持。

第六十三条 公益信托的信托财产及其收益,不得用于非公益目的。

第六十四条 公益信托应当设置信托监察人。

信托监察人由信托文件规定。信托文件未规定的,由公益事业管理机构指定。

第六十五条 信托监察人有权以自己的名义,为维护受益人的利益,提起诉讼或者实施其他法律行为。

第六十六条 公益信托的受托人未经公益事业管理机构批准,不得辞任。

第六十七条 公益事业管理机构应当检查受托人处理公益信托事务的情况及财产状况。

受托人应当至少每年一次作出信托事务处理情况及财产状况报告,经信托监察人认可后,报公益事业管理机构核准,并由受托人予以公告。

第六十八条 公益信托的受托人违反信托义务或者无能力履行其职责的,由公益事业管理机构变更受托人。

第六十九条 公益信托成立后,发生设立信托时不能预见的情形,公益事业管理机构可以根据信托目的,变更信托文件中的有关条款。

第七十条 公益信托终止的,受托人应当于终止事由发生之日起十五日内,将终止事由和终止日期报告公益事业管理机构。

第七十一条 公益信托终止的,受托人作出的处理信托事务的清算报告,应当经信托监察人认可后,报公益事业管理机构核准,并由受托人予以公告。

第七十二条 公益信托终止,没有信托财产权利归属人或者信托财产权利归属人是不特定的社会公众的,经公益事业管理机构批准,受托人应当将信托财产用于与原公益目的相近似的目的,或者将信托财产转移给具有近似目的的公益组织或者其他公益信托。

第七十三条 公益事业管理机构违反本法规定的,委托人、受托人或者受益人有权向人民法院起诉。

第七章 附 则

第七十四条 本法自2001年10月1日起施行。

48.《融资租赁企业监督管理办法》

(2013年10月1日起施行,商务部商流通发〔2013〕337号)

第一章 总 则

第一条 为促进我国融资租赁业健康发展,规范融资租赁企业的经营行为,防范经营风险,根据《合同法》、《物权法》、《公司法》等法律法规及商务部有关规定,制订本办法。

第二条 本办法所称融资租赁企业是指根据商务部有关规定从事融资租赁业务的企业。

本办法所称融资租赁业务是指出租人根据承租人对出卖人、租赁物的选择,向出卖人购买租赁物,提供给承租人使用,承租人支付租金的交易活动。

融资租赁直接服务于实体经济,在促进装备制造业发展、中小企业融资、企业技术升级改造、设备进出口、商品流通等方面具有重要的作用,是推动产融结合、发展实体经济的重要手段。

……

第二章 经营规则

第八条 融资租赁企业可以在符合有关法律、法规及规章规定的条件下采取直接租赁、转租赁、售后回租、杠杆租赁、委托租赁、联合租赁等形式开展融资租赁业务。

第九条 融资租赁企业应当以融资租赁等租赁业务为主营业务,开展与融资租赁和租赁业务相关的租赁财产购买、租赁财产残值处理与维修、租赁交易咨询和担保、向第三方机构转让应收账款、接受租赁保证金及经审批部门批准的其他业务。

第十条 融资租赁企业开展融资租赁业务应当以权属清晰、真实存在且能够产生收益权的租赁物为载体。

融资租赁企业不得从事吸收存款、发放贷款、受托发放贷款等金融业务。未经相关部门批准,融资租赁企业不得从事同业拆借等业务。严禁融资租赁企业借融资租赁的名义开展非法集资活动。

第十一条 融资租赁企业进口租赁物涉及配额、许可等管理的,应由购买租赁物方或产权所有方按有关规定办理相关手续。

融资租赁企业经营业务过程中涉及外汇管理事项的,应当遵守国家外汇管理有关规定。

……

49.《融资性担保公司管理暂行办法》

(2010年3月8日起施行,中国银行业监督管理委员会、
国家发展和改革委员会、工业和信息化部、财政部、商务部、
中国人民银行、国家工商行政管理总局令(2010年第3号))

第一章 总 则

第一条 为加强对融资性担保公司的监督管理,规范融资性担保行为,促进融资性担保行业健康发展,根据《中华人民共和国公司法》、《中华人民共和国担保法》、《中华人民共和国合同法》等法律规定,制定本办法。

第二条 本办法所称融资性担保是指担保人与银行业金融机构等债权人约定,当被担保人不履行对债权人负有的融资性债务时,由担保人依法承担合同约定的担保责任的行为。

本办法所称融资性担保公司是指依法设立,经营融资性担保业务的有限责任公司和股份有限公司。

本办法所称监管部门是指省、自治区、直辖市人民政府确定的负责监督管理本辖区融资性担保公司的部门。

第三条 融资性担保公司应当以安全性、流动性、收益性为经营原则,建立市场化运作的可持续审慎经营模式。

融资性担保公司与企业、银行业金融机构等客户的业务往来,应当遵循诚实守信的原则,并遵守合同的约定。

第四条 融资性担保公司依法开展业务,不受任何机关、单位和个人的干涉。

第五条 融资性担保公司开展业务,应当遵守法律、法规和本办法的规定,不得损害国家利益和社会公共利益。

融资性担保公司应当为客户保密,不得利用客户提供的信息从事任何与担保业务无关或有损客户利益的活动。

第六条 融资性担保公司开展业务应当遵守公平竞争的原则,不得从事不正当竞争。

第七条 融资性担保公司由省、自治区、直辖市人民政府实施属地管理。省、自治区、直辖市人民政府确定的监管部门具体负责本辖区融资性担保公司的准入、退出、日常监管和风险处置,并向国务院建立的融资性担保业务监管部际联席会议报告工作。

……

第三章 业务范围

第十八条 融资性担保公司经监管部门批准,可以经营下列部分或全部融资性担保业务:

(一)贷款担保。

(二)票据承兑担保。

(三)贸易融资担保。

(四)项目融资担保。

(五)信用证担保。

(六)其他融资性担保业务。

第十九条 融资性担保公司经监管部门批准,可以兼营下列部分或全部业务:

(一)诉讼保全担保。

(二)投标担保、预付款担保、工程履约担保、尾付款如约偿付担保等履约担保业务。

(三)与担保业务有关的融资咨询、财务顾问等中介服务。

(四)以自有资金进行投资。

(五)监管部门规定的其他业务。

第二十条 融资性担保公司可以为其他融资性担保公司的担保责任提供再担保和办理债券发行担保业务,但应当同时符合以下条件:

(一)近两年无违法、违规不良记录。

(二)监管部门规定的其他审慎性条件。

从事再担保业务的融资性担保公司除需满足前款规定的条件外,注册资本应当不低于人民币1亿元,并连续营业两年以上。

第二十一条 融资性担保公司不得从事下列活动:

(一)吸收存款。

(二)发放贷款。

(三)受托发放贷款。

(四)受托投资。

(五)监管部门规定不得从事的其他活动。

融资性担保公司从事非法集资活动的,由有关部门依法予以查处。

第四章 经营规则和风险控制

第二十二条 融资性担保公司应当依法建立健全公司治理结构,完善议事规则、决策程序和内审制度,保持公司治理的有效性。

跨省、自治区、直辖市设立分支机构的融资性担保公司,应当设两名以上的独立董事。

第二十三条 融资性担保公司应当建立符合审慎经营原则的担保评估制度、决策程序、事后追偿和处置制度、风险预警机制和突发事件应急机制,并制定严格规范的业务操作规程,加强对担保项目的风险评估和管理。

第二十四条 融资性担保公司应当配备或聘请经济、金融、法律、技术等方面具有相关资格的专业人才。

跨省、自治区、直辖市设立分支机构的融资性担保公司应当设立首席合规官和首席风险官。首席合规官、首席风险官应当由取得律师或注册会计师等相关资格,并具有融资性担保或金融从业经验的人员担任。

第二十五条 融资性担保公司应当按照金融企业财务规则和企业会计准则等要求,建立健全财务会计制度,真实地记录和反映企业的财务状况、经营成果和现金流量。

第二十六条 融资性担保公司收取的担保费,可根据担保项目的风险程度,由融资性担保公司与被担保人自主协商确定,但不得违反国家有关规定。

第二十七条 融资性担保公司对单个被担保人提供的融资性担保责任余额不得超过净资产的10%,对单个被担保人及其关联方提供的融资性担保责任余额不得超过净资产的15%,对单个被担保人债券发行提供的担保责任余额不得超过净资产的30%。

第二十八条 融资性担保公司的融资性担保责任余额不得超过其净资产的10倍。

第二十九条 融资性担保公司以自有资金进行投资,限于国债、金融债券及大型企业债务融资工具等信用等级较高的固定收益类金融产品,以及不存在利益冲突且总额不高于净资产20%的其他投资。

第三十条 融资性担保公司不得为其母公司或子公司提供融资性担保。

第三十一条 融资性担保公司应当按照当年担保费收入的50%提取未到期责任准备金,并按不低于当年年末担保责任余额1%的比例提取担保赔偿准备金。担保赔偿准备金累计达到当年担保责任余额10%的,实行差额提取。差额提取办法和担保赔偿准备金的使用管理办法由监管部门另行制定。

监管部门可以根据融资性担保公司责任风险状况和审慎监管的需要,提出调高担保赔偿准备金比例的要求。

融资性担保公司应当对担保责任实行风险分类管理,准确计量担保责任风险。

第三十二条 融资性担保公司与债权人应当按照协商一致的原则建立业务关系,并在合同中明确约定承担担保责任的方式。

第三十三条 融资性担保公司办理融资性担保业务,应当与被担保人约定在担保期间可持续获得相关信息并有权对相关情况进行核实。

第三十四条 融资性担保公司与债权人应当建立担保期间被担保人相关信息的交换机制,加强对被担保人的信用辅导和监督,共同维护双方的合法权益。

第三十五条 融资性担保公司应当按照监管部门的规定,将公司治理情况、财务会计报告、风险管理状况、资本金构成及运用情况、担保业务总体情况等信息告知相关债权人。

……

第五节 知识产权

汇编导语

PPP项目的运营中,无论是商标权、专利权、著作权,还是以商业秘密方式保护的技术诀窍、配比配方、客户资料等非知识产权,均需要在PPP项目方案、项目合同中明确界定权属。知识产权的权属转让、许可使用的,应当以书面合同方式明确约定,并按规定进行登记、备案或者审批。以国有企业、社会资本的知识产权作价入股项目公司或者作为存量资产打包转让的,不仅应当以书面形式明确约定,还应当委托有资质的评估机构进行价值评估,并办理转让、入股的登记、备案手续。否则,有可能产生纠纷或者与第三方的权属争议。

一般而言,PPP项目公司运营期间产生的商标、专利、著作权等知识产权成果,属于项目公司的权益性资产,应当在项目移交中一并移交给政府方。对其权属作出特别安排的,应当在合同中明确约定,并报请相关政府部门批准。

财政部、发改委发布的PPP项目合同指南,均将合作项目的排他性约定或者称政府承诺和保障,列为项目合同的示范条款。以特许经营为法律基础的PPP项目,应当有政府为项目合理收益提供承诺和保障的制度设计。政府同时还要遵守反不正当竞争和反垄断法律,为项目正当公平竞争提供法律和政策环境,不得强行增加PPP项目公司和社会资本方法律规定之外的费用和责任负担。

50.《中华人民共和国商标法》

(1983年3月1日起施行,2013年8月30日修正)

第一章 总 则

第一条 为了加强商标管理,保护商标专用权,促使生产、经营者保证商品和服务质量,维护商标信誉,以保障消费者和生产、经营者的利益,促进社会主义市场经济的发展,特制定本法。

第二条 国务院工商行政管理部门商标局主管全国商标注册和管理的工作。

国务院工商行政管理部门设立商标评审委员会,负责处理商标争议事宜。

第三条 经商标局核准注册的商标为注册商标,包括商品商标、服务商标和集体商标、证明商标;商标注册人享有商标专用权,受法律保护。

本法所称集体商标,是指以团体、协会或者其他组织名义注册,供该组织成员在商事活动中使用,以表明使用者在该组织中的成员资格的标志。

本法所称证明商标,是指由对某种商品或者服务具有监督能力的组织所控制,而由该组织以外的单位或者个人使用于其商品或者服务,用以证明该商品或者服务的原产地、原料、制造方法、质量或者其他特定品质的标志。

集体商标、证明商标注册和管理的特殊事项,由国务院工商行政管理部门规定。

第四条 自然人、法人或者其他组织在生产经营活动中,对其商品或者服务需要取得商标专用权的,应当向商标局申请商标注册。

本法有关商品商标的规定,适用于服务商标。

第五条 两个以上的自然人、法人或者其他组织可以共同向商标局申请注册同一商标,共同享有和行使该商标专用权。

第六条 法律、行政法规规定必须使用注册商标的商品,必须申请商标注册,未经核准注册的,不得在市场销售。

第七条 申请注册和使用商标,应当遵循诚实信用原则。

商标使用人应当对其使用商标的商品质量负责。各级工商行政管理部门应当通过商标管理,制止欺骗消费者的行为。

第八条 任何能够将自然人、法人或者其他组织的商品与他人的商品区别开的标志,包括文字、图形、字母、数字、三维标志、颜色组合和声音等,以及上述要素的组合,均可以作为商标申请注册。

第九条 申请注册的商标,应当有显著特征,便于识别,并不得与他人在先取得的合法权利相冲突。

商标注册人有权标明"注册商标"或者注册标记。

......

第十三条 为相关公众所熟知的商标,持有人认为其权利受到侵害时,可以依照本法规定请求驰名商标保护。

就相同或者类似商品申请注册的商标是复制、摹仿或者翻译他人未在中国注册的驰名商标,容易导致混淆的,不予注册并禁止使用。

就不相同或者不相类似商品申请注册的商标是复制、摹仿或者翻译他人已经在中国注册的驰名商标,误导公众,致使该驰名商标注册人的利益可能受到损害的,不予注册并禁止使用。

第十四条 驰名商标应当根据当事人的请求,作为处理涉及商标案件需要认定的事实进行认定。认定驰名商标应当考虑下列因素:

(一)相关公众对该商标的知晓程度;

(二)该商标使用的持续时间;

(三)该商标的任何宣传工作的持续时间、程度和地理范围;

（四）该商标作为驰名商标受保护的记录；

（五）该商标驰名的其他因素。

在商标注册审查、工商行政管理部门查处商标违法案件过程中，当事人依照本法第十三条规定主张权利的，商标局根据审查、处理案件的需要，可以对商标驰名情况作出认定。

在商标争议处理过程中，当事人依照本法第十三条规定主张权利的，商标评审委员会根据处理案件的需要，可以对商标驰名情况作出认定。

在商标民事、行政案件审理过程中，当事人依照本法第十三条规定主张权利的，最高人民法院指定的人民法院根据审理案件的需要，可以对商标驰名情况作出认定。

生产、经营者不得将"驰名商标"字样用于商品、商品包装或者容器上，或者用于广告宣传、展览以及其他商业活动中。

第十五条　未经授权，代理人或者代表人以自己的名义将被代理人或者被代表人的商标进行注册，被代理人或者被代表人提出异议的，不予注册并禁止使用。

就同一种商品或者类似商品申请注册的商标与他人在先使用的未注册商标相同或者近似，申请人与该他人具有前款规定以外的合同、业务往来关系或者其他关系而明知该他人商标存在，该他人提出异议的，不予注册。

第十六条　商标中有商品的地理标志，而该商品并非来源于该标志所标示的地区，误导公众的，不予注册并禁止使用；但是，已经善意取得注册的继续有效。

前款所称地理标志，是指标示某商品来源于某地区，该商品的特定质量、信誉或者其他特征，主要由该地区的自然因素或者人文因素所决定的标志。

第十七条　外国人或者外国企业在中国申请商标注册的，应当按其所属国和中华人民共和国签订的协议或者共同参加的国际条约办理，或者按对等原则办理。

第十八条　申请商标注册或者办理其他商标事宜，可以自行办理，也可以委托依法设立的商标代理机构办理。

外国人或者外国企业在中国申请商标注册和办理其他商标事宜的，应当委托依法设立的商标代理机构办理。

……

第二章　商标注册的申请

……

第四章　注册商标的续展、变更、转让和使用许可

第三十九条　注册商标的有效期为十年，自核准注册之日起计算。

第四十条　注册商标有效期满，需要继续使用的，商标注册人应当在期满前十二个月内按照规定办理续展手续；在此期间未能办理的，可以给予六个月的宽展期。每次续展注册的有效期为十年，自该商标上一届有效期满次日起计算。期满未办理续展手续的，注销其注册商标。

商标局应当对续展注册的商标予以公告。

第四十一条　注册商标需要变更注册人的名义、地址或者其他注册事项的，应当提出变更申请。

第四十二条 转让注册商标的,转让人和受让人应当签订转让协议,并共同向商标局提出申请。受让人应当保证使用该注册商标的商品质量。

转让注册商标的,商标注册人对其在同一种商品上注册的近似的商标,或者在类似商品上注册的相同或者近似的商标,应当一并转让。

对容易导致混淆或者有其他不良影响的转让,商标局不予核准,书面通知申请人并说明理由。

转让注册商标经核准后,予以公告。受让人自公告之日起享有商标专用权。

第四十三条 商标注册人可以通过签订商标使用许可合同,许可他人使用其注册商标。许可人应当监督被许可人使用其注册商标的商品质量。被许可人应当保证使用该注册商标的商品质量。

经许可使用他人注册商标的,必须在使用该注册商标的商品上标明被许可人的名称和商品产地。

许可他人使用其注册商标的,许可人应当将其商标使用许可报商标局备案,由商标局公告。商标使用许可未经备案不得对抗善意第三人。

第五章 注册商标的无效宣告

……

第六章 商标使用的管理

第四十八条 本法所称商标的使用,是指将商标用于商品、商品包装或者容器以及商品交易文书上,或者将商标用于广告宣传、展览以及其他商业活动中,用于识别商品来源的行为。

第四十九条 商标注册人在使用注册商标的过程中,自行改变注册商标、注册人名义、地址或者其他注册事项的,由地方工商行政管理部门责令限期改正;期满不改正的,由商标局撤销其注册商标。

注册商标成为其核定使用的商品的通用名称或者没有正当理由连续三年不使用的,任何单位或者个人可以向商标局申请撤销该注册商标。商标局应当自收到申请之日起九个月内做出决定。有特殊情况需要延长的,经国务院工商行政管理部门批准,可以延长三个月。

第五十条 注册商标被撤销、被宣告无效或者期满不再续展的,自撤销、宣告无效或者注销之日起一年内,商标局对与该商标相同或者近似的商标注册申请,不予核准。

第五十一条 违反本法第六条规定的,由地方工商行政管理部门责令限期申请注册,违法经营额五万元以上的,可以处违法经营额百分之二十以下的罚款,没有违法经营额或者违法经营额不足五万元的,可以处一万元以下的罚款。

第五十二条 将未注册商标冒充注册商标使用的,或者使用未注册商标违反本法第十条规定的,由地方工商行政管理部门予以制止,限期改正,并可以予以通报,违法经营额五万元以上的,可以处违法经营额百分之二十以下的罚款,没有违法经营额或者违法经营额不足五万元的,可以处一万元以下的罚款。

第五十三条 违反本法第十四条第五款规定的,由地方工商行政管理部门责令改正,处十万元罚款。

第五十四条 对商标局撤销或者不予撤销注册商标的决定，当事人不服的，可以自收到通知之日起十五日内向商标评审委员会申请复审。商标评审委员会应当自收到申请之日起九个月内做出决定，并书面通知当事人。有特殊情况需要延长的，经国务院工商行政管理部门批准，可以延长三个月。当事人对商标评审委员会的决定不服的，可以自收到通知之日起三十日内向人民法院起诉。

第五十五条 法定期限届满，当事人对商标局做出的撤销注册商标的决定不申请复审或者对商标评审委员会做出的复审决定不向人民法院起诉的，撤销注册商标的决定、复审决定生效。

被撤销的注册商标，由商标局予以公告，该注册商标专用权自公告之日起终止。

第七章 注册商标专用权的保护

第五十六条 注册商标的专用权，以核准注册的商标和核定使用的商品为限。

第五十七条 有下列行为之一的，均属侵犯注册商标专用权：

（一）未经商标注册人的许可，在同一种商品上使用与其注册商标相同的商标的；

（二）未经商标注册人的许可，在同一种商品上使用与其注册商标近似的商标，或者在类似商品上使用与其注册商标相同或者近似的商标，容易导致混淆的；

（三）销售侵犯注册商标专用权的商品的；

（四）伪造、擅自制造他人注册商标标识或者销售伪造、擅自制造的注册商标标识的；

（五）未经商标注册人同意，更换其注册商标并将该更换商标的商品又投入市场的；

（六）故意为侵犯他人商标专用权行为提供便利条件，帮助他人实施侵犯商标专用权行为的；

（七）给他人的注册商标专用权造成其他损害的。

第五十八条 将他人注册商标、未注册的驰名商标作为企业名称中的字号使用，误导公众，构成不正当竞争行为的，依照《中华人民共和国反不正当竞争法》处理。

第五十九条 注册商标中含有的本商品的通用名称、图形、型号，或者直接表示商品的质量、主要原料、功能、用途、重量、数量及其他特点，或者含有的地名，注册商标专用权人无权禁止他人正当使用。

三维标志注册商标中含有的商品自身的性质产生的形状、为获得技术效果而需有的商品形状或者使商品具有实质性价值的形状，注册商标专用权人无权禁止他人正当使用。

商标注册人申请商标注册前，他人已经在同一种商品或者类似商品上先于商标注册人使用与注册商标相同或者近似并有一定影响的商标的，注册商标专用权人无权禁止该使用人在原使用范围内继续使用该商标，但可以要求其附加适当区别标识。

第六十条 有本法第五十七条所列侵犯注册商标专用权行为之一，引起纠纷的，由当事人协商解决；不愿协商或者协商不成的，商标注册人或者利害关系人可以向人民法院起诉，也可以请求工商行政管理部门处理。

工商行政管理部门处理时，认定侵权行为成立的，责令立即停止侵权行为，没收、销毁侵权商品和主要用于制造侵权商品、伪造注册商标标识的工具，违法经营额五万元以上的，可以处违法经营额五倍以下的罚款，没有违法经营额或者违法经营额不足五万元的，可以处二十五万元以下的罚款。对五年内实施两次以上商标侵权行为或者有其他严重情节的，应当从重处罚。销售不知道是侵犯注册商标专用权的商品,能证明该商品是自己合法取得并说明提供者的,由工商行政管理部门责令停止销售。

对侵犯商标专用权的赔偿数额的争议,当事人可以请求进行处理的工商行政管理部门调解,也可以依照《中华人民共和国民事诉讼法》向人民法院起诉。经工商行政管理部门调解,当事人未达成协议或者调解书生效后不履行的,当事人可以依照《中华人民共和国民事诉讼法》向人民法院起诉。

第六十一条 对侵犯注册商标专用权的行为,工商行政管理部门有权依法查处;涉嫌犯罪的,应当及时移送司法机关依法处理。

……

第六十三条 侵犯商标专用权的赔偿数额,按照权利人因被侵权所受到的实际损失确定;实际损失难以确定的,可以按照侵权人因侵权所获得的利益确定;权利人的损失或者侵权人获得的利益难以确定的,参照该商标许可使用费的倍数合理确定。对恶意侵犯商标专用权,情节严重的,可以在按照上述方法确定数额的一倍以上三倍以下确定赔偿数额。赔偿数额应当包括权利人为制止侵权行为所支付的合理开支。

人民法院为确定赔偿数额,在权利人已经尽力举证,而与侵权行为相关的账簿、资料主要由侵权人掌握的情况下,可以责令侵权人提供与侵权行为相关的账簿、资料;侵权人不提供或者提供虚假的账簿、资料的,人民法院可以参考权利人的主张和提供的证据判定赔偿数额。

权利人因被侵权所受到的实际损失、侵权人因侵权所获得的利益、注册商标许可使用费难以确定的,由人民法院根据侵权行为的情节判决给予三百万元以下的赔偿。

第六十四条 注册商标专用权人请求赔偿,被控侵权人以注册商标专用权人未使用注册商标提出抗辩的,人民法院可以要求注册商标专用权人提供此前三年内实际使用该注册商标的证据。注册商标专用权人不能证明此前三年内实际使用过该注册商标,也不能证明因侵权行为受到其他损失的,被控侵权人不承担赔偿责任。

销售不知道是侵犯注册商标专用权的商品,能证明该商品是自己合法取得并说明提供者的,不承担赔偿责任。

第六十五条 商标注册人或者利害关系人有证据证明他人正在实施或者即将实施侵犯其注册商标专用权的行为,如不及时制止将会使其合法权益受到难以弥补的损害的,可以依法在起诉前向人民法院申请采取责令停止有关行为和财产保全的措施。

第六十六条 为制止侵权行为,在证据可能灭失或者以后难以取得的情况下,商标注册人或者利害关系人可以依法在起诉前向人民法院申请保全证据。

第六十七条 未经商标注册人许可,在同一种商品上使用与其注册商标相同的商标,构成犯罪的,除赔偿被侵权人的损失外,依法追究刑事责任。

伪造、擅自制造他人注册商标标识或者销售伪造、擅自制造的注册商标标识,构成犯罪的,除赔偿被侵权人的损失外,依法追究刑事责任。

销售明知是假冒注册商标的商品,构成犯罪的,除赔偿被侵权人的损失外,依法追究刑事责任。

……

第八章 附 则

第七十二条 申请商标注册和办理其他商标事宜的，应当缴纳费用，具体收费标准另定。

第七十三条 本法自1983年3月1日起施行。1963年4月10日国务院公布的《商标管理条例》同时废止；其他有关商标管理的规定，凡与本法抵触的，同时失效。

本法施行前已经注册的商标继续有效。

51.《中华人民共和国专利法》

（1985年4月1日起施行，2008年12月27日修正）

第一章 总 则

第一条 为了保护专利权人的合法权益，鼓励发明创造，推动发明创造的应用，提高创新能力，促进科学技术进步和经济社会发展，制定本法。

第二条 本法所称的发明创造是指发明、实用新型和外观设计。

发明，是指对产品、方法或者其改进所提出的新的技术方案。

实用新型，是指对产品的形状、构造或者其结合所提出的适于实用的新的技术方案。

外观设计，是指对产品的形状、图案或者其结合以及色彩与形状、图案的结合所作出的富有美感并适于工业应用的新设计。

第三条 国务院专利行政部门负责管理全国的专利工作；统一受理和审查专利申请，依法授予专利权。

省、自治区、直辖市人民政府管理专利工作的部门负责本行政区域内的专利管理工作。

第四条 申请专利的发明创造涉及国家安全或者重大利益需要保密的，按照国家有关规定办理。

第五条 对违反法律、社会公德或者妨害公共利益的发明创造，不授予专利权。

对违反法律、行政法规的规定获取或者利用遗传资源，并依赖该遗传资源完成的发明创造，不授予专利权。

第六条 执行本单位的任务或者主要是利用本单位的物质技术条件所完成的发明创造为职务发明创造。职务发明创造申请专利的权利属于该单位；申请被批准后，该单位为专利权人。

非职务发明创造，申请专利的权利属于发明人或者设计人；申请被批准后，该发明人或者设计人为专利权人。

利用本单位的物质技术条件所完成的发明创造，单位与发明人或者设计人订有合同，对申请专利的权利和专利权的归属作出约定的，从其约定。

第七条 对发明人或者设计人的非职务发明创造专利申请，任何单位或者个人不得压制。

第八条 两个以上单位或者个人合作完成的发明创造、一个单位或者个人接受其他单位或者个人委托所完成的发明创造，除另有协议的以外，申请专利的权利属于完成或者共同完成的单位或者个人；申请被批准后，申请的单位或者个人为专利权人。

第九条 同样的发明创造只能授予一项专利权。但是，同一申请人同日对同样的发明创造既申请实用新型专利又申请发明专利，先获得的实用新型专利权尚未终止，且申请人声明放弃该实用新型专利权的，可以授予发明专利权。

两个以上的申请人分别就同样的发明创造申请专利的，专利权授予最先申请的人。

第十条 专利申请权和专利权可以转让。

中国单位或者个人向外国人、外国企业或者外国其他组织转让专利申请权或者专利权的，应当依照有关法律、行政法规的规定办理手续。

转让专利申请权或者专利权的，当事人应当订立书面合同，并向国务院专利行政部门登记，由国务院专利行政部门予以公告。专利申请权或者专利权的转让自登记之日起生效。

第十一条 发明和实用新型专利权被授予后，除本法另有规定的以外，任何单位或者个人未经专利权人许可，都不得实施其专利，即不得为生产经营目的制造、使用、许诺销售、销售、进口其专利产品，或者使用其专利方法以及使用、许诺销售、销售、进口依照该专利方法直接获得的产品。

外观设计专利权被授予后，任何单位或者个人未经专利权人许可，都不得实施其专利，即不得为生产经营目的制造、许诺销售、销售、进口其外观设计专利产品。

第十二条 任何单位或者个人实施他人专利的，应当与专利权人订立实施许可合同，向专利权人支付专利使用费。被许可人无权允许合同规定以外的任何单位或者个人实施该专利。

第十三条 发明专利申请公布后，申请人可以要求实施其发明的单位或者个人支付适当的费用。

第十四条 国有企业事业单位的发明专利，对国家利益或者公共利益具有重大意义的，国务院有关主管部门和省、自治区、直辖市人民政府报经国务院批准，可以决定在批准的范围内推广应用，允许指定的单位实施，由实施单位按照国家规定向专利权人支付使用费。

第十五条 专利申请权或者专利权的共有人对权利的行使有约定的，从其约定。没有约定的，共有人可以单独实施或者以普通许可方式许可他人实施该专利；许可他人实施该专利的，收取的使用费应当在共有人之间分配。

除前款规定的情形外，行使共有的专利申请权或者专利权应当取得全体共有人的同意。

第十六条 被授予专利权的单位应当对职务发明创造的发明人或者设计人给予奖励；发明创造专利实施后，根据其推广应用的范围和取得的经济效益，对发明人或者设计人给予合理的报酬。

第十七条 发明人或者设计人有权在专利文件中写明自己是发明人或者设计人。

专利权人有权在其专利产品或者该产品的包装上标明专利标识。

第十八条 在中国没有经常居所或者营业所的外国人、外国企业或者外国其他组织在中国申请专利的，依照其所属国同中国签订的协议或者共同参加的国际条约，或者依照互惠原则，根据本法办理。

第十九条 在中国没有经常居所或者营业所的外国人、外国企业或者外国其他组织在中国申请专利和办理其他专利事务的，应当委托依法设立的专利代理机构办理。

中国单位或者个人在国内申请专利和办理其他专利事务的，可以委托依法设立的专利代理机构办理。

专利代理机构应当遵守法律、行政法规，按照被代理人的委托办理专利申请或者其他专利事务；对被代理人发明创造的内容，除专利申请已经公布或者公告的以外，负有保密责任。专利代理机构的具体管理办法由国务院规定。

第二十条 任何单位或者个人将在中国完成的发明或者实用新型向外国申请专利的，应当事先报经国务院专利行政部门进行保密审查。保密审查的程序、期限等按照国务院的规定执行。

中国单位或者个人可以根据中华人民共和国参加的有关国际条约提出专利国际申请。申请人提出专利国际申请的，应当遵守前款规定。

国务院专利行政部门依照中华人民共和国参加的有关国际条约、本法和国务院有关规定处理专利国际申请。

对违反本条第一款规定向外国申请专利的发明或者实用新型，在中国申请专利的，不授予专利权。

第二十一条 国务院专利行政部门及其专利复审委员会应当按照客观、公正、准确、及时的要求，依法处理有关专利的申请和请求。

国务院专利行政部门应当完整、准确、及时发布专利信息，定期出版专利公报。

在专利申请公布或者公告前，国务院专利行政部门的工作人员及有关人员对其内容负有保密责任。

第二章　授予专利权的条件

······

第三章　专利的申请

······

第四章　专利申请的审查和批准

······

第五章　专利权的期限、终止和无效

第四十二条 发明专利权的期限为二十年，实用新型专利权和外观设计专利权的期限为十年，均自申请日起计算。

第四十三条 专利权人应当自被授予专利权的当年开始缴纳年费。

第四十四条 有下列情形之一的，专利权在期限届满前终止：

（一）没有按照规定缴纳年费的；

（二）专利权人以书面声明放弃其专利权的。

专利权在期限届满前终止的，由国务院专利行政部门登记和公告。

第四十五条 自国务院专利行政部门公告授予专利权之日起，任何单位或者个人认为该专利权的授予不符合本法有关规定的，可以请求专利复审委员会宣告该专利权无效。

第四十六条 专利复审委员会对宣告专利权无效的请求应当及时审查和作出决定，并通知请求人和专利权人。宣告专利权无效的决定，由国务院专利行政部门登记和公告。

对专利复审委员会宣告专利权无效或者维持专利权的决定不服的，可以自收到通知之日起三个月内向人民法院起诉。人民法院应当通知无效宣告请求程序的对方当事人作为第三人参加诉讼。

第四十七条 宣告无效的专利权视为自始即不存在。

宣告专利权无效的决定，对在宣告专利权无效前人民法院作出并已执行的专利侵权的判决、调解书，已经履行或者强制执行的专利侵权纠纷处理决定，以及已经履行的专利实施许可合同和专利权转让合同，不具有追溯力。但是因专利权人的恶意给他人造成的损失，应当给予赔偿。

依照前款规定不返还专利侵权赔偿金、专利使用费、专利权转让费，明显违反公平原则的，应当全部或者部分返还。

第六章　专利实施的强制许可

第四十八条 有下列情形之一的，国务院专利行政部门根据具备实施条件的单位或者个人的申请，可以给予实施发明专利或者实用新型专利的强制许可：

（一）专利权人自专利权被授予之日起满三年，且自提出专利申请之日起满四年，无正当理由未实施或者未充分实施其专利的；

（二）专利权人行使专利权的行为被依法认定为垄断行为，为消除或者减少该行为对竞争产生的不利影响的。

第四十九条 在国家出现紧急状态或者非常情况时，或者为了公共利益的目的，国务院专利行政部门可以给予实施发明专利或者实用新型专利的强制许可。

第五十条 为了公共健康目的，对取得专利权的药品，国务院专利行政部门可以给予制造并将其出口到符合中华人民共和国参加的有关国际条约规定的国家或者地区的强制许可。

第五十一条 一项取得专利权的发明或者实用新型比前已经取得专利权的发明或者实用新型具有显著经济意义的重大技术进步，其实施又有赖于前一发明或者实用新型的实施的，国务院专利行政部门根据后一专利权人的申请，可以给予实施前一发明或者实用新型的强制许可。

在依照前款规定给予实施强制许可的情形下，国务院专利行政部门根据前一专利权人的申请，也可以给予实施后一发明或者实用新型的强制许可。

第五十二条 强制许可涉及的发明创造为半导体技术的，其实施限于公共利益的目的和本法第四十八条第（二）项规定的情形。

第五十三条 除依照本法第四十八条第（二）项、第五十条规定给予的强制许可外，强制许可的实施应当主要为了供应国内市场。

第五十四条 依照本法第四十八条第（一）项、第五十一条规定申请强制许可的单位或者个人应当提供证据，证明其以合理的条件请求专利权人许可其实施专利，但未能在合理的时间内获得许可。

第五十五条 国务院专利行政部门作出的给予实施强制许可的决定，应当及时通知专利权人，并予以登记和公告。

给予实施强制许可的决定，应当根据强制许可的理由规定实施的范围和时间。强制许可的理由消除并不再发生时，国务院专利行政部门应当根据专利权人的请求，经审查后作出终止实施强制许可的决定。

第五十六条　取得实施强制许可的单位或者个人不享有独占的实施权，并且无权允许他人实施。

第五十七条　取得实施强制许可的单位或者个人应当付给专利权人合理的使用费，或者依照中华人民共和国参加的有关国际条约的规定处理使用费问题。付给使用费的，其数额由双方协商；双方不能达成协议的，由国务院专利行政部门裁决。

第五十八条　专利权人对国务院专利行政部门关于实施强制许可的决定不服的，专利权人和取得实施强制许可的单位或者个人对国务院专利行政部门关于实施强制许可的使用费的裁决不服的，可以自收到通知之日起三个月内向人民法院起诉。

第七章　专利权的保护

第五十九条　发明或者实用新型专利权的保护范围以其权利要求的内容为准，说明书及附图可以用于解释权利要求的内容。

外观设计专利权的保护范围以表示在图片或者照片中的该产品的外观设计为准，简要说明可以用于解释图片或者照片所表示的该产品的外观设计。

第六十条　未经专利权人许可，实施其专利，即侵犯其专利权，引起纠纷的，由当事人协商解决；不愿协商或者协商不成的，专利权人或者利害关系人可以向人民法院起诉，也可以请求管理专利工作的部门处理。管理专利工作的部门处理时，认定侵权行为成立的，可以责令侵权人立即停止侵权行为，当事人不服的，可以自收到处理通知之日起十五日内依照《中华人民共和国行政诉讼法》向人民法院起诉；侵权人期满不起诉又不停止侵权行为的，管理专利工作的部门可以申请人民法院强制执行。进行处理的管理专利工作的部门应当事人的请求，可以就侵犯专利权的赔偿数额进行调解；调解不成的，当事人可以依照《中华人民共和国民事诉讼法》向人民法院起诉。

第六十一条　专利侵权纠纷涉及新产品制造方法的发明专利的，制造同样产品的单位或者个人应当提供其产品制造方法不同于专利方法的证明。

专利侵权纠纷涉及实用新型专利或者外观设计专利的，人民法院或者管理专利工作的部门可以要求专利权人或者利害关系人出具由国务院专利行政部门对相关实用新型或者外观设计进行检索、分析和评价后作出的专利权评价报告，作为审理、处理专利侵权纠纷的证据。

第六十二条　在专利侵权纠纷中，被控侵权人有证据证明其实施的技术或者设计属于现有技术或者现有设计的，不构成侵犯专利权。

第六十三条　假冒专利的，除依法承担民事责任外，由管理专利工作的部门责令改正并予公告，没收违法所得，可以并处违法所得四倍以下的罚款；没有违法所得的，可以处二十万元以下的罚款；构成犯罪的，依法追究刑事责任。

第六十四条　管理专利工作的部门根据已经取得的证据，对涉嫌假冒专利行为进行查处时，可以询问有关当事人，调查与涉嫌违法行为有关的情况；对当事人涉嫌违法行为的场所实施现场检查；查阅、复制与涉嫌违法行为有关的合同、发票、账簿以及其他有关资料；检查与涉嫌违法行为有关的产品，对有证据证明是假冒专利的产品，可以查封或者扣押。

管理专利工作的部门依法行使前款规定的职权时，当事人应当予以协助、配合，不得拒绝、阻挠。

第六十五条 侵犯专利权的赔偿数额按照权利人因被侵权所受到的实际损失确定；实际损失难以确定的，可以按照侵权人因侵权所获得的利益确定。权利人的损失或者侵权人获得的利益难以确定的，参照该专利许可使用费的倍数合理确定。赔偿数额还应当包括权利人为制止侵权行为所支付的合理开支。

权利人的损失、侵权人获得的利益和专利许可使用费均难以确定的，人民法院可以根据专利权的类型、侵权行为的性质和情节等因素，确定给予一万元以上一百万元以下的赔偿。

第六十六条 专利权人或者利害关系人有证据证明他人正在实施或者即将实施侵犯专利权的行为，如不及时制止将会使其合法权益受到难以弥补的损害的，可以在起诉前向人民法院申请采取责令停止有关行为的措施。

申请人提出申请时，应当提供担保；不提供担保的，驳回申请。

人民法院应当自接受申请之时起四十八小时内作出裁定；有特殊情况需要延长的，可以延长四十八小时。裁定责令停止有关行为的，应当立即执行。当事人对裁定不服的，可以申请复议一次；复议期间不停止裁定的执行。

申请人自人民法院采取责令停止有关行为的措施之日起十五日内不起诉的，人民法院应当解除该措施。

申请有错误的，申请人应当赔偿被申请人因停止有关行为所遭受的损失。

第六十七条 为了制止专利侵权行为，在证据可能灭失或者以后难以取得的情况下，专利权人或者利害关系人可以在起诉前向人民法院申请保全证据。

人民法院采取保全措施，可以责令申请人提供担保；申请人不提供担保的，驳回申请。

人民法院应当自接受申请之时起四十八小时内作出裁定；裁定采取保全措施的，应当立即执行。

申请人自人民法院采取保全措施之日起十五日内不起诉的，人民法院应当解除该措施。

第六十八条 侵犯专利权的诉讼时效为二年，自专利权人或者利害关系人得知或者应当得知侵权行为之日起计算。

发明专利申请公布后至专利权授予前使用该发明未支付适当使用费的，专利权人要求支付使用费的诉讼时效为二年，自专利权人得知或者应当得知他人使用其发明之日起计算，但是，专利权人于专利权授予之日前即已得知或者应当得知的，自专利权授予之日起计算。

第六十九条 有下列情形之一的，不视为侵犯专利权：

（一）专利产品或者依照专利方法直接获得的产品，由专利权人或者经其许可的单位、个人售出后，使用、许诺销售、销售、进口该产品的；

（二）在专利申请日前已经制造相同产品、使用相同方法或者已经作好制造、使用的必要准备，并且仅在原有范围内继续制造、使用的；

（三）临时通过中国领陆、领水、领空的外国运输工具，依照其所属国同中国签订的协议或者共同参加的国际条约，或者依照互惠原则，为运输工具自身需要而在其装置和设备中使用有关专利的；

（四）专为科学研究和实验而使用有关专利的；

（五）为提供行政审批所需要的信息，制造、使用、进口专利药品或者专利医疗器械的，以及专门为其制造、进口专利药品或者专利医疗器械的。

第七十条 为生产经营目的使用、许诺销售或者销售不知道是未经专利权人许可而制造并售出的专利侵权产品，能证明该产品合法来源的，不承担赔偿责任。

第七十一条　违反本法第二十条规定向外国申请专利，泄露国家秘密的，由所在单位或者上级主管机关给予行政处分；构成犯罪的，依法追究刑事责任。

第七十二条　侵夺发明人或者设计人的非职务发明创造专利申请权和本法规定的其他权益的，由所在单位或者上级主管机关给予行政处分。

第七十三条　管理专利工作的部门不得参与向社会推荐专利产品等经营活动。

管理专利工作的部门违反前款规定的，由其上级机关或者监察机关责令改正，消除影响，有违法收入的予以没收；情节严重的，对直接负责的主管人员和其他直接责任人员依法给予行政处分。

第七十四条　从事专利管理工作的国家机关工作人员以及其他有关国家机关工作人员玩忽职守、滥用职权、徇私舞弊，构成犯罪的，依法追究刑事责任；尚不构成犯罪的，依法给予行政处分。

第八章　附　则

第七十五条　向国务院专利行政部门申请专利和办理其他手续，应当按照规定缴纳费用。

第七十六条　本法自1985年4月1日起施行。

52.《中华人民共和国著作权法》

（1991年6月1日起施行，2010年2月26日修正）

第一章　总　则

第一条　为保护文学、艺术和科学作品作者的著作权，以及与著作权有关的权益，鼓励有益于社会主义精神文明、物质文明建设的作品的创作和传播，促进社会主义文化和科学事业的发展与繁荣，根据宪法制定本法。

第二条　中国公民、法人或者其他组织的作品，不论是否发表，依照本法享有著作权。

外国人、无国籍人的作品根据其作者所属国或者经常居住地国同中国签订的协议或者共同参加的国际条约享有的著作权，受本法保护。

外国人、无国籍人的作品首先在中国境内出版的，依照本法享有著作权。

未与中国签订协议或者共同参加国际条约的国家的作者以及无国籍人的作品首次在中国参加的国际条约的成员国出版的，或者在成员国和非成员国同时出版的，受本法保护。

第三条　本法所称的作品，包括以下列形式创作的文学、艺术和自然科学、社会科学、工程技术等作品：

（一）文字作品；

（二）口述作品；

（三）音乐、戏剧、曲艺、舞蹈、杂技艺术作品；

（四）美术、建筑作品；
（五）摄影作品；
（六）电影作品和以类似摄制电影的方法创作的作品；
（七）工程设计图、产品设计图、地图、示意图等图形作品和模型作品；
（八）计算机软件；
（九）法律、行政法规规定的其他作品。

第四条　著作权人行使著作权，不得违反宪法和法律，不得损害公共利益。国家对作品的出版、传播依法进行监督管理。

第五条　本法不适用于：
（一）法律、法规，国家机关的决议、决定、命令和其他具有立法、行政、司法性质的文件，及其官方正式译文；
（二）时事新闻；
（三）历法、通用数表、通用表格和公式。

第六条　民间文学艺术作品的著作权保护办法由国务院另行规定。

第七条　国务院著作权行政管理部门主管全国的著作权管理工作；各省、自治区、直辖市人民政府的著作权行政管理部门主管本行政区域的著作权管理工作。

第八条　著作权人和与著作权有关的权利人可以授权著作权集体管理组织行使著作权或者与著作权有关的权利。著作权集体管理组织被授权后，可以以自己的名义为著作权人和与著作权有关的权利人主张权利，并可以作为当事人进行涉及著作权或者与著作权有关的权利的诉讼、仲裁活动。

著作权集体管理组织是非营利性组织，其设立方式、权利义务、著作权许可使用费的收取和分配，以及对其监督和管理等由国务院另行规定。

第二章　著作权

第一节　著作权人及其权利

第九条　著作权人包括：
（一）作者；
（二）其他依照本法享有著作权的公民、法人或者其他组织。

第十条　著作权包括下列人身权和财产权：
（一）发表权，即决定作品是否公之于众的权利；
（二）署名权，即表明作者身份，在作品上署名的权利；
（三）修改权，即修改或者授权他人修改作品的权利；
（四）保护作品完整权，即保护作品不受歪曲、篡改的权利；
（五）复制权，即以印刷、复印、拓印、录音、录像、翻录、翻拍等方式将作品制作一份或者多份的权利；
（六）发行权，即以出售或者赠与方式向公众提供作品的原件或者复制件的权利；
（七）出租权，即有偿许可他人临时使用电影作品和以类似摄制电影的方法创作的作品、计算机软件的权利，计算机软件不是出租的主要标的的除外；

（八）展览权，即公开陈列美术作品、摄影作品的原件或者复制件的权利；

（九）表演权，即公开表演作品，以及用各种手段公开播送作品的表演的权利；

（十）放映权，即通过放映机、幻灯机等技术设备公开再现美术、摄影、电影和以类似摄制电影的方法创作的作品等的权利；

（十一）广播权，即以无线方式公开广播或者传播作品，以有线传播或者转播的方式向公众传播广播的作品，以及通过扩音器或者其他传送符号、声音、图像的类似工具向公众传播广播的作品的权利；

（十二）信息网络传播权，即以有线或者无线方式向公众提供作品，使公众可以在其个人选定的时间和地点获得作品的权利；

（十三）摄制权，即以摄制电影或者以类似摄制电影的方法将作品固定在载体上的权利；

（十四）改编权，即改变作品，创作出具有独创性的新作品的权利；

（十五）翻译权，即将作品从一种语言文字转换成另一种语言文字的权利；

（十六）汇编权，即将作品或者作品的片段通过选择或者编排，汇集成新作品的权利；

（十七）应当由著作权人享有的其他权利。

著作权人可以许可他人行使前款第（五）项至第（十七）项规定的权利，并依照约定或者本法有关规定获得报酬。

著作权人可以全部或者部分转让本条第一款第（五）项至第（十七）项规定的权利，并依照约定或者本法有关规定获得报酬。

第二节　著作权归属

第十一条　著作权属于作者，本法另有规定的除外。

创作作品的公民是作者。

由法人或者其他组织主持，代表法人或者其他组织意志创作，并由法人或者其他组织承担责任的作品，法人或者其他组织视为作者。

如无相反证明，在作品上署名的公民、法人或者其他组织为作者。

第十二条　改编、翻译、注释、整理已有作品而产生的作品，其著作权由改编、翻译、注释、整理人享有，但行使著作权时不得侵犯原作品的著作权。

第十三条　两人以上合作创作的作品，著作权由合作作者共同享有。没有参加创作的人，不能成为合作作者。

合作作品可以分割使用的，作者对各自创作的部分可以单独享有著作权，但行使著作权时不得侵犯合作作品整体的著作权。

第十四条　汇编若干作品、作品的片段或者不构成作品的数据或者其他材料，对其内容的选择或者编排体现独创性的作品，为汇编作品，其著作权由汇编人享有，但行使著作权时，不得侵犯原作品的著作权。

第十五条　电影作品和以类似摄制电影的方法创作的作品的著作权由制片者享有，但编剧、导演、摄影、作词、作曲等作者享有署名权，并有权按照与制片者签订的合同获得报酬。

电影作品和以类似摄制电影的方法创作的作品中的剧本、音乐等可以单独使用的作品的作者有权单独行使其著作权。

第十六条　公民为完成法人或者其他组织工作任务所创作的作品是职务作品，除本条第二款的规定以外,著作权由作者享有,但法人或者其他组织有权在其业务范围内优先使用。作品完成两年内,未经单位同意,作者不得许可第三人以与单位使用的相同方式使用该作品。

有下列情形之一的职务作品,作者享有署名权,著作权的其他权利由法人或者其他组织享有,法人或者其他组织可以给予作者奖励:

(一)主要是利用法人或者其他组织的物质技术条件创作,并由法人或者其他组织承担责任的工程设计图、产品设计图、地图、计算机软件等职务作品;

(二)法律、行政法规规定或者合同约定著作权由法人或者其他组织享有的职务作品。

第十七条 受委托创作的作品,著作权的归属由委托人和受托人通过合同约定。合同未作明确约定或者没有订立合同的,著作权属于受托人。

第十八条 美术等作品原件所有权的转移,不视为作品著作权的转移,但美术作品原件的展览权由原件所有人享有。

第十九条 著作权属于公民的,公民死亡后,其本法第十条第一款第(五)项至第(十七)项规定的权利在本法规定的保护期内,依照继承法的规定转移。

著作权属于法人或者其他组织的,法人或者其他组织变更、终止后,其本法第十条第一款第(五)项至第(十七)项规定的权利在本法规定的保护期内,由承受其权利义务的法人或者其他组织享有;没有承受其权利义务的法人或者其他组织的,由国家享有。

第三节 权利的保护期

第二十条 作者的署名权、修改权、保护作品完整权的保护期不受限制。

第二十一条 公民的作品,其发表权、本法第十条第一款第(五)项至第(十七)项规定的权利的保护期为作者终生及其死亡后五十年,截止于作者死亡后第五十年的12月31日;如果是合作作品,截止于最后死亡的作者死亡后第五十年的12月31日。

法人或者其他组织的作品、著作权(署名权除外)由法人或者其他组织享有的职务作品,其发表权、本法第十条第一款第(五)项至第(十七)项规定的权利的保护期为五十年,截止于作品首次发表后第五十年的12月31日,但作品自创作完成后五十年内未发表的,本法不再保护。

电影作品和以类似摄制电影的方法创作的作品、摄影作品,其发表权、本法第十条第一款第(五)项至第(十七)项规定的权利的保护期为五十年,截止于作品首次发表后第五十年的12月31日,但作品自创作完成后五十年内未发表的,本法不再保护。

第四节 权利的限制

第二十二条 在下列情况下使用作品,可以不经著作权人许可,不向其支付报酬,但应当指明作者姓名、作品名称,并且不得侵犯著作权人依照本法享有的其他权利:

(一)为个人学习、研究或者欣赏,使用他人已经发表的作品;

(二)为介绍、评论某一作品或者说明某一问题,在作品中适当引用他人已经发表的作品;

(三)为报道时事新闻,在报纸、期刊、广播电台、电视台等媒体中不可避免地再现或者引用已经发表的作品;

（四）报纸、期刊、广播电台、电视台等媒体刊登或者播放其他报纸、期刊、广播电台、电视台等媒体已经发表的关于政治、经济、宗教问题的时事性文章，但作者声明不许刊登、播放的除外；

（五）报纸、期刊、广播电台、电视台等媒体刊登或者播放在公众集会上发表的讲话，但作者声明不许刊登、播放的除外；

（六）为学校课堂教学或者科学研究，翻译或者少量复制已经发表的作品，供教学或科研人员使用，但不得出版发行；

（七）国家机关为执行公务在合理范围内使用已经发表的作品；

（八）图书馆、档案馆、纪念馆、博物馆、美术馆等为陈列或者保存版本的需要，复制本馆收藏的作品；

（九）免费表演已经发表的作品，该表演未向公众收取费用，也未向表演者支付报酬；

（十）对设置或者陈列在室外公共场所的艺术作品进行临摹、绘画、摄影、录像；

（十一）将中国公民、法人或者其他组织已经发表的以汉语言文字创作的作品翻译成少数民族语言文字作品在国内出版发行；

（十二）将已经发表的作品改成盲文出版。

前款规定适用于对出版者、表演者、录音录像制作者、广播电台、电视台的权利的限制。

第二十三条 为实施九年制义务教育和国家教育规划而编写出版教科书，除作者事先声明不许使用的外，可以不经著作权人许可，在教科书中汇编已经发表的作品片段或者短小的文字作品、音乐作品或者单幅的美术作品、摄影作品，但应当按照规定支付报酬，指明作者姓名、作品名称，并且不得侵犯著作权人依照本法享有的其他权利。

前款规定适用于对出版者、表演者、录音录像制作者、广播电台、电视台的权利的限制。

第三章　著作权许可使用和转让合同

第二十四条 使用他人作品应当同著作权人订立许可使用合同，本法规定可以不经许可的除外。

许可使用合同包括下列主要内容：

（一）许可使用的权利种类；

（二）许可使用的权利是专有使用权或者非专有使用权；

（三）许可使用的地域范围、期间；

（四）付酬标准和办法；

（五）违约责任；

（六）双方认为需要约定的其他内容。

第二十五条 转让本法第十条第一款第（五）项至第（十七）项规定的权利，应当订立书面合同。

权利转让合同包括下列主要内容：

（一）作品的名称；

（二）转让的权利种类、地域范围；

（三）转让价金；

（四）交付转让价金的日期和方式；

（五）违约责任；

（六）双方认为需要约定的其他内容。

第二十六条 以著作权出质的，由出质人和质权人向国务院著作权行政管理部门办理出质登记。

第二十七条 许可使用合同和转让合同中著作权人未明确许可、转让的权利，未经著作权人同意，另一方当事人不得行使。

第二十八条 使用作品的付酬标准可以由当事人约定，也可以按照国务院著作权行政管理部门会同有关部门制定的付酬标准支付报酬。当事人约定不明确的，按照国务院著作权行政管理部门会同有关部门制定的付酬标准支付报酬。

第二十九条 出版者、表演者、录音录像制作者、广播电台、电视台等依照本法有关规定使用他人作品的，不得侵犯作者的署名权、修改权、保护作品完整权和获得报酬的权利。

第四章　出版、表演、录音录像、播放

第一节　图书、报刊的出版

第三十条 图书出版者出版图书应当和著作权人订立出版合同，并支付报酬。

第三十一条 图书出版者对著作权人交付出版的作品，按照合同约定享有的专有出版权受法律保护，他人不得出版该作品。

第三十二条 著作权人应当按照合同约定期限交付作品。图书出版者应当按照合同约定的出版质量、期限出版图书。

图书出版者不按照合同约定期限出版，应当依照本法第五十四条的规定承担民事责任。

图书出版者重印、再版作品的，应当通知著作权人，并支付报酬。图书脱销后，图书出版者拒绝重印、再版的，著作权人有权终止合同。

第三十三条 著作权人向报社、期刊社投稿的，自稿件发出之日起十五日内未收到报社通知决定刊登的，或者自稿件发出之日起三十日内未收到期刊社通知决定刊登的，可以将同一作品向其他报社、期刊社投稿。双方另有约定的除外。

作品刊登后，除著作权人声明不得转载、摘编的外，其他报刊可以转载或者作为文摘、资料刊登，但应当按照规定向著作权人支付报酬。

第三十四条 图书出版者经作者许可，可以对作品修改、删节。

报社、期刊社可以对作品作文字性修改、删节。对内容的修改，应当经作者许可。

第三十五条 出版改编、翻译、注释、整理、汇编已有作品而产生的作品，应当取得改编、翻译、注释、整理、汇编作品的著作权人和原作品的著作权人许可，并支付报酬。

第三十六条 出版者有权许可或者禁止他人使用其出版的图书、期刊的版式设计。

前款规定的权利的保护期为十年，截止于使用该版式设计的图书、期刊首次出版后第十年的12月31日。

……

第五章　法律责任和执法措施

……

第六章　附　则

......

第六十一条　本法自1991年6月1日起施行。

53.《中华人民共和国反不正当竞争法》

（1993年12月1日起施行）

第一章　总　则

第一条　为保障社会主义市场经济健康发展，鼓励和保护公平竞争，制止不正当竞争行为，保护经营者和消费者的合法权益，制定本法。

第二条　经营者在市场交易中，应当遵循自愿、平等、公平、诚实信用的原则，遵守公认的商业道德。

本法所称的不正当竞争，是指经营者违反本法规定，损害其他经营者的合法权益，扰乱社会经济秩序的行为。

本法所称的经营者，是指从事商品经营或者营利性服务（以下所称商品包括服务）的法人、其他经济组织和个人。

第三条　各级人民政府应当采取措施，制止不正当竞争行为，为公平竞争创造良好的环境和条件。

县级以上人民政府工商行政管理部门对不正当竞争行为进行监督检查；法律、行政法规规定由其他部门监督检查的，依照其规定。

第四条　国家鼓励、支持和保护一切组织和个人对不正当竞争行为进行社会监督。

国家机关工作人员不得支持、包庇不正当竞争行为。

第二章　不正当竞争行为

第五条　经营者不得采用下列不正当手段从事市场交易，损害竞争对手：

（一）假冒他人的注册商标；

（二）擅自使用知名商品特有的名称、包装、装潢，或者使用与知名商品近似的名称、包装、装潢，造成和他人的知名商品相混淆，使购买者误认为是该知名商品；

（三）擅自使用他人的企业名称或者姓名，引人误认为是他人的商品；

（四）在商品上伪造或者冒用认证标志、名优标志等质量标志，伪造产地，对商品质量作引人误解的虚假表示。

第六条　公用企业或者其他依法具有独占地位的经营者，不得限定他人购买其指定的经营者的商品，以排挤其他经营者的公平竞争。

第七条　政府及其所属部门不得滥用行政权力，限定他人购买其指定的经营者的商品，限制其他经营者正当的经营活动。

政府及其所属部门不得滥用行政权力，限制外地商品进入本地市场，或者本地商品流向外地市场。

第八条 经营者不得采用财物或者其他手段进行贿赂以销售或者购买商品。在帐外暗中给予对方单位或者个人回扣的,以行贿论处;对方单位或者个人在帐外暗中收受回扣的,以受贿论处。

经营者销售或者购买商品,可以以明示方式给对方折扣,可以给中间人佣金。经营者给对方折扣、给中间人佣金的,必须如实入帐。接受折扣、佣金的经营者必须如实入帐。

第九条 经营者不得利用广告或者其他方法,对商品的质量、制作成分、性能、用途、生产者、有效期限、产地等作引人误解的虚假宣传。

广告的经营者不得在明知或者应知的情况下,代理、设计、制作、发布虚假广告。

第十条 经营者不得采用下列手段侵犯商业秘密:

(一)以盗窃、利诱、胁迫或者其他不正当手段获取权利人的商业秘密;

(二)披露、使用或者允许他人使用以前项手段获取的权利人的商业秘密;

(三)违反约定或者违反权利人有关保守商业秘密的要求,披露、使用或者允许他人使用其所掌握的商业秘密。

第三人明知或者应知前款所列违法行为,获取、使用或者披露他人的商业秘密,视为侵犯商业秘密。

本条所称的商业秘密,是指不为公众所知悉、能为权利人带来经济利益、具有实用性并经权利人采取保密措施的技术信息和经营信息。

第十一条 经营者不得以排挤竞争对手为目的,以低于成本的价格销售商品。

有下列情形之一的,不属于不正当竞争行为:

(一)销售鲜活商品;

(二)处理有效期限即将到期的商品或者其他积压的商品;

(三)季节性降价;

(四)因清偿债务、转产、歇业降价销售商品。

第十二条 经营者销售商品,不得违背购买者的意愿搭售商品或者附加其他不合理的条件。

第十三条 经营者不得从事下列有奖销售:

(一)采用谎称有奖或者故意让内定人员中奖的欺骗方式进行有奖销售;

(二)利用有奖销售的手段推销质次价高的商品;

(三)抽奖式的有奖销售,最高奖的金额超过五千元。

第十四条 经营者不得捏造、散布虚伪事实,损害竞争对手的商业信誉、商品声誉。

第十五条 投标者不得串通投标,抬高标价或者压低标价。

投标者和招标者不得相互勾结,以排挤竞争对手的公平竞争。

第三章 监督检查

第十六条 县级以上监督检查部门对不正当竞争行为,可以进行监督检查。

第十七条 监督检查部门在监督检查不正当竞争行为时,有权行使下列职权:

(一)按照规定程序询问被检查的经营者、利害关系人、证明人,并要求提供证明材料或者与不正当竞争行为有关的其他资料;

（二）查询、复制与不正当竞争行为有关的协议、帐册、单据、文件、记录、业务函电和其他资料；

（三）检查与本法第五条规定的不正当竞争行为有关的财物，必要时可以责令被检查的经营者说明该商品的来源和数量，暂停销售，听候检查，不得转移、隐匿、销毁该财物。

第十八条 监督检查部门工作人员监督检查不正当竞争行为时，应当出示检查证件。

第十九条 监督检查部门在监督检查不正当竞争行为时，被检查的经营者、利害关系人和证明人应当如实提供有关资料或者情况。

第四章 法律责任

第二十条 经营者违反本法规定，给被侵害的经营者造成损害的，应当承担损害赔偿责任，被侵害的经营者的损失难以计算的，赔偿额为侵权人在侵权期间因侵权所获得的利润；并应当承担被侵害的经营者因调查该经营者侵害其合法权益的不正当竞争行为所支付的合理费用。

被侵害的经营者的合法权益受到不正当竞争行为损害的，可以向人民法院提起诉讼。

第二十一条 经营者假冒他人的注册商标，擅自使用他人的企业名称或者姓名，伪造或者冒用认证标志、名优标志等质量标志，伪造产地，对商品质量作引人误解的虚假表示的，依照《中华人民共和国商标法》、《中华人民共和国产品质量法》的规定处罚。

经营者擅自使用知名商品特有的名称、包装、装潢，或者使用与知名商品近似的名称、包装、装潢，造成和他人的知名商品相混淆，使购买者误认为是该知名商品的，监督检查部门应当责令停止违法行为，没收违法所得，可以根据情节处以违法所得一倍以上三倍以下的罚款；情节严重的可以吊销营业执照；销售伪劣商品，构成犯罪的，依法追究刑事责任。

第二十二条 经营者采用财物或者其他手段进行贿赂以销售或者购买商品，构成犯罪的，依法追究刑事责任；不构成犯罪的，监督检查部门可以根据情节处以一万元以上二十万元以下的罚款，有违法所得的，予以没收。

第二十三条 公用企业或者其他依法具有独占地位的经营者，限定他人购买其指定的经营者的商品，以排挤其他经营者的公平竞争的，省级或者设区的市的监督检查部门应当责令停止违法行为，可以根据情节处以五万元以上二十万元以下的罚款。被指定的经营者借此销售质次价高商品或者滥收费用的，监督检查部门应当没收违法所得，可以根据情节处以违法所得一倍以上三倍以下的罚款。

第二十四条 经营者利用广告或者其他方法，对商品作引人误解的虚假宣传的，监督检查部门应当责令停止违法行为，消除影响，可以根据情节处以一万元以上二十万元以下的罚款。

广告的经营者，在明知或者应知的情况下，代理、设计、制作、发布虚假广告的，监督检查部门应当责令停止违法行为，没收违法所得，并依法处以罚款。

第二十五条 违反本法第十条规定侵犯商业秘密的，监督检查部门应当责令停止违法行为，可以根据情节处以一万元以上二十万元以下的罚款。

第二十六条 经营者违反本法第十三条规定进行有奖销售的，监督检查部门应当责令停止违法行为，可以根据情节处以一万元以上十万元以下的罚款。

第二十七条 投标者串通投标，抬高标价或者压低标价；投标者和招标者相互勾结，以排挤竞争对手的公平竞争的，其中标无效。监督检查部门可以根据情节处以一万元以上二十万元以下的罚款。

第二十八条 经营者有违反被责令暂停销售,不得转移、隐匿、销毁与不正当竞争行为有关的财物的行为的,监督检查部门可以根据情节处以被销售、转移、隐匿、销毁财物的价款的一倍以上三倍以下的罚款。

第二十九条 当事人对监督检查部门作出的处罚决定不服的,可以自收到处罚决定之日起十五日内向上一级主管机关申请复议;对复议决定不服的,可以自收到复议决定书之日起十五日内向人民法院提起诉讼;也可以直接向人民法院提起诉讼。

第三十条 政府及其所属部门违反本法第七条规定,限定他人购买其指定的经营者的商品、限制其他经营者正当的经营活动,或者限制商品在地区之间正常流通的,由上级机关责令其改正;情节严重的,由同级或者上级机关对直接责任人员给予行政处分。被指定的经营者借此销售质次价高商品或者滥收费用的,监督检查部门应当没收违法所得,可以根据情节处以违法所得一倍以上三倍以下的罚款。

第三十一条 监督检查不正当竞争行为的国家机关工作人员滥用职权、玩忽职守,构成犯罪的,依法追究刑事责任;不构成犯罪的,给予行政处分。

第三十二条 监督检查不正当竞争行为的国家机关工作人员徇私舞弊,对明知有违反本法规定构成犯罪的经营者故意包庇不使他受追诉的,依法追究刑事责任。

第五章 附　则

第三十三条 本法自1993年12月1日起施行。

54.《中华人民共和国反垄断法》

（2008年8月1日起施行）

第一章　总　则

第一条 为了预防和制止垄断行为,保护市场公平竞争,提高经济运行效率,维护消费者利益和社会公共利益,促进社会主义市场经济健康发展,制定本法。

第二条 中华人民共和国境内经济活动中的垄断行为,适用本法;中华人民共和国境外的垄断行为,对境内市场竞争产生排除、限制影响的,适用本法。

第三条 本法规定的垄断行为包括:
（一）经营者达成垄断协议;
（二）经营者滥用市场支配地位;
（三）具有或者可能具有排除、限制竞争效果的经营者集中。

第四条 国家制定和实施与社会主义市场经济相适应的竞争规则,完善宏观调控,健全统一、开放、竞争、有序的市场体系。

第五条 经营者可以通过公平竞争、自愿联合,依法实施集中,扩大经营规模,提高市场竞争能力。

第六条 具有市场支配地位的经营者,不得滥用市场支配地位,排除、限制竞争。

第七条 国有经济占控制地位的关系国民经济命脉和国家安全的行业以及依法实行专营专卖的行业,国家对其经营者的合法经营活动予以保护,并对经营者的经营行为及其商品和服务的价格依法实施监管和调控,维护消费者利益,促进技术进步。

前款规定行业的经营者应当依法经营,诚实守信,严格自律,接受社会公众的监督,不得利用其控制地位或者专营专卖地位损害消费者利益。

第八条 行政机关和法律、法规授权的具有管理公共事务职能的组织不得滥用行政权力,排除、限制竞争。

……

第十一条 行业协会应当加强行业自律,引导本行业的经营者依法竞争,维护市场竞争秩序。

第十二条 本法所称经营者,是指从事商品生产、经营或者提供服务的自然人、法人和其他组织。

本法所称相关市场,是指经营者在一定时期内就特定商品或者服务(以下统称商品)进行竞争的商品范围和地域范围。

第二章 垄断协议

第十三条 禁止具有竞争关系的经营者达成下列垄断协议:
(一)固定或者变更商品价格;
(二)限制商品的生产数量或者销售数量;
(三)分割销售市场或者原材料采购市场;
(四)限制购买新技术、新设备或者限制开发新技术、新产品;
(五)联合抵制交易;
(六)国务院反垄断执法机构认定的其他垄断协议。

本法所称垄断协议,是指排除、限制竞争的协议、决定或者其他协同行为。

第十四条 禁止经营者与交易相对人达成下列垄断协议:
(一)固定向第三人转售商品的价格;
(二)限定向第三人转售商品的最低价格;
(三)国务院反垄断执法机构认定的其他垄断协议。

第十五条 经营者能够证明所达成的协议属于下列情形之一的,不适用本法第十三条、第十四条的规定:
(一)为改进技术、研究开发新产品的;
(二)为提高产品质量、降低成本、增进效率,统一产品规格、标准或者实行专业化分工的;
(三)为提高中小经营者经营效率,增强中小经营者竞争力的;
(四)为实现节约能源、保护环境、救灾救助等社会公共利益的;
(五)因经济不景气,为缓解销售量严重下降或者生产明显过剩的;
(六)为保障对外贸易和对外经济合作中的正当利益的;
(七)法律和国务院规定的其他情形。

属于前款第一项至第五项情形,不适用本法第十三条、第十四条规定的,经营者还应当证明所达成的协议不会严重限制相关市场的竞争,并且能够使消费者分享由此产生的利益。

第十六条 行业协会不得组织本行业的经营者从事本章禁止的垄断行为。

第三章 滥用市场支配地位

第十七条 禁止具有市场支配地位的经营者从事下列滥用市场支配地位的行为:

(一)以不公平的高价销售商品或者以不公平的低价购买商品;
(二)没有正当理由,以低于成本的价格销售商品;
(三)没有正当理由,拒绝与交易相对人进行交易;
(四)没有正当理由,限定交易相对人只能与其进行交易或者只能与其指定的经营者进行交易;
(五)没有正当理由搭售商品,或者在交易时附加其他不合理的交易条件;
(六)没有正当理由,对条件相同的交易相对人在交易价格等交易条件上实行差别待遇;
(七)国务院反垄断执法机构认定的其他滥用市场支配地位的行为。

本法所称市场支配地位,是指经营者在相关市场内具有能够控制商品价格、数量或者其他交易条件,或者能够阻碍、影响其他经营者进入相关市场能力的市场地位。

第十八条 认定经营者具有市场支配地位,应当依据下列因素:

(一)该经营者在相关市场的市场份额,以及相关市场的竞争状况;
(二)该经营者控制销售市场或者原材料采购市场的能力;
(三)该经营者的财力和技术条件;
(四)其他经营者对该经营者在交易上的依赖程度;
(五)其他经营者进入相关市场的难易程度;
(六)与认定该经营者市场支配地位有关的其他因素。

第十九条 有下列情形之一的,可以推定经营者具有市场支配地位:

(一)一个经营者在相关市场的市场份额达到二分之一的;
(二)两个经营者在相关市场的市场份额合计达到三分之二的;
(三)三个经营者在相关市场的市场份额合计达到四分之三的。

有前款第二项、第三项规定的情形,其中有的经营者市场份额不足十分之一的,不应当推定该经营者具有市场支配地位。

被推定具有市场支配地位的经营者,有证据证明不具有市场支配地位的,不应当认定其具有市场支配地位。

第四章 经营者集中

第二十条 经营者集中是指下列情形:

(一)经营者合并;
(二)经营者通过取得股权或者资产的方式取得对其他经营者的控制权;
(三)经营者通过合同等方式取得对其他经营者的控制权或者能够对其他经营者施加决定性影响。

第二十一条 经营者集中达到国务院规定的申报标准的,经营者应当事先向国务院反垄断执法机构申报，未申报的不得实施集中。

第二十二条 经营者集中有下列情形之一的，可以不向国务院反垄断执法机构申报：

（一）参与集中的一个经营者拥有其他每个经营者百分之五十以上有表决权的股份或者资产的；

（二）参与集中的每个经营者百分之五十以上有表决权的股份或者资产被同一个未参与集中的经营者拥有的。

第二十三条 经营者向国务院反垄断执法机构申报集中，应当提交下列文件、资料：

（一）申报书；

（二）集中对相关市场竞争状况影响的说明；

（三）集中协议；

（四）参与集中的经营者经会计师事务所审计的上一会计年度财务会计报告；

（五）国务院反垄断执法机构规定的其他文件、资料。

申报书应当载明参与集中的经营者的名称、住所、经营范围、预定实施集中的日期和国务院反垄断执法机构规定的其他事项。

……

第二十八条 经营者集中具有或者可能具有排除、限制竞争效果的，国务院反垄断执法机构应当作出禁止经营者集中的决定。但是，经营者能够证明该集中对竞争产生的有利影响明显大于不利影响，或者符合社会公共利益的，国务院反垄断执法机构可以作出对经营者集中不予禁止的决定。

第二十九条 对不予禁止的经营者集中，国务院反垄断执法机构可以决定附加减少集中对竞争产生不利影响的限制性条件。

第三十条 国务院反垄断执法机构应当将禁止经营者集中的决定或者对经营者集中附加限制性条件的决定，及时向社会公布。

第三十一条 对外资并购境内企业或者以其他方式参与经营者集中，涉及国家安全的，除依照本法规定进行经营者集中审查外，还应当按照国家有关规定进行国家安全审查。

第五章 滥用行政权力排除、限制竞争

第三十二条 行政机关和法律、法规授权的具有管理公共事务职能的组织不得滥用行政权力，限定或者变相限定单位或者个人经营、购买、使用其指定的经营者提供的商品。

第三十三条 行政机关和法律、法规授权的具有管理公共事务职能的组织不得滥用行政权力，实施下列行为，妨碍商品在地区之间的自由流通：

（一）对外地商品设定歧视性收费项目、实行歧视性收费标准，或者规定歧视性价格；

（二）对外地商品规定与本地同类商品不同的技术要求、检验标准，或者对外地商品采取重复检验、重复认证等歧视性技术措施，限制外地商品进入本地市场；

（三）采取专门针对外地商品的行政许可，限制外地商品进入本地市场；

（四）设置关卡或者采取其他手段，阻碍外地商品进入或者本地商品运出；

（五）妨碍商品在地区之间自由流通的其他行为。

第三十四条 行政机关和法律、法规授权的具有管理公共事务职能的组织不得滥用行政权力，以设定歧视性资质要求、评审标准或者不依法发布信息等方式，排斥或者限制外地

经营者参加本地的招标投标活动。

第三十五条 行政机关和法律、法规授权的具有管理公共事务职能的组织不得滥用行政权力，采取与本地经营者不平等待遇等方式，排斥或者限制外地经营者在本地投资或者设立分支机构。

第三十六条 行政机关和法律、法规授权的具有管理公共事务职能的组织不得滥用行政权力，强制经营者从事本法规定的垄断行为。

第三十七条 行政机关不得滥用行政权力，制定含有排除、限制竞争内容的规定。

第六章 对涉嫌垄断行为的调查

……

第七章 法律责任

……

第八章 附 则

第五十五条 经营者依照有关知识产权的法律、行政法规规定行使知识产权的行为，不适用本法；但是，经营者滥用知识产权，排除、限制竞争的行为，适用本法。

第五十六条 农业生产者及农村经济组织在农产品生产、加工、销售、运输、储存等经营活动中实施的联合或者协同行为，不适用本法。

第五十七条 本法自2008年8月1日起施行。

第六节 劳动人事

汇编导语

PPP项目公司的合法合规经营是PPP项目运营的基本要求。存量资产、项目的转让接收中，必然涉及原有企业、单位的人员接收和安置问题。国有企业的干部、职工的身份不同，安置方案和待遇可能不同。原企业、单位干部职工的社保、三项补贴等历史欠账问题，工伤、患病、内退、挂靠等特殊职工安置和待遇需要特别处理的，应当在安置方案中一并妥善解决，相关费用和资金来源无论是利用存量资产变现承担，还是列入社会资本方新增投资预算，都应当明确规定。职工解除、终止劳动合同的，应当根据劳动法律规定给予补偿、赔偿。正在发生的劳动争议仲裁或者诉讼案件，应一并预判风险并制定应急和预备方案。

PPP项目新设有限公司接受原单位职工、资产，或者改造原单位为项目公司，原单位存在职工内部股或者职工集资等事项的，应当先进行充分的尽职调查和风险评估，通过合法公开的民主程序制定解决方案，并在政府有关部门的审批通过后实施，相关费用和责任的资金来源应一并纳入PPP项目实施方案和项目合同中。

项目单位职工原为事业单位或者部分为事业编制身份的，还应当根据有关法律政策规定，一并完成改制和身份转换，实现新老政策、待遇的平稳对接和过渡，避免出现群体性信访等不稳定社会因素。

55.《中华人民共和国劳动合同法》

（2008年7月1日起施行，2012年12月28日修正）

第一章 总 则

第一条 为了完善劳动合同制度，明确劳动合同双方当事人的权利和义务，保护劳动者的合法权益，构建和发展和谐稳定的劳动关系，制定本法。

第二条 中华人民共和国境内的企业、个体经济组织、民办非企业单位等组织（以下称用人单位）与劳动者建立劳动关系，订立、履行、变更、解除或者终止劳动合同，适用本法。

国家机关、事业单位、社会团体和与其建立劳动关系的劳动者，订立、履行、变更、解除或者终止劳动合同，依照本法执行。

第三条 订立劳动合同，应当遵循合法、公平、平等自愿、协商一致、诚实信用的原则。

依法订立的劳动合同具有约束力，用人单位与劳动者应当履行劳动合同约定的义务。

第四条 用人单位应当依法建立和完善劳动规章制度，保障劳动者享有劳动权利、履行劳动义务。

用人单位在制定、修改或者决定有关劳动报酬、工作时间、休息休假、劳动安全卫生、保险福利、职工培训、劳动纪律以及劳动定额管理等直接涉及劳动者切身利益的规章制度或者重大事项时，应当经职工代表大会或者全体职工讨论，提出方案和意见，与工会或者职工代表平等协商确定。

在规章制度和重大事项决定实施过程中，工会或者职工认为不适当的，有权向用人单位提出，通过协商予以修改完善。

用人单位应当将直接涉及劳动者切身利益的规章制度和重大事项决定公示，或者告知劳动者。

第五条 县级以上人民政府劳动行政部门会同工会和企业方面代表，建立健全协调劳动关系三方机制，共同研究解决有关劳动关系的重大问题。

第六条 工会应当帮助、指导劳动者与用人单位依法订立和履行劳动合同，并与用人单位建立集体协商机制，维护劳动者的合法权益。

第二章 劳动合同的订立

第七条 用人单位自用工之日起即与劳动者建立劳动关系。用人单位应当建立职工名册备查。

第八条 用人单位招用劳动者时，应当如实告知劳动者工作内容、工作条件、工作地点、职业危害、安全生产状况、劳动报酬，以及劳动者要求了解的其他情况；用人单位有权了解劳动者与劳动合同直接相关的基本情况，劳动者应当如实说明。

第九条 用人单位招用劳动者，不得扣押劳动者的居民身份证和其他证件，不得要求劳动者提供担保或者以其他名义向劳动者收取财物。

第十条 建立劳动关系，应当订立书面劳动合同。

已建立劳动关系，未同时订立书面劳动合同的，应当自用工之日起一个月内订立书面劳动合同。

用人单位与劳动者在用工前订立劳动合同的，劳动关系自用工之日起建立。

第十一条 用人单位未在用工的同时订立书面劳动合同，与劳动者约定的劳动报酬不明确的，新招用的劳动者的劳动报酬按照集体合同规定的标准执行；没有集体合同或者集体合同未规定的，实行同工同酬。

第十二条 劳动合同分为固定期限劳动合同、无固定期限劳动合同和以完成一定工作任务为期限的劳动合同。

第十三条 固定期限劳动合同，是指用人单位与劳动者约定合同终止时间的劳动合同。

用人单位与劳动者协商一致，可以订立固定期限劳动合同。

第十四条 无固定期限劳动合同，是指用人单位与劳动者约定无确定终止时间的劳动合同。

用人单位与劳动者协商一致，可以订立无固定期限劳动合同。有下列情形之一，劳动者提出或者同意续订、订立劳动合同的，除劳动者提出订立固定期限劳动合同外，应当订立无固定期限劳动合同：

（一）劳动者在该用人单位连续工作满十年的；

（二）用人单位初次实行劳动合同制度或者国有企业改制重新订立劳动合同时，劳动者在该用人单位连续工作满十年且距法定退休年龄不足十年的；

（三）连续订立二次固定期限劳动合同，且劳动者没有本法第三十九条和第四十条第一项、第二项规定的情形，续订劳动合同的。

用人单位自用工之日起满一年不与劳动者订立书面劳动合同的，视为用人单位与劳动者已订立无固定期限劳动合同。

第十五条 以完成一定工作任务为期限的劳动合同，是指用人单位与劳动者约定以某项工作的完成为合同期限的劳动合同。

用人单位与劳动者协商一致，可以订立以完成一定工作任务为期限的劳动合同。

第十六条 劳动合同由用人单位与劳动者协商一致，并经用人单位与劳动者在劳动合同文本上签字或者盖章生效。

劳动合同文本由用人单位和劳动者各执一份。

第十七条 劳动合同应当具备以下条款：

（一）用人单位的名称、住所和法定代表人或者主要负责人；

（二）劳动者的姓名、住址和居民身份证或者其他有效身份证件号码；

（三）劳动合同期限；

（四）工作内容和工作地点；

（五）工作时间和休息休假；

（六）劳动报酬；
（七）社会保险；
（八）劳动保护、劳动条件和职业危害防护；
（九）法律、法规规定应当纳入劳动合同的其他事项。

劳动合同除前款规定的必备条款外，用人单位与劳动者可以约定试用期、培训、保守秘密、补充保险和福利待遇等其他事项。

第十八条 劳动合同对劳动报酬和劳动条件等标准约定不明确，引发争议的，用人单位与劳动者可以重新协商；协商不成的，适用集体合同规定；没有集体合同或者集体合同未规定劳动报酬的，实行同工同酬；没有集体合同或者集体合同未规定劳动条件等标准的，适用国家有关规定。

第十九条 劳动合同期限三个月以上不满一年的，试用期不得超过一个月；劳动合同期限一年以上不满三年的，试用期不得超过二个月；三年以上固定期限和无固定期限的劳动合同，试用期不得超过六个月。

同一用人单位与同一劳动者只能约定一次试用期。

以完成一定工作任务为期限的劳动合同或者劳动合同期限不满三个月的，不得约定试用期。

试用期包含在劳动合同期限内。劳动合同仅约定试用期的，试用期不成立，该期限为劳动合同期限。

第二十条 劳动者在试用期的工资不得低于本单位相同岗位最低档工资或者劳动合同约定工资的百分之八十，并不得低于用人单位所在地的最低工资标准。

第二十一条 在试用期中，除劳动者有本法第三十九条和第四十条第一项、第二项规定的情形外，用人单位不得解除劳动合同。用人单位在试用期解除劳动合同的，应当向劳动者说明理由。

第二十二条 用人单位为劳动者提供专项培训费用，对其进行专业技术培训的，可以与该劳动者订立协议，约定服务期。

劳动者违反服务期约定的，应当按照约定向用人单位支付违约金。违约金的数额不得超过用人单位提供的培训费用。用人单位要求劳动者支付的违约金不得超过服务期尚未履行部分所应分摊的培训费用。

用人单位与劳动者约定服务期的，不影响按照正常的工资调整机制提高劳动者在服务期期间的劳动报酬。

第二十三条 用人单位与劳动者可以在劳动合同中约定保守用人单位的商业秘密和与知识产权相关的保密事项。

对负有保密义务的劳动者，用人单位可以在劳动合同或者保密协议中与劳动者约定竞业限制条款，并约定在解除或者终止劳动合同后，在竞业限制期限内按月给予劳动者经济补偿。劳动者违反竞业限制约定的，应当按照约定向用人单位支付违约金。

第二十四条 竞业限制的人员限于用人单位的高级管理人员、高级技术人员和其他负有保密义务的人员。竞业限制的范围、地域、期限由用人单位与劳动者约定，竞业限制的约定不得违反法律、法规的规定。

在解除或者终止劳动合同后，前款规定的人员到与本单位生产或者经营同类产品、从事同类业务的有竞争关系的其他用人单位,或者自己开业生产或者经营同类产品、从事同类业务的竞业限制期限,不得超过二年。

第二十五条 除本法第二十二条和第二十三条规定的情形外,用人单位不得与劳动者约定由劳动者承担违约金。

第二十六条 下列劳动合同无效或者部分无效:

(一)以欺诈、胁迫的手段或者乘人之危,使对方在违背真实意思的情况下订立或者变更劳动合同的;

(二)用人单位免除自己的法定责任、排除劳动者权利的;

(三)违反法律、行政法规强制性规定的。

对劳动合同的无效或者部分无效有争议的,由劳动争议仲裁机构或者人民法院确认。

第二十七条 劳动合同部分无效,不影响其他部分效力的,其他部分仍然有效。

第二十八条 劳动合同被确认无效,劳动者已付出劳动的,用人单位应当向劳动者支付劳动报酬。劳动报酬的数额,参照本单位相同或者相近岗位劳动者的劳动报酬确定。

第三章　劳动合同的履行和变更

第二十九条 用人单位与劳动者应当按照劳动合同的约定,全面履行各自的义务。

第三十条 用人单位应当按照劳动合同约定和国家规定,向劳动者及时足额支付劳动报酬。

用人单位拖欠或者未足额支付劳动报酬的,劳动者可以依法向当地人民法院申请支付令,人民法院应当依法发出支付令。

第三十一条 用人单位应当严格执行劳动定额标准,不得强迫或者变相强迫劳动者加班。用人单位安排加班的,应当按照国家有关规定向劳动者支付加班费。

第三十二条 劳动者拒绝用人单位管理人员违章指挥、强令冒险作业的,不视为违反劳动合同。

劳动者对危害生命安全和身体健康的劳动条件,有权对用人单位提出批评、检举和控告。

第三十三条 用人单位变更名称、法定代表人、主要负责人或者投资人等事项,不影响劳动合同的履行。

第三十四条 用人单位发生合并或者分立等情况,原劳动合同继续有效,劳动合同由承继其权利和义务的用人单位继续履行。

第三十五条 用人单位与劳动者协商一致,可以变更劳动合同约定的内容。变更劳动合同,应当采用书面形式。

变更后的劳动合同文本由用人单位和劳动者各执一份。

第四章　劳动合同的解除和终止

第三十六条 用人单位与劳动者协商一致,可以解除劳动合同。

第三十七条 劳动者提前三十日以书面形式通知用人单位,可以解除劳动合同。劳动者在试用期内提前三日通知用人单位,可以解除劳动合同。

第三十八条 用人单位有下列情形之一的,劳动者可以解除劳动合同:

（一）未按照劳动合同约定提供劳动保护或者劳动条件的；

（二）未及时足额支付劳动报酬的；

（三）未依法为劳动者缴纳社会保险费的；

（四）用人单位的规章制度违反法律、法规的规定，损害劳动者权益的；

（五）因本法第二十六条第一款规定的情形致使劳动合同无效的；

（六）法律、行政法规规定劳动者可以解除劳动合同的其他情形。

用人单位以暴力、威胁或者非法限制人身自由的手段强迫劳动者劳动的，或者用人单位违章指挥、强令冒险作业危及劳动者人身安全的，劳动者可以立即解除劳动合同，不需事先告知用人单位。

第三十九条 劳动者有下列情形之一的，用人单位可以解除劳动合同：

（一）在试用期间被证明不符合录用条件的；

（二）严重违反用人单位的规章制度的；

（三）严重失职，营私舞弊，给用人单位造成重大损害的；

（四）劳动者同时与其他用人单位建立劳动关系，对完成本单位的工作任务造成严重影响，或者经用人单位提出，拒不改正的；

（五）因本法第二十六条第一款第一项规定的情形致使劳动合同无效的；

（六）被依法追究刑事责任的。

第四十条 有下列情形之一的，用人单位提前三十日以书面形式通知劳动者本人或者额外支付劳动者一个月工资后，可以解除劳动合同：

（一）劳动者患病或者非因工负伤，在规定的医疗期满后不能从事原工作，也不能从事由用人单位另行安排的工作的；

（二）劳动者不能胜任工作，经过培训或者调整工作岗位，仍不能胜任工作的；

（三）劳动合同订立时所依据的客观情况发生重大变化，致使劳动合同无法履行，经用人单位与劳动者协商，未能就变更劳动合同内容达成协议的。

第四十一条 有下列情形之一，需要裁减人员二十人以上或者裁减不足二十人但占企业职工总数百分之十以上的，用人单位提前三十日向工会或者全体职工说明情况，听取工会或者职工的意见后，裁减人员方案经向劳动行政部门报告，可以裁减人员：

（一）依照企业破产法规定进行重整的；

（二）生产经营发生严重困难的；

（三）企业转产、重大技术革新或者经营方式调整，经变更劳动合同后，仍需裁减人员的；

（四）其他因劳动合同订立时所依据的客观经济情况发生重大变化，致使劳动合同无法履行的。

裁减人员时，应当优先留用下列人员：

（一）与本单位订立较长期限的固定期限劳动合同的；

（二）与本单位订立无固定期限劳动合同的；

（三）家庭无其他就业人员，有需要扶养的老人或者未成年人的。

用人单位依照本条第一款规定裁减人员，在六个月内重新招用人员的，应当通知被裁减的人员，并在同等条件下优先招用被裁减的人员。

第四十二条 劳动者有下列情形之一的，用人单位不得依照本法第四十条、第四十一条的规定解除劳动合同：

（一）从事接触职业病危害作业的劳动者未进行离岗前职业健康检查，或者疑似职业病病人在诊断或者医学观察期间的；

（二）在本单位患职业病或者因工负伤并被确认丧失或者部分丧失劳动能力的；

（三）患病或者非因工负伤，在规定的医疗期内的；

（四）女职工在孕期、产期、哺乳期的；

（五）在本单位连续工作满十五年，且距法定退休年龄不足五年的；

（六）法律、行政法规规定的其他情形。

第四十三条 用人单位单方解除劳动合同，应当事先将理由通知工会。用人单位违反法律、行政法规规定或者劳动合同约定的，工会有权要求用人单位纠正。用人单位应当研究工会的意见，并将处理结果书面通知工会。

第四十四条 有下列情形之一的，劳动合同终止：

（一）劳动合同期满的；

（二）劳动者开始依法享受基本养老保险待遇的；

（三）劳动者死亡，或者被人民法院宣告死亡或者宣告失踪的；

（四）用人单位被依法宣告破产的；

（五）用人单位被吊销营业执照、责令关闭、撤销或者用人单位决定提前解散的；

（六）法律、行政法规规定的其他情形。

第四十五条 劳动合同期满，有本法第四十二条规定情形之一的，劳动合同应当续延至相应的情形消失时终止。但是，本法第四十二条第二项规定丧失或者部分丧失劳动能力劳动者的劳动合同的终止，按照国家有关工伤保险的规定执行。

第四十六条 有下列情形之一的，用人单位应当向劳动者支付经济补偿：

（一）劳动者依照本法第三十八条规定解除劳动合同的；

（二）用人单位依照本法第三十六条规定向劳动者提出解除劳动合同并与劳动者协商一致解除劳动合同的；

（三）用人单位依照本法第四十条规定解除劳动合同的；

（四）用人单位依照本法第四十一条第一款规定解除劳动合同的；

（五）除用人单位维持或者提高劳动合同约定条件续订劳动合同，劳动者不同意续订的情形外，依照本法第四十四条第一项规定终止固定期限劳动合同的；

（六）依照本法第四十四条第四项、第五项规定终止劳动合同的；

（七）法律、行政法规规定的其他情形。

第四十七条 经济补偿按劳动者在本单位工作的年限，每满一年支付一个月工资的标准向劳动者支付。六个月以上不满一年的，按一年计算；不满六个月的，向劳动者支付半个月工资的经济补偿。

劳动者月工资高于用人单位所在直辖市、设区的市级人民政府公布的本地区上年度职工月平均工资三倍的，向其支付经济补偿的标准按职工月平均工资三倍的数额支付，向其支付经济补偿的年限最高不超过十二年。

本条所称月工资是指劳动者在劳动合同解除或者终止前十二个月的平均工资。

第四十八条 用人单位违反本法规定解除或者终止劳动合同，劳动者要求继续履行劳动合同的，用人单位应当继续履行；劳动者不要求继续履行劳动合同或者劳动合同已经不能继续履行的，用人单位应当依照本法第八十七条规定支付赔偿金。

第四十九条 国家采取措施，建立健全劳动者社会保险关系跨地区转移接续制度。

第五十条 用人单位应当在解除或者终止劳动合同时出具解除或者终止劳动合同的证明，并在十五日内为劳动者办理档案和社会保险关系转移手续。

劳动者应当按照双方约定，办理工作交接。用人单位依照本法有关规定应当向劳动者支付经济补偿的，在办结工作交接时支付。

用人单位对已经解除或者终止的劳动合同的文本，至少保存二年备查。

第五章 特别规定

第一节 集体合同

第五十一条 企业职工一方与用人单位通过平等协商，可以就劳动报酬、工作时间、休息休假、劳动安全卫生、保险福利等事项订立集体合同。集体合同草案应当提交职工代表大会或者全体职工讨论通过。

集体合同由工会代表企业职工一方与用人单位订立；尚未建立工会的用人单位，由上级工会指导劳动者推举的代表与用人单位订立。

第五十二条 企业职工一方与用人单位可以订立劳动安全卫生、女职工权益保护、工资调整机制等专项集体合同。

第五十三条 在县级以下区域内，建筑业、采矿业、餐饮服务业等行业可以由工会与企业方面代表订立行业性集体合同，或者订立区域性集体合同。

第五十四条 集体合同订立后，应当报送劳动行政部门；劳动行政部门自收到集体合同文本之日起十五日内未提出异议的，集体合同即行生效。

依法订立的集体合同对用人单位和劳动者具有约束力。行业性、区域性集体合同对当地本行业、本区域的用人单位和劳动者具有约束力。

第五十五条 集体合同中劳动报酬和劳动条件等标准不得低于当地人民政府规定的最低标准；用人单位与劳动者订立的劳动合同中劳动报酬和劳动条件等标准不得低于集体合同规定的标准。

第五十六条 用人单位违反集体合同，侵犯职工劳动权益的，工会可以依法要求用人单位承担责任；因履行集体合同发生争议，经协商解决不成的，工会可以依法申请仲裁、提起诉讼。

第二节 劳务派遣

第五十七条 经营劳务派遣业务应当具备下列条件：

（一）注册资本不得少于人民币二百万元；
（二）有与开展业务相适应的固定的经营场所和设施；
（三）有符合法律、行政法规规定的劳务派遣管理制度；
（四）法律、行政法规规定的其他条件。

经营劳务派遣业务，应当向劳动行政部门依法申请行政许可；经许可的，依法办理相应的公司登记。未经许可,任何单位和个人不得经营劳务派遣业务。

第五十八条 劳务派遣单位是本法所称用人单位,应当履行用人单位对劳动者的义务。劳务派遣单位与被派遣劳动者订立的劳动合同,除应当载明本法第十七条规定的事项外,还应当载明被派遣劳动者的用工单位以及派遣期限、工作岗位等情况。

劳务派遣单位应当与被派遣劳动者订立二年以上的固定期限劳动合同,按月支付劳动报酬;被派遣劳动者在无工作期间,劳务派遣单位应当按照所在地人民政府规定的最低工资标准,向其按月支付报酬。

第五十九条 劳务派遣单位派遣劳动者应当与接受以劳务派遣形式用工的单位(以下称用工单位)订立劳务派遣协议。劳务派遣协议应当约定派遣岗位和人员数量、派遣期限、劳动报酬和社会保险费的数额与支付方式以及违反协议的责任。

用工单位应当根据工作岗位的实际需要与劳务派遣单位确定派遣期限,不得将连续用工期限分割订立数个短期劳务派遣协议。

第六十条 劳务派遣单位应当将劳务派遣协议的内容告知被派遣劳动者。

劳务派遣单位不得克扣用工单位按照劳务派遣协议支付给被派遣劳动者的劳动报酬。

劳务派遣单位和用工单位不得向被派遣劳动者收取费用。

第六十一条 劳务派遣单位跨地区派遣劳动者的,被派遣劳动者享有的劳动报酬和劳动条件,按照用工单位所在地的标准执行。

第六十二条 用工单位应当履行下列义务:

(一)执行国家劳动标准,提供相应的劳动条件和劳动保护;

(二)告知被派遣劳动者的工作要求和劳动报酬;

(三)支付加班费、绩效奖金,提供与工作岗位相关的福利待遇;

(四)对在岗被派遣劳动者进行工作岗位所必需的培训;

(五)连续用工的,实行正常的工资调整机制。

用工单位不得将被派遣劳动者再派遣到其他用人单位。

第六十三条 被派遣劳动者享有与用工单位的劳动者同工同酬的权利。用工单位应当按照同工同酬原则,对被派遣劳动者与本单位同类岗位的劳动者实行相同的劳动报酬分配办法。用工单位无同类岗位劳动者的,参照用工单位所在地相同或者相近岗位劳动者的劳动报酬确定。

劳务派遣单位与被派遣劳动者订立的劳动合同和与用工单位订立的劳务派遣协议,载明或者约定的向被派遣劳动者支付的劳动报酬应当符合前款规定。

第六十四条 被派遣劳动者有权在劳务派遣单位或者用工单位依法参加或者组织工会,维护自身的合法权益。

第六十五条 被派遣劳动者可以依照本法第三十六条、第三十八条的规定与劳务派遣单位解除劳动合同。

被派遣劳动者有本法第三十九条和第四十条第一项、第二项规定情形的,用工单位可以将劳动者退回劳务派遣单位,劳务派遣单位依照本法有关规定,可以与劳动者解除劳动合同。

第六十六条 劳动合同用工是我国的企业基本用工形式。劳务派遣用工是补充形式,只能在临时性、辅助性或者替代性的工作岗位上实施。

前款规定的临时性工作岗位是指存续时间不超过六个月的岗位;辅助性工作岗位是指为

主营业务岗位提供服务的非主营业务岗位;替代性工作岗位是指用工单位的劳动者因脱产学习、休假等原因无法工作的一定期间内,可以由其他劳动者替代工作的岗位。

用工单位应当严格控制劳务派遣用工数量,不得超过其用工总量的一定比例,具体比例由国务院劳动行政部门规定。

第六十七条 用人单位不得设立劳务派遣单位向本单位或者所属单位派遣劳动者。

第三节 非全日制用工

第六十八条 非全日制用工,是指以小时计酬为主,劳动者在同一用人单位一般平均每日工作时间不超过四小时,每周工作时间累计不超过二十四小时的用工形式。

第六十九条 非全日制用工双方当事人可以订立口头协议。

从事非全日制用工的劳动者可以与一个或者一个以上用人单位订立劳动合同;但是,后订立的劳动合同不得影响先订立的劳动合同的履行。

第七十条 非全日制用工双方当事人不得约定试用期。

第七十一条 非全日制用工双方当事人任何一方都可以随时通知对方终止用工。终止用工,用人单位不向劳动者支付经济补偿。

第七十二条 非全日制用工小时计酬标准不得低于用人单位所在地人民政府规定的最低小时工资标准。

非全日制用工劳动报酬结算支付周期最长不得超过十五日。

第六章 监督检查

第七十三条 国务院劳动行政部门负责全国劳动合同制度实施的监督管理。

县级以上地方人民政府劳动行政部门负责本行政区域内劳动合同制度实施的监督管理。

县级以上各级人民政府劳动行政部门在劳动合同制度实施的监督管理工作中,应当听取工会、企业方面代表以及有关行业主管部门的意见。

第七十四条 县级以上地方人民政府劳动行政部门依法对下列实施劳动合同制度的情况进行监督检查:

(一)用人单位制定直接涉及劳动者切身利益的规章制度及其执行的情况;
(二)用人单位与劳动者订立和解除劳动合同的情况;
(三)劳务派遣单位和用工单位遵守劳务派遣有关规定的情况;
(四)用人单位遵守国家关于劳动者工作时间和休息休假规定的情况;
(五)用人单位支付劳动合同约定的劳动报酬和执行最低工资标准的情况;
(六)用人单位参加各项社会保险和缴纳社会保险费的情况;
(七)法律、法规规定的其他劳动监察事项。

第七十五条 县级以上地方人民政府劳动行政部门实施监督检查时,有权查阅与劳动合同、集体合同有关的材料,有权对劳动场所进行实地检查,用人单位和劳动者都应当如实提供有关情况和材料。

劳动行政部门的工作人员进行监督检查,应当出示证件,依法行使职权,文明执法。

第七十六条 县级以上人民政府建设、卫生、安全生产监督管理等有关主管部门在各自职责范围内,对用人单位执行劳动合同制度的情况进行监督管理。

第七十七条 劳动者合法权益受到侵害的,有权要求有关部门依法处理,或者依法申请仲裁、提起诉讼。

第七十八条 工会依法维护劳动者的合法权益,对用人单位履行劳动合同、集体合同的情况进行监督。用人单位违反劳动法律、法规和劳动合同、集体合同的,工会有权提出意见或者要求纠正;劳动者申请仲裁、提起诉讼的,工会依法给予支持和帮助。

第七十九条 任何组织或者个人对违反本法的行为都有权举报,县级以上人民政府劳动行政部门应当及时核实、处理,并对举报有功人员给予奖励。

第七章 法律责任

第八十条 用人单位直接涉及劳动者切身利益的规章制度违反法律、法规规定的,由劳动行政部门责令改正,给予警告;给劳动者造成损害的,应当承担赔偿责任。

第八十一条 用人单位提供的劳动合同文本未载明本法规定的劳动合同必备条款或者用人单位未将劳动合同文本交付劳动者的,由劳动行政部门责令改正;给劳动者造成损害的,应当承担赔偿责任。

第八十二条 用人单位自用工之日起超过一个月不满一年未与劳动者订立书面劳动合同的,应当向劳动者每月支付二倍的工资。

用人单位违反本法规定不与劳动者订立无固定期限劳动合同的,自应当订立无固定期限劳动合同之日起向劳动者每月支付二倍的工资。

第八十三条 用人单位违反本法规定与劳动者约定试用期的,由劳动行政部门责令改正;违法约定的试用期已经履行的,由用人单位以劳动者试用期满月工资为标准,按已经履行的超过法定试用期的期间向劳动者支付赔偿金。

第八十四条 用人单位违反本法规定,扣押劳动者居民身份证等证件的,由劳动行政部门责令限期退还劳动者本人,并依照有关法律规定给予处罚。

用人单位违反本法规定,以担保或者其他名义向劳动者收取财物的,由劳动行政部门责令限期退还劳动者本人,并以每人五百元以上二千元以下的标准处以罚款;给劳动者造成损害的,应当承担赔偿责任。

劳动者依法解除或者终止劳动合同,用人单位扣押劳动者档案或者其他物品的,依照前款规定处罚。

第八十五条 用人单位有下列情形之一的,由劳动行政部门责令限期支付劳动报酬、加班费或者经济补偿;劳动报酬低于当地最低工资标准的,应当支付其差额部分;逾期不支付的,责令用人单位按应付金额百分之五十以上百分之一百以下的标准向劳动者加付赔偿金:

(一)未按照劳动合同的约定或者国家规定及时足额支付劳动者劳动报酬的;
(二)低于当地最低工资标准支付劳动者工资的;
(三)安排加班不支付加班费的;
(四)解除或者终止劳动合同,未依照本法规定向劳动者支付经济补偿的。

第八十六条 劳动合同依照本法第二十六条规定被确认无效,给对方造成损害的,有过错的一方应当承担赔偿责任。

第八十七条 用人单位违反本法规定解除或者终止劳动合同的,应当依照本法第四十七条规定的经济补偿标准的二倍向劳动者支付赔偿金。

第八十八条　用人单位有下列情形之一的，依法给予行政处罚；构成犯罪的，依法追究刑事责任；给劳动者造成损害的，应当承担赔偿责任：

（一）以暴力、威胁或者非法限制人身自由的手段强迫劳动的；

（二）违章指挥或者强令冒险作业危及劳动者人身安全的；

（三）侮辱、体罚、殴打、非法搜查或者拘禁劳动者的；

（四）劳动条件恶劣、环境污染严重，给劳动者身心健康造成严重损害的。

第八十九条　用人单位违反本法规定未向劳动者出具解除或者终止劳动合同的书面证明，由劳动行政部门责令改正；给劳动者造成损害的，应当承担赔偿责任。

第九十条　劳动者违反本法规定解除劳动合同，或者违反劳动合同中约定的保密义务或者竞业限制，给用人单位造成损失的，应当承担赔偿责任。

第九十一条　用人单位招用与其他用人单位尚未解除或者终止劳动合同的劳动者，给其他用人单位造成损失的，应当承担连带赔偿责任。

第九十二条　违反本法规定，未经许可，擅自经营劳务派遣业务的，由劳动行政部门责令停止违法行为，没收违法所得，并处违法所得一倍以上五倍以下的罚款；没有违法所得的，可以处五万元以下的罚款。

劳务派遣单位、用工单位违反本法有关劳务派遣规定的，由劳动行政部门责令限期改正；逾期不改正的，以每人五千元以上一万元以下的标准处以罚款，对劳务派遣单位，吊销其劳务派遣业务经营许可证。用工单位给被派遣劳动者造成损害的，劳务派遣单位与用工单位承担连带赔偿责任。

第九十三条　对不具备合法经营资格的用人单位的违法犯罪行为，依法追究法律责任；劳动者已经付出劳动的，该单位或者其出资人应当依照本法有关规定向劳动者支付劳动报酬、经济补偿、赔偿金；给劳动者造成损害的，应当承担赔偿责任。

第九十四条　个人承包经营违反本法规定招用劳动者，给劳动者造成损害的，发包的组织与个人承包经营者承担连带赔偿责任。

第九十五条　劳动行政部门和其他有关主管部门及其工作人员玩忽职守、不履行法定职责，或者违法行使职权，给劳动者或者用人单位造成损害的，应当承担赔偿责任；对直接负责的主管人员和其他直接责任人员，依法给予行政处分；构成犯罪的，依法追究刑事责任。

第八章　附　则

第九十六条　事业单位与实行聘用制的工作人员订立、履行、变更、解除或者终止劳动合同，法律、行政法规或者国务院另有规定的，依照其规定；未作规定的，依照本法有关规定执行。

第九十七条　本法施行前已依法订立且在本法施行之日存续的劳动合同，继续履行；本法第十四条第二款第三项规定连续订立固定期限劳动合同的次数，自本法施行后续订固定期限劳动合同时开始计算。

本法施行前已建立劳动关系，尚未订立书面劳动合同的，应当自本法施行之日起一个月内订立。

本法施行之日存续的劳动合同在本法施行后解除或者终止，依照本法第四十六条规定应当支付经济补偿的，经济补偿年限自本法施行之日起计算；本法施行前按照当时有关规定,用人单位应当向劳动者支付经济补偿的,按照当时有关规定执行。

第九十八条 本法自2013年7月1日起施行。

56.《中华人民共和国社会保险法》

（2011年7月1日起施行）

第一章 总 则

第一条 为了规范社会保险关系,维护公民参加社会保险和享受社会保险待遇的合法权益,使公民共享发展成果,促进社会和谐稳定,根据宪法,制定本法。

第二条 国家建立基本养老保险、基本医疗保险、工伤保险、失业保险、生育保险等社会保险制度,保障公民在年老、疾病、工伤、失业、生育等情况下依法从国家和社会获得物质帮助的权利。

第三条 社会保险制度坚持广覆盖、保基本、多层次、可持续的方针,社会保险水平应当与经济社会发展水平相适应。

第四条 中华人民共和国境内的用人单位和个人依法缴纳社会保险费,有权查询缴费记录、个人权益记录,要求社会保险经办机构提供社会保险咨询等相关服务。

个人依法享受社会保险待遇,有权监督本单位为其缴费情况。

第五条 县级以上人民政府将社会保险事业纳入国民经济和社会发展规划。

国家多渠道筹集社会保险资金。县级以上人民政府对社会保险事业给予必要的经费支持。

国家通过税收优惠政策支持社会保险事业。

第六条 国家对社会保险基金实行严格监管。

国务院和省、自治区、直辖市人民政府建立健全社会保险基金监督管理制度,保障社会保险基金安全、有效运行。

县级以上人民政府采取措施,鼓励和支持社会各方面参与社会保险基金的监督。

第七条 国务院社会保险行政部门负责全国的社会保险管理工作,国务院其他有关部门在各自的职责范围内负责有关的社会保险工作。

县级以上地方人民政府社会保险行政部门负责本行政区域的社会保险管理工作,县级以上地方人民政府其他有关部门在各自的职责范围内负责有关的社会保险工作。

第八条 社会保险经办机构提供社会保险服务,负责社会保险登记、个人权益记录、社会保险待遇支付等工作。

第九条 工会依法维护职工的合法权益,有权参与社会保险重大事项的研究,参加社会保险监督委员会,对与职工社会保险权益有关的事项进行监督。

第二章 基本养老保险

第十条 职工应当参加基本养老保险,由用人单位和职工共同缴纳基本养老保险费。

无雇工的个体工商户、未在用人单位参加基本养老保险的非全日制从业人员以及其他灵活就业人员可以参加基本养老保险，由个人缴纳基本养老保险费。

公务员和参照公务员法管理的工作人员养老保险的办法由国务院规定。

第十一条 基本养老保险实行社会统筹与个人账户相结合。

基本养老保险基金由用人单位和个人缴费以及政府补贴等组成。

第十二条 用人单位应当按照国家规定的本单位职工工资总额的比例缴纳基本养老保险费，记入基本养老保险统筹基金。

职工应当按照国家规定的本人工资的比例缴纳基本养老保险费，记入个人账户。

无雇工的个体工商户、未在用人单位参加基本养老保险的非全日制从业人员以及其他灵活就业人员参加基本养老保险的，应当按照国家规定缴纳基本养老保险费，分别记入基本养老保险统筹基金和个人账户。

第十三条 国有企业、事业单位职工参加基本养老保险前，视同缴费年限期间应当缴纳的基本养老保险费由政府承担。

基本养老保险基金出现支付不足时，政府给予补贴。

第十四条 个人账户不得提前支取，记账利率不得低于银行定期存款利率，免征利息税。个人死亡的，个人账户余额可以继承。

第十五条 基本养老金由统筹养老金和个人账户养老金组成。

基本养老金根据个人累计缴费年限、缴费工资、当地职工平均工资、个人账户金额、城镇人口平均预期寿命等因素确定。

第十六条 参加基本养老保险的个人，达到法定退休年龄时累计缴费满十五年的，按月领取基本养老金。

参加基本养老保险的个人，达到法定退休年龄时累计缴费不足十五年的，可以缴费至满十五年，按月领取基本养老金；也可以转入新型农村社会养老保险或者城镇居民社会养老保险，按照国务院规定享受相应的养老保险待遇。

第十七条 参加基本养老保险的个人，因病或者非因工死亡的，其遗属可以领取丧葬补助金和抚恤金；在未达到法定退休年龄时因病或者非因工致残完全丧失劳动能力的，可以领取病残津贴。所需资金从基本养老保险基金中支付。

第十八条 国家建立基本养老金正常调整机制。根据职工平均工资增长、物价上涨情况，适时提高基本养老保险待遇水平。

第十九条 个人跨统筹地区就业的，其基本养老保险关系随本人转移，缴费年限累计计算。个人达到法定退休年龄时，基本养老金分段计算、统一支付。具体办法由国务院规定。

第二十条 国家建立和完善新型农村社会养老保险制度。

新型农村社会养老保险实行个人缴费、集体补助和政府补贴相结合。

第二十一条 新型农村社会养老保险待遇由基础养老金和个人账户养老金组成。

参加新型农村社会养老保险的农村居民，符合国家规定条件的，按月领取新型农村社会养老保险待遇。

第二十二条 国家建立和完善城镇居民社会养老保险制度。

省、自治区、直辖市人民政府根据实际情况，可以将城镇居民社会养老保险和新型农村社会养老保险合并实施。

第三章　基本医疗保险

第二十三条　职工应当参加职工基本医疗保险，由用人单位和职工按照国家规定共同缴纳基本医疗保险费。

无雇工的个体工商户、未在用人单位参加职工基本医疗保险的非全日制从业人员以及其他灵活就业人员可以参加职工基本医疗保险，由个人按照国家规定缴纳基本医疗保险费。

第二十四条　国家建立和完善新型农村合作医疗制度。

新型农村合作医疗的管理办法，由国务院规定。

第二十五条　国家建立和完善城镇居民基本医疗保险制度。

城镇居民基本医疗保险实行个人缴费和政府补贴相结合。

享受最低生活保障的人、丧失劳动能力的残疾人、低收入家庭六十周岁以上的老年人和未成年人等所需个人缴费部分，由政府给予补贴。

第二十六条　职工基本医疗保险、新型农村合作医疗和城镇居民基本医疗保险的待遇标准按照国家规定执行。

第二十七条　参加职工基本医疗保险的个人，达到法定退休年龄时累计缴费达到国家规定年限的，退休后不再缴纳基本医疗保险费，按照国家规定享受基本医疗保险待遇；未达到国家规定年限的，可以缴费至国家规定年限。

第二十八条　符合基本医疗保险药品目录、诊疗项目、医疗服务设施标准以及急诊、抢救的医疗费用，按照国家规定从基本医疗保险基金中支付。

第二十九条　参保人员医疗费用中应当由基本医疗保险基金支付的部分，由社会保险经办机构与医疗机构、药品经营单位直接结算。

社会保险行政部门和卫生行政部门应当建立异地就医医疗费用结算制度，方便参保人员享受基本医疗保险待遇。

第三十条　下列医疗费用不纳入基本医疗保险基金支付范围：

（一）应当从工伤保险基金中支付的；

（二）应当由第三人负担的；

（三）应当由公共卫生负担的；

（四）在境外就医的。

医疗费用依法应当由第三人负担，第三人不支付或者无法确定第三人的，由基本医疗保险基金先行支付。基本医疗保险基金先行支付后，有权向第三人追偿。

第三十一条　社会保险经办机构根据管理服务的需要，可以与医疗机构、药品经营单位签订服务协议，规范医疗服务行为。

医疗机构应当为参保人员提供合理、必要的医疗服务。

第三十二条　个人跨统筹地区就业的，其基本医疗保险关系随本人转移，缴费年限累计计算。

第四章　工伤保险

第三十三条　职工应当参加工伤保险，由用人单位缴纳工伤保险费，职工不缴纳工伤保险费。

第三十四条 国家根据不同行业的工伤风险程度确定行业的差别费率,并根据使用工伤保险基金、工伤发生率等情况在每个行业内确定费率档次。行业差别费率和行业内费率档次由国务院社会保险行政部门制定,报国务院批准后公布施行。

社会保险经办机构根据用人单位使用工伤保险基金、工伤发生率和所属行业费率档次等情况,确定用人单位缴费费率。

第三十五条 用人单位应当按照本单位职工工资总额,根据社会保险经办机构确定的费率缴纳工伤保险费。

第三十六条 职工因工作原因受到事故伤害或者患职业病,且经工伤认定的,享受工伤保险待遇;其中,经劳动能力鉴定丧失劳动能力的,享受伤残待遇。

工伤认定和劳动能力鉴定应当简捷、方便。

第三十七条 职工因下列情形之一导致本人在工作中伤亡的,不认定为工伤:

(一)故意犯罪;

(二)醉酒或者吸毒;

(三)自残或者自杀;

(四)法律、行政法规规定的其他情形。

第三十八条 因工伤发生的下列费用,按照国家规定从工伤保险基金中支付:

(一)治疗工伤的医疗费用和康复费用;

(二)住院伙食补助费;

(三)到统筹地区以外就医的交通食宿费;

(四)安装配置伤残辅助器具所需费用;

(五)生活不能自理的,经劳动能力鉴定委员会确认的生活护理费;

(六)一次性伤残补助金和一至四级伤残职工按月领取的伤残津贴;

(七)终止或者解除劳动合同时,应当享受的一次性医疗补助金;

(八)因工死亡的,其遗属领取的丧葬补助金、供养亲属抚恤金和因工死亡补助金;

(九)劳动能力鉴定费。

第三十九条 因工伤发生的下列费用,按照国家规定由用人单位支付:

(一)治疗工伤期间的工资福利;

(二)五级、六级伤残职工按月领取的伤残津贴;

(三)终止或者解除劳动合同时,应当享受的一次性伤残就业补助金。

第四十条 工伤职工符合领取基本养老金条件的,停发伤残津贴,享受基本养老保险待遇。基本养老保险待遇低于伤残津贴的,从工伤保险基金中补足差额。

第四十一条 职工所在用人单位未依法缴纳工伤保险费,发生工伤事故的,由用人单位支付工伤保险待遇。用人单位不支付的,从工伤保险基金中先行支付。

从工伤保险基金中先行支付的工伤保险待遇应当由用人单位偿还。用人单位不偿还的,社会保险经办机构可以依照本法第六十三条的规定追偿。

第四十二条 由于第三人的原因造成工伤,第三人不支付工伤医疗费用或者无法确定第三人的,由工伤保险基金先行支付。工伤保险基金先行支付后,有权向第三人追偿。

第四十三条 工伤职工有下列情形之一的,停止享受工伤保险待遇:

(一)丧失享受待遇条件的;

（二）拒不接受劳动能力鉴定的；

（三）拒绝治疗的。

第五章　失业保险

第四十四条　职工应当参加失业保险，由用人单位和职工按照国家规定共同缴纳失业保险费。

第四十五条　失业人员符合下列条件的，从失业保险基金中领取失业保险金：

（一）失业前用人单位和本人已经缴纳失业保险费满一年的；

（二）非因本人意愿中断就业的；

（三）已经进行失业登记，并有求职要求的。

第四十六条　失业人员失业前用人单位和本人累计缴费满一年不足五年的，领取失业保险金的期限最长为十二个月；累计缴费满五年不足十年的，领取失业保险金的期限最长为十八个月；累计缴费十年以上的，领取失业保险金的期限最长为二十四个月。重新就业后，再次失业的，缴费时间重新计算，领取失业保险金的期限与前次失业应当领取而尚未领取的失业保险金的期限合并计算，最长不超过二十四个月。

第四十七条　失业保险金的标准，由省、自治区、直辖市人民政府确定，不得低于城市居民最低生活保障标准。

第四十八条　失业人员在领取失业保险金期间，参加职工基本医疗保险，享受基本医疗保险待遇。

失业人员应当缴纳的基本医疗保险费从失业保险基金中支付，个人不缴纳基本医疗保险费。

第四十九条　失业人员在领取失业保险金期间死亡的，参照当地对在职职工死亡的规定，向其遗属发给一次性丧葬补助金和抚恤金。所需资金从失业保险基金中支付。

个人死亡同时符合领取基本养老保险丧葬补助金、工伤保险丧葬补助金和失业保险丧葬补助金条件的，其遗属只能选择领取其中的一项。

第五十条　用人单位应当及时为失业人员出具终止或者解除劳动关系的证明，并将失业人员的名单自终止或者解除劳动关系之日起十五日内告知社会保险经办机构。

失业人员应当持本单位为其出具的终止或者解除劳动关系的证明，及时到指定的公共就业服务机构办理失业登记。

失业人员凭失业登记证明和个人身份证明，到社会保险经办机构办理领取失业保险金的手续。失业保险金领取期限自办理失业登记之日起计算。

第五十一条　失业人员在领取失业保险金期间有下列情形之一的，停止领取失业保险金，并同时停止享受其他失业保险待遇：

（一）重新就业的；

（二）应征服兵役的；

（三）移居境外的；

（四）享受基本养老保险待遇的；

（五）无正当理由，拒不接受当地人民政府指定部门或者机构介绍的适当工作或者提供的培训的。

第五十二条 职工跨统筹地区就业的,其失业保险关系随本人转移,缴费年限累计计算。

第六章 生育保险

第五十三条 职工应当参加生育保险,由用人单位按照国家规定缴纳生育保险费,职工不缴纳生育保险费。

第五十四条 用人单位已经缴纳生育保险费的,其职工享受生育保险待遇;职工未就业配偶按照国家规定享受生育医疗费用待遇。所需资金从生育保险基金中支付。

生育保险待遇包括生育医疗费用和生育津贴。

第五十五条 生育医疗费用包括下列各项:

(一)生育的医疗费用;

(二)计划生育的医疗费用;

(三)法律、法规规定的其他项目费用。

第五十六条 职工有下列情形之一的,可以按照国家规定享受生育津贴:

(一)女职工生育享受产假;

(二)享受计划生育手术休假;

(三)法律、法规规定的其他情形。

生育津贴按照职工所在用人单位上年度职工月平均工资计发。

第七章 社会保险费征缴

第五十七条 用人单位应当自成立之日起三十日内凭营业执照、登记证书或者单位印章,向当地社会保险经办机构申请办理社会保险登记。社会保险经办机构应当自收到申请之日起十五日内予以审核,发给社会保险登记证件。

用人单位的社会保险登记事项发生变更或者用人单位依法终止的,应当自变更或者终止之日起三十日内,到社会保险经办机构办理变更或者注销社会保险登记。

工商行政管理部门、民政部门和机构编制管理机关应当及时向社会保险经办机构通报用人单位的成立、终止情况,公安机关应当及时向社会保险经办机构通报个人的出生、死亡以及户口登记、迁移、注销等情况。

第五十八条 用人单位应当自用工之日起三十日内为其职工向社会保险经办机构申请办理社会保险登记。未办理社会保险登记的,由社会保险经办机构核定其应当缴纳的社会保险费。

自愿参加社会保险的无雇工的个体工商户、未在用人单位参加社会保险的非全日制从业人员以及其他灵活就业人员,应当向社会保险经办机构申请办理社会保险登记。

国家建立全国统一的个人社会保障号码。个人社会保障号码为公民身份号码。

第五十九条 县级以上人民政府加强社会保险费的征收工作。

社会保险费实行统一征收,实施步骤和具体办法由国务院规定。

第六十条 用人单位应当自行申报、按时足额缴纳社会保险费,非因不可抗力等法定事由不得缓缴、减免。职工应当缴纳的社会保险费由用人单位代扣代缴,用人单位应当按月将缴纳社会保险费的明细情况告知本人。

无雇工的个体工商户、未在用人单位参加社会保险的非全日制从业人员以及其他灵活就业人员,可以直接向社会保险费征收机构缴纳社会保险费。

第六十一条 社会保险费征收机构应当依法按时足额征收社会保险费,并将缴费情况定期告知用人单位和个人。

第六十二条 用人单位未按规定申报应当缴纳的社会保险费数额的,按照该单位上月缴费额的百分之一百一十确定应当缴纳数额;缴费单位补办申报手续后,由社会保险费征收机构按照规定结算。

第六十三条 用人单位未按时足额缴纳社会保险费的,由社会保险费征收机构责令其限期缴纳或者补足。

用人单位逾期仍未缴纳或者补足社会保险费的,社会保险费征收机构可以向银行和其他金融机构查询其存款账户;并可以申请县级以上有关行政部门作出划拨社会保险费的决定,书面通知其开户银行或者其他金融机构划拨社会保险费。用人单位账户余额少于应当缴纳的社会保险费的,社会保险费征收机构可以要求该用人单位提供担保,签订延期缴费协议。

用人单位未足额缴纳社会保险费且未提供担保的,社会保险费征收机构可以申请人民法院扣押、查封、拍卖其价值相当于应当缴纳社会保险费的财产,以拍卖所得抵缴社会保险费。

第八章 社会保险基金

......

第九章 社会保险经办

......

第十章 社会保险监督

......

第十一章 法律责任

第八十四条 用人单位不办理社会保险登记的,由社会保险行政部门责令限期改正;逾期不改正的,对用人单位处应缴社会保险费数额一倍以上三倍以下的罚款,对其直接负责的主管人员和其他直接责任人员处五百元以上三千元以下的罚款。

第八十五条 用人单位拒不出具终止或者解除劳动关系证明的,依照《中华人民共和国劳动合同法》的规定处理。

第八十六条 用人单位未按时足额缴纳社会保险费的,由社会保险费征收机构责令限期缴纳或者补足,并自欠缴之日起,按日加收万分之五的滞纳金;逾期仍不缴纳的,由有关行政部门处欠缴数额一倍以上三倍以下的罚款。

第八十七条 社会保险经办机构以及医疗机构、药品经营单位等社会保险服务机构以欺诈、伪造证明材料或者其他手段骗取社会保险基金支出的,由社会保险行政部门责令退回骗取的社会保险金,处骗取金额二倍以上五倍以下的罚款;属于社会保险服务机构的,解除服务协议;直接负责的主管人员和其他直接责任人员有执业资格的,依法吊销其执业资格。

第八十八条 以欺诈、伪造证明材料或者其他手段骗取社会保险待遇的,由社会保险行政部门责令退回骗取的社会保险金,处骗取金额二倍以上五倍以下的罚款。

第八十九条 社会保险经办机构及其工作人员有下列行为之一的,由社会保险行政部门责令改正;给社会保险基金、用人单位或者个人造成损失的,依法承担赔偿责任;对直接负责的主管人员和其他直接责任人员依法给予处分:

（一）未履行社会保险法定职责的;

（二）未将社会保险基金存入财政专户的;

（三）克扣或者拒不按时支付社会保险待遇的;

（四）丢失或者篡改缴费记录、享受社会保险待遇记录等社会保险数据、个人权益记录的;

（五）有违反社会保险法律、法规的其他行为的。

第九十条 社会保险费征收机构擅自更改社会保险费缴费基数、费率,导致少收或者多收社会保险费的,由有关行政部门责令其追缴应当缴纳的社会保险费或者退还不应当缴纳的社会保险费;对直接负责的主管人员和其他直接责任人员依法给予处分。

第九十一条 违反本法规定,隐匿、转移、侵占、挪用社会保险基金或者违规投资运营的,由社会保险行政部门、财政部门、审计机关责令追回;有违法所得的,没收违法所得;对直接负责的主管人员和其他直接责任人员依法给予处分。

第九十二条 社会保险行政部门和其他有关行政部门、社会保险经办机构、社会保险费征收机构及其工作人员泄露用人单位和个人信息的,对直接负责的主管人员和其他直接责任人员依法给予处分;给用人单位或者个人造成损失的,应当承担赔偿责任。

第九十三条 国家工作人员在社会保险管理、监督工作中滥用职权、玩忽职守、徇私舞弊的,依法给予处分。

第九十四条 违反本法规定,构成犯罪的,依法追究刑事责任。

第十二章 附 则

第九十五条 进城务工的农村居民依照本法规定参加社会保险。

第九十六条 征收农村集体所有的土地,应当足额安排被征地农民的社会保险费,按照国务院规定将被征地农民纳入相应的社会保险制度。

第九十七条 外国人在中国境内就业的,参照本法规定参加社会保险。

第九十八条 本法自2011年7月1日起施行。

57.《中华人民共和国工会法》

（1992年4月3日起施行,2009年8月27日修正）

第一章 总 则

……

第二章 工会组织

第九条 工会各级组织按照民主集中制原则创立。各级工会委员会由会员大会或者会员代表大会民主选举产生。企业主要负责人的近亲属不得作为本企业基层工会委员会成员的人选。各级工会委员会向同级会员大会或者会员代表大会负责并报告工作,接受其监督。工会会员大会或者会员代表大会有权撤换或者罢免其所选举的代表或者工会委员会组成人员。上级工会组织领导下级工会组织。

第十条 企业、事业单位、机关有会员二十五人以上的,应当创立基层工会委员会;不足二十五人的,可以单独创立基层工会委员会,也可掖可两个以上单位的会员联合创立基层工会委员会,也可以选举组织员一人,组织会员开展活动。女职工人数较多的,可以建立工会女职工委员会,在同级工会领导下开展工作;女职工人数较少的,可以在工会委员会中设女职工委员。企业职工较多的乡镇、城市街道,可以建立基层工会的联合会。县级以上地方建立地方各级总工会。同一行业或者性质相近的几个行业,可以根据需要建立全国的或者地方的产业工会。全国建立统一的中华全国总工会。

第十一条 基层工会、地方各级总工会、全国或者地方产业工会组织的建立,必须报上一级工会批准。上级工会可以派员帮助和指导企业职工组建工会,任何单位和个人不得阻挠。

第十二条 任何组织和个人不得随意撤销、合并工会组织。基层工会所在的企业终止或者所在的事业单位、机关被撤销,该工会组织相应撤销,并报告上一级工会。依前款规定被撤销的工会,其会员的会籍可以继续保留,具体管理办法由中华全国总工会制定。

第十三条 职工二百人以上的企业、事业单位的工会,可以设专职工会主席。工会专职工作人员的人数由工会与企业、事业单位协商肯定。

第十四条 中华全国总工会、地方总工会、产业工会具有社会团体法人资格。基层工会组织具备民法通则规定的法人条件的,依法取得社会团体法人资格。

第十五条 基层工会委员会每届任期三年或者五年。各级地方总工会委员会和产业工会委员会每届任期五年。

第十六条 基层工会委员会定期召开会员大会或者会员代表大会,讨论决定工会工作的重大问题。经基层工会委员会或者三分之一以上的工会会员提议,可以临时召开会员大会或者会员代表大会。

第十七条 工会主席、副主席任期未满时,不得随意调动其工作。因工作需要调动时,应当征得本级工会委员会和上一级工会的同意。罢免工会主席、副主席必须召开会员大会或者会员代表大会讨论,非经会员大会全部会员或者会员代表大会全部代表过折半通过,不得罢免。

第十八条 基层工会专职主席、副主席或者委员自任职之日起,其劳动合同期限自动延长,延长期限相当于其任职期间;非专职主席、副主席或者委员自任职之日起,其尚未履行的劳动合同期限短于任期的,劳动合同期限自动延长至任期期满。但是,任职期间个人严重过失或者达到法定退休年龄的除外。

第三章 工会的权利和义务

第十九条 企业、事业单位违反职工代表大会制度和其他民主管理制度,工会有权要求纠正,保障职工依法行使民主管理的权利。法律、法规规定应当提交职工大会或者职工代表大会审议、通过、决定的事项,企业、事业单位应当依法办理。

第二十条 工会帮助、指导职工与企业以及实行企业化管理的事业单位签订劳动合同。工会代表职工与企业以及实行企业化管理的事业单位进行平等协商,签订集体合同。集体合同草案应当提交职工代表大会或者全部职工讨论通过。工会签订集体合同,上级工会应当给予支持和帮助。企业违反集体合同,侵犯职工劳动权益的,工会可以依法要求企业承担责任;因履行集体合同发生争议,经协商解决不成的,工会可以向劳动争议仲裁机构提请仲裁,仲裁机构不予受理或者对仲裁裁决不服的,可以向人民法院提起诉讼。

第二十一条 企业、事业单位处分职工,工会认为不适当的,有权提出意见。企业单方面解除职工劳动合同时,应当事先将理由通知工会,工会认为企业违反法律、法规和有关合同,要求重新研究处理时,企业应当研究工会的意见,并将处理后果书面通知工会。职工认为企业侵犯其劳动权益而申请劳动争议仲裁或者向人民法院提起诉讼的,工会应当给予支持和帮助。

第二十二条 企业、事业单位违反劳动法律、法规规定,有下列侵犯职工劳动权益情形,工会应当代表职工与企业、事业单位交涉,要求企业、事业单位采取措施予以改正;企业、事业单位应当予以研究处理,并向工会作出答复;企业、事业单位拒不改正的,工会可以请求当地人民政府依法作出处理:

(一)克扣职工工资的;
(二)不提供劳动安全卫生条件的;
(三)随意延长劳动时间的;
(四)侵犯女职工和未成年工特殊权益的;
(五)其他严重侵犯职工劳动权益的。

第二十三条 工会依照国家规定对新建、扩建企业和技术改造工程中的劳动条件和安全卫生设施与主体工程同时设计、同时施工、同时投产使用进行监督。对工会提出的意见,企业或者主管部门应当认真处理,并将处理后果书面通知工会。

第二十四条 工会发现企业违章指挥、强令工人冒险作业,或者生产过程中发现明显重大事故隐患和职业危害,有权提出解决的建议,企业应当及时研究答复;发现危及职工生命安全的情况时,工会有权向企业建议组织职工撤离危险现场,企业必须及时作出处理决定。

第二十五条 工会有权对企业、事业单位侵犯职工合法权益的问题进行调查,有关单位应当予以协助。

第二十六条 职工因工伤亡事故和其他严重危害职工健康问题的调查处理,必须有工会参与。工会应当向有关部门提出处理意见,并有权要求追究直接负责的主管人员和有关责任人员的责任。对工会提出的意见,应当及时研究,给予答复。

第二十七条 企业、事业单位发生停工、怠工事件,工会应当代表职工同企业、事业单位或者有关方面协商,反映职工的意见和要求并提出解决意见。洞口职工的合理要求,企业、事业单位应当予以解决。工会协助企业、事业单位做好工作,尽快恢复生产、工作秩序。

第二十八条 工会参加企业的劳动争议调解工作。地方劳动争议仲裁组织应当有同级工会代表参加。

第二十九条　县级以上各级总工会可以为所属工会和职工提供法律服务。

第三十条　工会协助企业、事业单位、机关办好职工集体福利事业，做好工资、劳动安全卫生和社会保险工作。

第三十一条　工会会同企业、事业单位教育职工以国家主人翁态度对待劳动，爱护国家和企业的财产，组织职工开展群众性的合理化建议、技术革新活动，进行业余文化技术学习和职工培训，组织职工开展文娱、体育活动。

第三十二条　根据政府委托，工会与有关部门共同做好劳动模范和先进生产（工作）者的评选、表彰、培养和管理工作。

第三十三条　国家机关在组织起草或者修改直接涉及职工切身利益的法律、法规、规章时，应当听取工会意见。县级以上各级人民政府拟定国民经济和社会发展计划，对涉及职工利益的重大问题，应当听取同级工会的意见。县级以上各级人民政府及其有关部门研究拟定劳动就业、工资、劳动安全卫生、社会保险等涉及职工切身利益的政策、措施时，应当吸收同级工会参加研究，听取工会意见。

第三十四条　县级以上地方各级人民政府可以召开会议或者采取适当方式，向同级工会通报政府的重要的工作部署和与工会工作有关的行政措施，研究解决工会反映的职工群众的意见和要求。各级人民政府劳动行政部门应当会同同级工会和企业方面代表，建立劳动关系三方协商机制，共同研究解决劳动关系方面的重大问题。

第四章　基层工会组织

第三十五条　国有企业职工代表大会是企业实行民主管理的基本形式，是职工行使民主管理权力的机构，依照法律规定行使职权。国有企业的工会委员会是职工代表大会的工作机构，负责职工代表大会的日常工作，检查、督促职工代表大会决议的执行。

第三十六条　集体企业的工会委员会，应当支持和组织职工参加民主管理和民主监督，维护职工选举和罢免管理人员、决定经营管理的重大问题的权力。

第三十七条　本法第三十五条、第三十六条规定以外的其他企业、事业单位的工会委员会，依照法律规定组织职工采取与企业、事业单位相适应的形式，参与企业、事业单位民主管理。

第三十八条　企业、事业单位研究经营管理和发展的重大问题应当听取工会的意见；召开讨论有关工资、福利、劳动安全卫生、社会保险等涉及职工切身利益的会议，必须有工会代表参加。企业、事业单位应当支持工会依法开展工作，工会应当支持企业、事业单位依法行使经营管理权。

第三十九条　公司的董事会、监事会中职工代表的产生，依照公司法有关规定执行。

第四十条　基层工会委员会召开会议或者组织职工活动，应当在生产或者工作时间以外进行，需要占用生产或者工作时间的，应当事先征得企业、事业单位的同意。基层工会的非专职委员占用生产或者工作时间参加会议或者从事工会工作，每月不超过三个工作日，其工资照发，其他待遇不受影响。

第四十一条　企业、事业单位、机关工会委员会的专职工作人员的工资、奖励、补贴，由所在单位支付。社会保险和其他福利待遇等,享受本单位职工一致待遇。

第五章 工会的经费和财产

......

第六章 法律责任

第四十九条 工会对违反本法规定侵犯其合法权益的,有权提请人民政府或者有关部门予以处理,或者向人民法院提起诉讼。

第五十条 违反本法第三条、第十一条规定,阻挠职工依法参加和组织工会或者阻挠上级工会帮助、指导职工筹建工会的,由劳动行政部门责令其改正;拒不改正的,由劳动行政部门提请县级以上人民政府处理;以暴力、威胁等手段阻挠造成严重后果,构成犯罪的,依法追究刑事责任。

第五十一条 违反本法规定,对依法履行职责的工会工作人员无正当理由调动工作岗位,进行打击报复的,由劳动行政部门责令改正、恢复原工作;造成损失的,给予赔偿。对依法履行职责的工会工作人员进行侮辱、诽谤或者进行人身伤害,构成犯罪的,依法追究刑事责任;尚未构成犯罪的,由公安机关依照治安管理处罚法的规定处罚。

第五十二条 违反本法规定,有下列情形之一的,由劳动行政部门责令恢复其工作,并补发被解除劳动合同期间应得的报酬,或者责令给予本人年收入二倍的赔偿:

(一)职工因参加工会活动而被解除劳动合同的;

(二)工会工作人员因履行本法规定的职责而被解除劳动合同的。

第五十三条 违反本法规定,有下列情形之一的,由县级以上人民政府责令改正,依法处理:

(一)妨碍工会组织职工通过职工代表大会和其他形式依法行使民主权利的;

(二)非法撤销、合并工会组织的;

(三)妨碍工会参加职工因工伤亡事故以及其他侵犯职工合法权益问题的调查处理的;

(四)无正当理由拒绝进行平等协商的。

第五十四条 违反本法第四十六条规定,侵占工会经费和财产拒不返还的,工会可以向人民法院提起诉讼,要求返还,并赔偿损失。

第五十五条 工会工作人员违反本法规定,损害职工或者工会权益的,由同级工会或者上级工会责令改正,或者予以处分;情节严重的,依照《中国工会章程》予以罢免;造成损失的,应当承担赔偿责任;构成犯罪的,依法追究刑事责任。

第七章 附 则

第五十六条 中华全国总工会会同有关国家机关制定机关工会实施本法的具体办法。

第五十七条 本法自公布之日起施行。1950年6月29日中央人民政府颁布的《中华人民共和国工会法》同时废止。

58.《事业单位人事管理条例》

（2014年7月1日起施行，国务院令第652号）

第一章　总　则

第一条　为了规范事业单位的人事管理，保障事业单位工作人员的合法权益，建设高素质的事业单位工作人员队伍，促进公共服务发展，制定本条例。

第二条　事业单位人事管理，坚持党管干部、党管人才原则，全面准确贯彻民主、公开、竞争、择优方针。

国家对事业单位工作人员实行分级分类管理。

第三条　中央事业单位人事综合管理部门负责全国事业单位人事综合管理工作。

县级以上地方各级事业单位人事综合管理部门负责本辖区事业单位人事综合管理工作。

事业单位主管部门具体负责所属事业单位人事管理工作。

第四条　事业单位应当建立健全人事管理制度。

事业单位制定或者修改人事管理制度，应当通过职工代表大会或者其他形式听取工作人员意见。

第二章　岗位设置

第五条　国家建立事业单位岗位管理制度，明确岗位类别和等级。

第六条　事业单位根据职责任务和工作需要，按照国家有关规定设置岗位。

岗位应当具有明确的名称、职责任务、工作标准和任职条件。

第七条　事业单位拟订岗位设置方案，应当报人事综合管理部门备案。

第三章　公开招聘和竞聘上岗

第八条　事业单位新聘用工作人员，应当面向社会公开招聘。但是，国家政策性安置、按照人事管理权限由上级任命、涉密岗位等人员除外。

第九条　事业单位公开招聘工作人员按照下列程序进行：

（一）制定公开招聘方案；

（二）公布招聘岗位、资格条件等招聘信息；

（三）审查应聘人员资格条件；

（四）考试、考察；

（五）体检；

（六）公示拟聘人员名单；

（七）订立聘用合同，办理聘用手续。

第十条　事业单位内部产生岗位人选，需要竞聘上岗的，按照下列程序进行：

（一）制定竞聘上岗方案；

（二）在本单位公布竞聘岗位、资格条件、聘期等信息；

（三）审查竞聘人员资格条件；

（四）考评；
（五）在本单位公示拟聘人员名单；
（六）办理聘任手续。

第十一条 事业单位工作人员可以按照国家有关规定进行交流。

第四章 聘用合同

第十二条 事业单位与工作人员订立的聘用合同，期限一般不低于3年。

第十三条 初次就业的工作人员与事业单位订立的聘用合同期限3年以上的，试用期为12个月。

第十四条 事业单位工作人员在本单位连续工作满10年且距法定退休年龄不足10年，提出订立聘用至退休的合同的，事业单位应当与其订立聘用至退休的合同。

第十五条 事业单位工作人员连续旷工超过15个工作日，或者1年内累计旷工超过30个工作日的，事业单位可以解除聘用合同。

第十六条 事业单位工作人员年度考核不合格且不同意调整工作岗位，或者连续两年年度考核不合格的，事业单位提前30日书面通知，可以解除聘用合同。

第十七条 事业单位工作人员提前30日书面通知事业单位，可以解除聘用合同。但是，双方对解除聘用合同另有约定的除外。

第十八条 事业单位工作人员受到开除处分的，解除聘用合同。

第十九条 自聘用合同依法解除、终止之日起，事业单位与被解除、终止聘用合同人员的人事关系终止。

第五章 考核和培训

第二十条 事业单位应当根据聘用合同规定的岗位职责任务，全面考核工作人员的表现，重点考核工作绩效。考核应当听取服务对象的意见和评价。

第二十一条 考核分为平时考核、年度考核和聘期考核。
年度考核的结果可以分为优秀、合格、基本合格和不合格等档次，聘期考核的结果可以分为合格和不合格等档次。

第二十二条 考核结果作为调整事业单位工作人员岗位、工资以及续订聘用合同的依据。

第二十三条 事业单位应当根据不同岗位的要求，编制工作人员培训计划，对工作人员进行分级分类培训。
工作人员应当按照所在单位的要求，参加岗前培训、在岗培训、转岗培训和为完成特定任务的专项培训。

第二十四条 培训经费按照国家有关规定列支。

第六章 奖励和处分

第二十五条 事业单位工作人员或者集体有下列情形之一的，给予奖励：
（一）长期服务基层，爱岗敬业，表现突出的；
（二）在执行国家重要任务、应对重大突发事件中表现突出的；

（三）在工作中有重大发明创造、技术革新的；
（四）在培养人才、传播先进文化中作出突出贡献的；
（五）有其他突出贡献的。

第二十六条 奖励坚持精神奖励与物质奖励相结合、以精神奖励为主的原则。

第二十七条 奖励分为嘉奖、记功、记大功、授予荣誉称号。

第二十八条 事业单位工作人员有下列行为之一的，给予处分：
（一）损害国家声誉和利益的；
（二）失职渎职的；
（三）利用工作之便谋取不正当利益的；
（四）挥霍、浪费国家资财的；
（五）严重违反职业道德、社会公德的；
（六）其他严重违反纪律的。

第二十九条 处分分为警告、记过、降低岗位等级或者撤职、开除。

受处分的期间为：警告，6个月；记过，12个月；降低岗位等级或者撤职，24个月。

第三十条 给予工作人员处分，应当事实清楚、证据确凿、定性准确、处理恰当、程序合法、手续完备。

第三十一条 工作人员受开除以外的处分，在受处分期间没有再发生违纪行为的，处分期满后，由处分决定单位解除处分并以书面形式通知本人。

第七章　工资福利和社会保险

第三十二条 国家建立激励与约束相结合的事业单位工资制度。

事业单位工作人员工资包括基本工资、绩效工资和津贴补贴。

事业单位工资分配应当结合不同行业事业单位特点，体现岗位职责、工作业绩、实际贡献等因素。

第三十三条 国家建立事业单位工作人员工资的正常增长机制。

事业单位工作人员的工资水平应当与国民经济发展相协调、与社会进步相适应。

第三十四条 事业单位工作人员享受国家规定的福利待遇。

事业单位执行国家规定的工时制度和休假制度。

第三十五条 事业单位及其工作人员依法参加社会保险，工作人员依法享受社会保险待遇。

第三十六条 事业单位工作人员符合国家规定退休条件的，应当退休。

第八章　人事争议处理

第三十七条 事业单位工作人员与所在单位发生人事争议的，依照《中华人民共和国劳动争议调解仲裁法》等有关规定处理。

第三十八条 事业单位工作人员对涉及本人的考核结果、处分决定等不服的，可以按照国家有关规定申请复核、提出申诉。

第三十九条 负有事业单位聘用、考核、奖励、处分、人事争议处理等职责的人员履行职责，有下列情形之一的，应当回避：
（一）与本人有利害关系的；

（二）与本人近亲属有利害关系的；
（三）其他可能影响公正履行职责的。

第四十条 对事业单位人事管理工作中的违法违纪行为，任何单位或者个人可以向事业单位人事综合管理部门、主管部门或者监察机关投诉、举报，有关部门和机关应当及时调查处理。

第九章　法律责任

第四十一条 事业单位违反本条例规定的，由县级以上事业单位人事综合管理部门或者主管部门责令限期改正；逾期不改正的，对直接负责的主管人员和其他直接责任人员依法给予处分。

第四十二条 对事业单位工作人员的人事处理违反本条例规定给当事人造成名誉损害的，应当赔礼道歉、恢复名誉、消除影响；造成经济损失的，依法给予赔偿。

第四十三条 事业单位人事综合管理部门和主管部门的工作人员在事业单位人事管理工作中滥用职权、玩忽职守、徇私舞弊的，依法给予处分；构成犯罪的，依法追究刑事责任。

第十章　附　则

第四十四条 本条例自2014年7月1日起施行。

第七节　施工建设与环保安全

汇编导语

《招标投标法实施条例》规定，已经通过招标方式选定的特许经营项目投资人依法能够自行建设、生产或者提供的，可以不进行二次招标，即所谓"两招并一招"或"投建一体化"。采用"两招并一招"的，项目招采程序中应当对此提出明确资质要求。符合条件的社会资本方自行施工建设的，仍应当与项目公司签订施工承包合同。

基础设施的施工建设，应当根据《建筑法》《建设工程质量管理条例》等法律法规，经过国土、规划、建设等主管部门的审批、审核，符合设计、施工、验收、预决算的各项监管要求，同时还应当接受项目实施机构的全过程监管和审计监督。

PPP项目合同应当约定项目建设和运营阶段，应当严格遵守《安全生产法》《环境保护法》《建设工程安全生产管理条例》等法律法规，符合相关安全、环保要求。项目实施机构有权对项目建设和运营进行安全、环保合法合规评价，必要时有权行使介入权，甚至直接或委托第三方接管项目。

基于公共服务的社会职能，遇有危及国家安全、重大公共利益的突发性紧急事件，除履行约定的合同义务外，项目公司应当无条件服从政府的征收征用，接受政府指令性任务和紧急安排任务。由此产生的相关费用和损失可以通过政府补贴、政府购买服务或者协商调整合作期限等方式解决。

59.《中华人民共和国建筑法》

（1998年3月1日起施行，2011年4月22日修正）

第一章 总 则

第一条 为了加强对建筑活动的监督管理，维护建筑市场秩序，保证建筑工程的质量和安全，促进建筑业健康发展，制定本法。

第二条 在中华人民共和国境内从事建筑活动，实施对建筑活动的监督管理，应当遵守本法。

本法所称建筑活动，是指各类房屋建筑及其附属设施的建造和与其配套的线路、管道、设备的安装活动。

第三条 建筑活动应当确保建筑工程质量和安全，符合国家的建筑工程安全标准。

第四条 国家扶持建筑业的发展，支持建筑科学技术研究，提高房屋建筑设计水平，鼓励节约能源和保护环境，提倡采用先进技术、先进设备、先进工艺、新型建筑材料和现代管理方式。

第五条 从事建筑活动应当遵守法律、法规，不得损害社会公共利益和他人的合法权益。

任何单位和个人都不得妨碍和阻挠依法进行的建筑活动。

第六条 国务院建设行政主管部门对全国的建筑活动实施统一监督管理。

第二章 建筑许可

第一节 建筑工程施工许可

第七条 建筑工程开工前，建设单位应当按照国家有关规定向工程所在地县级以上人民政府建设行政主管部门申请领取施工许可证；但是，国务院建设行政主管部门确定的限额以下的小型工程除外。

按照国务院规定的权限和程序批准开工报告的建筑工程，不再领取施工许可证。

第八条 申请领取施工许可证，应当具备下列条件：

（一）已经办理该建筑工程用地批准手续；

（二）在城市规划区的建筑工程，已经取得规划许可证；

（三）需要拆迁的，其拆迁进度符合施工要求；

（四）已经确定建筑施工企业；

（五）有满足施工需要的施工图纸及技术资料；

（六）有保证工程质量和安全的具体措施；

（七）建设资金已经落实；
（八）法律、行政法规规定的其他条件。

建设行政主管部门应当自收到申请之日起十五日内，对符合条件的申请颁发施工许可证。

第九条 建设单位应当自领取施工许可证之日起三个月内开工。因故不能按期开工的，应当向发证机关申请延期；延期以两次为限，每次不超过三个月。既不开工又不申请延期或者超过延期时限的，施工许可证自行废止。

第十条 在建的建筑工程因故中止施工的，建设单位应当自中止施工之日起一个月内，向发证机关报告，并按照规定做好建筑工程的维护管理工作。

建筑工程恢复施工时，应当向发证机关报告；中止施工满一年的工程恢复施工前，建设单位应当报发证机关核验施工许可证。

第十一条 按照国务院有关规定批准开工报告的建筑工程，因故不能按期开工或者中止施工的，应当及时向批准机关报告情况。因故不能按期开工超过六个月的，应当重新办理开工报告的批准手续。

第二节 从业资格

第十二条 从事建筑活动的建筑施工企业、勘察单位、设计单位和工程监理单位，应当具备下列条件：
（一）有符合国家规定的注册资本；
（二）有与其从事的建筑活动相适应的具有法定执业资格的专业技术人员；
（三）有从事相关建筑活动所应有的技术装备；
（四）法律、行政法规规定的其他条件。

第十三条 从事建筑活动的建筑施工企业、勘察单位、设计单位和工程监理单位，按照其拥有的注册资本、专业技术人员、技术装备和已完成的建筑工程业绩等资质条件，划分为不同的资质等级，经资质审查合格，取得相应等级的资质证书后，方可在其资质等级许可的范围内从事建筑活动。

第十四条 从事建筑活动的专业技术人员，应当依法取得相应的执业资格证书，并在执业资格证书许可的范围内从事建筑活动。

第三章 建筑工程发包与承包

第一节 一般规定

第十五条 建筑工程的发包单位与承包单位应当依法订立书面合同，明确双方的权利和义务。

发包单位和承包单位应当全面履行合同约定的义务。不按照合同约定履行义务的，依法承担违约责任。

第十六条 建筑工程发包与承包的招标投标活动，应当遵循公开、公正、平等竞争的原则，择优选择承包单位。

建筑工程的招标投标，本法没有规定的，适用有关招标投标法律的规定。

第十七条 发包单位及其工作人员在建筑工程发包中不得收受贿赂、回扣或者索取其他好处。

承包单位及其工作人员不得利用向发包单位及其工作人员行贿、提供回扣或者给予其他好处等不正当手段承揽工程。

第十八条 建筑工程造价应当按照国家有关规定,由发包单位与承包单位在合同中约定。公开招标发包的,其造价的约定,须遵守招标投标法律的规定。

发包单位应当按照合同的约定,及时拨付工程款项。

第二节 发 包

第十九条 建筑工程依法实行招标发包,对不适于招标发包的可以直接发包。

第二十条 建筑工程实行公开招标的,发包单位应当依照法定程序和方式,发布招标公告,提供载有招标工程的主要技术要求、主要的合同条款、评标的标准和方法以及开标、评标、定标的程序等内容的招标文件。

开标应当在招标文件规定的时间、地点公开进行。开标后应当按照招标文件规定的评标标准和程序对标书进行评价、比较,在具备相应资质条件的投标者中,择优选定中标者。

第二十一条 建筑工程招标的开标、评标、定标由建设单位依法组织实施,并接受有关行政主管部门的监督。

第二十二条 建筑工程实行招标发包的,发包单位应当将建筑工程发包给依法中标的承包单位。建筑工程实行直接发包的,发包单位应当将建筑工程发包给具有相应资质条件的承包单位。

第二十三条 政府及其所属部门不得滥用行政权力,限定发包单位将招标发包的建筑工程发包给指定的承包单位。

第二十四条 提倡对建筑工程实行总承包,禁止将建筑工程肢解发包。

建筑工程的发包单位可以将建筑工程的勘察、设计、施工、设备采购一并发包给一个工程总承包单位,也可以将建筑工程勘察、设计、施工、设备采购的一项或者多项发包给一个工程总承包单位;但是,不得将应当由一个承包单位完成的建筑工程肢解成若干部分发包给几个承包单位。

第二十五条 按照合同约定,建筑材料、建筑构配件和设备由工程承包单位采购的,发包单位不得指定承包单位购入用于工程的建筑材料、建筑构配件和设备或者指定生产厂、供应商。

第三节 承 包

第二十六条 承包建筑工程的单位应当持有依法取得的资质证书,并在其资质等级许可的业务范围内承揽工程。

禁止建筑施工企业超越本企业资质等级许可的业务范围或者以任何形式用其他建筑施工企业的名义承揽工程。禁止建筑施工企业以任何形式允许其他单位或者个人使用本企业的资质证书、营业执照,以本企业的名义承揽工程。

第二十七条 大型建筑工程或者结构复杂的建筑工程,可以由两个以上的承包单位联合共同承包。共同承包的各方对承包合同的履行承担连带责任。

两个以上不同资质等级的单位实行联合共同承包的，应当按照资质等级低的单位的业务许可范围承揽工程。

第二十八条 禁止承包单位将其承包的全部建筑工程转包给他人，禁止承包单位将其承包的全部建筑工程肢解以后以分包的名义分别转包给他人。

第二十九条 建筑工程总承包单位可以将承包工程中的部分工程发包给具有相应资质条件的分包单位；但是，除总承包合同中约定的分包外，必须经建设单位认可。施工总承包的，建筑工程主体结构的施工必须由总承包单位自行完成。

建筑工程总承包单位按照总承包合同的约定对建设单位负责；分包单位按照分包合同的约定对总承包单位负责。总承包单位和分包单位就分包工程对建设单位承担连带责任。

禁止总承包单位将工程分包给不具备相应资质条件的单位。禁止分包单位将其承包的工程再分包。

第四章 建筑工程监理

第三十条 国家推行建筑工程监理制定。

国务院可以规定实行强制监理的建筑工程的范围。

第三十一条 实行监理的建筑工程，由建设单位委托具有相应资质条件的工程监理单位监理。建设单位与其委托的工程监理单位应当订立书面委托监理合同。

第三十二条 建筑工程监理应当依照法律、行政法规及有关的技术标准、设计文件和建筑工程承包合同，对承包单位在施工质量、建设工期和建设资金使用等方面，代表建设单位实施监督。

工程监理人员认为工程施工不符合工程设计要求、施工技术标准和合同约定的，有权要求建筑施工企业改正。

工程监理人员发现工程设计不符合建筑工程质量标准或者合同约定的质量要求的，应当报告建设单位要求设计单位改正。

第三十三条 实施建筑工程监理前，建设单位应当将委托的工程监理单位、监理的内容及监理权限，书面通知被监理的建筑施工企业。

第三十四条 工程监理单位应当在其资质等级许可的监理范围内，承担工程监理业务。

工程监理单位应当根据建设单位的委托，客观、公正地执行监理任务。

工程监理单位与被监理工程的承包单位以及建筑材料、建筑构配件和设备供应单位不得有隶属关系或者其他利害关系。

工程监理单位不得转让工程监理业务。

第三十五条 工程监理单位不按照委托监理合同的约定履行监理义务，对应当监督检查的项目不检查或者不按照规定检查，给建设单位造成损失的，应当承担相应的赔偿责任。

工程监理单位与承包单位串通，为承包单位谋取非法利益，给建设单位造成损失的，应当与承包单位承担连带赔偿责任。

第五章 建筑安全生产管理

第三十六条 建筑工程安全生产管理必须坚持安全第一、预防为主的方针，建立健全安全生产的责任制度和群防群治制度。

第三十七条 建筑工程设计应当符合按照国家规定制定的建筑安全规程和技术规范,保证工程的安全性能。

第三十八条 建筑施工企业在编制施工组织设计时,应当根据建筑工程的特点制定相应的安全技术措施;对专业性较强的工程项目,应当编制专项安全施工组织设计,并采取安全技术措施。

第三十九条 建筑施工企业应当在施工现场采取维护安全、防范危险、预防火灾等措施;有条件的,应当对施工现场实行封闭管理。

施工现场对毗邻的建筑物、构筑物和特殊作业环境可能造成损害的,建筑施工企业应当采取安全防护措施。

第四十条 建设单位应当向建筑施工企业提供与施工现场相关的地下管线资料,建筑施工企业应当采取措施加以保护。

第四十一条 建筑施工企业应当遵守有关环境保护和安全生产的法律、法规的规定,采取控制和处理施工现场的各种粉尘、废气、废水、固体废物以及噪声、振动对环境的污染和危害的措施。

第四十二条 有下列情形之一的,建设单位应当按照国家有关规定办理申请批准手续:
（一）需要临时占用规划批准范围以外场地的;
（二）可能损坏道路、管线、电力、邮电通讯等公共设施的;
（三）需要临时停水、停电、中断道路交通的;
（四）需要进行爆破作业的;
（五）法律、法规规定需要办理报批手续的其他情形。

第四十三条 建设行政主管部门负责建筑安全生产的管理,并依法接受劳动行政主管部门对建筑安全生产的指导和监督。

第四十四条 建筑施工企业必须依法加强对建筑安全生产的管理,执行安全生产责任制度,采取有效措施,防止伤亡和其他安全生产事故的发生。

建筑施工企业的法定代表人对本企业的安全生产负责。

第四十五条 施工现场安全由建筑施工企业负责。实行施工总承包的,由总承包单位负责。分包单位向总承包单位负责,服从总承包单位对施工现场的安全生产管理。

第四十六条 建筑施工企业应当建立健全劳动安全生产教育培训制度,加强对职工安全生产的教育培训;未经安全生产教育培训的人员,不得上岗作业。

第四十七条 建筑施工企业和作业人员在施工过程中,应当遵守有关安全生产的法律、法规和建筑行业安全规章、规程,不得违章指挥或者违章作业。作业人员有权对影响人身健康的作业程序和作业条件提出改进意见,有权获得安全生产所需的防护用品。作业人员对危及生命安全和人身健康的行为有权提出批评、检举和控告。

第四十八条 建筑施工企业应当依法为职工参加工伤保险缴纳工伤保险费。鼓励企业为从事危险作业的职工办理意外伤害保险,支付保险费。

第四十九条 涉及建筑主体和承重结构变动的装修工程,建设单位应当在施工前委托原设计单位或者具有相应资质条件的设计单位提出设计方案;没有设计方案的,不得施工。

第五十条　房屋拆除应当由具备保证安全条件的建筑施工单位承担，由建筑施工单位负责人对安全负责。

第五十一条　施工中发生事故时，建筑施工企业应当采取紧急措施减少人员伤亡和事故损失，并按照国家有关规定及时向有关部门报告。

第六章　建筑工程质量管理

第五十二条　建筑工程勘察、设计、施工的质量必须符合国家有关建筑工程安全标准的要求，具体管理办法由国务院规定。

有关建筑工程安全的国家标准不能适应确保建筑安全的要求时，应当及时修订。

第五十三条　国家对从事建筑活动的单位推行质量体系认证制度。从事建筑活动的单位根据自愿原则可以向国务院产品质量监督管理部门或者国务院产品质量监督管理部门授权的部门认可的认证机构申请质量体系认证。经认证合格的，由认证机构颁发质量体系认证证书。

第五十四条　建设单位不得以任何理由，要求建筑设计单位或者建筑施工企业在工程设计或者施工作业中，违反法律、行政法规和建筑工程质量、安全标准，降低工程质量。

建筑设计单位和建筑施工企业对建设单位违反前款规定提出的降低工程质量的要求，应当予以拒绝。

第五十五条　建筑工程实行总承包的，工程质量由工程总承包单位负责，总承包单位将建筑工程分包给其他单位的，应当对分包工程的质量与分包单位承担连带责任。分包单位应当接受总承包单位的质量管理。

第五十六条　建筑工程的勘察、设计单位必须对其勘察、设计的质量负责。勘察、设计文件应当符合有关法律、行政法规的规定和建筑工程质量、安全标准、建筑工程勘察、设计技术规范以及合同的约定。设计文件选用的建筑材料、建筑构配件和设备，应当注明其规格、型号、性能等技术指标，其质量要求必须符合国家规定的标准。

第五十七条　建筑设计单位对设计文件选用的建筑材料、建筑构配件和设备，不得指定生产厂、供应商。

第五十八条　建筑施工企业对工程的施工质量负责。

建筑施工企业必须按照工程设计图纸和施工技术标准施工，不得偷工减料。工程设计的修改由原设计单位负责，建筑施工企业不得擅自修改工程设计。

第五十九条　建筑施工企业必须按照工程设计要求、施工技术标准和合同的约定，对建筑材料、建筑构配件和设备进行检验，不合格的不得使用。

第六十条　建筑物在合理使用寿命内，必须确保地基基础工程和主体结构的质量。

建筑工程竣工时，屋顶、墙面不得留有渗漏、开裂等质量缺陷；对已发现的质量缺陷，建筑施工企业应当修复。

第六十一条　交付竣工验收的建筑工程，必须符合规定的建筑工程质量标准，有完整的工程技术经济资料和经签署的工程保修书，并具备国家规定的其他竣工条件。

建筑工程竣工经验收合格后，方可交付使用；未经验收或者验收不合格的，不得交付使用。

第六十二条　建筑工程实行质量保修制度。

建筑工程的保修范围应当包括地基基础工程、主体结构工程、屋面防水工程和其他土建工程，以及电气管线、上下水管线的安装工程，供热、供冷系统工程等项目；保修的期限应当按照保证建筑物合理寿命年限内正常使用，维护使用者合法权益的原则确定。具体的保修范围和最低保修期限由国务院规定。

第六十三条 任何单位和个人对建筑工程的质量事故、质量缺陷都有权向建设行政主管部门或者其他有关部门进行检举、控告、投诉。

第七章　法律责任

第六十四条 违反本法规定，未取得施工许可证或者开工报告未经批准擅自施工的，责令改正，对不符合开工条件的责令停止施工，可以处以罚款。

第六十五条 发包单位将工程发包给不具有相应资质条件的承包单位的，或者违反本法规定将建筑工程肢解发包的，责令改正，处以罚款。

超越本单位资质等级承揽工程的，责令停止违法行为，处以罚款，可以责令停业整顿，降低资质等级；情节严重的，吊销资质证书；有违法所得的，予以没收。

未取得资质证书承揽工程的，予以取缔，并处罚款；有违法所得的，予以没收。

以欺骗手段取得资质证书的，吊销资质证书，处以罚款；构成犯罪的，依法追究刑事责任。

第六十六条 建筑施工企业转让、出借资质证书或者以其他方式允许他人以本企业的名义承揽工程的，责令改正，没收违法所得，并处罚款，可以责令停业整顿，降低资质等级；情节严重的，吊销资质证书。对因该项承揽工程不符合规定的质量标准造成的损失，建筑施工企业与使用本企业名义的单位或者个人承担连带赔偿责任。

第六十七条 承包单位将承包的工程转包的，或者违反本法规定进行分包的，责令改正，没收违法所得，并处罚款，可以责令停业整顿，降低资质等级；情节严重的，吊销资质证书。

承包单位有前款规定的违法行为的，对因转包工程或者违法分包的工程不符合规定的质量标准造成的损失，与接受转包或者分包的单位承担连带赔偿责任。

第六十八条 在工程发包与承包中索贿、受贿、行贿，构成犯罪的，依法追究刑事责任；不构成犯罪的，分别处以罚款，没收贿赂的财物，对直接负责的主管人员和其他直接责任人员给予处分。

对在工程承包中行贿的承包单位，除依照前款规定处罚外，可以责令停业整顿，降低资质等级或者吊销资质证书。

第六十九条 工程监理单位与建设单位或者建筑施工企业串通，弄虚作假、降低工程质量的，责令改正，处以罚款，降低资质等级或者吊销资质证书；有违法所得的，予以没收；造成损失的，承担连带赔偿责任；构成犯罪的，依法追究刑事责任。

工程监理单位转让监理业务的，责令改正，没收违法所得，可以责令停业整顿，降低资质等级；情节严重的，吊销资质证书。

第七十条 违反本法规定，涉及建筑主体或者承重结构变动的装修工程擅自施工的，责令改正，处以罚款；造成损失的，承担赔偿责任；构成犯罪的，依法追究刑事责任。

第七十一条 建筑施工企业违反本法规定，对建筑安全事故隐患不采取措施予以消除的，责令改正，可以处以罚款；情节严重的，责令停业整顿，降低资质等级或者吊销资质证书；构成犯罪的，依法追究刑事责任。

建筑施工企业的管理人员违章指挥、强令职工冒险作业，因而发生重大伤亡事故或者造成其他严重后果的，依法追究刑事责任。

第七十二条 建设单位违反本法规定，要求建筑设计单位或者建筑施工企业违反建筑工程质量、安全标准，降低工程质量的，责令改正，可以处以罚款；构成犯罪的，依法追究刑事责任。

第七十三条 建筑设计单位不按照建筑工程质量、安全标准进行设计的，责令改正，处以罚款；造成工程质量事故的，责令停业整顿，降低资质等级或者吊销资质证书，没收违法所得，并处罚款；造成损失的，承担赔偿责任；构成犯罪的，依法追究刑事责任。

第七十四条 建筑施工企业在施工中偷工减料的，使用不合格的建筑材料、建筑构配件和设备的，或者有其他不按照工程设计图纸或者施工技术标准施工的行为的，责令改正，处以罚款；情节严重的，责令停业整顿，降低资质等级或者吊销资质证书；造成建筑工程质量不符合规定的质量标准的，负责返工、修理，并赔偿因此造成的损失；构成犯罪的，依法追究刑事责任。

第七十五条 建筑施工企业违反本法规定，不履行保修义务或者拖延履行保修义务的，责令改正，可以处以罚款，并对在保修期内因屋顶、墙面渗漏、开裂等质量缺陷造成的损失，承担赔偿责任。

第七十六条 本法规定的责令停业整顿、降低资质等级和吊销资质证书的行政处罚，由颁发资质证书的机关决定；其他行政处罚，由建设行政主管部门或者有关部门依照法律和国务院规定的职权范围决定。

依照本法规定被吊销资质证书的，由工商行政管理部门吊销其营业执照。

第七十七条 违反本法规定，对不具备相应资质等级条件的单位颁发该等级资质证书的，由其上级机关责令收回所发的资质证书，对直接负责的主管人员和其他直接责任人员给予行政处分；构成犯罪的，依法追究刑事责任。

第七十八条 政府及其所属部门的工作人员违反本法规定，限定发包单位将招标发包的工程发包给指定的承包单位的，由上级机关责令改正；构成犯罪的，依法追究刑事责任。

第七十九条 负责颁发建筑工程施工许可证的部门及其工作人员对不符合施工条件的建筑工程颁发施工许可证的，负责工程质量监督检查或者竣工验收的部门及其工作人员对不合格的建筑工程出具质量合格文件或者按合格工程验收的，由上级机关责令改正，对责任人员给予行政处分；构成犯罪的，依法追究刑事责任；造成损失的，由该部门承担相应的赔偿责任。

第八十条 在建筑物的合理使用寿命内，因建筑工程质量不合格受到损害的，有权向责任者要求赔偿。

第八章 附 则

第八十一条 本法关于施工许可、建筑施工企业资质审查和建筑工程发包、承包、禁止转包，以及建筑工程监理、建筑工程安全和质量管理的规定，适用于其他专业建筑工程的建筑活动,具体办法由国务院规定。

第八十二条 建设行政主管部门和其他有关部门在对建筑活动实施监督管理中,除按照国务院有关规定收取费用外,不得收取其他费用。

第八十三条 省、自治区、直辖市人民政府确定的小型房屋建筑工程的建筑活动,参照本法执行。

依法核定作为文物保护的纪念建筑物和古建筑等的修缮,依照文物保护的有关法律规定执行。

抢险救灾及其他临时性房屋建筑和农民自建低层住宅的建筑活动,不适用本法。

第八十四条 军用房屋建筑工程建筑活动的具体管理办法,由国务院、中央军事委员会依据本法制定。

第八十五条 本法自1998年3月1日起施行。

60.《中华人民共和国环境保护法》

(2015年1月1日起施行)

第一章 总 则

第一条 为保护和改善环境,防治污染和其他公害,保障公众健康,推进生态文明建设,促进经济社会可持续发展,制定本法。

第二条 本法所称环境,是指影响人类生存和发展的各种天然的和经过人工改造的自然因素的总体,包括大气、水、海洋、土地、矿藏、森林、草原、湿地、野生生物、自然遗迹、人文遗迹、自然保护区、风景名胜区、城市和乡村等。

第三条 本法适用于中华人民共和国领域和中华人民共和国管辖的其他海域。

第四条 保护环境是国家的基本国策。

国家采取有利于节约和循环利用资源、保护和改善环境、促进人与自然和谐的经济、技术政策和措施,使经济社会发展与环境保护相协调。

第五条 环境保护坚持保护优先、预防为主、综合治理、公众参与、损害担责的原则。

第六条 一切单位和个人都有保护环境的义务。

地方各级人民政府应当对本行政区域的环境质量负责。

企业事业单位和其他生产经营者应当防止、减少环境污染和生态破坏,对所造成的损害依法承担责任。

公民应当增强环境保护意识,采取低碳、节俭的生活方式,自觉履行环境保护义务。

第七条 国家支持环境保护科学技术研究、开发和应用,鼓励环境保护产业发展,促进环境保护信息化建设,提高环境保护科学技术水平。

第八条 各级人民政府应当加大保护和改善环境、防治污染和其他公害的财政投入,提高财政资金的使用效益。

第九条 各级人民政府应当加强环境保护宣传和普及工作,鼓励基层群众性自治组织、社会组织、环境保护志愿者开展环境保护法律法规和环境保护知识的宣传，营造保护环境的良好风气。

教育行政部门、学校应当将环境保护知识纳入学校教育内容，培养学生的环境保护意识。

新闻媒体应当开展环境保护法律法规和环境保护知识的宣传，对环境违法行为进行舆论监督。

第十条 国务院环境保护主管部门，对全国环境保护工作实施统一监督管理；县级以上地方人民政府环境保护主管部门，对本行政区域环境保护工作实施统一监督管理。

县级以上人民政府有关部门和军队环境保护部门，依照有关法律的规定对资源保护和污染防治等环境保护工作实施监督管理。

第十一条 对保护和改善环境有显著成绩的单位和个人，由人民政府给予奖励。

第十二条 每年6月5日为环境日。

第二章 监督管理

第十三条 县级以上人民政府应当将环境保护工作纳入国民经济和社会发展规划。

国务院环境保护主管部门会同有关部门，根据国民经济和社会发展规划编制国家环境保护规划，报国务院批准并公布实施。

县级以上地方人民政府环境保护主管部门会同有关部门，根据国家环境保护规划的要求，编制本行政区域的环境保护规划，报同级人民政府批准并公布实施。

环境保护规划的内容应当包括生态保护和污染防治的目标、任务、保障措施等，并与主体功能区规划、土地利用总体规划和城乡规划等相衔接。

第十四条 国务院有关部门和省、自治区、直辖市人民政府组织制定经济、技术政策，应当充分考虑对环境的影响，听取有关方面和专家的意见。

第十五条 国务院环境保护主管部门制定国家环境质量标准。

省、自治区、直辖市人民政府对国家环境质量标准中未作规定的项目，可以制定地方环境质量标准；对国家环境质量标准中已作规定的项目，可以制定严于国家环境质量标准的地方环境质量标准。地方环境质量标准应当报国务院环境保护主管部门备案。

国家鼓励开展环境基准研究。

第十六条 国务院环境保护主管部门根据国家环境质量标准和国家经济、技术条件，制定国家污染物排放标准。

省、自治区、直辖市人民政府对国家污染物排放标准中未作规定的项目，可以制定地方污染物排放标准；对国家污染物排放标准中已作规定的项目，可以制定严于国家污染物排放标准的地方污染物排放标准。地方污染物排放标准应当报国务院环境保护主管部门备案。

第十七条 国家建立、健全环境监测制度。国务院环境保护主管部门制定监测规范，会同有关部门组织监测网络，统一规划国家环境质量监测站（点）的设置，建立监测数据共享机制，加强对环境监测的管理。

有关行业、专业等各类环境质量监测站（点）的设置应当符合法律法规规定和监测规范的要求。

监测机构应当使用符合国家标准的监测设备,遵守监测规范。监测机构及其负责人对监测数据的真实性和准确性负责。

第十八条 省级以上人民政府应当组织有关部门或者委托专业机构,对环境状况进行调查、评价,建立环境资源承载能力监测预警机制。

第十九条 编制有关开发利用规划,建设对环境有影响的项目,应当依法进行环境影响评价。

未依法进行环境影响评价的开发利用规划,不得组织实施;未依法进行环境影响评价的建设项目,不得开工建设。

第二十条 国家建立跨行政区域的重点区域、流域环境污染和生态破坏联合防治协调机制,实行统一规划、统一标准、统一监测、统一的防治措施。

前款规定以外的跨行政区域的环境污染和生态破坏的防治,由上级人民政府协调解决,或者由有关地方人民政府协商解决。

第二十一条 国家采取财政、税收、价格、政府采购等方面的政策和措施,鼓励和支持环境保护技术装备、资源综合利用和环境服务等环境保护产业的发展。

第二十二条 企业事业单位和其他生产经营者,在污染物排放符合法定要求的基础上,进一步减少污染物排放的,人民政府应当依法采取财政、税收、价格、政府采购等方面的政策和措施予以鼓励和支持。

第二十三条 企业事业单位和其他生产经营者,为改善环境,依照有关规定转产、搬迁、关闭的,人民政府应当予以支持。

第二十四条 县级以上人民政府环境保护主管部门及其委托的环境监察机构和其他负有环境保护监督管理职责的部门,有权对排放污染物的企业事业单位和其他生产经营者进行现场检查。被检查者应当如实反映情况,提供必要的资料。实施现场检查的部门、机构及其工作人员应当为被检查者保守商业秘密。

第二十五条 企业事业单位和其他生产经营者违反法律法规规定排放污染物,造成或者可能造成严重污染的,县级以上人民政府环境保护主管部门和其他负有环境保护监督管理职责的部门,可以查封、扣押造成污染物排放的设施、设备。

第二十六条 国家实行环境保护目标责任制和考核评价制度。县级以上人民政府应当将环境保护目标完成情况纳入对本级人民政府负有环境保护监督管理职责的部门及其负责人和下级人民政府及其负责人的考核内容,作为对其考核评价的重要依据。考核结果应当向社会公开。

第二十七条 县级以上人民政府应当每年向本级人民代表大会或者人民代表大会常务委员会报告环境状况和环境保护目标完成情况,对发生的重大环境事件应当及时向本级人民代表大会常务委员会报告,依法接受监督。

第三章 保护和改善环境

第二十八条 地方各级人民政府应当根据环境保护目标和治理任务,采取有效措施,改善环境质量。

未达到国家环境质量标准的重点区域、流域的有关地方人民政府,应当制定限期达标规划,并采取措施按期达标。

第二十九条 国家在重点生态功能区、生态环境敏感区和脆弱区等区域划定生态保护红线，实行严格保护。

各级人民政府对具有代表性的各种类型的自然生态系统区域，珍稀、濒危的野生动植物自然分布区域，重要的水源涵养区域，具有重大科学文化价值的地质构造、著名溶洞和化石分布区、冰川、火山、温泉等自然遗迹，以及人文遗迹、古树名木，应当采取措施予以保护，严禁破坏。

第三十条 开发利用自然资源，应当合理开发，保护生物多样性，保障生态安全，依法制定有关生态保护和恢复治理方案并予以实施。

引进外来物种以及研究、开发和利用生物技术，应当采取措施，防止对生物多样性的破坏。

第三十一条 国家建立、健全生态保护补偿制度。

国家加大对生态保护地区的财政转移支付力度。有关地方人民政府应当落实生态保护补偿资金，确保其用于生态保护补偿。

国家指导受益地区和生态保护地区人民政府通过协商或者按照市场规则进行生态保护补偿。

第三十二条 国家加强对大气、水、土壤等的保护，建立和完善相应的调查、监测、评估和修复制度。

第三十三条 各级人民政府应当加强对农业环境的保护，促进农业环境保护新技术的使用，加强对农业污染源的监测预警，统筹有关部门采取措施，防治土壤污染和土地沙化、盐渍化、贫瘠化、石漠化、地面沉降以及防治植被破坏、水土流失、水体富营养化、水源枯竭、种源灭绝等生态失调现象，推广植物病虫害的综合防治。

县级、乡级人民政府应当提高农村环境保护公共服务水平，推动农村环境综合整治。

第三十四条 国务院和沿海地方各级人民政府应当加强对海洋环境的保护。向海洋排放污染物、倾倒废弃物，进行海岸工程和海洋工程建设，应当符合法律法规规定和有关标准，防止和减少对海洋环境的污染损害。

第三十五条 城乡建设应当结合当地自然环境的特点，保护植被、水域和自然景观，加强城市园林、绿地和风景名胜区的建设与管理。

第三十六条 国家鼓励和引导公民、法人和其他组织使用有利于保护环境的产品和再生产品，减少废弃物的产生。

国家机关和使用财政资金的其他组织应当优先采购和使用节能、节水、节材等有利于保护环境的产品、设备和设施。

第三十七条 地方各级人民政府应当采取措施，组织对生活废弃物的分类处置、回收利用。

第三十八条 公民应当遵守环境保护法律法规，配合实施环境保护措施，按照规定对生活废弃物进行分类放置，减少日常生活对环境造成的损害。

第三十九条 国家建立、健全环境与健康监测、调查和风险评估制度；鼓励和组织开展环境质量对公众健康影响的研究，采取措施预防和控制与环境污染有关的疾病。

第四章 防治污染和其他公害

第四十条 国家促进清洁生产和资源循环利用。

国务院有关部门和地方各级人民政府应当采取措施,推广清洁能源的生产和使用。

企业应当优先使用清洁能源,采用资源利用率高、污染物排放量少的工艺、设备以及废弃物综合利用技术和污染物无害化处理技术,减少污染物的产生。

第四十一条 建设项目中防治污染的设施,应当与主体工程同时设计、同时施工、同时投产使用。防治污染的设施应当符合经批准的环境影响评价文件的要求,不得擅自拆除或者闲置。

第四十二条 排放污染物的企业事业单位和其他生产经营者,应当采取措施,防治在生产建设或者其他活动中产生的废气、废水、废渣、医疗废物、粉尘、恶臭气体、放射性物质以及噪声、振动、光辐射、电磁辐射等对环境的污染和危害。

排放污染物的企业事业单位,应当建立环境保护责任制度,明确单位负责人和相关人员的责任。

重点排污单位应当按照国家有关规定和监测规范安装使用监测设备,保证监测设备正常运行,保存原始监测记录。

严禁通过暗管、渗井、渗坑、灌注或者篡改、伪造监测数据,或者不正常运行防治污染设施等逃避监管的方式违法排放污染物。

第四十三条 排放污染物的企业事业单位和其他生产经营者,应当按照国家有关规定缴纳排污费。排污费应当全部专项用于环境污染防治,任何单位和个人不得截留、挤占或者挪作他用。

依照法律规定征收环境保护税的,不再征收排污费。

第四十四条 国家实行重点污染物排放总量控制制度。重点污染物排放总量控制指标由国务院下达,省、自治区、直辖市人民政府分解落实。企业事业单位在执行国家和地方污染物排放标准的同时,应当遵守分解落实到本单位的重点污染物排放总量控制指标。

对超过国家重点污染物排放总量控制指标或者未完成国家确定的环境质量目标的地区,省级以上人民政府环境保护主管部门应当暂停审批其新增重点污染物排放总量的建设项目环境影响评价文件。

第四十五条 国家依照法律规定实行排污许可管理制度。

实行排污许可管理的企业事业单位和其他生产经营者应当按照排污许可证的要求排放污染物;未取得排污许可证的,不得排放污染物。

第四十六条 国家对严重污染环境的工艺、设备和产品实行淘汰制度。任何单位和个人不得生产、销售或者转移、使用严重污染环境的工艺、设备和产品。

禁止引进不符合我国环境保护规定的技术、设备、材料和产品。

第四十七条 各级人民政府及其有关部门和企业事业单位,应当依照《中华人民共和国突发事件应对法》的规定,做好突发环境事件的风险控制、应急准备、应急处置和事后恢复等工作。

县级以上人民政府应当建立环境污染公共监测预警机制,组织制定预警方案;环境受到污染,可能影响公众健康和环境安全时,依法及时公布预警信息,启动应急措施。

企业事业单位应当按照国家有关规定制定突发环境事件应急预案,报环境保护主管部门和有关部门备案。在发生或者可能发生突发环境事件时,企业事业单位应当立即采取措施处理,及时通报可能受到危害的单位和居民,并向环境保护主管部门和有关部门报告。

突发环境事件应急处置工作结束后,有关人民政府应当立即组织评估事件造成的环境影响和损失,并及时将评估结果向社会公布。

第四十八条 生产、储存、运输、销售、使用、处置化学物品和含有放射性物质的物品,应当遵守国家有关规定,防止污染环境。

第四十九条 各级人民政府及其农业等有关部门和机构应当指导农业生产经营者科学种植和养殖,科学合理施用农药、化肥等农业投入品,科学处置农用薄膜、农作物秸秆等农业废弃物,防止农业面源污染。

禁止将不符合农用标准和环境保护标准的固体废物、废水施入农田。施用农药、化肥等农业投入品及进行灌溉,应当采取措施,防止重金属和其他有毒有害物质污染环境。

畜禽养殖场、养殖小区、定点屠宰企业等的选址、建设和管理应当符合有关法律法规规定。从事畜禽养殖和屠宰的单位和个人应当采取措施,对畜禽粪便、尸体和污水等废弃物进行科学处置,防止污染环境。

县级人民政府负责组织农村生活废弃物的处置工作。

第五十条 各级人民政府应当在财政预算中安排资金,支持农村饮用水水源地保护、生活污水和其他废弃物处理、畜禽养殖和屠宰污染防治、土壤污染防治和农村工矿污染治理等环境保护工作。

第五十一条 各级人民政府应当统筹城乡建设污水处理设施及配套管网,固体废物的收集、运输和处置等环境卫生设施,危险废物集中处置设施、场所以及其他环境保护公共设施,并保障其正常运行。

第五十二条 国家鼓励投保环境污染责任保险。

第五章 信息公开和公众参与

第五十三条 公民、法人和其他组织依法享有获取环境信息、参与和监督环境保护的权利。

各级人民政府环境保护主管部门和其他负有环境保护监督管理职责的部门,应当依法公开环境信息、完善公众参与程序,为公民、法人和其他组织参与和监督环境保护提供便利。

第五十四条 国务院环境保护主管部门统一发布国家环境质量、重点污染源监测信息及其他重大环境信息。省级以上人民政府环境保护主管部门定期发布环境状况公报。

县级以上人民政府环境保护主管部门和其他负有环境保护监督管理职责的部门,应当依法公开环境质量、环境监测、突发环境事件以及环境行政许可、行政处罚、排污费的征收和使用情况等信息。

县级以上地方人民政府环境保护主管部门和其他负有环境保护监督管理职责的部门,应当将企业事业单位和其他生产经营者的环境违法信息记入社会诚信档案,及时向社会公布违法者名单。

第五十五条 重点排污单位应当如实向社会公开其主要污染物的名称、排放方式、排放浓度和总量、超标排放情况，以及防治污染设施的建设和运行情况，接受社会监督。

第五十六条 对依法应当编制环境影响报告书的建设项目，建设单位应当在编制时向可能受影响的公众说明情况，充分征求意见。

负责审批建设项目环境影响评价文件的部门在收到建设项目环境影响报告书后，除涉及国家秘密和商业秘密的事项外，应当全文公开；发现建设项目未充分征求公众意见的，应当责成建设单位征求公众意见。

第五十七条 公民、法人和其他组织发现任何单位和个人有污染环境和破坏生态行为的，有权向环境保护主管部门或者其他负有环境保护监督管理职责的部门举报。

公民、法人和其他组织发现地方各级人民政府、县级以上人民政府环境保护主管部门和其他负有环境保护监督管理职责的部门不依法履行职责的，有权向其上级机关或者监察机关举报。

接受举报的机关应当对举报人的相关信息予以保密，保护举报人的合法权益。

第五十八条 对污染环境、破坏生态，损害社会公共利益的行为，符合下列条件的社会组织可以向人民法院提起诉讼：

（一）依法在设区的市级以上人民政府民政部门登记；

（二）专门从事环境保护公益活动连续五年以上且无违法记录。

符合前款规定的社会组织向人民法院提起诉讼，人民法院应当依法受理。

提起诉讼的社会组织不得通过诉讼牟取经济利益。

第六章　法律责任

第五十九条 企业事业单位和其他生产经营者违法排放污染物，受到罚款处罚，被责令改正，拒不改正的，依法作出处罚决定的行政机关可以自责令改正之日的次日起，按照原处罚数额按日连续处罚。

前款规定的罚款处罚，依照有关法律法规按照防治污染设施的运行成本、违法行为造成的直接损失或者违法所得等因素确定的规定执行。

地方性法规可以根据环境保护的实际需要，增加第一款规定的按日连续处罚的违法行为的种类。

第六十条 企业事业单位和其他生产经营者超过污染物排放标准或者超过重点污染物排放总量控制指标排放污染物的，县级以上人民政府环境保护主管部门可以责令其采取限制生产、停产整治等措施；情节严重的，报经有批准权的人民政府批准，责令停业、关闭。

第六十一条 建设单位未依法提交建设项目环境影响评价文件或者环境影响评价文件未经批准，擅自开工建设的，由负有环境保护监督管理职责的部门责令停止建设，处以罚款，并可以责令恢复原状。

第六十二条 违反本法规定，重点排污单位不公开或者不如实公开环境信息的，由县级以上地方人民政府环境保护主管部门责令公开，处以罚款，并予以公告。

第六十三条 企业事业单位和其他生产经营者有下列行为之一，尚不构成犯罪的，除依照有关法律法规规定予以处罚外，由县级以上人民政府环境保护主管部门或者其他有关部门将案件移送公安机关，对其直接负责的主管人员和其他直接责任人员，处十日以上十五日以下拘留；情节较轻的，处五日以上十日以下拘留：

（一）建设项目未依法进行环境影响评价，被责令停止建设，拒不执行的；

（二）违反法律规定，未取得排污许可证排放污染物，被责令停止排污，拒不执行的；

（三）通过暗管、渗井、渗坑、灌注或者篡改、伪造监测数据，或者不正常运行防治污染设施等逃避监管的方式违法排放污染物的；

（四）生产、使用国家明令禁止生产、使用的农药，被责令改正，拒不改正的。

第六十四条 因污染环境和破坏生态造成损害的，应当依照《中华人民共和国侵权责任法》的有关规定承担侵权责任。

第六十五条 环境影响评价机构、环境监测机构以及从事环境监测设备和防治污染设施维护、运营的机构，在有关环境服务活动中弄虚作假，对造成的环境污染和生态破坏负有责任的，除依照有关法律法规规定予以处罚外，还应当与造成环境污染和生态破坏的其他责任者承担连带责任。

第六十六条 提起环境损害赔偿诉讼的时效期间为三年，从当事人知道或者应当知道其受到损害时起计算。

第六十七条 上级人民政府及其环境保护主管部门应当加强对下级人民政府及其有关部门环境保护工作的监督。发现有关工作人员有违法行为，依法应当给予处分的，应当向其任免机关或者监察机关提出处分建议。

依法应当给予行政处罚，而有关环境保护主管部门不给予行政处罚的，上级人民政府环境保护主管部门可以直接作出行政处罚的决定。

第六十八条 地方各级人民政府、县级以上人民政府环境保护主管部门和其他负有环境保护监督管理职责的部门有下列行为之一的，对直接负责的主管人员和其他直接责任人员给予记过、记大过或者降级处分；造成严重后果的，给予撤职或者开除处分，其主要负责人应当引咎辞职：

（一）不符合行政许可条件准予行政许可的；

（二）对环境违法行为进行包庇的；

（三）依法应当作出责令停业、关闭的决定而未作出的；

（四）对超标排放污染物、采用逃避监管的方式排放污染物、造成环境事故以及不落实生态保护措施造成生态破坏等行为，发现或者接到举报未及时查处的；

（五）违反本法规定，查封、扣押企业事业单位和其他生产经营者的设施、设备的；

（六）篡改、伪造或者指使篡改、伪造监测数据的；

（七）应当依法公开环境信息而未公开的；

（八）将征收的排污费截留、挤占或者挪作他用的；

（九）法律法规规定的其他违法行为。

第六十九条 违反本法规定，构成犯罪的，依法追究刑事责任。

第七章 附 则

第七十条 本法自2015年1月1日起施行。

61.《中华人民共和国安全生产法》

（2002年11月1日起施行，2014年8月31日修正）

第一章 总 则

第一条 为了加强安全生产工作，防止和减少生产安全事故，保障人民群众生命和财产安全，促进经济社会持续健康发展，制定本法。

第二条 在中华人民共和国领域内从事生产经营活动的单位（以下统称生产经营单位）的安全生产，适用本法；有关法律、行政法规对消防安全和道路交通安全、铁路交通安全、水上交通安全、民用航空安全以及核与辐射安全、特种设备安全另有规定的，适用其规定。

第三条 安全生产工作应当以人为本，坚持安全发展，坚持安全第一、预防为主、综合治理的方针，强化和落实生产经营单位的主体责任，建立生产经营单位负责、职工参与、政府监管、行业自律和社会监督的机制。

第四条 生产经营单位必须遵守本法和其他有关安全生产的法律、法规，加强安全生产管理，建立、健全安全生产责任制和安全生产规章制度，改善安全生产条件，推进安全生产标准化建设，提高安全生产水平，确保安全生产。

第五条 生产经营单位的主要负责人对本单位的安全生产工作全面负责。

第六条 生产经营单位的从业人员有依法获得安全生产保障的权利，并应当依法履行安全生产方面的义务。

第七条 工会依法对安全生产工作进行监督。生产经营单位的工会依法组织职工参加本单位安全生产工作的民主管理和民主监督，维护职工在安全生产方面的合法权益。生产经营单位制定或者修改有关安全生产的规章制度，应当听取工会的意见。

第八条 国务院和县级以上地方各级人民政府应当根据国民经济和社会发展规划制定安全生产规划，并组织实施。安全生产规划应当与城乡规划相衔接。

国务院和县级以上地方各级人民政府应当加强对安全生产工作的领导，支持、督促各有关部门依法履行安全生产监督管理职责，建立健全安全生产工作协调机制，及时协调、解决安全生产监督管理中存在的重大问题。

乡、镇人民政府以及街道办事处、开发区管理机构等地方人民政府的派出机关应当按照职责，加强对本行政区域内生产经营单位安全生产状况的监督检查，协助上级人民政府有关部门依法履行安全生产监督管理职责。

第九条 国务院安全生产监督管理部门依照本法，对全国安全生产工作实施综合监督管理；县级以上地方各级人民政府安全生产监督管理部门依照本法，对本行政区域内安全生产工作实施综合监督管理。

国务院有关部门依照本法和其他有关法律、行政法规的规定，在各自的职责范围内对有关行业、领域的安全生产工作实施监督管理；县级以上地方各级人民政府有关部门依照本法和其他有关法律、法规的规定，在各自的职责范围内对有关行业、领域的安全生产工作实施监督管理。

安全生产监督管理部门和对有关行业、领域的安全生产工作实施监督管理的部门，统称负有安全生产监督管理职责的部门。

第十条 国务院有关部门应当按照保障安全生产的要求，依法及时制定有关的国家标准或者行业标准，并根据科技进步和经济发展适时修订。

生产经营单位必须执行依法制定的保障安全生产的国家标准或者行业标准。

第十一条 各级人民政府及其有关部门应当采取多种形式，加强对有关安全生产的法律、法规和安全生产知识的宣传，增强全社会的安全生产意识。

第十二条 有关协会组织依照法律、行政法规和章程，为生产经营单位提供安全生产方面的信息、培训等服务，发挥自律作用，促进生产经营单位加强安全生产管理。

第十三条 依法设立的为安全生产提供技术、管理服务的机构，依照法律、行政法规和执业准则，接受生产经营单位的委托为其安全生产工作提供技术、管理服务。

生产经营单位委托前款规定的机构提供安全生产技术、管理服务的，保证安全生产的责任仍由本单位负责。

第十四条 国家实行生产安全事故责任追究制度，依照本法和有关法律、法规的规定，追究生产安全事故责任人员的法律责任。

第十五条 国家鼓励和支持安全生产科学技术研究和安全生产先进技术的推广应用，提高安全生产水平。

第十六条 国家对在改善安全生产条件、防止生产安全事故、参加抢险救护等方面取得显著成绩的单位和个人，给予奖励。

第二章　生产经营单位的安全生产保障

第十七条 生产经营单位应当具备本法和有关法律、行政法规和国家标准或者行业标准规定的安全生产条件；不具备安全生产条件的，不得从事生产经营活动。

第十八条 生产经营单位的主要负责人对本单位安全生产工作负有下列职责：

（一）建立、健全本单位安全生产责任制；

（二）组织制定本单位安全生产规章制度和操作规程；

（三）组织制定并实施本单位安全生产教育和培训计划；

（四）保证本单位安全生产投入的有效实施；

（五）督促、检查本单位的安全生产工作，及时消除生产安全事故隐患；

（六）组织制定并实施本单位的生产安全事故应急救援预案；

（七）及时、如实报告生产安全事故。

第十九条 生产经营单位的安全生产责任制应当明确各岗位的责任人员、责任范围和考核标准等内容。

生产经营单位应当建立相应的机制，加强对安全生产责任制落实情况的监督考核，保证安全生产责任制的落实。

第二十条 生产经营单位应当具备的安全生产条件所必需的资金投入，由生产经营单位的决策机构、主要负责人或者个人经营的投资人予以保证，并对由于安全生产所必需的资金投入不足导致的后果承担责任。

有关生产经营单位应当按照规定提取和使用安全生产费用，专门用于改善安全生产条件。安全生产费用在成本中据实列支。安全生产费用提取、使用和监督管理的具体办法由国务院财政部门会同国务院安全生产监督管理部门征求国务院有关部门意见后制定。

第二十一条 矿山、金属冶炼、建筑施工、道路运输单位和危险物品的生产、经营、储存单位，应当设置安全生产管理机构或者配备专职安全生产管理人员。

前款规定以外的其他生产经营单位，从业人员超过一百人的，应当设置安全生产管理机构或者配备专职安全生产管理人员；从业人员在一百人以下的，应当配备专职或者兼职的安全生产管理人员。

第二十二条 生产经营单位的安全生产管理机构以及安全生产管理人员履行下列职责：

（一）组织或者参与拟订本单位安全生产规章制度、操作规程和生产安全事故应急救援预案；

（二）组织或者参与本单位安全生产教育和培训，如实记录安全生产教育和培训情况；

（三）督促落实本单位重大危险源的安全管理措施；

（四）组织或者参与本单位应急救援演练；

（五）检查本单位的安全生产状况，及时排查生产安全事故隐患，提出改进安全生产管理的建议；

（六）制止和纠正违章指挥、强令冒险作业、违反操作规程的行为；

（七）督促落实本单位安全生产整改措施。

第二十三条 生产经营单位的安全生产管理机构以及安全生产管理人员应当恪尽职守，依法履行职责。

生产经营单位作出涉及安全生产的经营决策，应当听取安全生产管理机构以及安全生产管理人员的意见。

生产经营单位不得因安全生产管理人员依法履行职责而降低其工资、福利等待遇或者解除与其订立的劳动合同。

危险物品的生产、储存单位以及矿山、金属冶炼单位的安全生产管理人员的任免，应当告知主管的负有安全生产监督管理职责的部门。

第二十四条 生产经营单位的主要负责人和安全生产管理人员必须具备与本单位所从事的生产经营活动相应的安全生产知识和管理能力。

危险物品的生产、经营、储存单位以及矿山、金属冶炼、建筑施工、道路运输单位的主要负责人和安全生产管理人员，应当由主管的负有安全生产监督管理职责的部门对其安全生产知识和管理能力考核合格。考核不得收费。

危险物品的生产、储存单位以及矿山、金属冶炼单位应当有注册安全工程师从事安全生产管理工作。鼓励其他生产经营单位聘用注册安全工程师从事安全生产管理工作。注册安全工程师按专业分类管理，具体办法由国务院人力资源和社会保障部门、国务院安全生产监督管理部门会同国务院有关部门制定。

第二十五条 生产经营单位应当对从业人员进行安全生产教育和培训，保证从业人员具备必要的安全生产知识，熟悉有关的安全生产规章制度和安全操作规程，掌握本岗位的安全操作技能，了解事故应急处理措施，知悉自身在安全生产方面的权利和义务。未经安全生产教育和培训合格的从业人员，不得上岗作业。

生产经营单位使用被派遣劳动者的，应当将被派遣劳动者纳入本单位从业人员统一管理，对被派遣劳动者进行岗位安全操作规程和安全操作技能的教育和培训。劳务派遣单位应当对被派遣劳动者进行必要的安全生产教育和培训。

生产经营单位接收中等职业学校、高等学校学生实习的,应当对实习学生进行相应的安全生产教育和培训,提供必要的劳动防护用品。学校应当协助生产经营单位对实习学生进行安全生产教育和培训。

生产经营单位应当建立安全生产教育和培训档案,如实记录安全生产教育和培训的时间、内容、参加人员以及考核结果等情况。

第二十六条 生产经营单位采用新工艺、新技术、新材料或者使用新设备,必须了解、掌握其安全技术特性,采取有效的安全防护措施,并对从业人员进行专门的安全生产教育和培训。

第二十七条 生产经营单位的特种作业人员必须按照国家有关规定经专门的安全作业培训,取得相应资格,方可上岗作业。

特种作业人员的范围由国务院安全生产监督管理部门会同国务院有关部门确定。

第二十八条 生产经营单位新建、改建、扩建工程项目(以下统称建设项目)的安全设施,必须与主体工程同时设计、同时施工、同时投入生产和使用。安全设施投资应当纳入建设项目概算。

第二十九条 矿山、金属冶炼建设项目和用于生产、储存、装卸危险物品的建设项目,应当按照国家有关规定进行安全评价。

第三十条 建设项目安全设施的设计人、设计单位应当对安全设施设计负责。

矿山、金属冶炼建设项目和用于生产、储存、装卸危险物品的建设项目的安全设施设计应当按照国家有关规定报经有关部门审查,审查部门及其负责审查的人员对审查结果负责。

第三十一条 矿山、金属冶炼建设项目和用于生产、储存、装卸危险物品的建设项目的施工单位必须按照批准的安全设施设计施工,并对安全设施的工程质量负责。

矿山、金属冶炼建设项目和用于生产、储存危险物品的建设项目竣工投入生产或者使用前,应当由建设单位负责组织对安全设施进行验收;验收合格后,方可投入生产和使用。安全生产监督管理部门应当加强对建设单位验收活动和验收结果的监督核查。

第三十二条 生产经营单位应当在有较大危险因素的生产经营场所和有关设施、设备上,设置明显的安全警示标志。

第三十三条 安全设备的设计、制造、安装、使用、检测、维修、改造和报废,应当符合国家标准或者行业标准。

生产经营单位必须对安全设备进行经常性维护、保养,并定期检测,保证正常运转。维护、保养、检测应当作好记录,并由有关人员签字。

第三十四条 生产经营单位使用的危险物品的容器、运输工具,以及涉及人身安全、危险性较大的海洋石油开采特种设备和矿山井下特种设备,必须按照国家有关规定,由专业生产单位生产,并经具有专业资质的检测、检验机构检测、检验合格,取得安全使用证或者安全标志,方可投入使用。检测、检验机构对检测、检验结果负责。

第三十五条 国家对严重危及生产安全的工艺、设备实行淘汰制度,具体目录由国务院安全生产监督管理部门会同国务院有关部门制定并公布。法律、行政法规对目录的制定另有规定的,适用其规定。

省、自治区、直辖市人民政府可以根据本地区实际情况制定并公布具体目录,对前款规定以外的危及生产安全的工艺、设备予以淘汰。

生产经营单位不得使用应当淘汰的危及生产安全的工艺、设备。

第三十六条 生产、经营、运输、储存、使用危险物品或者处置废弃危险物品的,由有关主管部门依照有关法律、法规的规定和国家标准或者行业标准审批并实施监督管理。

生产经营单位生产、经营、运输、储存、使用危险物品或者处置废弃危险物品,必须执行有关法律、法规和国家标准或者行业标准,建立专门的安全管理制度,采取可靠的安全措施,接受有关主管部门依法实施的监督管理。

第三十七条 生产经营单位对重大危险源应当登记建档,进行定期检测、评估、监控,并制定应急预案,告知从业人员和相关人员在紧急情况下应当采取的应急措施。

生产经营单位应当按照国家有关规定将本单位重大危险源及有关安全措施、应急措施报有关地方人民政府安全生产监督管理部门和有关部门备案。

第三十八条 生产经营单位应当建立健全生产安全事故隐患排查治理制度,采取技术、管理措施,及时发现并消除事故隐患。事故隐患排查治理情况应当如实记录,并向从业人员通报。

县级以上地方各级人民政府负有安全生产监督管理职责的部门应当建立健全重大事故隐患治理督办制度,督促生产经营单位消除重大事故隐患。

第三十九条 生产、经营、储存、使用危险物品的车间、商店、仓库不得与员工宿舍在同一座建筑物内,并应当与员工宿舍保持安全距离。

生产经营场所和员工宿舍应当设有符合紧急疏散要求、标志明显、保持畅通的出口。禁止锁闭、封堵生产经营场所或者员工宿舍的出口。

第四十条 生产经营单位进行爆破、吊装以及国务院安全生产监督管理部门会同国务院有关部门规定的其他危险作业,应当安排专门人员进行现场安全管理,确保操作规程的遵守和安全措施的落实。

第四十一条 生产经营单位应当教育和督促从业人员严格执行本单位的安全生产规章制度和安全操作规程;并向从业人员如实告知作业场所和工作岗位存在的危险因素、防范措施以及事故应急措施。

第四十二条 生产经营单位必须为从业人员提供符合国家标准或者行业标准的劳动防护用品,并监督、教育从业人员按照使用规则佩戴、使用。

第四十三条 生产经营单位的安全生产管理人员应当根据本单位的生产经营特点,对安全生产状况进行经常性检查;对检查中发现的安全问题,应当立即处理;不能处理的,应当及时报告本单位有关负责人,有关负责人应当及时处理。检查及处理情况应当如实记录在案。

生产经营单位的安全生产管理人员在检查中发现重大事故隐患,依照前款规定向本单位有关负责人报告,有关负责人不及时处理的,安全生产管理人员可以向主管的负有安全生产监督管理职责的部门报告,接到报告的部门应当依法及时处理。

第四十四条 生产经营单位应当安排用于配备劳动防护用品、进行安全生产培训的经费。

第四十五条 两个以上生产经营单位在同一作业区域内进行生产经营活动,可能危及对方生产安全的,应当签订安全生产管理协议,明确各自的安全生产管理职责和应当采取的安全措施,并指定专职安全生产管理人员进行安全检查与协调。

第四十六条 生产经营单位不得将生产经营项目、场所、设备发包或者出租给不具备安全生产条件或者相应资质的单位或者个人。

生产经营项目、场所发包或者出租给其他单位的,生产经营单位应当与承包单位、承租单位签订专门的安全生产管理协议,或者在承包合同、租赁合同中约定各自的安全生产管理职责;生产经营单位对承包单位、承租单位的安全生产工作统一协调、管理,定期进行安全检查,发现安全问题的,应当及时督促整改。

第四十七条 生产经营单位发生生产安全事故时,单位的主要负责人应当立即组织抢救,并不得在事故调查处理期间擅离职守。

第四十八条 生产经营单位必须依法参加工伤保险,为从业人员缴纳保险费。

国家鼓励生产经营单位投保安全生产责任保险。

第三章 从业人员的安全生产权利义务

第四十九条 生产经营单位与从业人员订立的劳动合同,应当载明有关保障从业人员劳动安全、防止职业危害的事项,以及依法为从业人员办理工伤保险的事项。

生产经营单位不得以任何形式与从业人员订立协议,免除或者减轻其对从业人员因生产安全事故伤亡依法应承担的责任。

第五十条 生产经营单位的从业人员有权了解其作业场所和工作岗位存在的危险因素、防范措施及事故应急措施,有权对本单位的安全生产工作提出建议。

第五十一条 从业人员有权对本单位安全生产工作中存在的问题提出批评、检举、控告;有权拒绝违章指挥和强令冒险作业。

生产经营单位不得因从业人员对本单位安全生产工作提出批评、检举、控告或者拒绝违章指挥、强令冒险作业而降低其工资、福利等待遇或者解除与其订立的劳动合同。

第五十二条 从业人员发现直接危及人身安全的紧急情况时,有权停止作业或者在采取可能的应急措施后撤离作业场所。

生产经营单位不得因从业人员在前款紧急情况下停止作业或者采取紧急撤离措施而降低其工资、福利等待遇或者解除与其订立的劳动合同。

第五十三条 因生产安全事故受到损害的从业人员,除依法享有工伤保险外,依照有关民事法律尚有获得赔偿的权利的,有权向本单位提出赔偿要求。

第五十四条 从业人员在作业过程中,应当严格遵守本单位的安全生产规章制度和操作规程,服从管理,正确佩戴和使用劳动防护用品。

第五十五条 从业人员应当接受安全生产教育和培训,掌握本职工作所需的安全生产知识,提高安全生产技能,增强事故预防和应急处理能力。

第五十六条 从业人员发现事故隐患或者其他不安全因素,应当立即向现场安全生产管理人员或者本单位负责人报告;接到报告的人员应当及时予以处理。

第五十七条 工会有权对建设项目的安全设施与主体工程同时设计、同时施工、同时投入生产和使用进行监督,提出意见。

工会对生产经营单位违反安全生产法律、法规,侵犯从业人员合法权益的行为,有权要求纠正;发现生产经营单位违章指挥、强令冒险作业或者发现事故隐患时,有权提出解决的建议,生产经营单位应当及时研究答复;发现危及从业人员生命安全的情况时,有权向生产经营单位建议组织从业人员撤离危险场所,生产经营单位必须立即作出处理。

工会有权依法参加事故调查,向有关部门提出处理意见,并要求追究有关人员的责任。

第五十八条 生产经营单位使用被派遣劳动者的,被派遣劳动者享有本法规定的从业人员的权利,并应当履行本法规定的从业人员的义务。

第四章 安全生产的监督管理

第五十九条 县级以上地方各级人民政府应当根据本行政区域内的安全生产状况,组织有关部门按照职责分工,对本行政区域内容易发生重大生产安全事故的生产经营单位进行严格检查。

安全生产监督管理部门应当按照分类分级监督管理的要求,制定安全生产年度监督检查计划,并按照年度监督检查计划进行监督检查,发现事故隐患,应当及时处理。

第六十条 负有安全生产监督管理职责的部门依照有关法律、法规的规定,对涉及安全生产的事项需要审查批准(包括批准、核准、许可、注册、认证、颁发证照等,下同)或者验收的,必须严格依照有关法律、法规和国家标准或者行业标准规定的安全生产条件和程序进行审查;不符合有关法律、法规和国家标准或者行业标准规定的安全生产条件的,不得批准或者验收通过。对未依法取得批准或者验收合格的单位擅自从事有关活动的,负责行政审批的部门发现或者接到举报后应当立即予以取缔,并依法予以处理。对已经依法取得批准的单位,负责行政审批的部门发现其不再具备安全生产条件的,应当撤销原批准。

第六十一条 负有安全生产监督管理职责的部门对涉及安全生产的事项进行审查、验收,不得收取费用;不得要求接受审查、验收的单位购买其指定品牌或者指定生产、销售单位的安全设备、器材或者其他产品。

第六十二条 安全生产监督管理部门和其他负有安全生产监督管理职责的部门依法开展安全生产行政执法工作,对生产经营单位执行有关安全生产的法律、法规和国家标准或者行业标准的情况进行监督检查,行使以下职权:

(一)进入生产经营单位进行检查,调阅有关资料,向有关单位和人员了解情况;

(二)对检查中发现的安全生产违法行为,当场予以纠正或者要求限期改正;对依法应当给予行政处罚的行为,依照本法和其他有关法律、行政法规的规定作出行政处罚决定;

(三)对检查中发现的事故隐患,应当责令立即排除;重大事故隐患排除前或者排除过程中无法保证安全的,应当责令从危险区域内撤出作业人员,责令暂时停产停业或者停止使用相关设施、设备;重大事故隐患排除后,经审查同意,方可恢复生产经营和使用;

(四)对有根据认为不符合保障安全生产的国家标准或者行业标准的设施、设备、器材以及违法生产、储存、使用、经营、运输的危险物品予以查封或者扣押,对违法生产、储存、使用、经营危险物品的作业场所予以查封,并依法作出处理决定。

监督检查不得影响被检查单位的正常生产经营活动。

第六十三条 生产经营单位对负有安全生产监督管理职责的部门的监督检查人员(以下统称安全生产监督检查人员)依法履行监督检查职责,应当予以配合,不得拒绝、阻挠。

第六十四条 安全生产监督检查人员应当忠于职守,坚持原则,秉公执法。

安全生产监督检查人员执行监督检查任务时,必须出示有效的监督执法证件;对涉及被

检查单位的技术秘密和业务秘密,应当为其保密。

第六十五条 安全生产监督检查人员应当将检查的时间、地点、内容、发现的问题及其处理情况,作出书面记录,并由检查人员和被检查单位的负责人签字;被检查单位的负责人拒绝签字的,检查人员应当将情况记录在案,并向负有安全生产监督管理职责的部门报告。

第六十六条 负有安全生产监督管理职责的部门在监督检查中,应当互相配合,实行联合检查;确需分别进行检查的,应当互通情况,发现存在的安全问题应当由其他有关部门进行处理的,应当及时移送其他有关部门并形成记录备查,接受移送的部门应当及时进行处理。

第六十七条 负有安全生产监督管理职责的部门依法对存在重大事故隐患的生产经营单位作出停产停业、停止施工、停止使用相关设施或者设备的决定,生产经营单位应当依法执行,及时消除事故隐患。生产经营单位拒不执行,有发生生产安全事故的现实危险的,在保证安全的前提下,经本部门主要负责人批准,负有安全生产监督管理职责的部门可以采取通知有关单位停止供电、停止供应民用爆炸物品等措施,强制生产经营单位履行决定。通知应当采用书面形式,有关单位应当予以配合。

负有安全生产监督管理职责的部门依照前款规定采取停止供电措施,除有危及生产安全的紧急情形外,应当提前二十四小时通知生产经营单位。生产经营单位依法履行行政决定、采取相应措施消除事故隐患的,负有安全生产监督管理职责的部门应当及时解除前款规定的措施。

第六十八条 监察机关依照行政监察法的规定,对负有安全生产监督管理职责的部门及其工作人员履行安全生产监督管理职责实施监察。

第六十九条 承担安全评价、认证、检测、检验的机构应当具备国家规定的资质条件,并对其作出的安全评价、认证、检测、检验的结果负责。

第七十条 负有安全生产监督管理职责的部门应当建立举报制度,公开举报电话、信箱或者电子邮件地址,受理有关安全生产的举报;受理的举报事项经调查核实后,应当形成书面材料;需要落实整改措施的,报经有关负责人签字并督促落实。

第七十一条 任何单位或者个人对事故隐患或者安全生产违法行为,均有权向负有安全生产监督管理职责的部门报告或者举报。

第七十二条 居民委员会、村民委员会发现其所在区域内的生产经营单位存在事故隐患或者安全生产违法行为时,应当向当地人民政府或者有关部门报告。

第七十三条 县级以上各级人民政府及其有关部门对报告重大事故隐患或者举报安全生产违法行为的有功人员,给予奖励。具体奖励办法由国务院安全生产监督管理部门会同国务院财政部门制定。

第七十四条 新闻、出版、广播、电影、电视等单位有进行安全生产公益宣传教育的义务,有对违反安全生产法律、法规的行为进行舆论监督的权利。

第七十五条 负有安全生产监督管理职责的部门应当建立安全生产违法行为信息库,如实记录生产经营单位的安全生产违法行为信息;对违法行为情节严重的生产经营单位,应当向社会公告,并通报行业主管部门、投资主管部门、国土资源主管部门、证券监督管理机构以及有关金融机构。

第五章 生产安全事故的应急救援与调查处理

第七十六条 国家加强生产安全事故应急能力建设,在重点行业、领域建立应急救援基地和应急救援队伍,鼓励生产经营单位和其他社会力量建立应急救援队伍,配备相应的应急救援装备和物资,提高应急救援的专业化水平。

国务院安全生产监督管理部门建立全国统一的生产安全事故应急救援信息系统,国务院有关部门建立健全相关行业、领域的生产安全事故应急救援信息系统。

第七十七条 县级以上地方各级人民政府应当组织有关部门制定本行政区域内生产安全事故应急救援预案,建立应急救援体系。

第七十八条 生产经营单位应当制定本单位生产安全事故应急救援预案,与所在地县级以上地方人民政府组织制定的生产安全事故应急救援预案相衔接,并定期组织演练。

第七十九条 危险物品的生产、经营、储存单位以及矿山、金属冶炼、城市轨道交通运营、建筑施工单位应当建立应急救援组织;生产经营规模较小的,可以不建立应急救援组织,但应当指定兼职的应急救援人员。

危险物品的生产、经营、储存、运输单位以及矿山、金属冶炼、城市轨道交通运营、建筑施工单位应当配备必要的应急救援器材、设备和物资,并进行经常性维护、保养,保证正常运转。

第八十条 生产经营单位发生生产安全事故后,事故现场有关人员应当立即报告本单位负责人。

单位负责人接到事故报告后,应当迅速采取有效措施,组织抢救,防止事故扩大,减少人员伤亡和财产损失,并按照国家有关规定立即如实报告当地负有安全生产监督管理职责的部门,不得隐瞒不报、谎报或者迟报,不得故意破坏事故现场、毁灭有关证据。

第八十一条 负有安全生产监督管理职责的部门接到事故报告后,应当立即按照国家有关规定上报事故情况。负有安全生产监督管理职责的部门和有关地方人民政府对事故情况不得隐瞒不报、谎报或者迟报。

第八十二条 有关地方人民政府和负有安全生产监督管理职责的部门的负责人接到生产安全事故报告后,应当按照生产安全事故应急救援预案的要求立即赶到事故现场,组织事故抢救。

参与事故抢救的部门和单位应当服从统一指挥,加强协同联动,采取有效的应急救援措施,并根据事故救援的需要采取警戒、疏散等措施,防止事故扩大和次生灾害的发生,减少人员伤亡和财产损失。

事故抢救过程中应当采取必要措施,避免或者减少对环境造成的危害。

任何单位和个人都应当支持、配合事故抢救,并提供一切便利条件。

第八十三条 事故调查处理应当按照科学严谨、依法依规、实事求是、注重实效的原则,及时、准确地查清事故原因,查明事故性质和责任,总结事故教训,提出整改措施,并对事故责任者提出处理意见。事故调查报告应当依法及时向社会公布。事故调查和处理的具体办法由国务院制定。

事故发生单位应当及时全面落实整改措施,负有安全生产监督管理职责的部门应当加强监督检查。

第八十四条 生产经营单位发生生产安全事故，经调查确定为责任事故的，除了应当查明事故单位的责任并依法予以追究外，还应当查明对安全生产的有关事项负有审查批准和监督职责的行政部门的责任，对有失职、渎职行为的，依照本法第八十七条的规定追究法律责任。

第八十五条 任何单位和个人不得阻挠和干涉对事故的依法调查处理。

第八十六条 县级以上地方各级人民政府安全生产监督管理部门应当定期统计分析本行政区域内发生生产安全事故的情况，并定期向社会公布。

第六章 法律责任

第八十七条 负有安全生产监督管理职责的部门的工作人员，有下列行为之一的，给予降级或者撤职的处分；构成犯罪的，依照刑法有关规定追究刑事责任：

（一）对不符合法定安全生产条件的涉及安全生产的事项予以批准或者验收通过的；

（二）发现未依法取得批准、验收的单位擅自从事有关活动或者接到举报后不予取缔或者不依法予以处理的；

（三）对已经依法取得批准的单位不履行监督管理职责，发现其不再具备安全生产条件而不撤销原批准或者发现安全生产违法行为不予查处的；

（四）在监督检查中发现重大事故隐患，不依法及时处理的。

负有安全生产监督管理职责的部门的工作人员有前款规定以外的滥用职权、玩忽职守、徇私舞弊行为的，依法给予处分；构成犯罪的，依照刑法有关规定追究刑事责任。

第八十八条 负有安全生产监督管理职责的部门，要求被审查、验收的单位购买其指定的安全设备、器材或者其他产品的，在对安全生产事项的审查、验收中收取费用的，由其上级机关或者监察机关责令改正，责令退还收取的费用；情节严重的，对直接负责的主管人员和其他直接责任人员依法给予处分。

第八十九条 承担安全评价、认证、检测、检验工作的机构，出具虚假证明的，没收违法所得；违法所得在十万元以上的，并处违法所得二倍以上五倍以下的罚款；没有违法所得或者违法所得不足十万元的，单处或者并处十万元以上二十万元以下的罚款；对其直接负责的主管人员和其他直接责任人员处二万元以上五万元以下的罚款；给他人造成损害的，与生产经营单位承担连带赔偿责任；构成犯罪的，依照刑法有关规定追究刑事责任。

对有前款违法行为的机构，吊销其相应资质。

第九十条 生产经营单位的决策机构、主要负责人或者个人经营的投资人不依照本法规定保证安全生产所必需的资金投入，致使生产经营单位不具备安全生产条件的，责令限期改正，提供必需的资金；逾期未改正的，责令生产经营单位停产停业整顿。

有前款违法行为，导致发生生产安全事故的，对生产经营单位的主要负责人给予撤职处分，对个人经营的投资人处二万元以上二十万元以下的罚款；构成犯罪的，依照刑法有关规定追究刑事责任。

第九十一条 生产经营单位的主要负责人未履行本法规定的安全生产管理职责的，责令限期改正；逾期未改正的，处二万元以上五万元以下的罚款，责令生产经营单位停产停业整顿。

生产经营单位的主要负责人有前款违法行为，导致发生生产安全事故的，给予撤职处分；构成犯罪的，依照刑法有关规定追究刑事责任。

生产经营单位的主要负责人依照前款规定受刑事处罚或者撤职处分的，自刑罚执行完毕或者受处分之日起，五年内不得担任任何生产经营单位的主要负责人；对重大、特别重大生产安全事故负有责任的，终身不得担任本行业生产经营单位的主要负责人。

第九十二条 生产经营单位的主要负责人未履行本法规定的安全生产管理职责，导致发生生产安全事故的，由安全生产监督管理部门依照下列规定处以罚款：

（一）发生一般事故的，处上一年年收入百分之三十的罚款；

（二）发生较大事故的，处上一年年收入百分之四十的罚款；

（三）发生重大事故的，处上一年年收入百分之六十的罚款；

（四）发生特别重大事故的，处上一年年收入百分之八十的罚款。

第九十三条 生产经营单位的安全生产管理人员未履行本法规定的安全生产管理职责的，责令限期改正；导致发生生产安全事故的，暂停或者撤销其与安全生产有关的资格；构成犯罪的，依照刑法有关规定追究刑事责任。

第九十四条 生产经营单位有下列行为之一的，责令限期改正，可以处五万元以下的罚款；逾期未改正的，责令停产停业整顿，并处五万元以上十万元以下的罚款，对其直接负责的主管人员和其他直接责任人员处一万元以上二万元以下的罚款：

（一）未按照规定设置安全生产管理机构或者配备安全生产管理人员的；

（二）危险物品的生产、经营、储存单位以及矿山、金属冶炼、建筑施工、道路运输单位的主要负责人和安全生产管理人员未按照规定经考核合格的；

（三）未按照规定对从业人员、被派遣劳动者、实习学生进行安全生产教育和培训，或者未按照规定如实告知有关的安全生产事项的；

（四）未如实记录安全生产教育和培训情况的；

（五）未将事故隐患排查治理情况如实记录或者未向从业人员通报的；

（六）未按照规定制定生产安全事故应急救援预案或者未定期组织演练的；

（七）特种作业人员未按照规定经专门的安全作业培训并取得相应资格，上岗作业的。

第九十五条 生产经营单位有下列行为之一的，责令停止建设或者停产停业整顿，限期改正；逾期未改正的，处五十万元以上一百万元以下的罚款，对其直接负责的主管人员和其他直接责任人员处二万元以上五万元以下的罚款；构成犯罪的，依照刑法有关规定追究刑事责任：

（一）未按照规定对矿山、金属冶炼建设项目或者用于生产、储存、装卸危险物品的建设项目进行安全评价的；

（二）矿山、金属冶炼建设项目或者用于生产、储存、装卸危险物品的建设项目没有安全设施设计或者安全设施设计未按照规定报经有关部门审查同意的；

（三）矿山、金属冶炼建设项目或者用于生产、储存、装卸危险物品的建设项目的施工单位未按照批准的安全设施设计施工的；

（四）矿山、金属冶炼建设项目或者用于生产、储存危险物品的建设项目竣工投入生产或者使用前，安全设施未经验收合格的。

第九十六条 生产经营单位有下列行为之一的，责令限期改正，可以处五万元以下的罚款；逾期未改正的，处五万元以上二十万元以下的罚款，对其直接负责的主管人员和其他直

接责任人员处一万元以上二万元以下的罚款;情节严重的,责令停产停业整顿;构成犯罪的,依照刑法有关规定追究刑事责任:

(一)未在有较大危险因素的生产经营场所和有关设施、设备上设置明显的安全警示标志的;

(二)安全设备的安装、使用、检测、改造和报废不符合国家标准或者行业标准的;

(三)未对安全设备进行经常性维护、保养和定期检测的;

(四)未为从业人员提供符合国家标准或者行业标准的劳动防护用品的;

(五)危险物品的容器、运输工具,以及涉及人身安全、危险性较大的海洋石油开采特种设备和矿山井下特种设备未经具有专业资质的机构检测、检验合格,取得安全使用证或者安全标志,投入使用的;

(六)使用应当淘汰的危及生产安全的工艺、设备的。

第九十七条 未经依法批准,擅自生产、经营、运输、储存、使用危险物品或者处置废弃危险物品的,依照有关危险物品安全管理的法律、行政法规的规定予以处罚;构成犯罪的,依照刑法有关规定追究刑事责任。

第九十八条 生产经营单位有下列行为之一的,责令限期改正,可以处十万元以下的罚款;逾期未改正的,责令停产停业整顿,并处十万元以上二十万元以下的罚款,对其直接负责的主管人员和其他直接责任人员处二万元以上五万元以下的罚款;构成犯罪的,依照刑法有关规定追究刑事责任:

(一)生产、经营、运输、储存、使用危险物品或者处置废弃危险物品,未建立专门安全管理制度、未采取可靠的安全措施的;

(二)对重大危险源未登记建档,或者未进行评估、监控,或者未制定应急预案的;

(三)进行爆破、吊装以及国务院安全生产监督管理部门会同国务院有关部门规定的其他危险作业,未安排专门人员进行现场安全管理的;

(四)未建立事故隐患排查治理制度的。

第九十九条 生产经营单位未采取措施消除事故隐患的,责令立即消除或者限期消除;生产经营单位拒不执行的,责令停产停业整顿,并处十万元以上五十万元以下的罚款,对其直接负责的主管人员和其他直接责任人员处二万元以上五万元以下的罚款。

第一百条 生产经营单位将生产经营项目、场所、设备发包或者出租给不具备安全生产条件或者相应资质的单位或者个人的,责令限期改正,没收违法所得;违法所得十万元以上的,并处违法所得二倍以上五倍以下的罚款;没有违法所得或者违法所得不足十万元的,单处或者并处十万元以上二十万元以下的罚款;对其直接负责的主管人员和其他直接责任人员处一万元以上二万元以下的罚款;导致发生生产安全事故给他人造成损害的,与承包方、承租方承担连带赔偿责任。

生产经营单位未与承包单位、承租单位签订专门的安全生产管理协议或者未在承包合同、租赁合同中明确各自的安全生产管理职责,或者未对承包单位、承租单位的安全生产统一协调、管理的,责令限期改正,可以处五万元以下的罚款,对其直接负责的主管人员和其他直接责任人员可以处一万元以下的罚款;逾期未改正的,责令停产停业整顿。

第一百零一条 两个以上生产经营单位在同一作业区域内进行可能危及对方安全生产的生产经营活动,未签订安全生产管理协议或者未指定专职安全生产管理人员进行安全检查与协调的,责令限期改正,可以处五万元以下的罚款,对其直接负责的主管人员和其他直接责任人员可以处一万元以下的罚款;逾期未改正的,责令停产停业。

第一百零二条 生产经营单位有下列行为之一的,责令限期改正,可以处五万元以下的罚款,对其直接负责的主管人员和其他直接责任人员可以处一万元以下的罚款;逾期未改正的,责令停产停业整顿;构成犯罪的,依照刑法有关规定追究刑事责任:

(一)生产、经营、储存、使用危险物品的车间、商店、仓库与员工宿舍在同一座建筑内,或者与员工宿舍的距离不符合安全要求的;

(二)生产经营场所和员工宿舍未设有符合紧急疏散需要、标志明显、保持畅通的出口,或者锁闭、封堵生产经营场所或者员工宿舍出口的。

第一百零三条 生产经营单位与从业人员订立协议,免除或者减轻其对从业人员因生产安全事故伤亡依法应承担的责任的,该协议无效;对生产经营单位的主要负责人、个人经营的投资人处二万元以上十万元以下的罚款。

第一百零四条 生产经营单位的从业人员不服从管理,违反安全生产规章制度或者操作规程的,由生产经营单位给予批评教育,依照有关规章制度给予处分;构成犯罪的,依照刑法有关规定追究刑事责任。

第一百零五条 违反本法规定,生产经营单位拒绝、阻碍负有安全生产监督管理职责的部门依法实施监督检查的,责令改正;拒不改正的,处二万元以上二十万元以下的罚款;对其直接负责的主管人员和其他直接责任人员处一万元以上二万元以下的罚款;构成犯罪的,依照刑法有关规定追究刑事责任。

第一百零六条 生产经营单位的主要负责人在本单位发生生产安全事故时,不立即组织抢救或者在事故调查处理期间擅离职守或者逃匿的,给予降级、撤职的处分,并由安全生产监督管理部门处上一年年收入百分之六十至百分之一百的罚款;对逃匿的处十五日以下拘留;构成犯罪的,依照刑法有关规定追究刑事责任。

生产经营单位的主要负责人对生产安全事故隐瞒不报、谎报或者迟报的,依照前款规定处罚。

第一百零七条 有关地方人民政府、负有安全生产监督管理职责的部门,对生产安全事故隐瞒不报、谎报或者迟报的,对直接负责的主管人员和其他直接责任人员依法给予处分;构成犯罪的,依照刑法有关规定追究刑事责任。

第一百零八条 生产经营单位不具备本法和其他有关法律、行政法规和国家标准或者行业标准规定的安全生产条件,经停产停业整顿仍不具备安全生产条件的,予以关闭;有关部门应当依法吊销其有关证照。

第一百零九条 发生生产安全事故,对负有责任的生产经营单位除要求其依法承担相应的赔偿等责任外,由安全生产监督管理部门依照下列规定处以罚款:

(一)发生一般事故的,处二十万元以上五十万元以下的罚款;

(二)发生较大事故的,处五十万元以上一百万元以下的罚款;

(三)发生重大事故的,处一百万元以上五百万元以下的罚款;

(四)发生特别重大事故的,处五百万元以上一千万元以下的罚款;情节特别严重的,处一千万元以上二千万元以下的罚款。

第一百一十条 本法规定的行政处罚,由安全生产监督管理部门和其他负有安全生产

监督管理职责的部门按照职责分工决定。予以关闭的行政处罚由负有安全生产监督管理职责的部门报请县级以上人民政府按照国务院规定的权限决定；给予拘留的行政处罚由公安机关依照治安管理处罚法的规定决定。

第一百一十一条 生产经营单位发生生产安全事故造成人员伤亡、他人财产损失的，应当依法承担赔偿责任；拒不承担或者其负责人逃匿的，由人民法院依法强制执行。

生产安全事故的责任人未依法承担赔偿责任，经人民法院依法采取执行措施后，仍不能对受害人给予足额赔偿的，应当继续履行赔偿义务；受害人发现责任人有其他财产的，可以随时请求人民法院执行。

第七章 附 则

第一百一十二条 本法下列用语的含义：

危险物品，是指易燃易爆物品、危险化学品、放射性物品等能够危及人身安全和财产安全的物品。

重大危险源，是指长期地或者临时地生产、搬运、使用或者储存危险物品，且危险物品的数量等于或者超过临界量的单元（包括场所和设施）。

第一百一十三条 本法规定的生产安全一般事故、较大事故、重大事故、特别重大事故的划分标准由国务院规定。

国务院安全生产监督管理部门和其他负有安全生产监督管理职责的部门应当根据各自的职责分工，制定相关行业、领域重大事故隐患的判定标准。

第一百一十四条 本法自2002年11月1日起施行。

62.《中华人民共和国消防法》

（1998年9月1日起施行，2008年10月28日修正）

第一章 总 则

第一条 为了预防火灾和减少火灾危害，加强应急救援工作，保护人身、财产安全，维护公共安全，制定本法。

第二条 消防工作贯彻预防为主、防消结合的方针，按照政府统一领导、部门依法监管、单位全面负责、公民积极参与的原则，实行消防安全责任制，建立健全社会化的消防工作网络。

第三条 国务院领导全国的消防工作。地方各级人民政府负责本行政区域内的消防工作。

各级人民政府应当将消防工作纳入国民经济和社会发展计划，保障消防工作与经济社会发展相适应。

第四条 国务院公安部门对全国的消防工作实施监督管理。县级以上地方人民政府公安机关对本行政区域内的消防工作实施监督管理，并由本级人民政府公安机关消防机构负责实施。军事设施的消防工作,由其主管单位监督管理,公安机关消防机构协助;矿井地下部分、核电厂、海上石油天然气设施的消防工作,由其主管单位监督管理。

县级以上人民政府其他有关部门在各自的职责范围内,依照本法和其他相关法律、法规的规定做好消防工作。

法律、行政法规对森林、草原的消防工作另有规定的,从其规定。

第五条 任何单位和个人都有维护消防安全、保护消防设施、预防火灾、报告火警的义务。任何单位和成年人都有参加有组织的灭火工作的义务。

第六条 各级人民政府应当组织开展经常性的消防宣传教育,提高公民的消防安全意识。

机关、团体、企业、事业等单位,应当加强对本单位人员的消防宣传教育。

公安机关及其消防机构应当加强消防法律、法规的宣传,并督促、指导、协助有关单位做好消防宣传教育工作。

教育、人力资源行政主管部门和学校、有关职业培训机构应当将消防知识纳入教育、教学、培训的内容。

新闻、广播、电视等有关单位,应当有针对性地面向社会进行消防宣传教育。

工会、共产主义青年团、妇女联合会等团体应当结合各自工作对象的特点,组织开展消防宣传教育。

村民委员会、居民委员会应当协助人民政府以及公安机关等部门,加强消防宣传教育。

第七条 国家鼓励、支持消防科学研究和技术创新,推广使用先进的消防和应急救援技术、设备;鼓励、支持社会力量开展消防公益活动。

对在消防工作中有突出贡献的单位和个人,应当按照国家有关规定给予表彰和奖励。

第二章 火灾预防

第八条 地方各级人民政府应当将包括消防安全布局、消防站、消防供水、消防通信、消防车通道、消防装备等内容的消防规划纳入城乡规划,并负责组织实施。

城乡消防安全布局不符合消防安全要求的,应当调整、完善;公共消防设施、消防装备不足或者不适应实际需要的,应当增建、改建、配置或者进行技术改造。

第九条 建设工程的消防设计、施工必须符合国家工程建设消防技术标准。建设、设计、施工、工程监理等单位依法对建设工程的消防设计、施工质量负责。

第十条 按照国家工程建设消防技术标准需要进行消防设计的建设工程,除本法第十一条另有规定的外,建设单位应当自依法取得施工许可之日起七个工作日内,将消防设计文件报公安机关消防机构备案,公安机关消防机构应当进行抽查。

第十一条 国务院公安部门规定的大型的人员密集场所和其他特殊建设工程,建设单位应当将消防设计文件报送公安机关消防机构审核。公安机关消防机构依法对审核的结果负责。

第十二条 依法应当经公安机关消防机构进行消防设计审核的建设工程,未经依法审核或者审核不合格的,负责审批该工程施工许可的部门不得给予施工许可,建设单位、施工单位不得施工;其他建设工程取得施工许可后经依法抽查不合格的,应当停止施工。

第十三条 按照国家工程建设消防技术标准需要进行消防设计的建设工程竣工,依照下列规定进行消防验收、备案：

（一）本法第十一条规定的建设工程，建设单位应当向公安机关消防机构申请消防验收；

（二）其他建设工程，建设单位在验收后应当报公安机关消防机构备案，公安机关消防机构应当进行抽查。

依法应当进行消防验收的建设工程，未经消防验收或者消防验收不合格的，禁止投入使用；其他建设工程经依法抽查不合格的，应当停止使用。

第十四条 建设工程消防设计审核、消防验收、备案和抽查的具体办法，由国务院公安部门规定。

第十五条 公众聚集场所在投入使用、营业前，建设单位或者使用单位应当向场所所在地的县级以上地方人民政府公安机关消防机构申请消防安全检查。

公安机关消防机构应当自受理申请之日起十个工作日内，根据消防技术标准和管理规定，对该场所进行消防安全检查。未经消防安全检查或者经检查不符合消防安全要求的，不得投入使用、营业。

第十六条 机关、团体、企业、事业等单位应当履行下列消防安全职责：

（一）落实消防安全责任制，制定本单位的消防安全制度、消防安全操作规程，制定灭火和应急疏散预案；

（二）按照国家标准、行业标准配置消防设施、器材，设置消防安全标志，并定期组织检验、维修，确保完好有效；

（三）对建筑消防设施每年至少进行一次全面检测，确保完好有效，检测记录应当完整准确，存档备查；

（四）保障疏散通道、安全出口、消防车通道畅通，保证防火防烟分区、防火间距符合消防技术标准；

（五）组织防火检查，及时消除火灾隐患；

（六）组织进行有针对性的消防演练；

（七）法律、法规规定的其他消防安全职责。

单位的主要负责人是本单位的消防安全责任人。

第十七条 县级以上地方人民政府公安机关消防机构应当将发生火灾可能性较大以及发生火灾可能造成重大的人身伤亡或者财产损失的单位，确定为本行政区域内的消防安全重点单位，并由公安机关报本级人民政府备案。

消防安全重点单位除应当履行本法第十六条规定的职责外，还应当履行下列消防安全职责：

（一）确定消防安全管理人，组织实施本单位的消防安全管理工作；

（二）建立消防档案，确定消防安全重点部位，设置防火标志，实行严格管理；

（三）实行每日防火巡查，并建立巡查记录；

（四）对职工进行岗前消防安全培训，定期组织消防安全培训和消防演练。

第十八条 同一建筑物由两个以上单位管理或者使用的，应当明确各方的消防安全责任，并确定责任人对共用的疏散通道、安全出口、建筑消防设施和消防车通道进行统一管理。

住宅区的物业服务企业应当对管理区域内的共用消防设施进行维护管理,提供消防安全防范服务。

第十九条 生产、储存、经营易燃易爆危险品的场所不得与居住场所设置在同一建筑物内,并应当与居住场所保持安全距离。

生产、储存、经营其他物品的场所与居住场所设置在同一建筑物内的,应当符合国家工程建设消防技术标准。

第二十条 举办大型群众性活动,承办人应当依法向公安机关申请安全许可,制定灭火和应急疏散预案并组织演练,明确消防安全责任分工,确定消防安全管理人员,保持消防设施和消防器材配置齐全、完好有效,保证疏散通道、安全出口、疏散指示标志、应急照明和消防车通道符合消防技术标准和管理规定。

第二十一条 禁止在具有火灾、爆炸危险的场所吸烟、使用明火。因施工等特殊情况需要使用明火作业的,应当按照规定事先办理审批手续,采取相应的消防安全措施;作业人员应当遵守消防安全规定。

进行电焊、气焊等具有火灾危险作业的人员和自动消防系统的操作人员,必须持证上岗,并遵守消防安全操作规程。

第二十二条 生产、储存、装卸易燃易爆危险品的工厂、仓库和专用车站、码头的设置,应当符合消防技术标准。易燃易爆气体和液体的充装站、供应站、调压站,应当设置在符合消防安全要求的位置,并符合防火防爆要求。

已经设置的生产、储存、装卸易燃易爆危险品的工厂、仓库和专用车站、码头,易燃易爆气体和液体的充装站、供应站、调压站,不再符合前款规定的,地方人民政府应当组织、协调有关部门、单位限期解决,消除安全隐患。

第二十三条 生产、储存、运输、销售、使用、销毁易燃易爆危险品,必须执行消防技术标准和管理规定。

进入生产、储存易燃易爆危险品的场所,必须执行消防安全规定。禁止非法携带易燃易爆危险品进入公共场所或者乘坐公共交通工具。

储存可燃物资仓库的管理,必须执行消防技术标准和管理规定。

第二十四条 消防产品必须符合国家标准;没有国家标准的,必须符合行业标准。禁止生产、销售或者使用不合格的消防产品以及国家明令淘汰的消防产品。

依法实行强制性产品认证的消防产品,由具有法定资质的认证机构按照国家标准、行业标准的强制性要求认证合格后,方可生产、销售、使用。实行强制性产品认证的消防产品目录,由国务院产品质量监督部门会同国务院公安部门制定并公布。

新研制的尚未制定国家标准、行业标准的消防产品,应当按照国务院产品质量监督部门会同国务院公安部门规定的办法,经技术鉴定符合消防安全要求的,方可生产、销售、使用。

依照本条规定经强制性产品认证合格或者技术鉴定合格的消防产品,国务院公安部门消防机构应当予以公布。

第二十五条 产品质量监督部门、工商行政管理部门、公安机关消防机构应当按照各自职责加强对消防产品质量的监督检查。

第二十六条 建筑构件、建筑材料和室内装修、装饰材料的防火性能必须符合国家标准;没有国家标准的,必须符合行业标准。

人员密集场所室内装修、装饰，应当按照消防技术标准的要求，使用不燃、难燃材料。

第二十七条 电器产品、燃气用具的产品标准，应当符合消防安全的要求。

电器产品、燃气用具的安装、使用及其线路、管路的设计、敷设、维护保养、检测，必须符合消防技术标准和管理规定。

第二十八条 任何单位、个人不得损坏、挪用或者擅自拆除、停用消防设施、器材，不得埋压、圈占、遮挡消火栓或者占用防火间距，不得占用、堵塞、封闭疏散通道、安全出口、消防车通道。人员密集场所的门窗不得设置影响逃生和灭火救援的障碍物。

第二十九条 负责公共消防设施维护管理的单位，应当保持消防供水、消防通信、消防车通道等公共消防设施的完好有效。在修建道路以及停电、停水、截断通信线路时有可能影响消防队灭火救援的，有关单位必须事先通知当地公安机关消防机构。

第三十条 地方各级人民政府应当加强对农村消防工作的领导，采取措施加强公共消防设施建设，组织建立和督促落实消防安全责任制。

第三十一条 在农业收获季节、森林和草原防火期间、重大节假日期间以及火灾多发季节，地方各级人民政府应当组织开展有针对性的消防宣传教育，采取防火措施，进行消防安全检查。

第三十二条 乡镇人民政府、城市街道办事处应当指导、支持和帮助村民委员会、居民委员会开展群众性的消防工作。村民委员会、居民委员会应当确定消防安全管理人，组织制定防火安全公约，进行防火安全检查。

第三十三条 国家鼓励、引导公众聚集场所和生产、储存、运输、销售易燃易爆危险品的企业投保火灾公众责任保险；鼓励保险公司承保火灾公众责任保险。

第三十四条 消防产品质量认证、消防设施检测、消防安全监测等消防技术服务机构和执业人员，应当依法获得相应的资质、资格；依照法律、行政法规、国家标准、行业标准和执业准则，接受委托提供消防技术服务，并对服务质量负责。

第三章　消防组织

……

第四章　灭火救援

……

第五章　监督检查

第五十二条 地方各级人民政府应当落实消防工作责任制，对本级人民政府有关部门履行消防安全职责的情况进行监督检查。

县级以上地方人民政府有关部门应当根据本系统的特点，有针对性地开展消防安全检查，及时督促整改火灾隐患。

第五十三条 公安机关消防机构应当对机关、团体、企业、事业等单位遵守消防法律、法规的情况依法进行监督检查。公安派出所可以负责日常消防监督检查、开展消防宣传教育，具体办法由国务院公安部门规定。

公安机关消防机构、公安派出所的工作人员进行消防监督检查，应当出示证件。

第五十四条 公安机关消防机构在消防监督检查中发现火灾隐患的,应当通知有关单位或者个人立即采取措施消除隐患;不及时消除隐患可能严重威胁公共安全的,公安机关消防机构应当依照规定对危险部位或者场所采取临时查封措施。

第五十五条 公安机关消防机构在消防监督检查中发现城乡消防安全布局、公共消防设施不符合消防安全要求,或者发现本地区存在影响公共安全的重大火灾隐患的,应当由公安机关书面报告本级人民政府。

接到报告的人民政府应当及时核实情况,组织或者责成有关部门、单位采取措施,予以整改。

第五十六条 公安机关消防机构及其工作人员应当按照法定的职权和程序进行消防设计审核、消防验收和消防安全检查,做到公正、严格、文明、高效。

公安机关消防机构及其工作人员进行消防设计审核、消防验收和消防安全检查等,不得收取费用,不得利用消防设计审核、消防验收和消防安全检查谋取利益。公安机关消防机构及其工作人员不得利用职务为用户、建设单位指定或者变相指定消防产品的品牌、销售单位或者消防技术服务机构、消防设施施工单位。

第五十七条 公安机关消防机构及其工作人员执行职务,应当自觉接受社会和公民的监督。

任何单位和个人都有权对公安机关消防机构及其工作人员在执法中的违法行为进行检举、控告。收到检举、控告的机关,应当按照职责及时查处。

第六章 法律责任

第五十八条 违反本法规定,有下列行为之一的,责令停止施工、停止使用或者停产停业,并处三万元以上三十万元以下罚款:

（一）依法应当经公安机关消防机构进行消防设计审核的建设工程,未经依法审核或者审核不合格,擅自施工的;

（二）消防设计经公安机关消防机构依法抽查不合格,不停止施工的;

（三）依法应当进行消防验收的建设工程,未经消防验收或者消防验收不合格,擅自投入使用的;

（四）建设工程投入使用后经公安机关消防机构依法抽查不合格,不停止使用的;

（五）公众聚集场所未经消防安全检查或者经检查不符合消防安全要求,擅自投入使用、营业的。

建设单位未依照本法规定将消防设计文件报公安机关消防机构备案,或者在竣工后未依照本法规定报公安机关消防机构备案的,责令限期改正,处五千元以下罚款。

第五十九条 违反本法规定,有下列行为之一的,责令改正或者停止施工,并处一万元以上十万元以下罚款:

（一）建设单位要求建筑设计单位或者建筑施工企业降低消防技术标准设计、施工的;

（二）建筑设计单位不按照消防技术标准强制性要求进行消防设计的;

（三）建筑施工企业不按照消防设计文件和消防技术标准施工,降低消防施工质量的;

（四）工程监理单位与建设单位或者建筑施工企业串通,弄虚作假,降低消防施工质量的。

第六十条 单位违反本法规定,有下列行为之一的,责令改正,处五千元以上五万元以下罚款：

（一）消防设施、器材或者消防安全标志的配置、设置不符合国家标准、行业标准，或者未保持完好有效的；

（二）损坏、挪用或者擅自拆除、停用消防设施、器材的；

（三）占用、堵塞、封闭疏散通道、安全出口或者有其他妨碍安全疏散行为的；

（四）埋压、圈占、遮挡消火栓或者占用防火间距的；

（五）占用、堵塞、封闭消防车通道，妨碍消防车通行的；

（六）人员密集场所在门窗上设置影响逃生和灭火救援的障碍物的；

（七）对火灾隐患经公安机关消防机构通知后不及时采取措施消除的。

个人有前款第二项、第三项、第四项、第五项行为之一的，处警告或者五百元以下罚款。

有本条第一款第三项、第四项、第五项、第六项行为，经责令改正拒不改正的，强制执行，所需费用由违法行为人承担。

第六十一条 生产、储存、经营易燃易爆危险品的场所与居住场所设置在同一建筑物内，或者未与居住场所保持安全距离的，责令停产停业，并处五千元以上五万元以下罚款。

生产、储存、经营其他物品的场所与居住场所设置在同一建筑物内，不符合消防技术标准的，依照前款规定处罚。

第六十二条 有下列行为之一的，依照《中华人民共和国治安管理处罚法》的规定处罚：

（一）违反有关消防技术标准和管理规定生产、储存、运输、销售、使用、销毁易燃易爆危险品的；

（二）非法携带易燃易爆危险品进入公共场所或者乘坐公共交通工具的；

（三）谎报火警的；

（四）阻碍消防车、消防艇执行任务的；

（五）阻碍公安机关消防机构的工作人员依法执行职务的。

第六十三条 违反本法规定，有下列行为之一的，处警告或者五百元以下罚款；情节严重的，处五日以下拘留：

（一）违反消防安全规定进入生产、储存易燃易爆危险品场所的；

（二）违反规定使用明火作业或者在具有火灾、爆炸危险的场所吸烟、使用明火的。

第六十四条 违反本法规定，有下列行为之一，尚不构成犯罪的，处十日以上十五日以下拘留，可以并处五百元以下罚款；情节较轻的，处警告或者五百元以下罚款：

（一）指使或者强令他人违反消防安全规定，冒险作业的；

（二）过失引起火灾的；

（三）在火灾发生后阻拦报警，或者负有报告职责的人员不及时报警的；

（四）扰乱火灾现场秩序，或者拒不执行火灾现场指挥员指挥，影响灭火救援的；

（五）故意破坏或者伪造火灾现场的；

（六）擅自拆封或者使用被公安机关消防机构查封的场所、部位的。

第六十五条 违反本法规定，生产、销售不合格的消防产品或者国家明令淘汰的消防产品的，由产品质量监督部门或者工商行政管理部门依照《中华人民共和国产品质量法》的规定从重处罚。

人员密集场所使用不合格的消防产品或者国家明令淘汰的消防产品的，责令限期改正；

逾期不改正的,处五千元以上五万元以下罚款,并对其直接负责的主管人员和其他直接责任人员处五百元以上二千元以下罚款;情节严重的,责令停产停业。

公安机关消防机构对于本条第二款规定的情形,除依法对使用者予以处罚外,应当将发现不合格的消防产品和国家明令淘汰的消防产品的情况通报产品质量监督部门、工商行政管理部门。产品质量监督部门、工商行政管理部门应当对生产者、销售者依法及时查处。

第六十六条 电器产品、燃气用具的安装、使用及其线路、管路的设计、敷设、维护保养、检测不符合消防技术标准和管理规定的,责令限期改正;逾期不改正的,责令停止使用,可以并处一千元以上五千元以下罚款。

第六十七条 机关、团体、企业、事业等单位违反本法第十六条、第十七条、第十八条、第二十一条第二款规定的,责令限期改正;逾期不改正的,对其直接负责的主管人员和其他直接责任人员依法给予处分或者给予警告处罚。

第六十八条 人员密集场所发生火灾,该场所的现场工作人员不履行组织、引导在场人员疏散的义务,情节严重,尚不构成犯罪的,处五日以上十日以下拘留。

第六十九条 消防产品质量认证、消防设施检测等消防技术服务机构出具虚假文件的,责令改正,处五万元以上十万元以下罚款,并对直接负责的主管人员和其他直接责任人员处一万元以上五万元以下罚款;有违法所得的,并处没收违法所得;给他人造成损失的,依法承担赔偿责任;情节严重的,由原许可机关依法责令停止执业或者吊销相应资质、资格。

前款规定的机构出具失实文件,给他人造成损失的,依法承担赔偿责任;造成重大损失的,由原许可机关依法责令停止执业或者吊销相应资质、资格。

第七十条 本法规定的行政处罚,除本法另有规定的外,由公安机关消防机构决定;其中拘留处罚由县级以上公安机关依照《中华人民共和国治安管理处罚法》的有关规定决定。

公安机关消防机构需要传唤消防安全违法行为人的,依照《中华人民共和国治安管理处罚法》的有关规定执行。

被责令停止施工、停止使用、停产停业的,应当在整改后向公安机关消防机构报告,经公安机关消防机构检查合格,方可恢复施工、使用、生产、经营。

当事人逾期不执行停产停业、停止使用、停止施工决定的,由作出决定的公安机关消防机构强制执行。

责令停产停业,对经济和社会生活影响较大的,由公安机关消防机构提出意见,并由公安机关报请本级人民政府依法决定。本级人民政府组织公安机关等部门实施。

第七十一条 公安机关消防机构的工作人员滥用职权、玩忽职守、徇私舞弊,有下列行为之一,尚不构成犯罪的,依法给予处分:

(一)对不符合消防安全要求的消防设计文件、建设工程、场所准予审核合格、消防验收合格、消防安全检查合格的;

(二)无故拖延消防设计审核、消防验收、消防安全检查,不在法定期限内履行职责的;

(三)发现火灾隐患不及时通知有关单位或者个人整改的;

(四)利用职务为用户、建设单位指定或者变相指定消防产品的品牌、销售单位或者消防技术服务机构、消防设施施工单位的;

(五)将消防车、消防艇以及消防器材、装备和设施用于与消防和应急救援无关的事项的;

（六）其他滥用职权、玩忽职守、徇私舞弊的行为。

建设、产品质量监督、工商行政管理等其他有关行政主管部门的工作人员在消防工作中滥用职权、玩忽职守、徇私舞弊，尚不构成犯罪的，依法给予处分。

第七十二条 违反本法规定，构成犯罪的，依法追究刑事责任。

第七章 附 则

第七十三条 本法下列用语的含义：

（一）消防设施，是指火灾自动报警系统、自动灭火系统、消火栓系统、防烟排烟系统以及应急广播和应急照明、安全疏散设施等。

（二）消防产品，是指专门用于火灾预防、灭火救援和火灾防护、避难、逃生的产品。

（三）公众聚集场所，是指宾馆、饭店、商场、集贸市场、客运车站候车室、客运码头候船厅、民用机场航站楼、体育场馆、会堂以及公共娱乐场所等。

（四）人员密集场所，是指公众聚集场所、医院的门诊楼、病房楼，学校的教学楼、图书馆、食堂和集体宿舍，养老院、福利院，托儿所、幼儿园，公共图书馆的阅览室，公共展览馆、博物馆的展示厅，劳动密集型企业的生产加工车间和员工集体宿舍，旅游、宗教活动场所等。

第七十四条 本法自2009年5月1日起施行。

63.《建设工程质量管理条例》

（2000年1月30日起施行）

第一章 总 则

第一条 为了加强对建设工程质量的管理，保证建设工程质量，保护人民生命和财产安全，根据《中华人民共和国建筑法》，制定本条例。

第二条 凡在中华人民共和国境内从事建设工程的新建、扩建、改建等有关活动及实施对建设工程质量监督管理的，必须遵守本条例。

本条例所称建设工程，是指土木工程、建筑工程、线路管道和设备安装工程及装修工程。

第三条 建设单位、勘察单位、设计单位、施工单位、工程监理单位依法对建设工程质量负责。

第四条 县级以上人民政府建设行政主管部门和其他有关部门应当加强对建设工程质量的监督管理。

第五条 从事建设工程活动，必须严格执行基本建设程序，坚持先勘察、后设计、再施工的原则。

县级以上人民政府及其有关部门不得超越权限审批建设项目或者擅自简化基本建设程序。

第六条 国家鼓励采用先进的科学技术和管理方法,提高建设工程质量。

第二章 建设单位的质量责任和义务

第七条 建设单位应当将工程发包给具有相应资质等级的单位。

建设单位不得将建设工程肢解发包。

第八条 建设单位应当依法对工程建设项目的勘察、设计、施工、监理以及与工程建设有关的重要设备、材料等的采购进行招标。

第九条 建设单位必须向有关的勘察、设计、施工、工程监理等单位提供与建设工程有关的原始资料。

原始资料必须真实、准确、齐全。

第十条 建设工程发包单位不得迫使承包方以低于成本的价格竞标,不得任意压缩合理工期。

建设单位不得明示或者暗示设计单位或者施工单位违反工程建设强制性标准,降低建设工程质量。

第十一条 建设单位应当将施工图设计文件报县级以上人民政府建设行政主管部门或者其他有关部门审查。施工图设计文件审查的具体办法,由国务院建设行政主管部门会同国务院其他有关部门制定。

施工图设计文件未经审查批准的,不得使用。

第十二条 实行监理的建设工程,建设单位应当委托具有相应资质等级的工程监理单位进行监理,也可以委托具有工程监理相应资质等级并与被监理工程的施工承包单位没有隶属关系或者其他利害关系的该工程的设计单位进行监理。

下列建设工程必须实行监理:

(一)国家重点建设工程;

(二)大中型公用事业工程;

(三)成片开发建设的住宅小区工程;

(四)利用外国政府或者国际组织贷款、援助资金的工程;

(五)国家规定必须实行监理的其他工程。

第十三条 建设单位在领取施工许可证或者开工报告前,应当按照国家有关规定办理工程质量监督手续。

第十四条 按照合同约定,由建设单位采购建筑材料、建筑构配件和设备的,建设单位应当保证建筑材料、建筑构配件和设备符合设计文件和合同要求。

建设单位不得明示或者暗示施工单位使用不合格的建筑材料、建筑构配件和设备。

第十五条 涉及建筑主体和承重结构变动的装修工程,建设单位应当在施工前委托原设计单位或者具有相应资质等级的设计单位提出设计方案;没有设计方案的,不得施工。

房屋建筑使用者在装修过程中,不得擅自变动房屋建筑主体和承重结构。

第十六条 建设单位收到建设工程竣工报告后,应当组织设计、施工、工程监理等有关单位进行竣工验收。

建设工程竣工验收应当具备下列条件:

(一)完成建设工程设计和合同约定的各项内容;

（二）有完整的技术档案和施工管理资料；

（三）有工程使用的主要建筑材料、建筑构配件和设备的进场试验报告；

（四）有勘察、设计、施工、工程监理等单位分别签署的质量合格文件；

（五）有施工单位签署的工程保修书。

建设工程经验收合格的，方可交付使用。

第十七条 建设单位应当严格按照国家有关档案管理的规定，及时收集、整理建设项目各环节的文件资料，建立、健全建设项目档案，并在建设工程竣工验收后，及时向建设行政主管部门或者其他有关部门移交建设项目档案。

第三章 勘察、设计单位的质量责任和义务

第十八条 从事建设工程勘察、设计的单位应当依法取得相应等级的资质证书，并在其资质等级许可的范围内承揽工程。

禁止勘察、设计单位超越其资质等级许可的范围或者以其他勘察、设计单位的名义承揽工程。禁止勘察、设计单位允许其他单位或者个人以本单位的名义承揽工程。

勘察、设计单位不得转包或者违法分包所承揽的工程。

第十九条 勘察、设计单位必须按照工程建设强制性标准进行勘察、设计，并对其勘察、设计的质量负责。

注册建筑师、注册结构工程师等注册执业人员应当在设计文件上签字，对设计文件负责。

第二十条 勘察单位提供的地质、测量、水文等勘察成果必须真实、准确。

第二十一条 设计单位应当根据勘察成果文件进行建设工程设计。

设计文件应当符合国家规定的设计深度要求，注明工程合理使用年限。

第二十二条 设计单位在设计文件中选用的建筑材料、建筑构配件和设备，应当注明规格、型号、性能等技术指标，其质量要求必须符合国家规定的标准。

除有特殊要求的建筑材料、专用设备、工艺生产线等外，设计单位不得指定生产厂、供应商。

第二十三条 设计单位应当就审查合格的施工图设计文件向施工单位作出详细说明。

第二十四条 设计单位应当参与建设工程质量事故分析，并对因设计造成的质量事故，提出相应的技术处理方案。

第四章 施工单位的质量责任和义务

第二十五条 施工单位应当依法取得相应等级的资质证书，并在其资质等级许可的范围内承揽工程。

禁止施工单位超越本单位资质等级许可的业务范围或者以其他施工单位的名义承揽工程。禁止施工单位允许其他单位或者个人以本单位的名义承揽工程。

施工单位不得转包或者违法分包工程。

第二十六条 施工单位对建设工程的施工质量负责。

施工单位应当建立质量责任制，确定工程项目的项目经理、技术负责人和施工管理负责人。

建设工程实行总承包的，总承包单位应当对全部建设工程质量负责；建设工程勘察、设计、施工、设备采购的一项或者多项实行总承包的，总承包单位应当对其承包的建设工程或者采购的设备的质量负责。

第二十七条 总承包单位依法将建设工程分包给其他单位的，分包单位应当按照分包合同的约定对其分包工程的质量向总承包单位负责，总承包单位与分包单位对分包工程的质量承担连带责任。

第二十八条 施工单位必须按照工程设计图纸和施工技术标准施工，不得擅自修改工程设计，不得偷工减料。

施工单位在施工过程中发现设计文件和图纸有差错的，应当及时提出意见和建议。

第二十九条 施工单位必须按照工程设计要求、施工技术标准和合同约定，对建筑材料、建筑构配件、设备和商品混凝土进行检验，检验应当有书面记录和专人签字；未经检验或者检验不合格的，不得使用。

第三十条 施工单位必须建立、健全施工质量的检验制度，严格工序管理，作好隐蔽工程的质量检查和记录。隐蔽工程在隐蔽前，施工单位应当通知建设单位和建设工程质量监督机构。

第三十一条 施工人员对涉及结构安全的试块、试件以及有关材料，应当在建设单位或者工程监理单位监督下现场取样，并送具有相应资质等级的质量检测单位进行检测。

第三十二条 施工单位对施工中出现质量问题的建设工程或者竣工验收不合格的建设工程，应当负责返修。

第三十三条 施工单位应当建立、健全教育培训制度，加强对职工的教育培训；未经教育培训或者考核不合格的人员，不得上岗作业。

第五章 工程监理单位的质量责任和义务

第三十四条 工程监理单位应当依法取得相应等级的资质证书，并在其资质等级许可的范围内承担工程监理业务。

禁止工程监理单位超越本单位资质等级许可的范围或者以其他工程监理单位的名义承担工程监理业务。禁止工程监理单位允许其他单位或者个人以本单位的名义承担工程监理业务。

工程监理单位不得转让工程监理业务。

第三十五条 工程监理单位与被监理工程的施工承包单位以及建筑材料、建筑构配件和设备供应单位有隶属关系或者其他利害关系的，不得承担该项建设工程的监理业务。

第三十六条 工程监理单位应当依照法律、法规以及有关技术标准、设计文件和建设工程承包合同，代表建设单位对施工质量实施监理，并对施工质量承担监理责任。

第三十七条 工程监理单位应当选派具备相应资格的总监理工程师和监理工程师进驻施工现场。

未经监理工程师签字，建筑材料、建筑构配件和设备不得在工程上使用或者安装，施工单位不得进行下一道工序的施工。未经总监理工程师签字，建设单位不拨付工程款，不进行竣工验收。

第三十八条 监理工程师应当按照工程监理规范的要求，采取旁站、巡视和平行检验等形式，对建设工程实施监理。

第六章 建设工程质量保修

第三十九条 建设工程实行质量保修制度。

建设工程承包单位在向建设单位提交工程竣工验收报告时，应当向建设单位出具质量保修书。质量保修书中应当明确建设工程的保修范围、保修期限和保修责任等。

第四十条 在正常使用条件下，建设工程的最低保修期限为：

（一）基础设施工程、房屋建筑的地基基础工程和主体结构工程，为设计文件规定的该工程的合理使用年限；

（二）屋面防水工程、有防水要求的卫生间、房间和外墙面的防渗漏，为5年；

（三）供热与供冷系统，为2个采暖期、供冷期；

（四）电气管线、给排水管道、设备安装和装修工程，为2年。

其他项目的保修期限由发包方与承包方约定。

建设工程的保修期，自竣工验收合格之日起计算。

第四十一条 建设工程在保修范围和保修期限内发生质量问题的，施工单位应当履行保修义务，并对造成的损失承担赔偿责任。

第四十二条 建设工程在超过合理使用年限后需要继续使用的，产权所有人应当委托具有相应资质等级的勘察、设计单位鉴定，并根据鉴定结果采取加固、维修等措施，重新界定使用期。

第七章 监督管理

第四十三条 国家实行建设工程质量监督管理制度。

国务院建设行政主管部门对全国的建设工程质量实施统一监督管理。国务院铁路、交通、水利等有关部门按照国务院规定的职责分工，负责对全国的有关专业建设工程质量的监督管理。

县级以上地方人民政府建设行政主管部门对本行政区域内的建设工程质量实施监督管理。县级以上地方人民政府交通、水利等有关部门在各自的职责范围内，负责对本行政区域内的专业建设工程质量的监督管理。

第四十四条 国务院建设行政主管部门和国务院铁路、交通、水利等有关部门应当加强对有关建设工程质量的法律、法规和强制性标准执行情况的监督检查。

第四十五条 国务院发展计划部门按照国务院规定的职责，组织稽察特派员，对国家出资的重大建设项目实施监督检查。

国务院经济贸易主管部门按照国务院规定的职责，对国家重大技术改造项目实施监督检查。

第四十六条 建设工程质量监督管理，可以由建设行政主管部门或者其他有关部门委托的建设工程质量监督机构具体实施。

从事房屋建筑工程和市政基础设施工程质量监督的机构，必须按照国家有关规定经国务院建设行政主管部门或者省、自治区、直辖市人民政府建设行政主管部门考核；从事专业建设工程质量监督的机构,必须按照国家有关规定经国务院有关部门或者省、自治区、直辖市人民政府有关部门考核。经考核合格后,方可实施质量监督。

第四十七条 县级以上地方人民政府建设行政主管部门和其他有关部门应当加强对有关建设工程质量的法律、法规和强制性标准执行情况的监督检查。

第四十八条 县级以上人民政府建设行政主管部门和其他有关部门履行监督检查职责时,有权采取下列措施:

(一)要求被检查的单位提供有关工程质量的文件和资料;

(二)进入被检查单位的施工现场进行检查;

(三)发现有影响工程质量的问题时,责令改正。

第四十九条 建设单位应当自建设工程竣工验收合格之日起15日内,将建设工程竣工验收报告和规划、公安消防、环保等部门出具的认可文件或者准许使用文件报建设行政主管部门或者其他有关部门备案。

建设行政主管部门或者其他有关部门发现建设单位在竣工验收过程中有违反国家有关建设工程质量管理规定行为的,责令停止使用,重新组织竣工验收。

第五十条 有关单位和个人对县级以上人民政府建设行政主管部门和其他有关部门进行的监督检查应当支持与配合,不得拒绝或者阻碍建设工程质量监督检查人员依法执行职务。

第五十一条 供水、供电、供气、公安消防等部门或者单位不得明示或者暗示建设单位、施工单位购买其指定的生产供应单位的建筑材料、建筑构配件和设备。

第五十二条 建设工程发生质量事故,有关单位应当在24小时内向当地建设行政主管部门和其他有关部门报告。对重大质量事故,事故发生地的建设行政主管部门和其他有关部门应当按照事故类别和等级向当地人民政府和上级建设行政主管部门和其他有关部门报告。

特别重大质量事故的调查程序按照国务院有关规定办理。

第五十三条 任何单位和个人对建设工程的质量事故、质量缺陷都有权检举、控告、投诉。

第八章 罚 则

第五十四条 违反本条例规定,建设单位将建设工程发包给不具有相应资质等级的勘察、设计、施工单位或者委托给不具有相应资质等级的工程监理单位的,责令改正,处50万元以上100万元以下的罚款。

第五十五条 违反本条例规定,建设单位将建设工程肢解发包的,责令改正,处工程合同价款百分之零点五以上百分之一以下的罚款;对全部或者部分使用国有资金的项目,并可以暂停项目执行或者暂停资金拨付。

第五十六条 违反本条例规定,建设单位有下列行为之一的,责令改正,处20万元以上50万元以下的罚款:

(一)迫使承包方以低于成本的价格竞标的;

(二)任意压缩合理工期的;

(三)明示或者暗示设计单位或者施工单位违反工程建设强制性标准,降低工程质量的;

（四）施工图设计文件未经审查或者审查不合格，擅自施工的；
（五）建设项目必须实行工程监理而未实行工程监理的；
（六）未按照国家规定办理工程质量监督手续的；
（七）明示或者暗示施工单位使用不合格的建筑材料、建筑构配件和设备的；
（八）未按照国家规定将竣工验收报告、有关认可文件或者准许使用文件报送备案的。

第五十七条 违反本条例规定，建设单位未取得施工许可证或者开工报告未经批准，擅自施工的，责令停止施工，限期改正，处工程合同价款百分之一以上百分之二以下的罚款。

第五十八条 违反本条例规定，建设单位有下列行为之一的，责令改正，处工程合同价款百分之二以上百分之四以下的罚款；造成损失的，依法承担赔偿责任：
（一）未组织竣工验收，擅自交付使用的；
（二）验收不合格，擅自交付使用的；
（三）对不合格的建设工程按照合格工程验收的。

第五十九条 违反本条例规定，建设工程竣工验收后，建设单位未向建设行政主管部门或者其他有关部门移交建设项目档案的，责令改正，处1万元以上10万元以下的罚款。

第六十条 违反本条例规定，勘察、设计、施工、工程监理单位超越本单位资质等级承揽工程的，责令停止违法行为，对勘察、设计单位或者工程监理单位处合同约定的勘察费、设计费或者监理酬金1倍以上2倍以下的罚款；对施工单位处工程合同价款百分之二以上百分之四以下的罚款，可以责令停业整顿，降低资质等级；情节严重的，吊销资质证书；有违法所得的，予以没收。

未取得资质证书承揽工程的，予以取缔，依照前款规定处以罚款；有违法所得的，予以没收。

以欺骗手段取得资质证书承揽工程的，吊销资质证书，依照本条第一款规定处以罚款；有违法所得的，予以没收。

第六十一条 违反本条例规定，勘察、设计、施工、工程监理单位允许其他单位或者个人以本单位名义承揽工程的，责令改正，没收违法所得，对勘察、设计单位和工程监理单位处合同约定的勘察费、设计费和监理酬金1倍以上2倍以下的罚款；对施工单位处工程合同价款百分之二以上百分之四以下的罚款；可以责令停业整顿，降低资质等级；情节严重的，吊销资质证书。

第六十二条 违反本条例规定，承包单位将承包的工程转包或者违法分包的，责令改正，没收违法所得，对勘察、设计单位处合同约定的勘察费、设计费百分之二十五以上百分之五十以下的罚款；对施工单位处工程合同价款百分之零点五以上百分之一以下的罚款；可以责令停业整顿，降低资质等级；情节严重的，吊销资质证书。

工程监理单位转让工程监理业务的，责令改正，没收违法所得，处合同约定的监理酬金百分之二十五以上百分之五十以下的罚款；可以责令停业整顿，降低资质等级；情节严重的，吊销资质证书。

第六十三条 违反本条例规定，有下列行为之一的，责令改正，处10万元以上30万元以下的罚款：
（一）勘察单位未按照工程建设强制性标准进行勘察的；
（二）设计单位未根据勘察成果文件进行工程设计的；

（三）设计单位指定建筑材料、建筑构配件的生产厂、供应商的；

（四）设计单位未按照工程建设强制性标准进行设计的。

有前款所列行为，造成工程质量事故的，责令停业整顿，降低资质等级；情节严重的，吊销资质证书；造成损失的，依法承担赔偿责任。

第六十四条 违反本条例规定，施工单位在施工中偷工减料的，使用不合格的建筑材料、建筑构配件和设备的，或者有不按照工程设计图纸或者施工技术标准施工的其他行为的，责令改正，处工程合同价款百分之二以上百分之四以下的罚款；造成建设工程质量不符合规定的质量标准的，负责返工、修理，并赔偿因此造成的损失；情节严重的，责令停业整顿，降低资质等级或者吊销资质证书。

第六十五条 违反本条例规定，施工单位未对建筑材料、建筑构配件、设备和商品混凝土进行检验，或者未对涉及结构安全的试块、试件以及有关材料取样检测的，责令改正，处10万元以上20万元以下的罚款；情节严重的，责令停业整顿，降低资质等级或者吊销资质证书；造成损失的，依法承担赔偿责任。

第六十六条 违反本条例规定，施工单位不履行保修义务或者拖延履行保修义务的，责令改正，处10万元以上20万元以下的罚款，并对在保修期内因质量缺陷造成的损失承担赔偿责任。

第六十七条 工程监理单位有下列行为之一的，责令改正，处50万元以上100万元以下的罚款，降低资质等级或者吊销资质证书；有违法所得的，予以没收；造成损失的，承担连带赔偿责任：

（一）与建设单位或者施工单位串通，弄虚作假、降低工程质量的；

（二）将不合格的建设工程、建筑材料、建筑构配件和设备按照合格签字的。

第六十八条 违反本条例规定，工程监理单位与被监理工程的施工承包单位以及建筑材料、建筑构配件和设备供应单位有隶属关系或者其他利害关系承担该项建设工程的监理业务的，责令改正，处5万元以上10万元以下的罚款，降低资质等级或者吊销资质证书；有违法所得的，予以没收。

第六十九条 违反本条例规定，涉及建筑主体或者承重结构变动的装修工程，没有设计方案擅自施工的，责令改正，处50万元以上100万元以下的罚款；房屋建筑使用者在装修过程中擅自变动房屋建筑主体和承重结构的，责令改正，处5万元以上10万元以下的罚款。

有前款所列行为，造成损失的，依法承担赔偿责任。

第七十条 发生重大工程质量事故隐瞒不报、谎报或者拖延报告期限的，对直接负责的主管人员和其他责任人员依法给予行政处分。

第七十一条 违反本条例规定，供水、供电、供气、公安消防等部门或者单位明示或者暗示建设单位或者施工单位购买其指定的生产供应单位的建筑材料、建筑构配件和设备的，责令改正。

第七十二条 违反本条例规定，注册建筑师、注册结构工程师、监理工程师等注册执业人员因过错造成质量事故的，责令停止执业1年；造成重大质量事故的，吊销执业资格证书，5年以内不予注册；情节特别恶劣的，终身不予注册。

第七十三条 依照本条例规定，给予单位罚款处罚的，对单位直接负责的主管人员和其他直接责任人员处单位罚款数额百分之五以上百分之十以下的罚款。

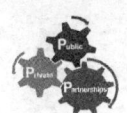

第七十四条 建设单位、设计单位、施工单位、工程监理单位违反国家规定,降低工程质量标准,造成重大安全事故,构成犯罪的,对直接责任人员依法追究刑事责任。

第七十五条 本条例规定的责令停业整顿、降低资质等级和吊销资质证书的行政处罚,由颁发资质证书的机关决定;其他行政处罚,由建设行政主管部门或者其他有关部门依照法定职权决定。

依照本条例规定被吊销资质证书的,由工商行政管理部门吊销其营业执照。

第七十六条 国家机关工作人员在建设工程质量监督管理工作中玩忽职守、滥用职权、徇私舞弊,构成犯罪的,依法追究刑事责任;尚不构成犯罪的,依法给予行政处分。

第七十七条 建设、勘察、设计、施工、工程监理单位的工作人员因调动工作、退休等原因离开该单位后,被发现在该单位工作期间违反国家有关建设工程质量管理规定,造成重大工程质量事故的,仍应当依法追究法律责任。

第九章 附 则

第七十八条 本条例所称肢解发包,是指建设单位将应当由一个承包单位完成的建设工程分解成若干部分发包给不同的承包单位的行为。

本条例所称违法分包,是指下列行为:

(一)总承包单位将建设工程分包给不具备相应资质条件的单位的;

(二)建设工程总承包合同中未有约定,又未经建设单位认可,承包单位将其承包的部分建设工程交由其他单位完成的;

(三)施工总承包单位将建设工程主体结构的施工分包给其他单位的;

(四)分包单位将其承包的建设工程再分包的。

本条例所称转包,是指承包单位承包建设工程后,不履行合同约定的责任和义务,将其承包的全部建设工程转给他人或者将其承包的全部建设工程肢解以后以分包的名义分别转给其他单位承包的行为。

第七十九条 本条例规定的罚款和没收的违法所得,必须全部上缴国库。

第八十条 抢险救灾及其他临时性房屋建筑和农民自建低层住宅的建设活动,不适用本条例。

第八十一条 军事建设工程的管理,按照中央军事委员会的有关规定执行。

第八十二条 本条例自发布之日起施行。

64.《建设工程勘察设计管理条例》

(2000年9月25日起施行,2015年6月12日修订)

第一章 总 则

第一条 为了加强对建设工程勘察、设计活动的管理,保证建设工程勘察、设计质量,保护人民生命和财产安全,制定本条例。

第二条　从事建设工程勘察、设计活动,必须遵守本条例。

本条例所称建设工程勘察,是指根据建设工程的要求,查明、分析、评价建设场地的地质地理环境特征和岩土工程条件,编制建设工程勘察文件的活动。

本条例所称建设工程设计,是指根据建设工程的要求,对建设工程所需的技术、经济、资源、环境等条件进行综合分析、论证,编制建设工程设计文件的活动。

第三条　建设工程勘察、设计应当与社会、经济发展水平相适应,做到经济效益、社会效益和环境效益相统一。

第四条　从事建设工程勘察、设计活动,应当坚持先勘察、后设计、再施工的原则。

第五条　县级以上人民政府建设行政主管部门和交通、水利等有关部门应当依照本条例的规定,加强对建设工程勘察、设计活动的监督管理。

建设工程勘察、设计单位必须依法进行建设工程勘察、设计,严格执行工程建设强制性标准,并对建设工程勘察、设计的质量负责。

第六条　国家鼓励在建设工程勘察、设计活动中采用先进技术、先进工艺、先进设备、新型材料和现代管理方法。

第二章　资质资格管理

第七条　国家对从事建设工程勘察、设计活动的单位,实行资质管理制度。具体办法由国务院建设行政主管部门商国务院有关部门制定。

第八条　建设工程勘察、设计单位应当在其资质等级许可的范围内承揽建设工程勘察、设计业务。

禁止建设工程勘察、设计单位超越其资质等级许可的范围或者以其他建设工程勘察、设计单位的名义承揽建设工程勘察、设计业务。禁止建设工程勘察、设计单位允许其他单位或者个人以本单位的名义承揽建设工程勘察、设计业务。

第九条　国家对从事建设工程勘察、设计活动的专业技术人员,实行执业资格注册管理制度。

未经注册的建设工程勘察、设计人员,不得以注册执业人员的名义从事建设工程勘察、设计活动。

第十条　建设工程勘察、设计注册执业人员和其他专业技术人员只能受聘于一个建设工程勘察、设计单位;未受聘于建设工程勘察、设计单位的,不得从事建设工程的勘察、设计活动。

第十一条　建设工程勘察、设计单位资质证书和执业人员注册证书,由国务院建设行政主管部门统一制作。

第三章　建设工程勘察设计发包与承包

第十二条　建设工程勘察、设计发包依法实行招标发包或者直接发包。

第十三条　建设工程勘察、设计应当依照《中华人民共和国招标投标法》的规定,实行招标发包。

第十四条　建设工程勘察、设计方案评标,应当以投标人的业绩、信誉和勘察、设计人员的能力以及勘察、设计方案的优劣为依据,进行综合评定。

第十五条 建设工程勘察、设计的招标人应当在评标委员会推荐的候选方案中确定中标方案。但是,建设工程勘察、设计的招标人认为评标委员会推荐的候选方案不能最大限度满足招标文件规定的要求的,应当依法重新招标。

第十六条 下列建设工程的勘察、设计,经有关主管部门批准,可以直接发包:

(一)采用特定的专利或者专有技术的;

(二)建筑艺术造型有特殊要求的;

(三)国务院规定的其他建设工程的勘察、设计。

第十七条 发包方不得将建设工程勘察、设计业务发包给不具有相应勘察、设计资质等级的建设工程勘察、设计单位。

第十八条 发包方可以将整个建设工程的勘察、设计发包给一个勘察、设计单位;也可以将建设工程的勘察、设计分别发包给几个勘察、设计单位。

第十九条 除建设工程主体部分的勘察、设计外,经发包方书面同意,承包方可以将建设工程其他部分的勘察、设计再分包给其他具有相应资质等级的建设工程勘察、设计单位。

第二十条 建设工程勘察、设计单位不得将所承揽的建设工程勘察、设计转包。

第二十一条 承包方必须在建设工程勘察、设计资质证书规定的资质等级和业务范围内承揽建设工程的勘察、设计业务。

第二十二条 建设工程勘察、设计的发包方与承包方,应当执行国家规定的建设工程勘察、设计程序。

第二十三条 建设工程勘察、设计的发包方与承包方应当签订建设工程勘察、设计合同。

第二十四条 建设工程勘察、设计发包方与承包方应当执行国家有关建设工程勘察费、设计费的管理规定。

第四章 建设工程勘察设计文件的编制与实施

第二十五条 编制建设工程勘察、设计文件,应当以下列规定为依据:

(一)项目批准文件;

(二)城乡规划;

(三)工程建设强制性标准;

(四)国家规定的建设工程勘察、设计深度要求。

铁路、交通、水利等专业建设工程,还应当以专业规划的要求为依据。

第二十六条 编制建设工程勘察文件,应当真实、准确,满足建设工程规划、选址、设计、岩土治理和施工的需要。

编制方案设计文件,应当满足编制初步设计文件和控制概算的需要。

编制初步设计文件,应当满足编制施工招标文件、主要设备材料订货和编制施工图设计文件的需要。

编制施工图设计文件,应当满足设备材料采购、非标准设备制作和施工的需要,并注明建设工程合理使用年限。

第二十七条 设计文件中选用的材料、构配件、设备,应当注明其规格、型号、性能等技术指标,其质量要求必须符合国家规定的标准。

除有特殊要求的建筑材料、专用设备和工艺生产线等外,设计单位不得指定生产厂、供应商。

第二十八条 建设单位、施工单位、监理单位不得修改建设工程勘察、设计文件;确需修改建设工程勘察、设计文件的,应当由原建设工程勘察、设计单位修改。经原建设工程勘察、设计单位书面同意,建设单位也可以委托其他具有相应资质的建设工程勘察、设计单位修改。修改单位对修改的勘察、设计文件承担相应责任。

施工单位、监理单位发现建设工程勘察、设计文件不符合工程建设强制性标准、合同约定的质量要求的,应当报告建设单位,建设单位有权要求建设工程勘察、设计单位对建设工程勘察、设计文件进行补充、修改。

建设工程勘察、设计文件内容需要作重大修改的,建设单位应当报经原审批机关批准后,方可修改。

第二十九条 建设工程勘察、设计文件中规定采用的新技术、新材料,可能影响建设工程质量和安全,又没有国家技术标准的,应当由国家认可的检测机构进行试验、论证,出具检测报告,并经国务院有关部门或者省、自治区、直辖市人民政府有关部门组织的建设工程技术专家委员会审定后,方可使用。

第三十条 建设工程勘察、设计单位应当在建设工程施工前,向施工单位和监理单位说明建设工程勘察、设计意图,解释建设工程勘察、设计文件。

建设工程勘察、设计单位应当及时解决施工中出现的勘察、设计问题。

第五章 监督管理

第三十一条 国务院建设行政主管部门对全国的建设工程勘察、设计活动实施统一监督管理。国务院铁路、交通、水利等有关部门按照国务院规定的职责分工,负责对全国的有关专业建设工程勘察、设计活动的监督管理。

县级以上地方人民政府建设行政主管部门对本行政区域内的建设工程勘察、设计活动实施监督管理。县级以上地方人民政府交通、水利等有关部门在各自的职责范围内,负责对本行政区域内的有关专业建设工程勘察、设计活动的监督管理。

第三十二条 建设工程勘察、设计单位在建设工程勘察、设计资质证书规定的业务范围内跨部门、跨地区承揽勘察、设计业务的,有关地方人民政府及其所属部门不得设置障碍,不得违反国家规定收取任何费用。

第三十三条 县级以上人民政府建设行政主管部门或者交通、水利等有关部门应当对施工图设计文件中涉及公共利益、公众安全、工程建设强制性标准的内容进行审查。

施工图设计文件未经审查批准的,不得使用。

第三十四条 任何单位和个人对建设工程勘察、设计活动中的违法行为都有权检举、控告、投诉。

第六章 罚 则

第三十五条 违反本条例第八条规定的,责令停止违法行为,处合同约定的勘察费、设计费1倍以上2倍以下的罚款,有违法所得的,予以没收;可以责令停业整顿,降低资质等级;情节严重的,吊销资质证书。

未取得资质证书承揽工程的,予以取缔,依照前款规定处以罚款;有违法所得的,予以没收。

以欺骗手段取得资质证书承揽工程的,吊销资质证书,依照本条第一款规定处以罚款;有违法所得的,予以没收。

第三十六条 违反本条例规定,未经注册,擅自以注册建设工程勘察、设计人员的名义从事建设工程勘察、设计活动的,责令停止违法行为,没收违法所得,处违法所得2倍以上5倍以下罚款;给他人造成损失的,依法承担赔偿责任。

第三十七条 违反本条例规定,建设工程勘察、设计注册执业人员和其他专业技术人员未受聘于一个建设工程勘察、设计单位或者同时受聘于两个以上建设工程勘察、设计单位,从事建设工程勘察、设计活动的,责令停止违法行为,没收违法所得,处违法所得2倍以上5倍以下的罚款;情节严重的,可以责令停止执行业务或者吊销资格证书;给他人造成损失的,依法承担赔偿责任。

第三十八条 违反本条例规定,发包方将建设工程勘察、设计业务发包给不具有相应资质等级的建设工程勘察、设计单位的,责令改正,处50万元以上100万元以下的罚款。

第三十九条 违反本条例规定,建设工程勘察、设计单位将所承揽的建设工程勘察、设计转包的,责令改正,没收违法所得,处合同约定的勘察费、设计费25%以上50%以下的罚款,可以责令停业整顿,降低资质等级;情节严重的,吊销资质证书。

第四十条 违反本条例规定,勘察、设计单位未依据项目批准文件,城乡规划及专业规划,国家规定的建设工程勘察、设计深度要求编制建设工程勘察、设计文件的,责令限期改正;逾期不改正的,处10万元以上30万元以下的罚款;造成工程质量事故或者环境污染和生态破坏的,责令停业整顿,降低资质等级;情节严重的,吊销资质证书;造成损失的,依法承担赔偿责任。

第四十一条 违反本条例规定,有下列行为之一的,依照《建设工程质量管理条例》第六十三条的规定给予处罚:

(一)勘察单位未按照工程建设强制性标准进行勘察的;

(二)设计单位未根据勘察成果文件进行工程设计的;

(三)设计单位指定建筑材料、建筑构配件的生产厂、供应商的;

(四)设计单位未按照工程建设强制性标准进行设计的。

第四十二条 本条例规定的责令停业整顿、降低资质等级和吊销资质证书、资格证书的行政处罚,由颁发资质证书、资格证书的机关决定;其他行政处罚,由建设行政主管部门或者其他有关部门依据法定职权范围决定。

依照本条例规定被吊销资质证书的,由工商行政管理部门吊销其营业执照。

第四十三条 国家机关工作人员在建设工程勘察、设计活动的监督管理工作中玩忽职守、滥用职权、徇私舞弊,构成犯罪的,依法追究刑事责任;尚不构成犯罪的,依法给予行政处分。

第七章 附 则

第四十四条 抢险救灾及其他临时性建筑和农民自建两层以下住宅的勘察、设计活动,不适用本条例。

第四十五条 军事建设工程勘察、设计的管理,按照中央军事委员会的有关规定执行。

第四十六条 本条例自公布之日起施行。

65.《建设工程安全生产管理条例》

(2004年2月1日起施行)

第一章　总　则

第一条 为了加强建设工程安全生产监督管理,保障人民群众生命和财产安全,根据《中华人民共和国建筑法》、《中华人民共和国安全生产法》,制定本条例。

第二条 在中华人民共和国境内从事建设工程的新建、扩建、改建和拆除等有关活动及实施对建设工程安全生产的监督管理,必须遵守本条例。

本条例所称建设工程,是指土木工程、建筑工程、线路管道和设备安装工程及装修工程。

第三条 建设工程安全生产管理,坚持安全第一、预防为主的方针。

第四条 建设单位、勘察单位、设计单位、施工单位、工程监理单位及其他与建设工程安全生产有关的单位,必须遵守安全生产法律、法规的规定,保证建设工程安全生产,依法承担建设工程安全生产责任。

第五条 国家鼓励建设工程安全生产的科学技术研究和先进技术的推广应用,推进建设工程安全生产的科学管理。

第二章　建设单位的安全责任

第六条 建设单位应当向施工单位提供施工现场及毗邻区域内供水、排水、供电、供气、供热、通信、广播电视等地下管线资料,气象和水文观测资料,相邻建筑物和构筑物、地下工程的有关资料,并保证资料的真实、准确、完整。

建设单位因建设工程需要,向有关部门或者单位查询前款规定的资料时,有关部门或者单位应当及时提供。

第七条 建设单位不得对勘察、设计、施工、工程监理等单位提出不符合建设工程安全生产法律、法规和强制性标准规定的要求,不得压缩合同约定的工期。

第八条 建设单位在编制工程概算时,应当确定建设工程安全作业环境及安全施工措施所需费用。

第九条 建设单位不得明示或者暗示施工单位购买、租赁、使用不符合安全施工要求的安全防护用具、机械设备、施工机具及配件、消防设施和器材。

第十条 建设单位在申请领取施工许可证时,应当提供建设工程有关安全施工措施的资料。

依法批准开工报告的建设工程,建设单位应当自开工报告批准之日起15日内,将保证安全施工的措施报送建设工程所在地的县级以上地方人民政府建设行政主管部门或者其他有关部门备案。

第十一条 建设单位应当将拆除工程发包给具有相应资质等级的施工单位。

建设单位应当在拆除工程施工15日前,将下列资料报送建设工程所在地的县级以上地方人民政府建设行政主管部门或者其他有关部门备案:

(一)施工单位资质等级证明;

(二)拟拆除建筑物、构筑物及可能危及毗邻建筑的说明;

(三)拆除施工组织方案;

(四)堆放、清除废弃物的措施。

实施爆破作业的,应当遵守国家有关民用爆炸物品管理的规定。

第三章 勘察、设计、工程监理及其他有关单位的安全责任

第十二条 勘察单位应当按照法律、法规和工程建设强制性标准进行勘察,提供的勘察文件应当真实、准确,满足建设工程安全生产的需要。

勘察单位在勘察作业时,应当严格执行操作规程,采取措施保证各类管线、设施和周边建筑物、构筑物的安全。

第十三条 设计单位应当按照法律、法规和工程建设强制性标准进行设计,防止因设计不合理导致生产安全事故的发生。

设计单位应当考虑施工安全操作和防护的需要,对涉及施工安全的重点部位和环节在设计文件中注明,并对防范生产安全事故提出指导意见。

采用新结构、新材料、新工艺的建设工程和特殊结构的建设工程,设计单位应当在设计中提出保障施工作业人员安全和预防生产安全事故的措施建议。

设计单位和注册建筑师等注册执业人员应当对其设计负责。

第十四条 工程监理单位应当审查施工组织设计中的安全技术措施或者专项施工方案是否符合工程建设强制性标准。

工程监理单位在实施监理过程中,发现存在安全事故隐患的,应当要求施工单位整改;情况严重的,应当要求施工单位暂时停止施工,并及时报告建设单位。施工单位拒不整改或者不停止施工的,工程监理单位应当及时向有关主管部门报告。

工程监理单位和监理工程师应当按照法律、法规和工程建设强制性标准实施监理,并对建设工程安全生产承担监理责任。

第十五条 为建设工程提供机械设备和配件的单位,应当按照安全施工的要求配备齐全有效的保险、限位等安全设施和装置。

第十六条 出租的机械设备和施工机具及配件,应当具有生产(制造)许可证、产品合格证。

出租单位应当对出租的机械设备和施工机具及配件的安全性能进行检测,在签订租赁协议时,应当出具检测合格证明。

禁止出租检测不合格的机械设备和施工机具及配件。

第十七条 在施工现场安装、拆卸施工起重机械和整体提升脚手架、模板等自升式架设设施,必须由具有相应资质的单位承担。

安装、拆卸施工起重机械和整体提升脚手架、模板等自升式架设设施,应当编制拆装方案、制定安全施工措施,并由专业技术人员现场监督。

施工起重机械和整体提升脚手架、模板等自升式架设设施安装完毕后，安装单位应当自检，出具自检合格证明，并向施工单位进行安全使用说明，办理验收手续并签字。

第十八条 施工起重机械和整体提升脚手架、模板等自升式架设设施的使用达到国家规定的检验检测期限的，必须经具有专业资质的检验检测机构检测。经检测不合格的，不得继续使用。

第十九条 检验检测机构对检测合格的施工起重机械和整体提升脚手架、模板等自升式架设设施，应当出具安全合格证明文件，并对检测结果负责。

第四章　施工单位的安全责任

第二十条 施工单位从事建设工程的新建、扩建、改建和拆除等活动，应当具备国家规定的注册资本、专业技术人员、技术装备和安全生产等条件，依法取得相应等级的资质证书，并在其资质等级许可的范围内承揽工程。

第二十一条 施工单位主要负责人依法对本单位的安全生产工作全面负责。施工单位应当建立健全安全生产责任制度和安全生产教育培训制度，制定安全生产规章制度和操作规程，保证本单位安全生产条件所需资金的投入，对所承担的建设工程进行定期和专项安全检查，并做好安全检查记录。

施工单位的项目负责人应当由取得相应执业资格的人员担任，对建设工程项目的安全施工负责，落实安全生产责任制度、安全生产规章制度和操作规程，确保安全生产费用的有效使用，并根据工程的特点组织制定安全施工措施，消除安全事故隐患，及时、如实报告生产安全事故。

第二十二条 施工单位对列入建设工程概算的安全作业环境及安全施工措施所需费用，应当用于施工安全防护用具及设施的采购和更新、安全施工措施的落实、安全生产条件的改善，不得挪作他用。

第二十三条 施工单位应当设立安全生产管理机构，配备专职安全生产管理人员。

专职安全生产管理人员负责对安全生产进行现场监督检查。发现安全事故隐患，应当及时向项目负责人和安全生产管理机构报告；对违章指挥、违章操作的，应当立即制止。

专职安全生产管理人员的配备办法由国务院建设行政主管部门会同国务院其他有关部门制定。

第二十四条 建设工程实行施工总承包的，由总承包单位对施工现场的安全生产负总责。

总承包单位应当自行完成建设工程主体结构的施工。

总承包单位依法将建设工程分包给其他单位的，分包合同中应当明确各自的安全生产方面的权利、义务。总承包单位和分包单位对分包工程的安全生产承担连带责任。

分包单位应当服从总承包单位的安全生产管理，分包单位不服从管理导致生产安全事故的，由分包单位承担主要责任。

第二十五条 垂直运输机械作业人员、安装拆卸工、爆破作业人员、起重信号工、登高架设作业人员等特种作业人员，必须按照国家有关规定经过专门的安全作业培训，并取得特种作业操作资格证书后，方可上岗作业。

第二十六条 施工单位应当在施工组织设计中编制安全技术措施和施工现场临时用电

方案,对下列达到一定规模的危险性较大的分部分项工程编制专项施工方案,并附具安全验算结果,经施工单位技术负责人、总监理工程师签字后实施,由专职安全生产管理人员进行现场监督:

(一)基坑支护与降水工程;

(二)土方开挖工程;

(三)模板工程;

(四)起重吊装工程;

(五)脚手架工程;

(六)拆除、爆破工程;

(七)国务院建设行政主管部门或者其他有关部门规定的其他危险性较大的工程。

对前款所列工程中涉及深基坑、地下暗挖工程、高大模板工程的专项施工方案,施工单位还应当组织专家进行论证、审查。

本条第一款规定的达到一定规模的危险性较大工程的标准,由国务院建设行政主管部门会同国务院其他有关部门制定。

第二十七条 建设工程施工前,施工单位负责项目管理的技术人员应当对有关安全施工的技术要求向施工作业班组、作业人员作出详细说明,并由双方签字确认。

第二十八条 施工单位应当在施工现场入口处、施工起重机械、临时用电设施、脚手架、出入通道口、楼梯口、电梯井口、孔洞口、桥梁口、隧道口、基坑边沿、爆破物及有害危险气体和液体存放处等危险部位,设置明显的安全警示标志。安全警示标志必须符合国家标准。

施工单位应当根据不同施工阶段和周围环境及季节、气候的变化,在施工现场采取相应的安全施工措施。施工现场暂时停止施工的,施工单位应当做好现场防护,所需费用由责任方承担,或者按照合同约定执行。

第二十九条 施工单位应当将施工现场的办公、生活区与作业区分开设置,并保持安全距离;办公、生活区的选址应当符合安全性要求。职工的膳食、饮水、休息场所等应当符合卫生标准。施工单位不得在尚未竣工的建筑物内设置员工集体宿舍。

施工现场临时搭建的建筑物应当符合安全使用要求。施工现场使用的装配式活动房屋应当具有产品合格证。

第三十条 施工单位对因建设工程施工可能造成损害的毗邻建筑物、构筑物和地下管线等,应当采取专项防护措施。

施工单位应当遵守有关环境保护法律、法规的规定,在施工现场采取措施,防止或者减少粉尘、废气、废水、固体废物、噪声、振动和施工照明对人和环境的危害和污染。

在城市市区内的建设工程,施工单位应当对施工现场实行封闭围挡。

第三十一条 施工单位应当在施工现场建立消防安全责任制度,确定消防安全责任人,制定用火、用电、使用易燃易爆材料等各项消防安全管理制度和操作规程,设置消防通道、消防水源,配备消防设施和灭火器材,并在施工现场入口处设置明显标志。

第三十二条 施工单位应当向作业人员提供安全防护用具和安全防护服装,并书面告知危险岗位的操作规程和违章操作的危害。

作业人员有权对施工现场的作业条件、作业程序和作业方式中存在的安全问题提出批评、检举和控告，有权拒绝违章指挥和强令冒险作业。

在施工中发生危及人身安全的紧急情况时，作业人员有权立即停止作业或者在采取必要的应急措施后撤离危险区域。

第三十三条 作业人员应当遵守安全施工的强制性标准、规章制度和操作规程，正确使用安全防护用具、机械设备等。

第三十四条 施工单位采购、租赁的安全防护用具、机械设备、施工机具及配件，应当具有生产（制造）许可证、产品合格证，并在进入施工现场前进行查验。

施工现场的安全防护用具、机械设备、施工机具及配件必须由专人管理，定期进行检查、维修和保养，建立相应的资料档案，并按照国家有关规定及时报废。

第三十五条 施工单位在使用施工起重机械和整体提升脚手架、模板等自升式架设设施前，应当组织有关单位进行验收，也可以委托具有相应资质的检验检测机构进行验收；使用承租的机械设备和施工机具及配件的，由施工总承包单位、分包单位、出租单位和安装单位共同进行验收。验收合格的方可使用。

《特种设备安全监察条例》规定的施工起重机械，在验收前应当经有相应资质的检验检测机构监督检验合格。

施工单位应当自施工起重机械和整体提升脚手架、模板等自升式架设设施验收合格之日起30日内，向建设行政主管部门或者其他有关部门登记。登记标志应当置于或者附着于该设备的显著位置。

第三十六条 施工单位的主要负责人、项目负责人、专职安全生产管理人员应当经建设行政主管部门或者其他有关部门考核合格后方可任职。

施工单位应当对管理人员和作业人员每年至少进行一次安全生产教育培训，其教育培训情况记入个人工作档案。安全生产教育培训考核不合格的人员，不得上岗。

第三十七条 作业人员进入新的岗位或者新的施工现场前，应当接受安全生产教育培训。未经教育培训或者教育培训考核不合格的人员，不得上岗作业。

施工单位在采用新技术、新工艺、新设备、新材料时，应当对作业人员进行相应的安全生产教育培训。

第三十八条 施工单位应当为施工现场从事危险作业的人员办理意外伤害保险。

意外伤害保险费由施工单位支付。实行施工总承包的，由总承包单位支付意外伤害保险费。意外伤害保险期限自建设工程开工之日起至竣工验收合格止。

第五章　监督管理

第三十九条 国务院负责安全生产监督管理的部门依照《中华人民共和国安全生产法》的规定，对全国建设工程安全生产工作实施综合监督管理。

县级以上地方人民政府负责安全生产监督管理的部门依照《中华人民共和国安全生产法》的规定，对本行政区域内建设工程安全生产工作实施综合监督管理。

第四十条 国务院建设行政主管部门对全国的建设工程安全生产实施监督管理。国务院铁路、交通、水利等有关部门按照国务院规定的职责分工，负责有关专业建设工程安全生产的监督管理。

县级以上地方人民政府建设行政主管部门对本行政区域内的建设工程安全生产实施监

督管理。县级以上地方人民政府交通、水利等有关部门在各自的职责范围内，负责本行政区域内的专业建设工程安全生产的监督管理。

第四十一条 建设行政主管部门和其他有关部门应当将本条例第十条、第十一条规定的有关资料的主要内容抄送同级负责安全生产监督管理的部门。

第四十二条 建设行政主管部门在审核发放施工许可证时，应当对建设工程是否有安全施工措施进行审查，对没有安全施工措施的，不得颁发施工许可证。

建设行政主管部门或者其他有关部门对建设工程是否有安全施工措施进行审查时，不得收取费用。

第四十三条 县级以上人民政府负有建设工程安全生产监督管理职责的部门在各自的职责范围内履行安全监督检查职责时，有权采取下列措施：

（一）要求被检查单位提供有关建设工程安全生产的文件和资料；

（二）进入被检查单位施工现场进行检查；

（三）纠正施工中违反安全生产要求的行为；

（四）对检查中发现的安全事故隐患，责令立即排除；重大安全事故隐患排除前或者排除过程中无法保证安全的，责令从危险区域内撤出作业人员或者暂时停止施工。

第四十四条 建设行政主管部门或者其他有关部门可以将施工现场的监督检查委托给建设工程安全监督机构具体实施。

第四十五条 国家对严重危及施工安全的工艺、设备、材料实行淘汰制度。具体目录由国务院建设行政主管部门会同国务院其他有关部门制定并公布。

第四十六条 县级以上人民政府建设行政主管部门和其他有关部门应当及时受理对建设工程生产安全事故及安全事故隐患的检举、控告和投诉。

第六章 生产安全事故的应急救援和调查处理

第四十七条 县级以上地方人民政府建设行政主管部门应当根据本级人民政府的要求，制定本行政区域内建设工程特大生产安全事故应急救援预案。

第四十八条 施工单位应当制定本单位生产安全事故应急救援预案，建立应急救援组织或者配备应急救援人员，配备必要的应急救援器材、设备，并定期组织演练。

第四十九条 施工单位应当根据建设工程施工的特点、范围，对施工现场易发生重大事故的部位、环节进行监控，制定施工现场生产安全事故应急救援预案。实行施工总承包的，由总承包单位统一组织编制建设工程生产安全事故应急救援预案，工程总承包单位和分包单位按照应急救援预案，各自建立应急救援组织或者配备应急救援人员，配备救援器材、设备，并定期组织演练。

第五十条 施工单位发生生产安全事故，应当按照国家有关伤亡事故报告和调查处理的规定，及时、如实地向负责安全生产监督管理的部门、建设行政主管部门或者其他有关部门报告；特种设备发生事故的，还应当同时向特种设备安全监督管理部门报告。接到报告的部门应当按照国家有关规定，如实上报。

实行施工总承包的建设工程，由总承包单位负责上报事故。

第五十一条 发生生产安全事故后，施工单位应当采取措施防止事故扩大，保护事故现场。需要移动现场物品时，应当做出标记和书面记录，妥善保管有关证物。

第五十二条　建设工程生产安全事故的调查、对事故责任单位和责任人的处罚与处理,按照有关法律、法规的规定执行。

第七章　法律责任

第五十三条　违反本条例的规定,县级以上人民政府建设行政主管部门或者其他有关行政管理部门的工作人员,有下列行为之一的,给予降级或者撤职的行政处分;构成犯罪的,依照刑法有关规定追究刑事责任:

（一）对不具备安全生产条件的施工单位颁发资质证书的;

（二）对没有安全施工措施的建设工程颁发施工许可证的;

（三）发现违法行为不予查处的;

（四）不依法履行监督管理职责的其他行为。

第五十四条　违反本条例的规定,建设单位未提供建设工程安全生产作业环境及安全施工措施所需费用的,责令限期改正;逾期未改正的,责令该建设工程停止施工。

建设单位未将保证安全施工的措施或者拆除工程的有关资料报送有关部门备案的,责令限期改正,给予警告。

第五十五条　违反本条例的规定,建设单位有下列行为之一的,责令限期改正,处20万元以上50万元以下的罚款;造成重大安全事故,构成犯罪的,对直接责任人员,依照刑法有关规定追究刑事责任;造成损失的,依法承担赔偿责任:

（一）对勘察、设计、施工、工程监理等单位提出不符合安全生产法律、法规和强制性标准规定的要求的;

（二）要求施工单位压缩合同约定的工期的;

（三）将拆除工程发包给不具有相应资质等级的施工单位的。

第五十六条　违反本条例的规定,勘察单位、设计单位有下列行为之一的,责令限期改正,处10万元以上30万元以下的罚款;情节严重的,责令停业整顿,降低资质等级,直至吊销资质证书;造成重大安全事故,构成犯罪的,对直接责任人员,依照刑法有关规定追究刑事责任;造成损失的,依法承担赔偿责任:

（一）未按照法律、法规和工程建设强制性标准进行勘察、设计的;

（二）采用新结构、新材料、新工艺的建设工程和特殊结构的建设工程,设计单位未在设计中提出保障施工作业人员安全和预防生产安全事故的措施建议的。

第五十七条　违反本条例的规定,工程监理单位有下列行为之一的,责令限期改正;逾期未改正的,责令停业整顿,并处10万元以上30万元以下的罚款;情节严重的,降低资质等级,直至吊销资质证书;造成重大安全事故,构成犯罪的,对直接责任人员,依照刑法有关规定追究刑事责任;造成损失的,依法承担赔偿责任:

（一）未对施工组织设计中的安全技术措施或者专项施工方案进行审查的;

（二）发现安全事故隐患未及时要求施工单位整改或者暂时停止施工的;

（三）施工单位拒不整改或者不停止施工,未及时向有关主管部门报告的;

（四）未依照法律、法规和工程建设强制性标准实施监理的。

第五十八条　注册执业人员未执行法律、法规和工程建设强制性标准的,责令停止执业3个月以上1年以下;情节严重的,吊销执业资格证书,5年内不予注册;造成重大安全事故的,终身不予注册;构成犯罪的,依照刑法有关规定追究刑事责任。

第五十九条 违反本条例的规定,为建设工程提供机械设备和配件的单位,未按照安全施工的要求配备齐全有效的保险、限位等安全设施和装置的,责令限期改正,处合同价款1倍以上3倍以下的罚款;造成损失的,依法承担赔偿责任。

第六十条 违反本条例的规定,出租单位出租未经安全性能检测或者经检测不合格的机械设备和施工机具及配件的,责令停业整顿,并处5万元以上10万元以下的罚款;造成损失的,依法承担赔偿责任。

第六十一条 违反本条例的规定,施工起重机械和整体提升脚手架、模板等自升式架设设施安装、拆卸单位有下列行为之一的,责令限期改正,处5万元以上10万元以下的罚款;情节严重的,责令停业整顿,降低资质等级,直至吊销资质证书;造成损失的,依法承担赔偿责任:

(一)未编制拆装方案、制定安全施工措施的;
(二)未由专业技术人员现场监督的;
(三)未出具自检合格证明或者出具虚假证明的;
(四)未向施工单位进行安全使用说明,办理移交手续的。

施工起重机械和整体提升脚手架、模板等自升式架设设施安装、拆卸单位有前款规定的第(一)项、第(三)项行为,经有关部门或者单位职工提出后,对事故隐患仍不采取措施,因而发生重大伤亡事故或者造成其他严重后果,构成犯罪的,对直接责任人员,依照刑法有关规定追究刑事责任。

第六十二条 违反本条例的规定,施工单位有下列行为之一的,责令限期改正;逾期未改正的,责令停业整顿,依照《中华人民共和国安全生产法》的有关规定处以罚款;造成重大安全事故,构成犯罪的,对直接责任人员,依照刑法有关规定追究刑事责任:

(一)未设立安全生产管理机构、配备专职安全生产管理人员或者分部分项工程施工时无专职安全生产管理人员现场监督的;
(二)施工单位的主要负责人、项目负责人、专职安全生产管理人员、作业人员或者特种作业人员,未经安全教育培训或者经考核不合格即从事相关工作的;
(三)未在施工现场的危险部位设置明显的安全警示标志,或者未按照国家有关规定在施工现场设置消防通道、消防水源、配备消防设施和灭火器材的;
(四)未向作业人员提供安全防护用具和安全防护服装的;
(五)未按照规定在施工起重机械和整体提升脚手架、模板等自升式架设设施验收合格后登记的;
(六)使用国家明令淘汰、禁止使用的危及施工安全的工艺、设备、材料的。

第六十三条 违反本条例的规定,施工单位挪用列入建设工程概算的安全生产作业环境及安全施工措施所需费用的,责令限期改正,处挪用费用20%以上50%以下的罚款;造成损失的,依法承担赔偿责任。

第六十四条 违反本条例的规定,施工单位有下列行为之一的,责令限期改正;逾期未改正的,责令停业整顿,并处5万元以上10万元以下的罚款;造成重大安全事故,构成犯罪的,对直接责任人员,依照刑法有关规定追究刑事责任:

(一)施工前未对有关安全施工的技术要求作出详细说明的;

（二）未根据不同施工阶段和周围环境及季节、气候的变化，在施工现场采取相应的安全施工措施，或者在城市市区内的建设工程的施工现场未实行封闭围挡的；

（三）在尚未竣工的建筑物内设置员工集体宿舍的；

（四）施工现场临时搭建的建筑物不符合安全使用要求的；

（五）未对因建设工程施工可能造成损害的毗邻建筑物、构筑物和地下管线等采取专项防护措施的。

施工单位有前款规定第（四）项、第（五）项行为，造成损失的，依法承担赔偿责任。

第六十五条 违反本条例的规定，施工单位有下列行为之一的，责令限期改正；逾期未改正的，责令停业整顿，并处10万元以上30万元以下的罚款；情节严重的，降低资质等级，直至吊销资质证书；造成重大安全事故，构成犯罪的，对直接责任人员，依照刑法有关规定追究刑事责任；造成损失的，依法承担赔偿责任：

（一）安全防护用具、机械设备、施工机具及配件在进入施工现场前未经查验或者查验不合格即投入使用的；

（二）使用未经验收或者验收不合格的施工起重机械和整体提升脚手架、模板等自升式架设设施的；

（三）委托不具有相应资质的单位承担施工现场安装、拆卸施工起重机械和整体提升脚手架、模板等自升式架设设施的；

（四）在施工组织设计中未编制安全技术措施、施工现场临时用电方案或者专项施工方案的。

第六十六条 违反本条例的规定，施工单位的主要负责人、项目负责人未履行安全生产管理职责的，责令限期改正；逾期未改正的，责令施工单位停业整顿；造成重大安全事故、重大伤亡事故或者其他严重后果，构成犯罪的，依照刑法有关规定追究刑事责任。

作业人员不服管理、违反规章制度和操作规程冒险作业造成重大伤亡事故或者其他严重后果，构成犯罪的，依照刑法有关规定追究刑事责任。

施工单位的主要负责人、项目负责人有前款违法行为，尚不够刑事处罚的，处2万元以上20万元以下的罚款或者按照管理权限给予撤职处分；自刑罚执行完毕或者受处分之日起，5年内不得担任任何施工单位的主要负责人、项目负责人。

第六十七条 施工单位取得资质证书后，降低安全生产条件的，责令限期改正；经整改仍未达到与其资质等级相适应的安全生产条件的，责令停业整顿，降低其资质等级直至吊销资质证书。

第六十八条 本条例规定的行政处罚，由建设行政主管部门或者其他有关部门依照法定职权决定。

违反消防安全管理规定的行为，由公安消防机构依法处罚。

有关法律、行政法规对建设工程安全生产违法行为的行政处罚决定机关另有规定的，从其规定。

第八章 附 则

第六十九条 抢险救灾和农民自建低层住宅的安全生产管理，不适用本条例。

第七十条 军事建设工程的安全生产管理，按照中央军事委员会的有关规定执行。

第七十一条 本条例自2004年2月1日起施行。

66.《房屋建筑和市政基础设施工程施工分包管理办法》

（2004年4月1日起施行，2014年8月27日根据住房和城乡建设部令第19号修改）

第一条 为了规范房屋建筑和市政基础设施工程施工分包活动，维护建筑市场秩序，保证工程质量和施工安全，根据《中华人民共和国建筑法》、《中华人民共和国招标投标法》、《建设工程质量管理条例》等有关法律、法规，制定本办法。

第二条 在中华人民共和国境内从事房屋建筑和市政基础设施工程施工分包活动，实施对房屋建筑和市政基础设施工程施工分包活动的监督管理，适用本办法。

第三条 国务院住房城乡建设主管部门负责全国房屋建筑和市政基础设施工程施工分包的监督管理工作。

县级以上地方人民政府建设行政主管部门负责本行政区域内房屋建筑和市政基础设施工程施工分包的监督管理工作。

第四条 本办法所称施工分包，是指建筑业企业将其所承包的房屋建筑和市政基础设施工程中的专业工程或者劳务作业发包给其他建筑业企业完成的活动。

第五条 房屋建筑和市政基础设施工程施工分包分为专业工程分包和劳务作业分包。

本办法所称专业工程分包，是指施工总承包企业（以下简称专业分包工程发包人）将其所承包工程中的专业工程发包给具有相应资质的其他建筑业企业（以下简称专业分包工程承包人）完成的活动。

本办法所称劳务作业分包，是指施工总承包企业或者专业承包企业（以下简称劳务作业发包人）将其承包工程中的劳务作业发包给劳务分包企业（以下简称劳务作业承包人）完成的活动。

本办法所称分包工程发包人包括本条第二款、第三款中的专业分包工程发包人和劳务作业发包人；分包工程承包人包括本条第二款、第三款中的专业分包工程承包人和劳务作业承包人。

第六条 房屋建筑和市政基础设施工程施工分包活动必须依法进行。

鼓励发展专业承包企业和劳务分包企业，提倡分包活动进入有形建筑市场公开交易，完善有形建筑市场的分包工程交易功能。

第七条 建设单位不得直接指定分包工程承包人。任何单位和个人不得对依法实施的分包活动进行干预。

第八条 分包工程承包人必须具有相应的资质，并在其资质等级许可的范围内承揽业务。严禁个人承揽分包工程业务。

第九条 专业工程分包除在施工总承包合同中有约定外，必须经建设单位认可。专业分包工程承包人必须自行完成所承包的工程。

劳务作业分包由劳务作业发包人与劳务作业承包人通过劳务合同约定。劳务作业承包人必须自行完成所承包的任务。

第十条 分包工程发包人和分包工程承包人应当依法签订分包合同,并按照合同履行约定的义务。分包合同必须明确约定支付工程款和劳务工资的时间、结算方式以及保证按期支付的相应措施,确保工程款和劳务工资的支付。

分包工程发包人应当在订立分包合同后7个工作日内,将合同送工程所在地县级以上地方人民政府住房城乡建设主管部门备案。分包合同发生重大变更的,分包工程发包人应当自变更后7个工作日内,将变更协议送原备案机关备案。

第十一条 分包工程发包人应当设立项目管理机构,组织管理所承包工程的施工活动。

项目管理机构应当具有与承包工程的规模、技术复杂程度相适应的技术、经济管理人员。其中,项目负责人、技术负责人、项目核算负责人、质量管理人员、安全管理人员必须是本单位的人员。具体要求由省、自治区、直辖市人民政府住房城乡建设主管部门规定。

前款所指本单位人员,是指与本单位有合法的人事或者劳动合同、工资以及社会保险关系的人员。

第十二条 分包工程发包人可以就分包合同的履行,要求分包工程承包人提供分包工程履约担保;分包工程承包人在提供担保后,要求分包工程发包人同时提供分包工程付款担保的,分包工程发包人应当提供。

第十三条 禁止将承包的工程进行转包。不履行合同约定,将其承包的全部工程发包给他人,或者将其承包的全部工程肢解后以分包的名义分别发包给他人的,属于转包行为。

违反本办法第十一条规定,分包工程发包人将工程分包后,未在施工现场设立项目管理机构和派驻相应人员,并未对该工程的施工活动进行组织管理的,视同转包行为。

第十四条 禁止将承包的工程进行违法分包。下列行为,属于违法分包:(一)分包工程发包人将专业工程或者劳务作业分包给不具备相应资质条件的分包工程承包人的;(二)施工总承包合同中未有约定,又未经建设单位认可,分包工程发包人将承包工程中的部分专业工程分包给他人的。

第十五条 禁止转让、出借企业资质证书或者以其他方式允许他人以本企业名义承揽工程。

分包工程发包人没有将其承包的工程进行分包,在施工现场所设项目管理机构的项目负责人、技术负责人、项目核算负责人、质量管理人员、安全管理人员不是工程承包人本单位人员的,视同允许他人以本企业名义承揽工程。

第十六条 分包工程承包人应当按照分包合同的约定对其承包的工程向分包工程发包人负责。分包工程发包人和分包工程承包人就分包工程对建设单位承担连带责任。

第十七条 分包工程发包人对施工现场安全负责,并对分包工程承包人的安全生产进行管理。专业分包工程承包人应当将其分包工程的施工组织设计和施工安全方案报分包工程发包人备案,专业分包工程发包人发现事故隐患,应当及时作出处理。

分包工程承包人就施工现场安全向分包工程发包人负责,并应当服从分包工程发包人对施工现场的安全生产管理。

第十八条 违反本办法规定,转包、违法分包或者允许他人以本企业名义承揽工程的,以及接受转包和用他人名义承揽工程的,按《中华人民共和国建筑法》、《中华人民共和国招标投标法》和《建设工程质量管理条例》的规定予以处罚。具体办法由国务院住房城乡建设主管部门依据有关法律法规另行制定。

第十九条 未取得建筑业企业资质承接分包工程的，按照《中华人民共和国建筑法》第六十五条第三款和《建设工程质量管理条例》第六十条第一款、第二款的规定处罚。

第二十条 本办法自2004年4月1日起施行。原城乡建设环境保护部1986年4月30日发布的《建筑安装工程总分包实施办法》同时废止。